2017 福建社会发展年鉴

FUJIAN SOCIAL DEVELOPMENT YEARBOOK

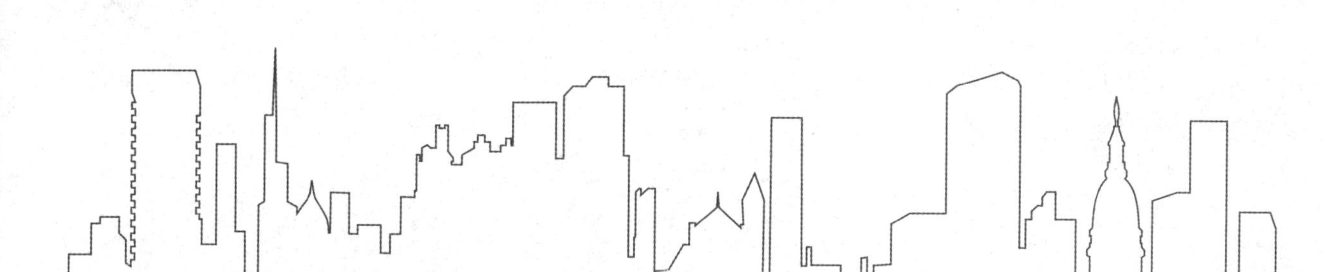

福建社会发展年鉴编委会 编

海峡出版发行集团 THE STRAITS PUBLISHING & DISTRIBUTING GROUP | 鹭江出版社 LUJIANG PUBLISHING HOUSE

2017年·厦门

特 别 致 谢

下列单位为本书编撰提供了翔实的资料和数据、大量的信息和稿件，海峡出版发行集团鹭江出版社为本书出版进行了精心的审读与编校，在此一并致以真诚的谢意！

福建省人民政府，各设区市、县（市、区）人民政府

福建省发展和改革委员会

福建省卫生和计生委员会

福建省经济和信息化委员会

福建省旅游发展委员会

福建省统计局

福建省人力资源和社会保障厅

福建省住房和城乡建设厅

福建省财政厅

福建省公安厅

福建省民政厅

福建省科学技术厅

福建省教育厅

福建省文化厅

福建省新闻出版广电局

福建省体育局

福建省环境保护厅

福建省司法厅

福建省国家税务局

福建省地方税务局

福建省工商行政管理局

福建省质量技术监督局

福建省食品药品监督管理局

福建省安全生产监督管理局

福建省国土资源厅

福建省水利厅

福建省审计厅

福建省农业厅

福建省林业厅

福建省海洋与渔业厅

福建省商务厅

福建省交通运输厅

福建省精神文明建设指导委员会办公室

福建省人民政府侨务办公室

中共福建省委老干部局

中国人民银行福州中心支行

福建社会科学院

福建省总工会

中国共产主义青年团福建省委员会

福建省妇女联合会

福建省社会科学界联合会

福建省老年人体育协会

福建省扶贫基金会（福建省扶贫开发协会）

福建省统计学会

（以上单位排名不分先后）

《2017 福建社会发展年鉴》
编　委　会

《2017 福建社会发展年鉴》
编　辑　部

编 辑 说 明

一、《2017 福建社会发展年鉴》是系统汇集福建社会发展基本情况和重要文献的地方性、综合性和资料性年刊，内容涵盖上年度福建社会发展的各项事业。正式出版，国内外公开发行。

二、编辑出版《2017 福建社会发展年鉴》旨在宣传福建社会发展的目标任务，反映福建社会事业的新进展、新成就和新情况、新问题，总结经验，提供信息，承载历史，服务当今。

三、《2017 福建社会发展年鉴》所录资料的时限为2016 年1 月1 日至12 月31 日止，部分收录资料上溯至上年度，内容分为：文献特载、综合发展、热点透视、探索实践、区域概览、统计数据、政策法规、文明单位和荣誉成果，共九篇，比较客观、翔实地记载2016 年福建社会事业发展的实际情况。

四、《2017 福建社会发展年鉴》中的一些论述仅代表作者观点，所引用的数据和资料均采用政府各部门正式发布的数据和资料。由相关单位提供的稿件，因统计口径不尽相同，个别数据可能有差异。读者如需引用数据和资料，请向相关单位查证，以相关单位提供的数据和资料为准。

五、《2017 福建社会发展年鉴》的编辑出版工作，得到了省委、省政府和各级政府、省直各有关单位、各有关社会组织和社会各界人士的关心指导和大力支持，在此一并致以衷心的感谢。在本书编撰过程中，参考、引用了一些专著或资料，因联系渠道的制约，无法一一与原作者取得联系，请有关作者看到本书后与编委会联系，我们将支付稿酬并致以谢忱。限于经验和水平，工作难免存在疏漏和欠妥之处，谨请广大读者指正，以期进一步改进和完善。

目　　录

第一篇　文献特载

第二篇　综合发展

第三篇　热点透视

第四篇　探索实践

第五篇　区域概览

第六篇　统计数据

第七篇　政策法规

第八篇　文明单位

第九篇　荣誉成果

第一篇
文献特载

中共福建省委印发《关于深化人才发展体制机制改革的实施意见》的通知

为贯彻落实中共中央《关于深化人才发展体制机制改革的意见》（中发〔2016〕9号），围绕建设机制活、产业优、百姓富、生态美的新福建目标，加快建设人才强省，深化人才发展体制机制改革，现提出以下实施意见。

一、总体要求和主要目标

（一）总体要求

深入学习贯彻习近平总书记系列重要讲话和省委九届十六次全会精神，遵循社会主义市场经济规律和人才成长规律，坚持创新、协调、绿色、开放、共享的发展理念，实施人才优先发展战略，破除束缚人才发展的思想观念和体制机制障碍，解放和增强人才活力，构建现代化的人才发展治理体系，努力打造人才管理体制改革先行区、两岸人才交流合作示范区、海内外人才创新创造创业集聚区。

（二）主要目标

通过深化改革，到2020年，在人才培养引进、评价使用、分配激励、服务保障、编制管理等重点环节取得突破性进展，人才管理体制更加灵活高效，人才培养、评价、流动、激励机制更加科学合理，人才服务保障体系更加健全完善，全社会识才爱才敬才用才氛围更加浓厚，各类人才的创新创造创业活力充分释放，形成与社会主义市场经济体制相适应、人人皆可成才、人人尽展其才的政策法规体系和社会环境。

二、推进人才管理体制改革

（三）转变政府管理职能。按照政社分开、政事分开和管办分离要求，强化政府宏观管理、政策法规制定、公共服务、监督保障等人才管理职能。推进人才管理部门简政放权，建立和完善政府人才管理服务权力清单、责任清单。优化人才公共服务流程，提高政府管理服务效率。在审批审核中，凡是法律法规和政策文件没有规定的材料一律不再要求提供。

（四）落实用人主体自主权。充分发挥用人主体在人才培养引进使用中的主导作用。研究制定事业单位领导人员管理办法。实行一定数量高层次人才专用编制，专编专用、人退编收。在高校、公立医院等事业单位试行“人员控制数”等管理办法。科研院所可在核定机构编制限额内自主设置内设机构，调剂使用编制，报机构编制部门备案。科学合理配置高校内设机构和领导职数。创新事业单位编制管理方式，对符合条件的公益二类事业单位实行备案制管理。改革事业单位岗位管理模式，建立动态调整机制。

（五）壮大人才中介服务组织。积极培育各类社会组织和人才中介服务机构。支持建设国家级人力资源服务产业园。整合人才市场和劳动力市场，构建统一、开放的人力资源市场体系。鼓励发展中小型专业人力资源服务机构，构建人力资源服务集群。加大高端猎头机构引进培育力度，鼓励省内人力资源机构与国（境）外同类机构合资合作，到自贸试验区台资设立人力资源服务机构不受股权比例和注册资本金限制。大力培育科技服务组织。选派人力资源服务业人才赴省外高校、人力资源服务机构培训。探索建立公益性的人才科技资本综合运营平台。

三、促进人才发展与经济社会发展深度融合

（六）大力推进人才特区建设。充分发挥“多区叠加”政策联动优势，以中国（福建）自由贸易试验区和福厦泉国家自主创新示范区为改革平台，在人才管理、投资融资、税收、股权激励、成果转化等方面进行创新试点，推动福州、厦门、平潭人才特区建设。积极争取设立中国（福建）自由贸易试验区海外人才离岸创新创业基地，建立多层次的离岸创业服务支持系统，探索可复制、可推广的离岸创业托管模式。打造一批产业人才聚集基地和企事业人才高地。

（七）统筹人才培养开发与产业发展。坚持人才引领创新发展，加快培育重点行业、重要领域、战略性新兴产业人才。建立重点产业人才需求预测发布制度。对能实现重大产业突破的高层次人才团队实行“一事一议”，从人才、科技、工业等专项经费中统筹给予最高1亿元的综合支持；对成长性好和业绩突出的团队项目，根据实际需求予以滚动支持或追加资助。组建产学研联盟，建设一批产业技术重大研发平台，推动一批“国字号”研发机构落地。组建军民融合创新研究平台，建立军地人才、技术、成果转化对接机制。建立高层次人才创新创业示范区。推动科技人才与高校、科研院所、大中小微企业线上线下创新创业活动有机结合，构建科学、技术、工程专家协同创新机制。搭建一批科技成果转化平台，推动众创空间、创业孵化基地建设。

（八）加强企业经营管理人才队伍建设。实施企业经营管理人才培养计划。推荐企业高级经营管理人才赴国内外知名高校、科研院所参加企业高级经营管理培训。重点培养“专精特新”中小企业的领军人物，提升中小企业经营管理人才素质。组织突出贡献企业家、企业高级经营管理人才、中小企业经营管理领军人才开展企业管理经验推广活动。研究制定省管国有企业市场化选聘职业经理人办法。开展国有企业职业经理人试点工作。逐步扩大国有企业经营管理人才和新增经理层人员市场化选聘比例。

（九）提升技能人才水平。完善校企联合培养模式，推行本科高校和职业院校教师和企业工程师共同指导培养学生的双导师制度。创新技术技能人才教育培训模式，推进现代学徒制、“二元制”技术技能人才培养模式改革，促进企业和职业院校成为技术技能人才培养的“双主体”。在职业院校、技工院校中推行“校企双制、工学一体”的办学模式。探索建立职业院校、技工院校学历毕业文凭加职业资格证书培养制度。加强产业技工培养基地和技能大师工作室等平台建设。建立企业“首席工程师”“首席技师”制度。探索建立技能人才技术技能业绩与薪酬待遇挂钩制度。弘扬“工匠”精神，加强符合我省产业发展需求的相关职业（工种）技能鉴定。加快农村实用人才和社会工作人才培养，依托高等学校、职业院校定向培养新型职业农民，研究制定职业农民评价认定标准。

（十）创新非公经济组织人才工作。非公经济组织与社会组织专业技术人员和管理人员纳入全省专业技术资格经常化评审范围，与国有企事业单位同类人员同等对待。对具备条件的非公经济组织和社会组织，可组建相应系列的专业技术资格评审委员会，自主开展职称评审，自主发放证书。把非公经济组织人才教育培训纳入人才教育培训体系，加大对非公有制经济组织人才培训的投入，建立政府引导、企业主导、社会参与的培训机制。建立非公企业人才调查统计制度。探索建立非公企业人才特派员制度。非公企业人才同等享受政府表彰奖励、特殊津贴评定、各类人才遴选、项目（课题）评审、信息服务等各项人才政策。重视推荐符合条件的非公企业优秀人才作为党代表、人大代表、政协委员、劳动模范的人选。

四、改进人才培养支持

（十一）深入实施“海纳百川”高端人才集聚计划。深入实施省高层次人才特殊支持“双百计划”和省优秀人才“百人计划”，完善支持政策，创新支持方式。继续实施高校高层次人才培养引进“三项计划”和“闽江学者奖励计划”。继续实施医疗卫生高层次人才队伍建设“创双高”工程和“四项目”。实施“文化名家”工程，培养和引进高水平人文社科专业人才，集聚一批哲学社会科学、新闻出版、文化艺术、创意、影视、传媒人才。

（十二）建设一流大学和一流学科。研究制定建设一流大学和一流学科的实施意见，优化高校学科结构。以市场需求为导向，完善高校学科专业动态调整机制；围绕重点支持领域发展需求，与境内外高水平大学、科研机构、企业合作建设若干特色学院。推动高校加快培养和引进一批活跃在国际学术前沿、满足国家重大战略需求的一流科学家、学科领军人才和创新团队。实施院士培育工程。

（十三）促进青年人才脱颖而出。积极为青年优秀人才在岗位聘任、工作条件、考核评价和生活待遇等方面创造灵活便利的条件。加大教育、科技和其他各类人才工程项目对青年人才的培养和支持力度，在科技类科研项目、社科类科研项目和科研奖项中设立青年专项。省自然科学基金和省社科规划项目设立“青年科技人才创新项目”和“杰出青年项目”专项，用于支持博士后和优秀青年科技人才的科研工作。吸引国内外优秀青年人才来闽从事博士后研究。鼓励高校、科研机构和企业设立博士后科研流动站、工作站。支持有条件的博士后科研工作站独立招收博士后研究人员，不断加大博士后研究人员招收培养力度。实施青年人才举荐培养工程。

五、改革人才评价制度

（十四）健全人才评价考核体系。分类推进人才评价机制改革。注重凭品德、能力、实绩和贡献评价人才，克服唯学历、唯职称、唯论文等倾向。不将论文等作为评价应用型人才的限制性条件。探索建立专业技术人才、企业经营管理人才、高技能人才、社会工作人才和农村实用人才等各类人才评价指标体系。对科技创新人才，按照其从事基础研究、应用开发、科技成果转移转化及产业化等不同类别，分类制定评价标准。对哲学社会科学人才，按照其学术成果价值和对社会发展的贡献，科学制定评价体系。适当延长基础研究人才评价考核周期。高校、科研院所按照教学岗位、教学科研岗位、科研岗位、管理岗位等分类设计实施考核评价机制。完善卫生计生高级专业技术职称评价制度。探索政府授权学会、行业学会、行业领军企业和新型科研机构自主开展人才评价工作。探索在高层次人才评价中引入人力资源服务机构、风险投资机构等市场化评价要素。加强评审专家数据库建设，建立评价责任和信誉制度。

（十五）改革职称制度和职业资格制度。制定深化职称制度改革实施意见，分类推进职称制度改革。深化中小学职称制度改革，推进中等职业学校（含技校）教师和会计专业技术人员职称制度试点改革。合理界定和下放职称评审权限，支持高校、科研院所和国有企业自主开展职称评审、自主发放证书。对职称外语和计算机应用能力考试不作统一要求，由主管部门和用人单位根据职业属性、岗位需求自主确定。完善评价标准，将高新技术成果转化、技术创新、发明专利、标准制定以及所创造的经济效益和社会效益等因素作为职称评审的重要依据。推进职称评审社会化改革，完善“个人自主申报、行业统一评价、单位择优聘任”的职称评价机制。人事档案关系不在工作单位所在地管理的科技人员，与用人单位签有正式聘用合同或劳动合同，并参加社会保险一年以上，可通过现工作单位，按规定程序向有关部门申报评审专业技术资格。清理减少准入类职业资格并严格管理，推行水平类职业资格评价市场化、社会化，放宽急需紧缺人才职业资格准入。

（十六）完善高级职称评审绿色通道。研究制定高层次人才、急需紧缺人才职称直聘办法。对回国工作、符合条件的海外高层次留学人才，其国外专业工作经历、学术或专业技术贡献可作为参评高级专业技术职称的依据，不受本人国内任职年限限制。对获得国家科学技术二等奖（排名前3）、中国发明专利金奖（发明人排名前2）、国家杰出青年科学基金、国家“千人计划”和“万人计划”人选、“百千万人才工程”国家级人选、福建省引进高层次创业创新人才，可直接确认相应专业最高级别专业技术资格，属事业单位工作人员的，可直接聘任相应专业技术职务，其高级岗位职数单列。对业绩突出、成果显著的优秀中青年人才，可打破学历、任职资历要求，申报高一级专业技术职称。高校、科研院所可设置部分科技成果转化岗位，优秀团队可增加高级专业技术岗位职数。改革国有企业技术人员主要依靠职务提升的单一晋升模式，拓宽技术人员晋升渠道。

六、促进人才顺畅流动

（十七）畅通人才流动渠道。建立高层次人

才、急需紧缺人才优先落户制度。制定实施机关事业单位从非公有制单位和临时工中录（聘）用的工作人员工龄计算办法，实行工龄连续计算。继续推进机关事业单位养老保险制度改革，逐步完善基本养老保险关系转移、衔接办法，为人才跨地区、跨行业、跨体制流动提供便利。支持国有企事业单位科研人员离岗创业，企事业单位科研人员经所在单位同意，可带科研项目和成果（技术），保留人事关系离岗创业。探索吸引非公有制经济组织和社会组织优秀人才进入党政机关、国有企事业单位的办法。

（十八）引导人才向山区和基层一线流动。进一步落实加强省级扶贫开发重点县人才和干部队伍建设的政策措施，对省级扶贫开发工作重点县招录招聘人才适当放宽条件。人才强县试点和重大人才项目向省级扶贫开发工作重点县和中央苏区、革命老区倾斜。加大省级财政用于中央苏区、革命老区和省级扶贫开发工作重点县工资收入转移支付力度。深入推行科技特派员制度，鼓励支持高校、科研院所选派科技特派员到农村基层创新创业，开展农业技术服务，抓好精准扶贫科技示范。根据省级扶贫开发工作重点县和中央苏区、革命老区产业现状，组织专家开展技术、项目帮扶活动，支持建设一批专家服务基地。实行“本土化、直通车”方式培养基层急需紧缺人才，实施定向培养农村人才计划，省内高校、职业院校要设置相关专业课程，招收当年报考普通院校的农村户籍应届高中毕业生。支持设区市办好医学高等院校，加快培养基层紧缺急需医学专业人才。对在农村工作满25年且仍在农村工作的中小学教师、医疗卫计人员、农技人员、国有林场技术人员，已取得职称资格的，可不受岗位职数限制直接聘任。试行将山区和基层一线工作经历作为专业技术职称评审的重要条件。

七、加大人才引进力度

（十九）完善引才方式。突出“高精尖缺”，更大力度实施省引才“百人计划”。完善引进高层次人才评价认定办法。对具有成长潜力但未入选省引才“百人计划”的创新创业预备项目团队，给予最高200万元资助。允许符合条件的海外高层次人才创办内资企业的，企业注册资本（金）可全部以技术出资。落实留学福建计划，逐年增加奖学金总额，吸引更多外国留学生来闽留学。发挥闽籍华人华侨优势，鼓励和支持社会力量参与引才。工会、共青团、妇联、科协、侨联、工商联等群团组织要利用自身优势团结人才、引荐人才。留学生同学会、院士专家交流协会、高层次人才联谊会、企业家协会等各类协会要发挥对各类人才的联系服务和桥梁纽带作用。加大柔性引进省外高层次人才力度，发挥院士专家八闽行、院士专家工作站、海外科技专家顾问团聚集培养人才作用。

（二十）打造引才平台。发挥驻外机构引才引智作用。依托省政府驻海内外机构建立引才工作联络平台，建立一批海外引才联络站。完善引才联络站管理机制、激励机制和经费保障机制。依托国家海外工作网络体系、海外人力资源战略伙伴、境内外知名人力资源机构，建设引进高层次人才目标库及留学回国人员意向信息库，征集发布企事业单位人才需求信息和海内外人才项目信息。

（二十一）调动企业引才积极性。鼓励企业面向全球广泛吸纳人才。支持有条件的企业在海外建立研发机构，吸引使用当地优秀人才。建立企业主导产业技术研发新机制，吸引优秀人才开展重大产业关键共性技术、装备和标准的研发。省属国有企业引进特殊人才产生的工资总额增加，根据市场同类人员工资水平，由企业据实单列，不计入当年企业工资总额幅度调增控制范围，可列入增加次年预算基数。采取“以奖代补”等形式给予企业引才奖励。

八、深化闽台人才交流合作

（二十二）促进闽台人才交流合作。打造一批在闽台资企业人才高地。实施引进台湾高层次人才“双百计划”。鼓励台湾企业、科研机构和科研人员来闽投资创办科技型企业、研发机构、高新技术园区。发挥海峡两岸科技合作联合基金导向作用，解决闽台两岸共同关注的重大科学和关键技术问题。深化台湾专才选聘工作。探索设立海峡博士后交流资助计划。落实台湾青年人才来闽就业创业政策。实施对台引智项目。实施闽台联合培养高校师资和大学生项目，吸引台湾优秀师资来闽任教，引进台湾职业培训优质资源，鼓励台湾优质职业教育机构在闽联合开办职业院校和职业培训机构。加强闽台科技社团的交流合作。建设两岸人才交流合作基地和新型农民交流培训基地。支持闽台两地互设人力资源机构。

（二十三）做好台湾人才在闽服务。实行来闽台湾人才及其家属享受当地居民同等待遇政策。鼓励在闽台湾人才参加福建社会保险。推动闽台职业教育培训合作。推进台湾人才在闽职业技能鉴定、专业技术职务评审、专业资格考试、专业执照采认等各项政策创新。依法任命符合条件的台湾人才担任涉台案件人民陪审员，或聘请其担任特邀调解员、有关仲裁机构仲裁员。探索建设台湾社区，鼓励台湾居民参与社区管理事务。

九、提升人才服务水平

（二十四）健全人才服务体系。制定加强人才服务体系建设指导意见。省、设区市（平潭综合实验区）、县（市、区）建立人才服务机构，配足配强工作人员。按照“属地管理、条块结合”原则做好人才跟踪服务，实现“一站式受理、一次性告知、一条龙服务”。运用大数据技术，加快“海纳百川”信息共享平台建设，加强高层次人才资源开发。加大政府购买人才服务力度。优化人才及家属落户、配偶就业、子女入学、医疗社保、人才安居、居留和出入境证件申请、自用物品入境免税证明、创业扶持等服务。为外籍人才申请停居留提供特别便利服务。为外籍人才提供代转口岸签证便捷服务。对企业招收本科以上学历或中级以上职称的人员，可办理落户手续。

（二十五）强化人才住房保障。分层分类向人才提供安家补贴、购（租）房补贴，鼓励以货币化、市场化方式解决人才住房问题。适时公布调整人才住房补贴标准，用人单位可为其引进的高层次人才提供周转房或安家补贴、购（租）房补贴。符合条件的人才可优先购买或租赁我省同类人员住房面积标准的限价商品住房、公共租赁住房，或实行相应的货币化补贴。对省属事业单位引进的符合人才引进指导目录条件的人才，在闽工作期间由省财政厅给予每月 2000 元生活津贴，连续发放 5 年，给予正高职称人员每人 18 万元住房补贴、副高级职称人员或博士每人 14 万元住房补贴；省属国有企业可参照执行，补贴费用由所在企业列支。引进人才可按规定缴存和使用住房公积金，各地可在贷款最高额度上予以一定优惠。支持人才聚集的产业园区、开发区、高校新区等，在符合土地利用总体规划、城市建设规划等的前提下，申请利用自有土地以公共租赁房的形式建设人才公寓。对符合条件列入保障性住房项目清单的人才公寓、人才周转房建设，在用地、资金、税费上按规定享受保障性住房建设运营的优惠政策。

（二十六）便利人才子女就学。完善高层次人才子女来闽接受学前教育、义务教育和高中阶段教育的优惠政策。已安排入学的高层次人才子女小学升初中、初中升高中，按当地“小升初”方案和中考中招有关规定执行，享受与当地学生同等待遇。普通高中学生因家庭居住跨省、市、县迁移（不含同城区内迁移）需要转学的，按“同级互转”原则妥善安排。持有《福建省人才居住证》的海外人才和持有《外国专家证》的高层次人才，其子女在国外生活 5 年以上并在国内初中学校就读未满 3 年，报名参加中考接受高中阶段教育的，可以适当照顾。推进福州市、厦门市、泉州市、平潭综合实验区和有条件的设区市建设国际学校，试点外国语学校、民办学校开设专门招收外籍人才子女、持国外永久居留证人才子女的国际部，各级教育、国土资源、财政、外国专家管理等部门予以政策支持。

（二十七）加强人才医疗保健服务。两院院士、诺贝尔奖获得者、国家最高科学技术奖获得者等杰出人才享受一级医疗保健待遇。国家“千人计划”“万人计划”等人选以及省引才“百人计划”人选、省引进 A 类高层次人才享受二级保健待遇；省引进 B 类高层次人才和省科技创新领军人才、科技创业领军人才、哲学社会科学领军人才、百千万工程领军人才、企业高级经营管理人才等 5 类特殊支持人才，逐步纳入享受二级医疗保健待遇范围。对不愿享受保健待遇的高层次人才，可通过支持其购买商业医疗保险等方式提供相应医疗保障。为外籍人才医疗提供便利，在三甲医院特需门诊为外籍人才提供预约诊疗和外语服务。鼓励符合条件的医院、诊疗中心与国内外保险公司合作，加入国际医疗保险直付网络系统。

（二十八）完善人才出入境及居留办法。对国有企业单位人员和高等学校、科研院所教学科研人员因公临时出国（境）实行区别管理。企业人员因公出国（境）和高等学校、科研院所教学科研人员出国（境）执行学术交流合作任务，单位和个人的出国批次数、团组人数及在外停留天数根据实际需要安排，不列入本单位和个人年度因公临时出国（境）批次限量管理范围，出访团组、人次数和经费单独统计。试点建立市场认定机制，降低永久居留申请门槛。对在自贸试验区内注册企业已连续工作满4年，每年在中国境内实际居住累计不少于6个月，有稳定生活保障和住所，工资性年收入和年缴纳个人所得税达到规定标准的外籍人才，经工作单位推荐，可申请在华永久居留；对经人才主管部门认定的自贸试验区外籍高层次人才可不受60周岁年龄限制，申请5年内有效期的外国专家证和工作类居留许可，逐步推行工作满3年后，经工作单位推荐，可以申请在华永久居留。按程序报公安部批准后，将支持自贸试验区外籍人才出入境政策推广至全省适用。完善永久居留证申办途径，探索从居留向永久居留转化衔接的机制。对入选国家“千人计划”、国家高端外国专家项目计划、中国政府“友谊奖”等外籍高层次人才，经本人提出申请，可申办外国人永久居留证。对经人才主管部门认定的外籍高层次人才或其他按照规定提交有关人才主管部门出具的人才证明的，并提供邀请单位出具的说明紧急入境事由的邀请函，允许其在抵达口岸后申请R字签证。

十、健全人才发展保障机制

（二十九）建立多元投入机制。鼓励设区市（平潭综合实验区）、县（市、区）财政设立人才创业投资引导基金，吸引社会资本、风险投资进入人才科技创新领域，形成的项目增值收益等可按一定比例用于奖励基金管理团队和天使投资其他参与人。实施重大建设工程和项目时，统筹安排人才开发经费。对人才发展的补助和奖励可列入国有资本经营预算。进一步完善创业投资风险补偿机制，优化补偿比例和条件设定机制，支持新兴产业领域早中期、初创期企业发展。完善创业担保贷款机制，根据社会经济发展水平适时调整创业担保贷款额度。鼓励金融机构对符合条件的高层次人才创业融资给予无须担保抵押的平价贷款。支持创新创业企业到境内外资本市场上市，或到新三板、海峡股权交易中心挂牌。

（三十）改进财政科研经费管理办法。调整优化各类人才工程（计划、项目），建立跨部门统筹决策的联动管理机制。简化财政科研项目预算编制，下放科研项目预算调整审批权。提高间接费用比重，加大对科研人员绩效激励力度，明确劳务费开支范围，不设比例限制。2年内项目结余经费按规定留归项目承担单位统筹安排用于科研活动的直接支出。强化项目（课题）承担单位在经费使用中的法人主体责任。受行业、企业等委托利用社会资金开展技术攻关、提供科技服务的科技项目，高校、科研院所可以按照委托合同自主支配经费。实行哲学社会科学研究成果后期资助和事后奖励制度。

（三十一）加强知识产权保护。加强知识产权司法保护，构建全省知识产权大维权平台，提高知识产权维权援助能力，为创新人才提供公益性、专业性的知识产权法律服务。落实《福建省小微企业专利权质押贷款风险补偿资金管理办法（试行)》，开展专利权质押助保贷业务，完善知识产权质押融资等金融服务机制，为大众创业万众创新提供支持。建立人才引进使用中的知识产权鉴定机制，防控知识产权风险。建设知识产权专家智库，加强知识产权人才培训，培育发展和引进知识产权评价交易等各类服务机构。

（三十二）加大人才激励力度。研究制定全省城镇职工薪酬水平增长机制。合理划分创新团队、个人、单位间的科技成果转化收益分成，转化收益中归属成果完成人及团队的比例不低于70%，并鼓励成果优先在省内转化。企事业单位可实行高层次人才年薪制协议工资、项目工资等分配办法。对科技成果完成人和为科技成果转化做出重要贡献人员的奖励，计入当年本单位工资总额，但不受当年本单位工资总额限制，不纳入本单位总额基数。支持担任党政领导职务的科技人员按照规定以及本人在研发活动中所起的作用和实际贡献参与科技成果转化收益分配和奖励。探索实施国有企业股权激励和员工持股制度，试点国有科技创新型企业对重要科研人员和管理人员实施股权、期权激励。符合《国家税务总局关于促进科技成果转化有关个人所得税问题的通知》（国税发〔1999〕125 号）规定的高校、科研院所转化科技成果以股份或出资比例等股权形式给予个人奖励的，获奖人在取得股份、出资比例时，暂不缴纳个人所得税；取得按股权、出资比例分红或股权转让、出资比例所得时，应依法缴纳个人所得税。

十一、切实加强党对人才工作的领导

（三十三）完善党管人才工作格局。发挥党委（党组）总揽全局、协调各方的领导核心作用，加强党对人才工作统一领导，切实履行管宏观、管政策、管协调、管服务职责。改进党管人才方式方法，完善党委（党组）统一领导，组织部门牵头抓总，有关部门各司其职、密切配合，社会力量共同参与的人才工作新格局。进一步明确人才工作领导小组职责任务和工作规则，健全领导机构。落实执行好《关于进一步加强党管人才工作的实施意见》（闽委办发〔2012〕10 号）规定要求，配强领导和工作力量。理顺党委和政府人才工作职能部门职责，将行业、领域人才队伍建设列入相关职能部门“三定”方案。加强人才工作者培训交流。

（三十四）实行人才工作目标责任考核。建立各级党政领导班子和领导干部人才工作目标责任制，细化考核指标，加大考核力度，将考核结果纳入各设区市（平潭综合实验区）年度绩效考评，作为领导班子评优、干部评价的重要依据，将人才工作列为落实党建工作责任制情况述职的重要内容。

（三十五）坚持对人才的团结教育引导服务。研究制定党政领导联系专家办法。建立党政领导干部直接联系高层次人才制度。加强各类人才教育培训、国情省情研修，增强认同感和向心力。充分发挥“千人计划”“百人计划”入选专家等高层次人才在重大决策中的智库作用。发挥省专家联谊会、省人才研究会等平台作用，组织开展各类专家咨询论证，畅通专家建言献策渠道。搭建在闽外籍专家沟通交流平台。加强创新创业优秀人才和工作典型宣传，打造突出人才主题的新型媒介传播平台。建立健全人才荣誉制度，加强政治引领和政治吸纳，对有卓越贡献和重大贡献的杰出人才，提请授予各级政府荣誉称号。

（三十六）制定地方性人才法规。研究制定福建省人才工作条例、福建省人力资源市场条例等法规。强化人才工作法规与教育、科技、文化等立法的衔接。

各级党委和政府要结合本地实际，研究制定具体实施办法。鼓励各地区各部门因地制宜，开展差别化改革探索，研究解决人才发展体制机制改革中的新情况和新问题。省直各相关部门要根据任务分工，研究制定具体落实措施，明确时间表和路线图，确定责任领导和具体责任人。省委人才工作领导小组要加强宏观指导和组织协调，建立协调落实机制、督办机制和成效评估机制，理清责任链条，加强督促检查，推动各项改革措施落地见效。中央驻闽单位可结合自身实际和主管部门规定，参照实行本实施意见。

中共福建省委办公厅

2016 年 9 月 12 日

中共福建省委办公厅　福建省人民政府办公厅关于印发《全面推进政务公开工作实施意见》的通知

各市、县（区）党委和人民政府，平潭综合实验区党工委和管委会，省直各单位：

《全面推进政务公开工作实施意见》已经省委、省政府领导同志同意，现印发给你们，请结合实际认真贯彻执行。

中共福建省委办公厅
福建省人民政府办公厅
2016年12月28日

（此件公开发布）

全面推进政务公开工作实施意见

为深入贯彻落实中共中央办公厅、国务院办公厅《关于全面推进政务公开工作的意见》（中办发〔2016〕8号）要求，进一步推进决策、执行、管理、服务、结果“五公开”，加强政策解读，回应社会关切，健全公开平台，强化组织领导，现提出如下实施意见。

一、总体要求和目标

全面贯彻落实党的十八大和十八届三中、四中、五中、六中全会精神，深入贯彻以习近平同志为核心的党中央关于全面推进政务公开工作的重要部署，按照省第十次党代会和省委十届一次全会提出的新要求，紧紧围绕“五位一体”总体布局和“四个全面”战略布局，牢固树立新发展理念，坚持以公开为常态、不公开为例外，依法依规明确政务公开的主体、内容、标准、方式、程序，推进行政决策公开、执行公开、管理公开、服务公开、结果公开，以公开促落实，以公开促规范，以公开促服务，加快打造法治政府、创新政府、廉洁政府和服务型政府，为“再上新台阶、建设新福建”营造公开透明的良好环境。

到2020年，依法积极稳妥施行政务公开负面清单制度，公开内容覆盖权力运行全流程、政务服务全过程，政务公开制度化、标准化、信息化水平显著提升，公众参与度、群众满意度显著增强。

二、推进政务阳光透明

（一）推进决策公开。把公众参与、专家论证、风险评估、合法性审查、集体讨论决定确定为重大行政决策法定程序。实行重大决策预公开制度，对涉及人民群众切身利益、需要社会广泛知晓的决策事项，除依法应当保密的外，在决策前应向社会公布决策草案、决策依据，通过发征求意见函、听证会、社会公示、调查研究、咨询协商、媒体沟通等方式，充分征求民主党派、社会团体、人大代表、政协委员、专家学者、法律顾问、利益相关公民、法人、其他组织等公众意见，并以适当形式公布意见收集和采纳情况。建立健全利益相关方、公众代表、专家、媒体等列席政府有关会议制度，增强决策透明度。决策作出后，应当通过政府公报、政府网站、报刊媒体等渠道向社会公开。（省政府办公厅牵头，省直有关部门、各设区市人民政府、平潭综合实验区管委会负责）

（二）推进执行公开。及时主动公开重点改革任务、重要政策、重大工程项目的执行措施、实施步骤、责任分工、监督方式等，根据工作进展公布取得成效、后续举措，多方面听取公众意见建议，加强和改进工作，确保执行到位。各级政府及其工作部门要做好督查和审计发现问题及整改落实情况的公开，对不作为、慢作为、乱作为问责情况要以典型案例通报的形式向社会公开，增强抓落实的执行力。（省直有关部门、各设区市人民政府、平潭综合实验区管委会负责）

（三）推进管理公开。进一步推进权力清单、责任清单、负面清单公开工作，建立健全清单动态调整公开机制，依法向社会公布职权名称、内容、行使主体和法律依据。推行行政执法公示制度，推动执法部门公开职责权限、执法依据、裁量基准、执法流程、执法结果、救济途径等内容，规范行政裁量，促进执法公平公正。推进监管信息公开，重点公开安全生产、生态环境、卫生防疫、食品药品、保障性住房、质量价格、国土资源、社会信用、交通运输、旅游市场、国有企业运营、公共资源交易等监管信息。除依法应当保密的外，推动财政专项资金管理、分配、执行全过程公开。公开民生资金等分配使用情况，重点围绕实施精准扶贫、精准脱贫，加大扶贫对象、扶贫资金分配、扶贫资金使用等信息公开力度，接受社会监督。（省直有关部门、各设区市人民政府、平潭综合实验区管委会负责）

（四）推进服务公开。把各地实体政务服务中心与“福建省网上办事大厅”结合起来，推动政务服务向网上延伸，全面公开服务事项、办事指南、办事流程、办理时限、收费依据、联系方式及投诉渠道等内容。各单位要依法及时向社会公布本单位相关的行政审批中介服务目录，公布项目名称、设立依据、收费标准、服务时限等。大力推进公共企事业单位办事公开，行业主管部门要加强分类指导，组织编制公开服务事项目录，制定完善具体办法，切实承担组织协调、监督指导职责。推行政府购买公共服务、政府和社会资本合作（PPP）提供公共服务的公开。（省编办、省效能办、省财政厅牵头，省直有关部门、各设区市人民政府、平潭综合实验区管委会负责）

（五）推进结果公开。加大对党中央、国务院和省委、省政府决策部署贯彻落实结果的公开力度，主动公开重大决策、重要政策、重点工作落实情况，加强工作督查结果的公开。推进发展规划、政府工作报告、为民办实事项目、政府重大决定事项落实情况的公开，重点公开发展目标、改革任务、民生举措等方面事项。建立健全重大决策跟踪反馈和评估制度，注重运用第三方评估、专业机构鉴定、社情民意调查等多种方式，科学评价政策落实效果，增强结果公开的可信度，以工作实绩取信于民。（省直有关部门、各设区市人民政府、平潭综合实验区管委会负责）

（六）深入推进重点领域信息公开。依照《中华人民共和国政府信息公开条例》，深化主动公开和依申请公开工作。依法及时公开涉及公民、法人或其他组织权利和义务的规范性文件，向社会公开规范性文件清理结果。大力推进财政资金、公共资源配置、重大建设项目、公共服务、国有企业经营、环境保护、食品药品安全等领域的政府信息主动公开，推进各领域主动公开目录体系建设，明确“五公开”的主体、内容、时限、形式等要件。加强突发事件、公共安全、重大疫情等信息发布，第一时间发布基本事实，动态发布处置进展。（省直有关部门、各设区市人民政府、平潭综合实验区管委会负责）

三、扩大政务参与

（一）主动做好政策解读。坚持“谁起草、谁解读”的原则，在起草政策时，同步考虑和安排解读工作。解读要全面、准确地讲清楚文件的出台背景、重点内容、特色亮点、落实措施等，对涉及群众切身利益的政策文件要进行重点解读。要发挥政策制定参与者、专家学者和新闻媒体的作用，统筹运用领导撰稿解读、专家解读、政策问答、在线访谈、媒体专访、新闻发布会等解读方式，注重运用数字化、图表图解、音频视频等形式，提升政策解读的针对性、科学性、权威性，让群众更好地理解政策。各地各部门领导干部要带头宣讲政策，新闻媒体、新闻网站、研究机构要做好重大政策的解读工作。（省直有关部门、各设区市人民政府、平潭综合实验区管委会负责）

（二）积极扩大公众参与。积极探索多层级、多领域公众参与的事项种类和方式，通过报刊、广播、电视等媒体及所属新媒体和省市县政府门户网站、政务微信、政务客户端等互联网平台及社区公开栏等传统公开平台，搭建政民互动平台，问政于民、问需于民、问计于民，增进公众对政府工作的认同和支持，提高政府公共政策制定、公共管理、公共服务的响应速度和质量。（省直有关部门、各设区市人民政府、平潭综合实验区管委会负责）

（三）及时回应社会关切。认真落实《国务院办公厅关于在政务公开工作中进一步做好政务舆情回应的通知》（国办发〔2016〕61号）的要求，建立健全政务舆情收集、研判、处置和回应机制，加强重大政务舆情回应督办工作，及时发现、有效引导舆论关注的热点问题。按照属地管理、分级负责、谁主管谁负责的原则，涉事责任部门是第一责任主体，本级政府办公厅（室）会同宣传部门做好组织协调工作。对涉及群众切身利益、影响市场预期和突发公共事件等重点事项，要及时发布信息。对涉及特别重大、重大突发事件的政务舆情，要快速反应发布权威信息，有关调查处理结果要及时向社会公布。（省委宣传部牵头，省直有关部门、各设区市人民政府、平潭综合实验区管委会负责）

（四）推进政府数据开放开发。按照国务院和省政府促进大数据发展的有关部署要求，制定实施稳步推进公共信息资源开放的政策措施。建立政府数据资源清单，编制政府数据共享开放目录与指南，明确共享开放范围边界和使用方法。制定数据开放计划，建设全省统一的政府数据开放平台，积极稳妥推进政府数据共享开放，打破数据壁垒，消除信息孤岛。推动信用信息互联共享，促进“信用福建”建设。优先推动民生保障、公共服务和市场监管等领域的政府数据向社会有序开放。支持鼓励社会力量充分开发利用政府数据资源，加强政府与企业、社会机构之间的合作，通过政府采购、服务外包、社会众包等多种方式开展政府大数据应用。（省发改委牵头）

四、提升政务公开能力

（一）完善政务公开相关制度。进一步健全和完善政务公开工作的相关制度，注重将政务公开实践成果上升为制度规范，保障政务公开工作规范高效运行。适时修订《福建省政府信息公开办法》，对不适应形势要求的规定及时予以清理调整。各级各部门要依法积极稳妥制定政务公开负面清单，细化明确不予公开范围，对公开后危及国家安全、经济安全、公共安全、社会稳定等方面的事项纳入负面清单管理，及时进行调整更新。负面清单外的事项原则上都要依法依规予以公开。健全公开前保密审查制度，规范保密审查程序，妥善处理好政务公开与保守秘密的关系，对依法应当保密的，要切实做好保密工作。（省政府办公厅牵头）

（二）加强政府网站和政务新媒体建设。围绕“打造更加全面的信息公开平台、更加权威的政策发布解读和舆论引导平台、更加及时的回应关切和便民服务平台”目标，建立健全政府网站开办准入机制，加强网站集约化建设，整合网站信息资源，完善功能，2018年前建成省级和设区市统一的政府网站技术平台。强化各级政府网站之间的协调联动及与主要新闻媒体、主要新闻网站、重点商业网站的联动。加强政务新媒体建设，充分运用新媒体手段拓宽信息传播渠道，逐步打造本地、本部门的政务微博、政务微信、政务客户端等平台。（省直有关部门、各设区市人民政府、平潭综合实验区管委会负责）

（三）提升政务服务水平。积极运用大数据、云计算、移动互联网等信息技术，加快推进“互联网+政务”，构建基于互联网的一体化政务服务体系。继续推进各级各部门行政审批、公共服务事项在“福建省网上办事大厅”集中公开，实现省、市、县、乡镇（街道）四级联动。加快构建实体政务大厅、网上办事大厅、移动客户端、自助终端等多渠道政务公开“一张网”。以教育、医疗、就业、社保、户籍、养老、住房、交通运输、环保、食品安全、公共安全为重点，实现各类公共服务网上查询、网上申请、网上办理、网上公开。到2018年，全面形成一个窗口统一受理、网上全流程办理、电子证照库为支撑的办事服务体系，90%以上服务资源实现网上预定和交付，全省80%的行政审批和公共服务事项实现网上办理，全流程公开可查。持续推动便民服务“马上就办”，整合建立统一的便民服务12345热线平台，对群众诉求事项快速处置、快速回复。开展基层政务公

开标准化规范化试点工作。（省发改委、省效能办牵头）

（四）认真办好政府公报。着力提升政府规章、规范性文件的发布质量和时效，高标准做好政府公报的编辑、出版工作，免费赠阅范围向基层倾斜，充分发挥标准文本的指导和服务作用。提升政府公报公共服务能力，充分利用政府网站和微博、微信等新媒体，推广网络版政府公报，扩大公开范围。（省政府办公厅牵头）

五、更好发挥新闻媒体在政务公开中的作用

（一）充分发挥新闻发言人的作用。新闻发言人是党和政府与人民群众联系、沟通的桥梁和纽带，是推进政务公开工作的重要力量。省直部门和县级以上政府应设立新闻发言人。各级政府及部门主要负责同志要带头接受媒体采访，表明立场态度，发出权威声音，当好“第一新闻发言人”，利用新闻发布会、答记者问、网上访谈等多种形式发布信息。要通过列席重要会议、阅读重要文件等方式为新闻发言人的工作创造必要条件，通过培训班、研讨会、讲座等多种形式加强对新闻发言人的专业培训。（省政府办公厅、省新闻办牵头，省直有关部门、各设区市人民政府、平潭综合实验区管委会负责）

（二）畅通媒体采访渠道。各级政府机关要畅通采访渠道，创造条件安排主流媒体及其新媒体负责人列席有关重要决策会议。出台重大决策部署，要充分运用新闻媒体、新闻发布会等平台做好解读阐释，主动向媒体提供素材，推荐相关专家学者等接受访谈。积极为媒体采访提供便利。发挥新闻网站、商业网站以及微博微信、移动客户端等新媒体的网络传播力和社会影响力，提高宣传引导的针对性和有效性。（省直有关部门、各设区市人民政府、平潭综合实验区管委会负责）

六、切实加强对政务公开的组织领导

（一）加强组织领导。各级党委和政府要高度重视政务公开工作。各级政府要在党委统一领导下，牵头做好政务公开工作，各级政府及其工作部门要确定一位领导分管政务公开工作，建立健全协调机制，明确责任分工，形成“一级抓一级，层层抓落实”的工作格局。各级政府及其工作部门办公厅（室）是政务公开工作的主管部门，具体负责组织协调、指导推进、监督检查本地区本系统的政务公开工作。进一步理顺机制，明确工作机构，配齐配强工作人员，加强政务公开工作经费保障，为工作顺利开展创造条件。整合政务公开方面的力量和资源，加强与新闻媒体、新闻网站等的沟通协调，做好统筹指导。有条件的地方和部门应把政务公开、政务服务、政府数据开放、公共资源交易监督管理等工作统筹考虑、协同推进。鼓励通过引进社会资源、购买服务等方式，提升政务公开专业化水平。各设区市、平潭综合实验区管委会和省直有关单位要结合实际，细化任务措施，明确责任分工，认真抓好落实。（省直有关部门、各设区市人民政府、平潭综合实验区管委会负责）

（二）加强考核监督。把政务公开工作纳入绩效考核体系，在各设区市、平潭综合实验区和各省直部门绩效考核中，所占分值比例不低于4%（含察访核验扣分）。鼓励支持第三方机构对政务公开质量和效果进行独立公正的评估，强化督查整改机制，改进问题与不足。充分发挥人大代表、政协委员、民主党派、人民团体、社会公众、新闻媒体对政务公开工作的监督作用。强化激励和问责，对政务公开工作落实好的，按照有关规定予以鼓励；对公开工作落实不到位的，予以通报批评；对违反政务公开有关规定、不履行公开义务或公开不应当公开事项，并造成严重影响的，依法依规严肃追究直接负责的主管人员和其他直接责任人员的责任。（省监察厅、省效能办牵头）

（三）抓好教育培训。各级政府要把政务公开列入公务员培训课程体系，依托各级党校、行政学院、干部学院等干部教育培训机构，通过现场培训、网络培训等多种形式加强对行政机关工作人员特别是领导干部的培训，增强公开意识，提高发布信息、解读政策、回应关切的能力。制定业务培训计划，精心安排培训科目和内容，分级分层组织实施，力争2018年底前将全省从事政务公开工作人员轮训一遍。鼓励省内高等学校开设政务公开课程，培养政务公开方面的专门人才。（省直有关部门、各设区市人民政府、平潭综合实验区管委会负责）

福建省人民检察院工作报告

——2017年1月20日在福建省第十二届人民代表大会第五次会议上

福建省人民检察院检察长 何泽中

各位代表：

现在，我代表福建省人民检察院向大会报告工作，请予审议，并请省政协各位委员和其他列席人员提出意见。

2016年的主要工作

2016年，在省委和最高人民检察院正确领导下，在省人大及其常委会有力监督下，全省检察机关认真学习贯彻党的十八大、十八届三中、四中、五中、六中全会和习近平总书记系列重要讲话精神，落实省第十次党代会部署和省十二届人大四次会议决议，紧紧围绕“五位一体”总体布局和“四个全面”战略布局，主动作为服务发展，切实履职维护公正，积极探索推进改革，严实过硬建设队伍，各项工作取得新的进展。全年共审查逮捕各类案件30888件42236人，审查起诉各类案件50839件67082人，立案侦查职务犯罪案件1080件1351人，办理刑事、民事、行政诉讼监督案件189592件次。

一、主动服务新福建建设，提供有力司法保障

坚持以五大发展理念为引领，围绕省委部署打造市场、开放、社会、生态“四个环境”，细化和落实服务保障措施，营造良好发展环境。

着力服务企业发展。针对经济下行压力和企业发展困难，深入企业调查研究，探索对策，与省工商联建立七项协作机制，制定服务和保障非公有制经济发展的十条措施。坚持各种所有制企业诉讼地位平等、诉讼权利平等、法律保护平等，全面落实查办职务犯罪“五个界限”“五个不轻易”等做法，在产业园区和重点企业设立检察室和检察联络点177个。积极参与整顿和规范市场经济秩序，推进知识产权领域行政执法与刑事司法衔接，探索集中管辖知识产权案件，加强对知识产权和名牌产品、驰名商标的司法保护。

着力服务对外开放。主动融入“一带一路”建设，成立平潭综合实验区检察院，福建自贸区福州、平潭、厦门片区派驻检察室。依法惩治涉外贸易往来、外商投资、产业合作等领域刑事犯罪，妥善处理“民转刑”案件。完善巡回检察、涉台案件集中管辖、专人专组办理等机制，为台商台企提供法律服务和保障。加强国际司法交流。推动与港澳台地区司法协作和司法互助。启动对台司法互助二级联络窗口试点，探索代送法律文书、司法互助调查取证、返还赃款赃物，推进两岸检察官常态化交流合作。

着力服务民生保障。为确保国家惠民政策落实，持续开展专项查办，立案侦查发生在群众身边、损害群众利益的职务犯罪931人，占办案总人数的68.9%。扎实开展为期五年的集中整治和加强预防扶贫开发领域职务犯罪专项工作，查办虚报冒领、截留私分、挥霍浪费扶贫资金等职务犯罪89人。密切关注人民群众对生态环境和食品药品的安全需求，开展破坏环境资源犯罪和危害食品药品安全犯罪两个专项立案监督，对21个案件挂牌督办，批捕440人，起诉1923人。对征收补偿、工伤保险、劳动争议、医疗救助等涉及民生的民事行政申请监督案件，优先办理、重点审查217件，赢得当事人的赞许和肯定。

着力服务生态保护。落实我省建设国家生态文明试验区部署，完善“专业化法律监督+恢复性司法实践+社会化综合治理”生态检察模式。批捕污染环境、非法采矿、盗伐滥伐林木等破坏环境资源犯罪355人，起诉1359人，查办生态环境领域职务犯罪63人。结合办案，探索开展养鱼治污、放流增殖、退茶还林、流域综治等生态修复工作。积极参与土壤污染防治行动，开展督促收取矿山生态环境恢复治理保证金等专项监督。以生态保护等领域为重点，深入推进公益诉讼试点工作，对水资源污染、矿产资源破坏等公共利益受侵害问题，在起诉前督促行政机关履行监管职责331件，对拒不履行职责的提起公益诉讼31件，促成恢复林地、耕地100多公顷，督促关停、整治污染企业62家，挽回经济损失近3亿元。

二、依法履行批捕起诉职能，维护社会和谐稳定

紧紧围绕平安福建建设，依法惩治犯罪，批准逮捕各类刑事犯罪嫌疑人34599人，提起公诉63142人。结合办案，化解矛盾纠纷，推动源头治理。

严厉打击严重刑事犯罪。积极参与开展严打暴恐、打黑除恶、“飓风肃毒”会战等专项工作，建立对盗抢骗、黄赌毒等犯罪常态化打击整治机制。批捕故意杀人、抢劫、强奸等严重暴力犯罪1763人，起诉2012人。打击暴力伤医、拐卖妇女儿童、拒不支付劳动报酬等侵害特殊群体权益犯罪，批捕169人，起诉311人。针对群众深恶痛绝的电信网络诈骗犯罪，持续严厉打击，批捕1423人，起诉1674人。全省三级检察院建立重大敏感案件快速反应机制，联动介入最高检和公安部挂牌督办的“2015.12.22”特大跨国电信网络诈骗案，批捕239人，依法妥善办理“e租宝”“泛亚”等重大敏感案件49件。

依法化解社会矛盾纠纷。对犯罪情节轻微的，决定不批捕3200人，不起诉2760人。加强羁押必要性审查，对被逮捕的犯罪嫌疑人、被告人提出释放或变更强制措施建议2783人。办理刑事和解924件，对其中780人依法不起诉。整合“信、访、网、电”诉求渠道，办理群众信访28974件。建成并启用连接四级检察机关的远程视频接访系统，探索建立律师参与化解和代理涉法涉诉信访，代理刑事申诉、国家赔偿案件制度，促进息诉罢访。依法办理国家赔偿案件39件，为174名刑事被害人及其近亲属提供司法救助。

积极参与社会治安综合治理。落实省委“六个专项治理”工作部署，创新检察环节社会治安综合治理。参与对学校、医院、人流密集场所等重点领域治安防控，配合做好严重精神障碍患者、刑满释放人员服务管理。对62名实施暴力危害社会、依法不负刑事责任的精神病人，向人民法院提出强制医疗申请。青少年违法犯罪关系万千家庭幸福安宁，检察机关积极探索保护性办案、社会化帮教、修复性救助、多元化普法“四位一体”的未成年人检察工作模式。针对侵害未成年学生的暴力犯罪，批捕309人，起诉360人。设立未成年人观护帮教基地316个，引入青少年司法社工参与帮扶，接收642名涉罪未成年人进入帮教基地，529人重返校园或重新就业。组织为期三年的“法治进校园”全省巡讲，广泛开展“反校园欺凌”等普法宣传活动。

三、积极查办和预防职务犯罪，推进反腐倡廉建设

坚决贯彻中央、省委关于反腐败决策部署，坚持惩治预防两手抓，立案侦查贪污贿赂犯罪886件1093人、渎职侵权犯罪194件258人。

突出查办职务犯罪大案要案。立案侦查处级以上干部104人，其中厅局级以上11人，查办百万元以上案件126件。根据最高检指定管辖，侦查起诉原河北省委书记周本顺涉嫌受贿案，原上海市委常委、副市长艾宝俊涉嫌受贿、贪污案。严肃查办“小官巨贪”案件，立案侦查涉案金额百万元以上的科级以下干部104人。马尾区马尾镇原党委书记张圣杰涉嫌受贿2284万元，被立案侦查；漳平市医保中心会计吴春汝挪用公款5466万元，被立案侦查并判处无期徒刑，群众拍手称快。追缴赃款赃物计1.73亿元，督促自首或抓获在逃职务犯罪嫌疑人37人，劝返“百名红通人员”唐东玫、“红通人员”刘汉伟回国投案。

严肃查办国家工作人员不作为、乱作为犯罪。围绕社会关注的食品药品监管、补贴资金管理等领域，查办渎职侵权犯罪82人。针对山东问题疫苗流入我省事件，检察机关积极办案回应群众关切，批捕非法经营疫苗犯罪32人，立案侦查背后职务犯罪46人，其中卫生防疫工作人员渎职犯罪16人。深挖执法司法不公背后的腐败犯罪，查办以权谋私、贪赃枉法、失职渎职的行政执法人员204人、司法人员102人。同步介入281起重大责任事故调查，查办事故背后渎职犯罪20人。

切实加强职务犯罪预防。推进行业性廉政风险防控，组织25个重点项目专题预防，开展预防调查262件、案例分析612件，发出检察建议390份。围绕市县乡换届选举，深入村居广泛开展专题预防活动。全面开展惩治和预防职务犯罪年度报告、专题报告工作，85项制度性建议被有关部门采纳。创新预防方式和载体，改进行贿犯罪档案查询工作，运用新媒体宣传廉政，探索职务犯罪案件庭审警示教育，增强预防效果。

四、强化对诉讼活动的法律监督，维护社会公平正义

坚持惩治犯罪与保障人权并重、实体公正与程序公正并重，强化对诉讼活动的法律监督，努力让人民群众在每一个司法案件中都感受到公平正义。

坚守防止冤假错案底线。积极推进以审判为中心的刑事诉讼制度改革，加强对刑事立案、侦查、审判等环节的法律监督。持续推进对公安派出所刑事侦查活动监督试点。对应当立案而不立案、不应当立案而立案的，依法监督立案612件，监督撤案537件，监督纠正侦查违法行为963件次。全面贯彻证据裁判规则，探索建立在押人员体表外伤检察监督机制，审查技术性证据和鉴定9422份，依法排除非法证据。对不构成犯罪或证据不足的，决定不批捕4437人、不起诉1180人。着力纠正有罪判无罪、无罪判有罪、量刑畸重畸轻等问题，提出刑事抗诉或再审检察建议155件。省检察院对不服法院死缓判决长期申诉的莆田许金龙等四人抢劫案提出再审检察建议，法院依法改判四人无罪。

维护刑事执行公正。注重保障刑事被执行人合法权益，监督纠正刑罚执行和监管活动中的违法情形882件次，办理减刑、假释、暂予监外执行监督26397件，纠正不当307件，纠正社区矫正脱漏管57人。针对一些罪犯财产刑“空判”问题，开展财产刑执行专项检察，建立涉财产刑罪犯大数据库，监督法院依法执行到位6.4亿元。针对部分罪犯在判处实刑后未交付执行、长期流散社会现象，从2014年开始持续开展专项清理，从50.7万名罪犯中筛查未交付执行938人，已监督纠正818人。专项清理工作引起最高检和中央政法委高度关注，2016年5月部署在全国开展专项清理。

加强民事行政检察监督。部署开展“基层民事行政检察工作推进年”活动，开展对人民法院司法确认和执行案款集中清理专项监督。办理各类民事行政监督案件2689件，对认为确有错误的民事行政裁判提出抗诉和再审检察建议101件，提请最高检抗诉8件，对违法执行活动和审判人员诉讼违法行为提出检察建议776件，对裁判正确的依法做好息诉服判工作。积极推动诚信诉讼环境建设，重点查处民间借贷、离婚财产分割等领域的虚构事实打“假官司”问题，查处民事虚假诉讼35件。

五、全面推进司法体制改革，探索工作机制创新

认真落实中央、省委和最高检部署，全面推进司法体制和检察机制改革，推动各项工作创新发展。

突出责任制员额制改革。按照司法人员分类管理要求，全省统一开展检察官入额遴选，2952名员额制检察官在国家宪法日举行宪法宣誓，普遍感到遴选公平公正，职业荣誉感、工作积极性提升，表示要尽职责、尽担当，为依法治国作出新的贡献。紧抓司法责任制这个“牛鼻子”，配套相关措施，厘清各层级办案主体、职责权限，建立办案组织设置、案件质量评查、检察官业绩评价、司法过错责任追究等11项制度。推进人财物省级统管和完善职业保障改革，组织基础数据摸底测算，提出改革建议，配合做好相关工作。

探索检察工作机制。深入推进刑事案件速裁

程序试点，对5643件轻微刑事案件加快办案进度，建议人民法院适用速裁程序，审查起诉周期由过去平均20天缩短至8天以内。组织开展刑事案件认罪认罚从宽制度试点，建立检察环节辩护律师参与下的认罪、量刑协商制度，推行被告人认罪与不认罪案件相区别的公诉模式。深化检务公开、涉检信访、人民监督员制度等改革试点，工作机制更加规范。全省三级检察院“两微一端”实现全覆盖，新媒体建设运营位居全国前列。

创新检察工作特色。各级检察机关探索方式创新、载体创新、机制创新。拓展服务大局载体。福州市开展“走访百家企业”“服务民营企业发展”专项活动助力福州新区建设，泉州市成立“打击、监督、保护、预防”一体化知识产权法律服务中心，宁德市依托“四下基层”推动重点地区金融风险防控。探索法律监督模式。厦门市探索行政处罚执行检察监督机制，莆田市依法监督催缴土地出让金、滞纳金，平潭综合实验区建立与自贸区行政监管单位衔接互动机制。改进执法办案方式。南平市推进审查逮捕案件公开审查和疑难案件会审，龙岩市积极参与流域水环境污染整治和矿山恢复治理。创新联系群众平台。漳州市围绕环境保护、精准扶贫开展专项巡回检察，三明市推广建设“一站式”检察服务大厅。检察工作的不断创新，有力促进了司法办案力度、质量、效率、效果的提升。

六、落实全面从严治党、从严治检，建设过硬检察队伍

坚持用先进理论武装思想，认真学习贯彻党的十八大、十八届三中、四中、五中、六中全会和习近平总书记系列重要讲话精神，按照“两学一做”学习教育要求，推进党的建设和队伍建设，夯实基础，提供保证。

以“两学一做”为引领，加强思想政治建设。扎实开展“两学一做”学习教育。坚持以党建带队建，推进“1263”机关党建工作机制创新，加强和规范党内政治生活，强化党内监督。坚持把“两提升五过硬”建设与“两学一做”学习教育有机结合，创新平台载体，组织研讨，总结经验，按照全面从严治党新要求，不断深化提升。以全国先进工作者、全国模范检察官、全国岗位学雷锋标兵刘龙清为代表，组织先进事迹报告、检察英模巡讲，激励和引导全省检察干部不忘初心，牢记责任，敢于担当。

以教育培训为抓手，加强履职能力建设。围绕检察官、检察辅助人员、司法行政人员三支队伍，分层分类分岗推进教育培训。通过承办重大疑难案件、承担重大课题研究、开展检察业务竞赛等强化锻炼培养，选拔全国和全省检察业务专家、业务标兵、办案能手56名。结合检察实务，开展理论研究。深化全员培训和岗位练兵，举办各类培训班，集中培训检察人员2310人次。创新教育培训方式，开展案例式、研讨式教学，推广网络培训、岗位实训，提升履职能力。

以巡视整改为契机，加强纪律作风建设。主动接受、积极配合最高检和省委巡视组对省检察院领导班子的联合巡视，制定和落实整改措施101条。针对巡视中发现的检察人员参与经商办企业和民间借贷活动、警示教育不到位等问题，部署在全省检察机关开展专项检查、专项清理和专题警示教育。按照政治巡视要求，对5个设区市检察院开展巡视，实现本届任期对全省9个设区市检察院巡视全覆盖。转化和运用巡视整改成果，围绕党的领导、党的建设、从严治党、从严治检等方面，制定和完善制度，开展“学制度、用制度，提高制度执行力”专项检务督察。运用监督执纪“四种形态”，严肃查处违纪违法检察人员22人。

以科技强检为重点，加强基层检察院建设。突出科技引领、信息支撑，推进电子检务工程建设，初步建成电子卷宗系统、侦查信息查询管理系统等一批信息化项目。巩固规范司法行为专项整治成果，依托信息化手段加强对案件办理的全程动态监督，依法保障律师会见、阅卷、调查取证权利，把规范司法的要求落实到基层。调整完善基层检察院建设考评机制，修订评估指标体系，引导基层检察院科学履职。

七、坚持党对检察工作的领导，自觉接受监督

始终坚持在党的领导下做好检察工作，把检察权置于人民监督之下。

自觉坚持党的领导。切实增强政治意识、大局意识、核心意识、看齐意识，自觉维护以习近平同志为核心的党中央权威。认真贯彻党的路线方针政策和省委决策部署，重要工作、重大问题、重要事项向省委报告，每年向省委常委会汇报工作。

自觉接受人大监督。认真落实人大及其常委会的决议和决定，及时向人大及其常委会报告工作，配合开展专题调研和执法检查。2016年，向省人大常委会专题报告刑事执行检察工作，得到充分肯定；邀请人大代表专题视察反贪工作、未成年人检察工作，观摩侦查监督、民事行政检察业务竞赛，参与公诉案件评庭、申诉案件公开听证、监管场所巡查、检务督察。全省共邀请各级人大代表2592人次，参加检务活动、专题视察308场。全省共办理、办结并反馈人大代表建议、批评和意见45件，各级人大常委会转交案件和事项32件。

自觉接受民主监督和社会监督。主动向政协通报检察工作情况，认真办理政协委员提案。健全与各民主党派、工商联和无党派人士联系机制，广泛听取意见建议。注重发挥人民监督员、特约检察员、专家咨询委员作用，监督司法办案，参与检察决策。与省司法厅规范人民监督员监督程序，拓展监督范围，提请人民监督员监督职务犯罪案件106件。普遍开展检察开放日活动，邀请社会各界代表走进检察机关，了解检察工作。主动与媒体沟通涉检舆情，及时回应社会关切。

一年来，全省检察机关共有241个集体和个人获得省级以上表彰，有些专题专项工作走在全国前列，办理的26个案件入选全国检察机关优秀案例、典型案例，15名干警在全国性业务竞赛中荣获“十佳”“业务标兵”和业务专家称号，6个基层检察院被评为第六届“全国先进基层检察院”，83.5%检察院被评为全国和省级文明单位、党建工作先进单位。

一年来的成绩，是全省各级党委、人大、政府、政协、社会各界和人大代表、政协委员关心、支持、帮助的结果。在此，我代表全省检察机关表示衷心感谢和崇高敬意！

我们也清醒看到，检察工作中还存在一些问题和不足：一是围绕新福建建设，检察机关发展理念、执法方式、服务措施有待进一步改进，新增法律监督职能有待进一步落实；二是部分基层检察院办案力量不足，知识产权、金融证券、互联网等领域专业人才缺乏，信息化建设相对滞后；三是司法体制改革不断深化，相关配套制度尚待完善和落实；四是全面从严治党、从严治检还有薄弱环节，司法规范和纪律要求在一些地方落实不到位，极少数检察人员违纪违法问题仍有发生。对这些问题，我们将紧盯不放，持续推动解决。

2017年的主要任务

2017年，全省检察机关要认真学习贯彻党的十八大、十八届三中、四中、五中、六中全会和习近平总书记系列重要讲话精神，贯彻落实省第十次党代会精神，按照中央、省委和最高检部署，增强政治责任感，提高工作预见性，扎实做好各项工作。

一是围绕中心、服务大局，为“再上新台阶、建设新福建”提供有力司法保障。牢固树立新发展理念，紧紧围绕福建“六区”建设，细化完善检察机关服务措施，持续改进执法办案方式方法。高度重视防控金融风险工作，依法惩治涉众型经济犯罪，配合做好风险防控和化解工作。切实加强产权司法保护，充分发挥法治对创新的引领、保障作用，平等保护各种所有制经济特别是非公经济产权，加大对知识产权司法保护力度。坚持恢复性司法理念，加强生态检察工作，更好守护福建青山绿水。

二是保安全、护稳定，忠实履行法律监督职责。强化忧患意识，增强政治警觉，坚决维护国家政治安全特别是政权安全、制度安全。充分履行批捕、起诉等职能，深入开展反恐怖、反分裂、反间谍、反渗透斗争，配合做好金砖国家会议相关安保工作，依法严厉打击影响群众安全感的黑恶势力、涉枪涉爆、盗抢骗、制贩毒品、拐卖妇女儿童、电信网络诈骗、危害安全生产等犯罪。保持查办和预防职务犯罪力度不减、节奏不变，重点打击权力寻租、利益输送、拉票贿选、买官卖官等贪污贿赂犯罪，坚决查处滥用职权、玩忽职守、徇私舞弊等失职渎职犯罪，集中整治和查处扶贫领域等发生在群众身边的职务犯罪。全面加强对刑事立案、侦查审判、执行和民事行政诉讼的法律监督，坚决纠正执法不严、司法不公等突出问题，让人民群众切实感受到公平正义。

三是深化改革、凝聚合力，不断探索创新。认真落实司法体制改革部署，统筹推进检察人员分类管理改革，配合做好人财物省级统管等工作。归类管理到人，司法责任到岗，绩效考核量化，健全办案组织，理顺内设机构，完善工作机制。坚决贯彻中央关于深化国家监察体制改革重大部署，加强协调配合，服从服务反腐败工作大局。深入推进以生态环境和资源保护领域为重点的公益诉讼试点。切实抓好以审判为中心的刑事诉讼制度改革和认罪认罚从宽制度试点。健全行政执法和刑事司法衔接机制，完善案件移送标准和程序，规范运行信息共享平台。创新检察监督平台、载体和方式，加快推进检察信息化建设。

四是从严治检、规范管理，建设过硬检察队伍。认真履行全面从严治党主体责任，巩固“两学一做”学习教育成果，加强检察机关党的建设，严肃党内政治生活，加强党内监督，进一步营造风清气正、干事创业良好生态。深化“两提升五过硬”建设，立足专业性要求和职业特点，提高队伍素养和专业水平。加强党风廉政建设和反腐败工作，紧紧扭住职业良知、坚守法治、制度约束、公开运行等关键环节，持之以恒规范司法行为，提升检察工作亲和力公信力。

各位代表，新的一年，我们将紧密团结在以习近平同志为核心的党中央周围，在省委和最高检的领导下，自觉接受人大及其常委会监督，落实各项部署和任务，强化法律监督，强化自身监督，强化队伍建设，奋发努力，扎实工作，为“再上新台阶、建设新福建”做出新的贡献，以优异成绩迎接党的十九大胜利召开。

福建省高级人民法院工作报告

——2017年1月20日在福建省第十二届人民代表大会第五次会议上

福建省高级人民法院院长　马新岚

各位代表：

现在，我代表福建省高级人民法院向大会报告工作，请予审议，并请省政协各位委员和其他列席人员提出意见。

2016年的主要工作

2016年，省法院在省委领导、省人大监督和最高人民法院指导下，深入贯彻党的十八大和十八届三中、四中、五中、六中全会精神，深入贯彻习近平总书记系列重要讲话精神和对福建工作的重要指示，坚决维护以习近平同志为核心的党中央权威，认真贯彻省第十次党代会精神和省十二届人大四次会议决议，紧紧围绕“五位一体”总体布局和“四个全面”战略布局，认真践行新发展理念，以“四行动”“两清积”“一工程”为抓手，大力推进司法为民、公正司法，各项工作不断取得新进展。全省法院受理各类案件914198件，办结748032件，比2015年上升17.39%和17.44%；其中，省法院受理12075件，办结9115件，上升18.86%和18.01%。

一、依法履行审判职责，为再上新台阶、建设新福建提供司法保障

全省法院办结刑事案件55353件，民商事案件404815件、标的总额2044.87亿元，行政案件8715件、非诉行政案件13311件、国家赔偿案件116件，执行案件229939件、标的总额162.67亿元，申诉、申请再审及其他案件8502件，减刑、假释案件27281件。同时，清理了历年执行积案455099件，发放执行款62.36亿元。

切实维护国家安全和社会稳定。坚持总体国家安全观，严惩危害国家安全犯罪，严厉打击黑社会性质组织犯罪、邪教组织犯罪和危害人民群众生命财产安全犯罪，审结案件49979件。审结走私、非法集资等经济犯罪案件3744件，审结贪污、贿赂等职务犯罪案件1630件，依法挽回经济损失8.71亿元。根据最高人民法院指定管辖，依法审理重大职务犯罪案件。坚持宽严相济，在生效判决53702名罪犯中，被判处各类犯罪五年以上有期徒刑直至死刑3742人，判处缓刑、管制等非监禁刑17221人。积极推进社会治理创新，参与全省“六个专项治理”，做好减刑、假释、监外执行和社区矫正等工作，促进平安福建建设。全省法院审结毒品犯罪案件4445件、电信网络诈骗案件880件，审结拐卖妇女儿童、性侵未成年人和校园暴力等犯罪案件555件。坚持寓教于审，判处未成年犯1464人，实行轻罪记录封存，帮助失足青少年复学、就业。

加强金融审判和企业破产重整工作。以防控金融风险、服务发展为主题，与省政府召开第三次府院联席会议并推进落实。加强金融案件专业化审判，设立金融案件审判庭和专门合议庭，完善集中管辖和纠纷预警、多元化解等机制，审结金融借款、民间借贷案件150260件、标的总额

1342.96亿元，上升19.78%和23.07%。依法推进企业破产重整，规范和完善破产案件简化审理、执行程序与破产程序衔接等，审结破产案件94件，上升49.21%。厦门中院推动设立破产管理人协会，并指导编制相关工作指引。

依法促进产业转型升级和创新驱动发展。妥善审理涉及优化产业结构、淘汰落后产能、基础设施建设等纠纷案件，审结公司诉讼、股权转让、建设工程、房地产等案件37135件，依法促进供给侧结构性改革和产业转型升级。坚持平等、全面、依法保护各种所有制经济产权，审结物权、买卖合同等案件42231件，促进完善产权保护制度。围绕创新驱动战略实施，加强对福厦泉国家自主创新示范区建设的司法服务保障，充分发挥知识产权司法保护的主导作用，审结专利权、商标权等纠纷案件4486件。

着力为深化改革开放营造良好法治环境。围绕自贸试验区建设，加强自贸区法庭和审判庭工作，完善案件审判、司法服务等机制，促进自贸区制度创新。着力保障海丝核心区建设，出台司法指导意见，审结涉外、涉港澳、涉侨和海事海商、铁路运输案件9486件。省法院完成最高人民法院审判理论重大课题《"一带一路"司法保障问题研究》，中英海事司法与海事仲裁论坛在厦门举行。加强涉台司法工作，办结涉台案件2108件、司法互助案件3165件，探索创建涉台社区矫正基地，完善司法互助网络，举办第八届海峡两岸司法实务研讨会。福州法院创新举措服务保障和推进福州新区建设，平潭综合实验区人民法院挂牌成立，加强对平潭开放开发和国际旅游岛建设的司法服务保障。

创新推进生态司法保护。省法院认真贯彻落实中央、省委关于国家生态文明试验区建设的决策部署，并积极向最高人民法院报告。最高人民法院十分重视，专门作出《关于支持福建省加快建设国家生态文明试验区重大部署的意见》，指导支持我省法院先行先试、积累经验，加强总结推广。省法院进一步完善生态环境审判先行示范经验，拓展深化16项工作机制，推进审判实务研究基地、司法实践基地和审判示范基地建设，打造生态环境司法保护"福建样本"升级版。全省法院审结生态环境案件2802件，责令补种、管护林木1.2万余亩。漳州法院完善"多层修复、立体保护"生态司法机制，三明法院建设生态司法保护示范基地，南平法院构建"惩治·修复·联防"保护模式，龙岩法院推进生态审判专业化精细化网络化。

加大力度促进依法行政。充分发挥行政审判职能，推进行政争议实质性化解，支持、监督行政机关依法行政。改革完善行政案件异地管辖模式。健全省、市、县三级府院联席会议机制，深化依法行政与公正司法良性互动，促进和规范行政诉讼工作。加强对非诉行政案件的审查和执行，推进"裁执分离"。完善国家赔偿联动机制，对赔偿请求人决定赔偿1426.28万元。去年7月，省法院向省人大常委会专项报告行政审判工作情况，并抓好审议意见的落实，不断提高行政审判工作水平。

二、回应群众关切期待，把司法为民、公正司法提高到新水平

健全依法保护群众权益的司法机制。坚持以人民为中心的发展思想，织密基本民生司法保障网。审结婚姻家庭、抚养继承案件42901件，权属、侵权案件64901件，判决赔偿总额31.93亿元。注重完善职工维权机制，审结劳动争议案件13157件。全面推进家事审判方式和工作机制改革，贯彻反家庭暴力法，保护妇女儿童等权益，促进家庭和睦、社会和谐。审理涉及老年人权益案件5407件，促进敬老养老助老。莆田等法院完善反家暴联动机制、人身保护令制度，探索家事纠纷解决新模式。加强司法助力扶贫开发工作，宁德等法院创新精准扶贫措施，为打赢脱贫攻坚战提供保障。深化司法拥军，完善涉军案件审理和司法维权机制，审结案件219件。推进司法救助与法律援助、社会救助相衔接，为经济困难当事人缓减免交诉讼费3027.49万元，对1958名刑事被害人、申请执行人和涉诉信访人提供司法救助3018.27万元。

推进"基本解决执行难"攻坚战。贯彻最高人民法院部署和省委常委会议精神，制定"两年基本解决执行难"工作纲要和方案，推进全省执行联动机制建设，形成综合治理执行难工作格局。

深化执行案件清积活动和专项治理，开展全省法院执行大会战，重点清理“六类案件”，落实“十个一批”，破解“十大难题”。完善执行指挥系统，将网络查控覆盖十大类97个协执单位，网上查询、冻结银行存款823.31亿元，查询房产、土地、车辆等48.61万件次，加强网络司法评估和拍卖，成交标的13153件、金额133亿元。贯彻中办、国办意见和我省实施意见，加快推进失信被执行人信用监督、警示和惩戒机制建设，公布失信被执行人名单265427人，其中65556人主动履行了义务。惩治拒不执行判决、裁定犯罪，有87人被追究刑事责任。厦门法院创新执行难综合治理模式，泉州、南平、龙岩等法院完善执行联动和信用惩戒机制，福州、平潭法院健全执行财产查控网络，漳州、莆田法院建立执行线索举报制度，三明中院完善拒不执行判决、裁定刑事案件自诉程序，宁德中院提高网络司法拍卖效率，有力促进解决执行难。

继续推进涉诉信访法治化。集中清理涉诉信访积案，加强源头治理、综合施策等，依法稳妥化解积案498件。建成涉诉信访信息化平台，落实诉访分离，推行网上办理、视频接访。全省法院办理群众来信来访25727件，同比下降15.77%。省法院与省司法厅、省律协出台实施细则，试点推进律师参与化解和代理涉法涉诉信访案件，有170个律师事务所的493名律师参与接访1665件2002人。做好全国“两会”、G20峰会等重要会议期间涉诉信访化解工作，得到最高人民法院充分肯定。

进一步深化司法公开民主。完善审判流程、庭审活动、裁判文书、执行信息“四大公开平台”，充分运用新媒体手段，发布司法信息47万条，庭审直播3372场，公开裁判文书446202份。推进“七五”普法，加强以案释法和司法建议，完善典型案例、法院新闻发布制度。省法院发布知识产权、行政审判白皮书和生态审判绿皮书，全省法院组织主题开放日470场、新闻发布会175场。省法院被评为全省法治宣传教育先进单位。改革和完善人民陪审员制度，全省7086名人民陪审员参审案件117873件，同比上升22.05%，一审普通程序案件陪审率达88.73%。

让司法服务更加便民惠民。落实立案登记制，拓展“跨域”立案服务，推进诉讼服务司法协作，提供更多更便捷的司法服务。全省法院当场登记立案率达97.96%。推行网上立案、远程开庭等智能服务，完善巡回审判制度，健全诉讼服务中心体系。省法院成立诉讼服务中心志愿者服务基地和律师工作室、调解室“一地两室”，泉州市两级法院率先实现跨域司法协作，厦门海事法院创设“远程视频认证”便民举措。充分发挥基层一线作用，全省基层法院办结案件647960件，占全省法院办结数的86.62%，其中209个人民法庭办结案件142457件。

三、深入推进司法改革，提升司法公信力和人民群众获得感

全面推进司法责任制改革。健全司法权力运行机制，制定审判权力和职责清单，完善审判委员会制度，落实裁判文书签署签发机制，让审理者裁判、由裁判者负责。组建新型审判团队，全省法院一线法官人均结案161.1件，增长14.74%；推进院庭长办案常态化，全省法院院长、庭长直接主审案件208520件。坚持放权与监督相结合，完善专业法官会议制度，强化类案指引、业绩考核、责任追究等。深化法官员额制改革，做好法官入额遴选考核考试工作。全省法院遴选入额法官3831人，司法体制改革迈出关键性一步。去年12月4日，全省三级法院同步举行法官宪法宣誓仪式。加强审判辅助人员制度改革，探索送达、保全等审判辅助事务集中管理。推进法院人员分类定岗，完成法官职务套改，配合做好省以下法院人财物统一管理相关改革工作。

深化以审判为中心的诉讼制度改革。贯彻最高人民法院等五部委联合印发的指导意见，严格执行证据裁判规则，严格依法作出裁判。推进庭审方式改革和庭审实质化，提高二审开庭率和证人、鉴定人出庭率，规范法庭调查程序，完善法庭辩论规则，强化当事人诉讼权利和律师执业保障。深化量刑规范化改革，扩大适用罪名和刑种。推进刑事案件认罪认罚从宽制度改革试点。

大力推进繁简分流和多元化解。全省法院积极应对近三年来年均14.85%的案件增量和办案压力，优化司法资源配置，加大繁简分流、多元化解力度，以年均17.92%的增幅办结案件。坚持简案快审、繁案精审，把繁简分流贯穿于刑事、民事、行政各领域和立案、审判、执行各环节，完善速裁程序、简易程序、普通程序等衔接配套的多层次诉讼制度体系。全省法院一审案件适用简易程序的占67.57%，审结民事小额诉讼案件10662件；18个试点基层法院适用刑事速裁程序审结案件5491件。推进多元化纠纷解决机制改革，出台实施意见，并确定24个示范法院，进一步发挥司法引领、推动和保障作用。省法院推动建立的诉调对接平台拓展至16个部门和行业。全省法院以诉讼调解、行政协调、执行和解等方式办结案件172206件。

加强监督管理、促进公正司法。坚持严格依法办案，严把案件事实关、证据关、程序关、法律关。加强审级监督，健全防范冤假错案工作机制，依法宣告26名被告人无罪。全省法院审结一审案件421572件，二审案件46238件；审结再审案件1073件，其中检察机关抗诉再审案件71件。省法院依法再审许金龙等抢劫案，宣告4名被告人无罪。完善案例指导制度，统一司法尺度，省法院公布第二批参考性案例，全省法院有16个案例入选最高人民法院发布的典型案例。加强审判管理，促进公正高效均衡结案。全省法院各类案件法定审限内结案率为98.26%，一审后当事人服判息诉的占88.71%，二审后达到98.59%。

着力提高法院信息化水平。发挥“互联网+”和信息化技术的支撑引擎作用，制定和落实福建法院信息化建设五年发展规划，构建法院信息化3.0版，加快建设“智慧法院”。完善信息化基础设施，全省法院建成高清科技法庭596个、司法信息集控管理中心57个。加强信息化融合应用，推进全流程网上办案，采用远程视频方式开庭审案、出庭作证等，探索创新庭审记录方式，加快推进诉讼档案电子化，提高司法政务事务警务信息化水平。

四、坚持全面从严治党，建设高素质过硬法院队伍

深化学习教育，坚定理想信念。组织广大干警深入学习贯彻习近平总书记系列重要讲话精神和治国理政新理念新思想新战略，树牢“四个意识”，坚决维护以习近平同志为核心的党中央权威。认真学习贯彻党章党规，严肃党内政治生活，加强经常性思想政治工作，完善周思想教育例会、月思想作风分析会、集中学习教育活动等，营造良好政治生态。扎实推进“两学一做”学习教育，开展专题学习研讨、“比奉献比业绩”岗位竞赛等，组织撰写《自律对照心得》，引导广大干警争做“四讲四有”合格党员和“司法为民、公正司法”合格法官。省法院党组在省委“两学一做”学习教育工作座谈会和全省党委（党组）中心组学习经验交流会上作介绍。

抓好能力建设，打造人才队伍。结合市、县换届工作，加强法院领导班子建设，贯彻党组工作条例，着力把方向、管大局、保落实。部署做好“十三五”期间法院教育培训工作，省法院举办各类培训班29期、培训12459人次。继续推进福建法官司法能力提升行动和“四个人才工程”建设，深化法院文化建设，加快建设全省司法人才库、法院新型智库。加强岗位练兵、青年干警传帮带和双向挂职交流等，提升队伍能力素质。

严肃作风纪律，推进反腐倡廉。深入学习贯彻准则、条例，严格落实全面从严治党主体责任和监督责任。始终把纪律规矩挺在前面，强化党内监督，狠抓正风肃纪。健全大督察机制，开展作风纪律网上督察、明察暗访、效能检查等，完善作风建设长效机制。省法院实现廉政监察员在机关各部门“全覆盖”。制定“三不腐”机制工程方案和党风廉政建设主体责任清单、责任追究办法，开展廉洁司法集中教育，落实防止干预过问案件“两个规定”等。强化监督执纪问责，运用“四种形态”，有案必查、有腐必惩，做到无禁区、全覆盖、零容忍。全省法院查处干警违纪违法案件42件42人。省法院认真接受省委巡视组巡视监督，并制定整改方案和责任清单，认真抓好巡视整改落实。

加强法院党的建设，提升公信形象。着力“抓党建、带队伍、促审判、树形象、创一流”，创新完善“三级联创”“五联三创”和“1263”党建工作机制，加强述责评议，带动推进法院整体工作。开展庆祝中国共产党成立95周年、纪念红军长征胜利80周年系列活动。坚持党建带群建，深化文明行业创建，做好关爱干警和老干部工作，建设“和谐机关、温馨家园”。完善培树推广、学习宣传先进典型长效机制，以“时代先锋”詹红荔、“时代楷模”黄志丽为标杆，在全省法院广泛开展典型领跑行动。黄志丽法官被评为全国优秀共产党员和CCTV2016年度十大法治人物。继2012年召开詹红荔精神研讨会后，最高人民法院再次在漳州召开黄志丽审判工作方法研讨会。去年，全省法院有175个集体、427名个人受到省级以上表彰。

五、坚持党的领导，接受人大监督，加强和改进法院工作

始终坚持党的领导，坚持法院工作和重要事项向党委报告制度，加强贯彻执行党的政治纪律情况专项督查，确保把党的理论和路线方针政策贯彻落实到法院工作中。主动接受人大及其常委会监督，坚持大会报告和专项报告工作制度，落实好人大决议和常委会审议意见。抓好代表意见建议办理，全省法院办复代表建议169件，其中省法院办复27件，并及时转化为指导性意见和具体措施。制定和落实人大代表联络工作规划，完善定向分级联络、集中走访通报、支持代表履职档案等制度，邀请代表参加重要会议和活动、旁听庭审、参与调解、见证执行等。邀请代表开展行政审判、执行工作专项视察，为省人大代表履职学习班作专题报告。去年10月，最高人民法院组织邀请7个省市区代表团的24位全国人大代表来闽视察，对福建法院工作给予充分肯定好评。自觉接受政协民主监督，邀请政协委员参与、监督司法，加强与各民主党派、工商联、无党派人士和人民团体的密切联系，全省法院办复委员提案77件，其中省法院办复14件。畅通民意沟通渠道，接受社会监督，推进法院工作。

各位代表，去年法院工作取得的成绩，是各级党委领导、人大监督、政府支持、政协民主监督及社会各界、广大人民群众关心帮助的结果。我代表全省法院表示衷心的感谢和崇高的敬意！

同时，我们清醒地看到，法院工作还有不足和差距：依法履职、防控风险、服务发展的能力水平需进一步提高，化解矛盾纠纷、维护安定稳定、促进公平正义的职能作用需进一步强化；人民群众司法需求快速增长与各级法院司法能力和资源不足的矛盾仍然存在，全省法院案件总量加速攀升，法院干警办案和工作压力持续加大，审判质量效率、司法便民利民等仍需提升，执行难、涉诉信访等问题需下力攻坚；全面深化司法改革任务繁重，相关改革举措需协同、配套推进，司法资源配置、审判机制、监督管理等仍需完善；队伍建设需要加强，有的干警素质不高、作风不正，办案不公正、不廉洁，甚至违纪违法、贪赃枉法，损害了司法公信。对此，我们将在各方面关心支持下，采取有力措施，认真加以解决。

2017年的主要任务

2017年是我们党和国家历史上具有特殊重要意义的一年，我们将迎来党的十九大。全省法院要深入贯彻党的十八大和十八届三中、四中、五中、六中全会精神，深入贯彻习近平总书记系列重要讲话精神和治国理政新理念新思想新战略，认真落实省第十次党代会精神，切实按照中央、省委和最高人民法院的决策部署，牢固树立和贯彻落实新发展理念，始终坚持司法工作目标主线，坚持“抓党建、带队伍、促审判、树形象、创一流”，充分发挥审判职能，着力改革攻坚，从严抓好队伍，为再上新台阶、建设新福建提供有力司法保障，为党的十九大胜利召开营造安全稳定的社会环境。

（一）坚持党的领导、人大监督，忠实履行职责。牢固树立政治意识、大局意识、核心意识、看齐意识，坚决维护以习近平同志为核心的党中央权威，始终在思想上政治上行动上同以习近平同志为核心的党中央保持高度一致。始终坚持党的领导、人民当家做主、依法治国有机统一，自觉接受人大及其常委会监督，更好地体现人民意愿、保障人民权益。把维护国家政治安全特别是政权安全、制度安全放在第一位，增强工作预见性，全面提升防范应对各类风险挑战的水平，确保国家长治久安、人民安居乐业。

（二）依法服务发展大局，保障加快建设新福建。坚持稳中求进工作总基调，妥善审理好各类纠纷案件，依法保障供给侧结构性改革、创新驱动发展、城乡协调发展，促进稳增长、促改革、调结构、惠民生、防风险。完善生态、知识产权、涉台涉港澳、涉外和海事海商等审判机制，加强行政审判工作，强化对我省多区叠加、加快发展的司法服务保障。严厉打击刑事犯罪，严惩腐败犯罪，加强社会治理创新，着力营造良好社会环境和法治环境，推动平安福建、法治福建建设。

（三）深化司法体制改革，提高司法公信力。锲而不舍推进司法责任制改革，落实法官员额制、审判辅助人员制度、司法人员职业保障等各项政策措施，让改革活力充分释放出来。继续深化以审判为中心的诉讼制度改革，完善立案登记制、繁简分流机制、刑事速裁和认罪认罚从宽制度、人民陪审员制度等，依法保障律师执业权利，健全多元化纠纷解决体系，提高司法质量、效率和公信力。加快建设“智慧法院”，积极运用现代科技手段，提升执法办案能力和司法水平。

（四）着力严格公正司法，维护人民权益。坚持依法独立公正行使审判权，坚持以事实为根据、以法律为准绳，加强审级监督、审判管理、司法公开、防范冤假错案等工作，确保宪法法律正确实施。加大产权保护力度，妥善审理涉及民生各类案件，创新完善“跨域”立案、司法协作等便民利民机制，发挥基层法院的优势作用，让人民群众有更多公平正义获得感。以省市县三级人大对执行工作开展联动监督为契机，全力打好两年基本解决执行难这场硬仗，完善执行联动机制，确保如期实现目标，开创执行工作新局面。

（五）坚持全面从严治党，强化队伍建设。严格落实管党治党责任，严格执行党章和准则、条例，严肃党内政治生活，强化党内监督，坚持标本兼治，提高政治觉悟，增强文化自信，坚定理想信念。巩固深化巡视整改成果，强化监督执纪问责，驰而不息抓好作风纪律建设。坚持严字当头，深入推进党风廉政建设和反腐败斗争，以“零容忍”态度严惩司法腐败。着力抓班子、带队伍，加快建设高层次法院人才队伍，深化向詹红荔、黄志丽同志学习活动，造就信念坚定、执法为民、敢于担当、清正廉洁的法院队伍，进一步营造风清气正、干事创业的良好生态。

各位代表，新的一年，我们要紧密团结在以习近平同志为核心的党中央周围，在省委领导、省人大及其常委会监督下，认真落实本次大会提出的各项任务，依法忠诚履职，深化改革创新，扎实做好法院工作，为再上新台阶、建设新福建提供有力司法保障，以优异成绩迎接党的十九大胜利召开！

关于福建省2016年预算执行情况及2017年预算草案的报告

——2017年1月18日在福建省第十二届人民代表大会第五次会议上

各位代表：

受福建省人民政府委托，现将福建省2016年预算执行情况及2017年预算草案提请省十二届人大五次会议审议，并请省政协各位委员和其他列席人员提出意见。

一、2016年预算执行情况

全省各级各部门在省委、省政府的坚强领导下，深入贯彻党的十八大、十八届三中、四中、五中、六中全会和习近平总书记系列重要讲话精神，认真落实省委九届十五次、十六次全会和省第十次党代会决策部署，积极推动供给侧结构性改革，努力克服经济下行压力，全面落实营改增等减税降费政策，预算执行总体平稳，省十二届人大四次会议关于预算决议的要求得到有效落实，为我省“十三五”规划良好开局提供财力保障。

（一）2016年预算收支情况

1. 一般公共预算

省十二届人大四次会议通过的2016年地方一般公共预算收入2709.85亿元，全省财力预算为3624.35亿元，相应安排全省一般公共预算支出3624.35亿元。2016年5月1日起全面推开营改增试点，原缴纳营业税的所有行业都缴纳增值税，由中央和地方共享，即原增值税（中央和地方按75:25比例入库）和营业税改征的增值税（100%为地方收入）改按50:50比例入库。经省十二届人大常委会第二十六次会议批准，全省地方一般公共预算收入调减59.21亿元，省级收入调减29.62亿元。

2016年，全省完成一般公共预算总收入4295.22亿元，比上年增加151.19亿元，增长3.7%，如考虑新增结构性减税降费影响后，可比增长6.6%。其中：地方一般公共预算收入2654.78亿元，完成预算的100.2%，比上年增加110.54亿元，增长4.3%，同口径增长7%。全省一般公共预算支出4287.41亿元（含中央专款和上年结转等支出），比上年增加285.83亿元，增长7.1%。

省级一般公共预算收入270.44亿元，完成预算的101.6%，比上年增加22.05亿元，同口径增长8.9%。省级支出467.18亿元（含中央专款和上年结转等支出），比上年减少86.18亿元，下降15.6%，如考虑2015年省级盘活历年存量列支等不可比因素影响，可比增长3%。中央税收返还和转移支付补助1068.41亿元，比上年增加49.75亿元，增长4.9%。省对市县税收返还和转移支付补助1068.49亿元，比上年减少26.78亿元，下降2.4%，主要原因是：部分涉企专项资金改变支持方式，由直接补助市县改为通过省级产业股权投资基金对接市县具体项目，影响对市县转移支付6.4亿元；2015年从盘活历年存量资金中一次性安排对市县转移支付43.5亿元。剔除上述因素，可比增长2.2%。

2. 政府性基金预算

全省政府性基金收入1626.07亿元，完成预算的 125.3%，比上年增加 321.51 亿元，增长 24.6%。全省政府性基金支出 1517.65 亿元，比上年增加 106.31 亿元，增长 7.5%。

省级政府性基金收入 39.64 亿元，完成预算的 92.3%，比上年减收 8.67 亿元，下降 17.9%。省级政府性基金支出 22.08 亿元，比上年减少 9.59 亿元，下降 30.3%。

3. 国有资本经营预算

全省国有资本经营收入 86.24 亿元，完成预算的 139.8%。全省国有资本经营支出 48.82 亿元，完成预算的 88.5%。

省级国有资本经营收入 56.89 亿元，完成预算的 162.9%。省级国有资本经营支出 29.46 亿元，完成预算的 84.3%。

4. 社会保险基金预算

全省社会保险基金收入 1191.51 亿元，完成预算的 94.7%。全省社会保险基金支出 1008.24 亿元，完成预算的 94.4%。

省级社会保险基金收入 340.49 亿元，完成预算的 92.7%。省级社会保险基金支出 331.37 亿元，完成预算的 92.1%。

2016 年，财政部核定我省新增债务限额 419 亿元，比上年增长 110.6%，扣除厦门市 73 亿元后（财政部单独核定，计划单列），新增债务限额为 346 亿元，其中：一般债务限额 320 亿元，专项债务限额 26 亿元。因此，增加省级一般公共预算收入 320 亿元，用于省级一般公共预算支出 5.96 亿元，用于省级转贷市县支出 314.04 亿元，增加省级政府性基金收入 26 亿元，全部转贷市县支出。

以上快报数在结算和决算编制中可能还会有所变动，决算编成后再按规定报省人大常委会审批。

（二）2016 年组织预算执行工作情况

按照省十二届人大四次会议决议，以及省人大财政经济委员会的审查意见，财政部门严格执行预算法，积极推动各级各部门依法加强预算管理，着力做好以下五个方面工作：

1. 贯彻预算法律法规抓执行

按照预算法要求，依法执行预算。一是在人大批准预算后的法定期限内，加快批复部门预算，批复时间较上年提前 13 日。二是对下转移支付进度进一步加快，上半年下达 751.6 亿元，比上年同期增加 267.11 亿元。三是预决算公开稳步推进，109 家省级部门公开预决算和“三公”经费预决算，实现应公开单位全覆盖。四是预算绩效评价进一步加强，共审核批复 99 个省级部门、604 个项目绩效目标，涉及财政资金 293.36 亿元，比上年增长 3.7%。对 27 个专项进行重点评价，涉及资金 44.27 亿元，比上年增长 6.7%。

2. 落实财税扶持政策促转型

全面推开营改增试点，建筑业、房地产业、金融业、生活服务业纳入试点范围。落实资源税全面从价计征改革。严格执行小微企业和高新技术企业税收优惠等政策。全面停征工业企业省定涉企行政事业性收费，实施失业、工伤、生育保险费阶段性降费。全省共减税降费 370 亿元。落实工业企业结构调整专项奖补政策，加快化解过剩产能。支持保障性安居工程建设，推进棚户区改造，鼓励合理购房消费，缓解库存压力。通过金融机构涉农贷款增量奖励、银行类金融机构贡献奖励、推动建立科技银行、实施国库现金管理等方式，引导和支持金融部门加大对实体经济的扶持力度。实施企业技术改造和培育科技小巨人领军企业行动计划，支持产业改造提升和龙头企业转型升级。整合省级财政扶持产业发展资金，实施新兴产业倍增计划，促进新兴产业、主导产业、现代服务业等协同发展。发展特色现代农业和设施农业，确保现代农业生产发展项目覆盖各主产县。以高标准农田建设为重点推进农业综合开发，扶持农业产业化经营。

3. 创新财政支持方式扩投资

鼓励和引导社会资本特别是民间资本加大投资力度，大力推广政府和社会资本合作（PPP）模式，全省累计共落地项目 56 个，总投资 886 亿元，引入社会资本 703 亿元。推动政府投资基金加快设立和运营，目前省级已经启动和正在筹备的有 PPP 引导基金、产业股权投资基金、现代服务业、技改等 10 只基金，基金总规模超过 600 亿元，省级财政已经明确的一期出资和已经出资的资金超过 100 亿元。扩大政府购买服务领域和范围，全省政府购买服务 84.4 亿元，比上年增长 136%。通过实施财政贴息、规费减免、资金补助等措施，加快推进交通、市政、水利、环保等基础设施建设领域投资。完成地方政府置换债券与新增债券发行计划2137.2亿元，存续期内节约融资成本284亿元，将中央新增债务资金重点用于城市公用设施、扶贫、新型城镇化、产业园区基础设施等领域。加强资金筹措，支持县域、新增长区域加大投资和加快发展，加大对原中央苏区、革命老区和海岛地区发展的支持力度。

4. 加大资金筹措力度保民生

全省与民生相关的重点支出3147.64亿元，增长7.7%，占全省一般公共预算支出比重73.4%。下达省委、省政府22个为民办实事项目省级（含中央）资金199.56亿元，完成进度106.4%。全力推进脱贫攻坚，按上年度地方一般公共预算收入的2‰统筹扶贫资金5.08亿元，专项用于实施精准扶贫。大力支持造福工程易地扶贫搬迁、扶贫小额信贷担保贴息、整村推进扶贫开发、救助因病致贫和因灾致贫群体等工作。省级支出156.48亿元，支持教育协调发展。推进农村义务教育薄弱学校改造、城区中小学建设项目，全面实施义务教育学校标准化建设。实施第二轮学前教育发展三年行动计划，新增幼儿学位3万个。推进现代职业教育、高水平院校发展。省级支出108.74亿元，完善社会保障和就业制度。稳步提高社会保障待遇水平，农村低保标准、城乡医疗救助对象基金筹集标准、新农合和城居保政府补助标准、基本公共卫生政府补助标准分别提高15%、100%、10.5%、12.5%。推进重特大疾病医疗救助，全面实施临时救助制度，支持社会养老服务产业发展和残疾人事业发展。完善城乡均等的公共就业创业服务体系，鼓励毕业生求职创业、建设创业大本营等。省级支出146.16亿元，深化医药卫生体制改革。加快推进城镇职工医保、城镇居民医保、新农合“三保合一”，促进城镇居民和新农合的“六统一”。省级支出46.96亿元，加大财政生态投入，落实《国家生态文明试验区（福建）实施方案》，推动资源节约和减排降碳，加快环境监管能力建设，增强生态重点区域保护生态环境和提供基本公共服务的能力。省级支出22.08亿元，发展文化体育事业。扶持文化产业项目建设，加大文化遗产保护力度，支持涉台文物和传统村落文物保护。支持文化场馆免费开放、县级以上文艺院团免费或低票价演出、新闻出版广电文化惠民工程。扶持文化精品创作生产和人才培养。落实省政府体育产业发展十条措施，支持全民健身项目，支持我省运动员备战里约奥运会。

5. 加强财政服务管理提效能

开展走访百家企业服务发展活动，建立全省千家重点税源企业联系监测制度，关注涉企财税优惠政策落实情况和企业发展的政策建议。强化预算执行动态监控，完善支出进度通报和考评制度，加快支出进度。推进非税收入收缴电子化管理改革，开展跨省异地缴纳交通违法罚款试点。推进省直机关公务用车制度改革，建立公务交通补贴制度，规范公务交通费用管理。推进政府采购网上公开信息系统建设，提高政府采购透明度和效率。开展全省行政事业单位国有资产清查，加强行政事业单位和省级文化企业国有资产管理，促进资产保值增值。推进乡镇财政所标准化建设，提高基层财政资金监管和服务水平。继续推进国库集中支付电子化改革、预算绩效管理、财政管理一体化信息系统推广应用等工作。

2016年预算执行工作，在省委、省政府的正确领导下，自觉接受人大的依法监督和政协的民主监督，全省各级各部门团结一心、共同努力，财税部门真抓实干、奋力拼搏，取得了较好成效。同时，预算执行中仍然存在着一些困难和问题，主要是：财政收入增幅明显趋缓，地区间财政收入增幅差异加大；财政收支矛盾更加突出，一些地方的财政困难加剧；部分领域专项资金分配分散，使用效率不高的情况还一定程度存在；一些市县偿债能力有所弱化，潜在政府债务风险等。我们高度重视这些问题，认真听取各位代表、各位委员的意见和建议，将采取有力措施逐步加以解决。

二、2017年预算草案

2017年是实施“十三五”规划的重要一年，也是全面落实省第十次党代会精神的第一年，预算编制和财政工作将认真贯彻“五位一体”总体布局和“四个全面”战略布局，坚持稳中求进的工作总基调，牢固树立和贯彻落实新发展理念，围绕建设机制活、产业优、百姓富、生态美的新福建，有效落实积极的财政政策，坚持做大总量与提升质量并重，盘活存量与做优增量并举，深化财税改革，加强财源建设，创新支持方式，提升管理绩效，着力支持创新驱动和供给侧结构性改革，着力支持扩大有效投资，着力支持脱贫攻坚和改善民生，着力支持生态建设和环境保护，推动我省经济社会发展再上新台阶。

（一）2017 年预算编制的主要依据

1. 收入政策方面

——落实减税降费政策，巩固全面营改增试点成果，继续暂免征收小微企业增值税、营业税以及减半征收企业所得税，继续实施失业、工伤、生育保险费阶段性降费，落实取消、减免、暂停征收行政事业性收费和政府性基金等各项政策。

——落实中央和我省促进扩大有效投资的要求，保持一定的债务规模，做好债券发行工作。

——按照国务院要求，将新增建设用地土地有偿使用费转列一般公共预算并统筹使用，提高省国资委监管企业利润上缴比例，加大调入预算稳定调节基金规模。

2. 支出政策方面

——突出支出重点。在保运转的基础上，统筹财力重点保障省第十次党代会确定的创新驱动和供给侧结构性改革、扩大有效投资、脱贫攻坚、改善民生、生态建设和环境保护等重点领域支出。教育、农业、卫生、计生、科技投入增幅高于支出增幅。保障县级基本财力，省级财力下沉，向收支缺口大、财政困难的地区倾斜。

——创新支出方式。积极运用政府和社会资本合作（PPP）模式，扩大政府购买服务规模，用好各类政府投资基金，加大对社会资本的引导力度，激发民间投资活力。

——厉行勤俭节约。认真落实中央八项规定精神和厉行节约反对浪费的要求，坚持过“紧日子”，一般性支出按5%的幅度压减，“三公”经费继续下降。

3. 预算管理方面

——硬化中期财政规划对年度预算的约束。省级部门编制的 2017 年部门预算项目支出建议数与 2016—2018 年中期财政规划相应年度项目支出控制数相衔接。

——盘活存量，做优增量。把上年度预算执行结果作为下年度预算安排的依据，压缩预算执行率低、结转规模较大的部门预算安排规模。部门新增项目支出优先通过盘活存量资金和调整支出结构安排。

——建立正向激励机制。进一步推进财政专项资金清理整合，改革专项资金分配方法，以绩效为导向，加大对真抓实干成效明显地方的支持力度。

（二）2017 年全省及省级预算

按照中央和省委、省政府的决策部署，根据财政收支政策和预算管理要求，编制一般公共预算，并编制政府性基金预算、国有资本经营预算和社会保险基金预算。预算具体安排如下：

1. 一般公共预算

2017 年，全省一般公共预算总收入按 4518.57 亿元编制，比上年增加 223.35 亿元，增长 5.2%，剔除营改增减负翘尾影响，可比增长 6.7% 左右。其中：地方一般公共预算收入按 2787.52 亿元编制，比上年增加 132.74 亿元，增长 5%，剔除收入划分体制调整翘尾影响，同口径增长 7.5%。地方一般公共预算收入加预计中央体制净补助 931.14 亿元、调入预算稳定调节基金 210 亿元，全省总财力预计为 3928.66 亿元，比上年增加 300.88 亿元，增长 8.3%。全省一般公共预算支出按 3928.66 亿元编制，增长 8.3%。

省级一般公共预算收入按 259.1 亿元编制，比上年减少 23.27 亿元，下降 8.2%，主要原因是：省级收入主要是营业税，营改增后，原归属省级的改征增值税收入 50% 上划中央。省级一般公共预算收入加中央税收返还和转移性收入 891.14 亿元、市县财政上解收入 218.34 亿元、调入预算稳定调节基金 85 亿元和债券还本付息资金 4.04 亿元，减应上解中央支出以及对市县的税收返还和补助支出 870.74 亿元，省本级财力预计 586.88 亿元，比上年增加 6.39 亿元，增长 1.1%。省本级一般公共预算支出按 586.88 亿元编制。

省级主要支出项目安排情况：农林水支出 173 亿元，增长 11%。社会保障和就业支出 105 亿元，增长 8.2%。医疗卫生与计划生育支出 143 亿元，增长8.2%。教育支出138亿元，增长5.8%。文化体育与传媒支出16亿元，增长16.3%。科学技术支出17亿元，增长17.9%。节能环保支出59亿元，增长17%。

2. 政府性基金预算

全省政府性基金收入按1634.2亿元编制，比上年增加8.13亿元，增长0.5%。全省政府性基金支出按1634.2亿元编制。

省级政府性基金收入按27.17亿元编制，比上年减少12.47亿元，下降31.5%，主要原因是：按照国务院要求，将15.7亿元新增建设用地土地有偿使用费由政府性基金预算转列一般公共预算。省级政府性基金收入加中央提前下达基金专项转移支付11.43亿元、调入债券付息资金0.11亿元，合计38.71亿元。省级政府性基金支出按38.71亿元编制。

3. 国有资本经营预算

提高省国资委监管企业利润上缴比例，由8%提高到13.5%。全省国有资本经营收入按93.59亿元编制，比上年增加5.55亿元，增长6.3%。国有资本经营支出按93.59亿元编制。

省级国有资本经营收入按74.55亿元编制，其中动用上年结转收入28.28亿元，比上年增加39.61亿元。调出0.87亿元用于债券付息，省级国有资本经营支出按73.68亿元编制，比上年增加38.74亿元。

4. 社会保险基金预算

全省社会保险基金收入按1313.75亿元编制，比上年增加122.24亿元，增长10.3%。全省社会保险基金支出按1170.11亿元编制，比上年增加161.87亿元，增长16.1%。

省级社会保险基金收入按386.77亿元编制，比上年增加46.28亿元，增长13.6%。省级社会保险基金支出按379.21亿元编制，比上年增加47.84亿元，增长14.4%。

2017年省级全口径预算统筹安排支出1949.22亿元，重点保障四个方面的支出：

——支持创新驱动和供给侧结构性改革。安排101.43亿元，增长18.1%。重点用于：深化人才发展体制机制改革，实施“海纳百川”高端人才聚集计划，提高科技成果人员奖励标准，激发人才创新创造创业活力。优化财政科技计划的设置和管理，提高科技资源利用效益。保障福厦泉国家自主创新示范区建设。着力振兴实体经济，落实新一轮企业技术改造专项行动计划，支持淘汰落后产能和战略性新兴产业科技成果转化。通过政府投资基金、补助、贴息等方式，支持物流、软件与信息服务、地方金融、旅游等现代服务业加快发展。持续推进营商环境建设，鼓励外贸企业加快转型升级、拓展国际市场，支持创新商业模式、实施外贸品牌战略，培育外贸竞争新优势。支持推进农业供给侧结构性改革，探索粮食等重要农产品价格形成机制，做好粮食收储管理，扶持茶业、渔业等优势资源产业发展，深化推进农业“三项补贴”改革，加快特色现代农业发展。

——支持扩大有效投资稳增长。安排243.14亿元，增长17.8%。重点用于：强化财政资金政策的导向作用，用足用好政府债券资金，进一步扩大交通、市政、民生、环保、水利、信息网络、新型城镇化等领域的有效投资。支持基础设施、产业发展、社会事业和民生保障等投资工程包推介实施，积极运用政府和社会资本合作（PPP）模式、政府投资基金以及政府购买服务等创新方式，鼓励和引导社会资本进入公共服务和基础设施领域。以扶持特色产业基础较好的市县为重点，支持县域、新增长区域加快发展。用好用足国家赋予我省的扶持政策，积极争取财税优惠政策，进一步支持平潭综合实验区、中国（福建）自由贸易试验区、21世纪海上丝绸之路核心区、福州新区加快建设。

——支持脱贫攻坚和改善民生。安排974.39亿元，增长9.4%。重点用于：加大对原中央苏区、革命老区和扶贫开发工作重点县基本公共服务的支持力度。支持造福工程易地扶贫搬迁、产业扶贫、因病因残致贫救助等扶贫开发重点工作。继续加大对教育领域的财政投入，支持义务教育、学前教育、现代职业教育和高等教育发展。合理提高社会保障待遇水平，逐步提高退休人员养老金标准，继续提高城乡居民基本医疗保险财政补助和个人缴费标准、基本公共卫生服务项目财政补助标准。农村低保省级财政年人均分档补助标准从2070元提高到2400元。完善城乡居民大病保险制度。推进公立医院和基层医疗卫生机构改革，支持医疗保障管理体制改革。落实困难残疾人生活补贴和重度残疾人护理补贴制度。落实和完善支持养老服务业发展的政策措施，加快推进城乡社区居家养老专业化服务工作。加大对就业困难人员就业的帮扶力度，鼓励高校毕业生到中小企业和城乡基层就业及自主创业，促进农民工、高校毕业生等人员返乡就业创业。支持现代公共文化服务体系建设，提高公共文化服务供给体系质量和效率，促进文化产业基地、园区和特色产业群发展，实施全民健身战略。落实棚户区改造税费优惠和贷款贴息政策，推进棚改货币化安置和政府购买棚改服务，支持棚户区改造和农村危房改造。支持两岸民间交流与青年创业。做好在厦门举办金砖国家领导人会晤的保障工作，省以下法院、检察院经费上收省级统一管理，加大公共安全经费投入，深化"平安福建"建设。

——支持生态建设和环境保护。安排79.07亿元，增长15.3%。重点用于：支持建设国家生态文明试验区。继续推进宜居环境建设，全面改善城乡环境面貌和质量。完善重点流域生态补偿机制，推进汀江—韩江流域跨省横向生态补偿。开展小流域治理，加大全省流域水环境治理和生态保护力度。推进危险废物污染防治，提升危险废物处置能力。支持海洋环境保护，提高海洋监测及预警报水平。加强土壤污染防治，支持开展地灾搬迁治理和农业地质工作。加大基本农田保护、土地整理、土地复垦、耕地开发支持力度，保持耕地占补平衡。建设农田水利，夯实农业生产基础。

三、2017年财政改革和预算执行

（一）深化财税改革

推进财税体制改革，根据中央指导意见，研究省以下财政事权和支出责任划分改革实施方案，提前做好相关领域的测算和衔接。完善均衡性转移支付办法，充分考虑各地向持有居住证人口提供基本公共服务的支出需求，支持农业转移人口市民化，加快实现基本公共服务常住人口全覆盖。健全预算管理，加强年度预算与中期财政规划的衔接，完善跨年度预算平衡机制。严格执行地方预决算公开操作规程，建立健全预决算公开考核机制，抓紧建立预决算公开统一平台，提高预决算透明度。推进财政专项资金清理整合，建立省级财政专项资金清单，实行动态化管理，盘活财政存量资金，增加资金有效供给。改革部门专项资金分配办法，把资金的分配与省委、省政府部署落实、产业发展、税源培植等绩效挂钩。加强营改增全面扩围情况及影响的分析评估，做好推进综合与分类相结合的个人所得税改革的分析测算，继续落实资源税改革，配合做好烟叶税等税收立法工作，密切跟踪环境保护税、房产税、消费税等改革动向，开展地方税体系建设研究。加强社会保险基金研究测算和政策预判。积极协同推进司法体制、医疗保障、养老保险制度等重点领域和关键环节改革。

（二）促进财源建设

有效落实积极财政政策，加快推动产业转型升级，支持实体经济振兴。认真梳理评估已出台的惠企政策，提高政策匹配度，推动重大项目落地建成，规模以上企业健康成长，主导产业做大做强，重点产业提质增效，新兴产业和现代服务业加快发展。支持总部经济发展，建立较完善的总部企业发展环境、政策框架和服务体系，加大力度引进新的总部企业，做大做强现有总部，促进设立职能总部，鼓励引进和就地转化设计、创意、研发等知识产权成果。加强财政监测分析，健全千家重点税源企业联系监测制度，通过抓重点产业、抓大户，了解涉企财税优惠政策落实情况，提升服务企业水平。围绕"机制活、产业优、百姓富、生态美"四个专题开展调查研究，制定有针对性、可操作性强的财政政策措施。建立激励机制，鼓励市县结合本地实际，确定财源建设目标和重点，综合运用财政、金融与产业等政策，优化土地、人才等要素资源配置，加大财源培植力度，增强市县财政可持续发展能力。

（三）强化预算执行

加强收入预算执行分析研判，落实财政、国税、地税部门联合收入协调工作机制，促进依法征收、应收尽收，不收"过头税"。深入推进非税收入收缴电子化管理改革。加快预算支出进度，强化预算执行动态监控，健全支出进度通报考核和约谈机制，加大对预算单位的督促力度。对预

算执行进度较慢或预计年内难以执行的资金，及时收回或调整用于亟须支持的领域。加强债券发行与库款管理的协调，存量债务转换要提前做好衔接，确保发债后尽快形成支出，减少置换债券资金滞留。改进资金分配方式，民生类资金更多采取因素分配法切块下达，基础设施建设领域专项资金主要采取项目法分配，产业类资金更多采用基金模式投入，积极推行并完善以奖代补和竞争性分配方式。依托财政一体化信息系统和福建省财政专项资金管理信用记录系统，建立资金申报身份识别制度。

（四）提高管理绩效

全面推进预算绩效管理，建立健全使用绩效为导向的财政资金配置机制，选择重点项目进行绩效评估，定期公开评估结果，并作为部门预算配置的依据。落实财政部管理绩效考核与激励办法，以加强财政收支管理、盘活存量资金、国库库款管理、地方政府债务管理、统筹使用财政资金等为重点，进一步提升财政管理绩效。积极推广运用财政管理信息一体化系统，推进国库集中支付电子化建设，部署推广政府采购网上公开信息系统，不断提升财政管理的科学化、规范化、信息化水平。巩固乡镇财政标准化创建成果，进一步提高财政服务基层、服务三农的能力。

（五）防范债务风险

严格执行预算法和有关要求，统筹考虑财政承受能力、债务限额空间与债务风险程度，合理确定债务规模、结构和来源。依法厘清政府债务边界，地方政府仅在出资范围内承担有限责任，禁止各种变相、违规举债和担保行为。管好用好债券资金，规范债券资金投向，组织做好存量债务置换工作。防范隐性债务风险，探索建立涉及中长期政府支出责任统计监测和定期报告制，加强事前审核和监控，超过财政承受能力的禁止新增涉及中长期政府支出责任事项。政府购买服务原则上限制在既有预算安排的基本公共服务项目。建立政府性债务风险应急处置机制，完善债务风险评估、预警、应急处置和问责机制，防范局地债务风险。

（六）加强监督检查

严格执行人大批准的预算，落实人大审查意见，重视做好建议提案办理工作。认真落实审计整改决定，不断改进财政工作。加强预算监督、财经纪律监督和会计监督，持续开展中央八项规定精神落实情况、重大财税政策执行情况、重点民生领域专项资金使用情况检查。扎紧财经纪律制度笼子，带头遵守财经法纪，严肃查处资金分配及使用中存在的虚报冒领、骗取套取、截留侵占等问题，确保财政资金按照规定的程序和要求管理使用。

各位代表、各位委员，新的一年我们将在省委、省政府的领导下，自觉接受人大的依法监督和政协的民主监督，主动作为，扎实工作，凝心聚力，锐意进取，努力完成全年各项任务，为实现“再上新台阶，建设新福建”作出更大的贡献，以优异的成绩迎接党的十九大胜利召开！

福建省财政厅

2016 年福建省国民经济和社会发展统计公报

一、综合

初步核算，全年实现地区生产总值 28519.15 亿元，比上年增长 8.4%。其中，第一产业增加值 2364.14 亿元，增长 3.6%；第二产业增加值 13912.73 亿元，增长 7.3%；第三产业增加值 12242.28 亿元，增长 10.7%。第一产业增加值占地区生产总值的比重为 8.3%，第二产业增加值比重为 48.8%，第三产业增加值比重为 42.9%。人均地区生产总值 73951 元，比上年增长 7.5%。

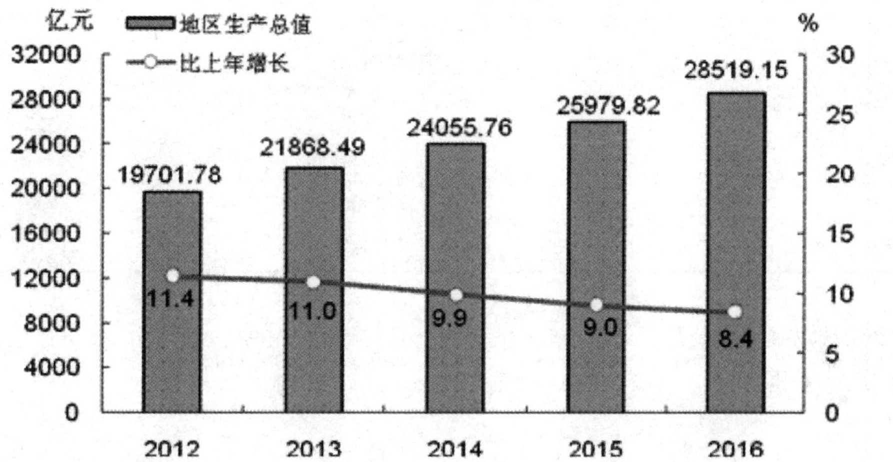

图 1　2012—2016 年地区生产总值（GDP）及其增长速度

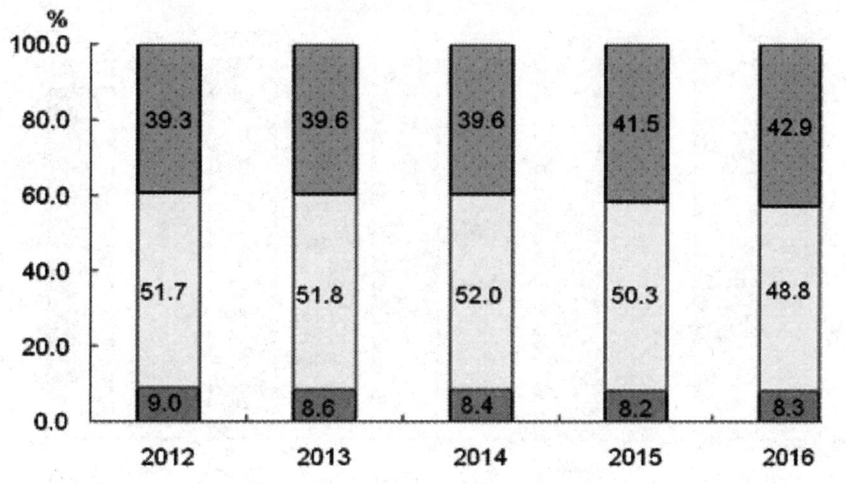

图 2　2011—2016 年三次产业增加值占地区生产总值比重

全年战略性新兴产业实现增加值3145.92亿元，比上年增长7.2%，占地区生产总值的比重为11.0%。

全年全省互联网重点企业实现互联网业务收入432.7亿元，比上年增长23.4%。

初步统计，全年全省电子商务交易总额10196亿元，比上年增长43.3%。限额以上批发和零售企业实现网上零售额543.15亿元，增长46.7%。"正统网"入驻电子商务企业7382家。

年末全省常住人口3874万人，比上年末增加35万人，增长0.91%，增幅比上年略高0.04个百分点。其中，城镇常住人口2464万人，占总人口比重为63.6%，比上年末提高1.0个百分点。全年出生人口56万人，出生率为14.5‰；死亡人口24万人，死亡率为6.2‰；自然增长率为8.3‰。

表1 2016年年末人口数及其构成

指　　标	年末数（万人）	比重（%）
常住人口	3874	100.0
其中：城镇	2464	63.6
乡村	1410	36.4
其中：男性	1970	50.9
女性	1904	49.1
其中：0—14岁	635	16.4
15—64岁	2906	75.0
65岁及以上	333	8.6

全年城镇新增就业60.73万人，有14.56万城镇下岗失业人员实现了再就业。年末城镇登记失业率为3.86%，比上年末上升0.20个百分点。

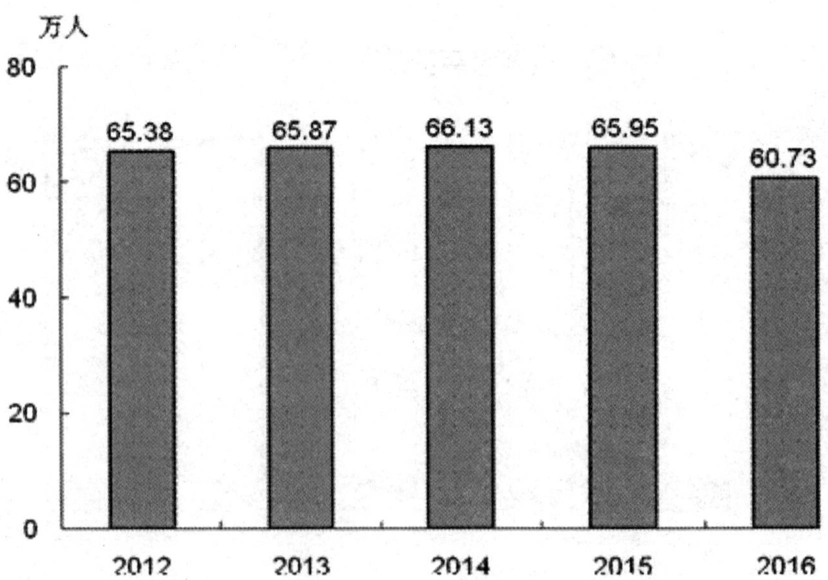

图3 2011—2016年城镇新增就业人数

全年居民消费价格比上年上涨1.7%，其中食品价格上涨4.7%。固定资产投资价格与上年持平。工业生产者出厂价格下降0.9%。工业生产者购进价格下降2.0%。农产品生产者价格上涨8.3%。12月份，福州市、厦门市、泉州市新建商品住宅销售价格同比分别上涨27.6%、41.9%和9.1%。

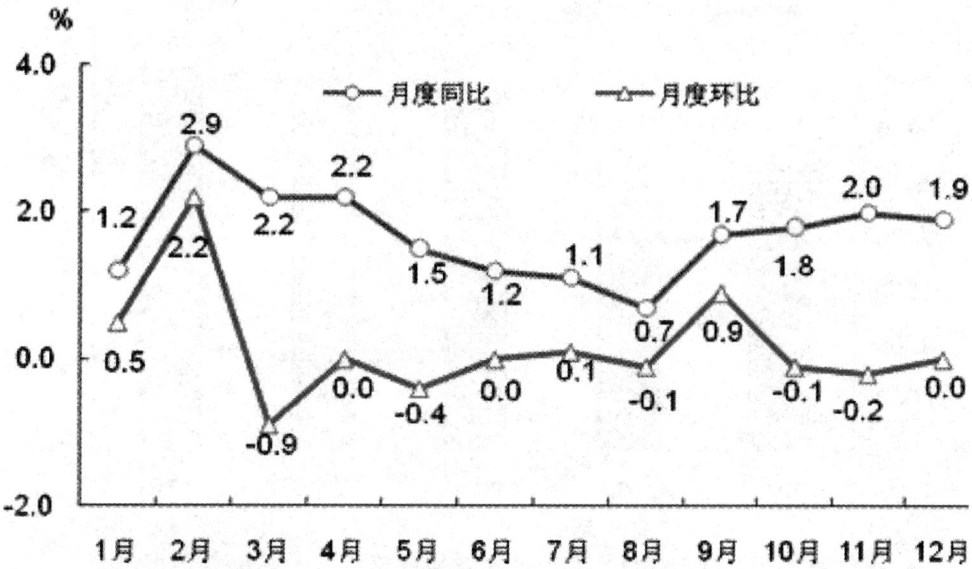

图4　2016年居民消费价格月度涨跌幅度

表2　2016年居民消费价格比上年涨跌幅度

指　　标	全　省（%）	城　市	农　村
居民消费价格总水平	1.7	1.8	1.5
食品烟酒	3.9	4.0	3.6
衣着	0.3	0.1	1.1
居住	0.7	0.9	-0.1
生活用品及服务	-0.2	-0.3	0.2
交通和通信	-0.6	-0.6	-0.5
教育文化和娱乐	1.2	1.1	1.4
医疗保健	2.9	3.6	1.1
其他用品和服务	2.5	2.6	2.2

表3　2016年福州、厦门、泉州市新建商品住宅销售价格涨跌幅度（月度同比）

月份	1月	2月	3月	4月	5月	6月	7月	8月	9月	10月	11月	12月
福州	3.3	5.5	7.7	11.1	12.9	13.9	15.5	20.4	26.2	29.1	29.2	27.6
厦门	8.7	10.2	15.9	21.7	28.3	34.0	39.6	44.3	47.0	45.9	43.9	41.9
泉州	-1.0	0.0	0.7	1.9	1.9	1.8	2.5	3.8	5.4	6.2	8.4	9.1

全年全省一般公共预算总收入4295.22亿元，可比增长6.6%，其中，地方一般公共预算收入2654.78亿元，同口径增长7.0%；一般公共预算支出4287.41亿元，增长7.1%。全省国税总收入（含海关代征）2470.4亿元，增长6.2%；全省地税系统组织各项收入2460.83亿元，下降2.2%。

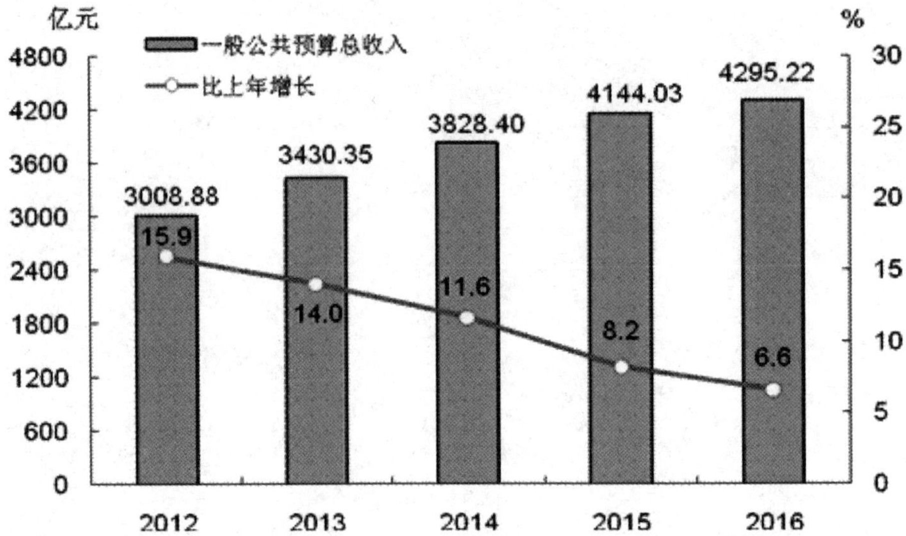

图5 2011—2016年一般公共预算总收入及其增长速度

二、农业

全年农林牧渔业完成总产值4155.68亿元，比上年增长3.7%。粮食种植面积1765.10万亩，比上年减少24.73万亩，其中稻谷面积1154.09万亩，减少29.36万亩；烟叶种植面积102.45万亩，增加0.41万亩；油料种植面积180.08万亩，增加1.59万亩；蔬菜种植面积1151.08万亩，增加35.67万亩。

全年粮食产量650.87万吨，比上年减少10.23万吨，下降1.5%。其中，稻谷产量471.47万吨，减少13.56万吨，下降2.8%。

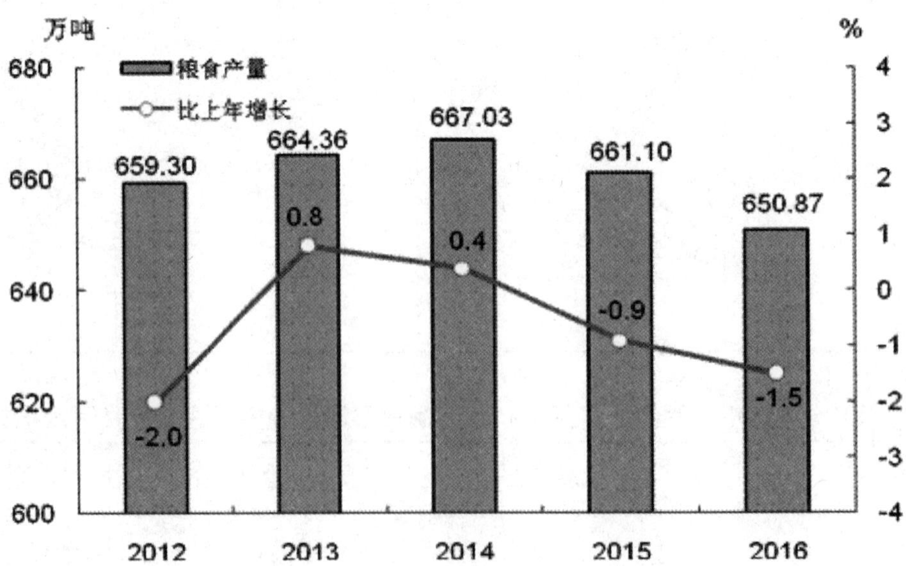

图6 2011—2016年粮食产量及其增长速度

表 4　2016 年主要农产品产量

产品名称	产量（万吨）	比上年增长（%）
粮食	650.87	-1.5
春收	38.63	1.9
夏收	129.83	-4.6
秋收	482.41	-1.0
油料	31.03	1.2
其中：花生	28.88	1.0
油菜籽	1.95	3.4
糖料	37.02	-15.0
甘蔗	37.02	-15.0
烤烟	14.33	-0.1
茶叶	42.68	6.1
水果	855.34	2.2
蔬菜	1833.43	2.4
食用菌	118.19	13.4

全年肉蛋奶总产量 269.36 万吨，比上年增长 4.6%。肉类总产量 225.64 万吨，增长 4.2%。其中，猪肉产量 136.00 万吨，增长 1.1%；禽肉产量 80.48 万吨，增长 10.0%；牛肉产量 3.21 万吨，增长 4.5%；羊肉产量 2.52 万吨，增长 6.7%。年末生猪存栏 983.18 万头，下降 7.8%；生猪出栏 1720.52 万头，增长 0.7%。牛奶产量 15.45 万吨，增长 3.3%。

全年水产品产量 767.98 万吨，比上年增长 4.6%。其中，淡水产品产量 102.50 万吨，增长 5.0%；海洋捕捞 233.10 万吨，增长 0.4%；海水养殖 432.38 万吨，增长 7.0%。

全年新增恢复有效灌溉面积 9.32 万亩，新增节水灌溉面积 76.35 万亩。

农业产业化持续推进，774 家省级以上重点龙头企业销售收入 3074.50 亿元，比上年增长 5.4%，带动农户 458.54 万户。

三、工业和建筑业

全年全部工业增加值 11517.21 亿元，比上年增长 7.4%。规模以上工业增加值增长 7.6%。在规模以上工业中，分经济类型看，国有及国有控股企业下降 0.4%；国有企业增长 4.6%，集体企业增长 1.7%，股份制企业增长 9.1%，外商及港澳台商投资企业增长 5.1%；私营企业增长 10.7%。分轻重看，轻工业增长 7.2%，重工业增长 8.0%。分门类看，采矿业增长 8.1%，制造业增长 8.0%，电力、热力、燃气及水生产和供应业增长 0.2%。工业产品销售率 96.52%，比上年下降 0.23 个百分点。

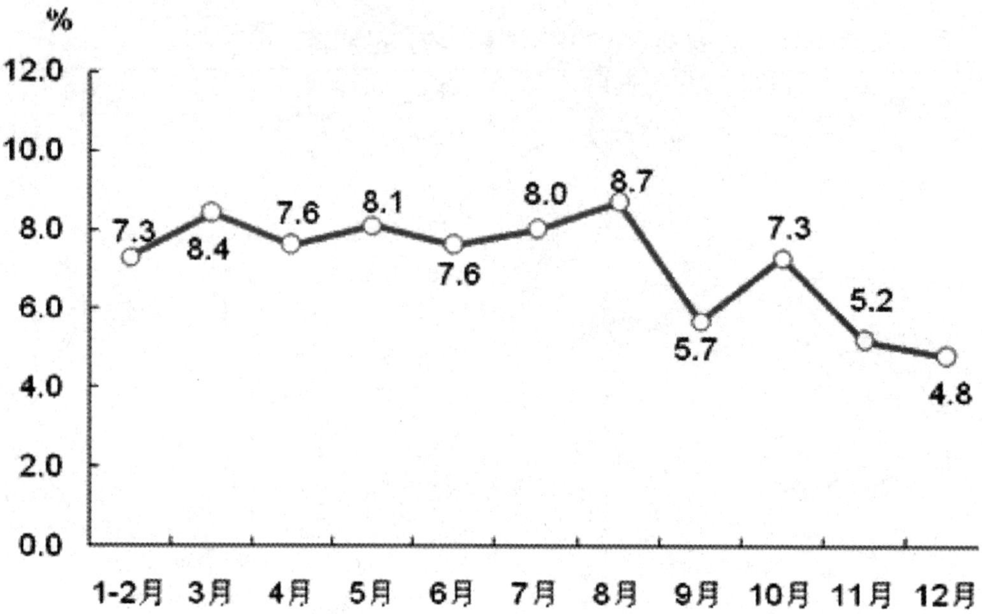

图7 2016 年规模以上工业增加值增长速度（月度同比）

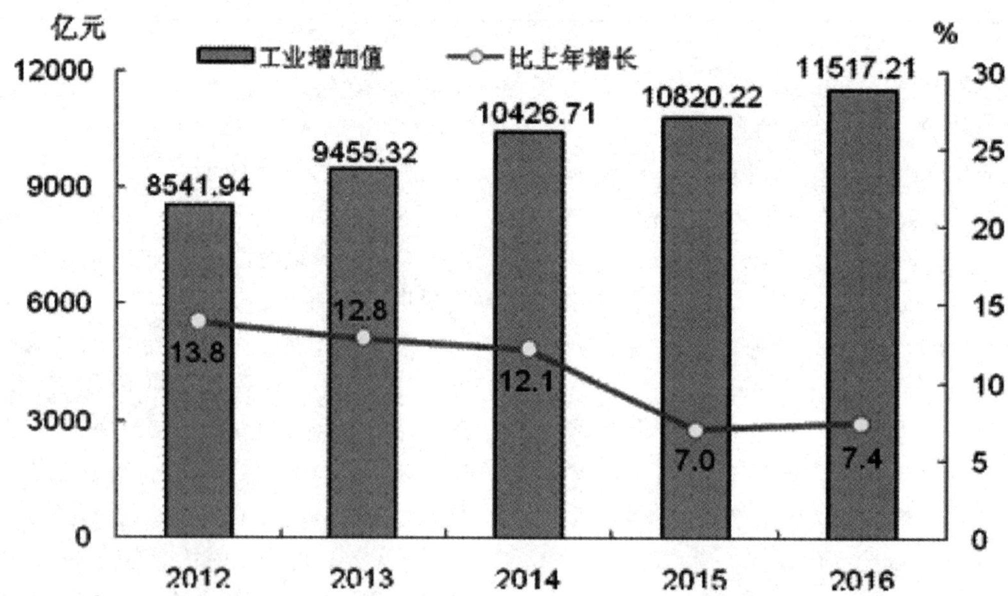

图8 2011—2016 年全部工业增加值及其增长速度

规模以上工业的 38 个行业大类中有 15 个增加值增速在两位数。其中，化学纤维制造业比上年增长 22.2%，石油加工、炼焦和核燃料加工业增长 13.7%，黑色金属矿采选业增长 12.7%，有色金属冶炼和压延加工业增长 10.9%，废弃资源综合利用业增长 8.4%，黑色金属冶炼和压延加工业增长 4.0%，燃气生产和供应业增长 1.9%，化学原料和化学制品制造业增长 1.3%。规模以上工业中三大主导产业实现增加值 3744.42 亿元，增长 10.0%。其中，机械装备产业实现增加值 1754.08 亿元，增长 11.0%；电子信息产业实现增加值 777.02 亿元，增长 10.6%；石油化工产业实现增加值1213.32亿元，增长8.6%。六大高耗能行业实现增加值2571.88亿元，比上年增长5.8%，占规模以上工业增加值的比重为23.3%。高技术制造业实现增加值1116.55亿元，增长11.7%，占规模以上工业增加值的比重为10.1%。装备制造业实现增加值2547.00亿元，增长9.7%，占规模以上工业增加值的比重为23.1%。

表5　2016年规模以上工业企业主要工业产品产量

产品名称	单位	产量	比上年增长（%）
纱	万吨	484.67	10.4
布	亿米	81.60	8.2
化学纤维	万吨	685.21	19.1
成品糖	万吨	0.56	-73.4
卷　烟	亿支	832.16	-11.6
彩色电视机	万台	1015.57	-28.9
原　煤	万吨	1346.68	-10.2
发电量	亿千瓦时	2004.60	6.5
其中：火电	亿千瓦时	915.32	-17.5
水电	亿千瓦时	630.55	43.6
粗　钢	万吨	1516.80	-4.4
钢　材	万吨	2859.58	0.5
十种有色金属	万吨	45.59	11.4
其中：精炼铜	万吨	32.99	21.1
原铝	万吨	12.41	-8.3
水　泥	万吨	8091.20	5.0
硫　酸（折100%）	万吨	187.46	8.4
纯　碱（碳酸钙）	万吨	16.24	1577.5
烧　碱	万吨	36.65	10.9
化　肥（折纯）	万吨	51.83	-14.9
发电设备	万千瓦	20.20	-13.8
汽　车	万辆	22.02	15.2
其中：轿车	万辆	1.59	-62.1
集成电路	亿块	1.63	16.9
移动通信手持机	万台	2568.63	20.3
微型计算机设备	万台	847.36	3.5

注：发电量为全社会口径。

全年规模以上工业企业实现利润2643.25亿元，比上年增长19.5%；其中国有及国有控股企业203.04亿元，增长31.8%；国有企业2.60亿元，下降40.0%，集体企业3.70亿元，下降36.1%，股份制企业1552.31亿元，增长18.7%，外商及港澳台商投资企业1046.48亿元，增长22.3%；私营企业803.66亿元，增长13.0%。规模以上工业企业资产负债率52.29%，同比下降

0.89个百分点；每百元主营业务收入中的成本为86.2元，主营业务收入利润率为6.28%。

全年全部工业产品（采矿业和制造业）销售收入中，销往省内比重为43.8%，比上年上升1.7个百分点；销往省外的比重为38.6%，下降1.2个百分点；销往境外的比重为17.6%，下降0.5个百分点。

全年全社会建筑业实现增加值2421.34亿元，比上年增长6.9%。全省具有资质等级的总承包和专业承包建筑业企业完成建筑业总产值8531.45亿元，增长12.2%；实现利润279.32亿元，增长6.2%；税金总额280.89亿元，增长7.4%。

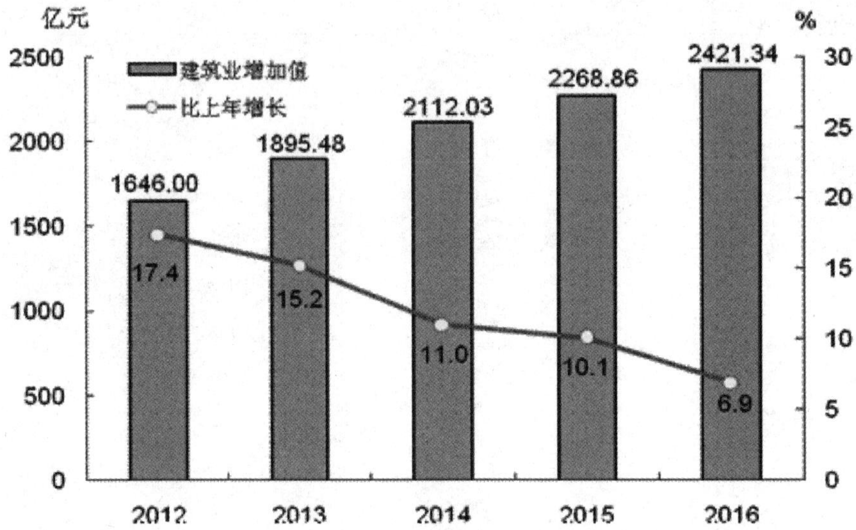

图9 2011—2016年全部建筑业增加值及其增长速度

四、固定资产投资

全年固定资产投资22927.99亿元，比上年增长9.3%。

从含跨区项目情况看，第一产业投资增长39.9%；第二产业投资增长4.9%，其中，工业投资增长7.3%；第三产业投资增长9.3%。基础设施投资7650.40亿元，增长22.3%，占固定资产投资的比重为33.1%。民间投资13307.68亿元，增长5.3%，占固定资产投资的比重为57.6%。高技术产业投资891.86亿元，增长60.6%，占固定资产投资的比重为3.9%。从到位资金情况看，全年到位资金22717.10亿元，比上年增长5.4%。其中，国家预算资金增长25.9%，国内贷款增长1.6%，利用外资下降35.1%，自筹资金下降0.9%，其他资金增长29.4%。

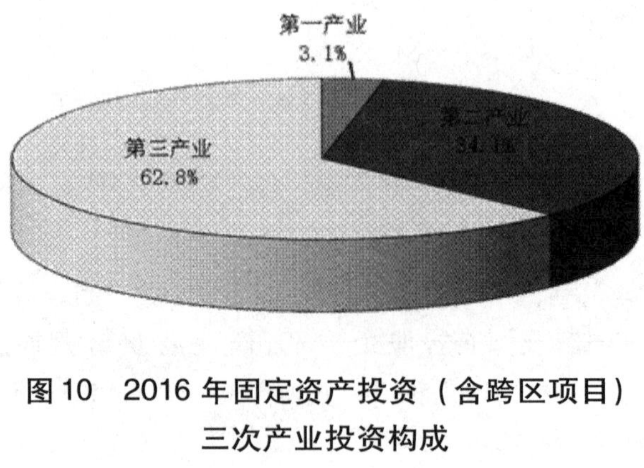

图10 2016年固定资产投资（含跨区项目）三次产业投资构成

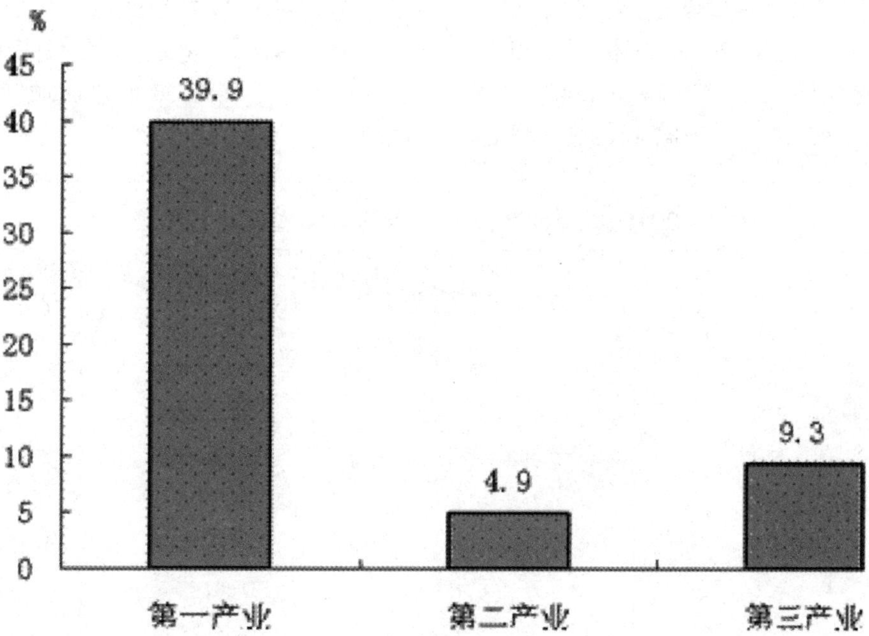

图 11　2016 年固定资产投资（含跨区项目）分产业投资增长速度

表 6　2016 年分行业固定资产投资（含跨区项目）情况

行　　业	投资额（亿元）	比上年增长（%）
农、林、牧、渔业	818.28	32.6
采矿业	219.46	-21.0
制造业	6454.57	5.8
电力、燃气及水的生产和供应业	1143.93	25.9
建筑业	80.57	-64.2
批发和零售业	413.80	-19.1
交通运输、仓储和邮政业	2678.05	7.5
住宿和餐饮业	191.48	-27.3
信息传输、软件和信息技术服务业	311.14	-2.5
金融业	50.57	-11.4
房地产业	5462.43	1.8
租赁和商务服务业	335.97	24.9
科学研究和技术服务业	115.96	39.7
水利、环境和公共设施管理业	3588.53	34.4
居民服务、修理和其他服务业	50.39	-27.6
教育	328.17	20.0
卫生和社会工作	198.67	15.5
文化、体育和娱乐业	323.98	21.9
公共管理、社会保障和社会组织	341.54	-4.7

全年房地产开发投资4588.83亿元，比上年增长2.7%。其中，住宅投资2999.29亿元，增长4.7%；办公楼投资339.01亿元，增长3.4%；商业营业用房投资590.95亿元，下降11.9%。商品房去化周期比2016年初减少9个月。

全年新开工建设城镇保障性安居工程住房13.45万套（户），基本建成城镇保障性安居工程住房13.1万套。

表7 2016年房地产开发和销售主要指标完成情况

指　　标	单位	绝对数	比上年增长（%）
投资完成额	亿元	4588.83	2.7
其中：住宅	亿元	2999.29	4.7
其中：90平方米及以下	亿元	981.15	8.8
房屋施工面积	万平方米	31064.14	0.6
其中：住宅	万平方米	19436.54	-0.6
房屋新开工面积	万平方米	4875.06	-7.1
其中：住宅	万平方米	3168.77	-0.5
房屋竣工面积	万平方米	3665.25	6.7
其中：住宅	万平方米	2420.45	0.9
房屋销售面积	万平方米	4915.35	21.7
其中：住宅	万平方米	4134.46	24.7
本年实际到位资金	亿元	6067.78	7.6
其中：国内贷款	亿元	808.76	-4.5
其中：个人按揭贷款	亿元	1147.52	37.8
本年土地购置面积	万平方米	969.81	-8.2
土地购置费	亿元	1107.32	3.2

1029个在建省重点项目完成投资4227亿元。全年建成或部分建成155个项目，新开工160个项目。

五、国内贸易

全年社会消费品零售总额11674.54亿元，比上年增长11.1%。按经营地统计，城镇消费品零售额10501.75亿元，增长10.9%；乡村消费品零售额1172.79亿元，增长12.7%。按消费形态统计，商品零售额10453.40亿元，增长11.4%；餐饮收入额1221.14亿元，增长9.1%。

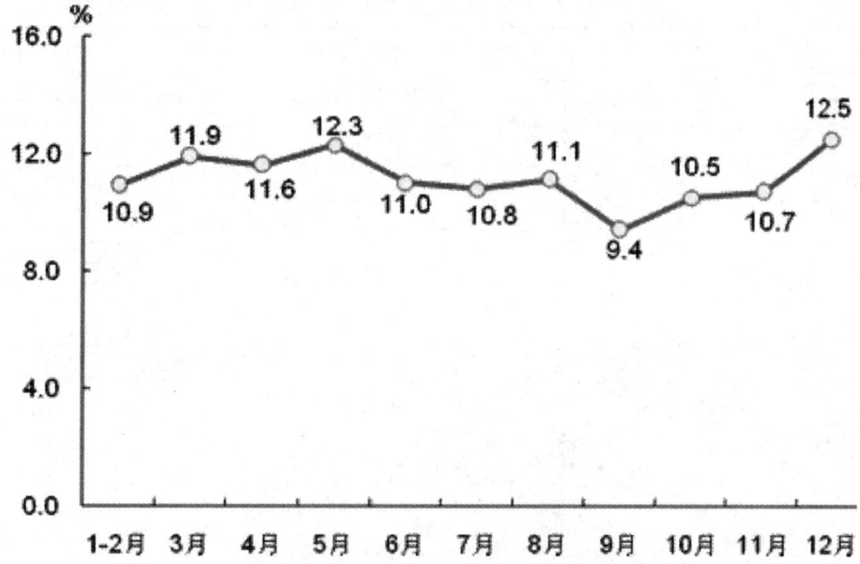

图 12　2016 年社会消费品零售总额增长速度（月度同比）

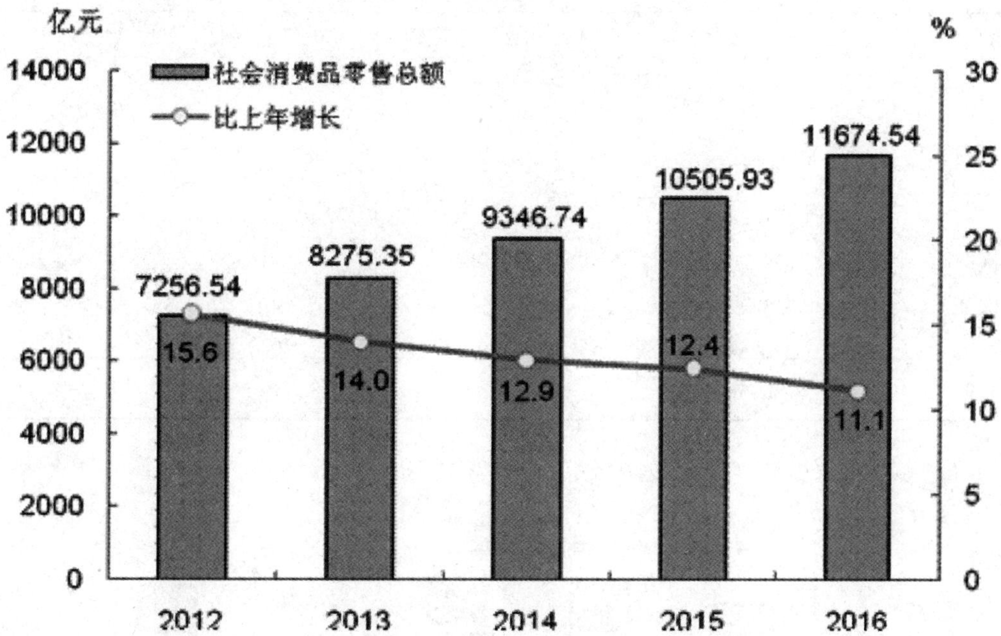

图 13　2011—2016 年社会消费品零售总额及其增长速度

在限额以上企业商品零售额中，通信器材类零售额比上年增长 31.5%，服装鞋帽针纺织品类增长 28.3%，金银珠宝类增长 26.6%，粮油食品类增长 19.4%，日用品类增长 16.8%，家具类增长 15.9%，化妆品类增长 13.8%，汽车类增长 11.7%，体育、娱乐用品类增长 11.4%，家用电器和音响器材类增长 7.4%，石油及制品类下降 6.7%。

六、对外经济

全年进出口总额 10351.56 亿元，比上年下降 1.2%。其中，出口 6838.87 亿元，下降 2.2%；进口 3512.69 亿元，增长 0.7%。进出口顺差 3326.18 亿元。

表 8 2016 年进出口主要分类情况

指　　标	绝对数（亿元）	比上年增长（%）
进出口总额	10351.56	-1.2
出口额	6838.87	-2.2
其中：一般贸易	5028.25	-1.6
加工贸易	1479.65	-6.8
其中：机电产品	2384.59	-4.0
其中：高新技术产品	824.45	-9.3
进口额	3512.69	0.7
其中：一般贸易	2418.01	4.8
加工贸易	752.47	-11.3
其中：机电产品	1211.28	7.6
其中：高新技术产品	911.09	8.1

表 9 2016 年对主要国家和地区进出口情况

国家和地区	出口额（亿元）	比上年增长（%）	进口额（亿元）	比上年增长（%）
美国	1326.06	-2.6	361.62	-22.5
欧盟	1199.07	1.0	285.49	12.4
东盟	1128.17	7.3	507.16	6.1
日本	371.34	2.5	235.27	38.1
香港地区	554.90	-5.0	6.79	-58.9
台湾地区	253.42	9.2	403.07	-12.6
韩国	220.64	-3.8	207.38	7.8
俄罗斯联邦	79.28	-2.9	44.29	54.3

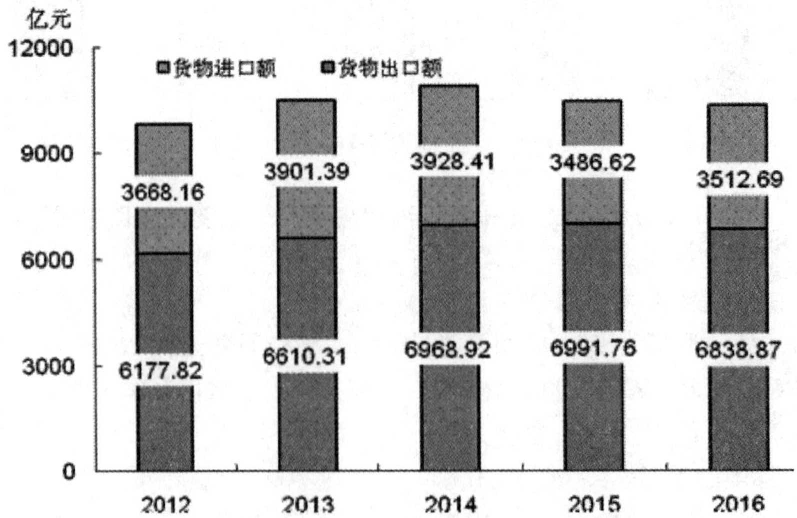

图 14 2011—2016 年货物进出口总额

新设外商直接投资企业2355家，比上年增长39.4%。实际利用外商直接投资81.95亿美元，增长6.7%。

表10　2016年分行业外商直接投资情况

行　　业	实际利用金额（万美元）
总计	819465
农、林、牧、渔业	34509
采矿业	447
制造业	430776
电力、燃气及水的生产和供应业	11040
建筑业	5153
批发和零售业	141818
交通运输、仓储和邮政业	10427
住宿和餐饮业	4158
信息传输、软件和信息技术服务业	42141
金融业	55768
房地产业	27195
租赁和商务服务业	45150
科学研究和技术服务业	8390
水利、环境和公共设施管理业	357
居民服务、修理和其他服务业	633
教育	
卫生和社会工作	1391
文化、体育和娱乐业	112
公共管理、社会保障和社会组织	
国际组织	

备案和核准对外直接投资项目607个，中方协议投资额111.55亿美元，分别比上年增长78.0%和137.9%。对外直接投资额54.66亿美元，增长164.7%。

全年对外承包工程完成营业额9.50亿美元，增长2.5%；对外劳务合作劳务人员实际收入总额7.05亿美元，增长13.0%。

七、交通、邮电和旅游

全年交通运输、仓储和邮政业实现增加值1685.18亿元，比上年增长7.3%。公路通车里程106756.53公里，比上年增长2.1%。其中海西高速公路网通车里程5019.78公里，增长0.4%。铁路营业里程3196.5公里，与上年持平。

表 11 2016 年各种运输方式完成货物运输量情况

指　　标	单位	绝对数	比上年增长（%）
货运量	万吨	120379.05	8.4
铁路	万吨	2918.01	3.5
公路	万吨	85769.64	7.5
水运	万吨	31668.01	11.4
民航	万吨	23.39	5.8
货物周转量	亿吨公里	6074.83	11.4
铁路	亿吨公里	129.45	0.6
公路	亿吨公里	1094.70	7.3
水运	亿吨公里	4846.44	12.7
民航	亿吨公里	4.24	21.2

表 12 2016 年各种运输方式完成旅客运输量情况

指　　标	单位	绝对数	比上年增长（%）
旅客发送量	万人	54236.62	0.4
铁路	万人	10495.67	13.4
公路	万人	39137.19	-3.1
水运	万人	2016.40	1.0
民航	万人	2587.34	8.5
旅客周转量	亿人公里	987.52	7.9
铁路	亿人公里	338.61	10.9
公路	亿人公里	251.95	-5.7
水运	亿人公里	2.72	-4.4
民航	亿人公里	394.25	16.0

全年沿海港口新增货物通过能力 1801 万吨；沿海港口完成货物吞吐量 5.08 亿吨，比上年增长 1.0%。其中外贸货物吞吐量 2.03 亿吨，增长 0.8%。集装箱吞吐量 1440.16 万标箱，增长 5.6%。

年末全省汽车保有量 495.09 万辆（含三轮汽车和低速货车），比上年末增长 13.5%，其中私人汽车保有量 436.68 万辆，增长 15.2%。全省轿车保有量 302.59 万辆，增长 14.9%，其中私人轿车保有量 281.50 万辆，增长 15.8%。

全年完成邮电业务总量 1560.28 亿元，比上年增长 44.9%。其中，邮政业务总量 300.69 亿元，增长 38.4%；电信业务总量 1259.59 亿元，增长 46.6%。邮政业全年完成邮政函件业务 10867.65 万件，包裹业务 63.15 万件，快递业务量 128985.77 万件。年末全省电话用户总数 4975 万户，其中：固定电话用户 816 万户；移动电话用户 4159 万户，其中 4G 电话用户 2567 万户，净增 1025 万户，移动宽带用户普及率为 78.6%，比上年提高 9.6 个百分点。全省电话普及率为 129.6%，其中：固定电话普及率 21.3%，移动电话普及率 108.3%。全省互联网用户 4413 万户，增加 319 万户，其中：固定宽带用户 1145 万户，增加 100 万户，固定宽带家庭普及率为 77.2%，比上年提高 9.2 个百分点；移动互联网用户 3268 万户，增加 219 万户。全省互联网用户普及率为 115%，提高 10.9 个百分点。

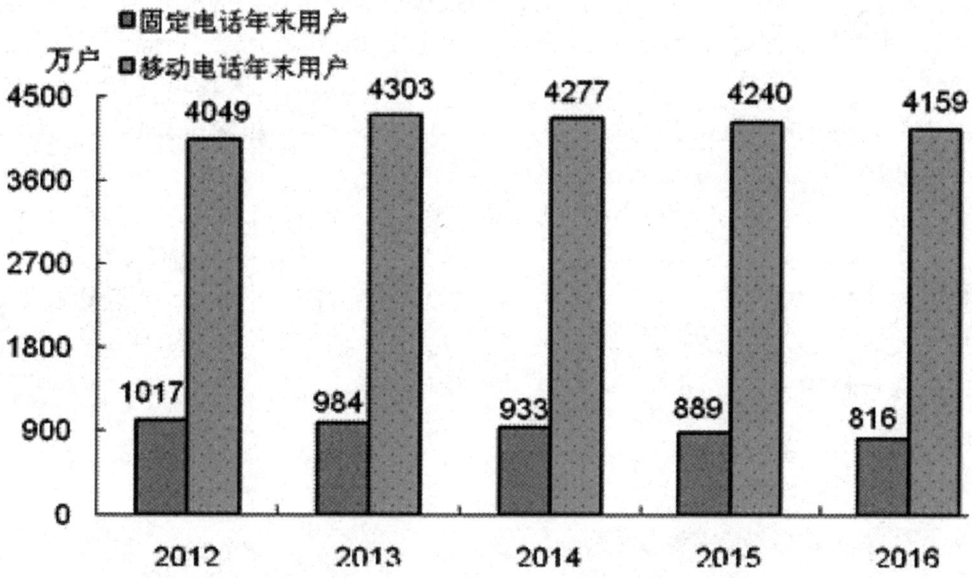

图 15　2011—2016 年末电话用户数

全年接待入境游客 680.79 万人次，比上年增长 15.1%。其中，接待外国人 254.12 万人次，增长 18.6%；台湾同胞 267.20 万人次，增长 12.2%；港澳同胞 159.47 万人次，增长 14.7%。在入境旅游者中，过夜游客 611.48 万人次，增长 18.3%。国际旅游外汇收入 66.26 亿美元，增长 19.1%。全年接待国内旅游人数 30864.30 万人次，增长 18.1%；国内旅游收入 3495.21 亿元，增长 24.9%。旅游总收入 3935.16 亿元，增长 25.3%。

八、金融

年末全省金融机构本外币各项存款余额 40487.03 亿元，比上年末增长 9.9%；金融机构本外币各项贷款余额 37787.26 亿元，增长 12.1%。

全年农村合作金融机构人民币各项贷款余额 3096.09 亿元，比上年末增长 10.3%。中资金融机构人民币个人消费贷款余额 11345.2 亿元，比上年末增长 28.7%。

表 13　2016 年全部金融机构本外币存贷款情况

指　　标	年末数（亿元）	比上年末增长（%）
各项存款余额	40487.03	9.9
其中：住户存款	15412.31	9.1
非金融企业存款	14089.09	9.2
其中：人民币存款	39275.82	10.4
各项贷款余额	37787.26	12.1
其中：短期贷款	13058.36	1.5
中长期贷款	21936.14	16.2
其中：人民币贷款	36356.06	13.1

年末境内 A 股上市公司 106 家，比上年增加 8 家，市价总值 14596.24 亿元，下降 6.1%；上市公司 B 股数量为 1 家，市价总值 11.63 亿元，下降 34.3%。

全年内外资保险公司保费收入917.6亿元，比上年增长18.0%，其中：财产险保费收入274.3亿元；人身险保费收入643.3亿元（寿险保费收入487.2亿元，健康险和意外伤害险保费收入156.1亿元）。支付各类赔款及给付317.6亿元，其中：财产险赔款168.1亿元；寿险业务给付108.7亿元；健康险和意外伤害险赔款及给付40.8亿元。

九、人民生活和社会保障

全年全省居民人均可支配收入27608元，比上年增长8.7%；扣除价格因素，实际增长6.9%。按常住地分，农村居民人均可支配收入14999元，比上年增长8.7%，扣除价格因素，实际增长7.1%；城镇居民人均可支配收入36014元，比上年增长8.2%，扣除价格因素，实际增长6.3%。全省居民人均生活消费支出20167元，比上年增长7.0%，扣除价格因素，实际增长5.2%。按常住地分，农村居民人均生活消费支出12911元，增长7.9%，扣除价格因素，实际增长6.3%；城镇居民人均生活消费支出25006元，增长6.3%，扣除价格因素，实际增长4.4%。

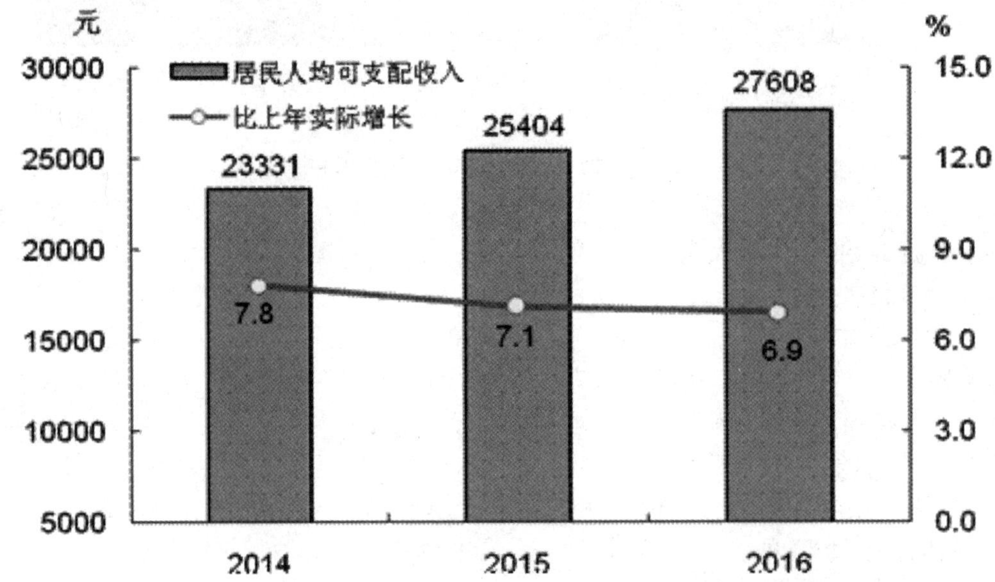

图16　2011—2016年居民人均可支配收入及其实际增长速度

年末参加城镇基本养老保险人数967.86万人，比上年增加84.21万人。其中参保职工795.48万人，参保的离退休人员172.38万人。全省企业参加基本养老保险离退休人员为129.23万人，全部实现养老金按时足额发放。全省参加城镇基本医疗保险人数1297.90万人，其中参保职工792.12万人，参保的城镇居民505.78万人。全省参加新型农村合作医疗保险人数2574.44万人，比上年增加24.47万人。全省参加失业保险人数575.52万人，增加29.25万人。

年末全省领取失业保险金人数5.18万人，比上年增加0.16万人；全省纳入城市最低生活保障的居民8.52万人，减少4.32万人；纳入农村最低生活保障的居民46.1万人，减少25.56万人；“五保”供养对象7.55万人。全年全省脱贫260425人，“造福工程”搬迁15.6万人。

年末全省养老机构床位数增至16.5万张，每千名老人拥有养老床位31张。全省建立社区服务中心（站）2243个。全年销售社会福利彩票50.16亿元，筹集福利彩票公益金14.71亿元。

十、教育和科学技术

全年全日制研究生教育招生1.41万人，在学全日制研究生4.27万人，毕业生1.20万人。普通高等教育招生21.16万人，在校生75.64万人，毕业生19.95万人。高校毕业生就业率为96.28%。中等职业教育（不含技工校）招生13.70万人，在校生38.05万人，毕业生13.17万人。全省普通高中招生21.71万人，在校生63.47万人，毕业生19.70万人。初中招生40.89万人，在校生115.48万人，毕业生37.51万人。普通小学招生53.08万人，在校生298.67万人，毕业生41.56万人。特殊教育招生0.40万人，在校生2.55万人，毕业生0.37万人。学前教育在园幼儿156.61万人。九年义务教育巩固率为98.1%，高中阶段毛入学率为94.9%。

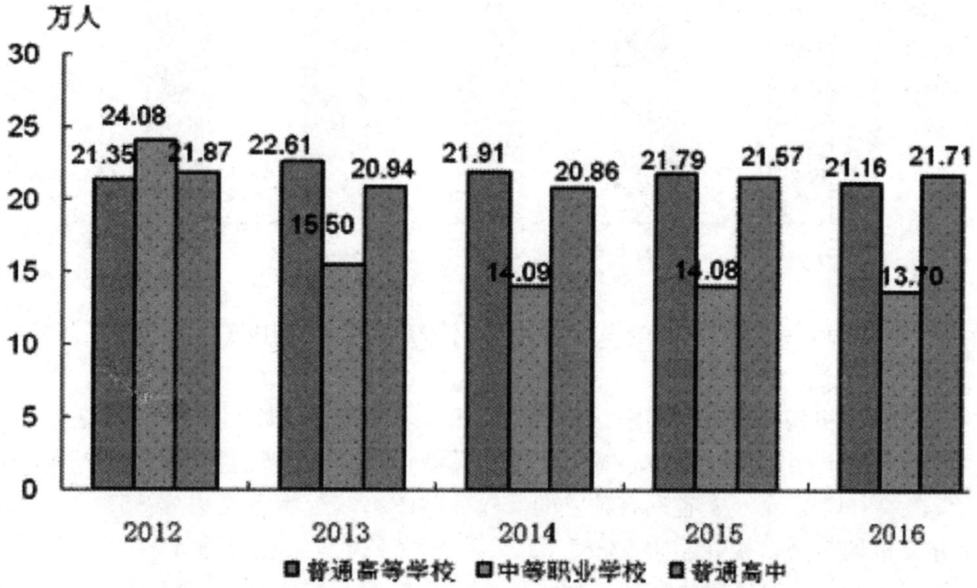

图17　2011—2016年各类学校招生人数

全年研究与试验发展（R&D）经费支出预计442亿元，比上年增长12.8%，占全省生产总值的1.55%。全省已布局建设26个省级产业技术重大研发平台、22个产业技术公共服务平台和28个省级产业技术创新战略联盟，拥有国家重点实验室10个、省级重点实验室190个、国家级工程技术研究中心7个、省级工程技术研究中心472个。全省众创空间400多家，其中省级众创空间113家，国家级众创空间26家。科技企业孵化器备案160家，孵化面积246万平方米，在孵企业4202家、创造就业岗位7.6万个。全省9个设区市各建设一个创新创业示范中心，已培育省级小微企业创业基地49个。新增省级创新型企业255家，总数681家；新认定高新技术企业906家，总数2535家。新认定省级企业技术中心23家，新认定国家级企业技术中心2家。全省专利申请受理130376件，专利授权67142件，分别比上年增长56.8%和9.0%。其中，发明专利申请27041件，增长53.1%，发明专利授权7170件，增长25.1%。截至2016年底，全省共拥有有效发明专利23793件，比上年增长33.2%；每万人口发明专利拥有量6.198件，比上年增加1.503件。全年共登记技术合同5220项，成交额105.73亿元。

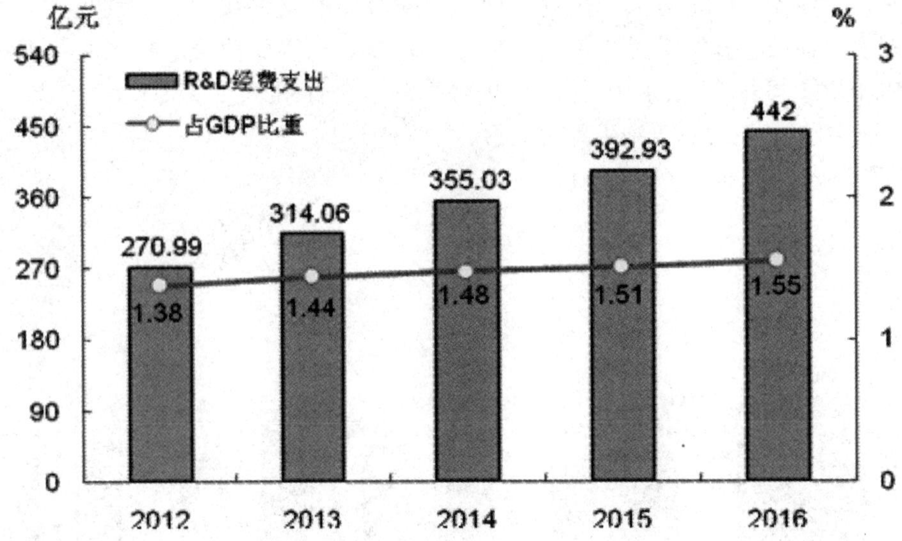

图18 2011—2016年研究与试验发展（R&D）经费支出及其占GDP比重

年末全省共有1149家机构获得资质认定，比上年增加133家，国家产品质量监督检验中心22个，省级产品质量监督检验中心37个。全省现有独立的认证机构2个、分支机构6个，累计获得53335张产品及管理体系认证证书。全省共有法定计量技术机构75个，全年强制检定工作计量器具141.8165万台（件）。全年制修订国家标准32项、行业标准56项、地方标准90项，累计全省共制修订国家标准1046项、行业标准1109项、地方标准1635项。

年末全省共有国家级地面气象观测站70个，高空气象探测站4个，天气雷达观测站8个，风廓线雷达站12个，大型海洋气象浮标站5个。共有地震前兆台站（点）36个，前兆测项331个；测震台站（点）120个，强震动观测台站（点）123个；GPS观测基准站61个。共有856个海洋环境监测站位、13个重点监测区域、17个重点海域的187个生物质量样品、1个海漂垃圾监测区域，共有7个海上水文气象观测浮标站位、20个沿海自动验潮站、1对中程高频地波雷达站、1套卫星遥感监测系统、1套海床基观测系统、5套船基自动站、1套海岛基站。测绘地理信息部门公开出版地图22种。

十一、文化、卫生和体育

年末全省文化系统共有艺术表演团体70个，全省共有公共图书馆88个，文化馆97个，博物馆98个。文化系统各类艺术表演团体演出1.29万场，本年度首演剧目139个，观众595.02万人次，其中：政府采购公益性观众256.43万人次；各级公共图书馆组织各类讲座3574次，书刊文献外借2454.64万册，总流通人数2553.01万人次；各级文化馆组织举办展览955个，组织文艺活动3165次、培训班11032期和公益性讲座598次，共有768.16万人次参加；博物馆共举办271个基本陈列和559个展览，共有2582.01万人次参观，其中：未成年人参观953.28万人次。

年末共有影院240个，银幕1266块，2016年电影票房15.95亿元。广播电台4座，电视台4座，广播电视台67座，教育电视台1座。有线电视用户738.69万户，有线数字电视用户715.17万户。年末广播节目综合覆盖率为98.96%；电视节目综合覆盖率为99.12%。

全年出版图书4379种，总印数0.95亿册；报纸45种（不含校报、副牌），总印数10.61亿份；期刊176种，总印数0.38亿册；音像电子出版物4.7万盒（张）。年末全省共有各级各类档案馆114个。

年末全省共有各级各类医疗卫生机构2.79万个，其中医院588个，卫生院880个，村卫生室18974个。年末共有卫生技术人员22.38万人，其中执业（助理）医师8.26万人，注册护士9.65万人。年末共有医疗机构床位17.88万张，乡村医生和卫生员2.6万人。

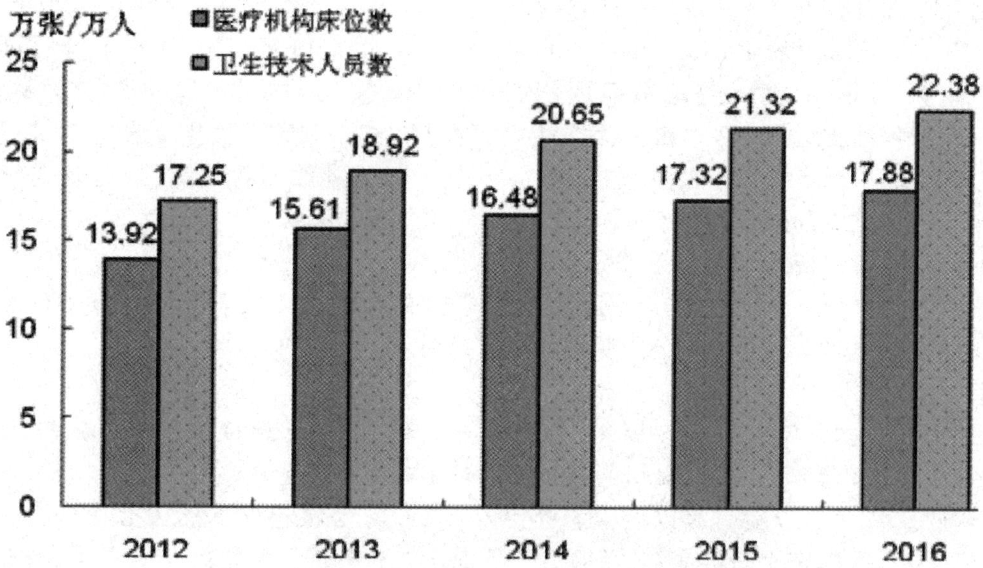

图 19　2011—2016 年卫生机构床位数和卫生技术人员数

全年我省运动员在世界三大赛中共获得 8 金 1 银 2 铜，其中，在第三十一届巴西里约奥运会上，共有 4 人获得金牌、1 人获得银牌、2 人获得铜牌；在全国最高级别比赛中获得 39 金 32 银 26 铜。新建 120 个城市社区多功能运动场、50 个社区室内健身房、50 个笼式足球场和 10 个拆装式游泳池。全年销售体育彩票 80. 66 亿元。

十二、资源、环境和安全生产

初步核算，全年能源消费总量 12357. 75 万吨标准煤，比上年增长 1. 46%。其中，全社会用电量增长 6. 3%。万元地区生产总值能耗下降 6. 42%。

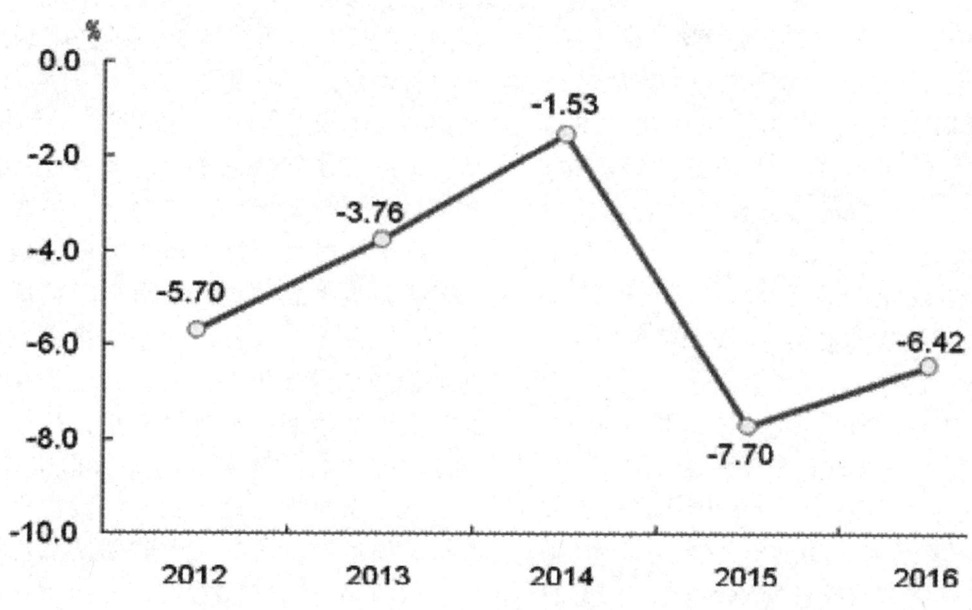

图 20　2011—2016 年万元地区生产总值能耗降低率

全年植树造林总面积130.05万亩，占任务的130.05%，其中，人工荒山造林15.45万亩（含非规划林地造林2.83万亩）；人工迹地更新面积69.11万亩，低产低效林改造17.57万亩。全省森林覆盖率65.95%。商品材产量576.85万立方米，同比增长16.3%。全省共有国家湿地公园6处。全省城市（县城）新增建成区绿地面积2600公顷，预计建成区绿地率39%；全省城市（县城）新增公园绿地面积850公顷，预计人均公园绿地面积13.2平方米。

厦门、泉州获得国家生态市命名，福州、漳州、三明获得省级生态市命名，其中福州通过国家生态市考核验收；64个县获得省级以上生态县命名，其中32个县获得国家生态县命名；519个乡镇（街道）获得国家级生态乡镇（街道）命名。共建立各级自然保护区93个，其中国家级17个、省级22个，自然保护区总面积45.5万公顷。有风景名胜区53处，其中国家级风景名胜区18处、省级35处，风景名胜区总面积22.5万公顷，占全省土地面积的1.85%。

全省12条主要河流整体水质为优，Ⅰ类—Ⅲ类水质比例为96.5%；119个县级以上集中式生活饮用水源地水质达标率为96.6%。近岸海域优良水质（Ⅰ、Ⅱ类）比例88.7%。

24个设市城市（含平潭综合实验区、建阳区，下同）除漳平市、南安市、龙海市外，其他城市空气质量均达到国家《环境空气质量标准》（GB3095—2012）二级标准。24个设市城市中，区域声环境质量“较好”的城市有14个；道路交通声环境质量属于“好”水平的有10个，属于“较好”水平的有12个。

市县生活垃圾无害化处理率96.5%，市县污水处理率88.6%。

全省地质灾害造成直接经济损失24067万元。全省共发生森林火灾29起，其中一般火灾8起，较大火灾21起；受害面积221.1公顷；森林火灾发生率和受害率分别为0.32次/十万公顷和0.02‰。全年海洋灾害造成直接经济损失约16.22亿元，减少47.3%。全年发生（现）海洋赤潮8次，比上年增加5次；累计赤潮面积109平方公里，比上年减少151平方公里。

全省共发生生产安全事故2270起、死亡1181人，按可比口径，分别比上年下降12.3%和6.0%；较大事故22起、死亡78人，分别下降24.1%和21.2%。发生1起重大水上交通事故，造成11人死亡（含失踪）。亿元生产总值生产安全事故死亡率0.041。

注：1. 本公报未包括金门县和连江县的马祖列岛。

2. 本公报所列数据为初步统计数，部分合计数或相对数由于单位取舍不同而产生的计算误差，均不做机械调整。

3. 本公报福建省地区生产总值、各产业增加值按现价计算，增长速度按可比价格计算。

4. 本公报卫生机构数含村卫生室。

资料来源：

本公报中城镇新增就业、登记失业率、社会保障数据来自省人社厅；财政数据来自省财政厅；国税数据来自省国税局；地税数据来自省地税局；重点项目投资数据来自省发改委；新建公路里程、公路运输、水运、港口货物吞吐量数据来自省交通运输厅；铁路数据来自南昌铁路局福州办事处；民用汽车数据来自省公安厅；商品房去化周期、保障性住房、城市污水处理、公园绿地面积数据来自省住建厅；货物进出口数据来自福州海关；外商直接投资、对外直接投资、对外承包工程、对外劳务合作等数据来自省商务厅；邮政业务数据来自省邮政管理局；互联网业务收入、电话用户、电信业务总量等数据来自省通信管理局；旅游数据来自省旅游局；货币金融数据来自人行福州中心支行；上市公司数据来自福建证监局；保险业数据来自福建保监局；省级企业技术中心数据来自省经信委；产业技术重大研发平台、工程技术研究中心、技术合同等数据来自省科技厅；教育数据来自省教育厅；专利数据来自省知识产权局；质量检验数据来自省质监局；气象数据来自省气象局；地震数据来自省地震局；测绘数据来自省测绘局；各类地质灾害数据来自省国土厅；水产品产量数据、海洋数据来自省海洋渔业厅；艺术表演团体、博物馆、公共图书馆、文化馆数据来自省文化厅；广播、电视、电影、报纸、期刊、图书数据来自省新闻出版广电局；档案数据来自省档案局；体育数据来自省体育局；卫生数据来自省卫计委；低保数据来自省民政厅；扶贫、造福搬迁工程数据来自省农业厅；环境监测数据来自省环保厅；水资源数据来自省水利厅；安全生产数据来自省安监局；林业数据来自省林业厅；其他数据来自福建省统计局和国家统计局福建调查总队。

福建省统计局

国家统计局福建调查总队

2017 年 2 月 23 日

第二篇
综合发展

福建省社会事业稳步发展

2016 年是“十三五”规划开局之年，福建秉承“创新、协调、绿色、开放、共享”的发展理念，坚持普惠性、保基本、均等化、可持续的发展方向，加大民生投入，全年民生相关支出达 3147.6 亿元，比上年增长 7.7%，占一般公共预算支出的 73.4%。

一、教育事业稳步发展

（一）稳定增加教育投入

2016 年，全省财政性教育经费支出 796.45 亿元，比上年增长 5.1%，占全省一般公共预算支出比重的 18.6%。全年教育基础设施建设获得中央预算内投资 5.85 亿元，是上年的 1.14 倍。2016 年，福建继续加大对经济困难学生补助力度，省级财政落实教育精准扶贫经费约 22 亿元。在全国率先实施城乡统一的免费教科书政策和普通高中建档立卡学生学费免除政策，对义务教育公办寄宿制学校中的家庭经济困难学生及低保家庭（含特困人员）寄午餐学生，除按每生每年 1000 元标准进行营养餐补助外，同时按小学每生每年 1000 元、初中每生每年 1250 元标准补助生活费。

（二）大力发展各类教育

从学前教育看，全年共新增公办幼儿园 159 所、学位 4.5 万个，试行政府购买普惠性民办园教育服务，普惠性学前教育资源占比扩大到 65%。从义务教育看，全面完成义务教育公办学校标准化建设，在全国率先启动“义务教育管理标准化学校”创建，推动义务教育由基本均衡向优质均衡发展；全省完小以上中小学宽带接入率达 100%，配备“班班通”多媒体教学设备班级数占比达 99.7%，中小学专任教师和中学生实名制网络学习空间拥有率达 100%。从职业教育看，全省共立项 12 类 59 个产业特色专业群，建设培育 5 个多元投资主体的职教集团，新增 64 个现代学徒制试点基地，7 个公共实训基地，组建 5 个职业院校联盟。高等教育方面，新增 2 所紧缺急需应用型本科高校，建立省级大学生创新创业基地 4 个、园区 20 个，福州大学、福建师范大学、福建农林大学跻身世界知名大学排行榜。2016 年，福建省研究生计划招生增幅取得历史性突破，全年硕士招生计划增加 655 人、增长 8.8%，博士招生计划增加 43 人、增长 9.0%，增幅分别位居全国第一位和第二位。

（三）不断加强教师队伍

2016 年，全省认定中小学名校长 72 名，建设中小学名师工作室 23 个，评选中小学正高级教师 82 名。出台乡村教师支持计划，明确按平均每人每月不低于 300 元的标准予以生活补助，其中 23 个省级扶贫开发工作重点县所需经费由省级财政予以综合奖补，进一步完善乡村教师补充渠道，鼓励城镇优秀教师向乡村学校流动，同时职称评聘将向乡村学校适当倾斜。

二、医疗服务水平得到提升

（一）增加医疗卫生资源

至 2016 年底，全省各级各类医疗卫生机构共有卫生技术人员数 22.38 万人，比上年增长 5.0%，其中执业（助理）医师 8.26 万人、注册护士 9.65 万人，分别比上年增长 5.7% 和 6.7%；医疗卫生机构床位数 17.89 万张，比上年增加 5696 张、增长 3.3%。全省每千人拥有医疗机构床位数 4.62 张、医生 2.13 人、注册护士 2.49 人，分别比上年增长 2.4%、2.4% 和 4.2%。

（二）强化服务能力建设

完善分级诊疗制度，实行差别化的医保支付、医疗价格、财政补助等政策，引导患者基层首诊；

实行医疗资源梯度下沉和精准扶持，推动城市医院优质资源下沉县（市）、县（市）医院下沉乡镇。在妇幼保健方面，2016年，完成省儿童医院和省妇产医院的选址和建设规划，7所县级妇幼保健机构共获得国家9769万元中央预算内投资，省级财政安排830万元补助开展婚检、孕检保健门诊、孕产妇和儿童保健门诊规范化建设。在中医药建设方面，出台《福建省中医药健康服务发展规划（2016—2020）》，探索互联网与中医药传统行业的智能化结合，全年新建134个中医馆，基层中医药服务量比重提高到22%。建成4家全国综合医院中医药工作示范单位，三明市列入国家中医药综合改革试验区。

（三）深化医疗体制改革

在全国率先组建省医疗保障管理委员会及其办公室，将原属于多个部门的医疗保障相关职权统一划入省医保办，新组建的医疗保障管理部门主要承担医保基金监督管理、医疗服务价格谈判调整、药品耗材联合采购配送与结算管理等职责，实现了城镇职工医保、城镇居民医保及新型农村合作医保“三保合一”。2016年，全省积极推进公立医院改革，省属及部分市、县公立医院实行院长目标年薪制并取得成效。

三、社会保障能力得到加强

（一）提升社会保障水平

2016年，全省城镇职工基本养老保险、城乡居民基本养老保险、失业保险和工伤保险参保人数分别为967.86万人、1489.11万人、575.52万人和735.84万人，分别比上年增长9.5%、0.6%、5.4%和6.5%。全省城乡居民养老保险参保率和养老保险费征缴率均达到较高水平，城乡居民养老保险参保率达98.1%，应缴费参保人员缴费率达94.6%，89个市、县（区）缴费率均超过90%。2016年，全省统筹1738亿元用于社会保障，提高城乡居民基础养老金最低标准至每人每月100元；调整全省企业和机关事业单位退休人员基本养老金，总体增长6.5%，其中企业养老金增长7.0%；城乡居民医保财政补助每人每年由380元提高到420元，实现大病保险全覆盖。

（二）推动养老服务发展

2016年，全省共建成城市社区居家养老服务站2219个，实现每个城市社区建立1个居家养老服务站的目标，居家养老服务逐步向农村延伸，共建成农村幸福院3116个、农村居家养老服务站1092个，对已建成的城市社区居家养老服务中心（站），给予每个每年不低于2万元的运营补贴，对农村社区居家养老服务中心（站）给予每个每年不低于0.5万元的运营补贴。2016年，老年人精神文化生活日趋丰富，老年人保障更加全面，全省共创办各类老年大学（学校）12529所，累计在校学员104.40万人，建校率和老年人参学率均居全国前列，65周岁以上老年人健康档案管理实现全覆盖，70周岁及以上老年人免费乘坐城市公交汽车政策全面落实。

（三）加大优抚救助力度

2016年，全面落实烈士褒扬工作和优抚政策，革命“五老”人员待遇与重点优抚对象同步增长，接收自主就业退役士兵12612人，转业士官557人，5769名退役士兵参加教育培训，基本完成年度接收安置任务。从农村低保看，农村低保省定最低标准每人每年3000元，比上年增加350元，农村低保对象年人均补助水平比上年提高17.0%。从救助力度看，医疗救助筹资标准由救助对象每人每年200元提高到400元，全年实施医疗救助265.9万人次；临时救助资金按户籍人口每人每年7元标准筹集，全年实施临时救助12.23万人次。从残疾人救助看，困难残疾人生活补贴和重度残疾人护理补贴全部发放到位，惠及约61.5万名残疾人。

四、文化服务体系不断完善

（一）推动公共文化精品培育

演艺方面，提线木偶戏《赵氏孤儿》获国际木偶艺术节最高奖“金玉兰”最佳剧目奖；原创歌曲《美丽的邹洋，我的家》荣获第八届全国村歌大赛“十大金曲”奖、作词金奖、作曲金奖、村歌好声音金奖四项金奖；大型舞剧《丝海梦寻》应邀赴联合国总部、港澳台等境内外演出近60场；参与制作出品的《大圣归来》《盗墓笔记》等5部电影票房超过2亿元，《彭德怀元帅》《台湾1945》等8部电视剧和纪录片在央视黄金时间播出，其中《绝命后卫师》作为中宣部纪念红军长征胜利80周年重点影视剧播出。出版方面，《台湾通史》等22种出版物被列入“十三五”国家重点图书、音像、电子出版物出版规划，《渔童》等3种出版物入选2016年总局向全国青少年推荐百种优秀出版物目录；《领导文萃》《公务员文萃》《故事林》3种期刊入选“2016数字传播影响力期刊TOP100排行”；《每周大象文摘》连续两年入选“全国邮政报刊发行百强”。人文方面，福建博物院选送的“《与妻书》情侣对表”获评全国文博单位“最佳创意文创产品”；纪录片《我们的鹭鸟》获第49届休斯敦国际电影节短纪录片最高奖“白金雷米奖”；《孔子的村庄》获第14届摩纳哥国际电影节“最佳纪录片奖”和“天使和平奖”。

（二）公众文化生活更加丰富

截至2016年底，全省共建成图书馆77个、文化馆80个、乡镇综合文化站491个、博物馆31个，已实现县有博物馆、图书馆、文化馆，乡镇有综合文化站，村有文化活动室、农家书屋的目标，并向全社会免费开放。全国已有22条城市电影院线在福建落地，已加入院线可统计票房的影院232家、银幕1198块（其中IMAX影厅15个）、座位17.0万个，全年电影票房15.95亿元、同比增长7.3%，占全国比重3.5%，排名全国第十，共放映210.99万场、观影4392.30万人次，分别同比增长42.5%和18.3%。注重文化惠民，形成“书香八闽”全民读书月、“东南周末讲坛”、厦门“温馨厦门”、福州“激情广场大家唱”、三明“百姓大舞台、想秀你就来”、宁德“魅力闽东”等一系列富有区域特色的群众文化活动。全省共放映农村电影18.07万场次，完成年计划放映数的104.1%，累计观影1620.46万人次。

（三）加大文化遗产保护力度

截至2016年底，全省共有全国重点文物保护单位137处291个点，省级文物保护单位674处，登记革命（红色）文物962处（点），其中原中央苏区革命文物518处（点）。鼓浪屿申报世界文化遗产工作取得进展，2016年完成53个遗产核心要素的本体修缮、环境整治与遗产展示、遗产监测等工作。截至2016年，全省共有国家级非遗项目130项、省级非遗项目353项，国家级非遗项目传承人109人、省级非遗项目传承人552人。

五、体育事业发展稳中有进

（一）体育产业全面发展

厦门市、泉州市被国家发改委、国家体育总局列为国家体育产业联系点城市，泉州匹克体育集团有限公司、三六一度（中国）有限公司被列为国家体育产业示范单位；竞赛表演市场初步形成，依托区域地理、生态、人文等资源优势，以厦门国际马拉松、武夷山国际山地自行车、福州世界沙滩排球巡回赛、晋江CBA男子篮球赛、福州中国羽毛球公开赛、永春白鹤拳国际文化节等为代表的系列体育赛事已逐步成熟；体育文化和体育旅游质量不断提高，九鲤溪瀑景区、福建白水洋体育旅游休闲健身项目、福建云灵山旅游景区三个项目入围“2016体育旅游精品景区”；环福州永泰国际公路自行车赛、中国白水洋国际水上（皮划艇）极限挑战赛、泰宁山地户外运动国际挑战赛暨舒华杯环大金湖国际山地马拉松赛、武夷山国际骑游大会四个项目入围“2016中国体育旅游精品赛事”，武夷山体育旅游精品线路获得“2016中国体育旅游十佳线路”。

（二）奥运赛场实现突破

2016年，全省共有22名运动员和2名教练员参加里约奥运会，参加12个大项、19个小项的比赛，有4名运动员获得金牌，1名运动员获得银牌，2名运动员获得铜牌，创造福建运动员参加奥运会的历史最好成绩。排球、羽毛球、举重等传统项目继续保持优势，女子举重首次获得奥运金牌，在举重项目上连续4次获得奥运冠军，羽毛球男单项目第4次夺冠。

（三）群众性体育丰富多样

继续举办省市县全民健身运动会，除常规竞技项目外，还设立了钓鱼、门球、棋牌等偏重趣味性强、简单易行的休闲比赛项目，吸引更多群众投入到体育健身行列。开展“全民健身百村行”活动，以村运、村游、村跑、村宴为载体，将全民健身从城市延伸至农村，从街道社区辐射至乡镇行政村。各地组织一系列群众喜爱、富于地域特色的群众体育活动，如邵武古道越野赛、武夷山大王会狮健步行等。

（执笔：廖　捷）

福建生态建设和环境保护形势分析与对策

2016年是全面建成小康社会决胜阶段的开局之年，也是推进结构性改革的攻坚之年。福建省坚持以新发展理念引领发展，深入实施生态省战略，加快生态文明先行示范区和国家生态文明试验区建设，积极探索人与自然、经济与环境的和谐共生之道，努力打造山清水秀、碧海蓝天的“清新福建”，生态建设和环境保护取得新进展，环境质量继续位居全国前列。

一、2016年福建生态建设和环境保护主要进展

（一）生态保护和修复进一步加强

全面落实主体功能区规划，推行“多规合一”，建立经济社会、自然资源和环境保护协调发展的总体格局，加强规划环评与项目环评的联动，促进产业布局和结构优化，实行环境质量和减排总量双控管理制度，从源头上最大限度减少污染物排放。实施生态保护与修复工程、农村环境综合整治工程、重点领域环境风险防范工程等七大工程体系建设。推进“万里安全生态水系建设”项目，围绕小流域整治重点，开展河道拆违、生态清淤、河面漂浮物清理、河道两岸堆放的废渣与垃圾清除等专项行动，实施河道修复。严格执行林地保护利用规划，实行林地定额管理和用途管制制度，健全生态公益林和重点生态区位商品林管护制度，全面停止天然林商业性采伐，探索天然林生态修复和补偿机制，提升森林质量。继续按照“三个必造”要求推进造林绿化工作，加快森林城市建设，重点抓好沿海基干林带、生物防火林带、森林生态景观带建设和重点生态区位林分修复等“三带一区”建设，截至6月底，全省完成植树造林110.2万亩，占总任务的110.2%，其中“三带一区”造林51.1万亩，占任务的102.2%。封山育林154.2万亩、占任务的77.1%。全省森林覆盖率达到65.95%。

持续开展水土流失和矿业生态环境治理。坚持人工治理与自然修复相结合，强化水土流失重点区域治理，加大矿山生态环境恢复力度，严格落实矿山生态环境治理恢复保证金制度，实行边开采边治理。大力开展水源涵养区、江河源头区保护和修复，实施低效林改造和生态修复，强化自然保护区、森林公园、湿地公园等重点生态功能区的建设和强制性保护，提高森林、湿地生态系统功能，维护生物多样性和生态安全。2016年，国家环保部授予40个市、县、区“国家生态市、县、区”荣誉称号，我省数量最多，达17个。

（二）环境质量继续领先全国

全面落实水污染防治行动计划工作方案，严格水质目标管控，实施地表水水质考核办法，确保优良水质比例稳中有升。为进一步改善我省小流域和农村水环境质量，保障全省水生态安全，2016年，省政府出台《福建省小流域及农村水环境整治计划》（2016—2020年），细化6项主要任务和3项保障措施。明确省、市、县、乡、村五级职责，落实部门环保监管“一岗双责”，强调党政同责、分级治理、源头管控、综合施策、水陆统筹、突出重点、全民参与、社会共治，推动流域精细化整治，形成“党政主导、部门联动、企业施治、社会参与”的水环境保护新机制，实现小流域“水清、河畅、岸绿、生态”的目标。全面落实大气污染防治行动计划实施细则，强化多污染物协同控制、多污染源综合防控，推进区域联防联控和预警预报。制定出台《福建省土壤污染防治行动计划工作方案》，启动土壤环境质量例行监测工作，推进全省危险废物规范化管理，加强

重金属污染防治，严格控制重金属排放总量。加强农村环境综合治理。加大畜禽养殖、农业面源污染、水产养殖污染整治力度；加强农村水源地整治，规范农村水源地保护，切实保障农村饮水安全；加快推进农村生活污染治理，健全农村污水垃圾处理长效运管机制，鼓励人口集聚和有条件区域建设有动力或微动力农村生活污水处理设施，因地制宜推进农村生活垃圾处置，推广“户分类、村收集、镇中转、县处理”的城乡生活垃圾一体化处置模式，完善村庄保洁制度，加强对河道、池塘、沟渠周边及水面垃圾的处理，实现农村生活垃圾日产日清。强化环境风险预警和防控，严肃查处环境违法行为，通过综合施策，主要污染物排放总量得到有效控制，环境质量保持稳定并有所改善。全省水环境质量总体保持良好水平，12 条主要水系水质保持优良，城市内河水质有所改善，近岸海域海水水质保持稳定。城市空气质量均达到或优于国家环境空气质量二级标准，2016 年前三季度，厦门、福州市分列第 4 名和第 8 名。

根据省环保厅 2016 年 7 月发布的全省第二季度环境质量状况显示，2016 年第二季度，全省 12 条主要河流 143 个水质评价断面总体水质保持优。Ⅰ类—Ⅲ类水质比例为 96.5%，同比提高 4.6 个百分点；Ⅰ类—Ⅱ类水质比例为 52.4%，同比提高 25.7 个百分点。各类水质比例中：Ⅰ类水质占 3.5%，Ⅱ类水质占 49.0%，Ⅲ类水质占 44.1%，Ⅳ类水质占 2.1%，Ⅴ类水质占 1.4%，无劣Ⅴ类水。全省内河Ⅰ类—Ⅲ类水质比例为 37.9%，较上年同期提高 31.0 个百分点。全省 9 个设区市、平潭综合实验区、13 个县级市及建阳区、42 个县城及永定区监测的 119 个集中式生活饮用水水源中，有 116 个水源达标，占 97.5%；112 个地表水水源中，有 109 个水源达标，占 97.3%，7 个地下水水源水质均达标，占 100%。全省 68 个城市总体空气质量达标天数比例范围 83.7%—100%，平均为 98.7%，其中一级达标天数比例为 60.8%。其中，9 个设区市及平潭综合实验区空气质量达标天数比例范围 96.7%—100%，平均为 99.0%，其中一级达标天数比例为 57.0%。与去年同期相比，平均达标天数比例提高 0.9 个百分点（其中一级达标天数比例提高 8.8 个百分点）；与上期环比，平均达标天数比例提高 2.9 个百分点（其中一级天数比例提高 10.5 个百分点）。全省 23 个市、区（即 9 个设区市 + 13 个县级市 + 南平建阳区）空气质量达标天数比例范围 83.7%—100%，平均为 98.4%，其中，一级达标天数比例为 53.4%。

（三）生态文明体制机制创新取得新成效

贯彻落实党中央、国务院关于生态文明建设和生态文明体制改革的总体部署，按照《国家生态文明试验区（福建）实施方案》要求，积极推进国家生态文明试验区建设。一是坚持保护优先，严格生态红线管控。研究出台《福建省级空间规划试点工作实施方案》，重点推进霞浦—宁德市等地区空间规划编制试点，完成福建省陆域和海洋生态保护红线划定及配套管控措施，强化对重点生态功能区、生态环境敏感区和脆弱区等区域的有效保护，加快全省永久性农田范围划定工作，推进国家公园体制试点，出台《武夷山国家公园试点方案》，整合、重组区内各类保护区功能，改革自然保护区、风景名胜区、森林公园等多头管理体制。二是健全环境治理和生态保护市场体系，构建环保市场化机制。研究出台《福建省培育环境治理和生态保护市场主体的实施意见》，福建省碳排放交易实施细则，福建省环境污染强制责任保险制度方案等，探索研究项目准入、分类分级管理、生态补偿和绩效考核等配套制度，逐步建立产业准入负面清单。建立健全相关动态管理和退出机制，在全省工业排污企业全面推行排污权有偿使用和交易制度，完善省级排污权交易管理信息系统建设，建立排污权储备体系。三是创新环境管理机制，完善环保目标责任机制。根据国家部署，逐步建立省以下环保机构监测监察执法垂直管理制度，出台我省生态环境监测网络建设实施计划，建立陆海统筹、天地一体、上下协同、信息共享的覆盖全环境要素和企业的生态环境监测网络。落实地方环保“党政同责”，加大目标责任书考核督查力度，切实加强地方党政领导的生态环境保护责任意识。按照“谁主管、谁负责、管行业必须管环保”的要求，明确部门环保职责，建立各相关职能部门环保“一岗双责”工作推进机制。建立完善党政领导干部政绩差别化考核机制，突出绿色发展指标和生态文明建设目标完成情况，加大资源消耗、环境损害、生态效益等指标权重。在长乐市、晋江市、永安市和长汀县开展自然资源资产负债表编制试点，在莆田市和闽清县、仙游县、光泽县开展党政领导干部自然资源资产离任审计试点，启动在沿海的厦门市和山区的武夷山市开展地区尺度核算试点。建立环保督察制度，每两年对设区市党委和政府及其有关部门落实环保决策部署、突出环境问题处理及履行环保责任情况进行全面督察。2015 年，挂牌督办违法排污案件 7 批 270 起；先后约谈监管工作薄弱的 5 个市和 12 个县政府的领导，对 10 个县和 1 个企业集团实施限批，并对监管执法不到位的 11 个县环保局进行通报批评，督政与督企并重并举。四是完善法律法规标准体系，持续加大执法力度。修订《福建省环境保护条例》等一批环境保护地方法规规章。严格执行新《环境保护法》，以打击恶意违法排污和造假行为、工业污染源达标排放为重点，实施日常监管与专项整治相结合，保持严厉打击环境违法行为的高压态势，推动形成环保守法新常态。强化环境风险防范。组织开展重点区域、流域、行业的环境安全隐患排查整治，积极预防和应对突发环境事件，持续推进重点企业、化工园区和重要环境敏感点的三级防控体系建设。五是加强环境基础能力建设，创新社会共建共治机制。启动“十三五”环境监管能力提升工程，建立与环境监管任务相匹配的监管能力保障机制。建立环保厅、公安厅、法院、检察院四部门联席会议制度和沟通会商机制。积极探索生态环境公益诉讼，运用司法之力加大对生态环境的保护力度，形成符合省情，可复制、可推广的生态司法保护的“福建样本”。依托各地已划分的城乡社区网格，将环保监管网格纳入综治网格，明确以各设区市、县（市、区）、乡镇政府和街道办事处为环保监管责任主体，并列入市县党政领导综治考核内容。完善环境经济政策、内化企业污染成本。探索“互联网 + 环保执法”新模式，省市县三级环保部门在门户网站全面公开污染源监管和执法查处等信息；构建“一网二微一终端”的发布平台。在全社会推动形成党政主导、部门联动、企业施治和社会参与的共治大格局。

二、福建省生态建设和环境保护面临的机遇和挑战

（一）福建生态建设和环境保护面临的机遇

党的十八大以来，党中央、国务院高度重视生态文明建设，作出一系列重大决策部署，出台了《关于加快推进生态文明建设的意见》《生态文明体制改革总体方案》等一系列文件，形成了生态文明体制改革“1 + 6”的组合方案，明确了时间表和路线图。2014 年国务院出台《支持福建加大实施生态省战略加快生态文明先行示范区建设的若干意见》，赋予福建省全国首个生态文明先行示范区建设的重任，2016 年 8 月，中共中央办公厅、国务院办公厅印发《关于设立统一规范的国家生态文明试验区的意见》及《国家生态文明试验区（福建）实施方案》，将福建省确立为全国第一个生态文明试验区，围绕建设国土空间科学开发的先导区、生态产品价值实现的先行区、环境治理体系改革的示范区、绿色发展评价导向的实践区四个战略定位，提出了生态文明体制改革综合试验 6 个方面 26 项重点任务和 38 项改革成果要求，这是中央总揽全局作出的重大部署，体现了中央对福建生态文明建设工作的充分肯定、信任和支持，也为在更高起点上推进我省生态文明建设和环境保护提供了重要的依据，指明了前进的方向，我省生态建设和环境保护面临难得的战略机遇。

同时，自 2000 年时任省长习近平提出建设生态省战略构想以来，我省持之以恒抓生态建设，取得了显著成效。生态环境基础较好，生态环境资源承载能力较强，特别是在体制机制创新上进行许多卓有成效的探索。人民群众对生态环境问题也十分关切，生态意识日益增强，生态环境质量持续位居全国前列，“清新福建”成为享誉全国的金字招牌。这些都为在更高起点上推进我省生态建设和环境保护奠定了良好基础。我省完全有条件在体制机制创新上先行一步，为全国生态文明体制改革探索路径、积累经验。

（二）福建生态建设和环境保护面临的挑战

我省生态环境质量总体良好，生态优势比较明显，但资源能源瓶颈制约仍然突出。环境容量有限，也面临着加快发展与资源环境约束趋紧的压力。特别是“十三五”时期，我省仍处在工业化加速发展时期，工业化仍然是一个重大任务。我省经济要保持一个较快的增长速度，经济社会发展要上一个新的台阶，能源资源消耗还要增加，环境容量有限的基本省情不会改变，经济社会发展与资源环境的矛盾依然尖锐。福建产业结构适度重型化的趋势在“十三五”期间仍将延续，现有产能释放出来的污染物压力还很大，新上项目还可能带来新的排放，局部地方污染还比较严重，局部地区生态环境依然脆弱，不少地区环境改善遇到了瓶颈。随着经济社会发展，生态环境建设指标的约束性越来越强，生态环境保护压力和难度加大，面临着保持现有环境质量、深入推进污染减排、防范环境风险的三大压力。特别是目前我国正处于社会转型和环境敏感、环境风险高发与环境意识升级共存叠加的时期，长期积累的环境矛盾正集中显现，环境隐忧和风险点增多。人民群众对干净的水、清新的空气、安全的食品、优美的环境要求越来越强烈，生态环境问题成为突出的民生问题，处理不好甚至有可能演变成影响社会稳定的事件。面对这些问题，我省在生态文明体制机制方面还一定程度上存在着缺失和缺位，在人民群众感受最强烈、最直观的空气、水、土壤等方面，还存在着许多问题，在环保基础设施、环境管理服务，基层环境执法监管力量，应对突发环境污染事件等方面还存在不少短板，现有资源环境制度难以适应转方式调结构、推动绿色发展的需要。顺应生态文明发展的新要求和人民群众对环境安全的新期待，如何正确处理加快发展与提高环境质量的关系，坚持绿色发展理念，在体制机制改革上加大力度，实行标本兼治，在治本上下功夫，构建起促进绿色发展的体制机制，增强绿色发展的动能，形成绿色发展的核心优势，加快产业转型升级；如何加快补齐生态环境短板，构建以改善环境质量为导向的环境治理体系和生态保护机制，解决好人民群众感受最直观、反映最强烈的突出生态环境问题，让福建的天更蓝、地更绿、水更净，让人民群众享受更多的绿色福利，实现绿色富省，绿色惠民，仍需长期不懈的努力。

三、推进生态建设和环境保护的对策建议

（一）坚持绿色发展，推动产业转型升级

习近平总书记指出：生态资源是福建最宝贵的资源，生态优势是福建最具竞争力的优势，生态文明建设应当是福建最花力气的建设。生态环境没有替代品，用之不觉，失之难续。面对日趋强化的资源环境约束和人民群众对改善生态环境的热切期盼，必须树立大局观、长远观、整体观，坚持节约资源和保护环境的基本国策，像保护眼睛一样保护生态环境，像对待生命一样对待生态环境，推动形成绿色发展方式和生活方式。

生态环境问题归根到底是经济发展方式问题，目前诸多环境问题究其原因主要是发展方式粗放，产业结构不合理造成的。从根本上解决生态环境问题，必须坚持绿色化来提升产业发展层次，加快转方式、调结构。推动产业结构从中低端向中高端迈进。这就要求我们必须把加快转型升级作为我省当前和今后一个时期经济社会发展的中心任务，坚持绿色导向，强化资源环境倒逼机制，以环境容量优化区域布局，以环境管理优化产业结构，以环境成本优化增长方式，以环境标准推动产业升级，加快工业化的绿色改造，推动建立绿色低碳循环发展产业体系。要进一步优化产业布局和资源配置，下大力气做优增量，通过优选产业、优选项目，形成能够影响全局、有利长远的新增长点，加快推进产业向高端化发展。要按照集约节能、低碳的生态环保标准，加快改造提升传统产业，对一些整治无望的企业和项目坚决予以关停并转，腾出环境容量空间，激发传统产业活力。要以先进技术装备为支撑，以信息技术深度运用为手段，以智能制造、绿色制造、服务型制造为重点，实施新一轮技术改造工程，加快推进重点领域、重点行业、重点企业发展循环经济，大力推进节能减排。要把动力转换作为根本出路，坚持创新驱动，充分发挥科技支撑作用，强化环境经济政策激励作用，在更广更大范围内激发和调动创业创新的积极性，加快发展绿色、循环、低碳产业，增强我省绿色发展的动能，形成绿色发展的核心优势。

（二）坚持绿色惠民，着力打好水、大气和土壤污染防治攻坚战

良好的生态环境是最公平的公共产品，是最

普惠的民生福祉。人民群众对清新空气、清澈水质、清洁环境等生态产品的需求越来越迫切，良好的生态环境越来越珍贵。这就要求我们必须坚持以民为本，顺应人民群众对良好生态环境的新期待，以改善环境质量为导向，把人民群众最关心的水、大气、土壤污染、食品安全等突出问题作为环境治理重点，着力打好水、大气和土壤污染防治攻坚战。既要做好风险防控，不让污染进一步恶化，又要做好治理修复，使已污染的逐步减轻。一要全面落实水污染防治行动计划工作方案，严格水质目标管控，坚决遏制优质水下降趋势。突出重点，取缔不符合产业政策的“十小”企业，加强造纸、有色金属、印染、氮肥、农药、电镀、农副食品加工等十大重点行业的专项整治，推进化工、皮革、电镀、印染行业集控区水污染集中治理，加快城镇污水处理设施建设与改造，全面加强配套管网建设，推进小流域和农村水环境综合整治，完善流域治理机制，全面落实“河长制”，强化水资源保护、水域岸线管理、水污染防治、水环境治理等工作属地责任，健全河岸生态保护、饮用水水源地保护、地下水警戒保护三条蓝线制度，实现水清、河畅、岸绿、生态。二要全面落实大气污染防治行动计划实施细则，深化火电、钢铁、水泥、建材、石化等行业的污染治理，全面完成脱硫、脱硝、除尘设施升级改造，淘汰落后产能，严控“两高”行业新增产能，强化对道路、施工扬尘、露天焚烧的监管力度等，推进大气污染防治。三要加强源头防控，统筹抓好涉重金属行业污染整治、持续性有机化合物治理、危险化学品管理、固体废物减量化、资源化等，加快推进土壤污染防治。把治理“餐桌污染”、建设食品放心工程作为重大的民生工程，用最严谨的标准、最严格的监督、最严厉的处罚，最严肃的问责，确保人民群众喝进嘴里的、吸进肺里的、吃进胃里的都更加卫生、健康、安全。努力为人民群众提供更多优质的生态产品，让人民群众共建共享更多绿色福祉。

（三）坚持先行先试，积极稳妥开展生态文明体制机制创新

设立统一规范的国家生态文明试验区并在福建省率先实施，这是中央赋予福建省的光荣使命和重大责任，也是深化生态省战略、巩固提升我省生态优势，倒逼转型升级、加快绿色发展，增进绿色福利、实现绿色惠民的迫切需要和重要路径。必须把握这一宝贵的机遇，充分发挥我省生态文明的比较优势，聚焦制度创新，先行先试，率先突破，更好地发挥改革“试验田”的作用，为完善全国生态文明制度探索路径，积累经验。要按照《国家生态文明试验区（福建）实施方案》的要求，坚持尊重自然保护自然、发展与保护相统一、绿水青山就是金山银山、自然价值和自然资本、空间均衡、山水林田湖是一个生命共同体的理念，遵循生态文明的系统性、完整性及其内在规律，以率先推进生态文明领域治理体系和治理能力现代化为目标，以改善生态环境质量、增强人民群众获得感为导向，以体制创新、制度供给、模式探索为重点，紧扣建设国土空间科学开发的先导区、生态产品价值实现的先行区、环境治理体系改革的示范区、绿色发展评价导向的实践区的战略定位和6个方面26项重点任务，坚持问题导向，突出时间节点，在完善水土流失治理、集体林权制度改革、流域生态补偿等方面制度创新的基础上，进一步在自然资产产权制度和用途管理、生态环境监管、生态文明评价体系、运用市场手段推进生态环境保护等方面加大改革探索力度，尽快建立起产权清晰、多元参与、激励约束并重、系统完整的生态文明制度体系。一要开展省级空间规划编制试点，推进“多规合一”省域全覆盖，健全国土空间开发保护制度。划定并严守生态保护红线，加快构建以空间规划为基础、以用途管制为主要手段的国土空间治理体系。二要积极推动建立自然资源资产产权制度，推行生态产品市场化改革，建立完善多元化的生态保护补偿机制，加快构建更多体现生态产品价值、运用经济杠杆进行环境保护和生态保护的制度体系。三要完善流域和海洋生态环境治理机制，建立农村环境治理体系，健全防灾减灾体系，完善环境管理制度，健全环境资源司法保护机制，加快构建监管统一、执法严明、多方参与的环境治理体系。四要探索建立生态文明建设目标评价考核制度、开展自然资源资产负债表编制、领导干部自然资源资产离任审计和生态系统价值核算试点，

加快构建充分反映资源消耗、环境损害和生态效益的生态文明绩效评价考核体系。形成一批对其他地区具有借鉴意义、在全国可复制、可推广的生态文明体制改革试验成果，为努力建设机制活、产业优、百姓富、生态美的新福建，实现经济社会发展和生态环境保护双赢，人与自然和谐发展，为加快生态文明建设、实现绿色发展、建设美丽中国提供有力的制度保障，让福建的天更蓝、地更绿、水更净、环境更优美，人民群众有更多的获得感。

（撰稿：福建社会科学院　黎昕）

福建社会保障事业：发展状况、问题分析与对策建议

2016年是“十三五”的开局之年，福建省围绕建设新福建，主动适应新常态，创新医保管理体制，继续阶段性降低失业、工伤、生育保险费率，以更加公平更可待续为目标，进一步深化福建社会保障体制改革。

一、2016年福建社会保障事业发展状况

（一）完善被征地农民养老保障，同步调整企业和机关事业单位退休人员待遇

完善被征地农民养老保障，为每个被征地农民保障对象建立个人账户，“即征即保、分类施保”。个人账户记账标准为当地人民政府确定的被征地农民社会保障资金人均筹资标准，不低于当地被征地农民养老保障金发放标准的139倍。劳动年龄段被征地农民保障对象的个人账户资金用于对其参加社会养老保险的个人缴费部分进行补贴；养老年龄段被征地农民保障对象的个人账户资金用于为其按当地农村最低生活保障标准按月发放被征地农民养老保障金；征地前已参加城乡居民基本养老保险的，叠加享受被征地农民养老保障金。

提高退休人员待遇，上调退休人员基本养老金。采取定额调整、挂钩调整与适当倾斜相结合的办法，调整企业和机关事业单位退休人员基本养老金，总体调整水平按照2015年12月退休人员月人均基本养老金的6.5%左右确定。这次调整是2014年机关事业单位养老保险制度改革以来，机关事业单位退休人员第一次按照基本养老金调整办法调整待遇，也是企业和机关事业单位退休人员第一次同步调整待遇。

截至9月底，全省基本养老保险（含离退休）参保人数为913.33万人，同比增加46.89万人，增长5.41%。其中，企业职工参保人数687.13万人，同比增加23.55万人，增长3.55%；企业参保离退休人员127.78万人，同比增加5.31万人，增长4.34%。机关事业单位参保离退休人员29.99万人，同比增加7.26万人，增长31.94%。城乡居民社会养老保险参保人数1487.69万人，同比增加7.12万人，增长0.48%；城乡居民社会养老保险参保率达98.13%，同比下降0.04个百分点。

（二）创新管理体制，进一步提高基本医疗保障水平

创新管理体制，实现城镇职工、城镇居民和新农合管理经办体制三保合一。9月28日，成立全国首个省级层面的专门医保机构——福建省医疗保障管理委员会办公室。省卫计委、省民政厅、省财政厅、省人社厅、省商务厅、省物价局等多个部门与医疗卫生相关职权，统一划入省医保办。城镇职工基本医疗保险、城镇居民基本医疗保险管理、新农合、城乡生育保险、医疗救助、医疗服务价格管理、药品配送管理等诸多管理职能全部整合进省医保办，从根本上实现了省级层面城镇职工、城镇居民和新农合医保管理体制的整合。整合设立医保办，是福建省在医疗保障管理体制改革上的先行先试，也是贯彻全国卫生与健康大会精神，积极构建“大卫生、大健康”格局的重要举措。

进一步推动医疗、医保、医药“三医联动”改革。一是斩断“以药养医”，创新药品集中采购机制，并以院长目标年薪制为突破口，首次将院长年薪由财政全额负担，使其代表政府管理医院，

推进现代医院管理体系的建立。二是加强规范，出台《福建省医保药品支付标准实施办法》，以新一轮药品集中采购价作为医保药品支付标准，引导医疗机构控制成本和合理用药。三是继续深化医保支付方式改革，全面推进以总额控制为基础，按病种、按人头等付费方式相结合的复合式付费方式改革。

进一步提高基本医疗保障水平。一是提高城乡居民基本医疗保险政府补助标准，将新型农村合作医疗和城镇居民基本医疗保险政府补助标准从每人每年380元提高到410元。二是继续完善普通门诊统筹，稳定城镇居民医保住院保障水平，将住院费用政策范围内支付比例保持在75%左右。三是巩固完善城镇居民大病保险，加强其与城镇居民医保经办服务的衔接。

截至9月底，全省城镇基本医疗保险参保人数为1245.45万人，同比减少53.61万人，下降4.13%。其中，城镇职工参保758.73万人，同比增加12.76万人，增长1.71%；城镇居民参保486.72万人，同比减少66.37万人，下降12%。

（三）继续阶段性降低失业、工伤、生育保险费率

继续执行失业保险基金稳岗补贴政策，对符合政策范围和基本条件的企业，按该企业及其职工上年度实际缴纳失业保险费总额的50%给予稳岗补贴；失业保险费率在2015年由3%降至2%的基础上，单位缴费费率再降0.5%。降费后单位费率1%，个人费率保持0.5%。截至9月底，全省失业保险参保人数为555.29万人，同比增加24.89万人，增长4.69%。领取失业保险金人数为5.4万人，同比增加0.31万人，增长6.09%。

继续开展建筑业“同舟计划”——建筑业工伤保险专项扩面行动方案，建立完善按项目参保和优先办理工伤保险的工作机制，简化参保手续、压缩经办时限，构建工伤认定、鉴定和待遇支付等高效便捷的绿色通道，并推动交通、铁路、水利等建筑施工企业参加工伤保险；工伤保险费率继续执行2015年由1%左右降至0.75%左右的降费政策。截至9月底，全省工伤保险参保人数为702.9万人，同比增加44.24万人，增长6.72%。

加强生育保险管理工作，合理调控生育保险基金的结余规模，继续执行生育保险基金累计结余超过9个月支付额度的统筹地区，生育保险缴费费率原则上降低到用人单位职工工资总额的0.5%以内（含0.5%）的降费政策。截至9月底，全省生育保险参保人数为574.44万人，同比增加7.3万人，增长1.29%。

（四）加大社会救助力度，提高社会福利水平，积极开展慈善公益活动

加大社会救助力度。一是健全低保标准与经济发展和物价水平相适应的动态调整机制，进一步提高城乡居民最低生活保障标准。城市低保标准按当地最低工资标准的36%—42%确定，省定农村低保最低标准由家庭年人均收入2300元提高到2650元，提高350元。二是在农村特困人员供养基金方面，省级财政继续按农村低保省定最低标准全额测算，下拨农村特困人员供养补助资金，即每人每年2650元。三是明确临时救助资金以当地户籍人口为基数，由县级人民政府按照每人每年7元的标准进行筹集，省级财政对23个扶贫开发重点县给予全额补助。四是加大医疗救助力度，提高医疗救助水平：加强资金保障，建立全省城乡居民医疗救助基金，原省红十字城乡困难居民重特大疾病医疗救助基金并入城乡居民医疗救助基金，救助基金政府筹集标准也从医疗救助对象每人每年200元提高到400元；进一步完善医疗救助“一站式”即时结算服务系统，做到医疗救助与基本医疗保险、城乡居民大病保险、疾病应急救助、商业保险等信息管理平台互联互享，实现“一站式”信息交换和即时结算，为救助对象提供方便快捷的救助服务；扩大救助范围，建档立卡贫困人口全部纳入医疗救助对象范围。

进一步提高社会福利水平。一是完善困难残疾人生活补贴和重度残疾人护理补贴制度，对符合条件的城乡困难残疾人发放每人每月50元的生活补贴，将一级重度残疾人护理补贴标准从每人每月50元提高到100元，对二级重度残疾人发放每人每月50元的护理补贴。二是实施助残工程：扶持全省4000名农村贫困残疾人开展就业、创业、生产经营；扶持“福乐家园”托养残疾人1000名；资助1.2万名居家养护的重度残疾人。三是持续开展助孤服务：开展“孤儿助学工程”，积极向

北京社会管理职业学院、北京师范大学继续教育与教师培训学院等高校推荐符合条件且有意愿的孤儿、事实孤儿和贫困学生免费接受高等学历教育；开展“福彩—助学筑梦计划”，帮助困境家庭学生免费就读福建民政学校，接受养老职业技能培训；协同团省委开展“青春同行—助孤行动”，通过1+1结对志愿服务、赠送健康成长医疗保险、月月赠书、捐赠困难资助金等形式的活动，关怀帮助事实无人抚养儿童等。

积极开展慈善公益活动。一是由省慈善总会和省立医院共同出资，设立“精诚慈善医疗救助基金”，对在省立医院住院的本省籍城乡家庭贫困患者进行援助。二是开展“妇幼健康中国行——走进福建”暨出生缺陷救助试点项目，对0—14周岁（含14周岁）临床诊断的遗传代谢病的贫困患儿诊疗费用给予救助，资助其进行疾病诊断，防止病程继续发展和致死致残等严重并发症的发生。三是开展“孤儿保障大行动”，实施孤儿重大疾病公益保险，通过慈善捐款为全省符合投保条件的孤儿购买公益保险。

二、当前社会保障领域存在的一些问题

（一）人口老龄化背景下养老保险制度运行风险加大的问题

2015年福建省60岁以上老年人口515万人，到2020年预计达到615万人，约占总人口的15.02%，年均增速4%。随着人口老龄化的加剧，退休人员将越来越多，承担缴费负担的在职人员所占比重将逐渐减小，直接反映出来的一个信号是，职工养老保险抚养比（在职人员与退休人员之间的比例）从2013年开始呈现下降趋势，如下图[①]：

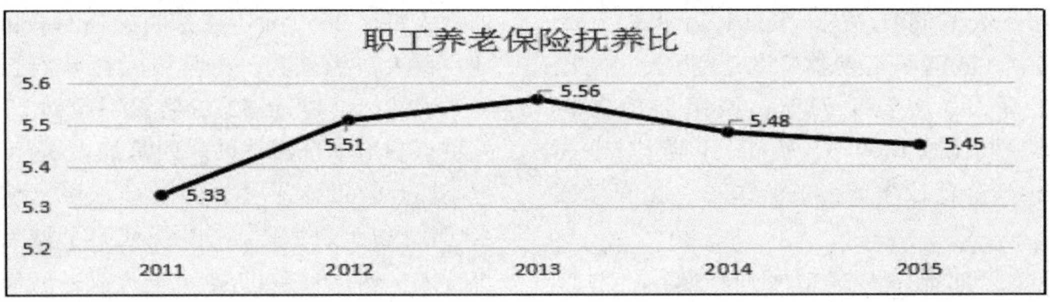

虽然目前“5个多人养1个人”的比例在全国范围内仅低于广东“超过9个人养1个人”的水平，但养老抚养比下降的问题还是应该引起警惕。而随着老龄化的加速，养老抚养比今后还可能会继续下降，未来的职工将承受更沉重的养老负担。

与2013年养老抚养比下降相呼应的是，以2013年为拐点，城镇职工基本养老保险基金的收入、支出和节余的年增长率呈现一个倒V型的反转，显示养老保险的增长开始变缓，扩面征缴的速度变慢，如下图：

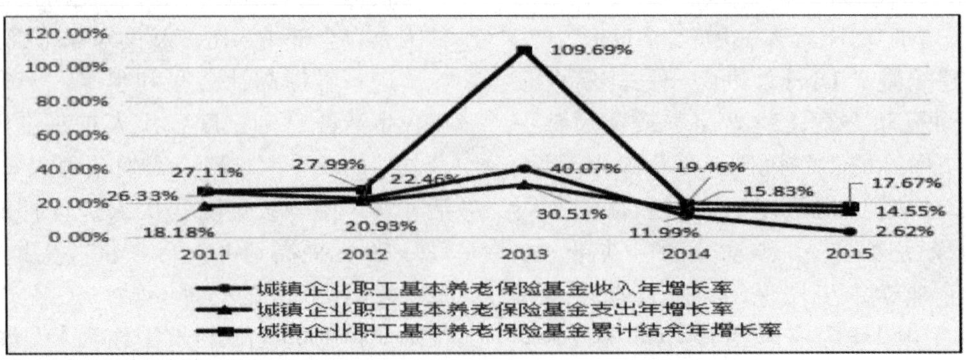

① 图中所使用的数据均依《福建统计年鉴》中的原始数据计算生成的，下同。

在增长变缓的同时，另一个危险的信号是，从 2014 年开始，城镇企业职工基本养老保险基金支出增长的速度开始超过收入增长的速度，2015 年职工基本养老保险基金收入年增长率只有 2. 62% 。如果基金收入增长率低于基金支出增长率的状况持续下去，就有可能出现总体上征缴收不抵支的问题。

养老抚养比下降、养老保险基金支出增长率开始超过基金收入增长率，都意味着未来养老保险基金运行面临很大的风险。如何提高养老保险的公平性和可持续性？如何在今天提前为明天减负？是当下必须思考的问题。

（二）医保管理制度整合的新压力和医保系统潜在的风险问题

“三保合一”的省级医保办的成立意味着新医改进入深水区，进入啃“硬骨头”的时期。虽然目前三项基本医保制度（职工基本医疗保险、城镇居民医保、新农合）在管理经办体制上合一了，但这三项制度在覆盖群体、制度设计方面均有不同。特别在制度设计上，三者的筹资机制、报销制度和保障水平均存在明显的差异。职工医保由用人单位和职工共同缴纳基本医疗保险费，城镇居民医保和新农合则是财政支出占大头，个人缴纳一小部分；职工医保是连续缴费，缴够一定年限后即可终身享受医保待遇，而新农合和城镇居民医保则需按年缴纳保费，交一年保障一年，中断缴费则不再享受相关待遇。此外，三者在缴费标准、药品目录、定点医疗机构、医疗费用报销待遇以及经办管理等许多方面都存在着显著差异，这就大大增加了医保并轨的难度。虽然成立了省医保办，但如何加强医疗保险管理顶层设计，实现医疗保障的集约化管理仍是问题。不仅于此，医保管理并轨后，各医疗保障制度间如何更有效地衔接？如何逐步均衡城乡待遇差异？医保基金抗风险能力是否提升？保障水平有何变化？重复参保问题能否破解？如何探索建立长期护理保险制度？作为先行先试者如何为其他省份的改革提供宝贵经验？省医保办的成立并非意味着老问题一劳永逸地解决，而是意味着更多新问题新压力的产生。

医保基金支付压力加大的问题也必须引起重视。现行医保的筹资机制和待遇机制在制度设计上是存在一些问题的。如城乡居民医保筹资主要依靠财政补助，个人缴费占比较低。2016 年对居民医保的人均财政补助标准已经提高到 410 元，占筹资额的比重接近 73%，所占比重过大到有“福利化”嫌疑。显然，在这种筹资机制下，政府要承担比较重的财政负担。在职工医保这块，按现行的职工医保政策，退休人员不缴费，但是退休人员人均医疗消费又大大高于职工。在老龄化加剧的背景下，医保基金收入减少，医保基金支出增加，医保制度面临的财政压力会越来越大，医保基金的压力也会越来越大。下图是 2011—2015 年职工医保基金收入和支出年增长率走势图：

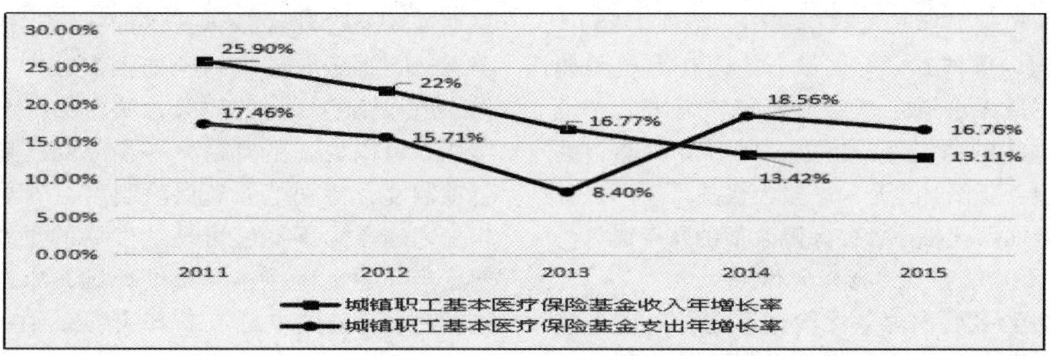

可以看出，第一，城镇职工医疗保险基金收入 5 年来是持续下降的；第二，从 2014 年开始，基金支出增长速度开始超过基金收入速度。如果按这个趋势下去，医保基金能否可持续性健康运行将是个问题。

（三）公共服务系统支撑能力不足的问题

“十二五”社会保障事业的加速发展，离不开

"金保工程"一期项目的支持。网络技术平台的发展，为社保管理的精细化提供了技术支撑，也大大提升了社保管理和服务的可及性与便捷性。现在，社会保障卡已全省普及，依托"互联网+"运行系统的网上经办管理服务模式成为主流。但由于目前福建省统一的人力资源和社会保障公共服务平台尚未完全建成，劳动就业、劳动关系和社会保险等服务项目的基础数据、流程设计、窗口经办等资源有待整合，存在多个信息系统并立、数据共享及业务协同办理困难等问题。数据备份与灾难备份系统也尚未建设，难以有效抵御系统风险，影响公共服务的质量和效率。居民保从试点开始就着力推进省、市、县、乡四级联网信息化经办，但受建设成本和管理难度等因素影响，"金保工程"专网未延伸至村级，导致村级居民保业务仍需手工办理，村级收件后送到乡镇，再由乡镇审核并录入系统。平台建设的不完善，反映在社会保险工作中，就会出现骗保漏保，挤占、挪用、冒领、诈骗甚至盗窃社会保险基金和社会保障专项资金的问题；另外在失业、工伤社会保险基金的使用上，也会出现一方面存在大量结余，另一方面一些失业人员无法领取失业保障金或一些工伤人员没有得到应有保障的问题；保险基金运行预测预警系统也没完全建立。因此总体上看，当前公共服务平台的服务领域仍有限，功能较单一，无法完全满足"推进社会治理精细化""坚持精算平衡""精准扶贫"的更高要求。

另外应看到的是，目前在社会保险领域，并不是没有大数据，而是在数据利用、整理、分析、加工、解构、重构方面有欠缺。如何在人员编制少、经办力量无法满足基层业务倍增需求、管理服务面临挑战的情况下，建立一支有专业能力的经办管理服务队伍，也是一个重大挑战。

三、全面深化福建社会保障改革的几点建议

（一）健全多层次养老保障体系

一是加强多层次养老保险体系建设。进一步明确国家、企业与个人对于养老保障的责任，构建以基本养老保险为主体，包括职业年金、企业年金和商业保险的多层次养老保险体系。在政府责任这块，加大政府财政对养老保险的投入，完善职工养老保险个人账户制度；通过加大政策激励和扩面征缴力度，促进尚未参加养老保险的农民工、灵活就业人员、城乡居民依法参保；完善养老保险的省级统筹层次，真正实现基金流的收支管理与核算层级的省级统筹，增强基金的调剂和支付能力；进一步拓展或扩大基金筹资渠道，通过市场化、多元化的投资运营，提高职工养老保险基金的投资收益率。在增强企事业单位责任、促进年金发展这块，完全放开建立企业年金的三个限制条件，代之以"自动加入"制，促进企业年金和职业年金制度的广泛建立；放开选择权，可以引人 QDIA 即"合格默认投资选择"制度，进一步扩大年金的参与率；应加强优惠政策扶持，增加年金的吸引力以促进企业年金和职业年金发展。在个人养老保障责任这块，积极发挥个人商业养老保险零售性、灵活性和可及性的优势，通过良好的制度设计促进其发展。通过制定并实施有关个人向企业年金或职业年金以及储蓄养老计划供款的税收递延政策，鼓励个人购买商业养老保险；建立生命周期基金和生命特征基金的"双基金选择制度"，放开个人的投资选择权；通过优惠政策引导，鼓励有条件的企业建立商业养老保障计划；引导和鼓励商业保险公司开发终身年金或养老保险产品，进一步拓宽商业养老保险服务领域等。

二是坚持精算平衡，实现养老保险制度的可持续性发展。养老保险基金实现长期收支平衡、保持必要的基金累计结余、具有较强的基金支撑能力是养老保障事业能够健康可持续发展的关键。这就需要通过现代精算技术的实际运用，对未来养老保险基金收支进行一些预测分析，根据精算结果适当调整现行的政策，从而保证制度的可持续性。可以说，坚持精算平衡原则，是社会保障各项制度，特别是养老保险制度在养老金财政负担加大的压力下能够可持续发展的重要保证。在养老金问题上坚持精算平衡原则，应遵循国际惯例，在设计蓝图中对未来 75 年期的财务可持续性进行测算；参考社会平均工资的增长水平、投资收益率、期望寿命、人口增长率、老龄化速度，在资产端（名义资产）与负债端（未来债务）建立起某种制度化的精算匹配关系，进行年度精算和动态调整，建立快速反应机制，定期调整缴费

率、给付率、最低的缴费年限和退休年龄，实现可持续的代际平衡；基于社会保障制度可持续性的要求，人社部门对于现代精算技术的实际运用应高度重视，及时建立一支业务熟练的精算队伍，建立常设精算机构等。

三是加快完善“以居家为基础、社区为依托、机构为补充”的养老服务体系。加强社区居家养老服务网络平台建设，以政府购买的形式，打造居家养老信息化平台，平台建设应包括紧急救援和呼叫服务系统、老年人基本信息和健康档案系统、加盟商和养老服务人员管理系统、养老服务需求评估系统、在线支付结算系统、平台客服系统等，并使其与政府相关公共服务平台有效对接；创新城乡社区居家养老服务供给方式，通过收集健康档案信息和评估生活状态，针对每个老人提供多样化、个性化、专业化的养老服务，包含养老信息服务、生活照料服务、医疗健康服务、精神慰藉服务、文体教育娱乐服务等；整合优化现有社区公共服务设施，向专业化组织免费提供或协助其低价租赁服务场地，落实税费减免和社区居家养老服务中心（站）运营补贴政策，吸引专业化服务组织落地；加强养老服务专业队伍建设，大力开展养老护理机构从业人员职业技能培训，使养老护理人员岗前培训率达100%，推行养老护理从业人员职业资格证书制度，组织养老护理从业人员职业技能鉴定等。

（二）全面深化医保体制改革，建设“健康福建”

一是在城镇职工、城镇居民和新农合医保管理体制整合的基础上，提高医保系统的运行质量。进一步改善医保基金管理，建立由医保定点医疗机构代表、医保定点药店代表、医保管理部门及有关专家组成的医疗保险基金监督管理委员会，采取组织监督、制度监督、行政监督、业务监督、审计监督等多种监督形式，确保资金安全运行，医保费用使用公开透明；利用机构整合、管理整合、人员整合、数据整合的机会，解决好重复参保和漏保的问题，切实提高参保率，进一步巩固全民医保；进一步完善大病保险政策，在逐步实现大病保险覆盖所有城乡居民医保参保人群的基础上，适当提高人均筹资水平和支付比例，加强与医疗救助等制度衔接，共同发挥托底保障功能，解决因病致贫返贫问题；进一步健全医疗保险稳定可持续筹资与待遇调整机制。针对城乡居民医保筹资主要依靠财政补助这种筹资机制，可在精算的基础上，改变现行的定额筹资方式，如可以借鉴江苏、广州等地的改革经验，以城镇居民可支配收入或农村居民人均纯收入的算术平均数为缴费基数，按适当比例缴费，同时合理确定居民个人缴费与财政补助的比例关系，逐步建立以居民可支配（纯）收入为基数、按固定比例缴费的居民医保筹资新机制。

二是积极推进医保支付方式改革，控制医保支出过度增长。完善医保总额预付方式改革，结合基金收支预算管理来加强总额控制，按照“以收定支”的原则，执行落实基金预算，将医疗费用支付的增长幅度控制在基金收入增长范围以内，实现总额控制；可在按病种付费改革、按人头付费、按服务单元付费等多种支付方式外，推行按疾病诊断相关分类（DRGs）付费方式，相对于近万个病种数来说，几百个DRGs组可以覆盖所有病种，而且这种分组也有益于医保部门依此规范医疗服务行为并加强对医保付费的管理；进一步加强对医疗费用支出的监控，可将医保精细化管理与精准医学应用相结合，加强对医疗费用合理有效的管理，减少医保费用无效支出所导致的损失；建立医保机构与医疗机构和药品供应方的谈判机制，以协议管理为中心，有效控制医疗成本，并逐步将医保对医疗机构服务的监管延伸到对医务人员医疗服务行为的监管。

三是积极建设“健康福建”。用“互联网+”重建医疗生态模式，鼓励社会资本参与医疗卫生信息化建设，加快建设并推行统一的全省电子健康档案平台，将各医疗机构电子病历整合联网使用，实现电子健康档案和电子病历的共享，建立健康大数据平台；推进基层医疗卫生机构和医务人员与社区、居家养老结合，依托卫计部门医疗卫生服务网络，与有需求的老年人家庭建立家庭医生签约健康服务关系，为社区老年人建立健康档案，提供连续性的健康管理服务和医疗服务，如为高龄、重病、失能等老年人提供定期体检、上门巡诊、家庭病床、社区护理、健康管理等基本服务等；探索建立长期护理保险制度，可通过在部分地方开展试点，探索建立以社会互助共济方式筹集资金，为长期失能、半失能人员的基本生活照料和与基本生活密切相关的医疗护理提供基金或服务保障的社会保险制度，以满足越来越多的失能、半失能老年人对于长期护理的需求。是依托基本医疗保险附加设立，还是建立独立的具有社会保险性质的长期护理保险制度，或是建立商业性的长期护理保险，还需要通过试点工作的展开积极探索。

（三）全面实施精准救助

一是做好精准识别工作，解决好“救助谁”的问题。着力推进精准低保，新增对象在入户核定其家庭人均收入后，必须进行家庭经济状况核对，原有对象在定期核查的基础上，仍要分期分批全部进行核对，对不符合规定的对象，坚决做到“即核即清即退”；充分发挥居民家庭经济状况核对信息平台的作用，坚持“一把尺子量到底”，把该保的对象保住，不该保的清出去；把救助申请家庭经济状况信息核对工作引入常态化、规范化轨道，实现有条件的信息项目全部实现自动核对，并争取每年至少进行一次全面核对；在清核过程中仍应贯彻“应保尽保”原则，先确保“一个不漏”，再力求“一个不错”，不搞“一刀切”，防止困难人群正当权益受损。

二是做到因户施策、因人施策，解决好“如何更好地救助”的问题。即把贫困人口、贫困程度、致贫原因等搞清楚，在这基础上，让项目安排和资金使用提高精准度，扶到点上、根上，让贫困群众真正得到实惠。应实行分类救助的制度设计，根据贫困家庭认定和居民经济状况核对等情况，把贫困人口分成不同类型的群体，再针对不同的群体制订不同的政策进行救助，防止通过无差别的低保政策来保障所有的贫困人群，减少福利捆绑和重复救助；应进一步完善救助制度体系，充分发挥医疗、教育、住房、就业等专项救助与特困人员救助、临时救助、大病保险和医疗救助制度的作用，加强衔接、按照动态调整机制科学合理地调整救助标准，编织一张有效的社保兜底网；民政救助工作要重视加强与扶贫开发政策的有效衔接，对于不能通过开发性扶贫脱贫的贫困人口给予救助，实行政策性的保障兜底，能够通过开发性扶贫脱贫的贫困人口则给予精准施策，帮助精准脱贫。

三是通过信息化服务能力和水平的提升，从技术上提高救助管理能力。积极推进金保工程二期项目，进一步完善全省城乡居民基本养老保险、劳动用工管理、社会保险基金监管、人力资源和社会保障12333公共服务平台等信息系统，逐步实现线上线下服务渠道的有机衔接，形成跨领域、跨部门、跨层级的联动服务能力，提升社会保障信息化服务能力和水平；完善五级业务联网经办机制，依托12333公共服务网，建立村级信息化经办平台，将居民保信息系统向村级延伸，对暂时还没延伸到的地区，由村协理员通过信息系统办理参保登记、信息变更、待遇申请等业务，用高拍仪现场拍摄相关证件和表单，直接上传到乡镇，从业务源头开始建立电子档案，乡镇和县级在专网内的业务系统在线调阅电子档案、办理业务复核和审批，实现村级经办、乡镇复核、县级审批和省市监管的五级业务联网经办；建立健全社会保障、社会救助和扶贫开发信息共享机制，构建数据互通、信息共享平台，全面建立起纵向联通市县两级民政部门，横向联通各相关部门（机构）的救助申请家庭经济状况核对平台，确保救助申请对象公正高效认定。

（撰稿：福建社会科学院　肖艳）

福建省哲学社会科学创新工程和新型智库建设的现状与对策

2016年5月17日，习近平总书记在哲学社会科学工作座谈会上强调“要实施哲学社会科学创新工程，建设中国特色新型智库”。《福建省国民经济和社会发展第十三个五年规划纲要》提出，“实施哲学社会科学创新工程，加强新型智库建设”。实施哲学社会科学创新工程是构建中国特色哲学社会科学学科体系、学术体系、话语体系的重要举措，是中国特色新型智库建设的重要抓手。全面推进我省创新工程和新型智库建设，要着力改革体制机制制度，努力实现以马克思主义为指导，以学术观点与理论创新、学科体系创新、科研组织与管理创新、科研方法与手段创新、用人制度创新为主要内容的哲学社会科学体系创新。

一、实施创新工程是繁荣发展我省哲学社会科学的需要

习近平总书记指出：“构建中国特色哲学社会科学是一个系统工程，是一项极其繁重的任务，要加强顶层设计，统筹各方面力量协同推进。要实施哲学社会科学创新工程，搭建哲学社会科学创新平台，全面推进哲学社会科学各领域创新。”创新是哲学社会科学的本质和生命力所在，是中国特色新型智库建设的灵魂。发展哲学社会科学是新型智库的内涵和任务，新型智库是哲学社会科学发展的重要载体和平台。改革开放以来，广大哲学社会科学工作者解放思想、实事求是、与时俱进，坚持以马克思主义为指导，坚持为人民服务、为社会主义服务方向和百花齐放、百家争鸣的方针，深入研究回答我国发展和我们党执政面临的重大理论和实践问题，推出一大批重要学术成果，为坚持和发展中国特色社会主义做出了重大贡献。但从整体来看，我国哲学社会科学界思想还不够解放，创新精神不足，理论创新成果不多，原创性成果更少，理论创新的速度和成果还不能适应快速发展的社会实践需要。

在福建省委、省政府的高度重视和正确领导下，我省哲学社会科学界高举中国特色社会主义伟大旗帜，坚持围绕中心任务和发展大局，立足福建、面向全国、服务人民，积极进取、开拓创新，推动了我省哲学社会科学事业快速繁荣和发展。全省哲学社会科学研究成果的数量和质量不断提升，社科人才队伍规模不断扩大，特色优势学科的发展取得了新突破，社科研究平台建设取得新进展，社科管理体制和运行机制不断创新和完善，为推动福建省经济社会发展做出了积极的贡献。但必须清楚地认识到我省哲学社会科学发展整体发展水平与我省经济社会发展需求相比，还不相适应；哲学社会科学研究整体质量、水平，与福建省加快科学发展、跨越发展的实践创新速度的适配度还需提高，科研创新能力有待增强；聚焦重大理论和现实问题不够，研究的针对性和深入程度不足，具有全局影响的智库尚未形成；科研成果应用和转化机制尚未健全，哲学社会科学管理机制仍不完善；研究资源需要深度整合、统筹发展，具有福建特色的哲学社会科学研究创新体系建设步伐仍需加快。

新常态、新形势和新要求为哲学社会科学研究提供了强大动力和广阔空间，哲学社会科学地位变得更加重要的同时，任务也更加繁重，要求哲学社会科学发挥更大作用。当前，我省正处在科学发展跨越发展的战略机遇期，既面临千载难

逢的历史机遇，也面临严峻的挑战。中央加大力度支持福建经济社会加快发展，加速催生各类资源要素在我省汇集，这为福建发展带来众多新机遇、拓展了发展空间，也使福建加快发展的动力更加强劲。福建作为全国生态文明试验区、21世纪海上丝绸之路的核心区等，需要充分发挥对台交流独特的区位优势，坚持推动绿色发展，推动实施自贸区战略，加快"一带一路"建设。这都需要哲学社会科学主动作为，科学研判我省发展新趋势，明晰路径举措，更好地围绕建设"机制活、产业优、百姓富、生态美的新福建"的目标，服务我省跨越发展。

繁荣发展我省哲学社会科学必须实施创新工程。"十二五"规划纲要，首次将哲学社会科学创新工程纳入国家发展规划，标志着哲学社会科学创新工程已经成为我国的重大发展战略。创新工程旨在通过社会科学研究体制机制的创新，推动和实现用人制度创新、科研组织方式创新、机构设置创新、科研资源配置方式创新，充分调动科研人员的积极性和创造性，释放出更大的科研创造力，推进科研手段与方法创新、学术观点与思想理论创新、学科体系创新，构建中国特色哲学社会科学创新体系。实施创新工程，是推动我国和我省哲学社会科学迈上更新层次、更高台阶的重大战略举措。

二、推进我省新型智库建设的关键是实施创新工程

加强新型智库建设，是提高党委政府科学民主依法决策水平的需要，是加强福建软实力建设的重要组成部分，是更好地引导社会、开启民智、凝聚力量的重要抓手。习近平总书记在哲学社会科学工作座谈会上指出："近年来，哲学社会科学领域建设智库热情很高，成果也不少，为各级党政部门决策提供了有益帮助。同时，有的智库研究存在重数量、轻质量问题，有的存在重形式传播、轻内容创新问题，还有的流于搭台子、请名人、办论坛等形式主义的做法。"自党的十八届三中全会提出"加强中国特色新型智库建设，建立健全决策咨询制度"以来，我省和全国一样，掀起了一股智库建设的热潮，但不乏将智库内涵标签化、泛化而引发的"一哄而起"，智库建设泥沙俱下、鱼龙混杂。

当前，我省新型智库建设存在的主要问题：一是智库供求对接机制不完善。长期以来，智库参与决策咨询不是出于制度设计的必然，专家是否参与决策过程，往往取决于决策者选择的偶然，而未被列入决策法律程序。科学的决策咨询缺乏完备的制度保障。智库机构与党委政府之间沟通渠道不够顺畅。一些智库机构长期以来相对封闭，研究成果大多限于同行之间交流与沟通，很难跳出这一圈子而走向社会、走向党委政府决策。即使是承担党委政府委托的课题研究，也具有随机性、临时性、短期性的特点。二是研究成果针对性不强。智库的使命就在于服务决策，而不仅仅是单纯的理论研究，要把目光瞄准国家和当地经济社会发展中的重大问题、热点问题，以党委、政府、社会的需求为导向，为其提供高质量的决策咨询服务，使其真正成为党委政府的思想库和智囊团。但是，当前不少智库缺乏对社情民意的了解，缺乏对政策的掌握，研究成果与实践有脱节，与党委政府工作衔接不够，许多研究成果眼界不宽、思路不宽，深度不够、前瞻性不强，实用性、针对性不强，大多是"头疼医头、脚疼医脚"，缺乏管用、可用、适用的办法，甚至是重复研究。三是智库管理机制不健全。在课题组织上，基本上是单兵作战、自娱自乐，少有跨学科、跨研究所的强强组合，难以形成研究合力。对于研究成果的评价存在手段简单、指标单一等诸多问题，重数量、轻质量，重同行评价、轻社会和政府评价。成果宣传推广转化机制存在困难，科研经费管理使用制度僵化，分配机制存在吃"大锅饭"，内部没有竞争激励机制。四是整体研究能力相对较弱。研究方法、技术手段创新能力不强，协同攻关、配合互动少，研究方式以整理下级报送和本部门掌握的信息为主，接地气的调研少，导致研究内容以接受官方和半官方的工作任务为主，只是发挥了"幕僚""参谋"作用，缺少公共性和民间性的色彩。

习近平总书记强调"要建设一批国家亟须、特色鲜明、制度创新、引领发展的高端智库，重点围绕国家重大战略需求开展前瞻性、针对性、储备性政策研究""智库建设要把重点放在提高研

究质量、推动内容创新上”。决策咨询是哲学社会科学的重要职能，实施创新工程，就是要通过一系列体制机制改革，推进学科体系创新、学术观点创新和科研组织管理创新，激发调动广大科研人员的积极性和创造力，不断提升服务省委省政府决策、服务全省经济社会发展的能力，更好发挥思想库、智囊团作用。创新是建设新型智库的核心导向，推进我省新型智库建设的关键是实施创新工程。新型智库建设既不是原有研究机构的简单翻牌，也不是单纯的数量扩张，最主要的是通过改革创新盘活存量，向改革要活力、要潜力、要效益。要遵循哲学社会科学学科发展规律，坚持学术观点创新，推动学术方法创新，紧紧围绕中央和地方的重大战略布局、国家和区域经济社会发展中的重大问题开展研究，提出专业化、建设性、切实管用的政策建议，着力提高综合研判、战略谋划能力和决策咨询能力。

三、全面推进我省创新工程和新型智库建设的着力点

实施哲学社会科学创新工程，推进我省新型智库建设，是贯彻习近平总书记在哲学社会科学工作座谈会上的重要讲话精神，繁荣发展我省哲学社会科学事业的一个重要机遇，也是落实省“十三五”发展战略部署的要求。创新工程实质上是体制机制的转变，要牢牢把握创新这个核心，以推进全面深化改革为主题，以创新体制机制为主线，以提升科研创新能力为重点，建立符合科研规律、充满生机活力的科研管理制度。

（一）建立制度化的供求对接机制

由于信息不对称，智库不一定能及时获取政府的政策咨询需求，甚至对一些热点问题缺乏足够的研究兴趣，致使思想产品不适合直接应用。政府需引导智库主动服务经济社会发展，聚焦热点问题；智库机构要强化客户意识，坚持以党委政府的政策需求为导向，把智库研究与国家社会的发展需求结合起来，做到供需对接、供适所需。一要建立智库供给机制。通过以程序为中心的制度建构，推进科学、民主、依法决策进程。建立智库成果采购制度，按“质”付酬，为智库参与决策应用研究提供制度保障。完善公共政策咨询项目投招标和申报程序，加强课题管理，把好立项、检查、验收的各个关口。二要健全专家咨询制度。要让高水平的研究成果和专家能进入决策中枢的视野，从而提高公共政策的理性化程度，就必须建立起制度化的重大决策专家咨询制度。对政府部门等公共机构而言，要健全决策咨询工作机制，建立发挥“智库”和“外脑”作用的相关制度，形成“决策前由专家提供多方案供选择，决策中有多方面专家意见可听取，决策后由智库等第三方评价政策效果并提出政策调适建议”的智库参与机制。三要建立健全供需对接机制。要开放政府信息与决策交流渠道，完善专家参与重大决策的方式，建立智库向决策者提交成果和进行交流的畅通渠道。搭建基于信息报送双向流动机制的、对接政府和学术的平台，建立智库参与政府决策和递呈研究成果的长效机制。或“由上至下”，党委、政府有关部门为应对重大问题，直接向智库专家征询意见；或“由下及上”，即智库不定期组织智库专家就热点问题进行研判，向有关部门及时报送研究成果。

（二）建立灵活有效的科研管理机制

智库研究最大特点就在于突出前瞻性、针对性、储备性，科研组织方式要适应此特点，提升科研创新能力和服务决策水平。要坚持问题导向和趋势导向相结合的原则，强化跟踪研究和横向比较研究，注重选题的连续性、递进性和关联性，力求把问题研究透彻，确保研究见实效。一是建立快速反应机制。通过先期储备研究、先进的研究手段、广泛的调研网络，对决策急需的热点难点问题快速反应，及时立项，集中优势科研力量开展攻关，形成有深度、有见地、可操作的研究成果。二是完善重大课题选题机制。要不断完善智库研究选题沟通机制，使智库的研究成果能够迅速进入决策视野，提升研究成果的转化率和应用率。如定期列出若干研究选题呈请党委政府领导点题；定期向党委政府相关职能部门发布征求选题意见函，对口开展专题研究，建立稳定的委托研究机制；积极参与党政部门重要改革方案、政策措施、工程项目的可行性论证，提供高质量的决策论证支持；重视前期调查和政策需求分析，发挥多领域专家咨询委员会在课题立项中的作用。建立体现研究绩效的课题评审机制，建立研究成果分类送审和质量把关机制。要建立智库参与的政策实施监督与评价制度，对已经进入决策并实施的智库成果，研究人员要参与跟踪研究，以利于深化问题研究，促进成果转化的社会效益最大化。三是建立灵活有效的科研组织机制。实行课题负责人制度。突出协同作战，根据课题需要组建跨部门、跨领域课题组，集中优势力量并有效整合国内外研究资源参与决策咨询研究，建立强强联合、优势互补、深度融合的协作机制和协作网络。

（三）建立多元化的成果评价与转化机制

要推进科研考核制度改革，尊重智库规律，完善智库科研考核评价体系，改变以发表论文、出版专著等为单一标准的简单量化考核方法，将综合影响因子作为主要考核指标，提高领导批示、社会关注、成果转化的分值。将决策咨询成果作为职称评聘、岗位聘任、科研奖励、评先选优的重要依据，激发研究者从事应用性研究的积极性。提高科研组织、课题评审和业绩评价的透明度，强化竞争，提高评审标准和淘汰率，加大对优秀成果的激励力度。建立智库与决策部门交流合作与沟通联络机制，积极拓宽成果转化渠道和载体，充分借鉴运用现有社科研究成果，以扎实的社会基础理论研究为依托，实现“借船出海”、化知为智，在知识和政策之间搭建桥梁。要加大知识产权保护力度，逐步建立思想和智力产品市场，畅通优秀研究成果转化渠道。充分发挥电子媒介、网络媒介、电视媒介等现代媒介和载体的作用，推介与发布机制。改变传统的“经院式”和“书斋式”的封闭运营模式，利用定期出版刊物及发表著作、提交或公布研究报告营销和推介成果；召开调研成果评价会，邀请有关专家学者对调研成果进行讨论评价，达成共识，提升成果影响力；通过举办各类媒体吹风会、成果发布会、研讨会、高端论坛、宣讲会等活动加大智库重大研究成果宣传力度，充分发挥解疑释惑、引导舆论、教化公众、凝聚人心等独特作用，使智库成为社会获得政策信息和评论的权威来源。

（四）建立开放合作的创新协同机制

哲学社会科学的繁荣发展是全景式、全方位和连续性的，新型智库的建设也不是应景式、碎片化和孤立性的，需要整合引领，也需要广泛参与。打破原有体制机制的束缚，加大协同创新力度，是新型智库建设的重要途径。当前，我国正值实现全面建成小康社会的决胜时期，全面深化改革、全面依法治国、全面从严治党，各项任务都非常繁重。很多热点难点问题都呈现出多样性、复杂性和综合性的明显特点，单凭某一家或者某一类智库的力量，往往不能很好地为党委和政府提供决策参考，这就需要各类智库之间积极开展合作和交流。要建立开放的智库研究合作与交流互动机制。围绕政策研究需求，开展论坛、培训、研讨会等各种交流活动，加强与省内外智库、科研机构、社会组织之间的合作研究，构建协同化的智库研究网络。通过功能分设、优势互补，实现系统内资源与系统外资源的对接，学界与部门的对接，问题与需求的对接，共同开展基础理论和应用对策研究。目前，我省智库建设还面临官方智库管理体系行政化和民间智库弱小化、各类智库学科建设分散化、智库间的互动合作机制不健全等问题。要坚持统筹推进，着力为新型智库发展塑造良好的竞合环境。要以创新工程为引领，以智库联盟建设为抓手，着力整合省内智库资源和力量，同时搭建国际性、国家级和省际合作交流平台，织起发展网络，推动哲学社会科学理论力转化为实践力、思想力转化为生产力、研究力转化为服务力的步伐。

（五）建立稳定常态的人才培育机制

实施创新工程，建设新型智库，拥有一批专业化和职业化的人才队伍是前提。要创新科研人才培养机制，以能力建设为核心，以领军人才、骨干人才、后备人才队伍建设为重点，建立定期选拔学科带头人制度和培训制度、重大课题项目首席专家制度、高端人才引进制度，实施“青年人才工程”“全员提升工程”，培养一批科研领军人物和创新团队，造就一支学科齐全、素质优良、梯次合理的智库创新人才队伍。要建立“能进能出、能上能下、竞争择优、灵活高效”的新型人事管理制度，抓好人才引进、培养、使用和资源配置等关键环节，建立“人才—学科—平台”一体化发展、部门协同联动的人才工作机制。加快建立健全智库研究职责、工作业绩、实际贡献与报酬挂钩的薪酬制度，规范研究人员工资收入，从制度上明确研究人员在研究咨询经费中智力报酬的比例，激发智库人才不断创新的积极性和主动性。完善职称评聘办法，扩大职称聘任自主权，岗位聘任与职称资格脱钩，激励优秀青年研究人员脱颖而出。推动党政机关与智库之间人才有序流动。推荐智库专家到党政部门挂职任职，推动政府部门研究人员向智库流动，鼓励政府部门退休人员到智库发挥余热，构建富有中国特色的智库人才交流机制。

（六）建立健全智库经费管理使用机制

科研经费管理要实现从规范管理到科学管理的范式转型，既要符合财政规范，接受政府监管和公众监督，同时更要最大限度地尊重科研活动的特点与规律，激发和保护科研人员的创造力。目前智库的经费管理一味地参照行政管理部门，忽略了智库研究中人力资本投入及其报酬，制约了智库发展的活力和科研人员的创新积极性。要改革科研经费管理制度，形成有利于智库建设和发展的科研经费管理办法，把人力资本作为经费资源配置的第一要素，解开传统报销制度对科研活力的禁锢与束缚，建立符合智库研究规律的成果报偿制度，“开前门堵后门”，使智库研究人员的智力成本和投入得到合理的体现，合法地获得报偿。要坚持公开、公平、公正、竞争、择优原则，以购买智力服务、公开课题的形式进行招投标，并细化智库政策方案抉择采纳的评价标准，形成以项目实际成果获得经费支持的科研导向，为智库发展创设公平竞争环境。要创新科研项目经费支出方式，适当扩大科研经费使用管理自主权。探索建立科研经费按预算总额控制、专项任务单列预算、优秀成果后期资助的经费配置机制。加强项目过程管理与成果质量控制，建立科研机构、项目管理机构和科研计划的绩效问责机制，通过市场竞争机制和产出科技成果考评机制来促进资源的合理利用，提高财政资金的使用效益。

（撰稿：福建社会科学院　魏澄荣）

福建创新举措推动科技发展

2016 年，福建深入实施创新驱动发展战略和“中国制造 2025”行动计划，加快供给侧结构性改革，创新创业政策环境明显优化，创新活力进一步激发，科技人才队伍不断壮大，创新平台建设持续向好，专利创造保持良好势头，成果转化通道继续拓宽，科技与金融合作日益紧密，科技支撑精准扶贫力度显著增强，在全国创新改革布局中地位和作用不断提高。

一、政策环境优化

以政策先行先试为突破口，破解体制机制障碍，强化创新政策供给，加强创新驱动顶层设计和布局，努力营造理想的创新创业环境。省委、省政府制定出台的《实施创新驱动发展战略行动计划》和《福建省“十三五”科技发展和创新驱动专项规划》为科技发展总体布局设计路径规划；《关于加快高水平科技研发创新平台建设发展的六条措施》和《关于鼓励和支持社会资本建设发展新型研发机构的若干措施》为鼓励社会资本参与科研创新，支持研发平台和新型研发机构发展提供具体举措；《培育科技小巨人领军企业行动计划》是在全国率先对科技小巨人企业享受的加计扣除政策实际减免所得税，给予同量财政资金奖励；《关于进一步促进科技成果转移转化的若干规定》《关于促进高校科技创新能力提升的若干意见》和《关于推进重大科研基础设施和大型科研仪器向社会开放服务的实施意见》等配套政策，为引导企业产学研用一体运作，促进科技成果转移转化，激励科技人员创新创业，推进高校科研领域简政放权明确方向。2016 年，福厦泉国家自主创新示范区获批落地，福建成为全国第 6 个建设国家创新型省份试点。全省科学技术一般公共财政预算支出 82.42 亿元，同比增长 7.6%，占一般公共财政预算支出的 1.9%。

二、研发活动活跃

围绕建设创新型省份，以两化融合、智能制造、绿色制造、工业强基为突破方向，打出“松绑 + 激励”组合拳，激发企事业单位、科研机构、高等学校等创新主体活力，创新活动更加活跃。2016 年，全省研发经费投入预计达 442 亿元，比上年增长 12.8%；研发经费投入强度（与 GDP 之比）1.55%，比上年提高 0.04 个百分点。全省企业研发费用税前加计扣除额达 58 亿元，比上年增长 22%；高新技术企业所得税减免 31.64 亿元，增长 24.4%；落实小巨人领军企业研发费用加计扣除奖励 7437.3 万元。2016 年末，全省共认定高新技术企业 2535 家，新增 906 家；拥有创新型企业 681 家，新增 255 家；拥有国家级企业技术中心 37 家，新增 2 家；遴选科技小巨人企业 655 家，新培育知识产权优势企业 100 家。

三、人才团队壮大

继续深入实施“海纳百川”高端人才集聚计划，创新“科技项目 + 人才团队”支持方式，创新创业领军人才和杰出青年人才队伍不断壮大。2016 年，全省共遴选省“双创人才”96 名，新增 30 人入选国家“万人计划”科技创新领军人才和科技创业领军人才，新增 21 人和 4 个团队入选科技部创新人才推进计划。2016 年末，全省累计已有 67 人、10 个团队和 1 个创新人才培养示范基地入选科技部创新人才推进计划。“南方红壤水土流失治理技术研究与示范”“重点海域海洋环境精细化监测集成应用示范”等“十二五”国家科技支撑计划项目培养博士、硕士研究生 90 余人，发表学术论文 30 余篇。

四、平台建设推进

加快高水平研发创新平台建设，大步推进重

点研发机构发展，创造性地引进境内外高端研发机构和科技服务机构在闽落地。中科院海西研究所、国防科技大学军民融合协同创新研究院、中船重工厦门材料研究院等新一批“国字号”研发机构落地，进一步壮大福建创新驱动内核。至2016年末，全省共拥有国家级重点实验室10个、省级重点实验室200个，国家级工程技术研究中心7个、省级工程技术研究中心472个，产业技术重大研发平台26个。创新创业服务平台是推动自主创新体系建设的重要载体，为促进福建产业转型升级、加快发展方式转变提供有力支撑。至2016年末，全省已拥有产业技术公共服务平台22个，省级产业技术创新战略联盟28个，科技企业孵化器160家，众创空间400多家，省级小微企业创业基地49个。“厦门国家健康产业国际创新园”等15家国家级国际科技合作基地的建设，将更好地聚集全球科技创新资源、发挥产业特色，为福建培育新的经济增长点、推动产业结构优化升级提供智力保障。

五、创新成果丰硕

创新知识产权管理体制和公共服务，构建知识产权保护体系，推动知识产权与经济深度融合，进一步优化知识产权生态环境，专利创造保持量增质提的良好势头。2016年，全省专利申请受理130376件，比上年增长56.8%；其中发明专利27041件，增长53.1%。全省专利授权67142件，比上年增长9.0%；其中发明专利7170件，增长25.1%。全省共存有效发明专利23793件，比上年增长33.2%；每万人口发明专利拥有6.14件，比上年增加1.49件。其中，10项发明、实用新型专利获得中国专利优秀奖，3项外观设计专利获得中国外观设计优秀奖。全省共有6个项目成果获得2016年度国家科学技术奖，其中，《氧基簇合物的设计合成与组装策略》获国家自然科学奖二等奖，《基于羟基自由基高级氧化快速杀灭海洋有害生物的新技术及应用》获国家技术发明奖二等奖。

六、成果转移转化加快

健全成果转移转化机制，丰富成果转移转化载体，增加高端技术成果供给，打通成果转移转化应用通道，为成果转移转化提供新动力。陆续启用了国家技术转移海峡中心、国家技术转移人才培养基地、中科院STS福建中心、海丝科技合作中心等科技成果转化平台，开启“政府引导+市场运作”的技术转移新模式。至2016年末，全省已有22家境内外技术转移机构入驻，海峡技术转移公共服务平台也已上线试运行。2016年，全省举办8场技术转移专场对接活动，建立12个国家级海峡两岸科技产业合作基地及30个闽台科技合作基地，建设13个国家级国际科技合作基地及联合研究中心，与国家自然科学基金委员会、瑞士瑞中经济科技文化教育交流中心等缔结合作关系，创新合作方式，推进先进技术对外转移，推动科技发展再上新台阶。2016年，全省技术合同登记5220项，成交额105.73亿元，比上年增长了96.3%。

七、科技金融合作紧密

创新科技贷款、风险补偿、信用担保等金融支持措施，鼓励银行、创投、保险资金和民间资本向有创新潜力企业倾斜，支持科技成果转化，科技与金融结合更加紧密。2016年，通过购买服务、后补助、绩效奖励等方式，为全省353家符合条件的创新企业提供购买科技创新服务补助2502.5万元。商业银行在8个设区市设立的科技支行和科技金融服务中心，共计发放科技型贷款10.4亿元。全省专利权质押金额24.59亿元，对符合条件的59家中小微企业专利权质押贷款项目予以财政贴息1156万元，有效降低企业融资成本。全省累计发放科技保险补贴近1200多万元，带动200多家高新技术企业投保科技保险6000多万元，提供近300亿元风险保障。设立总规模各3亿元的福建省创业创新天使投资基金和生物与新医药创业投资基金，指导各地设立6支专业化的新兴产业创投基金，涵盖生物医药、新能源、节能环保、物联网等领域，总规模达11.6亿元，完成对38个项目的投资。加快创新创业企业股权融资与交易市场建设，促成企业和项目融资5.5亿元。筹备成立福建省科技成果转化创投基金3.75亿元，正式与国家自然科学基金委员会签订关于促进海峡两岸科技合作联合基金第二期协议书。

八、助力精准扶贫

通过“现代农业规划+科技推广”的顶层设计，针对贫困地区多处于生态脆弱丘陵地区情况，因地制宜制定发展规划和技术策略，积极推广生态修复技术和特色产业发展，研究并创建了“红壤山地生态恢复与保护性开发技术”和植被快速重建技术体系，开发了高山特色红茶“屏南红”。发挥农业科技园区统筹科技资源的载体优势和集聚效应，推进土地规模化利用、标准化生产和深加工产业发展，提升贫困区域自我发展能力，带动贫困农民实现脱贫。至2016年末，全省已有7个国家农业科技园区，其中1个正式挂牌运营，6个正在积极建设中。农业科技园区已成为推动福建特色现代农业科技创新的重要载体。以众创空间为推动农业农村创新创业的主阵地，完善新型农业社会化科技服务体系建设，进一步推动福建农村科技创业和精准扶贫。2016年，悦农庄、闽中互联网产业园、弘桥智谷等20家发展现代农业的众创空间入选国家“星创天地”名单，且纳入国家级科技企业孵化器的管理和服务体系，享受国家规定的相应优惠政策。

（执笔：陈　昉）

福建教育发展形势分析与对策建议

2016年是福建省“十三五”教育发展规划的开局一年，教育部门和各级各类学校以立德树人为根本任务、以促进公平为基本要求、以优化结构为主攻方向、以深化改革为根本动力、以健全法治为可靠保障、以加强党的领导为坚强保证，加快推进福建教育现代化，发展更高质量更加公平的教育，为“建设新福建、再上新台阶”提供了重要人才支撑和智力支持。

一、福建省教育发展的主要进展

（一）各级各类教育事业发展的总体态势

2016年，福建省在总结“十二五”期间教育事业发展经验与问题的基础上，加快落实教育优先发展的战略地位，坚持规划引领、改革创新、项目带动，全面启动“十三五”教育规划纲要，加快建设教育强省。截至2015年底，福建省学前三年入园率达97.3%，每万人口在园幼儿数连续8年位居全国前列；义务教育方面，各项发展指标保持在全国较高水平，义务教育学校标准化完成率达98.5%，80.4%的县（市、区）通过“义务教育发展基本均衡县”国家认定、比全国平均水平高40%，义务教育省级以上质量监测覆盖88%的县（市、区）；高中教育方面，全省达标高中占78.7%、在校生占90%，高中阶段毛入学率达94.1%；职业教育方面，中职学校、高职院校毕业生“双证书”比例分别达95%、85%以上，就业率分别达97%、95%以上；高等教育方面，全省高等教育毛入学率为42.8%，高考实际录取率达87%，3所高校进入全国百强，15个学科进入全球ESI排名前1%，30个学科进入全国学科评估前30%。

2016年，福建省继续巩固“十二五”教育成就（参见下表），义务教育入学率、巩固率、特殊教育每十万人口在校生数、青壮年非文盲率等依然保持在全国较高水平，全面实现“双高普九”。此外，在全面改善义务教育薄弱学校基本办学条件项目方面，全省五年规划建设校舍面积279.57万平方米，截至2016年8月底，全省开工学校3138所，已开工项目数3687个，已开工校舍面积177.92万平方米，开工率为63.64%；已竣工学校2643所，已竣工项目3197个，已竣工校舍面积为127.06万平方米，竣工率为45.45%。各级各类教育事业总体呈现稳步推进、持续向上的良好态势。

“十二五”期间福建教育事业发展主要指标变化

	2010年	2015年
幼儿在园人数（万人）	116.7	151.3
学前三年入园率（%）	89.45	97.3
义务教育在校生（万人）	366.5	401.7
义务教育巩固率（%）	96.7	98.2
高中阶段教育在校生（万人）	132.5	102.3
高中毛入学率（%）	83.4	94.1
高等学校在校生（万人）	77.8	80
高等教育毛入学率（%）	26.6	42.8

（二）继续深化教育综合改革

2016年是福建省教育综合改革整体推进的第一年，着力提升基础教育质量、发展现代职业教育、提升高等教育综合力和提升教育综合改革实效性成为教育工作的重点。2016年4月28日，《福建省“十三五”教育发展专项规划》正式印发，以迈向教育现代化为主题，对今后五年福建教育改革发展方向作了新的定位和新的要求。“十三五”时期，福建教育事业发展将全面融入“新福建”发展战略，着力以质量为核心的内涵发展，通过推进8大领域主要任务、30项重大项目建设，努力提升教育治理现代化水平，使福建省率先基本实现教育现代化，率先基本形成学习型社会，进入教育强省和人力资源强省行列。规划提出，未来五年福建要全面落实立德树人根本任务，高质量普及15年基本教育，打造形成福建版“二元制”现代职业教育体系，一流大学和一流学科建设取得重大进展，终身教育体系更加完善，更好地满足人民群众对优质多样化教育的需求，教育支撑经济社会发展和创新驱动发展的能力大幅提升，各阶段教育总体发展水平在东部地区争先进位，再创福建教育新优势。该规划的实施对于未来五年福建教育领域综合改革的深化、省域教育制度和现代教育体系的创新、教育结构的调整和教育公平秩序的构建具有重要的指导意义。

此外，2016年《福建省教育综合改革方案》已制定完成并通过教育部审核，其中《福建省深化考试招生制度改革实施方案》于2016年5月公布，标志着福建省新一轮考试招生制度改革的全面启动。这一改革方案铺设了2015年至2021年福建省各项考试制度改革及配套方案的推进步骤，较为全面地设计了从义务教育到高等教育各层次、各类别的考试招生制度，包括了建立完善初中、普通高中、中职学校的学业水平考试和综合素质评价制度，建立高职院校分类考试制度、改革中考中招制度、普通高校招生考试制度等诸多方面。根据方案，此次改革的主要任务和措施包括促进入学机会公平、改革考试形式和内容、改革招生录取机制、启动高考综合改革和加强考试招生监督管理等五大方面，力争到2021年，形成分类考试、综合评价、多元录取的考试招生模式，健全促进公平、科学选才、监督有力的考试招生机制，基本建立顺应时代要求、科学规范、运行有效、具有福建特色的教育考试招生制度。这一整体性方案将成为未来几年福建考试招生制度改革的基本依据，对于打破“一考定终身”，建立更加科学合理的以提高学生综合素质为中心的评价体制有重要的促进作用。

（三）持续推进义务教育均衡化发展

教育均衡化依然是2016年福建教育发展的核心主题之一，为此，各级各类教育部门组织实施了一系列推进义务教育均衡化发展的重要举措。一是贯彻实施《福建省义务教育条例》。2016年7月，福建省人大常委会通过《福建省义务教育条例》，并9月1日起正式施行，《条例》明确了少年儿童平等享有义务教育的具体保障措施，强化了义务教育的法律法规保障，保证了基层义务教育的落实，是实施素质教育、推动义务教育均衡发展的地方性核心教育法规。二是全力推进县域义务教育均衡发展，支持县（市、区）创建“全国义务教育发展基本均衡县”，对尚未通过县域义务教育发展基本均衡国家认定的县重点开展省级督导评估，加大对省级扶贫开发工作重点县的督导力度，预计2016年“义务教育发展基本均衡县”国家认定通过率累计提高到超过90%。三是2016年3月正式启动“义务教育管理标准化学校”建设与评估，提出为适应教育发展新形势和社会“上好学”的新期盼，福建省必须调整工作重心，深化学校管理改革，大力推进学校内部治理法治化、规范化建设，逐步实现义务教育从基本均衡向优质均衡发展，逐步对全省所有举办义务教育的公民办学校，包括小学、初中、九年一贯制学校、完全中学初中部、十二年一贯制学校义务教育阶段进行“义务教育管理标准化学校”建设与评估。四是精准实施“教育扶贫”。2016年4月，福建省教育厅、财政厅印发《实施教育精准扶贫工作方案》的通知，提出以23个省级扶贫开发重点县和建档立卡贫困人口为重点，以促进教育公平和提高劳动者技术技能为抓手，精确对准教育最薄弱领域和最贫困群体，落实多元扶持与资助政策，全面提升贫困地区、老区、少数民族地区教育发展水平。其中具体分为加大省级财政资金扶持力度、加快贫困地区基础教育发展、加强乡村教师队伍建设、加快贫困地区职业教育发展、提高高等学校扶贫能力、加大对贫困学生的资助力度、多渠道帮扶高校贫困毕业生就业和广泛开展教育对口帮扶等八项主要任务。这一方案的实施将有助于提高贫困地区的教育发展水平，充分发挥教育在阻断贫困代际传递中的作用。五是深入实施乡村教师支持计划。2015 年 12 月 29 日，福建省印发《福建省乡村教师支持计划（2015—2020 年）实施办法》，该办法立足于加强乡村教师队伍建设、促进乡村教育现代化、推进精准扶贫，提出了十大具体举措：加强师德师风建设、拓展乡村教师补充渠道、提高乡村教师生活待遇、优化乡村学校教师编制配置、职称评聘向乡村学校倾斜、推动城镇优秀教师向乡村学校流动、全面提升乡村教师能力素质、建立乡村教师荣誉制度、加强乡村教师队伍管理和强化各级政府责任。乡村教师支持计划的实施与推进将有助于吸引和培养素质优良、甘于奉献、扎根乡村的教师队伍，进一步平衡城乡教师资源质量。

（四）稳步实施职业教育体制改革

近两年，福建省职业教育改革步入快车道，《国务院关于加快发展现代职业教育的决定》《福建省人民政府关于加快发展现代职业教育的若干意见》的先后出台为福建现代职业教育体系的构建和完善提供了纲领性指导。2016 年，福建省继续加快职业教育体制改革，2 月，福建省教育厅联合五部门下发《关于实施“二元制”技术技能人才培养模式改革试点的通知》，即从 2016 年起，福建省将围绕服务经济社会发展和产业转型升级需求，探索构建以满足行业（企业）需求为导向的技术技能人才培养工作新机制，重点实施以“招工招生一体化、企校主导联合育人”为主要内容的现代学徒制人才培养模式改革试点，打通技术技能人才专科及以上学历层次提升通道，提高劳动者职业能力和素养，满足行业（企业）发展和经济发展方式转变对人才的支撑需求，打造福建版“二元制”职业教育品牌。试点将通过六大举措，逐步构建以行业（企业）与学校二元主体、学徒与学生二元身份、师傅与教师二元教学、企业与学校二元管理、企业与学校二元评价、毕业证与职业资格证二元证书、全日制与非全日制二元学制为主要特征，以全面提升劳动者技术技能水平和职业素养为主要目标的现代职业教育人才培养新模式。“二元制”技术人才培养模式是福建省探索职业型人才培养的创新型尝试，其有助于打破当前职业技能人才培养的困窘局面。

与此同时，福建省职业教育管理体制的变革也在稳步进行中。2016 年 1 月，福建省印发《职业教育管理水平提升行动计划（2015—2018 年）》实施方案，提出 2016 年起，在全省范围实施《职业院校管理水平提升行动计划（2015—2018 年）》，通过开展突出问题专项治理、管理制度标准建设、管理队伍能力建设、管理信息化水平提升、学校文化育人创新和质量保证体系完善等六大行动，用三年左右时间，使全省职业院校管理理念全面更新，办学行为更加规范，办学活力显著增强，办学质量不断提高，现代学校制度逐步完善，依法治校、自主办学、民主管理的运行机制基本建立，多元参与的职业院校质量评价体系不断完善，职业教育服务能力、吸引力、核心竞争力和社会美誉度明显提高。该方案将提升职业院校管理水平作为重点，对于建立和完善现代职业学校制度、强化职业院校教育教学管理、加快实现职业院校治理能力现代化具有重要的推动意义，也为提升职业教育服务经济社会发展的能力奠定了重要基础。

除此之外，福建省还出台了一系列相关配套举措政策措施，如制订《福建省中等职业学校分级建设实施意见》《福建省高等职业教育（专科）专业设置管理实施细则（试行）》《关于推进职业院校联盟建设的意见》等系列文件，继续实施福建省示范性现代职业院校建设工程，公布了新一批培育项目院校，有力地推进了职业院校的建设与发展。其中，2015 年 12 月底，福建省教育厅印发《关于推进职业院校联盟建设的意见》，并于 2016 年 6 月公布了首批职业院校联盟。职业院校联盟是以区域内一所优质高职院校为龙头，联合若干所中职学校，以专业建设为纽带，以协议形式组建的相对固定、紧密联系的办学联盟，其运行模式具有“法人独立、以强带弱、对口支援”等特点。职业院校联盟学校在专业布局、专业建设、师资培养、课程体系开发、合作办学等方面开展全面、深入合作交流，致力于打造一批紧贴当地产业发展需求，富有区域特色的职业教育品牌专业。福建省提出，到2020年，每个设区市至少建设1个职业院校联盟，建设一批省级示范性职业院校联盟。职业院校联盟将有利于职业教育资源的整合和集约利用，也有助于中高职院校的合作与协调发展。

二、当前福建教育改革发展的主要问题

（一）教育投入不均衡，财政保障水平有待进一步提高

近年来，福建不断加大教育投入力度，教育公共预算支出从2010年的327.79亿元、2013年的574.91亿元增加至2015年的757.51亿元，新增省级教育专项经费达到31亿元，全年省级以上财政教育专项资金投入达120亿元。教育资金投入总额的提高加速了福建省教育发展的步伐，但财政保障的执行度和均衡度仍有待提高。2015年底，福建省公布了《关于2014年教育经费执行情况的通报》，指出全省教育经费总投入（含预算外资金等）943.51亿元，比上年869.68亿元增长8.49%，其中地方教育经费892.88亿元，比上年822.80亿元增长8.52%。全省公共财政教育支出占公共财政支出比例为18.99%，这一比例较上年略有提高，但公共财政教育支出增长比同期财政经常性收入增长幅度低2.02%，未达到公共财政预算内教育经费增长高于财政经常性收入增长的基本要求，普通中职学校生均公共财政预算教育事业费也有所下降。从地方的执行情况来看，全省有19个县（市本级、区、市）公共财政教育支出增长低于财政经常性收入增长，5个县（区）普通小学生均公共财政预算教育事业费负增长，4个区（市本级）普通初中生均公共财政预算教育事业费负增长，7个县（区）普通小学生均公共财政预算公用经费负增长，9个县（市本级、区）普通初中生均预算公用经费负增长，未能切实保障教育经费的法定增长。教育投入的另一个主要问题是地区教育经费的不均衡，特别是农村等欠发达地区教育由于基础差、底子薄，义务教育经费仍有较大缺口，省本级财政用于落后地区教育基础建设的经费仍有待提高，特别是“全面改薄”、农村标准化学校建设、“义务教育发展基本均衡县”建设、扶贫开发重点县教育发展、学校布局结构调整、经济欠发达地区办学条件改善等项目都需要大量的教育资金予以保障。

（二）优质教育资源供给不足，与人民群众的教育需求仍有较大差距

随着教育投入的增加和学校覆盖面的扩展，福建教育的主要矛盾已经从“就读难”向“就读好学校难”转变，即人民群众对优质教育资源的需求不断增加，并衍生出培养质量、教育公平、学生就业等一系列社会高度关注的难点问题。一是优质教育资源总量不足。当前优质教育资源仍是各群体竞争激烈的稀缺型资源，全省优质教育资源存量难以维系日益增长的社会需求，城市地区人口急剧增长，高质量的幼儿园、小学、中学供需矛盾紧张，班级规模过大，择校问题突出；农村地区更直接面临教育质量低下，教育选择性小等问题。二是结构布局不平衡，优质资源过度集中。从理论上讲，教育资源适度集中是提高资源利用率的必要手段，但现实中，越来越多的优质教育资源集中于少数发达地区和重点学校手中，教育阶梯型落差不断加大，城市精英阶层受益明显，低收入家庭和农村家庭子女难以享受优质教育资源，教育的累积效应甚至加大贫富差距，直接引发广大人民群众的不满。三是优质资源辐射带动效应不明显，联动创新机制尚未形成。优质教育资源的供给与平衡主要依托外部投入与内部造血，目前来看，福建优质教育资源对其他弱势资源的辐射带动明显不足，薄弱校本身的资源转化能力也很有限，各级各类学校尚未形成多主体互动、资源互补的联动格局，教育集团化、师资互派、资源共享等项目的实际进展相对缓慢，优质教育资源的集中化倾向没有得到根本性扭转。

（三）职业教育与行业企业合作不够紧密，人才培养质量亟待提升

2016年，福建职业教育建设有了突破性进展，但由于历史与现实的原因，职业教育仍存在着很多制约因素和现实困境，其中校企合作的深度与广度难以有效扩展，使得职业技能型人才的培养质量无法快速提升就是亟待破解的难题之一。2016年，福建正式启动“二元制”技术技能人才培养

模式改革，力图建立健全政府主导、行业指导、企业参与的办学机制以及行业（企业）与学校二元主体、二元管理和二元评价的校企合作模式。这一合作模式仍存在诸多难点，比如，一是职业院校自身合作能力不强，许多职业院校没有建立适应现代企业体系的人才培养机制，仍按照传统的教育理念进行专业设置、课程设置和教学安排，缺乏实践性和职业性特点，无法满足现代企业对人才规格的要求；二是企业合作积极性不高，职业院校的校企合作经常出现“一头热”的现象，企业缺乏与教育系统合作办学的热情，由于职业教育与行业发展长期疏离，加之没有配套的激励政策和法规约束，以盈利为目标的企业通常不愿以增加成本和风险为代价直接参与职业教育人才培养；三是校企合作水平难以有效提升。以往职业院校与行业企业的合作多停留在短期性、低层次的、以人脉关系维系的非规范性合作，而深度的校企合作需要面临十分复杂的沟通与管理机制调整，当前二者协调、整体、有效的合作模式仍在探索当中，如何转变传统职业院校管理体制和运行机制、如何建立双方共赢的投入和收益分享机制直接关系到校企合作的行动效果。

（四）高校毕业生就业形势严峻，创业保障工作障碍重重

近几年，福建省高校毕业生人数一直居高位浮动，其中2016年省内普通高校毕业生和省外高校福建生源毕业生总数达到26.2万人，高校毕业生就业形势愈加复杂和严峻，相应的就业创业保障服务工作也愈加艰巨。一是普通高校教育教学体系不能较好地满足社会需求，创新型人才培养相对滞后，缺少对就业市场的关注，导致毕业生学业水平和能力与职业匹配度不高；二是创业教育流于形式，许多高校仅以开设几场创业讲座作为创业教育的主要形式，教育内容和教育形式仍停留在理论知识的直接灌输上，缺少经费、师资、课程、咨询与交流为一体的整合性创业教育体系，导致创业教育效果不明显，大学生创业失败率高；三是就业促进手段缺少创新，就业促进方式主要还是传统的求职招聘会，缺少精准的人才对接和高效的就业信息推送，对移动互联等新技术的开发运用不足，难以实现就业服务的信息化和个性化；四是高校和政府部门缺乏对学生就业创业行为的深入研究，而相关理论与学术成果的实践应用性不强，难以产生具有高度系统性和针对性的就业创业保障策略。

三、2017年福建教育发展的对策建议

（一）落实教育财政保障政策，缩小地区、校际教育经费差距

强化政府对义务教育的保障责任，全面落实教育财政保障政策是有效促进教育事业稳步发展的基础。只有坚持把支持教育事业发展作为财政保障的重中之重，不断加大教育投入力度，严格落实教育经费法定增长要求，才能发挥教育的基础性作用和调解机制。为此，一要加强教育经费保障的组织领导和责任落实，教育、财政、督查、建设、审计等部门要通力协作，加强教育资金管理，规范教育经费使用，确保教育保障资金的充足、安全和有效；二是优化财政支出结构，压缩一般性支出，新增财力要向教育倾斜，优先保障教育支出；三是加强教育经费需求的项目调研和科学规划，增进教育投资的可行性，达到切实改善办学条件和提高教育质量的目的；四是在教育财政体系的总体要求下，最大限度地平衡地区、校际教育经费差距，重点向农村地区、边远地区、贫困地区、民族地区和革命老区倾斜，促进教育基本公共服务均等化；五是拓宽经费来源渠道，多方筹集财政性教育经费，除了统一内外资企业和个人教育费附加制度、征收地方教育附加、从土地出让收益中按比例计提教育资金等财政手段外，应充分调动社会力量投资教育，探索教育经费来源多元化，缓解财政投入不足的困境。

（二）推进公共教育资源的优质化与均衡化，精准对接人民群众的教育期待

公共教育资源的结构化配置直接关系到人民群众对教育事业发展的满意度，面对优质教育资源的紧张和不均衡，如何不断扩充优质教育资源，并在各地区之间和各学校之间进行合理分配是多年来难以破解的重要问题。为此，一要将提高质量、促进发展已成为各级各类教育共同的中心任务，以促进学生全面发展作为教育资源配置的主要目标，不断扩大优质教育供给的规模和范围；二要切实将教学人力资源的配置放在教育资源配

置的核心地位，特别是在改善薄弱地区和学校的办学条件过程中，要从重视硬件、规模等外延式发展向重视师资、教学、课程等内涵式发展转变；三是注重平衡公平与效率的关系，在最大限度地发挥教育资源的使用效益的同时，有效保障农民工随迁子女、农村留守儿童等弱势群体的受教育权；四是加快教育信息化建设，完善城乡教育信息化基础设施建设，促进优质教育资源共享，其中为加快教师队伍的教学观念更新和信息化应用能力提升，有必要开展行之有效的信息化培训与师资发展项目；五是教育部门应深入调查人民群众的教育期待和教育状况，积极开展进社区（乡村）、进学校、进家庭等调研活动，使教育供给分层次、分重点地精准对接社会需求，特别是为有效实施教育精准扶贫提供重要依据。

（三）提高职业院校办学质量，增强职业教育的吸引力和社会美誉度

吸引力的缺失一直是制约职业教育发展的瓶颈问题，直接导致职业院校生源较差、社会认可度偏低等顽疾。只有加快提高职业院校的办学水平，培养具有较强社会适应性的技术技能型人才才有可能改变社会对职业教育的传统偏见。为此，一要加大职业教育投入，提高生均成本标准和覆盖面。职业教育生均培养成本要远高于同级普通教育的成本，但现实中职业教育经费常常遭到挤压，覆盖面和稳定度较差，因此需要尽快弥补职业教育经费缺口，在政府投入为主的前提下，强化企业在职业教育中的规定性义务和投资能动性；二是加快职业院校教学改革，彻底转变以课堂为中心的职教模式，打造特色办学的职教品牌；三是准确把握办学定位，强化职业教育的服务功能和社会角色，教育教学中关注本地区社会经济发展与建设，与产业行业密切联系，深入研究市场需求，创新培养模式和内容；四是强化学生职业生涯设计，注重更新学生的职业观念，增强学生的职业体验，重视学生接受职业教育之后的生涯发展，让学生有良好的发展前景，切实提高职业教育的吸引力和社会美誉度。

（四）完善教育对外开放战略布局，着力提升教育开放度和国际化水平

加快布局教育对外开放战略有助于提高福建教育的整体办学水平，有助于满足人民群众多样化、高质量的教育需求，也有助于更好服务经济社会发展全局。一是充分发挥教育在“一带一路”建设中的重要作用，利用地缘优势，推进与台湾地区的教育合作与交流，并整体提升全省教育的对外开放水平，率先办出中国特色、世界水平的现代教育；二是提升教育国际化的质量、效率和评估标准，严格规范教育教学管理，加大评估力度，保障人才培养质量；三是提高课程内容的前沿性，革新教学方法和教育管理方式，促进跨文化学习，提升学生的语言技能和国际意识；四是促进教育对外开放的双向交流，在引入优质国际教育资源的同时，加快留学事业发展，推动省内优质教育资源特别是高等教育资源的输出，促进教育领域合作共赢；五是制定中长期教育国际化发展规划，明确指导思想、具体目标、准入标准、试验项目和实施步骤，全面提升教育国际交流与合作水平，扩大教育对外开放的广度和深度。

（撰稿：福建社会科学院　谭　敏）

2016 年福建文化工作情况

2016 年，省文化厅全面贯彻党的十八大和十八届三中、四中、五中、六中全会精神以及省第十次党代会精神，深入学习贯彻习近平总书记系列重要讲话精神，认真落实省委、省政府和文化部的部署要求，落实从严治党主体责任和意识形态责任制，围绕建设 21 世纪海上丝绸之路核心区，加大文化改革发展力度，在艺术精品创作生产、地方戏曲保护传承、公共文化服务体系建设、文化遗产保护利用、对外和对台港澳文化交流、繁荣发展文化市场和文化产业，以及打响福建文化品牌和“海丝”文化品牌等方面取得较好工作成效，实现“十三五”文化改革发展良好开局。

一、认真落实全面从严治党主体责任

坚持以“围绕中心、服务大局、建设队伍”为主线，以全面落实从严管党治党为目标，以开展“两学一做”专题教育活动为抓手，着力严格党内生活常态化、守纪律讲规矩常态化、深化作风建设常态化、履行主体责任常态化、抓党建促发展常态化，全省文化系统思想作风建设、党风廉政建设、精神文明建设等都取得新进步、新成效，为文化强省建设提供坚强的组织保证。

认真部署开展“两学一做”学习教育活动。下发《中共福建省文化厅党组关于在省直文化系统全体党员中开展“学党章党规、学系列讲话，做合格党员”学习教育实施方案》《福建省文化厅“两学一做”学习教育督导工作方案》等相关文件。在全系统组织开展“两学一做”测试和知识竞赛。联合省直机关工委举办“两学一做”专场演出大型话剧《谁主沉浮》和红色经典越剧《江姐》。

支持驻厅纪检组履行执纪监督职能。深化“三转”明确职责。厅党组落实主体责任，把党风廉政建设纳入中心组学习内容，9 次召开会议研究党风廉政建设。开展党规党纪、廉政法规及从政道德教育 10 次，开展警示教育 6 次，组织 43 人述廉述责，抽查个人有关事项报告 7 人、责令整改 3 人、暂缓提拔 1 人，办理违纪案件 1 件。党组班子成员对职责范围内干部谈话提醒 12 人次。对因落实主体责任不力的两个厅属单位主要领导进行责任追究，分别给予通报批评与提醒谈话处理。抓好信访举报办理，实现信访举报“零暂存”。

二、编制实施“十三五”文化改革发展专项规划

由省文化厅牵头，会同省委宣传部、省新闻出版广电局、省社科联、省文联、省文改办 5 家单位，共同编制《福建省“十三五”文化改革发展专项规划》，2016 年 5 月由省政府正式颁布实施。《规划》确定了“十三五”期间我省文化改革发展的目标和任务，明确大力加强社会主义核心价值观建设、加快现代公共文化服务体系建设、推动文化体制改革机制创新、提高文化产业发展竞争力、繁荣文化产品创作生产、加强文化遗产保护利用、推进现代传播体系建设、增进对外对台文化交流、推进海上丝绸之路核心区文化建设等九项任务，是推进我省“十三五”文化改革发展和文化建设的重要指导性文件。推动实施“十三五”文化改革发展规划取得良好开局，文化建设在“五位一体”总体布局中地位得到进一步加强。

三、艺术创作生产进一步繁荣

加强艺术精品创作生产和展演。以选送我省优秀文艺作品参加全国重大赛事（活动）为契机，推动剧目深加工，一批剧目精品在全国产生影响。其中舞剧《丝海梦寻》由文化部和省政府共同组织在全国开展巡演活动，并在国家艺术基金的支持下拍摄《丝海梦寻》3D数字电影。舞剧《丝海梦寻》和芗剧《保婴记》入选第十一届中国艺术节并进入第十五届“文华大奖”终评；厦门小白鹭民间舞艺术中心的舞蹈《厝里艺人》参加“十一艺节”专场展演。芗剧《保婴记》入选“国家艺术基金2016年度滚动资助”项目（全国仅8台戏剧获该资助，该剧以得票数第一的成绩名列榜首）。高甲戏《大稻埕》入选2016年度“国家舞台艺术精品创作工程”重点创作剧目。舞剧《山哈魂》参加第五届全国少数民族文艺会演获剧目银奖。莆仙戏《魂断鳌头》入选全国首届基层院团戏曲会演。闽剧《林则徐复出》入选文化部“全国地方戏优秀中青年演员汇报演出”。闽剧《林则徐与王鼎》、莆仙戏《海神妈祖》入选参演第三届丝绸之路国际艺术节。闽剧《银筝断》、话剧儿童剧《幼童留洋记》入选文化部“2016年度剧本扶持工程”项目。应文化部和上海市政府邀请，组织舞剧《丝海梦寻》、闽剧《双蝶扇》、南音剧《凤求凰》和木偶戏《赵氏孤儿》等剧节目参加第十八届上海国际艺术节举办“福建文化周”活动11场演出、1场讲座。举办庆祝建党95周年戏曲晚会暨大型交响合唱音乐会和纪念红军长征胜利80周年文艺晚会。

推进地方戏曲艺术传承发展。扎实推进《关于传承和弘扬福建戏曲的若干意见》，在福州举办“经典百折——福建戏曲经典折子戏展演”；赴北京举办“福建地方戏经典折子晋京展演”，是省级晋京举办规模和影响较大的一次地方戏折子戏展演，在全国具有示范意义。举办“庆祝建党95周年戏曲晚会暨大型交响合唱音乐会”。承担全国地方戏剧种普查任务，我省在全国率先完成地方戏曲剧种普查工作。实施省财政专项经费扶持47个非遗地方院团开展免费或低票价演出的文化惠民项目。实施闽南文化生态保护区戏曲剧种薪传计划。

四、推进现代公共文化服务体系建设

推进公共文化服务标准化均等化建设。统筹协调公共文化建设，先后出台《关于做好政府向社会力量购买公共文化服务工作的实施意见》《关于加快构建现代公共文化服务体系的重点任务分工和督查落实方案》《关于推进基层综合性文化服务中心建设实施方案》《福建省村（社区）综合性文化服务中心建设服务基本标准》等，为推进构建我省现代公共文化服务体系提供了政策保障。加强原中央苏区和少数民族地区等欠发达地区的公共文化服务体系建设。统筹服务设施网络建设，通过固定设施服务、流动服务和数字文化服务相结合。加快推进海峡演艺中心、海峡文化广场、省图书馆改扩建、福建大剧院改造升级等重点文化项目建设。

推进国家公共文化服务体系示范区（项目）创建工作。第二批示范区三明市和示范项目福州市的“激情广场大家唱”通过国家验收；三明市“六联六创”（设施联建、创网络化服务体系，活动联抓、创多样化服务路径，部门联动、创集聚化服务平台，组织联盟、创社会化服务环境，培训联办、创专业化服务队伍，机制联立、创常态化服务格局）工作经验列入我省全面深化改革第一批可复制可推广的典型经验。推进第三批国家公共文化服务体系示范区（福州市）和示范项目（宁德溪山书画院）创建工作。

五、加强文化遗产保护与合理利用

文物保护和合理利用得到加强。推进2017年鼓浪屿申报世界文化遗产工作，完成53个遗产核心要素的本体修缮、环境整治与遗产监测等工作，接受联合国教科文组织委派的专业机构专家的现场考察评估。全面启动2018年世界文化遗产申报项目申遗工作。全面实施我省入选第一、二批中国传统村落中10个有文物项目的传统村落保护利用工程，启动第三批中8个有文物项目的保护利用工作。加强革命文物保护利用，实施古田会议旧址、长汀革命旧址等革命文物保护、安消防等工程共14项，开展全省革命文物调查，编制《闽西革命文物保护利用总体规划》。完成为期四年的全省可移动文物普查工作，共登记藏品44万件/套。举办各种大型展览活动和博物馆免费开放取得良好成效。

加强非物质文化遗产保护利用。推动地方性非遗法规立法工作，起草《福建省非物质文化遗产保护条例》报请列入省政府立法项目。完成文化部组织的国家级文化生态保护区交叉评估，我省文化生态保护工作经验和做法获较高评价。积极推动客家文化（闽西）生态保护实验区申报设立国家级，通过文化部组织的实地考察。推进朱子文化生态保护工作，完成《朱子文化生态保护实验区规划纲要》。根据文化部部署，组织开展我省2016年度中国非遗传承人群研修研习培训计划工作，共组织8个班次培训，来自本省及全国相关省市400名非遗项目传承人群学员参加了培训，得到文化部的充分肯定。

六、进一步推动文化产业发展

加快文化产业发展。制定实施《推动文化文物单位文化创意产品开发重点任务落实方案》《文化创意和设计服务与相关产业融合发展专项规划》《文化娱乐业转型升级实施意见》。引导互联网上网服务场所、文化娱乐行业转型升级，确定福、厦、泉和三明4个设区市为娱乐行业转型升级重点城市。配合省委宣传部等相关部门推动落实“互联网+文化产业”、文化和旅游融合发展、重点园区认定管理等政策。发挥闽台文化产业试验园区国家级平台作用，促进文化产业资源聚集、项目孵化和示范引领，至2016年底，闽台文化产业园入驻文化企业3000多家；闽台（厦门）文化产业园、海峡龙山文化创意产业园申报创建国家级文化产业示范园区。支持培育壮大龙头骨干文化企业，开展第十批省级文化产业示范基地评选，17家文化企业入选。美图网科技有限公司、吉比特网络公司、天视文化传媒股份有限公司、印象大红袍等企业成功上市，44家企业获得国家动漫企业认定。实施弘扬社会主义核心价值观动漫扶持计划、国家动漫品牌建设和保护计划，《土豆侠》等2部动漫作品入选文化部创意类项目，《宝宝巴士》等2部作品获国家动漫品牌保护计划。

办好第九届海峡两岸（厦门）文博会。本届文博会境内外1708家文化企业和机构参展（其中台湾地区参展商741家、展位数936个），投资签约项目103个，总签约额303.9亿元，现场交易金额10.43亿元；本届文博会举办了论坛、对接会、创意活动等100多场文化主题活动。组织我省文化企业参加首届甘肃文化博览会、9·8投洽会、深圳文博会。

七、进一步加强文化市场工作

推动简政放权政策落实。印发《福建省文化厅做好下放行政许可事项承接工作的通知》，做好国外文艺表演团体演出审批等16项下放事项的衔接工作；制定《福建省文化市场行政审批服务指南》，编制我厅职责13个方面148项责任清单。

强化文化市场事中事后监管。印发《2016年全省文化市场综合执法考评细则》《关于开展文化市场随机抽查，规范文化市场事中事后监管工作实施方案》，全省文化行政部门和综合执法机构组织随机检查近千批次。抓好文化市场安全生产责任制，完成文化市场安全生产标准化建设提升工程三年行动工作。开展全省文化市场综合执法考评、平安文化综治考评和“双打”考评。扎实推进文化市场“双随机”检查机制，建立健全事中事后监管体系。加强综合执法队伍建设，积极推进综合执法改革，成立省文化市场管理工作领导小组。联合省工商局下发《关于加强文化市场事中事后监管的通知》。联合省公安厅下发《进一步加强游戏游艺场所监管促进行业健康发展的通知》。

促进自由贸易试验区文化市场开放。推进自由贸易试验区文化市场开放，开展文化市场政策落实和行政审批规范化督查工作，确定行政审批示范点。依据《福建省文化厅关于印发中国（福建）自由贸易试验区文化市场开放项目实施细则的通知》，将文化部赋予省级文化行政部门审批的开放政策，一次性下放给福州、厦门、平潭三个片区管委会。

八、持续深化对外和对台港澳文化交流

认真执行部省合作计划。分别组派省歌舞剧院民族乐团赴安道尔和西班牙、福建杂技木偶艺术团赴泰国、厦门市艺术团赴新西兰参加“欢乐春节”活动；在马德里中国文化中心举办“福建文化展示月”活动，通过演出、展览等多种形式宣传福建文化遗产保护成果。

推动“海丝”文化品牌走出去。推动“海丝”文化艺术精品工程、“海丝”数字文化长廊建设项目和“海丝”文化遗产保护与“申遗”工程三大项“海丝”目建设。组织舞剧《丝海梦寻》赴马来西亚、印尼和新加坡三国巡演；组织“丝路帆远——中国海上丝绸之路文物精品图片展”在荷兰海尔德兰省、比利时列日省的“福建周”活动中展出；省歌舞剧院《土楼回响》交响乐赴澳大利亚参加我省与塔州结好35周年庆典活动。

拓展闽台和闽港澳文化交流。举办海峡两岸民间艺术节、妈祖文化旅游节等文化部、国台办年度重点涉台文化交流活动。组织实施文化部和省政府共同主办的“情系青春——两岸青年八闽行”活动，330多名两岸青年学子开展丰富多彩的文化交流和采访联谊。推进“福建文化宝岛校园行”活动，赴台湾淡江大学、清华大学等10所高校举办“南音进校园”活动，赴台湾台北大学、东吴大学等10所高校举办“严复文化”主题讲座。推动创建平潭两岸文化产业园和三坊七巷为重点的“海峡两岸文化创意园”建设，吸引20多家台湾文创商入驻园区。组派艺术团赴港澳参加“香港歌剧院音乐会”等各类庆典、音乐会、文化节和美食节等活动。

九、推进文化体制机制改革

根据《2016年福建省文化体制改革重点任务分工和工作台账》，在完善社会主义核心价值观常态化宣传机制方面，继续实施“艺术扶贫”和“村级文化协管员队伍建设”工程；在建立健全文化精品创作评价体系方面，缩减了部分奖项的评奖获奖数量；在进一步转变政府职能方面，文化市场管理落实“先照后证”政策，简政放权、放管结合；在推进事业单位分类改革和内部机制创新方面，推进省属文艺院团收入分配制度改革；在创新公共文化服务体系管理运营机制方面，修订完善公共文化机构管理规范、评价标准和绩效考核办法；在完善现代文化市场运营和管理机制方面，推进文化市场综合执法改革；在健全优秀传统文化保护、传承与发展机制方面，积极打造朱子文化品牌，推进传统村落保护工作，加强文化遗产资源数字化建设。在服务自贸区方面，允许在自贸区设立外资经营的演出经纪机构、演出场所经营单位，为本省提供服务；允许在自贸区设立外商独资经营的娱乐场所。

同时，大力推进文化事业单位分类改革和内部机制创新。推进省直文化事业单位实施岗位设置管理、全员聘用制、养老保险及绩效工资，探索事业单位岗位竞聘办法，激活内部活力，调动人员积极性。推动完善省属文艺院团绩效工资管理办法。推进省图书馆法人治理结构试点工作。

十、文化建设各项保障工作扎实有效

加强人才队伍建设。推进厅机关和厅属单位领导班子建设，调整充实了福建闽越王城博物馆等7个厅属单位的7位领导班子成员。举办文化类各种培训班34个、49期，培训各类文化人才4200多人次。3名同志被评为文化部优秀专家、4名同志被评为福建省文化名家、1名入选享受国务院特殊津贴专家，3名同志入选文化部青年拔尖人才，16名同志入选全省文化系统青年拔尖人才。推荐国家万人计划青年拔尖人才人选1名。修订图书资料专业职称评审标准，重新组建高级职称评委库。开展全省艺术、图书、群文专业高级职称以及省直文化系统图书、群文专业中初级评审，高级通过88人，中初级通过61人。

加强财务保障和管理。做好2015年度部门决算及2016年部门预算工作。为重大文化活动提供资金保障，做好对财政资金运行的监督管理，提高财政支出绩效管理水平。积极盘活财政存量资金，提高财政资金使用效益。加强对重点文化设施项目的资金和行政事业经费使用的监管。加强基础规范，做好全省文化文物统计工作。

加强老干部工作。加强老干部思想政治建设和组织建设，做好离退休2个支部的换届选举工作。落实老干部政治生活待遇，加大对困难老同志的帮扶力度和对异地安置老同志的人文关怀。精心组织开展活动，不断丰富老同志精神文化生活，积极发挥离退休干部力所能及作用。举办省直文化系统老干部工作政策业务培训班，努力提升老干部服务管理水平。

加强机关效能和服务建设。合理设定绩效考评业绩指标，确定业务工作实绩一级指标10个、二级指标33个，列入2016年度绩效管理内容，印发《厅机关2016年度绩效管理工作任务分解方案》，分解落实到责任处室及具体责任人，加大对相关工作任务的跟踪督促落实力度。加强政务建设，建成行政服务中心并对外服务，推进网上集中行政审批工作，明确政务公开内容。

加强安全生产管理工作。省文化厅与各设区市文化局、平潭实验区社会事业局、厅属各单位及厅机关处（室、局）签订了年度安全生产责任状。推进实施文化市场和文博单位安全生产标准化建设提升工程三年行动考评标准。组织开展全省文化系统安全生产大检查和防抗超强台风工作。加强省直文化系统安保负责人业务培训。

（来源：福建省文化厅网站）

2016年福建省卫生计生事业发展情况

2016年，全省卫生计生系统深入贯彻落实省委、省政府决策部署，认真组织实施“十三五”卫生计生事业发展规划，持续深化医改，加大补短板力度，医疗卫生服务体系进一步完善，医疗卫生资源总量平稳增长，卫生计生服务能力不断提升。

一、卫生资源情况

（一）卫生机构

全省卫生计生机构总数27658所，比上年减少263所；其中：各级各类医院590所，比上年新增20所；社区卫生服务机构555所（社区卫生服务中心222所，社区卫生服务站333所），比上年减少27所（社区卫生服务站增加24所）；乡镇卫生院880所（中心卫生院224所，一般卫生院656所），与上年持平；村卫生室18945所，比上年减少65所；门诊部和诊所5810所，比上年增加353所；疾病预防控制机构96所，与上年持平；专科疾病防治机构24所，比上年增加1所；妇幼保健机构87所，卫生监督所86所，与上年持平；计划生育技术服务机构499所，比上年减少595所（详见表1）。

表1　2016年福建省卫生机构变动情况表

单位：所

机　构　类　别	2016年	2015年	增　减
总　计	27658	27921	-263
一、医院	590	570	20
综合医院	356	348	8
中医医院	80	78	2
中西医结合医院	10	9	1
民族医院	1	1	0
专科医院	141	133	8
护理院	2	1	1
二、基层医疗卫生机构	26190	25875	315
社区卫生服务中心（站）	555	528	27
社区卫生服务中心	222	219	3
社区卫生服务站	333	309	24
乡镇卫生院	880	880	0
中心卫生院	0	222	-222
乡卫生院	880	658	222
村卫生室	18945	19010	-65

续表

机构类别	2016 年	2015 年	增　减
门诊部	615	512	103
诊所、卫生所、医务室	5195	4945	250
三、专业公共卫生机构	808	1402	-594
疾病预防控制中心	96	96	0
专科疾病防治院（所）	24	23	1
妇幼保健院（所）	87	87	0
急救中心（站）	7	7	0
采供血机构	9	9	0
卫生监督所	86	86	0
计划生育技术服务机构	499	1094	-595
四、其他卫生机构	70	74	-4

1. 全省各级各类医院按床位数分类情况

全省590所医院中，床位在99张及以下床位的有314所，比上年增加6所；100—499张的有193所，比上年增加13所；500—799张的有50所，比上年增加1所；800张及以上的有33所，与上年持平。

2. 疾病预防控制机构按地市分类情况

全省疾病预防控制机构96所，其中省级1所，设区市级9所，县（区、县级市）级84所，另有2所分别为南昌铁路局福州疾病预防控制所和莆田市湄洲岛疾病预防控制中心。

3. 卫生监督机构按地市分类情况

全省卫生监督所（独立设置）86所，其中：省级1所、设区市级9所、县（区、县级市）级76所。

4. 妇幼保健机构按地市分类情况

全省87所妇幼保健机构，其中省级1所，设区市级8所，县（区、县级市）级78所。

（二）医疗机构床位

全省医疗机构床位总数178902张，比上年增加5702张，同比增长3.29%；全省每千人口医疗机构床位数达4.62张，比2015年的4.51张增加0.11张。

1. 按类别分类情况

全省医院床位134790张，比上年增加5181张，占医疗机构床位总数的75.34%；其中：综合医院床位93193张，比上年增加2219张；中医类医院（含中医医院、中西医结合医院、民族医院）床位20836张，比上年增加409张；专科医院床位20681张，比上年增加2503张；社区卫生服务机构床位3377张，比上年增加176张，占医疗机构床位总数的1.89%；卫生院床位30387张，比上年减少15张，占医疗机构床位总数的16.99%；妇幼保健院（所）床位6036张，比上年增加327张，占医疗机构床位总数的3.37%；专科疾病防治院（所）床位1655张，比上年增加26张，占医疗机构床位总数的0.93%；疗养院床位2600张，比上年增加73张，占医疗机构床位总数的1.45%（详见表2）。

表2　2016年福建省医疗机构床位变动情况表

单位：张

机构分类	2016年	2015年	增减
总　计	178902	173199	5703
一、医院	134790	129609	5181
综合医院	93193	90974	2219
中医医院	17965	17606	359
中西医结合医院	2811	2761	50
民族医院	60	60	0
专科医院	20681	18178	2503
护理院	80	30	50
二、基层医疗卫生机构	33790	33642	148
社区卫生服务中心	3377	3201	176
乡镇卫生院	30387	30402	-15
中心卫生院	14498	14201	297
乡卫生院	15889	16201	-312
门诊部	26	39	-13
三、专业公共卫生机构	7722	7421	301
专科疾病防治院（所、站）	1655	1681	-26
妇幼保健院（所、站）	6036	5709	327
急救中心（站）	31	31	0
四、其他卫生机构	2600	2527	73

2. 按经济类型分类情况 公立医疗机构床位155545张（国有122375张，集体33170张），比上年增加2658张，增长1.74%，占医疗机构床位总数的86.94%；民营医疗机构床位23357张，比上年增加3045张，增长14.99%，占医疗机构床位总数的13.06%。

3. 按设置主办单位分类情况

政府办医疗机构床位152662张（其中卫生计生部门办146745张），占医疗机构床位总数85.33%；个人办医疗机构床位18002张，占医疗机构床位总数的10.06%；其他社会机构办医疗机构床位8238张，占医疗机构床位总数的4.61%。

4. 按分科分类情况

2016年，全省医疗机构儿科床位15716张，比上年增加743张，占医疗机构床位的8.78%，比上年提高0.14个百分点；妇产科床位22888张，比上年增加1262张，占医疗机构床位的12.79%，比上年提高0.3个百分点；精神科床位13555张，比上年增加1732张，占医疗机构床位的7.58%，比上年提高0.75个百分点；其他科床位126743张，比上年增加1966张，占医疗机构床位的70.84%，比上年下降1.2个百分点。

（三）卫生人员

全省各级各类医疗卫生计生机构共有人员总数289776人，比上年增加8152人，增长2.89%；其中卫生技术人员220889人，比上年增加7727人，增长3.62%，占卫生人员总数的76.23%；其他技术人员10977人，比上年增加870人，增长8.61%，占卫生人员总数的3.79%；管理人员8397人，比上年减少273人，下降3.15%，占卫生人员总数的2.90%；工勤人员23011人，比上年增加228人，增长1.0%，占卫生人员总数的7.94%；乡村医生和卫生员26502人，比上年减少400人，占卫生人员总数的9.15%。

从卫生技术人员构成分析：执业（助理）医师80131人（其中：执业医师69307人），比上年增加1958人，增长2.50%，占卫技人员的36.28%；注册护士96250人，比上年增加5747人，增长6.35%，占卫技人员的43.57%；药剂、检验等其他卫技人员44508人，比上年增加1人，占卫技人员的20.15%。全省每千常住人口卫技人员5.70人、执业（助理）医师2.07人、注册护士2.48人，分别比上年增加0.15人、0.03人和0.12人。（详见表3）

表3　2016年福建省卫生机构人员变动情况表

单位：人

类别	2016年	2015年	增（减）
一、卫生人员	289776	281624	8152
1. 卫生技术人员	220889	213162	7727
执业（助理）医师	80131	78173	1958
注册护士	96250	90503	5747
药师（士）	14410	13865	545
技师（士）	11466	10923	543
其　他	18632	19719	-1087
2. 乡村医生和卫生员	26502	26902	-400
3. 其他技术人员	10977	10107	870
4. 管理人员	8397	8670	-273
5. 工勤人员	23011	22783	228
二、每千常住人口卫生技术人员	5.70	5.55	0.15
三、每千常住人口执业（助理）医师	2.07	2.04	0.03
四、每千常住人口注册护士	2.48	2.36	0.12

从卫生技术人员学历、技术职称（聘任）和年龄构成分析：

1. 学历构成：具有大专及以上学历占比53.0%，比2015年提高2.2个百分点，其中本科及以上占30.75%、大专占32.25%、中专占35.89%、高中及以下占4.65%。

2. 技术职称（聘任）构成：高级占8.32%，比2015年提高0.23个百分点；中级占18.40%，与上年持平；初级占57.19%，下降0.23个百分点；待聘占16.09%，与上年持平。

3. 年龄构成：35岁以下卫技人员占比下降了0.85个百分点，55岁及以上卫技人员占比提高了0.72个百分点。其中25岁以下占7.18%、25—34岁占41.05%、35—44岁占24.99%、45—54岁占17.41%、55—59岁占3.63%、60岁及以上占5.77%。

（四）基层医疗卫生组织

1. 乡镇卫生院。全省共有乡镇卫生院880所，床位30387张，卫生技术人员29905人，其中执业（助理）医师9902人，占卫技人员总数的33.11%；注册护士10572人，占卫技人员总数的35.35%；其中中心卫生院224所，床位14498张，占卫生院床位数的47.71%，平均每院拥有床位64.72张，卫生技术人员13210人，平均每院卫技人员58.97人。

2. 社区卫生服务机构。全省共有社区卫生服务中心（站）555所，床位3377张，卫生技术人员10746人，其中社区卫生服务中心222所，床位3377张，卫生技术人员8758人，执业（助理）医师3387人，注册护士3180人。

3. 村卫生室。全省共有村医疗点18945个，其中村办占61.19%，乡卫生院设点占2.63%，联合办占 1.22%，私人办占 24.83%，其他占 10.13%。共有执业（助理）医师 3809 人，注册护士 361 人，乡村医生和卫生员 26502 人。

二、医疗服务情况

（一）门诊服务工作量情况

1. 诊疗人次。全省医疗机构诊疗人次 21827.0 万人次，比上年增加 666.4 万人次，增长 3.15%；其中医院诊疗人次 9642.7 万人次，比上年增加 331.9 万人次，增长 3.56%，占医疗机构诊疗人次的 44.18%；社区卫生服务中心（站）诊疗人次为 1678.8 万人次，比上年增加 107.1 万人次，增长 6.81%，占医疗机构诊疗人次的 7.69%；卫生院诊疗人次为 2678.0 万人次，比上年增加 89.3 万人次，增长 3.45%，占医疗机构诊疗人次的 12.27%；其他基层医疗机构（含村卫生室、门诊部、诊所）诊疗人次为 6724.6 万人次，比上年增加 91 万人次，增长 1.35%，占医疗机构诊疗人次的 30.81%；妇幼保健机构诊疗人次 978.7 万人次，比上年增加 53.3 万人次，下降 5.76%，占医疗机构诊疗人次的 4.48%；专科疾病防治机构诊疗人次 101.3 万人次，比上年减少 4.1 万人次，下降 3.9%，占医疗机构诊疗人次的 0.46%。（详见表 4）

2. 门急诊人次。全省医疗卫生机构门急诊人次为 21239.2 万人次，比上年增加 717.7 万人次，增长 3.5%，门急诊占总诊疗人次的 97.31%；其中门诊人次数为 19917.01 万人次，占门急诊人次的 93.77%。医院门急诊人次为 9569.4 万人次，比上年增加 339 万人次，增长 3.67%，其中门诊人次数为 8488.23 万人次，占门急诊人次的 88.70%；社区卫生服务机构门急诊人次为 1631.90 万人次，比上年增加 110.5 万人次，增长 7.26%，其中门诊人次数为 1598.44 万人次，占门急诊人次的 97.95%；卫生院门急诊人次为 2623.38 万人次，比上年增加 106.8 万人次，增长 4.24%，其中门诊人次数为 2508.19 万人次，占门急诊人次的 95.61%；其他基层医疗机构门急诊人次数为 6336.19 万人次，比上年增加 123.9 万人次，增长 1.99%；妇幼保健院（所）门急诊人次数为 954.25 万人次，比上年增加 43.7 万人次，增加 4.8%，其中门诊人次数为 881.27 万人次，占门急诊人次的 92.35%；专科疾病防治机构门急诊人次为 101.3 万人次，比上年减少 4.1 万人次，下降 3.9%，其中门诊人次数为 91.62 万人次，占门急诊人次数的 90.41%。（详见表 4）

表 4　2016 年福建省医疗机构诊疗工作量情况

单位：万人次

	诊疗人次数			其中：门急诊人次数		
	2016 年	2015 年	增减	2016 年	2015 年	增减
总　计	21827.0	21160.6	666.4	21239.2	20521.5	717.7
一、医院	9642.7	9310.8	331.9	9569.4	9230.5	339.0
综合医院	7062.5	6811.1	251.4	7010.6	6750.2	260.5
中医医院	1574.1	1539.5	34.6	1560.7	1531.4	29.3
中西医结合医院	219.8	218.0	1.8	214.0	208.5	5.6
民族医院	6.5	6.0	0.5	6.5	6.0	0.5
专科医院	778.6	736.2	42.5	776.5	734.4	42.0
护理院	1.2	0.0	1.1	1.2	0.0	1.1
二、基层医疗卫生机构	11081.5	10794.1	287.4	10591.5	10250.3	341.1
社区卫生服务中心（站）	1678.8	1571.8	107.1	1631.9	1521.4	110.5
社区卫生服务中心	1347.3	1228.8	118.5	1304.5	1183.4	121.1
社区卫生服务站	331.5	342.9	-11.4	327.4	338.0	-10.6

续表

	诊疗人次数			其中：门急诊人次数		
	2016 年	2015 年	增减	2016 年	2015 年	增减
乡镇卫生院	2678.0	2588.7	89.3	2623.4	2516.6	106.8
中心卫生院	1241.4	1218.5	22.9	1213.4	1189.1	24.3
乡卫生院	1436.6	1370.2	66.4	1410.0	1327.5	82.5
村卫生室	4370.7	4346.2	24.5	4048.8	4003.3	45.5
门诊部	622.6	573.6	49.0	568.8	507.5	61.3
诊所、卫生所、医务室	1731.4	1713.8	17.6	1718.5	1701.5	17.1
三、专业公共卫生机构	1089.6	1039.9	49.7	1065.1	1025.0	40.1
其中：专科疾病防治院（所）	101.3	105.5	-4.1	101.3	105.5	-4.1
妇幼保健院（所）	978.7	925.4	53.3	954.2	910.5	43.7
四、其他机构	13.3	15.8	-2.6	13.1	15.7	-2.6

（二）住院人数及病床使用情况

1. 入院人数。全省医疗机构共有入院人数535.2万人次，比上年增加12.4万人次，增加2.37%，其中医院入院人数425.3万人次，比上年增加15.4万人次，增长3.76%，占医疗机构总入院人数79.47%；社区卫生服务中心（站）入院人数5.9万人次，比上年减少0.4万人次，下降5.65%，占医疗机构总入院人数的1.1%；卫生院入院人数82.2万人次，比上年减少4.5万人次，下降5.15%（中心卫生院下降4.77%，乡镇卫生院下降5.56%），占医疗机构总入院人数的15.36%；妇幼保健院（所）入院人数20.2万人次，比上年增加1.7万人次，增长9.25%，占医疗机构总入院人数的3.78%。

从每百门急诊的入院人数情况来看：医院4.44人，与上年持平；卫生院为3.13人，比上年减少0.31人；妇幼保健院（所）为2.12人，比上年增加0.09人。

2. 病床使用率。全省医疗机构病床使用率74.1%，比上年下降0.8个百分点；其中医院病床使用率81.5%，比上年下降1个百分点；社区卫生服务中心（站）病床使用率34.9%，比上年下降1.1个百分点；卫生院病床使用率48%，比上年下降1.8个百分点；妇幼保健院（所）病床使用率60.1%，与上年持平。

从各类医院病床位使用率情况来分析：综合医院82.4%，比上年下降1.4个百分点；中医类医院（中医医院、中西医结合医院、民族医院）78.6%，比上年提高0.8个百分点；专科医院80.3%，比上年下降0.7个百分点。

从省、市、县级公立医院病床位使用率情况分析：省级医院病床使用率为98.2%，比上年下降2.8个百分点；市级医院病床使用率为91.7%，比上年提高0.5个百分点；县级医院病床使用率为79.6%，比上年下降1.1个百分点。

3. 出院者平均住院日。全省医院出院者平均住院日8.6天，比上年减少0.1天；卫生院出院者平均住院日6.0天，与上报持平；妇幼保健院（所）出院者平均住院日5.3天，比上年减少0.2天。（详见表5）

表5 2016年福建省医疗机构住院及病床使用情况

机构类别	入院人数（万人次）			病床使用率（%）			出院者平均住院日（天）		
	2016年	2015年	增减	2016年	2015年	增减	2016年	2015年	增减
总 计	535.2	522.7	12.5	74.1	74.9	-0.8	8.2	8.2	0.0
一、医院	425.3	409.9	15.4	81.5	82.5	-1.0	8.6	8.7	-0.1
综合医院	328.2	316.7	11.5	82.4	83.8	-1.4	8.0	8.1	-0.1
中医医院	50.7	49.5	1.2	77.5	77.0	0.5	9.3	9.2	0.1
中西医结合医院	8.5	8.0	0.5	85.3	83.1	2.2	10.1	10.4	-0.3
民族医院	0.2	0.2	0.0	68.8	61.4	7.4	6.1	6.1	0.0
专科医院	37.6	35.4	2.2	80.3	81.0	-0.7	12.9	13.4	-0.5
护理院	0.0	0.0	0.0	59.5	17.5	42.0	52.7	17.5	35.2
二、基层医疗卫生机构	88.2	93.0	-4.8	46.7	48.5	-1.8	6.1	6.0	0.1
社区卫生服务中心（站）	5.9	6.2	-0.3	34.9	36.0	-1.1	6.6	6.2	0.4
乡镇卫生院	82.2	86.7	-4.5	48.0	49.8	-1.8	6.0	6.0	0.0
中心卫生院	42.7	44.8	-2.1	55.5	55.5	0.0	6.3	6.0	0.3
乡卫生院	39.5	41.9	-2.4	41.5	44.9	-3.4	5.8	5.9	-0.1
门诊部	0.1	0.1	0.0	—	—	—	—	—	—
三、专业公共卫生机构	20.8	19.0	1.8	59.6	59.0	0.6	6.2	6.4	-0.2
专科疾病防治院（所）	0.6	0.4	0.2	57.2	54.4	2.8	39.8	45.1	-5.3
妇幼保健院（所）	20.2	18.5	1.7	60.1	60.1	0.0	5.3	5.5	-0.2
四、其他机构	0.9	0.9	0.0	83.6	85.2	-1.6	53.8	40.8	13.0

（三）分级诊疗

2016年，全省三级医院诊疗人次5273.56万人次，比上年增加196.50万人次，占全省诊疗人次数的24.16%，比上年提高0.17个百分点；二级医院诊疗人次3800.45万人次，比上年增加153.49万人次，占全省诊疗人次数的17.41%，比上年提高0.18个百分点；基层医疗卫生机构诊疗人次11081.50万人次，比上年增加287.40万人次，占全省诊疗人次数50.77%，比上年下降了0.24个百分点。全省三级医院入院人数212.66万人，比上年增加13.31万人，占全省入院人数数的39.74%，比上年提高1.60个百分点；二级医院入院人数177.35万人，比上年增加1.41万人，占全省入院人数数的33.14%，比上年下降0.52个百分点；基层医疗卫生机构入院人数88.17万人，比上年减少4.85万人，占全省入院人数数16.48%，比上年下降了1.31个百分点。

（四）服务效率

全省医师每人每天担负诊疗人次为9.53人次，比上年减少0.06人次；医师每人每天担负住院床日1.69日，比上年减少0.04日。

从各类医疗机构分析，医院医师每人每天担负诊疗人次为8.93人次，每人每天担负住院床日2.39日，分别比上年增加0.05人次和0.01日。社区卫生服务机构医师每人每天担负诊疗人次15.93人次，比上年增加0.49人次。卫生院医师每人每天担负诊疗10.82人次，比上年增加0.1人次；每人每天担负住院床日1.39日，比上年减少0.11日。妇幼保健院医师每人每天担负诊疗13.17人次，比上年减少0.66人次；每人每天担负住院床日1.07日，比上年减少0.01日。

从省、市、县级医院分析，省级医院医师每人每天担负诊疗8.58人次，比上年增加0.15人次；每人每天担负住院床日2.30日，比上年减少

0.03日。市级医院医师每人每天担负诊疗9.56人次，比上年减少0.07人次；每人每天担负住院床日2.55日，比上年减少0.04日。县级医院医师每人每天担负诊疗10.12人次，与上年增加0.18；每人每天担负住院床日2.52日，比上年增加0.02日。

三、居民主要死亡原因情况

据部分县（市、区）死因监测统计，2016年城市居民前十位死因顺位分别为：恶性肿瘤、心脏病、脑血管病、呼吸系病、损伤中毒、内分泌营养代谢病、消化系病、神经系病、精神障碍、泌尿生殖系病，前十位死因合计占死亡总数的92.23%，比上年下降0.11个百分点。农村居民前十位死因顺位分别为：恶性肿瘤、脑血管病、心脏病、损伤中毒、呼吸系病、内分泌营养代谢病、消化系病、神经系病、精神障碍、泌尿生殖系病，前十位死因合计占死亡总数的92.47%，比上年下降了0.05个百分点。恶性肿瘤仍然是全省城乡居民死亡的首要原因。

从恶性肿瘤的死因情况来分析，城市居民因恶性肿瘤导致死亡的人数约占总死亡人数的29.21%，比上年下降了0.45个百分点；农村居民因恶性肿瘤导致死亡的人数约占总死亡人数的30.01%，比上年下降了0.59个百分点（详见表6）。

表6　2016年福建省疾病监测系统城乡居民前10位死因

位次	城市			农村		
	死因	死亡率（1/10万）	构成（%）	死因	死亡率（1/10万）	构成（%）
1	恶性肿瘤	167.56	29.21	恶性肿瘤	165.77	30.01
2	心脏病	100.93	17.59	脑血管病	102.77	18.61
3	脑血管病	92.10	16.05	心脏病	79.01	14.30
4	呼吸系病	52.24	9.11	损伤中毒	59.63	10.79
5	损伤中毒	50.64	8.83	呼吸系病	58.44	10.58
6	内分泌营养代谢病	27.07	4.72	内分泌营养代谢病	13.49	2.44
7	消化系病	15.10	2.63	消化系病	11.79	2.13
8	神经系病	8.80	1.53	神经系病	7.74	1.40
9	精神障碍	8.26	1.44	精神障碍	6.18	1.12
10	泌尿生殖系病	6.40	1.12	泌尿生殖系病	5.95	1.08
11	前10位合计	529.09	92.23	前10位合计	510.76	92.47

注：本表数据来源于部分县（市、区）死因监测。

（来源：福建省卫生和计划生育委员会网站）

2016 福建省侨务工作情况

2016年，在国侨办和省委、省政府的正确领导下，省侨办紧紧围绕中心工作，大力实施服务全省经济社会发展和侨胞事业发展“八项行动”，努力实现国内侨务工作和国外侨务工作、为大局服务和为侨服务的有机统一，进一步凝聚侨心、汇集侨智、发挥侨力、维护侨益，侨务各项工作取得了长足进步。

一、发挥侨力有新突破。制定闽菜“走出去”计划，举办闽菜“走出去”商务对接会，并积极争取国侨办在我省设立“中餐繁荣培训基地”；完善福建“侨梦苑”建设工作机制，提升福建“侨梦苑”建设水平；开展内外架桥精准扶贫系列活动，累计达成合作意向106个，募集善款550多万元；成功引进正大集团中国水产品总部、畜禽养殖零排放循环经济及水体修复系列项目，并与中国进出口银行福建省分行签订战略合作协议；促成福州宏东远洋渔业公司入渔东帝汶，填补了福建渔企在东帝汶海域捕捞的空白。

二、挖掘侨智有新举措。组织邀请多伦多华侨华人科技考察团、中国侨商投资企业协会科技创新委员会成员、“中德工业4.0团”、国务院侨务办公室“海外专家咨询委员会”等考察团来闽考察对接以及近百位侨商参加政府与社会资本合作（PPP）项目推介会；举办省侨办“海外科技专家顾问团”2016年工作年会活动，达成合作意向27项；在加拿大福建同乡联谊会等16个重点社团设立“海外招才引智点”，广泛挖掘海外专家和高层次人才等智力资源。

三、涵养侨源有新提升。组织27批访问团赴印尼、美国、英国等国看望海外乡亲，尤其是认真做好尤权书记率团出访东南亚工作；邀请黄志祥、陈志远、林国泰等一批重点侨商来闽访问，接待美国福建工商总会、全非洲和平统一促进会等60多个来访团组，并推动成立乌干达福建同乡会、孟加拉福建商会等9个新生海外华社；举办第三期福建省海外青年精英研修班、第五期港澳侨界杰青研习班、首届“海丝情·中国梦”港澳青年精英故乡行、“四海一家·闽港青年交流团”、世界福建青年联会“青春勇担当·侨心中国梦—厦门行”等活动，提升华裔新生代和新华侨华人工作水平；推荐海外侨领和重点侨商列席2016和2017年省政协会议；大力实施“留根工程”，海外华裔青少年夏（冬）令营办营规模继续保持全国第一。

四、维护侨益有新成效。联合相关部门做好《福建省华侨权益保护条例（草案)》研讨、调研、修订、论证等工作，《条例》经省人大常委会审议通过，并于9月1日正式实施。这是继广东之后我国第二部保护华侨权益的地方性综合性法规，在全省侨务工作历史上具有里程碑意义；大力实施侨爱工程，举办归侨侨眷职业技能培训班，推动地方侨办落实为侨公共服务责任；规范华侨捐赠表彰，以省政府名义对56名累计捐赠我省1000万元以上兴办公益事业的海外侨胞、港澳同胞进行表彰，涉及捐赠金额14.6亿元；进一步改善侨界民生，下达2016年归侨救济费130万元，落实散居社会贫困归侨生活困难补助资金155.46万元，为2601名散居归侨（低保户）发放生活困难补助，对享受低保后仍有较大困难的归侨家庭和低保边缘户实行临时生活救助。

（来源：福建侨网）

第三篇

热点透视

福建省人民政府加快推进“互联网+政务服务”工作

福建省人民政府于2016年12月25日下发《福建省人民政府关于印发加快推进“互联网+政务服务”工作方案的通知》（闽政〔2016〕66号），工作方案如下：

根据《国务院关于加快推进“互联网+政务服务”工作的指导意见》（国发〔2016〕55号），为加快构建线上线下一体化的“互联网+政务服务”体系，特制定本工作方案。

一、工作目标

2017年底前，建成覆盖省、市、县（区）、乡镇（街道），线上线下一体化的网上政务服务平台，促进政务全流程电子化，提高行政办事服务效率，政务服务标准化、网络化水平得到显著提升。

2020年底前，互联网成为提供政务服务的重要方式，政务服务协同化、主动化、精细化、智慧化水平大幅提升，实现共享服务平台、共享服务信息、共享服务成果，企业和群众办事更加方便、快捷、高效。

二、工作任务

（一）规范网上服务事项。2017年底前，编制省、市、县（区）行政审批和公共服务事项目录（简称行政审批和服务事项目录），建立网上审批事项目录更新调整机制，依托省政府门户网站集中公开发布；编制乡镇（街道）行政审批和服务事项目录，启动服务事项编码管理，规范全省事项名称、条件、材料、流程、时限等，做到“同一事项、同一标准、同一编码”。

责任单位：省审改办，省直有关部门，省经济信息中心，各设区市人民政府、平潭综合实验区管委会。

（二）加强和规范电子证照生成。2017年底前，进一步完善网上办事大厅电子证照生成系统，将电子证照生成作为审批服务的正式环节，纳入省网上办事大厅、设区市行政审批办理系统以及部门业务系统的办事流程，实现电子证照和网上办事事项的统一。加快全省电子档案建设工作，并逐渐取代纸质档案。

责任单位：省数字办，省直有关部门，省经济信息中心，各设区市人民政府、平潭综合实验区管委会。

（三）简化办事材料提交。2017年底前，各部门对照电子证照库，调整清理不属于网上办理的事项，清理现有办事中重复提交的材料，在行政审批和服务事项目录中明确以共享方式获取材料。2017年底前，实现省网上办事大厅、各设区市行政审批系统、市民主页平台等办事服务平台与行政审批和服务事项目录、电子证照库对接，在事项办理过程中凡是电子证照库中有的电子证照不再要求公众重复提交材料。2018年底前，实现政务数据“一码管理”，分别以身份证号和社会信用代码为索引，关联各部门涉及个人和法人的业务数据，调整升级各部门现有业务系统，支持以“一码”查询和记录业务数据。

责任单位：省直有关部门，省经济信息中心，各设区市人民政府、平潭综合实验区管委会。

（四）推进服务事项网上办理。2017年6月底前，全省90%行政审批事项和公共服务事项（即省网上办事大厅“三星级”及以上的办事事项）实现网上办理。2018年底前，针对各事项逐项调整原有纸质材料受理反馈制度，不得拒绝经电子签名以电子形式提交的申报材料，实现30%的行政审批和服务事项全程网办（即省网上办事大厅“四星级”及以上的办事事项）。2020年底前，实现60%行政审批和服务事项全程网办；在行政审批和服务事项目录中明确事项受理和结果反馈方式。

责任单位：省直有关部门，省经济信息中心，各设区市人民政府、平潭综合实验区管委会。

（五）创新服务模式。2017年底前，完成省网上办事大厅和设区市行政审批系统的流程对接，支持审批事项跨层级在线联动办理。2018年底前，打通各级部门办公系统间的数据和流程连接，支持跨地区、跨部门、跨层级在线联动办公、公文会签、任务督办等。2018年底前，在教育、卫生、社保、养老、住房等领域利用大数据分析群众行为习惯和办事需求，探索主动性、个性化服务。2020年底前，大多数行政审批和服务事项实行主动服务，主动服务成为政务服务的主要提供方式。鼓励省直部门依托现有的审批办理平台构建集证后监管、政务指导一体化、智能化的信息服务平台，努力实现‘不跑腿，好办事’的目标。

责任单位：省直有关部门，省经济信息中心，各设区市人民政府、平潭综合实验区管委会。

（六）全面公开服务信息。2018年底前，在政府门户网站和实体政务大厅，集中全面公开与政务行政审批和服务事项相关的法律法规、政策文件、通知公告、办事指南、审查细则、常见问题、监督举报方式和网上可办理程度，以及行政审批涉及的中介服务事项清单、机构名录等信息，并实行公开信息的统一管理、动态调整，确保线上线下信息内容准确一致。

责任单位：省政府办公厅，省审改办，省直有关部门，省经济信息中心，各设区市人民政府、平潭综合实验区管委会。

（七）规范网上政务服务平台。2018年底前，依托省政府门户网站和省网上办事大厅，构建一体化的网上政务服务平台，实现省政府门户网站与网上办事大厅前端融合、平台对接和应用兼容，省政府门户网站提供统一的前端展现。2018年底前，整合全省各类政务网上服务资源，推动工商、公安等本级部门自建办事服务平台的接入，按各类政务不同需求，分别分发推送相关共享信息，网上政务服务平台综合提供政务信息公开、新闻资讯、政策发布、网上办事、市民主页等网上政务一站式服务，并同步开发基于移动终端的全省政务服务APP；在车辆管理、交通出行、出入境、人社、医疗、生活缴费、税务、公积金、司法、户政、治安等高频便民服务领域，开展业务系统与网上政务服务平台的深度对接，优化服务流程，实现政务服务和便民服务的“一网通办”。2018年底前，整合各职能部门现有咨询投诉平台，建立政府统一的电话呼叫中心，由12345政务综合服务热线统一对外服务，实现便民咨询投诉一号通，并同步开发基于移动终端的全省12345便民服务平台APP。

责任单位：省政府办公厅，省审改办、数字办，省经济信息中心，省直有关部门，各设区市人民政府、平潭综合实验区管委会。

（八）推进实体政务大厅与网上服务平台融合发展。2017年底前，实现非密政务行政审批和服务事项全部进驻实体政务大厅，实行事项集中办理、一站式办结；开展实体政务大厅和网上服务平台服务流程融合，共享后台基础数据库和流程信息，实现预约、咨询、受理、办理、查询、反馈等环节的线上线下无缝衔接。依托省网上办事大厅，开发全省统一的预约服务功能，对接EMS第三方物流快递信息平台、多卡融合平台、财政非税收入支付平台，实现线上与线下全流程闭环服务。

责任单位：省直有关部门，省经济信息中心，各设区市人民政府、平潭综合实验区管委会。

（九）推动基层服务网点与网上服务平台无缝对接。2017年底前，各设区市建成社区综合受理平台，实现社区综合服务窗口在全省乡镇（街道）、村（社区）全覆盖，打造“便民15分钟服务圈”。2018年底前，围绕劳动就业、社会保险、社会救助、扶贫脱贫等领域，在乡镇（街道）、村（社区）一级开展上门办理、免费代办等贴近服务。

责任单位：各设区市人民政府、平潭综合实验区管委会，省直有关部门。

（十）推进政务数据汇聚共享。2017年底前，建设省市两级政务数据汇聚共享平台，汇聚整合各部门人口、法人数据，形成可供高效共享和分析挖掘的人口、法人数据云。2020 年底前，实现车辆、船舶、项目、环境等各类管理服务对象数据汇聚，为各类政务服务和管理应用提供统一的数据环境支撑；依法有序开放网上政务服务资源和数据资源，鼓励公众、企业、高校和科研院所开发利用。

责任单位：省数字办，省直有关部门，各设区市人民政府、平潭综合实验区管委会。

（十一）加快新型智慧城市建设。2017 年，在能源监测、车辆监控、环境监测、船舶监控、公用事业等领域启动一批物联网重大应用工程，推动交通等重点领域应用，到 2019 年底，基本建成一批服务工业、农业、服务业重点领域的物联网应用平台。加快推进智慧城市时空信息云平台试点，汇聚城市各类数据，到 2020 年底初步实现基于大数据的城市智慧化管理。全面推广个性化、主动化、精准化服务，到 2020 年，在教育文化、医疗卫生、社会保障等领域，初步实现民生服务智慧化应用。推广国家新型智慧城市试点示范经验，力争到 2020 年建成一批先进水平的新型智慧城市。

责任单位：省发改委、数字办、住建厅、经信委，省直有关部门，各设区市人民政府、平潭综合实验区管委会。

（十二）建立健全制度标准规范。2018 年底前，省直部门组织清理由本部门负责实施的不适应“互联网 + 政务服务”的地方性法规、政府规章和部门管理制度，并按《立法法》等有关规定程序进行修订，支持网上政务服务；完善省网上办事大厅运行管理办法，进一步规范平台的运行和管理；制定福建省“互联网 + 政务服务”技术规范，促进全省“互联网 + 政务服务”高水平建设。

责任单位：省审改办，省数字办，省直有关部门，省法制办，省经济信息中心，各设区市人民政府、平潭综合实验区管委会。

（十三）完善基础设施。2018 年底前，建成全省统一的电子政务认证服务平台，以公民身份证号码、企业数字证书和企业社会信用代码为身份标识，为全省实体政务大厅、社区窗口和网上政务服务提供用户身份实名认证和服务权限控制管理，并建立政务服务对象全生命周期管理机制，规范政务服务用户注册、信息变更和注销流程。2019 年底前，基本建成全省无线城市，在城市广场、医院、景区等人群聚集区和重点公共场所，提供无线网络全覆盖。

责任单位：省数字办、公安厅、工商局、通信管理局，省直有关部门，省经济信息中心，各设区市人民政府、平潭综合实验区管委会。

（十四）加强网络和信息安全保护。加大对商业秘密、个人隐私等重要数据的保护力度，提升信息安全支撑保障水平和风险防控能力。继续完善网络与信息安全应急处置平台，开展全省网络安全事件统一监测、通报、响应和处置；扩大政务外网云安全监测平台的监测范围，完成省级、市级和部门政务云平台统一安全监测，扩展和升级云平台脆弱性检测系统和安全监控系统，完善我省政务云安全保障体系；在电子证照、统一身份认证、网上支付、政务数据汇聚共享等重要信息系统部署网络安全监控终端。同步建立健全保密审查制度，严禁“互联网 + 政务服务”系统存储、处理、传输国家秘密。

责任单位：省公安厅、安全厅、省国家保密局，省直有关部门，各设区市人民政府、平潭综合实验区管委会。

三、工作保障

（一）建立工作推进机制。建立由省政府分管副省长为召集人，省政府各工作部门、省审改办、经济信息中心参加的省推进“互联网 + 政务服务”工作联席会议。具体工作由省政府办公厅牵头负责，省发改委（省数字办）、审改办、经济信息中心参加。

（二）加强组织领导。省政府办公厅会同省数字办负责牵头统筹推进、监督考核全省“互联网 + 政务服务”工作，省审改办负责推动实施与“互联网 + 政务服务”有关的行政审批服务制度改革，省数字办负责“互联网 + 政务服务”相关信息平台规划建设。省直有关部门要明确具体分管领导负责推动本部门工作，各设区市、平潭综合实验区要建立相应协调推进机制和监督考核机制，加强省市协同，形成全省同步推进的工作格局。各设区市人民政府、平潭综合实验区管委会和省直有关部门要根据本方案，抓紧制定本地区、本部门的工作方案，2017年2月底前报省政府办公厅备案。

（三）加强考核监督。省推进“互联网+政务服务”工作联席会议会同省效能办将“互联网+政务服务”纳入政府绩效考核体系，加大考核权重，列入重点督察事项，加强日常督促检查，定期通报各部门工作进展和成效。要畅通线上线下群众投诉举报渠道，接收群众反映办事过程中遇到的不作为、乱作为、慢作为现象，加强跟踪纠正存在问题，并及时反馈处理结果。

（四）加强推广应用。各级各部门要加强“互联网+政务服务”业务培训，提高经办人员业务素质、服务水平和信息平台操作能力。通过新闻媒体、新媒体等各种形式，加强“互联网+政务服务”的宣传，积极引导公众和企业通过互联网办理行政审批和服务事项。

附：2017年“互联网+政务服务”工作任务进度表

2017年“互联网+政务服务”工作任务进度表

序号	工作任务	阶段目标
1	规范网上服务事项。	第四季度：编制省、市、县（区）行政审批和公共服务事项目录（简称行政审批和服务事项目录），建立网上审批事项目录更新调整机制，依托省政府门户网站集中公开发布；编制乡镇（街道）行政审批和服务事项目录，启动服务事项编码管理，规范全省事项名称、条件、材料、流程、时限等，做到“同一事项、同一标准、同一编码”。
2	加强和规范电子证照生成。	第四季度：进一步完善网上办事大厅电子证照生成系统，将电子证照生成作为审批服务的正式环节，纳入省网上办事大厅、设区市行政审批办理系统以及部门业务系统的办事流程，实现电子证照和网上办事事项的统一。
3	简化办事材料提交。	第四季度：各部门对照电子证照库，调整清理不属于网上办理的事项，清理现有办事中重复提交的材料，在行政审批和服务事项目录中明确以共享方式获取材料。实现省网上办事大厅、各设区市行政审批系统、市民主页平台等办事服务平台与行政审批和服务事项目录、电子证照库对接，在事项办理过程中凡是电子证照库中有的电子证照不再要求公众重复提交材料。
4	推进服务事项网上办理。	第二季度：全省90%行政审批事项和公共服务事项（即省网上办事大厅“三星级”及以上的办事事项）实现网上办理。
5	创新服务模式。	第四季度：完成省网上办事大厅和设区市行政审批系统的流程对接，支持审批事项跨层级在线联动办理。
6	推进实体政务大厅与网上服务平台融合发展。	第四季度：实现非密政务行政审批和服务事项全部进驻实体政务大厅，实行事项集中办理、一站式办结；开展实体政务大厅和网上服务平台服务流程融合，共享后台基础数据库和流程信息，实现预约、咨询、受理、办理、查询、反馈等环节的线上线下无缝衔接。依托省网上办事大厅，开发全省统一的预约服务功能，对接EMS第三方物流快递信息平台、多卡融合平台、财政非税收入支付平台，实现线上与线下全流程闭环服务。
7	推动基层服务网点与网上服务平台无缝对接。	第四季度：各设区市建成社区综合受理平台，实现社区综合服务窗口在全省乡镇（街道）、村（社区）全覆盖，打造“便民15分钟服务圈”。
8	推进政务数据汇聚共享。	第四季度：建设省市两级政务数据汇聚共享平台，汇聚整合各部门人口、法人数据，形成可供高效共享和分析挖掘的人口、法人数据云。
9	加快新型智慧城市建设。	第四季度：在能源监测、车辆监控、环境监测、船舶监控、公用事业等领域启动一批物联网重大应用工程，推动交通等重点领域应用。

（摘编：林学军）

福建省进一步加强和推进网上行政审批服务

福建省人民政府办公厅于2016年8月10日下发《福建省人民政府办公厅关于印发福建省进一步加强和推进网上行政审批服务实施方案的通知》（闽政办〔2016〕131号），实施方案主要内容如下：

根据《国务院关于积极推进“互联网+”行动的指导意见》（国发〔2015〕40号）、《国务院办公厅关于转发国家发展改革委等部门推进“互联网+政务服务”开展信息惠民试点实施方案的通知》（国办发〔2016〕23号）和《福建省人民政府关于进一步规范行政审批行为改进行政审批有关工作的通知》（闽政〔2015〕68号）精神，为进一步深化行政审批制度改革，加强和推进“互联网+行政审批”服务模式，构建方便快捷、公平普惠、优质高效的政务服务体系，制定本方案。

一、目标要求

全面贯彻落实党中央关于推进简政放权、放管结合、优化服务改革的决策部署和国务院关于推进“互联网+政务服务”试点工作要求，深化“马上就办”，对不涉密的行政审批，围绕“全程网办”目标，进一步强化省网上办事大厅应用，构建网上审批服务平台和实体大厅服务相结合、网上服务和网下服务相统一的政务服务模式，逐步推进全省网上政务服务实现“一号”申请、“一窗”受理、“一网”通办，切实提高政务服务便捷性，使互联网成为提供政务服务的重要手段，让企业和群众有更多的改革获得感。

二、工作任务

（一）全面梳理规范行政审批和服务事项。依据行政许可目录清单、行政权力清单、责任清单和公共服务事项清单，全面梳理、规范和公开行政审批和服务事项（行政许可事项、公共服务事项和涉及群众、企业及其他社会组织依申请办理的相关行政权力事项的统称，下同）的项目名称（子项）、办理要件、申请材料（含表单模板）、办理流程、办理时限、收费标准等，具备网上审批的条件和要求。2016年底前，完成省、市、县（区）行政审批和服务事项的进一步梳理和规范工作；2017年底前，完成乡镇（街道）行政审批和服务事项的梳理，实现全省规范统一。

责任单位：省审改办、发改委、省直相关部门，各市、县（区）人民政府，平潭综合实验区管委会。

（二）全面推行网上行政审批服务。按照“应进必进”的原则，省、市、县（区）涉及群众、企业及其他社会组织依申请办理的所有行政权力事项入驻省网上办事大厅，实行网上办理；2016年底前，全省行政许可事项和公共服务事项网上办理率（即省网上办事大厅“三星级”及以上办事事项比例）达到90%；2017年底前，完成乡镇（街道）行政审批和服务事项入驻省网上办事大厅，实现全省“一张网”管理。

符合有关法律、法规、规章规定，并且按照安全规范要求生成的电子文件（证照），与纸质的文件具有同等效力，可以作为法定办事依据和归档材料。省直各部门和设区市行政服务中心要根据《福建省电子政务建设和应用管理办法》（福建省人民政府令第156号）规定精神，针对各办事事项，逐项调整原有纸质材料受理制度，不得拒绝以电子形式提交的经电子签名的申报材料。优先选择办理量大的行政审批和服务事项，实现无纸化申报，进一步提高全流程网上办理事项比例。

开发基于移动终端的全省网上办事APP，实现便捷的申报材料电子化、在线申报、办结结果查询等服务。对接物流快递信息平台，提供审批结果邮递服务，方便群众查询纸质审批文件或证照的物流信息。完善省网上办事大厅的数据交换标准和互联通道，实现省直自建审批系统和各级行政服务中心业务系统的数据共享，发挥省网上办事大厅的平台枢纽作用。

责任单位：省审改办、发改委、省直相关部门，各市、县（区）人民政府，平潭综合实验区管委会。

（三）全面推行行政审批服务标准化建设。进一步推进行政审批和服务事项的流程再造，推行网上行政审批和服务事项的标准化管理，明确环节标准、时限标准、材料标准，推行统一编码管理，基本实现事事有标准可依、岗岗有标准规范、人人按标准履职，实现同类行政审批和服务事项的"同标准受理"和"无差别审批"，做到规范审批事项名称、申请材料、审批流程、办理时限、收费项目，统一行政审批事项的统计口径和目录、使用行政审批专用章、行政服务中心设置、行政服务中心工作规则等"五个规范"和"四个统一"，促进审批公平公正。

责任单位：省直相关部门、省审改办，各市、县（区）人民政府，平潭综合实验区管委会。

（四）完善全省权责清单目录库管理。进一步健全完善权责清单制度，运用信息化手段，推进权责清单的科学化、法制化、信息化管理，建立健全动态调整机制，实现全省权责清单适时调整、数据互通、信息共享、全面公开。2017年底前，省、市、县、乡四级权责清单全部入驻省网上办事大厅，实现动态管理；推进行政审批中介服务信息的集中管理和发布。

责任单位：省审改办、发改委、省直相关部门，各市、县（区）人民政府，平潭综合实验区管委会。

（五）建立全省统一的网上办事申请人身份认证机制。建立省网上办事大厅实名认证制度，建设全省统一的电子政务CA认证服务平台，加强市、县（区）及省直部门行政服务中心窗口，依托省网上办事大厅身份认证平台，利用公民身份号码、企业数字证书和企业社会信用代码等方式，为申请人提供网上身份实名认证服务；推进省网上办事大厅与省直部门自建审批系统公众和企业用户交叉互认。

责任单位：省发改委、公安厅、工商局、省直相关部门，各市、县（区）人民政府，平潭综合实验区管委会。

（六）建立网上身份认证分级应用制度。审批部门应逐项确定行政审批和服务事项所需的认证级别，并在省网上办事大厅更新办理事项的申请人账户认证级别，实名用户原则上均可通过省网上办事大厅办理业务；对涉及婚姻、收养、继承等人身关系和涉及资金、土地、房屋等资产的事项，一般要求申请人为数字证书认证用户。2016年底前，完成省、市、县三级行政审批和服务事项办理认证级别确定工作；2017年底前，完成乡镇（街道）行政审批和服务事项办理认证级别确定工作。

责任单位：省直相关部门，各市、县（区）人民政府，平潭综合实验区管委会。

（七）完善网上审批便民服务制度。进一步拓展完善省网上办事大厅功能，推动跨层级、跨部门业务的纵向、横向协同办理，积极推行网上预约、网上评价等便民服务，健全和完善一次性告知、首问负责等便民服务制度，制定省网上办事大厅作为全省规范统一的网上办事服务入口的管理和考核制度，提高网上行政审批的服务质量、服务效率和群众满意率。2016年底前，建立和完善网上行政审批便民服务制度，梳理各级各部门及公用事业单位便民服务网站，集中在省网上办事大厅为公众提供入口导航服务。

责任单位：省审改办、发改委、省直相关部门，各市、县（区）人民政府，平潭综合实验区管委会。

（八）建立证照信息共享比对制度。建设全省统一的证照数据库。由审批部门梳理编制发放的证照清单，除涉密或敏感事项外，全部纳入电子证照库管理，确保电子证照实时生成更新。推进各级部门业务办理系统与电子证照库对接互联，做到电子证照与纸质证照同步签发。2017年6月底前，各级各部门要将已发放的所有存量证照实现电子化转换，统一汇集到全省电子证照库。以强身份认证登录的申报事项，审批部门在行政审批过程中，凡能通过电子证照库比对查验获得证照信息的，不得再要求申请人重复提供相关证照。其中，以强身份认证登录的本省企业申报事项，取消收取工商营业执照、组织机构代码证和税务登记证三类纸质材料，直接从电子证照库中共享获得，逐步实现在全省范围内异地业务办理。

责任单位：省发改委、省直相关部门，各市、县（区）人民政府，平潭综合实验区管委会。

（九）建立和完善网上办事缴费机制。做好多卡融合公共平台、非税收入网上缴费平台与省网上办事大厅的衔接工作，支持申请人通过智能卡、网上银行、第三方网上支付平台等方式，缴纳网上行政审批和服务事项涉及的费用，审批部门和代收机构、收款银行不得拒绝申请人使用网上支付。2017 年 6 月底前，建立和完善网上办事缴费机制。

责任单位：省财政厅、省直相关部门，各市、县（区）人民政府，平潭综合实验区管委会。

（十）建立网上行政审批电子监督制度。充分利用网上电子监察平台，加强对网上行政审批和服务事项办理过程的电子监督，通过电子监督、视频监控和服务评价等手段，加强对网上行政审批全过程以及网上评议、投诉举报、咨询回复等网上办事服务的效能监察，确保网上行政审批工作规范、有序、高效运行。

责任单位：省效能办、审改办、发改委，各市、县（区）人民政府，平潭综合实验区管委会。

三、保障措施

（一）加强组织领导。各级各有关部门要建立健全省网上办事大厅的运行和管理机制，明确职责分工、责任单位和责任人，及时协调解决工作推进过程中遇到的难点问题。

（二）强化资金保障。各级财政部门要设立网上办事工作专项经费，列入财政预算，支持网上办事大厅升级完善运行和维护，行政审批和服务事项定制以及相关配套功能开发等。

（三）完善效能督查。各级政府要综合评估各地各部门网上办理率、群众满意率、一站式服务等网上行政审批和服务事项办理情况，纳入政府年度绩效考评。

（四）严格落实责任。省直相关部门要严格按照有关要求开展“互联网＋行政审批”工作，提高网上行政审批服务水平和服务效率。各地要结合各自实际，研究制定相应的工作实施方案，加快推进“互联网＋行政审批”工作。对审批过程中存在的慢作为、不作为、乱作为及其他违纪违规行为，由各级行政监察机关或机关效能建设机构按规定追究相应责任。

（五）加强培训推广。各级各部门要加强业务培训，提高网上办事大厅具体经办人员的业务素质和服务水平。通过新闻媒体、新媒体等各种形式，加强对省网上办事大厅的宣传，积极引导基层申请人通过网络办理行政审批和服务事项。

（摘编：吴　强）

福建省进一步推进省级行政审批“三集中”改革

2016年10月8日福建省人民政府办公厅下发《福建省人民政府办公厅关于进一步推进省级行政审批“三集中”改革的指导意见》（闽政办〔2016〕164号），要点如下：

为进一步推进省级行政审批“三集中”改革，经省政府同意，现提出以下指导意见。

一、目标要求

按照依法行政、简政放权的改革要求，推行以“行政审批和服务事项（行政许可事项、公共服务事项和涉及群众、企业及其他社会组织依申请办理的相关行政权力事项的统称，下同）向一个内设机构相对集中、机构成建制向行政服务中心集中、行政审批和服务事项办理向网上办事大厅集中”为主要运行模式的行政审批“三集中”改革，对深入贯彻实施《行政许可法》，建立健全行政审批决策、执行、监督既相互分离又相互制约的权力运行机制，对于转变政府职能、提高办事效率、预防治理腐败、优化发展环境具有重要意义和积极作用。

（一）推动政府治理能力现代化。按照简政放权、放管并重改革要求，进一步优化部门内部职能机构和职责分工，整合审批职能，明确监管责任，协调推进审批和监管有效衔接，更好地履行政府应承担的监管和服务职能，提升政府治理能力现代化水平。

（二）加快转变政府职能。行政审批“三集中”改革，有利于推动行政审批权和事中事后监管权相互协调、相互促进，构建“审监分离、批管并重”的行政审批工作新机制，有利于加强事中事后监管，进一步提升市场监管服务的针对性和有效性，为各类市场主体打造公平竞争的发展环境。

（三）提供廉洁高效政务服务。按照精简高效原则，通过抓好审批职能、审批机构和办事平台的集中，更好地整合政务资源、完善服务平台、创新工作机制，进一步提供高效的行政管理和优质的公共服务，规范权力运行，从源头上预防腐败。

二、改革任务

（一）完善“一个窗口”对外，方便群众办事

根据行政审批和服务事项的数量、申请量、办理机构数量等情况，合理设置行政服务中心或办事窗口。行政审批和服务事项数量少且只有一个内设机构承担审批工作的，应指定一个固定场所作为窗口统一受理；行政审批和服务事项数量少但由多个内设机构承担审批工作的，应确定一个固定场所或内设机构作为窗口统一受理，实现申请人只进一个办公室，只找一个处室。行政审批和服务事项较多、办件量也较多的，应设立行政服务中心，将全部行政审批和服务事项纳入行政服务中心集中受理。因场地、专业限制等特殊情况确需设立分中心或办事窗口的，应从严控制。省直部门要全面推进行政服务中心或办事窗口的标准化建设，制定统一标准，进行规范管理，不断提高行政审批服务质量。

（二）集中部门行政审批职权，优化内部职责分工

按照审监分离、相互衔接、运转顺畅的原则，认真梳理职责及行政审批和服务事项，合理整合职责，分类推进行政审批和服务事项的归并整合。对于可实行标准化办理的行政审批和服务事项，明确由一个内设机构统一办理；对于专业性强、程序复杂的重大行政审批事项，可根据工作需要，建立“行政服务窗口集中受理和相关业务处室共同审核审查”的协调配合工作机制，确保审批和监管有效衔接。行政审批和服务事项较多且整合

由一个内设机构承担的，应在本单位现有机构编制总量内，调整设置集中承担行政审批等职责的内设机构。

（三）健全行政审批运行机制，强化内部监管

1. 事项进驻“窗口”。除涉密或特殊要求外，行政审批和服务事项要全部进驻行政服务中心或办事窗口，实行“一个窗口”对外，由行政服务窗口依法受理，出具相关受理文书。

2. 推进网上审批。围绕“全程网办”目标，大力推进网上受理和网上审批，构建网上审批服务平台和实体大厅服务相结合、网上服务和网下服务相统一的政务服务模式，加快建设全省统一的证照数据库，推进各级部门业务办理系统与电子证照库对接互联，逐步推进全省网上政务服务实现“一号”申请、“一窗”受理、“一网”通办，推进信息公开和网上办事。

3. 权力授权到位。落实行政服务窗口授权责任，凡入驻行政服务窗口办理的事项，其他处室（部门）一律不再对外受理。完善即办制度和办理时限承诺制，即办件立即办，承诺件限时办，最大限度压缩办理环节和时限。各有关单位要根据事项特点，对行政服务窗口负责人进行分类授权，对于可实行标准化办理的行政审批和服务事项，在行政服务窗口受理后直接办结。

4. 加强人员配备。按照“配齐配强配优”的要求，把行政服务窗口作为培养人、锻炼人、选拔人的重要岗位，将政治素质高、业务能力强、工作作风实、服务意识好的优秀同志选派到窗口工作，保证有足够的力量和业务骨干进驻行政服务窗口，并保持相对稳定。

5. 健全内部监督机制。进一步理顺行政审批工作机构与相关业务处室的职责划分，指定专门机构加强对行政服务中心或窗口单位的监督，明确监督检查主要事项及工作程序，以现场巡查、电子监察相结合的方式，定期或不定期地开展内部监督。各派驻的监督机构要按照职能定位，实施“监督的再监督”，以确保行政权力公开、透明、规范运行，真正从源头上防止腐败。

（四）进一步梳理和完善部门权责清单，明确权责界限

对已公布的权力清单和责任清单作进一步的梳理，对内部权责实施主体进行调整，明确权责界限。需要对有关法律、法规、规章等进行立、改、废的，提出意见建议；对依据国家部委及省政府规范性文件设定的权力事项，提出取消或调整意见；对没有法定依据的，原则上予以取消，确有必要保留的，按程序办理。对政府内部审批事项，要纳入权责清单管理。

（五）简化优化权力运行流程，提高行政效率

按照“五个规范、四个统一”要求，对进驻行政服务窗口办理的事项进行流程再造，进一步简化优化运行流程，压缩办理时限、精简申报材料，研究制订申请材料格式化标准、审批流程通用标准、审查工作细则、审批过程控制规程和服务规范，推进行政审批“一个窗口受理、一站式审批、一条龙服务、一个窗口收费”的标准化运作模式，促进行政服务提速增效，方便企业和群众办事。

（六）加强和完善事中事后监管，促进公平竞争

加强监管制度建设，细化事中事后监管具体措施，使事中事后监管逐步程序化、规范化。积极创新监管方式，运用“互联网＋监管”和大数据、云计算、物联网等信息化手段，探索加强审批监管和事中事后监管新机制。全面实行“双随机、一公开”监管，抓紧建立“一单、两库、一细则”，即随机抽查事项清单、检查对象名录库、执法检查人员名录库和随机抽查工作细则，并与信用监管、智能监管联动，加强社会信用体系建设，推进实施守信联合激励和失信联合惩戒工作。

三、有关要求

（一）各部门要高度重视。加强组织领导，统一思想认识，统筹协调推进。主要领导要亲自抓、负总责，分管领导要具体抓、抓落实，确保改革取得成效，达到目标要求。

（二）各部门要按照深化放管服改革要求，积极稳妥地推进行政审批“三集中”改革。行政审批和服务事项较多并进行整合由一个内设机构承担的，要制定具体工作方案，于2016年12月30日前组织实施，并将实施方案报送省审改办、效能办，2017年6月30日前报送改革阶段性进展及

成效。省审改办将于2017年10月组织对各部门改革推进情况进行评估。

（三）确保改革任务落实。省效能办、审改办要将有关改革纳入简政放权工作重点督查任务和年度绩效考核内容，加强督促检查，跟踪落实情况，确保各项改革任务落到实处。

（摘编：李 哲）

福建省强化便民服务“马上就办”

福建省人民政府办公厅于2016年4月16日下发《福建省人民政府办公厅关于强化便民服务“马上就办”的通知》（闽政办〔2016〕49号），要点如下：

近年来，我省遵循习近平总书记倡导的“马上就办”理念，持续推动“马上就办”，有力促进了机关效能和服务水平的提升。但最近也发现一些地方和单位仍然存在推诿扯皮、效率低下，敷衍塞责、不负责任，处置不力、答非所问等问题。根据省委省政府主要领导的批示精神，为进一步强化便民服务“马上就办”，建立健全长效机制，现就有关事项通知如下：

一、建立统一的便民服务热线平台，对各个部门各类便民服务热线进行整合，实现快速预警、快速指挥、快速处置、快速回复。此项工作必须在今年6月底前全面完成。

责任单位：各市、县（区）人民政府。

二、在受理和办理便民服务事项中，发现不属于本单位职责范围内的，应当立即将信息反馈至便民服务热线或相关责任部门，按时办结并反馈结果。

责任单位：各市、县（区）人民政府。

三、要组织对便民服务事项进行梳理，按照城市管理、公共服务等划分类别，并依据职能相近的原则，分类建立责任机制，明确牵头部门和责任单位，细化完善各个部门和单位的职能职责、工作规程和运行程序，确保每个工作环节紧紧相扣。

责任单位：各市、县（区）人民政府。

四、要建立健全部门协同联动机制，对涉及多个部门的事项，由牵头部门主抓，责任部门配合解决；对职能交叉和管理权属不明确的，指定兜底部门负责解决。

责任单位：各市、县（区）人民政府，省直各单位。

五、要对便民服务事项组织开展专项清理，缩短办理时限。投诉类的诉求件，必须在3个工作日内办完并答复；咨询类的诉求件，必须在2个工作日内办完并答复；情况紧急或诉求简单的事项，必须马上处置，当天答复。对少数确因特殊情况难以按时限办结的，要在时限内向本级效能办报告并经同意，同时向群众作出说明。

责任单位：各市、县（区）人民政府，省直各单位。

六、要认真组织论证、依法依规取消不必要证明和烦琐手续，简化内部流转审核程序，使群众办事更便捷高效。

责任单位：各市、县（区）人民政府，省直各单位。

七、各级效能办要对便民服务“马上就办”情况开展经常性督查，建立督查问题台帐，采取发《督查专报》、整改通知、《效能督查建议书》，以及媒体公开通报、立项挂牌、约谈提醒、效能问责等方式，责令限期整改，逐项进行销号。对整改不到位，问题比较集中的地区、系统和单位，实行跟踪督办，直接派员蹲点，督促有效解决。

责任单位：各级效能办。

八、把便民服务“马上就办”情况纳入文明城市、文明行业（单位）创建和绩效考评内容，对办理和处置便民服务事项不力的，相关职能部门要给予红黄牌警告或通报批评；同时，由各级效能办实施效能问责，在年度绩效考评中给予扣分。

责任单位：各级文明办、效能办。

九、省效能办将把便民服务“马上就办”情况纳入行动计划“一季度一督查”内容，通报存在问题，督促认真整改，推动各地完善制度，建立健全长效机制。便民服务“马上就办”好的典型，将在《福建日报》“马上就办”点评台和《效能简报》进行通报表扬；对督查中发现和群众反映强烈的突出问题，在《福建日报》“马上就办”点评台和《效能简报》上进行点评通报。将便民服务“马上就办”情况抄送省委文明办，作为评定文明城市、文明行业（单位）和年度测评的重要内容；纳入年度绩效考评，作为考评扣分的重要依据。

责任单位：省效能办、省委文明办。

（摘编：黄万良）

福建省加快推进"五证合一"登记制度改革

福建省人民政府办公厅于2016年8月19日下发《福建省人民政府办公厅关于加快推进"五证合一"登记制度改革的通知》（闽政办〔2016〕140号），主要内容如下：

为贯彻落实《国务院办公厅关于加快推进"五证合一、一照一码"登记制度改革的通知》（国办发〔2016〕53号）（以下简称《通知》）要求，加快推进"五证合一"登记制度改革，确保"五证合一、一照一码"登记模式如期实施，现就有关事项通知如下：

一、全面实施，优化服务

贯彻落实国务院关于深化简政放权、放管结合、优化服务改革的部署要求，统筹协调推进，精心组织实施，自2016年10月1日起，对住所设在福建省内的企业和农民专业合作社（以下统称"企业"），在"三证合一、一照一码"的基础上，全面实行"五证合一、一照一码"登记模式，整合社会保险登记证和统计登记证，由企业登记机关核发加载法人和其他组织统一社会信用代码（以下简称统一代码）的营业执照，社会保险登记证和统计登记证不再另行发放。进一步为企业开办和成长提供便利化服务，降低创业准入的制度性成本，优化营商环境，激发企业活力，推进大众创业、万众创新，促进就业增加和经济社会持续健康发展。

二、统一模式，突出共享

（一）*统一"五证合一"登记模式*。"五证合一"实行的登记条件、登记程序、登记申请文书材料规范和营业执照样式与"三证合一、一照一码"改革相同。改革后，企业申请设立登记的、原执照有效期满、申请变更登记或者申请换发营业执照的，由登记机关依法核发、换发加载统一代码的营业执照。改革前已经实行"三证合一、一照一码"登记并领取加载统一社会信用代码营业执照的企业无须重新换照。

（二）*有序做好证照管理*。企业原证照的收缴和管理方式继续按照《福建省人民政府办公厅转发省工商局等部门关于深化"一照一码"登记制度改革工作意见的通知》（闽政办〔2015〕130号）的要求进行。对于已领取社会保险登记证和统计登记证的企业，不再收缴原社会保险登记证和统计登记证。2018年1月1日前，原发社会保险登记证和统计登记证继续有效，过渡期结束后一律使用加载统一代码的营业执照，未换发的证照不再有效。取消社会保险登记证和统计登记证的定期验证和换证制度，原有验证和换证要求企业报送的事项经整合后纳入企业年度报告内容，由企业自行向工商部门报送年度报告并向社会公示。

（三）*建立顺畅高效的信息共享和应用机制*。以省为单位，建立完善跨层级、跨区域、跨部门的信息交换传递和数据共享机制。省发改委（省数字办）要依托已有设施资源，在"三证合一"改革的基础上进一步完善省审批信息共享平台。企业登记机关要将企业设立、变更（备案）、注销登记的相关信息实时传输至省审批信息共享平台，并在企业登记办结时同步生成"五证合一"营业执照电子证照，推送至电子证照库。每年度年报报送截至后，将相关年报信息批量推送给省审批信息共享平台。各部门要依法合理、安全使用年报信息。人社部门和统计部门要对各自业务信息系统的数据项进行全面梳理，建立与企业登记共享数据项的对应关系，要根据本部门信息化建设实际，按照相关要求修改完善业务信息系统，以统一代码为标识，尽快与省审批信息共享平台、电子证照库对接，同时要积极创造条件，将平时工作中收集到的企业基本信息情况，依法共享到省级审批信息共享平台。对企业登记信息无法满足社会保险和统计工作需要的，人社会部门和统计部门在各自开展业务工作时补充采集。

各级企业登记机关、人社部门和统计部门要及时接收、获取，并做好数据的导入、整理和转化工作，确保共享信息和营业执照电子证照在各自部门业务系统的有效融合使用。要建立相互间数据共享对账机制，加大对共享信息的核实力度，确保共享信息的准确率和完整率。

三、强化措施，确保落实

（一）加强组织领导，做好改革各项保障。各部门要充分认识实行“五证合一”登记制度改革的重要意义，切实强化组织领导和统筹协调，明确工作责任，逐项落实改革任务。县级以上人民政府要强化统筹，协调解决改革中出现的重大问题，做好人、财、物、网络、技术等的保障，统筹做好改革前后的各项过渡衔接工作。各相关部门要根据本通知提出的要求，制定督促检查工作计划，按照责任单位、时间节点和工作要求，做好跟踪督查，加大问责和考核力度。

（二）加强业务协同，明细部门权责分工。“五证合一”登记制度改革涉及的职能部门较多，各部门间要建立协同推进工作机制，形成工作合力。工商、发改、人社、统计、法制等部门要各负其责，各司其职，协同配合，确保改革各个环节运行顺畅。企业登记机关要做好营业执照换发工作，及时共享信息。发改部门要积极协调，推进省审批信息共享平台的完善。人社、统计部门要及时做好本部门业务系统的改造，确保改革后新旧业务管理的有序衔接。法制等有关部门要依据职责做好规章及规范性文件的审查、修订、完善工作。

（三）加强宣传引导，推进改革成果应用。各相关部门要做好“五证合一”登记制度改革的宣传解读工作，不断提高信息公开的针对性、时效性和完整性，及时解答和回应社会关注的热点、难点问题，引导企业和社会公众充分知晓改革内容、准确把握改革政策、自觉应用改革成果，避免因改革实施过程中工作衔接不到位给企业带来不必要的麻烦。

各相关部门要在各自的领域认可、使用、推广“一照一码”营业执照，对已领取加载统一代码营业执照的企业在办理相关事务时，不再要求企业提供社会保险登记证、统计登记证，对于企业持原有证、照办理的备案、审批等，不要求企业因换领加载统一代码营业执照而再行办理变更手续，切实减轻企业负担。

各地区在改革推进过程中遇到的新情况新问题，要及时协调解决并报告省工商局、发改委、人社厅、统计局、法制办。

（摘编：杨立群）

福建省加快做好不动产统一登记有关工作

福建省人民政府办公厅于2016年8月25日下发《福建省人民政府办公厅关于加快做好不动产统一登记有关工作的通知》（闽政办〔2016〕144号），主要内容如下：

为配合国务院办公厅组织开展的建立和实施不动产统一登记制度专项督查，加快推进全省不动产统一登记工作，经省政府同意，现就有关事项通知如下：

一、加快落实不动产登记人员划转

各市、县（区）人民政府要加强统筹协调，推动落实职责机构整合所明确的人员划转要求，确保于2016年9月30日前完成划转工作、人员落实到岗。拟划转人员因原单位与不动产登记事业单位性质不同的，按照以下原则妥善安排：划转人员顺向调动的，保留原身份、工资待遇、专业技术职务水平不变，划转前为参照公务员法管理工作人员的，划转后身份暂保留不变，今后参照公务员法管理政策如有新的规定，按照新的规定执行；划转人员逆向调动的，按照不动产登记事业单位（不含参照管理事业单位）核定的编制性质予以安排。人员划转到位后，国土资源部门要针对不动产统一登记开展业务培训，提升登记人员的履职能力和业务水平。

二、加快交接不动产登记档案资料并建立健全登记信息共享机制

各级国土资源、住房城乡建设（房管）、林业、海洋等部门要规范有序做好不动产登记档案资料的交接工作，确保档案资料不缺失、不损坏。相关部门现保管的不动产登记档案资料，包括房屋、林地、海域等登记簿、权属来源证明材料、登记原因证明文件及有关登记申请、审核等原始纸质登记档案资料和电子登记档案资料，尽快完整移交给同级国土资源部门保管。暂时无法移交到位的，应在2016年9月30日前完成电子登记档案资料移交，并制定原始纸质登记档案资料移交方案，确保于2016年12月31日前移交到位。林业部门已缮证但未发放的林权证及其对应的档案资料暂不移交，待林业部门将林权证发给申请人后，再行移交。国土资源部门要做好不动产登记档案资料的接收工作，并按照有关规定做好档案资料的保管和应用工作；对住房城乡建设（房管）、林业、海洋等部门的工作需要，免费提供档案资料查询服务。各相关部门要建立健全登记信息共享机制，实现不动产登记有关信息与住房城乡建设（房管）、林业、海洋等部门审批信息、交易信息等的实时互通共享。

三、协同做好不动产统一登记工作

各市、县（区）人民政府要落实不动产登记属地责任，协调督促本级国土资源、林业、住房城乡建设（房管）、海洋等部门做好整合过渡期的不动产登记工作；省级相关部门要强化责任担当，按照职责加强对各地整合过渡期不动产登记的指导，协同做好不动产统一登记工作，确保平稳过渡、工作衔接。

四、做好不动产登记信息安全保障

对不动产登记档案资料的保管和应用要严格规范管理，切实依法保护个人隐私和商业秘密。不动产登记信息安全，在档案资料移交前由原保管单位负责，移交后由国土资源部门负责。国土资源部门要建立健全管理机制，明确登记机构、信息共享单位、技术支撑单位的信息安全责任，重点加强不动产登记数据整合建库、互通共享及信息管理平台运行维护等环节的信息安全保障，并运用技术手段对不动产登记实行全程监控，防止虚假登记和不动产登记数据信息、档案资料被篡改、损坏、泄露。

五、抓紧做好专项督查自查工作

对建立和实施不动产统一登记制度专项督查，省国土资源厅要牵头组织开展自查工作；各市、县（区）要按照省级部署，对照督查的内容和要求，认真开展自查，加快推动不动产统一登记全面落地实施的各项工作，做到机构建设到位、资料移交到位、资金保障到位，确保2016年年底前实现“颁发新证、停发旧证”的目标任务。

（摘编：吴　强）

福建省推进机动车驾驶人培训考试制度改革

2016年3月20日福建省人民政府办公厅下发《福建省人民政府办公厅贯彻国务院办公厅转发公安部交通运输部关于推进机动车驾驶人培训考试制度改革意见的通知》（闽政办〔2016〕33号），主要内容如下：

经省政府领导同意，现将《国务院办公厅转发公安部交通运输部关于推进机动车驾驶人培训考试制度改革意见的通知》（国办发〔2015〕88号，以下简称《意见》）转发给你们，并结合我省实际，提出如下贯彻意见，请一并抓好落实。

一、加强统筹协调

驾驶人培训考试制度改革是深化社会管理创新、满足群众需求的重要民生工程，也是加强道路交通安全源头治理的重要举措。各级政府要高度重视，注重牵头抓总、统筹协调，保障培训考试衔接、考试供需平衡、服务管理融合。各相关部门要对照《意见》，明确职责任务，加强工作协作，抓紧制定实施方案，完善相关配套制度，确保各项改革举措有序推进、落到实处。

二、强化行业监管

各地要进一步开放驾驶培训市场，按季度向社会发布市场供求信息，合理引导社会资金进入；严格按照《机动车驾驶培训机构资格条件》等国家标准及相关法律法规，规范行政许可；公开培训费用和标准，推动驾驶培训机构实施先培训后付费、计时培训计时收费、分阶段收费等新收费模式；逐步完善驾驶培训监督评价机制，建立公众监督评价平台，畅通投诉渠道；强化培训过程监管，及时调查并依法严肃查处驾驶培训机构减少项目学时、伪造篡改系统数据、编制名目向学员索取财物等违规违法行为。省交通运输厅要定期组织开展驾驶培训机构质量信誉考核，对等级不达标的，要督促限期整改提升。

三、推进考试改革

积极推行政府购买服务，增加使用社会考场。大力推进驾驶人考试业务下放延伸，年内试点推行县级公安机关（平潭除外）承担小型汽车场地和道路驾驶技能考试，2018年底前实现全省考点总体布局合理。健全互联网自主预约考试服务，增加新训驾驶人报考渠道。加强考场对外开放，方便考生考前熟悉考试环境。逐步推行场地和道路驾驶技能考试一次性预约、连续考试，允许考生道路驾驶考试合格后，当天内参加安全文明驾驶常识考试。推进驾驶培训监管服务平台与考试系统联网对接，实现培训学时与预约考试等信息共享和工作衔接。

四、优化服务保障

市、县两级政府要加强对驾驶人培训考试制度改革的相关保障，有序引导社会力量投资建设驾驶培训考场，为驾驶培训机构按国家标准实施场地改造创造良好政策环境。交通运输部门要督促驾驶培训机构落实培训主体责任，严格按照培训大纲规范培训，积极推动改革传统机动车驾驶培训服务模式，促进驾驶培训机构提升服务质量。公安机关交通管理部门要按规定配备与本地考试需求相适应的考试场地、考试设施、考试员、辅助评判和管理人员，努力提升驾驶人考试工作专业化、技术化、规范化水平。拖拉机驾驶培训考试工作，由省农业厅按照道路交通安全法及其实施条例等规定组织实施。

五、搞好宣传引导

各地要主动回应社会关切，准确解读政策措施，及时通报工作进展情况，确保各项改革举措顺利实施。要结合驾驶人培训考试制度改革，深入开展交通安全宣传教育，加强文明交通劝导，传递文明守法理念，深化安全警示教育，增强交通安全意识，积极营造文明交通、安全出行的良好氛围。

六、狠抓责任落实

各设区市和平潭综合实验区要落实属地管理责任，扎实做好改革任务分解和推动落实。省公安厅、交通运输厅等部门对试点城市的小型汽车驾驶人自学直考等重要试点事项，要加强跟踪评估和督查指导。强化效能督查，对工作不落实、进度严重滞后的地区和部门，要倒查原因、严肃追责，确保改革任务顺利推进。

（摘编：李　哲）

福建省实施畅通城市三年行动计划

福建省人民政府于2016年4月11日下发《福建省人民政府关于印发实施畅通城市三年行动计划（2016—2018年）的通知》（闽政〔2016〕18号），《实施畅通城市三年行动计划（2016—2018年）》主要内容如下：

为贯彻落实中央和全省城市工作会议精神，改善城市交通环境，缓解城市交通拥堵，特制定本行动计划。

一、目标要求

按照“部门联动、落实责任、建管结合、综合施策”的原则，突出城市重点拥堵区域，抓住综合交通关键问题，从2016年起用三年时间，通过整治一批拥堵路段和节点，建设一批道路配套设施，采取一批执法管理措施，推动一批城市交通设计，提高城市综合交通管理水平和智能化水平，有效缓解城市核心区交通拥堵，切实保障城市交通运行总体安全平稳有序，让人民群众有实实在在的获得感。

（一）交通设施承载能力明显提高。按照2020年城市建成区平均路网密度达到8公里/平方公里、道路面积率达到15%目标要求，每年全省新改扩建城市道路1000公里以上。2016年，城市建成区平均路网密度提高到6.7公里/平方公里，道路面积率达到12.3%，新增公共自行车8000辆以上，福州地铁1号线建成通车。到2018年，城市建成区平均路网密度提高到7.3公里/平方公里、道路面积率达到13.5%，全省新增公共停车泊位6万个以上，新增公共自行车3万辆以上，城市轨道交通运营里程60公里、在建里程190公里。

（二）公交出行比重显著提高。2016年，全省新增更新公交车800辆以上，新增公交线路40条以上，新建公交场站10个，福州、厦门公共交通分担率达到25%、31%以上，其他设区市达到16%以上。到2018年，厦门公共交通分担率达到33%，福州达到30%，其他市达到18%，县城达到12%，实现设区市中心城区公交站点500米全覆盖。

（三）道路交通更加顺畅。推动一批城市主干道和重要拥堵节点的交通设计，加快城市主次干道和重要交通拥堵节点优化提升改造，基本完成城市重要拥堵节点的综合治理，消除或减轻城市交通拥堵现象。大力推行公交优先、单向交通、“绿波”通行、精准配时等管理方式，提高智能化、精细化、规范化水平，推动交通秩序进一步改善、群众出行满意度进一步提升，逐年提高高峰时段主干道平均车速。

二、主要任务

（一）加快交通基础设施建设

1. 加快城市道路规划建设。市、县（区）政府要树立“窄马路、密路网”的理念，按照城市交通拥堵状况和2020年路网密度目标要求，抓紧组织规划、建设、交通、交警等相关部门和技术力量梳理城市综合交通、公共交通及道路拥堵等方面存在的问题，进一步完善综合交通规划。有必要修编和尚未编制道路交通专项规划的市、县（区）要于2016年底前完成，省住建厅、交通运输厅、公安厅要加强指导。各地在安排城市道路新改扩建项目时，重点完善城市主次干道路网，强化城市环路与中心城区路网的衔接，推进城市重点发展组团与老城区以及各组团间的快速联系通道建设，拓宽、加密新老城区之间连接道路。结合旧城区有机更新、景观整治，拓宽一批老城区支路、小巷，条件允许的小巷要通过改造，力争建成车行道，完善城市“毛细血管”。合理组织单向交通，打造循环交通体系。2016年，重点加快推进福州市西岭互通铜盘连接线（马鞍山隧道）、南台大道南段，厦门第二西通道、“二环八射”快速道路，漳州圆山大道、南江滨路，泉州城东至北峰通道，晋江滨江商务区道路，三明南站片区道路，莆田木兰大道、白塘路，南平武夷新区道路，龙岩外环路，宁德金马中路、金漳路等一批重大交通项目建设，实施一批片区道路网加密改造项目。要加强市政工程质量监管，推进标准化施工管理。

责任单位：各市、县（区）人民政府，平潭综合实验区管委会，省发改委、住建厅、交通运输厅、国土厅、公安厅。

2. 加快推进城市轨道交通建设。重点抓好已开工建设的福州地铁1号线、2号线和厦门地铁1号线、2号线和3号线控制性工程建设。2016年，新开工建设厦门地铁4号线和福州地铁6号线，完成泉州轨道交通线网规划和近期建设规划审批。到2018年，厦门轨道交通1号线建成投用，泉州城市轨道交通一期工程开工建设，力争全省城市轨道交通运营里程60公里、在建里程190公里。

责任单位：福州、厦门、泉州市人民政府，省住建厅、发改委、交通运输厅。

3. 鼓励非机动车出行。城市主次干道要建设步行和自行车道，交通流量较大的次干道以上的道路视情设置分隔设施，保障非机动车合理通行路幅。所有城市及有条件的县城建设公共自行车系统，主城区重要公交站点附近区域尽可能配建公共自行车站点，构建便捷的半小时自行车体系，解决市民出行“最后一公里”。重点梳理完善行人过街系统，提高行人过街设施的可达性、便捷性。2016年，福州、厦门各建成行人过街设施10处，泉州建成行人过街设施6处，福州、厦门市投放公共自行车各2000辆；加快市、县（区）便民自行车系统的形成，推动泉州滨江水线自行车道、永泰大樟溪自行车道、邵武城市慢行系统等一批步行和自行车道的建设。到2018年，福州、厦门、泉州、漳州公共自行车和慢行系统基本完善，实现所有设区市及人口较多的市县主城区建成投用公共自行车系统，新增公共自行车3万辆以上。

责任单位：各市、县（区）人民政府，平潭综合实验区管委会，省住建厅。

（二）大力发展城市公共交通

1. 加快公共交通设施建设。推进“公交都市”建设，统筹城市公交、BRT、轨道交通等多种类型公共交通协调发展，提高公共交通分担率，尽快形成畅通、安全、便捷的公共交通体系。加强公交专用道建设，逐步扩大公交专用道的覆盖范围，交通流量大及单向3车道以上的城市道路应当设置公交专用道。推进火车车站、高速铁路及城际铁路站、机场、景区、公园等与公共交通、出租车接驳换乘的有效衔接。结合新城区建设以及旧城区改造，加快港湾式公交停靠站建设，加快公交枢纽、换乘站、停保场、首末站等场站建设。鼓励公交进社区，大型连片居住社区以及城市综合体都要同步配套公交场站。城市各类新区和产业园区等要建设公交枢纽站。2016年，重点推动高铁动车车站公共交通接驳优先建设，推进福州市海峡奥体中心枢纽站、莆田市公交北站、龙岩市火车北站公交枢纽站等10个大型公交场站建设，建成港湾式公交候车亭50个、电子站牌50个。到2018年，全面解决公共交通车辆占路停车。各设区市在城市具备条件的主要客流走廊试点推行公交电子站台，提高城市公交运行准点率。

责任单位：各市、县（区）人民政府，平潭综合实验区管委会，省发改委、交通运输厅、住建厅、公安厅、国土厅、电力公司。

2. 优化公交线网。各地要做好存在公交乘车难的重点地区（小区）的排查工作，制定公交线路和站点优化调整方案，采取跳站、接驳、改造站点等措施，解决公交站密集、线路过于集中、公交车站口斜插左拐、公交车“列车化”停靠与行进等问题，并于2016年上半年向社会公布实施。提高公共交通线网覆盖率，设区市中心城区公交站点500米全覆盖。城市新区和各类产业园区要及时增设或者延伸公交线路，福州、泉州、漳州要加快BRT或有轨电车建设。加快车辆更新改造升级步伐，推广应用大容量、低地板公交车辆和空调车，积极推进混合动力、纯电动、天然气等新能源和清洁燃料车辆的示范和应用，新增非新能源和清洁燃料城市公交车辆全部实现国V及以上排放标准。2016年，全省新增、更新公交车800

辆，新增公交线路40条以上，延伸、优化公交线路80条。到2018年，全省公交车要突破2万标台，其中清洁能源、新能源公交车辆达到6000辆以上，公交线路突破1700条，中心城区公交平均发车间隔高峰时段不超过5分钟一班。

责任单位：各市、县（区）人民政府，平潭综合实验区管委会，省交通运输厅、经信委、发改委。

3. 提升城市公共交通运输服务水平。各地应根据城市自身特点、交通需求、道路承载能力、环境保护等因素，适度发展出租汽车，科学确定出租汽车运力规模及在城市综合交通运输体系中的分担比例，及时调整运力规模，更好满足社会公众个性化出行需求。统筹出租汽车电召服务平台建设，推广人工电话、手机软件等出租汽车预约服务，逐步减少出租汽车巡游空驶里程。大力推广应用交通“一卡通”服务，在全省范围内应用于高速收费、公交、出租、公共自行车、轮渡等交通运输领域及加油加气充电、超市消费、停车场等应用领域，逐步与全国其他地区互联互通，并与省电力公司充电设施车联网平台互联互通，实现公众出行消费的“一卡式”支付。

责任单位：各市、县（区）人民政府，平潭综合实验区管委会，省发改委、公安厅、财政厅、住建厅、交通运输厅、国资委、物价局、人行福州中心支行、电力公司。

4. 建立健全公交补贴机制。市、县（区）政府要加快建立城市公共交通企业成本评估和补贴补偿制度，对执行政府指令性任务、开通冷僻线路、实行低票价、减免票等产生的政策性亏损，在对公共交通企业成本和费用进行年度审计审核评价界定的基础上，给予合理补偿。同时要加强公交运营企业管理，提升公交服务的安全与质量水平。

责任单位：各市、县（区）人民政府，平潭综合实验区管委会，省交通运输厅、财政厅、物价局。

（三）优化道路交通组织管理

1. 实施治堵综合整治工程

（1）全面排查交通拥堵路段。市、县（区）政府要组织相关部门在2016年上半年完成主干道、次干道、支路、交通微循环及内街内巷等的全面排查，对存在拥堵情况的逐一登记造册，建立、完善基础台账，并使用地图标注的方法予以明确，全面掌握拥堵分布的总体情况和具体明细。抓好各交通拥堵点（段）的分类排查，从标志标线、交通信号、交通违法、停车场设置、道路施工、管线破路维修、道路条件、路网缺陷、场站布局等方面，对应列举拥堵成因，并分类建档。

责任单位：各市、县（区）人民政府，平潭综合实验区管委会，省公安厅、交通运输厅、住建厅。

（2）落实堵点整治工作责任。按照“一点（段）一方案一责任工程师”的要求，提出改造方案。改造方案按照归口办理的原则由各相关部门按照职责分工，提出具体改造方案、改造计划，并明确改造进度，确保按时完成。建立城市交通拥堵节点责任工程师专人跟踪制度，按照购买服务的方式，若干个堵点聘请一位责任工程师，由责任工程师现场蹲点研究拥堵点的成因并提出优化方案。推进城市重要主次干道拥堵节点交通治堵设计，解决拥堵节点的信号灯配时、人行过街斑马线、渠化岛以及交通流组织混乱问题。采取综合措施解决城市重要交叉路口的拥堵问题，通过地下、地面、地上三个空间的综合利用及与四周建筑物的衔接，实现交叉路口的空间整合、商业开发和人流、车流的分离。2016年，福州、厦门、泉州各选择两条以上城市主干道，其他设区市和有条件的县（市、区）要选择一条以上城市主干道先行开展交通治堵设计试点，由设区市交警部门牵头，住建、规划、交通等部门配合，于2016年底前完成。

责任单位：各市、县（区）人民政府，平潭综合实验区管委会，省公安厅、住建厅、交通运输厅。

2. 提升智能管理水平。建设、完善市县两级交通指挥中心，加快交通信号联网联控、交通流量、气象信息、卡口、测速、视频监控、信息发布与交通诱导等智能交通控制系统建设，加强各部门间的资源共享，提高排堵保畅、应急处置能力。优化道路交通流组织管理，在城市主要干道推行“绿波”通行。优化交通信号配时，大力推广“一口一策”、协调控制、联网联控等管理方式。各地要依托“福建出行助手”、政务网站等平台建立出行信息服务系统，将道路状况、交通拥堵、管控措施、公共交通服务、交通气象等提示信息，通过媒体、互联网、手机、交通引导屏等形式向社会发布，便捷居民出行。

责任单位：各市、县（区）人民政府，平潭综合实验区管委会，省公安厅、住建厅、交通运输厅。

3. 强化交通秩序管理。提高路面“见警率”“管事率”，增强道路交通事故的快速处理能力。加强城市中心城重要路口、重点部位、交通枢纽以及商业场所、学校、医院周边的交通组织和交通秩序管理，加大信号灯以外区域交通管理，规范机动车通行和停放，严格非机动车、行人交通管理，加大道路交通违法行为的查处力度。加强占道施工重要节点、时段的管控。

责任单位：各市、县（区）人民政府，平潭综合实验区管委会，省公安厅、住建厅、交通运输厅。

三、保障措施

（一）加强组织领导。由省住建厅牵头建立实施畅通城市三年行动计划工作联席会议制度，统筹协调畅通城市建设的重大问题，协调省直相关部门职责衔接。省住建厅负责指导协调城市道路交通基础设施建设等工作；省公安厅负责指导协调城市道路职能交通建设管理，以及交通标志标线、信号灯、防护设施管理，抓好交通秩序管理和事故处理等工作；省交通运输厅负责指导协调城市公共交通发展和相关基础设施建设等工作；其他有关部门按照职责分工做好支持和配合。市、县（区）政府是本区域畅通城市建设的责任主体，要于2016年6月底前建立联席会议制度，明确相关部门职责分工，并结合本地实际制订年度工作实施方案，推进畅通城市各项工作任务的落实。

责任单位：各市、县（区）人民政府，平潭综合实验区管委会，省住建厅、公安厅、交通运输厅、财政厅、国土厅。

（二）严格督查考核。市、县（区）政府要把畅通城市建设纳入“三比一看”重要内容，于每年4月底前向省畅通城市三年行动计划工作联席会议办公室上报畅通城市建设年度工作目标和具体实施项目。省畅通城市三年行动工作联席会议办公室要建立定期督查机制，实行季度通报、半年督查、年度考核。对工作不力的市、县（区）采取通报、约谈、媒体曝光等措施。

责任单位：各市、县（区）人民政府，平潭综合实验区管委会，省住建厅、交通运输厅、公安厅。

（三）加大政策支持。市、县（区）政府要将城市公共交通发展纳入公共财政保障体系，列入年度财政预算。省发改、财政等部门要积极争取国家在相关专项建设资金、债券、项目资金等方面加大支持力度，市、县（区）政府要善于通过整合综合交通相关项目，推行PPP模式等方式，多渠道争取建设资金。要设立绿色通道，简化畅通城市三年行动计划项目涉及的用地、规划、建设审批。对于符合《划拨用地目录》的建设用地，应当以划拨方式供应土地。

责任单位：各市、县（区）人民政府，平潭综合实验区管委会，省发改委、财政厅、住建厅、交通运输厅、国土厅。

（四）加强宣传教育。各级各相关部门要充分发挥报纸、广播、电视、网络、微博、微信等媒体作用，创新宣传方式，倡导文明出行理念，引导市民形成良好出行习惯，引导社会力量积极支持参与畅通城市建设。各级教育部门和工会、共青团、妇联组织要发挥自身优势，广泛开展交通文明教育活动，夯实国民交通安全素质基础。

责任单位：各市、县（区）人民政府，平潭综合实验区管委会，省住建厅、交通运输厅、公安厅、教育厅、新闻办、总工会、团省委、妇联。

（摘编：康明辉）

福建省加快城市公共停车设施建设

福建省人民政府于2016年1月23日下发《福建省人民政府关于加快城市公共停车设施建设的若干意见》（闽政〔2016〕6号），主要内容如下：

为进一步改善城市环境，有效缓解城市停车难问题，现就加快城市公共停车设施建设提出如下意见：

一、目标任务

鼓励社会资本参与投资建设运营，引导机关、企事业单位利用自有土地建设公共停车设施，重点解决老城区停车设施欠账，推动新区按照标准规划建设公共停车设施，逐步形成布局合理、使用方便的城市公共停车体系。2016年，全省城市建成区新增路外公共停车泊位2.2万个，其中福州市6000个，厦门市4000个，泉州市3000个，南平市、三明市、龙岩市、宁德市各1500个，漳州市2000个，莆田市800个，平潭综合实验区200个。支持有需求、有条件的城市多建停车泊位，到2020年城市建成区新增路外公共停车泊位10万个以上。上述泊位不含新建的住宅区（楼）、商贸写字楼、超市、医院、机关事业等单位及其他公共设施按规定应当配套建设的停车泊位。

二、加快规划建设

（一）*加快规划编制和项目落实*。市、县人民政府要根据城市总体规划和综合交通体系规划，以配建停车为主体、路外公共停车为辅助，采用差别化的停车供应政策，组织编制城市公共停车设施建设专项规划，提出5年滚动建设计划，并于2016年6月底前报省住建厅。各设区市及平潭综合实验区2016年的建设计划和项目安排要在3月底前报省住建厅备案，并开工建设一批项目。对交通拥堵特别严重、停车难特别突出和停车泊位价格畸高的地区、地段和社区，要优先组织编制停车设施建设计划，限期组织建设和投入使用，尽快明显缓解停车难、停车贵问题。

公共停车设施建设要以居住区、公共服务设施及旅游景区等人流集中地区停车服务为重点，充分利用既有广场、公园开发建设地下停车场；利用机关、企事业单位闲置土地建设机械式停车设施；利用高架桥下、城市边角地、城市轨道交通外围站点、客运首末站、废弃厂房、仓库、闲置收储地块等建设多层停车库；鼓励原有自走式停车场扩容改造为机械式停车设施。

要按照发展的新要求，合理提高各类建筑停车设施配建标准。新建项目的地下、半地下公共停车设施，其建筑面积不计入容积率。路外公共停车设施入口200米以内一般不再设置路内停车泊位。

责任单位：各市、县（区）人民政府，平潭综合实验区管委会，省发改委、住建厅、卫计委、人防办、机关管理局。

（二）*充分利用人防工程*。新建的人防工程要实行“平战结合”，平时作为地下停车设施使用；对未开发利用且具备改造条件的已建人防设施，要逐步改造为公共停车设施；各地人防异地建设费应优先用于加快建设以公共停车为平时使用功能的单建式人防工程。

责任单位：各市、县（区）人民政府，平潭综合实验区管委会，省人防办、住建厅。

（三）*简化审批程序*。要简化公共停车设施项目在规划、立项、招投标、建设、经营等环节的审批程序，开设绿色通道，主动靠前服务。利用居住区和单位自有用地设置的机械式停车设施，按照机械设备安装进行管理，简化建设工程规划、用地、环评、施工和使用登记等相关手续。简化相关审批手续实施办法由省发改委、住建厅、国土厅会同相关部门另行制定。

责任单位：各市、县（区）人民政府，平潭综合实验区管委会，省发改委、住建厅、国土厅、环保厅、质监局。

（四）建设公共充电设施。优先在大型商场、超市、医院、学校、文化体育场馆和交通枢纽、驻车换乘（P+R）等停车场建设公共充电设施。新建住宅配建停车位应100%建设充电设施或预留建设安装条件，公共停车场建设充电设施或预留建设安装条件的车位比例不低于10%，并逐步扩大设置比例，满足电动汽车推广使用。

责任单位：各市、县（区）人民政府，平潭综合实验区管委会，省发改委、经信委、住建厅、电力公司。

三、创新建设运营模式

（五）鼓励社会参与。鼓励企业和个人参与投资建设公共停车设施，不对泊位数量做下限要求。大力推广政府和社会资本合作（PPP）模式建设公共停车设施，对符合条件的项目优先列入财政部和省级PPP项目库。政府投入公共资源产权，与社会资本共同开发建设的公共停车设施，允许政府采取放弃一定时期的收益权等形式保障社会资本收益。鼓励有条件的省属国有企业参与公共停车设施投资建设，提供有规模、有品质、有效益的公共停车设施服务。

责任单位：各市、县（区）人民政府，平潭综合实验区管委会，省发改委、财政厅、住建厅、国资委、人防办。

（六）适当配建附属设施。经规划部门批准，在不改变土地用地性质和不影响使用功能的前提下，单独选址建设的公共停车设施可以按照不超过总建筑面积20%配建附属经营设施。附属经营设施主要用于汽车美容、快修、汽车租赁、金融等便民配套服务。项目符合户外广告设置要求的，经批准后可以设置广告位。轨道交通站点周边换乘停车设施及其他特殊区域的公共停车设施项目，配建附属经营设施比例超过20%的应通过专项论证，经规划部门核定后在项目规划条件中予以明确。

责任单位：各市、县（区）人民政府，平潭综合实验区管委会，省住建厅。

四、实行差别化收费政策

（七）健全停车服务收费机制。社会资本全额投资新建的公共停车设施由经营者自主制定收费标准。政府与社会资本合作（PPP）建设的公共停车设施，收费标准由政府出资方与社会投资者遵循市场规律和合理盈利原则，统筹考虑建设运营成本、市场需求、经营期限、用户承受能力、政府财力投入等因素协议确定。

（八）规范政府定价行为。对具有自然垄断经营和公益性特征的公共停车设施服务收费，需要实行政府定价管理的，由市、县人民政府根据《福建省定价目录》相关规定，明确定价范围。对纳入政府定价管理范围的公共停车设施服务，要综合考虑停车设施等级、地理位置、服务条件、供求关系及社会承受能力等因素制定和调整收费标准。要通过政府网站公布本行政区域范围内实行政府定价管理的公共停车设施名称、收费标准、收费依据等信息。

（九）实行差别收费。鼓励各地结合实际情况，按照“路内高于路外、拥堵时段高于空闲时段”的原则，推行不同区域、不同位置、不同车型、不同时段停车服务差别收费。城市外围的公共交通换乘枢纽停车服务，应当实行低收费。严格落实明码标价规定，公共停车设施经营者要在经营场所显著位置设置标价牌，标明定价主体、收费标准、计费办法、收费依据、投诉举报电话等，主动接受社会监督。

责任单位：各市、县（区）人民政府，平潭综合实验区管委会，省物价局。

五、确保项目用地

（十）采取灵活方式供地。中心城区功能性搬迁等腾出的土地应规划一定比例用于停车设施建设。交通枢纽配套的公共停车设施、驻车换乘（P+R）停车设施等，符合《划拨用地目录》中“公共交通设施”的，按划拨方式供地；其他公共停车设施，采取招标、拍卖、挂牌出让或租赁方式供地。

责任单位：各市、县（区）人民政府，平潭综合实验区管委会，省国土厅。

（十一）合理利用居住区地下空间。既有住宅小区配建的停车场不能满足业主停车需求的，征得占建筑物总面积三分之二以上且占总人数三分之二以上的业主书面同意，可利用住宅小区公共绿地等建设地下停车库。

责任单位：各市、县（区）人民政府，平潭综合实验区管委会，省住建厅。

六、加大财税金融支持

（十二）减免相关收费。独立建设的公共停车设施项目（包括配建的附属经营设施）和建设项目按停车泊位配建标准超额配建的停车面积，全额免缴城市基础设施配套费。公共停车设施建设运营过程中涉及的行政事业性收费，按照相关规定标准的下限执行。

责任单位：各市、县（区）人民政府，平潭综合实验区管委会，省财政厅、物价局等省直相关部门。

（十三）加大金融服务。对收益比较低甚至暂时经营亏损的公共停车设施项目，政府可通过投资补助、基金注资、贷款贴息等方式，解决前期盈利问题。鼓励公共停车设施投资建设运营机构通过贷款、融资租赁以及发行专项债券等方式加大融资力度。引导国开行、农发行运用专项建设基金支持公共停车场建设。鼓励金融机构开展公共停车设施特许经营权、收费权质押、抵押物贷款，并与公共停车设施项目投资人共同制定投融资方案，在投资、贷款、债券、租赁、证券等方面提供金融服务。积极开展公共停车场资产证券化，发行资产支持票据，支持公共停车场滚动开发。

责任单位：各市、县（区）人民政府，平潭综合实验区管委会，省发改委、财政厅、机关管理局、金融办、人行福州中心支行、福建银监局。

（十四）增强财政支持。鼓励公共停车设施项目争取国家专项建设债券支持，2016 年新发行债券用于公共停车设施项目建设的，按债券当年发行规模给予1%的贴息，贴息资金由省级财政和项目所在地财政各承担 50%，省级财政分担部分由省发改委和省财政厅各承担 50%。对公共停车设施 PPP 项目按照省政府办公厅《关于推广政府和社会资本合作（PPP）试点扶持政策的意见》（闽政办〔2015〕69 号）优先给予支持，优先上报争取财政部的中国 PPP 融资支持基金。到2020 年前，省级财政采取“以奖代补”方式，对除新开工工程按规定应当配套建设的停车设施和路内停车泊位外的公共停车位建设给予每个泊位 5 千元补助，列入 PPP 项目或利用国家专项建设基金和企业发债贴息的公共停车设施项目不重复享受补助。

责任单位：各市、县（区）人民政府，平潭综合实验区管委会，省发改委、财政厅、住建厅。

七、保障产权权益

（十五）简化产权确认手续。地下空间建设公共停车设施允许分层办理规划和土地手续，投资建设主体依据相关规定取得停车设施的产权。采用 BOO 模式新建公共停车设施的，投资单位可依法申请办理土地登记和房屋登记手续。采用 BOT 模式新建公共停车设施的，投资单位可依法与政府签订特许经营合同。投资单位在取得公共停车设施的所有权或经营权，并报项目所在地政府批准同意后，可将其进行整体转让、抵押或质押，但不得分割转让或销售。在同等条件下，项目所在地政府享有公共停车设施整体转让优先回购权。

责任单位：各市、县（区）人民政府，平潭综合实验区管委会，省国土厅、住建厅、人防办。

八、加强综合管理

（十六）加强智能化管理。各地要建立健全公共停车场、停车位信息共享机制，依托省基础地理信息中心的天地图平台建设城市停车信息诱导系统，开发推广具有实时交通、公共停车泊位动态信息、收费等功能的手机 APP 软件，提高车位使用效率。鼓励公共停车设施推广使用电子标签、电子收费，具备条件的公共停车设施收费统一纳入全省交通“一卡通”支付服务。

责任单位：各市、县（区）人民政府，平潭综合实验区管委会，省数字办、测绘地信局、经信委、交通运输厅、人行福州中心支行、住建厅。

（十七）加强停车设施管理。各市、县（区）要严厉打击无照经营、随意圈地收费等行为，不得随意变更停车设施功能。要在不具备场地条件的居住区周边街巷合理设置临时停车场满足居民过夜停车需求，鼓励公共机构和企事业单位的内部停车场对外开放、错时停车，鼓励有条件的居住区与周边商业办公类建筑共享利用停车泊位，允许个人将个人所有停车设施错时、短时出租、出借。

责任单位：各市、县（区）人民政府，平潭综合实验区管委会，省直相关部门。

省政府已确定公共停车设施建设作为2016年“立项挂牌办理”任务，将于6月和12月进行重点督查。各市、县（区）人民政府和省直相关部门要增强责任感、紧迫感，落实责任，细化任务，勇于攻坚，马上就办，全力推进公共停车设施项目建设和使用服务，省政府督查室要牵头开展专项督查。

（摘编：康明辉）

福建省加强粮食流通行政执法管理

2016年11月2日福建省人民政府办公厅下发《福建省人民政府办公厅关于加强粮食流通行政执法管理的通知》（闽政办〔2016〕174号），主要内容如下：

为维护我省粮食流通秩序，保障粮食安全，根据《国务院办公厅关于印发粮食安全省长责任制考核办法的通知》（国办发〔2015〕80号）和《福建省人民政府关于贯彻落实粮食安全省长责任制的实施意见》（闽政〔2015〕12号）精神，现就加强粮食流通行政执法管理工作通知如下：

一、加强粮食行政执法力量。各级政府要按照国务院颁布的《粮食流通管理条例》、国家有关部门制定的《粮食流通监督检查暂行办法》和省政府有关文件精神，加强粮食行政管理机构和队伍建设，确保粮食行政管理职能不削弱、工作力度不减弱。要进一步明确承担粮食流通监督检查职能的机构，充实和加强监督检查人员和力量，强化粮食流通监督检查职能，进一步提高执法人员的政治素养和业务素质，打造一支政治坚定、作风过硬、业务精湛、善打硬战的粮食流通监督检查行政执法队伍。

二、认真履行粮食行政执法职责。各级粮食行政管理部门要加强对粮食经营者从事粮食收购、储存、运输活动和政策性用粮的购销活动，以及执行国家粮食流通统计制度情况的监督检查，并对粮食收购资格进行核查。要采取随机检查、突击检查和专项检查相结合的形式，强化粮食库存检查，提高检查效率，确保粮食储备“数量真实、质量良好、储存安全”。要抓好粮食收购监督检查，认真落实国家粮食收购政策，严格执行“五要五不准”粮食收购守则，防止出现“打白条”，解决农民“卖粮难”问题。抓好政策性粮食销售出库监管，确保国家政策性粮食及时投放市场。

三、落实粮食执法专项资金和执法装备。各级政府要将粮食流通监督检查所需专项资金纳入同级财政年度预算，配备粮食流通监督检查所需要的取证设备，有条件的地方要配备执法车辆，保障粮食流通监督检查工作开展。

四、严肃责任追究。建立健全上级政府对下级政府在落实粮食行政执法工作等方面的责任追究机制。各级政府要按照粮食安全省长责任制考核的要求，加强对粮食流通监督检查工作的组织领导，加大人、财、物等要素的投入，确保行政执法工作力量、所需资金和装备落实到位，对落实不到位以及在行政执法过程中不作为或乱作为的予以通报批评、责令整改，并依法依规追究相关责任人的责任。

（摘编：张海生）

2016年全省律师管理工作重点

2016年2月19日福建省司法厅办公室下发《福建省司法厅办公室关于印发2016年全省律师管理工作要点的通知》（闽司办〔2016〕3号），要求各设区市司法局，平潭综合实验区司法办结合实际，认真研究安排年度律师管理工作。主要内容如下：

2016年是“十三五”开局之年，全省律师工作要认真按照厅党委的部署，围绕全省司法行政工作会议精神，坚持保障律师执业权利和规范律师执业行为并重，全面落实全国、全省律师工作会议精神，进一步深化律师体制改革，不断提高律师法律服务的能力和水平，为我省的经济社会发展提供优质高效的法律服务。

一、服务经济社会发展、和谐稳定大局

1. 健全完善“海峡西岸经济区律师服务团”“涉外法律服务律师团”等工作机制，在知识产权、国际贸易、反倾销反垄断等领域做精做强一批律师事务所，推出一批有影响、有特色的律师事务所，为“一带一路核心区”和自由贸易区建设提供法律服务。

2. 组织引导律师创新法律服务方式和内容，为我省产业转型升级和重点项目建设提供全方位的法律服务。着眼服务生态文明示范区建设，组织律师为集体林权制度改革试点、水土保持、环境保护等领域开展专项法律服务活动。

3. 组织协调律师参与化解和代理涉法涉诉信访案件工作。在律师协会建立参与化解和代理涉法涉诉信访案件的律师事务所、专门律师人才库和名录；协调财政部门设立律师参与化解和代理涉法涉诉信访案件专项资金，就律师参与信访值班等工作的补助标准进行调研，制定相关补贴和补助标准、奖励标准；协调省直政法部门在3月底前启动工作，同时选择1—2个设区市、4—6个县（市、区）开展试点，在9月底前启动设区市一级工作。

二、推动公共法律服务建设与发展

1. 推进公共法律服务体系实体平台建设，年底前全省县（市、区）公共法律服务大厅（窗口）、乡镇（街道）法律服务站、村（社区）法律服务联系点建成过半。

2. 推进网络平台建设和“12348”热线平台系统，网上服务大厅系统和律师工作信息综合管理系统建设通过可行性论证，进入开发建设阶段。

3. 协调省政府法制办制定有关政府部门通过政府购买方式聘请律师担任法律顾问的意见；

4. 制定一村（社区）一法律顾问工作2016年度综治考评内容和标准，通过综治考评手段，争取经费保障，扩大覆盖面，年底前覆盖率超60%。

三、推动律师执业权利保障成果落地

1. 坚持省厅与省法院、省检察院的联席会议制度，与省公安厅建立联席会议制度；加强司法行政机关、律师协会与公、检、法、安等部门的日常沟通和协调，积极构建律师与司法人员的新型关系。

2. 协调有关司法机关开展执行“两院三部”《关于依法保障律师执业权利的规定》情况的督查，积极推动相关规定措施的贯彻落实，切实保障和支持律师依法执业。

3. 在各级司法行政机关和律师协会建立维护律师执业权利快速处置机制和联动机制，细化律师执业权利保障的程序性规定，完善律师执业权利救济的申诉、控告和处理等制度规定。

四、进一步加强律师队伍建设与执业监管

1. 继续巩固律师行业党的组织建设和党的工

作全覆盖成果，新成立的律师事务所凡是具备条件的都及时建立党组织，暂不具备条件的通过建立联合党支部、选派党建联络员等方式开展党的工作。

2. 加强政治思想和职业道德教育，认真贯彻落实《省司法厅关于进一步加强律师职业道德建设的实施意见》，教育监督广大律师坚守遵守宪法法律、忠于事实真相、严守执业纪律、坚持谨言慎行等“四条执业底线”。

3. 认真贯彻执行司法部即将修订出台的《律师执业管理办法》和《律师事务所管理办法》，举办以日常监督管理与行政处罚为主题的律师管理干部培训班，推动全省律师管理队伍业务能力水平进一步提高。

4. 强化对律师办理重大敏感案件和群体性事件的监管，健全律师事务所接案审查、请示报告、集体讨论制度和司法行政机关、律师协会业务指导、违规惩处等监管制度。加大律师违法违规执业惩戒力度，对律师执业逾越法律底线的，严格依法给予行政处罚和行业处分，建立健全律师惩戒信息披露机制。

5. 建立查处工作跨部门沟通协调机制，主动与有关司法、执法机关就律师执业情况和出现突出问题的信息进行交换和通报，及时了解掌握律师违法违规执业信息。

（摘编：杨立群）

福建省进一步促进科技成果转移转化

2016年8月3日福建省人民政府下发《福建省人民政府关于印发福建省进一步促进科技成果转移转化若干规定的通知》（闽政〔2016〕33号），主要内容如下：

为贯彻《中共中央 国务院关于深化体制机制改革加快实施创新驱动发展战略的若干意见》和《国务院关于印发实施〈中华人民共和国促进科技成果转化法〉若干规定的通知》（国发〔2016〕16号），激发创新活力和创造潜能，鼓励大众创业、万众创新，现就进一步促进科技成果转移转化作出如下规定。

一、深化省级事业单位科技成果使用、处置和收益管理改革

（一）省属科研机构、高等学校等省级事业单位对其持有的科技成果，可以自主决定采取转让、许可、合作或者作价投资等方式开展转移转化活动，除涉及国家秘密、国家安全外，不需审批或者备案。科技成果转移转化，涉及外商投资的公司，应当遵循国家《外商投资产业指导目录》的有关规定。

省属科研机构、高等学校等省级事业单位有权依法以持有的科技成果作价入股确认股权和出资比例，并通过发起人协议、投资协议或者公司章程等形式对科技成果的权属、作价、折股数量或者出资比例等事项明确约定，明晰产权。

（二）科技成果转让、许可、合作和作价投资遵从市场定价，通过协议定价、在技术交易市场挂牌交易、拍卖等市场化方式确定价格。协议定价的，科技成果持有单位应当在本单位公示科技成果名称和拟交易价格，公示时间不少于15日。单位应当明确并公开异议处理程序和办法。

（三）省属科研机构、高等学校等省级事业单位可通过签订协议的方式，授予科技成果完成团队或个人对该成果的处置权，并协商确定成果转让、许可、合作或作价投资的最低可成交价格。科技成果的完成团队或完成人可在最低可成交价格的基础上，通过协议定价或评估定价等市场化方式，确定科技成果转让、许可或投资价格。

（四）省属科研机构、高等学校等省级事业单位转移转化科技成果所获得的收入全部留归单位，纳入单位预算，不上缴国库，扣除对完成和转化职务科技成果作出重要贡献人员的奖励和报酬后，应当主要用于科学技术研发与成果转化等相关工作，并对技术转移机构的运行和发展给予保障。

（五）省属科研机构、高等学校等省级事业单位应当建立健全技术转移工作体系和机制，完善科技成果转移转化的管理制度，明确科技成果转化各项工作的责任主体，建立健全科技成果转化重大事项领导班子集体决策制度，加强专业化科技成果转化队伍建设，优化科技成果转化流程，通过本单位负责技术转移工作的机构或者委托独立的科技成果转化服务机构开展技术转移。鼓励省属科研机构、高等学校等省级事业单位设立负责技术转移和转化服务的科技成果管理与运营服务机构，配备一定数量的专职人员。

（六）省属科研机构、高等学校等省级事业单位应当按照规定格式，于每年3月30日前向其主管部门报送本单位上一年度科技成果转化情况的年度报告，主管部门审核后于每年4月30日前将各单位科技成果转化年度报告报送至科技、财政和机关事务主管部门。年度报告内容主要包括：

1. 科技成果转化取得的总体成效和面临的问题；

2. 依法取得科技成果的数量及有关情况；

3. 科技成果转让、许可和作价投资情况；

4. 推进产学研合作情况，包括自建、共建研究开发机构、技术转移机构、科技成果转化服务平台情况，签订技术开发合同、技术咨询合同、技术服务合同情况，人才培养和人员流动情况等；

5. 科技成果转化绩效和奖惩情况，包括科技成果转化取得收入及分配情况，对科技成果转化人员的奖励和报酬等。

二、激励科技人员创新创业

（七）省属科研机构、高等学校等省级事业单位制定转化科技成果收益分配制度时，应当充分听取本单位科技人员的意见，并在本单位公开相关制度。科技成果转移转化后，省级事业单位应当对完成该项科技成果和为成果转化做出重要贡献的人员和机构给予奖励。

依法对科技成果完成人和为成果转化作出重要贡献的其他人员给予奖励时，按照以下规定执行：

1. 以技术转让或者许可方式转化职务科技成果的，应当从技术转让或者许可所取得的净收入中，根据贡献程度提取不低于50%或不低于70%的比例用于奖励。

净收入指科技成果转化获得的合同收入扣除维护该科技成果、达成该交易所产生的直接成本，包括知识产权申请费和维持费、交易谈判费用、税金、其他相关费用等，不包括前期项目研发投入。国家有新规定的，从其规定。

2. 以科技成果作价投资实施转化的，应当从作价投资取得的股份或者出资比例中，根据贡献程度提取不低于50%或不低于70%的比例用于奖励。

科技人员所获科技成果技术入股奖励股权权属授予个人所有；对获得奖励的人员在企业中的股份，工商管理部门应当在企业注册登记或股权变更登记中及时予以办理。

3. 在研究开发和科技成果转化中做出主要贡献的人员，获得奖励的份额不低于奖励总额的70%。

4. 对科技人员在科技成果转化工作中开展技术开发、技术咨询、技术服务等活动给予的奖励，可按照促进科技成果转化法和本规定执行。

省级事业单位取得的科技成果一年以上未启动转化的，成果完成人和参加人在不变更职务科技成果权属的前提下，可以根据与成果所有单位的协议进行该项科技成果的转化，并享有协议规定的权益，转化收益的70%—90%归其所有。

（八）对科技成果完成人和为科技成果转化做出重要贡献人员的奖励，计入当年本单位工资总额，但不受当年本单位工资总额限制、不纳入本单位工资总额基数。

符合《国家税务总局关于促进科技成果转化有关个人所得税问题的通知》（国税发〔1999〕125号）规定的科研机构和高等学校转化职务科技成果以股份或出资比例等股权形式给予个人奖励，获奖人在取得股份、出资比例时，暂不缴纳个人所得税，在授（获）奖的次月15日内向主管税务机关办理备案；取得按股权、出资比例分红或股权转让、出资比例所得时，应依法缴纳个人所得税。

（九）鼓励省属企事业单位科技人员在履行岗位职责、完成本职工作的前提下，经征得单位同意，可以兼职到企业等从事科技成果转化活动，或者离岗创业，可在3年内保留人事关系，保留原聘专业技术职务，工龄连续计算，并与原单位其他在岗人员同等享有参加职称评定、岗位等级晋升和社会保险等方面的待遇。3年内要求返回原单位的，按原职级待遇安排工作。省属科研院所和高等学校科研人员离岗在本省内转化自主研发成果的，可延长至5年。

省属企事业单位担任处级以上（含处级）的领导职务的科技人员，可在辞去领导职务后以科研人员身份（不占领导职数）离岗创业，实施科技成果转化。在单位同意离岗时限内，要求重新担任领导职务的，应先辞去在企业任职（兼职），转让本人股权，有关单位对其经营活动的合法性进行审查。之后根据岗位空缺等情况，按照中共中央办公厅印发的《事业单位领导人员管理暂行规定》等相关规定及实际情况安排使用。

（十）省属科研院所和高等学校等省级事业单位要建立有利于科技成果转移转化的岗位管理、考核评价和奖励制度，完善科技人员职称评审政策，将专利创造、标准制定及成果转移转化等作为职称评审的重要依据。科技人员参与职称评审与岗位考核时，发明专利转化应用情况与论文指标，技术转让成交额与纵向课题指标均应同等对待。

省属科研院所和高等学校等省级事业单位建立制度规定或者与科技人员约定兼职、离岗从事科技成果转化活动期间和期满后的权利和义务。离岗创业期间，科技人员所承担的国家和省级科技计划和基金项目原则上不得中止，确需中止的应当按照有关管理办法办理手续。

（十一）鼓励国有科技型企业对在科技创新中做出重要贡献的技术人员和经营管理人员实施股权和分红权激励。对高等院校和科研院所以科技成果作价入股的企业，用于股权奖励和股权出售的激励总额中，用于股权奖励的部分可以超过50%，用于股权奖励的激励额可以超过近3年（不满3年的，计算已有年限）税后利润形成的净资产增值额的17.5%。

（十二）对于担任领导职务的科技人员获得科技成果转化奖励，按照分类管理的原则执行：

1. 省属科研机构、高等学校等事业单位（不含内设机构）正职领导，以及上述事业单位所属具有独立法人资格单位的正职领导，是科技成果的主要完成人或者对科技成果转化做出重要贡献的，可以按照促进科技成果转化法和专利法的规定获得现金奖励，原则上不得获取股权激励。其他担任领导职务的科技人员，是科技成果的主要完成人或者对科技成果转化做出重要贡献的，可以按照促进科技成果转化法和专利法的规定获得现金、股份或者出资比例等奖励和报酬。

2. 对担任领导职务的科技人员的科技成果转化收益分配实行公开公示制度，担任领导职务的科技人员参与收益分配具体方案应当在本单位公示，公示时间不少于15日，并明确公开异议处理程序和办法。严禁未做贡献人员利用职务便利获取科技成果转化相关权益。

三、优化科技成果转移转化环境

（十三）省直各有关单位要大力支持创新创业，准确把握法律和政策界限，共同营造良好创新环境。明确界定研发团队、转化团队和科研人员、科技成果转移转化人员以各种形式合法获取与科技成果及其转化相关收益行为，与贪污、私分、侵占、挪用等非法行为之间的界限。对涉及科技成果转移转化和科研人员创新创业的案件或问题，行政执法部门、执纪部门和司法机关要加强沟通衔接，依法依纪、积极慎重办理和解决。

财政、国有资产管理、知识产权等行政主管部门应当对高等学校和科研院所等省级事业单位科技成果转化收益奖励分配明确给予个人奖励的股份或出资比例等股权予以承认，并落实国有资产确权、国有资产变更、知识产权作价量化奖励个人等相关事项。

工商行政管理部门支持公司制企业使用“研究（发）中心”“研究院（所）”“设计中心”“设计院（所）”等字样作为企业名称中的行业特征。允许公司制企业名称中的行政区划放在字号之后、组织形式之前。科技人员以所获奖励股权成为被投资公司股东或者发起人的，在办理工商登记时，该公司将载明股东或发起人姓名、认缴出资额或者认购股份数、出资方式和出资时间的公司章程提交工商行政管理部门备案，工商行政管理部门依法予以及时办理。

（十四）省属企事业单位以科技成果对外投资实施转化的，经审计确认发生投资亏损的，由其上级主管部门审定已经履行了勤勉尽责义务且未牟取私利的，不纳入高等院校、科研院所、国有企业对外投资保值增值考核范围。

科技成果转化过程中，通过技术交易市场挂牌交易、拍卖等方式确定价格的，或者通过协议定价并在本单位及技术交易市场公示拟交易价格的，单位领导在履行勤勉尽责义务、没有牟取非法利益的前提下，免除其在科技成果定价中因科技成果转化后续价值变化产生的决策责任。

（十五）省属科研机构、高等学校等省级事业单位的主管部门以及财政、科技、机关事务等相关部门，在对单位进行绩效考评时应当将科技成果转化的情况作为评价指标之一。

（十六）加大对科技成果转化绩效突出的省属科研机构、高等学校等省级事业单位及人员的支持力度。省属科研机构、高等学校等省级事业单位主管部门以及财政、科技、机关事务等相关部门根据单位科技成果转化年度报告情况等，对单位科技成果转化绩效予以评价，并将评价结果作为对单位予以支持的参考依据之一。

省属科研机构、高等学校等省级事业单位应当制定激励制度，对业绩突出的专业化技术转移机构给予奖励。

（十七）各级各部门要切实加强对科技成果转化工作的组织领导，及时研究新情况、新问题，加强政策协同配合，优化政策环境，开展监测评估，及时总结推广经验做法，加大宣传力度，提升科技成果转化的质量和效率，推动我省经济转型升级、提质增效。

（十八）本规定自发布之日起施行。已经发布的相关文件与本规定不一致的，按本规定执行。

（摘编：孟力坚）

福建省进一步深化科技人员职称评价改革

2016年1月8日福建省人民政府办公厅下发《福建省人民政府办公厅关于进一步深化科技人员职称评价改革的若干意见》（闽政办〔2016〕1号），主要内容如下：

为全面深化科技体制改革，加快创新驱动发展，营造有利于科技人员创新创业的环境，加强创新人才队伍建设，为加快我省产业转型升级提供人才支撑，现结合我省实际，对进一步深化我省科技人员职称评价改革提出以下意见：

一、完善职称评审分类评价标准

各系列（专业）职改部门应根据我省经济社会发展实际需求以及专业技术人才的职业特点、成长规律，及时修订本系列（专业）职称评价标准，将高新技术成果转化、技术创新、发明专利、标准制定以及所创造的经济效益和社会效益等因素作为职称评审的重要依据。

二、树立重科技成果转化的职称评审导向

科技人员作为第一主持（责任）人研发的高新技术成果成功实现转化和产业化，单个技术项目转让交易额累计达到50万元或3年内多个技术项目转让交易额累计达到100万元的，在参与职称评审时每个项目或每100万元可替代一项课题成果。技术转让合同以在福建省、设区市科技管理部门登记为准。技术作价入股可参照执行。

完成省科技重大专项计划、产业技术开发与应用计划项目的负责人；或主持管理企业的技术创新工作且研发技术创新产品（项目）近3年年均销售收入800万元以上或年均缴税100万元以上者；或作为新型研发机构的主要技术负责人完成2项技术创新并实现成果转化的；或选育的农作物新品种通过国家审定或鉴定、省级审（认）定，五年全省累计推广面积达100万亩以上；或推广面积占该作物全省播种面积20%以上，其品种选育者（排名前3）可以1篇专业技术分析报告（由本人单独撰写并与工作岗位相关，含施工方案、设计方案、技改方案、技术方案等，每篇字数不少于3000字，由单位组织专家作出鉴定意见）替代1篇论文要求。

三、树立重科技创新的职称评审导向

获得国家科学技术奖三等奖以上、省（自治区、直辖市）人民政府科学技术奖一等奖的，可替代2篇论文要求；获得省（自治区、直辖市）人民政府科学技术奖二、三等奖（个人排名前3）的，可替代1篇论文要求。

四、树立重知识产权转化运用的职称评审导向

探索开展知识产权专业技术资格评价工作，在工程系列增设知识产权管理专业，将知识产权代理、知识产权维权等知识产权管理内容纳入评价体系。

获得中国专利金奖、中国专利优秀奖以及福建省专利特等奖（发明人排名前5）的，或获得国家级品种审定和品种权（排名前3）可替代2篇论文要求；获得福建省专利奖一等奖（发明人排名前5）、二等奖（发明人排名前3）的，或获得省级品种审定和品种权（排名前3），可替代1篇论文要求；获得1项授权发明专利（发明人排名前3）的，申报高级职称评审可替代1篇论文要求，申报中级职称评审可免去论文要求。

五、鼓励科技人员参与制定标准

作为主要起草人，负责1项以上国际或国家标准或2项以上行业标准的制定（修订）工作，并负责其中主要技术内容的撰稿或实验验证工作，且该标准在相应范围内得到实施应用的，可作为申报专业技术资格的业绩成果条件之一。

六、鼓励科技人员发表精品论文

在《Nature》《Science》《Cell》发表论文或在专业领域影响因子20以上的科技期刊发表论文（第一作者或第一通讯作者）的，对论文的篇数不作要求。

七、高层次人才可直接认定正高职称资格

获得国家科学技术奖二等奖（排名前3）、中国发明专利金奖（发明人排名前2）、国家杰出青年科学基金获得者、国家“千人计划”人选、“百千万工程”国家级人选、福建省引进高层次创业创新人才（“百人计划”）人选，可直接确认相应专业最高级别专业技术资格。省人社厅成立杰出人才认定委员会负责上述人员的认定工作。

八、支持博士后申报职称

在我省博士后科研流动站、工作站和创新实践基地从事科研工作的博士后研究人员，出站后2年内，科研创新成果突出的，经原所在博士后科研流动站、工作站或创新实践基地推荐，可以直接申报我省相应专业技术资格。

九、支持流动科技人员申报职称

对经批准同意到企业开展创业创新工作的国有企事业单位、高等院校科研人员，以及到高等院校和科研院所兼职的企业管理人员或科技人员，符合职称申报条件的，可回原单位或在现单位申报专业技术任职资格，其在创业或兼职期间从事本专业工作的业绩可作为职称评审的评价依据。

人事档案关系不在工作单位所在地管理的科技人员，与用人单位签有正式聘用合同或劳动合同，并参加社会保险一年以上，可通过现工作单位，按规定程序向有关部门申报评审专业技术资格。

十、调整企业科技人员直接申报评审条件

在企业工作的普通大中专院校全日制毕业的科技人员，未按规定考核确认相应专业技术资格的，可在各专业技术职务系列规定的专业工作年限基础上，相应增加一年的专业技术年限，直接申报评审高一级专业技术资格。

十一、打通专业技术人才职称与技能人才职业资格通道

在工程系列选择若干专业，开展技能人才与工程技术人才相互贯通发展的试点工作，高技能人才可申报专业技术资格，专业技术人才可申报技能类职业资格。实施细则另行发布。

十二、进一步向科研创新单位下放职称评审权

扩大用人单位职称评价自主权，条件成熟的高等院校、科研院所、大型三甲医院、新型研发机构、大型骨干企业、高新技术企业等可根据实际需要向人力资源和社会保障部门申请下放职称评审权，探索自主评价机制，自行制定不低于省通用标准的职称评价标准，自主开展职称评审、自主发放证书。支持高等院校实验技术人员评聘正高级实验师。

（摘编：李　哲）

福建省教育厅2016年工作重点

2016年4月7日福建省教育厅下发《关于印发〈福建省教育厅2016年工作要点〉的通知》(闽教综〔2016〕7号),要求各市、县(区)教育局,平潭综合实验区教育局,各高等院校,省属中职学校结合实际贯彻落实《福建省教育厅2016年工作要点》,主要内容如下:

总体要求是:认真贯彻党的十八大和十八届三中、四中、五中全会精神,深入学习贯彻习近平总书记系列重要讲话特别是对福建工作的重要指示精神,按照省委九届十四次、十五次全会的部署要求,围绕“五位一体”总体布局、“四个全面”战略布局,牢固树立创新、协调、绿色、开放、共享的发展理念,以立德树人为根本任务、以促进公平为基本要求、以优化结构为主攻方向、以深化改革为根本动力、以健全法治为可靠保障、以加强党的领导为坚强保证,加快推进教育现代化,发展更高质量更加公平的教育,为“建设新福建、再上新台阶”提供人才支撑和智力支持。

重点工作:

——制定实施《福建省教育综合改革方案》和《福建省深化考试招生制度改革实施方案》,签署《教育部福建省人民政府共同推进福建教育综合改革战略合作协议》,深化教育领域综合改革。

——编制发布《福建省“十三五”教育发展专项规划》及配套子规划,统筹谋划教育事业发展。

——落实立德树人根本任务,提升学生德艺体美综合素质。

——加强公办幼儿园建设,试点推进政府购买学前教育服务,扩大普惠性学前教育资源。

——启动“义务教育管理标准化学校”创建工作,精准实施“教育扶贫”,推进义务教育优质均衡发展。

——试点“二元制”技术技能人才培养模式改革,制定校企合作促进办法,打造福建版“双元制”职业教育。

——启动“一流大学和一流学科建设计划”,提升高等教育的国际化和科技贡献度。

——支持和规范民办教育发展。

——深入实施《福建省乡村教师支持计划(2015—2020)实施办法》,全面提高教师队伍综合素质。

——深化管办评分离,强化教育督导、监测与评估。

一、全面从严治党,切实维护教育系统和谐稳定

1. 加强学校党建工作。按照中央统一部署,组织开展“两学一做”学习教育。专项督查党委领导下校长负责制、院系党政联席会议制度落实情况,开展党组织书记抓基层党建述职评议考核,健全完善党建责任体系。制定实施《加强高校服务型基层党组织建设实施意见》。开展“三个好”“两访两创”“八闽高校党建巡礼”等活动,培育建设一批省级高校党建示范点和品牌。加强和改进高校党校建设,分领域、分层次、分类型开展干部专题培训。加强对民办高校、中小学党建工作的指导。制定出台全省高校统战工作实施意见。

2. 加强政风行风建设。巩固深化“三严三实”专题教育成果。调整理顺厅机关和直属单位机构职责,加强队伍建设,提升治理能力和服务水平。推进简政放权、放管结合,实行职权项目动态调整,加强事中事后监管。推进行政审批制度改革,行政许可和公共服务事项全部进驻网上办事大厅,实现全流程网上办理。加强教育重点领域信息公开。做好离退休老干部服务工作。指导支持关心下一代工作。

3. 加强反腐倡廉建设。认真贯彻《准则》和《条例》，加强政治纪律和政治规矩执行情况的监督检查。全面落实省委《关于深化落实党风廉政建设党委主体责任的暂行规定》，强化压力传导和责任追究。用好监督执纪“四种形态”，加大纪律审查力度。加强常态化监督检查，持之以恒整治“四风”。健全反腐倡廉制度建设，深化廉政风险防控。配合做好高校巡视工作。

4. 维护校园和谐安全稳定。修订完善《福建省中小学公共安全教育地方课程教材》。通过“福建省学校安全教育平台”开展在线安全主题活动，开设在线课程，打造一批安全教育示范单位（学校）。100%的学校通过安全标准化建设提升工程“三年行动”考评验收，85%的学校达到“平安校园”等级标准。推进校园治安综合治理和“护校安园”行动。在高校探索建立学校安全管理服务系统。抓好学校毒品预防教育“五落实”。开展校园安全稳定隐患排查和依法整治。

二、坚持立德树人，提升教育发展质量

1. 加强和改进德育工作。制定实施大中小学德育一体化工作方案。逐步构建闽派特色协同育人体系，推动社会主义核心价值观落细落小落实。培育省中小学德育、课外素质教育重点改革示范项目。制定实施《关于进一步加强中小学班主任工作队伍建设的意见》，启动实施班主任能力提升五年培训规划。研制闽台港澳青少年“海丝文化体验区”建设计划，设立20个示范性实践基地。制定实施《高校思政课建设体系创新行动计划》，开展第二批思政课教改试点，建立首批10个高校思政课实践教学基地，建立思政课特聘教授资源库。制定实施《加强马克思主义学院建设实施意见》，启动首批省级重点马克思主义学院建设。实施高校传承和弘扬中华优秀传统文化行动计划，建设首批5个中华优秀传统文化教育研究基地。建设首批20个省级大学生思政教育特色创新项目。深化“走近名家、走近经典、走近科学”主题活动，分别组织100场以上的文化名家进校园活动。在全省职业院校深入开展“文明风采”竞赛活动。推进教育部“易班”试点省工作，新增20所以上高校开通“易班”。成立福建省高校网络文化研究中心，打造10个省级大学生网络文化示范工作室。启动新一轮全省大学生思想政治教育工作测评。

2. 深化基础教育教学改革。启动实施基础教育教学成果奖评审。制定《福建省普通高中教学指导调整意见》，推进高中教学整体改革。总结推广“两市三县”教学改革经验，探索“闽派教学”新模式。加强地方课程建设，研制《福建省中小学地方课程教材管理办法》。开展新一轮普通高中进校教辅材料省级评审，指导各设区市做好评议推荐。加强中小学生科技教育，开展青少年创新大赛等活动。

3. 加强学校体音美教育工作。研发体卫艺基础数据信息集成系统。制定实施学生体质健康促进行动计划，建立省市两级学生体质健康监测制度。制定实施校园足球发展行动计划，建立校园足球四级联赛体系。推动出台《福建省进一步加强和改进学校美育工作的实施意见》。制定出台中小学体育美育工作专项督导评估办法。举办高雅艺术、乡土艺术进校园活动300场以上，组织大学生合唱节、中小学生地方戏曲展演等活动，组织参加全国第五届中小学艺术展演活动。开展高校艾滋病防控试点工作。

4. 加大技术技能人才培养力度。制定高职院校专业设置管理实施细则。引导高职院校增设产业转型升级急需专业，扩大优势特色专业培养规模，严控财经、管理类等专业招生规模。积极推行现代学徒制，开展“二元制”技术技能人才培养模式改革试点。开发一批中高职衔接专业课体系。行业性高职院校相关专业招生计划占总计划比例提高到60%以上，提高区域性高职院校招生本地生源比例。

5. 优化普通高校人才培养机制。研究制定省属高等学校招生计划管理办法，推动高校加强内涵建设，加强经济社会急需紧缺人才培养。扩大高水平建设大学研究生以上高层次人才培养规模，相应调减本科招生规模；本科高校扩大本科层次应用型人才培养规模，调减专科招生规模。实施研究生教育质量提升计划，开展博士、硕士学位授权点动态调整。立项建设20个专业学位研究生联合培养示范基地，建设开发50个基于真实意境的高质量研究生教学案例。遴选建设250个省级本科、研究生教育教学改革项目，评选表彰本科、研究生教育教学成果奖。

6. 深化创新创业教育改革。推进高校大学生创新创业基地建设，加强武夷山、福州、厦门和泉州等地的大学生创新创业基地建设管理，开展高校大学生创新创业基地创建活动。建设创新创业教育学院，建立全省优秀创新创业教育导师人才库，落实教师创新创业教育能力提升计划，举办创业指导教师培训班。建设校园创新创业文化，举办第二届“互联网+”大学生创新创业大赛、大学生文化创意设计大赛等各类赛事，开展大学生创新创业成果展示对接活动。建设福建省大学生就业创业服务网。完善创新创业教育课程体系，推出一批在线开放课程，建设一批大学生创新创业训练计划项目、创新创业教育改革试点专业和精品资源共享课。

7. 提升高校创新能力和贡献度。加强省级“2011协同创新中心”建设与管理，遴选推荐第三批国家级“2011协同创新中心”。指导高校科研创新平台、大学科技园的建设，组织申报一批国家级科技创新平台。推进产学研合作，办好“6·18”、厦门“文博会”等高校成果展。

8. 加强教师队伍建设。贯彻落实《福建省乡村教师支持计划（2015—2020年）实施办法》。出台农村中小学教师周转宿舍建设工作指导意见，编制《农村中小学教师周转宿舍项目建设规划（2016—2020年）》。继续实施小学、幼儿园师范生免费教育。启动新一轮名师名校长培养工程，设立一批名师工作室。实施乡村学校校长助力工程、乡村教师素质提升工程、信息技术应用能力提升工程。制定出台加强教师进修校院建设意见。实施台湾高校师资引进计划，引进200名左右台湾全职教师。实施师资闽台联合培养计划，培养培训应用型本科高校、职业院校骨干教师和管理干部800名。实施高校高层次人才培养与引进“三项计划”。启动实施“2016—2018年闽江学者奖励计划”。全面推进中小学教师职称制度改革。引导高校进一步完善教师职务聘任制改革。推进重点县对口支教帮扶工作。

9. 深入推进语言文字工作。组织好第19届全国推广普通话宣传周活动。指导各地做好普通话培训测试工作。组织实施中国语言资源保护工程，推进福建语言资源有声数据库建设，在21个县（市、区）开展方言和口头文化的调查采集工作。开展“中华经典诵写讲”行动，举办“中国汉字听写大会”福建选拔赛、第七届全省学生规范汉字书写大赛。

三、深化综合改革，增强教育事业发展活力

10. 加强顶层设计。制定实施《福建省教育综合改革方案》和《福建省“十三五”教育发展专项规划》，组织开展方案、规划发布后的宣传和解读。配套制定实施基础教育、职业教育、高等教育、教师队伍建设、院校设置和中小学布局结构调整等子规划。推进规划实施监测工作。

11. 深化考试招生制度改革。制定实施《福建省深化考试招生制度改革实施方案》，做好宣传、解读、培训工作。制定出台高职分类考试实施办法。组织实施首次现代学徒制考试招生工作。做好高考全国卷对接工作。开展普通高中学生综合素质评价改革试点。研制中考中招改革方案。落实招生信息“十公开”，严肃查处各类违规招生行为。

12. 提高教育经费保障与管理水平。督促各地落实财政教育经费法定增长。完善城乡义务教育经费保障机制，提高农村小规模学校经费保障水平。出台全省普通高中生均公用经费基本拨款标准，推动市、县建立幼儿园生均拨款制度。健全高校生均拨款增长机制，提高高校财政经常性经费占比。改革省级教育预算拨款制度，完善基础拨款和绩效拨款相结合的资金分配办法。加大教育经费使用监管力度，加快预算执行。规范学校收费管理，推行财务信息公开，建立部门预决算公开制度。

13. 支持和规范民办教育发展。根据国家有关民办教育分类管理的政策，研究制定民办教育分类管理实施办法。建立完善民办高校依法规范办学检查和奖惩制度。强化民办高校发展专项资金导向作用，引导民办高校加大紧缺人才培养力度。研究制定股份制、混合所有制职业院校建设指导意见。

14. 提升高等教育开放度和国际化水平。制定出台《关于进一步深化闽台教育交流与合作的若干意见》。推动国际优质教育资源在闽举办合作办学机构和高层次的中外合作办学项目。引进台湾优质资源在闽举办相对独立的二级学院，举办若干个具有行业特色的闽台合作办学项目。做好台湾青少年学生工作，打造两岸教育交流品牌。拓展对台港澳招生渠道，扩大招生规模，开展闽港澳台青少年交流活动。支持厦门大学马来西亚分校建设，推动华侨大学等高校在新加坡、泰国等"一带一路"沿线国家设立分校或华文学院。支持厦门大学、福州大学围绕福建加快转型升级的重大技术需求共建国际合作科研新平台。推动扩大政府外国留学生奖学金、出国留学奖学金和高校台湾学生奖学金规模。

15. 深化管办评分离。依据学校申请完成7所高校本科教学工作审核评估、6所高职院校人才培养工作评估，遴选3个专业开展本科专业评估试点。指导各地市开展中职学校教学工作合格评估。组织8所本科高校的14个专业试点开展IEET工程及科技教育认证，遴选第二批认证专业。启动福建省高校通识教育平台建设。选聘若干福建省教育评估首席专家。遴选确定一批省级教育评估研究项目。发布普通高等院校办学条件、办学质量、发展潜力、合作办学情况等系列报告。启动普通高校毕业生职业发展状况跟踪调查。开展示范性现代职业院校立项建设单位年度检查等专项评审工作。

16. 强化教育督导。继续推进义务教育均衡发展督导评估。开展"教育强县"督导评估。启动"十三五"对县级政府教育工作督导评估和县级党政主要领导干部抓教育工作督导考核。实施"全面改薄"、乡村教师支持计划等重大政策落实情况专项督导。完善中小学责任督学挂牌督导制度，创建国家级、省级中小学责任督学挂牌督导创新县。加强对中小学素质教育督导评估，组织好国家、省级义务教育质量监测。实施督学能力提升工程，研究制定《督学管理暂行办法》实施细则。

17. 推进依法治教。配合省人大、省政府法制办完成《福建省义务教育条例》的制定和《福建省教育督导条例》的立法调研、审议工作。指导高校宣传、学习、实施章程，完善有关配套制度。指导全省中小学加快章程制定工作。开展省、厅属学校章程备案工作。启动"七五"普法。健全教育内部审计工作机制。

18. 提升教育统计分析服务能力。健全教育事业统计数据质量核查工作机制，开展统计数据质量核查。开展全省教育事业发展统计分析工作，编撰教育事业发展系列年度报告。

四、强化统筹推动，促进各类教育协调发展

1. 扩大普惠性学前教育资源。继续实施学前教育第二期三年行动计划，省级重点支持建设公办幼儿园100所。试点推进政府购买学前教育服务和公办幼儿园招生改革。实施学前教育片区管理和片区教研制度。普惠性学前教育覆盖面扩大到60%以上。

2. 推进义务教育优质均衡发展。继续实施"全面改薄"等项目，全面完成义务教育学校标准化建设任务。实行义务教育学校"小片区"和"委托管理"捆绑考核机制。启动"义务教育管理标准化学校"创建工作。加强义务教育质量监测结果的使用和反馈。

3. 实施普通高中提升计划。坚持普职协调发展，优化普通高中布局。实施优质高中建设工程，出台省达标高中建设评估新标准，启动省级示范性高中建设。实施高中多样化特色发展计划，启动省级课程改革基地建设，推进课程教学改革，促进高中多样化特色办学。

4. 加快发展现代职业教育。优化职业院校布局，制定出台《中等职业学院分级建设实施办法》，通过兼并、托管、合作办学等形式改造弱校、差校。整合区域内应用型本科高校、高职院校、中职学校成立一批职业院校联盟。实施示范性现代职业院校建设工程和服务产业特色专业群建设工程。制定校企合作促进办法。组建10个行业职业教育指导委员会。推动多元投资主体共建职教集团、公共实训基地建设，遴选一批培育项目。试点职业院校校级领导与企业主管互任、教师与企业工程技术人员和高技能人才互聘。

5. 推动高等教育内涵发展。研究制定"十三五"高等学校设置工作意见，增设紧缺急需应用型本科高校。审核公布部分本科高校向应用型转变试点方案，启动试点工作。启动实施"一流大学和一流学科建设计划”。实施“服务产业特色专业建设计划”，重点建设200个本科服务产业特色专业点；遴选建设40个左右省级实验教学示范中心。完善高校共建协调机制，加强对以市为主管理本科高校、行业性高职院校共建，以及集美大学、闽南师范大学共建共管的指导管理，定期开展共建工作评估。推进省部、省校共建协作工作，争取国家部委及所属高校支持。

6. 加大终身教育推进力度。制定出台提升继续教育质量的若干意见。加强学历继续教育督促检查，建设数字化管理平台。研究制定社区教育基地提升计划，开展社区教育品牌创建。推进福建开放大学建设。积极推进老年教育工作。

五、促进教育公平，提升人民群众的教育获得感

1. 推进教育精准扶贫。“义务教育发展基本均衡县”通过国家认定比例超过90%。完善家庭经济困难学生建档立卡工作，对建档立卡的普通高中困难学生实施免除学杂费，逐步提高高校困难学生助学贷款额度。继续实施省属本科高校招收农村学生专项招生计划及省属高校民族班、预科班招生计划，适度扩大招生规模。实施省级扶贫开发工作重点县补充教师资助计划、乡村教师代偿学费计划。选派230名重点县教师、校长到省市优质校跟岗学习，选派100名优秀教师到重点县支教。组织200名省市教学名师、学科带头人到重点县开展名师“送培下乡”活动。支持职业院校开展“一户一培训、一户一就业”订单定向培训。实施高校急需紧缺人才培养能力提升援助计划，组织高校科研人员到重点县开展科技服务。

2. 加快推进教育信息化。完善省教育资源公共服务平台，通过购买服务、发放“数字资源券”等形式实现资源共享。开展“一师一优课”活动，扩充数字化优质资源。实施“农村中小学宽带网络接入工程”，实现全省完小以上中小学20M以上宽带接入全覆盖。实施“优质教育资源共享支撑工程”，配备多媒体教学设备的城镇和农村完小以上中小学分别达80%、50%。推进学习空间建设，80%以上的教师和50%以上的初中以上学生拥有网络学习空间。建设教育管理公共服务平台和教育基础数据库管理与服务系统。

3. 健全完善学生资助体系。落实国家助学贷款、研究生奖助政策，扩大国开行生源地信用助学贷款覆盖面，建立高校家庭经济困难学生认定指标体系，完善精准资助工作机制。推动各级资助中心标准化建设。推动设立高中阶段政府奖学金，扩大高中助学覆盖面。推动设立“福建省公益助学日”。组织开展“我是励志之星”电视演讲大赛。

4. 保障特殊群体平等接受教育。推动义务教育生均公用经费基准定额资金和“两免一补”资金随学生流动可携带。建立以居住证为主要依据的随迁子女入学办法。继续实施特殊教育提升计划，巩固提高残疾儿童义务教育入学水平。加快特殊教育标准化学校建设，新增10所左右省级标准化学校。指导泉州“低视力教育康复”和同安“送教上门”“随班就读”国家特殊教育改革实验区工作。开展特殊教育“视障、听障、智障、自闭症”片区教研工作。加强乡镇寄宿制学校建设。完善留守儿童关爱体系和控辍保学工作机制。

5. 加强民族教育。落实省政府《关于加快发展民族教育的实施意见》。安排专项资金支持民族中小学校改善办学条件、教学课程改革、培育民族教育特色等。适当提高少数民族中学及普通中学民族班少数民族学生助学金补助标准。鼓励职业院校开设民族文化传承相关专业。支持新型职业农民素质提升工程向民族地区倾斜。适度扩大省属高校民族班、预科班招生规模，落实并完成好少数民族高层次骨干人才计划和各级学校招生计划。指导各市、县通过“委托管理”“结对帮扶”等方式，加强优质学校与民族中小学教育对口支援。办好内地西藏班、新疆班，提升教育管理服务水平。

6. 促进高校毕业生就业。做好离校前毕业生就业指导服务工作，加强就业数据管理监督，编制发布2016届高校毕业生就业质量报告，通过高校毕业生就业管理与监测系统准确掌握毕业生就业状况，审核高校毕业生毕业资格，编制就业方案。做好有就业意愿且尚未就业的毕业生统计服务工作，精准掌握供求信息，开展精准就业服务。做好福建省生源2016届免费师范生就业工作，以及困难毕业生就业帮扶和离校未就业毕业生的信息衔接、服务接续工作，建立全省高校就业困难毕业生情况数据。加强就业指导教师队伍建设，举办就业指导工作人员培训班。举办第三届高校师范生教学技能大赛和第九届大学生职业生涯大赛。做好大学生征兵工作。

（摘编：孟力坚）

福建省深化考试招生制度改革

2016年5月12日福建省人民政府《福建省人民政府关于印发福建省深化考试招生制度改革实施方案的通知》（闽政〔2016〕20号），主要内容如下：

为深入贯彻落实党的十八届三中全会精神，根据《国务院关于深化考试招生制度改革的实施意见》（国发〔2014〕35号），结合我省实际，现就深化考试招生制度改革提出如下实施方案。

一、总体要求

（一）指导思想

高举中国特色社会主义伟大旗帜，以邓小平理论、“三个代表”重要思想、科学发展观为指导，全面贯彻党的教育方针，坚持立德树人，适应经济社会发展对多样化高素质人才的需要，从有利于促进学生健康发展、有利于科学选拔人才、有利于维护社会公平出发，落实国家总体要求，体现福建特色，突出问题导向，深化考试招生制度改革，构建更加公平公正、科学高效和灵活多样的考试招生制度，积极推进素质教育和创新人才培养，为加快福建经济社会发展提供强有力的人才支撑和智力保障。

（二）基本原则

坚持育人为本。遵循教育教学规律和人才成长规律，把促进学生健康成长作为改革的出发点和落脚点，扭转片面应试教育倾向，推进素质教育，促进学生全面而富有个性地发展。

促进公平公正。把公平公正作为改革的基本价值取向，完善考试组织规则，改革招生录取机制，加大信息公开和监督管理力度，促进入学机会公平，切实保障考试招生公平、程序公开、结果公正。

促进科学选才。适应经济社会发展对多样化高素质人才的需要，注重评价的全面性和综合性，改革考试内容，推进分类考试、综合评价、多元录取，完善政府监管机制，增加学生和高校的双向选择权，提高人才选拔水平。

坚持统筹推进。整体设计各级各类教育考试招生制度改革，推进考试、招生和管理制度综合改革，促进基础教育、职业教育、高等教育之间的衔接沟通，分阶段稳步实施。做好各项改革的衔接配套，增强考试招生改革与人才培养的协同性。

（三）总体目标

到2021年，形成分类考试、综合评价、多元录取的考试招生模式，健全促进公平、科学选才、监督有力的考试招生机制，基本建立顺应时代要求、科学规范、运行有效、具有福建特色的教育考试招生制度。

——2015年，启动考试招生制度改革，实施相关配套专项改革。

——2016年，开展普通高中学生综合素质评价改革试点；2017年，全面实施普通高中和中职学校学生综合素质评价。

——2017年，实行普通高中学业水平合格性考试、中职学校学业水平考试；2018年，全面实行普通高中学业水平合格性考试和等级性考试。

——2017年，全省统一组织实施中考，启动新的高中阶段学校招生考试改革；2020年，实施新的高中阶段学校招生考试制度。

——2018年，启动高考综合改革；2020年，实施新的高职院校分类考试招生制度；2021年，实施新的普通高校招生考试制度。

二、主要任务和措施

（一）促进入学机会公平

1. 完善中小学招生入学办法。依法实施义务教育免试就近入学政策，小学按常住人口合理确定招生范围，初中学校通过单校划片对口直升或多校划片随机派位等方式组织入学。

改革完善高中招生办法。2017 年起，中考语文、数学、英语等科目由省里统一组织实施；省一级达标高中或县（市、区）一中等优质高中，招生名额分配到初中学校的比例不少于 50%。2017 年省教育厅制定出台高中阶段学校招生考试改革方案，当年秋季入学的新生开始实行初中学业水平考试和学生综合素质评价，2020 年实施新的高中阶段学校招生考试制度。

2. 增加农村、中央苏区、革命老区学生上重点本科高校人数。实施教育部直属高校和其他自主招生试点高校面向我省农村单独招生计划，拓宽农村、中央苏区、革命老区学生就读重点高校升学渠道。实施省属本科一批高校面向我省 23 个扶贫开发工作重点县招收农村学生专项招生计划，确保 23 个省级扶贫开发工作重点县本一批录取比例不低于全省平均水平。

3. 减少和规范高考加分。2015 年起，取消体育特长生、中学生学科奥林匹克竞赛、科技类竞赛、省级优秀学生、思想品德有突出事迹者等 5 项全国性加分项目，以及省青少年科技创新大赛、填报省内高校部分农林类专业 2 项地方性加分项目。2018 年起，取消我省所有地方性加分项目。

4. 切实保障随迁子女公平就学升学机会。对符合条件的义务教育阶段随迁子女，通过自主报名结合随机派位、积分制等方式组织入学。实行高中阶段学校向接受义务教育后的随迁子女开放和同等招生录取政策。实施“异地高考”政策，完善配套措施和管理办法。

（二）改革考试形式和内容

1. 完善普通高中学业水平考试制度。普通高中学业水平考试是学生毕业和升学的重要依据。语文、数学、外语、思想政治、历史、地理、物理、化学、生物、信息技术、通用技术、体育与健康、音乐、美术 14 门科目均列入考试范围，实行全面考核，设合格性考试和等级性考试。14 门科目均设合格性考试，同一科目提供 2 次考试机会。普通高中在校学生须参加所有科目的合格性考试，成绩合格作为毕业依据。思想政治、历史、地理、物理、化学、生物 6 门科目还设等级性考试，同一科目提供 1 次考试机会。学生可根据兴趣、特长和高校选考科目要求，在 6 门等级性考试科目中选考 3 门，成绩作为高校招生录取依据。

2016 年省教育厅制定福建省普通高中学业水平考试实施办法并报教育部备案后，向社会公布。2017 年秋季，普通高中新生开始实行学业水平合格性考试；2018 年秋季，普通高中新生开始全面实行学业水平合格性考试和等级性考试。

2. 建立中等职业学校学业水平考试制度。中等职业学校学业水平考试是学生毕业和升学的重要依据，实行“文化素质 + 职业技能”评价方式。学业水平考试为合格性考试，考试科目包括公共基础知识、专业基础知识、专业技能 3 门科目，同一科目提供 2 次考试机会。中等职业学校在校学生须参加所学专业的学业水平考试，成绩合格作为毕业依据。

2017 年 8 月底前，省教育厅制定出台福建省中等职业学校学业水平考试实施办法。2017 年秋季，中等职业学校新生开始实行学业水平考试。

3. 建立完善高中阶段学生综合素质评价制度。综合素质评价主要反映学生德智体美全面发展情况，作为学生毕业和升学的重要参考。普通高中评价注重考查学生社会责任感、创新精神和实践能力，评价内容主要包括学生思想品德、学业水平、身心健康、艺术素养、社会实践等。中职学校评价注重考查学生公民素养与职业道德、基础知识与专业技能的学习能力、专业学习成果以及职业创新能力，评价内容主要包括基本素质、文化素质、职业素质等。学生综合素质评价由学校负责组织实施。评价程序包括写实记录、整理遴选、公示审核、录入系统、形成档案等。要加强组织管理，严格程序，强化监督，确保评价过程公开透明、结果真实可信。

2016 年省教育厅制定福建省普通高中学生综合素质评价实施办法并报教育部备案后，向社会公布；2016 年秋季，在部分普通高中开展学生综合素质评价改革试点；2017 年秋季，全省普通高中新生开始全面实施学生综合素质评价。2017 年 8 月底前，省教育厅制定出台福建省中等职业学校学生综合素质评价实施办法；2017 秋季，全省中等职业学校新生开始实施学生综合素质评价。

4. 推进高职院校分类考试改革。高职院校考试招生与普通高等学校相对分开，实行“文化素质＋职业技能”评价方式。2020年起，普通高中毕业生报考专科高职院校，参加职业适应性测试，文化素质考核使用高中学业水平考试成绩，参考综合素质评价。2020年起，中等职业学校毕业生报考专科高职院校，参加省里统一组织的职业技能测试，文化素质考核使用学业水平考试成绩，参考学生综合素质评价。2017年，高职院校分类考试招生成为高职院校招生主渠道，学生也可参加统一高考进入高职院校。

2016年，省教育厅制定出台高职院校分类考试实施办法。2018年，省教育厅制定出台普通高中毕业生职业适应性测试实施办法和中等职业学校毕业生职业技能测试实施办法。2020年起，实施新的高职院校分类考试招生制度。

5. 深化考试内容改革。坚持立德树人，有机融入社会主义核心价值观、中华优秀传统文化、依法治国理念等。科学设计命题内容，增强基础性、综合性、时代性、实践性，着重考查学生独立思考和运用所学知识分析问题、解决问题的能力。加强普通高中学生实验能力、动手操作能力考查，加强中职学生专业基本技能与基本实践操作能力考查。积极探索笔试、面试、实践操作等多样化的评价方式，科学有效地评价学生的综合能力。2016年起，统一高考使用国家卷。

（三）改革招生录取机制

1. 改革招生录取方式。改进高校招生投档录取模式，逐步推行按专业“一档多投”录取模式改革，增加学生和高校的双向选择权。本科院校艺术类招生继续实行按专业“一档多投”录取。2017年起，使用统一高考成绩录取的专科高职院校的招生，实行按专业“一档多投”录取。待条件成熟时，减少本科院校招生录取批次。

2. 完善高校招生管理机制。加强学校招生委员会建设，在学校招生计划安排、招生政策和录取规则制定、招生重大事项决策等方面充分发挥作用。聘请社会监督员参加学校招生录取过程的监督，增加工作透明度。健全考试录取申诉机制，及时回应处理各种问题。全面实施招生问责制，由校长签发录取通知书，对录取结果负责。

3. 完善和规范各种特殊类型招生。进一步规范高校自主招生、保送生、高水平艺术团、高水平运动队等特殊类型招生管理，公开招生办法、考核程序和录取结果，严格控制招生规模，强化考生报考资格审核、公示和监督。自主招生试点高校要合理确定考核内容和程序，加大对具有学科特长、创新潜质优秀学生的选拔力度，创新人才选拔办法。

4. 拓宽社会成员终身学习通道。扩大社会成员接受多样化教育机会，中等职业学校可实行注册入学，成人高等学历教育实行弹性学制、宽进严出。为残疾人等特殊群体参加考试提供服务。探索建立多种形式学习成果的认定转换制度，促进多种学习渠道、学习方式、学习过程的相互衔接，构建人才成长的“立交桥”。省教育厅制定出台具体实施办法。

（四）启动高考综合改革

1. 改革考试科目设置。2021年起，统一高考科目为语文、数学、外语3门，不分文理科，其中外语科目提供2次考试机会。考生总成绩由语文、数学、外语3门成绩和普通高中学业水平等级性考试3门选考科目成绩组成。选考科目由考生根据自身兴趣、特长和高校选考科目要求，在思想政治、历史、地理、物理、化学、生物等6门科目中自主选择3门。

2. 改革录取机制。建立基于统一高考和普通高中学业水平考试成绩、参考综合素质评价的多元评价的普通高校招生录取机制。2018年6月底前，招生高校要根据本校办学特色和人才培养需要，按专业提出对考生学业水平考试选考科目要求和综合素质评价使用办法，并向社会公布。

3. 改革完善高校人才选拔制度。高校要把考试招生制度改革作为提升办学质量、促进内涵发展的重要抓手，从科学选拔人才、促进学生健康发展、增加学生选择权的高度，统筹考虑办学定位、学科特色、培养需求等，改革学科专业设置，研究制定不同学科门类或专业（类）的录取要求。

2018年6月底前，向社会公布高考综合改革实施方案。2021年起，实施新的普通高校招生考试制度。

（五）加强考试招生监督管理

1. 加强信息公开。深入实施“阳光工程”，健全分级负责、规范有效的省、市、县（区）教育行政部门、高校、中小学等多级信息公开机制。加强招生信息管理与服务平台建设。进一步扩大信息公开范围，规范公开程序和内容，及时公开招生政策、招生资格、招生章程、招生计划、考生资格、录取程序、录取结果、咨询及申诉渠道、重大事件违规处理结果、录取新生复查结果等，自觉接受考生、学校和社会监督。

2. 强化制度建设。健全政府部门协作机制，加强考试安全管理制度建设，明确各级教育行政部门和教育考试机构的考试管理与安全保密责任，层层落实，构建科学、规范、严密的考试安全体系。加强考试加分管理，严格资格审核、认定和公开程序。健全诚信制度，加强考生诚信教育和诚信档案管理。

3. 加大违规查处力度。进一步完善机制，强化对报名、考试、招生录取全过程的监督检查。严明考试招生工作纪律，严格执行《国家教育考试违规处理办法》《普通高等学校招生违规行为处理暂行办法》等规定，严肃查处违法违规行为，严格追究当事人及相关人员责任，及时通报查处结果。构成犯罪的移送司法机关，依法追究刑事责任。

三、组织保障

（一）加强组织领导

考试招生制度改革是教育领域综合改革的关键环节，关系人民群众切身利益和社会和谐稳定。省教育厅要抓紧研究制定配套文件，加强分类指导，及时研究改革中遇到的新情况、新问题，不断总结经验，调整完善工作措施。各设区市、平潭综合实验区要充分尊重教育规律，结合实际，制订本地考试招生制度改革实施方案，经省教育厅备案后向社会公布实施。各地、各有关部门和高校要切实加强组织领导和统筹协调，做好风险评估和预案，确保考试招生制度改革顺利实施。

（二）强化条件保障

编制部门要按照《中央编办、教育部、财政部关于统一城乡中小学教职工编制标准的通知》（中央编办发〔2014〕72号）要求，及时将县镇、农村高中教职工编制标准调整为城市标准，满足实施普通高中学业水平考试师资需求。财政部门要会同有关部门制定普通高中生均公用经费标准，为普通高中学校正常运转提供条件保障；财政部门要统筹安排经费，进一步加强标准化考点建设。财政、物价部门要适时调整考试招生收费项目标准，确保各类考试的顺利实施。加强省、市、县三级考试机构建设，各市、县（区）要整合原有力量，组建职能相对集中统一的考试机构。省教育厅要加强命题、考务队伍建设，提升教育考试专业化水平。

（三）加强宣传引导

各地、各有关部门、高校和新闻媒体要加强考试招生制度改革宣传工作，及时做好政策解读，让公众全面准确地了解改革方案，给考生和社会以明确、稳定的预期，凝聚社会共识，夯实改革基础。坚持正确的舆论导向，加强舆情监测和引导，及时回应社会关切，为深化改革营造良好舆论氛围。

（摘编：吴 强）

福建省全面加强和改进学校美育工作

2016年5月4日福建省人民政府办公厅下发《福建省人民政府办公厅关于全面加强和改进学校美育工作的实施意见》（闽政办〔2016〕69号），主要内容如下：

为贯彻落实《国务院办公厅关于全面加强和改进学校美育工作的意见》（国办发〔2015〕71号）精神，切实加强和改进我省学校美育工作，提高学生审美与人文素养，促进学生全面发展，经省政府领导同意，提出如下实施意见：

一、总体要求和工作目标

（一）总体要求。以立德树人为根本任务，把提高学生审美与人文素养作为学校教育的基本目标之一，把培育和践行社会主

义核心价值观、弘扬和传承中华优秀传统文化艺术等融入学校美育全过程。坚持育人为本、面向全体，坚持因地制宜、分类指导，坚持改革创新、协同推进等原则，构建科学的美育课程体系，大力改进美育教育教学，统筹整合学校与社会美育资源，加强条件保障，推进学校美育工作科学健康发展。

（二）工作目标。全面加强和改进学校美育工作。到2018年，美育资源配置逐步优化，管理机制进一步完善，各级各类学校开齐开足美育课程。到2020年，初步形成大中小幼美育相互衔接、课堂教学和课外活动相互结合、普及教育与专业教育相互促进、学校美育和社会家庭美育相互联系的，具有福建特色的现代化美育体系。

二、完善美育课程体系

（三）建立学校美育课程体系。2016年起，各级各类学校要以艺术课程为主体，以审美和人文素养培养为核心，以创新能力培育为重点，建立完善各学科相互渗透融合的学校美育课程体系。

幼儿园美育要遵循幼儿身心发展规律，尊重幼儿的兴趣和独特感受，利用美的事物、组织幼儿审美活动，培育幼儿感受美、欣赏美的情趣，激发幼儿对美的表达表现力。义务教育阶段学校要开足开齐开好音乐、美术、书法课程，增设客家山歌、莆仙戏、南音等具有地域特色的校本美育课程。普通高中要在开好音乐、美术必修课程的基础上，从语文、音乐、美术选修课程中创造性地开设名剧选读、演奏、绘画、雕塑等模块供学生选学。特殊教育学校要统筹好教育康复、技能培训、美育课程和各类实践活动，为学生融入社会、创业就业和健康快乐生活奠定基础。

职业院校要把美育基础知识课程作为独立必修课纳入公共基础课教学计划，通过选修、辅修等形式开展审美鉴赏等艺术相关课程教学，将美育渗透专业教学、实习实训活动及学生职业生涯教育活动。组织开展职业院校省级优质美育课程评选，重点支持体现职教特点、民族传承、区域特色的美育课程建设。将美育纳入省中等职业学校学业水平考试和学生综合素质评价指标体系。

普通高校要发挥舞蹈学类、戏剧与影视学类、美术学类、设计学类等学科专业优势和当地文化优势，以艺术鉴赏为主开齐开足限定性选修课，以艺术实践类、艺术史论类、艺术批评类为重点开设任意性选修课。要重点建设一批与单一或多学科专业交叉融合的新型美育课程，开发一批具有民族、地域特色的共享度高、互补性强的精品美育课程。

（四）积极开发地方美育课程资源。鼓励各级各类学校加强校本美育课程建设，因地制宜开发南音、莆仙戏、闽剧等地方戏曲和闽派文化等地方文化及其他各类非物质文化遗产等地方美育课

程资源。要以戏剧、戏曲、书法、篆刻、剪纸等中华优秀传统文化艺术为重点，形成本地本校美育特色和传统。

（五）建立美育教学资源网络共享平台。开展省、市、县级“一师一优课、一课一名师”课堂教学评选活动，大力开发整合、汇集引入与国家课程教材配套的中小学校美育课程优质数字教育资源，依托福建省教育资源公共服务平台，将优质美育资源输送到包括偏远农村学校在内的各级各类学校，扩大优质美育教育资源覆盖面。高等学校要重点围绕美育理论课程、艺术鉴赏课程和美育实践课程，引进和建设一批资源共享的美育类公开课、慕课、微课等在线开放课程，并建立在线开放课程认证和学分认定制度，满足学生个性化、多样化学习需求。

三、提高美育教育教学质量

（六）创新人才培养模式。以提高学校美育教育教学质量为导向，进一步建立健全不同学段美育课程的教学模式、教学方法、课程评价、管理制度和工作机制。加强美育与德育、智育、体育相融合，与语文、数学、历史、物理等学科教学相结合，将美育贯穿于学校教育教学的全过程。开设艺术类相关专业的院校要结合我省实际，增设艺术类急需紧缺专业，改造提升艺术类传统专业，推动艺术类专业设置与产业发展、社会需求、艺术前沿的有机衔接。按照理论与实践有机融合的原则，探索开展多层次、多形式的课程审美艺术实践模式，突出学生职业综合素质培养。采取省级财政奖补、政府购买等方式，鼓励支持艺术类相关职业院校通过校企招生招工一体化、“双主体”合作育人等方式，开展艺术类专业现代学徒制人才培养模式改革。师范类艺术院校（系）要为中小学实施美育教学改革培养能够开设丰富优质美育课程的专任艺术教师。

（七）加强美育科研教研工作。建设“福建省学校美育网”，组建“福建省学校美育指导专家库”，发挥“福建省学校美育与艺术教育研究中心”决策咨询作用。以我省师范类、艺术类高等学校为主，协同相关学校（单位）、文艺团体联合打造若干个美育综合研究基地，加强学校美育改革发展重大理论和现实问题研究，产出重大学术创新与应用研究成果。在省社会科学研究规划项目和省中青年教师教育科研项目中设立美育专项课题，并对师范类、艺术类高等学校予以倾斜；省教育科学规划课题为中小学校美育教师设立专项课题。每年举办一次全省大、中小学艺术教育科研论文报告会，每年举办一次中小学、中等职业学校艺术优质课展示和高校公共艺术精品课程展示活动。

（八）面向全体学生开展美育实践活动。各级各类学校要将美育实践活动纳入学校课程教学计划，实行课程化管理。实施学生美育素养提升计划，每三年举办一届省级大学生和中小学生艺术展演活动，各市、县（区）每三年至少举办一次全市、县（区）性的艺术展演活动，各大、中小学校每年至少举办一次校园艺术节活动（艺术周或艺术月）。中小学应以班级为基础，开展合唱、校园集体舞、儿童歌舞剧等群体性活动。进一步鼓励和支持大、中小学生艺术团（乐团）建设，组织开展全省“优秀学生艺术团（乐团）”评比，进一步办好开设艺术类相关专业的院校及职业艺术院校高水平的艺术赛事与活动，充分发挥艺术活动的推动示范作用。持续开展“乡土（民间）艺术进校园”活动，建设一批中华优秀文化艺术传承学校和中小学艺术特色学校。注重校园文化环境的育人作用，巩固提升“班班有歌声，校校有校歌”活动成果，建设一批具有丰富文化内涵的“校园文化美育环境示范学校”。开展省、市、县（区）三级校外美育实践基地建设与认定工作，加强优质美育资源共享利用。

四、加强美育师资建设

（九）采取有力措施配齐美育教师。扩大中小学美育师资培养规模，鼓励非师范类艺术学科高校毕业生取得相应教师资格后担任美育教师。加大中小学美育教师补充力度，各地每年公开招聘新任教师要划出一定比例用于招聘美育教师，鼓励各地采取对口帮扶、“走教”、巡回支教等多种形式，确保全省中小学校（含教学点）开齐开足美育课程。将乡村学校新任美育教师列入农村紧缺师资代偿学费计划实施范围，省级扶贫开发工作重点县所需经费由省财政承担。引导城镇学校美育教师到乡村任（支）教，支持高校艺术专业学生到乡村学校顶岗实习，公开招募退休教师到乡村支教承担美育教学，多渠道解决乡村学校美育教师不足的问题。鼓励和引导高校艺术专业教师到中小学校担任兼职美育教师。鼓励具有艺术特长的在职教师兼职承担美育课程，教学工作量可以合并计算。

（十）提高美育师资队伍整体素质。将审美和人文素养纳入中小学教师全员培训课程体系，提高教师以美育人的能力。依托艺术专业院校和省级培训基地，开展中小学美育师资省级专项培训。在中小学教师国家级培训计划、省级培训计划中加大对美育教师的培训力度。省市县建立美育名师工作室，发挥名师工作室的辐射带动作用，促进美育师资队伍整体素质提升。加强市、县教师进修院校建设，配齐美育教研员，促进美育教师培养、培训、研究和服务一体化，搭建美育课程教学交流和教学技能培训平台。鼓励教师参与美育课程建设和改革，支持倡导教师跨学科合作开发开设美育课程。美育教师创作的作品在职称评聘中可作为教育教学成果。

五、构建协同育人机制

（十一）整合各方资源增强美育合力。各级教育部门要联合文化部门、社会艺术团体等相关单位，组织选派优秀文化艺术工作者参与学校文艺支教志愿服务等项目。各级文化部门、文联、少年宫、青少年活动中心要建立切实可行的保障、激励机制，鼓励引导艺术院团专家与社会民间艺术、非物质文化传统项目传承人等专业人士到中小学校担任兼职艺术教师，实施“结对子、种文化”——福建省校园舞蹈美育工程等项目。继续鼓励和支持省内专业文艺团体、非专业的高水平文艺社团和高校艺术团，有计划地赴大中小学开展高雅艺术和传统优秀文化艺术进校园活动，组织专家讲学团开设专题美育讲座。各专业艺术院校（系）要积极在中小学校建立对口支持的基地。探索组建美育教学联盟、文艺工作者援教联盟，依托联盟搭建农村美育支教平台。发挥社会艺术组织在加强学校美育工作中的积极作用。

（十二）开展闽台港澳艺术教育交流与合作。办好海峡两岸大中小学校长艺术与人文论坛、大学生校园戏剧和舞蹈交流展演等品牌活动。开展台湾艺术研究、艺术教育研究及两岸艺术教育交流合作研究。加强闽台港澳青少年艺术交流，鼓励与台港澳中小学校开展校际合作、师生交流等项目。推动高校与台港澳知名大学合作举办艺术教育机构或项目，联合培养产业发展急需的创新型、复合型、技术技能型人才；合作建立艺术研究中心、成果转化（育成）中心，联合开展高水平应用研究。

六、加大美育工作投入

（十三）完善学校美育设施。加快推进义务教育阶段学校美育设施标准化建设，2017 年底前，全省义务教育薄弱学校美育基本办学条件得到明显改善。2020 年，城区中小学校及乡镇中学、中心小学美育办学基本条件达到高标准配备要求，其他中小学校在达到基本配备要求的基础上，向高标准配备要求靠拢。加强高校艺术教育场馆建设，有条件的中小学要建设学生美育活动中心。各地应将文化建设项目优先布点在学校，公共文化馆、博物馆、美术馆、音乐厅、影剧院、图书馆、纪念馆、青少年宫等场馆免费或低价优惠对学生开放，做到校内外美育资源设施共建联动共享。

（十四）加大学校美育投入。各级政府要通过多种形式筹措资金，满足学校美育发展基本需求，建立学校美育器材补充机制。“十三五”期间，各级财政要进一步加大投入，结合全面改善薄弱学校基本办学条件实施计划，加强学校体艺综合楼、音乐美术教室建设等。鼓励各地筹措和利用社会资金对农村中小学校美育走教教师和兼职教师给予专项补贴。省财政安排资金用于学生美育素养提升计划。各级财政设立美育专项经费，纳入年度教育经费预算，并逐年增加，确保美育课堂教学、教师进修、兼职教师聘请、改善学校美育设施设备和举办有关美育实践活动的投入，并向农村和薄弱学校倾斜。

七、强化美育工作领导

（十五）明确职责分工。各级政府要把加强和改进学校美育工作摆上重要议事日程，认真履行发展美育的职责，将其作为实施素质教育重要突破口和重要抓手，结合实际制定具体实施方案，明确工作部署，切实抓紧抓好。教育部门作为牵头单位，要履行好学校美育工作的统筹规划、宏观指导和综合管理职责。文化部门、文联加强专业指导、行业支持，强化社会文化环境治理，重视民族传统文化的传承与发展，支持开展高雅艺术和传统优秀文化艺术进校园活动。发展改革部门指导支持、大力推进学校美育场地设施项目建设。财政部门加大学校美育工作的投入保障力度。人力资源社会保障、编办等部门支持学校美育师资队伍建设及专业人才的配备使用。宣传部门要宣传正确的美育理念，为学校美育的改革发展营造良好的社会环境。

（十六）提高管理水平。各级教育部门、各级各类学校要明确专门人员负责美育工作。有计划地组织各级教育部门管理人员和各级各类学校校长参加美育培训。制定美育教学及实践活动安全管理制度，明确安全管理工作职责，建立应急预案机制。对未能认真执行课程计划或美育工作水平持续下降的地方教育主管部门、学校和校长实行合格性评估及评优、评先一票否决。

八、强化美育评价督导

（十七）实施美育评价制度。2016年开始，将美育纳入本科教学工作审核评估、高等职业院校人才培养工作评估和中等职业学校教学工作合格评估体系。将美育作为我省初、高中学业水平考试、中小学学生综合素质评价改革的重要内容。学校美育课程实施情况纳入省级示范性高中、达标高中、义务教育管理标准化学校等评估指标体系。实施学校美育发展年度报告制度，学校每学年进行一次美育工作自评，并通过当地教育部门官方网站信息公开专栏向社会公示自评结果。各级教育部门每年要全面总结本地区各级各类学校美育工作，编制并公开发布年度报告。

（十八）加强美育督导监测。把美育工作纳入“对县督导”“教育强县”评估体系，重点加强对学校开足开齐美育课程、专任教师队伍建设、专用教室配备等情况的督导检查。适时开展美育工作专项督导。充分运用中小学校督导评估机制，强化学校美育工作督导评估。把美育质量监测纳入省级基础教育质量监测体系，向社会公开发布监测报告。

（摘编：郭　虹）

福建省进一步完善城乡义务教育经费保障机制

2016年3月19日福建省人民政府《福建省人民政府关于进一步完善城乡义务教育经费保障机制的实施意见》(闽政〔2016〕16号),主要内容如下:

为深入贯彻国务院关于进一步完善城乡义务教育经费保障机制的决策部署,推动我省义务教育均衡发展,根据《国务院关于进一步完善城乡义务教育经费保障机制的通知》(国发〔2015〕67号)精神,结合我省实际,提出以下贯彻意见:

一、充分认识完善城乡义务教育经费保障机制的重要意义

义务教育是公共财政重点保障的领域,自2006年实施农村义务教育经费保障机制改革以来,我省义务教育特别是农村义务教育经费保障水平稳步提升,城乡免费义务教育全面实现,并对农村义务教育学校学生免费提供教科书、学生字典等,有力促进了农村义务教育发展,县域内义务教育均衡发展水平不断提高。2013年,全省90个县(市、区)提前两年全面实现"双高普九"目标。但随着新型城镇化建设和户籍制度改革的推进,学生流动性加大,现行义务教育经费保障机制和惠民政策,存在政策不统一、携带性不强、资源配置不够均衡等问题,需要进一步改革完善。

建立健全城乡统一、重在农村的义务教育经费保障机制,是教育领域的一项重大举措,有利于推动地方政府优化教育布局,推动我省城乡义务教育在更高层次的均衡发展,促进教育公平、提高教育质量;有利于促进劳动力合理流动,推动经济结构调整和产业转型升级;有利于促进基本公共服务均等化,构建社会主义和谐社会,建设人力资源强省。

二、主要任务及要求

进一步完善我省城乡义务教育经费保障机制的主要任务是构建城乡一体、资源配置均衡、保障水平稳步提升、管理规范有效的新型义务教育经费保障机制。具体要求如下:

(一)构建城乡一体保障机制。适应新型城镇化建设和户籍制度改革新形势,并按照财税体制改革、教育领域综合改革的新要求,完善城乡一体化义务教育经费保障机制,增强政策的统一性、协调性和前瞻性。

(二)稳步提升保障水平。继续加大义务教育投入,整合专项资金,盘活存量,优化支出结构,用好增量,重点向农村义务教育倾斜,向贫困地区、原中央苏区县、革命老区倾斜,统筹解决城市义务教育相关问题,促进城乡义务教育均衡发展。

(三)创新经费管理方式。建立健全教育基础信息管理系统,提升教育管理信息化水平。建立义务教育转移支付与学生流动相适应的管理机制,实现相关教育经费可携带,增强学生就读学校的可选择性。

(四)完善经费分担机制。完善省、市、县(区)分项目、按比例分担的义务教育经费保障机制,加大对省级扶贫开发工作重点县等欠发达地区义务教育转移支付的统筹力度,提高欠发达地区义务教育经费保障水平。

三、主要内容及经费分担办法

(一)主要内容

1. 统一城乡义务教育"两免一补"政策。对城乡义务教育学生免除学杂费、免费提供教科书,对家庭经济困难寄宿生补助生活费(统称"两免一补”)。民办学校学生免除学杂费标准按照省定的生均公用经费基准定额执行。免费教科书资金，国家和省规定课程由省级及以上财政全额承担，地方课程由市、县（区）财政承担。家庭经济困难寄宿生生活费补助资金及农村义务教育学生营养改善计划资金由省、市、县（区）按比例分担。

2. 逐步提高城乡义务教育学校生均公用经费基准定额。继续执行省定城乡统一的义务教育学校生均公用经费基准定额，并适当提高寄宿制学校、小规模学校公用经费补助水平，所需资金由省、市、县（区）按比例分担。各地现有公用经费补助标准高于省定基准定额标准的，要确保水平不降低。鼓励各地根据实际，提高城乡义务教育学校生均公用经费基准定额，增加对边远及海岛学校公用经费补助。

3. 巩固完善义务教育学校校舍安全保障长效机制。支持市、县（区）按照《福建省中小学校舍安全保障长效机制实施意见》的要求，建立健全中小学校舍安全保障经费投入机制，完善公办义务教育学校维修改造、抗震加固、新改扩建校舍及其附属设施项目建设规划编制制度，建设所需资金纳入地方公共财政预算。省级在安排中小学校舍安全保障长效机制专项资金时，将同时考虑各地城区中小学扩容建设因素，继续采取“以奖代补”方式给予适当奖励。

4. 巩固落实城乡义务教育教师工资政策。县级人民政府确保县域内义务教育教师工资按时足额发放，财政、教育部门在分配绩效工资时，要加大对艰苦边远贫困地区的倾斜力度，要依法依规落实乡村教师工资待遇政策，依法为教师缴纳住房公积金和各项社会保险费。

5. 加大对义务教育发展薄弱环节投入。在实现“两免一补”和生均公用经费基准定额资金随学生流动可携带的同时，继续实施农村义务教育薄弱学校改造计划等相关项目，着力解决城乡义务教育发展中存在的突出问题和薄弱环节。2016—2020 年，省财政安排 23 个省级扶贫开发工作重点县教育专项资金每县 2000 万元，支持当地义务教育等发展。

（二）经费分担办法

落实省定城乡统一的义务教育学校生均公用经费基准定额标准（含增加公办寄宿制学校、小规模学校公用经费补助）、农村义务教育学生免作业本费及营养改善所需经费，参照省政府确定的省、市、县（区）财政分档分担情况，分四档进行补助（详见附件 1）。第一档按 8∶2 比例进行分担，即省级财政承担 80%；第二档按 6∶4 比例进行分担，即省级财政承担 60%；第三档按 4∶6 比例进行分担，即省级财政承担 40%；第四档按2∶8 比例进行分担，即省级财政承担 20%；厦门市完善城乡义务教育经费保障机制所需资金由厦门市自行承担。

四、实施步骤

（一）2016 年

1. 全省城乡义务教育学校生均公用经费基准定额，继续执行普通小学每生每年 650 元、普通初中每生每年 850 元标准，并对公办寄宿制学校按照寄宿生年生均 300 元标准增加公用经费补助。继续对不足 100 人的公办小学按 100 人核定公用经费；同时，对 100—200 人的公办小学按 200 人核定公用经费，对不足 300 人的公办初中校按 300 人核定公用经费。

2. 特殊教育学校和特教班生均公用经费基准定额标准按照每生每年 6800 元执行。随班就读残疾学生生均公用经费基准定额标准参照特殊教育学校标准执行，其中高于普通学生生均公用经费基准定额部分，所需经费由市、县（区）政府承担。

3. 继续对农村义务教育学生免费提供教科书、正版学生字典和作业本。从 2016 年秋季学期开始，免费提供教科书、正版学生字典范围扩大至所有城乡义务教育学生（含民办学校）。

4. 继续推进农村义务教育学生营养改善计划，对农村义务教育公办寄宿制学校寄宿生、城乡义务教育公办寄宿制学校中低保和建档立卡贫困家庭寄午餐学生，按每生每年 1000 元标准进行营养餐补助；同时，对城乡义务教育公办寄宿制学校中家庭经济困难寄宿生，按小学每生每年 1000 元、初中每生每年 1250 元标准补助生活费。

5. 实施乡村教师支持计划。继续实施 23 个省级扶贫开发工作重点县补充教师资助计划，所需经费由省财政承担。建立乡村教师生活补助制度，乡村教师除享受乡镇工作补贴外，按平均每人每月不低于300元的标准予以生活补助，具体由各地依据学校艰苦、边远程度实行差别化的补助标准，补助额度不纳入绩效工资总量，所需经费当地政府承担。23个省级扶贫开发工作重点县所需经费由省财政予以综合奖补。各地现有乡村教师补助标准高于省定最低补助标准的，要确保水平不降低，鼓励有条件的地方提高对边远、艰苦地区农村教师生活补助标准。

（二）2017年

1. 从2017年开始，城乡义务教育学校生均公用经费基准定额，提高到普通小学每生每年750元、普通初中每生每年950元。在此基础上，对公办寄宿制学校按照寄宿生年生均400元标准增加公用经费补助。

2. 继续对城乡义务教育学生免费提供教科书、正版学生字典，并健全部分教科书循环使用制度，继续对城乡家庭经济困难寄宿生给予生活费补助。

3. 建立健全城乡义务教育学校信息技术等大件教学设备更新经费保障机制，县级政府应安排专项资金为辖区内义务教育学校更新计算机等设备，提高义务教育中小学信息技术应用水平，原则上每5年更新一次。

（三）以后年度

根据国家义务教育投入政策调整情况，以及我省义务教育发展过程中出现的新情况新问题，适时完善城乡义务教育经费保障机制相关政策措施。

五、组织保障

（一）切实落实各级政府应承担的责任。省级人民政府要进一步完善义务教育经费转移支付制度，加大对欠发达地区的支持力度。经济欠发达地区市、县（区）政府要落实相关要求，健全本地区城乡义务教育经费保障机制，县级政府要按照义务教育“以县为主”的管理体制，落实主体责任，将义务教育正常办学和发展所需经费全额纳入公共财政保障范围。省级将建立健全市、县（区）政府落实教育投入责任绩效评价机制，推动各地切实落实义务教育经费法定增长。各设区市应尽快制定城乡义务教育经费保障机制实施方案，连同家庭经济困难寄宿生人数，于3月底前上报省财政厅、省教育厅。

（二）优化中小学布局和资源配置。各地要根据农村城市化进程，人口流动的情况、产业和城市发展规划，及时调整完善中小学布局规划，将民办学校纳入本地区教育布局规划，完善义务教育民办学校扶持政策和管理机制。稳妥撤并乡村学校，保障适龄儿童就近入学，消除城镇学校“大班额”。进一步完善寄宿制学校、小规模学校及边远地区学校办学经费和条件保障机制。深化教师人事制度改革，健全城乡教师和校长交流机制，促进优质教育资源的均衡配置。

（三）加强经费预算和绩效管理。各市、县（区）人民政府要加强县域内教育经费的统筹安排，财政、教育部门要加强对义务教育学校全口径预算编制工作的指导和管理，细化预算编制，硬化预算执行，强化预算监督。同时，严格按照新修订的《中小学财务制度》要求，规范义务教育学校财务管理，建立健全义务教育经费使用管理绩效评价机制，切实提高经费使用效益。各级教育部门要加强义务教育综合信息管理，确保学生学籍信息、学校基本情况、教师信息等数据真实准确，为科学调整中小学布局、完善义务教育经费保障政策及资源均衡配置，提供决策支持。

（四）完善信息公开和监督检查机制。各级人民政府要将义务教育经费预算安排、执行情况向同级人民代表大会报告，并及时向社会公布，接受社会监督。各级财政、教育、物价、审计、监察等有关部门要齐抓共管，每年定期对义务教育经费投入、使用管理、学校收费等情况进行监督检查，确保义务教育经费及时、足额落实到位，充分发挥资金使用效益。

（五）加大宣传力度。各市、县（区）有关部门要加强统一城乡义务教育经费保障机制的宣传工作，广泛利用各种宣传媒介，采取多种方式，向社会进行深入宣传，使党和政府的教育惠民政策家喻户晓、深入人心，确保统一城乡义务教育经费保障机制各项工作落实到位。

本通知自2016年起执行。凡以往规定与本通知规定不一致的，按本通知规定执行。

附：

城乡义务教育经费保障机制省级分档补助比例表

档　次	转移支付补助分档	省级分担比例
第一档	闽清、永泰、平潭、明溪、清流、宁化、大田、尤溪、沙县、将乐、泰宁、建宁、邵武、建阳、顺昌、建瓯、浦城、武夷山、光泽、松溪、政和、福鼎、霞浦、福安、古田、屏南、寿宁、周宁、柘荣、仙游、云霄、漳浦、诏安、东山、南靖、平和、华安、长汀、永定、上杭、武平、漳平、连城、安溪、永春、德化、延平、三元、蕉城（46 个县、3 个区）	80%
第二档	连江、罗源、南安、长泰、三明本级及所辖区、南平本级及所辖区、宁德本级及所辖区、莆田本级及所辖区	60%
第三档	闽侯、长乐、永安、福清、龙海、惠安、漳州本级及所辖区、龙岩本级及所辖区	40%
第四档	晋江、石狮、福州本级及所辖区、泉州本级及所辖区	20%

（摘编：王诗诚）

福建省2016年深化医药卫生体制改革工作重点

福建省人民政府办公厅于2016年4月21日下发《福建省人民政府办公厅关于印发福建省2016年深化医药卫生体制改革工作要点的通知》（闽政办〔2016〕55号），要点如下：

2016年是深化推进我省医改综合试点工作的关键之年。我省医改工作要按照省委、省政府印发的《福建省深化医药卫生体制改革综合试点方案》（闽委发〔2015〕3号）总体部署和时间表、路线图，坚持医疗、医保、医药“三医联动”，强化体制机制创新，扎实推进各项改革任务，实现“十三五”医改工作的良好开局。

一、持续深化公立医院改革

（一）切实发挥公立医院管理委员会作用。进一步明确各级公立医院管理委员会职责和履职形式，理顺公立医院管委会与职能部门关系，落实其对公立医院资产、财务、人事、薪酬、绩效、管理目标、政策投入等重大事项决策与监督权，推动各级公立医院管委会实质性运作。（各设区市政府、平潭综合实验区管委会，省卫计委、省委编办、省医改办负责）

（二）实行公立医院院长目标年薪制和内部分配制度改革。推行公立医院院长目标年薪制。实行省属公立医院院长目标年薪制，合理核定年薪水平，与绩效考核结果相挂钩，并由财政全额负担。各地相应启动院长目标年薪制改革工作，制定院长目标年薪制管理办法和考核方案。研究制定公立医院绩效工资总额管理办法，与院长绩效考核结果挂钩。完善医院内部分配机制。研究制定公立医院内部分配指导意见，在核定工资总额内自主分配，体现多劳多得、优绩优酬。（省医改办、卫计委、人社厅、财政厅，各设区市政府、平潭综合实验区管委会负责）

（三）落实公立医院独立法人地位和管理自主权。实行院长负责制和聘用制、任期目标管理责任制、问责制，建立健全医院内部决策执行机制，各级政府切实将人事管理、副职推荐、中层干部聘用、内部分配、年度预算执行等方面自主决定权下放至医院。各级卫计行政部门负责人一律不兼任公立医院领导职务。（各设区市政府、平潭综合实验区管委会，省卫计委、省人社厅、省委编办、省医改办负责）

（四）推进公立医院人事制度改革。继续深化编制人事制度改革，合理核定各级公立医院人员总量，研究制定公立医院编制使用备案制实施办法。健全岗位管理、公开招聘和人员聘用制度，打破编内编外人员的身份界限，保留原有编内人员事业单位人员待遇，变身份管理为岗位管理，逐步推进编外聘用人员与在编人员同岗同薪，研究省属公立医院编内编外人员参加养老保险办法。推进基层医疗卫生机构职称评聘制度改革，适当提高县级公立医院高级职称岗位结构比例。（省委编办、省人社厅、省卫计委、省财政厅负责）

（五）控制医药费用不合理增长。全面开展控费工作，建立公立医院费用控制激励约束机制。通过药品带量议价采购、加强行政监管、开展医保支付方式改革、健全医院内部控费机制等措施，有效控制公立医院医药费用不合理增长。到2016年底，全省公立医院药占比（不含中药饮片）降到34%以下，百元医疗收入（不含药品收入）消耗卫生材料降到25元以下，个人卫生支出占卫生总费用比例控制在27%左右。（省卫计委、医改办、人社厅、财政厅、物价局，各设区市政府、平潭综合实验区管委会负责）

（六）建立医疗服务价格动态调整机制。开展医疗服务价格调整监测评估，进一步理顺省市县不同等级医疗机构间和医疗服务项目的比价关系，同步做好与财政投入和医保政策衔接，逐步建立以成本为基础的价格动态调整机制；推进医疗服务定价方式改革；实行公立医院服务价格分类管理，放开部分竞争充分、个性化需求较强的医疗服务价格，由公立医院自主定价。（省物价局、卫计委、人社厅、财政厅、医改办，各设区市政府、平潭综合实验区管委会负责）

（七）*加强公立医院财务和预算管理*。公立医院所有收支全部纳入部门预算统一管理。建立健全预算编制、审批、执行、监控、调整、决算、分析和考核制度。推行全成本核算，规范支出和结余管理，重点加强人员支出核算。建立健全财务报告，、注册会计师审计、财务信息公开及总会计师制度。2016 年底，全省所有公立医院实施全面预算管理和全成本核算，实行财务报告和注册会计师审计制度，所有三级医院设置总会计师岗位。（省卫计委、财政厅，各设区市政府、平潭综合实验区管委会负责）

（八）*加强绩效考核和评估*。将院长薪酬制度改革、控费落实情况等医改指标纳入各级政府年度绩效考核内容。2016 年 5 月底前各设区市要制定出台公立医院绩效考评政策，建立与省、市、县级公立医院功能定位相适应的绩效考评体系，考核结果与医院等级评审评价、医保支付、财政补助、工资水平等挂钩。（省卫计委、医改办、人社厅、财政厅、物价局，各设区市政府、平潭综合实验区管委会负责）

二、推进医疗保障制度改革

（九）*改革医保管理体制*。研究制定推进市县基本医保管理体制改革意见，2016 年 6 月底前完成各设区市城镇职工、城镇居民、新农合经办机构和药品采购、结算职能整合，组建市医疗保障基金管理中心；2016 年底前完成现有城镇居民、新农合信息系统改造，整合为城乡居民医保信息系统。（省委编办、省医改办、省卫计委、省人社厅，各设区市政府、平潭综合实验区管委会负责）

（十）*推进医保支付制度改革*。各统筹区政府制定出台基本医疗保险支付制度改革具体实施办法；完善总额控制下的复合式医保支付制度，合理确定各统筹区医保基金结余留用与超支分担比例；扩大单病种试点病种数至 100 个病种以上（包括部分中医优势病种）；结合普通门诊统筹的开展实行按人头付费，推广精神病治疗实行按床日付费，鼓励各地探索开展按疾病诊断关联性分组（DRGs）付费方式。探索实行中西医治疗同病同支付标准。（省人社厅、卫计委、医改办、财政厅、物价局，各设区市政府、平潭综合实验区管委会负责）

（十一）*实行医保药品支付新机制*。建立省医保联席会议制度。研究制定医保药品支付标准制定规则，探索按通用名制定部分医保药品支付标准。全面实行 2016 年医保药品支付标准，引导医疗机构控制成本和合理用药。（省医改办、人社厅、卫计委、财政厅、物价局、审计厅，各设区市政府、平潭综合实验区管委会负责）

（十二）*完善多层次医疗保障制度*。进一步完善城乡居民大病保险和疾病应急救助制度，全面实行医疗救助"一站式"即时结算，形成无负担能力患者急救费用保障机制。鼓励发展商业健康保险。（省民政厅、卫计委、人社厅、医改办、财政厅、福建保监局，各设区市政府、平潭综合实验区管委会负责）

三、深化基层医疗卫生机构综合改革

（十三）*建立责权对应的基层管理新体制*。各设区市要制定出台深化基层医疗卫生机构综合改革实施办法，全面推进乡镇卫生院和社区卫生服务中心"一归口、三下放"管理体制，落实院长（主任）经营管理自主权；完善基层医疗卫生机构绩效工资政策，探索奖励性绩效工资增量的提取办法，健全内部收入分配机制。（各设区市政府、平潭综合实验区管委会，省卫计委、省委编办、人社厅、财政厅负责）

（十四）*切实转变基层服务模式*。在城市社区大力推行以基本医疗为重点的家庭医生签约服务工作，完善家庭医生签约服务内容、绩效考核、医保支付等政策。每个县（市、区）至少选择一所社区卫生服务中心开展家庭医生签约服务试点工作；继续在农村地区推进乡村医生签约服务。在乡镇卫生院开展初诊和转诊服务试点。（各设区市政府、平潭综合实验区管委会，省卫计委、人

社厅、财政厅负责）

（十五）加强基层人才队伍建设。进一步完善住院医师、全科医师规范化培训制度，继续实施特岗医师和山区市县定向培养本土化高等教育医学人才计划，充实基层卫生人才队伍；加强乡村医生队伍建设，落实乡村医生多渠道补偿政策，支持有条件地区组织在岗乡村医生参加较高档次城乡居民社会养老保险，支持符合条件的乡村医生参加企业职工基本养老保险。建立乡村医生退出机制。（省卫计委、人社厅、教育厅、财政厅，各设区市政府、平潭综合实验区管委会负责）

四、健全完善分级诊疗体系

（十六）提升基层服务能力。优先发展县级公立医院，继续实施县级医院能力提升工程，加强县级医院综合能力标准化建设，配置医疗设备。继续支持乡镇卫生院、社区卫生服务机构、村卫生室标准化建设，改善乡镇卫生院周转宿舍条件。（省发改委、财政厅、卫计委，各设区市政府、平潭综合实验区管委会负责）

（十七）创新医联体建设。全省要统筹指导医疗联合体推进工作，各地要制定推进医疗联合体建设工作方案，推动多形式、多类型医疗联合体建设，鼓励有条件的设区市充分整合区域内医疗卫生资源，设立技能培训中心、临床检验中心、影像中心和康复中心等，利用互联网技术提升基层服务能力。（省卫计委，各设区市政府、平潭综合实验区管委会负责）

（十八）推进医师多点执业。切实落实医师多点执业管理办法，鼓励医师到基层医疗卫生机构和非公立医疗机构多点执业。放宽多点执业医师职称限制，实行执业医师多点执业备案管理，促进区域医疗卫生人才充分有序流动。（省卫计委、人社厅、财政厅、物价局负责）

（十九）扩大分级诊疗试点。各地要制定出台完善分级诊疗制度具体办法，加快建立基层首诊、双向转诊制度，综合运用医疗、人才、价格、医保支付、绩效考核等激励约束措施，制定常见病种入院、出院标准和转诊办法。总结厦门等试点经验，扩大分级诊疗试点范围，积极推行慢性病管理分级诊疗服务模式。研究出台县级公立医院服务项目清单。2016年底全省县域内就诊率达80%左右。（各设区市政府、平潭综合实验区管委会，省卫计委、人社厅、物价局、医改办负责）

五、大力发展社会资本办医

（二十）落实社会资本办医政策。各设区市要制定出台加快推进社会办医实施办法，切实放开准入范围，落实社会办医在土地、规划、投融资、价格、财税等方面的扶持政策，保障非公立医疗机构与公立医疗机构在医保定点、职称评定、等级评审、技术准入、科研立项等方面享受同等待遇。研究制定公立医院对外投资和参与社会资本合作办医管理办法。加强对社会办医监督管理，将其纳入统一的医疗质量控制与评价范围，规范和促进非公立医疗机构诚信经营。（省发改委、卫计委、财政厅、人社厅、商务厅、国资委、物价局、机关事务管理局，各设区市政府、平潭综合实验区管委会负责）

（二十一）积极推进社会办医产业建设。加快推进非公立医疗机构成规模、上水平发展。重点推动厦门、莆田、泉州等地医疗健康产业园区建设取得突破，吸引省内外及台、港、澳资本或服务提供者到我省设立医院，加快引导福州、漳州等地社会资本办医项目落地建设。（省发改委、卫计委、财政厅，各设区市政府、平潭综合实验区管委会负责）

六、完善药品供应保障机制

（二十二）开展药品带量议价采购。根据省政府办公厅《关于完善公立医疗机构药品集中采购工作的若干意见》（闽政办〔2015〕124号）精神，各设区市、平潭综合实验区及省属医疗机构，按采购片区组成采购联合体或医院集团（联盟），积极组织开展带量议价采购，进一步降低药品价格。建立药品费用集中结算新机制，实行药品采购统一结算账户，有条件的设区市由整合后的医疗保障基金管理中心统一结算。（省药采办、卫计委，各设区市政府、平潭综合实验区管委会负责）

（二十三）建立激励约束新机制。研究制定各统筹区医疗机构药品、医用耗材等成本控制考核奖励办法，医疗机构带量采购产生的低于医保支付价格的差价，上缴同级财政部门，设立专项奖励基金，单独增加医院绩效工资总量，用于提高医务人员薪酬待遇。（省医改办、卫计委、财政

厅、人社厅，各设区市政府、平潭综合实验区管委会负责）

（二十四）完善药品配送制度。制定完善药品配送管理办法，各设区市、平潭综合实验区要进一步完善药品配送企业遴选工作，提高药品配送企业集中度，降低药品配送成本，提高偏远地区药品配送到位率。（省商务厅、卫计委、物价局，各设区市政府、平潭综合实验区管委会负责）

（二十五）加强药品安全监管和规范流通经营行为。加强药品质量监管，加大对中标药品的抽检力度。建立健全不良企业黑名单制度。（省食品药品监管局、商务厅、工商局、卫计委，各设区市政府、平潭综合实验区管委会负责）

七、统筹推进相关领域改革

（二十六）合理配置医疗卫生资源。启动实施全省医疗卫生资源配置标准和医疗机构设置规划(2016—2020年)，完善与省、市、县功能定位适应的医疗卫生服务体系，从严控制公立医院床位规模、建设标准和大型医用设备配置。研究制定省属公立医院“十三五”发展规划，明确床位建设和大型设备配置等发展目标。（省卫计委、发改委、财政厅，各设区市政府、平潭综合实验区管委会负责）

（二十七）建立常态化财政投入机制。进一步落实各级政府办医责任，实行差别化的财政投入政策，完善公立医院政府补偿机制，建立规范财政资金对公立医院常态化投入机制，在科学制定区域卫生发展规划的基础上，落实财政定项补助政策。研究制定省属公立医院政府投入办法。（省财政厅、发改委、卫计委，各设区市政府、平潭综合实验区管委会负责）

（二十八）推进卫生信息化建设。建设省级医改监测管理平台。进一步整合人口健康信息资源，推进开展远程医疗信息系统建设，建立区域医学影像中心等，发挥信息化对医改的支撑作用。（省卫计委、发改委、数字办、财政厅，各设区市政府、平潭综合实验区管委会负责）

（二十九）完善医改推进机制。落实省医改领导小组成员单位负责人挂钩联系制度，定期对各地医改工作进行指导和督查，建立省、市医改联动机制。加强医改监测和评估，落实医改工作月调度和信息报送制度，及时通报各地医改进展情况，总结推广医改典型经验。加强宣传培训，调动各方参与医改的积极性，为深化医改创造良好的舆论氛围和社会环境。（省医改办、省委编办、省卫计委、省发改委、省财政厅、省人社厅、省委宣传部，各设区市政府、平潭综合实验区管委会负责）

（摘编：杨立群）

福建省推进分级诊疗制度建设

2016年1月28日福建省人民政府办公厅下发《福建省人民政府办公厅关于推进分级诊疗制度建设的实施意见》（闽政办〔2016〕20号），主要内容如下：

为贯彻落实《国务院办公厅关于推进分级诊疗制度建设的指导意见》（国办发〔2015〕70号）和《中共福建省委、福建省人民政府关于印发〈福建省深化医药卫生体制改革综合试点方案〉的通知》（闽委发〔2015〕3号），加快建立分级诊疗制度，促进医疗资源合理利用，经省政府领导同意，提出如下实施意见。

一、总体要求

围绕促进基本医疗卫生服务的公平性与可及性，遵循医学科学规律，按照以人为本、群众自愿、统筹城乡、创新机制的原则，以提高基层医疗服务能力为重点，以家庭医生签约服务为切入点，以常见病、多发病、慢性病分级诊疗为突破口，通过引导群众到基层首诊、畅通双向转诊通路、构建急慢分治格局、完善上下联动机制，逐步建立和完善分级诊疗制度。

2017年全省分级诊疗制度建设取得突破性进展，县（市）域内就诊率提高到90%左右，基层医疗卫生机构诊疗量占总诊疗量比例达65%。到2020年，分级诊疗服务能力全面提升，保障机制逐步健全，适应分级诊疗制度的医疗服务体系基本构建，基本建立符合国情省情的分级诊疗制度。

二、主要任务

（一）加快建立分级诊疗运行机制

1. 明确各级各类医疗机构功能定位。省、市三级医院主要提供急危重症和疑难杂症的诊疗服务，临床手术项目以三、四级手术为主，接受市、县医院转诊，逐步减少省、市三级医院普通门诊就诊比例，提高预约转诊比例。对基层中医药服务能力不足及薄弱地区的中医院应区别对待。县级医院主要提供县域内常见病、多发病诊疗服务，急危重症抢救和疑难杂症向上转诊服务，接受基层医疗机构转诊，临床手术项目以一、二级手术为主，适度开展外转率高的三级手术。中医类医院发挥中医药诊疗服务优势。基层医疗卫生机构发挥首诊平台作用，主要开展常见病、多发病的诊疗服务，提供初步急救服务。康复医院、护理院等提供治疗、康复、护理服务。2016年上半年，各级各类医疗机构应根据功能定位和诊疗服务总体清单制定本机构诊疗项目清单及诊疗项目发展规划。

2. 明确分级转诊标准和指南。依据诊疗科目、技术准入、专业收治等规定，以及诊断难度、治疗难度、社会效应等因素，确定分级转诊标准。根据医院级别、服务清单，明确各级各类医院应完成的医疗服务技术，制定分级转诊指南。明确分级转诊流程，由基层医疗机构向上级医院转诊的，实行医生指导下的有序转诊。患者自行越级就诊的，原则上不予出具转诊单，转诊信息系统内不加注转诊标识。护理院、康复院可按协作关系转诊。由上级医院向下转诊患者的，按病情稳定与康复需要进行转诊，稳定的康复患者可直接转诊到社区。医疗联合体内上下转诊按院内转科简化转诊手续。2016年上半年，由省卫生计生部门制定分级转诊标准与指南。

3. 逐步建立基层首诊制度。通过公示基层诊疗服务清单，实行家庭医生签约服务，吸引群众自愿到基层首诊，基层中医工作薄弱地区的县级中医院其门急诊纳入首诊单位。通过提高基层报销比例，降低和取消普通门诊起付线，试行部分慢性病基本药物免费，鼓励群众自愿到基层首诊。通过三级医院为基层转诊预留号源，提供便捷转诊服务，引导群众到基层首诊。2016 年上半年，各设区市至少选择 1 个城区和 1 个县（市）开展基层首诊试点，2017 年基本建立基层首诊制度。

4. 建立健全双向转诊制度。省、市、县级医院安排专门科室负责转诊事宜。上级医院应当为基层和下级医院预留一定比例门诊号、检查号、检验号、住院床位等，优先接诊基层和下级转诊患者。鼓励上级医院制定药物治疗方案，在下级医院或者基层医疗卫生机构实施治疗。对需要住院治疗的急危重症患者、手术患者，建立绿色转诊通道。推广厦门、三明等地加强基层医疗机构药品配备的做法，适应基层拓展诊疗项目和接收下转患者治疗需求，按照医保和新农合用药目录放宽基层药品目录。2016 年，省属三级医院为市、县级医院和基层医疗卫生机构预留门诊号源不低于 30%，2017 年增加到不低于 50%。

（二）进一步加强分级诊疗体系建设

1. 优化分级医疗资源配置。重点控制三级综合医院规模扩张，鼓励开办儿童、精神、传染、肿瘤等专科医院，大力发展康复、护理、临终关怀等慢性病长期照护机构。加强县级综合医院临床专科建设，重点加强县域内常见病、多发病相关的急诊急救、重症医学、标准化手术室、血液净化、妇产科、儿科、传染科、精神科、康复科、中医科等临床专科建设。县级中医院重点加强针灸、骨伤、推拿、肛肠等中医特色专科建设。优化基层医疗卫生机构布局，加强基层医疗卫生机构标准化建设。推进县域医学影像诊断、医学检验、病理诊断、心电诊断、血液透析、消毒供应等资源共享。

2. 推进城乡医院对口支援和医疗联合。完善城乡对口支援模式，结合分级诊疗体系建设需求，实行城乡医院划片对口支援，推进省级综合医院支援县级医院与省级专科医院支援市级医院相结合的层级支援，重点扶持县级医院重点专科建设。推广福州市医疗联合体经验，以促进优质医疗资源纵向流动为导向加强医疗联合体建设，构建城乡医院紧密互动、分工协作，省、市、县、乡纵向一体的医疗服务网络，促进接续性诊疗服务链的形成。至 2016 年底，建成省市医院为骨干，县乡医疗机构为成员的医疗联合体集群，在医疗联合体内率先形成基层首诊、上下转诊的分级诊疗运行机制。

3. 全面推进家庭医生签约服务。各地要以家庭医生签约服务为切入点，推广厦门市“三师共管”慢病诊疗工作经验和福州市社区卫生服务团队签约服务工作经验。拓展家庭签约服务内容，签约服务以基本医疗服务为主，提供健康与就诊咨询、预约转诊服务、行动不便患者上门诊疗服务，体现签约服务优势。推广长汀县高血压、糖尿病等慢性病签约服务免费提供高血压、糖尿病等基本药物，开具慢性病长期处方做法，吸引居民在基层首诊。试点开展按年度收取签约服务费用，建立按照居民签约服务数量、质量获得合理报酬的激励机制，鼓励家庭医生多劳多得。2017 年底，城市全科医生签约服务覆盖率不低于 30%。

4. 调动医务人员积极性。推广长汀县“一归口、三下放”经验。由县级财政落实乡镇卫生院和社区卫生服务中心人员经费，按照“按月预拨，年终结算”的方式，及时足额拨付人员经费。完善绩效工资政策，可将基础性绩效工资和奖励性绩效工资的总量全额交由基层医疗卫生机构自主分配，对超额完成工资任务并年度绩效考核合格及以上的基层医疗卫生机构，各地可探索奖励性绩效工资增量的提取办法，具体办法由各地人社、财政、卫计部门确定。鼓励基层发展基本医疗服务和特色专科项目，激励医务人员多劳多得、优绩优酬。

进一步完善我省引进人才优惠政策，吸引高层次人才到县级医院就业。实施县级医院骨干医师培训计划，培养一批技术骨干和科室带头人。通过转岗培训、定向培养，多渠道培养全科医生。支持省属医学院校开设全科医学专业，加快全科医生后续人才培养。

（三）完善分级诊疗配套政策

1. 发挥价格引导作用。理顺医疗服务比价关系，建立医疗服务价格动态调整机制和实行差别化价格政策。逐步降低药品、耗材、检查等价格，逐步提高医务人员技术劳务项目价格。完善分级诊疗配套服务价格政策，制定签约服务价格，鼓励基层开展慢性病管理、康复护理服务。细化远程会诊项目收费，制定远程医学影像诊断、远程病理诊断等远程会诊价格，鼓励开展远程医疗服务。

2. 发挥医保引导作用。提高医保（新农合）基层医疗卫生机构门诊和住院报销比例，拉开基层与不同等级医院或县域内外医院的报销差距。对按照分级诊疗规范要求从基层办理转诊以及符合下转指征到基层治疗的，实行差别化医保（新农合）报销政策。有条件的地方可在基层探索在一定数额范围内免费使用基本药物。推广基层医疗卫生机构取消普通门诊起付线、在医疗联合体内转诊取消二次起付线的经验。对县级医院无法诊治，转诊上级医院治疗的医保（新农合）给予充分保障。完善省属医院“每出院病人次均费用”控费办法，鼓励三级医院看大病。探索制定非急诊疾病未经转诊自行越级就诊提高自付比例或不予报销政策，引导群众合理就医。降低中医药服务项目报销起付线，提高报销比例，鼓励开展中医药服务。对设有个人自付比例的疗效确定的中医诊疗技术项目，适当降低个人先行自付比例。

3. 发挥信息化的促进作用。发挥我省卫生信息化程度较高的优势，借助互联网技术，依托医疗机构信息系统、居民健康档案、远程医疗和分级诊疗等信息系统，实现基层“接诊检查、上级诊断、下级治疗”，促进医疗资源纵向流动。推行在线签约服务，方便群众与医生互动；推进在线健康教育与健康监测、在线随访与慢性病管理，延伸医疗服务链。完善全省远程病理信息系统运行机制，逐步建设全省远程影像诊断系统、远程心电诊断系统、远程会诊系统。

4. 加强分级诊疗政策宣传。积极调动各种媒体和所有医疗机构，向全社会宣传分级诊疗制度建立的目的和作用。加强行业内分级诊疗制度内容、标准和程序的宣传讲解，确保医务人员人人知晓。医务人员在诊疗活动中要向患者解释相关的分级诊疗流程、医保报销政策差异，履行政策告知义务，引导患者按照分级诊疗流程转诊。在各级医疗机构门诊大厅、就诊等候区、门户网站及第三方平台，持续开展分级就诊、分级转诊、分级报销政策宣传。将分级诊疗知识宣传纳入家庭医生签约服务内容，加强日常分级诊疗知识宣传普及，提高居民认识，引导居民到基层首诊，按照流程转诊。

三、组织措施

（一）加强组织领导。各设区市政府要将分级诊疗制度建设作为深化医药卫生体制改革的重要任务，加强领导，明确责任，切实落实工作措施。2016年3月前，各设区市完成分级诊疗制度建设实施方案。

（二）强化职责分工。省直相关部门要按照责任分工和时间表，抓紧落实工作任务。卫计部门要进一步细化分级诊疗配套措施，加强各地实施分级诊疗制度建设的指导。物价部门要按照“四个拉开”要求，制定差别化的医疗服务价格，通过价格杠杆，引导患者合理分流。人社部门要对照分级诊疗制度建设新要求，完善医疗保险政策的调整。财政、发改部门要根据分级诊疗制度建设总体规划，逐步加大投入，分年度合理安排资金，确保资金投入对分级诊疗制度建设的精准支持。宣传部门要加大分级诊疗知识的宣传力度，加强舆论引导。医改办要建立协作会商机制，加强与有关部门间的沟通协调，及时协调解决工作推进过程中的具体问题。

（三）加强指导考评。省卫计部门负责牵头，省级各相关部门密切配合，加强分级诊疗制度建设的指导考评，通过调研、督导、评估等方式，指导各地不断总结成功经验，创新发展，完善分级诊疗制度建设。各级卫计部门要按照属地化管理原则，指导各级各类医疗机构落实分级诊疗工作措施，按期完成序时进度。分级诊疗工作任务纳入医疗卫生机构年度考核目标，作为医院主要领导年度考核的重要依据。

（摘编：李　哲）

福建省加快推进广播电视村村通向户户通升级工作

福建省人民政府办公厅于2016年12月8日下发《福建省人民政府办公厅关于加快推进广播电视村村通向户户通升级工作的实施意见》（闽政办〔2016〕191号），主要内容如下：

为贯彻落实《国务院办公厅关于加快推进广播电视村村通向户户通升级工作的通知》（国办发〔2016〕20号）和《中共福建省委办公厅 福建省人民政府办公厅关于加快构建现代公共文化服务体系的实施意见》（闽委办发〔2015〕58号），大力提升广播电视覆盖能力和服务能力，充分保障人民群众广播电视基本公共服务需求，更好地满足人民群众个性化多样化文化服务需求，现就加快推进我省广播电视村村通向户户通升级工作制定如下实施意见。

一、重要意义

我省广播电视村村通工程实施以来，有效扩大了农村广播电视覆盖面，全省已基本消除广播电视覆盖盲区，解决了广大农村群众听广播难、看电视难的问题。但随着经济社会发展和科学技术水平的提高，广播电视服务供给、服务能力和服务手段还不能满足人民群众日益增长的精神文化需求，迫切需要在广播电视村村通基础上进一步提升水平、提质增效，实现由粗放式覆盖向精细化入户服务升级，由模拟信号覆盖向数字化清晰接收升级，由传统视听服务向多层次多方式多业态服务升级。加快广播电视村村通向户户通升级是构建现代公共文化服务体系的重要举措，对于创新和完善城乡广播电视公共产品和服务供给、引领现代文化传播、促进文化和信息消费、提高公民的思想道德和科学文化素质、适应分众化差异化传播趋势具有重要意义。

二、工作目标

统筹无线、有线、卫星三种技术覆盖方式，到2020年，基本实现数字广播电视户户通，形成覆盖城乡、便捷高效、功能完备、服务到户的新型广播电视覆盖服务体系。地面无线广播电视基本实现数字化；有线广播电视网络基本实现数字化、双向化、智能化；直播卫星公共服务基本覆盖有线网络未通达的农村地区；广播电视基本公共服务达到国家指导标准，市场服务效能进一步提高，基础设施保障能力全面提升，长效机制更加完善。

三、工作任务

（一）*全面实现数字广播电视覆盖接收。*各级广电行政管理部门要按照“技术先进、安全可靠、经济可行、保证长效”的原则，兼顾考虑补充覆盖和安全备份的需要，拟定本地区无线、有线、卫星三种技术方式的覆盖方案，因地制宜、因户制宜推进数字广播电视覆盖和入户接收，并经当地人民政府同意后逐级报省级广电行政管理部门。省新闻出版广电局会同省发改委、财政厅等有关部门研究提出全省总体覆盖接收方案，报省政府批准后组织实施。在有条件的农村鼓励采取有线光缆联网方式，在有线电视未通达的农村地区鼓励群众自愿选择直播卫星、地面数字电视或“直播卫星＋地面数字电视”等方式。对采取有线光缆联网方式完成村村通工程的农村地区，重点提高有线广播电视入户率，力争2020年底前实现入户率达到100%。适时启动广播电视节目无线数字化覆盖乡镇补点建设工程，逐步增加地面数字电视节目套数，力争2020年底前实现广播电视无线数字信号覆盖我省100%农村地区人口。加快有线与直播卫星户户通融合发展，提高农村地区直播卫星户户通用户的覆盖率，力争2020年底前基本实现有线未通达农村地区直播卫星户户通。

（二）充分保障基本公共服务。按照国家基本公共文化服务指导标准（2015—2020年），确保通过无线（数字）提供不少于15套电视节目和不少于15套广播节目，通过无线（模拟）提供不少于5套电视节目和不少于6套广播节目；通过直播卫星提供25套电视节目和不少于17套广播节目。有线广播电视在由模拟向数字整体转换过程中，保留一定数量的模拟电视节目供用户选择观看，有条件的地区可确定一定数量的数字电视节目作为基本公共服务项目。各地开办的方言综合类广播电视节目，可纳入相应公共服务保障范围。各级广播电视播出机构要加强与政府相关部门的合作，开办合办科技致富、农林养殖、知识普及、法治建设、卫生防疫、运动健身、防灾减灾、水利气象、文化娱乐等贴近基层群众需要的服务性广播电视栏目节目，并逐步增加播出时间。

（三）加快建设全省应急广播体系。按照“统一联动、安全可靠、快速高效、平战结合”的原则，统筹利用现有广播电视资源，扩大福建交通广播覆盖面，加快建立省级和各地应急广播制作播发和调度控制平台，与国家和省突发事件预警信息发布系统连接。省、市、县三级人民政府分别负责解决本级应急广播制作播发和调度控制平台建设的资金。升级改造传输覆盖网络，布置应急广播终端，健全应急信息发布机制，实现与国家应急广播系统、全省农村有线广播县乡村三级联播联控、村村响等系统有效对接，形成中央、省、市、县四级统一协调、上下贯通、可管可控、综合覆盖的应急广播体系，向城乡居民提供灾害预警应急广播和政务信息发布、政策宣讲服务。

（四）大力提升基础设施支撑保障能力。按照广播电视工程建设标准和相关技术标准，加快推进县级及以上无线发射台（转播台、监测台、卫星地球站）等基础设施建设，满足广播电视安全播出和监测监管需要。加快高山无线发射台站基础设施建设，力争2020年底前完成我省高山无线发射台站基础设施建设。加强基层广播电视播出机构基础设施和服务能力建设，提升公共服务保障能力。在推进基层综合性文化服务设施建设时，充分考虑农村广播室、广播电视设施设备维修维护网点需求。加强有线电视骨干网和前端机房建设，采用超高速智能光纤传输和同轴电缆传输技术，充分利用我省农村超高速无线局域网网络资源等现有基础设施，加快下一代广播电视网建设，提高融合业务承载能力。

（五）引导培育个性化市场服务。鼓励各地在基本公共服务节目基础上，通过政策引导、市场运作等多种手段增加公益节目、付费节目和其他增值服务。鼓励广电、电信企业及其他内容服务、增值服务企业充分利用三网融合的有利条件，以宽带网络建设、内容业务创新推广、用户普及应用为重点，拓展智慧城市、智慧乡村、智慧家庭服务，发展高清电视、移动多媒体广播电视、交互式网络电视（IPTV）、手机电视、数字广播、回看点播、电视院线、有线电视网宽带服务等新兴业务和服务，满足群众多样化、多层次文化信息需求，促进文化信息消费，带动关键设备、软件、系统的产业化，催生新的经济增长点。

（六）深入推进长效机制建设。加快建立政府主导、社会化发展的广播电视公共服务长效机制，逐步形成“县级及以上有机构管理、乡镇有网点支撑、村组有专人负责、用户合理负担”的公共服务长效运行维护体系。采取政府购买、项目补贴、定向资助、贷款贴息等政策措施，支持各类社会组织和机构参与广播电视公共服务。依托基层综合性文化服务中心，整合基层广播电视公共服务资源，推进广播电视户户通，提供应急广播、广播电视器材设备维修等服务。加快广电部门职能转变，采取政府购买服务方式，积极引入第三方机构，加强对广播电视行业服务质量的监测和评价。规范有线电视企业、直播卫星接收设备专营服务企业运营服务行为，组织开展运营服务质量评价，促进服务水平不断提升。

四、政策保障

（一）加大资金投入。按照分级负责原则，各地分别负责本级无线发射台（站）、转播台（站）、监测台（站）等广播电视公共设施和机构的建设改造和运行维护资金。省级财政通过现有渠道安排全省广播电视公共服务转移支付资金，在安排资金时，要对绩效评价结果优良的地区予以倾斜，支持市、县统筹推进包括广播电视户户通在内的公共文化服务体系建设。

（二）完善支持政策。稳妥开展直播卫星除基本公共服务节目外其他增值服务的市场化运营试点，在满足用户基本收视需求的基础上提供更丰富的节目选择，并处理好基本公共服务与增值服务的关系。在国家广播电视机构控股51%以上的前提下，鼓励其他国有、集体、非公有资本投资参股县级以下新建有线电视分配网和有线电视接收端数字化改造。鼓励广电、电信企业参与农村宽带建设和运行维护，鼓励建设农村信息化综合服务平台。城乡规划建设要为广播电视网预留所需的管廊通道及场地、机房、电力设施等，网络入廊收费标准应适当给予优惠。加大政府向社会购买服务力度，鼓励社会机构参与公益性广播电视节目制作、公益性广播电视专用设施设备维修维护、广电行业公共文化服务质量监测评价等，有条件的地方可根据实际情况，向特殊群体提供有线电视免费或低收费服务。

五、组织领导

（一）强化政府责任和协调配合。各级人民政府是本地区推进广播电视村村通向户户通升级工作的责任主体，要切实加强组织领导，建立健全各级政府分管负责同志牵头、新闻出版广电部门负责组织实施、发展改革和财政等有关部门参加的工作推进机制。要切实把做好广播电视户户通相关基本公共服务纳入各级人民政府的工作日程，纳入地方经济社会发展总体规划和文化改革发展专项规划，纳入公共财政支出预算，纳入扶贫攻坚计划，作为干部综合考核评价的重要参考，确保各项目标任务顺利完成。

（二）加强资金保障和督促检查。各级新闻出版广电、发展改革、财政等部门要切实履行职能，提高服务水平。要按照职责统筹安排所需资金，加强资金管理和审计监督，提高资金使用效益，确保专款专用，不得截留和挪用；加强基层队伍和人员培训，使广播电视专兼职人员掌握必备的专业技能；加强工程监督管理和验收检查，确保广播电视服务质量和水平。

（摘编：王诗城）

福建省推进基层综合性文化服务中心建设

福建省人民政府办公厅于2016年8月12日下发《福建省人民政府办公厅关于印发推进基层综合性文化服务中心建设实施方案的通知》（闽政办〔2016〕138号），实施方案主要内容如下：

按照中央和省委、省政府的决策部署，为促进基本公共文化服务标准化均等化，推进基层公共文化资源有效整合和统筹利用，提升我省基层公共文化设施建设、管理和服务水平，特制定如下实施方案。

一、明确目标，把握任务

确立工作目标和任务。坚持试点先行和普及推广相结合，强化有效整合和统筹利用，到2018年，全省乡镇（街道）和村（社区）综合性文化服务中心基本实现全覆盖；到2020年，全省乡镇（街道）和村（社区）综合性文化服务中心基本实现宣传文化、青少年活动、党员教育、科学普及、普法教育、体育健身等综合服务功能，形成一套符合实际、运行良好的管理体制和运行机制，建立一支扎根基层、专兼职结合、综合素质高的基层文化体育队伍。

责任单位：省文化厅、发改委、新闻出版广电局、体育局、科协，各市、县（区）人民政府。

二、组织调查，掌握情况

加强调查摸底和基础管理。依托福建省文化信息资源共享中心，组织开展基层综合性文化服务中心调研摸底工作，掌握全省乡镇（街道）和村（社区）基层综合性文化服务中心建设、管理和使用等情况，建立健全相关基础信息数据库，纳入全省公共文化产品和服务社会化运作网络平台，实行动态化监测和跟踪管理。

责任单位：省文化厅、发改委、新闻出版广电局、体育局、科协，各市、县（区）人民政府。

三、科学规划，分类推进

落实设施建设标准。坚持以县（市、区）为主体，按照《乡镇综合文化站建设标准（建标160—2012）》和《福建省村（社区）综合性文化服务中心建设服务基本标准》，立足实际、试点先行、分期分批，主要通过盘活存量、调整置换、集中利用等方式推进基层综合性文化服务中心建设，不搞大拆大建；凡现有设施能够满足基本公共文化需求的，一律不再进行改扩建和新建。乡镇（街道）综合性文化服务中心结合加强小型全民健身中心、多功能运动场建设，重在完善、补缺，对个别尚未建成的进行集中建设；村（社区）综合性文化服务中心主要以村（社区）文化室、村（社区）党组织活动场所、住宅小区公共服务配套设施、闲置校舍、办公场地以及其他公共服务设施为基础进行集合建设，鼓励结合祠堂、旧民居等进行整合利用。综合性文化服务中心要设置技能培训站、群众文化舞台、科普活动站（室）、农村电影固定放映点、健身路径、宣传文化长廊等配套设施，有条件的搭建小戏台；要结合实施全民健身设施提档升级工程，按照人口规模和服务半径，建设选址适中、与地域条件相协调的文体广场，偏远山区不具备建设条件的，可酌情安排；要注重适应残疾人和老年人的使用需求。

责任单位：省文化厅、发改委、财政厅、住建厅、新闻出版广电局、体育局、科协，各市、县（区）人民政府。

四、准确定位，发挥功能

1. 促进基本公共文化服务均等化。各市、县（区）级人民政府要结合自身财力和群众需求，按照《福建省基本公共文化服务保障实施标准

(2015—2020年)》，突出地方特色，制定本地基层综合性文化服务中心基本服务项目目录，重点围绕文艺演出、党员教育、科学普及、读书看报、广播电视、电影放映、文体活动、展览展示、教育培训等方面，设置具体服务项目，明确服务种类、数量、规模和质量要求，实现“软件”与“硬件”相适应、服务与设施相配套，为城乡居民提供大致均等的基本公共文化服务。

责任单位：省文化厅、新闻出版广电局、体育局、科协，各市、县（区）人民政府。

2. 整合基层公共文化资源。发挥基层综合性文化服务中心的终端平台优势，整合分布在不同部门、分散孤立、用途单一的基层公共文化资源，实现人、财、物统筹使用。以基层综合性文化服务中心为依托，推动文化信息资源共建共享，提供数字图书馆、数字文化馆、数字科技馆和数字博物馆等公共数字文化服务；推进广播电视户户通，提供应急广播、广播电视器材设备维修、农村数字电影放映等服务。推进县（市、区）域内公共图书资源共建共享和一体化服务，建立以县（市、区）级图书馆为总馆，乡镇（街道）文化站的图书室为分馆，村（社区）综合文化服务中心为服务点的图书馆服务体系；整合农家书屋资源，纳入基层综合性文化服务中心管理和使用。建设基层体育健身工程，组织群众开展体育健身活动。积极组织流动科技馆、科普大篷车进入基层综合性文化服务中心开展科普巡展。

责任单位：省文化厅、新闻出版广电局、体育局、科协，各市、县（区）人民政府。

3. 发挥综合功能作用。结合推进基层组织建设，把基层综合性文化服务中心作为加强思想政治工作、开展党员教育的重要阵地，发挥党员干部现代远程教育网络以及文化信息资源共享工程基层服务点、社区公共服务综合信息平台等基层信息平台的作用，广泛开展政策宣讲、理论研讨、学习交流等党员教育活动。按照基层综合性文化服务中心功能综合设置的要求，积极开展农民科学素质行动、社区居民科学素质行动、法治宣传教育和群众性法治文化活动，提高基层群众的科学素质和法律意识。同时，加强文化体育设施的综合管理和利用，提高使用效益。

责任单位：省司法厅、文化厅、体育局、科协，各市、县（区）人民政府。

五、丰富内容，创新方式

1. 广泛开展宣传教育活动。围绕新时期党和国家的重大改革措施及惠民政策，开展形式多样的宣传教育，使群众更好理解、支持党委和政府工作；开展社会主义核心价值观学习教育和中国梦主题教育实践活动，推进文明村镇、文明社区创建和乡贤文化建设，培育群众健康的生活方式和高尚的道德情操，引领社会风尚；利用当地特色历史文化资源，加强非物质文化遗产传承保护和民间文化艺术之乡创建，开展非物质文化遗产展示、民族歌舞、传统体育比赛等民族民俗活动，打造基层特色文化品牌；积极开展艺术普及、全民阅读、法治文化教育、科学普及、防灾减灾知识技能和就业技能培训等，传播科学文化知识，提高群众综合素质。

责任单位：省文化厅、司法厅、人社厅、科协，各市、县（区）人民政府。

2. 创新服务方式和手段。结合推动“互联网+公共文化服务”发展，畅通群众文化需求反馈渠道，根据服务目录科学设置“菜单”，采取“订单”服务方式，实现供需有效对接。实行错时开放，提高利用效率。广泛开展流动文化服务，把基层综合性文化服务中心建成流动服务点，积极开展流动文化进社区、进农村和区域文化互动交流等活动。建立省、市、县三级文化体育等相关机构与基层综合性文化服务中心共建帮扶机制，推动省、市、县三级直属文艺院团和图书馆、艺术馆、博物馆、科技馆等与基层综合性文化服务中心“结对子”。

责任单位：省文化厅、新闻出版广电局、体育局、科协、团省委，各市、县（区）人民政府。

六、健全机制，提升效能

1. 强化政府的主导作用。县（市、区）人民政府在推进基层综合性文化服务中心建设中承担主体责任，实事求是地确定存量改造和增量建设任务，把各级各类面向基层的公共文化资源纳入到支持基层综合性文化服务中心建设发展上来；宣传文化部门要发挥牵头作用，加强协调指导，建立健全工作机制，及时研究解决建设中存在的问题；各相关部门要立足职责、分工合作；公共文化体育机构要加强业务指导，共同推动工作落实。

责任单位：各市、县（区）人民政府。

2. 建立健全管理制度。加强对乡镇（街道）综合文化站的管理，制定乡镇（街道）综合文化站服务规范。建立村（社区）综合性文化服务中心由市、县统筹规划，乡镇（街道）组织推进，村（社区）自我管理的工作机制。结合基本公共文化服务标准化建设，重点围绕基层综合性文化服务中心的功能定位、运行方式、服务规范、人员管理、经费投入、绩效考核、奖惩措施等重点环节，建立健全标准体系和内部管理制度。严格安全管理制度，制定突发事件应急预案，及时消除各类安全隐患。

责任单位：省文化厅，各市、县（区）人民政府。

3. 推动群众参与文化建设管理。在村（社区）党组织的领导下，发挥村委会和社区居委会的群众自治组织作用，引导城乡居民积极参与村（社区）综合性文化服务中心的建设使用，打造“一村（社区）一品牌、一月一主题”群众文化活动。健全民意表达机制，探索组建基层综合性文化服务中心议事会、理事会、乡贤会等形式，吸纳有关方面代表、各界群众参与管理。把文化体育志愿服务融入城乡社区治理，推广“艺术扶贫工程”的做法经验，推动全省文化馆志愿者联盟向农村（社区）延伸服务，建立由文化管理员、协管员与文化志愿者、社会体育指导员相结合的队伍，构建完善文化体育志愿服务体系。

责任单位：省文化厅、民政厅、新闻出版广电局、体育局、科协，各市、县（区）人民政府。

4. 探索社会化建设管理模式。加大政府向社会力量购买公共文化服务的力度，拓宽社会供给渠道，丰富基层公共文化服务内容。鼓励企业、个人、社会组织和其他社会力量，通过直接投资、赞助活动、捐助设备、资助项目、提供产品和服务，以及采取公益创投、公益众筹等方式，参与基层综合性文化服务中心建设管理。率先在城市探索开展社会化运营试点，通过委托或招投标等方式吸引有实力的社会组织和企业参与基层综合性文化服务中心的专业化运营。

责任单位：省财政厅、发改委、文化厅、新闻出版广电局、体育局、科协，各市、县（区）人民政府。

七、加强领导，强化保障

1. 制订实施方案。各市、县（区）政府要把基层综合性文化服务中心建设发展作为构建现代公共文化服务体系的重要内容，对接相关规划，结合新型城镇化、社区发展、扶贫开发、美丽乡村建设等工作，抓紧制定落实方案，明确总体思路、具体举措和时间安排，并把基层综合性文化服务中心建设发展成效纳入政府工作考核目标。

责任单位：各市、县（区）人民政府。

2. 强化资金保障。各市、县（区）政府要根据实际需要和相关建设标准，将基层综合性文化服务中心建设所需资金列入财政预算。省级设立省基层公共文化服务以奖代补专项资金，依托省现代公共文化服务体系建设协调组，由省文化厅牵头会同省财政厅、新闻出版广电局、体育局，在调查摸底和深入研究基础上，制定出台以奖代补的实施方案，扶持基层综合性文化服务中心示范建设发展，并加强对专项资金使用的跟踪评价；各市、县（区）政府根据本地实际，加强统筹规划，每年重点扶持一批基层综合性文化服务中心建设发展示范点。发挥政府投入的带动作用，落实对社会力量参与公共文化服务的各项优惠政策，鼓励和引导社会资金支持基层综合性文化服务中心建设。

责任单位：省文化厅、财政厅、新闻出版广电局、体育局，各市、县（区）人民政府。

3. 强化队伍建设。各地要按照规定要求，配齐配强基层综合性文化服务中心工作人员，在现有编制总量内，落实每个乡镇综合文化站（中心）编制配备不少于1至2名的要求，规模较大的乡镇适当增加；村（社区）综合性文化服务中心由“两委”确定1名专职或兼职工作人员，并通过加强统筹和购买服务等方式解决人员不足问题。推广设立文化管理员、社会体育指导员等经验，扶持具有地域或民族特色的民间文艺团队和艺人，充实基层文化骨干力量；推进乡镇（街道）和村（社区）社会体育指导员全覆盖，每个社会体育指导员具有不少于两项体育健身技能，努力实现以文化人才为牵引，提升基层综合性文化服务中心的服务能力和水平。鼓励“三支一扶”计划等服务基层项目的高校毕业生从事基层综合性文化服务中心管理服务工作。加强业务培训，乡镇（街道）和村（社区）文化专兼职人员每年参加集中培训时间不少于5天。

责任单位：省编办、文化厅、新闻出版广电局、体育局、民政厅、人社厅、科协，各市、县（区）人民政府。

4. 强化监督检查。省现代公共文化服务体系建设协调组要将各市、县（区）基层综合性文化服务中心建设发展情况，纳入对全省构建现代公共文化服务体系工作进行年度督查评估的重要内容。各级文化行政部门会同有关部门要建立健全动态监测和绩效评价机制，加强对基层综合性文化服务中心建设发展情况的督促检查和考核评估，及时协调解决工作中的各种问题。同时，引入第三方机构开展公众满意度测评。对基层综合性文化服务中心建设、管理和使用中群众满意度较差的地方要进行通报批评，对好的做法和经验及时总结、推广。

责任单位：省文化厅、新闻出版广电局、体育局、科协，各市、县（区）人民政府。

（摘编：林学军）

2016 年全省群众体育工作重点

2016 年 4 月 13 日福建省体育局下发《福建省体育局关于印发 2016 年全省群众体育工作要点的通知》（闽体〔2016〕178 号），要求各设区市体育局、平潭综合实验区社会事业局，根据全省体育工作会议精神要求，结合各地实际，认真做好 2016 年的群众体育工作。主要内容如下：

2016 年是“十三五”开局之年，也是国务院《全民健身计划（2016—2020 年）》研制颁布实施之年。全省群体工作要以宣传贯彻国务院新周期《计划》和制定出台本级政府新周期《计划》为契机，积极落实全民健身国家战略，加快转变政府职能，强化“政府主导、部门协同、全社会共同参与”的大群体工作机制，继续构建完善全民健身公共服务体系。主要做好以下几方面工作：

一、尽快制定出台新周期《计划》，推动各级政府尽职履责

1. 加快研制我省《全民健身实施计划（2016—2020 年）》。要把研制我省《计划》和指导各设区市、平潭综合实验区研制各级《计划》作为重要工作，各地体育部门要做到不等不靠，尽早成立《计划》编制工作小组，主动加强与发改、住建、财政、国土等部门的沟通联系，推动全民健身与文化、教育、旅游、卫生、养老等行业的融合发展。同时，要立足当地“十二五”全民健身实施计划的评估报告，并结合贯彻落实《福建省人民政府关于加快体育产业发展促进体育消费十条措施的通知》，分析短板，谋划长远，尽量在发改、住建、财政等部门的规划中多融入一些体育元素，确保全省各级新周期的《计划》都能落到实处。省级《计划》将在 6 月底前出台，市、县两级《计划》要在 12 月底前全部出台。

2. 积极发挥政府在全民健身工作中的主导作用。待新周期《计划》拟定后，适时召开省全民健身领导小组成员单位工作会议，通报我省《全民健身计划（2011—2015 年）》实施效果评估情况，研究通过我省新周期《全民健身计划（2016—2020 年）》，促进各级政府和相关部门贯彻落实新周期《计划》的目标任务及相关措施，推动各级政府履行全民健身公共服务职能，鼓励经济较发达地区提高“三纳入”质量，由“三纳入”向“多纳入”延伸。

二、扎实推进全民健身场地设施建设

1. 认真做好 2016 年省委省政府为民办实事工作——城市社区全民健身场地设施建设项目。今年的任务是新建 120 个社区多功能运动场、50 个社区室内健身房、50 个社区笼式足球场和 10 个拼装式游泳池，所有的项目资金均由省里统筹安排，各地要认真做好项目选址工作，科学布点，尽量把急需建设且条件符合的点申报上来，明确项目责任人，项目建设点确定后，各地还应加强跟踪督查工作，建立健全项目进度月报、季报制度，对未能按时间进度完成建设任务的或未及时上报项目进度的单位进行通报，确保按时保质保量完成任务。继续安排 300 万元专项资金，引导支持各地对使用寿命到期和损毁的全民健身路径器材进行更新，不断完善城市社区 15 分钟健身圈建设。

2. 加大对原苏区、老区健身设施建设扶持力度。2016 年力争向国家体育总局争取 1 个县级全民健身活动中心、10 个乡镇农民体育健身工程、5 个社区多功能运动场支持项目，根据《国务院关于改革和完善中央对地方转移支付制度的意见》，所以支持项目均由中央资金全额投入，不要求地方配套。获得中央资金支持建设的县级全民健身活动中心应在 2017 年底之前完工，其他项目应在中央资金下达之日起1年内完工。为确保工程建设能够按时完工并投入使用，省局将与当地政府签订责任书，并组织检查验收。

3. 研制出台《“十三五”公共体育设施建设规划》。加强便民、利民、惠民的中小型公共体育设施建设，充分利用城市公园、森林公园、绿地、广场、山地等建设自行车绿道、健身步道、登山步道及具有运动休闲功能的体育主题公园，形成与绿道网、慢行系统等相互串联的绿色健身网络。

三、广泛开展全民健身活动

1. 继续办好省全民健身运动会。省全民健身运动会已列入省委省政府为民办实事项目，今年全省统一以“一起动起来，全民健身与您同行”为主题，开展41个全民健身运动项目。加大政府购买服务投入，鼓励体育社团组织承办赛事。深入推进“政府、社会、市场”三轮驱动，更多地调动市场和社会举办全民健身活动的积极性。鼓励更多的老年人、妇女、儿童、农民、军人、残疾人、少数民族人群站在全民健身运动会的大舞台上。全省各类群众性比赛活动场次不少于3000场，直接参与人数不少于150万人次，省直机关参加人数不少于1500人次，各类协会参加人数不少于15万人次。组织开展2016年“全民健身百村行”系列活动，开展全民健身“四送”系列活动，即：送全民健身宣传到广大农村、送科学体育健身方法给广大农民、送小型多样趣味活动（运动会）到广大农民身边、送小型多样健身器材给农村百姓。

2. 鼓励和支持各地各行业打造品牌赛事活动。加强全民健身活动和重大国际体育赛事、重大节庆活动等有效衔接，利用1月1日全国新年登高健身活动、6月10日毛主席“发展体育运动　增强人民体质”题词纪念日、8月8日“全民健身日”等重要时间节点，发挥各级政府、体育行政部门、体育总会、单项协会等社会体育组织和报社、电视台、网站等传媒机构的作用，鼓励和支持各地各行业根据地方特色和群众需求，开展形式多样的“一地一品”“一行一品”全民健身赛事活动。积极推动“我爱足球”民间争霸赛等群众性竞赛，进一步创新赛事活动的内容和方式，建立有效的业余竞赛活动体系，探索多元主体办赛的机制，支持社会力量参与全民健身，不断丰富群众身边的体育竞赛活动。

四、进一步完善体育组织建设

1. 推动社会体育组织改革，进一步发挥协会的行业作用。积极推进政府购买体育服务，发挥市场作用，探索引入第三方机构对社会办体育活动的绩效进行评估，充分发挥各级体育总会、老年体协、行业体协等体育社会组织在全民健身中的重要作用。继续联合省民政厅对省级体育社团换届进行定点联审，开展一站式服务。适时召开省级社团座谈会，充分发挥体育社会组织的作用，真正把体育社团作为群众体育工作的主要力量。

2. 继续推进全民健身活动站点建设，对全民健身活动站点实施资助和挂牌，对在站点上岗的社会体育指导员配发工作服装，为指导员开展服务创造条件，提高上岗率。以创建“老年人健身康乐家园”为抓手，推动老年人体育组织建设和发展。支持市、县（市、区）成立健身气功协会，组队参加全国健身气功比赛。委托省级单项体育协会承办等级教练员、裁判员培训班。

3. 发挥各级社会体育指导员协会作用。充分发挥社会体育指导员培训基地的作用，开展各等级社会体育指导员培训，强化对社会体育指导员的管理，建设社会体育指导员、社会体育志愿者和文体协管员三支队伍。2016年省里计划组织培训一级社会体育指导员300人。各设区市（县）要加大社会体育指导员的培训力度，继续培训符合条件的社会体育指导员。加强督促各地社会体育指导员在信息管理系统的录入工作。

五、推进科学健身指导和宣传工作

1. 继续推进“国民体质测试与运动健身指导站”建设。鼓励有条件的企事业单位、体育社会组织参与到科学健身指导中来，培育规范开放、公开透明的健身指导市场体系，发挥省体科所业务骨干作用，加强站点技术指导，提高站点工作人员的业务水平。拟举办一期国民体质测试与运动健身指导站学习与经验交流会议，邀请国家国民体质测试研究专家和此项工作开展好的兄弟省介绍经验，促进我省国民体质监测工作上一个台阶。

2. 紧紧围绕贯彻落实新周期《全民健身计划》

和“一起动起来，全民健身与您同行”系列活动作为宣传重点，加强报纸、杂志、电视、网络、微信、微博等媒体建设，大力宣传科学健身理念，普及科学健身知识。继续推进全民健身信息化建设，制作发放健身科普宣传册，开展全民健身公益巡回讲座，促进体育生活化、锻炼常态化，组织全民健身志愿者走街道、入社区、进农村示范科学的项目健身方法，普及健身知识等。

（摘编：林学军）

福建省进一步加快老年体育事业发展

2016年福建省老体协认真贯彻落实老年体育工作相关文件精神，主要工作成效如下：

召开会议助推老年体育工作相关文件的落实。2016年5月，省老体协在永安召开学习贯彻落实老年体育工作相关文件精神座谈会。着重学习贯彻习近平总书记分别在全国离退干部“双先”表彰大会、中央党的工作会议、中共中央政治局第32次集体学习、全国卫生与健康大会上的重要讲话精神，深刻领会习总书记关于“三坚持、四转变”的内涵和要求，进一步明确发展老年体育事业的重要性，增强服务老龄工作的使命感、紧迫感和光荣感。“永安会议”后，各地老体协积极主动向党政领导汇报，及时与相关部门沟通，争取党政支持，出台贯彻意见或措施。莆田市政府以“领导批办件督办”的形式，三明市党委政府两办下发《关于对全市老年体育工作开展专项督查的通知》，对文件的落实情况全面进行督查。

同年9月26日至27日，省老体协在福州召开“福建省直及行业老体协工作座谈会”，联系机关、企事业单位的老年人体育工作实际，积极主动融入大卫生、大健康、大体育的格局，探索“3+2”（老年人健身组织、场地、活动和辅导员队伍、健身队伍建设）工作思路，发扬优势、补齐短板，促进省直机关、企事业单位的老年人体育事业发展。

扎实推进“老年人健身康乐家园”建设。省老体协重推的“老年人健身康乐家园”创建活动，主要围绕有一个好的班子，有一支好的队伍，有一个好的经费保障机制，有形式多样活动载体和丰富多彩的老年人体育健身活动，有功能适用的健身场地，有完善的管理制度的“六有”要求，提升老年体育组织的服务能力和工作水平，吸引、凝聚更多老年人参加体育健身活动。省政府将“老年人健身康乐家园”创建列入“十三五老龄事业发展规划”、《十三五体育发展专项规划》、新周期《全民健身计划》和省级文明单位考评内容。福州市制定了《2016—2020年创建“老年人健身康乐家园”规划》。厦门市把创建“康乐家园”工作列入文明单位考评、列入城市建设规划、列入市“十三五”体育规划、列入老龄事业发展规划。同安区政府从2015年起，每年拨出100万元专款，用于社区（村）创建工作。漳州龙海市对每个重点创建村补助2万元。宁德市委、市政府及所辖各县（市）区将创建“康乐家园”工作列入为民办实事项目，普遍成立了创建工作领导小组，由党政分管领导具体负责，作为年度绩效考核的内容之一。省直机关及行业系统老体协坚持“多位一体”的工作机制，创建工作坚持老干处（退管办）主导，涉老组织参与，按照“六有”标准，资源共享、合作互动。年底，省老体协联合省体育局、省委文明办、省老龄办表彰323个“老年人健身康乐家园”示范点。

老体协组织加强自身建设。全省各级老体协认真贯彻中共中央组织部“关于规范退（离）休领导干部在社团兼职的通知”精神，在各级党委的关心重视下，主动与同级党委组织部门沟通，动员争取489名有热情、乐奉献的同级党委、人大、政府、政协因年龄原因退出领导岗位的老同志充实到老体协班子，做好新班子、新同志继承好传统、发扬好作风，扎实工作，开拓创新，老年人体育工作展现新面貌，取得新成果。

开展老年健身辅导员培训。全省各级老年体育组织认真实施省、市、县三级联动的五年培训计划，努力建设一支普及健身知识，传授健身技能，带动健身活动，服务健康养老的志愿者队伍。年内，省老体协举办健身球操、门球、健身功气球、气排球、太极拳剑等项目的培训，带动全省城乡举办各类培训班215期，参加培训的老年体育健身辅导员13896人次。省老体协年内表彰了101个先进辅导站、294名优秀辅导员，促进老年人健身站点和辅导员队伍的建设。

老年人健身活动丰富多彩。省老体协举办全省性健身球操、健身拳剑、钓鱼、乒乓球、门球、棋牌、网球、健身气功、气排球、柔力球等10项比赛交流活动。全省有60多个县（市）区和50多个机关、企事业单位135多万名老年人积极参与。福州市承办“红红火火过大年”活动、海峡门球邀请赛成为中国老年人体育健身活动品牌。厦门市的元宵节“万人健步行”活动、千人柔力球大展示成为老年人的体育庆典节日。泉州市连续20年举办老年人健身节，参与的老年朋友38.7万人次。省直机关老体协举办庆祝建党95周年和纪念红军长征胜利80周年大型文体展演大会，参演的有500多人，受众老年人近万名。在中国老体协的支持下，省老体协与武夷山市政府主办了2016年中国武夷山全国老年人体育健身嘉年华系列活动，包括柔乐球、健身球、门球、柔力球等4个项目的比赛交流，来自全国20个省（市）自治区、6个行业系统老体协和香港、澳门组队参赛。12月5日至8日，省老体协在武夷山市举行福建省首届老年人智力运动会，比赛项目包括中国象棋、围棋、桥牌、扑克牌80分升级等4项，全省350名老年棋牌爱好者的参与，受到中国老年人体育协会的关注并予以高度评价。

组队参加全国性比赛交流活动。省老体协系统组队参加了全国性的柔力球、可乐球、健身球、网球、乒乓球、门球、太极拳剑、气排球、保龄球、柔乐求等10个项目的比赛交流活动。福州市鼓楼区老体协组队参加全国可乐球邀请赛，获女子组规定套路、自编套路“双冠”。福安市老体协参加全国柔力球交流活动，创编的《家乡飞歌》入选为全国推广套路。福安市老体协健身球队参加全国比赛，获自编套路、个人自编套路第一名。省直机关老体协组队参加全国老年保龄球联谊赛，获男子组团体冠军。省电力老文体协派出的门球队参加全国赛，获第三名。

老年人健身场地设施条件逐步改善。全省各级政府将老年体育设施建设纳入城乡建设规划，结合城镇建设、旧城改造、住宅小区建设、美丽乡村建设、文化中心、幸福院建设等，新建和改建了一批老年人健身活动场所。2016年，全省各级体育彩票公益金投入老年体育场所建设资金1.56亿元。福州市老年人体育活动中心于2016年4月中旬全面投入使用，实行免费和低收费管理。泉州市第五期“百村百座”老年人活动中心建成20座，建筑面积28472.64平方米，投入资金6346.58万元。莆田市荔城区蒲坂村老体协筹资200万元，将闲置学校改建为老年人活动中心；该区黄石镇定庄村老体协集资400万元用于建设老年人活动中心。宁德市古田县建成县老年人体育活动中心建成投入使用。南平市老年人体育活动中心于7月1日揭牌投入使用。龙岩市上杭县新建的占地2000多平方米的县老年人活动中心于10月上旬投入使用。省老年人体育中心体育综合楼经修缮后，免费对老年人开放，承接了全国JJ升级福建赛区比赛，全省老年人健身球操、乒乓球总展示交流，福州市第24届运动会棋牌项目比赛，以及部分机关、团体老年人比赛交流活动。

老年体育宣传工作。省老体协在办好《福建老年体育》、“福建老年体育”官方网站的基础上，2016年3月起，在《福建老年报》开设“老体协专版”，出版30期；与《每周文摘》报合作，开辟“老年体育简讯”及“老年体育健身项目访谈”栏目，宣传老年人体育工作动态及经验做法；在省体育局主办的《海峡体育》刊物上报道老年人体育健身活动特稿11篇，省电视台先后报道老年体育工作及活动新闻21条。本年度，省老体协举办“康乐大讲堂”4次。厦门市老体协与《海西晨报》联办老年体育周刊；南平市老体协加强网站信息平台建设；三明市老体协微信公众号开通；省直机关老体协培训通讯员80名；省地矿局老体协充分利用局离退休工作简报、局门户网站、局微信平台等多渠道、多方位开展宣传报道工作。

（撰稿：兰福生）

福建省进一步强化防汛防台风应急转移工作

福建省人民政府办公厅于2016年9月27日下发《福建省人民政府办公厅关于进一步强化防汛防台风应急转移工作的通知》（闽政办〔2016〕157号），主要内容如下：

做好应急转移是防汛防台风工作的关键环节。为贯彻落实省委、省政府的要求，最大限度保障人民群众生命安全，经研究，现就进一步强化防汛防台风应急转移有关工作通知如下：

一、要主动关注台风汛情，科学研判，把困难考虑得充分一点，把提前量打大一点，果断决策，超前部署，采取有力有效措施，做到“不漏一船、不漏一人，应转尽转、杜绝擅自回流”。

二、要全面贯彻上级部署要求，紧密结合本地实际，对辖区内人员转移工作负总责。乡镇人民政府（街道办事处）要令行禁止、不折不扣落实应急转移各项任务。

三、要准确把握不同类型汛情的特点，充分考虑前后汛情的叠加效应，有针对性地采取人员转移和停工、停产、停课、休市“三停一休”等措施：海上，要及时组织船只到港避风，渔排人员和船上人员及时撤离上岸；岸上，要适时关停旅游景区、娱乐场所，停止工地施工作业；陆上，要适时组织低洼地、江河海岸边、危旧房、地灾点等危险区域人员转移安置。对台风，要密切关注登陆地和台风过境区域的风力影响；对强降雨特别是短历时强降雨，要密切关注和及时处置山区山洪暴发和城市内涝、山体滑坡、泥石流等造成的危害，努力把灾害损失降到最低程度。

（摘编：周忠志）

第四篇
探索实践

福建人力资源建设形势分析与对策思路

现阶段福建正加快形成引领经济发展新常态的发展方式，努力建设机制活、产业优、百姓富、生态美的新福建。新的形势不仅对人力资源建设提出了新的要求，也带来了新的机遇。全省人力资源建设紧紧把握战略机遇期内涵的深刻变化，强化机遇意识和忧患意识，大力实施人才优先发展战略，破除束缚人才发展的思想观念和体制机制障碍，解放和增强人才活力，加快构建现代化的人才发展治理体系，为建设新福建奠定坚实的人力资源基础。

一、福建人力资源建设现状

（一）*劳动力资源供给增量减少，就业人员产业布局继续优化*

全省人力资源规模继续扩大，到2015年底，福建总人口达到3830万人，其中劳动力资源2564万人，数量与上一年基本持平，但劳动年龄人口在总人口的比例已逐渐由2010年的69.3%、2013年的67.8%、2014年的67.3%下降到目前的66.8%，显示全省劳动力供给形势发生转变，劳动力供给增量减少，劳动力低成本优势正在丧失。全省城乡就业人员2768万人，比2000年增加1108万人，比上一年增加119万人；全省就业人员产业布局进一步优化，第一产业就业人员比例大幅下降，第三产业就业人员比例继续提高，到2015年底福建第一、二、三产业就业人员比例由2000年的46.8∶24.5∶28.7优化为22.3∶37.1∶40.6。

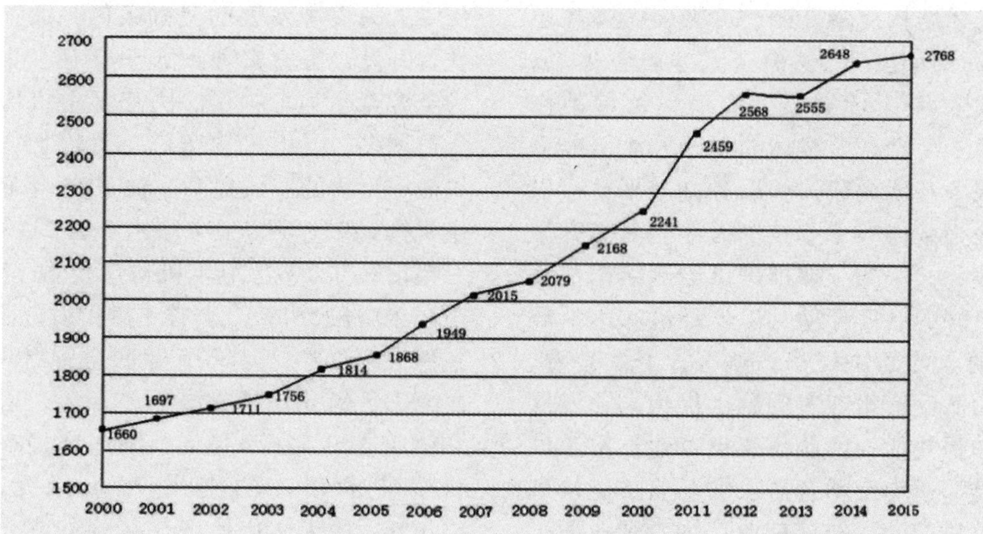

图1　2000—2015年全省城乡就业人员变化趋势图（单位：万人）

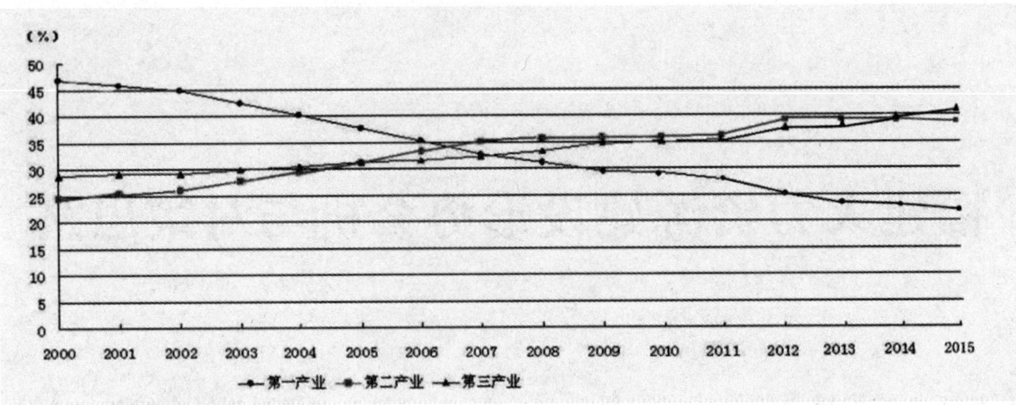

图2　2000—2015 年全省就业人员从事产业的比例变化趋势

（二）全面落实人才优先发展战略，着力引进培养高层次、高技能人才

贯彻落实《中共中央关于深化人才发展体制机制改革的意见》和《福建省中长期人才发展规划纲要（2010—2020 年）》，围绕产业转型升级和福建自贸试验区、“海丝”核心区、生态文明先行示范区、福州新区建设，以高层次和高技能人才为重点，加强人才队伍建设。一是注重以改革创新精神推进全省人才事业发展。健全人才培养、使用、引进、评价、激励保障机制，大力消除人才流动障碍。以“高、精、尖、缺”人才为重点，推动人才结构战略性调整，做大做强高层次、高技能人才队伍。二是健全人才服务体系。发挥千人计划、万人计划服务窗口引领带动作用，健全以博士后站点为载体的创新人才培养平台、以专家服务基地为载体的服务基层平台、以继续教育基地为载体的专业技术人才能力提升平台，加强人才公共服务。在推进供给侧结构性改革中，创造良好的制度环境、工作环境和生活环境，着力帮助人才解决住房、就医、子女教育、配偶就业及团队配套组建等问题，优化人才发展环境。三是加强技能人才队伍建设。建立覆盖城乡、贯穿终身、适应劳动者需求的职业技能培训制度。开展农村劳动力转移就业培训、企业职工在岗技能提升培训和城乡劳动者创业培训等，多渠道、全方位提升劳动者素质。搭建技能人才培养平台，重点建设一批产业技工实训基地，鼓励行业和企业建立“首席技师”“金牌工人”。到“十二五”期末全省专业技术人才队伍达 239. 6 万人，高、中、初级专业技术人才比例 8. 5∶35. 4∶56. 1；全省技能人才达 538. 05 万，其中高技能人才 87. 33 万人，获得中华技能大奖 4 人、全国技术能手 51 人。

（三）大力增加政府公共投入，居民收入、卫生、社会保障等人力资源发展的保障水平显著提升

全省城乡居民收入实现了稳步增长，2016 年前三季度，全省城镇居民人均可支配收入 28481 元，同比增长 8. 3%；全省农村居民人均可支配收入 11117 元，同比增长 9. 3%。各级政府大幅增加公共投入，夯实卫生、教育、社会保障、科技等保障人力资源发展的基础条件，加强欠发达地区扶贫开发，努力实现人人享有基本生活保障，人力资源竞争力增强了。医疗卫生机构和一线技术人员增多，卫生机构床位总数增加，确保全省人口健康素质的有效提高。到 2015 年底福建共有卫生机构 27921 个，卫生技术人员 21. 3 万人，比上一年增长 3. 2%，卫生机构床位数 17. 3 万张，比上一年增长 5. 1%。全省支撑人力资源建设的保障条件大幅改善，到 2015 年底全省财政用于教育支出 757. 5 亿元，同比增长 19. 4%，用于社会保障和就业支出 341. 7 亿元，同比增长 32. 1%，用于科学技术领域的支出 76. 6 亿元，同比增长 13. 6%，用于文化体育与传媒的支出 84. 8 亿元，同比增长 32. 1%。

（四）加强劳动者权益保护工作，确保全省人力资源的良性发展

一是构建和谐劳动关系工作取得新进展。深入贯彻国家、省构建和谐劳动关系意见，稳妥做

好供给侧结构性改革中劳动关系处理工作。学习厦门市将劳动关系调整工作延伸到基层一线的“1118”创建经验，积极探索构建和谐劳动关系新途径。各地以化解过剩产能、处理“僵尸企业”为重点，完善劳动关系处理政策，妥善应对职工分流安置过程中可能出现的突发性事件。以整治欠薪、欠保和转型升级劳动关系处理为重点，加强劳动者权益保护。在全省所有建设施工项目开展创建“无欠薪项目部”活动，落实“全民参保登记计划”，推动企业全员足额参保。劳动关系三方机制作用日益增强，实施并完善劳动合同、集体合同制度，继续以农民工、小企业为重点，督促企业和职工依法签订劳动合同。到“十二五”期末全省各类企业劳动合同签订率达 96.4%，集体合同签订率达 84.4%。2016 年 1—9 月，全省补签劳动合同人数 20.07 万人，追发劳动者工资待遇金额 88316.4 万元，涉及劳动者 8.41 万人。二是健全劳动保障监察体制机制。全面推进劳动保障监察网格化、网络化管理，实现监察执法向主动预防和统筹城乡转变。扩大日常巡查和网上书面审查覆盖面，推广随机抽查机制，规范事中、事后监管。完善多部门综合治理、劳动保障监察执法与刑事司法联动机制。加强劳动争议调解仲裁，提高办案质量和效率。2016 年 1—9 月，全省劳动争议案件立案受理数为 20644 件，涉及 37411 人，案件结案率为 91.41%。三是积极培育人力资源市场。统筹人力资源市场建设，加快建立专业化、信息化、产业化、国际化的人力资源服务体系。尊重劳动者的自主择业权，发挥市场配置的基础性作用，形成了多元化的市场用人主体。比如，从 2000 年至 2015 年，全省城镇单位就业人员中，国有单位就业人员的比例从 41.05% 下降到 11.67%；有限责任公司和股份有限公司就业人员的比例从 5.14% 上升到 23.46%；私营单位和个体经济就业人员的比例从 5.43% 提高到 50.13%。

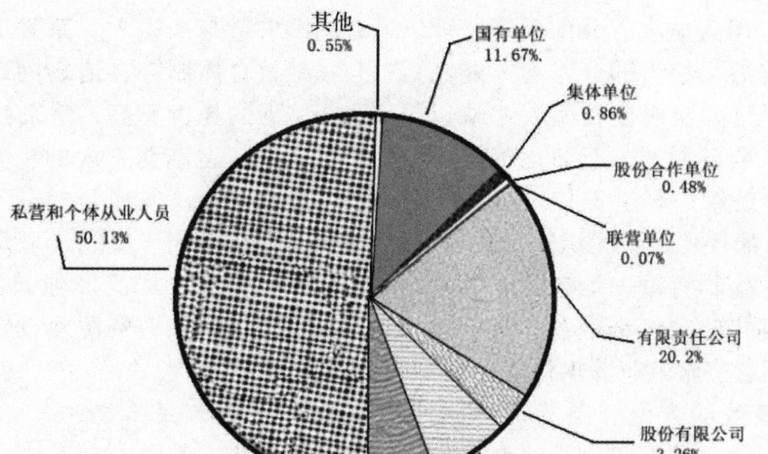

图 3　2015 年底福建省城镇就业人员在不同所有制组织的分布状况

二、福建人力资源建设存在的问题

随着全省产业转型升级，特别是着力推进供给侧结构性改革，迫切需要建设一支与经济发展新常态相适应的高层次、高技能人才队伍。面对新的形势，福建省人才队伍现状与产业发展需求不相适应，劳动力低素质与产业升级高要求不相适应，人才存量不足、增量滞后，还难以满足全省经济社会发展的需要。

（一）创新型人力资源体系建设滞后，人才发展体制机制障碍有待进一步破除

依靠自主创新为动力，向高附加值、高层次的产业集群升级，是福建经济结构在新起点上转型发展的必然选择。目前全省人才总量不足、高端人才匮乏、结构不尽合理。以领军人才为核心的创业创新团队引进不足，集聚功能还比较薄弱，缺乏国际化的聚才舞台。高层次创新型人才总量偏低，以企业为主体的技术创新体系不完备，创新型人力资源体系建设滞后。R&D（研究与发展）人员是科技活动的核心要素，目前福建省在“R&D人员折合全时当量”“R&D项目参加人员折合全时当量”和“规模以上工业企业R&D人员全时当量”等指标上与其他东部省份有较大差距。同时，从衡量研发产业发展的核心指标“R&D经费投入强度”（R&D经费支出占GDP比例）来看，2015年福建省的研发投入虽有较大进步，但离全国平均投入水平的2.10%还有较大差距，福建省仅为1.51%，技术研发条件薄弱状况制约了高层次创新型人才的成长。此外，人才发展体制机制障碍有待进一步破除，用人制度、分配制度、评价制度等配套改革还滞后，相当部分人才未能充分发挥作用。当前，福建高层次创新型人才缺口主要集中于电子信息、装备制造、石油化工等主导产业；建材、冶金、纺织、轻工等传统优势产业；生物及新医药、节能环保、新能源、新材料、海洋工程等新兴产业；生物育种、生态农业等现代农业；信息服务、现代物流、金融业、科研教育、医疗卫生、文化创意、旅游业等现代服务业。如何加快形成系统、高效的人力资源管理体制，建立灵活的人才激励机制、分配机制，培育与引进更多优秀人才在闽立业，让各类人才的创新创造创业活力充分释放，是福建省人力资源建设的紧迫任务。

（二）人力资源结构性矛盾突出，劳动力低素质与产业升级高要求不相适应

全省供给侧结构性改革和产业转型升级迫切要求劳动者素质进一步提升，但原有人力资源的数量、质量与新产业之间仍存在不匹配，人岗适配问题大大凸显。总的看，劳动力低素质与产业升级高要求不相适应，技术工人尤其是高技能人才严重短缺，全省持续存在企业熟练工短缺与职业院校招生难、办学难等问题。现阶段闽东南沿海地区劳动密集型产业持续受到用工荒问题困扰，折射出的是人力资源市场供求匹配度的巨大差距，现有技能人才数量、结构与市场需求存在错位，这是人力资源需求与供给不匹配导致的结构性短缺。仅从2016年第二季度福建人力资源市场职业供求状况看，劳动力需求人数97.81万，求职人数89.51万，制造业需求占32.74%，仍排在第一；有技能要求的熟练工供求总量为11.22万人次，其中求职登记3.2万人次，岗位需求8.02万人次，市场求人倍率高达2.51，持续处于高位，而无技能要求的一般劳动力供求总量170.12万人次，其中求职登记84.47万人次，岗位需求85.65万人次，市场求人倍率为1.01。加强职业培训与技工教育，提高劳动者能力和素质，是缓解人力资源结构性矛盾的有效途径。可以说，靠低素质的体力劳动来拼资源、拼人口红利的时代已经过去，以人力资源总量为基础的劳动密集型产业逐渐风光不再，企业进行转型升级过程中，对技能劳动者的需求量越来越大。而鉴于长期以来职业培训与技工教育体制存在诸多问题，农民工中接受过职业培训的比例不高，缺乏技能成了他们融入城市、成为新型产业工人的主要障碍。因此，如何进一步做好经济发展新常态下技能型人才培养储备，尤其是福州、厦门、泉州等地如何加快发展现代职业教育，提高产业技工和技能人才比例，这是当前福建人力资源建设领域迫切需要解决的难题。

（三）劳动关系矛盾进入多发期和凸显期，人力资源公共服务体系建设有待完善

受经济增速换挡、结构调整阵痛、发展动能转换叠加影响，劳动关系的复杂性增加，构建和谐劳动关系面临诸多压力与挑战。一些中小企业、劳动密集型企业、外向型企业经营困难，“关、停、并、转”逐步增多，企业用工需求缩减与劳动者要求稳定就业岗位之间矛盾突出，劳动关系不稳定性增强。企业用工形式趋于灵活、多样，劳动合同用工、劳务派遣用工、劳务外包用工相互交织，劳动关系协调难度增大，部分企业存在用工不规范、超比例使用劳务派遣工、集体协商

和集体合同签订不规范等问题。此外，随着技术革新、专业化分工不断分化，电子商务、网店、快递等新兴行业快速发展，打破企业传统的生产经营模式，对劳动用工常态管理造成冲击。劳动者更加注重劳动条件的整体改善和职业发展，就业的选择性增大。新生代农民工集体维权意识明显增强，维权方式从个别被动表达向集体积极主张转变，企业职工利益诉求表达机制尚不完善，多元化的诉求表达方式给构建和谐劳动关系带来新压力。全省企业职工工资正常增长机制尚不健全，劳动关系纠纷调处和监察执法机制还不完善，劳动人事争议仲裁组织机构建设不够健全，案多人少问题突出，全省构建和谐劳动关系的任务艰巨。

与此同时，福建人力资源公共服务体系建设亟须完善。全省人力资源市场需进一步整合，还存在着城乡分割、身份分割、地区分割和管理分割等体制性难题。全省统一的人力资源和社会保障公共服务平台尚未完全建成，劳动就业、劳动关系和社会保险等服务项目的基础数据、流程设计、窗口经办等资源有待整合，存在多个信息系统并立、数据共享及业务协同办理困难等问题，影响了公共服务的质量和效率。公共服务平台的服务领域有限，无法完全满足服务对象日益增长的需要，全省人力资源公共服务水平亟待提升。

三、进一步推进福建人力资源建设的对策思路

适应经济发展的新常态，围绕建设机制活、产业优、百姓富、生态美的新福建目标，加快建设人才强省，深化人才发展体制机制改革，努力打造人才管理体制改革先行区、两岸人才交流合作示范区、海内外人才创新创造创业集聚区，促进全省人力资源综合竞争力的整体提升。

（一）深化人才发展体制机制改革，发挥人才在经济转型升级中的支撑引领作用

福建正逐步进入以人才为第一资源、以科技创新为第一驱动力的发展新阶段。2016 年 9 月省委下发了《关于深化人才发展体制机制改革的实施意见》，在推进人才管理体制改革、促进人才发展与经济社会发展深度融合、改革人才评价制度、促进人才顺畅流动、加大人才引进力度、健全人才发展保障机制等方面出台了具体政策措施，对于加快建设人才强省步伐具有重要意义。

一是加大人才发展体制机制改革力度，为构建现代化的人才发展治理体系奠定良好基础。当前应抓紧实施省里已制定的重大人才政策和重大人才工程，通过人才发展体制机制创新，在人才培养引进、评价使用、分配激励、服务保障、编制管理等重点环节取得突破性进展，人才管理体制更加灵活高效，人才培养、评价、流动、激励机制更加科学合理。当前应进一步加快改革的措施包括：进一步扩大用人主体自主权，尽量向高校、科研院所、国有企业等用人主体下放岗位设置、人员配备、职务评聘、收入分配等自主权；建立科学化、社会化、市场化的人才评价制度，下放职称评审权限，探索实行用人单位自主评聘，完善以品德、能力、业绩为重点的人才评价机制；坚持放管结合，优化人才公共服务；大力提高人才横向和纵向流动性，打破地域、身份、人事关系等制约，促进人才资源合理流动、有效配置；激发和释放人才创新创造创业活力，建立符合科技成果转化特点的职称评聘、岗位管理和考核评价制度，鼓励科技人才兼职、离岗创业等。

二是发挥人才在经济转型升级中的支撑引领作用，着力提升人才对经济社会发展的贡献度。人才是加快经济转型升级的核心要素，加快产业转型既要依托产业形成人才竞争的比较优势，又要发挥人才优势发展创新型经济，以人才高地建设带动产业高地、创新高地建设。在集中力量发展轻纺、电子、石化、机械等传统主导产业，培育节能环保、信息技术、生物、新能源、新材料等战略性新兴产业的进程中，应坚持将产业战略与人才战略紧密结合。进一步把人才发展与经济社会发展深度融合，促进人才引领创新发展，加快培育重点行业、重要领域、战略性新兴产业人才，加快集聚培育各类领军人才，对能实现重大产业突破的高层次人才团队实行“一事一议”，从人才、科技、工业等专项经费中统筹给予重点支持。健全以企业为主体、市场为导向、产学研相结合的创新型体系建设，构建高层次人才集聚平台，以重大项目、创新平台、创新基地等为载体，加强新技术、新装备、新材料、新产品等研究开发，实现把高层次人才主要引向企业。鼓励和支持设区市、县（市、区）财政设立人才创业投资引导基金，健全人才发展长效保障机制，切实把人才服务体系建设、引进高层次人才服务绿色通道、加强高技能人才工作助推产业转型升级等人才政策落到实处。大力推进人才特区建设，充分发挥“多区叠加”政策联动优势，以中国（福建）自由贸易试验区和福厦泉国家自主创新示范区为改革平台，在人才管理、投资融资、税收、股权激励、成果转化等方面进行创新，推动福州、厦门、平潭人才特区建设。

（二）大力发展职业教育和职业培训，加快建设福建特色现代职业教育体系

现阶段无论是解决就业总量矛盾，还是结构性矛盾，最根本、最直接、最有效的措施就是加强职业教育和职业培训，提升劳动者的就业创业能力。在科技向生产力转化过程中劳动者的素质是关键环节，没有高素质的职业技术人员就没有高质量的产品，就无法实现从技术引进、消化吸收、技术创新的发展过程。加强职业教育和职业培训是有效扩大就业、促进人力资源质量提升的重要途径。

一是把职业培训摆在更加突出位置，全面提高劳动者技能素质。适应产业转型升级需要，以企业为主体，职业院校（技工院校）和职业培训机构为基础，社会力量共同参与，构建完善的综合职业技能培训体系。坚持城乡统筹、就业导向、技能为本的原则，加强就业技能培训、岗位技能提升培训和创业培训。坚持学历教育与职业培训并举、全日制与非全日制并重，多形式地开展面向全社会的职业培训，培训范围强调普惠制，逐步将广大城乡劳动者纳入培训补贴范围。当前强化职业培训的措施还包括：重点实施“百万农业转移人口职业技能提升计划”；利用互联网等现代科技手段，开展“互联网+”从业创业人员培训；加大培训资金投入，提高就业专项资金中用于职业培训的比例，建立政府购买培训成果机制等。

二是加快构建具有福建特色的现代职业教育体系。职业教育是与经济结合得最为紧密的教育类型，按照国家对福建的战略定位，坚持职业教育与福建主导产业、传统特色产业、新兴产业和新兴业态的发展同步规划，与产业建设同步实施，与技术进步同步升级。切实把发展职业教育作为产业转型升级的重要抓手，促进职业教育的规模、结构、布局与经济社会发展的要求协调互动。当前，还需重点在以下几方面突破：优化职业教育布局结构，巩固提高中等职业教育，创新发展专科层次高等职业教育，加快发展本科层次职业教育；加快推进职教集团建设，健全校企合作基本办学制度，加快推行现代学徒制，促进职业教育与行业、产业、企业深度融合；在职业院校、技工院校中推行“校企双制、工学一体”的办学模式，推行产教融合、校企合作的技术工人培养模式；充分发挥就业指挥棒作用，建立专业动态调整机制，构建产业发展驱动课程改革机制，动态调整专业设置与产业需求；加强实训基地建设，鼓励龙头企业与职业院校共建兼具生产、教学和研发功能的实训基地；完善经费稳定投入机制，提高财政预算内教育经费用于职业教育的比重，切实扭转福建当前教育附加用于职业教育比重偏低的局面；支持民办职业教育健康发展，清理并纠正对民办职业学校潜在的歧视政策，保障民办职业学校办学自主权；扭转社会“重普教轻职教”、将职业教育定位于低层次教育的错误认识，树立职业教育品牌意识，为职业教育发展营造良好的外部环境等。

（三）着力构建和谐劳动关系，积极推进人力资源服务体系建设

面对全省经济社会转型发展的新形势，加强劳动者权益保护工作日益凸显。围绕建立规范有序、公正合理、互利共赢、和谐稳定的劳动关系，积极创新构建和谐劳动关系体制机制。一是加强劳动关系协调机制创新。完善协调劳动关系三方机制，建立由同级政府领导担任主任的三方委员会，加强区域性、行业性协调劳动关系三方机制建设，扩大三方机制覆盖面。完善乡镇（街道）、行政村（社区）的劳动关系工作职能，推进劳动关系协调工作向基层延伸。健全以职工代表大会为基本形式的企业民主管理制度，推进劳动关系双方沟通协商制度化、常态化。二是全面落实劳动合同制度。建立劳动就业用工信息网上申报备案制度，加强企业用工的动态监管。规范产业转型升级和国有企业改革中的劳动关系调整，依法

规范劳务派遣和企业裁员行为。全面推进劳动用工备案制度，依法推行集体协商和集体合同制度。三是完善劳动关系矛盾调处机制。健全人民调解、行政调解、仲裁调解、司法调解联动工作体系，推动乡镇（街道）、有条件的行政村（社区）建立劳动争议调解组织。完善劳动人事争议仲裁办案制度，探索建立诉讼与仲裁程序衔接的新规则，促进劳动争议调解、仲裁、诉讼等处理体系的有机衔接。四是完善劳动保障监察体系。切实加强劳动保障监察执法能力建设，建立举报投诉案件联动处理机制，健全监察执法与刑事司法衔接机制。大力推进工资支付诚信体系建设，开展创建“三无欠薪”活动，积极解决企业拖欠工资问题。

全省人力资源建设还须健全公共服务体系，提升基层公共服务能力，为人民群众提供更加便捷、高效的公共服务。一是统筹城乡人力资源市场。打破城乡、地区、行业分割和身份、性别歧视，健全人力资源市场政策法规体系。整合公共就业和人才服务机构，强化创业服务功能，支持建设基层就业创业服务平台。二是促进人力资源服务业发展。放宽准入条件，吸引省外、海外知名人力资源服务机构来闽开展服务。鼓励我省人力资源服务机构开展对外合作，承接国际服务外包业务。支持人力资源服务机构通过兼并重组做大做强，稳步推进政府向社会力量购买人力资源服务。三是加强公共服务设施建设，提高公共服务信息化、标准化水平。围绕建立覆盖城乡、普惠公平、可持续的人力资源基本公共服务体系，重点推进设区市和平潭综合实验区人力资源市场建设，提供综合就业、人力资源、劳动关系协调、劳动人事争议调解仲裁、劳动保障监察等方面服务。

（撰稿：福建社会科学院　赖扬恩）

福建医改向纵深推进

2016年福建医改进入第8个年头，这一年是“十三五”规划开局之年，更是“新医改”进入深水区拉开改革攻坚序幕之年，同时这一年也是医改在许多方面都需要实质性的突破而且已经取得了许多实质性突破的一年。今年8月，习近平总书记在全国卫生与健康大会上强调，医药卫生体制改革“到了啃硬骨头的攻坚期”，并要求加快把中共十八届三中全会确定的医药卫生体制改革任务“落到实处”。我省作为全国首批4个综合医改试点省份之一，在医改重点领域和关键环节上，承担着率先迈出步子、趟出路子的先锋任务。

一、2016年福建深化医改的六大看点

随着医改逐步向纵深推进，涉及更加复杂的利益关系调整，影响卫生事业科学发展的体制、机制和结构性问题更加突出和复杂。今年10月，中共中央、国务院印发《“健康中国2030”规划纲要》，对我国进一步深化医药卫生体制改革提出了新的要求。因此，2016年的医改进展状况更加牵动广大民众的注意力，包括出台了哪些“真刀实枪”的改革措施，进一步解决了哪些看病就医难题?

1. 管理体制是怎样把医改引向深入。我省医改经过近几年的探索，已经形成了一整套比较完善成熟的改革路径和政策措施。在去年推出20多项具有创新性的医改配套政策的基础上，今年加大了管理体制的创新力度。1月8日省委医改专题会明确了以公立医院院长年薪制为突破口，推进公立医院运行机制改革，加快建立现代医院管理制度的要求。重点做好“一管一放”。“管”就是由公立医院管理委员会行使对公立医院重大事项决策和监管权力，实行院长任期目标管理责任制和目标年薪制，将院长年薪、医院工资总额与院长绩效考核结果挂钩，院长年薪由财政全额负担。“放”就是切实落实公立医院独立法人地位，将人事管理、副职推荐、中层干部聘用、内部分配、年度预算执行等管理自主权下放给医院。由此，推开了公立医院改革的一系列举措，并取得了明显的成效。今年7月12日，我省受国家卫计委委托，向全国介绍医改经验，其中最核心的举措之一就是创新管理体制。

据今年1—8月份的监测数据显示，全省公立医院改革运行平稳向好，与2015年度相比，药占比下降4.07个百分点、百元医疗收入消耗卫生材料下降2.91%、医务性收入占比提高0.77个百分点。我省医改得到了中央肯定。三明市在改革试点的基础上，连续几年一直走在全省乃至全国的前列。今年，国务院医改办组织对我省公立医院综合改革进行全面督查，并给予我省1000万元的奖励资金。2月23日，中央深改组召开第21次会议，听取三明市医改工作情况汇报；8月19—20日，党中央、国务院在京召开全国卫生与健康大会，三明市作了经验介绍，我省作了医改书面经验交流；国务院医改办、国家卫生计生委等部委多次在闽召开医改现场会和组织全国性医改培训。

2. 为更加有效地推进基层医改，今年推出哪些重大举措? 2016年我省医改的重心工作之一仍然是“强基层”，在体制机制改革方面，尤其重视深化基层医药卫生体制改革，实行差别化的财政政策、医保支付政策和医疗服务价格政策，推进分级诊疗制度建立。覆盖城乡的基本医疗卫生服务体系基本建成，小病不出村、常见病不出乡、大病不出县、疑难杂症再到省的分级诊疗秩序正在建立，县级医院龙头作用凸显，患者首诊便捷优惠，大病少花钱；推广长汀“一归口、三下放”

经验，在激发基层医疗卫生机构活力，已经取得了普遍成效；推进医疗联合体和对口支援工作，推广厦门市慢性病“三师共管”经验，推行家庭签约服务和乡村医疗卫生一体化改革，推动优质医疗资源有序有效下沉；进一步加强乡村医生队伍建设的实施方案，落实乡村医生养老保障政策，完善乡村医生综合考核制度，建立乡村医生进退机制；持续推进基本公共卫生服务均等化，年人均经费标准提高到45元，新增部分全部用于基层签约服务。目前省级医改管理中心已经确定9个重点联系县，加强监测与评估，力求到2020年，建立覆盖城乡的基本医疗卫生制度，千人均医疗机构床位数、执业（助理）医师数、注册护士数等主要资源指标达到全国平均水平，其他指标接近或达到全国先进水平。

3. 完善全民医保体系，给群众怎样的一个兜底“安全防线”。经过几年的努力，到2016年我省已经建成了覆盖全民的基本医疗保障网，并正在不断巩固完善这一体系：一是2016年新农合筹资水平提高到每人每年不低于530元，其中政府补助标准不低于410元。调整完善补偿方案，政策范围内住院费用报销比例稳定在70%左右。同时做到大病保险人均筹资水平不低于30元，支付比例稳定在50%以上；二是完善了医疗救助制度，全省各级加大财政安排城乡医疗救助补助资金，加强医疗救助与大病保险制度衔接的政策措施，进一步完善大病保障工作机制，织密织牢全民医疗保障网；三是加快推进“三保合一”的工作进程。“三保合一”即城镇职工医保、城镇居民医保和“新农合”的“三保”实现一个部门统一管理，这个部门即各地刚刚成立不久的市级医疗保障管理局。三明市已经在这方面进行了创新性改革，并取得了良好成效。2016年，“三保”整合工作在全省全面铺开，11月底之前，全省各地将在设区市财政局加挂“市医疗保障管理局”的牌子，各设区市成立市医疗保障基金管理中心，基金委托市医保局管理，县（市）设立医疗保障基金管理机构，作为设区市医管中心派出机构。

4. 以药补医问题怎么破解，医院如何做到不再靠卖药赚钱？“药价虚高”是“看病贵”问题的重要表征，但其根本原因却在于长期以来政府对药品实施的行政定价。针对这种情况，我省今年加大了挤压药价虚高水分的力度。一是全面实施药品（耗材）“零差率”。严格实行医疗服务价格调整、医保支付、财政补助等政策同步出台、同步实施的办法，按照价格由高到低的平移原则，即省、市、县公立医院实行药品零差率，医疗服务价格分别按90%、85%、82%补偿，财政分别按0%、10%、15%补偿；实行耗材零差率，医疗服务价格分别按100%、100%、82%补偿，县级公立医院财政按15%补偿。同时，将调整后的医疗服务项目全部按规定纳入医保（新农合）报销范围，以保证不增加群众负担、医保资金运行平稳和医院收入得到合理补偿。二是建立药品集中采购新机制。坚持“为用而采、按需而设”原则，由全省各级医院自下而上按需申报药品清单，层层公示“晒清单”，按计划、分步骤通过公开招标、价格谈判、集中挂网、定点生产和自主阳光等方式开展分类采购，并实行集中结算，在每一个环节上都加大了监管力度。今年3月，全省新一轮药品集中采购（含各片区带量采购）工作已顺利完成。据初步统计，本次通过集中招标采购的入围药品平均降幅为15%左右。

5. 医改如何能使医药卫生服务能力得到进一步的提升？医改的重点目的之一就是不断提升医药卫生服务大众的能力与水平。今年我省主要推进了这么几项工作：一是国家卫生计生委与省政府签订合作共建协议，3所委属（管）医院与我省3所省属医院建立“一对一”合作共建关系，为加快提升我省医疗服务水平奠定了坚实基础；二是对新增医疗服务项目进行及时的调整定价。今年已启动摸底和理顺公立医院收费项目工作，指导和规范新增医疗项目价格目录，督促医保及时跟进，切实减轻群众不合理的医疗负担。新增项目定价工作原则上每半年一次；三是省政府颁布《福建省医疗纠纷预防与处理办法》，自2016年7月1日起施行，全省预防处置医患纠纷“五位一体”工作机制纳入法制化轨道，医患纠纷第三方调解成功率达90.6%；四是继续开展大型医院巡查，及时督促落实巡查整改工作。在全省医疗机构开展专项整治“红包”和“回扣”工作，进一步纠正医疗服务中的不正之风，规范医疗机构从业人员行为。2016年上半年全省183所二级以上医院第三方调查整体满意度达83.84分，呈持续提升趋势。

6. 按照科学补偿机制的要求，如何建立符合医疗行业特点的医务人员薪酬制度？2016年5月，我省出台了《省属公立医院院长院长目标年薪制管理办法（试行）》，从医院服务评价、办医方向、平安建设、医院发展等方面设立19条管理细则，从社会效益、医疗服务提供、综合管理、可持续发展4个方面51项指标对院长实施考核。考核结果与医院工资总额相挂钩，以调动所有医务人员参与医院管理的积极性。同时，院长年薪由财政全额负担，体现院长代表政府管理医院，院长待遇不直接与医院收入发生联系。以医院实际开放床位为基数，按照不同等级和类别核定人员控制总量，逐步推进编内外人员同岗同薪同待遇。在核定的绩效工资总额内，医生（医技）团队、护士团队和行政后勤团队拟按5∶4∶1的比例自主进行分配，体现多劳多得、优绩优酬；严禁给医务人员设定创收指标，严禁把医务人员个人收入与医院的药品耗材、检查化验等业务收入挂钩。与薪酬标准相适应，我省进一步强调了医药卫生系统的人事制度改革。比如，在推进医院职称评聘制度改革方面，适当放宽县级公立医院高级职称评定标准、提高职称岗位结构比例。厦门市已推行了人事编制备案管理制度，泉州、龙岩等地积极推行了公立医院院长聘任制。在此基础上四是改革内部分配制度。

7. 医改在促进医者与患者之间关系上，今年都做了什么有成效的工作？医改的最终目的就是不断推进医疗服务水平，持续改善长期以来处于紧张状态的医患关系。一方面我省今年加大力度实施改善医疗服务行动计划，大部分省、市级医院设立了“客服中心”“便民服务中心”等便民综合服务机构；另一方面二级以上医院均开通多种形式的预约诊疗，三级医院优质护理服务病房覆盖率达100%，二级综合医院达60%，同时加强血液安全管理，实现核酸检测全覆盖，缩短病毒检测窗口期。在深化“平安医院”创建过程中，通过全面实施医疗责任保险，有效地提高了医患纠纷第三方调解成功率，达到了90.58%，全省二级以上医院第三方调查满意率，近一个时期以来呈持续上升趋势，达到了百分之八十以上水平。

二、当前医改进入深水区所面临的最主要难题

当前，医改正经历攻坚阶段，随着改革的全领域推开，一些最困难的任务也在同时显现出来。

1. 医改的任务越来越艰巨，而面临的社会阻力也不容小觑。目前从总体上看，在公立医院的进一步改革、分级诊疗制度的进一步确立、卫生服务提供体系的进一步改善等等方面，相对于问题积累的速度，医改之路显得过于曲折，进展过于缓慢。虽然从管理层的角度来看，改革越早越好，但如何避免拖延，增强改革的紧迫感却仍然是一个大问题。一方面改革的窗口越来越小，改革的机会越来越宝贵；另一方面改革的对象越来越扑朔迷离，改革的阻力似乎越来越看不见摸不着。其实，问题就出在我们的体制内部，阻力就是我们自己，改革到此程度，就是要革自己的命。

2. 分级诊疗真正推行开来依然难度很大。虽然2015年国务院就发布了关于分级诊疗的指导意见，今年我省医改在这方面也着力颇多，为建立分级诊疗制度做了一些谋篇布局的工作。但尽管这样，仍然没有“堵住”抱怨“看病难”的悠悠众口。政府虽然投入了巨额资金为基层医疗机构盖房子买设备，但是由于缺乏让患者信任的医生，患者不得不舍近求远被迫挤到大医院，让大医院一号难求的问题更加严重，加剧了患者看病难题。应该说，关于分级诊疗争议的焦点之一便是“大医院”仍然在干“小医院”的活儿。国家建立分级诊疗制度的终极目标便是通过让各级各类医疗机构职能归位，以医保为经济手段，规范患者合理就医。但医生作为所有医疗资源中最重要、最核心也是最稀缺的资源。在公立医院事业单位编制化的管理下，医生是单位人，被限定于所在医院，不能自由流动或难以自由流动。一直以来，大量的优秀医生聚集在城市公立医院特别是大型三甲医院，基层几乎没有可以看病的医生，导致基层患者医生携手奔向三甲医院，使分级诊疗变成了一句空话。而且，由于医疗服务价格尚未调整到位、医保支付方式改革尚未取得根本性进展等原因，“大医院”不愿放弃“小手术”，“小医院”没有能力提供其应该提供的医疗服务，更是

使得通过分级诊疗解决“看病难”问题成为一个遥遥无期的梦想。

3. 取消药品加成之后出现的博弈现象。自2016年1月开始，我省取消公立医院购进药品按照购进价格15%加价的做法，全面推行药品零差率销售。随之而来的问题是，实施药改政策后，医院药品收入锐减，而一些地方政府补偿不到位，配套措施不完善，而提高了的医疗服务费用一时还弥补不了药品收入的减少。于是，医院和药商之间展开了一番博弈。有的公立医院表现出要求药品供应商下调药品价格苗头，暗示对方，如果无法协商将不再采购其药品品种，此举有人认为医院又在走“以药养医”的老路。而且，由于药店仍然有药品加成，现在医院的药比药店的药还便宜，有的药店都从医院搞药拿到店里卖。虽然“药改”是医改的重要突破口，药品集中采购政策的完善有助于医改再破冰。然而，由于“药改”涉及多方利益调整，牵一发而动全身，必须坚持医保、医疗、医药“三医联动”，使各项项改革相互促进、良性互动、协同配合，形成推进医改的强大合力，才能避免“单兵突进、顾此失彼”的尴尬。

4. 基层医疗卫生机构的服务能力与水平有待进一步提高。目前，我省也和全国其他省市一样，存在着基层医疗卫生服务能力和技术水平普遍较低，患者信任度不高，基层医疗卫生机构住院量比重仍呈持续下降趋势等问题（2015年仅为18.45%，比2010年下降10个百分点，2016年的情况同样不容乐观）。在实施差别化政策引导优质医疗资源下沉的力度还不够，引导患者到基层首诊还有很长的路要走。据初步测算，至2020年全省医师和护理人员缺口将达5万多人，儿科、精神卫生、全科医生等专业人员更加紧缺。卫生队伍中高素质、高层次人才缺乏，2015年全省卫生人员中具有大学本科及以上学历的比重不到25%，副高及以上资格的仅占7.12%。而这种人才短缺现象，基本上集中地发生在基层医疗卫生机构，在深层次上反映出当前和今后一个时期内，我省医疗卫生领域存在着的人才布局严重不均衡性。

5. 公立医院仍然存在体制机制不平衡问题。我省公立医院在管理体制改革探索方面走在全国的前列，但是从总体上看，公立医院管理机制、运行机制、人事分配制度等改革还没有全面铺开，在严管理、控成本、堵浪费方面还缺乏动力，外部调控引导与监督制约等作用尚未有效发挥。比如，医疗服务提价后，一些地方医保仍执行原先政策；医院和医生的诊疗行为没有得到规范，不合理诊疗、检查和用药依然较多，医院检查检验收入和耗材收入比较高；一些公立医院对提供特需服务范围和收入不断扩大，挤占了基本医疗服务空间。显然，公立医院改革的困境依然存在。今年7月份，人社部提及事业单位人事改革时称，正研究制定公立医院不纳入编制管理后的人事管理衔接办法。这是公立医院改革的一个重大动向，其中最关键的改革应是削除原本依附于编制之上的种种显性或隐性福利，使得医务人员不再有体制内外之别，这样才能促成人力资源流动和优胜劣汰，最终推动公立医院在体制创新上走出一条新路。

6. 医保的覆盖率越来越高，但医保基金收支平衡的压力也越来越大。虽然这是医保方面带有全国性的问题，但作为医改试点省份，我省应该在这方面要有更超前的思考。据预测，在2015—2020，医疗卫生费用年增长率高达9.4%，而同期的GDP的年均增长率6.5%。2015年的卫生费用是3.5万亿元，到2035年将达到15.8万亿元，占GDP的比重从2014年的5.56%，激增至2035年的9%以上。一些国家和地区的经历表明，如果没有适当的控制，过快的卫生支出增长会加重个人、企业、政府的负担，难以持续。解决医保基金收支平衡的压力，一定要有顶层设计上的创新思路。另一方面，我省虽然在整合医保资源上，探索出了一条新的集约办法，但是这种新体制目前仍然是一种管办不分的体制，福建省医保办目前仍然是“管办合一”和“政事合一”，既当“裁判员”又当“运动员”，“自家人”监管“自家人”的管理体制。因此，新体制仍然是一种高度垄断的医保经办格局，90%以上的医保资源（即基本医保）依然是由政府独家垄断经办。垄断的结果可想而知：医保经办如果没有优胜劣汰的市场竞争压力，必然缺少改革与创新的动力，那么医保经办效率和质量就会止步不前甚至倒退。高度集权有利也有弊，最大弊端是医保管理人员利用权力寻租的风险很大，在药械集中采购、药品配送监管、医药定价、医保定点、医保目录确定等环节上，仍然存在着以权谋私的隐忧。

7. 社会资本办医在认识和具体举措上仍然存在模糊地带。近几年来社会办医有了很大的发展，尤其是在数量上有了长足的进步，但是对于民营医院的地位和作用的认识，目前在社会各界还没有形成统一的共识，尤其是发生了“莆田系医疗”问题之后，人们对民营医院的认识变得更加模糊和有争议了。比如，民营与公立医院是相辅相成的，还是民营只是公立医院的补充？民营是整个医疗卫生体系中的一个组成部分？是可以提供基层卫生服务和二级服务，还是只限于提供高端医院服务？是只限于农村偏远地区，还是也可以在城市地区提高医疗卫生服务？这使得在很多地方，民营机构连成为医保定点机构的问题都变得不是很明确了。而且，造成目前公立医院太强，民营医院太弱的一个客观原因，还在于民营医院的医疗服务能力和学术水平较低，这也是社会办医的主要短板之一。虽然我省也出台了多项有关扶助民营医院发展的政策措施，但在许多地方落实的力度仍有欠缺。可以说，对待民营医疗卫生机构的态度是一块“试金石”，如同对待民营企业一样，凡是给予国民待遇的地方，民企发展就能生根生芽，地方经济就发达，反之亦然。

三、进一步推进医改工作的几点思考

医改仍在深水区，如果改革不能再进一步，将面临巨大的整体性压力，包括医药卫生支出的与日俱增的压力。对于牵头医改的政府部门来说，需要加大力度关注的不再是成天对大小医院之间互帮互助、开展远程医疗之类些微进步津津乐道，真正的考验是压力如山的体制性改革。把脉医改，我们提出以上的建议与思考。

1. 进一步加强各级政府的医改责任，做好顶层设计，真正建立起以患者为中心的改革目标。我省已经在管理体制改革方面做了许多创新性的探索，取得了明显的成效，但作为首批医改试点省份，还必须进一步加大改革力度，真正在领导管理层面上普遍树立起没有全民健康就没有全面小康的医改观念。前不久，深圳市出台国内首部医疗“基本法”，率先把医改纳入到法治化轨道，用法治护航医改挺进深水区，这一做法有资借鉴之处。在严格遵照中央的医改原则的前提下，除了借鉴其他省份的改革经验之外，可以把眼光投向世界，积极吸取医改方面好的国际经验。根据世界银行的资料显示，瑞典、土耳其，甚至非洲卢旺达的医疗系统中都有可借鉴的经验。此外，顶层设计要不断强调以患者为中心的医改方向。在这方面，确立正确的激励机制很重要，逐渐把医生的收入在一定程度上与患者的健康状况相联系上来。如果医生的绩效不在于看了多少病人，卖出多少药，而是在于病人的诊疗效果，这会迅速改变医生的行为，从而真正把患者的治疗效果放在首要地位，最终把医改的顶层设计与医院和医生的具体行为和谐地统一起来。

2. 公立医院进一步改革，首要的是需要落实改革责任机制，提高管理水平。公立医院改革的内容非常复杂，千头万绪，但深层次的改革与管理水平的提高有着非常密切的关系。这方面的治理改革包括建立法律框架并在其中明确医院的组织形式（董事会或理事会），即政府与医院管理层之间的问责平台，确定这类董事会或理事会的作用、构成和功能，将决策自主权赋予医院管理者，制定强有力的问责机制和激励机制，使医院的绩效和行为与政府的工作重点和服务模式改革相一致。目前的一个现象是正在出现越来越多的超大型医院，有的床位超过数千张，根据许多经验说明，管理这么大的医院非常困难。如何做好管理就成为公立医院改革的一个十分迫切的问题。在医改中，管理者扮演着十分重要的角色，必须与所有利益相关方进行对话而不能只局限于医生之间。现在如果你问医院的管理者医生医疗系统该如何组织，他们大多只会从自身知识背景出发来问答问题，很少有医生出身的管理者受到过管理方面的训练。一个好的必须是一个跨领域的人才，这样才能让医疗系统顺利运转起来，这包括建立促进医院管理者职业发展的高级管理人员职业发展规划，与学术机构加强合作，拓展医院管理专业的学科课程设置，等等。

3. 必须采取具体有效措施，使支持社会资本参与医疗事业的政府切实落到实处。一个基本的事实是，当前的医疗卫生服务体系正在从原来纯粹由政府经营的体系，转向一种分权化管理、向社会力量办医开放的体系。但是，许多地方政府仍然掌握着卫生服务体系的主要筹资来源，并将民营医疗服务局限于主要面向富裕人群和一些特别专科的备选服务。很显然，在公立医院垄断地位日趋强化的情况下，单纯依靠政策推动社会力量已经无法撼动大型公立医院的垄断势力，而打破这一壁垒的最佳可行性方案就是拆分大型公立医院。另一方面对于民营医院过分趋利的行为应该采取更加有效的方法进行监管与约束。因为医疗卫生服务体系中出现营利性机构，将带来道德、法律、经济和政治方面的问题。因此，重要的是应该进一步明确民营医院在整个医疗体系中的角色，以及民营医院与公立医院应如何协调运转。尤其是面对社会资本大规模进入医疗服务领域过程中，出现的良莠不齐，乃至泥沙俱下的问题时，正确的办法是不断加强监管力度，使作恶者付出沉重的代价，而不是不加分辨一律封杀。要在严格的监管中让投资者看到正常秩序下，民营医院发展的未来前景。如果社会办医者没有稳定的预期，又如何把资源和心力投注于提升医疗质量和服务水平上？

4. 进一步着力于解决激励机制问题，推动现在卫生服务体系的合理转变。虽然关于医疗领域的激励问题不是首次被提出，但下一步的医改工作必须这一问题放置到更重要的位置来考虑。这也是为什么我们在制定了很多医改政策之后，很多措施和主张并没有起到应有的作用，其中的关键因素在于这些政策制定没有考虑建立正确的激励机制，因为只有在所有的利益相关方都得到正确的激励时，改革才能驶向正确的轨道。比如，为鼓励患者在基层医疗机构就诊，制度规定，对于同样的治疗项目，在基层医疗机构就诊的报销比例高于上级医疗机构。但由于上下级医疗机构服务质量存在差别，报销比例的区别完全不足以激励患者在基层医疗机构就诊。而要改变这种状态，必须从这么几个方面着手：（1）理顺医疗机构与医务人员激励。在这方面我省已经在试点区域取得了不俗的成就，但如何进一步完善并在全省范围内推开，还需要做好许多后续工作；（2）加强卫生服务质量信息公开。我们知道，医患关系的问题很多时候的症结在于信息严重不对称造成的。卫生服务质量信息公开，鼓励公众参与医疗服务，可以起到引导、推动体系中的各方朝向正确的方向前进的作用。这些措施虽然并不直接调整卫生服务提供体系的行为，但可以对服务提供方产生重要的激励约束效果；（3）鼓励和扩大公众参与。患者参与不仅要求患者加强自我管理、提高健康素养，更要求医务人员改变职业文化。其内容包括：一是定期评估患者知识、行为和信心；二是依据科学证据和当前掌握的信息为患者提供建议；三是就治疗目标和治疗方案与患者达成共识，以改善患者自我管理；四是帮助患者克服所面临的障碍；五是安排有用的其他服务。只有这样，才能实现医患共同决策，让疾病成为医患双方共同面对的挑战，而不是让医患成为矛盾的双方。

5. 公立医院“去编制”和推动家庭医生制度，是当前建立分级诊疗体制的重要步骤。首先，传统的编制管理下僵化的人事和薪酬制度正在成为建立分级诊疗体制的绊脚石，只要在编制范围里，医生多点执业、医院管办分开等措施都无法得到正常的实施。去编制改革就是让医院挣脱财政经费、编制数量的束缚，完全按业务需要自主设定工作岗位和标准，客观上也起到了进一步促进医生的自由流动。而医生一旦流动起来，停滞不前的医疗卫生体制改革，就会出现积极的变化。因此，去编制是大势所趋。但是，去编制不能停留在仅仅改变医生事业身份，必须解决好改革编制背后的一系列捆挷政策。（1）财政投入政策需要明确。一方面财政投入可通过政府购买服务的机制进行保障；另一方面可以将按人定补的财政投入方式改为按事定补，根据医院的基本医疗服务数量、手术难度、病床周转率、转诊量、科研水平等指标核定补助经费，并根据考评结果进行动态调整；（2）去编制后用人自主权交给医院了，但政府依然需要核定用人总量和工资总额，并制定和完善绩效考核办法；（3）要制定适应去编制后医院人事管理制度的具体改革办法。要想推动医务人员多点执业，光靠去编制是不够的，还需做好其他配套改革。

家庭医生应该是当前建立分级诊疗体制的重要基础性环节。之所以说是基础性环节，是因为家庭医生的服务，是以人为中心，而不是以医院为中心；是对病人持久的健康照护，而不是一次性的医患关系；是对病人身体全面状况的了解，而不是哪不舒服了去检查哪；是对病人从生理、心理到社会生活所受影响的综合考察，而不是只了解和处理身体的不适。在西方，居民加入一项医疗保险计划时，保险公司会根据其所居住的地区提供一分属于该保险计划范围内的家庭医生、专科医生和医院的名单，并划分出“核心网络”“推荐网络”等不同等级，通过不同的保险赔付比例引导病人到属于“核心网络”的诊所和医院就诊，而且必须有家庭医生的转诊书才能获得较高额度的赔付。这样一种制度安排，是对病人进行合理的分流，并保证由家庭医生进行初级诊断和治疗，避免医疗资源的错配，降低医疗成本。当前在我省家庭医生全面落地最大的难题就是全科医生的匮乏，因此构建完善的分级诊疗网络，就必须改变我们体制传统的不断把大量优秀医生变成专科医生并留在大医院的做法，加强对全科医生的培养。

6. 以三医联动的方式，进一步推进药品采购改革。目前的药品采购制度还需要做进一步的改革。一是突出医保管理地位，未来随着医保支付制度改革和医保支付压力不断增大的情况，医保在采集过程中的地位应日益突显；二是落实带量采购，没有量的保证就不会有价的降低，这是经济学中最基本的常识，而且通过带量采购尤其是用药金额较高的产品可以将价格压缩至企业合理范围，从而让企业对医生彻底无行贿空间；三是推进药物经济学的制定，从国际上看，药物经济学是保障和评价医疗机构是否合理用药的基础，否则在临床上大量使用低效、无效的药品对医保资源和患者来说都是巨大的浪费；四是全面执行仿制药质量和疗效一致性评价，对于通过一致性评价的药品在临床使用和医保报销方面相比原研产品给予超额待遇。

（撰稿：福建社会科学院　张文彪）

福建省就业总体保持稳定

2016年，福建就业工作坚持稳中求进的总基调，稳就业、防失业、促创业，着力推动就业结构性改革，加快推进新旧动能转换，在经济增速放缓情况下保持就业总体稳定，同时呈现出一些积极的变化。

一、总体情况

（一）就业目标任务顺利完成

2016年，全省城镇新增就业60.73万人，完成目标任务的110.4%；城镇失业人员实现再就业14.56万人，完成目标任务的145.6%；城镇就业困难人员实现再就业4.02万人，完成目标任务的134.0%；年末全省城镇登记失业率3.86%，维持较低水平。

（二）援企稳岗政策有效落实

1. 失业保险稳岗补贴政策取得成效。2016年，全省失业保险参保人数575.52万人，比上年增长5.4%。全省失业保险基金用于稳定就业岗位的补贴企业数达2.97万家，相比上年的不足三百家，政策扶持力度明显加大。稳岗补贴政策惠及企业职工145.30万人，落实补贴金额4.37亿元。

2. 失业保险降费率政策不断完善。继2015年6月实施失业保险降费率政策后，为进一步减轻企业社保负担，降低企业用工成本，2016年5月起再次阶段性调低全省失业保险费率，企业缴费率由1.5%降为1%。2016年，全省共减征失业保险费16.05亿元。

（三）"去产能"企业职工安置工作平稳推进

2016年，福建将钢铁、煤炭等列为去产能的重点行业，全省有6家钢铁企业、30家煤炭企业纳入省级化解过剩产能工作计划，涉及职工5732人。其中，转岗安置1266人，退养451人，解除终止劳动关系4015人。解除终止劳动关系的职工中，大部分人员已通过灵活就业、单位就业、自主创业、返乡务农等方式实现了再就业，少量失业人员在人社部门进行了失业登记，享受失业保险补贴，分流过程总体平稳。

（四）劳动力市场活跃度提高

2016年，全省人力资源市场上企业岗位需求登记441.39万人次，比上年增长13.3%。岗位需求登记由2015年的同比减少转变为2016年的同比增加，表明人力资源市场的活跃度在恢复，企业用工需求逐步回升。全年人力资源市场求人倍率1.19，比上年高0.06个点，延续企业用工需求大于求职登记的缺工状况，供需缺口略有放大。

（五）大学生就业稳步提升

2016年，全省省内高校毕业生和省外高校福建生源毕业生总量26.2万人，比上年略降0.4万人。为促进高校毕业生就业，全省各地深入实施系列高校毕业生就业促进计划和创业引领计划，推动高校毕业生多渠道就业。2016年底，全省高校毕业生就业率96.3%，同比提高5.6个百分点。劳动力调查数据显示：2016年下半年，全省城镇地区大专及以上学历毕业后未工作的失业人口占失业人口的比重为8.1%，同比下降2.5个百分点。

二、积极变化

（一）就业结构调整优化，服务业成为吸纳就业的主要渠道

1. 从业人员向第三产业转移。随着经济结构的调整升级，第三产业领跑全省经济增长的同时，也创造了更多的就业岗位，从业人员从第一、第二产业向第三产业转移。全社会从业人业中，第三产业从业人员已经超过第二产业，并且保持较快的增长水平。2016年，全省新登记的私营企业

中属于第三产业的企业数占 82.2%，比上年提高 1.8 个百分点。

2. 服务业用工景气度高于其他传统行业。根据企业用工景气调查显示：2016 年 1—4 季度规模以上服务业企业劳动力需求景气指数分别为 100.7、102.9、103.4、103.4，高于工业、建筑业、房地产业、批零业、住餐业这些传统行业企业用工景气指数，也是唯一全年用工指数均处于 100 以上景气区间的行业。服务业企业用工需求的不断增加，有效地缓解了传统行业经济效益下滑给就业带来的影响，成为新时期吸纳就业的主要渠道。

（二）大众创业激发活力，带动就业良性发展

1. 自主创业群体不断扩大。全省各地积极落实鼓励创业的财税、金融、工商等扶持政策，降低创业门槛，大众创业队伍不断壮大。据劳动力调查数据显示：2016 年下半年全省调查的失业人员中选择自主创业或与家人朋友一起创业的人员占 11.9%，同比提高 1.1 个百分点。选择创业的群体以 20—39 岁年龄占主体。其中，20—29 岁青年创业群体占比呈现上升趋势。这部分人中有相当部分是高校毕业生，反映出高校毕业生投入自主创业的人数不断增加。

2. 个体私营企业吸纳大量就业。随着商事制度改革不断深化，新增市场主体活力持续激发。据工商部门统计，2016 年全省新登记私营企业 18.32 万户，新登记个体工商户 35.75 万户。截至年底，全省个体、私营经济主体共吸纳从业人员 1149.29 万人，其中私营企业 713.59 万人，个体工商户 435.70 万人，分别比上年增长 25.5%、26.4%，个体私营经济成为现阶段扩大社会就业的重要力量。

（三）转型升级加快推进，用工结构不断改善

1. 企业对中高层次人员的需求提高。在产业结构转型升级的推动下，企业用工需求逐步从中低层次人员向中高层次人员转变。企业用工情况调查数据显示：2016 年下半年，反映缺工的企业中最缺乏经营管理人员、科研人员、高级技工的企业占比分别同比提高 11.8、11.9 和 20.7 个百分点，而最缺乏普通技工的企业占比只提高 0.6 个百分点。

2. 企业通过机器换工等方式减少用工需求。企业用工情况调查数据显示：2016 年下半年，调查的制造业企业中，9% 左右的减员企业表示因技改减少用工。大中型制造业企业的比例更高，在 15% 以上。部分大中型制造业企业正通过加大技术投入、加快转型升级实现企业的可持续发展。在泉州市的纺织鞋服等传统劳动密集型行业中，龙头企业的机器换工已经较好地发挥了降低用工成本、提高生产效率的作用。

三、需关注的问题

（一）企业减员现象增多

从企业用工调查情况看，2016 年上、下半年调查企业的减员面分别为 35.2% 和 36.4%，比增员企业面高 1.4 和 2.3 个百分点，企业减员面有所扩大。受订单不足、经营亏损等经济性原因减员的企业增多。

（二）用工结构性矛盾依然突出

一是“就业难”和“招工难”并存。2016 年，企业用工招工发生着新的变化，对普通技工的需求减弱，对管理型、创新型和高技能型技术工人的需求增加。招工企业面临着普工好招、技工难求的问题。对求职者来说，更多求职者技能结构难以满足劳动力市场上的岗位需求，劳动力供需结构存在一定程度的结构性矛盾；二是不同企业招工分化明显。大中型企业由于用工比较规范，配套福利设施完善，基本不缺工。而小微企业受限于自身实力、工资待遇和用工环境，加之经济下行背景下经营压力增大，加剧招工困难。

（三）企业用工预期趋于谨慎

2016 年 4 季度企业景气调查数据显示：在接受调查的 2 万多家企业中，预计 2017 年用工持平和减少的企业占比超过九成（其中，预计用工持平的占 81.1%，预计用工减少占 9.8%）。在企业经济效益没有明显提升的前提下，企业用工预期更加谨慎，将影响 2017 年用工变化。

四、若干建议

（一）发展吸纳就业能力强的产业

经济增速放缓背景下，要将经济发展方式转变与拓展就业空间结合起来。以全面推进大众创业万众创新为契机，实施就业引领战略，着力扶持和培育吸纳就业能力强的第三产业；加快发展

服务业，特别是新兴服务业，充分发挥其吸纳就业的作用；鼓励民营经济，支持发展具有比较优势的劳动密集型中小企业。

（二）进一步释放创业创新活力

要继续落实优化创业环境，加强创业政策的宣传和舆论引导，使更多有创业意愿的求职者敢创业、有创业、成功创业；进一步加强创业指导服务，结合地域经济特色、创业特点，提供针对性的创业指导和跟踪服务；继续加大对高校毕业生、农民工返乡创业等政策扶持，提高创业成功率。

（三）加快培养企业急需的人才

一方面提高政府公共就业服务质量，为劳动力市场供求双方提供更具针对性的就业服务，缓解就业结构性矛盾；另一方面要建立以市场为导向的培训长效机制，开展求职者技能培训、企业职工岗位技能提升培训、创业培训等，帮助企业稳定职工队伍，为企业转型升级储备人才。

（执笔：郑　盈）

福建省居民收支稳定增长

2016年，福建居民人均可支配收入27608元，比上年增长8.7%，扣除价格因素实际增长6.9%，增幅均比上年回落0.2个百分点；人均生活消费支出20167元，增长7.0%，扣除价格因素实际增长5.2%，增幅均比上年提高0.2个百分点。按常住地分，城镇居民人均可支配收入36014元，增长8.2%，扣除价格因素实际增长6.3%；农村居民人均可支配收入14999元，增长8.7%，扣除价格因素实际增长7.1%。城镇居民人均生活消费支出25006元，增长6.3%，扣除价格因素实际增长4.4%；农村居民人均生活消费支出12911元，增长7.9%，扣除价格因素实际增长6.3%。

一、居民收入变化特点

（一）居民收入差距缩小

从居民家庭按收入高低五等分分组看，2016年，最高收入组与最低收入组家庭的人均可支配收入比为7.47∶1，比2015年的7.53∶1呈现缩小的态势。城镇居民与农村居民人均可支配收入之比由2015年的2.41∶1缩小为2.40∶1。

（二）工资性收入结束翘尾因素影响，增幅环比回落

受2015年第三季度兑现的行政事业单位工资改革和提高最低工资标准等因素影响，2016年上半年福建居民人均工资性收入维持了两位数的增长。2016年三季度，随着增资政策的翘尾影响告一段落，城乡居民工资性收入环比呈不同程度回落态势。全年来看，全体居民人均工资性收入增幅较上半年回落2.8个百分点；城镇居民人均工资性收入增幅较上半年回落3.0个百分点；农村居民人均工资性收入增幅较上半年回落2.3个百分点。见表1。

表1　2016年福建居民人均可支配收入情况

指　　标	全体居民人均可支配收入		城镇居民人均可支配收入		农村居民人均可支配收入	
	绝对数（元）	增幅（%）	绝对数（元）	增幅（%）	绝对数（元）	增幅（%）
可支配收入	**27608**	**8.7**	**36014**	**8.2**	**14999**	**8.7**
工资性收入	16042	8.1	22213	7.2	6785	9.7
经营净收入	5280	7.1	4919	7.6	5821	6.7
财产净收入	2622	10.5	4199	9.9	256	10.0
转移净收入	3664	12.4	4682	12.4	2137	11.4

（三）受第二产业经营收入下降影响，经营净收入增幅回落

2016年，福建居民人均经营净收入增幅较上年回落0.2个百分点。其中，第一产业经营收入比上年增长3.9%，增幅与上年持平；第二产业经营收入比上年下降11.8%，是经营净收入增幅回落的主要原因；第三产业经营净收入比上年增长15.1%，增幅上升6.7个百分点，占经营净收入比

重达57.6%，成为2016年居民经营净收入增长的最大支撑点。

（四）住房类收入强力拉动，财产净收入实现高增长

受到房地产市场升温的影响，2016年，福建居民出租房屋收入和虚拟房租收入均实现了快速增长。受此二者的拉动，居民财产净收入实现了两位数的高增长。居民人均财产净收入2622元，比上年增长10.5%，增幅比上年提高4.5个百分点。其中，居民出租房屋财产性收入725元，比上年增长13.9%；居民房屋虚拟租金收入1709元，比上年增长13.1%。二者合计占财产净收入的比重从2015年的90.5%上升到92.8%。

（五）养老金政策兑现，转移净收入维持两位数增长

2016年，福建继续提高养老金与离退休金发放标准，并于9月份补发了2016年1月以来的增加部分。受此影响，2016年，福建居民人均养老金与离退休金收入达到3225元，比上年增长13.1%，使全年的居民转移净收入增幅较前三季度提高了6.5个百分点，尽管比2015年低2.3个百分点，但仍实现了12.4%的两位数增长。

二、居民增收主要因素

（一）自贸区、电商和旅游产业发展，改善居民就业环境

1. 自贸区发展激发投资实体经济热情。福建自贸区的发展吸引众多优质企业入驻，实施创新举措带动全省企业经营形势向好，促进居民经营收入增加。自挂牌至2016年11月底，福建自贸试验区新增企业47330户，注册资本9033.95亿元，新增合同外资78.5亿美元。

2. 电商等新兴业态蓬勃发展，农产品销售日趋活跃。福建各级政府高度重视互联网经济发展，相继出台了一系列政策予以大力推动。福州、莆田、三明等市着力发展特色电商经济，将“跨境电商”“农村电商”作为发展电子商务的突破口，取得良好效果。福建已成为全国三大网货制造基地之一，2015年国家电子商务示范基地数已位居全国第4位，县域电子商务发展指数居全国第3位，电子商务百佳县数量居全国第2位。据长汀县电商中心数据显示，2016年上半年长汀全县实现网上交易额11.4亿元，其中农产品交易额突破6亿元大关，占总交易额的52.6%。

（二）政府关注弱势群体，多举措增加转移收入

1. 兑现了养老金与离退休金的增长。9月份兑现2016年的提高养老金与离退休金政策，退休人员月人均基本养老金在2015年12月的基础上增长6.5%左右。

2. 再次提高城乡居民社保标准。将城乡居民社会养老保险的基础养老金最低标准再次提高15元，增加到每人每月100元。从2016年7月1日起补发，2016年12月底前发放到位。

3. 多地相继提高最低生活保障标准。福州、厦门、三明、泉州等地均提高了城乡低保标准，最高提至每人每月610元。

（三）楼市升温推高城镇居民财产净收入增幅

2016年2月，福州市公开出让四幅地块，中庚集团以楼面价每平方米23183元竞得“地王”。此后，福州、厦门“地王”频现，拉动附近区域楼盘价格大幅上涨。至2016年12月，福州、厦门新建商品住宅销售价格同比分别上涨27.6%、41.9%，二手住宅价格同比分别上涨16.6%、32.4%。受此影响，城镇居民的出租房屋财产性收入和虚拟房租收入分别较上年增长14.2%和12.4%，拉动经营净收入增幅较上年提高5.1个百分点。

（四）农产品价格上涨带动居民经营净收入增长

2016年上半年全省鲜菜价格同比上涨28.2%，涨幅比上年同期提高22.2个百分点，创近十年新高；全年同比累计上涨16.4%，依然维持在高位。2016年全省猪肉价格同比上涨17.0%，比上年同期扩大8.6个百分点；特别是5月份，全省生猪平均价格每公斤达21.4元，为历史的最高点，自繁自养出栏一头育肥猪盈利850元以上，2016年以来生猪养殖均处于高盈利区间。这些都较大提高了生猪和蔬菜生产大县农民经营净收入。

三、居民消费变化特点

（一）居民消费增速呈加速势头

2016年，福建居民人均生活消费支出首次突破2万元大关，达20167元，比上年增长7.0%。

在同期收入增长放缓的情况下，居民消费支出增幅比2015年上升0.2个百分点。其中，八大类消费支出呈“六升二降”态势，生活用品及服务支出、居住支出和食品烟酒支出的增幅更是分别比上年上升了4.6、3.7和1.4个百分点，扭转了上年居民消费支出增幅回落速度快于可支配收入的态势。见表2。

表2　2016年福建居民人均消费支出情况

指标	绝对数（元）	增幅（%）
生活消费支出	20167	7.0
食品烟酒	6907	7.3
衣着	1093	-3.7
居住	5200	12.1
生活用品及服务	1111	6.1
交通通信	2504	8.6
教育文化娱乐	1905	6.8
医疗保健	1054	2.5
其他用品和服务	393	-16.7

（二）物价上涨推高食品消费支出

2016年，福建居民的恩格尔系数为34.2%，人均食品烟酒支出比上年增长7.3%，增幅上升1.4个百分点，拉动消费支出增长2.5个百分点。而2016年以来食品烟酒支出的增长主要是受到了食品价格上涨的影响，全年福建居民消费价格指数中，食品类同比上涨4.7%，远高于1.7%的2016年居民消费价格上涨总水平，其中鲜菜和猪肉价格的大幅上涨更是推高了食品消费支出的增幅。

（三）居住消费有力拉动居民消费支出增长

居住消费成为拉动福建居民消费支出增长的重要因素。2016年，福建居民居住支出比上年增长12.1%，增幅比上年提高3.7个百分点；占消费支出比重达到25.8%，列八大类消费的次席，仅次于食品烟酒支出；拉动消费支出增长3.0个百分点，居八大类消费之首。

（四）城乡居民主要消费结构趋同

2015年，福建城镇居民八大类消费支出中金额列前三位的分别是食品烟酒（7759元）、居住（5811元）和交通通信（3022元），三者合计占生活消费支出比重的70.5%；农村居民八大类消费支出中金额列前三位的也分别是食品烟酒（4494元）、居住（2908元）和交通通信（1249元），三者合计占消费支出比重72.3%，城乡趋向一致。2016年，福建城镇和农村居民此三项支出占消费支出比重则分别为72.1%和73.4%，二者的比重差距由1.8个百分点继续缩小为1.3个百分点，城乡居民的主要消费结构进一步趋同。

四、值得关注的问题

（一）宏观经济增长压力加大，居民收入持续增长难度大

近年来，我国经济发展进入新常态，经济增速换挡回落，从高速增长转向中高速增长，实体经济仍然处于调整期，在去产能过程中工业生产回升仍显乏力。2016年福建GDP同比增长8.4%，比上年回落0.6个百分点。宏观经济增长压力加大，居民增收外部环境不宽松，持续增收难度大。

（二）极端天气影响农村居民增收

受超强厄尔尼诺现象影响，2016年，福建气候较为异常，极端天气气候事件频发，气象灾害造成的损失较重，气候年景较差。一是全年四季降水皆偏多；二是年初的寒潮范围广、低温低，果树和蔬菜冻害严重；三是前汛期闽西北降水多、雨强大，局地灾情重；四是登陆台风偏多、偏强，致灾重；五是秋季气温异常偏高。上述因素都给

从事种植、捕捞和滩涂养殖等行业生产经营者带来不利影响。

（三）食品价格上涨增加低收入群体生活压力

2016 年的总体物价水平虽然与上年持平，但是其中食品价格上涨较快，尤其是作为城乡居民“菜篮子”中重要组成部分的鲜菜和猪肉价格，上涨幅度一度达到近年的新高，对低收入居民家庭的生活造成了较大压力。2015 年福建 20% 低收入组家庭居民的恩格尔系数为 37.9%，2016 年则上升到 39.2%。低收入群体的生活状况应得到更多关注。

五、对策建议

（一）加快供给侧改革，营造良好经济环境

大力实施创新驱动发展战略和加快促进战略性新兴产业、先进制造业、现代服务业等行业发展，提高供给的质量和水平，增加有效供给，满足和引领新消费。同时营造良好的经济发展环境，实施重大公共设施和基础设施工程，构建便捷高效的现代综合交通运输体系。

（二）提高农民抵御自然灾害能力

一方面加强农业基础设施建设，增强农民在面对自然灾害时的防御能力，降低农民遭遇自然灾害时受到的损失；另一方面进一步完善政策性农业保险保障体系，弥补自然灾害对农业生产造成的损失，避免农民因灾致贫、返贫。

（三）增加公共投入，转移支付继续向困难人群倾斜

加快医疗、教育制度改革，增加财政的公共支出，减轻居民在医疗和教育方面承担的费用，增加政府负担份额。同时进一步加大政府统筹救助专项基金投入，完善低收入家庭价格联动机制，减轻低收入家庭生活负担。

（执笔：杨　威）

福建省居民消费价格温和上涨

2016年，全省居民消费价格总水平比上年上涨1.7%，涨幅与上年持平。其中：城市上涨1.8%，农村上涨1.5%；食品价格上涨4.7%，非食品价格上涨0.9%；消费品价格上涨1.8%，服务价格上涨1.6%。全省商品零售价格总水平比上年上涨0.7%；农业生产资料价格总水平比上年上涨0.2%。

一、居民消费价格变动特点

从2016年各月同比看，全省CPI呈“N”型走势：1月份上涨1.2%，2月涨幅2.9%为当年以来最高；3—8月涨幅持续回落，8月涨幅0.7%回落至“1”以下，为当年以来最低月涨幅；受9月份“莫兰蒂”和“鲇鱼”强台风、中秋国庆节假日需求拉动等影响，CPI涨幅明显回升，9—12月同比分别上涨1.7%、1.8%、2.0%和1.9%。从各月环比看，1月、2月、9月分别上涨0.5%、2.2%、0.9%，3月、5月分别下降0.9%、0.4%，其余月份价格变动总体平稳。

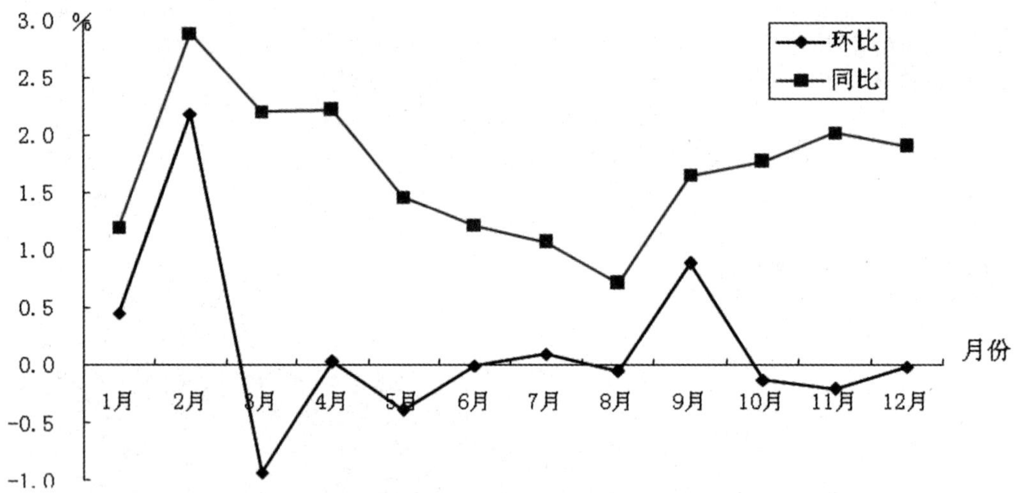

图1 2016年各月福建省居民消费价格环比、同比走势图

（一）八大类商品和服务价格“六升二降”

2016年，全省居民消费价格八大类商品和服务价格同比涨幅呈“六升二降”：食品烟酒类、衣着类、居住类、教育文化和娱乐类、医疗保健类、其他用品和服务类分别上涨3.9%、0.3%、0.7%、1.2%、2.9%、2.5%；生活用品及服务类、交通和通信类分别下降0.2%、0.6%。

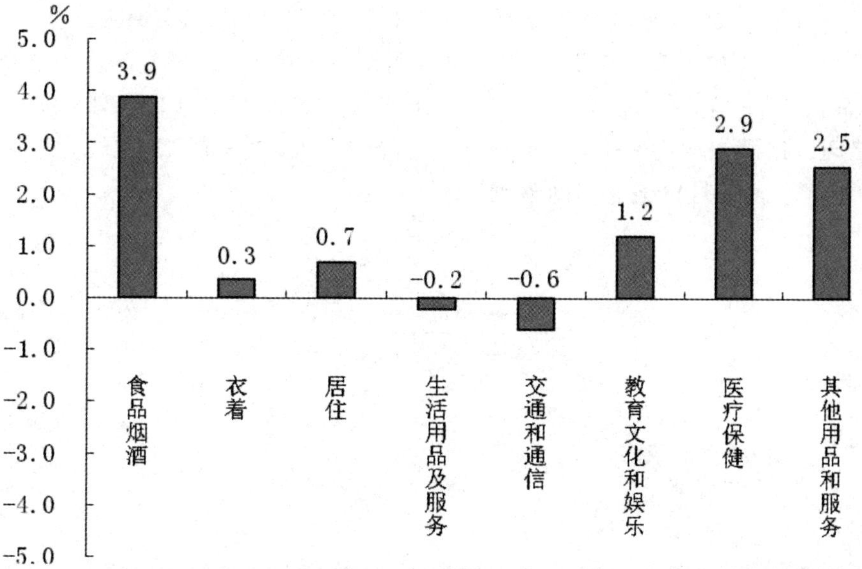

图2　2016年福建省居民消费价格分类别同比涨跌幅

（二）食品烟酒类影响程度居八大类之首

2016年，全省食品烟酒类价格比上年上涨3.9%，拉动居民消费价格总水平上涨1.17个百分点，影响程度为68.8%，居八大类之首。其中，食品、烟酒、在外餐饮分别上涨4.7%、1.5%、3.0%，茶及饮料持平。

1. 食品类上涨4.7%，拉动全省居民消费价格总水平上涨0.93个百分点，调查的14类食品有8类价格上涨，涨价面达57.1%，鲜菜、猪肉价格涨幅较大，是影响食品类价格上涨的主要因素。

（1）鲜菜价格大幅上涨。受年初极寒天气、9月的“莫兰蒂”和“鲇鱼”强台风以及节假日需求等因素影响，2016年，全省鲜菜价格上涨16.4%，涨幅比上年扩大7.6个百分点，比全国平均上涨11.7%高4.7个百分点，位居全国第3位。各月鲜菜价格波动较大，2月同比和环比涨幅均为全年最高月涨幅，分别上涨75.2%和47.9%。

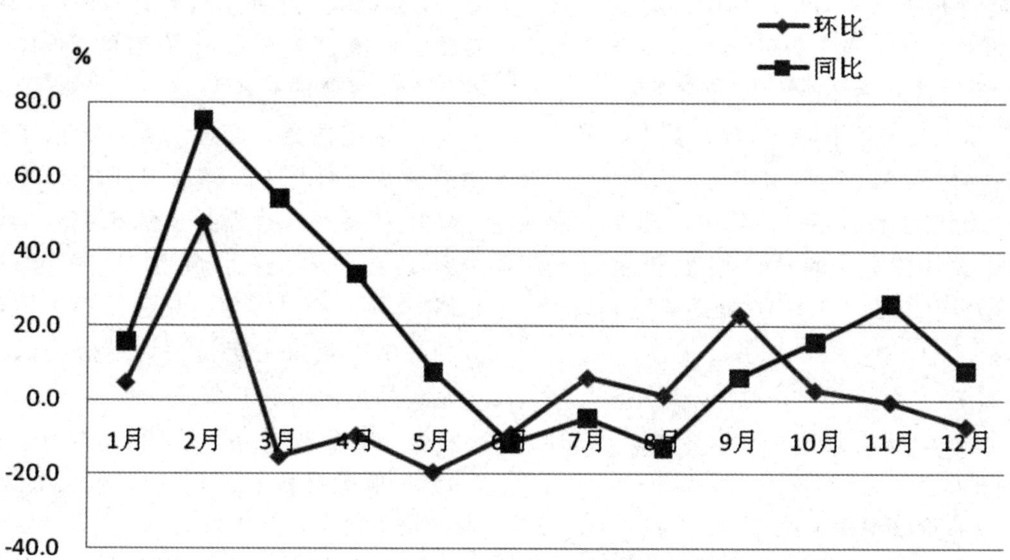

图3　2016年各月福建省鲜菜价格环比、同比涨跌幅

（2）猪肉价格止涨企稳。2016年，全省猪肉价格上涨17.0%，涨幅比上年扩大8.6个百分点，猪肉价格呈现“冲高—回落—企稳”态势。从各月同比看，1—7月猪肉价格涨幅均为两位数，4月涨幅最高为32.2%，8—12月各月价格涨幅回落到7.1%—7.7%。从各月环比看，1—5月持续上涨，2月涨幅最高为4.8%，6月止涨企稳、价格持平，下半年除了9月和12月均上涨0.1%外，其余各月降幅在1.2%—2.3%之间。

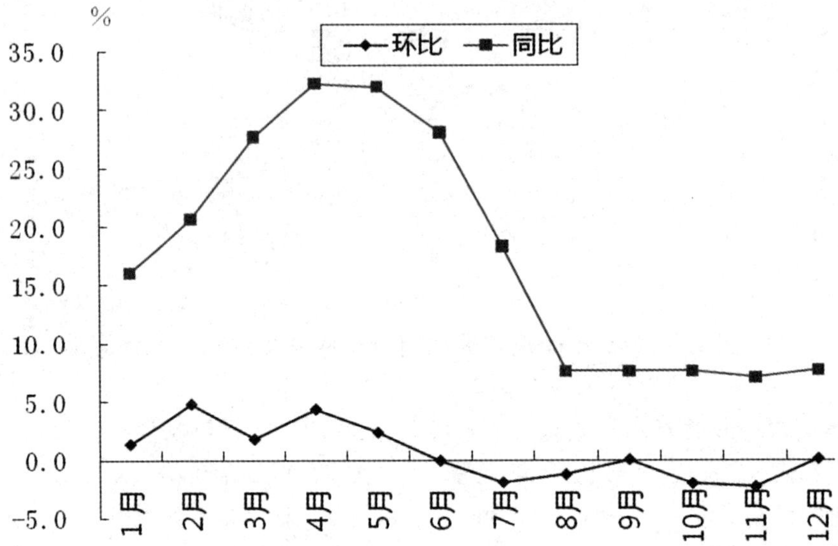

图4　2016年各月福建省猪肉价格环比、同比涨跌幅

（3）水产品价格上涨4.1%，比上年扩大3.1个百分点，拉动全省居民消费价格上涨0.13个百分点。其中，淡水鱼上涨1.5%、海水鱼上涨2.8%、虾蟹类上涨5.7%、其他水产品及制品上涨5.4%。

（4）蛋类价格下降4.0%，其中，鸡蛋下降4.3%、其他蛋及制品下降2.2%。自2015年4月起，全省蛋类价格月同比已连续21个月下降。

（5）干鲜瓜果类价格下降3.7%，其中，鲜瓜果由于市场供应充足导致下降4.3%。

2. 烟酒类价格上涨1.5%，其中，烟草上涨2.3%，酒类上涨0.2%。烟草价格上涨主要是2016年前5个月受2015年5月10日烟草税上调政策的翘尾影响。

3. 在外餐饮上涨3.0%，其中，正餐上涨3.1%、快餐上涨3.0%、地方小吃上涨5.2%，其他在外餐饮持平。

（三）工业品价格小幅下跌

受经济下行、消费不景气等因素影响，2016年，全省工业品价格比上年下降0.2%，拉动全省居民消费价格总水平下降0.07个百分点。从各月价格走势看，1—7月全省工业品价格同比降幅在0.2%—1.8%之间波动，8月份开始止跌回升，8—12月同比涨幅在0.4%—2.0%之间。

1. 汽油、柴油分别下降2.3%、2.7%。主要受国家多次调整成品油价格的影响；管道燃气、液化石油气分别下降5.3%、5.9%。

2. 家用器具、交通工具、通信工具、文娱耐用消费品分别下降2.8%、0.4%、3.9%、3.7%。

3. 药品及医疗器具上涨3.4%，其中，中药、西药、滋补保健品分别上涨4.2%、3.4%、4.1%。国家药品零售价格限价政策取消后，大部分药品由厂家自主定价，为维持利润，部分市县个别药品价格出现上涨。

4. 衣着类上涨0.3%，其中，服装上涨0.4%、服装材料上涨1.7%、鞋类下降0.1%、其他衣着及配件下降0.2%。

5. 金饰品上涨11.9%。受国际黄金价格波动等因素影响，2016年全省金饰品价格涨幅较大。

从各月同比看，除1月下降4.2%外，其余各月均呈上涨态势，7、8、9月分别上涨21.2%、22.9%和20.8%；从各月环比看，1、2、7月价格涨幅较大，分别上涨4.0%、5.8%、5.8%。

（四）服务价格持续上涨

受医疗服务价格调整、劳动力价格上涨以及城乡居民服务消费需求不断增加等因素影响，全省服务价格继续上涨。2016年全省服务价格比上年上涨1.6%，拉动居民消费价格总水平上涨0.59个百分点。调查的65种服务价格，上涨的有45种，涨价面69.2%，有12种持平，8种下降。

1. 医疗服务上涨2.7%，其中：综合医疗类、中医医疗服务类、治疗类、康复类、诊断类分别上涨5.7%、5.2%、2.7%、1.4%、1.2%。主要受2015年全省部分市县公立医院陆续实行医改政策的翘尾影响，2016年1月南平和泉州又再次对公立医院的部分医疗服务项目价格进行调整。

2. 受春运、寒暑假、节日出行旅游需求增多等因素影响，交通和旅游价格上涨。交通费上涨1.7%，其中，飞机票上涨6.1%、市内公共交通上涨1.1%、出租车上涨1.0%；旅游价格上涨2.7%。

3. 受经营成本增加影响，教育服务上涨1.5%，其中，学前教育上涨4.9%、小学初中教育上涨1.7%、高中中职教育上涨1.3%、高等教育上涨0.6%、课外教育上涨2.4%。

4. 受人工费用上涨以及需求增加等因素影响，部分服务项目价格涨幅较大。如美发上涨7.3%、衣着加工服务费上涨1.7%、物业管理费上涨3.0%、家庭服务上涨3.1%、车辆修理与保养上涨2.3%、私房房租上涨1.1%、自有住房上涨1.6%。

二、居民消费价格位次情况

（一）全省居民消费价格涨幅低于全国

2016年，全省居民消费价格总水平比上年上涨1.7%，比全国平均上涨2.0%低0.3个百分点。按指数从高到低排序，居全国各省（市、区）第17位。

（二）各设区市居民消费价格变动情况

2016年，全省9个设区市居民消费价格涨幅从高到低依次是：福州市上涨2.3%、厦门市上涨1.7%、泉州市上涨1.7%、龙岩市上涨1.5%、漳州市上涨1.5%、宁德市上涨1.4%、南平市上涨1.3%、莆田市上涨1.3%、三明市上涨1.1%。

三、农业生产资料价格小幅上涨

2016年，全省农业生产资料价格总水平比上年上涨0.2%，十大类呈“四升六降”，其中，仔畜幼禽及产品畜、农业生产服务分别上涨20.7%、1.5%，共拉动全省农业生产资料价格总水平上涨1.5个百分点；饲料、化学肥料分别下降3.1%、1.3%，共拉动全省农业生产资料价格总水平下降1.21个百分点。

（一）仔畜、产品畜价格涨幅较大

2016年，全省仔畜幼禽及产品畜价格上涨20.7%，拉动全省农业生产资料价格总水平上涨1.29个百分点，是影响全省农业生产资料价格上涨的主要因素。其中，仔畜、产品畜价格分别上涨38.5%、11.2%，幼禽下降1.5%。

（二）农业生产服务价格持续上涨

受劳动力成本上升以及农村外出打工人员增加的影响，全省农业生产服务价格持续上涨，尤其是春耕备耕期间，农村劳动力需求增多，拉动价格进一步上扬。2016年全省农业生产服务价格上涨1.5%，拉动全省农业生产资料价格总水平上涨0.21个百分点。其中，机械作业费、农业用电、农业用工分别上涨2.1%、0.6%和1.4%。

（执笔：郭晓洁）

人口总量平稳增长　生育水平仍处低位

2016年，福建人口继续保持低生育水平，总量平稳增长，劳动年龄人口比重略有下降，城镇化水平稳步推进。主要特征如下：

一、总人口保持低速平稳增长

2016年末，全省常住人口3874万人，其中，男性人口1970万人，占50.85%，女性人口1904万人，占49.15%，男女性别比为103.5。全年净增人口35万人，比2015年末增长0.91%，增幅比2015年高出0.04个百分点，人口总量继续保持低速平稳增长的态势。

二、人口出生率和自然增长率小幅提高

2016年，全省妇女总和生育率为1.61，比2015年提高0.01个点，生育水平仍处在不可更替的水平上运行。全年出生人口56万人，出生率为14.5‰，比2015年提高0.6个千分点，升幅比上年高出0.4个千分点；死亡人口24万人，死亡率为6.2‰，比2015年提高0.1个千分点；自然增长人口32万人，自然增长率为8.3‰，比2015年提高0.5个千分点。总体上，福建人口仍延续低出生、低死亡、低自然增长的特征。

人口出生率呈现小幅回升，主要受双独二孩、单独二孩政策的影响，全面二孩政策是2016年开始实施，对当年的影响不大。这两年双独夫妇、单独夫妇基本到了生育二胎的年限，尤其是单独两孩政策2014年3月31日开始正式实施，对当年的影响不明显，但对近两年的影响已逐步显现。2014—2016年全省出生人口中，二孩占比分别为44.1%、47.1%和49.0%，呈逐年上升趋势。从2016年的人口变动情况抽样调查汇总数据看，全省调查的生育率为45.3‰，比上年提高3.2个千分点。其中，一孩、二孩和三孩及以上的生育率依次为21.0‰、22.2‰和2.1‰，分别比上年提高0.8、2.1和0.3个千分点。可见，生育率的提高主要受二孩生育率大幅度的提高所致。

三、城镇化进程稳步推进

2016年末，全省城镇常住人口2464万人，比2015年增加61万人，增长2.5%，增幅比2015年提高0.3个百分点。全省常住人口城镇化率63.6%，比2015年的62.6%高出1.0个百分点，增幅比2015年提高0.2个百分点，常住人口的城镇化进程稳步推进。

四、劳动年龄人口比重继续小幅下降

2016年，全省人口总抚养比为33.3%，比2015年提高0.5个百分点，人口负担仍处于轻量化时期（通常将总抚养比在50%以下划定为低抚养比）。在全省常住人口中，0—14岁、15—64岁、65岁以上三个年龄组人口所占比重依次为16.4%、75.0%和8.6%。与2015年比，0—14岁、65岁及以上人口所占比重分别提高0.18和0.15个百分点，15—64岁人口比重下降0.33个百分点。人口年龄结构仍呈青年人口比重大、老年和少儿人口比重小的典型“中间大、两头小”橄榄状。这一方面反映出福建仍处于劳动力供给充足、人口社会负担相对轻的合理区间、对社会经济发展有利的“人口红利”期；另一方面，15—64岁人口比重持续下降，也反映出劳动力资源呈现减少趋势，尤其是青年劳动力资源也呈减少趋势。2016年，全省15—64岁人口比重延续了2015年的下降之势，下降幅度又扩大了0.14个百分点。其中，16—34岁青年人口的比重由2015年的30.4%降为29.5%，下降0.9个百分点，降幅比2015年扩大了0.5个百分点。劳动力资源特别是青年劳动力的减少，对全省经济发展将产生较大影响。

五、省际流动人口减少，省内流动人口持续增加

2016 年，全省流动人口 1173 万人，比 2015 年增加 6 万人。其中，本省户籍流动人口 713 万人，比 2015 年增加 7 万人；外省户籍流入人口 460 万人，比 2015 年减少 1 万人。总体上，延续了 2015 年以来省外流入的流动人口有所减少，本省户籍的流动人口增加的态势。

六、家庭户规模仍保持在 3 以上

全省平均家庭户规模从 20 世纪 80 年代以来持续缩小，2012 年最低，仅为 2.81 人。之后这几年家庭户规模逐年略有所回升，2015 年平均家庭户规模自 2010 年以来首次回到 3 以上，2016 年继续保持在 3 以上，为 3.07。随着单独二孩、全面二孩政策的实施，今后拥有二孩的家庭将逐步增多，平均家庭户规模也将逐步有所提高。

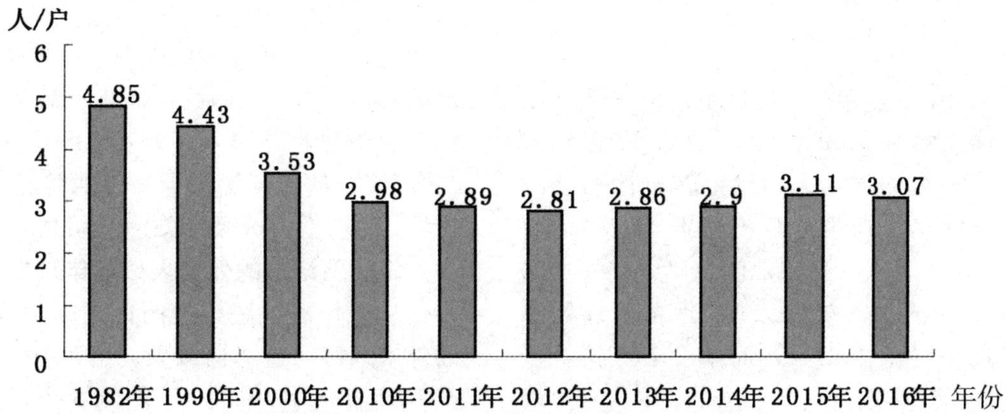

主要年份平均家庭户规模

（执笔：黄清秀　郑　盈）

外来人口总量下降　常住倾向增强

——“十二五”时期福建省外来人口特征分析

全国1%人口抽样调查数据显示：2015年，全国流动人口比上年减少600万人，是近30多年来的首次减少。在全国流动人口发生转折性变化的背景下，福建流动人口也呈现出有别于以往的新特征。“十二五”期末，全省常住人口中省外户籍流入人口（以下简称“外来人口”）总量开始下降。这一变化将对“十三五”时期全省经济、社会和人口发展带来影响。

一、外来人口总量首次出现减少

进入新世纪以来，全省外来人口总量经历了不同的发展阶段：2001—2010年属于快速增长时期，全省外来人口年均增加21.6万人，增长7.2%；2011—2014年外来人口增速明显下降，年均增加8.25万人，是前十年平均增量的三分之一，年均增长1.9%，是前十年平均增速的四分之一；2015年发生了趋势性的变化，全省外来人口461万人，比2014年减少3万人。“十二五”时期，随着经济发展进入新常态、结构调整优化、新型城镇建设、农民工返乡创业等因素不断叠加，全省外来人口在“十二五”期末开始减少，将削弱经济发展的比较优势，给劳动力资源带来一定的冲击。

二、新增加的外来人口逐年减少

从离开户口登记地时间看，离家半年至一年的外来人口比重降幅最大，由2010年的24.1%降至2015年的10.6%，下降13.5个百分点。这部分人群属于2015年首次离开家乡初到福建的外来人口，反映出当年新增的外来人口明显减少，这也是2015年全省外来人口增长由正转负的重要原因之一。离家一年至二年、二年至三年、三年至四年的外来人口比重较2010年均有不同程度的下降，可以看出“十二五”期间每年新增加的外来人口逐年减少。离家五年及以上的外来人口比重升幅最大，由2010年的27.4%提高到2015年的44.8%。外来人口的长期性特征进一步增强。

表1　外来人口按离开户口登记地时间分布

单位:%

	2015年	2010年	2015年比2010年差值
总　计	100.0	100.0	
半年至一年	10.6	24.1	-13.5
一年至二年	13.6	19.7	-6.1
二年至三年	11.1	13.4	-2.3
三年至四年	8.5	9.3	-0.8
四年至五年	11.4	6.1	5.3
五年以上	44.8	27.4	17.4

三、因工作就业原因流入的外来人口比例下降

从离开户口登记地原因看，工作就业依然是吸引外来人口的主要因素，但影响程度逐步弱化。2015 年以“工作就业”为目的来闽的外来人口占全部外来人口比重 73.2%，比 2010 年下降 8.3 个百分点；与此同时，以“随迁家属”和“学习培训”为目的来闽的外来人口比重上升较快，分别比 2010 年提高 5.5 和 4.2 个百分点。外来人口不再是更多地出于就业或取得报酬等经济因素离家来福建，而是逐步转化为出于家庭或个人学习等非经济因素来福建。一方面，受经济调速换挡影响，全省企业新增就业岗位减少，在一定程度上增加了外来人口找工作难度，造成来闽就业的外来人口比例下降；另一方面，随着外来人口长期性的增强，在有了较为稳定的住所或收入后，举家迁移倾向更加明显。

表 2　外来人口按离开户口登记地原因分布

单位:%

	2010 年	2015 年	2015 年比 2010 年差值
总计	100.0	100.0	
工作就业	81.5	73.2	-8.3
学习培训	2.7	6.9	4.2
随同迁移	9.9	15.4	5.5
婚姻嫁娶	1.6	1.5	-0.1
拆迁搬家	0.4	0.3	-0.1
其他	3.9	2.7	-1.2

四、外来人口年龄结构逐步老化

分性别看，外来人口男多女少的状况更突出。性别比由 2010 年的 132.0 提高到 2015 年的 144.0，远高于全省常住人口 103.3 的性别比水平，省际迁移以男性人口占主体。分年龄看，2015 年全省外来人口中，0—14 岁、15—64 岁、65 岁及以上人口占比分别为 10.8%、88.4%、0.8%，与 2010 年相比，0—14 岁比重上升 0.6 个百分点，15—64 岁比重下降 0.8 个百分点，65 岁及以上比重上升 0.2 个百分点。其中，15—39 岁的青年外来劳动力人口比重明显下降，由 2010 年 65.8% 降至 2015 年 57.7%，下降 8.1 个百分点；而 40—64 岁的中高年外来劳动力人口比重明显上升，由 2010 年的 23.4% 升至 2015 年的 30.7%，上升 7.3 个百分点。外来劳动力人口年龄结构此消彼长的变化，进而推动全省外来人口平均年龄由 2010 年的 30.6 岁提高到 2015 年的 32.1 岁。新增外来人口不断减少是影响其年龄结构变化的重要因素。

表 3　外来人口性别比及年龄分布

单位:%

	各年龄组人口比重			性别比（女 =100）	
	2015 年	2010 年	2015 年比 2010 年差值	2015 年	2010 年
总计	100.0	100.0		144.0	132.0
0—14 岁	10.8	10.2	0.6	123.9	132.4
15—64 岁	88.4	89.2	-0.8	147.2	132.1
# 15—39 岁	57.7	65.8	-8.1	147.3	127.5
40—64 岁	30.7	23.4	7.3	146.9	146.0
65 岁及以上	0.8	0.6	0.2	105.0	105.3

五、外来人口平均学历高于全省

“十二五”期间，全省6岁及以上外来人口文化素质整体有所提高，平均受教育年限由2010年的8.9年提高到2015年的9.2年，略高于全省6岁及以上常住人口的平均受教育年限（9.1年）。主要原因是外来人口年龄结构较常住人口年轻。其中，占主体的初中学历人员比重明显下降，由2010年的58.0%下降到2015年48.1%，下降了9.9个百分点。提高幅度最大的大学专科及以上学历人员，由2010年的5.0%提高到2015年的9.6%，提高了4.6个百分点，这将给全省经济结构转型升级带来更加有利的人才支撑。

表4　外来人口分学历水平

单位:%

	2010年	2015年	2015年比2010年增减
6岁及以上人口总计	100.0	100.0	
未上过学	1.4	2.6	1.2
小学	23.5	23.6	0.1
初中	58.0	48.1	-9.9
高中	12.1	16.1	4.0
大学专科及以上	5.0	9.6	4.6
平均受教育年限	8.9	9.2	0.3

六、家庭化流动趋势明显

外来人口已婚比例提高。2015年，全省15岁及以上外来人口中，已婚率为75.5%，比2010年提高5.5个百分点。其中，男性已婚率71.6%，提高4.8百分点；女性已婚率80.6%，提高6.5个百分点。随着人口流动模式的逐步改变，以家庭为流动单位的比例有较大的增加，外来人口以家庭关系生活居住的比重由2010年的66.4%提高到2015年的81.5%，越来越多的外来人口以家庭模式流入福建，外来人口的常住倾向更为显著。

七、外来人口向沿海城镇发达地区聚集

就业机会、居住成本和交通便利是外来人口选择流入地的主要原因。分地区看，福州、厦门、泉州依然是外来人口的主要聚居地。2015年居住在这三个地区的外来人口占全省外来人口的比重达81.2%，与2010年持平。居住在其他六个设区市的外来人口比重合计不到两成。从城乡分布看，2015年每100个外来人口居住在全省城市、镇、乡村地区的比例为65:19:16，与2010年的63:18:19相比，外来人口进一步向城镇地区迁移集聚。

表5　外来人口按居住地分布

单位:%

	2010年	2015年	2015年比2010年差值
总　计	100.0	100.0	
福州市	18.3	17.0	-1.3
厦门市	23.7	21.9	-1.8
莆田市	4.4	5.2	0.8
三明市	2.8	1.9	-0.9
泉州市	39.2	42.3	3.1
漳州市	4.9	5.4	0.5

续表

	2010 年	2015 年	2015 年比 2010 年差值
南平市	2.5	1.6	-0.9
龙岩市	2.8	2.2	-0.6
宁德市	1.4	2.5	1.1

八、来源地相对集中在西南省份

“十二五”期间，全省外来人口来源地主体分布格局没有明显变化。受人缘、地缘和经济发展影响，全省外来人口依然相对集中在西南地区。2015 年外来人口来源地排名前 5 名的省份中，有 3 个属于西南地区，分别是四川省、贵州省、重庆市，其流入福建的人口占全省外来人口的 37.3%。外来人口最多的来源地依然是江西省。从比重上看，除贵州外的其他省份外来人口比重均比 2010 年有所下降。随着国家加大中西部地区经济建设的政策支持力度，四川、重庆等地区更加积极地发展地区经济，增加就业机会，外出人口大量回流。如四川省，作为传统的人口流出大省，也是福建劳务输入的主要省份。“十二五”期间四川省的常住人口已由以前年份的减少转变为增加，而 2015 年四川省常住人口增量比上年翻一倍。

表 6　外来人口按主要来源地分布

单位:%

	2015 年		2010 年		2015 年比 2010 年比重增减
	比　重	排　名	比　重	排　名	
总　计	100.0		100.0		
江西省	20.3	1	22.0	1	-1.7
四川省	14.8	2	19.1	2	-4.3
贵州省	13.6	3	10.9	3	2.7
重庆市	8.9	4	9.5	4	-0.6
湖北省	6.5	5	7.9	5	-1.4
其他省份	35.9		30.6		5.3

（执笔：郑　盈）

福建省分级诊疗制度实施情况调查报告

看病难、看病贵一直是百姓普遍关心和反映突出的问题。作为一项全面提升公共卫生服务水平、缓解医患矛盾的基本制度安排，构建“基层首诊、双向转诊、急慢分治、上下联动”的分级诊疗模式，成为医疗改革重中之重的工作。2016年初，国务院常务会议提出要进一步加大试点规模和加快制度建设，合理配置医疗资源，方便群众就医，让医改红利更多惠及人民群众。为及时了解这项工作在全省的贯彻落实情况，福建调查总队分别在厦门、漳州、泉州、南平、福清、福鼎、霞浦等市（县），抽取8家市三级医院、5家市二级医院、21家县二级医院和44家县一级医院共78个样本，重点对基层首诊比例、双向转诊落实、群众知晓程度等情况开展深入调研。

一、试点成效初步显现

分级诊疗的核心是合理划分基层医院与高等级医院（及专科医院）之间的诊疗界限。首诊、常见病和慢性病由基层负责，急症、疑难杂症、复杂手术由高等级医院负责，同时建立两者之间的转诊制度和互动机制。患者可以就近看小病、慢性病，降低医疗费用；而高等级医院通过减少首诊病人，可以专心处置大病或者专科病症。调研显示，福建省开展试点以来，分级诊疗已初见端倪，成效显现。

（一）宣传效果显现

分级诊疗实行以来，各地进行了多种形式的宣传活动，如医院设宣传栏、开展义诊宣传以及下基层开座谈会宣传普及医改和分级诊疗等惠民政策，群众对分级诊疗的了解程度不断提高。调查表明，群众“分级诊疗知晓率”已接近40%。许多人从没有听说到基本了解，进而开始关注分级诊疗制度。

（二）高等级医院首诊患者比重下降

虽然政策实施时间较短，但已初显成效。调查显示，2015年市三级和市二级医院常见病首次诊疗比例为54.5%，与上年同期相比下降了5.1个百分点。表明“基层首诊、分级诊疗、双向转诊”制度起到较好的分流作用，高等级医院可以有更多的时间精力服务大病、重病患者，大医院“看病难”的矛盾得到了一定程度缓解。

（三）高等级与基层医院双向转诊增加

实行分级诊疗既缓解了“一号难求”“一床难求”的矛盾，又使病重患者往上、首诊和康复期病人留在了基层医院治疗，进而促进医疗资源更好配置和利用。调查表明，2015年市三级和市二级医院在接收的转诊病人中，属急危重病和疑难复杂疾病的比例由5.6%提高到16.5%，同时，由三级医院转诊至二级医院的恢复期病人所占比例也有所提高，提升了1.2个百分点。

二、存在的主要问题

受现行优质医疗资源供应不足且过度向高等级医院倾斜，高等级医院与基层医院医保报销比例差距不明显，医疗机构间的利益分配不清晰等因素影响，制约了分级诊疗制度的顺利实施。

（一）基层医院医疗水平偏低

由于种种原因，长期以来医疗资源分布严重失衡，县乡等基层医院人才匮乏，医师临床水平不高，设备不够齐全先进，基层医院检查和诊疗水平与三甲医院差距明显，导致患者不愿意前往基层医院进行问诊。调查发现，基层医院普遍存在医护人才缺乏，药品种类不全等问题。许多基层医院反映以目前医护人数尚且无法满足日常区域内群众的就医需求，如果推行分级诊疗，根本抽不出人手进行服务。如福鼎市点头卫生院只有

3—4名医生，院内一台X光机因缺乏操作人员而成为摆设。漳州市平和县安厚镇中心卫生院缺乏外科和妇产科带头人，不能进行外科体内手术和剖腹产手术，群众只有到县医院等大医院就诊。同时基层医院和大医院之间的基本药品仍存在较大差异，基层医疗人员在用药方面存在较大制约，这使得患者不愿意在康复期转诊基层医院进行康复治疗。

（二）医保政策的导向作用偏弱

医保对分级诊疗起不到决定性的作用，但有重要的引导作用。不同等级间医院的报销比例区分度不大，转诊优惠政策落实不到位，患者自然会去或者留在高等级医院看病。调查显示，在调查的78家各级医院中，表示有对转诊患者实施医保优惠政策的医院仅占3.8%。即便是有医保优惠政策的医院，其医保政策也无法明显拉开与各级医疗机构报销差距。如普通手术在县一级医院做，一般自费率为20%；而在省级三甲医院做同样手术，自费率为40%，两者虽有一定的差距，但由于大医院医疗水平高，患者可缩短住院时间，最终经济负担差别不大。

（三）双向诊疗所需的预留医疗资源难以落实

双向诊疗理论上需要上级医院和下级医院预留一定比例的门诊号和住院床位，以便在病人病情恶化时能够得到及时有效的治疗，而在好转时又不占用上级医院的医疗资源。但在实际操作的过程当中，三甲医院往往都是人满为患，所有的床位都已经占满，很难为下级医院的病人再腾出床位。从而导致下级医院的危重病人难以向上级医院转诊，而其占用的下级医院的床位又影响上级医院转诊病情稳定的病人，双向诊疗无法形成良性循环。在调查的8家市三级医院中，没有一家有预留门诊号和住院床位。

（四）医院间医疗资源共享程度不高

由于诊疗收费较低，医院往往从医疗检测上获利，所以患者在下级医院做了检查往往在上级医院又需要重新做一次。调查数据显示，在调查的78家医院中，认定同级或上级医院检验结果的有39家，占50%，而承认下级医疗机构检验结果的有8家，仅占10%，同时仅有22家医院表示与他院共享电子健康档案和电子病历。由于各级医院之间不能共享检测结果，使得患者在转诊就医过程中需要重复检查，这给医院宝贵的医疗检测资源和患者医疗费用都带来了极大的负担。同时，由于患者的电子健康档案和电子病历在各级医院之间不能流动，医生在了解转诊患者病情时费时费力。更为重要的是，这使得下级医院的医生无法掌握患者在上级医院的治疗方案，只能依据自身对患者病情的理解实施治疗，在一定程度上影响患者的康复治疗，也增加了患者对转诊下级医院的顾虑。

（五）传统观念改变偏难

目前，分级诊疗制度尚处于摸索阶段，仍有许多群众对制度不尽了解。群众对基层医院技术力量普遍持忧虑态度，许多经济条件好的患者稍有小病都投向大医院，找“大医生”、找“名医”就诊。这种传统的就医模式严重制约着分级诊疗制度的实施，造成大医院大专家在忙着看头疼脑热的“基层病”，而基层医院、社区卫生服务站的医生因“无病可看”，医疗资源极大浪费。

三、内外兼修加快推进制度落实

（一）改善制度推进实施条件

1. 实行差别化政策发挥医保引导作用。要尽可能提高基层医院医保报销比例，同时大幅提高专科医院和高等级医院首诊的自费比重，对来自基层医院的转诊患者，则应该给予享受较高比例的医保报销。通过拉大报销比例差距，让患者有足够的积极性去基层医院首诊、看常见病，有序引导病人分级转诊，促进制度顺利实施。可借鉴青海省试点经验，通过拉开基层医院和上级医院的医保报销比例差距，发挥医保的引导作用，让患者更愿意接受分诊治疗。如胆囊炎或胆结石手术，在县医院腹腔镜微创手术的次均费用一般为8000元左右，报销比例可达80%，而省级三甲医院，平均费用在1.5万元以上，而报销比例只有50%，患者负担差别相当明显。

2. 优化转诊条件实现上下合作共赢。要保证上级医院为基层医院提供一定比例的专家、专科门诊等预约转诊号源，并逐步扩大基层预约转诊的门诊比例。基层医院转诊患者，上级医院要优先安排专家门诊、优先安排检查检验、优先安排住院等。各级医院要预留一定数量的床位提供给转诊患者，原则上不允许非转诊患者占用预留床位，保证双向转诊的良性循环。

3. 创新运行机制调动各方积极性。要鼓励各县市区以厦门市和长汀县的制度创新和工作经验为蓝本，结合当地具体实际设计一套以民为本与区域发展相协调的分级诊疗方案，真正做到让基层医院“接得住”，上级医院“舍得放”，患者“乐意去”。

（二）夯实基础增强医院自身应对能力

1. 提高基层医院医疗水平，加强基层医院专科建设。要针对基层医院医疗水平低、药品种类不全等问题，尽快出台基层医生培养制度，加大培训指导力度，解决基层诊疗水平参差不齐问题，重点提高基层医院医疗职能范围内的医疗技术，如县级二甲医院的医生应重点培养危重病人康复治疗技术，基层医院医生应提高对于本区域常见病的诊疗技术等。同时，对于医院的人才招聘，应明确定向医学生毕业后的去向、基层工作条件、待遇、津贴、业务开展、晋升机制、住房保障等措施，进一步完善激励机制和保障措施。提高基层医务人员的收入水平，调动医生的积极性，吸引高层次人才到基层医院就业，稳步提高基层医院的医疗水平。加强基层医院专科建设和发展专科医院。在这次调研中，群众普遍反映基层医院专科诊疗能力缺乏。为此，要进一步明确各级各类医疗机构的功能定位，促进基层医疗机构规范化，加强县级医院重点专科建设，鼓励各县市积极开办儿童、精神、传染、肿瘤等专科医院，提高当地医疗机构对于特殊病种的诊疗能力。与此同时，加强针灸、骨伤、肛肠等传统中医特色专科建设，增加群众在就医时的选择。在发展专科医院时，应重点加强民营医院的补充作用，发挥民营医院在分级诊疗制度实施中的作用。

2. 进一步加快信息共享平台建设。一是促进服务升级。加快上级医院信息系统终端服务与基层互通工程建设，实现预约门诊及住院床位、检查结果反馈回输等，为就医的患者提供就医导航、预约挂号、在线支付、检查检验结果和费用查询等便民服务。二是建立市级医院与基层医院远程诊疗互动系统，实现网络门诊、实时会诊的上下联动诊疗新模式，推动基层首诊、双向转诊的服务转型升级。三是利用远程网络授课的模式，由上级医院医生通过专题讲座、案例分析等方式对基层医院医生进行远程继续教育，提高基层医院诊疗水平。

（三）加大宣传动员力度推进分级诊疗制度实施

要建立目标考核制度，进一步利用电视，广播，报纸等传统媒体，着重介绍分级诊疗制度对提高老百姓的就医质量，减少医疗费用，方便就医流程等方面的积极作用，减少百姓对于制度的不信任。通过互联网平台制作发布分级诊疗的视频、文字、图像宣传资料，通过社交平台进行广泛传播，并且设立意见反馈平台，及时收集、回复群众对于分级诊疗制度的反馈意见，为进一步深化分级诊疗制度改革提供数据支持。医院应在院内宣传栏开出专门的板块张贴分级诊疗的相关宣传资料，在医院门诊部和住院部门前发放宣传册，并设立询问处向前来咨询的群众详细介绍分级诊疗的相关政策，对来办理转诊手续的患者提供帮助。通过宣传动员与优质服务，打消患者疑虑，让群众得到实惠，加快推进分级诊疗制度全面实施。

（执笔：邱勇辉　周贤伟　杨小燕）

福建省农村低保制度实施情况调查报告

农村最低生活保障制度是保障农村社会稳定的最后一道安全网，是农村社会保障体系的基石。为深入研究福建省农村低保制度实施情况，福建调查总队抽选泉州、南平、龙岩、漳州等地 19 个村的 190 户低保户及 190 户非低保户就低保金领取情况、保障标准、政策知晓程度、满意度等方面开展问卷调查，并与当地村干部、民政部门及基层低保工作人员座谈，了解与分析当前农村低保制度实施情况，找出存在的难点和不足，提出完善低保制度的对策建议。

一、农村低保制度实施成效

为妥善解决全省农村贫困人口的生活困难，切实保障农村低收入居民的基本生活，自 2004 年 1 月起，全省全面建立并实施农村居民最低生活保障制度，保障制度不断完善，操作程序日益规范，资金投入逐步增长，救助标准逐步提高，覆盖人群逐步扩大，在保障农村贫困人口及其家庭的基本生活方面发挥日益重要的作用，截至 2014 年全省农村居民最低生活保障人数为 73.90 万人，占全省农村人口总数的 5.1%。

（一）保障标准逐步提高

目前全省农村低保标准已从 2004 年伊始的农村居民家庭年人均 1000 元提高到 2100 元。各地均能综合考虑本地区经济社会发展水平、人民生活需求、财力状况、物价水平等因素，合理制定本地区农村低保标准，厦门市目前低保标准已实现城乡低保标准均等化，低保标准为年人均 5400 元，同时取消按家庭人口数划分低保标准等级，有效提高对低保对象的整体保障水平；2015 年南平、漳州市农村居民最低生活保障标准为家庭人均年收入低于 2300 元，比上年度提高了 200 元；2016 年泉州市农村低保标准将再提高，晋江市继续实行城乡统一的最低生活保障标准，洛江区、泉港区、南安市、惠安县、泉州台商投资区农村最低生活保障标准调整为年人均 3888 元，安溪县、永春县、德化县调整为 3540 元。

（二）实现农村低保与其他社会救助的配套扶持

据调查，受访低保农户中 80.0% 的除享受农村低保补助外，还享受过其他社会补助政策，主要集中在学杂费减免、医疗救助减免、年节补助等，未享受其他社会补助政策的多是由于自身未申请或不符合相应条件的缘故造成的。上杭县农村低保对象除每月可领取低保金外，另外还可享受医疗救助、危房改造、助学救助、就业照顾等配套政策，农村低保户重大疾病住院按保内费用扣除新农合补偿金额后的 70% 进行救助；危房改造按家庭人口每人补助 6000 元；子女就读高中每年可补助 2500 元；子女在参加“三支一扶”招考，可享受加分政策。霞浦县董墩村低保户可免交每人每年 120 元的农村医疗保险费；2014 年县妇联还为种植葡萄的低保户提供小额贷款贴息 80%；每年由乡民政办、村委会出资两次慰问特别困难的低保户，每次慰问金 300 元/人—1000 元/人。

（三）农村低保户满意度较高

农村低保政策可在一定程度上改变低保对象的生活状况，提高他们的生活质量，特别是缓解他们在食物、医疗、子女教育等方面的负担，在农村受广大农民群众的欢迎，特别受到农村低保对象的好评，受访低保户对低保政策表示满意、比较满意、一般、不太满意的占比分别为 47.4%、34.7%、14.7%、3.2%，非低保户的占比分别为 34.7%、25.8%、38.4%、1.1%。

二、面临的困难和问题

（一）保障水平低，分配不均

按照福建省现行城乡居民最低生活保障工作规范，城市低保标准按当地最低工资标准的33%—40%之间确定，而农村低保标准由省政府确定统一的最低标准，以福州为例，2015年福州除五区外七县（市）城市低保标准为每人每月570元；农村低保标准为每人每月250—350元不等，明显低于城市低保标准，这主要是由于在制定农村低保标准时，政府往往高估农村土地的保障功能，而实际上农业生产受自然条件、季节因素、市场、劳动者自身条件等诸多因素影响，加之全省人均耕地面积狭小，土地的实际保障功能有限。据调查，2014年受访低保户年人均领取低保金为949.66元（每人每月79.14元），其中认为现有的农村低保标准比较低和很低的低保户占比为42.1%，多数表示应达到每人每月300—500元；认为一般的占44.7%。部分地方低保指标分配不科学，导致贫困家庭较多的村，难以做到将符合条件的农户全纳入低保。此外个别地方在实施过程中变“按保障标准施保”为“按指标人数施保”，这主要是由于当地标准较低，实际符合条件的农户较少，村在低保评议时通常把收入低于标准的优先纳入，其余低保边缘申请家庭根据低保指标人数采用家庭收入从低到高排序的方法认定低保，导致部分家庭收入实际高于低保标准，引发一些争议。

（二）收入核查难，低保对象难以准确确定

在走访农村基层低保工作人员中，多数人认为最难开展的工作就是收入核查，其主要原因：一是缺乏有效的收入审核手段，民政部门对农户的收入、生产、生活等基本情况缺乏全面、准确、完整的数据，无法准确核定农户的收入，福鼎点头镇民政办反映由于查询资金最末端走向（POS机消费用途）的权限在省级金融部门，对涉及宁德市外的资金流向和资产情况的延伸查询困难，本市级银行反馈的低保户头资金的最终用途不够详细、具体，给民政部门核实工作带来难度，此外资金、车辆等资产查询也涉及人行、银监、保险、建设、公安交警等省级相关部门权限，难以准确核实；二是申请对象往往“重困难轻收入”，无法完全消除瞒报、少报或者不报个人及家庭收入的情况，对其非正规就业或隐性就业的收入缺乏有效的调查核实办法，对种植、养殖收入的估算也难做到绝对准确；三是人口流动性大，人户分离情况较多，特别是共同生活的家庭成员情况难以准确掌握，对家庭实际收入的统计难度较大。由于难以核定，个别地方自行简化收入核定环节，只是通过入户走访、查看村民家庭住房条件、有无电器和奢侈品等来进行衡量，由此确定的低保对象合理性明显存疑。

（三）对低保政策认知存在误区

低保政策经过多年的宣传，知晓率已达较高水平，但受宣传不到位、农民文化程度低等因素影响，不少农民在认知上存在偏差。一是将低保误以为是残疾保、老年保，在调查中，发现部分农民对低保政策不了解，不知低保是以家庭的经济收入为依据，将农村低保理解成残疾保和老年保，单纯地认为只要是残疾人或达到一定年龄后就能吃低保；二是对低保的退出机制认识不足，部分低保对象将低保看成终身制，经济条件好转后也不愿退出，更有甚者被取消低保后上访。在受访农户（非低保户）中有31.6%的对低保政策的了解程度为“一般”“不太了解”及“不了解”。

此外，个别基层干部对低保政策的认知也存在偏差，未能领会建立农村最低生活保障制度，是为将符合条件的农村贫困人口全部纳入保障范围，稳定、持久、有效地解决农村贫困人口温饱问题的初衷，将农村低保作为农村治理的工具。个别乡（镇）把低保当作安抚“计生户”的手段，将所有的计生二女户均列入低保，占用了绝大多数的低保指标，真正生活困难的农民反而未能享受低保，扭曲了低保制度的功能定位。个别村曾出现过为了平衡利益，出现“挂户保”，即需要享受低保配套政策的人挂名低保，低保金则由村里分配给其余生活困难家庭。

（四）低保评审过程不够规范

在确定低保对象过程中，乡镇人民政府（街道办事处）应当组织民主评议，评议小组规定由乡镇人民政府（街道办事处）工作人员、村（居）民委员会成员、熟悉申请人家庭情况的党员代表、

村（居）民代表等人员组成，实际操作中由于乡镇工作人员不熟悉农民的基本情况，因此村两委、生产小组组长及村民代表将发挥重要作用，他们对政策的理解和执行力决定着低保政策的实效。多数村级组织为确保低保制度建立和良好运行起到积极而正面的作用，但仍有部分村的做法不符合规范性要求，存在低保对象未经评议小组民主评议，直接由村干部认定、评议时看对象不看条件，直接将二女户、残疾人等列为低保对象、民主评议未保留相应的会议记录及低保申请人的情况公示不及时、信息不完整等现象。在受访农户（非低保户）中，有18.4%认为村委会低保公示的情况为“偶尔公开”“从未公开”“不清楚”；有14.7%认为存在着关系保、漏保现象。

（五）基层低保组织薄弱

农村低保的工作业务性质较为复杂，工作难度大，基层低保工作人员不足，且往往身兼数职，既要做好农村低保的宣传、审批、核实等工作，又要参与当地其他日常行政工作和综合治理、征地拆迁等工作，基层现有农村低保工作人员不足、力量薄弱问题比较突出，难以做到专职专用，素质也参差不齐，需要上级民政部门加大培训力度。如长汀县民政局低保办只有2名工作人员，还兼顾城市居民低保、城乡医疗救助工作；乡镇民政干部一般只有2—3名且均为兼职；承担大量的入户调查、核实、公示、上报等工作，负担较重，难免会有部分工作做得不到位。基层低保工作人员不足，势必更多依赖村干部，而村干部自身素质不高，对低保制度把握、政策理解、具体操作等方面存在局限性，因此目前基层低保组织体系还难以适应制度规范化的要求。

三、几点建议

（一）建立多层次的保障机制，提升保障水平

农村低保对象是贫困人口，物价上涨、居民可支配收入的增长、农副产品价格的大幅波动、突发性事件等都对救助对象的生活有很大的影响，因此必须建立多层次的保障机制，确保农村困难群众基本生活得到有效保障。一是建立农村低保标准的自然增长机制。对农村家庭衣、食、子女就学、医疗等基本生活费用进行客观评判，根据本地当年农村居民人均可支配收入和消费水平增长幅度的比例测算维持基本生活的支出，确定下年度农村低保标准，建立起真正意义上的自然增长机制；二是建立市场预警机制。通过市场评估体系，掌握物价动态，对与人民群众生活密切相关的粮食、副食品等价格波动幅度较大时，应进行预警，启动预案。根据对市场价格波动情况和对农村低保群体生活影响程度，适时给予价格补贴和制定下年度低保标准，使困难群众不因市场价格的波动受到较大影响；三是完善农村临时救助制度。坚持政府财政主导，确保临时救助资金来源，对低保对象因突发性事件陷入困难时进行有效救助，使农村困难群众共享经济社会发展的成果。

（二）完善收入核查机制，实现低保对象的科学管理

收入核查是农村低保工作的难点，但却是整个工作的基石，目前依靠村干部对申报人开展入户核查的模式，难免存在不够客观、全面等不足。2015年惠安县学习总结其他县市的经验，先行先试运用“救助申请家庭经济信息核对系统”，通过该系统平台中聚合的银行（存款）、工商（注册）、养老金、公积金、交通（汽车）等多部门信息集合，运用身份证号码为主、其他信息为辅进行比对，经过近半年的运行，实用性非常高，实际解决了低保户家庭收入核查的前期比对工作。探索建立低保信息数据交换平台，将分散在政府职能部门、金融机构的有关低保家庭的信息实时联网，既有利于打破信息孤岛，又便于各部门及时沟通信息，采取联动措施帮助低保对象。同时还应做好对低保对象的家庭收入状况进行追踪，并根据调查结果，实时的对低保对象领取的低保金进行动态管理，对于家庭人均收入超过低保标准的，应及时调整。对于低保退出户应给以保留一定时间的低保作为鼓励，保障其过渡时期的基本生活。厦门市规定低保家庭就业的“自就业之日起三个月内享受原有的最低生活保障待遇”，给就业一个保障过渡期。

（三）加强低保制度的宣传

低保制度的实施，需要社会广泛的理解和支持，才能达到其预期的执行效果，应组织社会力量，协调相关部门围绕低保定期开展形式多样、

主题鲜明的宣传活动，编好宣传画和宣传册，做到“政策进村社、进院落”，让农民了解当前的农村低保制度。一要让广大群众认识到农村低保不是残疾保、老年保，而是对低于保障线以下困难群众的基本生活的一项“兜底”，是最基本、最底层的生存保障，不等同于普惠福利，是对困难群众的“雪中送炭”，而不是“锦上添花”；二要让广大群众认识到农村低保不是终身制而是有相应的退出机制，当家庭人均收入高于当地低保标准，应主动申报退保；三要让广大群众认识到自身所承担的社会监督职能，如在低保评议、审批、信息公示等方面发现存在违法违规行为，应及时向当地民政部门和乡镇人民政府（街道办事处）投诉、举报，确保困难群众的基本生活保障不受影响。

（四）探索建立农村低保听证机制

低保听证机制首先要以低保户充分参与为原则和基础，充分听取不同身份、不同生存状况低保户的意见，并有针对性地采纳其建议作为政策决策和调整的重要依据；其次，建立科学的听证机制，由专人负责参会代表选举、利益协调、投诉及监督等工作，以形成综合稳定的管理运作体系，先由申请人陈述家庭情况、经济状况，并提出低保申请理由，基层低保工作人员详细说明入户调查情况，然后由听证组成员提问，最后现场公正评议，当场宣布评议结果。听证组成员的构成应包括民政干部、乡镇或街道办工作人员、村干部以及申请人的街坊四邻。

（五）加强基层组织建设和人员培训

各级政府要加强农村最低生活保障组织机构建设，在推进农村综合改革、加强农村公共服务能力建设的过程中，统筹考虑农村最低生活保障工作需要，科学整合县乡管理机构和人力资源，合理调整乡镇社会事务办公室职责，加强工作力量，保证工作经费，建立健全农村最低生活保障管理服务网络。同时基层低保工作人员的素质也是影响和制约政策执行效果最重要的因素之一，基层低保工作人员应优先考虑低保对象的利益，充分尊重低保对象的个人决定和隐私，在任何时候都不应该利用低保对象以达成个人的目的，侵害其权益，及时将有关工作的信息和政策动态告知低保对象，因此，基层低保工作人员的学历、个人能力、素养、岗前业务培训、岗后定期政策变动培训及业务素质提升至关重要相关部门应给予重视。

（执笔：林龚华）

福建农民工进城购房意愿调查分析

中央将“三去一降一补”作为2016年经济社会发展结构性改革的主要任务，其中，化解房地产市场库存的重要举措之一就是要提高户籍人口城镇化率，通过加快农民工市民化进程，扩大城镇住房有效需求。2015年下半年以来，各级政府陆续出台了包括降低首付比例、减轻税费、现金补贴等在内的一系列刺激政策，鼓励农民工进城买房。但情况如何呢？据福建调查总队近期对377位的农民工随机抽样调查显示，目前在福建务工的农民工有意愿在城镇购房的比例不足40%，房价偏高和自身收入不稳定构成最主要的约束。提升农民工在城市的购房意愿，不仅要降低购房门槛，更要着力提升农民工收入水平，降低生活成本，均享市民待遇，使之有能力也有意愿在城市安家、置业。

一、调查对象基本情况

本次调查涉及福州、厦门、三明、莆田、南平、龙岩、宁德等市377位农民工，其中：省内222位，省外155位；男性210位，女性167位。分年龄看，20世纪80年代及以后出生的新生代农民工（年龄在35周岁以下）占45.1%；35—45周岁的农民工占35.0%；45—55周岁占17.2%；55周岁以上占2.7%。分籍贯看，受调查的农民工以本省户籍居多，省外主要是来自华东其他省市、西南地区和华中地区。从就业情况看，受雇于他人或单位的工资性就业群体占大部分，并且绝大多数没有享受住房公积金。从居住条件看，大多数人都居住在租赁的私房里。详见表1。

二、近四成农民工有意在城市购房

调查结果显示：有147位受访者有意愿在城镇购房，占受访者总数的39.0%，其中：有意愿在3年内购房的占11.4%，3—5年内购房的占8.5%，5年后购房的占19.1%。不打算在城镇购房或打算返乡置业的占61.0%。有近四成农民工有意进城购房，但受年龄、文化和地缘等因素影响，有意进城购房的意愿差异较为明显。具体表现为：

表1　调查对象基本情况

分组指标	内容	人数（人）	占比（%）
年　龄	<25	27	7.2
	[25，35)	143	37.9
	[35，45)	132	35.0
	[45，55)	65	17.2
	> =55	10	2.7
籍　贯	福　建	222	58.9
	华东其他省市	54	14.3
	西　南	51	13.5
	华　中	35	9.3
	其他地区	15	4.0

续表

分组指标	内容	人数（人）	占比（%）
学　历	小学及以下	75	19.9
	初　中	172	45.6
	高　中	53	14.1
	中　专	37	9.8
	高　职	2	0.5
	大　专	28	7.4
	本　科	10	2.7
	研究生	0	0.0
就业状况	工资性就业	233	61.8
	自我经营	99	26.3
	雇　主	5	1.3
	未从业	40	10.6
住房公积金	有	43	11.4
	无	310	82.2
	不知道	24	6.4
孩子情况	没有孩子	54	14.3
	1个孩子	163	43.2
	2个孩子	140	37.1
	3个孩子	18	4.8
	4个及以上	2	0.5
当前居住地条件	租赁私房	287	76.1
	租赁公租房或廉租房	2	0.5
	单位或雇主提供的普通住房	11	2.9
	工棚或工作地住宿	6	1.6
	集体宿舍	24	6.4
	其　他	47	12.5
当前务工地	福厦泉市辖区	139	36.9
	其他地级市市辖区	50	13.3
	县城或建制镇	165	43.8
	农　村	23	6.1

（一）代际的差异

与老一代农民工进城挣钱、回乡养老的传统观念相比，以“80后”“90后”为代表的新生代农民工更想融入城市，更盼望能分享城市发展成果。调查显示，新生代农民工中有意愿在城市购房的占45.1%，高于调查平均水平；其中“80后”在城市安家的愿望最为强烈，有52.4%年龄在25—35周岁之间的受访者想在城市购房。“70

后”受访者中这一比例为33.3%，是仅次于“80后”的群体。而“60后”“50后”等年龄越大，在城市购房的欲望就越低。

（二）文化水平的差异

更高的文化水平意味着更强的学习能力，有利于务工人员更好地适应务工岗位的技能要求，更快地适应城市、融入城市。调查显示，随着文化水平的提升，农民工在城市购房的欲望会明显增强。详见图1。

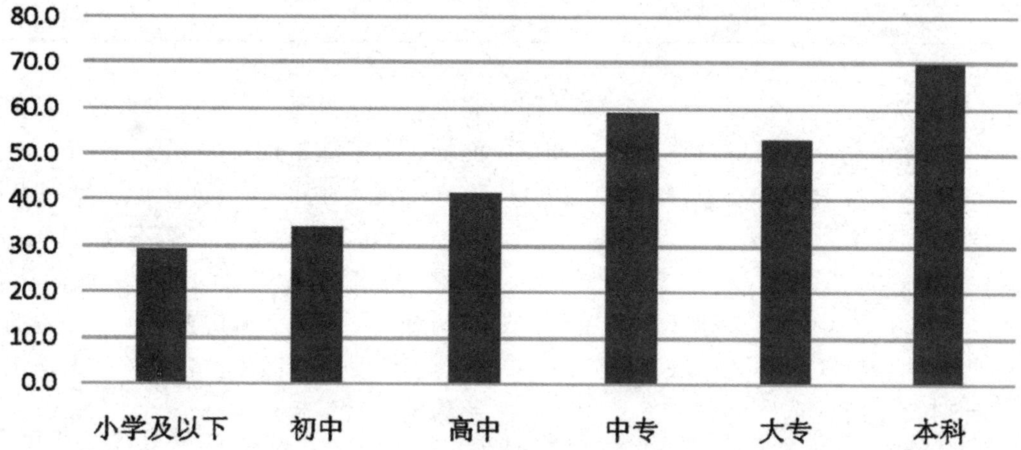

图1　不同学历异地农民工计划在城市购房的比例

（三）收入的差异

家庭年收入在4万元以下的农民工几乎没有城市购房的欲望，而当年收入突破12万元的时候，有购房意愿者比例跃升至61.9%。是否享有住房公积金待遇也对农民工的购房计划产生很大影响，受访农民工中享有住房公积金的人数虽然不多，但其中想在城市购房的比例高达67.4%，高出没有住房公积金人数30.9个百分点。详见图2。

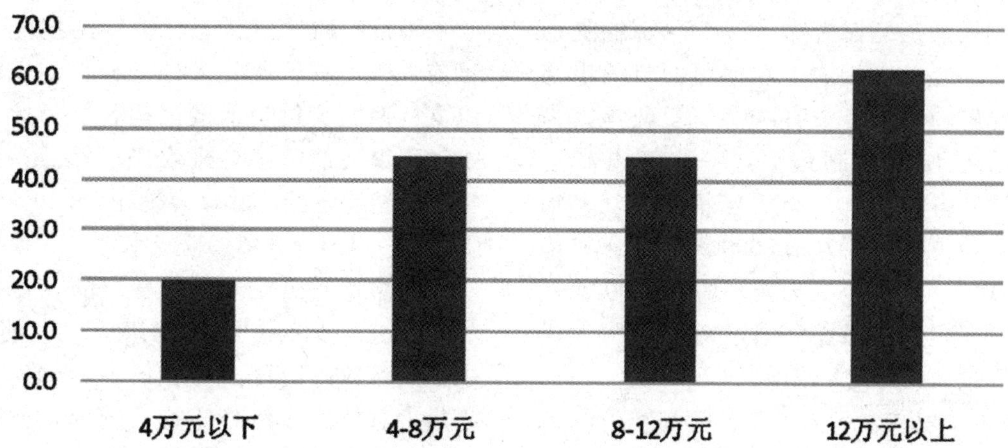

图2　不同收入群体计划城市购房的计划

（四）家庭负担的差异

调查显示，受访者子女越多，在城市购房的欲望越低。在调查中，1孩户中有49.1%的家庭想在城市购房；2孩户中这一比例降至30.0%；3孩户中这一比例仅剩16.7%，更多孩子的家庭户该比例更低。

表2　受访者子女情况与购房意愿

子女情况	人数（位）	有意购房者比例（%）
没有孩子	54	40.7
1个孩子	163	49.1
2个孩子	140	30.0
3个孩子	18	16.7
4个及以上	2	0.0

（五）籍贯的差异

本省农民工比省外农民工购房意愿更高。调查显示，占42.8%的本省农民工有意愿购房，跨省农民工这一比例为33.5%。

（六）务工地的差异

据对139位在福州、厦门两市辖区农民工调查，有购房意愿的仅为47人，占33.8%，比其他地级市市辖区低14.2个百分点。

（七）意愿购房地的差异

在有意购房者中，有69.4%的人想在现工作地购房，现工作地成购房首选。22.4%想回老家城镇购房，个别在山区城镇务工的人员想到其他地级市购房，而想离开福建或老家城镇去北、上、广、深等副省级城市购房者极少。

三、制约农民工购房的主要原因

（一）市场房价偏高

在230位无购房意愿者中，占67.4%的受访者认为房价太高是主要因素。在福厦两市的市辖区，不愿意购房的受访者中有71.7%反映是因为房价太高；在县城或建制镇，这一比例也高达63.1%。以县城价格为例，2015年福州连江、福清商品房销售均价在每平方米8000元以上，宁德霞浦均价在7000元左右，龙岩长汀均价6000元左右。若按每户双职工、每套90平方米计算，上述各县城的房价收入比均在8以上。

（二）收入不稳定

受文化素质和技能水平的制约，大多数农民工受雇于其他个人或单位，仅有小部分是自谋职业的小店主，导致异地进城农民工就业渠道偏窄，收入稳定性偏低，尤其是其收入通常比务工地城镇居民的收入水平要低，但生活成本又要来得高。同时，占1/3受访者的配偶没工作或工作不稳定，家庭经济实力弱，抗风险能力低。调查中，占1/4的受访者家庭年收入在4万元以下，1/2的受访者家庭年收入在4—8万元之间，家庭没有公积金收入的占86.2%。收入水平不高、就业不稳定，导致农民工不具备买房的实力，从而淡化在城市购房的念头。在无意购房者中，33.0%的人认为首付款压力大是主要因素，47.0%的人是担心自己收入不稳定、付不起月供。

（三）乡愁情节

占27.4%的无意购房者表示更喜欢回农村居住；占7.4%的人是因为老家的承包地、宅基地不好处理；占12.2%的人是顾虑家中老人无人照顾。

（四）社会保障

16.1%的无意购房者是出于对户籍、子女就学、社会保障等方面的顾虑。

四、提升农民工城市购房意愿的建议

不稳定的就业状态，较低的技能水平，导致目前农民工的就业收入处于社会中低水平，不足以支持他们支付当前的高房价。为此，在制定政策时不仅要能解决外来农民工愿意来的问题，更要兼顾留得下的公共政策设计。

（一）加杠杆不如降成本

上半年，福建地区首套房的首付比例调低至20%，进一步降低了城市购房门槛，使部分购房需求提前释放，短期内对化解库存确实有利。但如果房价总体水平维持不变，降低贷款条件会导致个人住房的杠杆会有所提高，意味着住房按揭贷款风险敞口扩大。如果按揭对象是收入有限的农民工群体，加杠杆的风险将更为突出。从这个角度讲，加杠杆不如直接降成本，降低契税水平、降低贷款利率、直接货币补贴、提供经济适用房等政策更有利于减轻购房者的负担，让潜在的购房者看到“买得起”并“养得起”房子的可能性，尽早置业，从而化解房地产现有库存并将市场风险维持在可控范围内。

（二）卖房子还要强保障

房地产去库存不能为“去库存”而去库存，而应着眼长远，加强与城镇化相结合，让进城农民既买了房，也提高了生活水平，享受到均等的公共服务，实现真正的以人为本的城镇化。新生代农民工融入务工地城市的愿望较强，但他们对平等就业、平等享受公共服务的诉求也高于父辈。尤其是“80后”农民工，他们的子女陆续到了适学年龄，教育资源的需求满足与否很大程度上将左右他们是否扎根务工地。为此，要进一步深化改革，打破障碍，在户籍制度、就业培训、社会保障、子女入学等方面构建有利于外来务工人员平等享受市民待遇的政策体系，实现外来务工人员在务工地买房并长期居住的需求和预期。

（三）提升农民工的收入水平才是最根本的解决途径

目前阻碍农民工在务工地购房的最大因素是农民工购买力与高房价之间的差距。无论是降成本还是给福利，如果农民工的自身收入没有达到一定水平，还停留在解决温饱问题的水平上，所有的购房优惠政策都只是杯水车薪。因此，中小城市包括城镇，要想吸纳更多的购房需求，就要抓住经济结构调整的机遇，尽快培育、发展、壮大有利于经济发展、有利于扩大就业的地方产业，以产业聚拢人气，以产业的发展带动务工人员收入的增加，使务工人员真正有实力买得起也养得起房子，进得了城市也能够从容地享受城镇化带来的各种市民待遇，从而实现城镇化带动去库存化的路径选择。

（执笔：李　映）

福建省“造福工程”搬迁扶贫情况调查报告

多年来，福建以“造福工程”为抓手，扎实推进整村搬迁扶贫工作，“造福工程”已成为全省扶贫开发工作的标杆，是消除绝对贫困的有益探索，是实现农村精准扶贫、帮助农民脱贫致富的重要途径。为了解全省“造福工程”搬迁扶贫工作开展情况，本文对三明、漳州、龙岩、南平和宁德等地的有关部门和40多个“造福工程”集中安置点开展调查，总结全省“造福工程”搬迁扶贫工作的主要做法与成效，剖析存在的主要问题与困难，提出针对性的对策建议。

一、主要做法

（一）加大政策扶持力度

1. 提高搬迁扶贫补助标准。2011年8月，福建省委、省政府出台了《关于加快推进十二五时期造福工程的指导意见》（闽委〔2011〕47号），明确了造福工程实施范围，将省级财政补助标准由原来的2500元/人提高到3000元/人。2016年5月，福建省政府出台《关于明确相关政策加快推进造福工程扶贫搬迁工作的通知》（闽政办〔2016〕70号），进一步明确工作任务，将贫困搬迁人口补助标准从3000元/人提高到10000元/人，并适当调整集中安置区补助政策，对百户以上安置点，在补助150万元的基础上，每增加10户增加补助10万元，每增加100户增加补助150万元；对50户以上安置点，在补助50万元的基础上，每增加10户增加补助10万元。同时，降低安置点建设门槛，对20—49户的安置区，以20户补助20万元为基础，每增加10户增加补助10万元。

2. 加大金融扶持力度。2016年，福建省委省政府首次将扶贫小额贷款作为为民办实事项目，为现有千户以上贫困人口的60个县（市、区）全面建立扶贫小额信贷风险担保金，为扶贫对象发展生产提供5万元以下3年以内的无抵押担保贷款，每年安排1亿元贴息资金。2016年，福建省政府注资8.3亿成立省扶贫开发投资有限公司，承担异地扶贫搬迁等扶贫开发任务。利用国家下达的中央预算内投资补助、地方债和专项建设基金，相关金融机构提供的长期低息贷款以及财政贴息贷款等支持政策，为贫困户提供搬迁建房投融资支持。

（二）建立多元化资金投入机制

针对造福工程建设周期长、内容多、投资规模大的特点，福建建立了“以财政补助为导向，群众投入为主体、有关部门资金整合、社会力量大力支持”的多元化资金投入机制。在逐步提高省级补助资金标准的基础上，协调市、县两级财政和乡村集体加大对造福工程的资金投入，并通过群众自筹、外出乡亲集资、社会捐赠等方式调动社会各界参与造福工程的积极性。2014年，全省造福工程危房改造共投入资金78.9亿元，其中，省级及以上财政投入8.28亿元，市、县两级财政配套补助资金1.53亿元，乡村两级投入近4亿元，群众自筹资金65.1亿元，社会各界捐助582万元。2015年和2016年各安排省级补助资金8.08亿元和7.4亿元，分别用于当年全省20万人和15万人搬迁任务。此外，福建省强化财政扶贫，多渠道筹集扶贫资金，不断完善精准扶贫资金筹集机制。一是积极筹措财政扶贫资金。2016—2020年，省级财政每年按全省上年地方一般公共预算收入的2‰筹集资金，专项用于精准扶贫。二是设立产业扶贫发展资金。省级财政每年安排3亿元产业发展资金，重点支持贫困户发展二、三产业和特色优势种养业。三是加大对基础设施建设的资金扶持力度。福建每年从省级财政、发改委、交通等部门筹措1亿元，集中扶持100个百户以上造福工程集中安置点的基础设施建设。

（三）科学规划，不断创新搬迁机制

长期以来，福建有关部门注重因地制宜，既把握工作要求，又尊重群众意愿，根据搬迁村民的经济水平和生活情况合理安排，科学规划，不断完善搬迁扶贫机制。一是在搬迁上注重“两大转变”。一方面，搬迁方式由零星搬迁转变为整村搬迁。搬迁规模由最初的几户发展到现在几十户甚至上百户同时搬迁。另一方面，搬迁观念从最初的改善生存条件转变为改变生活生产条件。通过实施整村搬迁，全省“造福工程”搬迁村民大多搬迁至中心村、集镇和工业园区周边，生活条件得到有效改善，加上经当地政府积极引导，搬迁村民通过经商、在周边企业或外出务工等方式，加快融入现代社会，改变了原有的以农业为主的生产方式。二是在安置上力求“两大突破”。一方面，安置方式由原来的分散安置转变为以集中安置为主，在搬迁安置中突出规模化、集中化。截至2015年底，全省共建成各类安置点3000多个，其中百户以上规模的集中安置点410个。另一方面，安置地点力求“靠城（镇）近园”。尽可能地将搬迁群众集中安置在中心村、集镇所在地、工业园区周边，做到一次规划、分步实施，逐步到位。在对安置点进行选址时，注重对所选地块进行严格的地质灾害评估，确保搬迁后不发生二次灾害。

（四）注重引导，提升搬迁村民自我发展能力

福建坚持改善生产生活条件与发展经济并重，坚持将造福工程与小城镇建设、新农村建设等方面有机结合，不断提高搬迁村民的自我发展能力，力求“搬得下、稳得住、能致富”。一是加强技术培训，提升专业技能。各地积极实施劳动力免费培训工程，组织适龄劳动力参加“阳光工程”“贫困劳动力职业技能培训”等实用技术培训。二是积极探索“村企联建”模式，组织协调搬迁安置所在地与周边企业结盟，既解决企业用工困难，又变农民为产业工人，解决搬迁村民就业困难。如截至2015年底，长汀县有62个搬迁村与长诚鞋业、安踏等36家企业结成对子，解决了1600多人就业问题。长汀县大同镇天郊村126户520多人整村搬迁至造福新村，通过实施“村企联盟”，该村已有91人在附近的腾飞开发区就业，除无劳动力户外，实现户均1人就近就业，结盟互动多赢发展的搬迁目的。

二、主要成效

（一）农民生活条件显著改善

通过实施“造福工程”搬迁扶贫，解决了长期居住在交通不便、公共服务难以覆盖的偏远自然村村民的路、电、水、通信和广播电视信号等“五通”问题，农民生活条件明显改善。1994—2015年，全省累计搬迁7000多个自然村共计142万人，建成各类安置点3000多个，其中，百户以上集中安置点410个。全省99%以上的新建造福工程安置点附近有小学，85%有村卫生所。如武平县东留乡泥洋村将居住分散的21个自然村800多名村民集中安置在泥洋造福工程新村，方便了村民出行。诏安县溪林自然村搬迁前，村中小孩需步行到10公里以外的村中心小学就读，搬迁后上学仅需步行百米。南平市延平区水南街道上地村地处偏远山区，经济比较落后，2012年整村搬迁至距市区不足1公里的城郊，村民行路难、上学难、看病难的问题得到有效解决。

（二）脱贫致富步伐明显加快

通过“造福工程”搬迁的村民就业渠道不断拓宽，脱贫致富步伐明显加快。据对浦城县水北街镇水尾村调查，搬迁农户通过发展烤烟、毛竹、锥栗等特色农业，2015年农民人均收入约比2010年搬迁前增长一倍。据对连城县培田造福新村调查，搬迁农户通过保护开发培田古民居，发展乡村旅游，2015年搬迁农民人均收入约比2010年搬迁前增长近一倍。

（三）农村生态环境有所改善

通过“造福工程”搬迁的原村庄减少了对居住地的林木砍伐、垃圾排放，大大缓解了当地生态的压力，生态环境有所改善。如泰宁县将位于金湖核心景区的梅口村40户203名村民列为造福工程搬迁对象，有效保护了金湖水质。长汀县正平村、黄麻畲村和七古村地处偏远山区，且位于城区15万人饮用水的水源区域，3个行政村整村搬迁至同乐小区后，对旧村实施土地复垦，城区饮用水的水源地生态环境明显改善。

（四）抵御自然灾害能力有效增强

实施“造福工程”，将居住在地质灾害点的村

民搬迁至符合城乡建设规划的集中安置点，抵御自然灾害的能力明显增强。如松溪县茶平乡铁岭村上铁岭自然村位于地质灾害点，2011年该村160户村民搬迁至金厝垅新村；长汀县大同镇建明村和新峰村地处闽赣边界地带山区地质灾害点，2016年该镇启动两村“造福工程”整村搬迁工作，将其集中安置于同祥小区，规划安置376户1500多人。

（五）城镇化进程不断加快

各地“造福工程”安置地点力求“靠城（镇）近园”，即坚持向中心村、集镇、工业园区周边集聚，共享相对完善的公共设施和服务体系，城镇化进程不断加快。“十二五”时期，南平市将“造福工程”与小城镇建设相结合，共有74个省级造福工程集中安置点安排在中心村、集镇、工业园区周边。顺昌县郑坊乡通过在工业园区周边兴建造福工程新村，乡所在地人口计划由0.3万人增至0.8万人。“十二五”时期，福鼎市完成建设“造福工程”集中安置点200多个，其中在中心村、集镇、工业园周边兴建100人以上的集中安置点98个，100户以上的较大安置点20个，增加城镇人口2万多人。

三、主要问题

（一）非贫困户补助标准偏低，部分应搬村民搬迁困难

据调查，全省现行的非贫困户搬迁补助标准偏低，仅为每人3000元，加上市县配套补助资金，每个非贫困搬迁户可享受的搬迁补助资金平均不超过3万元。当前，农民建房的各项成本较高，部分应搬村民无法缴清建房款，甚至需要由当地村干部自筹资金先行垫付，难以依靠自身经济实力顺利实现搬迁。如云霄县圆锋村集中安置小区规划建设3层，其中“造福工程”补助建设第一层，居民自建二、三层，平均每层建成入住约需10万元。规划阶段全村约有10%的搬迁户无力缴纳建设第一层的房款，约有三分之一的搬迁户仅能建成一层居住。

（二）集中安置建设用地落实难，规划不够合理

受土地分户经营、耕地保护等政策影响，“造福工程”集中安置选址受限，加上建设用地审批涉及多个部门，集中安置建设用地落实难。如古田县地处山区，加上菌菇类大棚等传统农业生产占用大量土地，可供选择安置50户以上的地块极少，集中安置点用地解决难度大。福鼎市管阳镇钰阳新村因选址涉及农业保护耕地10多亩，调整报批难度大，从2013年申报至今仍未获批。部分集中安置点总体规划不够合理，居住环境较差。如福鼎市点头镇老鸭湾牛墩安置点规划建筑间距偏窄；龙安开发区杨歧新村存在绿地率偏低、建筑密度和容积率偏高等问题。

（三）基础设施建设滞后，后续配套措施有待加强

一是集中安置点基础设施建设有待完善。如截至2016年6月，柘荣县楮坪乡茶湾村、黄柏乡南山村、东源乡兰中村等集中安置点均入住3年以上，尚未完成小区公共厕所和绿化建设。长汀县大同镇同乐小区现有异地搬迁户450户，入住已超过3年，目前仅完成小区道路硬化，小区绿化尚未开展。二是就业帮扶力度有待加强。目前“造福工程”的工作重心主要集中在搬迁方面，政府对通过产业扶持、劳动力转移培训等方式帮助搬迁户增收致富的扶持力度还有待加强。如顺昌县郑坊乡兴楠社区现有400多户搬迁户，目前尚未对该社区搬迁村民开展就业扶持和相关技术培训。三是集中安置点管理难。如南平延平区西芹镇新亭社区规划安置3241户，涉及全镇20个村的扶贫搬迁户，村民文化程度不高，生活习惯难以改变，物业费收取困难，公共设施维护难，社区管理难度较大。

（四）土地复垦率有待提高

据调查，目前有近1/3左右的搬迁村民异地搬迁后旧宅基地未拆除，在已拆除的旧宅基地中，有1/3左右尚未按照有关标准实施复垦。主要原因：一是部分旧宅基地无法列入土地复垦项目。二是当前搬迁村民从土地增减挂钩指标转让收益中直接分成比例较低，在一定程度上影响了其复垦积极性。三是土地复垦要经主管部门招投标，由中标工程队实施，由于目前部分地方中标工程队力量有限，影响了复垦进度。

四、几点建议

（一）加大搬迁用地的支持力度

一是将搬迁安置点用地指标纳入当年用地计划，

确保“造福工程”搬迁用地落到实处。二是开通用地审批“绿色通道”，实行优先审批，破解安置点建设用地审批难问题。三是探索搬迁集中安置新渠道，允许以“团购”形式购买城镇周边商品房，既破解用地难题，又实现房地产“去库存”。

（二）加大搬迁资金的扶持力度

一是继续适度提高非贫困户搬迁扶贫资金补贴标准。二是加大对集中安置小区基础设施建设的投入力度，完善道路建设、小区绿化、环卫设施等公共设施，改善农民的生活环境。

（三）加强搬迁户的后续帮扶

一是加大当地扶贫龙头企业的扶持力度，发挥其对贫困户的辐射带动作用。通过发放扶贫贴息贷款和落实税费减免优惠政策等形式，支持搬迁户发展二、三产业。二是开展技术培训、择业指导和就业服务，优先安排搬迁户参加“阳光工程”等各类培训，鼓励和支持搬迁户外出务工，增加收入，确保搬迁户搬得出、稳得住、能致富。

（四）加快搬迁村庄原有土地复垦进度

一是进一步完善土地增减挂钩受益分配政策，适当提高搬迁村民在土地增减挂钩指标转让收益中的分成比例，提高其参与复垦积极性。二是加快旧宅基地复垦招投标进度，确保复垦工作按时完成。

（执笔：孔令军）

第五篇
区域概览

福州市社会发展综述

2016年，福州市以一线考察干部为契机，以解决问题为导向，以落实项目为抓手，深入开展“抓征迁、促落实”“抓招商、促发展”“抓治理、促提升”等专项行动，着力破解群众关注的热点难点问题，经济增长稳中有升，全市地区生产总值6050亿元，增长8.3%；一般公共预算总收入934.06亿元，增长10.1%；地方一般公共预算收入598.91亿元，同口径增长11.7%；固定资产投资5170亿元，增长6.5%；出口总额1430亿元，增长9%；实际利用外资18.14亿美元，增长8.1%；社会消费品零售总额3883亿元，增长11.3%；居民消费价格总水平上涨2.5%；城镇居民人均可支配收入3.78万元，增长8%；农村居民人均可支配收入1.65万元，增长8.5%；城镇登记失业率2.43%。省下达的节能减排降碳任务全面完成。社会事业发展的主要工作和成效是：

各项改革持续深化。取消和暂停110项行政审批事项、74项前置审批条件，取消65个办理环节。在全省率先全面推行企业登记“五证合一、一照一码”，在行政审批中全面推行“窗口无否决权”机制。出台市属国有企业负责人薪酬制度改革意见，“海峡环保”上市顺利推进，福州成为国务院国资委指导监督地方国资工作联系点。全面实施“营改增”，为企业减税40亿元。落地PPP项目9个，总投资174.85亿元。完成全市党政机关公务用车制度改革。全面启动不动产统一登记。

城市建设管理水平稳步提高。完成全市“多规合一”工作。建成晋安南路等57条市政道路，绕城高速东南段、长平高速等9个重点快速通道项目建设进展顺利。地铁1号线全线试运营，2号线全线动建，6号线启动建设。新辟优化公交线路88条，新增更新新能源公交车594辆，新增公共停车泊位7509个，新投放便民自行车2055辆。三江口、鹤林两个海绵城市试点片区启动建设，建成琅岐环岛路西北段等地下综合管廊主体结构4.5公里。实施旧屋区改造692万平方米，拆除“两违”692.16万平方米。基本建成保障性安居工程3.3万套，五城区完成回迁安置1.71万户、239.16万平方米。城市空气质量优良率98.6%，综合指数位居全国74个重点城市第5位。新型智慧城市标杆市启动建设。

百日攻坚专项行动深入开展。针对项目落地难问题，启动百日攻坚专项行动，完成投资1473.47亿元。围绕群众关注的热点难点问题，启动实施城区内涝治理项目71个、内河水体黑臭治理项目194个、内河沿岸污染源整治项目66个、水系周边环境整治项目39个、城区交通拥堵治理项目252个、南北火车站综合整治项目228个、全民绿化项目534个、休闲步道项目12个。城区47个易涝点建立责任人制度。新改扩建江心公园、南公园等10座城市公园。完成造林绿化12.16万亩。

社会事业协调发展。完成63件为民办实事项目。在全省率先成立职业院校联盟，数字青少年宫等22个项目入选省中小学德育建设示范项目。基本完成103个文化站建设和1602个文化服务中心达标提升工程，成功举办第五届闽都文化论坛暨闽都文化艺术巡回展。实施城乡居民基本医保一体化政策，初步建立分级诊疗制度，组建福州儿科医疗联合体，有效防控登革热疫情，全面两孩政策平稳实施。成功举办第24届市运会、中国羽毛球公开赛、环福州·永泰国际公路自行车赛、福州国际马拉松赛等大型体育赛事，实施590个全民健身工程，开展32项1080场全民健身活动。建立重大安全隐患点责任人制度，安全生产形势持续保持平稳。全力抗击“尼伯特”“莫兰蒂”等超强台风，有序有效开展灾后恢复重建，闽清、永泰227项灾后重建项目按计划推进。

2017年，福州市社会事业发展要重点抓好以下工作：

坚决打赢脱贫攻坚战。落实脱贫攻坚责任制，实施“造福工程”搬迁脱贫、发展教育脱贫、医疗救助脱贫、低保兜底脱贫，加大老少边贫岛地区扶贫力度，确保全市农村建档立卡扶贫对象全部脱贫。积极引导民营企业、社会组织和个人参与扶贫，探索制定稳定脱贫长效机制。加强县（市）区对口协作，实现永泰省级扶贫开发工作重点县“摘帽”。

提高城乡居民收入。争取城镇新增就业12.4万人，转移农业富余劳动力3.8万人，城镇失业人员再就业8500人，实施职业技能培训6万人次。全面实施创业福州助推行动计划，统筹推进高校毕业生、就业困难人员和退役军人等重点群体就业创业，加快中国福州留学人员创业园建设。健全企业职工工资决定和正常增长机制、劳动关系协调机制，完善最低工资、工资支付保障和企业工资集体协商制度，构建和谐劳动关系。

促进教育全面发展。实施第三期学前教育行动计划，新改扩建中小学15所、公办幼儿园13所，新增中小学学位8700个、公办幼儿园学位3600个。继续实施“校安工程”，改造校舍面积5万平方米，全面改善义务教育薄弱校办学条件。强化师德建设，加强骨干教师、学科带头人和优秀校长的培养，完善教师交流制度。大力开展素质教育，加快现代职业教育发展，支持市属高等院校建设，完善福州地区大学新校区基础设施配套。支持民办教育发展。抓好特殊教育、老年教育、继续教育、终身教育。

保障群众健康。加快建设市妇幼保健院新院、市一医院外科楼等重点项目。进一步推进公立医院综合改革，提高基层医疗服务能力，完善分级诊疗制度，鼓励医师多点执业。加大全科医生培养力度，实施名医、名科工程。支持中医药事业发展，建设福州儿科名中医馆。完善计划生育服务管理。持续开展爱国卫生运动。加强卫生应急队伍装备建设，提升疾病预防控制和突发公共卫生事件应急处置能力。强化医德医风建设，构建和谐医患关系。积极备战第16届省运会，继续办好环福州·永泰国际公路自行车赛、中国羽毛球公开赛、中华龙舟大赛等大型体育赛事。

推进文化惠民。建成市图书馆新馆，规划建设船政文化博物馆新馆、市少儿图书馆新馆。全面完成基层公共文化设施达标提升工程，推进国家公共文化服务体系示范区创建。加强历史文化名城和文化遗产保护，持续推进三坊七巷、上下杭、冶山、烟台山等历史文化街区（风貌区）保护修复。深入挖掘闽都文化，办好船政文化、漆文化等文化交流活动。鼓励发展文化产业，加快海峡非物质文化遗产生态园等文化产业园区建设。大力支持文艺创作，促进哲学社会科学、新闻出版、广播影视、文学艺术等事业繁荣发展。

完善社会保障体系。实施全民参保登记计划，进一步提高城乡低保和城乡居民医保财政补助标准，探索建立城乡居民医保个人筹资长效增长机制。加快保障性安居工程建设，新开工建设1.3万套，基本建成1万套。积极应对人口老龄化，健全城乡养老服务体系，继续推进养老服务场所建设，鼓励社会力量参与养老服务。加快市、县两级社会福利中心以及农村幸福院建设，积极发展社会救助、慈善和残疾人事业。坚持“五个最严”的要求，创建国家食品安全示范城市，加强从“农田到餐桌”全过程监管，让群众吃得放心、安心。加强药品安全监管，保障群众用药安全。

深化精神文明建设。大力开展以中国梦和社会主义核心价值观为引领的精神文明建设，加强社会公德、职业道德、家庭美德和个人品德教育。积极推进群众性精神文明创建，深化文明城市、文明村镇、文明单位（行业）、文明家庭、文明校园创建活动。强化未成年人思想道德建设，鼓励发展志愿服务。深入实施“有福之州·文明同行”工作方案，全力创建第五届全国文明城市。加快信用福州建设，开展自然人信用信息征集和查询工作，初步建成市、县两级公共信用信息共享平台，加强守信联合激励和失信联合惩戒，促进形成崇尚诚信、践行诚信的社会风尚。

（摘编：孟力坚）

鼓楼区社会发展概况

2016年，鼓楼区全面落实“四个全面”战略布局，积极践行“五大发展理念”，马上就办、真抓实干，全力稳增长、调结构、强动力、惠民生、防风险，经济社会保持良好发展态势，被确定为国家服务业综合改革示范典型，荣膺全国综合实力百强区、最具投资潜力中小城市百强区，被授予中小城市新型城镇质量百强区和中小城市创新创业百强区称号。一年来社会发展的主要工作和成效是：

宜居品质明显提升。全面推行“一二三四五”征迁工作法，义井村、福州教育学院一附小教育预留地、白马河东侧等15个项目59万平方米旧屋区改造顺利推进，当年新启动的旧改项目100%完成民房征迁工作。攻坚完成华大村下后营、杨桥新村二期等19个项目征迁扫尾。建成陆庄庭苑、龙峰雅居园等4个项目28万平方米安置房，1097户居民顺利回迁，一批“两逾”遗留问题有效破解。市政配套更加完善，文林南路等5条道路基本建成，崎下路、井关外路等10条小街巷改造提升，路网通行质量明显提高。城区空气质量优良率达95%以上，空气质量综合指数在五城区排名上升一位。打响市容卫生管理百日会战，探索“街长制”管理模式，新增20条“市容环卫严管示范街”，拆除“两违”7.37万平方米。城区文明测评指数居全市首位。

社会事业协调发展。推动教育优质均衡发展，全面推行区属高中免费教育；积极践行素质教育，义务教育标准化水平稳步提升。医疗卫生和公共卫生应急能力持续提高，登革热疫情得到有效防控；率先推行“互联网+社区医疗”服务，在鼓东街道建成五城区规模最大的社区卫生服务中心，通过全国计划生育优质服务先进单位省级评估验收。文体事业繁荣发展，区文化馆改造提升达到国家一级馆标准，第十一届全民健身运动会、楼宇羽毛球活力赛、“福聚鼓楼·爱在社区”文化公益行等群众性活动蓬勃开展。

民生保障扎实有力。民生支出占一般公共预算支出比重的76.5%，年度10大类42项为民办实事项目有效落实。就业再就业更加充分，社会保障体系更加健全，被征地群众100%参加养老保险，城镇居民社会养老保险参保率达99.4%；全年发放各类补助资金4498.4万元，将家庭人均月收入1000元以下群体纳入低保边缘户，帮助305户住房困难家庭申请保障性住房。在全省率先建立芍园家庭综合服务中心和社会组织孵化基地，“三社联动”加快社区治理创新。深入开展隐患整治攻坚年活动，安全生产各项指标均控制在市下达指标范围内。强化15个行业调解委员会规范化建设，率先建成基层劳动争议调解中心，成功排查化解矛盾纠纷1550起。深入开展“法律六进”活动，建成7个社区律师工作室，政府部门、街镇、社区实现法律顾问全覆盖。积极开展“六个专项治理”，群众安全感率达94.8%，省会核心城区保持和谐稳定。

2017年社会发展主要抓好以下工作：

巩固教育强区品牌。探索钱塘学区集团化办学模式，加强教学管理一体化建设，实现学区高位优质均衡发展。优化义务教育资源布局，全面提升学前教育，完成旗汛口等幼儿园改扩建，加大政府购买普惠性幼儿园服务力度，继续推进高素质教师队伍建设，强化师德师风。发挥“家庭教育讲师团”辐射效应，打造学校、家庭、社会三位一体的教育格局。大力实施“智慧校园”工程，打造“网络可访问、资源可获取、师生可交流”的信息化教育环境。规范教育培训机构管理，支持早教、学历教育等相关产业发展。抓好社区教育、继续教育和终身教育，促进各类教育均衡发展。

加快健康城区建设。全面推进基层医疗卫生综合改革。加强与省、市级医院合作，健全基层首诊、双向转诊、急慢分治、上下联动的分级诊疗模式。积极推进慢性病一体化防治，争创全国健康促进试点区和国家级慢性病非传染性疾病综合防控示范区。大力提升基层医疗服务能力，鼓励社会资本办医，推动医师多点执业。加强智慧健康建设，搭建区域健康信息综合平台，在鼓东街道设立互联网医疗服务区，推广“互联网+医疗服务”。落实计划生育基本国策，持续推进国家科学育儿试点，深入实施全省妇幼健康优质服务示范工程，提高出生人口素质。新建10条健身路径，举办第十二届全民健身运动会，促进全民健身蓬勃发展。加强食品药品监管，全力创建“省食品安全社会共治示范区”，积极打造三坊七巷“省级食品安全示范街”。

实施文化惠民工程。全力做好福州国家公共文化服务体系示范区验收迎检工作，设立非遗展示馆和美术馆，提升区“三馆”，推动三坊七巷演艺中心投入使用，实现街镇文化站、社区文化普及服务站全面达标提升。完善区级公共文化服务电子信息平台，实现科技与公共文化资源的有效融合。加大政府购买公共文化服务力度，组织开展100场文化活动下基层、进社区。申报一批非遗传承基地，建好闽都乡学讲习所等阵地，提升闽都文化核心区的知名度。加大道德模范、身边好人等先进典型表彰、宣传，深化鼓楼政务网、鼓楼新闻网、“鼓楼微文明”公众号等网络文明阵地建设，积极传递向上向善的价值观。

完善社会保障体系。坚持创业带动就业，建成公共就业和人才服务大厅，搭建人才供需服务平台，统筹做好青年创业扶持、困难群体帮扶，新增城镇就业2.37万人、下岗再就业2150人，登记失业率控制在2.3%以内。加快劳动人事争议仲裁院规范化建设，积极构建和谐劳动关系。发挥救急难、街镇慈善互助点等平台作用，建立政府投入、社会参与的多元化、可持续的救助机制。加强社会保障，扩大公共租赁住房保障覆盖面，基本实现社会养老保险全覆盖。新建国家3A级婚姻登记中心，推进婚姻登记标准化，率先取消婚姻登记和收养登记费用。全面提高高龄补贴和百岁老人营养费标准，将低保、孤寡、优抚、重残等困难老人及80周岁以上的老年人纳入政府购买服务范畴，推进居家养老普惠化。开展省级社区居家养老服务创新试点，积极推行医养结合新模式，试点建设2家示范性老年人照料中心。

提升精细管理水平。融入福州新型智慧城市标杆市建设，全面推行“片长制”网格化服务管理，加快社区综合受理平台、WIFI惠民服务平台等10个智慧城市项目建设，提升动态化、智能化管理水平。提升30条主次干道管理水平，推动市容迈入精细化管理轨道。建成大凤地下垃圾转运站，改造提升公厕、果皮箱等环卫设施。在全省率先全面取消垃圾板车，深入开展早夜市及农贸市场整治，提升环卫保洁、园林绿化、内河管养、垃圾收运等方面政府购买服务标准，打造全省最洁净的城区。始终保持对“两违”的高压严管态势，巩固省级无违建示范区创建成果。

彰显城区生态魅力。坚持绿色发展，巩固国家生态区创建成果。完成鼓屏路、八一七路中轴线、格致小区等重要道路、关键节点楼体立面的综合整治。高标准实施闽江北岸、五一广场片区、二环路、鼓屏路至八一七路沿线亮化工程，打造“一横三纵”城市夜景体系。积极开展“全民动员、绿化鼓楼”行动，实施金牛山、大腹山林相改造，建设大腹山休闲步道二期，新建杨桥路榕树主题广场、大腹山茉莉花公园，完成屏山公园等3个停车场及首凤路、华鸿路等15条道路林荫式改造，打造高品质的城区绿地景观；动员社会各界参与认捐认养、义务植树、“绿化四美”评选等活动，使绿化成为市民的自觉行动。集中开展大气污染专项防治，重点抓好扬尘整治和黄标车淘汰等工作，提升空气优良率。大力推行装配整体式结构设计与施工，逐步提高建筑施工预制率水平。全面推行河长制和最严格水资源管理制度，继续加强原厝水源地等重点生态功能区保护。

（摘编：王诗诚）

台江区社会发展概况

2016年，台江区主动融入省、市发展大局，全力以赴稳增长、调结构、强动力、惠民生、防风险，较好地完成了区十六届人大五次会议确定的各项目标任务，经济社会各项事业保持平稳健康发展。地区生产总值402.9亿元，增长9%；规模以上工业增加值34.2亿元，增长6.5%；一般公共预算总收入24.1亿元，增长5.4%；增长8%；社会消费品零售总额391亿元，增长10%。社会发展的主要工作和成效是：

城区环境品质稳步改善。旧城改造步伐加快，市一医院、同晖地块一期、群众西路旧屋区地块等6个征迁项目圆满完成，太平汀洲等征迁遗留地块加速收尾，全年完成房屋征收52万平方米、涉迁群众4291户。同步推进保障性安居工程建设，锦祥佳园、新港苑顺利交房，3701户居民得到回迁。宜居环境建设深入实施，闽江北港驳岸整治一期水利工程通过验收，三捷河、茶亭河（南段）、光明港一支河、光明港二支河内河综合整治项目顺利完成，城区水系综合治理取得初步成效；上下杭历史文化街区保护修复项目加快推进，采峰别墅等重点文物修缮工程基本竣工；“绿化台江”工作有序开展，南公园完成改造修复并对外开放，光明港南岸休闲步道（一期工程）初步建成；三通路、工业路及南公园周边等主次干道沿线景观建设有序推进，7条内河、11条市政道路、10条小街巷、18个老旧小区得到整治提升。城区精细化管理日趋完善，易涝点实行“一点一策”治理，淘汰黄标车1625辆，新建公共便民自行车站点7个，空气质量优良天数占全年的98%。全省“无违建示范区”创建工作扎实推进，拆除“两违”面积5.27万平方米，超额完成市下达年度治理任务。打响城区治堵保畅攻坚战，25个治堵项目建设全面实施，超标、无牌电动车和残疾人机动车非法营运行为得到清理整治，新增公共停车泊位1141个。

民生社会事业协调发展。持续加大财政倾斜力度，民生社会事业支出10.34亿元，占一般公共支出的比例达72.12%。年度投资4.53亿元的24项为民办实事项目有效落实。认真实施促进就业各项政策措施，新增城镇就业7098人，安置下岗失业人员2186人，动态消除“零就业”家庭。加大对困难群体尤其是低保及低保边缘户的帮扶救助力度，累计发放低保金、医疗补助金、救济金等3000多万元。城镇居民基本医疗保险参保人数达7.7万人，保持社会养老保险全覆盖。加快校园基础设施建设，瀛滨小学、实验园等20所学校实施改造修缮，台六小扩建、双虹小学教学楼重建、祥坂小学修复提升等项目顺利完成。公共卫生服务水平持续改善，区妇幼保健所、后洲街道社区卫生服务中心改扩建全面完成，人次均门诊费用下降21%，瀛洲街道、宁化街道社区卫生服务中心分别获评“全国百强社区卫生服务中心”“全国社区卫生协会优秀培训基地”，我区再次荣获“全国计划生育优质服务先进单位”称号。福机新苑社区养老日间照料中心开放服务，多元化养老服务水平得到提升。后洲街道同晖社区、苍霞街道中平社区等8个社区组织工作用房规范化建设顺利完成。文体设施建设步伐不断加快，7个街道综合文化站、31个社区文化室提升初见成效，区级“三馆”、游泳馆、社区室内健身房改造提升顺利完成，新增健身路径20条。“平安台江”“法治台江”建设不断深化，安全生产、信访、食品药品安全、社会治安保持良好态势。

2017年社会发展主要抓好以下工作：

深化环境综合整治。突出内河整治、绿道网建设、市政提升、园林绿化、背街小巷整治等重点，进一步促进城区净化、亮化、美化，持续改善人居环境品质。加大“海绵城市”建设力度。配合做好“国家森林城市”创建工作，完成光明港公园休闲步道建设。实施市政设施及路网改造升级。持续推进公共停车泊位建设，缓解城区“停车难”问题。

全面提高管理水平。不断完善城市管理体制，全面提升“智慧台江”运行效率，进一步提高市民投诉问题的按期结案率和满意率。深入开展城区交通治堵行动，稳步提高交通综合管理水平，缓解“出行难”问题。严格落实“河长”责任制，全面开展内河沿岸污染源治理。实施环境监察网格化管理，进一步提升空气质量。强化市容管理执法，坚决治理占道经营、“两车”停放等突出问题。积极推进城市建成区违法建设专项治理五年行动，持续巩固“无违建”示范区创建成果。

优化教育资源配置。以创建全省“教育强区”为目标，不断加大教育投入力度，加强教育信息化建设，促进教育资源均衡优质发展。积极创建义务教育管理标准化学校，力促台一小、三十六中等5所学校通过市级评估验收。扩大普惠性幼儿园覆盖面，全力增创一批省级、市级示范园。实施“名师名校长”工程，加大学科带头人、教师团队的引进和培养力度，提高教学管理和师德师风水平。深化义务教育“小片区”管理，拓展职业教育、继续教育、特殊教育，完善社区教育、终身教育，推进各类教育全面协调发展。

提高群众健康水平。建立健全社区卫生服务网络，深化医改综合试点，创新家庭医生签约服务模式，进一步提升家庭医生签约率。大力促进基本公共卫生服务均等化，免费提供13类基本公共卫生服务，确保居民电子健康档案建档率75%以上。巩固“全国基层中医药工作先进区”创建成果，推广中医药适宜技术进社区，打响“中医馆”品牌。加强登革热、手足口病等重大传染病防控。全面优化整合妇幼保健和计划生育服务资源，深化计生基层群众自治示范点建设，促进人口长期均衡发展。

繁荣发展文体事业。全面完成国家公共文化服务体系示范区建设，持续推进街道文化站（室）改造提升工作。广泛开展文化惠民活动，打造一批具有台江特色的群众文化活动品牌。积极传承和保护非物质文化遗产，弘扬茶亭“十番音乐”、伬唱等传统文化，提升区文化馆、民俗馆公共服务能力。大力推动全民健身活动，深化“诚信台江”建设，深入推进精神文明创建活动，营造积极向上的社会氛围。

加大民生保障力度。落实“创业福州”助推行动计划，完善就业再就业各项政策和公共就业创业服务体系。实施低保对象动态管理，完成城镇居民基本医疗保险参保人数7万人。大力推行“医养结合”养老模式。全面融入国家食品安全城市创建工作，完善“四位一体”食品安全检测体系，确保人民群众舌尖上的安全。

提升社会治理水平。坚持专项治理与系统治理、综合治理、依法治理、源头治理相结合，不断提高社会治理社会化、法治化、智能化、专业化水平。健全重大决策社会稳定风险评估机制和突发事件应急处置机制，加大社会矛盾纠纷调处力度，畅通和规范群众诉求表达渠道。继续推广“五事工作法”，进一步强化社区办公用房、社区工作服务站规范化建设，扩大精品社区覆盖面。加大社会组织培育和扶持力度，力争社会组织评估参评率达100%，社会组织服务中心实现社区全覆盖。深入实施“七五”普法，加强公共法律服务体系建设，增强全民法治观念。提升流动人口服务管理水平，切实做好社区矫正、安置帮教和青少年事务社工工作。

办好为民实事工程。围绕群众关心的民生热点问题，全力推进24项、年度投资4.4亿元的为民办实事项目。大力推动九年一贯制学校发展，合理统筹安排生源，逐步消除“大班额”现象。进一步完善“10分钟体育健身圈”，新增30条室外健身路径，持续拓展群众文体活动空间。加快推进“绿色台江”建设，大力实施校园绿化、小区绿化和林荫路提升等项目，切实维护好、保护好市民身边的绿色空间。继续抓紧落实低洼易涝小区变配电房改造、道路雨水管网清疏、公厕改造提升等利民惠民实事，确保如期完成、兑现承诺。

（摘编：游学荣）

仓山区社会发展概况

2016年，仓山区政府紧紧团结和依靠全区人民，奋力攻坚、砥砺前行，各项工作都取得新的进展，全年完成地区生产总值474亿元，增长9%；一般公共预算总收入46.95亿元，增长9%；社会消费品零售总额427亿元，增长12.5%；居民人均可支配收入35041元，增长8.5%。一年来社会发展的主要工作和成效体现在：

城区环境更加宜居。环境保护力度加大，完成燃煤锅炉整治，淘汰黄标车2662辆，全年空气质量优良率达97.2%。旧城区加快提升改造，实施共和路朝阳路周边旧屋区等9个共计100万平方米的"三旧"改造项目，完成10个旧住宅小区整治。"绿化仓山"加快实施，金山大道、闽江大道等"林荫大道"工程改造完成，新增绿地5000多亩。长度1.07公里的飞凤山奥体公园休闲步道（一期）工程基本建成，将于春节前正式对市民开放，全年修建自行车道及步行道28.2公里，市民活动空间进一步拓展。

城市管理更加精细。铁腕整治"两违"，加大乱倒渣土整治力度，共拆除违法建筑972宗、67.2万平方米，查处渣土车1200多辆次。开展火车南站地区综合治理，完成落客平台整治提升等11个建设项目。实施交通专项整治，完成"迎峰会、保平安"综合整治等10余项任务。"智慧仓山"APP正式上线，"数字城管"系统运行良好，城市管理智能化、精细化水平不断提升。推进文明城区创建，加大宣传力度，强化工作督导，顺利通过全省文明城区复查。

社会事业加快推进。加大民生事业投入，全面完成提高农村居民最低生活保障水平等26项为民办实事项目。不断改善办学条件，新建、改扩建金山八期小学等6所学校，促成11个住宅小区配套幼儿园顺利移交，增办3所普惠性民办幼儿园，新增中小学学位4180个、幼儿园学位1296个。深化医药卫生体制改革，全面实行药品零差率销售，推进医疗卫生服务模式改革，家庭医生签约率达28%，提升改造3所基层卫生院（服务中心），实现13个镇街"中医馆"全覆盖。继续完善文体配套设施，建成健身路径、球类场馆等体育场所55个，提升建设8个镇（街）综合文化站和93个村（社区）综合文化服务中心。

保障体系持续完善。实施更加积极的就业政策，实现新增城镇就业15806人、失业人员再就业1635人。构建和谐劳动关系，办结劳动保障投诉案件763件、劳动争议仲裁案件382件。全面实行城乡低保一体化，实现"应保尽保"，累计发放低保金3855万元。继续提高社会养老保障水平，城乡居民养老保险续缴率达95.33%，社区居家养老服务站实现全覆盖。进一步完善新型农村合作医疗制度，完成住院支付方式改革，农民参合率达100%。

社会治理不断深化。推进社会治理体制改革，创新开展"五微"试点，健全动态立体化社会治安防控体系。通过政府购买服务选派28名律师进村（社区）担任法律顾问，切实维护群众合法权益。加大信访化解力度，全年办结化解历史遗留信访积案47件、初信初访648件、省市信访件18件，办结化解率分别为43.1%、94.6%、100%。开展安全隐患排查整治攻坚年行动，全年依法检查各类企业7435家，督促整改隐患43000多处。增强防灾减灾能力，整治完成易涝点29处，加强对17个地质灾害点及各类隐患的巡查整治，成功抵御"莫兰蒂""鲇鱼"台风等自然灾害。

2017年社会发展着重抓好以下工作：

持续提升城区宜居品质。开展水系综合治理

攻坚行动，全面落实“河长制”，推进黑臭水体治理、雨污管网改造、沿河环境提升、内河沿岸污染源治理等四个方面67个项目建设。全力抓好环境综合整治，围绕火车南站周边、地铁沿线等重点区域以及“四线”“三边三节点”，强力推进4大类23项整治项目，提升绿化美化水平。抓好“两违”综合整治，采取无人机巡查、卫星遥感监测、冻结产权等多种措施，发现一起、查处一起，对“博赔房”一律零补偿，保持“两违”整治高压态势。

持续推进生态城区建设。深化“全民动员、绿化仓山”行动，完成帝封江茉莉花主题园等95个项目建设，建成飞凤山奥体公园休闲步道（二期）项目，力争城区绿化覆盖率达43.7%，人均公园绿地面积达13.6平方米。推进国家级生态文明城区创建，加大高盖山、马杭洲等山地、湿地的保护力度。加强环境执法监管，强化工地扬尘、垃圾焚烧、企业排污等方面整治，持续改善城区生态环境。

提高社会保障水平。实施新一年为民办实事项目，着力解决群众最关心的热点难点问题。继续推进城乡居民社会养老保险、城镇居民基本医疗保险工作，进一步提高参保覆盖面。完善城乡低保、优抚政策，提高低收入群体生活保障水平。健全城乡养老服务体系，巩固被征地农民养老保障全覆盖格局，引导社会力量参与养老服务。继续落实稳定和扩大就业的政策措施，力争全年新增城镇就业15500人，城镇失业人员再就业1500人。

着力打造优质教育。加大教育投入力度，优化学校布局，新建、改扩建金山九期中学、东方小学等7所中小学，增办联建新苑幼儿园等9所普惠性幼儿园，新增学位9000多个。启动环保、跨洋职专合并提升为标准化职专工程。加大名校、名师培育力度，力争认定20名以上市级骨干教师。依托麦顶小学等区内外名校，采取集团化办学、合作联办、名校培树等模式，带动江边小学等12所学校提升办学质量，促进城乡教育均衡发展。

完善卫生服务体系。加快推进严复纪念医院征迁交地，完成区疾控中心达标建设，推动市妇幼保健院等项目加快建设。深化医药卫生体制改革，推进与市一医院医疗联合体建设，扩大分级诊疗和家庭医生签约服务试点。加强中医药品牌文化建设，力争通过全国社区中医药工作先进单位复评。

大力发展文体事业。做好国家公共文化服务体系示范区验收迎检工作，提升各镇街综合文化站和村（社区）综合文化服务中心，建成区文体综合馆并投入使用。启动区第二个青少年文化活动中心建设。广泛开展丰富多彩的文体活动，协助办好国际沙滩排球巡回赛、福州国际马拉松赛等重大赛事。加强怀安古窑址等海丝遗址保护。注重传统文化挖掘保护，继续办好陈靖姑民俗文化活动，加快修复改造烟台山历史风貌区，努力打造集文化、休闲、旅游和商贸于一体的旅游景区，成为福州市的一张崭新名片。

加强社会综合治理。完善重点项目社会稳定风险评估、征迁案件诉前协调、司法服务等多元化纠纷解决机制，加大矛盾纠纷化解力度，实现案结、诉息、事了。推进“七五”普法，深化“法律六进”活动，建设“法治仓山”。强化社会信用体系建设，打造“诚信仓山”。加强金融行业监测，设立应急资金，做好重点企业困难帮扶等工作，有效化解企业信贷风险。完善立体化社会治安防控体系，加强社会面防控网布建工作，提升治安防控智能化、信息化水平，确保人民群众安居乐业。

加强信访维稳工作。综合运用主动约访、开门接访、带案下访等方式，力争62件历史信访积案化解30%以上。继续推行“和谐征迁”，全力维护群众利益，健全项目征迁信访一体化工作机制，预防和减少信访问题发生。加大初信初访化解力度，坚持先期预测研判，力争全年办结化解率超过90%。深入推进“阳光信访”“法治信访”，进一步畅通网上信访渠道。

加强安全风险管控。树牢安全生产红线意识，严格落实安全生产“党政同责、一岗双责、失职追责”要求，强化企业主体责任落实，深化安全生产领域“打非治违”专项整治，强化危化品、建筑施工、燃气、塑胶行业、人员密集场所、群租房等重点行业领域安全监管。抓好防汛防台风、森林防火和地质灾害防治工作，切实保障人民群众生命财产安全。

（摘编：苏建平）

晋安区社会发展概况

2016 年，晋安区聚焦热点，攻坚难点，扎实推动各项工作取得新的成效，全年实现地区生产总值 544.9 亿元，增长 9%；一般公共预算总收入 38.7 亿元，增长 13.4%；社会消费品零售总额 637.8 亿元，增长 13.5%；自营出口 19 亿美元，增长 22%；城镇居民人均可支配收入 38520 元，增长 8.2%，农民人均可支配收入 16860 元，增长 7.7%。一年来社会发展的主要工作及成效是：

人居环境持续优化。积极创建生态文明建设示范区，着力建设更加宜居的城乡环境。实施全民绿化，完成各类绿化提升项目 44 个，牛岗山公园休闲步道（一期）基本建成，森林公园至宦溪、岭头至桂湖道路沿线景观带建设如期完工。推动水系治理，晋安河扩河快排工程开工建设，“四湖三园”工程抓紧推进，连潘河、磨洋河、凤坂一支河等内河综合整治有效展开，11 条黑臭水体整治启动实施。缓解城区交通拥堵，43 条市政道路加快建设，站东路、西岭互通等“接二连三”工程稳步展开，新建公共停车泊位 1850 个。按照实现“脱胎换骨”变化的要求，大力开展火车北站综合治理，11 大系统 127 个改造提升项目以“一周一变化”的态势加速推进。注重城市“微改造”，完成 9 个旧住宅小区整治、21 个小区配电房防涝改造，实施 7 个片区背街小巷改造。统筹农村建设，建成 9 个“美丽乡村”和 10 个“幸福家园工程”，新改扩建山区道路 15 条，建设亮灯工程 8 个，山区农村客运站基本建成。加强市容管理，环卫保洁标准进一步提升，新建、改造垃圾转运站 3 座，拆除各类违法建设 66 万平方米，占道经营、流动摊点、乱倒渣土等现象得到有效遏制。实施水污染防治行动计划，大力防治大气污染，建筑扬尘等污染源得到有效控制，超额完成黄标车淘汰任务，环境空气质量居五城区前列。

民生事业不断发展。继续为民兴办实事，27 项实事项目如期完成。出台扶持就业创业 15 条措施，企业稳岗补贴惠及 6700 多人，新增城镇就业 2.2 万人。全面落实城乡居民基本医保一体化政策，城乡居民养老保险缴费率达 94.8%，4.3 万人参加被征地农民养老保障。居家养老社会化服务工作扎实推进，区社会福利中心一期主体工程顺利落成。大力发展教育事业，新建成 4 所中小学校，启动 5 所中小学改扩建和 3 所幼儿园新园建设工程，实现“一师一机”教学电脑全配置和班班通多媒体全覆盖。深入开展教改试点及经验延伸共享工作，顺利通过国家义务教育发展基本均衡区复检。持续扩大医疗资源总量，区医院、区妇幼保健院改扩建项目前期工作基本就绪，省儿童医院、省妇幼保健院分院布点我区。“二孩”政策稳步落实，发放各类计生补助 4000 多万元，计生工作走在全市前列。积极创建国家公共文化服务体系示范区，改造提升乡镇（街道）文化站 5 个、村（社区）综合文化服务中心 108 个，省图书馆五四北分馆建成开馆，区未成年人心理健康咨询室被评为省级示范点。进一步完善体育健身设施，新建球场 6 个，更新健身路径 30 条，区少体校被命名为全国射箭重点体校。有力应对“莫兰蒂”“鲇鱼”台风影响，在区人大代表、政协委员的支持下，筹集社会各界救灾捐赠资金 890 万元，加快修复北峰山区水毁道路、水利、农业生产设施，对口支援永泰县灾后重建。审计、统计、物价、台侨、外事、档案、广电、地方志、妇女儿童、民族宗教、双拥共建、国防动员、民兵预备役等工作持续加强。

社会秩序保持稳定。强化基层组织建设，新

成立横屿佳苑等7个社区，完成6个村级组织场所改造。深化“平安晋安”建设，开展社会治安综合治理，完善治安防控体系，推动防控力量下沉，组建治安巡防大队，建设流动治安岗35个，实现信息掌握、矛盾化解、治安防控、便民服务有机结合。推行流动人口与常住人口“同管理、同参与、同服务”模式，流动人口“旅店式、物业式”管理水平进一步提升。严厉打击各类犯罪，维护公共安全，刑事案件数量下降14.6%，“两抢”案件下降47.6%，八类严重暴力案件下降20.9%。人民群众对社会治安满意率达97.38%，居全市第二位；平安建设知晓率达93.46%，居全市第二位；对公检法执法工作满意率达98.92%，居全市第一位。区国安办被评为全国一级国安办。深化安全生产标准化建设，福兴经济开发区被命名为“福建省安全园区”。开展“隐患排查整治攻坚年”行动，着力“打非治违”，排查整改各类安全生产隐患1.25万个，安全事故死亡人数、直接经济损失分别下降55.6%和41.6%，无重特大安全事故发生。“六五”普法任务全面完成，政府购买法律服务机制逐步建立，公共法律服务体系不断完善。信访矛盾纠纷排查调处工作有效落实，“12345”平台运转效率进一步提速，数字化城市管理系统更加完善。

2017年社会发展重点抓好以下工作：

推动宜居环境整治。开展“全民动员、绿化晋安”活动，实施65项市级绿化提升项目、49项区级绿化提升项目，让群众享受更多绿色福利和公共空间。加快实施火车北站综合治理。建设城市亮化工程，实施5万平方米建筑节能计划。强化城市精细化管理，加大环境保护力度，全面落实“河长制”，加强重点流域、饮用水源地、内河水质监管。强化大气污染防治，进一步提升空气质量。

抓好现代农村建设。做好山区乡镇及村庄规划修编、一户一宅摸底造册，研究制定农村建房审批实施细则，对山区违建保持高压态势。建设12个“美丽乡村”“幸福家园工程”，扶持薄弱村集体经济发展。完善山区广播电视、通信网络、文体设施，新（改）建5条山区道路，实施8项生命防护工程、8个自然村道路硬化工程和12个亮灯工程。实施嘉湖、南口水库除险加固工程，开展14个地质灾害点整治。

实施教育提升计划。新建岳峰中学等5所中小学。实施校舍修缮、校园绿化与校园文化三项提升计划，改善一批老校面貌。推广“新优质学校”教改试点经验，引入市属优质中小学开展战略合作办学。强化师资队伍建设。继续做好进城务工人员子女接受义务教育工作。完成“全面改薄”任务，促进教育均衡优质发展。

提升医疗卫生水平。深化医疗体制改革，完善区域医疗卫生信息平台。完成省儿童医院、省妇幼保健院分院、省疾控中心项目交地工作，启动区医院、区妇幼保健院改扩建工程。创建全国基层中医药工作先进单位。推动华润医药合作项目加快落地。强化突发公共卫生事件应急处置，做好病媒生物防治工作。加强计划生育综合服务，创建全省新优质计生服务先进区。持续开展爱国卫生运动，提升疾病预防控制和突发公共卫生事件应急处置能力。

发展文体旅游事业。全面完成国家公共文化服务体系示范区创建任务，建设区老年文体活动中心。大力传承非物质文化遗产，扶持发展寿山石雕、象园木雕、西园软木雕等传统技艺。提升全民健身设施建设水平，完善户外体育场所设施管理，更新一批健身路径，支持办好环福州·永泰国际公路自行车赛等大型体育赛事。加强古村落、古建筑保护修复，推进历史文化名镇名村建设，发展地方民族特色文化，留住镇村传统风貌。

强化社会保障。投入4.6亿元实施37项区级为民办实事项目。落实全民参保登记计划，进一步提高城乡居民基础养老金、城乡低保和城乡居民医保财政补助标准。坚持政府主导、社会参与、市场运作原则，加快建立以居家养老服务为主，养老机构为补充，医养结合的多层次可持续的社会养老服务体系。大力发展社会救助、社会慈善、社会福利事业，保障妇女和儿童合法权益。实施积极就业政策，推动创业带动就业，新增城镇就业2.1万人。建立健全就业援助长效机制、劳动关系三方协调机制，推进仲裁机构实体化建设，创建“无欠薪网格”和“无欠薪工业园区”。

（摘编：李　哲）

马尾区社会发展概况

2016年，马尾区主动适应经济发展新常态，积极融入福州新区建设，经济运行稳中有升。全年完成地区生产总值423.7亿元，增长8.5%；一般公共预算总收入34.3亿元，增长8.1%；社会消费品零售总额198.5亿元，增长16%；城镇居民人均可支配收入4.13万元，增长8%；农村居民人均可支配收入2.14万元，增长8%。一年来社会发展的主要工作及成效：

人居环境不断改善。启动31.6万平方米旧屋区改造，完成房屋征收2252户。儒江苑、龙津苑、闽江佳园安置房提前完工，易安居、儒江和谐家园实现回迁。完成聚英花园、济安苑等5个老旧小区综合整治。城市配套日趋完善，新改扩建道路7.5公里，建成沿山通道（二期）等9条市政道路。新建、改建雨污管网25公里，全面完成年度主要污染物减排任务。完成亭江岱溪下游渠道整治、白眉下游河道清障等工程。加大"两违"整治力度，拆除违法建筑24万平方米。启动104国道景观改造，建设天马山休闲步道（一期），新增绿地16.7万平方米。启动中国—马尾船政文化城规划建设，马尾造船厂搬迁基本完成，建成马限山人防隧道连接通道，船政格致园正式对外开放。加大闽安历史文化名村保护开发，完成闽安楼主体建设。持续改善生态环境，推进琅岐岛生态红线划定工作。实施2016年度空气质量提升行动，完成黄标车年度淘汰任务，全年空气质量优良率达98.3%，饮用水源水质达标率达100%。

改善民生，发展成果普惠共享。全年累计投入民生支出22亿元，13件为民办实事项目全面完成。着力解决民生热点。马尾实验小学扩建工程等11个教育建设项目有序推进，琅岐中学（三期）、魁岐小学（二期）建成投用，新增学位500个。教育信息化建设步伐加快，教育质量持续提升。开发区医院通过二甲医院评审，我区被国家卫计委评为计生"新国优"先进单位。优化延伸3条公交线路，新增28辆公交车。新增259个停车位。实施交通治堵专项行动，整治魁岐互通、青洲环岛、东江滨儿童公园等路段的交通拥堵。持续加大民生保障。新增城镇就业人口7677人，转移农村劳动力1505人。企业退休人员养老金人均每个月增加161元，城乡居民基础养老金标准提高至每人每月130元，城乡新农合、城镇居民基本医疗保险政府补助标准提高至430元，城乡低保人员补助标准提高至570元。建成区社会组织孵化基地，启动第二批村级综合服务场所建设，完成12个新农村"幸福家园工程"。有效防控"登革热"疫情，做好防范"尼伯特""莫兰蒂""鲇鱼"等强台风工作，确保人民生命财产安全。社会治理日趋完善。深化"平安马尾"建设，加强矛盾纠纷排查，调解各类矛盾纠纷3934件，完成法律援助案件226件，受理群众来信来访711件。办结"数字城管"7.7万件和12345便民服务热线诉求6988件。严格落实安全生产责任制，完成企业安全生产标准化建设三年行动任务，各类事故总量下降37.5%。在全省率先实行食品经营户第三方检测。实施不动产统一登记工作，全面启动农村土地承包经营权确权登记颁证。

依法履职，政府自身建设切实加强。深入开展"两学一做"学习教育，大力弘扬"马上就办、真抓实干"精神，以百日攻坚行动为契机，切实提高行政效能。全面推行重点项目全程代办、并联审批。区行政服务中心开辟百日攻坚绿色通道，实行周末正常工作制。坚持"一线工作法"，政府工作作风切实转变。启动新一轮简政放权，调整前置审批事项13项、区级行政审批中介服务39项。编制完成镇街权力清单和责任清单。认真贯彻落实中央“八项规定”，强化“三公”经费审计监督。完成党政机关公务用车制度改革。自觉接受区人大及其常委会监督，认真执行区人大及其常委会的决议决定，积极支持区政协参政议政，开展民主协商，全年共办理人大代表意见建议59件、政协委员提案117件，满意率分别达93.2%、93%。

2017年社会发展主要抓好以下工作：

打造绿水青山。融入“绿化福州”建设，启动44项绿化提升工程。全面实施水系综合治理，加大内河整治力度。全面落实生态红线保护制度，健全完善生态补偿机制。落实完善河长制，强化水源地保护，保障饮用水安全，确保完成市下达的节能减排目标任务。大力实施环境空气质量提升行动，保持空气质量位居城区前列。

提升文化品位。规划建设中国船政文化博物馆（新馆），实施船政建筑保护修缮工程，打响船政品牌。大力推进闽安历史文化名村保护开发，加快形成闽安文化旅游环线。完善公共文化体育设施，加快镇（街）、村（居）综合文化服务站升级改造，广泛开展全民健身活动。

完善城市配套。建成琅岐环岛路（三期），实现环岛路全线贯通。全面实施福马路提升改造，启动江滨路下穿马尾造船厂工程，建成马尾大桥北接线互通立交。启动闽亭、104国道沿线等22万平方米旧屋区改造，新建10万平方米安置房。全力解决安置房逾期回迁问题，完成魁岐小区、沿山家园等6个小区安置回迁。动建琅岐海峡水厂和琅岐西部11万伏变电站。实施垃圾收运市场化，提高垃圾收集处置能力，改造提升19座公厕，进一步完善公共服务配套。强化精细管理。打好交通治堵攻坚战，新增300个停车位，建成济安路立体停车场，缓解停车难问题。强化土地卫片执法，保持“两违”整治高压态势。重点治理市场、医院周边等区域脏乱差现象。加强市政设施管养维护。加快“智慧马尾”建设，开展“智慧水务”试点工作，整合各类便民服务热线，强化“12345”联动机制。创建新型智慧城市标杆城区，实现城市管理智能化、精细化。巩固全国文明城市和省级文明城区建设成果，全面提升文明创建水平。

补齐民生短板。全力推进福州地铁二号线马尾延伸段建设。成立马尾公交公司，完善区间公交线路，优化琅岐、亭江公交布局，动工建设琅岐公交枢纽站。全面实施“十三五”基础教育布局调整和学校建设规划。积极推进与省、市名校合作办学，加快引进优质教育资源，强化教育人才队伍建设，努力提升基础教育公共服务水平。深入推进“三医联动”改革，强化医院绩效管理，加强医疗人才队伍建设。理顺开发区医院管理运行体制，建成投用罗星街道社区卫生服务中心，推动医疗卫生资源均衡发展。完善社会保障。加强职业教育培训，重点帮扶弱势群体提升就业技能。新建840套保障性住房，创建12个“幸福家园工程”示范村。实施城乡居民社会保险一体化，持续提高城乡低保标准，推进全民参保登记，促进养老、医疗保险实现全覆盖。加大特困家庭、农村“五保人员”基本生活保障力度，加强农村留守儿童关爱保护。大力发展养老服务事业，引进综合居家养老服务专业队伍，建设区社会福利中心和社区老年人日间照料中心。

维护社会稳定。全面深化“平安马尾”建设，创新社会治理，推动公共视频监控联网应用，提升全区视频监控能力。深入推进“法治马尾”建设，扎实开展“七五”普法工作，完善公共法律服务体系，整合行政调解、司法调解、人民调解等资源，形成“一站式”纠纷多元调解机制。依法受理群众合理诉求，严格执行信访事项网上办理，提升信访工作法治化水平。全面落实“党政同责、一岗双责、齐抓共管、失职追责”安全生产责任体系，加大重点行业（领域）安全专项整治力度。加强食品药品安全执法检查，强化质量监管，扎实推进国家食品安全城市创建。

（摘编：郭　虹）

福清市社会发展概况

2016年，福清市攻坚克难，砥砺前行，综合实力显著提升，全市地区生产总值达到848.2亿元，五年年均增长9.7%；社会消费品零售总额预计达到374亿元，均实现五年翻番。在全国中小城市综合实力百强县市中排名第26位，继续位居全省县（市）综合经济实力前三强。先后获得国家级生态市、全国文明城市（县级）提名城市和全国双拥模范城、科技进步考核先进县市、科普示范县市、义务教育发展基本均衡市、绿色模范县市、社区教育示范区、计划生育优质服务先进单位、农产品质量安全县、农村职业教育和成人教育示范县、妇幼健康优质服务示范县等荣誉称号。社会发展的主要成效是：

着力统筹城乡发展。健全“多规合一”平台和“六个一”运行机制，科学划定城镇与村庄规划管控边界，促进规划信息资源共享；开展永久基本农田划定工作，合理安排生产、生活、生态空间。构建快速交通网络，实施滨海大通道一期、大真线安民至三山段“白改黑”、新江公路路面改造等工程。推进市政交通建设，建成清昌大道A段、北江滨路A段、东塘大道等21条道路，瑞亭街、福唐路等13条断头路相继打通，环城路北半环将于春节前主线通车。观音埔水厂完成主体工程开始调试，市第二污水处理厂即将正式运营，龙田镇、高山镇污水处理厂完成主体工程。优先发展公共交通，增加40部纯电动公交车辆投入运行。加大市容环境整治力度，开展环卫网格化、景观改造、绿化美化等城市环境整治“七大战役”，文明城市创建工作取得新成效。坚持“堵、疏、引”相结合，强势推进“两违”综合整治，全年共拆除违法建筑934宗，有4695宗个人建房经过镇街或规划局审批挂牌施工。生态环境持续向好，拆除畜禽养殖场1431场198万平方米，淘汰黄标车2062部，空气质量优良率达到96.7%。深入推进城乡环境综合整治，投入44.38亿元实施245个宜居环境建设项目；投入4亿元打造96个新农村建设示范村、创建村；投入9750万元打造48个“美丽乡村”、1条美丽乡村景观带。创建省级森林城市，新建成观音埔湿地公园、溪下湿地公园，新增建成区绿地1620亩、公园绿地150亩，植树造林1.95万亩。

着力推进民生建设。完成12类78项为民办实事项目建设计划。建成26项总投资2.4亿元总建筑面积10.56万平方米的校安工程，新增学位2600个；新增4所公办幼儿园；实施市属公办职业教育资源整合。福清市医院新院（一期）12月27日正式开诊，高山镇中心卫生院新院投入使用，福清市医院与上海长征医院开展技术合作；药品耗材零差率改革成效显著，公立医院药占比全福州地区最低；抓好乡村医生养老保障工作，将流动人口纳入基本公共卫生服务范畴，国家级妇幼健康优质服务示范县创建获得国家卫计委命名。积极创建国家公共文化服务体系示范区，实施市镇村三级文体设施提升工程，市图书馆、档案馆新馆正式启用。启动以东关寨为重点和以塔为主题的一批重点文物修缮工程，加强传统文化保护和传承。成功举办了中国女排联赛福清赛区、世界职业搏击王者争霸赛、中国汽车越野巡回公开赛、福建省城市合唱艺术节等重大赛事。继续实施社保“提标扩面”工程，机关事业单位退休人员养老金人均每月增资298元，企业退休人员养老金待遇连续12年调整提高，城乡居民养老保险基础养老金由每月100元再次提高至130元。全面实施城乡居民基本医疗保险一体化政策。调整提高村（社区）干部报酬待遇标准。免除城乡居民基本殡葬服务费用，市社会福利中心和残疾人福乐家园主体封顶。积极开展精准扶贫工作，全市现有标准口径下的1631名贫困人口全部脱贫。深入开展双拥共建活动，切实加强国防动员、人民防空和民兵预备役建设。扎实开展提高平安“四率”专项行动，建成“智慧福清”管理服务平台，健全社会治理网格化服务管理机制，社会治理水平不断提升。

2017年社会发展的主要工作是：

全力创建文明城市。全力以赴抓好总评迎检，继续深化“五大创建”“七大战役”，争创全国县级文明城市。常态化开展“两违”治理，规范城乡住房建设管理，确保城乡面貌整洁有序。创新城市管理机制，深化“智慧福清”建设，完善“数字城管”和“美丽福清”监管平台，建设社会治理综合指挥中心，提高城市管理数字化、智能化水平。建立健全城市管理长效机制，积极探索社区“十个一”建设标准。进一步弘扬社会主义核心价值观，深化公民思想道德建设，推动志愿者服务常态化，着力建设诚信福清。

大力建设美丽乡村。加大对新农村建设的投入力度，充分发挥市财政每年2亿元专项资金的引导作用，带动社会资金投入。加快完成所有村庄“两图一表”编制工作，提高新农村建设水平。加强农村道路、农田水利、污水垃圾处理、饮水安全工程提升、休闲公园等基础设施建设和各项公共服务配套，促进农村生产发展、生活宽裕、乡风文明、村容整洁、管理民主。

加强生态文明建设。坚持生态环境保护“党政同责”、部门“一岗双责”，健全生态文明建设综合考评体系，落实最严格的耕地保护、水资源管理、环境保护等制度，坚决守住生态红线。严把产业准入环保门槛，加大传统产业智能化、绿色化改造力度，鼓励企业推广节能环保技术。建立环境监管网格化管理制度，加强大气、水污染防治和危险废物监管，深入实施节能减排，持续改善环境质量。完成非法畜禽养殖场拆除。继续推进“青山挂白”整治。健全生态补偿和资源有偿使用制度，引导山区镇发展生态旅游和休闲农业，构建西北部绿色生态圈。坚持集约节约利用土地，大力发展绿色循环经济，大力倡导绿色消费、低碳出行生活方式，形成政府、企业、公众全民参与的共治体系。

坚持民生优先，全力扩大人民群众获得感优化公共服务供给。继续抓好校安工程、城区学校扩容、公办幼儿园建设，整合提升高中教育资源。开展集团化办学试点，推动北师大福清附属学校开展中外合作办学尝试，促进优质教育资源共享共建。加快发展现代职业教育，整合提升公办职业教育资源。深化医药卫生体制改革，推进分级诊疗制度建设，开展政府购买国家基本公共卫生服务试点。持续优化医疗资源布局，完善社区基层卫生服务体系。持续开展爱国卫生运动。健全完善计划生育利益导向体系，促进人口长期均衡发展。

全力打造文化强市。全面完成基层公共文化设施达标提升工程，打造“城区15分钟、农村30分钟”公共文化服务圈，创建国家公共文化服务体系示范区。加强文化遗产保护和传承，打造地域文化品牌，延续福清城市文脉。完善公共文化服务体系，发挥“两乡四基地”作用，广泛开展“文化惠民乐万家”和全民健身活动。编制“福清文化地图”，构建公共文化服务信息平台。支持文艺精品创作，规划创建市文艺创作交流中心，促进社科、广播影视、文学艺术繁荣发展。发挥市文投平台作用，培育利桥古街、祥兴文化创意园等特色文化产业圈，促进文化产业加快发展。

织密民生保障网络。坚持就业优先，多渠道增加零就业家庭和就业困难人员的就业机会，扎实做好高校毕业生、下岗失业人员、被征地农民等群体就业工作，推动以创业带动就业，努力实现更高质量的就业，全年新增城镇就业3万名，农村富余劳动力转移就业6500名。健全社会保障体系，实施全民参保计划，提高社会保险扩面征缴质量，推进城乡居民医保政策一体化，继续提高医保政府补助、被征地农民养老补助金和基本公共卫生服务人均经费标准。大力发展社会福利和慈善事业，完善社会救助体系。制定医养结合的养老服务规划，出台促进养老事业发展政策。健全住房保障和供应体系，新开工各类保障性安居工程196套。抓好脱贫人口的跟踪管理，建立长效稳定增收机制，巩固精准扶贫开发成果。

（摘编：康明辉）

长乐市社会发展概况

2016年全年实现地区生产总值618.7亿元，增长9.3%；一般公共预算总收入（不含基金）55.19亿元，增长10%，社会消费品零售总额190.66亿元，增长10%；城镇居民人均可支配收入4万元，增长10%；农民人均可支配收入1.9万元，增长10%。一年来社会发展的主要工作成效是：

城乡建设统筹推进。城乡规划更趋合理，有序开展《长乐市城市总体规划》修编工作，规划范围覆盖长乐全域。加速推进“多规合一”编制，完成全市重点区域108.01平方公里控制性详细规划编制，控规覆盖率达89%。基础建设全面提速，福平铁路、长平高速、福州东南绕城高速长乐段加快建设，地铁6号线、长福高速长乐段启动建设，福北路、两港路改扩建工程和营滨路建成通车。新增公交通车里程133公里，其中公交601线的开通实现与福州公交联网。长乐国际机场第二轮扩能工程顺利进行，完成厦航福州基地扩建工程建设。启动松下港区12#、13#泊位建设和防波堤二期工程前期工作。湖南仙富及江田长林等两座110KV变电站投入使用，LNG管道及分输站基本建成，大樟溪引水工程长乐段启动建设。城市管理优化提升，完善“智慧长乐”管理服务中心数字化平台建设，提高网格化社会服务管理水平。疏堵结合，强化“两违”整治，全年共拆除“两违”492宗，面积101.5万平方米，依法依规审批农村村民个人建房（含旧房改造）351宗。全面启动不动产统一登记。创新城市管理方式，提升城市精细化、专业化管理水平，深入治理占道经营、占道停车、建筑渣土滴撒漏和乱倾倒等顽疾。积极试点推进环卫保洁、市政维护、园林绿化等城市管理市场化运作，努力改善市容环境。推进土地收储工作，2016年收储存量土地1238.64亩。

生态保护取得实效。节能减排工作扎实推进，完成福州市下达的节能减排任务，吴航不锈钢公司完成改燃工作。持续开展环境综合治理，莲柄港主河道整治加快推进，基本完成罗联溪整治二期工程及城区下洞江内河整治工程建设，加强畜禽污染整治，拆除畜禽养殖场165家。大力淘汰黄标车，累计投入1549.2万元淘汰黄标车1264辆。潭头污水处理厂完成主管网铺设15.4公里，乡镇支管网铺设31.9公里。积极开展“全民动员、绿化长乐”活动，大力实施“四绿”工程，实现造林绿化12105亩，完成南山公园一期休闲步道1.8公里、闽江河口国家湿地公园巡护步道及牛山栈道景观建设。集约发展水平不断提升，严把环境准入关口，科学划定永久基本农田保护边界和生态功能区边界。荣获“国家生态市”称号。

民生福祉不断增进。教育事业优先发展，投入6010万元实施35项中小学校安工程，投入668万元用于乡镇中心幼儿园建设，实验幼儿园通过了“省级示范性幼儿园”复评。文体活动精彩纷呈，成功承办省青少年皮划艇、赛艇锦标赛、全国皮划艇锦标赛和“恒申杯”环福州·永泰国际公路自行车赛（长乐段）等体育赛事，成功承办“相约长乐”第九届海峡两岸合唱节、省社会科学普及宣传周主会场活动，举办长乐市第九届民俗文化节等文化活动。深化医药卫生体制改革，扎实推进公立医院综合改革，构建分级诊疗制度，全面推进新农合住院付费方式改革，实行大病补充补偿“一站式”即时结算，吴航街道社区卫生服务中心、湖南镇卫生院新院建成并投入使用。深入开展爱国卫生运动，登革热等防控工作扎实有效。民生保障持续加强，6大类31项为民办实事项目完成投资5.56亿元，全年市财政用于民生领域支出达37.91亿元，占一般公共预算支出的75.2%。社会保障和救助体系不断健全，新增城镇就业7957人，转移农村富余劳动力6231人，发放城乡低保金、特困人员供养金等各类补助金4456.36万元，受益群众7559人次，续建完成保障性住房908套，解决513户低收入群众及外来务工人员住房问题。依托慈善总会、红十字会、计生协会、老区建设促进会等，开展扶贫济困、医疗救助、老区帮扶等活动，累计救助金额577.53万元，受益群众2.3万人次。实施精准扶贫，帮扶1030人脱贫。社会治理不断深化，"诚信长乐"建设稳步推进，平安建设、法治文化建设等工作持续深化，人民群众对社会治安满意率达93.89%。深入开展双拥共建和科学普及工作，积极推进食品放心工程建设，荣获"全国双拥模范城""福建省食品安全社会共治示范县""福建省社会科学普及示范创建市"等称号。

政府服务提速增效。深入开展"两学一做"学习教育，严格落实中央八项规定。传承弘扬"马上就办、真抓实干"精神，深入开展"放管服"工作，取消行政审批事项50项，金峰镇获得首批140项行政事权，市行政服务中心数字福建（长乐）产业园分中心正式成立。推行"窗口无否决权"机制，压缩办理时限96个工作日。

2017年社会发展的主要工作是：

加大环境治理力度。以"清新水域""洁净蓝天""清洁土壤"为目标，切实解决环境突出问题。加强水环境污染治理，进一步规范水源地管理，严格落实"河长制"，继续推进洞江、莲柄港主河道等流域综合整治。进一步落实垃圾收集处理机制，启动垃圾焚烧发电厂项目筹建前期工作。全面落实大气污染防治行动计划，大力推动土壤污染防治工作。加大环保执法力度，依法严肃处理各类环境违法行为。

健全完善生态屏障。深入实施"四绿"工程，加强生态公益林、沿海防护林建设管理，完成年度造林绿化任务。深化水土流失、青山挂白和墓地生态整治。严格保护江海岸线和海洋生物资源，加大沙滩修复、海漂垃圾治理等工作力度，建立健全涉江、涉海项目环境影响评价机制。强化生态保护红线管控，加大对海蚌保护区、闽江河口湿地国家级自然保护区等重点生态功能区保护力度。

统筹推进社会事业。拓展提升优质资源，加快学校标准化建设，加快发展职业教育，鼓励社会力量兴办教育，扶持发展特殊教育、老年教育、继续教育。推进"健康长乐"建设，进一步深化医药卫生体制综合改革，继续加大财政投入保障力度；完善分级诊疗体系，推进乡村卫生服务一体化；加强各类医学人才培养和引进力度，持续提升医疗服务能力；完成市医院外科大楼主体工程建设，推进市人民医院建设，加快市中医院新院、古槐中心卫生院等项目建设；深化人口服务管理体制改革，进一步健全二孩政策的配套服务。加快构建现代公共文化服务体系，继续开展国家公共文化服务体系示范区创建工作，完善城乡文化设施建设，新建、更新健身路径30条；继续办好"百姓舞台梦想秀""我们的节日""理论进闽剧"等各类群众性文化活动；广泛开展全民健身活动，举办高水平体育精品赛事，提升竞技体育水平。

持续增强民生保障。以改善民生为出发点，在公共交通、教育卫生、宜居环境、民生保障等7个方面安排33项为民办实事项目，年度计划投资19.7亿元。大力促进就业创业，加强职业培训，开发专职劳动保障协理员等公益性岗位，扩大服务业、新兴产业就业容量，鼓励多样化就业，实现新增城镇就业7300人，转移农村富余劳动力5300人。继续做好与松溪、周宁的山海协作和援建闽清县塔庄镇工作。加快城乡自然灾害避灾点建设，健全完善防灾减灾体系。巩固提高以城乡低保为基础，以农村特困供养人员救助、医疗救助、临时救助、救灾救济为补充的社会救助体系，巩固提升精准扶贫成果。完善社会服务体系，市社会福利中心投入使用，加快东海第二救助队飞行救助基地、椿萱乐老年公寓等项目建设，实施社区居家养老政府购买服务试点。积极发挥市慈善总会、红十字会、计生协会、老区建设促进会等社团组织和关工委作用，重视发展残疾人、老龄事业，切实保障老年人、妇女儿童和青少年合法权益。

（摘编：吴　强）

闽侯县社会发展概况

2016年，闽侯县实现地区生产总值483.8亿元，比增10.3%；一般公共预算总收入突破100亿元，位居全省县（市）第2位；社会消费品零售总额230亿元，比增14%；城镇居民人均可支配收入35803元，比增8%；农村居民人均可支配收入15865元，比增9%。一年来社会发展主要工作和成效是：

城乡面貌明显改观。城乡规划实现“多规合一”，县城总体规划编制基本完成。三大城市组团、两个特色小镇、一个生态园区发展进一步提速，160项城乡基础设施和公共服务项目加快推进，甘蔗滨河路（一期）、祥谦新榕路、京台高速白沙连接线等一批道路建成通车，青岐排涝闸站、县城CNG汽车加气站等一批项目建成投用，城乡承载功能进一步增强。滚动实施159项环境宜居项目，完成投资13.12亿元，139个项目顺利完工。深入开展“两违”综合治理，依法拆除“两违”85.25万平方米。爱国卫生运动扎实开展，市政环卫管理更加规范有序。“智慧闽侯”平台建设加快推进，甘蔗片区“数字城管”正式运行。

生态环境日益改善。加大环保基础设施投入力度，建成青口、南通等垃圾转运站5座，新建（改造）污水管网24.5公里。坚持绿色发展，完成14个节能减排项目，黄标车、建筑扬尘、燃煤锅炉等专项整治扎实开展。加强畜禽养殖污染整治，拆除生猪养殖场8家0.4万平方米。33项水污染防治项目顺利推进，溪源江、洋里溪万里生态水系动工建设。实施造林绿化和森林经营6.91万亩，改造提升公园绿地2535亩，基本建成休闲步道24.4公里，塔礁洲湿地公园（一期）、闽江北岸休闲生态公园、甘蔗街心公园改造等一批项目建成开放，顺利通过省级“园林县城”考核验收。

幸福指数稳步提高。全年财政用于民生支出68.76亿元，占公共财政预算支出81.61%。投入2.5亿元实施校舍项目20项，南通中心幼儿园等6个项目建成投用，全县新增学位1200个。国家公共文化服务体系示范区创建扎实推进，“2016文化闽侯”系列活动蓬勃开展，大型电视纪录片《家住闽江边》拍摄完成，青橄榄合唱团荣获第十三届中国国际合唱节金奖，“小葵”科普体验中心、“彩虹桥——农村留守儿童城市融入计划”两个项目分获全国青年志愿服务大赛银奖、省赛金奖。祥谦卫生院门诊病房大楼主体完工，大湖卫生院等建成投用。计划生育、妇幼保健、疾病防控、卫生监督等工作得到强化，登革热疫情得到有效防控。新农合和城镇居民医保支出3.3亿元，31.3万人次受益；被征地老龄农民生活补助支出1.15亿元，惠及5.3万人；建成4111套41.4万平方米安置房，安置回迁2031户。城乡低保、农村五保、高龄补贴、社会救助、优抚安置、慈善事业、残疾人等工作全面加强。“平安闽侯”建设成效明显，“六个专项”治理深入开展，平安“三率”进一步提高。道路交通安全综合整治、食品药品安全监管等工作持续强化，安全生产形势持续稳定。“法治闽侯”建设扎实推进，行政复议、法律援助、社区矫正、人民调解、信访接访等工作不断加强。

服务水平不断优化。深入开展“两学一做”专题教育，传承弘扬“马上就办、真抓实干”精神，全县干事创业氛围日益浓厚。锲而不舍落实中央八项规定精神和省市县实施办法，狠纠“四风”，加强机关效能建设，坚决整肃为官不为、庸懒散拖等问题，共效能问责14人。全县审批服务窗口推行“窗口无否决权”服务机制，县行政服务中心建立窗口动态增减机制。行政监察、审计监督等力度持续加大，严惩腐败，立案查处政府部门工作人员42人。认真执行县人大及其常委会决定决议，自觉接受县人大及其常委会的法律监督、工作监督和县政协的民主监督，积极支持政协开展协商民主活动，办理110件人大代表建议和95件政协委员提案，满意率分别为100%和99%，办复率均为100%。

2017年社会发展的主要工作：

加快生态文明建设。树立“绿水青山就是金山银山”的强烈意识，完善环保基础设施，筹建县垃圾处理厂，建成竹岐、甘蔗、白沙3个垃圾转运站，以及竹岐、鸿尾、白沙3个污水处理厂（站），接驳污水管网30公里。强化环境综合整治，加强大气污染联防联控，开展工业废气、燃煤锅炉、大气面源以及移动源污染专项整治，实施台亚汽配空压机节能改造、建华管桩脱硫脱硝、三盛实业锅炉改燃等节能减排工程，全面完成522辆黄标车淘汰任务。落实“河长制”，加强闽江、大樟溪等流域水环境综合整治，实施规模化畜禽养殖场全过程标准化治理。抓好“全民动员、绿化闽侯”行动，广植榕树、茉莉花，打造一批绿化示范工程、精品工程，推进五虎山国家森林公园开发保护，建设（提升）甘蔗南山公园、南屿虎秀山公园等24座公园，增加绿地238亩，建成28公里休闲步道，完成造林绿化和森林经营7.29万亩。

加快教育优先发展。抓好教育建设项目提速增效，投资5.23亿元，实施白沙小学新校区、淘江中学新校区等26个项目，确保教师进修校附属幼儿园、青口大义中心校幼儿园等8个项目建成投用，全县新增学位2000个。加快发展学前教育、义务教育和高中教育，优化教育资源配置，强化教师队伍管理，推进“名师工程”建设，提高教育教学水平。加强学生素质教育，推进校园文化建设，全面提升学生综合素质。续建闽侯职专新校区，深化政校企合作办学，全力办好职业教育。进一步做好外来务工人员随迁子女、留守儿童等群体的就学及教育管理工作。扩大优质教育覆盖面，支持发展民办教育，抓好社区教育、特殊教育、老年教育、继续教育、终身教育。

丰富群众文体生活。推进国家公共文化服务体系示范区建设，持续完善文化设施，促进文化惠民，动建县青少年校外活动中心，建成县博物馆、海峡传媒港、县广播电视台新演播厅等一批项目，新建40条健身路径。深入开展群众性文体活动，打响周末农家戏台、闽侯青橄榄等文化活动品牌。积极承办和组织开展体育赛事，广泛开展全民健身活动，推动群众体育和竞技体育全面发展。大力支持文艺创作，促进新闻出版、文学艺术等事业发展。

提升健康服务水平。全面落实县级公立医院和乡镇卫生院综合改革工作，推进乡村卫生服务一体化管理。开展医疗卫生重点学科建设试点，采取机制灵活的措施加强县内外医疗联合体建设。加快推进分级诊疗、城乡支医制度落实，完善人才引进培养机制。加大登革热等传染病防控力度，落实疾病防控、卫生监督和妇幼保健等公共卫生服务工作。启动县医院新病房大楼、县人民医院传染病区大楼以及南通、鸿尾、竹岐等乡镇卫生院建设，促进祥谦卫生院门诊病房大楼建成投用。实施全面两孩政策，促进人口长期均衡发展。广泛开展爱国卫生运动，创建白沙市级健康镇、孔元市级健康村。

切实增进民生福祉。建立扶贫对象动态管理机制，深入开展贫困户“回头看”工作，突出返贫人口和新增贫困人口精准扶贫，持续巩固扶贫脱贫成果。实施45项为民办实事项目，逐步解决一批事关群众切身利益的热点难点问题。健全公共就业信息平台，加强就业技能培训，鼓励创业带动就业，实现新增城镇就业9500人，转移农村富余劳动力4800人。完善城乡居民基本养老、医疗保险制度，推行退休干部职工社会化管理服务，积极发展养老和健康服务业，动建县精神病院，加快县社会福利中心建设，建成2家敬老院、30家农村幸福院。续建新建32个安置房项目，实现回迁16个，回迁安置6760套3707户。完善社会救助体系，加快发展社会优抚和慈善事业，关心帮助残疾人、老年人、低保户、五保户、特困户等群体生活，积极维护妇女、儿童合法权益。

（摘编：游学荣）

连江县社会发展概况

2016年，连江县深入开展“抓征迁、促落实”“抓招商、促发展”专项行动，着力破解发展瓶颈和热点、难点问题，各项工作取得了新的进展。地区生产总值383.6亿元，比增6.5%；财政总收入42.5亿元，比增11.5%；社会消费品零售总额131.0亿元，比增16.5%。一年来，社会发展的主要工作及成效是：

城乡建设加快推进。连江县城乡总体规划纲要通过审查，“多规合一”工作扎实推进。连江县城市景观风貌专项规划已经完成，可门工业园区官坂片区控规、黄岐镇区控规等规划编制基本完成。城区市政配套进一步完善，江滨西段绿化景观等项目建成，金凤大桥竣工通车，解放大桥加快重建，客运东站即将投入使用，新建雨污水管网各2.5公里，新改建供水管网10.8公里。通港大道改扩建工程三期、滨海大通道安海至蚂坞段、201省道马鼻至文山段路面改造等竣工通车。闽东苏区敖江流域防洪排涝工程列入省水利“十三五”规划项目库。敖江流域水环境综合整治工作成效明显，敖江流域饰面石板材加工企业全面退出。加强畜禽养殖污染整治，改造提升规模化畜禽养殖场23家，拆除关闭养猪场204家。淘汰黄标车346辆。顺利通过国家生态县考核验收并正式命名。严厉打击非法采砂、占用河道等行为，万里安全生态水系贵安至观音阁段、牛溪段启动建设。拆除违章建筑55.9万平方米，查处违法占地48.3万平方米。打造美丽乡村12个、新农村“幸福家园工程”52个，江南乡梅洋村被评为全国造林绿化先进集体、福建省最美休闲乡村。实施“绿化连江”提升工程，全县造林绿化4万亩。

社会事业繁荣发展。投入3.6亿元推进农村薄弱学校改造、城区学校扩容等19个教育民生工程，消除危旧校舍2.4万平方米，新建校舍10.1万平方米，新增学位2877个。第二实验幼儿园分园、凤城中心幼儿园分园、文笔小学、实验小学教学楼建成投用。改善特教学校办学条件，提高特殊教育学校生均公用经费标准。再次获得“全省教育工作先进县”称号。投入4500万元用于县乡医疗卫生单位基础建设和设备配置，基层医疗卫生服务能力逐步增强。建成省立医院贵安门诊部，组建“连江县妇幼保健院”，新建6个乡镇卫生院配套工程、5个乡镇卫生院“中医馆”。积极创建国家公共文化服务体系示范区，达标提升乡镇综合文化站22个，建成乡村文体公园40个、村级综合文化服务中心164个。连江十番古乐《雁来红》等乐曲列入国家记忆典藏，开展各类文化展览、文艺活动140多场，放映农村公益电影3400多场。成功承办2016年环福州·永泰国际公路自行车赛连江赛段、第三届丝绸之路国际电影节福州会场、第二届“海上丝绸之路”国际旅游节暨第七届福州温泉国际旅游节等重大活动，连江城市知名度显著提升。加强与陕西蒲城县交流合作，对口帮扶西藏八宿县、闽清白樟镇。外事侨务、民族宗教、人民武装、人防海防、地方海事、打击走私、防震减灾、爱国卫生、青年妇女儿童、地方志、双拥、档案、老龄、老区等工作也取得新成绩。

民生保障切实增强。持续加大民生投入，完成52件为民办实事项目，全县居民人均可支配收入21002元，比增8.2%。开展村级信息化经办平台试点工作，城乡居民社会保险基本实现全覆盖。坚持精准扶贫，开展“雨露计划”“春风行动”，继续实施残疾人和计生困难户安居工程、城乡困难居民重特大基本医疗救助保障工程，城乡低保标准进一步提高。祥和小区公租房、桶街片区旧城改造二期安置房、可门迁建区二期安置房建成，潘渡溪利安置小区主体工程完工，罗山造福搬迁安置小区建设顺利推进。建成农村幸福院37家。省级文明县城创建活动持续开展。加强食品药品安全监测，建立食品安全监管指挥系统，食品质量合格率逐年提高。安全生产责任体系实现“四级五覆盖”，重点行业、重点领域安全隐患排查整改工作有力推进。建成农村交通安全劝导站190个，整改道路交通隐患点245处，通过全国“平安农机”示范县评估验收。继续严厉打击非法采捕红珊瑚行为，累计拆解涉渔“三无”船舶128艘。全力抗击“莫兰蒂”“鲇鱼”超强台风，安排灾后重建专项补助2800万元。坚持多元化调解，成功调处矛盾纠纷1365件。完成法律援助1017件，对台法律服务站建成投用。领导干部接访、约访、下访和领导包案制度进一步完善，一批信访积案得到有效化解。

2017社会发展重点要做好以下工作：

建设生态宜居家园。巩固“国家生态县”创建成果，确保通过省级森林县城评估验收。加快实施城市绿化提升工程。认真落实“河长制”，继续推进万里安全生态水系建设。严格环境准入，鼓励传统企业推进清洁生产，大力防治畜禽养殖污染，加快淘汰黄标车。强化湿地保护、沙滩整治、海漂垃圾清理等工作。

健全保障体系。坚持精准扶贫、精准脱贫，用足用好我县比照享受原中央苏区发展等政策，落实各类脱贫措施，确保省定扶贫标准下贫困人口全部脱贫。继续推进造福搬迁，加快建设罗山安置小区二期工程。支持慈善事业发展，做好特殊困难群体的生活救助工作。进一步做好被征地收海农渔民、大学毕业生等重点群体的就业帮扶。发展社会福利事业，推进社会福利中心二期建设。积极探索政府购买服务试点工作，引进或培育社区居家养老专业化服务组织，加快村级养老点和农村幸福院建设。推进住房保障扩面，逐步扩大住房租赁补贴保障范围。

提高教育质量。重视学前教育发展，推广农村义务教育薄弱校“委托管理”试点经验，推进“全面改薄”工程。扩建连江一中、实验小学，推动优质教育资源扩容提质。深入实施连江县高素质教育人才促进工程，切实解决教师编制不足、结构不合理、师资短缺等问题。加快职专迁建，促进职业教育发展。规范发展民办教育，扶持发展特殊教育、老年教育、成人教育。继续开展校园及周边治安综合治理和“护校安园”行动。

建设健康连江。加快县级公立医院综合改革，实行“医疗、医药、医保”三医联动，做好分级诊疗试点准备。全力推进县医院新院、精神病医院、可门港医院等项目建设，新建马鼻卫生院，继续改扩建官坂、浦口、下宫、黄岐等卫生院，完善蓼沿、透堡、筱埕等卫生院配套设施。建好中医院“骨伤科”“针灸理疗科”等国家重点专科，进一步提升基层中医药服务能力。推进基层医疗机构综合改革，开展乡村医生签约服务，促进优质医疗资源向农村流动。开展职业病防治工作。完善医疗纠纷调解机制，构建和谐医患关系。持续开展爱国卫生运动。改革完善计划生育服务管理，探索建立计划生育特殊家庭保障体系，落实计生惠民各项政策。

发展文体事业。加快建设文化重点项目，确保通过国家公共文化服务体系示范区考核验收。动建“四馆五中心”，筹建透堡革命历史纪念馆，建成一批乡村学校少年宫。深入实施文化惠民工程，积极举办文化下乡、闽剧下乡等群众文化活动，继续放映农村公益电影，丰富群众业余生活。鼓励文艺创作，加大对特色文化、民俗资源的挖掘力度。实施连江电视台高清化改造，推动广播电视由村村通向户户通升级。大力开展全民健身活动，认真筹办2017年环福州·永泰国际公路自行车赛连江赛段、县第十四届运动会等大型体育赛事，推动群众体育和竞技体育全面发展。实施“健身路径进村”工程，继续支持乡村文体公园建设。

加强精神文明建设。践行社会主义核心价值观，加强社会公德、职业道德、家庭美德和个人品德教育。健全群众性精神文明创建活动长效机制，深入开展“文明村镇”“文明家庭”“文明校园”“星级文明户”等评选活动。强化未成年人思想道德建设，推进志愿服务项目化工作，培育良好的社会风尚。引导市场主体依法诚信经营，集中开展消费品质量安全专项整治，维护公平竞争的市场秩序。

（摘编：黄万良）

闽清县社会发展概况

2017 年，闽清县夺取抗洪救灾和灾后恢复重建的重大胜利，经济社会发展取得新成效。全县地区生产总值 152.4 亿元，增长 5%；一般公共预算总收入 15.3 亿元，增长 13.7%；固定资产投资 71.3 亿元，增长 15%；城镇居民人均可支配收入 26676 元，增长 7%；农村居民人均可支配收入 12477 元，增长 9%。一年来社会发展的主要工作和成效是：

完善功能提升品质，城乡环境面貌显著改善。梅溪新城建设全面提速。梅溪新城已投入 15 亿元，其中新城“十大工程”完成投资约 8 亿元。建成渡口江滨休闲游步道、新城主干三道路，完成渡口 110 千伏变电站、新城防洪整治工程等项目建设，基本建成渡口江滨公园、大王仑公园，完成梅溪新城 66 大道至横五线段拓宽改造工程量的 80%，加快新“三馆”、学校、医院等公共服务设施建设。中心城区改造提升加快推进。城关小学新校区人行天桥投入使用。实施燕垅里片区拆迁改造，启动南山停车场项目安征迁，动建实验小学人行天桥工程。实施梅城森林公园绿道和台山公园（三期）景观提升。完成溪滨路、商贸街等路段亮夜工程。交通基础设施不断完善。完成 316 国道石潭溪大桥改建，北溪闽江大桥至闽清北站连接线道路实现通车，大路桥至潭口桥段道路春节前完成水泥路面铺设，316 国道 70K—80K 路段安全隐患整治（二期）、莲佳公路拓宽改造等工程动建。加快横五线梅溪渡口至云龙段、联一线坂东楼下至云龙段等道路建设，完成农村公路建设 30 公里。

城乡生态环境有效提升。深入推进城乡环境综合整治，实施城乡面貌“大变样、大提升”项目 148 个、宜居环境建设项目 141 个、“幸福家园”示范村建设项目 419 个、“美丽乡村”建设项目 20 个，拆除“两违”面积 43 万平方米。持续推进大气污染“六个专项”整治，实施 44 项重点减排项目，推进建陶企业“煤改气”32 家，淘汰黄标车 438 辆，空气质量优良率达 99.4%，增长 11.5%。加强水环境治理，关闭拆除 529 家畜禽养殖场，建成白金工业园区污水处理厂（一期）和梅溪新城污水处理厂（一期），闽清水务坂东水厂、塔山水厂改建等工程加快推进。全年造林绿化 1.73 万亩，森林覆盖率提高至 66.4%。

全面发展社会事业，人民幸福指数持续提升。民生福祉持续提升。全年财政用于民生支出 22.5 亿元，占一般公共预算支出的 81.5%。十大类 48 项为民办实事项目完成年度投资 8.4 亿元。“造福工程”及地灾搬迁 572 户、危房改造 232 户，实现脱贫 2033 人。城乡医疗保险、养老保险进一步提标扩面，城乡居民临时救助、医疗救助县级筹资标准大幅提升。新开工建设 336 套保障性住房，基本建成 887 套。投入 2145 万元实施“全面改薄”工程，建成文定中心小学等一批教学综合楼，加快闽清一中初中部、县第三实验小学和梅城等 5 个乡镇中心幼儿园建设。实施分级诊疗制度，推进县中医院、梅溪卫生院等迁建项目加快建设。积极创建国家公共文化服务体系示范区，改造提升 13 个乡镇综合文化站和 151 个村（居）综合文化服务中心，完成白樟等 7 个乡镇有线电视网络升级和整转，全民健身、激情广场、文艺下乡等群众性文体活动广泛开展。

2017 年社会发展的主要工作是：

夯实新城发展基础。坚持基础先行，全力推进梅溪新城“十大工程”建设，加快横五线梅溪渡口至云龙段道路建设，建成新城二期路网路基和主干路二、支路五等市政道路，完成梅溪新城66大道至横五线段拓宽改造，加快文体场馆、车站、学校、医院等社会事业及公共服务设施建设，启动新城防洪整治工程（二期），抓紧引进一批带动力强的服务业项目，聚焦人气商气。

提升中心城区品质。围绕增强承载力、提高宜居度，控制开发强度，降低建设密度，提升环境品质，完善城市功能。加快燕垅里等片区改造，实施1万平方米安置房建设。加快恒昌财富中心、荣域外滩等商住项目建设，推进316国道猴山口段地下管网及人行步道改造和洋桃跨溪大桥建设。加快城区供水管网改造，推进老旧小区天然气管网建设。持续完善梅溪沿岸等重点区域绿化景观和夜景灯光工程，综合整治一批背街小巷，建成城北森林公园，绿化、亮化、美化县城。优先发展公共交通，新增更新公交车26辆，优化公交线路和站点设置，逐步提高覆盖率、准点率。加快南山停车场等建设，新增城区公共停车位240个，坚决治理乱排摊点、卫生脏乱差、交通拥堵等突出问题，让群众在城区生活得更方便、更舒心、更美好。

精心打造特色小镇。以“大城关”建设为引领，立足资源禀赋，凸显区域特色，因地制宜发展一批特色小镇，推动新型城镇化。进一步挖掘黄楮林、七叠、大明谷等温泉资源，打造温泉小镇；依托中建（福建）绿色产业园建设，发展新型建筑材料，打造绿色建筑小镇；以雄江创客小镇、中国瓷乡文化旅游小镇建设为龙头，打造江流创客小镇和陶艺旅游小镇；依托丰富的自然人文资源和特色农业，打造人文小镇和绿色食品小镇。

加强生态文明建设。大力推进“全民动员、绿化闽清”专项行动，新建或提升16个城乡公园，建成云龙至梅城森林公园休闲游步道，新增造林面积1.7万亩，确保通过省级森林县城创建验收。落实“河长制”，深化水环境综合整治，开展保护梅溪母亲河行动，完成县生活垃圾无害化处理场（二期）及渗滤液处理设施升级改造、闽清水务坂东水厂、安仁溪东桥镇区段安全生态水系等项目建设。严格落实节能减排责任制和环保监管“一岗双责”，实施一批重点节能项目和减排工程，加大建陶等重点行业清洁能源使用，淘汰一批落后产能。认真抓好宜居建设、“两违”治理和农村环境综合整治等工作。大力实施空气质量提升行动计划，强化施工工地及道路扬尘等治理，促进空气质量持续改善，力争在全市排名争先进位。

健全社会保障体系。实施民生工程行动计划，办好十大类55项为民办实事项目。落实“大众创业、万众创新”各项政策，以创业带动就业，争取城镇新增就业1800人，转移农村富余劳动力4800人2017年闽清县人民政府工作报告全文2017年闽清县人民政府工作报告全文。实施全民参保登记计划，进一步提高城乡居民基础养老金、城乡低保和城乡居民医保财政补助标准，探索建立城乡居民医保个人筹资增长长效机制。加快保障性安居工程建设，新开工建设300套保障性住房，危房改造80户。积极发展养老和健康服务业，推进医养结合。

全面发展社会事业。着力改善城乡办学条件，计划投资4500万元，继续实施“全面改薄”工程，新改建校舍1.5万平方米。完善学前教育发展机制，建成梅城等5个乡镇中心幼儿园。持续推进义务教育优质均衡发展，加快闽清一中初中部和县第三实验小学建设，建成城关中学、闽清二中等一批教学综合楼。推动职业教育创新发展，办好特殊教育、老年教育、社区教育。推进“健康闽清”建设，加大卫技人才引进培养力度，保持医疗专业队伍稳定。完善分级诊疗制度建设，鼓励医师多点执业。新建六都医院医技综合楼，加快县中医院、梅溪卫生院迁建项目建设。

完善公共文化服务。加强公民思想道德建设，健全社会信用体系，争创省级文明县城。围绕国家公共文化服务体系示范区创建目标，深化“文化惠民”工程，开展“文化下乡”等各类活动，丰富群众文化生活。加强古村落、文物古迹的保护修复，深入挖掘梅邑特色文化，延续乡土文化血脉。新建15条健身路径，改造提升5个行政村农民健身工程，加快县体育馆、县游泳馆建设。

（摘编：苏建平）

罗源县社会发展概况

2016年，罗源县主动适应经济发展新常态，积极应对各种困难挑战，锐意进取破困局，攻坚赶超求作为，各项工作取得了新的进展。全年完成地区生产总值198.3亿元，增长9.5%；一般公共预算总收入14.3亿元，其中地方一般公共预算收入8.87亿元；城镇居民人均可支配收入28033元，增长7.5%；农村居民人均可支配收入13089元，增长9.5%。一年来社会发展的主要工作和成效是：

统筹城乡发展，宜居水平进一步提升。完成“多规合一”编制工作。加快城镇化进程，滨海新城收官成型，中心城区改造提升加速推进。完成五里大桥改建，修缮井巷路等10条背街小巷，实施东环路综合改造和东大路等4条道路地下管网改造，动建长桥立体智能停车库、北江滨公园三期和林荫游步道一期等项目。城市综合管理持续加强，违章建筑、交通秩序、市容市貌等整治力度进一步加大。完成16个美丽乡村和40个新农村“幸福家园工程”建设，西兰洋坪明清文化古镇建设初步成型，中房镇岭兜村、飞竹镇塔里洋村入选国家传统村落名录。完成20公里农村公路新改建和起步镇兰港、杭山等一批农村危桥改造，生活污水、垃圾无害化处理设施实现集镇区域全覆盖。动建白塔万里安全生态水系项目，建成起步溪护国段和余家塘段防洪堤二期工程。实施敖江流域水环境综合整治项目22项，拆除禁养区畜禽养殖场3万平方米，流域水质持续向好；完成造林绿化2.39万亩，清理淘汰“黄标车”218辆，城区空气质量稳定在全市中上水平。

强化公共服务，社会事业进一步发展。坚持教育优先发展，建成县特殊教育学校，深入开展中小学教育质量提升年活动，扎实推进义务教育“全面改薄”工程、校安工程、教育信息化和县职业中学实训基地标准化建设。医疗服务条件不断改善，县医院远程会诊中心启动运行，罗源湾海宁医院动工建设，完成县精神病防治院二期、滨海新城医疗门诊大楼和一批乡镇卫生院“中医馆”建设。落实生育登记服务，实施全面两孩政策。完成6个乡镇和113个行政村（居）综合文化服务场所改造提升。建成八井村畲族非物质文化遗产展示馆，编纂出版《罗源家训》《红韵罗川》等地方纂集，成功举办第九届“畲族·风”民俗文化旅游节。全民健身体育活动广泛开展，霍口乡福湖村列入市级健康村试点。

完善社会保障，民生福祉进一步增进。完成13项年度为民办实事项目。新增城镇就业2568人，城镇登记失业率控制在1.51%，转移农业富余劳动力6323人。完成2000人年度脱贫任务，松山镇吕洞村、白塔乡钟下村等5个村庄列入国家乡村旅游扶贫重点村。各项社会保险参保率居全市前列，城乡“低保”、农村“五保”、革命“五老”等补助标准进一步提高。全面实施基本医疗救助费用“一站式”结算，保障困难群众“病有所医”。动建县老年大学综合楼，完成“造福工程”搬迁850人，建成30所县级农村幸福院和11座慈善安居楼。深化平安罗源、法治罗源建设，有效处置化解各类矛盾纠纷。启动“七五”普法，配置配齐镇村法律顾问。应急保障和防灾减灾体系进一步健全，完成对口援建永泰县白云乡“尼伯特”台风灾后重建任务。民族宗教、安全生产、食品药品安全监管、诚信体系建设、军民融合深度发展等工作不断加强。

2017年社会发展的主要工作是：

加强生态建设。积极对接融入国家级生态文

明先行示范区建设，争创国家生态示范县。推进环保管理体制改革，完善环境资源司法保护机制，强化环境执法监管。坚决淘汰落后产能，全面推行排污权交易，发展绿色、低碳、循环经济。创建省级森林县城，加快推进植树造林和矿山生态修复，开展林业碳汇交易试点。强化大气污染防治，确保空气环境质量持续向好。严格落实“河长制”，强化饮用水资源保护和重点流域水环境综合治理，建设城乡生态水系。坚决依法收回闲置工业用地和岸线资源，规范土地、海域使用权出让，促进国土资源集约节约利用。划定海洋生态红线，严格管控海洋污染，实施罗源湾北岸环境综合整治与生态修复工程，打造蓝色罗源湾。

完善民生保障体系。实施更加积极的就业政策，新增城镇就业2000人以上，城镇登记失业率控制在2.3%以内。开展职业技能培训下乡活动，转移农业富余劳动力5000人以上，妥善解决被征地收海农渔民、石材产业退出人员转产转业问题。实施全民参保计划，提高养老、医保、城乡“低保”、农村“五保”等补助标准，逐步实现城乡居民保障水平均等化。健全社会救助和养老服务体系，扶持发展民办养老福利机构，加快建设起步祥瑞养老院和一批慈善安居楼、社区日间老人照料中心。实行公租房实物配租与货币补贴并举，努力改善困难群众住房条件。积极发展慈善事业，切实保障妇女、儿童、孤寡老人、残疾人等群体的合法权益。

全力推进脱贫攻坚。建立脱贫攻坚大数据平台，实现贫困人口精准化动态管理。广泛开展扶贫济困春风行动，健全完善扶贫脱贫帮扶机制，兜底贫困人口养老、医疗、教育等基本民生保障。创新扶贫开发模式，由偏重“输血”向注重“造血”转变，重点支持革命老区村、少数民族村、集体经济薄弱村加快发展。实施易地搬迁扶贫，安排500人“造福工程”任务。大力推行产业扶贫、资产收益扶贫、光伏扶贫、信贷扶贫、交通扶贫，促进贫困人口稳定增收，确保实现全县省定标准下贫困人口稳定脱贫。

提高全民健康水平。大力推进健康罗源建设，深化医药卫生体制改革，加快推进分级诊疗和乡村医疗卫生一体化管理。建设县域医学影像学诊断中心，启动县医院扩建工程，加快罗源湾海宁医院建设。巩固“中医创先”成果，完善县乡村三级医疗卫生基础设施配套。鼓励和引导社会资本发展医疗卫生事业，满足社会多样性的医疗服务需求。加强医疗卫生队伍建设，营造“尊医重卫”的良好氛围。深入开展爱国卫生运动，增强疾病防控和突发公共卫生事件应急处置能力。强化妇幼健康服务保障，落实计划生育家庭各项奖励扶助和全面两孩政策。创建人口计生基层群众自治示范县，促进人口长期均衡发展。广泛开展全民健身活动，打造“10分钟体育健身圈”，促进群众体育和竞技体育协调发展。

构建优质均衡教育。发展普惠性学前教育，建设县第三实验幼儿园和两所乡镇中心幼儿园。实施中小学教育质量提升计划，加强教师队伍建设，提高人民群众对教育的满意度。推进义务教育“全面改薄”工程、校安工程和“三通两平台”建设，进一步优化教育资源配置，缩小城乡校际教育差距，促进教育公平。普及高中阶段教育，推进职业教育产教研融合。支持和规范民办教育发展，完善特殊教育办学条件，发展民族教育、老年教育、继续教育和终身教育。

提升文化服务能力。大力开展以中国梦和社会主义核心价值体系建设为引领的精神文明建设，加强社会公德、职业道德、家庭美德和个人品德教育，弘扬主旋律，传播正能量。创建省级文明县城和国家公共文化服务体系示范区，增强公共文化产品供给和服务能力。实施文艺惠民工程，开展形式多样的群众性文化娱乐活动。鼓励玉石雕刻人才回罗创业，促进文创产业发展。加快4G网络、光网络建设和广电网络整合提升，推动传统媒体与新兴媒体融合发展。加强档案管理和文物保护，注重畲族文化、非物质文化遗产的保护和传承。抓好地方志修编和年鉴编纂，编辑出版《罗源历史文化丛书》，加强本土文艺精品创作，讲好“罗源故事”。创新对外宣传方式，扩大罗川文化影响力，增强文化自信。

（摘编：周忠志）

永泰县社会发展概况

2016年，永泰县锐意进取，攻坚克难，经济社会保持平稳较快发展，实现“十三五”良好开局，全县生产总值146.9亿元，增长9%；一般公共预算总收入11.33亿元，增长10.1%；社会消费品零售总额54.7亿元，增长13%；城镇居民和农村居民人均可支配收入分别增长9.5%和10%；年度节能减排任务全面完成。一年来社会发展的主要工作是：

人居环境不断改善。完成“多规合一”编制工作。南城新区开发步伐加快，县城三环路、环城北路、仙佛路、小汤山周边道路等项目扎实推进。启动沙浮棚户区改造，完成西门大桥、如意大桥加固工程。葛岭示范性小城镇建设成效初显，嵩口古镇入选全国第一批中国特色小镇。持续开展“两违”综合整治，拆除违法建设597宗、35.9万平方米。新建垃圾转运站8座、污水处理站4座。实施“三边三节点”改造、绿道网建设等131个宜居环境项目，完成投资5.48亿元。25个美丽乡村重点村整治扎实推进，建成市级“幸福家园”示范村6个、县级54个。完成下林地下停车库、城市片林和南江滨绿道提升等工程，城乡环境更加整洁靓丽。

社会事业全面发展。永泰一中晋升省一级达标高中，实验幼儿园通过省级示范园验收。长庆、赤锡、第三实验幼儿园等3所公办幼儿园动工建设，第三实验小学启动扩建。出台紧缺学科新任教师补充及教师轮岗工作方案和乡村教师支持计划实施办法。“全面改薄”通过国家督查。福州市中小学生社会实践基地、农林大学东方学院加快推进。县医院综合医疗服务功能进一步优化。县中医院和妇幼保健院迁建项目动工建设。县精神病院住院部大楼投入使用。乡村医生养老保障得到落实。完成计生技术服务与妇幼保健资源整合，公共卫生服务水平进一步提升。“六馆一中心”主体基本建成。《永泰县志（1986—2005）》编纂出版。成功举办第17届县运会。参加第24届市运会，获得金牌30枚。在全市率先成立扶贫开发协会，创新“1+3+N”扶贫捆绑机制，贫困村“造血”功能不断增强，37个贫困村村级收入突破10万元。平安永泰、法治永泰建设不断深化。妥善化解社会各类矛盾纠纷。法律援助、社区矫正工作扎实推进。落实安全生产“党政同责、一岗双责”制度，安全生产形势总体稳定。

自身建设持续加强。深入开展“两学一做”专题教育和“三比一看”、服务企业等活动。加强效能建设、绩效管理，推行干部“一线考察”法，严肃查处“为官不为”“慵懒散拖”等现象。行政监察、审计监督力度不断加大，完成政府性投资项目预结算审计535项，核减金额2.7亿元，核减率12.2%。强化事中事后监管，推行“两随机、一公开”监管机制。深化行政审批制度改革，完成第4轮简政放权，取消前置审批166项。完成全县公务用车制度改革，“三公”经费下降10%。全面推进“五证合一、一照一码”改革。及时公开各类政务信息。依法接受县人大及其常委会的法律和工作监督，自觉接受县政协民主监督，办理人大代表建议意见95件，政协委员提案56件，满意率分别为97.9%和98.3%。

2017年社会发展重点抓好以下工作：

推进生态建设。加快编制国家重点生态功能区建设规划，启动生态文明试验区创建工作。开展国家主体功能区建设试点示范。加强水土流失治理，强化水源保护区、生态公益林、风景名胜区、地质灾害多发区生态保护。完成造林绿化6.4

万亩，赎买重点生态区位内商品林6000亩，扩大生态公益林面积。强化大樟溪流域体系绿化工作，建设百里绿色长廊，加快推动藤山省级自然保护区提升国家级，探索建立青云山国家公园体制，构建“一廊一屏一保育区”生态安全屏障。

强化环境治理。落实工业集中区（园区）企业准入标准，严把项目环保准入关。全面落实“河长制”管理，持续推进重点流域水环境综合整治。实施蜜饯加工工艺提升和污染治理工程。加快镇村污水处理设施建设，建成东部新城污水处理厂（一期）、城区污水处理厂（二期）及配套管网工程，实施餐厨垃圾处理系统工程，启动大型垃圾综合转运站及台口垃圾填埋场封场整治。优化畜禽养殖业布局，强化畜禽养殖污染治理，整治农村面源污染。

高质量管理城市。依托“智慧永泰”管理平台，继续完善网格化巡防管理体系，不断提高城市管理水平。开展无物业小区治理改造。启动省级卫生县城创建。强化城市卫生保洁和公园绿化管理养护，推广市场化市政设施综合管护，维护市容市貌整洁。探索海绵城市建设，制定城区防洪排涝规划，新建和改造一批地下综合管道。加大重点区域环境综合整治，谋划建设立体停车场。继续保持“两违”整治高压态势，加强源头防控，疏堵结合，有效遏制违法建设。

高起点建设新型城镇。加快建设莆炎高速永泰段，启动国道纵四线葛岭濑下至台口溪尾段公路，以大交通格局推动大樟溪经济带加速形成。加快新型小城镇建设步伐，有序推进嵩口中国特色小镇建设。继续实施黄埔大桥、东部温泉旅游新城等项目建设，完成塘前大桥改造工程，推动葛岭市级示范性小城镇建设取得成效。加快省道纵三线项目前期工作，完成红星礼柄至清凉渔溪公路拓宽改造。发展休闲避暑产业，焕发同安、大洋、红星、盘谷等西山片乡镇建筑名镇和“现代田园式”小镇活力。

坚持教育优先战略。实施教育事业提升“三年行动计划”，优化中小学布局，统筹教学资源配置，恢复原实验小学、实验幼儿园校区办学，新建城南幼儿园、第三实验小学、县进修学校一附小（葛岭中心小学），扩容建设实验幼儿园，保障义务教育基本均衡。谋划布局东区第二小学、东区中学和南区中学。加快建设福州市中小学生实践基地。建成农林大学东方学院，确保今年秋季入驻招生。继续实施校安工程，改善农村薄弱校办学条件，新建校舍面积1.2万平方米。加快现代职业教育发展，争取海峡职业教育城落地永泰。鼓励发展民办教育，抓好特殊教育。

巩固发展社会事业。大力开展以中国梦和社会主义核心价值体系建设为引领的精神文明建设，加强社会公德、职业道德、家庭美德和个人品德教育。继续推进县中医院、妇幼保健院迁建项目。创新计生服务模式。完善分级诊疗制度，继续推进县级公立医院综合改革。支持中医药事业和中西医结合发展。强化医德医风建设，建成卫生应急救援指挥中心，提升医疗服务水平。加快古庄寨保护开发，争取列入国家级文物保护单位12座、省级20座。大力支持文艺创作，繁荣发展文化产业。全面建成并开放“六馆一中心”，建设小汤山文化公园、综合体育馆。提高环福州·永泰国际公路自行车赛市场化运作水平，广泛开展全民健身运动。新建小型汽车考试场，续建永泰艺术中心、福州市“1238”工程等一批社会事业项目，争创国家公共文化服务体系示范区。继续关心支持妇女儿童、老区、老龄、老干部、残疾人工作，抓好双拥、国防动员、人防、防震减灾、外侨、涉台、民族宗教、地方志、档案、爱国卫生等工作。

完善社会保障机制。建设公共实训基地，促进城镇新增劳动力、农业富余劳动力和就业困难人员就业。完善扶持创业优惠政策，发放小额担保贷款资金1000万元，扶持创业500人。实施全民参保登记计划。推进机关事业养老保险制度改革。健全“三保合一”管理体制和经办服务体系，强化医保基金监管，推进基本医保异地就医结算。启用社会福利中心，引进专业化服务组织运营。完善社会救助体系，发展社会福利和慈善事业，积极推进城乡社区居家养老工作，推行医养结合养老新模式。扎实推进各类保障性安居工程，建成古岸柴桥头安置房，加快溪南、台口、温泉等一批村民住宅小区和安置房项目建设，切实改善居民住房条件。

（摘编：赵旭东）

厦门市社会发展综述

2016年，厦门市全力抓好稳增长、促改革、调结构、惠民生、防风险各项工作，较好完成全年目标任务，地区生产总值3737亿元，增长8%；固定资产投资2170亿元，增长15%；财政总收入1083.3亿元，增长8.2%；城乡居民人均可支配收入增幅与经济增长基本同步；居民消费价格上涨1.7%；年度节能减排任务全面完成。一年来社会发展的主要工作和成效是：

基础设施更加完善。集美新城、环东海域东部新城、翔安南部新城、马銮湾新城建设加快，完成投资820亿元。策划生成“四个领域”补短板项目550个，总投资5280亿元，完成投资697亿元，竣工及在建项目占53%。地铁1、2、3号线累计完成25个车站主体结构，区间掘进48.4公里，6号线马銮湾段开建。翔安南路二期等建成投用。建成厦鼓航道二期工程，邮轮母港海上世界项目动工建设。总投资86.6亿元的抽水蓄能电站开工，一批水厂和水源联通工程建设加快。建成综合管廊33.8公里、海绵城市10.5平方公里。新一代气象雷达投用，宽带中国试点城市建设全面完成。荣获全国人防先进城市“三连冠”。

城市管理更加精细。推动交通、政务、社区、城管等领域数字化应用。整治交通拥堵，鹭江道等路段交通状况得到初步改善。出台网约车管理政策，增开38条公交线路、2条BRT线路，增辟路外公共停车位6071个，获评全国绿色交通城市。拆除“两违”917.8万平方米。完成63个老旧小区改造。

城乡环境更加优化。空气质量优良率98.9%。岛外小流域综合整治加快，238个自然村完成生活污水分散式治理，97个自然村纳入市政污水系统。实施13个积涝点和排水设施改造。新增园林绿地487公顷，造林绿化524公顷。海沧（西部）垃圾焚烧发电厂二期等工程加快推进。获批国家蓝色海湾整治行动试点城市，成为国家生态市。

社会事业繁荣发展。新改扩建中小学项目58个，开工建设公办幼儿园22所，新增学位2.6万个。分级诊疗“厦门模式”推向全国，家庭医生签约率22.7%。医高专升级为厦门医学院。鼓浪屿整治提升和申遗工作取得阶段性成果。一批文艺精品获省级以上奖项。我市运动员在里约奥运会获得2金1银1铜、打破2项世界纪录，在残奥会获得1银。成功举办国际马拉松、世界铁人三项等赛事。山海协作、对口帮扶工作扎实推进，妇女、儿童、残疾人、老龄、老体协、关心下一代工作不断加强，民族团结宗教和睦，海防、档案、方志工作全面进步。

社会保障力度加大。新增就业17万人，城镇登记失业率控制在4%以内。对5万人实行灵活就业社保补助，为2.7万家企业发放稳岗补贴。基本养老、基本医疗、工伤、失业、生育五项保险参保人数较快增长。企业退休人员月平均养老金提高到3291元。城乡低保标准提高到每人每月610元。爱心护理院扩建工程、爱鹭老年养护中心建设加快。实现居家养老服务全覆盖，获批国家医养结合试点城市。开工建设保障性住房8154套，建成4538套。开工建设公租房8129套，完成配租727人。出台限购、限贷、限价等调控措施，房价上涨过快势头得到初步遏制。

社会治理取得实效。顺利通过第二批全国社区治理和服务创新验收，社区社会组织增长42%。完善高危行业安全生产责任保险制度，强化交通、建筑、燃气等重点领域安全整治。创建全国食品安全示范城市，加强生产经营全过程监管。完善社会治安立体防控体系，刑事案件发案率、群体性事件分别下降11.3%和36.6%。

2017年，社会发展重点做好以下工作：

加强环境治理。打好大气、水、土壤污染防治“三大战役”，整治工业废气、机动车排气、扬尘污染、油烟污染，加快建设绿色海港、绿色空港；实行“河长制”，实施最严格的水资源管理，加快岛外九条小流域综合整治；对污染地块和潜在污染地块实行清单管理，防治固废污染。加强陆海统筹，控制排海污染物总量，防控海漂垃圾污染，加快海域清淤，推进五缘湾、马銮湾、杏林湾生态修复工程。

加大节能减排。严格项目准入，重点发展资源消耗低、环境污染少的产业，推广绿色清洁生产。开工建设绿色建筑、实施公共建筑节能改造各200万平方米。实现黄标车100%淘汰，推广新能源汽车及装备，加快建设公交场站和自行车道。加快东部固废中心建设。完成餐厨垃圾资源化利用和无害化处理试点任务。岛内全面推行垃圾分类和垃圾不落地，岛外扩大试点、逐步推开。

健全生态制度。聚焦体制机制创新，完成生态文明建设目标评价考核办法等10项年度改革任务。进一步完善生态文明建设和环境保护目标责任制、行政问责制，落实领导干部生态环境损害责任终身追究制。实行能源和水资源消耗、建设用地等总量与强度双控制度，探索建立碳排放权、节能量交易、生态环境损害赔偿等制度。严格环境执法，加快形成政府、企业、公众多元共治的环境治理体系。

促进教育事业均衡发展。加大公共教育投入，更多向岛外、农村倾斜，改善薄弱学校办学条件。实施学前教育新三年行动计划，开建幼儿园项目22个、增加学位6500个，积极缓解“入园难”问题。新改扩建中小学项目60个、增加学位2万个。加快外籍人员子女学校和普通高中国际化试点建设，满足多元就学需求。新建2所中职学校，不断提升现代职业教育水平。抓紧筹建国科大厦门微电子工程学院，确保明年正式招生。推进一流大学、一流学科建设，提升高校教学水平和创新能力，推动教育更好地服务产业发展。

促进卫生事业提质发展。采取更加有效的措施解决“看病难、看病贵”，政府加大投入，减轻参保人员医治大病罕见病的费用负担，将部分特殊药品纳入补充医疗保险基金支付范围。建立中、重度失能人员长期护理保险制度。增加优质医疗资源供给，确保复旦大学中山厦门医院建成投用，加快翔安医院、马銮湾医院、环东海域医院等一批重大项目建设，加强基层卫生服务体系建设和能力提升。推进国家健康医疗大数据中心和产业园建设。优化妇幼保健，提高出生人口素质。

促进文体事业繁荣发展。深化公共文化服务体系标准化、基层综合文化中心两项全国试点建设。加快发展创意设计、影视传媒等文化产业，加强文化市场监管。繁荣发展哲学社会科学，普及科学知识。实施文化惠民工程，办好“书香活动月”，推动全民阅读。持续做好鼓浪屿申遗工作。新建、改造一批体育场馆，推动文体设施向公众开放。引进培育一批国际品牌赛事，推进体育产业规模化。

促进就业创业蓬勃发展。加强就业创业服务和就业岗位开发，落实降低社会保险费、就业补贴、企业稳岗补贴等政策，新增城镇就业16.5万人。完善创业平台功能，推动创业带动就业。加强农村劳动力转产转业和高校毕业生技能培训，提高就业能力。落实企业工资指导机制，加强劳动监察和争议仲裁，构建和谐劳动关系。

促进社会保障稳步发展。开工建设保障性住房1.5万套，完善周边配套，健全管理机制。及时落实各群体待遇调整提高政策。加强社保基金监管，确保安全和保值增值。健全城乡社会救助体系，城乡低保对象、特困人员救助供养标准分别提高6%和10%，开展巨灾保险，让困难群众遇急有助、遇困有帮。建设21个农村幸福院和3个社区老年人日间照料中心。加快推动妇女、儿童、慈善、残疾人事业健康发展。

促进社会治理和谐发展。明确社会治安综治责任清单，切实履行主体责任和监管责任。推进城市公共安全管理，创新矛盾纠纷排查调处机制，健全风险防控与应急处置体系，增强城市抗风险能力。加强安全生产监管，坚决遏制重特大事故发生。全力保障食品安全，健全可追溯体系，让市民群众吃得安全、吃得放心。提升双拥共建水平，争创国家军民融合创新示范区。

（摘编：孟力坚）

思明区社会发展概况

2016年，思明区坚持稳中求进工作总基调，着力推进供给侧结构性改革，实现了“十三五”良好开局，多项指标实现近年来最好水平，全年完成地区生产总值1148亿元，比上年增长8.5%；财政总收入210亿元，增长6.8%；城镇登记失业率3.5%；年度节能减排任务顺利完成。一年来社会发展的主要工作和成效是：

鼓浪屿整治提升成效明显。顺利完成联合国教科文组织专家现场考察评估保障工作。围绕“申遗”重心，完成违建拆除383处、立面整治4716处，提升绿化景观及配套设施，生活垃圾直运模式覆盖全岛，鼓浪屿面貌焕然一新。创新房屋搬迁“鼓浪屿模式”，再现摩崖石刻等经典景观。成立鼓浪屿公共议事会，举办鼓浪屿诗歌节等特色活动，引导群众、社会组织共同参与提升全岛风情风貌。

城区管理有力加强。全面启动迎接金砖会晤“十大提升行动”。有序推进老城有机更新，持续推动镇邦路、大同路等骑楼整治项目，全面铺开特区苑等71个老旧小区改造，完成横竹路等4条老城区道路改造。加大“两违”整治力度，全域发动居民自拆违建。筹建思明城建集团，推行市政环卫国企化改革。改造提升软件园二期、槟榔路等绿化景观。演武大桥观景平台顺利启用。新增公共停车位1161个，缓解停车难题。空气优良率保持全市领先。

文明程度持续提高。深入践行社会主义核心价值观，全市首创价值观论坛“动漫课堂”。深化共同缔造理念，组建区“社工伙伴”，营造社区共同精神。陈亚辉、许志仁、陈素珍分别获评“中国好人榜”、全国“优秀农民工”、全国“最美志愿者”。搭建“随手拍”平台，创新文明创建工作机制，连续四届获评全省文明城区。

安全稳定形势良好。重点行业领域隐患排查整治进一步深化，安全生产标准化建设100%达标。试点消防物联网管理服务，建成64个微型消防站。顺利通过国家食品安全城市中期绩效评估。推广“互联网+群防群治”，有效提升平安“三率”。完善多元化纠纷解决机制，成立思明区涉台调解委员会。扎实推进“六个专项治理”，全区刑事警情数同比下降28%，群众安全感进一步提升。

民生保障力度不断加大。发放灵活就业社保等补贴1.25亿元，惠及8万人次。继续实施“安康计划”，发放各类救助保障金5067万元。率先在全市启动困难人群精准帮扶工作，实现社区居家养老服务站全覆盖，滨海、梧村、筼筜等家庭综合服务中心建设进一步加快。提高社区工作者待遇，充分调动基层人员工作积极性。

教育文体发展水平不断提升。顺利通过“义务教育发展基本均衡县”国家复检。教育投入19亿元，建成曾厝垵幼儿园等6个项目，新增学位3495个。开展智慧校园、电子书包等试点，推动教育内涵发展和数字化进程。深化文体惠民，成功承办纪录·中国、中华情·中国梦、世界沙排赛厦门公开赛等文体品牌活动。

卫生计生等各项事业不断进步。深化医药卫生体制改革，持续推动“名医下基层”。全面推行家庭医生签约服务，重点人群签约覆盖率超30%。推进开元、梧村、厦港等社区卫生服务中心建设。稳妥实施全面两孩政策。外事侨务、民族宗教、方志档案等工作取得新进展，人民武装、双拥共建、人防海防、妇女儿童、关心下一代、老龄、残疾人等各项事业取得新成效。

体制机制活力增强。落实“多规合一”改革，实现项目审批流程优化。“营改增”扩围平稳推进。有序推行“五证合一”登记制度，新增商事主体20471户。区级产业投资引导基金有效运作，参股厦门隆领互联网产业基金。修订出台总部经济、高成长企业等政策，兑现企业扶持奖励6.9亿元，有效降低企业成本。

行政效能巩固提升。启动“七五”普法。持续深化“放管服”改革，全面清理规范行政审批中介服务，推进街道职能转变试点工作。积极推动公务用车改革。完成机关事业单位养老保险制度改革。办好9个为民办实事项目。加快宽带思明建设，实现光纤网络全覆盖。建成区级网格化服务管理指挥中心。启用新行政服务中心，开发“思明政务一点通”，健全线上线下融合、一站式集成的政务服务体系。

2017年社会发展的主要工作是：

优化智慧政务平台，推动集成审批，打造一网式政府服务模式。积极推动环岛路沿线免费公共WiFi建设。探索出台商贸业等领域新政策，提升法律服务、会计审计、研发设计等生产性服务业水平，营造助力企业发展的良好环境。推动城管、环卫、交警“三支队伍”管理体制改革，努力打造城市管理全国领先的“思明模式”。

高水平弘扬城区文明风尚。完善社会诚信体系，进一步增强文明创建实效。提升城市义工等志愿服务品牌示范效应，提高服务礼仪、外语会话、应急处理等志愿服务能力。加快鼓浪屿和老城区历史文化的保护与盘活，以传统文化、闽南文化提升国际影响力。持续办好郑成功文化节、海峡两岸大学生创意文化节等品牌活动，深入推动两岸基层文化交流。

促进教育均衡优质发展。紧抓后江小学等5个教育基础设施项目，改造提升一批老城区学校硬件配套。继续推进义务教育管理标准化学校建设。完善教师跨地区、跨校区多种交流模式，盘活教师资源。开办高品质的双语学校，深化新基础教育等实验项目研究，完善多元教育体系。

促进民生保障持续改善。扎实做好就业创业促进工作，深入实施大学生创业引领计划。全面推行精准帮扶，强化政府托底保障。鼓励社工组织发展，继续加大残疾人等弱势群体扶助。加快建设老人活动中心。推动智能居家宝系统、民生110与“12349”平台融合发展。启动区社会福利中心建设，打造医养护结合新载体。

促进各项事业蓬勃发展。推进“健康思明”建设，提升家庭医生签约服务质量。启动区公共卫生大楼建设。依法实施全面两孩政策。加大对工青妇、关工委等群团工作的支持，全面促进人民武装、国防动员、双拥共建、人防海防、外事侨务、民族宗教、方志档案等各项工作的协调发展。

优化基层服务。完成阳台山等社区综合服务中心建设，进一步夯实社区服务基础。推进街道职能转变，把更多的资源和权力向基层下放。丰富政府购买社会服务内涵，打造一批更具针对性的社区特色服务项目。深化工作坊模式，在更大范围、更深层次上促进群众参与社区治理。

巩固平安建设。善于运用法治思维和法治方式解决矛盾和问题。完善立体化社会治安防控体系，推进“雪亮工程”，严厉打击各类违法犯罪活动。健全社会稳定风险评估、多元化纠纷解决等机制，及时有效预防和化解社会矛盾。启动区级网格化服务管理信息平台二期建设。严密做好各项重大活动安全保障，进一步提高群众安全感。

紧抓安全生产。严格落实安全生产“党政同责、一岗双责”工作机制。强化消防、燃气等重点领域隐患排查整治，推进国际级、国家级安全社区创建。健全应急管理体系，提升防汛防灾防台风能力。全面开展“明厨亮灶”建设，进一步深化国家食品安全城市创建。

打造全心全意为人民服务的政府。把政府活动全面纳入法治轨道，全力推进依法行政。自觉接受人大的法律监督、工作监督和政协的民主监督，严格执行人大及其常委会决议决定，认真办理人大代表建议和政协委员提案。完善权力清单，划清责任边界，规范行政行为。保持宗旨定力，着力为民利民。推进“四下基层”“马上就办”，把最好的资源留给群众，集中力量办好扶残助残行动等10个为民办实事项目。推进政务公开，增强执政公信。将高效透明的政务环境作为推动改革发展、增进公共利益的重要载体。推进政府信息公开，在政策制定和实施过程中，积极回应社会关切。

（摘编：杨立群）

湖里区社会发展概况

2016年，湖里区全力抓好稳增长、调结构、促改革、惠民生各项工作，实现经济社会平稳健康发展，实现地区生产总值820亿元（按可比价），增长7%；财政总收入170.8亿元，增长10.5%；城镇居民人均可支配收入4.6万元，增长8%；完成年度节能减排任务。在市对区综合考评中获得全市各区第二，被授予第三届全国节约集约土地模范县（区），获评全国社区教育示范区、首批新一轮全国计划生育优质服务先进单位、全市唯一慢病分级诊疗示范区。一年来社会发展的主要工作和成效：

基础设施日益完善。投入1.6亿元改造提升枋湖东路、悦华路、兴隆路等19条道路，充分利用地下空间、边角地策划推动停车场建设，主动承接自贸区道路管养、改建及港汊回填。建设云顶路空中自行车道，新建88个公共自行车站点。实施五缘湾市政设施修缮工程，启动建设大件垃圾处理厂，建成五缘湾、湖边水库、机场北片区和湖里创新园夜景工程。

城区管理水平提高。高度重视城区综合管理和环境提升，制订《湖里区全面加强城市综合管理总体方案》，构建作为区四套班子“一把手”工程的“大城管”格局。创新城市综合管理机制，携手建发集团合资成立厦门湖里建发城建集团公司，负责实施城市管理相关工作。迅速展开金砖会晤筹备工作，围绕“两线四片区五节点”“四桥一隧”进岛部位及其连接道路、金山路等9条交通干道等三大重点，全力推进“两违”拆除、立面改造、绿化提升等工作。开展“门前三包”，创建海天路、金湖路等示范街。拆除违建37万平方米，全省“两违”综合治理现场会在我区召开并推广湖里经验。强化“村改居”社区环卫保洁，常态化开展占道经营、违章停车等城市顽疾联合整治。

生态环境不断优化。投入1.2亿元提升五缘湾片区、自贸区、火炬片区绿化景观，对钟宅路进行海绵城市试验改造，对火炬公园进行海绵公园改造提升。接管五缘湾湿地公园、忠仑公园，薛岭山公园、虎头山公园完成拆迁并动工建设。深入开展扬尘和餐饮油烟污染防治，推进环岛路岸线、五缘湾截污及内湾水体综合整治工程建设，环境空气质量优良率达97.6%。

社会事业繁荣发展。投入教育经费11亿元，新扩建蔡塘学校、教师进修学校二附小，建成五缘第二实验幼儿园，开办康乐幼儿园塘边分园，中考学业质量居全市各区第一，高考成绩再创历史新高。完成22个基层综合文化服务中心达标建设，编制实施全民健身五年计划，举办中国俱乐部杯帆船挑战赛等大型赛事，全区开展丰富多彩的文体活动上千场次。完成全市首家区级二甲妇幼保健医院创建，建成康乐、马垅、围里、园山等4个全市首批社区卫生服务站，推行家庭医生签约，落实全面二孩政策，在全市率先出台计生特殊家庭扶助政策，创新实施计生服务员兼任健康管理师，医疗卫生服务水平得到提升。

民生保障持续改善。改造提升盐业宿舍小区等5个老旧小区，加快枋湖社区发展中心等“富民工程”建设。深化“112”就业服务，促进失业人员再就业11663人，其中城镇困难对象再就业2463人，均超额完成市下达任务数。推进社会保险扩面工作，五个基本险种参保人数均突破30万人。积极发展养老服务，开展全省首批医养结合试点工作，在全市率先试点“智慧健康养老”，启动区社会福利中心建设，筹建区新老年活动中心。开展精准帮扶，提高社会救助比例和标准，发放各类救助金2371万元。

社会治理不断加强。完善“一核多元·共治共享”社区治理体系，全面推广社区书院建设，金安社区被评为全国最美志愿服务社区，江头、金山社区获评全国综合减灾示范社区，金安、金尚、禾山社区获评全国社会工作服务示范社区。成立全市首家社区公共法律服务站，在各街道推广设立矛盾纠纷多元化解决服务中心，全区共排查调处纠纷4669件，调解成功率达99.7%。“互联网+群防群治”经验做法被全省推广，刑事案件发案数下降23.1%，刑事案件破案率同比提高6.3%。全面加强重点领域安全治理，安全生产形势总体平稳，人民群众安全感不断增强。

2017年社会发展的重点做好以下工作：

高标准整治城区环境。大力开展“两违”整治攻坚，既严控新增“两违”，又重拳拆除历史“两违”，形成严防严打高压态势。对主要道路和主要片区的违法建设、无证广告牌一律拆除、整治到位。加强交通整治工作，打通禾山路、金昌路等一批断头路，实施枋湖北二路等64条道路“白改黑”，启动个公共停车场项目建设，建设智能化交通管理系统，加强电动自行车管理，提升辖区道路通达性和安全性。切实加强环境保护，开展扬尘和餐饮油烟污染防治，推进环岛路岸线等截污工程。

高质量改造城区景观。学习杭州经验，实施包括改造建筑立面、统一店牌店招、拆除违法搭盖、规范各类管线等内容的立面提升，打造具有闽南特色、洁净规整的立面风貌。实施环岛东路、五缘湾片区等20个夜景工程，打造主题鲜明、大气雅致的城市夜景。

高水平提升城区管理。坚持疏堵结合、标本兼治，建立“网格化管理、标准化实施、数字化运行、高效化执法、社会化参与”的长效管理机制。构建数字化统一平台，打造智慧城管。全面铺开“门前三包”，持续开展占道经营专项整治。实施精细化环卫作业，实现主次干道机扫率达到100%，背街小巷和“城中村”环卫保洁全覆盖。大力推行“垃圾不落地”，加快推动垃圾分类。

加快建设教育强区。围绕教育事业量质齐升，积极推动民办高端国际性学校建设，开办五缘第二实验幼儿园，加快五缘实验学校、高林学校、特教学校、湖边小学、东渡和通里幼儿园等9所校园新建扩建；开展民办学校托管试点，推进普惠性幼儿园分级收费，深化公、民办学校结对帮扶机制，创建“全国中小学责任督学挂牌督导创新县”，探索具有湖里特色的教育管理新模式；加强与高校、科研院所合作办学，积极引进优质教育资源，实现我区教育均衡化、特色化、优质化、国际化。

推动文化繁荣发展。加快构建现代公共文化服务体系，做好区文化馆、图书馆迁馆工作，完成高殿等16个社区综合文化服务中心达标建设，实施全民健身工程，推进老年康乐家园创建，打造15分钟文体服务圈。广泛开展群众性文体活动和全民阅读活动，办好元宵民俗文化节、福德文化节、社区文化艺术节、城市诵读节，培育壮大基层文艺团队，推出一批特色文艺精品，不断丰富群众精神文化生活。

提升医疗卫计水平。服务保障复旦中山厦门医院、弘爱医院建成投用，积极推动湖里医院重建和如心妇婴医院建设，加快殿前、禾山社区卫生服务中心新址建设，建成后埔、枋湖等一批社区卫生服务站，不断优化卫生资源配置，提升分级诊疗服务承接能力。推动家庭医生签约服务，实现覆盖户籍人口30%以上，探索民营医疗机构参与提供基本医疗服务，让医改红利更多惠及人民群众。创建国家妇幼健康优质服务示范区及国家级健康素质促进试点区。落实计划生育基本国策，履行人口计生责任制，促进人口均衡发展。

强化民生服务保障。完善“智慧就业”管理服务信息化平台，按需开展职业技能培训，加强低收入人群就业帮扶，多渠道促进就业。高标准建设新老年活动中心，加快区社会福利中心建设，实施22个老旧小区改造，新开通5条社区公交线路，建设虎头山连接薛岭山等7座人行天桥，落实一批为民办实事项目。在全区推广“互联网+居家养老”服务模式，构建具有湖里特色的居家养老服务体系。不断扩大社会保险覆盖面，拓宽政府购买社会服务范围，完善各类社会救助政策，发展老年、妇女儿童、慈善、助残等事业，让广大群众充分共享改革发展成果。

（摘编：王诗诚）

集美区社会发展概况

2016年，集美区主动适应和把握经济发展新常态，抢抓跨岛发展机遇，较好完成了各项目标任务。全区生产总值562亿元，财政总收入105.25亿元，社会消费品零售总额129亿元，旅游人数突破1000万人次，获评全国文化先进区、国家级生态区、省级文明城区四连冠、省级双拥模范区六连冠等荣誉称号。五年来特别是2016年社会发展的主要工作和成效有：

人文特质魅力彰显。实施人文集美发展战略，大力传承和弘扬嘉庚精神，成功举办纪念陈嘉庚先生创办集美学校100周年、首届嘉庚论坛等系列活动，创作电视动画片《陈嘉庚的故事》等一批文艺精品，集美学村入选首批中国20世纪建筑遗产名录，提升了嘉庚精神领航基地知名度。推动文化事业繁荣发展，《集美弄龙阵头》获国家民间文艺最高奖项山花奖，首部《集美区志》出版并获评厦门市第十届社会科学优秀成果一等奖，《集美年鉴》（2014）获评全国地方志优秀成果一等奖。大力发展文化产业，编制全省首部县区级文化业态布局规划，打造国际集美节旅游品牌，成功举办海峡两岸龙舟文化节、国际气球艺术节、草莓音乐节、集美·阿尔勒国际摄影季、中国汽车场地越野锦标赛、全国大学生篮球联赛总决赛等高规格品牌活动。灵玲国际马戏城、嘉庚剧院、诚毅科技探索中心、厦门老院子等一批文化演艺场馆投入运营。文明创建工作不断深化，打造“心灵绿洲”、诚毅志愿者联盟等品牌，涌现出陈清洲等一批先进典型。

生态文明建设成效显著。在全省首创基层环境保护目标责任制考核机制，完成节能减排任务。投资12.41亿元全面开展流域截污整治，执行最严格水资源管理制度，落实“河长制”，小流域治理扎实推进；全区208个村庄农村污水治理全面铺开，推进农业面源整治，推广测土配方施肥1.41万亩，占全区农田70%，全面完成生猪退养，区域水质明显改善。实施杏林湾环湾截污工程，在全省率先试点对初雨污染进行截流处理，在全市率先建设截污工程智能化监控系统，通过改扩建、新建污水处理设施，日污水处理能力提高10.5万吨。水环境治理达到省内领先水平，村庄生活污水处理项目通过住建部2016年中国人居环境范例奖初审。新增灌口风景湖等34个公园，天马山生态红线示范段等一批生态工程建成投用，建成区绿化覆盖率超过国家和省、市绿化考评标准。

民生福祉持续增进。2016年城镇居民人均可支配收入41416元，农村居民人均可支配收入23154元，年均分别增长10.1%和10%，均高于生产总值增速。坚持民生优先，民生支出占财政一般预算支出78%以上。新办中小学、公办幼儿园28所，新增中小学学位3.5万个、公办幼儿园学位4110个，新增灌口、杏南两所省一级达标高中及杏林中心幼儿园等三所省示范园，荣获全国义务教育发展基本均衡区称号。厦门医学院建成招生，市第二医院升格为岛外首家三甲医院，“基层首诊、双向转诊”的分级诊疗模式稳步推进，提前完成2016年家庭医生签约覆盖率目标，基层医疗机构服务质量和服务效率大幅提升。卫生和计生部门顺利整合，全面落实两孩政策，计划生育工作保持良好态势。全省首创对被征地农民和退养渔民等就业困难人员实施就业工资性补贴，核发各类就业补贴5.27亿元，新增就业2.5万人，失业人员再就业2.98万人，转移农村富余劳动力1.26万人，基本建成全民社保城区。“绿洲计划”社会救助体系更加健全，最低生活保障、教育救助、医疗救助等标准大幅提高。顺利完成两届村居换届选举，社区网格化工作实现全覆盖，新增康城、双乐等6个社区居委会。城乡社区普遍建立居民理事会或乡贤理事会，建成区级社会组织孵化园，入选全国首批社会组织建设创新示范区。《全区农村集体发展项目用地总体规划》通过审批，建成文教区后勤服务中心等5个村集体发展项目。投资1.3亿元提升改造安置房小区公共配套，办理安置房个人产权证1472套。平安集美建设迈上新台阶，立体化治安防控体系基本建成，全区安全生产形势持续稳定，建成全省县级规模最大、功能最齐全的社区矫正中心，获评全省平安先行区、平安渔业示范区，社会治理综合平台被授予全国社会治理创新优秀案例奖。

2017年社会发展的主要工作有：

大力实施“蓝天工程”。深入推进清洁空气行动计划，加强道路扬尘和工地扬尘综合整治。强化节能减排，加快制造业绿色改造升级，进一步改造和淘汰高耗能、高排放产业，支持建霖工业“绿色数字化工厂规划”项目，全面完成市政府下达的锅炉整治任务。倡导绿色出行，将清洁能源和新能源公交车辆比例提高到70%以上，加快充电桩规划、建设。推行绿色建筑，新建建筑全面执行绿色建筑标准。

深化实施“碧水工程”。落实饮用水源地安全保护性措施，巩固坂头—石兜水库畜禽养殖清退成果，建设安全生态水系。提升深青溪、瑶山溪、后溪等流域综合整治成效，深化三溪一库水体达标治理工作，全面完成杏林湾截污整治工程，力争139个村庄污水集中纳管项目全部建成，确保实现无劣五类水目标。完成海岸线砂场、大排档整治工作，打造海岸美丽景观带。加快污水处理设施建设，推动集美、杏林两个污水厂提标改造，加快建设软件园三期污水处理站和前场、灌北污水再生处理站。

着力实施“城市景观工程”。紧紧围绕“六线六片”重点区域，全方位加快园林绿化、立面整治、夜景建设等改造提升工作，投资7亿元完成41个绿化项目，全面提升进岛门户等重点片区、重要线路和节点的绿化美化水平。加快大型综合公园以及社区公园建设。以门户地带为重点，改造建筑外立面，规范户外广告、店牌店招，规整各类管线；对全区重要路段、主要节点夜景工程进行统一设计、全面提升，打造具有闽南特色、温馨和谐的城市景观风貌。

建设教育强区。做好“教育强区”省级认定迎检准备工作。新建、续建中小学、幼儿园38所，新开办3所公办幼儿园。提高教学质量，推进名校名师战略，实施名师动态管理，加强教师交流、培训，完成区级无线教育城域网建设。加大扶持、规范民办教育力度，引进高端国际教育资源，争取中锐双语学校落地建设。大力发展职业教育，争创国家示范性学校。加快中小学社会实践活动基地建设。建立区政府与高校战略共建机制，重点支持辖区高校跻身国内外前列的优势学科建设。推进校园周边综合整治工作，保障校园安全。

打造“健康集美”。坚持计划生育基本国策，促进人口长期均衡发展，积极创建国家级计划生育优质服务先进单位。扎实推进国家级慢性病综合防控示范区、基层中医药工作先进单位和省级妇幼健康优质服务示范区建设。优化医疗卫生资源布局，提升区域医疗服务能力。加强医疗卫生信息化建设，创新“互联网+”医疗服务模式。深化基层医药卫生体制综合改革，加快推进家庭医生签约服务、镇村卫生服务一体化工作，激发基层活力，实现分级诊疗的改革目标。

提升文化软实力。弘扬嘉庚精神，打造全国一流华文教育基地，深化与“一带一路”沿线国家特别是东南亚国家的对接合作。继续办好海峡两岸龙舟文化节为代表的系列品牌文体活动，拓展全民健身活动，深化海峡两岸文化体育交流，不断丰富活动内涵，进一步提升集美文化形象和影响力，推进区青少年宫、灌口文体中心建设，启动集美体育中心项目，建设更多可承办国内外大型赛事的场馆。

提高就业和社会保障水平。加大对就业重点群体的技能培训和奖励扶助力度，鼓励自主创业和灵活就业。弘扬新时期工匠精神，深化实施“金蓝领人才培养工程”，启动建设高技能人才公共实训鉴定基地。实施医疗保障体制改革，巩固全民社保成果。建设适度普惠型社会福利制度，完善社会救助体系，精准帮扶低保、低收入家庭和计生特困家庭。加快发展社会养老服务业。推进保障性安居工程，结合产业发展新建公租房和人才公寓。

（摘编：周忠志）

海沧区社会发展概况

2016年，海沧区按照“四创四新”“六化同步”目标，努力建设“五大发展”先行区，大力推进供给侧结构性改革，产业转型、城市转型和社会转型取得新进展，防抗“莫兰蒂”超强台风取得重大阶段性胜利，较好完成全年各项目标任务。全年实现地区生产总值543.66亿元，与去年同期相比增长7.0%；财政总收入164.09亿元，增长6.3%，区级财政收入34.2亿元，增长18.2%。社会发展的主要工作和成效是：

城区面貌显著提升。新增建成区3平方公里。完成52个老旧小区提升改造工程。市容考评全市第一。持续抓实征地拆迁、“两违”整治，全年完成征地4500亩、交地8700亩，完成拆迁82万平方米；拆除“两违”119.5万平方米，完成市下达任务的200%，拆后利用土地290.8万平方米。

基础保障持续加强。24个省、市、区为民办实事项目全面完成。举办各类招聘会400余场次，新增农民转产就业1200余人次，城镇登记失业率控制在4%以内。着力构建多层次住房保障体系，全市首推“限地价竞配建”招拍挂模式，建成安置房901套、14.4万平方米，在建8005套、130万平方米。扎实推进“救急难”平台部级试点。落实困难群众医疗救助。城乡低保标准提高至每人每月610元。妇女儿童合法权益得到切实保障。区残联获评全国残疾人工作先进单位。

社会事业全面发展。通过“全国义务教育基本均衡区”国家复检，完成11个学校项目建设，新增中小学、幼儿园学位5340个，海沧职专入选省示范性现代职业院校培育项目，未成年人思想道德测评全省“五连冠”。卫计工作全面加强，两孩政策有序实施，分级诊疗取得新进展，新增病床400张，获评首批全国妇幼健康优质服务示范区，居民健康档案建档率超过90%，基本公共卫生服务考核、基层卫生技能竞赛均获全省第一，石塘社区卫生服务中心跻身全国百强。健全养老服务体系，建成1个日间照料中心、6个农村幸福院。外侨、人防、双拥、老龄、民族宗教、档案、红十字等工作取得长足进步。

文明城市内涵更加丰富。文明城区测评保持全市前列。两岸义工联盟、“我是小袋鼠垃圾不落地”分获全国最佳志愿服务组织和项目，“悦读福袋·传递爱”获中国青年志愿者服务大赛银奖。沧江剧院投入使用。厦门（海沧）国际半程马拉松赛升格为独立赛事。厦门国际时尚周开闭幕式在海沧成功举办。大力弘扬耕读文化，举办两岸国学院长论坛，累计建成芦塘等14个社区书院，开办118门特色课程。

社会治理水平持续提升。获评全国社会工作服务综合示范地区，通过国家级“社区网格化管理服务标准化”评审。完善立体化治安防控体系和治安监控系统建设，设立钟山、新垵2个街面警务工作站，全年刑事警情下降19%。获评全国法治宣传教育先进区。大力打造法治信访，积案化解率100%。成立26个行业性专业性调委会，构建一站式纠纷解决服务平台。安全生产态势平稳，获评全国工贸行业安全生产标准化样板地区。食品药品安全、“明厨亮灶”等工作取得新进展。

率先获评国家级生态区。落实完善生态文明绩效评价考核和责任追究、资源总量管理和全面节约等制度，全面实施强化空间管制、扩大资源承载、改善生态质量等六大行动。完成年度造林绿化任务，新增绿地131.5公顷，海沧自贸公园等6处街心公园建成开放，海沧大桥两侧、生物医药园配套道路等绿化项目实现竣工。单位地区生产总值综合能耗、综合地耗分别下降28.6%、5%，获评国土资源部节约集约模范县（区）。

突出抓好环境整治。科学编制大气污染防治方案，推进南部片区集中供热，完成高污染锅炉整治、黄标车淘汰等任务，依法严肃查处54家违规排污企业，空气质量综合指数全市第二。过芸溪小流域治理成为全市示范，农村污水治理基本完成，入海口灾害隐患有效消除。海绵城市试点通过国家三部委年度考核验收，马銮湾生态修复等60个海绵城市项目加快推进。北溪引水渠、高山水库等水利设施启动改造。垃圾分类、危废电子信息化监管、环保网格化等工作全省领先。

统筹“百姓富生态美”。出台农村集体经济发展系列扶持政策，建成霞阳阳云外口公寓等3个集体经济项目，启动新垵正顺公寓项目，生成后井商业广场等9个后备项目。建成鑫龙谷国家级休闲农业示范点与3个省级示范点，开辟4条观光农业精品线路。有序推进古楼农场、嵩屿社等6个美丽乡村建设。

2017年社会发展的主要工作和任务是：

提升绿色宜居水平。坚持落实生态红线与主体功能区规划，强化园林绿化改造，持续提升大屏山绿道、海沧湖绿道、钟林溪绿道系统，完成天竺山绿道修复；加快蔡尖尾山、竹兰山区域山体复绿及生态修复；持续推进“有地即绿化、有山即公园、有水即景观”，完成厦成高速、沈海高速、滨湖路等界边、大型互通、重要干道绿化提升工程，加快龟山公园及一批社区、街心公园建设，完善多样化、多层级的公园体系。

强化生态管理体系。持续推进生态文明试验区建设，建立健全党政同责生态文明和环境保护目标责任制，落实环保网格化监管。完善环境应急和环境安全体系。大力发展循环经济、清洁生产，强化节能降耗长效管理，持续实施结构、工程、管理三大减排措施，加快落后产能退出。推进工业脱硫、脱硝等减排项目，探索建立一般工业固废集中处置体系。

提升保障水平。依托三级网格化指挥平台，健全创业就业工作体系，推动农村劳动力转移就业，确保“零就业”家庭动态归零。力争启动佳福花园安置房（8—11#楼）等公租房项目。加快东坑花园、大溪花园二期等项目建设，推动临港新城一期二组团、京口岩二期、兴港花园四期等交付使用，妥善安置被拆迁民众。落实城乡一体化低保标准，持续开展“朝阳行动”结对帮扶、“四个关爱”活动及“救急难”试点工作。

优化公共服务。加快海沧进修学校附属学校、双十中学海沧附校二期等项目建设，新增中学学位3600个、小学学位3990个、幼儿园学位1800个。持续推进义务教育优质均衡，积极开展普通高中教育国际化试点。推进“健康城市”建设，全面开展家庭医生签约服务，不断夯实卫生服务基础。持续推进海沧医院改造提升，推动第一医院马銮湾院区落地，力促妇幼保健院、东孚卫生院等项目建设，全年新增床位200张。持续落实国家生育政策调整，提高人口计生服务质量。加强养老服务，建设一批居家养老服务站、日间照料中心和农村幸福院。

建设平安城区。深化创建“平安海沧”，建设最具安全感城区。统筹推进社会治安综合治理，加强治安防控体系、治安监控系统建设，推广出租屋智慧门禁系统，有效破解治安突出问题。严格落实重大事项社会稳定风险评估，有效防范和化解各类矛盾纠纷。着力提高公共安全水平，持续加强建筑施工安全、道路交通安全、校园安全、消防安全、生产安全、食品药品安全，坚决防止和遏制重特大事故发生，确保人民群众生命和财产安全。深入实施“七五”普法，推进村（居）“三官一律师”工作，健全覆盖城乡的公共法律服务体系。

深化文明创建。完善三级文体服务网络，加快海沧街道文体中心、体育公园二期、老年健身康乐家园等项目建设，完成一批全民健身设施设置，办好万人徒步大会、“奔跑吧，海沧”等大型赛事及群众喜闻乐见的文体活动。弘扬耕读文化，持续建设社区书院、居民大学、农村特色文化课程。推动出版“风土海沧”系列丛书，保护与传承本土文化。扩大沧江剧院、体育中心等文体设施公益性开放。持续发展外侨、双拥、老龄、妇女儿童、残疾人、民族宗教、人防、档案、红十字等事业。

（摘编：林学军）

同安区社会发展概况

2016年同安区创新实践、砥砺奋进，较好完成了全年目标任务。实现地区生产总值320亿元，增长9%；财政总收入58.4亿元，增长16.8%；全社会消费品零售总额90亿元，增长15%；城乡居民人均可支配收入分别增长8.6%、11%。获得了“国家生态区”“国家农业科技园区”“全国基层中医药工作先进单位”“全国农田水利基本建设先进单位”“全国人民调解宣传工作先进单位”等荣誉。一年来社会发展的主要工作和成效是：

老城区加快完善。主城区6.5公里慢行系统示范段（一、二期）基本建成。环城西路、环城北路、银湖中路“白改黑”等道路改造提升。全市首座环形天桥——必达天桥春节前可基本完工。县衙旧址环境整治基本完成。大溪地、同城湾沿岸等夜景工程实现亮灯。环城西路等3条道路配套污水管网完成建设。市容环境、交通秩序等10个专项整治行动取得成效。美丽乡村深入推进。农村环卫加快市场化运作，九耀山、杜桥等11座清洁楼完成新（改）建。260个自然村污水治理项目全面开工。土地卫片执法落到实处，拆除“两违”115万平方米。五显农村土地承包经营权确权登记完成试点。全部行政村通达公交。五峰、坝头等11个旧村改造新村建设和19个美丽乡村项目顺利推进。

民生保障力度加大。在全市率先建立“三位一体”救助机制和开展居家养老信息化服务试点。城乡低保标准提高到每人每月610元。农村劳动力转移3555人、培训1274人。城北二期1000套保障性住房交付使用，2025套棚户区改造顺利完成。移民造福一期交房入住，二期工程启动建设。区老年人日间照料中心和14所农村幸福院竣工启用。社会事业全面发展。义务教育均衡成果、教育信息化水平不断巩固提升，东山中学、新辉小学等20个新（扩）建项目竣工，新增学位11150个。朱子书院等9家社区书院对外开放。区少儿图书馆完成改造。4个镇级、38个村级文化服务中心实现提升。建成44个老年健身康乐家园、9个村级综合服务中心和8个24小时街区自助图书馆。“三师两网”家庭医生签约覆盖率全市第一。妇幼健康优质服务示范区创建通过省级复核。殡管所迁建工作稳步推进。设立2个海峡两岸交流基地。侨务、民宗、双拥、人防、地方志、残疾人、慈善、老龄、妇女儿童、对口帮扶等工作取得新发展。

文明创建深入开展。“银城文明引力波”系列创建活动扎实开展，市容管理第三方考评制度、“同安文明卫士”电子督查平台等体制机制逐步完善；和谐邻里节、志愿者服务等系列活动实现常态化。农村精神文明建设持续深入，梧侣社区等新一批典范村居重点打造。生态创建成效显著。在全省率先开展领导干部自然资源资产离任审计试点和实施环境违法行为有奖举报。清理环保违规项目1024个，淘汰黄标车2266辆。集中式饮用水源达标率100%，空气质量优良率93%以上，公众对环境质量满意度全市排名第一。平安创建持续深化。安全生产标准化建设和重点行业领域监管不断深化。成立历史遗留信访问题处置工作组，成功化解官浔“金包银”小区周边违章整治等信访积案，并作为全省先进典型在全国信访工作会上交流推广。在全省率先建立首个律师专业机构商事调委会、首个环保警务室。调处各类纠纷1259件，调处成功率99.9%。平安建设“三率”居全市第二。

灾后自救有力有效。面对超强台风“莫兰蒂”，区防灾减灾、灾后自救和重建工作快速响应，宣传预警、人员转移、应急保障等及时到位，确保“零死亡”。成立专业抢修队、党员先锋队等应急队伍，第一时间投入电力、通讯、交通、环卫等抢修，迅速恢复灾后正常生活；组织党政军民20万人次参与树木扶正回植、交通疏导、环境消杀，发动5万多人开展“9·20”洁净家园行动，努力将灾害损失降到最低。灾后重建有序推进。安排各类应急重建资金4.51亿元，确保教育、公安、市政等114个灾后重建项目加快推进，及时落实并配套出台促进农业、工业、旅游业等恢复生产的措施办法，助力企业加快灾后重建、恢复生产。全面开展防汛抗台基础设施、应急队伍、救灾物资等专项排查，落实整改提升方案，夯实避灾减灾基础，抗灾救灾能力进一步提升。

2017年社会发展的主要工作：

强化生态管控。牢固树立生态文明理念，严格落实主体功能区规划，建立健全环境监管长效机制。实行最严格的环境保护制度，形成政府、企业、社会共治的环境治理体系。逐步开展以汀溪水库、莲花水库片区为主的水源涵养、水土保持等功能区建设，合理控制开发强度和密度，推进水生态文明建设。深入落实《厦门经济特区生态文明建设条例》，健全生态文明建设评价考核体系，建立生态环境损害倒查机制。

加强环境治理。继续实施清洁空气行动计划，加强工业企业烟粉尘、渣土扬尘、黄标车、餐饮油烟等综合治理，提升大气环境质量。全面实施水污染防治行动计划，完善“河长制”，强化溪流生态管养，开展控源截污，确保断面水质达标率在80%以上。加快推进埭头溪、官浔溪、东西溪和龙东溪的河道治理。加强农业面源污染源整治，全面完成生猪退养，严防畜禽养殖回潮，保障饮用水源安全。完善城乡污水垃圾处理机制，继续开展农村家园清洁、固废和土壤污染防治行动。

推进绿色发展。巩固国家生态区建设成果，继续实施“造绿”工程，完成森林抚育5000亩，市区新增绿地110万平方米，构筑城乡绿色生态系统。大力推进以低碳工业、清洁能源等为支撑的绿色经济体系建设，支持绿色清洁生产，推进工业集中区等产业集聚区加快循环化改造。持续加强节能减排工作，有序推进重污染高耗能行业整治，深化国家节能减排综合示范城区创建。开展第二次全国污染源普查和第三次全国农业普查。

加大社会保障力度。健全完善社会保障、最低生活保障、医疗救助、临时救助和慈善救助等社会保障和救助体系，做好社会救助和扶贫助困工作。继续建设以居家为基础、社区为依托、机构为补充的多层次养老体系，完成8个村（居）幸福院建设，打造社区20分钟为老服务圈。实施更加积极的就业政策，继续做好企业用工服务，坚持公益性岗位向就业困难人员倾斜。大力发展红十字、慈善等公益事业。集中力量办好农村道路硬化、老旧小区环境改善、老年人幸福安康险等10个为民实事。

全面发展社会事业。坚持教育优先发展，全面提升教育教学质量和学校办学水平，加快官浔小学等一批教育类前期及新（续）建项目，按需增加学位供给，打造教育强区。全面落实全民科学素质行动计划纲要，争创国家级科普示范区。继续推动老年人“康乐家园”建设，完成同安人民体育场改造。继续推进公立医院综合改革，完善分级诊疗制度，拓展家庭医生基层签约服务，基本完成村卫生所规范化建设。落实全面两孩政策，增加新生儿医疗、就学等服务供给，促进人口均衡发展。完成殡葬管理所迁建。继续做好双拥、国防、民族宗教、侨台事务、妇女儿童、老龄、残疾人等工作，促进各项事业全面协调发展。

深化文化成果共享。持续开展“银城文明引力波”系列活动，实施“礼仪教化、素质强化、服务优化、环境美化、典型深化”五大行动，推动人文环境进一步提升。继续深化公共文化服务体系示范区创建，加强基层综合性文化服务中心建设。完成孔庙建筑群修缮。培育特色文化品牌，继续办好朱子、孔子、苏颂等特色文化节，开展第六届民俗文化艺术节系列活动。加强文物资源开发与保护，完善民俗文化艺术培训基地和传习中心建设，打造珠光青瓷和农民画展示区。加强文化市场管理，强化网上思想文化阵地建设，净化网络空间。开展“扫黄打非”，维护文化安全。

（摘编：张海生）

翔安区社会发展概况

2016年，翔安区主动适应经济发展新常态，坚持推进供给侧结构性改革，着力加快产业发展，全面推动新城建设，均衡发展社会事业，持续增进民生福祉，较好完成了全年的各项任务，实现了“十三五”良好开局。全年完成地区生产总值394亿元，增长7.5%；财政总收入49.36亿元，增长13.3%；社会消费品零售总额54亿元，增长17.4%；城镇居民人均可支配收入32988元，增长10.3%，农村居民人均可支配收入16991元，增长8%。固定资产投资、限额以上批发零售额等6项经济指标增幅稳居全市各区前列。社会发展的主要工作和成效是：

新城建设组团拓展。环东海域东部新城起步区启动公建配套。翔安南部新城建设提速，洋唐居住区三期、市级城建档案馆立项建设，科技中学高中部主体封顶，“五横五纵”路网加快构建。海绵城市试点完成投资3亿元，综合管廊建成9.3公里。翔安中心区加快提升，洪钟大道景观工程序时推进，新店路等一批“断头路”取得突破。

美丽乡村全面实施。策划生成贸创小镇、渔港小镇、食尚小镇等一批特色小镇，加快推进新圩国家级建制镇示范试点及24个美丽乡村建设。深化落实“河长制”，完成莲溪段等小流域综合治理，清退生猪养殖圈舍43万平方米，启动22个自然村分散式污水治理及18个自然村截污纳管工程。实施65条道路及3个镇小街巷路灯灾后修复，推进10个村（居）自来水管网改造，试点开展生活垃圾分类减量、城乡垃圾直运，投入2000万元更新环卫设施。

城乡环境整体改善。建成国家生态区，严格落实环境保护“党政同责”“一岗双责”。实施清洁空气行动计划，空气质量自动检测站点实现镇（街）全覆盖。开展城乡环境综合整治，强化“门前三包”，延长21条重点道路保洁时限，对10条重点道路实施定期清洗。推进15条主要道路绿化提升，新增园林绿地50公顷，完成山上造林2026亩。收储火炬（翔安）产业区边角地634亩。启动后山岩公园一期建设，建成舫山、祥福两座儿童公园。

教育事业均衡发展。福建省教育科研基地落地挂牌，翔安一中、新翔小学上划为市直属校。投入2亿元新建扩建、改造18所中小学、幼儿园，双十中学、厦门实验小学翔安校区立项获批。新增2所市级示范性幼儿园，在全市率先实现符合条件的随迁子女100%就读公办校。高考成绩再创新高，本科指标完成率155%。推进“一校一特、一校一品”，新圩学校被教育部认定为第一批全国体育工作示范校。区教育基金会募集基金突破2亿元，实现对翔安籍困难在校大学生资助全覆盖。

卫计事业成效显著。省级慢性病综合防控示范区创建高分通过，家庭医生签约服务完成年度任务，分级诊疗试点加快推进。厦大附属翔安医院主体封顶，第五医院门急诊楼投用在即，新店中心卫生院启动改造。挂牌成立首个省级院士专家工作站，108家村（居）卫生所全部纳入医保定点。全面实施两孩政策，疾病防控、妇幼保健等公共卫生各项工作协同推进。

文体事业蓬勃发展。公共文化服务体系建设日臻完善，文化遗产保护持续增强，文体促进会注册成立，池王爷习俗项目申报省级非物质文化遗产。竞技体育加快发展，人民体育广场等一批公共体育设施完成改造，“翔安杯”象棋国际邀请赛、围棋赛、武林大会等赛事影响扩大，张彬彬荣获射击世界杯女子50米步枪三姿冠军、里约奥运会女子50米步枪三姿银牌。

营商环境加快优化。“三维”招商力度加大，引进中铁市政、中环宏岸等建筑业龙头企业，提前7个月完成合同利用内资任务。产业社区配套更加便捷，厦门海关翔安办事处挂牌成立，翔安产业园邻里中心投入运营。行政审批提速增效，推进区级网上审批系统与省级网上办事大厅紧密对接，全面清理前置审批及中介服务事项，创新推广“片区+社区”便民服务新模式。与建行、国开行分别签订“十三五”战略合作协议，获得金融机构重大项目融资额度超过500亿元。

民生保障不断夯实。启动九溪小区、黎安居住区等保障性住房建设，回购存量安置房转为公共租赁房，完成农村危房改造年度任务。举办首届创新创业大赛。制定实施“新民生十五条”，被征地人员基本养老保险新增参保3056人，46周岁以上城乡居民养老保险参保率连续7年保持在99%以上。投入转产就业资金6500万元，开发公益性岗位1041个，完成转产就业7089人。发放各类社会救助、高龄老人津贴等超过5000万元。开展医养结合，建成19家村（居）幸福院。

社会秩序保持稳定。“莫兰蒂”台风灾后重建扎实有效，制定实施扶持工业、农业、商贸业灾后恢复生产等系列配套政策。深化“平安翔安”创建，开展职业健康、道路交通、燃气安全等专项整治，推广大嶝街道基层安全监管职能整合模式，四镇一街“安全社区”考评全部通过省级验收。餐饮单位“明厨亮灶”全面铺开，国家食品安全城市创建顺利完成中期评估。推行“阳光信访”新模式，村（居）法律顾问实现全覆盖。在全市率先建成人防疏散基地指挥所。拆除“两违”面积145.26万平方米。

2017年社会发展的主要工作：

切实强化生态治理。创建国家生态文明示范区。落实清洁空气行动计划，完成黄标车淘汰任务，狠抓建筑工地、在建道路扬尘管控。实施水污染防治，完成浯溪黑臭水体整治，加快九溪、东溪小流域综合治理并建立管养机制。严控农业面源污染，严防畜禽退养“回潮”，严格生活及工业污水排放管理。做好第二次全国污染源普查前期。实施非煤矿山等重点区域生态环境修复，完成山上造林2000亩。

推进公共服务向普惠制覆盖。在全市率先成立区属公益性学前教育集团，缓解教师结构性缺编问题，提高教师队伍综合素质。主动承接全市名校出岛战略，推进与福建省教育学院合作办学，促进厦大附属国际学校尽快落地，培育一批市级示范校、示范园。建成新圩十年一贯制学校，推进25个区属中小学、幼儿园基建项目，开建双十中学、厦门实验小学翔安校区，新增学位4020个。助推南洋职业学院升办本科院校。引进高端医学人才，扶持第五医院加快发展，创建全国基层中医药先进单位。提升基本公共卫生服务水平，按二级甲等标准建设妇幼保健院新院区，完成新店中心卫生院改造。开展计生基层群众自治示范村（居）创建，提升人口素质。启用闽南童谣基地，修缮许厝、御宅等一批古村庄。

推进社会保障向多层次覆盖。探索农村发展用地建设新机制，建设马巷同美公寓，大力开发公益性岗位，因地制宜发展乡村旅游，千方百计增加被征地农民和海域退养渔民财产性收入及经营性收入。开展精准扶贫，健全城乡低保动态调整机制，加强对贫困人员的常态帮扶和临时救助。加快九溪小区、黎安居住区及洋唐居住区三期建设，加大公共租赁房投放力度。落实居住证制度。推进企业工资集体协商，依法开展劳动保障监察，构建和谐劳动关系。重视发展社会福利、公益慈善、残疾人事业。

推进治理创新向纵深化覆盖。完成村（居）便民服务代办点标准化建设。深化“平安翔安”创建，深入开展矛盾纠纷、风险隐患排查，落实部门、属地维稳责任。健全应急管理工作机制，完成区三防指挥中心、沿海避风坞及城乡防灾避难场所改造提升，科学抵御自然灾害，有效处置突发事件。筑牢安全稳定“压舱石”，严格落实安全生产责任制，深化重点行业、重点领域、重点区域的安全隐患专项排查整治，坚决遏制重特大事故发生。提升食品安全管理能力，创建国家食品安全城市。

（摘编：郭　虹）

漳州市社会发展综述

2016年，漳州市坚持以推进供给侧结构性改革为主线，扎实开展“三个建设年和一大攻坚战”及“冲刺100天，完成全年目标任务”活动，全市实现生产总值3125.34亿元，增长9.3%；一般公共预算总收入287.68亿元，增长4.7%；社会消费品零售总额875.59亿元，增长12.7%；居民消费价格总水平上涨1.5%；城镇居民人均可支配收入30726元，增长9.4%；农民人均可支配收入15320元，增长10.5%。社会发展的主要工作和成效是：

着力同城发展，城乡面貌明显改观。推进“多规合一”试点，完成《富美漳州战略规划》编制。开展市政提升“五千工程”，更新改造供水管网144公里、城市道路155公里，新增绿道133公里、公园绿地2937亩、公共停车位3643个、公交车168辆。“达达通”公共自行车项目建成投用。市域一体化和厦漳同城化步伐加快，14个国省干线“互联互通”项目加快建设，21个厦漳同城化重大项目进展顺利。中心城区环境整治力度加大，通过全国文明城市年度测评和国家卫生城市复审。闽南文化生态产业走廊示范段获“全国生态文化示范基地”称号，西环城路景观整治提升暨绿道建设工程荣获“2016年中国人居环境范例奖”。实施流动人口居住证制度，长泰县列入第三批国家新型城镇化综合试点，角美镇成为全国深化城镇基础设施投融资模式创新特色镇。实施新一轮“千村整治、百村示范”美丽乡村建设工程，全国美丽乡村标准化试点会议在长泰召开，3个村入选全国美丽宜居村庄，10个村入选中国传统村落。

深化环境治理，生态优势更加凸显。扎实推进生态文明先行示范区建设，深入实施“七个五”生态建设行动计划，启动九龙江流域生态水系先行示范工程。开展扬尘专项整治，淘汰黄标车10491辆，全市空气质量优良率平均97.8%。新改扩建污水处理厂4座，新建污水配套管网128公里。规范推进排污权交易，191家企业完成排污权核定。造林绿化15.4万亩，治理水土流失28万亩。荣获“中国十佳绿色生态旅游城市”“全国绿化模范城市”称号，新增3个“国家生态县（区）”，4个县（区）通过国家生态县（区）考核验收。

推动成果共享，社会事业全面进步。21件为民办实事项目基本完成。全力打好脱贫攻坚战，38486人、54个贫困村实现脱贫，造福工程搬迁39674人，完成4132户贫困危房户危房修缮，解决989户贫困无房户住房问题。城镇新增就业5.14万人，各群体养老金水平稳步提高，城乡居民医保财政补助继续增加，保障性安居工程建设超额完成任务。新增中小学、幼儿园学位14821个，提前一年全部通过国家义务教育发展基本均衡县（区）验收。新建续建卫生项目83个，新增病床位1625张、卫技人员1450名，建成基层医疗机构中医馆23家；医改工作有序推进，医疗费用增速和药占比下降，医保管理职责整合到位。计生工作、二孩政策有效落实。实现全市城乡居民大病保险全覆盖，列入第二批国家级医养结合试点。社会福利中心动工建设。实施文艺精品创作工程，一批优秀剧目荣获国家级奖项。全民健身广泛开展，妇女儿童工作得到加强，人防、地方志、民族宗教等工作和残疾人、慈善事业发展取得新进步。安全生产标准化建设“三年提升工程”全面完成，道路交通安全综合整治三年提升工程全面启动，食品药品安全、寄递物流等新业态和网络安全监管力度加大。“五馆一歌”加快建设。

"平安漳州"建设扎实推进,"六五"普法顺利通过省级验收,"七五"普法规划制定实施,"漳州110"勤务改革正式启动,群众安全感满意度保持在95%以上。军政军民团结巩固发展,实现"全国双拥模范城"六连冠。漳州数字档案馆成为全省首家"全国示范数字档案馆"。苏区老区、对口支援、山海协作、援藏援疆援宁等工作有效开展。

2017年社会发展的主要工作有:

加大"三铁"治污力度。市县乡村四级联动,"气质、水质、土质"一起抓,让漳州的天更蓝、地更绿、水更清。强化大气污染防治,抓好四个专项整治,清理中心城区小烟囱,基本淘汰黄标车,改善空气质量。开展生态水系项目竞赛,加快实施九龙江流域生态水系先行示范工程和万里安全生态水系建设,综合治理"一库两溪三河"流域水系,加快城市内河黑臭水体治理,推进农村垃圾、污水治理及农业面源污染整治,完成流域范围"五小"企业污染整治,全面提升水体质量。制定饮用水源库区保护规划,强化饮用水源安全保障。开展土壤污染状况详查,启动土壤污染治理与修复试点示范工程,加强重金属、固体废弃物、持久性有机污染物治理。

狠抓节能减排攻坚。严格落实节能减排责任制和环保监管"一岗双责",严把新上项目环保准入门槛。加大工业污染减排力度,淘汰落后产能设备,推动燃煤电厂"超低排放"改造和燃煤锅炉(炉窑)煤改工程,促进造纸行业整合提升。加快城镇污水厂和配套管网建设,加强城中村污水的截流收集和处理,提升污水、垃圾处理率。发展循环经济和绿色清洁生产,推动工业园区集中供热、制冷。

全力打好精准脱贫攻坚战。扎实推进脱贫攻坚战三年行动,深入实施"七大脱贫攻坚重点工程",开展精准脱贫攻坚竞赛,确保完成脱贫22816人、79个村。建设省市集中安置区(点)10个以上,完成造福工程搬迁2000户6000人以上。加强贫困地区基础设施和民生工程建设,实现贫困村"七通"。推进产业扶贫项目落地,每个贫困村培育一个以上壮大集体经济收入项目。加快建立完善稳定脱贫长效机制。探索开展可持续的商业保险,为因病致贫的贫困户增加保障。实施20项为民办实事项目。拓宽就业渠道,全年新增城镇就业4.4万人。完善征迁补偿机制,帮助引导失地、失海农民二次就业创业。推进"三保合一",实施全民参保任务计划。推动农村低保制度与扶贫开发政策有效衔接,农村低保标准提高500元以上,实现与扶贫标准"两线合一",落实特困人员救助供养新政策。加快保障性安居工程建设和棚户区改造,新建保障性安居工程1.4万套。大力发展残疾人事业、社会福利和慈善事业,保障妇女儿童、青少年、老年人合法权益,关爱农村留守儿童的健康成长。

扩大健康服务供给。实施"名医、名科、名院"工程,加快建设一批高等级医院,加强产科、儿科等薄弱学科建设,新增床位1000张、卫技人员1000名。深化医药卫生体制改革,推动医管委实质性运作、市医保局有序运转,抓好公立医院综合改革、药品和医用耗材联合限价采购。深化基层医药卫生体制综合改革,推动乡村卫生服务一体化管理,开展慢性病分级诊疗和家庭医生签约服务试点。扶持中医药产业发展。加大精神卫生机构建设。扶持发展"医养结合",抓好省级四种类型医养结合试点工作。继续抓好计划生育工作,促进人口均衡发展。

办好教育文化事业。扩大普惠性学前教育资源,全市新建17所公办幼儿园。加快优质高中建设发展和薄弱高中改造提升,抓好农村薄弱学校改造、城区中小学校扩容,推进"义务教育管理标准化学校"建设。扶持高校发展,加快建设市职教园区。实施免费特殊教育,重视发展终身教育和老年教育。加强教师队伍建设。推动民办教育健康有序发展。挖掘地域文化特色,培育壮大文化创意产业。实施优秀传统文化传承工程和红色文化工程,重视文物和非遗保护,做好"五古丰登"项目修缮,支持东溪窑、南胜窑等遗址申报世界文化遗产,推动"五馆一歌"建成投用。推进闽南文化生态保护示范区建设。广泛开展全民健身活动,办好第十三届市运会、第十届老年人体育健身大会。做好《漳州文库》编撰、漳州市志续志工作。

(摘编:黄万良)

芗城区社会发展概况

2016年，芗城区扎实推进“三个建设年和一大攻坚战”以及“冲刺一百天，完成全年目标任务”活动，奋力打好“五场战役”，较好完成了全年的目标任务，实现了“十三五”规划的良好开局。一年来社会发展的主要工作和成效是：

发展空间进一步拓展。全力打好征地拆迁歼灭战，开展48个项目征迁竞赛，完成房屋征收60万平方米，征地3800亩。下碑片区、瑞京片区、北仓片区、南江滨路芗城段、万科04地块等12个项目完成扫尾；腾飞片区、金峰实验小学等10个项目启动征迁；金帝仁文地块等11个项目遗留问题彻底解决。项目带动进一步增强。组织实施“五个一批”项目180个，其中谋划一批80个，签约一批23个，开工一批45个，投产一批25个，增资一批7个，形成项目滚动开发的良好态势。大唐印象等18个亿元以上项目开工建设，漳龙物流园一期等31个省、市重点项目提前完成全年投资。三维招商进一步深化。坚持走出去、引进来，“9·8”投洽会、花博会等活动共对接洽谈项目41个，签约项目23个，总投资116.7亿元。坚持招商全过程服务，做好项目用地保障，共获批“农转用”5个批次面积1171亩，划拨供地10宗面积670亩；工业用地挂牌出让5宗，面积258亩。

城市更有品质。全年实施城建项目197个，完成投资140亿元。提升城市通勤圈，纬五路、东方苑路口改造等项目建成通车；联六线、军用机场道路、师院西路等项目开工建设；前锋新村等4个停车楼建设有序推进。改善人居环境，推进北庙、下碑、北仓等旧城改造，完成湖内新村等14个无物业小区整治。打好城市管理持久战，通过国家卫生城市命名及全国文明城市年度测评，拆除“两违”面积42.2万平方米，提前完成全年拆违目标任务；健全市容市貌管理机制，投入执法、环卫等市容管理经费4225万元，纳入清扫保洁面积达391万平方米。生态更加宜居。深入开展生态环境建设年，顺利通过国家级生态区验收。实施宜居环境提升工程，完成造林绿化550亩，加快滨江生态公园天宝段、芝山公园二期、西院滞洪区公园等大型园林建设，完成侨村西姑池治理及周边环境整治。深入开展清水蓝天专项行动，实施工业烟尘和扬尘污染治理，淘汰黄标车1678辆；落实河长责任制，巩固畜禽养殖整治成果，关闭、停产“五小企业”18家，全面完成内河整治三年行动计划。乡村更富活力。基础投入持续加大，实施农村公路安保工程63.5公里，完成农村公路改造提升工程29.78公里，加快推进九龙江防洪工程漳州段（二期）、水库除险加固等34个水利项目。农村环境持续优化，巩固提升农村生活垃圾整治成效，投入570万元，建设农村垃圾驿站80个。新农村建设持续深化，开展农村土地承包经营权确权登记颁证工作，发挥珠里村、洪坑村典型示范作用，完成3个“美丽乡村”建设，4个“双百”示范点创建有序推进。

强化民生保障。打赢精准扶贫攻坚战，投入资金4533万元，推进44个扶贫项目建设，完成36户无房户安居工程和255人造福工程，10个贫困村和1496个贫困对象全部脱贫。就业形势稳定向好，新增城镇就业人数6576人，转移农村劳动力2035人，城镇登记失业率控制在2.5%。进一步提高城乡养老和低保标准，全年发放养老、失业保险金、失地农民保障金和城乡低保金4.27亿元。繁荣社会事业。坚持教育优先，投入2.08亿元，基本完成东铺头中心小学、南坑中心小学等5所学校扩容，加快金峰实小等3所新建学校筹建，完成70所学校校舍、运动场改造和中小学教育技术装备配备，顺利通过义务教育发展基本均衡区国家级验收。深化公立医院改革，推进家庭医生签约服务试点和医联体建设，完成石亭卫生院和浦林卫生院业务用房建设，社区卫生服务中心中医馆实现全覆盖。国防动员和后备力量建设持续增强，大学生征集比例名列全市第一。创新社会管理。深化平安创建工作，全面推进“三化一龙头”重点工作，新增70路高清监控探头，农村网格化服务管理实现全覆盖。落实“党政同责、一岗双责”，扎实开展安全生产大检查，持续深化道路安全综合整治工作，安全形势总体平稳。基层基础进一步夯实，和平里社区获评全国“最美志愿服务社区”称号，新城、华元社区获评国家级地震安全示范社区称号。

2017年社会发展的主要工作：

持续优化发展平台。坚持规划先行，主动对接漳州市城市总体规划，科学编制金宝园区市政、防涝排水以及金峰开发区产业发展等专项规划。强化要素保障，重点突破资金和土地瓶颈，加快金塘路沿线、乌石片区等地块收储出让；提速金塘路和金宝园区一期征迁工作，提高土地供给率。完善基础配套，组织实施好基础设施建设工程包，力争宝兴路等9条道路建成通车，力促西区污水厂二期等项目投入使用。持续提升供给质量。

加快城市有机更新。加大阳光征收和货币化安置力度，加快推进腾飞、益民北、芝山南路二期等片区征迁，启动通北、益民南等片区开发，提速万科城、大唐印象、四季商业广场等项目建设，力促北庙地块、新城苑南区等项目早日开工。完善城区路网，实施国省干线公路互联互通项目建设。促进产城融合发展。加快构筑芝山新城发展框架，集中力量高起点、高标准规划建设西湖生态园，加快推进瑞京片区、下碑片区及北仓片区等经营性地块开发，提速西院滞洪区公园、西区污水处理厂二期等一批项目建设，吸引发展要素集聚。提高古城开发运营水平，完善古城业态和城市管理机制，强化侨村环境整治，提高餐饮、酒吧、茶座等休闲产业发展层次，提升芗城“会客厅”形象。打造特色小镇，立足与城市产业互补、功能共享的发展定位，重点推进西湖生态智慧小镇、天宝语堂蕉香文创小镇、石亭商贸物流小镇等6个特色小镇的规划建设。提升城市形象品质。融入全市创建全国文明城市的工作大局，围绕创建省级文明城区，持续开展环境卫生、交通秩序、集贸市场、户外广告、渣土运输、社区管理等专项整治，完善常态化管理机制，不断改善市容市貌。始终保持“两违”综合治理高压态势，保持零容忍，确保零增长。

坚持优化公共服务。均衡配置教育资源，加快实施侨村幼儿园、芗城实小元光校区和新华北校区、新桥中心小学等新改扩建工程，力争新增学位1.4万个。深化医药卫生体制改革，实行医疗、医保、医药“三医”联动，加快推进市人民医院旧住院大楼改造、区公共卫生应急处置中心、区妇幼保健院项目建设。继续落实计生目标管理责任制，完善计生利益导向政策体系，提升计生服务管理水平。完善基层公共文化服务体系，充分发挥“三馆一中心”辐射功能，推进镇（街道）、村（居）综合文化服务中心建设。坚持强化社会保障。巩固精准扶贫成效，充分利用当地自然资源发展“一村一品”，积极探索壮大集体经济；加大投入，策划实施更多的精准扶贫项目，进一步补齐农村发展短板。全面实施城乡居民大病保险制度，推进机关事业单位养老保险制度改革。加强被征地农民社会保障和农村留守儿童关爱保护工作。加快推进下碑新村等8个安置房建设。坚持创新社会治理。继续深化“平安芗城”建设，完善立体化社会治安防控体系，防范、打击各类违法犯罪活动，预防、减少未成年人违法犯罪。落实安全生产责任制，按照“党政同责、一岗双责、失职追责”和“三个必须”的要求，加大重点行业和领域隐患排查整治力度，严厉打击违法违规生产行为；持续开展道路交通安全综合整治“三年提升工程”；强化食品药品安全监管，确保饮食用药安全。推进阳光信访、责任信访、法治信访，健全诉访分离、法定途径优先机制，依法及时就地解决群众诉求。完善大调解工作机制，全面推行网格化服务管理，积极构筑广覆盖、多联动、高效率的矛盾纠纷多元调解体系。

（摘编：彭金龙）

龙文区社会发展概况

2016年，龙文区着力稳增长、调结构、推改革、抓管理、惠民生，经济社会稳步发展，民生福祉进步改善，实现了“十三五”良好开局。全区完成地区生产总值187亿元，增长12%；一般公共预算总收入15.1亿元，增长8.2%；城镇居民人均可支配收入35067元，增长9.4%；农村居民人均可支配收入16506元，增长9.5%。一年来社会发展的工作和成效是：

城市建设加快推进。完成投资154.5亿元，全年征地2000亩、拆迁60万平方米，销售商品房面积130万平方米、增长47%，销售额96亿元、增长52%；开工建设安置房62.5万平方米，交付使用39.5万平方米；闽南水乡示范段、湘桥历史文化名村开发启动，城市建设进入“水乡时代”。生态持续提升，建成九十九湾绿道20公里、郭坑绿道26公里，绿化空地2209亩，造林1230亩。基础设施改善，建元东路后坂段、立交桥改平交等道路竣工通车，龙文南路等13条城市干道建设加快，新增里程11.8公里。

商事制度改革深化。实行简易注销登记等新举措，新增注册企业1558家，增长24.9%。人才工作不断提升，被确定为省人才强区试点。蓝田开发区获批全国首批增量配电业务改革试点。推进“放管服”改革，实施权力、责任、服务“三项清单”，出台重大事项依法科学民主规范决策机制，推行政府法律顾问制度，在全市率先实现村居法律顾问全覆盖。开展“追问题、解难题、促发展”活动，兑现惠企资金7171万元，办理应急周转金1.6亿元。

“美丽龙文”专项行动成效显著。获评国家生态区。投入1.5亿元，整治河道17.7公里，对全区一半村庄开展截污清淤；推进创城常态化，实现全域卫生市场化保洁。严厉查处环境违法行为，淘汰779辆黄标车，完成35家4S店直排整改。推行城管执法重心下移，创建无违建镇村，拆违60万平方米。启动5个“农改超”项目，新增公共停车泊位349个、新能源公交车28辆、公交线路4条、公交首末站1座，公共自行车系统投入运行。步文撤镇设街获批，新设社区居委会9个。顺利通过全国、省级文明城市（区）年度测评和国家卫生城市复审。

惠民投入持续增长。财政投入民生事业13.6亿元，增长48.5%。文教卫3个三年行动成效明显，漳州一中龙文校区等7所学校建成投用，新增学位8280个，中高考再创佳绩，“美丽校园”创建全面展开；完成卫生计生资源整合，朝阳卫生服务中心建成投用，市医院龙文分院基本完工；出台文化体育旅游事业鼓励措施28条，区文化中心封顶，举办全国沙画赛、国际山地自行车赛等活动35场次。农村低保提标扩面，全面托底贫困人口，完成“造福工程”154人；投入1300万元，对口扶贫平和县3个乡，启动三年援藏工作。建成智慧型居家养老服务中心，被确定为省社区治理和服务创新实验区。加强“平安龙文”建设，组织“五个一”安全生产大检查，没有发生重特大事故，一批信访积案得到化解。

2017年社会发展的主要目标任务：

优化投资环境。统筹施策降低企业成本，全面兑现各项优惠政策，规范中介服务，清理涉企收费，减轻企业负担。提升融资服务能力，整合用好“助保贷”、应急周转金等政府基金，加强政银企沟通合作，引导银行加大信贷投放，支持企业上市，降低融资成本。提升征迁能力，力争完成征地2000亩、拆迁100万平方米以上，保障项目用地需要。提升政务服务能力，推行“一口受理、多评一表、多图一审、一网通办”等改革，做到“围墙内的事企业办，围墙外的事政府办”。

增强城市承载能力。推进内畅、外联、互通的道路通勤体系建设，新建东环城路、郭坑大道等16条道路，续建联六线、联十一线等23条道路，改造新建15条农村道路，力争新增道路里程18.8公里。实施城市畅通工程，布局15对公交站台，采购20部新能源公交车，推广“运政网”应用，提升出行便捷度。加大水电气信系统建设，推动第三自来水厂建设，抓好给排水、污水管网和农村电网改造，建设龙江变、海西天然气、中国铁塔等项目。

增强城市生态魅力。加大“绿城”建设，计划投入4.1亿元，推进朝阳农业景观带、景山公园、环郭坑绿道等生态景观系统建设。加大“水城”建设，计划投入2亿元，开工建设湘桥泵站、东外环支渠和北溪西溪水系连通工程，推进闽南水乡示范段投入运营，启动北溪生态湿地规划建设。加大“文化名城”建设，推进湘桥村保护开发，加大古厝、古桥、古街、古树、古牌坊的保护开发。

提升平台功能。推动蓝田开发区加快一流园区创建。坚持以产城融合为方向，创新投融资机制，加快实施建成区的提升配套工程、朝阳园区综合路网、联东大桥等园区基础设施项目，建设宜居宜业新区。坚持以完善配套为关键，实施增量配电业务试点项目，改革配电价格机制和规则，启动建设华电分布式能源站，加快实行集中供热，打造低能耗现代产业新城。坚持以高新技术企业集聚为重点，建设联东U谷三期标准厂房，配建市级加速器，培育若干高新企业集群，形成适应科技型企业孵化、加速、壮大和集聚的创业平台。

持续提升社会保障水平。落实积极就业政策，开展富余劳力和失业人员就业培训，新增城镇就业2200人，转移农村劳动力2000人。推进城居保、新农合、城乡低保提标扩面和城镇职工“五险”合一。巩固提升精准扶贫成果，落实对口帮扶任务，做好西藏、贵州干部到我区挂职工作。推进机关企事业单位公车改革，加快社区治理和服务创新实验区建设，鼓励社会力量兴办养老服务机构，建成婚姻登记服务中心和“福乐家园”。

持续实施教育强区三年行动计划。计划投入2亿元，推进鸿浦豪园配套小学、闽南师大龙文附小等6所学校建设，建设学位6930个，建设一批普惠制幼儿园，促进优质教育资源均衡发展。提高义务教育学校生均公用经费基准定额，推动秋季起普通高中免收学费。加大名老师、名校长培养，优化教师队伍结构。深化“美丽校园”创建，提升环境建设，塑造优良风气，促进学生全面健康发展。

持续实施医疗卫生三年行动计划。计划投入1.5亿元，推动市医院龙文分院、市第三医院二期工程竣工投用，新增床位760张；发展中医药事业，建设龙文中医院和2个社区卫生服务中心中医馆。深化医药卫生体制改革，出台鼓励社会资本办医政策，推行家庭医生签约服务试点，提高基本公共卫生服务能力；放宽卫计人才准入，引进培养全科医生等人才。完善计划生育政策，促进人口均衡发展。

持续实施文体旅游三年行动计划。计划投入6.6亿元，建设基层综合性文化中心、霞贯古石楼群保护、梧桥古村落修缮等项目，推动区图书馆、文化馆、博物馆建成免费开放。坚持“一季一主题、一月一活动”，举办全国沙画、武术、龙舟等现代赛事和传统民俗活动。启动郭坑女排体训基地、自行车训练基地、运动康复中心规划论证。出台全民健身计划，争创中国武术之乡，备战市第十三届运动会，促进体育事业发展。

推进城市管理提升。深化“治脏”“治乱”“治臭”“治违”专项活动，探索城市管理服务外包模式，常态化、长效化、精细化管理城市，实现“垃圾不乱丢、黄土不露天、车辆不违法、经营不占道、广告不乱贴”目标要求。落实河长责任制，强化问责力度，整治乱倒乱排乱占现象。实行环保责任清单制，开展“清水蓝天净地”专项执法，严厉打击偷排废水、盗采砂石、锅炉黑烟、扬尘污染等行为，实现环保节能控制目标。推广“三权确立”办法，推动村庄整洁行动，拆除破旧无用建筑。清理农村面源污染，继续推进村庄截污和黑臭水体清淤。完善“两违”治理机制，狠刹拟征迁区域和城乡接合部的“两违”现象。

（摘编：李　哲）

龙海市社会发展概况

2016年，龙海市克服经济下行等各种因素影响，团结奋进，攻坚克难，较好完成了全年的目标任务。实现地区生产总值452.7亿元，五年年均增长11.8%；公共财政总收入31.1亿元，年均增长5.0%；完成社会消费品零售总额91亿元，年均增长10.2%。荣获“全国科技进步先进市”“全国平安建设先进市”“全国计划生育优质服务先进市”等称号。一年来社会发展的主要工作和成效是：

城乡面貌明显改观。城市建成区面积由17平方公里扩大到21平方公里，城镇化率提高到54.5%。紫云新区功能基本完善，月港新区建设有较大突破，创建国家卫生城市进入国家级评审程序。宜居环境建设卓有成效，开展“七个五·见行动”“七项整治”，建设“龙江颂歌”“月港古镇”两大景区，完成一批市政配套和道路整治提升工程，培育了一批富美乡村示范村。生态建设扎实推进，全面完成漳州下达的节能减排任务，森林覆盖率提高至55.9%。基础设施日臻完善，五年累计新增铁路里程64.7公里、高速公路里程99公里，新修建普通公路里程329.6公里，漳州动车站在颜厝建成投用。

民生事业得到改善。城乡居民人均可支配收入年均分别增长10.9%和11.4%。坚持每年办好一批为民办实事项目，民生支出占财政支出77%。扶贫攻坚取得实效，完成造福工程搬迁2675户，20321人实现脱贫，农村无房户住房问题得到解决。社会保障体系日益完善，建成保障性住房3523套，城乡居民养老保险、医保制度实现全覆盖，城乡低保和农村五保应保尽保，保障标准逐年提高。就医、就学条件明显改善，完成一中新校区、第一医院新院区、实验小学和实验幼儿园新校区等一批教育、医疗卫生项目，义务教育基本均衡发展以优异成绩通过国家级评估验收。文化体育事业蓬勃发展，社会保持安定稳定，军政军民团结巩固发展，精神文明、妇女儿童、青少年、民族宗教、残联、慈善、老年人事业等各项工作都取得新的进步。

今后五年社会发展的目标任务：紧紧围绕“一个目标、四个重点、两个强化”，聚精会神抓好发展第一要务，着力创新驱动和供给侧结构性改革，统筹推进产业转型升级、城乡协调发展、改革开放创新、生态文明建设、社会民生事业，确保全面小康社会如期建成，努力建设又富又美的新龙海。

让龙海的城市更加优美。坚持重点带动、城乡联动、绿色发展，加快“一江滨两新区”建设，加大旧城和城中村改造力度，做大做美中心城区；北面适时向紫泥岛拓展，南面结合城际轻轨R3线和省道208复线的规划建设，带动紫云山南麓6平方公里新城开发，形成以紫云山为中心，“一江两岸、一山两翼”的城市发展格局。加快南太武新城和南溪湾创业园组团建设，打造新型城镇化样板；支持圆山新城加快发展。加强市、镇、村规划对接和基础设施互联互通，五年内新增、改造国省干线100公里、农村公路200公里。全面实施“七个五”生态建设行动计划和宜居环境建设，持续整治农村“脏乱差”，建设一批彰显“闽南风、乡土味”的富美乡村；全面落实环境保护“党政同责、一岗双责”，强化生态红线管控，做好水生态文章，打造宜居宜业的闽南水乡。提高全民生态文明意识，争创国家卫生城市、国家级生态文明示范区。

让龙海的人民更为幸福。坚持新增财力和公共资源更多向民生事业倾斜，把事关群众利益的事办实办好，不断增进人民福祉。坚决打赢脱贫攻坚战，确保现行标准下贫困人口全部脱贫、贫困村全部摘帽。完善提升城乡公共交通、能源电网、信息通信、园林绿化、防洪排涝、供水供气、污水垃圾、停车设施等公共服务配套。着力建设人民满意的教育和医疗卫生事业，增加优质教育资源，提升医疗服务水平。坚持计划生育基本国策，提高出生人口素质，促进人口均衡发展。健全社会保障体系，提升居家养老水平，实施就业优先战略，多渠道增加百姓收入。全面推进法治龙海和信用龙海建设，健全公共安全体系，守住不出风险底线，确保社会和谐稳定、人民安居乐业。

2017 年社会发展的主要工作：

加快城市组团发展。实施城建重点项目 69 个，年度投资 51.2 亿元。中心城区，重点建设"一江滨两新区"，加快锦江大道石码段、海澄段建设。完善紫云新区、突破月港新区，加快片区道路、学校、公园等市政配套建设，重点推进平宁路、龙翔路改造，加快"四馆一中心"、月港风貌区、湿地公园建设。加大棚户区改造力度，实施后港片区改造，推进后港路、罗锦路、芦州大道等城市"断头路""瓶颈路"的拆迁安置前期工作。南太武新城和南溪湾创业园，坚持产城融合、以产兴城，加快南太武新城开发配套建设；全力落实圆山新城征迁任务，支持厦漳同城大道、南江滨路等项目建设和城市功能完善。

加快交通基础设施建设。实施重点交通项目 11 个，年度投资 28.5 亿元。着力打通城市发展"大动脉"，力促沿海大通道、省道 208 复线竣工通车；开工建设锦江大道三期，接通厦漳大桥；拓宽改造疏港公路，持续改善农村公路，畅通农村交通网络。建立出行综合服务平台，加大城区公交密集度，提升公交服务水平，推进城乡公交一体化，实现与厦门海上客运公交化，构建城区、城乡、城际三位一体的公交服务网络。

打造田园城市富美乡村。进一步完善城乡规划体系，加快"多规合一"试点进程。坚持"城市抓创卫、农村抓宜居"，持续深化创建国家卫生城市活动，着力整治城市"五乱"，改造提升农贸市场、临时便民市场，规划建设市区停车场、夜市大排档集中区，推行保洁政府购买服务，加快建设"数字城管"。加大财政投入，持续抓好富美乡村建设，加强农村水环境整治，健全农村卫生环境长效保洁机制，加快农村污水处理厂建设，逐步推进农村生活污水治理。加大环境保护力度，持续开展"七个五·见行动"，推进万里安全生态水系工程，全力打好水、大气、土壤三大污染攻坚战，巩固提升"七项整治"成果，出台《规范农村建房审批实施意见》，有效减少"两违"。

补齐公共服务短板。实施一批为民办实事项目，启动西溪桥闸除险加固前期工作，完成九九坑水库、社会福利中心、市区新旧体育场改造等民生工程。注重增加优质教育资源，持续改善农村薄弱学校办学条件，加快龙海二中改造提升，推进石码中心小学和华侨幼儿园新校区、职业学校、月港小学等一批教育项目建设；加强教育管理改革，留住好生源，奖教奖学，激励一线教师积极性，提高教育质量。深化医药卫生体制改革，推进医院医疗检测结果共享；建设中医院新综合楼、第二医院住院综合楼、院前医疗急救中心、榜山卫生院等医疗卫生项目。扩大健康服务供给，实施"名医、名科、名院"工程，启动医疗引进人才专家楼建设前期工作，加强医疗人才队伍建设，购置一批先进医疗设备，逐步提升医疗服务水平。坚持计划生育基本国策，提高人口素质。加快基层公共文化设施建设，加大海丝和火山国家地质公园申遗力度，积极发展文化产业，传承保护芗剧、农民画等特色民间艺术，广泛开展群众性体育运动和全民健身活动，争创省级文明城市。

健全社会保障体系。深入实施精准脱贫攻坚工程，确保全市 21 个贫困村和 360 户、829 名贫困人口全部脱贫。加强贫困地区基础设施建设，加大对贫困村集体经济扶持力度，每个贫困村培育一个以上壮大集体经济收入项目。新建保障性住房 710 套以上，做好保障性住房补助金发放。健全社会救助体系和农村留守儿童、妇女、老年人关爱服务体系，引进居家养老组织，扩大社区健康养老供给，发展公益慈善事业。实施更加积极的就业政策，启动职业技能培训政府补贴。健全农村社会保障体系，提高农村低保水平，完善"三保合一"、最低生活保障、失地农民养老保险等制度，推进全民参保登记计划，扩大社会保障覆盖面。

（摘编：吴　强）

漳浦县社会发展概况

2016年，漳浦县积极应对经济下行压力，围绕“一城四区”发展布局，深入开展“五大战役”“八场攻坚战”“六项重点建设”等活动，较好完成各项目标任务。2016年完成地区生产总值285.9亿元，年均增长12.6%；公共财政总收入19.8亿元，年均增长9.8%；社会消费品零售总额102.4亿元，年均增长13%。2016年及过去五年社会发展的主要工作和成效是：

城乡面貌日新月异。坚持以城带乡、城乡共荣，推进城乡一体化，南太武滨海新区开发建设有声有色，全县城镇化率达49%，被评为“国家生态县”和“全省宜居环境建设示范县”“省级园林县城”。

城市建设扩容提质。实施“面海东进、跨溪南扩、依山北拓”发展战略，旧镇、大南坂、万安“三个组团”同步扩张，火车站场、鹿溪两岸、九曲岭“三大板块”各具雏形，县城建成区拓展到22平方公里，扩大近一倍。五年累计投入城市建设资金371亿元，是上一个五年的2倍。大手笔、高标准建成迎宾大道、万安大道、通站大道三条进出县城大通道，与改造升级后的国道漳浦段共同构成东西南北、四通八达的城市交通框架。县城区主次干道全部实现白改黑、上改下，彻底解决了“蜘蛛网”“雨必涝”等市政顽疾。完成10个片区旧城改造，征收房屋63万平方米，建成永嘉、新都、长德等富有现代都市气息的城市综合体。实施鹿溪等重点流域水环境综合治理，完成绥东溪、南门溪景观改造，新建鹿溪、道周、石斋等9个城市公园和金浦大道路口、龙湖大道南侧等27个街头绿地，县城主要路段和公共场所实现树绿花红、亮化美化。

美丽乡村效应彰显。实施镇区净化、亮化、美化工程，建成22个农民文化公园。佛昙、深土、赤土等一批小城镇综合体建设加快。开展“两违”综合整治，累计拆违210.6万平方米，腾出土地4100亩，镇村面貌大为改观，创建国家生态镇18个。投入5亿元，开展美丽乡村创建活动和农村生活垃圾治理三年提升行动，完成村庄人居环境整治86个、创建美丽乡村67个，农村更加整洁有序。旧镇镇石牛尾和湖西乡赵家城、城内3个村入选中国传统村落名录。佛昙镇轧内村被评为省级历史文化名村和全省最美乡村，南浦乡后坑村成为全国休闲农业与乡村旅游示范点。

基础设施日臻完善。投入80亿元，基本建成沿海大通道漳浦段、红色旅游道路、六鳌疏港公路，建成农村水泥路600公里，实施农村公路安保工程250公里，改造危桥30座，全县城乡道路实现安全畅通。投入7.9亿元，扩建110千伏以上变电站8座，改建10千伏以上线路1246公里。完成澎水水库至县城引水工程和自来水厂扩建工程，县城居民全部喝上优质水；实施农村安全饮用水工程，60万农村百姓用上自来水。建成生活垃圾焚烧发电厂、36座乡镇垃圾中转站和县城污水处理厂、45个农村污水处理点，形成“村收集、镇转运、县处理”的垃圾处理系统。

社会事业全面丰收。投入6亿元，建成校安工程206个、总面积35.8万平方米，全县中小学校基本建成塑胶跑道、全部用上冲水式厕所，通过省级“双高普九”“两项督导”和全国“义务教育发展基本均衡县”验收。成立丰盛食品院士专家工作站，荣获“国家科技进步先进县”。芗剧《黄道周》《七品芝麻官》获得全省会演金奖，再次跻身全国文化先进县行列。承办第十五届省运会羽毛球和桥牌比赛，沙西镇李庭申为我县勇夺首枚残奥会银牌。投入7亿元，高标准扩建了县医院，建成新的中医院和妇幼保健院，改扩建11个乡镇中心卫生院，全县新增业务用房14.1万平方米、床位1000张，医疗服务条件跃居全省县级最高水平，被评为“全国基层中医药工作先进县”“全国计生优质服务先进县”。

社会保障较快提高。新增城镇就业3.3万人、农村劳动力转移就业5万人，城、乡居民人均可支配收入分别年均增长11%和11.4%。城乡居民合作医疗参合率达到100%，补偿比例居全省前列。新建续建保障性住房3917套、99.2万平方米，建成20所乡镇敬老院和34所农村幸福园。实施精准扶贫“七大攻坚工程”，完成167户贫困无房户安居工程、825户造福工程搬迁任务，稳定脱贫7500人，占总贫困人口的64%。被确定为“原中央苏区县”。

社会大局和谐稳定。落实安全生产责任制，推进企业安全标准化建设。深入开展道路交通安全三年综合整治，遏制重特大事故发生。禁毒工作扎实有效。食品药品安全监管持续加强，通过“全省食品安全社会共治示范县”验收。全面推广社区网格化管理，加强社会矛盾纠纷化解，解决信访积案214件，社会安定稳定。被评为“省级平安先行县”和“全国普法先进县”。

2017年社会发展的主要工作：

提升中心城区。计划投入77.8亿元，实施92个重点项目。编制县城供水供气、景观风貌等12项专项规划，加大县城区“两违”管控力度。开工建设蓝理路、工业南路、金浦大道南段、滨江大道等一批市政道路，打通金鹿路、印石路等“断头路”，力促金浦大桥竣工通车；新建排水排污管网153公里、供水管网82公里、燃气管网23公里；加快建设鹿溪南岸景观工程，建成道周公园，新增城区绿化950亩。创建国家卫生县城，实施城市精细化管理，使县城区更干净、更优美、更清新。

打造美丽村镇。深入实施杜浔小城市试点镇和绥安镇强镇扩权改革，加快海岸新城、佛昙商贸城、深土碧水丹山、盘陀鹿水新城、赤土安置小区等城镇综合体建设步伐。创建六鳌海洋艺术、佛昙河豚文化、盘陀茶文化、官浔花木休闲等一批特色小镇。建设绥安罗山村等24个美丽乡村。做好旧镇石牛尾、湖西赵家城和城内3个传统村落的提升保护。

完善城乡配套。投入20亿元，实施16个交通基础设施建设项目。启动沈海高速万安、杨美互通口等项目前期工作，开工建设港城大道、官浔至花都段、九龙岭隧道漳浦段和六鳌重装码头、海岸新城客运码头，拓宽改造山旧线观音亭至象牙段道路，加快建设沿海大通道连接线，实现沿海大通道漳浦段和红色旅游道路全线通车，确保汽车中心站一期建成投用。创建数字家庭示范县，确保年内基本实现无线网络信号村村通、全覆盖。

筑牢生态安全屏障。计划完成造林绿化2.5万亩以上，力争全县森林覆盖率提高0.5个百分点。加快建设国道324线闽南文化生态走廊示范段，建成赤湖后湖至湖西顶坛美丽乡村景观带，打造区域性大型绿色生态屏障。

加大环境整治力度。大力削减主要污染物排放总量，完成省市下达的减排任务。加大鹿溪等重点流域和饮用水源保护区的治理力度，严厉打击农业面源污染、畜禽养殖污染行为，不断提高流域水环境质量。建立海漂垃圾治理长效机制，重点解决旧镇湾、佛昙湾无序开发现象。

推进生态保护修复。坚决落实生态红线，严格按照重点开发、限制开发、禁止开发的区域定位进行开发保护。加大“青山挂白”专项整治，恢复生态植被。引导林农改种优良茶果或名贵树种，实现保持水土、涵养水源的良好生态。实施林田河湖生态修复工程，促进人与自然和谐相处。

率先实现全部脱贫。继续实施精准扶贫“七大攻坚工程”，用好各项扶贫政策，争取上级更多支持，整合各方资源，补齐发展短板，增强石榴龙岭、湖西后洞、赤岭土塔、南浦美林和中西等五个扶贫重点村造血能力，确保全县贫困人口稳定脱贫，在全市率先脱贫、脱帽。

大力发展社会事业。巩固扩大义务教育基本均衡县创建成果，投入2.6亿元，实施中小学校舍建设项目74个。建设文体中心、人民剧场等文化项目。做好锦江楼、“五里三城”等文物修缮保护。实施公立医院“三医联动”改革，加快联创医院、康宁医院等民营医院建设，满足广大群众就医需求。深入实施全面两孩政策，提高出生人口素质。加强留守儿童关爱保护，积极发展残疾人、红十字会等事业。

（摘编：康明辉）

云霄县社会发展概况

2016年，云霄县深入开展“三个年和一大战役”活动，主动作为，奋力攻坚，顺利完成全年各项目标任务。实现地区生产总值146亿元，增长11%；一般公共预算总收入7.68亿元，增长3.8%；城镇居民人均可支配收入27588元，增长9%；农民人均可支配收入14097元，增长10.5%。首次挺进福建省县域经济发展十佳县。一年来社会发展的主要工作和成效：

宜居建设再上台阶。实施138个宜居环境建设项目，累计完成投资26.78亿元。城区形象持续提升。渡头片区安置群众实现回迁入住，复兴路东段安置房主体完工；实施威惠庙片区改造，用30天时间完成303户、5万平方米房屋的签约、腾房工作，进入拆迁阶段。城市执法管理规范有序，城区主干道实现24小时“零占道”。改造雨、污、供水管网96.83公里，新增绿化面积2.2万平方米，新建路外公共停车位240个，新装LED路灯462盏，建成110千伏下坂输变电等5个电力工程。路网设施更加完善。基本建成开漳大道，动工兴建云平高速（云霄段）、沿海大通道云霄段（二期）及漳江湾特大桥；完成城区云平路“白改黑”工程，累计改造市政道路10.81公里。实施农村公路安保工程140公里，新建通村道路20公里，改造农村危桥2座，新增农村公交线路3条。

生态环境日益优化。实施“七个五”行动计划，顺利通过国家生态县验收。推进农村环境综合整治，建成14个美丽乡村、9个富美乡村和12个环境整治村。拆除禁养区生猪养殖场553个，关闭可养区养殖场851个；淘汰黄标车460辆；完成造林绿化1.46万亩；拆除“两违”73.23万平方米。

脱贫攻坚加快推进。出台深化精准扶贫政策措施，落实“三扶三到”，全年净脱贫人口5300人。突出精准施策。完成全县贫困户精准识别建档立卡，开展“千名干部结对帮扶建档立卡贫困户”活动，组建扶贫志愿队参与扶贫开发，累计进村入户1万多人次，帮助解决资金1000多万元，解决就业2500多人。实施120个扶贫开发建设项目，完成投资1.36亿元。突出安居建设。实施造福工程扶贫搬迁建设，建立易地搬迁投融资担保平台，3个百户、3个50户造福工程全部开工建设。提前半年在全市率先建成104个贫困无房户安居工程，完成全县388个特困户房屋的修缮工作。突出信贷服务。强化金融精准扶贫工作，设立全省首个金融青年产业扶贫示范基地，“扶贫宝”工作扎实推进，新增金融精准扶贫贷款306笔4378.35万元；支农信贷协会新增担保放贷740笔5265.65万元，受益群众3469人；全县累计向上争取资金20亿元。

民生事业持续改善。全面完成21项为民办实事项目。全县公共财政支出24.95亿元，增长8.38%，其中涉及民生支出20.69亿元，增长3.94%，占总支出82.93%。文教卫生方面，义务教育发展均衡县通过国家验收，挂牌成立云霄一中分校、实验中学，新招聘教师77名，新建校舍面积4万平方米，云霄职业技术学校、云陵中心幼儿园等建成投入使用，被评为“漳州市初中教育质量先进县”。实施分级诊疗制度，实行药品限价采购，推行乡村卫生服务一体化管理，新增卫技人员48名、全科医生5名。实施全面两孩政策，出生人口政策符合率92.12%。西林村、菜埔村、阳下村成为第五批省级历史文化名村；云霄潮剧《珍珠记·扫窗会》首次晋京展演。省级文明县城创建工作扎实推进，云霄七彩虹志愿队获评“福建省青年五四奖章集体”。社会保障方面，县福利中心、殡仪服务中心一期工程竣工，首家儿童福利院开工建设。全年发放城乡低保、五保金4020.74万元，发放医疗救助金1073万元。成立县人力资源市场，新增城镇就业3598人，转移培训农村富余劳动力977人。社会管理方面，开展安全生产大检查，建设漳州市（云霄）安全生产培训考试分中心；实施道安“三年提升工程”，完成5个红绿灯、13个智能交通卡口和28公里中心隔离栏建设；被授予“全国平安渔业示范县”。率先在全市启动运行“云霄110”升级版平台，成立启用县禁毒教育基地、县反诈骗中心。落实卷烟打假责任制，开展打假专项行动，保持制假烟机“零查获”。责任信访、法治信访有序推进。双拥共建、人事编制、民族宗教等各项工作都取得新成效。

2017年社会发展的主要工作是：

彰显城市品位。完善城市规划设计，巩固“省级园林县城”创建成果，新增绿化面积4万平方米，新建路灯工程10公里，新装LED路灯460盏。实施城市精细管理，强化占道经营、乱停车、乱设广告整治，规范农贸市场管理，完善卫生保洁机制，推行“垃圾不落地”，提高环卫保洁经费标准。强化“两违”综合治理，加大巡查管控力度，完善网格化、片区化、信息化巡查机制，坚决杜绝“两违”新增。积极创建省级文明县城，不断提升社会文明程度。

提升宜居环境。2017年计划实施宜居环境建设项目157个，总投资44.23亿元，年度计划投资23.71亿元，计划新开工148个，实现竣工140个。重点推进城镇“三边三节点”整治，完善防灾减灾体系，开工建设东南诸河云霄城区防洪工程和总长17.3公里的漳江西溪万里安全生态水系工程，迁建云霄自来水厂，建成城区污水处理厂（二期）。加强农村人居环境综合整治，开展生活垃圾治理三年行动，加快垃圾和污水收集处理设施建设，实施农村亮化、净化、美化工程，新增一批美丽乡村、富美乡村，积极创建省级特色小镇。

打赢脱贫攻坚战。积极实施脱贫攻坚“三年行动计划”，落实结对帮扶机制，深化“三比三看”活动，鼓励引导社会各界参与结对帮扶，确保建档立卡贫困户全部脱贫。创新“金融+扶贫”模式，开展小企业联保、农户联保、“公司+农户”业务，提升有效融资能力。全县建档立卡贫困户新农合参合资金由县财政全额支付。着力增强自身造血功能和内生动力，实施贫困村一个增收产业、贫困户一个增收项目，引导剩余劳动力就业创收。推进造福工程易地搬迁，新（扩）建4个市级集中安置区，重点向建档立卡贫困户倾斜。

加强生态文明建设。实施“七个五”行动计划，打好水、大气、土壤污染防治攻坚战，加强漳江流域和饮用水源地保护，控制畜禽、水产养殖和农业面源污染；加强水土流失治理，完成造林绿化1.18万亩。严格落实节能减排目标责任制，强化环境监测和环境监察执法。完善最严格的耕地保护和节约集约用地制度，努力建设全省节约集约用地示范区。

加快文化教育发展。全面提升教育教学质量，推进义务教育优质均衡发展；实施“第二轮学前教育三年行动计划”，加快莆美幼儿园、阳下幼儿园等公办幼儿园建设，建成投用第二实验小学，创建24所“义务教育管理标准化学校”，解决全县学校寄宿生“洗热水澡”问题。加快文化事业、文化产业发展，建成新图书馆，启动非遗艺术馆、美术馆建设前期，推进魏妈文化园整体规划建设，积极创建“中国书画之乡”。

提高群众健康水平。深化医药卫生体制改革，稳步推进县级公立医院改革，启动建设新县医院、疾控中心业务技术楼。建立县级公立医院与乡镇卫生院、社区卫生服务中心基本医疗服务深化协作机制，实施云陵社区卫生服务中心家庭医生签约服务试点。完善计生服务管理，强化出生人口性别比治理，促进人口均衡发展。开展全民健身活动，崇尚文明健康生活。

完善社会保障体系。建成县社会福利中心、儿童福利部和殡仪服务中心，开工建设云陵、莆美、下河乡镇敬老院。完善城乡医疗保险、养老保险、失业保险和住房保障等制度，开工建设县劳动保障服务中心。保障妇女、儿童和劳动者合法权益，健全社会救助体系和农村留守儿童、妇女、老年人关爱服务体系，大力发展公益慈善和残疾人事业。

（摘编：游学荣）

诏安县社会发展概况

2016年，诏安县积极适应发展新常态，以供给侧结构性改革推动转型升级，经济社会保持健康平稳发展态势，较好地完成了“十二五”规划目标，全县实现地区生产总值220.8亿元，比2011年增加102.9亿元，年均增长12.4%；公共财政总收入完成7.73亿元，年均增长7.9%，其中地方公共财政收入完成5.42亿元，年均增长6.9%。成为省级“农村电子商务示范县”和“农村淘宝试点县”。一年来及过去五年社会发展的主要工作和成效是：

城乡面貌明显改善。启动《诏安县城总体规划》（2012—2030）修编工作。投入27.2亿元建设江滨、南湖、文体中心等三大新区；新建市政道路15.1公里，县城区面积由14.2平方公里扩展到17.5平方公里。四都镇、霞葛镇入选全国重点镇，金星乡、梅岭镇入选省级特色景观旅游名镇，四都渔乡休闲小镇被列入全省首批特色小镇创建名单。农村基础设施不断完善，全县217个行政村全部通上水泥路，基本实现宽带网络全覆盖，90%以上农村实现集中安全供水。全县森林覆盖率65.3%，城区绿化覆盖率38.86%，顺利通过国家级森林城市创建验收，荣获“省级生态县”称号。

社会事业繁荣进步。教育教学条件日益改善，共新增中小学校舍203幢，面积31.1万平方米，新增考聘录用教师648名，顺利通过省级“双高普九”验收和国家“义务教育发展基本均衡县”督导检查。医药卫生改革全面铺开，实施县医院和四都中心卫生院、中医院和南诏社区卫生服务中心等医联体项目，建立健全分级诊疗制度。实施县中医院搬迁工程，建成县卫生监督所和深桥、西潭、四都、建设等卫生院门诊综合楼，完成90个行政村卫生所（室）标准化建设，新增医疗机构床位675张，招聘卫技人员383名。计划生育服务优化提升，相继落实单独二孩、全面二孩计划生育政策。全县97周岁及以上老人222名，其中百岁老人有117名。文化体育事业发展加快，建成诏安书画交易中心（诏安书画城）和县文体中心，成功举办县第五届运动会和全县中小学生田径运动会，新增市级以上非物质文化遗产5个。社会治理能力不断提升，深化“平安诏安”建设，建立天网、地网、人网“三位一体”的立体化社会治安防控网。没有发生重大以上食品安全事故，安全生产“四项指数”持续下降。成功创建全省科普先进县，荣获“中国海峡硒都”“中国长寿之乡”称号，五年来连续4次被评为“省级双拥模范县”。

群众生活更加殷实。城镇居民人均可支配收入年均增长9.8%，农村居民人均可支配收入年均增长10.6%。坚持民生优先，共组织实施97个为民办实事项目，完成投资31.77亿元。城镇登记失业率连续五年控制在2.7%以内，新增城镇就业人数1.89万人，转移农村富余劳动力4.9万人。实施保障性安居工程，五年共开工建设各类保障性住房4482套，建成3367套，完成配租2569套。初步建立了覆盖城乡、惠及全民的社保体系，城乡居民社会养老保险整体参保率达到95%，城乡居民养老保险基础养老金由每月每人60元提高到105元，新农合基金各级政府补助由每年人均240元增加到420元。城乡低保标准逐步增长，累计发放城乡低保金18437.4万元，发放农村五保金1868.8万元。扶贫工作精准有效，五年累计投入扶贫专项资金3.5亿元，29668人实现脱贫。深入推进产业扶贫，41个贫困村因地制宜发展21个特色产业。完成“造福工程”扶贫搬迁5239户、危房改造1397户，建成17个省市级集中安置区，农村贫困无房户住房问题得到解决。

2017年及今后五年社会发展的主要目标任务：

建设文化名县，彰显文化特色。围绕建设文化名县目标，推动文化与科技、旅游、互联网等相关产业融合发展，促进文化产业升级，培育建设一批有规模、有影响的文化产业园和文化产业示范基地，优化文化发展平台，加快文化事业发展步伐。

夯实教育事业基础。教育是社会进步、文化发展的基础。推进“全面改薄”和“义务教育管理标准化学校”建设，投入5亿元推进职校新校区、阳光特校、江滨教育配套工程、南诏镇中心小学等城区新学校建设，新建10所公办幼儿园。完善教育装备配备，加快“三通两平台”建设，充分利用信息化手段扩大优质教育资源覆盖面。优化教育资源配置，落实教育惠民政策，完善助学体系，推动教育事业均衡发展。深化课程改革，优化教学方式，提高教育质量。加强师德师风建设，实施校长队伍优化工程和教师素质提升工程，提高师资队伍建设水平。

打响书画之乡品牌。设立书画艺术基金和书画人才扶持基金，大力加强书画人才培养，在中小学设立书画培训班，每年帮扶50—60名学生到全国知名艺术院校参加书画培训，鼓励报考书画艺术名校，培养高层次书画人才。加强与中国八大美院、闽粤两省美术院校合作联动，建设一批书画写生采风创作基地和书画艺术创作联络点，推动书画院校师生驻诏实践、写生常态化。2017年，着力打造梅洲农民画家村，以及红星乡梅园、西潭镇山河村、梅岭镇南门村等写生基地。组织开展各种书画艺术研讨、交流和展销活动，每年举办一场大型书画展。挖掘“中国书画艺术之乡”品牌内涵，融合科技、创意等因素，创建诏安书画文化传播平台，发展书画艺术电商，推动诏安书画在互联网上的传播和交易；建设文化创意产业园，积极开发儿童动漫衍生品等特色产品，推动书画文化艺术和媒体创意、生活创意、工业设计的联动发展。

优化文化发展平台。加强文化设施建设，规划建设江滨文化创意园和闽粤画家村，推进诏安美术馆、博物馆和书画艺术综合展示馆建设，完善图书馆、文化馆等场馆配套设施。做好传统文化的保护传承，积极开展文物保护和非遗项目的申报工作，争取实现国家级文物保护单位零的突破。加强非物质文化遗产传承人才的培养，鼓励非遗产品创新和适度规模生产，积极培育非遗文化市场。以潮剧为重点，实施地方戏曲振兴计划，为地方优秀戏曲提供更大的发展空间。发挥沈耀初美术馆、霞葛镇五通宫等平台作用，加强诏台文化交流。积极组织参加海峡两岸（厦门）文博会、福建非遗文化艺术展等活动，提升诏安文化艺术的知名度和影响力。

注重生态立县，打造宜居环境。生态是诏安的一大特色，也是诏安今后发展的一大竞争优势。要以我省建设全国首个生态文明试验区为契机，坚持绿色发展，推进生态文明建设，实施品位县城、特色城镇、美丽乡村三位一体发展战略，提升城乡发展水平。未来五年，县城区面积扩大到21平方公里，城乡规划、建设和管理水平再上新台阶。

建设品位县城。围绕国家级生态文明县创建目标，按照“田园都市、生态之城、文化之都”发展定位，完善城乡总体规划、控制性规划、专项规划编制，科学设计城市天际线、轮廓线、景观线、交通线。实施城区“东进、西延、南拓、北展”战略，重点推进江滨和南湖两大新区建设，提升亲水环境和公园绿化，配套建设教育校区、购物中心等服务设施，把两大新区建设成为功能多元、商业繁荣、生态宜居的城市新兴区。推进古城保护与开发，保护好古厝、古庙、古街、古树、古牌坊，重点做好旧城牌坊街修复和骑楼建筑保护，留住乡愁和记忆。实施绿化、美化、净化、亮化、花化五大工程，推进南环城路、中兴大道等6条道路的绿化提升，完成中山公园、良峰公园等13个小公园的景观提升，完善城市绿地系统，创建省级园林县城。实施造林9.3万亩，县域森林覆盖率保持在65.4%以上。全面推行河长制，重点实施东溪和西溪整治工程，实现河畅、水清、岸绿、景美。推进城市执法体制改革，改进城市管理工作，提高城市管理、执法和服务水平。

（摘编：苏建平）

东山县社会发展概况

2016年东山县围绕建设“生态旅游岛·漳南核心区”的美好愿景，扎实开展“三个年和一大战役”活动，较好地完成各项目标任务。全县生产总值173亿元，增长10.1%；一般公共预算总收入18.36亿元，增长0.5%；社会消费品零售总额38.56亿元，增长11.5%；城镇居民人均可支配收入30817元，增长9.5%；农村居民人均可支配收入17647元，增长10%。社会发展的主要工作和成效有：

平台基础不断夯实。总投资6.89亿元的16条园区道路开工，长山尾、城垵污水处理厂分别进入招投标和设计阶段。海洋生物科技产业园中，超正、海尚等5家企业开工，力冠、金城兴等10家企业落户；玻璃及新材料产业园中，安东、伟安等3个项目投产，德坤、百捷等8个项目正加快前期。项目工作扎实开展。66个县级重点项目完成投资97.2亿元；落实“五个一批”项目92个，开工12个、投产13个；成功申报并实施6个投资工程包共21个子项目。强化项目招引，出台规范招商引资、飞地工业等文件，签约庆宇水上游乐园、锆钛新材料产业园等45个项目，总投资近百亿元，其中10个项目开工、7个项目投产。

海岛环境更加优美。规划管理有序推进，“多规合一”“战略规划提升”等六大规划编制完成。进一步规范城乡个人自建房审批管理，完成“数字城管”一期建设。强化违建鲍鱼场整治，创建省级“无违建”示范县，全县拆违面积54.5万平方米，腾出土地76.3万平方米，恢复利用71.8万平方米。虎山公园、西班牙山庄等路口完成改造，县城卡脖子路段全面打通。

城乡建设步伐加快。投入4.43亿元，推进国省干线横十一宫前—山只段、环岛路下西坑—径口段等道路建设，顶街路改造等项目完工。完成西铜路、疏港路等路灯节能改造工程，新建或改造夜景工程26个，铺设液化天然气管道10公里，供电、广电、通信等设施建设有序推进。投入近5千万元，创建14个富美乡村和5个村容整洁示范点，前何村被评为全市“五星级”富美乡村。

生态保护力度加大。贯彻落实《国家生态文明试验区（福建）实施方案》，全省率先建立海洋生态保护红线制度。投入13.5亿元，实施“七个五”生态环境建设行动计划，开展主干道两侧绿化及景观综合治理，赎买重点区位商品林371亩，植树造林及森林经营超1.1万亩。全省首批渔港低压岸电桩投用，“垃圾不落地”、黄标车淘汰、海湾整治、节能减排、大气污染防治等工作有力有效。

民生改善再上台阶。推进七大扶贫攻坚工程，全市率先开展扶贫小额意外伤害保险，发放扶贫小额信贷近600万元。投入超2000万元，实现年内580人造福工程扶贫搬迁对象安置、65户农村贫困无房户入住新居、1227人脱贫、8个“双薄弱村”脱帽。同时，投入9500万元实施棚户区改造。全年新增城镇就业3639人，转移农村富余劳动力就业3301人。完成新老农保衔接2221人，累计发放被征地农民养老保障金275万元。

科教文卫全面发展。获评全市唯一国家级专家服务基地、首批省级科普示范县。第三实验幼儿园等项目投用，文昌学村、漳州市示范性综合实践基地加快建设，被授予全省安全教育示范县。铜陵镇入选省级历史文化名镇及首批特色小镇创建名单。水上运动培训服务中心主体完工。国家卫生县城创建工作通过省专家组技术评估，妇幼保健院主体建筑封顶，中医院迁建项目开工。

社会管理持续增强。深化“平安海岛”建设，信访调解、网格化服务等工作扎实推进，荣获全省法治县创建活动先进单位。开展道路交通安全整治，农村道安宣传教育工作实现“三个100%”。推行“双随机一公开”市场监督管理机制，实现“三个安全”。

2017年社会发展的主要工作：

突出统筹协调。推进现代农业示范园、核心园建设，力争农民专业合作社超60家、家庭农场超180家，完成农村土地承包经营权确权登记。优化鲍鱼品种育苗等设施渔业，鼓励发展深水抗风浪网箱养殖，向上争取远洋渔船建造指标。实施农业“接二连三”，积极培育农业产业化龙头企业，启动大澳渔港经济区建设，推进保税物流园区扩区，完善水产品集散等服务功能，推动电子商务进农村，促进农业增效、农民增收。

完善基础配套。投入44亿元推进虎山公园二期、公共停车设施等103个宜居环境项目。投建城南路南段、冬古作业区疏港公路等工程，改造邮政大楼南侧等3条市政道路，完善农村路网建设，实现所有自然村通水泥路。确保岛外引水第一水源试运行，完善西环路延伸段等城区排洪排涝设施，建设供水、燃气等各类地下综合管廊。实施全县公共照明节能改造提升工程，完成全县主干道、城区街巷和入村主道等路灯改造。推进21.6公里电力线路缆化、110千伏杏陈输变电等工程，完成21个小城镇（中心村）电网改造升级。

注重规划管理。推进“多规合一”等一批规划落地实施。启动“智慧城市”顶层设计，建设“数字城管”二期工程，整治占道经营、车辆乱停放等行为，提升城市精细化管理水平。持续开展“两违”治理，提升省级“无违建”示范县创建水平。全面实施村庄土地利用总体规划，持续推进富美乡村、美丽乡村及景观带建设，加强传统村落保护，优化农村生活环境。

推进生态建设。落实国家生态文明试验区建设7大方面25项具体任务，持续推进“七个五”生态环境建设项目，加快投建长山尾和城垵污水处理厂，推进全岛污水管网建设。深化全省重点区位商品林赎买试点工作，实施“四大绿轴”增绿美化工程，确保全年植树造林及森林经营8000亩以上。持续推进旗滨矿区、东南部沙滩等修复工程。

加强环境保护。支持发展战略性新兴产业，注重引进低污染、低耗能项目。开展环境污染责任险试点，探索污染治理新机制。强化企业排污监管，全面落实差别化排污收费政策，逐步试行排污权有偿使用。加快黄标车淘汰，推进燃煤锅炉整治。加强“五海”保护，巩固“四湾一区”整治成果，打击违规占海、盗采海砂等行为。开展饮用水源地环境安全评估和专项整治工作，确保群众饮用水安全。

巩固城乡保洁。探索保洁市场化运作模式，完善长效保洁管理机制。试点推进垃圾分类投放和处置，在西埔、铜陵城区全面推行“垃圾不落地”。建立健全农村保洁“四有”机制，开展农村生活垃圾专项治理。强化源头监管，大力整治道路扬尘、运输车辆滴撒漏，维护良好市容市貌。

办好社会事业。实施年度投资10.83亿元的28个为民办实事项目。确保一中新校区开工，加快文昌学村等项目建设，投用铜陵、陈城中心幼儿园，实现镇级公办幼儿园“全覆盖”。启动县医院提升工程先期项目，加快县中医院迁建，确保新妇幼保健院建成投用，成功创建国家级卫生县城。深化医药卫生体制改革，基本形成分级诊疗制度，力争县级就诊率提高到70%，公立医院药占比低于34%。实施优生优育促进工程，完善人口和家庭公共服务网络。设立东山百花文艺奖，传承推广民间艺术，加快市民文化广场、文体中心等项目建设，进一步丰富群众文体生活，引领文明健康新风尚。

增强保障能力。全力推进扶贫攻坚，确保2017年实现建档立卡贫困人口全部脱贫。进一步拓宽就业渠道，保障劳工合法权益，新增城镇就业3500人以上，转移农村劳动力3000人以上。实施全民参保计划，实现参保人员全覆盖。完善社会救助体系，提高被征地农民、无力参保人员等群体待遇标准。推进棚户区、危旧房改造等保障性住房建设。全面实行建筑和市政工程项目劳务实名制管理，防止欠薪问题发生。加快发展城乡社区居家养老专业化服务。

（摘编：赵旭东）

平和县社会发展概况

2016年平和县按照“四个全面”战略布局，坚持五大发展理念，实施“三个年一战役十竞赛”，经济社会发展取得新成效。完成GDP193.85亿元、公共财政总收入7.7亿元、地方财政收入5.8亿元、规工产值突破200亿元，分别是2011年的1.75倍、1.4倍、1.5倍和2.43倍。县城区建成面积扩大到7.38平方公里，新改扩建市政道路38.4公里，承载能力、服务功能和辐射作用持续增强。城镇化率提高到44.5%。社会发展的主要工作和成效是：

城镇设施持续完善。全力推进78个宜居环境项目建设，县城自行车系统一期等一批市政公共设施项目竣工投用，东环路、奇兰路延伸段以及雨污收集、供水管网等在建项目有序推进，污水处理厂二期、阳明大道等项目前期工作扎实开展。城市建设用地获批1800亩；房地产投资15.7亿元，销售面积18.39万平方米、增长39.45%，形成供销两旺的态势；启动中秋埔片区棚户区改造前期工作。拆除“两违”建筑物69.24万平方米。

村镇建设统筹推进。新增5个压缩式垃圾转运站、2个乡镇垃圾填埋场，完善123个村级垃圾收集设施。开展农村建设“双百”行动，投资1.52亿元，创建坂仔镇东风村等18个美丽乡村点；绳武楼景区入选全国“景区带村”旅游扶贫项目，高寨村晋级为首批国家级乡村旅游模范村，新增2个国家旅游扶贫试点村、3个省级乡村旅游特色村、8个全国乡村旅游扶贫重点村。

推进水环境综合整治。投资8000多万元，引进北京碧水源先进工艺，实施自来水厂改扩建工程，提升制水供水能力，保证县城居民饮用水安全。铁腕实施水环境综合整治行动，重拳整治畜禽养殖污染，关闭拆除养猪场1057户、13.25万平方米；有效处置蜜柚废果弃果，整治农业面源污染，治理农村垃圾，改善流域断面水质，省控断面Ⅲ类水达标率为95%。

持续巩固生态优势。全面开展生态文明先行示范区创建活动，淘汰黄标车899辆，升级改造6家陶瓷企业的脱硫设施。开展以“四严禁四追究一奖励”为主要内容的林业大整治，关停木材加工厂74家，改种乡土阔叶树或针阔混交林1.28万亩，植树造林1.89万亩，抚育幼林4.7万亩，封山育林2.8万亩。森林覆盖率70.68%，位居全市前列。

精准扶贫成效初显。落实“三扶三到”措施，建立党员干部挂钩帮扶机制，建档立卡贫困户实现全覆盖，预计可超额完成5000个扶贫人口稳定脱贫的目标。推进产业扶贫，投资6212万元，在45个扶贫重点村实施215个帮扶项目。开展“有其屋”“造福工程”，投资3687万元，在全市率先实现解决261户无房户、1081户危房户居住问题；造福工程易地扶贫搬迁2657户、8180人破土建房，建设9个造福工程集中安置区；扶贫小额信贷4938万元，增强建档立卡贫困户造血功能。

社会民生持续改善。投资3.4亿元，实施800多个义务教育均衡发展项目，通过国家义务教育发展基本均衡县评估验收；扎实推进小溪、长乐公办幼儿园项目；本一上线566人，成为市“高中教育教学质量先进县”“初中教育教学达标县”。加快卫生项目建设，完善县、乡、村三级医疗服务体系。落实“全面二孩”政策，积极应对人口老龄化。城乡居民27.18万人参加社保，参保率95.44%。配租公租房142户，配售经济适用房23户。全面实施殡葬改革，县殡仪馆及9个乡镇福寿堂建成投用。

2017年社会发展的主要工作有：

建设靓丽县城。围绕建设县城区“十个一”工程，着力推进阳明大道、奇兰路、东环路一期、污水处理厂扩容提升、自来水管网提升改造、绿道网等市政设施建设和中秋埔棚户区改造；加快润和广场、英才尚层、书香门第等地产项目投建步伐，促进房地产市场稳定健康发展。持续推进“两违”治理，严厉打击违法建设、违法用地行为，确保城乡建设按规划有序推进。

建设特色乡镇。以求“精”、求“特”为导向，规划建设和改造提升乡镇风貌，重点推动坂仔、文峰、芦溪等镇区道路拓展建设，拉开集镇建设架构，逐步构建形成以县城为中心的精品特色城镇群。建设一批乡镇污水处理厂和垃圾转运站，强化日常维护管理，确保污水、垃圾处理设施的有效运行。

建设美丽乡村。统筹推进城乡发展，保护传统村落，实施17个美丽乡村创建，保护性开发3个传统村落、10幢传统建筑。落实乡村旅游“百镇千村”三年行动计划，创建3个乡村旅游特色村，支持印象半径创建三星级乡村旅游经营单位，推动高寨村建成全市“十大最美乡村游”。

强力推进脱贫攻坚。继续推行挂钩帮扶制度，加强扶贫工作力量，落实“三扶三到”的精准扶贫措施，围绕“两不愁三保障”查找差距，增添举措，努力完成各项扶贫开发工作任务。开展扶贫项目资金整合试点工作，做好各级扶贫资金的整合，确保资金向扶贫领域倾斜，项目向扶贫工作集中，完成一批扶贫重点项目建设，加快全县脱贫速度。跟踪脱贫人口收入动态，以户为单位，对满足户年人均纯收入稳定、超过国家或省扶贫标准的贫困户对象，做好退出管理。

打好污染防治攻坚战。持续开展重点流域水环境综合整治工作，强力推进畜禽养殖污染治理，严格落实河长责任制，重点对九龙江流域的7个乡镇及工业园区的河道进行分段监测，分段考核，改善流域水环境。坚持关拆与治理并举的措施，继续强化工业废气和施工道路扬尘治理，改造燃煤锅炉，淘汰黄标车，提升环保节能效益。完善农资市场管理、整顿机制，从源头上杜绝重金属含量高的化肥、农药在我县销售使用。启动土壤环境质量例行监测，开展污染土壤治理和修复试点工作。

做好林业专项整治行动。不遗余力地杜绝山地过度开发行为，深入开展严禁毁林种柚、严禁栽种速生桉树、整治木材加工厂等3个林业大整治行动，探索实施退果还林，保护山地林地资源，守住生态和发展两条底线。

抓好打击违法排污行为。加强对重点区域、重点行业、重点流域的监督检查，深入开展整治违法排污企业、保障群众健康的环保专项行动，依法严厉查处企业违规设置排污口、私设暗管、超标排放污染物，不正常使用污染物处理设施或擅自拆除、闲置污染处理设施等违法违规行为。

发展文教事业。落实国家义务教育基本均衡发展督导检查整改工作，巩固提升义务教育水平；加快公办幼儿园建设，促进学前教育发展；完善高中阶段学校设施，提升高中教育水平；投资8000万元，推进16个中小学项目建设；加强教育管理，实施教育质量提升工程。继续做好南胜窑址的“海丝”申遗工作，组织实施平和城隍庙修缮、文博中心陈列布展、综合档案馆和林语堂故居拓展等文化项目工程建设。

提高保障水平。落实积极就业政策，开展就业援助，加强失业保险管理。加快公租房建设，完善保障性住房的配租、配售机制。进一步推进城乡社区居家养老服务建设。深化“平安平和”建设，加强和创新社会治理，完善社会治安防控体系，推进平安视频监控联网“雪亮工程”，严厉打击违法犯罪行为。强化食品药品监管、安全生产监管，落实企业主体责任，开展道路交通安全综合整治三年提升工程，坚决遏制较大以上安全事故发生，打造和谐安定的社会环境。

扩大健康供给。实行院长目标年薪制管理制度，制定公立医院绩效工资总额管理办法，完善医院内部分配机制。加快推进疾控中心业务用房、妇幼保健院、城关社区卫生服务中心业务用房和国强、秀峰卫生院门诊综合楼等项目建设。

（摘编：王诗诚）

南靖县社会发展概况

2016年，南靖县积极应对经济下行压力，负重拼搏，攻坚克难，有效化解各种风险和挑战，经济社会保持平稳发展。完成地区生产总值238亿元，增长10%；一般公共预算总收入11.3亿元，增长2.2%；社会消费品零售总额42亿元，增长9%；城镇和农村居民人均可支配收入分别为28697元和14313元，均增长10%。人口自然增长率7.5‰。一年来社会发展的主要工作成效体现在：

基础设施日趋优化。动工建设县城地区4条主干道“白改黑”工程和5条市政道路；厦蓉高速改扩建、国道横十线草前至牛崎头段和4条县道改造工程加快推进；新增村通自然村农村公路120公里，改造危桥8座。

功能配套日臻完善。县城污水处理厂二期、天然气气化站和3座城市公共停车场建成投用，县城公交客运站动工建设。投入1100万元，建成20公里市政配套管网。完成县城夜景提升和东大路、南大路等绿化亮化工程，加快推进荆江北岸、紫云寺扩建、观音山等生态景观工程建设。17座压缩式垃圾中转站全部建成，各镇村生活垃圾、污水处理设施进一步完善。所有行政村均实现宽带用户光纤入户。

城乡管理日益规范。严厉打击违章抢建行为；在县城3条主要街道开展“示范街”创建活动；深入开展市场经营、卫生、交通、广告等综合整治，加强集贸市场秩序管理，市容市貌进一步改善，城乡环境更干净、更有序。

镇村形象日渐提升。靖城镇入选2016全国综合实力千强镇，山城镇入选福建省第一批特色小镇创建名单，3个镇入选漳州最美乡镇，5个村被列入第四批中国传统村落，上洋村被纳入省历史文化名村。14个美丽乡村建设深入推进。

加大生态建设力度。累计投入9.2亿元，实施53个生态建设“七个五”工程项目和10个生态水系先行示范工程。完成造林面积2.8万亩，治理水土流失面积2.7万亩。加大环境治理力度。深入开展九龙江流域水环境综合整治，拆除和整治2761家生猪养殖反弹养殖场（户），累计拆除面积118.9万平方米；114家生猪规模化养殖场实现达标排放；立案处罚违法排污企业130起。加大总量减排力度。提前半年完成黄标车年度淘汰任务，淘汰率居全市第一。改造、淘汰3家造纸企业的生产线项目。清理违规建设项目106个，完成率达100%。

脱贫攻坚扎实推进。累计投入7452万元，加快推进脱贫攻坚工作，推动10个贫困村脱贫摘帽、3452人实现脱贫。全面落实82户贫困无房户安居工程建设，完成538户农村贫困户危房改造任务，落实5560人的造福工程与易地搬迁扶贫工作，发展特色产业661亩，实施旧村复垦面积314亩。3个村被列入全国乡村旅游扶贫重点村。

惠民实事办实办好。累计投入10亿元，实施20项为民办实事项目。开工建设保障性住房192套，续建458套，竣工410套。城镇登记失业率控制在3%以内。投入4000万元实施50个移民项目，全年共发放移民直补资金760.9万元。农村居民最低生活保障人均补助标准由原来的每人每月154元提高到每人每月221元。累计发放社保补贴562.9万元，企业稳岗补贴122.1万元，被征地农民养老保障金1213.7万元，残疾补助金964.8万元，医疗救助金1006.3万元，抚恤金、生活补助金1197.7万元。拨付6812万元，提高村（居）干部补贴、落实机关事业单位人员调资、乡镇补贴等。

社会事业不断进步。科技方面，举办首届土

楼故里“南靖创客”创新创业大赛。金钥匙机械荣获全国创新创业大赛优秀奖，5家企业入选省科技小巨人领军企业培育名单。全年专利申请265件，获得专利授权195件。2家企业在“新三板”成功上市。教育方面，投入5000多万元，实施教育“五大工程”，通过完善教育教学设施、加强师资队伍建设、改善就学条件等，稳步提升教育发展基础，高中、初中教育连续五年蝉联全市“教育教学质量先进县”，各类教育发展指数均居全市前列、全省领先。卫计方面，投入3011万元，加强和溪、丰田等卫生院医疗基础设施建设；优化整合各镇（园）卫生和计生机构，完成城乡居民医保一体化工作，与漳州卫生职业学院开展“卫生与健康”战略合作。文体方面，加快推进东溪窑博物馆建设，东溪窑申遗取得重大突破，被列入国家“海上丝绸之路申报世界文化遗产项目预备名单”。成功承办全省青少年田径冠军赛暨中学生联赛。全民健身运动深入开展。实施电视信号、节目覆盖工程，发展有线数字电视用户4559户。

2017年社会发展的主要工作：

积极推进生态建设。深入开展“全国生态文明建设试点”和“省级水生态文明建设试点”工作。投资2.4亿元，持续推进生态建设“七个五”工程，不断彰显生态优势。保持林业严打高压态势，完成造林绿化和森林经营4.35万亩。实行最严格的耕地保护制度。强化“青山挂白”整治，推进矿山植被恢复，完成水土流失治理4.5万亩。投资4000万元，实施山城、梅林、南坑等3个安全生态水系建设项目。申报创建亨阳湖国家湿地公园。

深入推进生态治理。开展“生态环境保护攻坚”活动，严格落实环保目标责任书和河长责任制要求，加大对大气、水、土壤等污染的治理力度。持续推进九龙江流域（南靖段）水环境综合整治，严格断面考核，确保流域水质稳定好转。深入推进生猪养殖污染反弹整治，全面完成生猪养殖场标准化提升改造；加大农业面源污染治理力度；落实农村生活垃圾集中收集全覆盖和无害化处理，完成全县185个村庄生活垃圾整治；在土楼景区、金山、龙山等镇村，先行推行乡村生产生活污水综合整治。持续推进工业企业污染整治，提高工业污水处理率。推进5座小水电拆除退出工作。实施网格化环保监管体系建设，严厉打击非法采矿、采砂等各类环境违法行为。

扎实推进生态发展。全面落实环保目标责任制，严把新上项目环保准入关口，推进绿色清洁生产，建立绿色低碳循环发展产业体系。积极发展低碳循环经济，淘汰落后产能企业3家以上。严格落实年度总量减排目标任务，完成812辆黄标车淘汰任务，实现5家造纸企业完成脱硫设施建设。鼓励社会资本参与污染治理，加快建立环境污染第三方治理的政策体系和市场机制。

精准扶贫帮民富。深入实施“脱贫攻坚战”，扎实推进“七大攻坚工程”，推动人、财、物向贫困村倾斜，确保2017年贫困户全部脱贫，贫困村全部摘帽。加大扶贫小额信贷投放力度，鼓励支持贫困村发展特色产业、设施农业。引导贫困村实施“三旧”改造，增加村财收入。完善贫困村基础设施，实现贫困村村组道路硬化目标。改善贫困户住房条件，实施造福工程1000人以上。

提高保障解民忧。加大就业创业扶持力度，积极拓宽就业渠道，力争全年新增城镇就业3550人。进一步扩大社会保险覆盖面，实现从制度全覆盖到人员全覆盖。落实农村住房保险政策。推进医疗保险制度改革，积极开展城乡医疗救助、大病救助、临时救助等工作。重视老年、慈善等工作。开工建设南靖县残疾人福乐家园项目，加快推进8所镇级公益性骨灰寄存堂建设，建成县级救灾物资储备仓库。

办好实事惠民生。全面实施教育“五大工程”，加大薄弱校改造力度，加快推进3所幼儿园扩建、金山中心小学迁建等学校项目建设，提升教育教学基础和质量；加大教育资源整合力度，调整优化县城学校布局。实施医疗卫生三年提升工程，推进医药卫生体制改革，加快村级卫生所标准化建设，提升医疗服务水平。坚持计划生育基本国策，积极应对人口老龄化，提高出生人口素质。实施新闻宣传提升工程，筹建新闻中心演播大厅。抓好竞技体育，扎实开展全民健身运动。深入推进红色文化保护传承和弘扬工程。继续实施县级科技型中小企业创新基金项目，积极推进众创空间建设，力争专利申请量、授权量均增长10%以上。

（摘编：杨立群）

长泰县社会发展概况

2016年，长泰县积极主动适应经济发展新常态，抢抓机遇，攻坚克难，锐意改革，有效作为，经济社会呈现出增长持续、效益提升、生态优化、重点突破、民生改善的良好态势。2016年及过去五年，全县主要经济指标总量或增幅保持全市前列，与2011年相比，2016年实现地区生产总值197亿元，增长85%；财政总收入18.23亿元，增长71%；社会消费品零售总额29.5亿元，增长85%；城镇居民人均可支配收入31431元，增长72%；农村居民人均可支配收入16077元，增长73%。获得全国文明县城、全国卫生县城、国家生态县等称号，被评为中国最具投资潜力特色示范县、福建省县域科学发展十优县，成为全省唯一连续十年蝉联“福建省县域经济发展十佳县”的县份，跻身福建省县域经济实力十强县。社会发展的主要工作和成效是：

生态环境持续改善。生态制度建立健全，国家生态文明试点示范区建设加快，生态保护红线初步划定，主体功能区规划全面落实，工业项目联合会审制度严格执行，五年来婉拒不符合环保标准和产业规划的项目29个，加快关停胶合板、采砂洗砂、废旧塑料加工等行业企业。生态治理成效显著，“整治水环境，保护母亲河”“全民综合治水，共建美丽长泰”三年行动等强势推进，畜禽养殖污水、生产生活污水、工业企业污水“三大整治”全面开展，蓄水供水、生态修复、绿化美化“三项工程”深入实施。拆除猪舍380.8万平方米，消减生猪81.69万头，彻底关闭250头以下养殖场。关闭矿山3356亩。造林绿化13.85万亩，治理水土流失10万亩，“河长制”经验做法全省推广。全域景区精心打造，“多规合一”试点工作全面启动，城乡总体规划加快编制，52个村庄规划完成编制，宜居环境建设项目投资65亿元，文体中心、文博馆（文庙）等公共服务配套不断完善。县城新区初具规模，县城建成区扩大到4.85平方公里，实现全国文明县城“三连冠”。“田园风光、生态之城”全新展现，美丽乡村扫盲全覆盖，“户分类、村收集、镇转运、县处理”的垃圾处理模式有效运转，“垃圾不落地”做法得到推广，成为全国美丽乡村标准化建设试点县、全省宜居环境建设示范县。

民生福祉持续保障。城乡路网不断完善，厦蓉、福广等3条高速公路长泰段顺利通车，所有乡镇10分钟内可上高速，银泰路等12条市政道路建成投用，实现高速公路、国省干线、自然村水泥路全覆盖，2016年度农村公路养护考评全市第一。社会事业统筹推进，五年来，实施为民办实事项目216个。长泰供水工程一期实现供水，7万人受益。一中新校区基本建成，第三实验小学等项目加快推进，“全面改薄”工程有效实施，教育教学质量提振明显。武安卫生社区服务中心等项目竣工使用，建成投用保障性住房1354套、地质灾害点搬迁工程11处、农村危房改造273户、农村幸福院（园）27所，65户无房户全部入住新居。

文体事业蓬勃发展。气排球等体育项目多次获得全国冠军。保障体系逐步健全，全县建档立卡贫困户825户、2697人全面脱贫，城乡居民社会保险制度实现全覆盖，医疗保险一体化全面实施。城市最低生活月补助标准提高1倍，农村居民最低生活月补助标准提高1.4倍，五保供养年发放标准提高2.5倍。全县上下和谐稳定，群众幸福指数稳步提升。审计、统计、粮食、物价、档案、史志、老龄、双拥、地震、人防、气象、残联、民族宗教、外事侨务、妇女儿童等工作都取得新成效。

2017年社会发展的主要工作是：

推进绿色发展。加大生态保护治理，落实主体功能区规划和生态控制线制度，加快国家生态文明先行示范区建设，践行“七个五”生态建设行动计划，打好大气、水、土壤污染防治攻坚战。开展造林绿化工程、矿山生态恢复、水土流失治理、河道综合整治，实施安全生态水系建设。坚持“海绵城市”理念，建设一批湿地公园。建设城乡污水设施及管网，加快绿色低碳发展，继续实行工业项目联合会审制度，严把新上项目环保准入门槛。加快长泰经济开发区国家低碳工业园区试点、马洋溪生态旅游区亚太经合组织低碳示范城镇建设，逐步建立以低碳为特征的产业体系和生活方式。加强生态制度建设，实行生态环境损害赔偿和责任追究制度，编制自然资源资产负债表，落实领导干部自然资源资产离任审计。健全生态补偿机制，加大限制开发区域的财政转移支付力度，构建全民参与的社会共治体系。

注重生态保护。守住生态红线，实行项目环评管理联动机制，实施环境准入负面清单，全面落实“河长制”，加快建设全国生态文明先行示范区。加大生态治理，深入开展全民综合治水，坚决整治1000头以上排污不达标生猪养殖场，加大规模水禽养殖场整治，严控农业种植面源污染。下大力气推进污水处理厂改造提标升级，县城区、工业园区、集镇区污水管网，农村污水处理设施等三个层面的建设，全面提升龙津溪水质，确保稳定达标。推进“控尘”和“黄标车”淘汰工作，改善大气环境质量。持续生态修复，关闭吴田山矿区和南坑采石场，推进矿山恢复治理，力争恢复植被720亩以上，整顿矿区废石料。加快林相改造，桉树改种1.5万亩，森林抚育2万亩，封山育林2.6万亩。实施马洋溪、龙津溪枋洋段等安全生态水系20公里，治理水土流失1.8万亩，着力保持良好生态环境。

加强城乡建设。打造宜居县城，启动城西湿地公园建设，配套商业地产开发，加快文体中心建设，建成武德西路等3条市政道路，持续提升新城区建设档次。实施人民路等8条4.07公里县城区管网及道路改造工程，同步推进自来水管网改造、雨污分流、缆线下地、绿化亮化。建设文昌公园环山步道、国泰路人行天桥、自行车慢行系统等一批便民设施，加快县城区排涝工程，推进文泉居委会南侧停车楼建设，解决排涝、停车等群众关切问题。建设新型城镇，深化岩溪省级小城镇综合改革试点，建设岩溪新自来水厂等公共服务设施。加快建设陈巷中心镇区，推进枋洋镇、坂里乡等镇区改造和管理，提高新型城镇化水平。提升美丽乡村，积极构建美丽乡村标准化建设体系，加大城关村等10个以上美丽乡村重点村整治，打造湖珠美丽乡村示范村，打响美丽乡村标准化品牌。

繁荣社会事业。办好人民满意教育，巩固全国义务教育基本均衡县发展成果，深入实施“三线一优”工程，打造“动车型”教师团队。制定教育等社会事业人才引进培育办法，落实名校长、特级教师、学科带头人等优惠政策。加快三小、四幼等11个教育项目建设，整合推进一中、职校等5所学校搬迁，持续优化全县学校布局。

提升医疗卫生保障水平，加快医药卫生体制改革，深化公立医院、医保管理、药品招标等机制改革，扎实推进三级综合医院建设，筹建县医院急诊病房，建设等级卫生院和标准化卫生室，继续实施药品零差率、全面两孩等政策，争创慢性病综合防治示范县，推进省级食品药品安全信用体系示范县建设。丰富群众文体生活，推进乡镇文化站和村级文化活动室建设，修缮昭灵宫、福照亭等文物保护单位，规划五里亭廉政教育基地，建成投用文博馆（文庙）三期，积极参加全国全省气排球联赛，举办民俗文化巡演，广泛开展全民健身活动，通过文化体育活动促进精神文明的整体提升。

强化民生保障。做好社会就业、养老服务、城乡低保、灾后重建等工作。启动“三保合一”工作。城镇登记失业率控制在3%以内。推动社会福利中心“公建民营”，实施城乡社区居家养老服务。完善残疾人补贴。改造棚户区200套、危房50户以上，加快岩溪许坑、枋洋花坑等地灾点搬迁，完成陈巷、兴泰、银塘公租房配租。

（摘编：周忠志）

华安县社会发展概况

2016年，华安县坚持“创新、协调、绿色、开放、共享”发展理念，扎实开展“三个建设年和一大攻坚战”，切实加强供给侧结构性改革，全力推进产业转型升级，凝心聚力、攻坚克难，各项工作都取得较好成效。全县生产总值119.17亿元，增长10.5%；公共财政总收入6.23亿元，增长4.4%；社会消费品零售总额26.25亿元，增长17.0%；城镇居民人均可支配收入28746元，增长9.2%；农村居民人均可支配收入14974元，增长9.7%。完成年度节能减排任务。社会发展的主要工作和成效体现在：

城乡环境日益改善。基础设施不断完善。实施交通项目33个，全年完成投资2.77亿元，新改建农村公路50公里。省道西港线城关至利水段路面改造竣工投用，绕城公路二期、龙浦大桥、芹新线等项目正抓紧建设。投入6500万元，新建、加固归德溪、温水溪等防洪堤2.7公里；康山、下尾、东坑、姜坑、后林水库除险工程完成主体建设，建美、后和池水库竣工验收。完成城乡配电网技改项目173个，新建改造10千伏线路135公里。城市建设加快推进。实施城建项目33个，全年完成投资3.2亿元。加快旧城改造步伐，县城中心区危旧房改造已拆除6个片区，签订拆迁协议989户13.6万平方米，发放拆迁补偿款4.85亿元。美丽（富美）乡村拓展升级。实施18个、总投资7300万元的美丽（富美）乡村建设项目，完成投资1.01亿元，新建乡村公园、休闲活动场所13个，整治农村沟渠17.5公里，拓宽硬化村道16.7公里，新增绿地3.3万平方米。官畲、坪水、送坑等少数民族特色村寨正加快建设。保持“两违”整治高压态势，拆除“两违”建筑51.5万平方米。农村土地承包经营权确权登记有91个村完成航摄，51个村完成权属调查。

社会事业统筹发展。全年民生事业支出8.9亿元，占公共财政总支出的70%。实施为民办实事项目36件，完成投资7.92亿元。开工建设校安工程12个，沙建中心小学、教师进修学校、干部职业学校竣工搬迁。为县医院添置彩超、血滤机等设备；公立医院推行按病种付费，全年发放医疗补助金6731万元、17.4万人次受益。农村低保标准由现行的家庭年人均收入2300元提高到2800元，全年发放低保金、救助金1593万元、2.44万人受益；城乡居民基础养老金补助标准每人每月提高15元，发放城乡居民基础养老金1252万元、2.2万人受益。东溪窑遗址正式列入“海上丝绸之路·中国重要史迹”首批申遗点；成立华安玉协会，着力打造产业发展平台。广泛开展全民健身活动，组织参加全国和省青少年举重锦标赛，荣获金牌5枚、银牌2枚、铜牌4枚。城镇新增就业人员1821人，新增农村劳动力转移就业2825人；“平安华安”创建持续深化，信访维稳扎实开展，安全生产深入推进，未发生重大农产品质量安全事故，社会保持安定稳定。防灾减灾扎实有效，取得防抗“莫兰蒂”等台风全面胜利，146户受灾重建户春节前可全部搬迁入住。

2017年社会发展的主要工作：

建设宜居宜业城市。优化城区配套。新建污水、雨水、给水、燃气管网38公里，新增停车位200个，新增自行车租赁点6个，再投放100辆公共自行车；加快旧城改造步伐，完成旧广电局、物资局等14个片区危旧房拆迁，启动县城中心区规划建设；开工建设“五馆一中心”。改善城区路网。改造新建城市道路8公里，总投资1.1亿元的平湖路白改黑工程竣工通车，总投资2.1亿元的后坑隧道、江滨路至福里、半岭亭至城关大桥等道路动工建设。加快鹰厦铁路华安城关段外移前期工作。加强城区管理。完成“智慧华安”总体规划，云计算数据中心、城市综合管理中心、重点景区监控及无线网络等重点工程投入试运行；加大城区“乱扔、乱停、乱贴”整治力度；引导湖滨、龙祥、都市景园等小区成立业主委员会，加强小区物业管理。

积极创建美丽乡村。实施“千村整治、百村示范”工程，推进18个村开展美丽乡村建设，建成9个美丽乡村示范村；深化开展农村建设“双百”行动，推进村庄环境整治，建成9个富美乡村示范村。立足农村特有的山体、森林、河流、作物等资源，着力打造一批乡土文化浓郁、自然环境优美的生态示范村；引导和春、福田、坪水等传统古村落对屋顶进行“平改坡”“平改绿”，形成具有乡村特色的整体建筑风貌。

推进绿色低碳发展。严格执行“十三五”主要污染物总量控制规划，落实年度减排任务，单位GDP能源消耗完成市政府下达目标；开发区引进燃气发电企业，集中供冷、供热、供气，取缔燃煤锅炉，减少碳排放；坚决治理工业废气、城市扬尘，确保全年空气质量保持优良等级。加快淘汰黄标车和老旧车辆，倡导绿色低碳生活方式，增强群众生态环保意识。

严格生态环境保护。实行重点生态功能区负面清单，提高环评准入门槛，落实环评“三同时”制度，严格执行环境影响评价制度，进一步强化项目建设全过程监管。实施重点县、重点乡镇小流域水土流失综合治理工程和绵良村、上苑村、大地村水土保持生态村建设。认真做好“三沿一环”林分修复工作，完成造林绿化1.3万亩，森林抚育、封山育林2.5万亩。

强化水环境监管。全面推行“河长制”，落实最严格水资源管理制度，加强城关第二饮用水源地保护，确保辖区水环境质量达标率保持100%，保障群众饮用水安全。加强九龙江水环境保护，持续巩固流域整治成果，扎实开展生猪养殖污染防治“百日攻坚”行动，禁养区内养殖场全部拆除，可养殖区内250头以上规模养殖场实现达标排放。

聚力推进精准扶贫。扶持贫困户发展特色农业、林下种植养殖，鼓励将现有耕地、茶果园、山林等资源通过租赁、转包、作价入股等形式进行流转，增加收入，确保所有建档立卡贫困户全部脱贫。引导村集体参与旅游资源开发、招商引资、土地整理，提升村级组织造血功能，全部消除贫困村。落实一批“造福工程扶贫搬迁”，新建或改造危房800户3000人以上，完成青良山、建美村整村搬迁。

持续优化公共服务。整合优化华安一中、华丰中学教育教学资源，加强教师队伍管理，调动教师主体作用，提高办学质量；设立家长委员会，开展“推门听课”，促进家校良性互动；加快高安、湖林、良村等一批校园校舍工程建设，县第二实验小学、新圩中心小学、实验幼儿园等学校的综合楼竣工投用，进一步改善办学条件。全力推进东溪窑申遗工作，确保通过联合国教科文组织评估验收；推进二宜楼、南山宫、“万历三楼”等重点文物保护开发建设。扎实推进医药卫生体制综合改革，加强医技人才引进、培养，提升医疗卫生服务能力；推进县医院医技楼等一批卫生重点项目建设；加强公共卫生管理，做好重大疾病防控；完善计划生育服务管理，鼓励符合政策的夫妻生育两孩，严格控制政策外生育。

切实加强民生保障。统筹做好农村大龄就业困难人员、城镇“零就业家庭”、被征地农民等群体就业工作，全年新增城镇就业2000人以上、农村劳动力转移就业4000人以上。进一步提高城乡低保和特困人员供养水平，实现社会养老保险和医疗保险全覆盖；“新农合、新农保”参保率力争达到100%。引进专业化养老服务组织，推进城乡社区居家养老专业服务工作。长宝山公益性陵园、城关屠宰场竣工投用。完善未成年人、留守儿童、妇女、残疾人关爱服务体系，大力发展社会福利、红十字会、慈善、老龄事业。

（摘编：林学军）

泉州市社会发展综述

2016年，泉州市全力推进“五个泉州”建设，有为应对严峻挑战，经受住了重大考验，经济社会发展迈上新台阶。实现生产总值6646.6亿元，经济总量连续18年居全省首位，形成纺织服装、鞋业、石油化工、机械装备、建材家居五大千亿产业集群，拥有上市公司101家、中国驰名商标152枚。一年来社会发展取得的主要成效是：

坚持把七成以上的地方财力用于保障和改善民生。36项为民办实事项目全部完成。抓好超强台风防抗和灾后重建。受“莫兰蒂”“鲇鱼”接连袭击，我市工农业和基础设施损毁严重，直接经济损失达99.2亿元。全市党政军民合力抗灾救灾，第一时间抢通抢修，及时出台实施灾后重建“1+11”方案，落实财政救灾资金4.8亿元，农村住房、交通水利、工农业生产等恢复重建工作进展顺利，受灾群众春节前可全部搬入新居。

建设提升农村人居环境。持续推进“千村整治、百村示范”，建设环境整治村184个、示范宜居村42个和美丽乡村景观带10条。拆除改造石结构房屋2862.6万平方米，完成公路防护工程420公里，农网改造升级投资10.3亿元。认真落实市人大关于加快规划建设白濑水利枢纽工程议案的决议，项目前期工作基本完成；七库连通、山美生态试点项目加快推进，彭村水库、向金门供水工程（大陆段）主体完工，农村5.4万人饮水安全问题得到解决。

加强就业和社会保障。新增城镇就业13万人，农村劳动力转移就业6万人。职工“五险”人数增加15万人次，城乡医疗保险、养老保险待遇稳步提高，城市社区居家养老服务站实现全覆盖，建设农村老年体育活动中心20个。加强老龄、老干部和关心下一代工作。建立健全救助标准自然增长机制，救助困难群众42.4万人，惠及低保对象8.6万人。“泉房通”平台投入使用，基本建成保障性安居工程2.7万套，房地产业保持健康发展。规范职工公积金缴交比例，发放贷款57.5亿元。全市慈善机构筹集善款超5亿元。

坚持教育优先战略。完成学前教育第二期三年行动计划和特殊教育三年提升计划，新增公办幼儿园学位6200个；创建义务教育管理标准化学校88所，建设青少年社会教育活动中心26个。全市51万名外来务工人员随迁子女与本地学生享受平等教育权利。推进“一校多区”“小片区管理”和农村薄弱学校“委托管理”等改革。制定职业院校专业建设“正负面清单”，入选应用型本科转型试点高校3所、示范性现代职业院校12所，福州大学石油化工学院建成投用。

加快卫生计生事业改革发展。福医大附属二院东海院区等项目进展顺利，泉州滨海医院建成投用，基层医疗卫生服务能力不断增强。实施“全面两孩”政策，推行基层计生工作规范化管理。

推动文化传承发展。建成泉州木偶剧院，完善提升乡镇综合文化站27个，铺开文艺精品公益性演出，成为央视春晚、元宵晚会分会场。编制21个闽南文化重点区域保护规划，建立非遗生产性保护基地29个，建成工艺美术大师工作室130个。安溪获评中国藤铁工艺之都。成功承办第八届亚洲世界语大会。举办环泉州湾国际公路自行车赛。获得里约残奥会金牌一枚，实现夏季奥运会奖牌零的突破。

持续推进生态文明建设。完成永春空间规划、晋江自然资源资产负债表编制等9项改革成果。141个重点流域、跨境流域污染整治项目完成投资14.9亿元，小流域“赛水质”活动整治河道69公里，所有集中式饮用水源地和主要干流水质达标率保持100%；空气优良率98.3%。禁养区内生猪养殖场基本关闭拆除。完成植树造林5.9万亩、水土流失治理40.6万亩、矿山整治恢复255万平方米。永春获评中国生态文明奖。

2017年社会发展的主要工作是：

完善公共文化服务。持续开展文化惠民“万千百十”工程，抓好市公共文化中心、泉州歌舞剧院等项目建设。完善提升县镇村三级公共文化设施，打造24个基层综合性文化服务中心示范点。实施全民健身计划，加强老年体育工作。支持体育用品企业抢占细分市场，培育发展体育服务业，进一步提升环泉州湾国际公路自行车赛的层次和影响力。

创新生态文明体制机制。大力推进国家生态文明试验区建设，确保完成环境污染强制责任保险、项目环境影响评价信息公开等12项综合试验任务，努力形成一批在全省、全国可复制推广的成果和经验。落实环保“党政同责、一岗双责”，进一步加强重点生态功能区、生态红线管控区保护，严格生态环境损害责任终身追究制，抓好国家环保督察迎检，组织开展市对县环保督察。

深化环境污染综合整治。全面落实水、大气、土壤污染防治行动。加强全市流域水环境保护，实施重点流域、跨境流域、小流域“赛水质”整治项目100个，年度计划投资10亿元；深入推进“河长制”管理，促进河道管护常态化、制度化，完善下游对上游的生态补偿机制，建设安全生态水系。持续推进禽畜养殖场达标改造。加快工业废物综合处置中心、医疗废物应急处置中心投用，实现危险废物快速、安全处置。加强水土保持、造林绿化，抓好矿山、海岸线修复，争创国家森林城市。

突出资源节约集约利用。严格落实项目能评制度，完善重点用能企业的能源监测、审计和管理体系，开展节能量交易试点。加快淘汰落后产能，完成燃煤锅炉节能环保提升任务。坚守耕地保护红线，依法处置闲置土地和盘活城乡低效建设用地。争创国家节水型城市。

大力发展以居家为基础的养老服务。出台实施城乡社区居家养老服务的政策措施，推动养老服务改革创新，发展壮大养老服务业。积极引进社区居家养老专业化服务组织，构建养老服务信息化平台。突出医养结合，抓好养老服务工程包，推动江南老年颐乐园提升运营，建设市社会福利中心、晋江社会福利中心（二期），引导社会力量兴建养老机构。

办好人民满意的教育。全面普及学前三年教育、高中阶段教育，新扩建公办幼儿园30所，抓好中小学建设工程包，创建义务教育管理标准化学校250所。实施名校长、名教师、名班主任培养工程。深化职业院校专业群与产业群对接，培育一批特色专业群，设立一批职业院校联盟、职教集团、校企深度合作公共实训基地，创建示范性现代职业院校，抓好应用型本科转型试点高校建设。壮大“双师型”教师队伍，推广现代学徒制，大力培养高技能人才。继续抓好老年教育，建设老年大学新校区。发展特殊教育、终身教育。扶持和规范民办教育。持续加强和改进未成年人思想道德建设，做好关心下一代工作。

加快卫生计生事业发展。全力推进优质医疗资源扩容，扩建续建福医大附属二院东海院区、第一医院城东新院、医高专附属人民医院、光前医院、儿童医院，新建老年医院、妇产医院、颐和医院，支持社会办医，新增医院床位2500张以上。改革医保支付方式，实现城乡居民基本医保一体化。深化公立医院综合改革，建立完善院长目标年薪制和医务人员薪酬制度，大力引进培养卫生人才。推行分级诊疗模式，加强县级公立医院五大核心专科和五大薄弱学科建设，开展基层综合医改，推广乡村卫生服务一体化管理和城市家庭医生签约服务。加强重大疾病和慢性病防控。创建全国中医药先进市。落实计生目标管理责任制，完善“全面两孩”配套政策，提升妇幼健康服务能力；推动计生服务管理转型发展，充分发挥计生协会作用。

提高社会保障水平。实施就业促进和创业引领计划，推动高校毕业生、退伍军人和城乡就业困难人员，实现更高质量就业创业。推进全民参保登记，稳步提高各项社会保险待遇水平。抓好保障性安居工程，加快石结构房屋、农村危房改造，推广征迁安置货币化补偿。推行低保标准、扶贫标准“两线合一”，深化泉港、晋江“救急难”试点。重视发展社会救助、慈善事业。深入实施妇女儿童发展纲要，完善留守儿童保障体系。

（摘编：孟力坚）

鲤城区社会发展概况

2016年，鲤城区锐意进取，攻坚克难，推动经济社会持续平稳健康发展，实现GDP271.75亿元，增长7%；一般公共财政总收入17.16亿元，下降8.8%；社会消费品零售总额318.6亿元，增长10%；固定资产投资124.7亿元，增长10%。社会发展的主要成效是：

城市功能更趋完善。坚持精致有序，拆、改、建并举，大力提升城市建设水平。完成江南学园等5个项目783亩土地、3.5万平方米房屋的征收工作，解决了原蔬菜公司、万盛酒店等一批影响施工建设的瓶颈。实施58个“环湾规划建设年”活动项目，完成投资43.9亿元，超额完成年度计划。池峰路二期等路灯工程、海西汽配城二期排水排污及周边道路工程竣工投用，2号污水提升泵站开工建设。配合建设公共自行车租赁系统，建成53个站点；开通社区巴士3条。城市管理高效规范。修订城市管理规则，健全文明城市创建长效机制。深入开展古城“治乱”行动，突出抓好“交通秩序、环境卫生、占道经营、户外广告”四个专项整治和西街、中山路示范街集中整治，城市管理综合考评成绩稳居全市前列。修订“两违”综合治理考核制度，拆除“两违”460宗37.5万平方米，完成市下达年度任务的144.1%。生态环境持续优化。落实生态环保“党政同责、一岗双责”，完成《生态文明建设示范区规划》编制。流域整治等重点工作有序推进，完成年度减排和黄标车淘汰任务。环保网格化管理经验在全省推广，环保违规建设项目清理进度全市第一。

惠民实事扎实开展。总投资8570万元的19件为民办实事项目全面完成。实施积极就业政策，新增就业人数1.1万人，城镇登记失业率控制在0.87%以内。创新劳动关系三方平等协商制度，成立劳动人事争议仲裁院，挽回劳动者经济损失超千万元。“五险统征”持续扩面，被征地人员养老保障金提高到每人每月115元。菜篮子工程和食品放心工程稳步推进，食品安全社会共治格局逐步形成。各项事业齐头并进。巩固教育均衡区发展成果，培新小学教学综合楼等4个“薄改扩容”项目建成投用；加强教师队伍建设，合理提高顶岗合同教师工资待遇。高分通过全国健康促进试点区专家组评估验收，获评省级妇幼健康优质服务示范区，人口计生综合考评位居省市前列。全面实施妇女儿童发展纲要，高水平促进妇女儿童事业与经济社会协调发展。加快信息网络基础设施建设，大力实施“数字家庭”工程。社会保持和谐有序。全面深化平安鲤城建设，通过省平安县（市、区）创建复核验收。建成首批16个社区司法行政工作室，全区矛盾纠纷调处成功率达98%。开展“一定五化”新型社区治理。安全生产形势稳定向好，死亡人数和受伤人数分别持续下降。防台度汛和灾后重建有力推进。

2017年社会发展的主要工作是：

“文化+古城复兴”。以文化引领古城保护发展，做好各类历史遗存、传统建筑、工业遗产和文化遗产的保护利用。沿袭发展城市文脉，抓好古城保护发展“六大工程”，实施城南片区、华侨新村片区、府文庙片区、龙头山旅游商业街区“四大片区”等古城保护利用项目，把精气神、文化味融进古城的改造提升，将红砖古厝、骑楼街景融入建设之中，传承“古香古色、古韵彰显”的城市风骨。突出海丝主题，加快聚宝城南文化街区建设步伐，通过街区的整修和提升、基础设施的配套和完善、八卦水系的整治和修复、原住民生活形态的保护和展示，再现古代刺桐城国际商贸门户“涨海声中万国商”和“市井十洲人”的繁荣景象。

“文化+产业升级”。深耕文化旅游品牌，整合各类文化古迹、自然资源、名人资源，打造文化创意游、街区体验游、养生休闲游、名人故居游等优质旅游项目，加快实施新门文旅街区、侨乡自驾游等项目建设，形成一批支撑力、竞争力和带动力较强的国内外品牌企业。推动文化与科技、制造产业等跨界融合发展，大力发展工业设计、动漫游戏等文创产业，重点推进源和1916创意产业园三期、东亚之窗文创园等项目建设。

“文化+经贸交流”。发挥海丝起点城市特殊优势，积极融入泉州“海丝”先行区建设，走出去和请进来，加强与海丝沿线城市文化经贸交流。以闽南文化为精神纽带，以祖地文化为重点，推进鲤台港澳文化交流融合，加强教育、卫生、金融、旅游等领域交流合作。强化与海外华侨华人乡情、亲情联系，汇聚侨心侨资侨智侨力，吸引更多的海外乡亲回鲤投资创业。

“文化+公共服务”。整合各类公共文化体育资源，抓好街道综合文化站、老年文化活动中心等设施提升工作。扩大基层公共文化体育服务项目共建共享覆盖面，促进辖区内单位、企业、学校体育场地向社会开放，实现社区公共运动场所全覆盖。进一步培植社区文化活动室等文化阵地，培优基层业余文艺表演队伍，积极开展群众性文化体育活动，打造有鲤城特色的文化体育活动品牌。

发展生态循环经济。推广循环经济发展模式，大力推进绿色制造和清洁生产，实施工业污染源全面达标排放计划，鼓励企业更新技术装备，提高环保工艺水平。推进工业园区生态改造，完善园区废弃物集中回收体系。

强化生态治理防护。深入实施水污染防治，全面推行“河长制”和最严格水资源管理制度，继续加强饮用水水源地保护，抓好重点流域、小流域整治工作，基本消除辖区黑臭水体，全面改善水环境质量。持续深化大气污染防治，狠抓黄标车和老旧车辆淘汰、工业废气治理工作，开展建筑施工、道路扬尘治理，努力提高大气环境质量。实施土壤污染防治，贯彻落实各级土壤污染行动计划，推进土壤治理修复，保持土壤环境质量总体稳定。

完善生态建设体系。落实生态文明体制改革“1+6”方案。强化生态保护红线管控，建立红线台账系统，严守环境质量的底线、资源利用的上限、生态功能的基线三条红线，确保生态功能不弱化、面积不减少、性质不改变。严格执行新《环保法》，严把项目准入关。加大对违法违规企业“源头严防、过程严管、后果严惩”，保持打击环境违法行为的高压态势。

强化基本民生保障。实施总投资1.06亿元的26个为民实事项目，进一步提升民生质量。力争新开工保障性住房170套。落实“双创”政策，促进高校毕业生创业和服务企业用工并重，全年新增就业1.5万人。落实全民参保登记计划，逐步提高机关事业、企业职工、城镇居民和被征地人员养老保障水平。全面实施居民医保、职工医保门诊统筹和居民大病保险制度，提高工伤、生育保险待遇。开展灵活就业困难人员和残疾人自立就业创业社会保险补贴工作。健全“救急难”工作机制，推动临时救助对象由户籍人口向常住人口拓展。积极引进社区居家养老专业化服务组织，构建居家养老服务信息化平台；引导社会力量兴建养老机构，满足多元化养老需求。完善政府购买助残服务保障体系。

抓好优质服务供给。巩固提升“全国义务教育发展基本均衡区”建设成果，推动义务教育学校标准化管理；提速实施中小学布局及建设五年规划，加快建设泉州七中江南校区、延陵实验小学（幼儿园）、珑璟湾配套幼儿园和区第三中心小学综合楼，新增学位3980个；推进泉州六中、泉州十五中升级达标建设；探索建立普惠性幼儿园政府购买服务机制，扩大普惠性学前教育资源。深化基层医药卫生体制综合改革，推进分级诊疗体系建设和家庭医生签约服务试点工作，提升基层医疗卫生健康服务能力；发展医疗健康产业，重点抓好泉州万祥医院项目建设和公共卫生服务中心二期项目招商，新增医院床位数100张，千人均床位数达1.82张。健全疾病防控体系，提升妇幼保健能力。加强人口计生工作，争创国家人口计生优质服务区。

（摘编：游学荣）

丰泽区社会发展概况

2016年，丰泽区主动融入“五个泉州”建设大局，全力推进现代化城市核心区建设，在稳增长、促改革、调结构、惠民生等方面取得了重要成就。全区实现地区生产总值518.9亿元；一般公共预算总收入30亿元；年纳税超千万元企业增加到67家；居民人均可支配收入46982元。一年来社会发展的主要成效是：

建管结合，城区形象日新月异。城市建设加快推进，129个重点建设项目完成投资194.7亿元，其中61个区级重点项目完成投资149.3亿元，完成年度计划的106%，8个项目全面建成投用（产），3个安置项目回迁，17个项目新开工建设；城东至北峰快速通道、山线绿道工程精品示范段等42个市级项目累计完成土地征收659亩。推进6个污水管网项目和中心市区夜景提升工程建设，整治道路积水点57处。人居环境不断改善，投入3000万元完成17个“美丽社区”建设，培育市级示范宜居村（社区）1个，升级改造6条群养公路。完成石结构危旧房屋改造39万多平方米。新增停车位572个、便民公共自行车租赁点181个。打好“两违”综合治理攻坚战，拆除“两违”建筑面积38万平方米。全面推行道路机械化保洁、主次干道清洗和“社区营造”试点工作，开展市容“十个专项整治”，城区环境更加整洁有序。生态文明协调推进，开展“见缝插绿”活动，推进晋江下游生态整治等项目建设，建成沿海防护林基干林带635亩，森林生态景观提升工程林分修复1311亩，完成市级水土流失治理项目2个。全面实施“河长制”，开展海漂垃圾治理和区域内重点流域水环境、西北洋C标段排洪沟环境污染等整治，北渠饮用水源水质达到Ⅱ类标准。落实区长环保目标责任书，清理环保违规项目153个，完成结构减排项目2个、清洁能源替代项目1个，淘汰黄标车完成市下达任务的107.4%，辖区空气质量稳定在Ⅰ、Ⅱ级水平。抓好省级文明城区创评工作，开展“市民素质提升年·公共生活好言行”等教育活动，评选表彰第五届“道德模范”，建成8个社区未成年人文体活动场所和3个青少年社会教育活动中心。

共建共享，努力增进民生福祉。累计投入4500万元，完成14项为民办实事项目。城市低保金标准提高到每人每月540元，发放社会救助金1151万元，募集慈善资金591万元、支付公益救助金518万元；五项保险参保人数77.46万人次，养老保险待遇社会化发放率达100%，企业退休人员养老金、城镇居民养老保险基础养老金、被征地养老保障金分别提高到每人每月2278元、120元、200元，完善提升63个社区居家养老服务站功能。培训各类劳动者1.86万人次，新增城镇就业人数1.1万人，城镇登记失业率控制在0.82%。完成北峰中学教学综合楼等3个项目建设，新增学位2500个；泉州九中通过省一级达标高中校验收，泉州工商旅游职业中专学校被确定为省级达标中等职业学校。完成正骨医院综合楼装修改造，区疾控妇幼机构综合楼开工建设，华大街道社区卫生服务中心建成并投入使用；新增全国百强社区卫生服务中心2家、省中医类别全科医生规范化培训基地2个、省示范中医科1个，全国基层中医药先进单位通过省专家组实地评估；优化计生管理服务，顺利通过计生“新国优”，组建区妇幼保健院，实施全面两孩政策，人口自然增长率为7.91‰，政策符合率为97.97%。成功承办2016年海上丝绸之路环泉州湾国际公路自行车赛（城市绕圈丰泽赛段），建成街道文化站2个、社区文化示范点及设施提升点各3个，区文化馆被评为国家二级文化馆。推进矛盾纠纷排查化解、领导定期接访、信访包案处理，保持“零进京”非正常访良好态势。深化“平安丰泽”建设，完善社会公共安全视频监控系统建设，开展“打盗抢、反诈骗、保民安、创满意”等专项行动，保持社会安定稳定。加快创建“安全发展城区”，6个街道通过省级安全社区考评，道路交通、消防、危险化学品等重点行业领域安全生产形势持续向好。深入开展食品药品安全专项整治，有效治理“餐桌污染”。

2017年社会发展的主要工作是：

力促城区形象整体提升。完成中心市区沿江两侧及高速公路通道夜景提升工程等20个项目，建成“社区营造”示范社区2个、户外广告管理精品街2条，完成2个农贸市场升级改造。实施主次干道“牛皮癣”清洗市场化经营，争创环境综合治理示范区。持续抓好“两违”整治，从严规范城市建设秩序。指导业委会和物业企业规范运作，提升住宅小区物业管理水平，造强城市“细胞”功能。

巩固生态文明创建成果。深入实施宜居环境建设行动计划，严守生态保护红线，开展“清水蓝天”行动，强化重点流域（含近海水域）水环境综合整治和大气污染防治，巩固清洁能源替代成果，完成黄标车年度淘汰任务，确保四项主要指标排放量控制在省、市下达范围内。大力推进“四绿”工程，加强水土流失治理和水土保持，完成森林抚育500亩。落实最严格的水资源管理制度和“河长制”，有效治理海漂垃圾，优化流域生态环境。

充分融入智慧时尚元素。加快推进智慧丰泽（一期）“141”建设，抓好移动4G基站、无线网扩容建设，做优云计算中心、平安丰泽、智慧社区、智慧政务、智慧教育等平台功能，充分发挥现代信息技术优势，着力形成与经济社会发展相匹配的城市管理能力。开展城市管理水平提档升级行动，完善数字化城市管理系统，实现感知、分析、服务、指挥、监察“五位一体”。结合城市新兴板块建设，加快优化空间布局，打造一批集创意设计、精品会展、商务交流、大众传媒、特色文化、人文观光为一体的时尚产业集聚区。

突出民生优先，抓好11个区级为民办实事项目，落地一批市级为民办实事项目，加快实现公共配套服务均等化、普惠化，不断增强人民群众幸福感。一要擦亮教育品牌。积极争创全省教育强区，加快推进海滨小学教学综合楼、丰泽区第三实验小学城东校区等4个项目建设，力争新增学位3000个。二要健全社会保障体系。推进全民参保登记计划，重点推进非公有制企业职工、个体工商户、灵活就业人员等群体参加社会保险，落实好无力参保企业职工、关闭破产企业职工和特殊困难群体享受社会保险待遇相关政策；健全社会救助体系，发展社会福利和慈善事业，完善最低生活保障、医疗救助、临时救助等动态管理机制，努力实现对困难群体精准救助、有效救助。加快构建新型社会福利体系，推进以居家为基础、社区为依托、机构为补充的社会养老服务体系建设。认真贯彻房地产调控政策，健全多层次住房供应体系，完成棚户区改造800套。三要优化卫计服务。提高重点传染病监测防控能力，推进全国艾滋病综合防治示范区创建等工作，确保全国基层中医药先进单位通过验收。完善医疗配套设施，抓紧区疾控妇幼机构综合楼等3个项目改造建设，确保泉秀街道社区卫生服务中心工作用房投入使用。严厉打击“两非”行为，深化全面两孩政策服务工作，推进妇幼优质健康服务示范工程，提高出生人口综合素质。四要繁荣发展文体事业。大力开展社会主义核心价值观教育，深化公民思想道德和未成年人思想道德建设，广泛开展志愿服务，争创全省文明城区（五连冠）。加强文体基础设施和公益工程建设，新建社区未成年人文体活动场所8个。积极开展全民健身运动，完成省级城市社区多功能运动场建设，推进区少体校开工建设。以“海丝”申遗为契机，加强文物保护和“非遗”传承，深入挖掘优秀文化资源，繁荣文艺创作。深入开展拥军优属、军民共建，确保实现省级“双拥模范区”（六连冠）。重视老龄人、老干部，关心下一代工作，发展妇女儿童、残疾人事业，促进民族宗教事务规范有序。

（摘编：赵旭东）

洛江区社会发展概况

2016年，洛江区适应新常态，应对新形势，锐意开拓，攻坚克难，较好完成“十二五”规划和本届政府确定的目标任务，为洛江科学发展跨越发展打下更为坚实的基础。全区完成地区生产总值154.3亿元，增长9%，；人均地区生产总值7.37万元；实现规模以上工业产值387.63亿元；一般公共预算总收入13.9亿元。一年来社会发展的主要工作和成效是：

生态保护成效明显。严格落实“河长制”，投入1.24亿元实施7个方面、32个水环境综合整治项目，完成第二批小流域“赛水质”活动。治理水土流失5250亩，完成造林绿化和森林经营4903亩。开展生猪养殖面源污染防治，建设乡镇病死畜禽无害化处理点，关闭养殖场364个（户）、拆除2.09万平方米。强化大气污染防治等环境治理，大力开展环境执法检查，提前完成淘汰黄标车、老旧车任务，节能减排完成省市下达控制目标。

农村环境不断改善。实施美丽乡村“千村整治、百村示范”7个；投入1572万元抓好10个区级美丽乡村示范（后备、提升）村建设、22个市级“两村一带”项目，建设一批环境整治村、示范宜居村和市级新农村试点示范村。深化农村生活垃圾治理三年提升专项行动，巩固家园清洁行动成果。继续实施安全饮水工程，解决4300人饮水安全问题。完成农村公路安保提升25公里。

突出民生优先，和谐局面持续巩固。健全社会保障体系。落实积极就业政策，新增城镇就业7530人，转移农村劳动力2215人，建设农民工综合服务平台6个。实施机关事业单位养老保险制度和医疗保险工作改革，健全“五险统征”机制，城乡居民养老保险缴费率和新农合参合率分别达95.11%、99.9%。完善城乡困难群众临时救助、医疗救助体系等措施，农村、城市低保标准分别提高到每人每月390元、540元，累计发放低保金1625万元、各类救助金196万元；新建社区服务站4个、农村居家养老服务中心（站）6个；建设农村低保户安居工程、“二女”户安居工程共55户，配租保障性住房464套。实施精准扶贫，超额完成年度400人脱贫任务。

落实教育优先战略。投入5200万元完成2.99万平方米中小学校舍和一批基础设施建设，启动泉州外国语中学洛江学校、闽南师大附属小学、双阳第二中心幼儿园建设，马甲第二中心幼儿园投入使用；“三通两平台”建设加快推进。启动十一中、奕聪中学省一级达标中学创建，完成全省书法教育示范区、4所“义务教育管理达标校”创建，中小学素质教育、办学水平持续提升。提高乡村教师生活补助，落实义务教育“三免一补”与助学政策资金1873万元。

夯实卫生计生工作。深入实施医药卫生体制改革，投入520万元改善基层医疗卫生基础设施，区医院病房大楼竣工并投入使用。罗溪卫生院荣获省级“群众满意的乡镇卫生院”称号，马甲中心卫生院通过爱婴医院省级评审。积极扶持社会办医，福兴妇产医院等2家民营医院获批执业。落实“全面二孩”政策，抓好性别比失调专项整治，计划生育服务水平有新提升。发展文化体育事业。加强文化遗产保护和传承，全力推进洛阳桥“海丝”申遗前期工作。改建虹山乡综合文化活动中心，新建中心村（社区）激情文化广场示范点4个、省级社区多功能运动场和笼式足球场各1个、全民健身路径27条。组织参加全国武术之乡等赛事并取得优异成绩。

2017年社会发展重点要推进以下工作：

倡导绿色发展，做足生态优势文章。坚持生态文明共建共享，对接国家生态文明试验区建设，加快创建生态文明建设试点示范区。高品位发展生态旅游。充分利用历史文化、山水资源、森林景观、田园风光等优势，做好规划、完善配套、串点成线、打出品牌，加快推动旅游业发展。以“海丝”申遗为契机，挖掘洛阳古桥、仙公山和蔡襄、俞大猷等人文资源，提升旅游发展文化内涵。配合泉州植物园建设，抓好泉州野生动物世界、仙公山景区提升工程等项目，规划建设洛江区旅游集散服务中心，促进南唐古镇旅游、浅水湾文创产业园等一批项目落地建设。加强包装策划和宣传营销，运用“智慧旅游”，提高区域旅游影响力。高层次培育特色农业。加快发展以集中连片蔬菜基地为重点的设施农业，推广林药、林花、林果等立体复合经营模式，做大做强林下经济。推进农村土地承包经营权确权登记，创新“三权”分离的农业经营模式，鼓励土地承包经营权向种养大户、农民合作社、农业企业流转，推动农业适度规模经营。完善农产品质量安全监管体系，开展“三品一标”认证，推进农产品品牌化。持续开展万里安全生态水系建设和中小河流治理，推进第六批中央财政小型农田水利重点县河市、虹山片区项目，抓好山围塘加固和河道、渠道整治。高标准建设美丽乡村。统筹考虑产业发展、设施完善、功能配套等，围绕建设美丽乡村示范线，强化村庄规划编制，加强引导指导，注重发挥各方积极性，再培育一批美丽乡村示范村，形成带动效应。积极参与新一轮“千村整治、百村示范”创建，落实农村环境卫生长效管理机制，推动农村生活垃圾治理三年提升专项行动有新突破。高要求推进治理保护。做好生态保护规划，基本完成生态保护红线划定。严格落实环保“三同时”，推进环境网格化监管，依法查处环境污染违法行为。持续开展近海水域和洛阳江、惠女水库等重点流域综合整治及第三批小流域“赛水质”活动，抓好河市段综合整治工程等项目，着力推进畜禽养殖污染整治，完成省环保专项巡查整改任务。通过城区植树造林、绿化提升和实施乡村风景林、沿海防护林等项目，进一步提高森林覆盖率和城区绿地率，塑造生态景观。加强水土流失治理、生态修复和防震减灾工作。

坚持共建共享，提高群众幸福指数。继续加大对民生领域的财力倾斜和投入保障，让发展成果更多惠及全区人民。推进民生保障一体化。优化公共就业服务，争取新增城镇就业6000人。完善城乡居民养老保险制度，提高养老保障待遇水平。落实城镇职工、城镇居民医保和新农合“三保合一”，健全城乡居民大病保险制度，推进基本医保与商业健康保险互补衔接。完善城乡居民救助体系，保障困难居民基本生活；关爱保护留守儿童、孤寡老人等特殊群体。实施精准扶贫，确保市定标准的贫困人口全部脱贫。建设2个农村居家养老服务站、4个城乡社区服务站、25户低保安居房。打通商品房与安置房、保障房转换通道，加快实施城乡危房、石结构房屋改造。推进公共服务均等化。加快教育强区创建步伐，持续推进十一中、奕聪中学创建省一级达标中学工作；实施中小学、幼儿园扩容和薄弱校改造工程，做好新城区、新片区学校的统筹布局和规划设计；提高教育管理信息化水平，建设智慧校园、平安校园。深化医药卫生体制改革，启动新一轮基层医改工作，创建全国基层中医药工作先进区；抓好区医院创建二级乙等综合医院等工作；整合卫生计生技术服务资源，提升管理服务水平，促进人口长期均衡发展。完善公共文化设施网络，加大基层综合文化站新建和改扩建力度，力争建设2个体育休闲公园；力促职工活动中心建成投入使用，设立区公共文化馆、图书馆，发挥综合效应。推进社会治理现代化。探索多样化社会治理模式，实行开放共治。健全大调解矛盾纠纷多元化解机制，加强信访维稳工作，及时化解社会矛盾纠纷和不稳定因素。实施“七五”普法规划，提升全民法律意识和法治素养，有效预防青少年犯罪。加快“城安系统”工程建设，严厉打击违法犯罪活动。严格落实安全生产责任制，抓好安全生产、食品安全、消防安全、校园安全等重点工作，有效防范较大以上安全事故发生。强化应急体系建设，提高防台风、防汛、防火和应对重大疫情等突发事件的能力。

（摘编：康明辉）

泉港区社会发展概况

2016，泉港区主动适应新常态，有为应对新挑战，全力以赴推进二次创业，实现地区生产总值397.9亿元、增长9%，一般公共预算收入28.9亿元、增长33%，居民人均可支配收入2.24万元、增长7%。一年来社会发展的工作和成效主要体现在：

加强生态建设。加快推进沿路沿溪布绿、公园广场添绿和规模造绿，新增造林绿化849亩，治理水土流失4054亩。环保专项行动深入开展，加强泗洲、陈田水源地保护，新建12个农村生活污水处理设施，完成4个重点流域整治项目和坝头溪流域综合整治前期工作；大力整治工业废气、道路扬尘等污染，淘汰黄标车525辆，凯美特火炬尾气回收综合利用项目建成投用，完成国电3#、4#机组超低排放改造和联合石化泄漏检测与修复，全年空气质量优良率达96%。

织密民生保障网。完成10项38件为民办实事项目。实施精准扶贫，推进扶贫开发项目21个，帮助168户困难家庭脱贫解困；将省里奖给我区的财政增超收奖励金500万元全部用于扶贫。新增就业6019人，农村劳动力转移就业6071人。实施"全民参保登记计划"，城乡居民基本养老保险参保率、新农合参保率分别达99.1%、99.9%，居省市前列。深化"救急难"试点，发放救助金951万元，救助困难群众4204人。新建保障性安居房1020套，安置房使用管理规范高效。新建农村居家养老服务站6个、社区服务站15个，"互联网+"居家养老助残服务惠及群众5万人次。

增强群众获得感。加大教育投入，完成中小学校新（扩）建项目10个；实施教师队伍素质提升三年行动计划，加强名师名校长培养，试行教育集团化办学，全面推动教师校际交流，教育质量实现整体提升，本科上线率达64%，提高8.8个百分点；庄重文实小获评全国体育工作示范校。深入推进公立医院改革，组建泉港区医院－闽南医院医联体，落实药品零差率和供应保障制度，建立和完善乡村医生养老补助机制；投入2947万元实施基本公共卫生服务项目，在全省综合考评中排名第三；筹建区级中医院。落实"全面二孩"政策，逐步提高计划生育服务管理水平。

提高社会和谐度。编制实施石化工业区安全控制区建设专项规划，基本完成北网、西龙2个片区群众搬迁；做好氯碱片区入园搬迁前期，着力构建"北工业、南生活"城市格局。推进农村公共视频"天网"工程建设，构建治安立体防控体系。排查调处矛盾纠纷1565件，成功率99.8%。

2017社会发展的主要工作是：

凸显绿色颜值。巧用"加减乘除"激发绿色新动力，让泉港的天更蓝、地更绿、水更清、生态更美。全域增绿做"加法"。加快城市生态园林建设，推进324国道、201省道等30公里主干道绿化景观提升，完成造林绿化和森林经营1000亩以上，构筑清新的绿色空间。大力实施生态环境整治修复，严厉打击非法占林毁林行为，治理水土流失900亩。节能控排做"减法"。落实节能目标责任制考核，推进锅炉燃机烟气脱硝改造、国电二期供热改造等节能改造项目。实施排污权、碳排放权交易制度，探索推行排污权抵押、租赁制度，确保主要污染物稳定达标排放。循环集约做"乘法"。强化"绿色GDP"理念，持续开展循环化改造实践，加快建设热电联供、二氧化碳回收等循环经济项目，提升产业一体化效益。大力推广清洁生产，分批推进企业清洁能源替代工程，走低碳绿色发展之路。治理污染做“除法”。打好“水、大气、土壤”三大污染防治攻坚战，全面完成黄标车淘汰任务，实施蓝色海湾综合整治，抓好郭厝溪等总长15公里的河道治理。

彰显文化底气。对接省市海丝先行区建设和海丝申遗工作，扩大四个文化之乡品牌影响力。完善文体设施。整合提升文化中心场馆资源，抓紧“八个一”基层综合性文化服务中心建设，举办泉港之夏、锦绣泉港文化周等百场以上公益展演展示，满足大众公共文化需求。培育特色业态。鼓励民间资本投入，扶持壮大峰尾福船、涂岭红茶、山腰盐文化等8类产业，创建2—3个文化产业园区或文创基地。注重文脉传承。切实保护闽南文化生态保护区、国家和省级历史文化名村等重点文化遗产，进一步加强非遗的活态传承。完成涂坑村申遗整治修缮各项任务，确保顺利通过申遗验收。深化闽台“三同文化”交流展示，出版《区志》《盐业志》等。打造健身品牌。办好第五届全民健身运动会，构建城市社区和农村“1530”健身服务圈，推进全民健身与全民健康融合发展。激发旅游活力。做大做强文旅公司，推动惠屿岛、峰尾古城等项目建设，支持涂岭全域旅游试点，打通“小坝－樟脚”等旅游线路，培育10个乡村旅游特色村，构建“一心、两带、三镇”旅游格局。

打造乡村样板。坚持因地制宜，一村一品、一村一景、一村一韵，打造村美、业兴、民富的美丽乡村。扮靓美丽乡村。实施“两村一带”工程，抓好4个市级以上环境整治村、2个示范村和1条景观带建设。继续实施农村公路三年行动，抓好危病桥改造、水毁修复等工程，新建改造农村公路80公里，提高农村公路通达水平。做强现代农业。发展多种形式的适度规模经营，培育农业龙头企业5家、专业合作社10家、家庭农场5家，培养新型职业农民。推广农业“五新”技术。加快峰尾渔港经济区建设，鼓励渔船木改钢、小改大，带动海洋经济扩量提质。拓宽收入来源。实施农村集体产权制度改革，完成土地承包经营权确权登记颁证。拓宽村集体增收渠道，推广股份合作等经营模式，鼓励农耕休闲、水乡渔村、森林人家等业态发展，不断增加农民收入。

增进民生福祉。“行莫厚于乐民”，我们要始终把群众冷暖放在心坎上。关爱困难群众。坚持因户施策、因人施策，继续实施六联八帮两兜底计划，帮助180户困难家庭脱贫解困。深化社会救助“托底线、救急难”功能，推进残疾人康复、精神病人救助等工程，大力拓展慈善网络，保障困难群体基本生活。关心基本民生。千方百计扩大就业，新增城镇就业6000人、转移农村劳动力就业6000人。进一步拓展校企合作，加快发展现代职业教育培训。继续实施“全民参保登记计划”试点，稳步推进低保、“五保”供养和社保提标扩面。大力发展老龄人事业和产业，新建7个农村老年服务中心、4个市级居家养老服务站，拓展“互联网＋”居家养老助残服务范围，实现镇级老年学校全覆盖。关注热点问题。投入1.37亿元，实施生态提升、应急建设等8项36件为民办实事项目。征集民生微实事，从群众身边事做起，让群众得到更多实惠。继续实施农村饮水安全工程三年行动，解决好群众饮水安全问题。完成区殡仪馆改扩建。

增加优质资源供给。拿出短板变样板的决心，提供更多的优质公共服务。积极创建省级教育强区。实行普通高中免费教育，每年免除学杂费1000万元以上，惠及5000多名学生，实现从小学到普通高中阶段共12年“普惠制”免费教育。继续推进泉港二中、美发中学、益海实小扩建工程，新建诚平小学、三川中学等10所中小学校舍，启动锦川实小建设，抓好田里、大路等3所幼儿园续建，推动学校硬件提质升级。推进教师素质提升三年行动计划，深化小片区管理、集团化办学和义务教育管理标准化学校创建，推动义务教育从基本均衡向优质均衡发展。实行教育管办评分离，引入第三方评价机制。提升医疗卫计服务水平。抓好泉港区医院－闽南医院医联体建设，制定实施院长目标责任考核、员工绩效分配办法，药占比控制在34%以下，政策范围内补偿比达75%。继续实施“名医、名科、名院”工程，加快泉港区医院病房2#楼、中医院、涂岭医技楼等项目建设，促进软件硬件双提升。推行分级诊疗制度、家庭医生签约服务和乡村卫生服务一体化管理。完善两孩政策配套措施，推动计生服务转型。

（摘编：张海生）

石狮市社会发展概况

2016年，石狮市主动适应经济发展新常态，全力推动经济社会持续平稳健康发展。全年实现生产总值701.3亿元、增长7.6%，一般公共预算总收入60亿元、增长1.2%，全体居民人均可支配收入43512元、增长7.5%。一年来社会发展主要的成效是：

力抓城市建设管理。开展“多规合一”试点，加快编制全域一体空间统筹规划，及海岸带、景观风貌、生态控制线等18个专项规划。钞坑、长福、梧园、洋内亭等片区安置房完成交房、回迁，世茂摩天城建成营业。全市商品房销售面积106万平方米，增长53%。完成濠江北路、石狮大道提升工程，实施学府路、宝岛路、宋塘路、九二东路等改造。试行路内停车收费，建设公共自行车租赁系统，首期投放2100辆。推动城市管理重心下移，建成数字城管平台，推行道路及市政设施管养“1+N”模式；深入整治占道经营、“牛皮癣”、架空管线、“两违”等问题。加快中心区、高新区、永宁等污水处理厂提标扩建改造，东沟、塘园溪截污改造等18个水系环境综合治理项目及12个城市景观风貌提升项目有序推进；开展黄标车、海漂垃圾、畜禽养殖、“三无”船舶拆解等整治工作。荣获国家生态市正式命名。

力促民生事业改善。投入3.8亿元实施34个教育重点建设项目，建成厦门外国语学校石狮分校、泉州师范附小石狮校区等一批学校；通过国家义务教育发展基本均衡市复核验收。新农合复合支付方式改革列为全省试点，继续实施药品零差率销售，全年为患者节约1800多万元；通过国家级妇幼健康优质服务示范县（市、区）省级复核，及新一轮全国计划生育优质服务先进单位评审。获得里约残奥会金牌1枚，承办海上丝绸之路环泉州湾国际公路自行车赛（石狮段）、第十六届全国大学生田径锦标赛，举办文化惠民剧场、书香狮城和全民阅读等群众文化活动。低保标准提高到630元，“救急难”力度不断加大。全力防抗“尼伯特”“莫兰蒂”“鲇鱼”等强台风袭击，出台“1+11”方案，迅速开展灾后恢复重建。加强社会治安综合治理和防控体系建设，刑事发案数下降14.9%；加大信访工作力度，依法依规化解各类矛盾纠纷。持续开展安全生产大检查大整治，企业安全生产标准化建设不断提升。强化市场监管，推进食品药品安全整治。加强国防动员、人民防空和后备力量建设，促进军民融合发展，荣获全国双拥模范城“五连冠”。

2017年社会发展的主要工作是：

提升城市空间品质。完成“多规合一”试点，编制城市单元控规及海绵城市、综合交通等一批专项规划。结合城市规划，做好整体层面、重要片区和特定地块的城市设计。推进旧城改造和新区建设，启动凤里八卦街、后花古民居、曾坑四端堂、华山古民居等保护整治，完成城北、加曾寨、灵山灵峰、黄金海岸、永宁城隍庙、镇中路二期等片区安置房建设和回迁工作；积极对接福厦高铁泉州南站建设，提前做好周边区域的规划设计、项目策划、招商引资及交通疏散等各项工作，精心打造新的增长区域。启动未建回批地处置工作，清理闲置土地，盘活土地资源。

完善城市基础设施。重点推进福厦高铁、现代有轨电车石狮段、蚶江大道东延伸段、永宁外线等项目建设，打通镇中路南段、宝岛路中段、金相路南段，完成学府路、宋塘路综合改造，做好泉州一重、二重环湾快速路石狮段、厦漳泉城市联盟路石狮连接线等前期工作。加快推进水头排涝枢纽、城市应急水源、上浦排洪道、梧垵溪下游河道、后宅溪等一批水利项目，抓好新一轮城市积水点整治。完善全域一体智能配电网络，扩大充电桩、光纤、4G通信网络、公共Wi－Fi的覆盖面。

争创全国文明城市。成立城市管理委员会，充分运用数字城管平台，构建高位协调、统一高效的“大城管”格局。厘清城管重心下移、社区交叉地带、安置房物业管理等方面存在的体制机制障碍，推广“物业＋家政”服务模式，试推老旧小区物业管理有效机制。持续推进社区“牛皮癣”、线缆乱挂乱拉等“十个专项整治提升”，规划建设城市新区农贸市场，抓好长福、古宅、大仑等农贸市场综合整治。理顺公交管理体制机制，加大公交投入，优化公交线路；新投放公共自行车1500辆，新建智能立体停车场2个，提高停车泊位的使用效率，建设智能交通管理系统，营造便捷规范有序的交通秩序。深入开展十大“文明新风”行动，全面推行“八不”行为规范，弘扬传统美德，形成家庭文明新风尚；组建社会组织服务中心，擦亮志愿者服务品牌，健全共建共享的创城工作机制。

加大环境治理力度。推进中心区污水处理厂尾水回用冲刷工程，综合治理蚶江镇流域、永宁西岑溪流域，协调晋江市联手整治晋石跨境流域污染，组织开展新一轮小流域“赛水质”活动。启动生活污水收集处理专项规划，完成中心区、永宁污水处理厂提标改造，新建生活污水配套收集管网8公里。严格落实海洋环境保护，确保海水水质达到或优于海洋环境保护责任目标考核标准。开展生活垃圾分类试点，创新海漂垃圾清理服务模式，严管建筑垃圾和工业垃圾，严厉打击“两违”。加大环保执法力度，加强对重点污染源的监管。

强化生态保护和修复。启动废弃石窟综合治理修复计划，完善提升宝盖山生态公园、灵秀山森林公园，规划建设海湾湿地公园、厝上溪湿地公园，实施蚶江红树林湿地、黄金海岸、红塔湾、古浮湾沙滩等修复工程，并在有效保护的基础上实现合理开发利用。完成全市森林资源普查，建设和修复沿海绿色屏障“一带五山”生态公益林，及11座水库周边水源涵养林。深化“四绿”工程，提高植树造林实效，全年种树10万株。健全生态保护红线管控制度、生态资源监管机制，推行生态文明“一票否决”制。

提高群众生活质量。加快推进美丽乡村建设，完善村级便民服务中心，新增9个重点村（社区）示范典型；培育发展休闲、观光、体验农业。出台扶持薄弱村集体经济发展的意见，切实增强薄弱村的造血功能。基本完成农村承包地确权；落实粮食安全责任制，严格储备粮管理；深化供销合作社综合改革。开展住房困难户危旧房置换安置房试点，放宽保障性住房申请准入条件，组织编制新一轮村庄规划，加快推进石结构危房翻建，不断改善农村人居环境。提升居家养老服务工作，建成残疾人“福乐家园”，完善被征地农民社会保障制度，加强低保、城居保、新农合、医疗救助、临时困难救助等措施，织牢民生保障兜底网。

繁荣各项社会事业。年度投入2.6亿元，实施为民办实事项目7件27项。改扩建实小、大仑、五星、新湖等4所市区小学，新建第七实小、古卫城实小和5所公办幼儿园，续建石光中学、蚶江中学等26个学校项目；启动基层校市级直管、教师编制管理等改革；持续引进优质教育资源合作办学，加快高中教育扩容提质、职业教育产教融合。推动市医院新院基本建成投入使用，落实医疗、医保、医药联动改革任务，开展基层医疗卫生机构综合改革试点；完善“全面两孩”配套措施，提高计生服务管理水平。推进公共文化服务体系改革，提升文化惠民工程，深入开展文化下乡、书香狮城等活动；完善公共文化体育设施建设，有序推进向社会免费开放。加强非物质文化遗产保护，完成海丝申遗工作，迎接联合国教科文组织的现场考察评估。评选首届“醒狮”文艺奖，促进文艺精品创作。推动《石狮市志》（1998—2010）参评“中国志书精品工程”。举办世界石狮人恳亲大会，进一步做好新生代华侨工作，支持以亲情、友情、节庆、庙会等为纽带的民间交流活动，不断丰富港澳台侨文化交流内涵。启动创建全国双拥模范城“六连冠”，制定落实军民融合发展计划，推进国防动员建设创新发展。全面加强统计、人防、档案、民族宗教、妇女儿童、老干老龄等各项工作。

（摘编：苏建平）

晋江市社会发展概况

2016年，晋江市牢固树立“五大发展理念”，抢抓机遇、应对挑战、精心运作，有力保持经济社会平稳发展。地区生产总值完成1730亿元，增长7.5%；一般公共预算总收入200.5亿元，增长0.1%，其中本级收入119.54亿元，增长2%；城乡居民人均可支配收入3.4万元，增长8%。一年来社会发展的主要工作和成效是：

民生获得感明显提高。财政统筹投入69.25亿元用于民生建设，占本级支出66.2%。办好30件为民实事、108件民生“微实事”。新办10所公办幼儿园。新增2所省一级达标高中，高考本科上线率达80.4%，比上年提高4.17个百分点。公立医院综合改革稳步推进，市医院迁建等卫生项目加快建设。树兰医疗集团进驻晋江，国际门诊、远程会诊相继运行。完成基层卫计服务融合，落实全面二孩政策。实施精准扶贫，帮助302户困难家庭脱贫解困。试行政府购买家政养老服务，建成32个养老机构。投放100部新能源公交车，建成公共自行车系统二期，市民出行更加便捷。举办第三届文化产业周，草庵入选“海丝”申遗考察点，五店市传统街区获批国家海峡两岸交流基地，安平桥创建国家4A级景区通过考评。举办国际半程马拉松赛。晋江小伙林超攀勇夺里约奥运会铜牌，实现泉州奥运奖牌零的突破。金门供水工程大陆方具备供水条件。加强平安建设，治安管控、安全生产、食品安全等保持形势稳定。荣膺全国双拥模范城“六连冠”，荣获全国残疾人工作先进单位。民族宗教、统计调查、档案方志、老区建设、对口帮扶、老干老龄、工青妇儿、红十字、国防动员等工作取得新成绩。

农村活力不断增强。农村土地制度改革三项试点、土地承包经营权确权登记颁证、集体产权制度改革稳步推进。新增省级农业产业化龙头企业18家，流转耕地3500亩，“衙口花生”成功申报农产品国家地理标志。扶持村（社区）壮大集体经济，村财薄弱村（社区）一律补足到25万元，成功培育20个最美乡村，金井围头村获评“中国最美休闲乡村”。实施中央小型农田水利设施重点县建设，建成20个农村小型污水处理设施，修复23处水毁工程。远洋渔业深沪作业区成为全省唯一远洋渔业专用码头。

服务效能持续提升。严格执行中央八项规定，深入开展“两学一做”学习教育。认真办理人大代表建议169件、政协委员提案331件，满意率、基本满意率达100%。完善市级“三张清单”，编制镇（街道）权责清单。11个部门实行全程网上审批。开展公车制度改革。加强效能督查、政务督查、绩效评估、行政监察、审计监督，服务水平明显提高。

2017年社会发展的主要工作是：

提高城市宜居指数。把创造优良人居环境作为新型城镇化的中心目标。稳步推进“多规合一”，建设规划信息共享平台。编制完善教育、医疗、文体、养老、绿地系统等专项规划，严格规划执行，优先保障公共设施建设空间，彰显“见人、见物、见生活”的城市发展理念。纵深推进城市更新，按照“修肌理、强功能”的要求，实施超高端国际人才社区、市民广场等109个重点城建项目，启动中心城区环城慢行步道示范段，完善“一山一水”慢行系统，建设18个城市街头绿地，加快推进第二体育中心、工人文化宫、青少年妇女儿童活动中心、崎山公园等项目，提升城市功能品质。抓紧完善片区配套，完成组团（片区）征迁扫尾，加快罗裳、紫帽、城北等片区重点地块招商，推进30个安置房项目，建成5个现代小区，培育世茂酒吧一条街等休闲街区。提高城市精细化管理水平，加快“智慧城市”推进步伐，建设大数据中心。深化“大城管”体制改革，坚持“软引导”和“硬约束”并重，推进“两违”治理、市容整治，创建塘岸街、阳光路等示范街。完善排水自动化管理系统，集中整治易涝点，提高防洪排涝能力。

提高出行便捷指数。实施综合交通规划，推进41个市政交通道路项目，加快完善“152030”快速交通圈。提升公交服务，加大新能源公交车投放力度，完善“一镇一枢纽”工程，构建高效便捷的换乘系统。铺设20公里自行车专用道，串联“四横四纵”自行车道网。优化交通组织，建设5个公共停车场和一批过街设施，整治5个交通易堵点、10个事故多发点，完善道路标示系统，让群众出行更加准点、舒适。

提高社会文明指数。积极创建全国文明城市。持续移风易俗，在全社会形成“不比排场比慈善”的文明新风。开展市民文明公约践行活动，促进文明出行、文明旅游、文明餐桌等习惯养成，提高市民文明素质。弘扬社会主义核心价值观，评选“美丽晋江人”等道德模范，落实帮扶和礼遇道德模范措施，广泛宣扬好人好事好家风，塑造“文明有德”的晋江人群体形象。完善诚信“红黑榜”发布制度，健全失信惩戒机制，建设覆盖全社会的诚信体系。完善“见义勇为”保障机制，让人们该出手时敢出手，让好心人不吃亏！

让群众有更好的身体。加快医药卫生体制和公立医院综合改革，为群众提供全生命周期的卫生和健康服务。深化与树兰医疗合作，加快市医院、晋南分院国际JCI（国际医疗卫生机构认证联合委员会）认证工作，完善国际疑难病多学科会诊中心建设。推动省口腔医院闽南分院投用，加快推进市医院迁建、晋东医院等12个卫生项目建设。支持开办福典医院、龙华康复、百大妇产等民营医疗机构，构建多元办医格局。实施“510”卫生育才工程，引进更多医德医技兼备的好医生。坚持计划生育基本国策，加强妇女儿童健康服务。做好精神卫生、慢性病防治工作。完善医疗应急体系建设，提高批量伤员紧急救援收治能力。积极创建省级农产品质量安全示范县，建设100个“明厨亮灶”示范工程，加强药品、医疗器械制售企业监管，严守从农田到餐桌、从企业到医院每一道防线，保障市民饮食用药安全。

让群众有更好的教育。坚持教育优先发展，推进学前教育优质普惠、义务教育优质均衡、高中教育优质特色。实施泉州五中桥南校区等169个教育项目，启动第三轮中心城区教育资源整合提升工程，完成养正中学新校区搬迁，建成5所公办幼儿园。建设30个智慧课堂，实现宽带进教室全覆盖。推进“三名”工程，实施“5121”教育人才引育和“千百十一”名师名校长孵化计划，培训青年骨干教师500名以上。实施道德素养、心理健康、实践技能提升工程，创建10所美育、20所心理健康特色学校、5个科学创新实验室。加快建设福大科教园，培育科教产业集聚区。扶持发展高端民办教育，加快推进大明国际、拔萃双语等项目建设，持续做大优质资源。

让群众有更好的保障。实施22个为民办实事项目，办理200件民生“微实事”。扎实推进扶贫攻坚，深化“四帮四扶”工程，精准帮扶300户困难群众。实施全民参保计划，新农合筹资标准提高到620元，为1.5万名低保妇女、二女户母亲购买安康保险。深入实施残疾人帮扶工程。深化“救急难”试点，完善医疗救助和临时救助制度，组织7万名来晋创业务工人员参加医疗互助。启动社会福利中心运营，为10个居家养老服务站配备智能健康体检系统。引导慈善资金参与教育、医疗等民生投入，扩大慈善爱心援助受益面。加快石结构危房改造，建设2万套保障性住房。

让群众有更好的社区化服务。优化城乡社区运行机制，大力推进村经分离、基层自治。加大社会组织孵化培育力度，促进社工机构提升专业化服务。开办5所“儿童之家”四点钟学校。新建提升20个村（社区）文化活动中心、40个健身场地。开展文艺精品公益性演出，举办24场“大美晋江”惠民舞台展演，丰富城乡居民文化体育生活。完善老旧小区线路管网、电梯、消防、绿地等设施，建设50个物联网安防小区，改造“二次供水”1万户。整顿规范物业服务市场，严厉整治小区违建、噪音污染等热点问题，提高物业管理水平。

（摘编：郭　虹）

南安市社会发展概况

2016年，南安市迎难而上、精准发力，全力以赴稳增长、促改革、调结构、惠民生、防风险，实现“十三五”开好局、起好步。全市完成地区生产总值896.77亿元，增长8.5%；一般公共预算总收入65.4亿元、一般公共预算收入38.3亿元，分别稳步回升至正增长4.2%和4.7%，增幅均居泉州前列。一年来，社会发展主要工作和成效是：

城乡融合统筹推进，宜居环境进一步改善。注重规划引领。“多规合一”扎实推进，城市总规修编和“三线”划定基本完成，南翼新城、康雪洪组团等区域规划完成初步成果，中心市区基本实现控规全覆盖。注重基础支撑。泉厦漳城市联盟高速南安段、国道324线官桥前梧至水头段、省道215线丰州至洪濑段改造工程开工建设，横九线官桥至市区段、站前东西大道西延伸段建成通车，贤林大道通车在即，纵三线省新至梅山段、联十一线水头段、江滨南路（二期）、茂盛路等重大交通项目进展顺利，完成交通投入17.36亿元。石井港区填海工程加快推进，海峡科技生态城A片区完成PPP（政府和社会资本合作）招投标。注重城乡一体。投入34.85亿元实施47个城建项目，“五大中心”、市政务服务中心加快建设，河滨（二期）改造高效推进，市政、教育、医疗、口袋公园等“补短板”项目有序进行，打通瓶颈路、断头路2条，新区、旧城联动发展彰显新格局。南翼新城产城融合空间格局优化、基础配套不断完善，北部区域建设力度加大、交通体系更加健全，东溪流域因地制宜加快发展，一批工业强镇、生态乡镇、旅游小镇“颜值高、气质好、广获点赞”，5个乡镇获批泉州市级小城市培育试点，市域发展更趋协调均衡。注重功能优化。垃圾焚烧发电厂（三期）主体完工，城镇污水处理厂及其配套管网PPP工程加快推进，城市道路、公园绿地推向市场化管理运作，城乡公交运营、拥军客运班线推行政府购买服务，市区至官桥公交线路开通运营，新增停车位230个、新能源公交车30辆。注重环境提升。实施230个宜居环境建设项目，城西湿地公园、滨江贵峰段休闲慢道加快推进。启动“两溪一湾”安全生态水系、柳湖水系连通综合整治工程，“点线面”环境整治考评蝉联泉州市第1名。

美丽乡村加快建设，“三农”基础进一步巩固。实施192个“一事一议”项目，兑现强农惠农资金20.4亿元。23个“千村整治、百村示范”村庄整治成效显著，完成“美丽乡村”建设投资2.36亿元，眉山观山村列入中国传统村落保护名录，官桥洪岭村获评省级最美休闲乡村，洪梅入选省级“绿色乡镇”。农村土地承包经营权确权登记颁证有序推进，新流转土地3280亩，新增省级农业产业化重点龙头企业14家、农民专业合作社12家、泉州市休闲农业示范点1个。南安储备粮中心库启动建设，粮食生产保持安全稳定。投入3.43亿元实施25个水利项目，再解决1.6万农村人口饮水安全问题。提级改造农村公路100公里、危病桥8座，完成安保工程70公里。

环境整治重拳出击，生态优势进一步释放。加强生态空间源头管控，编制完成生态文明建设规划。加强污染整治，挂牌督办环境突出问题8个，关停污染企业87家、畜禽养殖场116家。实施12个节能项目，开展初始排污权和可交易排污权核定工作，推进22家企业纳入省碳排放交易市场，完成节能减排任务。启动市区空气自动监测站迁建，强化大气污染源整治，淘汰黄标车2987

辆，空气质量持续好转。整治生态流域10.5公里，水环境质量不断改善。完成植树造林7800多亩，治理水土流失5.67万亩，创建国家水土保持生态文明工程通过省级验收。

民生工程扎实推进，幸福感受进一步提升。完成11项39件为民办实事项目，财政支出用于民生方面比重达82.5%以上。防抗超强台风取得重大胜利。社会保障持续增强。城乡低保、“五保”供养标准进一步提升，医疗救助基金政府筹集标准每人每年从200元增至400元，社保参保实现城乡全覆盖。启动居家养老信息化服务平台，试点开展政府购买居家养老基础服务，惠及1500名老人。建成保障性住房1526套，改造石结构房屋750多万平方米。教育更加均衡发展。中心市区教育资源加快整合提升，第五、第六小学开工建设，“三通两平台”建成投用，全年财政教育投入12.94亿元，入选全国职业教育和成人教育示范县创建单位，成为“全国青少年校园足球试点县”，确认为全国义务教育发展基本均衡市。医疗卫计资源更为优质。市医院新院区加快建设，滨海医院、康宁医院投入运营，完成5所乡镇卫生院改造提升，基层医疗卫生服务水平不断增强。稳步推进公立医院改革，完成医保管理经办“三保合一”。率先在全省推行婚育健康全程服务，全面落实“两孩政策”，计生利益导向更加惠民。文体事业蓬勃发展。九日山“海丝”申遗环境整治扎实推进，贵峰王氏、埔头黄氏家训馆建成开馆，一批南安本土微电影走红网络，丰州镇、官桥漳洲寮分别入选省级历史文化名镇名村。成功举办郑成功文化节、“郑成功杯”国际男子篮球赛，公共文体设施日益完善，全民健身和竞技体育全面发展，南安健儿再创奥运佳绩。社会治理水平不断提升。开展“访民情、解民忧、促和谐”行动，创新实施“七对接一保证”联合调解模式，攻坚化解一批信访积案。铁腕打击各类违法犯罪活动，社会治安形势持续向好。食品、药品安全得到巩固，安全生产四项指数全面下降。侨捐资金连续23年超亿元，荣获全国双拥模范城“三连冠”，民族宗教、人防、支前、方志、地震等工作取得新成效，其他各项事业均得到新发展。

2017年社会发展的重点工作是：

保障基本民生。认真办好12件44项为民办实事项目。积极落实就业创业政策，开展职业技能培训，新增城镇就业1.8万人。推进全民参保登记计划，落实城乡低保动态调整机制，稳步提高各项社会保障水平。开展医疗保险付费方式改革，城乡居民医保政策内补偿比例提高到75%以上。加强劳资纠纷监测预警和执法监管，推进建筑施工企业依法参加工伤保险。加强未成年人救助保护和困境儿童生活保障，完善社会救助和残疾人康复体系，发展公益慈善事业。编制养老服务体系建设规划，继续推行为特困失能老人提供政府购买服务。进一步完善多层级住房保障体系。

锤炼品质教育。编制实施教育发展“十三五”规划，推进教育“三化一强”转型发展，丰富教育内涵。抓实做优基础教育，加快中心市区、南翼新城核心区教育资源整合提升，启动“52256”学校建设计划，加快新水头中学建设升级，完成第五、第六小学及8所公办幼儿园建设，加大教育薄弱区域投入，促进区域教育资源均衡。支持优质学校与薄弱学校开展联盟共建发展，鼓励完中校达标升级，壮大优质教育资源。加强师德师能建设，推动教师培养交流、培优奖励制度化常态化。完善学校安全教育长效机制，加强督政督学评估，提升教育督导管理水平。加快发展职业教育，规范民办教育，支持闽南科技学院等高等教育发展。抓好社区教育、老年教育、特殊教育、继续教育、终身教育。

打造健康南安。深化公立医院综合改革，稳步推进基层医疗机构人事、薪酬和经费保障等制度改革。强化药品保障供应、零差率销售，减轻群众看病负担。抓好市医院新院区建设和乡镇卫生院改造，支持城乡三级医疗机构提标升级，推进乡镇卫生院体制改革，加强基层卫技人才引进和培养，提升基层卫技服务水平。启动分级诊疗试点工作，力争2017年底市域内就诊率达90%。落实“全面两孩”政策，严控政策外多孩生育，关心帮扶计生特困家庭。加快国家篮球训练基地、新体育中心建设，抓紧完善各类公共体育设施并推动免费开放，形成全民健身浓厚氛围。

（摘编：黄万良）

惠安县社会发展概况

2016年，惠安县坚持稳中求进、攻坚克难、改革创新，较为地完成了全年的目标任务，全县实现生产总值580.1亿元、一般公共预算总收入83.2亿元、一般公共预算收入31.75亿元，规模以上工业增加值276.42亿元，五年来年均分别增长11%、21.6%、10.6%和15.4%，累计完成全社会固定资产投资1272亿元，县域经济居全国中小城市综合实力"百强县"第37位，荣获"世界石雕之都"、国家生态县、全国文明县城二连冠、省级双拥模范县五连冠等称号，并成为全国首批县级文明城市提名城市。

做优中心城区，做强中心集镇。实施嘉惠片区、黄塘镇区、高铁站前片区和洞口片区等区域改造更新，拆迁房屋100万平方米、征收土地近万亩，中心城区建成区面积拓展至23平方公里。累计投入283亿元实施重点城建项目36个、试点小城镇项目287个、交通项目11个、市政设施项目118个和"美丽乡村"项目972个，整治溪流113.5公里，造林绿化5.9万亩，改造石结构房屋1060万平方米，全县常住人口城镇化率63%，建成区人均公园绿地面积13.2平方米。

每年把70%以上的本级财力用于社会民生。累计完成为民办实事项目203个，解决了一批关系群众切身利益的现实问题。投入47.3亿元优先发展教育，办学条件和教育质量显著提高，顺利通过全国义务教育发展基本均衡评估认定及复检，获评省级教育工作先进县。设计推广惠安城市品牌标识，培育"一村一品"文化示范村56个，实现农家书屋、文化信息资源共享工程点、激情广场行政村全覆盖。公立医院改革先行突破，全县公立医疗卫生机构、村级卫生所实行药品零差率销售。社会保障水平不断提升，投入7.19亿元实施城乡居民基本养老保险和失地失海农民养老保障制度，新农合筹资标准从每人每年290元提高到540元，城市低保、农村低保、农村"五保"供养标准分别从每人每月380元、230元、500元提高到540元、324元和741元。顺利完成"六五"普法，依法治县稳步推进，村村配备视频监控、治安巡逻队，"盗抢"案件数量明显下降，未发生重特大生产安全事故，社会保持和谐稳定。

城市提升步伐加快。编制城乡总体规划，完成城市景观、中心城区停车场等8个专项规划，修编东岭、净峰2个镇总体规划。城南新区、洞口片区安置房项目竣工，群众顺利回迁。24个城建重点项目完成投资29.6亿元，46个试点小城镇项目完成投资13.6亿元，县道310线辋川至紫山段建成通车，动车站综合交通枢纽主体竣工验收，惠东应急水库及"五库连通"工程开工建设。新建公交停靠站51座、公交首末站3个，新增停车位4043个，打通9处城区"断头路"。完成溪滨公园、中新花园提升工程，新增城区绿地面积40亩。加强城市精细化管理，理顺老旧小区物业管理等13项城市管理职能，开展城市管理综合考评，数字城管平台投入运行。常态化开展八大系列专项整治行动，清理违章广告牌619个，纠正占道经营点974处，拆除"两违"建筑48.5万平方米。

社会民生保障有力。投入37.2亿元用于社会民生建设，完成42个为民办实事项目。实施更加积极的就业政策，新增城镇就业人数1.1万人、登记失业率1.08%。建设6所镇级第二中心幼儿园，建成9个中小学新改扩建项目。高考再创佳绩，本科上线率达76.2%。完成县体育中心整修工程及县群艺馆改造，新建镇级文化站2个、标准化篮球场12个、健身路径36条。第三届"薯花文艺奖"

表彰文化精品35件。5项公立医院综合改革任务扎实推进，建立县镇医疗联合体，形成公立医院与民营医疗机构相互补充、共同发展格局。实行家庭医生签约服务制度，进一步减轻群众就医负担。落实“全面两孩”政策，计生政策符合率91.34%。出台完善城乡居民医疗救助体系实施意见，发放困难群众医疗救助金1317万元。建成19个城乡居家养老服务中心，为3985名70周岁以上老年人购买居家养老服务。改造石结构房屋413万平方米、农村危房500户。实施“平安惠安”三级联创行动，深化“三个千万”活动，持续开展“盗抢骗”“黄赌毒”和非法传销、安全生产、道路交通、食品药品安全等专项整治，群众安全感和满意率得到提高。此外，国防动员、军民融合、支前双拥、防汛防台、民族宗教、侨台外事、广播电视、档案方志、慈善、老龄、妇女儿童、残疾人等工作取得新成绩。

2017年社会发展的主要工作是：

加快实施文化旅游惠民工程。以社会主义核心价值体系为引领，让传统美德和先进文化融入百姓生活，共同守护好我们的精神家园。实施文化惠民工程。加快完善公共文化服务设施，提高全民综合素质。加强历史文化保护。对接泉州“东亚文化之都”和“海丝先行区”建设，加大闽南文化生态保护区建设及惠安女服饰、惠安石雕、闽南传统建筑营造技艺等非物质文化遗产的“活化传承”，强化对古村落、古民居和文物保护单位等历史遗存的“固态保护”，大力弘扬南音、木偶、高甲戏等优秀民间传统文化，讲好历史故事，展现惠安独特的文化内涵和人文魅力。加快发展文化旅游产业。

持续推进文明建设。深入实施创建全国文明城市三年规划，实施28个文明城市创建项目，建设10个薯花志愿者服务站。继续开展“美丽惠安人”“美德少年”“最美乡村人家”等评选表彰活动，发挥榜样的力量，深化移风易俗，引导和培育良好家风家教、校风校训、企业精神和乡贤文化，让文明成为城市的风景。完善信用“红黑榜”制度，积极引导守信自觉，让诚信者畅行天下、失信者寸步难行。

持续推进生态环境治理优化。全面实施生态文明示范县建设规划，守住绿水青山碧海，让群众享有更多绿色福利。深化环境治理。加强环城、沿溪、沿路、沿海生态屏障建设，新增造林绿化面积4000亩、森林抚育面积4500亩，创建“四旁”绿化示范村32个。继续开展县域小流域整治工程，实施蔗潭溪、东港溪等8条小流域22公里河道生态整治，治理水土流失6000亩，有效提升流域周边生态环境，打造一批“美丽水道”风景线。启动半月湾沙滩修复工程前期工作，大力整治海漂垃圾，严厉打击非法盗采海砂行为，全力保护好生态海湾。持续开展“石粉尘”、施工扬尘、工业废气、餐饮油烟、黄标车等专项整治，进一步改善空气质量。深化节能减排。强化重点企业节能管理，严把项目能耗审批关，建设泉惠热电联产项目，加快推进企业清洁能源替代工程。铺设10公里污水支管网，启动净峠污水处理站建设，推进污水收集向镇区周边村延伸，提升污水接驳率和处理率。采取政府购买服务方式规范处置生活污泥。强化环保网格化监管力度，督促企业落实环保主体责任，严厉打击环境违法行为。引导更多的社会资源投向生态领域，形成多元参与生态文明建设的良好氛围。

加快补齐民生“短板”，促进发展成果全民共享。打造优质服务资源。坚持教育优先发展，加大教育资源向农村倾斜力度，实施31个教育资源整合项目，新建6所幼儿园，创建5所“智慧校园”试点校。探索建立教师队伍“县管校用”机制，完善考核评价制度，加强校园文化建设，激发教师队伍活力。持续开展素质教育和学科竞赛，提高学生发展的核心素养。支持职业教育、特殊教育和老年教育发展。

深化公立医院综合改革，加快分级诊疗和医疗联合体建设，大幅提高高层次医务人才绩效奖励水平，重点支持一批紧缺学科发展，完善基本药物监管体系，创建全国基层中医药工作县和省级妇幼健康优质服务示范县，提升医疗服务水平。严厉打击“两非”，开展新生儿30种疾病筛查工作，提高出生人口素质，争创计生“新国优”。

（摘编：林学军）

安溪县社会发展概况

2016年，安溪县攻坚克难，奋力发展，较好地完成了既定目标任务。全县GDP 457.95亿元，工业增加值213.05亿元，固定资产投资326.35亿元，一般公共预算总收入37亿元，一般公共预算收入24.23亿元，全体居民人均可支配收入18684元。综合实力提升至全国百强县第67位、最具投资潜力中小城市百强县第29位、创新创业百强县第82位，跻身全市第二方阵。荣获全国首批综合发展质量优秀县、全国义务教育发展基本均衡县、全国科技进步先进县、全国科普示范县以及省级文明县城等称号。社会发展的主要成效是：

城乡环境日新月异，刷新“安溪颜值”。获评国家生态县、国家园林县城、全国十佳生态文明城市、中国文化旅游名县、2014中国最美丽县、2016中国十大最美茶乡及福建十大醉美县城、森林县城等荣誉。全县城镇化率提升至42.5%。中心城区加快“东拓、西进、南下、北提”，建成区面积达26平方公里、常住人口30万人；建成人民广场、宝龙城市广场、金融行政服务中心、“三馆”等现代商圈、城市空间；新增城市慢道22公里、休闲广场12.5万平方米、公园绿地231万平方米。龙门、湖头入选全国重点镇、全省首批镇级“小城市”试点。培育1个国家级、4个省级、5个市级美丽乡村示范村。在全省率先实施农村生活污水处理第三方运营管理。治理水土流失44.1万亩，崩岗治理成为全国先进典型。造林绿化30.9万亩，建设莆永高速茶山林带104公里。森林覆盖率65.58%。

百姓生活幸福安康，呈现“安溪温度”。荣获全国首批民生改善典范县称号。五年累计民生支出169.65亿元，占一般预算支出的80%，投入28亿元完成114件为民办实事项目。全县高速公路里程达148.5公里、落地互通10个，金安、莆永、双安高速建成通车，厦沙高速安溪段完成80%工程量。完成道路“白改黑”70公里。发动捐资5.44亿元，创办全国唯一综合性茶业公办本科院校——福建农林大学安溪茶学院。投入19亿元，完成校安工程61万平方米，新改扩建幼儿园49所、城区中小学15所，新增学位3.7万个，义务教育学校100%实现标准化，高中教育全面达标晋级。全面推进县级公立医院改革，实行药品耗材零差率销售，药占比降至34%；完成县医院住院综合楼等18个卫生项目建设，新增床位2000张，千人床位数提高至3.68张。坚持人口计生基本国策，落实“全面两孩”政策，较好完成年度责任目标。全面实施食品放心工程，食品药品安全保障水平进一步提高。新农合、城镇居民医保、城乡低保、居民养老保险基本实现应保尽保。县社会福利中心、离退休老干部活动中心投入使用。建成安置房105.89万平方米、保障性安居工程4974套。建档立卡贫困人口由6.47万人减少至3.08万人。

各项事业齐头并进，展示“安溪风采”。深化法治安溪、平安安溪、诚信安溪建设和安全生产大检查，成功摘掉出生性别比、电信诈骗、拐卖妇女儿童、道路交通、信访突出问题重点整治县“五顶帽子”。完成《安溪县志（1991—2007）》编撰。举办首届清水祖师文化节。拍摄《清水祖师》纪录片，创作《飘香》MV及微电影。湖头镇入选中国历史文化名镇、中国特色小镇，尤俊村获评中国乡村旅游模范村。安溪铁观音茶文化系统入选“中国重要农业文化遗产”，竹藤编制作技艺列入国家级非物质文化遗产名录。与法国佛罗伦萨克市缔结友好城市。完成“六五”普法、第三次全国经济普查工作。国防动员、民族宗教、侨台外事、地震、气象、档案及老龄、青少年、妇女儿童、残疾人等工作取得新成绩。

2017年社会发展重点抓好以下工作：

综合交通提升行动。以三安大桥、参洋片区东西大道、石狮岩隧道左洞、建安大道延伸段和湖头环城路、南翼新城环北路等建设为重点，加快构筑交通“大动脉”。新增市政道路3.5公里、自行车道5公里、城市慢道3公里。建设宝龙广场、第十八小学等路段人行天桥，渠化改造大同路、建安大道等重点路段，有效疏导交通堵点。大力发展公共交通，进一步优化公交站点和线路，新增公交车16辆。提高城区公共自行车覆盖面，新增站点130个、自行车3800辆。开通南翼新城至厦门北站城际客运专线。大力推进农村公路改造提升工程。

功能配套提升行动。实施“123－335”城市功能配套项目，提升“三馆”服务能力和社会效益，推进铁观音生态文化园、妈祖文化公园、古山公园、影剧院、博物馆、体育场、凤山书院等项目建设。建成城南公交总站、城区自来水厂三期和110千伏塘垅变、郭埔变。扩建城区污水处理厂，加强湖头、龙门污水处理厂运营管理，新增污水管道4公里，实现垃圾无害化处理率达到100%、生活污水处理率达到90%。

形象品位提升行动。加快城区三安大桥东片区、安一中南校门片区、沼涛实小片区、解放路西侧片区及湖头河滨路片区等改造工程。逐步推进城中村改造及西二环路沿线“退二进三”。见缝插针开展景观设计，建设一批以茶文化、家居工艺为主题的街景小品、文化长廊、“口袋公园”。实施凤山、大龙湖亮化美化和魁斗至湖头省道亮化工程。推进参洋凤参路段亲水平台和龙门公园、依仁溪景观提升。

城市管理提升行动。推进“智慧安溪”建设。组建“数字城管”指挥中心，完善城市管理联合执法机制，推动城市管理精细化、网格化、可视化。打造三十六米大街、建安大道2条城市管理示范街，以及大同路、永安路、解放路3条户外广告精品街。开展“社区营造”试点工作，建设10个社区志愿者服务站。推动道路保洁、垃圾清运市场化服务。加大“两违”打击力度，确保“两违”零增长。

生态环境提升行动。落实生态保护红线管控措施，创建国家生态文明先行示范县。造林绿化1.7万亩，抓好门户廊道、重要节点及主干道景观绿化提升，建设湖头泰山岩省级森林公园。实施29个宜居环境建设项目、20个美丽乡村建设项目。治理水土流失9万亩，继续推进官桥—龙门区域矿山地质环境治理工程。实行最严格水资源管理制度，落实万里安全生态水系措施，持续深化流域水环境综合整治，建设晋江防洪工程5公里。开展大气污染防治行动，加大黄标车淘汰力度，治理建筑及道路扬尘污染。推进土壤污染防治工作。

繁荣教科文卫事业。推进农村薄弱学校改造，新改扩建金火高级中学、第十九小学、第九幼儿园等8所城区学校，新增学位1.2万个。加强师德师风建设，培育名校名师名校长，提升教育质量。创建省级教育强县。稳妥推进县级公立医院改革，探索建立现代医院管理制度。落实“一归口、三下放”管理制度，推进5所基层卫生院综合改革试点工作，激发基层卫生队伍活力。启动县医院门诊医技大楼、妇幼保健院迁建等13个卫生项目建设。推进县中医院与省人民医院合作共建医疗联合体，设立省人民医院安溪分院。落实“全面两孩”政策，提升计生服务管理水平。推动湖头相地府衙群保护开发。创作铁观音主题高甲戏和长篇小说《观音》等文艺精品。建设一批乡村文化体育广场。组织办好央视七套春晚东部主会场（安溪）活动和环泉州湾国际公路自行车赛。

提高社会保障水平。办好24件为民办实事项目。加快实施“全民参保计划”，推进“五险”提标扩面。推进城乡基本医疗保险政策一体化。农村低保每月提高至420元。发展养老服务、慈善公益、社会救助和残疾人事业。落实就业创业扶持政策，抓好高校毕业生、退役士兵、就业困难人员就业指导帮扶。实施造福工程800户、低保户安居工程100户。建成保障性安居工程480套、安置房32.51万平方米。

（摘编：周忠志）

德化县社会发展概况

2016年，德化县主动适应新常态，有为应对困难挑战，全力推进政府各项工作，经济社会发展取得良好成效。地区生产总值194亿元，增长6.5%；一般公共预算总收入15.35亿元，增长0.3%，一般公共预算收入10.77亿元，增长0.7%。社会发展的主要工作和成效是：

道路建设力度加大。兴泉铁路德化段进行施工图纸设计；投入18亿元，加快厦沙高速德化段建设，累计完成总工程量的77.3%；投入3.2亿元，抓好国省干线、镇镇有干线建设，完成农村公路提级改造30公里。市政设施日臻完善。投入4.67亿元，实施34个市政提升工程，启动蒲坂高位水厂、城东综合停车场建设，完成龙津桥扩建，建成停车场5个，新改建城区道路4.5公里、水电气和污水管网管道77.1公里，新开通公交线路2条。

美丽乡村建设取得成效。投入1.05亿元，抓好省级"千村整治、百村示范"25个村、景观带2条和市级"两村一带"环境整治7个村建设，创建县级美丽乡村示范村（社区）10个，改造农村危房2.51万平方米、石结构房屋1.56万平方米，拆除违章建筑19.31万平方米。三班镇列入省级特色小镇，上涌镇列入省级农村产业融合试点示范镇，2个镇、1个村列入省级历史文化名镇名村，新增中国传统村落5个、市级传统村落10个。

国家生态文明创建扎实开展。实施"四绿"工程，落实最严格水资源管理制度和"河长制"，投入7600万元，开展重点流域水环境、水土流失综合治理。投入7.25亿元，完成一批水利项目，闽江防洪工程德化段加快推进，彭村水库力争年底前完成大坝主体工程。列入省级水生态文明建设试点县。完成节能减排、黄标车淘汰年度任务。

社会事业协调推进。县财政民生支出21.92亿元，占一般公共预算支出比重达82.2%。61件为民办实事项目全部完成。居民人均可支配收入24153元，增长7%。

教育方面，投入3.2亿元，推进丁墘中学、阳光小学和幼儿园等14个项目建设；招聘编内外教师108人；高考本科上线率增加6个百分点达78%；各级各类教育健康协调发展。

卫计医疗方面，投入6620万元，推进县医院医技楼等医疗设施建设，县中医院整体搬迁投用；新农合参合率达99.99%，住院补偿53.86万人次；"全面两孩"政策稳步实施。文化体育方面，德化窑梅岭遗址列入"海丝"申遗点，德化窑遗址列入《国家大遗址保护"十三五"专项规划》；承办海上丝绸之路环泉州湾国际公路自行车赛德化赛段，完成县体育场改建，老干部活动中心建成投用。

社会保障方面，城镇职工"五险"参保人数增加5395人次，城乡居民养老保险续保率达99.63%，城乡低保基本实现应保尽保；医疗、慈善、灾害和关爱老年人、留守老人儿童、残疾人等社会救助体系更加完善；新增城镇就业7254人，农村劳动力转移就业4917人；旧村复垦城东安置房竣工2397套。

社会治理方面，投入7300万元，推进看守所迁建、社会治安立体防控网络和司法森林公安业务用房建设，建成应急指挥中心、公安技侦大楼。平安德化、安全发展县、食品安全示范创建走在全市前列，群众安全感居全省第八位。双拥优抚、国防动员体系建设、民兵预备役工作取得良好成效。精神文明、审计、统计、物价、科普、工青妇、地方志、民族宗教、外事侨台、防震减灾、档案等工作取得新进步。

2017年社会发展重点抓好以下工作：

加强生态建设保护。牢固树立“绿水青山就是金山银山”的发展理念，深入开展国家生态文明试验区建设，争取纳入国家重点生态功能区；划定并严守生态保护红线，抓好森林火灾扑救指挥平台、生物防火林带、林业有害生物防控体系建设，实行网格化管理、专业化管护；举办第八届海峡两岸生物多样性与森林保护文化研讨会，推进戴云山生态文化教育基地建设；继续实施“四绿”工程，造林绿化和森林经营7万亩，抓好景观提升、林分修复、绿色创建，夯实绿色发展基础。

加大环境整治力度。持续落实最严格水资源管理制度和“河长制”，开展重点流域水环境综合整治，实施小流域“赛水质”、中小河流治理、矿山生态环境、水土流失治理，加强闽江、晋江流域上游饮用水源地保护，打造碧水蓝天；开展城乡生活污染、工业污染、畜禽养殖污染、农业面源污染等专项整治，加强重点行业企业大气污染物、涉重金属行业、扬尘等综合治理，加快黄标车淘汰，坚决查处环境违法行为，改善生态环境质量。

落实环保目标责任。抓好国家循环化改造、资源综合利用“双百工程”“两个示范”建设，加快燃煤锅炉整治和淘汰，开展窑炉改造、余压余热利用等节能改造，加强尾矿、废瓷、废石膏、废纸等废弃资源综合利用，强化重点行业企业监管，组织申报一批省、市节能项目，推进排污权、水权、碳排放权交易改革，完成市下达节能减排任务。

深化户籍制度改革。建立进城落户农民土地承包权、宅基地使用权和集体收益分配权自愿有偿退出机制，努力做到落户后同城同待遇；开展龙浔、浔中省级小城镇机构改革试点和三班、水口市级小城市培育试点，激发城乡发展活力。

坚持教育优先发展。扩大优质教育资源覆盖面，推进总投资7.38亿元的19个教育项目建设，完成八中教学楼、龙浔中心小学扩建、阳光小学和幼儿园、高阳小学、尚思小学改造及特教学校标准化建设；强化名校长、名师、名班主任培养，建好校长、教师两支队伍；力争中高考再创佳绩。发展基层老年教育，抓好老干部活动中心和老年大学配套建设，创建全国老年大学示范校。

扎实开展脱贫攻坚。突出精准扶贫、精准脱贫，层层落实责任，完善领导挂钩、驻村帮扶、山海协作、基地托养、社会参与等机制，实施创业就业、产业发展、乡村旅游、教育培训、造福搬迁、社保兜底、“互联网+”、光伏扶贫等脱贫工程，申报一批省、市扶贫开发重点村，更加注重造血式扶贫开发，确保2018年全面完成脱贫任务，实现低保标准和扶贫标准“两线合一”。

做优卫计医疗事业。加大财政民生投入，实施为民办实事项目。深化医疗卫生体制改革，加快县医院医技楼等建设，规划建设包含县医院分院、妇幼保健院、养老院、康复中心等项目的医养康妇幼综合体，强化全生命周期的卫生与健康服务，争创全国基层中医药工作先进县。提升计生卫生服务水平，落实“全面两孩”政策，促进人口优质均衡发展。

提升社会保障水平。支持高校毕业生、城镇失业人员、农村转移劳动力、退役军人等重点群体自主创业、返乡创业就业。加强全民医保体系建设，提高新农合、新农保、五险、农房保险、失地农民养老保险等社会保障水平。加强报灾系统、社会救助和养老体系建设，发展慈善、农村留守儿童和妇女、老年人、社会福利、残疾人事业，为特困失能老人提供政府购买服务。着力房地产去库存，抓好石结构房屋、危房改造，推进彭村水库移民安置区等19处安置房和新村建设，逐步解决进城农民、住房困难户、征迁安置户住房问题。

提高社会治理能力。深化平安创建，完善应急指挥中心和网格化服务管理中心运行机制，加快城市安全信息系统和镇村平安视频监控建设，抓好看守所迁建，强化“六个专项治理”，打击电信网络诈骗及涉众型经济犯罪。加快市检察院办案工作区项目建设，抓好司法人防、森林公安、龙浔法庭业务用房建设。开展“七五”普法。提升食品药品安全监管水平。深化安全发展县创建，保持安全生产平稳态势，维护社会安定稳定。

（摘编：王诗诚）

永春县社会发展概况

2016年，永春县积极适应经济发展新常态，攻坚克难，奋勇拼搏，推动经济社会各项事业全面发展，全县实现GDP 329.4亿元、工业增加值162.3亿元、一般公共预算总收入16.05亿元、一般公共预算收入10.69亿元。绩效考评连续四年位居全市前列。荣膺全国文明县城、国家卫生县城、中国生态文明奖等20多项国家级荣誉。纳入《赣闽粤原中央苏区振兴发展规划》。社会发展的主要工作和成效是：

生态建设树立标杆。在全省首创“生态优先、统筹资源，多元治水、综合治理”模式，实施桃溪流域综合治理项目377个，完成投资31.22亿元，实现62公里主河道治理全覆盖。桃溪、晋江源获批国家水利风景区，获建桃溪国家湿地公园。创建国家级生态乡镇20个、市级以上生态村188个，建设农村生活污水处理设施150座；实施山美水库生态保护试点项目58个；治理水土流失25万亩；实施旧村复垦5224亩，交易指标14.9亿元；造林20.6万亩，森林覆盖率达69.5%。县长环保目标责任书考核连续五年位居全市前列，最严格水资源考核连续两年全市优秀，小流域“赛水质”考评总体成绩连续两届全市第一。成为全省唯一同时承担主体功能区建设、生态文明建设、生态保护与建设等3项国家级试点的县。被纳入国家重点生态功能区，获得国家生态县、全国绿化模范县、国家农村生活污水处理设施建设示范县等称号。

美丽乡村提质扩面。在全省率先启动并推广美丽乡村建设，建设规范列入国家标准样板。持续实施“百村整治　十村示范”工程，创建县级示范村50个、精品村10个、美丽镇区10个，形成“五片三线两带”格局，打造了一批省市示范典型。获得国家级传统村落4个、乡村旅游模范村2个、魅力休闲乡村1个、省级乡村旅游休闲集镇3个、特色村8个。全省美丽乡村建设暨乡村旅游现场会在永春召开，以古镇、山歌、看拳、闻香等为主题的“村游”经济方兴未艾。成为美丽乡村一事一议财政奖补、标准化建设国家级试点县和省级示范县。

社会事业全面发展。财政民生支出95.91亿元，占支出的80.41%，县医院新院、殡仪馆、农村饮水安全等204个民生项目顺利完成。实施公立医院改革，中医院通过二级甲等中医医院评审，全面推行药品销售零差率，千人床位数提高至3.72张。新改扩建中小学30所、公办幼儿园23所，新增学位9330个，获评全国义务教育发展基本均衡县。全面落实计生目标管理责任制，获评省人口计生工作三类先进县。新增城镇就业4.03万人，养老保险续缴率、新农合参合率居全省前列。募集善款1.4亿元，支出1.09亿元。莆永高速永春段通车。建成220千伏变电站1座、110千伏变电站6座。完成余光中文学馆建设和“文博图”三馆提升工程。成功举办世界（永春）白鹤拳大会，白鹤拳电影《擎天画卷》、动漫电视剧《五色羽传奇》分别在全国院线和央视播出，永春白鹤拳声名远播。举办五届安全文化节，被评为全国安全文化建设十佳单位。完成“六五”普法规划，深化平安建设和道路交通安全、食品药品安全整治行动，综治“三率”始终位居全市前列，治安、信访态势保持平稳，获评3项国家级法治工作荣誉和全省首批平安先进县。推动国防动员、人防、支前工作发展，荣获省级双拥模范县三连冠称号。工青妇、科协、残疾人等群团事业取得新成效，民族宗教、外事侨务、审计监察、广电、统计、物价、供销、城镇集体工业、老干部、地方志、老龄、档案、气象、防震减灾等工作实现新进展。

2017年社会发展的主要工作是：

高品位打造宜居环境。深化“清新桃源·宜居永春”三年行动，创建国家节水型县城，实施“人居环境典范城市”建设，快节奏推进联合国人居奖争创步伐。加大环境治理力度，开展全县污染源普查，推进大气、水、土壤污染治理，抓好黄标车淘汰工作。实行最严格的环境保护制度，落实环境保护“党政同责、一岗双责”，严格生态环境损害责任终身追究制。

大力度推进流域治理。实施河岸保护蓝线规划，严格落实“河长制”，推进“全面治水”工作，进一步打造自然水生态文明。加快推进桃溪国家湿地公园建设，抓好景点开发、绿化美化、设施配套等景观提升工程。推进白濑水利枢纽工程（永春部分）、马跳水库等重点项目建设，实施湖洋溪及支流和吾峰、苏坑等安全生态水系项目30公里以上。新建晋江防洪工程堤防8.2公里，综合治理水土流失3.5万亩。

深层次提升镇村内涵。推进达埔“香都小镇”建设，储备建设一批“产城人文”的特色小镇。积极对接国家农村产业融合政策，推进一批试点示范乡镇、村建设。创建4个美丽社区、10个县级美丽乡村示范村，打造提升5个美丽片区和2条美丽乡村景观带，实施一批精品村提升工程。加强农村环境卫生整治，抓好后续管护。深入实施“美丽乡村·精神家园”行动，做好“民魂”文章。

多举措完善设施网络。延伸市政道路链条，加快北环路东拓，完成环城路路面改造。推进县道347线仙夹段拓宽改造、横七线卿园至前峰段改建和农村路网建设工程等道路建设。配合做好兴泉铁路及站房建设、泉南线和厦沙高速永春段改扩建工程前期工作。全力抓好农村配电网改造，持续推进一都、达埔110千伏输变电工程建设，完成西昌—下洋110千伏线路改造工程。

着力民生保障。投入13.86亿元实施44件县级为民办实事项目。推进省市县级重点帮扶村建设，加大精准扶贫力度，力争全面脱贫。实施农村饮水安全巩固提升工程，进一步解决农村群众饮水安全问题。实施人才强县战略，支持企业、单位与院校开展“订单式”培养人才。鼓励创业带动就业，力争城镇新增就业7000人以上，城镇登记失业率控制在1.5%以内。健全社保、社会救助体系，力争城乡居民养老保险参保率、续缴率均达到98%以上。重视救灾救助和慈善事业，完成灾后重建任务，建成突发事件预警信息发布中心。实施低保安居工程40户、残疾人安居工程10户、地灾点搬迁安置24户、造福工程搬迁安置1200人以上。完善老年公寓配套，加快安康医院病房大楼、儿童福利院和居家养老信息化平台建设，新建老干（老年）活动楼和8个农村老年活动中心。

着力公共服务。致力打造区域教育发展“永春样板”，推进省级义务教育管理标准化学校创建工作。实施“名师工程”，支持永春一中创建省高中改革创新示范学校和永春二中、美岭中学创建省二级达标高中。新改扩建4所公办幼儿园，推进城西中学、房产项目配套幼儿园建设，完成1.5万平方米校舍改造和2所九年一贯制学校配套建设。抓好县级公立医院改革，深化县医院与泉州一院合作，推动乡村卫生服务一体化管理。实施医疗卫生事业提升工程，抓好县中医院改建搬迁和基层中医馆建设，争创全国基层中医药先进单位。筹建妇幼保健院，迁建疾控中心。完善“全面两孩”配套政策，实施“计生五项工程”，提升计生家庭发展能力。转变服务管理方式，促进人口均衡发展。

着力文化惠民。实施文化精品战略，加强非物质文化遗产的保护与申报，加快公共文化重点设施建设。推进刘太格规划作品馆、科技馆和图书馆便民服务提升等项目建设。弘扬白鹤拳传统武术精髓，拍摄武术影片《徒弟》，打响白鹤拳武术品牌，争创全国武术之乡。扩大仙岭教学点合作办学规模，打造白鹤拳规范化教育教学基地。做好“一园一堂一馆一戏一套书”文章，做大做强文旅演出市场。加强对历史名街、名镇、名人故居等保护整治，抓好介福原始瓷古窑址保护性开发、东关桥修复工程。规划建设羽毛球训练中心，承办大型武术、篮球、公路自行车等体育赛事，打造永春赛事品牌。加快广电事业发展，实施农村公益电影放映“2131”工程。

（摘编：游学荣）

三明市社会发展综述

2016年，是三明市实施“十三五”规划的开局之年。面对复杂的经济形势和繁重的改革发展稳定任务，全市各级政府各部门凝心聚力、攻坚克难，深入开展“敢担当、解难题、立新业”和“大干150天，加快推进‘五个一批’项目建设活动”，全力抓好稳增长、调结构、强动力、惠民生、防风险各项工作，经济保持缓中趋稳、稳中向好的发展态势。初步统计，全市生产总值1855亿元，增长7.8%；地方一般公共预算收入94.7亿元，增长1.08%；固定资产投资2141亿元，增长12%；社会消费品零售总额482亿元，增长9.8%；城镇居民人均可支配收入29749元，增长8.6%；农村居民人均可支配收入14023元，增长9.5%；居民消费价格总水平上涨1.1%，实现了“十三五”良好开局。

五年来，三明市主动适应经济发展新常态，有效应对经济下行压力，经济保持稳定增长，各项社会事业全面进步，一些重要领域取得突破：

综合实力明显增强。五年地区生产总值、地方一般公共预算收入年均分别增长9.8%、4.11%，人均生产总值达1.06万美元，固定资产投资累计完成8083亿元。

交通条件更加完善。在全省率先实现县县通高速，动车从无到有，三明沙县机场实现通航，三明“陆地港”投入运营，综合交通体系初步形成。

改革创新走在前列。医改、林改、金改等品牌在全国全省打响，国家扶贫改革试验区、全国小微企业创业创新基地城市、三明生态新城国家低碳城等一批国家试点试验任务落地三明。

民生改善成效显著。五年实施为民办实事项目145个，脱贫7.6万人，提前实现“双高普九”和国家义务教育发展基本均衡县创建目标，被评为国家公共文化服务体系示范区、全国创业先进城市，城乡居民人均可支配收入年均分别增长10%、11.3%。

城乡魅力大幅提升。跻身全国文明城市，荣获全国双拥模范城“七连冠”、全国综治“长安杯”，入选全国生态保护与建设示范区、国家森林城市，12个县（市、区）全部列入中央苏区范围，海西三明生态工贸区和生态新城建设取得重要进展。

五年来的社会事业主要工作是：

持续建城乡美环境。加快推进中心城市建设，科学编制三明市城市总体规划，205国道市区过境线、三明南站、万达广场、碧桂园等项目顺利实施，快速通道一期和市区“六馆一场一宫”、城市绿道一期二期、第二供水工程建成投入使用，市区建成区面积从27.85平方公里拓展到37.45平方公里；启动三明生态新城建设，三明陆地港、电商园、职教园、湿地公园等一批项目建成，有效拓展了市区发展空间。大力发展县域经济，永安、沙县入选全省县域经济实力“十强”县，大田、建宁入围全省县域经济发展“十佳”县，5个省级扶贫开发工作重点县发展步伐加快。稳步推进新型城镇化建设，永安、大田分别列入国家、省级新型城镇化试点，尤溪洋中镇被确定为省级“小城市”培育试点，明溪药谷小镇、永安石墨小镇入选全省首批特色小镇，一批美丽乡村成为旅游热点。积极推进生态文明建设，五年完成造林绿化面积196万亩、综合治理水土流失283万亩，县级以上饮用水源水质达标率100%，辖区三条主要水系省控断面水质合格率100%，市区空气质量达到国家二级标准；三明成为省级生态市，6个县成为国家生态县，87%的乡镇成为国家级生态乡镇，泰宁入选首批国家主体功能区建设试点并纳入国家重点生态功能区。全市城镇化率从51.1%提高到56.3%。

持续抓改革增活力。深化医改，实行“三医联动”和“四级联推”医药卫生体制改革，中央深改组第21次会议专门听取三明医改情况汇报，全国卫生与健康大会指定典型发言，“三医联动”“两票制”等改革做法在全国推广。推进林改，在全国率先推行林权按揭贷款、林业互联网金融等产品，全市累计发放林权抵押贷款102亿元。探索金融改革，沙县农村金融改革和园区企业资产按揭贷款经验做法在全省推广，新增3家企业在境内外上市、6家企业在“新三板”挂牌，发行公司债、企业债总额超过60亿元。深化商事制度改革，推行“多证合一”。稳妥推进农村改革，探索形成土地入股、土地托管等多形式土地流转模式，沙县建成全省首个县级农村产权交易中心。健全生态保护机制，建立“河长制”，排污权交易、企业环境信用评价、环保责任保险三项改革得到中央深改办肯定，大田县生态综合执法项目获第四届中国法治政府奖提名奖。深化财政体制改革，推进预算管理制度和国库集中支付改革，全面推开营改增试点。深化明港澳台侨合作，举办世界客属第25届恳亲大会和第七届海峡两岸客家高峰论坛，把“11·6”林博会办成“天天林博会”。

持续惠民生保和谐。五年累计财政民生支出807.7亿元，占财政总支出78.2%。五年累计实现新增城镇就业13.2万人、农村劳动力转移就业22.25万人。五年建设保障性住房3.42万套、竣工2.2万套，完成造福工程搬迁和危房改造3.9万户、16.5万人。稳步扩大社会保险覆盖面，城乡社会救助和应急灾害救助体系不断完善，困难群众基本生活得到保障。优先发展教育事业，义务教育标准化学校建设完成率100%，中小学生“幸福成长工程”经验做法在全省推广。加强卫生和人口计生工作，医疗卫生资源总量快速增长，“诚信计生·幸福家庭”创建全面推进。大力发展文化事业和文化产业，4个县被评为全国文化先进县，文化产业增加值增幅保持全省前列。广泛开展全民健身活动，成功承办全国首届青年运动会乒乓球赛事，三明籍运动员邓薇、柯丽婷分别勇夺我市首枚奥运会、残奥会金牌。深入推进群众性精神文明建设，全国“五讲四美三热爱”30周年研讨会在三明市召开。有效应对泰宁开善泥石流等严重自然灾害，进一步建立健全科学高效的防灾减灾机制。创新社会综合治理，强化信访工作，抓好安全生产，有效保障食品药品安全，社会保持安定稳定。

持续优服务转作风。深入开展党的群众路线教育实践活动、“三严三实”专题教育和“两学一做”学习教育，严格落实中央八项规定精神，驰而不息反对“四风”。全面推进依法行政，法治政府建设取得新成效。认真执行人大及其常委会决议决定，依法接受法律监督和工作监督，认真办理人大代表意见建议。自觉接受人民政协民主监督，开展多形式协商，认真办理政协提案。推进简政放权，市级行政审批事项从543项精简到214项，推行“六张清单”制度，在全省率先设立市级中介服务中心。强化政府绩效管理，机关效能建设不断加强。开展“千名干部服务千家企业”活动，推动干部到一线服务项目、服务企业。健全完善政务公开，加强行政监察和审计监督，党风廉政建设和反腐倡廉工作深入推进。

今后五年，是全面落实“十三五”规划、全面建成小康社会的关键时期，任务繁重、使命光荣。三明市工作的总体要求是：高举中国特色社会主义伟大旗帜，以邓小平理论、“三个代表”重要思想、科学发展观为指导，深入贯彻以习近平同志为核心的党中央治国理政新理念新思想新战略，紧紧围绕“五位一体”总体布局和“四个全面”战略布局，牢固树立和落实五大发展理念，主动融入全省“再上新台阶、建设新福建”发展大局，按照市第九次党代会部署，突出“念好发展经、画好山水画”工作主题，坚持稳中求进总基调，着力提高发展质量和效益，着力创新驱动和供给侧结构性改革，着力改善民生和创新社会治理，着力加强生态文明建设和环境保护，推动各项事业发展再上新台阶，奋力建设更富活力更具实力更有竞争力的新三明。主要目标是：在提前实现地区生产总值和城乡居民收入比2011年翻一番的基础上，力争到2021年地区生产总值、一般公共预算总收入分别突破2800亿元和200亿元。

（摘编：王诗诚）

三元区社会发展概况

2016年是“十三五”开局之年。一年来，面对困难和挑战，三元区紧紧围绕建设“实力三元、创新三元、宜居三元”，坚持以“五个一批”为抓手，以“六大重点领域”为主战场，积极扩大有效投资，持续深化项目带动，全区经济社会实现平稳健康发展。2016年，初步统计完成地区生产总值131.8亿元，增长8%；农业总产值20.3亿元，增长4.5%；规模以上工业增加值79.5亿元，增长7.8%；地方公共财政收入3.5亿元，增长—13.7%；固定资产投资206亿元，增长20%；出口总值9.8亿元，增长57%；社会消费品零售总额37.8亿元，增长13%；城镇居民人均可支配收入3.2万元，增长9.6%；农村居民人均可支配收入1.6万元，增长10.4%。

五年来，三元区紧紧团结和依靠全区广大干部群众，主动适应经济发展新常态，有效应对经济下行压力，各项工作取得新突破、新成效。

生态文明加快建设。连续30年实现无森林火灾，成功创建国家森林城市；辖区乡（镇）均为国家级生态乡（镇），建成米洋村等17个“千村整治、百村示范”美丽乡村，创建1个中国历史文化名村和2个中国传统村落。

社会事业全面进步。先后获国家义务教育发展基本均衡区、国家公共文化服务体系示范区、国家计生优质服务区、省“教育强区”、省级食品安全示范区等称号，被确定为原中央苏区范围(县)。

五年来，三元区社会发展主要抓了以下方面工作：

致力优化环境，提升城乡面貌。不断完善基础设施，205国道、534国道、306省道等一批国省道改线工程加快建设；实施中小河流治理、小型水库除险加固、小型农田水利、农村安全饮水、生态修复等项目60个，累计完成水利基础设施投资11亿元；建成4座110千伏变电站及配网工程，350座通讯基站，铺设通信光缆7000公里。加快城市建设，着力提升城市品位，促进城市资产增值，启动南部新城建设，“一河两岸”格局基本形成；建成山水御园、左岸名都等精品小区，三明世纪城、恒大御府、西江悦等项目加快推进；完成江滨路、新市路沿线约5万平方米建筑立面改造和崇荣路北段、富兴路拓改工程，配合建成城市绿道（三元段）。加快城乡宜居环境建设，全力抓好“两违”综合治理，累计实施环境宜居项目87个，总投资69.5亿元，完成17个村环境连片整治和10个社区（小区）综合改造；岩前、莘口小城镇综合改革试点建设取得成效，格氏栲至万寿岩特色景观带初具规模。持续加强生态文明建设，五年完成造林绿化面积5.5万亩，生态环保目标责任有效落实，实施东牙溪饮用水源生态修复和渔塘溪水污染治理工程，全面推行“河长制”，建成全市首个县（区）级重点污染源在线监控平台。

致力创新创造，激发发展活力。大力推进大众创业、万众创新，累计实施技改项目227个，总投资452.5亿元，建成“福建省气缸套重点实验室”“特殊钢铸造企业工程技术研究中心”等省级实验室和工程研究中心。创新城市管理、行政审批、林业、农村集体资产等领域改革，在全市率先组建城市管理行政执法局，城市管理数字化平台投入试运行；实施二级环卫作业改革，城乡一体化生活垃圾收转运系统建设加快推进，实现市区路面清扫和垃圾收运机械化作业；在全市首创“一个窗口全程代办、一个会议预审督办、一个大厅中介联办”项目服务机制；星桥村林改和城东村股改经验在全市得到推广。深入推进基层医疗卫生体制改革，在全市率先开展医养结合服务和计生特殊家庭帮扶，推行“互联网＋医养”居家养老服务，创新推广富兴乐龄家园“三三三”居家养老服务模式。建立“148”创城长效机制，配合市里成功创建全国文明城市，连续四届保持省级文明城市创建工作先进城区。

致力保障民生，促进社会和谐。深入开展扶贫攻坚，稳步扩大社会保障覆盖面，城乡社会救助和应急灾害救助体系不断完善，困难群众基本生活得到保障，城镇居民最低生活保障标准提高至每人每月492元，农村居民最低生活保障标准提高至每人每年3504元，建成各类保障性住房3.2万平方米。积极促进就业创业，五年累计实现新增城镇就业1.1万人次，农村劳动力转移就业1.2万人次，城镇、农村居民人均可支配收入年均分别增长7.2%和10.6%。加快社会事业发展，累计投入8.4亿元改善教育办学条件，建成市中小学生示范性综合实践基地、区第二实验小学、中村中心幼儿园等项目，启动三明十二中改扩建、三明三中教学楼新建等工程，通过“两项督导”评估验收。五年卫生支出年均增长20.5%，实施中西医结合医院医技楼等项目，通过国家卫生城市复查。认真落实全面二孩政策。广泛开展全民健身活动，启动“半台戏”配送工作，公共文化服务体系不断完善，万寿岩遗址获国家“十二五”和“十三五”期间重要大遗址立项，回瑶古窑址、龙泉凝秀堂分别获评全国、全省文保单位。持续推进“平安三元”建设，在全市率先建立综治平安项目“以奖代补”机制，创新推广“14580”城乡社区服务管理网格化和邻里守望互助“1113”模式，矛盾纠纷调处成功率99%以上。扎实推进依法治区，“六五”普法通过验收。安全生产责任制有效落实，未发生各类重大安全事故。老龄、工会、青少年、妇女儿童、残疾人工作扎实开展，统计、科普、民族宗教、档案、地方志、气象、防震减灾、库区移民工作取得新进展。人民防空、民兵预备役、国防后备力量建设得到加强。

致力提升效能，转变政府职能。深入开展党的群众路线教育实践活动，认真践行“三严三实”要求，扎实推进“两学一做”学习教育，严格执行中央八项规定精神，持续反对“四风”。坚持依法行政，自觉接受人大监督、政协监督、社会监督。累计办理人大代表建议194件、政协提案309件。认真听取各民主党派、工商联、人民团体、无党派人士和社会各界人士的意见建议，加强与工会、共青团、妇联、科协等人民团体的联系，政府与法院、检察院联系机制不断完善。深入开展“主动作为、勇于担当、破解难题、再创佳绩”和服务质量提升专项治理行动，建立健全“项目推进周”“企业服务周”“招商对接周”“征迁攻坚周”等工作机制。强化“马上就办”，大力整治“庸懒散拖”，机关效能建设进一步深化。完成政府机构改革，区级行政审批事项精简至105项。行政监察和审计监督力度不断加大，反腐倡廉工作进一步加强。

按照区第九次党代会确定的发展定位，新一届政府工作的总体要求是：高举中国特色社会主义伟大旗帜，深入贯彻落实习近平总书记系列重要讲话精神和对福建、对三明工作的重要指示，围绕“五位一体”总体布局和“四个全面”战略布局，践行创新、协调、绿色、开放、共享发展理念，融入全省“再上新台阶、建设新福建”和全市“建设更具活力更具实力更有竞争力的新三明”发展大局，突出“念好发展经、画好山水画”工作主题，围绕“机制求活、产业求特、环境求美”的发展思路，以建设“实力三元、创新三元、宜居三元”为发展目标，以“一年开好局、三年见成效、五年展新貌”为发展步骤，认真落实“十三五”规划目标，加快实施现代工业、农业、服务业和城市建设发展行动计划，坚定三元自信，奋力谱写三元发展新篇章。

奋斗目标是：全区地区生产总值年均增长9.5%，规模以上工业增加值年均增长9.5%，农业总产值年均增长4.5%，地方公共财政收入年均增长10%，固定资产投资年均增长18%，社会消费品零售总额年均增长12%，出口总值年均增长5%，实际利用外资年均增长7.8%，城镇居民人均可支配收入年均增长9%、农村居民人均可支配收入年均增长10%，三次产业比重调整为8:47:45，全面建成小康社会。

（摘编：林学军）

梅列区社会发展概况

2016年梅列区主动适应经济发展新常态，有效应对经济下行压力，团结一心，奋发有为，初步统计全年实现地区生产总值242.2亿元，增长7%；地方公共财政收入6.71亿元，下降12%；固定资产投资175亿元，增长18%；社会消费品零售总额79亿元，增长9%；城镇居民人均可支配收入34100元，增长9.6%；农民人均可支配收入15480元，增长10%；全年办理人大代表建议44件，政协委员提案66件，办结率均为100%。

产城融合、协调发展。梅列区着力打好城市管理、城市征迁、园区建设“三大攻坚战”，荣获“省级社区治理和服务创新实验区”，启动“智慧梅列”建设，建立“微城管”平台，环卫GPS定位系统和1020个道路停车泊位建设顺利完成，继续完善“街长制”等长效机制，推动中心城区管理科学化和精细化；梅列工业新城、立丰棚改、三明饭店、新老六路、列西小学二期、乳牛场等地块征迁有序推进，拆除“两违”面积30万平方米；园区承载能力持续增强，新城大道、工业新城生活配套服务区等基础配套设施顺利推进，新签约高节能泵阀、车载模组、LED生产基地等投资亿元以上项目。

生态优先、绿色发展。梅列区深化省级生态区创建工作，实施节能和循环经济项目14项，辖区工业危险废物无害化处置率达100%；完成了渔溪村、砂蕉村、连茂村等美丽乡村建设，其中渔溪村被省里评为第二批“美丽乡村”示范村；全面落实“河长制”，推进流域水环境综合整治，饮用水源地达标率保持100%；完成造林绿化面积4700亩，全区森林覆盖率达82%，位居全省各县（市、区）第二，连续26年无森林火灾；坚持“惜土如金”理念，推动资源利用方式根本转变，加强全过程节约管理，大幅提高资源利用综合效益，被国土资源部授予“国土资源节约集约模范县”荣誉称号，并获得500亩用地指标奖励。

惠民利民、共享发展。梅列区有序推进10件为民办实事项目，其中，社区医养结合服务站、社区综合服务中心、社区基础设施提升改造、智能城市管理系统、城乡垃圾处理基础设施、农村视频监控系统、农村饮用水管网改造等7个项目基本完成，第一实验学校人行天桥、夜市大排档集中规范点、洋溪公办幼儿园等3个项目因规划调整、方案优化等因素进度滞后，继续列入明年办实事项目；列东大桥、城市绿道三期、“点亮楼道灯，温暖回家路”等一批民心工程全面竣工；以优秀等级通过省级教育两项督导评估，荣获“福建省教育工作先进县”称号；全面落实安全生产“党政同责、一岗双责”机制，全年未发生较大以上安全生产事故；东安社区邱菊珍家庭入选首届全国文明家庭；梅列籍运动员邓薇在今年巴西里约奥运会女子举重63公斤级比赛中勇夺金牌，实现三明市奥运金牌零的突破。

五年来，梅列区保持专注发展定力，坚定不移抓机遇，跃上了追赶跨越新起点。始终以经济建设为中心，多措并举推进经济社会快速健康发展，多项主要经济指标走在全市前列。初步统计全区地区生产总值、地方公共财政收入分别年均增长7.8%、7.7%；社会消费品零售总额年均增长9.2%；人均地区生产总值、人均地方级财政收入位居全市前列；实施“十百千”重大项目建设五年行动计划，落实“五个一批”项目工作机制，固定资产投资年均增长19.7%；先后荣获“全国和谐社区建设示范城区”“全国义务教育发展基本均衡区”“全国慢性非传染性疾病综合防控示范区”“2014年最美中国榜旅游目的地城市”、省级服务业综合改革试点区、“平安先行区”等荣誉称号，成功纳入原中央苏区范围，为三明市荣获全国文明城市、国家卫生城市和争创全国“双拥模范城”七连冠工作发挥了主战场和主力军作用。

深入实施开放战略，蹄疾步稳促改革，催生了经济增长新动能。始终深化行政审批、财税、林权等领域改革，体制机制更加顺畅。新一轮政府机构改革全面完成。深化简政放权，编制并公布运行“三张清单”，区级行政审批事项从133项精简到119项、行政公共服务事项从103项精简到65项。省级服务业综合改革试点、生态文明、产业发展、城乡一体化等8个重点领域41项改革工作扎实推进。推进公务用车制度改革，完善公务用车管理制度。商事制度改革不断深化，率先在全市实现建设工程项目“一窗式”并联审批服务，率先启动企业“一照一码、三证合一”综合服务机制。深化农村领域综合改革，启动土地承包经营权确权登记，推动农村集体资产股份权能改革。深化林权制度改革，推进林业合作经济组织建设，落实商品林综合保险130万亩，林权抵押贷款1.6亿元。

坚持城乡统筹发展，多维并进拓空间，展示了首善之区新风采。始终抓好城区建设，编制完成中心城区总体规划，完成土地收储1.7万亩，征收房屋36.2万平方米，拆除“两违”面积81.7万平方米，引进碧桂园、万达等全国地产领军企业参与城区开发建设，北部新城建设初具规模。体育场馆、“两馆一宫”、城市文化广场、城市绿道等公共配套设施建成投入使用，中心城区至沙县城市快速通道、洋溪至羊口仔公路、快速通道至洋溪连接线建成通车，江滨路、东新二路、五四路、列西街改造等一批重大基础设施建成投入使用，市区第二供水工程、南三龙铁路、205国道过境线、工业新城大道、十里闽学文化长廊等重点城建项目顺利推进。城市管理开拓创新，创新社区“1+2+3”服务管理模式，率先在全省试行城市管理“街长制”，成功举办了福建省社区微治理论坛。小城镇建设加快推进，新建改建农村公路48.7公里，打造了小蕉、饱饭坑、渔溪、砂蕉等一批美丽乡村精品示范村。80%的镇街获得国家级生态乡镇称号，87%的村获得省级生态村称号，53%的社区获得市级以上环境友好社区称号。生态保护力度加强，生态环保目标责任、“河长制”等有效落实，城区空气质量达到国家二级标准，优良率稳定在90%以上，辖区饮用水源水质达标率100%，建成区绿化覆盖率达43%。

坚持为民服务宗旨，全心全意惠民生，营造了和谐安康新环境。始终把保障和改善民生作为一切工作的出发点，社会事业繁荣发展。实施区第一实验学校、三明十中等13所学校新建改建工程。全区49个村（居）实现基础公益性文化设施有效覆盖。医疗卫生服务能力持续加强，建立完善分级诊疗和双向转诊制度，“医养结合”服务模式不断探索发展，实现区域公立医疗机构内健康自助检测全覆盖。社会保障不断健全，城镇登记失业率始终控制在2.33%以内，率先在全省实现消除城镇“零就业家庭”，“充分就业社区”比率位居全省前列。城镇职工、农村居民基本养老保险和被征地农民基本生活保障实现全覆盖，农村低保标准线提高到每年5904元，实现“应保尽保”。社会治理不断加强，全面开展“六五”普法和依法治区工作，不断完善治安防控体系，构建城乡网格化服务管理平台，“平安梅列”建设持续推进。不断完善安全生产监管体系，工矿企业、消防、道路交通、食品药品等安全形势总体向好，连续5年未发生较大以上安全事故，社会保持安定稳定。

坚持提升服务效能，持之以恒转作风，塑造了自身建设新形象。始终坚持为民服务宗旨，深入开展党的群众路线教育实践活动，认真践行“三严三实”要求，扎实推进“两学一做”学习教育，严格执行中央八项规定精神，持续反对“四风”、改进作风。坚持依法行政，自觉接受人大、政协和社会监督。政府与法院、检察院联系机制不断完善。区七届人大五次会议和区政协七届一次会议以来交办的363件区人大代表建议和322件区政协提案全部办结，满意率持续提升。强化“马上就办”，整治“慵懒散拖”，机关效能建设进一步深化。权力运行网上公开持续推进，行政监察和审计监督力度不断加大，反腐倡廉工作进一步加强。

（摘编：张海生）

永安市社会发展概况

2016年，永安市通过深入开展“解难题、增后劲、激活力、促发展”活动，统筹推进“三去一降一补”供给侧结构性改革，经济社会保持平稳健康发展，实现了“十三五”良好开局。初步统计，全市完成生产总值352亿元，增长8.5%；规模以上工业增加值192亿元，增长8%；地方一般公共预算收入17.2亿元，与上年度基本持平；固定资产投资287.6亿元，增长11.2%；社会消费品零售总额85亿元，增长10%；城镇居民人均可支配收入30850元，增长8.1%；农村居民人均可支配收入15395元，增长11%；居民消费价格指数101.5%。

财政管理明显增强。稳妥推进营改增工作，加大资金资源整合和向上争取资金力度，全年争取上级资金8.9亿元，争取新增地方政府债券资金2.2亿元、地方政府置换债券资金28.6亿元、节省利息1.2亿元，争取国家专项建设基金额度10.5亿元，以上争取数均位居三明市第一。全面推行国库集中支付制度，建立事权与财权相匹配的财政体制，盘活财政存量资金1.4亿元。

社会事业不断进步。三明市第二高级技工学校一期工程竣工并投入使用，永安八中被认定为首批全国学校体育工作示范校，中小学管理标准化工作走在全省前列。乡镇卫生院延伸举办150个村卫生所或分院，137个村卫生所纳入城乡居民医保定点机构，全面两孩政策顺利实施。一批特色文化博物馆启动规划建设，2016国际（永安）竹具博览会成功举办。顺利通过全国健康促进县试点考评验收和国家级公共文化服务示范区创建工作验收，荣获全国计划生育优质服务先进县。

生态建设逐步提升。“森林永安”建设持续深化，我市被列为全省重点生态区位商品林赎买改革试点县。碳排放权交易市场全面启动，建福水泥、永安华电、智胜化工等9家企业拟纳入全国碳排放交易试点企业名单。积极发展绿色智能公共交通，更新投放新能源公交车44辆、清洁能源出租车130辆，推广纯电动“自助公交”160辆。累计淘汰黄标车1700多辆，全面超额完成年度任务。

五年来，永安市认真贯彻党的十八大以来系列重大决策部署，团结带领全市人民，全力推进“126”发展战略，主动适应经济发展新常态，有效应对各种复杂形势，有力化解各类风险挑战，加快产业转型升级，坚定不移稳增长、调结构、惠民生、促和谐，实现经济社会健康稳定发展。主要工作和成效是：

有效应对经济下行，发展势头持续向好。初步统计，全市地区生产总值突破300亿元大关，年均增长10.3%，比全省提前三年实现人均地区生产总值超过1万美元的目标；规模以上工业增加值、固定资产投资、社会消费品零售总额年均呈两位数增长，分别为13.1%、18.5%和10.5%，农林牧渔业总产值比2011年末增加近15亿元，累计完成全社会固定资产投资1103亿元，服务业增加值突破100亿元；城镇和农村居民人均可支配收入分别年均增长8.3%、12.4%；金融机构存贷款余额比2011年末均增加75亿元，连续22年保持全省县域经济实力“十强”。

加快基础设施建设，宜居环境不断改善。城市总体规划修编获省政府批准实施，中心城市建成区面积增加2.12平方公里。新建永宁、漳永2条高速公路和省道307线永安丰海至清流沙芜、省道支线罗坊至安砂水库公路，新铺和改造黑色路面25.8公里，南三龙铁路加快推进，泉三高速公路贡川互通口顺利完工。八仙九龙城、城东大道、绕城公路等一批城市建设项目扎实推进，建成竹天下文化广场“一城五馆”，新建山地自行车、将军山等4个占地2.1万亩的城市公园，城市慢线及绿道不断延伸，城市建成区绿化覆盖率达44.4%。生态文明建设持续推进，累计筹集资金1.2亿元，赎买重点生态区位商品林3.2万亩，做法被写入全省推进林业改革发展加快生态文明先行示范区建设9条措施之一。累计投入3.6亿元持续开展“五项整治”，城乡环境明显好转。荣获国家园林城市、省级生态市等荣誉称号，被列入国家新型城镇化综合试点县、全国综合行政执法改革试点城市、省级空间规划编制试点县和全省唯一的国家森林可持续经营试点单位。

强化公共服务供给，民生保障逐渐完善。坚持每年投入10多亿元办好为民办实事项目。教育事业累计支出达26.9亿元，占公共财政支出的23.1%，新建巴溪湾小学、燕东中心园等新校13所，福建水院、永安职专、永安二中完成整体搬迁，新增幼儿园、中小学学位4150个，全市中小学均通过省义务教育标准化学校验收。先后建成市体育中心、生态文明建设馆等文体设施，广播电视村村通工程全面实施，抗战文化进一步凸显。卫生事业累计投入9.2亿元，医疗卫生资源总量快速增长，全市医疗床位从1996张增至2501张，人均基本公共卫生服务经费从15元增至45元，公立医院改革成效明显。新增城镇就业1.7万人，转移农村劳动力2.5万人，新增各类保障性住房和棚户区改造安置住房42.6万平方米，城乡居民养老、医疗等各项社会保险基金累计支出50.2亿元。精准扶贫有力推进，全市842名贫困人口实现脱贫。社区居家养老服务基本实现全覆盖，在全省率先建立低保失能老人护理补贴和重症精神病人住院生活补助制度。建成“三自三助”颐老院94个，惠及老人9000多人。“平安永安”建设深入开展，“六个专项治理”扎实推进，立体化社会治安防控体系建设不断加强，城市社区网格化服务管理全面覆盖，综治平安建设“三率”大幅提升。计划生育、老龄、关心下一代、工会、青少年、妇女儿童、残疾人工作扎实开展，司法行政、统计、科普、民族宗教、档案、地方志、水文、气象、防震减灾、库区移民工作取得新进展，人民防空、民兵预备役、国防后备力量建设得到加强。先后获得青少年普法教育示范区、养老服务示范单位、义务教育发展基本均衡市、科技富民强县示范县等国家级荣誉称号，顺利通过2012—2014年度省级文明城市考评，实现全国双拥模范城“四连冠”、省双拥模范城“七连冠”。

着力优化行政服务，政府建设全面加强。深入开展党的群众路线教育实践活动，认真践行“三严三实”要求，扎实推进“两学一做”学习教育，严格执行中央八项规定精神，切实改进工作作风。坚持依法行政，自觉接受监督，广泛听取意见，五年来，由政府系统承办的800件人大代表建议和745件政协委员提案全部办结，政府与法院、检察院、总工会互动联系机制不断健全，荣获全省“六五”普法先进县称号。深化简政放权，加强政府绩效管理，编制并公布“四张清单”，扎实开展中介服务中心试点工作，全面推进市、乡、村三级行政（便民）服务标准化建设，建立信息化新型政务平台，全市入网审批服务事项达362项。强化“马上就办”，深入开展“治五风创五优”和“四百”活动，政府服务发展、干部服务群众、机关服务基层的意识不断增强。严格落实党风廉政建设责任制，强化预算资金管理，“三公”经费支出得到严格控制，廉政建设取得实效。

今后五年，永安市的主要目标是：到2021年，全市地区生产总值突破500亿元、年均增长9%；地方一般公共预算收入完成23亿元、年均增长6%；城镇和农村居民人均可支配收入分别突破4万元和2万元，年均分别增长9.5%和10%，综合经济实力继续位居全省“十强”，实现全面建成小康社会目标。

（摘编：周忠志）

清流县社会发展概况

2016年，清流县面对诸多新的问题和挑战，全县上下紧扣问题导向，抓重点、攻难点、疏堵点，经过共同努力，社会事业发展取得了良好成效。

政策措施有效落实。面对宏观经济不利形势，及时出台推动工业稳增长促转型、企业降成本、扶持建筑业发展等一系列政策措施，全年累计兑现各类扶持奖励资金3480万元。出台《关于化解房地产库存促进房地产市场稳定健康发展的若干意见》《采取“一盘一策”促进房地产市场健康稳定发展的实施意见》等文件，多措并举盘活资产、融通资金，防范和化解系统性风险。抢抓政策机遇，5个项目列入国家专项建设基金计划，获得资金1.05亿元。围绕省上确定的23个投资方向，全力做好项目策划申报工作，争取各类补助资金9757万元。制定《人才公寓管理办法（试行）》，首批5家重点企业高管入住县人才公寓。建立融资需求信息数据库，无偿帮助企业办理应急转贷资金45笔2.16亿元。

城乡建设扎实推进。积极对接大型国企，与省水投集团签订25亿元交通、水利等项目合作框架协议；浦梅、兴泉铁路和省道204线林畲蛟井至黄沙口、县道白石至白塔道路工程开工建设，嵩口上坪至田源、城拔线一期、林畲红色标语遗址公路建成通车；开通清流—宁化城际公交，符合通车条件的建制村客运班车通达率达100%；新扩改乡村道路50公里，改造危桥9座。完成或开工城西路、北山至新交警、水东路等路面改造及新建迎宾大道二期交通信号灯系统、新一中校园周边交通渠化等项目，实施桥下人工湖景观等一批“三边三节点”工程，修复重建雨（污）管道16公里，扩展城区保洁面积5.5万平方米。动工城市燃气项目并完成撬瓶组站建设，春节前部分小区可联通供气；城区饮用水源保护区调整划定方案通过省政府批准。顺利实现赖坊撤乡建镇。投入6895万元实施15个省级美丽乡村示范村、整治村建设，拆除城乡“两违”建筑22.01万平方米；投资2.43亿元，建设农田水利项目29个；淘汰黄标车233辆。

社会事业协调发展。坚持教育优先，年内新招教师69名，中考成绩良好率、及格率、平均分均跃居全市第三位；实施中小学校安工程、城区学校扩容工程、“全面改薄”等项目7个，新建城关、温郊、余朋幼儿园，扩建长校幼儿园，一中整体搬迁加快推进。县妇幼保健院综合楼、疾控卫生监督综合楼和温郊、里田卫生院竣工或投入使用，赖坊卫生院整体搬迁项目有序推进，改造村卫生所31个。计生服务水平稳步提高，全面“二孩”政策平稳实施。县体育中心一期动工建设，国家公共文化服务体系示范区创建工作顺利通过终期验收。精准识别贫困户1113户3403人，探索总结了嵩溪元山村、林畲石下村、赖坊南山村等扶贫资金折股量化、家门口就业等典型，全县1588名贫困人口实现脱贫。农村低保标准和农村集中供养五保金稳步提升，县光荣福利院基本建成，新农合、新农保实现全覆盖。严控金融风险，贷款不良率年末比年初下降0.29个百分点。严格落实“党政同责、一岗双责”，安全生产基层基础得到夯实，加大矛盾纠纷排查力度，严厉打击各种刑事犯罪活动，社会保持安定稳定。

自身建设不断加强。深入开展“两学一做”学习教育，严格执行中央“八项规定”精神，持续反对“四风”，改进作风。坚持依法行政，自觉接受人大、政协和社会监督，认真办好人大代表议案、建议和政协提案。全面完成政府机构改革，推进“放管服”，编制并公布运行“六张清单”，县级行政权力事项精简了398项。强化马上就办，组织开展作风建设大督查活动，整治“庸懒散拖”，机关效能建设进一步深化。强化行政监察和审计监督，认真开展清理国有资产、“吃空饷”等专项整治，“三公”经费有效控制，廉政建设取得新成效。此外，统筹推进统计、物价、司法、民族、宗教、气象、档案、科协、方志、人防、双拥、民兵预备役、老区、老龄、残疾人等工作，支持工会、共青团、妇女儿童等事业加快发展。

过去五年，清流县面对国内外经济下行压力和特大暴雨洪灾等自然灾害影响，主动适应经济发展新常态，力促各项工作在困难中推进，综合实力得到提升。五年来，初步统计全县地区生产总值年均增长10.9%，地方一般公共预算收入年均增长7.3%。实施“五大战役”“五个一批”等项目677个，累计完成投资约252.82亿元。三次产业结构由21.7∶45.9∶32.4调整为19.2∶47.5∶33.3。规模以上工业企业达109家，实现增加值31.75亿元；5个农产品获绿色食品农产品认证，6个产品获国家地理标志保护产品称号；成功跻身“国家电子商务进农村综合示范县”行列，春舞枝公司在德国证券交易所挂牌上市，清流温泉获“国家地质公园”命名资格，天芳悦潭、中华桂花文化园分别被评为国家4A、3A旅游景区。

城乡面貌得到改变。全县常住人口城镇化率从40.1%提高到45.0%。五年累计投入28亿元，实施城建和市政设施项目104个。实施“五镇二乡”小城镇建设项目139个，完成造福工程异地搬迁4400户1.98万人，库区移民避险解困安置176户674人。完成二级公路建设57.8公里，新建110千伏变电站2个、35千伏变电站3个。先后获得“省级文明县城”“省级卫生县城”“省级生态县”“省森林县城”“国土资源节约集约模范县”称号，顺利通过国家级生态县考核验收。

人民生活得到改善。五年共投入资金11.45亿元，实施为民办实事项目50项，人民生产生活条件逐步改善。城乡居民收入保持增长，城镇居民人均可支配收入从17829元提高到26346元，农村居民人均可支配收入从8177元提高到13536元，城乡收入比从2.2缩小到1.9，2071户5962名低收入群众实现脱贫。为全县60周岁以上老人发放基础养老金，给80周岁以上社会老年人发放高龄补贴。新建成保障性住房1998套，建筑面积13.9万平方米。

公共服务得到加强。科学整合乡镇中学，优化教育资源配置，实施新一中工程建设，通过国家“义务教育发展基本均衡县”评估验收。完成县医院病房综合楼和感染科病房建设并投入使用，改造提升9个乡（镇）卫生院和68个村卫生室。医药卫生体制改革深入开展，城乡居民医保覆盖面稳步扩大，群众看病难、看病贵问题有效缓解。成功举办世界客属第25届恳亲大会清流“灵台朝觐”活动。林畲红色遗址群、狐狸洞古人类化石点等11处文物点列入省级文化保护单位。建成文化馆、图书馆综合大楼、数字影剧院、革命历史纪念馆和苏区革命纪念公园。获评省、市“平安先行县”“全国平安渔业示范县”等称号。积极应对“5·19”等特大暴雨洪灾，抗灾救灾和恢复重建工作有序进行并取得成效。

今后五年，清流县工作的总体要求是：高举中国特色社会主义伟大旗帜，以邓小平理论、“三个代表”重要思想、科学发展观为指导，深入贯彻习近平总书记系列重要讲话精神和对福建工作的重要指示，按照“五位一体”总体布局和“四个全面”战略布局，围绕“创新、协调、绿色、开放、共享”五大发展理念，突出“壮大总量、延长产业、做优财政、激发活力、惠及民生”工作重点，以保持经济稳定较快增长为目标，以转型升级为主线，以提高发展质量和效益为中心，加快形成引领经济发展新常态的体制机制和发展方式，全面推进经济建设、政治建设、文化建设、社会建设、生态文明建设和党的建设，推动经济社会发展再上新台阶，努力建设宜居宜业幸福新清流。

（摘编：苏建平）

宁化县社会发展概况

五年来，宁化县团结全县人民，先行先试、激情创业、进位赶超，主动适应经济发展新常态，有效应对经济下行压力，扎实推进“三区”开发、“四地”建设，经济社会实现了健康稳步发展。

综合实力明显提升。初步统计2016年全县生产总值118.4亿元，年均增长10.9%；地方公共财政预算收入5.63亿元，年均增长9.6%；固定资产投资186亿元，年均增长24.1%；城镇居民人均可支配收入23970元，年均增长10.1%；农村居民人均可支配收入12730元，年均增长10.9%。主要表现在：总量扩张，全社会固定资产投资、地区生产总值、规模以上工业总产值、金融机构存款等4项指标突破百亿。增幅居前，地区生产总值、地方公共财政预算收入、贷款余额、存款余额、社会消费品零售总额、验资口径实际利用外资等6项指标连续五年增幅居全市前6位。

城乡面貌明显改善。按照“多规合一”原则，启动新一轮城市总体规划修编，推进县域中心城市建设，新增建成区面积4平方公里，城区面积达到12平方公里。架构拉伸，加快城市“东扩南伸”，实施客家慈恩文化园、城市东扩新区组团开发，东大路、工业路、江滨北路、新桥路、翠华西路等一批城市主干道路网和6座大桥竣工投入使用，新增城区路网32公里。品位提升，新建江滨沿河绿化景观、市民休闲广场、县体育馆，完成中山路、北大街、新桥一路等道路改造，实施横街、南大街立面景观改造，完成翠园广场、北山公园等城市园林改造，建成一批绿化亮化美化工程。人气聚集，加强房地产风险楼盘防控，实施进城购房补助政策，房地产市场健康发展，5年销售商品房110万平方米。城镇化进程加快，城区常住人口超过10万人，城镇化率达43%，5个乡“撤乡设镇”。按照“五个一”要求推进乡镇集镇建设，集镇面貌有较大改观。深入开展“客家风情·美丽乡村”行动，结合旧村复垦，培育68个美丽乡村示范点。

生态环境明显优化。持续加强生态环境建设，完成造林绿化29.4万亩，森林覆盖率达74.6%，比2011年提高4.3个百分点，保持全省前列。推进国家级生态县创建，围绕生态文明试验区建设，推进大气、水、土壤污染防治，完成省级生态县创建，4个乡镇获国家级生态乡镇命名，9个乡镇通过国家级生态乡镇考评验收。推进水土流失综合治理，围绕“领导机制、治理机制、扶持机制”持之以恒，治理水土流失面积53.3万亩，“48”字治理措施在全省推广。推进流域水环境整治，开展农村环境连片整治，建设污水处理管网30公里，建成防洪工程城区段22.99公里、乡镇49.5公里；开展流域水环境综合治理，全面落实“河长制”，实施饮用水源保护和工业污染、生活污染、畜禽养殖污染治理等，水环境质量保持良好。

民生保障明显进步。持续完善公共供给，出台医疗救助、临时救助、高龄补贴等系列惠民政策，不断增进民生福祉。社会保障加强，城镇居民医疗保险、新农合、新农保覆盖面不断扩大，城乡居民低保供养标准逐年提高。建成各类保障性住房5789套，受益1.7万余人。实施校安工程、城区学校扩容、“全面改薄”等项目42个，荣获“全国书法教育示范区”称号，“义务教育发展基本均衡县”通过国家验收。卫生资源总量快速增长，公共卫生服务中心、卫校实训中心扎实推进，县医院新建PPP项目列入财政部第三批示范项目。深入实施农村饮水安全工程，解决13.6万人安全饮水问题。扶贫开发精准，举全县之力推进扶贫开发，出台小吃、教育、金融、医疗、搬迁、大病救助、家门口就业等扶贫政策，对贫困户采取“一对一”“多对一”结对帮扶，全县脱贫1.7万人，减贫幅度达69.2%，“空壳村”全面消除。民生事业协调，世界客属文化交流中心、客家祖地祭祀主轴建成使用，拍摄《葛藤凹》《大南迁》《绝战》等影视作品，成功承办第25届世界客属恳亲大会宁化活动，举办一年一届石壁客家祖地祭祖大典和4届石壁客家论坛、第七届海峡两岸客家高峰论坛、首届“骑聚红土地·重走长征路”骑游文化节活动等，客家祖地确定为海峡两岸交流基地、中国华侨国际文化交流基地。卫计服务水平稳步提升，两孩政策全面实施，完成13个乡镇卫生院改造提升，村级卫生所实现全覆盖。优先发展公交便民服务，村村通客车工程实现重大突破。办好为民实事，5年共实施为民办实事项目50件，其中2016年10件实事有5件基本完成，4件按计划推进（1件暂缓）。深化“平安宁化”建设，基本建成覆盖城乡的治安防控体系，社会保持和谐安定。加强安全生产监管，抓实群众关注的食品安全，未发生重大及以上安全事故。

深入开展党的群众路线教育实践活动、“三严三实”专题教育、“两学一做”学习教育，严格贯彻落实中央“八项规定”精神，持续深化简政放权，政府自身建设不断加强、作风明显转变、形象持续提升。先后荣获全国粮食生产先进单位、全国科普示范县、全国国土资源节约集约模范县，省级双拥模范县“三连冠”、省级生态县、省级园林县城、省级森林县城、省级法治县创建活动先进县等荣誉称号。

今后五年是全面建成小康社会的决胜期，是全面深化改革的攻坚期，是全面依法治国和全面从严治党的关键期。宁化县工作总体要求是：高举中国特色社会主义伟大旗帜，以马克思列宁主义、毛泽东思想、邓小平理论、“三个代表”重要思想、科学发展观为指导，深入贯彻落实习近平总书记系列重要讲话精神和对福建工作的重要指示，围绕“五位一体”总体布局和“四个全面”战略布局，践行创新、协调、绿色、开放、共享发展理念，融入全省“再上新台阶、建设新福建”发展大局，突出“念好发展经、画好山水画”工作主题，凝心聚力、攻坚克难、实干担当，加快“一城四区”建设，推动各项事业再上新台阶，努力打造发展升级版、建设富美新宁化。

主要目标是：到2021年，经济社会发展再上新台阶，在提前实现地区生产总值和城乡居民收入比2011年翻一番基础上，力争全县地区生产总值、财政总收入分别突破180亿元和11亿元，确保国定贫困标准人口在2017年全部脱贫，省定贫困标准人口在2019年全部脱贫，加快构建经济更繁荣、社会更和谐、生态更靓丽、百姓更幸福的新宁化。

（摘编：黄万良）

建宁县社会发展概况

五年来，面对复杂多变的宏观环境和持续下行的经济压力，建宁县围绕打造闽赣省际生态产业集聚区发展定位，着力稳增长、调结构、促改革、惠民生、保稳定，社会事业取得了良好成效。2012年以来，年均实现地区生产总值增长9.5%；地方公共财政收入增长14.2%；农林牧渔业总产值增长4.2%；规模以上工业增加值增长11.7%；全社会固定资产投资增长23.6%；城镇、农村居民人均可支配收入分别增长7.5%、11.4%。一些重点领域和重大项目取得可喜突破：

2013年再次获评省县域经济发展“十佳县”。被列为国家级杂交水稻种子生产基地县、国家粮食产能县、国家农业综合标准化示范县、全国国土资源节约集约模范县、全国电子商务进农村综合示范县、国家级农村产业融合发展试点示范县、全国“平安农机”示范县。

向莆铁路、建泰高速、建（宁）广（昌）高速建成通车，公路通车总里程突破1300公里。浦梅铁路建宁至冠豸山段全面开工，莆炎高速即将动工，建宁至长汀高速公路列入规划。

文鑫莲业、闽江源绿田在“新三板”上市，明一国际生态高新科技园开工建设。建宁通心白莲入选福建首届“十佳地理标志商标”和全国农业标准化示范区建设20年成果展。“建宁水稻种子”成为全国唯一水稻种子地理标志证明商标。

中央苏区反“围剿”纪念园、闽江源生态旅游区获评国家4A级旅游景区。成功举办第十届“海峡诗会”、全国县域电商联盟峰会、福建首届“花海跑”、中国建莲文化旅游嘉年华系列活动。

通过国家级生态县验收，成功入选全国全域旅游示范区创建单位、全国“百佳深呼吸小城榜”，获评全国森林旅游示范县、“中国森林氧吧”“中国森林体验基地”。

五年来，社会事业主要工作和成效是：

注重城乡统筹、配套完善，人居环境大幅改善。城市功能日趋完善。完成城市总体规划修编，同步推进老城区改造与新区建设，城区面积扩大至4.96平方公里。完成溪口街、黄舟坊至河南路“白改黑”，新建改建城市道路21公里、供水管网13.5公里、排水（污）管网25.6公里，新建城区防洪堤6.7公里。完成垃圾填埋场二期扩建，新建压缩式垃圾中转站5座。城市品位显著提升。有序推进“一河两岸”、入城口、东山公园等重要节点景观提升，建成朝阳门楼等一批地标建筑，开发富贵世家、江源水都豪庭等一批精品小区。加强城市管理，建成数字城管平台。强化“两违”综合治理，累计拆违79.6万平方米。农村面貌焕然一新。31个村完成环境综合整治，建成44个美丽乡村，修竹村、高峰村入选福建2016新版最美乡村大全。推进农村基础设施建设，解决6万人安全饮水问题，新改扩建农村公路152.9公里，出县、通乡、通行政村公路全面硬化。

坚持绿色发展、严守红线，生态优势更加凸显。生态建设成果丰硕。完成闽江源国家级自然保护区功能区划调整和王坪栋饮用水源保护区调整，集中式饮用水源水质达标率100%。完成水土流失治理13.6万亩，累计造林绿化12.5万亩，森林覆盖率提高至76.1%。开展生态细胞工程建设，80个村获市级以上生态村命名。环境整治措施有力。深化“河长制”，建成智慧河长管理平台。开展木材加工企业、扬尘粉尘、黄标车等专项整治，推进辖区水流域、工业、农业面源、畜禽养殖等污染治理，关停污染企业6家、中小木材加工企业16家。节能减排扎实推进。落实有序用电和节能降耗措施，完成循环经济项目57项，实现万元GDP能耗下降14.6%。严格减排总量控制，实施重点减排项目17个。

致力共建共享、富民利民，幸福指数不断提升。社会保障逐步健全。低保、医保、社保等持续扩面提标，建成保障性住房2330套，城镇登记失业率控制在3%以下。强化扶贫攻坚，2014年来已实现脱贫7554人。社会事业繁荣发展。大力实施为民办实事项目，城关中学、城关幼儿园、县医院门诊综合楼、新西门市场、档案馆等民生工程建成投入使用。城区学校布局调整顺利实施，获评“国家义务教育基本均衡县”。深化医药卫生体制改革，城乡基本公共卫生服务水平显著提升。创建国家公共文化服务体系示范区通过验收，上坪村列入首批中国传统村落名录，笔架村、罗源村、岩上村列入首批省级传统村落名录。社会秩序和谐稳定。深入开展平安建设，加强和创新社会治理，综治考评连续四年居全市前列，获评省“平安先进县”。强化安全生产隐患排查治理，安全生产形势持续好转。

着力转变职能、依法治县，行政效能显著增强。行政改革纵深推进。完成政府职能转变和机构改革任务。深化“放管服”改革，完成县乡两级权责清单编制，全面取消非行政许可审批，精简县级审批事项125项，精简率达37%。民主法制更加健全。共办理人大代表建议359件、政协委员提案428件，满意和基本满意率达98%。顺利通过省“六五”普法验收，在全市率先建成青少年法制教育基地和法治主题公园，获评2011—2015年全国法治宣传教育先进县。机关作风明显改善。扎实开展党的群众路线教育实践活动、“三严三实”专题教育和“两学一做”学习教育，坚持党风廉政建设“一岗双责”，严格落实中央八项规定精神，开展“为官不为”“慵懒散拖”等专项治理，政府执行力、公信力明显增强。此外，扎实推进国防教育和国防动员工作，不断提升民兵预备役建设水平。支持工会、共青团、妇女儿童等各项事业发展，统计、人防、档案、供销、水文、气象、地方志、防震减灾、外事侨务、民族宗教、老龄老干、优抚安置、市场监督、住房公积金管理等工作取得新成效。

今后五年是建宁县加快脱贫攻坚、全面建成小康社会的决胜期，是经济社会发展方式深刻变革的转型期，也是建宁大有可为的重要战略机遇期，特别是浦梅铁路、莆炎高速动工建设，建宁的区位优势和竞争力将进一步提升，为今后五年的发展拓展了空间，增添了动力。工作的指导思想是：高举中国特色社会主义伟大旗帜，以邓小平理论、“三个代表”重要思想、科学发展观为指导，全面贯彻党的十八大和十八届三中、四中、五中、六中全会精神，深入贯彻落实习近平总书记系列重要讲话和对福建工作的重要指示精神，围绕“五位一体”总体布局和“四个全面”战略布局，牢固树立和落实五大发展理念，主动融入全省“再上新台阶、建设新福建”和全市“建设更富活力更具实力更有竞争力的新三明”发展大局，贯彻落实县第十二次党代会部署要求，按照闽赣省际生态产业集聚区的发展定位，以脱贫脱帽为工作总揽，发力供给侧结构性改革，推动生态、农业、红色三大比较优势更好地转化为现实发展优势，加快后发赶超、绿色崛起，走出一条生产生活生态共赢的新路，如期全面建成小康社会，推动经济社会发展再上新台阶。奋斗目标和总体思路是：保持经济平稳快速增长势头，力争五年后全县地区生产总值突破131亿元，年均增长9%左右；地方公共财政收入年均增长7%左右，五年后达到4.2亿元；全社会固定资产投资年均增长18%左右，城乡居民人均可支配收入年均增长9%左右。

（摘编：杨立群）

泰宁县社会发展概况

2016年，是全面实施“十三五”规划的开局之年，泰宁县顶住经济下行压力，一些重点领域取得了新亮点、新突破：在全市率先纳入国家重点生态功能区；峨嵋峰升格为国家级自然保护区；入选全国首批国家全域旅游示范区创建单位，成为全省首个全国旅游标准化试点县，泰宁古城旅游休闲区列入首批省级现代服务业集聚示范区；成功创建国家公共文化服务体系示范区；科荟种业在新三板挂牌交易；泰宁铁皮石斛获批国家地理标志保护产品；成为全市首个与国外城市（比利时列日省艾瓦耶市）缔结友好城市关系的县（市、区）；争取上级各类财政补助资金8.89亿元、地方政府债券资金6.35亿元，为历年最多。稳妥处置了“5·8”泥石流灾害，应急救援工作得到上级肯定。

过去的五年，是不平凡的五年。泰宁县紧紧依靠全县人民，坚定信心抓发展，攻坚克难稳增长，远谋近施增后劲，倾心尽力惠民生，各项社会事业取得了新的成绩。特别是向莆铁路、建泰高速全线通车，泰宁进入动车时代；金湖等景区经营权圆满收回，实现了主景区的一体化管理；明清园、省文艺创作（泰宁）基地、“醉泰宁”酒系列等一批重点项目落地建成，城西新区开发、“五朵金花”旅游专业村建设全面铺开，固定资产投资突破百亿元；荣膺国家5A级旅游景区，蝉联全国文明县城，荣获全国义务教育发展基本均衡县、计划生育优质服务先进县、科技进步先进县、科普示范县，成为国家主体功能区建设试点示范县、国家生态县、国家园林县城。

经济规模持续壮大，综合实力明显提升。泰宁县牢牢把握稳与进的平衡点，保持定力、精准发力，实现了经济持续稳健增长，主要经济指标年均增幅高于全市平均水平。初步统计2016年全县地区生产总值86.2亿元，五年年均增长9.1%，人均地区生产总值突破1万美元；社会消费品零售总额、出口总额、主景区游客接待量等4个主要经济指标实现翻番，规模以上工业增加值等7个主要经济指标保持年均两位数增长，规模以上工业企业总数突破百家；累计引进落实项目292个，实际利用外资3756万美元；城镇居民、农村居民人均可支配收入年均分别增长9.9%、11%，高于地区生产总值年均增幅。

开拓创新持续深化，发展活力明显提升。旅游市场营销不断创新，全域化写生基地创建深入开展，赛事活动运作逐步市场化，环大金湖马拉松成为泰宁“新名片”。推进省级旅游综合体制改革试点，泰宁旅游上市迈出坚实步伐，晋农商大金湖村镇银行、农行泰宁旅游支行相继成立。设立企业应急周转专项资金，组建国有融资担保和经营管理公司，创新推出“助旅宝”“无间贷”业务，缓解企业融资难题。集体林权制度改革、农村土地确权登记颁证、全国农田水利设施产权制度改革和创新运行管护机制试点工作稳步推进。建立“五长”责任制，打造“全国最干净旅游县城”活动深入开展。医药卫生体制改革取得实效，公办医疗卫生机构延伸到村。认真贯彻执行中央八项规定精神，扎实开展党的群众路线教育实践活动、“三严三实”专题教育和“两学一做”学习教育，完成新一轮政府机构改革和事业单位分类，清理编制乡镇政府和县直部门权责清单，全面取消非行政许可审批事项，推行“双随机一公开”监管。“营改增”、不动产登记改革和公车改革全面铺开，县管国有资产经营管理改革取得成效。

基础设施持续完善，环境面貌明显提升。下大公路建成通车，实现“镇镇有干线”目标，公路总里程突破1000公里。城市建成区面积扩大到10平方公里，常住人口城镇化率提高到47.5%。汽车西客站投入使用，新能源公交实现全域化运营。建成绿慢道13.8公里，完成金湖路综合改造，新（改）建内环路等城市道路35条13.6万平方米，基本实现城区路灯LED节能改造，精心打造朝京门等7个城市节点，人均公共绿地面积增加4.7平方米。新建电网线路167公里，4G信号基本覆盖所有建制村，城乡有线数字电视整体转换工作全面完成。村级骨灰楼堂基本实现全覆盖。实施美丽乡村建设42个，农村环境连片整治经验做法在全国推广，成为全国休闲农业与乡村旅游示范县、全国魅力新农村十佳县、全省宜居环境建设试点县。划定生态红线，推进生猪养殖污染防治和黄标车淘汰，全面完成环保违规项目清理整顿，治理中小河流30.3公里、水土流失21.3万亩，造林绿化13万亩，森林覆盖率提高5个百分点，新创建7个国家级生态乡镇，空气清新指数常年位居全省前列。

各项事业持续进步，幸福指数明显提升。七成以上的财政支出投向民生领域。办成48件为民办实事项目，解决了8.3万人的安全饮水问题，建成保障性安居工程1428套。争取省级扶贫开发工作重点县政策，实施“春风”工程村财增收三年行动和精准扶贫“五项工程”，5571名贫困人口实现脱贫，水际村、崇际村入选全国旅游扶贫试点村。累计新增城镇就业7966人次，农村劳动力转移就业18458人次。城乡居民医保基本实现全覆盖，养老、失业、工伤、生育保险和住房公积金稳步扩面，城乡低保、重点优抚对象抚恤补助等标准逐年提高，临时救助、高龄老人补贴和重度残疾人两项补贴制度全面实施。省“百人计划”人才实现零的突破，“周末动车引智工程”深入开展。编修出版《泰宁县志（1988—2005）》，梅林戏应邀赴5个国家和地区交流演出。新（迁）建城区5所学校、3幢医疗卫生业务综合楼和县老年活动中心综合楼。“六五”普法顺利完成，平安创建和信访维稳扎实推进，安全生产形势总体稳定。国防动员和后备力量、人民防空、防灾减灾、食品安全、物价调控等工作得到加强，妇女儿童、老年人、残疾人、社会慈善、民族宗教、外事侨台、档案、气象等事业稳步发展。

五年来积累的经验弥足珍贵：必须把抢抓机遇、推动发展作为政府工作的第一要务，主动融入发展大局，用好用足老区苏区、生态功能区、扶贫开发区各项政策，以发展抢先机、求突破、争晋位、开新局；必须把解放思想、改革创新作为政府工作的不竭动力，以新理念推动新发展，以新思路开拓新局面，以新举措解决新问题，以新作为开启新征程；必须把改善民生、造福群众作为政府工作的根本宗旨，多谋民生之利，多办民生之事，多解民生之忧，让全县人民共享发展成果；必须把廉政勤政、实干担当作为政府工作的基本要求，既奋发有为，又干净干事，既真抓实干，又防微杜渐，以工作实绩展示执行力，以廉洁自律提升公信力。

今后五年，是全面建成小康社会的决胜期，是全面深化改革的攻坚期，是全面依法治国和全面从严治党的关键期，是加快泰宁县域发展的难得机遇期。泰宁县要深入贯彻党的十八大和十八届三中、四中、五中、六中全会精神以及习近平总书记系列重要讲话精神，紧紧围绕“五位一体”总体布局和“四个全面”战略布局，牢固树立和落实五大发展理念，按照省第十次、市第九次、县第十二次党代会决策部署，奋勇前进再上新台阶，集智聚力建设新泰宁。

（摘编：郭　虹）

明溪县社会发展概况

2016年，明溪县积极应对经济下行压力和增长速度换档期考验，全县上下始终保持奋发有为的精神状态，主动适应经济发展新常态，牢牢把握“稳中求进”总基调，积极实施创新驱动战略，推进供给侧结构性改革，经济保持了“缓中趋稳、平稳发展”的态势。初步统计全县地区生产总值63.13亿元，增长7.6%；固定资产投资91.37亿元，增长20%；规模以上工业增加值31.53亿元，增长7.1%；地方一般公共财政预算收入2.5768亿元，完成调整预算数的100%；外贸出口8.5亿元，增长10.8%；社会消费品零售总额15.71亿元，增长7.1%；城镇居民人均可支配收入25781元，增长8.6%；农村居民人均可支配收入11072元，增长9.6%，居民消费价格总水平上涨2.5%。着力扩大有效投资，提升竞争力。落实“五个一批”项目工作机制，开展“大干150天重点领域重点项目”建设活动，累计完成项目投资90.5亿元，增长19.8%；实验小学迁建、老干部妇女儿童活动中心、绿色家园提升改造工程等重大民生项目取得突破并动工建设。工业园区新征用土地1075亩，平整430亩，累计争取上级各类补助资金9.7亿元，被列为全省第三批“人才强县”试点县，成立国有融资担保公司和县乡扶贫担保基金，发展要素保障持续提升。着力抢抓新机遇，培育新动能。园区工业污水处理厂、电子商务产业园、气动工具产业服务平台、生态硒锌产品展销馆建成投入运营，发展平台持续优化。省级富硒农产品产业园动工建设，获评“中国硒锌农产品之乡”，被列入省级财政扶贫资金整合优化试点县、第一批省级富硒农业产业开发重点县、省级现代渔业项目县，南山遗址被列入国家大遗址保护“十三五”专项规划，明溪药谷小镇入选全省首批特色小镇创建名单，政策红利持续释放。顺利通过国家生态县、国家淮山标准化示范区验收，生态特色品牌持续打响。国省干线横六线大焦至上坊段等一批项目进展顺利，兴泉铁路明溪段、莆炎高速公路明溪至建宁段即将全线动工，交通路网持续完善。盖洋镇湖上村、沙溪乡梓口坊村、枫溪乡枫溪村等10个村庄被列入全国乡村旅游扶贫重点村，夏坊乡苎畬村入选第四批中国传统村落名录，夏阳乡御帘村入选中国最美村镇，瀚仙镇列入省级农村产业融合试点示范镇，举办首届“闽学与三明”学术研讨会并启动紫云闽学第一村建设，新农村建设持续推进。

五年来，明溪县认真贯彻党的十八大以来系列重大决策部署，团结带领全县人民，经济社会实现了健康稳定发展。

人居环境明显改善。城市建设步伐加快。完成县城总体规划及各类专项规划编制，城区面积从4.39平方公里扩大到5.33平方公里。实施“东拓、西进、南延、北展、中提升”战略，累计完成项目投资38.5亿元，完成南关溪旧城改造（一期）、紫云佳苑等片区开发，河滨公园提升改造、东方军桥、城市绿道、公安业务技术用房、城关烟草工作站等一批城建项目建成投入使用。莆炎高速公路明溪城关至三元段建成通车。新型城镇化建设稳步推进，沙溪乡小城镇改革建设试点步伐加快，城镇化率从46.2%提高到51.1%。乡村面貌显著变化。实施城乡环境综合整治“点线面”攻坚，创建省级美丽乡村25个，拆除“两违”面积71.24万平方米。推进小型农田水利重点县等项目建设，综合治理河道48.5公里、新建防洪堤32公里，完成中小型水库除险加固19座、危桥改造36座、农村公路建设174.5公里，新增耕地5667

亩、改造升级农网线路368.2公里。生态环境日趋优化。生态环保责任有效落实，农村环境连片整治、流域“河长制”等工作有序开展，生态环境状况始终保持在全省前列。建成大气环境和水质自动监测站，全县空气质量优良天数平均达98%以上，污水、垃圾无害化处理率分别达81.2%、99.4%，区域地表水和城市集中式饮用水水质达标率100%。成功创建国家级生态乡镇9个、省级生态村35个、市级生态村48个。完成造林绿化16.15万亩，森林覆盖率达79.6%，先后荣获“全国绿化模范县”“国土资源节约集约模范县”“中国黄腹角雉之乡”“省级森林县城”“省级园林县城”等称号。

改革创新纵深推进。各项改革稳步实施。探索农村金融改革，设立村级融资担保基金2个。创新林业经营、林业金融、林业服务机制，成立全市首家林权流转交易平台，累计发放林权抵押贷款2.38亿元，新增林业经营主体50家。县级公立医院改革和基层医疗卫生机构第二轮改革有序推进，基本药品零差率、分级诊疗等制度有效落实。深化行政审批制度改革，推进简政放权，规范审批权力运行，审批时限平均压缩到法定时限的36%。推进商事登记制度改革，“三证合一、一照一码”登记制度有序开展。户籍制度改革全面启动，进城落户限制进一步放开。基层农技推广体系改革、农业水价综合改革、供销合作社综合改革、公车改革等扎实开展。

社会民生持续改善。扶贫攻坚成效显著。被列入省级扶贫开发工作重点县，累计争取省财政厅等对口帮扶单位扶贫资金8.7亿元。推行“348”精准扶贫工作机制和“三个三”工作法，开展干部结对帮扶、挂村驻村帮扶，5714名贫困人口实现脱贫。建成省级造福工程集中安置区8个，累计完成造福工程危房改造3303户。创新金融扶贫模式，设立扶贫小额信贷风险担保金1385万元。民生保障不断增强。每年超七成的财政支出用于保障和改善民生，累计投入17.6亿元，实施106个为民办实事项目。城镇居民、农村居民人均可支配收入年均分别增长11%、11.5%，五年累计新增城镇就业8031人，农村劳动力转移就业14469人。建设各类保障性住房1461套，解决4383人住房难题。社会保障“五险”持续提标扩面，城乡低保实现应保尽保，企业退休人员基本养老金、城乡居民基础养老金、城乡低保、城乡医保、农村五保、重点优抚对象等补助标准逐年提高。全面建立80周岁以上高龄老人生活补贴制度。县社会福利中心、翠松陵园一期、残疾人康复中心建成投入使用，新建乡镇敬老院3所、农村幸福院34个。社会事业全面进步。累计投入1.47亿元，实施中小学校安工程、公办幼儿园建设、城区小学扩容工程、“全面改薄”等项目41个，新建和改造各类校舍6.69万平方米，实小迁建项目加快推进，第二实小建成投入使用；在全市率先开展学前教育巡回走教试点，教育“两项督导”、义务教育发展基本均衡县通过验收。医疗卫生水平不断提高，完成县医院、中医院改造提升，新建乡镇卫生院门诊综合大楼3所、改建村卫生所46个。县医院与省市医疗机构建立“医疗联合体”。计生服务水平稳步提高，全面两孩政策平稳实施。县体育中心改造工程、青少年校外体育活动中心、数字影院建成投入使用，新建社区文化活动场所11个、乡镇综合文化站9个、农家书屋88个，南山遗址被列为第七批全国重点文物保护单位。深化群众性精神文明创建，被授予第十二届省级文明县城创建工作先进县城、省级未成年人思想道德建设先进县城、全国科普示范县。“平安明溪”建设持续深化，安全监管全面加强，社会大局安定稳定，人民群众安居乐业。

政府自身建设不断加强。法治建设加快推进。坚持依法行政，加强行政执法监管，政府与法院、检察院联系互动机制不断完善，顺利完成“六五”普法验收，荣获“全国法治创建先进县”称号，圆满完成村（居）换届选举。主动接受人大及其常委会的法律监督、工作监督和政协的民主监督，认真办好人大代表建议和政协委员提案，五年来共办理人大代表建议550件、政协委员提案357件，满意率（含基本满意率）分别达95%、96.8%。机关作风有新转变。全面完成新一轮政府机构改革和事业单位分类改革，成立县不动产登记局，实现林地、土地、房屋统一登记服务。

（摘编：游学荣）

将乐县社会发展概况

2016年，将乐县以供给侧结构性改革为切入点，深入开展“敢担当、解难题、增实效”活动和零距离服务，加快推进“五个一批”重点项目建设，各项民生事业取得较好成效，全县经济保持稳中有进、进中求好的发展态势。初步统计2016年全县地区生产总值108.9亿元，增长7.2%；规模以上工业增加值50.2亿元，增长6.5%；地方公共财政收入6.1亿元，增长0.3%；固定资产投资131亿元，增长21%；出口总值8.5亿元，增长12.4%；社会消费品零售总额22.7亿元，增长11%；城镇居民人均可支配收入2.89万元，增长8.5%；农村居民人均可支配收入1.4万元，增长11%。

过去的五年，将乐县围绕“念好发展经、画好山水画”工作主题，全力稳增长、调结构、促改革、惠民生、防风险，社会事业取得了新成效。

实现了经济总量持续壮大。五年来，全县地区生产总值（GDP）年均增长10%，突破百亿关口；工业总产值年均增长14.1%。2016年固定资产投资是2011年的2.6倍。地方公共财政收入年均增长10.1%。三次产业结构由18.4∶52.8∶28.8调整优化为16.1∶52.8∶31.1，呈现“一稳、二强、三提速”良好态势。先后获得国家生态县、全国科技进步县、全国文化先进县、全国平安家庭创建活动先进县、省级文明县城、省级园林城市等20多项国家级和省级荣誉称号。

始终在拼搏，办成了一件件多年来想办而没有办成的民生实事。向莆铁路通车，圆了几代将乐人的铁路梦。实施了玉华大桥、实验小学、保障性住房、县医院综合楼及北区、体育中心、上河洲公园等一大批民生项目，有效缓解了群众出行难、上学难、居住难、就医难等问题。

始终在赶超，开创了绿色发展的新格局。以创建国家生态县为契机，初步形成以设施果蔬、绿色养殖、生态大米为主的高效生态农业格局。大力发展了新材料、生物医药、节能环保等新兴工业。积极探索“深呼吸、慢生活、大健康”的旅游发展模式。

始终在提升，营造了风清气正的好环境。扎实开展党的群众路线教育实践活动、“三严三实”专题教育和“两学一做”学习教育，持续深化“四百”活动，推行住村工作室和“零距离服务”两项机制，延伸了微将乐、公交掌上出行、黄潭精准微服务等网络服务触角，进一步方便了群众。

始终在探索，推动医改、林改等改革创新持续深化。县医院、中医院实现资源整合，建立县乡村三级诊疗模式。建立全国首个森林云数据中心。福建金森在深圳证券交易所上市，建立林业生产公共服务平台，成立三明市林权交易中心，累计开展林权抵押贷款10.9亿元。

社会事业取得这些成就，主要做了以下工作：

致力于强功能、优环境，实现了城乡面貌持续改观。

古县展新颜。高标准完成县城总体规划修编及98个村庄规划编制。累计投入近50亿元用于城市建设，建成积善快速通道、两岸景观工程和城市绿道，城镇化率、自来水普及率、垃圾处理率、公交出行率、互联网普及率明显提高，城区公园面积比2011年增加11.4万平方米。万安、白莲、大源、黄潭、光明等小城镇各具特色；良地、肖坊、温坊等历史名村的修缮和保护力度加大；际下、常口、蛟湖、乾滩等一批村居更显魅力。

生活更低碳。推进生态文明建设，实施“四绿”工程，累计植树造林18万亩。深化农村环境综合整治，创新实施农村生活垃圾治理以奖代补，在全省率先实现乡镇污水处理设施全覆盖。严格实行“河长制”，拆除生猪规模养殖栏舍3万平方米。投放16辆纯电动公交车，淘汰黄标车296辆。实施污染减排项目42个、淘汰落后产能45万吨，圆满完成“十二五”节能减排目标，县域经济高端、绿色、低能耗特征更加明显。

基础趋完善。完成交通基础设施投资6.5亿元，基本形成城乡畅通的交通网络。供电基础设施完成投资1.8亿元，实施农村电网改造项目226个。完成水利基础设施投资6.9亿元，小型农田水利重点县建设着力推进。完成8座小（2）型以上水库除险加固，实施闽江上游金溪段防洪工程，治理中小河流7条，解决10.9万群众的饮水安全问题。

致力于蓄内力、借智力，迈出了加快发展的坚实步伐。

改出了发展红利。进一步明确了11个方面、34条重点改革事项和工作要点。行政审批制度、财政体制等重点领域改革扎实推进。公立医院、林权制度、惠民殡葬等专项改革稳步推进，幸福成长工程、夕阳红理事会、民生保险等体制机制有效创新。县政府机构改革、事业单位分类改革等任务全面完成。

聚出了人才高地。成为全市首个省级“人才强县”试点县。引进15名院士、90多名博士和硕士在我县开展项目合作，培育1名国家“千人计划”人才、3名省“百人计划”人才、2个省“百人计划”团队，建设各领域科技研发中心38个；建立2亿元的创业创新扶持专项基金和1000万元的人才发展专项资金，试行“知识产权换资本”等融资模式，累计为高端人才提供创业融资近亿元；兑现各类人才津贴、奖励金700多万元；累计授权专利942件，是五年前的23倍。与厦门大学、北京林业大学、南京林业大学等多所院校建立科研合作关系。

筑出了创业热土。全面实行“三证合一、一照一码”登记制度。建成电子商务产业园区、众联青年创业创新基地、智慧家园等创业孵化基地，以创业带动就业2000余人；持续深化简政放权，精简87项县级审批和服务事项。建立并公布权力清单、责任清单、公共服务清单等。实行将商回归、以商招商、专业招商工作机制，累计签约引进企业152家，有122家投产。

致力于增民利、纾民困，取得了民生事业的全面进步。

社会民生保障有力。积极推进精准脱贫工作，甄别完成贫困人口建档立卡，出台《深化精准扶贫工作实施方案》。组织实施32个扶贫项目，成立惠民扶贫开发投融资平台，五年共实现8481人脱贫。城乡居民养老保险、医疗保险政府补助标准和低保标准每年均实现不同程度提高。累计建成各类保障性住房2225套。

社会事业推进有序。财政支出70%以上用于民生事业，五年共投入近50亿元资金，实施各类为民办实事项目157项，群众获得感、幸福感不断提升。教育事业加快推进，新建、改扩建一批中小学校，建成一批教师周转房，新增学位2000个，办学条件明显改善，获得国家义务教育发展基本均衡县称号。卫计事业长足发展，提升改造了一批基层卫生院和卫生所，医疗条件显著改善，保持了稳定的低生育水平。文化事业加快发展，成功举办杨时诞辰960周年系列文化活动、海峡两岸客家擂茶文化交流会和中国·将乐国际皮划艇马拉松公开赛，食闹音乐、南词等项目被列入省级非物质文化遗产保护名录，乡镇综合文化站、村级农家书屋等阵地进一步升级，公共文化服务设施不断完善。密切与工商联、无党派人士的联系与协商，支持工会、共青团、妇联等群团组织开展工作。民族宗教、外事侨务、对台、移民、档案、防震、方志、邮政通讯、气象水文等工作取得新进展。

社会稳定维护有方。深化“平安将乐”建设，深入开展大接访和矛盾纠纷排查工作，创新实施道路交通事故死亡保险、医患纠纷第三方调解机制、精神病患者救治管控“133”工作机制，反邪教“四个三”做法在省、市推广。总投入4000多万元的“天网”工程实现县城全面覆盖、乡镇重点覆盖。严厉打击各种违法犯罪行为，电信诈骗、涉毒群体等六个专项治理取得明显成效，被授予全国无邪教示范县、全省平安先行县称号。

（摘编：赵旭东）

沙县社会发展概况

2016年，沙县按照市委、市政府和县委的决策部署，深入开展“增激情、敢担当、破难题”活动，组织实施“重大项目百日攻坚大会战”，着力稳增长、调结构、促改革、惠民生、防风险，加强经济运行调度和要素保障，大力扶持实体经济发展，办好惠民利民实事，保持了经济社会各项事业平稳发展，较好地完成了年初确定的各项目标任务。在主要指标上，初步统计全县地区生产总值完成207亿元，增长8.3%；农林牧渔业总产值48亿元，增长5%；规模以上工业增加值135亿元，增长8%；地方公共财政收入8亿元，下降15.95%；城镇居民人均可支配收入30676元，增长9.5%；农村居民人均可支配收入16107元，增长10%。在项目建设上，组织实施“五个一批”项目，积极扩大有效投资，全年实施县级重点项目221个，初步统计完成投资151亿元，145个项目竣工或部分竣工投产。为加快推进重大项目建设，成立9个重大项目建设指挥部，梳理确定82个重大攻坚项目、129个难点问题，集中精力，集中资源，奋战百日，有力推动重大项目建设和难题破解，129个难点问题有望年底前全部突破。旅游吸引力不断增强，预计全年游客将首次突破200万人大关、旅游总收入突破22亿元。在风险防控上，设立资产管理公司、投贷联动基金、政府性融资担保公司等，打击恶意逃废债和抱团赖账行为，妥善处置和化解不良贷款，全年有望化解处置不良贷款7亿元以上。在全市率先探索企业资产按揭贷款，有效破解企业融资难、融资贵问题，全省、全市现场会在沙县召开。在稳控楼盘上，建立风险楼盘分类处置机制，实行领导挂包、“一盘一策”，化解风险楼盘问题，领秀华城、公园道等5个风险楼盘均已制定化解方案，正在抓紧实施化解。加快房地产去库存，年内有望销售商品房30万平方米。在民生保障上，建立城乡低保、农村“五保”供养标准自然增长机制，三明职教园、北大附属实验学校、第三幼儿园等一批民生项目投入使用。在作风建设上，制定出台“治理庸懒散拖的十项措施”“进一步加强干部作风建设的若干意见”，通过正面激励、反面整治、典型示范等措施，提振干部精气神，营造出“激情干事、敢于担当、严守纪律”的良好氛围。

过去五年，沙县主动适应经济发展新常态，积极应对经济下行压力，总体保持了全县经济和社会各项事业平稳健康发展。

综合实力不断增强。全县地区生产总值年均增长10.2%，总量突破200亿元大关，人均生产总值达到1.3万美元，公共财政总收入突破10亿元大关。2014年、2015年连续两年跻身全省县域经济实力“十强县”。落实“五个一批”项目工作机制，持续抓好重点项目建设，全社会固定资产投资年均增长19%。

城乡面貌不断改观。全县常住人口城镇化率达62%，高于全市平均水平5.7个百分点，城市建成区面积达30.9平方公里，生态新城列入国家低碳城试点，体育公园、“一河两岸”改造提升等一批标志性建筑和公共基础设施相继投入使用。三明沙县机场正式通航，向莆铁路建成通车，南龙铁路、鹰厦铁路城区段改线、厦沙高速公路加快建设，初步构建“海陆空”立体交通体系。美丽乡村建设成效显著，形成国道、省道2条美丽乡村示范带，被列为全国美丽乡村标准制定单位。生态保护力度不断加大，森林覆盖率达75.6%，城区空气指标持续向好，连续三年进入全国百佳深呼吸小城，顺利通过国家生态县考核验收，荣获中国候鸟旅居县称号。

发展活力不断激发。全面推进农村金融制度改革，大力发展农村普惠合作金融，全县农户贷款余额从改革前的23.42亿元，增至31.61亿元，顺利完成国家农村金融制度改革试点任务。不断深化集体林权制度改革，搭建林权抵押贷款融资平台、创新林业与金融合作模式，壮大林业新型主体，累计发放林权抵押贷款4.61亿元。扎实开展农村土地信托流转，成立农村产权交易中心，进一步激活农村资源资产，累计完成各类产权交易103宗7385万元。积极推进县级公立医院综合改革，累计为群众节省药费2800万元。扩大对外交流合作，三明“陆地港”建成投入使用，实现货物流、资金流、信息流的互联互通。

人民生活不断改善。每年超过七成的财政支出用于保障和改善民生，累计投入65亿元，办成66件民生实事，如意湖湿地公园、沙一中新校区、三官堂小学、县医院综合门诊大楼等一批重大民生项目建成投入使用。教育投入持续加大，成功创建“全国义务教育发展基本均衡县”，“教育强县”通过省级评估验收。全民健身运动广泛开展，顺利通过全国公共文化服务体系示范区创建验收。人口与计生工作、精神文明建设等取得新成果，实现“全国文明县城”三连冠。积极推进就业创业工作，妥善解决各类群体就业问题。全县城乡居民人均可支配收入不断增长，城乡居民养老保障、基本医疗保险、城镇职工基本医疗保险、城乡低保水平逐年提高，全面建立80岁以上老人高龄补贴制度。深入实施“五大扶贫工程”，实现脱贫5851人。深化“平安沙县”建设，被评为福建省安全发展示范县，有效防范各类风险，保持了社会和谐稳定。

行政效能不断提升。深入开展党的群众路线教育实践活动，认真践行“三严三实”要求，扎实推进“两学一做”学习教育，严格执行中央八项规定精神，持续反对“四风”、改进作风。坚持依法行政，自觉接受人大法律监督和工作监督、政协民主监督、社会舆论监督，共办理人大代表建议434件、政协提案404件。推进简政放权放管结合职能转变工作，编制并公布行政审批项目清单、公共服务项目清单、权力清单、责任清单。严格落实“马上就办”，深化机关效能建设，提高办事效率。认真落实党风廉政建设责任制，强化对重点领域、关键环节权力运行的制约监督，扎紧制度笼子，让权力在阳光下运行。强化行政监察和审计监督，从严查处违法违纪案件，用严的制度和铁的纪律打造过硬干部队伍。

按照县第十二次党代会的决策部署，今后五年沙县工作的总体要求是：高举中国特色社会主义伟大旗帜，以马克思列宁主义、毛泽东思想、邓小平理论、“三个代表”重要思想、科学发展观为指导，深入贯彻落实习近平总书记系列重要讲话精神和对福建工作的重要指示，围绕“五位一体”总体布局和“四个全面”战略布局，牢固树立和落实五大发展理念，融入全省“再上新台阶、建设新福建”发展大局，突出“念好发展经、画好山水画”工作主题，着力创新驱动和供给侧结构性改革，着力改善民生和创新社会治理，着力加强生态文明建设和环境保护，努力打造山区产业升级先行区、创新创业聚集区、农村改革示范区、低碳生态宜居区，推动各项事业发展再上新台阶。

（摘编：王诗诚）

尤溪县社会发展概况

2016年尤溪县主动适应经济发展新常态，持续克难奋进，社会事业实现“十三五”良好开局。

城乡建设稳步推进。水东片区闽中经贸大厦开工建设，三奎片区基础设施、安置房、河滨景观工程等项目有序推进。西城新区开发全面启动，西迎宾大道、安坑小区等重点项目征迁取得突破。中心城翠帷花园、毓秀花园、文公书院主体工程完工，我家美食街将于元旦投入使用。洋中镇级小城市和坂面、西城两个重点乡镇实施项目68个，完成投资11.02亿元。

基础设施持续改善。5个交通项目完成投资2.9亿元，莆炎高速尤溪中仙段动工建设，完成农村公路硬化72公里；48个水利项目完成投资6.22亿元，汶潭水利枢纽工程动工建设，兴头水库正式下闸蓄水；3个供电项目完成投资0.43亿元，西滨110千伏输变电、台溪长门35千伏配电工程建成投入使用。

社会事业协调发展。落实积极就业创业政策，新增城镇就业2639人，城镇登记失业率控制在2.3%以内。优先发展教育事业，收购民办文公高级中学，实行文公初级中学、尤溪一中初高中剥离办学，初步完成城区学校布局调整。完成机关事业单位养老保险制度改革工作，实现新老农保制度平稳过渡。新开工建设保障性住房508套，完成各类棚户区改造340套。持续打好脱贫攻坚战，全年实现脱贫872户2655人。

过去五年，是尤溪经济社会发展取得重大成就的五年。五年来，尤溪县顽强拼搏，锐意进取，扎实抓好稳增长、促改革、调结构、惠民生等各项工作，社会事业取得了新成效。初步统计2016年，全县完成地区生产总值205.6亿元，比2011年增加81.5亿元，年均增长11%；农林牧渔业总产值78.9亿元，比2011年增加21.8亿元，年均增长4.2%；固定资产投资225亿元，比2011年增加139.2亿元，年均增长22%；规模以上工业总产值300亿元，比2011年增加152亿元，年均增长14.6%；地方一般公共预算收入6.7亿元，比2011年增加1.9亿元，年均增长7%。

着力改革创新，发展活力有效释放。全面落实政府办医责任，实施医疗、医药、医保“三医”联动和县乡村三级联推的医药卫生体制综合改革，被列为全国县级公立医院综合改革示范县。纵深推进集体林权制度改革，被评为全国集体林权制度改革先进典型县，列为全国林地占补平衡试点县、全省生态公益林管护体制改革试点县。深化行政审批制度改革，完成县级政府机构改革，制定并公布县级行政权力清单、公共服务事项清单和责任清单，审批时限平均压缩到法定时限的29%以内。积极推进洋中镇级小城市改革，下放县级行政审批事项144项。以朱子文化为主线的对外文化交流活动更加活跃，举办第八届海峡论坛·朱子文化与旅游交流、两岸朱熹学术研讨会、首届南溪书院学术奖颁奖大会等活动，朱熹诞生地被国台办批准为海峡两岸交流基地。强化创新驱动，新增高新技术企业4家、省级创新型企业3家，顺利通过省级知识产权强县验收，被列为省级可持续发展试验区。积极发展外向型经济，五年来实际利用外资6800万美元，年均增长10%；出口总值7.46亿美元，年均增长32.8%。

着力扩容提质，城乡面貌焕然一新。按照“东扩西连南拓提中心”思路，大举推进城市建设。水东片区开发基本完成，三奎片区有序推进，泰禾红峪、滨江阳光一期等楼盘顺利封顶，交通、绿化等基础设施建设全面铺开，东部新城形成规模。闽中现代物流园一期、城西大道改造、火车站及站前广场等项目相继竣工投入使用，三车佳园等商住楼盘交付使用，西迎宾大道按计划推进，西部新城雏形初显。实施水南片区旧城改造，紫阳公园、朱熹公园、闽中十里朱子文化长廊等项目建成并投入使用，中心古城展露新颜。基础设施持续改善，实施交通项目103个，累计完成投资8.6亿元，向莆铁路建成通车，厦沙高速尤溪段基本完成路基工程，新建和改造农村公路156公里，农村公路建成规模全省第一；实施水利项目224个，累计完成投资24.88亿元，建成或部分建成217个，被评为全国水土流失治理生态文明县；实施供电项目14个，累计完成投资1.75亿元，新建4条110千伏线路和5条35千伏线路，新增扩建变电站12个，输供电能力显著增强。生态建设力度加大，“家园清洁行动”、宜居环境建设行动计划、农村环境连片整治深入开展，农村人居环境得到较大改善；狠抓畜禽养殖、铅锌行业等领域污染整治，完成造林绿化32.57万亩，新增国家级生态乡镇12个、省级生态乡镇2个、市级以上生态村214个，被评为省级生态县、省级森林县城，连续两年荣登全国“深呼吸小城百佳榜”。

着力惠民利民，民生福祉全面提高。坚持发展成果与民共享，五年来县财政累计投入民生资金76亿元，占财政总支出的80.4%。落实积极就业政策，统筹抓好城乡劳动力就业，五年来新增城镇就业1.2万人。加强社会保障体系建设，城乡居民养老保险、医疗保险等社会保障基本实现全覆盖，五年来累计有7.22万人次获得城乡最低生活保障救助1.36亿元，15.03万人次获得城乡医疗救助和临时救助2238.44万元。大力推进保障性住房建设，五年来共建成保障性住房3858套，完成造福工程和危房改造5155户2.1万人，有效缓解了中低收入家庭的住房问题。持续创建教育强县，新建和改扩建中小学及幼儿园校舍53个、8.58万平方米，全县中小学教学设施设备全部达到省颁一类标准，顺利通过全国义务教育发展基本均衡县和省“两项”督导验收。实施城市公交改革，实现公交国有化经营，城乡居民出行更加便捷。加快完善城乡公共文化服务体系，积极开展系列文化活动，顺利通过全国文化先进县复查和第二批国家公共文化服务体系示范区验收。加快卫生基础设施建设，县医院门诊综合楼、县医院外科综合楼、妇幼保健院大楼投入使用，完成中医院整体搬迁，被国家授予全国中医先进县。认真落实计划生育基本国策，首次被省政府授予计生工作先进单位。深入开展社会矛盾化解、社会管理创新、道安综合整治、禁毒综合整治等工作，“四四三”大调解工作模式在全市推广，建成六级视频防控圈“天网”工程，安全生产目标责任综合考评连续三年获全市第一，荣获全省“平安县”称号。

着力提速增效，政府服务持续优化。深入开展党的群众路线教育实践活动、“三严三实”专题教育、“两学一做”学习教育，严格执行廉洁自律准则、问责条例、党内监督条例等规定，领导干部廉洁意识得到加强。认真贯彻中央“八项规定”精神，大力整治“四风”，全县“三公”经费持续下降。扎实推进依法治县，深入开展“六五”普法，被评为全国法制宣传教育先进县和全国法治县创建活动先进单位。全面落实县委决策部署，自觉接受县人大及其常委会法律监督、工作监督和县政协民主监督，认真执行县人大及其常委会决议、决定，积极支持县政协履政、参政职能，坚持重大事项向人大报告和政协通报制度，五年来共办理人大代表建议504件、政协委员提案527件，办结率均达100%。严格落实党风廉政建设责任制，深化重点领域、关键环节的行政监察和审计监督，从源头上遏制腐败。

根据县第十三次党代会做出的战略部署，今后五年尤溪县工作总体要求是：高举中国特色社会主义伟大旗帜，以马列主义、毛泽东思想、邓小平理论、“三个代表”重要思想、科学发展观为指导，深入贯彻习近平总书记系列重要讲话精神和对福建工作的重要指示，紧紧围绕“五位一体”总体布局和“四个全面”战略布局，牢固树立和落实“五大发展理念”，融入全省“再上新台阶、建设新福建”发展大局，着力创新驱动和供给侧结构性改革，着力改善民生和创新社会治理，着力加强生态建设和环境保护，推动经济社会发展再上新台阶，努力实现“我家在景区”发展目标，建设宜居宜业宜游新尤溪。主要目标是：到2021年，力争全县地区生产总值、公共财政总收入分别突破300亿元和12亿元。

（摘编：李　哲）

大田县社会发展概况

2016年，大田县坚持“创新驱动、绿色发展”工作主题，全县经济社会保持平稳发展态势。社会事业取得了新突破：

国道“纵五”一期主体完工，泉南高速上京互通建成即将通车，新汽车站建成使用，兴泉铁路、莆炎高速动工在即，莆炎高速至泉南高速联络线前期工作扎实推进。

“大仙峰·茶美人”景区成功创建国家3A景区，实现大田县国家A级景区零的突破；大田县获评“全国十大魅力茶乡”，屏山“雾海茶人家”茶园获评“全国最美茶园”；济中村等12个村列入全国乡村旅游扶贫重点村。

成功举办2016年“浩沙杯”全国艺术体操大奖赛；县体操队荣获全国啦啦操自由舞蹈、花球项目“双冠军”，并取得世界啦啦操大奖赛参赛资格。

社会事业主要工作和成效是：

城乡面貌持续优化。城市建设步伐加快。26个城市规划重点建设项目完成投资17.58亿元，碧桂园·天誉动工建设，水岸人家、岩城明珠全面建成，河滨东路改造、城市健身绿道等市政基础设施投入使用。镇村建设协调推进。市级中心镇、屏山茶香小镇等特色小城镇建设初显成效，实施美丽乡村整治村16个，济阳村列为省级美丽乡村整治示范村，杞溪、香坪、建国、张坑等4个村入选第四批中国传统村落，东坂、许坑、杞溪等3个村入选第五批省级历史文化名村。基础设施日臻完善。完成公路改造49.82公里、安保工程22.5公里，建设镇汽车站、京口110千伏输变电工程建成使用，梅林、铭溪110千伏输变电工程完成技改扩容，农村电网改造提升工程顺利实施，闽江上游尤溪流域防洪二期工程加快推进。生态环境不断改善。生态环境保护指挥中心建成使用，均溪河安全生态水系、鸭蛋山垃圾填埋场治理动工建设，万湖矿山生态治理企业化运作项目有序推进，完成造林绿化2.21万亩，治理水土流失5.22万亩，被授予“省级森林城市”称号。

发展活力持续增强。深化行政审批制度改革，全力推进网上审批，建成投资项目在线审批监管平台，全县行政审批和公共服务事项均实现网上预审或办理。全面推开营改增试点，深化商事制度改革，落实“五证合一、一照一码”登记制度，新增各类市场主体3542户，民间投资增长19%。深化集体林权制度改革，推进森林资源资产直接抵押贷款，新增新型林业经营组织29家。全面启动不动产登记改革，稳步推进土地流转，流转总面积达到4.7万亩。

人民生活持续改善。社会保障扩面升级。23件为民办实事项目基本完成年度任务。全县城镇新增就业1705人，农村劳动力转移就业3207人；城乡低保、五保供养、医疗救助、临时救助等标准进一步提高，建成县居家养老信息服务中心和8个社区养老服务站，老年人休闲娱乐中心投入使用；深化“156”精准扶贫，开展选派干部驻村蹲点和“千名干部结穷亲”活动，实施造福工程426户、危房改造307户，新开工保障性住房684套，3910个贫困人口实现脱贫。社会事业协调发展。县实验幼儿园城南分园、均溪中心小学教学楼建成使用，县实验幼儿园开发区分园动工建设，改造农村薄弱校28个，新增幼儿园学位630个、小学学位700个；完善公共文化服务体系，县图书馆、档案馆建成使用，闽中戏曲文化创意产业园动工建设，全民健身运动广泛开展，红色文化、土堡文化、二十四孝文化、章公祖师文化等特色文化进一步凸显；深化医药卫生体制改革，推进乡村卫生服务一体化，县妇幼保健院搬迁投入使用，乡镇卫生院延伸设立村卫生所132个，全面"两孩"政策稳妥实施。"平安大田"建设深入推进，"七五"普法全面启动，安全生产形势保持平稳，成功创建省级食品安全社会共治示范县，人民群众安全感、满意度持续提升。

执政能力持续提升。自觉接受人大法律监督、工作监督和政协民主监督，共办理人大代表议案（建议）和政协委员提案250件，办复率、满意率均达100%。严格落实中央"八项规定"精神，"三公"经费支出下降26.6%。深入开展"五破五兴"为主题的作风建设年活动，共效能问责11人次。深入开展"两学一做"学习教育，全面践行"三严三实"，共查处违法违纪案件111件，政府执行力和公信力进一步提升。

过去五年，大田县紧紧团结和依靠全县人民，砥砺奋进，攻坚克难，胜利完成"十二五"规划，启动实施"十三五"规划，在全面建成小康社会征途上迈出了坚实步伐。

改革开放纵深推进。重点改革成效凸显。在全省率先实行"河长制"、率先成立生态综合执法局、率先设立县级生态环境保护指挥中心，县生态综合执法局获第四届"中国法治政府奖"提名奖，生态文明建设"145"工作模式获省委深改办充分肯定；全国小微企业信用体系建设试验区、省级新型城镇化试点、省级小城镇机构改革试点等一批国家和省级试点、试验任务落地大田。开放步伐持续加快。主动承接21世纪海上丝绸之路核心区和福建自贸区的外溢效应，对外开放通道进一步延伸，铁路、国道从无到有，新建县道40.4公里、乡村公路156公里，对外经贸交流进一步拓展，实际利用外资年均增长18.5%，五年增幅均居全市前列。对外形象不断提升。先后荣获全国科技进步县、全国法治先进县、国家卫生应急综合示范县、第四届省级文明县城等荣誉称号，被确认为"原中央苏区范围"。

社会民生明显改善。财政民生支出年均增长15%，共投入70.7亿元，实施为民办实事项目168件，城乡公共交通、城市地表水厂等民生项目建成使用。强化劳有所得。鼓励创业带动就业，五年累计新增城镇就业1.6万人、农村劳动力转移就业2.56万人，城镇居民、农村居民人均可支配收入年均分别增长10.7%和11.7%。强化学有所教。完成校安工程79所14.3万平方米，新增幼儿园、中小学学位6800个，顺利通过国家义务教育发展基本均衡县考核验收。强化病有所医。建成县医院门诊综合楼，完成县中医院迁建，改造提升乡镇卫生院13个，累计新增医疗用房5.6万平方米、床位200张，县、乡、村医疗机构药品零差率销售实现全覆盖。强化老有所养。全面建立80岁及以上老人高龄补贴制度，建成县社会福利中心，乡镇敬老院实现全覆盖，新增机构养老床位710张。强化住有所居。完成造福工程1986户、危房改造1954户，实施保障性安居工程7599套、配租配售6630套，群众居住条件有效改善。强化乐有所往。"三馆两中心"建成使用，连续三年举办全国艺术体操锦标赛等大型体育赛事，全国首个大体操培训基地落户大田，被授予"全国老年人气排球之乡"称号，成功创建国家公共文化服务体系示范区。

城乡环境更加宜居。突出"山更绿、水更清"。组织实施生态环境保护"五大工程"，统筹推进水土流失治理、水污染防治、节能减排、造林绿化等工作，治理水土流失面积36.47万亩，水土流失率下降至10.5%，降幅高于全省平均水平，新增造林绿化面积43.8万亩，森林覆盖率提升至70.1%，获"省级生态县""省级园林县城""省级森林县城"等称号，被列为省级重点生态功能区。突出"城更靓、村更美"。县城区"四大板块"框架全面拉开，建成"一园两道""四桥五路"等一批市政重大项目，新增城区路网22公里，改造城区供排水管网42.5公里，县城建成区面积拓展到8.39平方公里；小城镇和美丽乡村建设加快推进，新增集镇建设面积22.9万平方米、村庄建设面积42.8万平方米，7个村入选中国传统村落；全县常住人口城镇化率从43.3%提高到48.5%。

（摘编：苏建平）

莆田市社会发展综述

2016年，莆田市扎实做好各项工作，初步统计，地区生产总值1811亿元、增长8.9%；一般公共预算总收入180.1亿元、下降2.8%，地方一般公共预算收入115.7亿元、增长0.1%；全社会固定资产投资2000亿元、增长13%；社会消费品零售总额626亿元、增长12%；居民消费价格总水平上涨1.5%；居民人均可支配收入2.3万元、增长8%；城镇登记失业率2.19%。

基础设施日臻完善。城建投资845亿元、增长9%，新建改建城市道路98条、绿道63公里、燃气管道20公里，新增一批停车场、公交线路和公园。新建及扩容污水处理厂3座、污水管网216公里，生活和医疗垃圾日处理能力达1800吨。水利设施投资85亿元、增长38.1%，续建新建47个重大水利项目，交通设施投资250亿元，改进和创新出租车运营管理，完成城乡客运公交化改造和部分陆岛交通码头扩建，自然村道路硬化率达92%，涧口、后黄等新型农村社区建设有效推进。

市场活力不断激发。改革红利持续释放，取消审批事项24项，下放14项，新增市场主体4.6万户，增长18.8%，食品药品“九证合一”改革成为可复制推广样板。完成机关事业单位养老保险改革，农村产权制度和不动产登记制度改革有序推进。成功举办首届世界妈祖文化论坛，发出《湄洲倡议》。

社会事业稳步发展。民生投入162亿元、增长13%。18项为民办实事项目基本完成。城镇新增就业2万人，转移农村劳动力3万人，造福搬迁1万人，脱贫1.6万人。城乡居民基础养老金和基本医疗保险人均财政投入分别达1100元和420元。新建幼儿园14所、增加学位3500个，新建中小学校舍37幢、增加学位8000个，千人均病床位达4.8张、卫技人员达4.79人，二孩政策全面实施。列入“海丝”申报世界文化遗产联盟城市，举办第25届世界技巧锦标赛等赛事。

提升政府服务水平。推行“马上就办”，办理审批、服务事项150多万件，做好项目用地、用海、用林保障。坚持依法行政，主动接受人大、政协和社会监督，办理市人大建议159件、市政协提案247件，办结率均为100%。基本完成公务用车改革，党风廉政建设和反腐败工作扎实推进。

五年来，综合实力显著壮大，城乡面貌显著变化，人民生活显著改善，改革活力显著增强，作风建设显著加强，为继续前进打下坚实基础。

围绕建设大城市，加快基础设施和生态文明建设，率先推进新型城镇化和城乡一体化试点建设，城乡面貌显著变化。城市建成区面积87平方公里，比五年前增加34平方公里，城镇化率57.8%，从全省第6位提升至第4位。建成万吨级以上泊位7个，新增港口吞吐能力2554万吨，东吴港区列入全国重要港区名录，向莆铁路和湄洲湾港口铁路东吴支线建成通车，日发送旅客1.6万人次，铁路货运实现零的突破，高速公路形成“两纵两横”网络，通车里程是五年前的3.8倍，“三纵一横三联”国省干线全面建设，公路网密度居全省第一，完成城市道路“白改黑”166公里，宽带光纤基本实现全覆盖。建成仙游抽水蓄能电站、金钟水利枢纽引水配套工程、东圳大坝除险加固工程、木兰溪下游防洪工程，整治内河180公里，解决126万农村人口饮水安全问题，新建扩建污水处理厂6座、城乡污水管网1700公里。农村就地城镇化和就近市民化步伐加快，特色小镇、新型农村社区、幸福家园、美丽乡村等试点走在全省前列。城乡生态更加清新，森林覆盖率达

59.8%，绿地覆盖率达38.8%，人均公园绿地面积达12.7平方米，绿道总里程达220.5公里，空气质量连续四年居全省第一，荣获全国绿化模范城市、国家园林城市等荣誉称号。

围绕保障大民生，坚持共建共治共享，把发展成果更好体现在增进民生福祉上，不断加大民生投入，人民生活显著改善。70%以上的财政资金用于民生支出。实施78项为民办实事项目，新增城镇就业11.1万人，转移农村劳动力21.5万人，居民人均可支配收入是2011年的1.6倍，率先在全省实现城乡居民养老保险一体化、医疗保险一体化，社保五险覆盖率稳步提高，城乡低保应保尽保，农村低保标准五年提高5280元。精准扶贫持续推进，造福搬迁6.3万人，脱贫7.1万人，实施保障性安居工程，建成6万套保障房。所有县区通过国家义务教育发展基本均衡认定，教育信息化走在全省前列，莆田学院、湄洲湾职业技术学院分别通过教育部本科教学、高职高专人才培养工作水平评估。医药卫生体制改革稳步推进，组建市级医疗集团，实行药品耗材零差率和分级诊疗，率先在全国实行医师多点执业，坚持计划生育基本国策。城乡文体设施得到改善，新增110多个市级以上文物保护单位和非遗项目，木兰陂列入世界首批灌溉工程遗产名录，湄洲妈祖祖庙入选“海丝”申遗首批遗产点名单，成功举办第五届亚洲体操锦标赛等赛事，广泛开展全民健身活动。防汛救灾机制更加科学高效，平安莆田建设持续深化，安全生产主要指标连年下降，获得全国文明城市提名，荣膺全国双拥模范城“五连冠”。

围绕激发大活力，直面制约发展的矛盾和问题，努力开拓创新、先行先试，重点领域和关键环节改革不断突破，对外开放水平不断提高。妈祖文化写进国家“十三五”规划纲要，上升为国家战略，莆港澳台侨密切交流，湄洲岛列为“中国华侨国际文化交流基地”，与马来西亚诗巫市、澳大利亚帕拉马塔市缔结友好城市。

围绕法治政府、创新政府、廉洁政府和服务型政府建设，加快职能转变，提升服务水平，努力建设为人民服务、让人民满意的政府。扎实开展党的群众路线教育实践活动、“三严三实”专题教育和“两学一做”学习教育，践行“马上就办、真抓实干”要求，严格落实党风廉政建设责任制，认真落实中央八项规定精神，驰而不息纠正“四风”。坚持依法行政，自觉接受监督，落实向人大报告和向政协通报工作的常态化机制，累计办理市人大代表建议918件、政协提案1244件，办结率均为100%。加快政府职能转变，精简机构9个，承接审批事项94项、下放243项、取消124项、调整33项，政府执行力、公信力全面提升。

今后五年奋斗目标是：经济保持稳定较快发展。主要经济指标增幅高于全省平均水平1—2个百分点，到2021年，地区生产总值超过3000亿元，人均地区生产总值超过全省平均水平，一般公共预算总收入达300亿元以上。产业体系更加绿色低碳。以创新驱动为导向，供给侧结构性改革取得成效，产业布局和产业结构加速绿色低碳转型，经济发展的质量和效益明显提高，单位地区生产总值二氧化碳排放比2015年下降18%以上。城市发展更加系统协调。按照中心城区人口超百万的思路，加快建设“大城市”，城市空间布局进一步优化，城市发展的系统性、协调性、生长性，承载力和辐射力显著增强。人居环境更加宜居舒适。城乡基础设施更加完善，“一村一韵”“一村一景”独特风貌逐步彰显，生态环境质量持续保持全省前列，生态文明示范区加快建设，建成全国森林城市。人民生活更加幸福和谐。全市居民人均可支配收入比2010年翻一番。贫困人口全部实现脱贫，基本公共服务均等化程度居全省前列。文化教育水平、医疗健康水平、民生保障水平、市民素质和社会文明程度显著提高，社会治理体系更加完善，人民群众安居乐业，成为全国文明城市，全面建成小康社会。

（摘编：孟力坚）

仙游县社会发展概况

五年来，仙游县加快推进工贸文化旅游城市建设，全县经济社会发展迈上了新台阶。主要经济指标连续五年保持较快增长，全县地区生产总值、一般公共预算总收入、规模以上工业产值、固定资产投资总量均比2011年翻一番以上，年均分别增长11.1%、14.9%、13.9%和23.2%。一般公共预算总收入由2011年的13.5亿元增至27亿元，年均增量2.7亿元。初步统计2016年末全县金融机构存贷款余额分别为325亿元、240亿元，年均分别增长15.5%、20.3%。固定资产投资累计完成1211亿元，是2007—2011年总和的3.4倍；累计实施重点项目760个，完成投资755亿元。抽水蓄能电站一期、金钟水利枢纽工程、福厦铁路仙游客运站、木兰溪防洪生态景观工程城区段等一批重大项目建成投用，莆永、沈海复线、莆炎高速公路仙游段竣工通车。荣获“世界中式古典家具之都”“中国古典工艺家具之都”“首批国家全域旅游示范区创建单位”“国家现代农业示范区”“全国科技进步先进县”“中国民间文化艺术之乡”“省级园林县城”“省级生态县”等称号。

城乡面貌在建管并重中明显变化。城乡规划实现全覆盖，城市规划控制区由39平方公里扩大至120平方公里。“一溪两岸主城区”框架全面拉开，新增城市道路60公里，建成区面积由14.06平方公里增至20平方公里、人口由13.66万人增至20万人，常住人口城镇化率提高6个百分点，实现由“小县城”向“大城关”转变。累计实施城建项目428个，完成投资522亿元。县行政中心、法院、检察院、公安局、司法局业务用房竣工验收，“两校两中心”搬迁投用，永鸿文化城、鲤南城市广场等一批城市综合体以及中小学校、公园、酒店竣工投用。“五城同创”“六项整治”加快推进，“两违”综合治理、城市综合管理水平明显提升。新增城区停车位2.3万个。新投放公交车39部、出租车216部，新开辟公交线路8条。枫亭小城镇建设步伐加快，榜头集镇面貌大为改观，入选“全国综合实力千强镇”和福建省首批镇级“小城市”、仙作工艺特色小镇；石苍乡济川村列入中国传统村落名录、国家级历史文化名村，社硎白洋、大济乌石等新农村建设卓有成效。区位交通由相对边缘县向综合交通发达县转变，高速公路由2011年的1条增至4条，互通口由1个增至8个，通车里程由5公里增至108公里，联二线、纵三线仙游段加快建设，形成“一铁四高六干线八互通”的现代立体交通网络。

发展活力在改革创新中明显增强。整合成立市场监督管理局，计生服务所与卫生院实现职能整合，不动产登记局成立。37个审批单位进驻县行政服务中心，审批事项、授权到位率达100%。城乡一体化综合配套改革取得实效，在全省率先实施工艺走廊“三旧改造”、幸福家园“两证合一”政策，资产资源得到盘活。农村综合产权交易中心挂牌成立，农村土地承包经营权确权登记办证工作稳步推进。

民生福祉在共建共享中明显改善。累计投资64亿元完成为民办实事项目71件。财政民生支出年均增长19.9%。城镇新增就业3.1万人次，城镇登记失业率控制在2.88%以内。新农合、城乡居民保参保率分别达100%、98.56%。城乡低保应保尽保。县精准扶贫促进会成立，4.8万名贫困人口实现脱贫，消除“空壳村”73个。县慈善总会成立，救助2388户弱势群体。有效应对地震、台风等自然灾害，累计完成“造福工程”搬迁

3.56万人、灾后重建1732户。累计开工建设安置房165万平方米，建成保障房3646套，改造棚户区86万平方米，解决安置房历史遗留办证2753件。实施农村道路硬化300公里、安保工程580公里，改造危桥71座。城区第二自来水厂、城区污水处理厂扩建、县第二污水处理厂和6个乡镇污水处理站投入运营，铺设污水管网180公里。完成小型水库除险加固98座、山塘治理111座和中小流域河道整治43公里。新扩建变电站11座，新建、改造电力线路3085公里。

社会事业在统筹协调中明显进步。科技事业稳步发展，获评国家知识产权强县工程试点县，专利授权2526件。“义务教育发展基本均衡县”通过国家级督导评估认定，教育“两项督导”以“双优”等次通过省政府评估，新创省一级达标高中1所、二级达标3所，新建学校19所、改扩建校舍30多万平方米，荣获“福建省教育工作先进县”称号。仙游大剧院、鲤中电影院建成投用。成功举办县文化艺术周、县第十四届运动会，鲤声剧团五年三次晋京献演、一次赴法演出。仙游籍运动员荣获国际级金牌14枚、国家级金牌67枚。《仙游今报》年发行量2.3万份，开展“仙游精神”、《仙游之歌》征集、“十大感动仙游人物”评选等活动。新增国家重点文物保护单位2处、非物质文化遗产1项。县妇幼保健院实现整体搬迁，15个乡镇卫生院得到改造提升。人口计生工作实现脱帽创先，连续三年获得全省人口计生工作综合考评三等奖。开展旧村复垦、土地整理和县级土地开发，新增耕地1.37万亩，连续14年实现占补平衡。完成植树造林37.4万亩，森林覆盖率达70.72%。节能减排目标全面完成。累计拆除关闭畜禽养殖场151万平方米。淘汰“黄标车”1176辆。“六五”普法通过验收。镇村两级换届选举工作顺利完成。“平安仙游”建设深入推进，安全生产监管不断加强，荣获“省级食品安全示范县”称号，信访工作考评连续三年居全市前列。第三次全国经济普查顺利完成。

认真贯彻落实中央八项规定精神，坚决纠正“四风”、改进作风。完成县级政府行政权力清单、公共服务事项清理、责任清单和乡镇政府权责清单编制，取消审批事项77项，承接上级下放96项，对应调整33项。清理规范性文件281件。全县“三公”经费支出逐年下降。

今后五年政府工作的指导思想是：高举中国特色社会主义伟大旗帜，以马克思列宁主义、毛泽东思想、邓小平理论、“三个代表”重要思想、科学发展观为指导，认真贯彻落实党的十八大以来中央各项决策部署，深入贯彻习近平总书记系列重要讲话精神和对福建工作的重要指示，坚持“五位一体”总体布局和“四个全面”战略布局，牢固树立和落实五大发展理念，按照再上新台阶、建设新福建和打造宜居港城、建设美丽莆田的要求，大力实施“项目兴县、产业强县、生态立县”发展战略，统筹推进经济、政治、文化、社会、生态文明建设，实现全面建成小康社会目标，全力打造工贸文化旅游城市，奋力建设经济强、百姓富、生态美、文化兴的新仙游。

今后五年全县经济社会发展的总体目标是：冲刺经济十强、实现全面小康，全力打造工贸强县、文教强县、旅游强县。到2021年，地区生产总值超过600亿元，年均增长11%以上；规模以上工业产值1000亿元，年均增长13%以上；全社会固定资产投资五年累计完成2800亿元，年均增长18%；一般公共预算总收入50亿元，年均增长12%以上，其中地方一般公共预算收入30亿元，年均增长10%以上；实际利用外资五年累计完成2.5亿美元；外贸出口总额25亿元，年均增长4%；社会消费品零售总额162亿元，年均增长12%；农业总产值75亿元，年均增长4%；居民人均可支配收入32100元，年均增长11.5%。

（摘编：王诗诚）

荔城区社会发展概况

2016年，荔城区全面落实稳增长、调结构、促改革、惠民生、防风险等各项工作，全区经济社会保持持续健康发展。初步统计，实现地区生产总值365亿元、增长10.0%，全社会固定资产投资300亿元、增长5.3%，社会消费品零售总额167亿元、增长12.5%，居民人均可支配收入30000元、增长10.0%。

统筹城乡促协调，宜居荔城扎实推进。万科、富力、正荣等国内一线房企大力建设玉湖新城，两馆一宫、玉湖路、明珠路、区第四实验小学等配套设施逐渐完善。全区31个安置区加快建设，南郊濠浦三期、物流路东郊、七境园中村等6个安置区完成主体建设，黄石旧街一期、磐龙山庄一期、护城河三期等安置区群众陆续回迁。省道201线、紫霄路、总部配套路网、滨溪北路、东梅路等动工建设，白塘路（荔城段）全线交付施工，莆兴路二期、物流2#路、九华路三期、梅山西路建成通车。新建、改造农村道路11公里，改造危桥3座。开挖玉湖人工湖，新增湖域面积300亩。完成21个中心城区污水收集改造及截污工程，新建污水管网16.5公里。改造城涵河道3.1公里，建设万里安全生态水系15公里。生态修复废弃矿山2座。完成造林绿化和森林经营1445亩。淘汰黄标车717辆。

突出重点补短板，发展成果惠及民生。八大类50项为民办实事项目全面完成。复办莆田八中初中部，6所新建、改扩建学校（幼儿园）投入使用，新增学位720个，荣获省级“安全教育示范区”称号。依法实施“全面两孩”，通过省级慢性非传染性疾病综合防控示范区考核验收。深入开展精准扶贫，1054个贫困人口实现脱贫。完善城乡居民基本养老保险多缴多得制度，基础养老金标准由每人每月85元提高到100元。城乡居民医疗保险人均筹资水平由470元提高到540元，城乡居民基本医疗保障水平不断提高。全域推广网格化服务管理，深入开展“六个专项治理”，“治安安全区”创建工作成效明显。严厉打击非法经营疫苗违法犯罪行为，完善药品监管制度。信访、安全生产形势总体平稳。“两违”综合治理成效明显，拆除违建面积26.9万平方米。荣获“全国科普示范区”“福建省食品安全社会共治示范区”称号。

“两学一做”重行动，自身建设持续加强。完善行政权力和责任清单，梳理修订并公布区本级行政许可和公共服务事项清单，保留行政许可161项、公共服务202项，取消行政许可28项、公共服务17项。编制公布镇街权责事项清单1293项、市（区）直部门派驻镇街机构权责事项清单563项。全面公开财政预算信息，实施公务卡结算管理，“三公”经费同比下降48.4%。

过去的五年是荔城发展进程中不平凡的五年。

推动协调发展，城乡面貌焕然一新。坚持以小城镇建设、组团式片区改造、基础设施建设、“幸福家园”试点建设为抓手，全力推进城乡一体发展。万科城、正荣府等一批房地产项目开工建设、竣工投用，城区发展框架向木兰溪南岸延伸，商品房总量、销售均价维持在合理区间。黄石国家级、西天尾省级、北高市级小城镇试点建设成效明显，辐射带动作用不断增强。交通路网不断完善，新增铁路里程9公里、公路通车里程122公里，“三铁”“三高”“三条疏港大道”建成投入使用，现代综合交通运输体系框架基本形成。累计完成水利固投24.4亿元，续建、新建重大水利项目32个，综合治理河道100公里，完成清淤疏浚178公里。主城区防洪标准达到50年一遇。创建全国文明城市和省级文明城区活动深入开展，城乡环境卫生综合整治、“无违建”示范区扎实推进，城市综合治理能力不断提升。

推动共享发展，民生福祉明显改善。坚持把新增财力优先用于改善和保障民生，累计投入37.8亿元实施为民办实事项目。教育事业协调发展，办学条件不断改善，教学质量逐步提高，荣获“全国义务教育发展基本均衡区”称号。农村卫生基础设施建设“亿千百”工程全面竣工并投入使用，4个镇卫生院全面完成达标建设，荣获“国家卫生应急综合示范区”称号。社会保障体系逐步完善，全国“救急难”综合试点建设成效明显。累计新增城镇就业2.2万人、转移农村劳动力1.9万人，城镇登记失业率控制在2.1%以内，低于全市平均水平0.9个百分点。居民人均可支配收入是2011年的1.5倍，城市、农村低保补助水平分别增长46.3%、105.9%，6700人实现脱贫。累计开工建设安置房371.4万平方米、保障性住房1725套。“双拥”共建工作持续推进。“艺博会”、第25届世界技巧锦标赛等活动在我区成功举办。

着力服务发展，自身建设全面加强。坚持党的领导，着力提高行政效能和服务水平，敢于担当，干净干事。扎实开展党的群众路线教育实践活动、“三严三实”专题教育和“两学一做”学习教育，深入推进“马上就办、办就办好”活动，实现市对县区绩效评估“六连冠”。严格落实中央八项规定精神、党风廉政建设主体责任和“一岗双责”，坚决纠正“四风”，风清气正的氛围进一步形成。自觉接受人大法律监督、政协民主监督和社会舆论监督，五年共办理区人大代表建议139件、区政协提案319件，办结率均为100%。深入推进依法治区，全面提高依法行政能力，创造良好法治环境。加快政府职能转变，精简政府机构2个。全面落实办事公开、政府信息公开。行政监察和审计监督成效明显，党风廉政建设和反腐败工作扎实推进。

今后五年是荔城加快发展的关键时期，是全面建成小康社会的决战决胜阶段。发展如逆水行舟，不进则退，慢进亦退。要牢固树立强烈的忧患意识、机遇意识，主动适应新常态，积极应对新挑战，凝心聚力，攻坚克难，不断推动经济社会发展跃上新台阶。

今后五年工作的总体要求是：高举中国特色社会主义伟大旗帜，以马克思列宁主义、毛泽东思想、邓小平理论、“三个代表”重要思想、科学发展观为指导，深入贯彻习近平总书记系列重要讲话精神和对福建工作的重要指示，按照“五位一体”总体布局和“四个全面”战略布局，牢固树立和落实五大发展理念，围绕建设“宜居港城、美丽莆田”“全面小康、魅力荔城”奋斗目标，以转型升级为主线，以提高发展质量和效益为中心，着力推进供给侧结构性改革，加快形成引领经济发展新常态的体制机制和发展方式，全面落实经济建设、政治建设、文化建设、社会建设、生态文明建设和党的建设各项工作，确保2020年前全面建成小康社会先进区。

（摘编：李　哲）

城厢区社会发展概况

2016年，城厢区全区生产总值（初步统计，下同）完成316亿元，增长9.5%，财政总收入完成27亿元，地方级收入完成18.3亿元；固定资产投资完成220亿元；全体居民人均可支配收入完成29960元，增长8.3%。

城乡人居环境明显改善。木兰大道、联十一线等城市干道稳步推进，开工建设南站路、延寿路南伸等市政基础设施项目。积极参与创建全国文明城市，全面升级改造城区主次干道环卫设施，实施26个园林绿化项目，基本建成北渠绿道二期、延寿绿道、东圳绿道3个河道景观工程，建设广化寺、东圳路等6处公共停车场，完成15公里污水管网建设，城市面貌进一步改善。强化“两违”治理高压态势，依法拆除“两违”建筑1440宗36.5万平方米。城乡一体深入推进，19个市级“幸福家园”试点村拆除旧房5万平方米，新建住宅3.5万平方米，土地复垦200多亩。共建美丽乡村全面启动，着力推进第一批59个村的历史遗留垃圾清理等工作，农村卫生环境明显改观。生态环境持续改善，东圳水库一级水源保护区居民搬迁有序推进，完成洋西溪、下磨溪等城区内河综合整治工程，木兰溪城厢段、东圳水库及6个饮用水源地水质达标率均为100%。

社会事业全面协调发展。全年社会事业方面支出达12.8亿元，占地方公共财政预算支出的58.2%。持之以恒做好科普工作，成功入选首批2016—2020年度福建省科普示范区。教育事业持续发展，加快推进校安工程续建项目及配套工程建设，太平小学、逸夫实小、华二中心园教学综合楼完成主体建设，全面“改薄”项目基本完成，中小学办学条件有效改善，顺利通过义务教育发展基本均衡区国家督导评估复检。出台系列教师激励政策，教学质量不断提升，中考、高考再获丰收。医疗保障体系不断健全，城乡居民医疗保险筹资标准提高到每人每年不低于540元，其中政府补助标准增加至不低于420元。转变医疗卫生服务模式，在7所村卫生所开展乡村卫生服务一体化管理试点，推动医疗资源向基层倾斜。积极稳妥实施全面“两孩”政策，计划生育优质服务巩固提升，被推荐为新一轮全国计划生育优质服务先进单位。文体惠民扎实开展，新建激情文化广场、农家书屋、全民健身点、仿古戏台等文体设施61个。实施文体活动“2131”工程，基层文化有声有色。成功举办市第29届学校运动会，荣获第25届世界技巧锦标赛承办工作先进集体称号。

民生保障力度不断加大。投入7.8亿元，切实办好17件年度惠民实事。扎实推进精准扶贫，筹集资金3000多万元，通过挂钩帮扶、小额信贷、产业扶贫、教育培训和基础设施建设等措施，做到村有发展目标，户有致富项目，实现建档立卡贫困人口达到脱贫标准1266人，“造福工程”易地搬迁295户1070人。进一步促进就业再就业，新增城镇就业人员3479人，全区城镇登记失业率为1.99%。社会救助体系进一步健全，发放低保金、医疗补助金等774万元。加快养老服务体系建设，建成社区居家养老服务平台，新增床位140张，农村幸福院4所。持续推进保障性安居工程，筹集19.5亿元用于安置房建设，滨溪一期、肖厝一期、洋西二期、雷山二期、木兰溪防洪工程霞林段（屿上）等5个安置房项目1030户群众实现回迁，建成肖厝二期、滨溪二期等5个安置房项目，坂头10#楼经济适用房和郭氏宿舍楼公租房407套建成交付。民生水利工程有序推进，完成太青联合堤、东海海堤除险加固和6条农村河道清淤

27.4公里、护岸14.8公里。防汛减灾工作扎实开展，完善防汛抗旱指挥体系规范化建设，高效应对“尼伯特”台风等自然灾害，消除地灾点21个。积极创建治安安全区，建成80个“电子警察平安村庄”，进一步织密监控“天网”。创新网格化社会治理模式，初步实现村（居）全覆盖。扎实开展打击毒品、电信诈骗等六个专项治理活动，全力维护社会稳定。成立劳动关系“1+N”调处中心，多元化矛盾纠纷化解机制进一步完善。大力化解信访积案，一批信访积案“案结事了”。食品药品安全监管力度不断加大，建立食品药品安全工作站，建设农产品质量安全可追溯体系，保障人民群众饮食用药安全。建立安全生产“党政同责、一岗双责”十大工作机制，安全生产形势保持稳定。

政府自身建设切实加强。严格执行中央八项规定，稳步推进公务用车改革，“三公”经费支出同比下降7.6%。主动接受人大、政协监督，办理市区两级人大代表建议93件、政协提案97件，办复率均为100%。进一步简政放权、放管结合、优化服务，调整、取消前置审批和中介服务事项44项，编制镇（街道）权责清单，全面实现“三集中三到位”。深入推进市场主体注册资本认缴制、“先照后证”“五证合一、一照一码”等改革，推行电子营业执照，营造服务发展良好环境，全区企业数增幅达48.1%。认真落实行政执法责任制，行政复议和行政诉讼应诉等工作持续规范。深化政府信息公开，加强电子政务建设，启动“七五”普法，建立健全区、镇（街道）、村（社区）三级法律顾问制度，法治建设取得新成效。强化作风建设效能督查，全年效能问责28人次，干部作风明显改进。严格落实省委巡视组反馈问题的整改和党风廉政建设责任制，深入开展群众身边的不正之风和腐败问题专项整治，查处侵害群众利益案件51起84人次。全区纪检监察机关累计立案142件，党政纪处分127人，移送司法机关处理5人。

2016年各项任务的顺利实施是过去五年的工作延续和成果积累。五年来，全区先后获得“全国计划生育优质服务先进区”“全国科技进步先进区”（五连冠）、“省级文明城区”“省级生态区”“省教育工作先进区”“全省法治宣传教育先进区”“省科普示范区”“省双拥模范城”（三连冠）、“省电子商务示范区”“省知识产权强县”等一系列荣誉称号。

民生事业更加繁荣、和谐社会加快构建。坚持以民生需求为导向，每年把80%以上的新增财力用于改善民生。教育事业蓬勃发展，建设新校区16个，新建校舍120幢、34万平方米，“教育强区”“义务教育发展基本均衡区”创建工作分别通过省级、国家级评估验收。公共卫生工作扎实推进，启动区医院新址建设，扩建华亭镇和常太镇卫生院，完成64所村卫生所提升工程建设。计生“国优”工作持续巩固，连续四年获得全省计划生育工作先进荣誉。社会保障体系不断健全，新建各类保障性住房2965套，新增城镇就业2.1万人，转移农村劳动力1.4万人，低保补助、五保供养、城乡医疗保障标准逐年提高。

改革创新更加深入、政府自身建设逐步加强。顺利完成政府机构改革，有序推进行政审批制度改革。创新社会治理模式，成立了立体化治安视频监控警务中心、网上大调解中心、异地商会调解联盟、医患纠纷联动联调中心、交通事故快处中心、网格化社会治理中心等机构，做法受到省市肯定。率先开展食品药品生产经营许可“九证合一”全国试点工作。

今后五年，城厢区经济社会发展的主要奋斗目标是：至2021年，全区生产总值超过550亿元，人均地区生产总值达12万元以上。财政总收入和地方级收入分别超过47亿元、35亿元。全体居民人均可支配收入年均增长10%以上。单位GDP能源消耗、主要污染物排放总量均控制在市政府下达的指标内。改革开放取得较大进展，生态环境持续优化，人民生活水平全面提高。

（摘编：林学军）

涵江区社会发展概况

2016年，是实施“十三五”规划的开局之年，涵江区按照“打造宜居港城、建设美丽莆田”的总体要求，开拓创新，锐意进取，经济社会发展态势良好。

城乡面貌实现改观。大力推进“三城同创”，全面铺开美丽家园行动，加快新型城镇化和城乡一体化步伐。完成城建类固定资产投资206亿元，开工新港、石庭圆圈等棚改项目10个，改造面积超90万平方米，居全市首位。新建、改建、提升道路24条，新增市政道路8公里，新建公共停车场、停靠站45个，新增公交线路8条。开工建设滨海新城污水处理厂，新建污水处理站2座，配套污水管网35公里。完成城区电力缆线下地42公里，铺设供水管网和燃气管道8公里。开工建设城涵河道防洪景观工程，新建城市绿道5条。新增省级旅游特色村3个，省级美丽乡村示范村2个，18个“幸福家园”试点村累计完成投资1.3亿元。城市管理趋于常态化，拆除“两违”30.5万平方米。城乡环境综合整治、农村生活垃圾治理成效明显。

社会事业协调发展。10个为民办实事项目顺利实施。造福搬迁900人，精准脱贫1856人，占全部脱贫任务的61%。城镇新增就业2635人，农村劳动力转移就业3765人。保障性安居工程棚改项目新开工6138套，回迁安置房1761套。推进社保提标扩面，城乡居民医保、城乡低保、农村五保等补助标准分别提高至420元、540元、730元。涵江医院新院实现开工。新建、改造、提升幼儿园25所，实施全面改薄教育工程24个，新增学位2235个，新增校舍6万平方米。广泛开展群众性体育活动，2位跳远健将分别获得世界级田径赛事冠军和国家级田径赛事季军。顺利通过全国文明城市测评和全省第三轮“平安县（区）”考评。安全生产形势总体平稳向好。共青团、妇女儿童、老龄老区、民族宗教、外事侨务、方志档案、防灾减灾、人防地震、国防动员、海防打私、民兵预备役等工作取得新进步。

自身建设得到加强。深入开展“两学一做”学习教育，强化效能督查，推行“马上就办、办就办好”的工作理念。延伸审批便民服务，推进标准化建设，率先在全市完成行政权力清单和公共服务事项清单发布工作。积极化解行政争议，公开各类政务信息2446条，电子化率达100%。严格落实“八项规定”，启动党政机关公务用车改革，清理规范办公用房，削减三公经费支出217万元。认真执行人大及其常委会的决议、决定，积极支持政协履行职能，办理人大建议62件、政协提案102件。党风廉政建设和反腐败工作扎实推进。

过去的五年，是全区经济社会稳中求进、进中向好的五年。

实现城乡面貌大变化。向莆铁路、莆炎高速建成通车，新增铁路里程57公里、高速公路里程64公里。打通省道201线、202线，改造县乡道路300公里，新建村道221公里，“安保”农村公路300公里，城乡交通更加便利。实施乌溪水库等一批重大水利设施工程，完成水库除险加固29座。有效破解征迁难题，累计征地1.2万亩，收海6.7万亩，拆迁房屋300万平方米。实施城建项目428个，投入资金400亿元。完成8个旧城片区改造，形成城区“八横八纵”路网，新建保利城一期、华永天澜城等精品楼盘24座，建成“两馆一中心”。塘北、兴涵水都等新区规模显现，建成区面积比五年前增加30平方公里。城乡一体化取得成效，江口镇列入国家级建制镇改革试点，2个镇、43个村入选省级“美丽乡村”试点，瑞云山风景区成功创建国家4A级景区。

实现生态文明大发展。严格履行环境保护责任，大力推进节能减排，把好项目环保准入关，各项污染物排放指标均在省定控制线以内。实施“清水绿化”和“控源截污”工程，五年累计综合治理河道42公里，清淤65公里、清障143公里、保洁水域3平方公里。开展外度水库饮用水源地综合整治，建成小型水源工程47处，解决18万人饮水安全问题。新建污水处理厂2座，新增污水管网110公里，污水管道建设向镇村延伸，城乡污水处理率达80%。完成造林10万亩，全区森林覆盖率达67.9%，人均公共绿地面积达11.7平方米，顺利通过省级生态区创建考评。

实现生活水平大提高。始终牢记为民宗旨，推进公共资源向基层延伸、向农村覆盖、向弱势群体倾斜。累计实施为民办实事项目37个，完成投资7.32亿元。五年新增城镇就业1.79万人，转移农村劳动力1.8万人。城镇居民收入和农民纯收入年均增长6.9%和12.7%。造福工程扶贫搬迁5578人，实现脱贫7288人。完成机关事业单位养老保险改革，全民医保制度基本建立，新农合和城镇居民医保实现并轨统一。湄职院、莆田学院新校区启动建设，获评全国义务教育发展基本均衡区和全省教育工作先进区。全面实行药品耗材零差率销售，引进央企和民间资本参与公立医院改革，基层卫生院所全面实施标准化建设。成立慈善总会，健全社会救助体系，成功防御台风灾害，累计救助群众2116人次。成立侨界青年委员会，涉侨维权机制得到全国侨联推广。获评全国、全省关心下一代工作先进单位，全国青少年普法教育示范区，妇女儿童工作走在全市前列。

实现发展环境大优化。扎实推进审批制度改革，完成“四张清单、一个平台”建设，涉及民生的30个审批服务事项下放至镇、村两级，行政服务更加便民利民。网格化建设成为全省社会治理创新示范品牌，食品药品“九证合一”与网格化监管工作得到国务院食安办和国家食药监总局的肯定和推广。广泛开展党的群众路线教育实践活动、“三严三实”专题教育和“两学一做”学习教育。严格执行效能督查，持续加大行政监察，驰而不息整治“四风”，决策部署得到有效落实。深入推进依法治区，全面提高依法行政能力，创造良好法治环境。主动接受人大法律监督、政协民主监督和社会舆论监督，抓好政务公开和政府信息公开，政府执行力、公信力全面提升。

未来五年，涵江区经济社会发展的总体要求是：高举中国特色社会主义伟大旗帜，以邓小平理论、“三个代表”重要思想、科学发展观为指导，深入贯彻落实党的十八大以来中央各项决策部署、习近平总书记系列重要讲话和对福建工作的重要指示精神，坚持“五位一体”的总体布局和“四个全面”的战略布局，牢固树立五大发展理念，按照“机制活、产业优、百姓富、生态美”的要求，紧紧围绕市第七次党代会和区第九次党代会确定的目标任务，大力实施“以港兴区、产业强区”战略，统筹推进经济、政治、文化、社会、生态文明建设和党的建设，全面建成宜居、宜业、宜商的现代化滨海产业新城。

今后五年的奋斗目标是：全区经济增长保持高于全省、全市平均水平，2021年地区生产总值达到750亿元，财政总收入突破55亿元；产业实现集群化发展，经济结构优化升级；城乡实现一体化发展，生态环境得到有效保护；民生事业取得长足进步，基本公共服务均等化水平明显提升；综合实力进入全省县区前列，美丽莆田示范区加快建设，成为产业强区、宜居涵江。

（摘编：张海生）

秀屿区社会发展概况

2016年，秀屿区统筹城乡发展，保障社会民生，实现了“十三五”开好局、起好步。初步统计地区生产总值290亿元，增长10.3%；全社会固定资产投资370亿元，增长16.8%；农村居民人均可支配收入15600元，增长9%。全国文明城市创建扎实推进，教育提升、海堤除险加固等14个为民办实事项目全面完成，火车站综合交通枢纽中心、公安技侦大楼、司法楼、行政服务中心大厅等投入使用，莆田一中成员校毓英中学开班办学。精准扶贫扎实开展，建档立卡576户1904人，已脱贫965人，完成年度任务；有效抵御台风，帮助160户受灾户开展灾后住房重建。征兵工作获得省级表彰，上塘银饰小镇入选全省首批28个特色小镇创建试点，南日岛被授予“全国海钓竞训基地”。

五年来，秀屿区凝心聚力、砥砺奋进，全区经济和社会各项事业取得长足进步。

基础设施日臻完善。实施交通、水利、市政、能源、环保、信息“六大提升工程”。向莆铁路、湄洲湾港口铁路支线实现通车，莆田火车站每日经停、发列车178趟，年客流量达900万人次。莆永高速、莆炎高速秀屿段实现通车，内陆各镇实现10分钟上高速，建成涵港大道秀屿段、石城疏港路一期等5条疏港公路，新建各类公路260公里，自然村通村道路基本实现水泥路面硬化。莆头作业区1—2#泊位投入使用，秀屿港口年吞吐量达1500万吨，完成石城、南日1000吨级滚装码头扩建，增购陆岛交通渡船6艘。新增日供水能力8.8万吨，受益人口43万，完成6个海岛村跨海供水工程，实现边远海岛供水全覆盖。全面提升防洪防潮排涝能力，完成31公里海堤、20座水库除险加固及东沁片区防洪排涝工程。完成秀屿城区概念规划、火车站片区、笏石旧城区、科教片区等控规和85个村庄规划编制。区委党校、妇女儿童中心、残疾人活动中心等一批公共配套工程投入使用。新开通公交线路20多条，建成全市首批电动汽车快充站。完成港城污水处理厂技改，日处理污水达1万吨，新增污水管网191.8公里，污水收集截污覆盖中心城区和各工业园区。

生态环境显著改善。完成国家环保模范城市和省级生态区创建，新增国家级生态镇6个，省级生态镇1个，市级以上生态村129个。实施大气、水、土壤污染防治行动计划，建成人工鱼礁3平方公里，增殖放流鱼、虾、贝等6.5亿只（尾），年均造林绿化约1万亩，有效保护土地、矿产、森林及海洋等自然资源。严格落实环保目标责任制和建设项目环保“三同时”制度，创新实施环保监督员制度，落实河长制，健全农村家园清洁行动长效机制。加大重点行业领域污染防治，推动主要污染物减排和清洁能源改造，开展全市首例排污权有偿使用交易，年节约标准煤近1万吨，淘汰黄标车943辆，清理整治河道77公里，拆除关闭畜禽养殖场6899场133.8万平方米，空气质量年均优良天数比率达95%，持续保持全市前列。

改革开放顺利推进。实行国有土地使用权出让网上公开交易，建立农村产权交易中心，推进农村土地承包经营权确权登记颁证，流转农村集体土地4.5万亩。开展“营改增”各项工作，落实工商登记制度“五证合一”改革，新登记企业数和注册资本金分别增长189.8%、153.9%。实施城乡一体化综合配套改革试验，推进埭头省级小城镇、25个“幸福家园”试点村建设。深化医药卫生体制改革，南日卫生院纳入市第一医院集团管理，公立医院低值耗材采购集中网上竞标，降低成本18.5%。深化与港澳台侨外交流，成功举办20多次对台妈祖文化交流活动。

社会民生有效保障。财政资金投入社会事业五年累计达75.9亿元。通过国家级义务教育基本均衡认定，新改扩建幼儿园28所，新增校舍39.3万平方米，新开办上塘珠宝玉石学院、特殊教育学校前沁校区、少体校等一批学校；实施海岛教师津补贴政策，提高边远地区教师待遇。新建改建一批综合文化站、激情广场等文化设施，出版《秀屿区志》。连续三年举办全国性海（矶）钓比赛，全民健身运动蓬勃发展，荣获“全国全民健身先进县”等称号。区医院外科卫技大楼等8个医疗项目建成投入使用，建设标准化村卫生所19个。提升人口计生服务水平，获得“省级计划生育优质服务先进区”荣誉称号。落实拥军优属政策，获得“省级双拥模范城”荣誉称号。城镇居民、农村居民人均可支配收入年均增长11.4%、11.3%，城镇新增就业人口1.4万，城镇失业率控制在2.3%以内。多层次社会保障水平逐步提高，城乡居民基础养老金提高到每人每月85元，农村低保对象人均月补助水平提高到200元以上。基本医疗保险制度实现全覆盖，新农合与城镇居民医保并轨运行，城乡居民合作医疗人均标准提高到每年540元。落实被征地农民社会保障政策，共有2509户1.4万人纳入社会保障对象。扶贫工作取得阶段性成效，落实造福工程扶贫搬迁1147户5167人，发动22家民营企业与20个建档立卡贫困村结对帮扶，累计实现脱贫7790人，完成198处水毁工程修复等灾后重建工作。新开竣工安置房141.1万平方米，回迁1467户，配租配售保障性住房1597套。创建“平安秀屿”，成立集“巡逻、服务、宣传、突击”为一体的治安巡逻队伍，实现电子警察村居全覆盖，群众安全感满意率逐步提升。落实企业、村居安标化建设，全区各类安全事故起数、死亡人数逐年下降，获得省级“平安渔业”“平安农机”示范区称号，上塘珠宝城成为全市第一家省级“安全园区”。

自身建设不断加强。扎实开展党的群众路线教育实践活动、“三严三实”专题教育和“两学一做”学习教育。严格落实中央八项规定精神，坚决反对“四风”，规范办公用房，落实公务用车改革，严控“三公”经费支出。贯彻执行《中国共产党廉洁自律准则》《中国共产党纪律处分条例》和《中国共产党问责条例》等党内法规，落实全面从严治党主体责任，认真抓好省委巡视和市委、区委党风廉洁责任制检查反馈问题的整改。推进政府机构改革，完成月塘撤乡改镇工作，整合卫生和计划生育等13个部门，政府工作部门精简至20个。完成不动产登记等职能机构整合，有序推进事业单位分类改革。落实预算管理制度改革，全面实行预决算信息公开和国库集中支付。强化公共资金、国有资产、国有资源及领导干部经济责任审计监督和行政监察，坚决纠正部门和行业不正之风。深化机关效能建设，全面推行“三张清单”制度，承接上级下放的行政权力事项282项，清理后保留区级行政许可事项155项、公共服务事项194项。通过行政服务中心标准化体系省级验收、网上办事大厅标准化建设，实现7个镇便民服务中心和148个村级便民代办点全覆盖。自觉接受区人大、政协和社会监督，办理人大代表建议305件、政协委员提案344件，办结率达100%。

今后五年，是深入实施“十三五”规划的关键期，是实现全面建成小康社会的决胜期，是秀屿各项事业发展的机遇期。今后五年秀屿区发展的奋斗目标是：到2021年，力争地区生产总值年均增长10%以上；全社会固定资产投资年均增长12%以上；财政总收入年均增长12%以上；单位生产总值能耗下降，生态环境质量保持全市前列。

（摘编：郭　虹）

南平市社会发展综述

2016 年南平市采取有力措施，全力以赴应对经济下行压力。初步统计，全市生产总值 1430 亿元、增长 7% 左右；一般公共预算总收入 119.26 亿元、下降 4.03%，地方一般公共预算收入 82.97 亿元、下降 4%；社会消费品零售总额 557 亿元、增长 10.5%；城镇居民、农村居民人均可支配收入 28000 元、13270 元，分别增长 7.2%、8.2%。

城乡建设步伐加快。南平“一市两区”总体规划编制完成。武夷新区行政中心搬迁所必需的 39 个总投资 293 亿元的重大项目加快推进，高铁武夷山东站、客运枢纽、大武夷旅游集散中心、航天体验馆、崇阳溪景观带示范段、赤岸南林安置房、中小学幼儿园四所学校、武夷高新技术园区互联网经济产业园等一批项目基本建成，303 快速通道、绕城高速、轨道交通、万达城市综合体、云谷小区、文化艺术中心、水资源配置和供电工程等项目正在加快建设。

延平城区规划设计全面优化提升，着手规划设计实施老城区“两横四纵”主街道立面改造和一批隧道、桥梁、公共停车场、农超市场、城市道路等补短板项目；着手规划设计实施新城区“一湖三江六岸”景观整治和九峰山、马头山森林公园项目以及高铁北站片区、延平新城港区、南平工业园区建设项目；启动实施连接新老城区的 316 国道城市快速通道改造项目。

各县（市、区）中心城市积极开展旧城改造和新城建设，结合中小流域治理和城乡污水、垃圾处理等环保设施建设，以及高铁、高速公路、江河沿线的环境整治，策划实施城乡建设补短板项目 425 个、总投资 131 亿元。新一轮“千村整治、百村示范”美丽乡村建设工程加快推进，“万人保洁”机制进一步完善提升。拆违治违力度加大，全市拆除“两违”面积 333.5 万平方米。

脱贫攻坚成效明显。坚持精准识别、精准施策、精准管理，建立和完善“领导牵头、部门参与、上下一体、互动联动”的工作机制，用好用足中央、省扶贫开发政策，加快造血式、减负式、兜底式和搬迁式扶贫，统筹整合使用各部门资金，让有限的扶贫资源发挥出最大的效益。5 个省级扶贫开发重点县争取帮扶资金 12.86 亿元，完成 3.1 万人脱贫任务和 1.73 万人“造福工程”扶贫搬迁任务。

生态环境持续优化。武夷山国家公园体制、生态系统价值核算，武夷山、顺昌、建阳重点生态区位商品林赎买，光泽县党政领导干部自然资源资产离任审计等国家生态文明试验区试点工作扎实开展。

民生福祉不断增进。医疗保障管理体制改革扎实推进，全民参保登记试点工作基本完成。提前一年全面通过“全国义务教育发展基本均衡县”认定，中小学校扩容改造新增学位 6115 个，新增公办幼儿园 15 所。公共文化服务体系不断完善，朱子文化“一区五工程”保护与建设取得实质性进展。保障性安居工程新开工 8118 套、基本建成 8995 套，均超额完成省下达任务。第三届市运会、武夷山国际马拉松等赛事成功举办，群众体育和竞技体育协调发展。21 项为民办实事项目全面完成。新增城镇就业 2 万人，农村劳动力转移就业 4.7 万人。安全生产形势稳定向好，食品药品安全有效保障，开展“平安南平”系列专项行动，刑事发案大幅下降，人民群众安全感明显提升。

政府建设得到加强。认真落实中央八项规定精神，“三公”经费有效控制。党政机关公务用车制度改革全面推行。深化机关效能建设和行政审批制度改革，持续推进“放管服”改革，推行“双随机一公开”机制，强化事中事后监管，政府公信力和执行力显著提升。自觉接受人大监督、政协监督和社会监督，办理人大代表议案2件、建议124件，政协委员提案264件，办复率均为100%。

五年来，南平市主动适应经济发展新常态，抢抓机遇、拼搏进取，经济社会发展态势良好。

绿色发展富有成效。坚定不移地实施绿色发展战略，努力走出一条经济发展与生态环境保护相协调的道路。创建国家级生态县4个、省级生态县5个，森林覆盖率从71.1%提升至77.3%，森林蓄积量从1.34亿立方米增加至1.65亿立方米，先后被确定为节能减排等六个国家级示范试点城市，生态环境质量保持全国全省前列。

基础设施日臻完善。合福高铁顺利通车，南三龙、衢宁铁路正在抓紧建设，建成、在建和列入国家中长期路网规划的铁路总里程突破一千公里；龙浦、宁武、松建、京台、邵光、延顺等6条高速相继建成通车，南平联络线、顺邵高速正在加快建设，建成、在建高速公路总里程达一千多公里，铁路、高速公路通车里程居全省首位，国道、省道和农村公路提升工程加快推进，实现了县县通高速、镇镇通干线、村村通客车；武夷山机场改扩建工程竣工，武夷山新机场选址正式获批。闽江航道（南平段）整治工程列入国家“十三五”发展规划。一批防洪排涝、水库除险加固和中小流域治理工程相继建成，供水、供气设施不断改善，城乡电力保障能力全面提升。

城乡发展更加协调。把握国务院批准南平市行政区划调整的重大机遇，统筹加快武夷新区、延平城区和县域中心城市、美丽乡村建设。全面推进武夷新区的开发建设，先后筹集各类资金295亿元，基本完成童游、将口、兴田三大组团基础设施和市政设施建设，南林核心区和武夷高新技术园区一批城建项目和产业项目相继建成或落地建设，武夷新区中心城市的框架初步形成。加快市政基础设施和产业园区建设，延平城区产城融合发展的条件已初步形成。各县（市、区）按照“六个一”要求，实施“百千万”工程，建设美丽乡村，城乡面貌明显改善。

改革开放深入推进。新一轮市县政府机构改革顺利完成，事业单位分类改革有序推进。行政审批制度改革持续深化，率先在全省设区市公布“三张清单”，项目审批提速提效。医药卫生体制改革持续深化，率先在全省启动公立医院药品耗材零差率改革。财税体制改革稳步推进，“营改增”试点全面推开。全面开展不动产登记，实现房、地、林发证全覆盖。发挥“万里茶道”双起点和武夷山陆地港优势，主动融入福建自贸区和“海丝”核心区建设，全方位、多层次的对外交流格局初步形成。

社会保持安定稳定。依法治市进程加快，“六五”普法全面完成，荣膺“全国法制宣传教育先进城市”称号。社会治理创新取得成效，医患纠纷“南平解法”在全国推广，“民生110”网格化服务机制、农村社会治理“1+3”工作机制不断提升，“四无”平安村创建工作在全省推广。“平安南平”建设持续深化，社会治安综合治理考评连续三年位居全省第一。双拥工作走在全省前列，连续四届蝉联全国双拥模范城光荣称号。

民生保障不断增强。教育“双高普九”提前实现，累计新建中小学校19所。率先在全省建立医疗救助“一站式”服务平台，累计改扩建县级医院24家。养老、医疗、生育等城乡一体化社会保障体系基本建立，保障性安居工程全面完成省下达任务，兜底保障政策不断完善。累计新增城镇就业12.37万人、转移农村劳动力27.62万人。坚持把脱贫攻坚作为第一民生工程，按照“六个精准”“五个一批”的要求，扎实推进脱贫攻坚，累计脱贫18.46万人、造福工程搬迁12.05万人。民生支出在一般公共预算支出中的占比超过75%，累计完成为民办实事项目133项。城镇居民、农村居民人均可支配收入年均分别增长9.3%和10.9%。

（摘编：林学军）

延平区社会发展概况

2016年，是全面实施“十三五”规划的开局之年，延平区齐心协力、奋力拼搏，扎实做好稳增长、调结构、强动力、惠民生、防风险各项工作，经济社会发展平稳。初步统计全年完成地区生产总值298亿元，增长7.8%；公共财政总收入9.58亿元，下降4.24%，其中地方公共财政收入6.6亿元，下降4.11%；城镇居民人均可支配收入29600元，增长7.2%；农村居民人均可支配收入14780元，增长8%；城镇登记失业率3.15%；人口自然增长率5.14‰。

城乡环境改善改观。老城区部分道路、夜景工程、天桥改造等项目基本完成，滨江北路、胜利街、城市供水管网等项目加快改造建设，拆除“三江两岸”违建8187.18平方米。延平新城产业综合服务区、热能中心、污水处理厂、江南水厂等项目加快推进，东坑岭隧道改造和海瑞路、朱熹路、成功路正式通车，从彦路一期、新港路一期等项目开工建设。14个美丽乡村建设加快推进，新增省级以上传统村落13个，集镇垃圾实现集中转运。

民生保障更实更好。全面完成精准识别工作，确定贫困人口建档立卡对象2396户6886人，其中国定对象1914户5341人，省定对象482户1545人，贫困村40个。扎实推进易地扶贫搬迁工作，投入1.6亿元资金落实造福工程583户3471人，开工建设7个集中安置区、已有2个建成。同时，九峰山公园景观改造、金山和大家厂体育公园、延平书院和炉下瓦口洋湿地公园等一批事关民生保障和社会公共服务项目建成或开工建设。

过去的五年，社会发展的主要工作和成效是：

绿色发展初见成效。初步统计地区生产总值年均增长7.93%，公共财政总收入年均增长6.31%，其中地方公共财政收入年均增长7.63%。延平区被中央党史研究室确认为“原中央苏区县”，茫荡山晋升为国家级自然保护区，成功创建“中国百合之乡”和“中国绿竹产业示范基地”。

城乡面貌明显改善。城镇化率提高2.09个百分点、达66.5%。城市建设日新月异。江南新区、新城中心、官沙田等城市新区日趋繁荣，大家厂、湖尾、东坑岭等重点片区开发全面推进，建成一批重大城市基础设施和城市节点绿化亮化工程；延平新城建设步伐加快，朱熹路等一批主干道路建成通车，太阳电缆、元力活性炭等一批大项目落户新城，新城路网框架和张坑、陈坑工业平台基本形成，产城融合发展态势逐步显现。美丽乡村魅力彰显。完成7个集镇总体规划修编和111个村庄规划。累计拆除“两违”面积190.93万平方米，建立健全农村环境卫生保洁长效机制，打造美丽乡村80个，一批镇（村）被评为省级以上传统村落和历史文化名镇名村；累计投入2.97亿元资金实施607个库区后扶项目，库区美丽家园建设扎实推进。完成镇镇通干线58.4公里、农村公路硬化325公里、公路安保工程627.7公里、危桥改造10座，实施撤渡建桥3座、客运场站4个、候车亭168个。实施小型水库除险加固24座、中小河流治理7条，解决23.3万人安全饮水问题。生态环境明显改善。累计投入1.7亿元资金拆除不符合规定养殖场3259家、面积152.44万平方米，实施15条小流域水环境综合整治，建成11个乡镇污水处理设施，闽江（延平段）、建溪、沙溪水域功能区环境达标率均达100%。创建国家级生态乡镇2个、省级生态乡镇15个和省级生态村51个；累计完成水土流失综合治理87.72平方公里，建成农村户用沼气池2780口，淘汰黄标车2016辆；完成造林绿化26.37万亩，森林覆盖率达73.2%。

民生水平显著提高。全区民生支出占公共财政预算支出比重连续五年超过85%。脱贫攻坚成效显著。坚持把精准扶贫、精准脱贫作为第一民生工程来抓，全力打好精准识别、结对帮扶、易地搬迁、产业扶贫组合拳，脱贫攻坚取得重大成效。五年累计完成农村造福工程搬迁6758户2.69万人，减少贫困人口1.45万人。城镇居民人均可支配收入年均增长10.85%，农村居民人均可支配收入年均增长12.72%。民生保障持续提升。每年均完成一批为民办实事项目。累计新增城镇就业1.44万人、转移农村劳动力1.15万人；城乡低保、城镇职工基本养老保险、城乡居民社会养老保险提标扩面，城乡居民医疗保险人均筹资水平从2011年的230元提高到530元。新建各类保障性住房25378套，乡镇敬老院和城镇社区居家养老实现全覆盖。“民生110”社会网格化服务不断深化。2013年荣获“福建省首批食品安全示范县”称号。社会事业全面进步。累计投入资金4.28亿元新（改）建中小学校舍面积15.26万平方米，消除危房2.22万平方米；新（迁）建学校2所和公办幼儿园6所，77所学校完成标准化创建任务，荣获“福建省教育工作先进区”称号，并被认定为全国义务教育发展基本均衡区。延平医院实行委托管理，全区22家医疗单位实施药品零差率销售；累计新建或改造医疗业务用房4.37万平方米，完成165个行政村卫生所提升改造。完成区档案馆建设、明翠影院改造、乡镇综合文化站改造、村级体育健身工程、农家书屋等一大批覆盖城乡公共文化服务项目。

改革发展全面推进。政府机构改革顺利完成，事业单位分类改革有序推进。深化行政审批制度改革，“三张清单”公布运行。商事制度改革持续深化，“一照一码”登记制度全面推行。“营改增”改革试点工作全面推开，不动产统一登记、公车改革等有序推进。启动农村土地确权登记颁证工作，流转农村土地经营权5.5万亩。农村土地整治和城乡建设用地增减挂钩工作走在全省前列。社会治理不断创新。信访工作成效显著，一批群众合理诉求和信访积案得到妥善解决。严格落实安全生产责任制，大力开展安全隐患排查治理，全区安全生产形势保持平稳。社会治安综合治理扎实推进，严厉打击各类违法犯罪活动，网格化街面巡防力度加大，群众安全感、平安建设知晓率和执法满意率稳步提升。2013年蝉联“省级双拥模范城”荣誉称号。人民防空、外事侨务、统计审计、民族宗教、档案方志、气象水文、妇女儿童、老龄和残疾人事业等均取得新成绩。

政府建设不断加强。依法行政持续加强。“六五”普法工作成效明显，依法治区进程有序推进。全面落实中央、省、市和区委各项决策部署，自觉接受区人大依法监督、区政协民主监督和社会各界监督，全面执行人大决议，充分吸纳政协意见，累计办结人大代表意见建议481件、政协提案404件，办结率均达100%。作风建设持续加强。严格执行中央八项规定，坚决贯彻落实国务院“约法三章”，开展突出问题专项整治，坚决纠正“庸懒散拖”问题，促进作风建设常态化、长效化。认真清理办公用房和公务用车，“三公”经费得到有效控制，群众反映强烈的突出问题得到有效整改。

今后五年政府工作的指导思想是：高举中国特色社会主义伟大旗帜，以邓小平理论、“三个代表”重要思想、科学发展观为指导，深入贯彻习近平总书记系列重要讲话精神和对福建工作的重要指示，紧紧围绕“五位一体”总体布局和“四个全面”战略布局，牢固树立和落实五大发展理念，坚持稳中求进的工作总基调，着力创新驱动和供给侧改革，着力改善民生和创新社会治理，着力加强生态建设和环境保护，加快打造全市绿色发展中心强区，实现全面建成小康社会目标，努力建设机制活、产业优、百姓富、生态美的新延平。

（摘编：周忠志）

建阳区社会发展概况

2016年是“十三五”规划开局之年，建阳区认真践行五大发展理念，积极应对经济下行压力，扎实做好稳增长、调结构、强动力、惠民生、防风险各项工作，全力服务武夷新区，加快自身跨越发展，统筹推进六大平台建设，实现“十三五”良好开局。初步统计全年可实现生产总值165亿元，增长7.8%；公共财政总收入14.6亿元、增长6%，地方级公共财政收入10.9亿元、增长3.8%；规模工业增加值75.1亿元，增长4.5%；全社会固定资产投资290亿元，增长1%；外贸出口1.26亿美元，增长20.7%；社会消费品零售总额62亿元，增长14%；城镇居民人均可支配收入29051元，增长9%；农村居民人均可支配收入13530元，增长9.5%；年度节能减排任务全面完成。

服务新区持续加力。围绕新区开发建设需求，不断完善征迁工作机制，开展征迁攻坚年活动，全年完成土地征收6775亩，房屋拆迁5.6万平方米，制止违法建设1398起，拆除违法建筑面积43.5万平方米，查处阻工案件38起，有效保障了武夷新区云谷小区等16个重点项目建设。

城乡建设不断加快。市政建设投入不断加大，全年共实施城建重点项目63项，完成投资23.8亿元。东入城口道路二期、城区天然气管网、崇阳溪、麻阳溪万里安全生态水系示范项目等13项工程相继完成，人民公园、水西桥拓宽改造建设有序推进。乡村建设水平不断提升，水吉镇省级、麻沙镇市级机构改革试点镇建设有序推进，水吉镇获“中国最美乡镇”传承奖，黄坑镇入选省首批产业融合发展试点示范乡镇，创建童游水尾、莒口焦岚等14个美丽乡村，改造农村路网25.4公里。

民生事业办实办好。各项支农惠民政策全面落实，24项为民办实事项目完成年度目标。造福工程完成扶贫搬迁343户1296人，完成建档立卡贫困户2907户7340人，实现脱贫3718人，超额完成年度目标任务。新增城镇就业2268人，转移农村劳动力4731人。完成“惠民花苑”四期建设，新建保障性住房910套。城镇居民养老保险超额完成南平下达任务，医疗保险参保率达100%。社会事业全面发展，开展纪念宋慈诞辰830周年系列活动，成功发行宋慈邮票。计生工作成功创建“新国优”。西区生态城实验小学等学校建设顺利推进。“平安建阳”建设持续深化，安全生产形势持续向好，社会保持安定稳定。

政府改革取得实效。全力落实行政审批“三集中、三到位”改革，实行并联审批，全面推行“三张清单”，共取消行政许可12项，承接上级下放9项，调整46项；取消公共服务15项，承接上级下放12项，调整118项。持续推进商事制度改革，全面实行“一照一码”和电子执照制度，新注册登记企业1672户。不断深化集体林权制度改革，扎实推进医疗卫生体制改革，整合成立不动产登记中心，全面落实“营改增”。稳妥推进机关事业单位养老保险制度改革，落实机关事业单位人员工资调整方案。积极主动做好市改区后理顺体制、转换职能的各项工作。

政府自身建设得到加强，深入开展“两学一做”学习教育，全面落实党风廉政建设责任制，扎实做好审计、监察、效能建设等工作。自觉在区委的领导下履行职责，主动接受人大和政协的监督，办理人大议案和建议130件，政协提案60件，办结回复率100%，满意和基本满意率100%。广泛听取民主党派、工商联、人民团体、无党派人士和社会各界的意见建议。

五年来，建阳区综合实力提升快、城乡面貌变化大、人民群众受惠多，是本届政府工作的成果。

攻坚克难、凝心聚力，服务新区卓有成效。始终把服务武夷新区建设作为头等大事，主动融入，有效作为，切实加快征地拆迁，严厉打击“两违”，顺利完成撤市设区，扎实推动市区一体化发展，为新区建设和南平市行政中心迁驻建阳做出了重大贡献。2012 年以来，共完成房屋征收 67.9 万平方米，土地征收 5.8 万亩，拆除违法建筑面积 135.9 万平方米。

和衷共济、砥砺前行，综合实力稳步提升。地区生产总值是 2011 年的 1.88 倍，年均增长 13.2%；财政总收入是 2011 年的 1.72 倍，年均增长 11.4%；地方级财政收入是 2011 年的 1.93 倍，年均增长 14%；三次荣获全省县域经济发展“十佳”县（市）称号，创业竞赛、绩效管理考评连续五年保持在南平市前列。

注重质效、加强创新，绿色发展取得突破。生态环境质量继续保持全省领先，森林覆盖率达 75.5%，城市空气优良天数率达 99.3%，主要流域水质功能达标率 100%，生态示范区建设进一步巩固。被评为“全国绿化模范单位”“全国林下经济示范县”“省级生态县”“省级森林城市”“省级现代茶叶基地示范县”“福建省十大醉美县城”。

产城互动、融合发展，城乡面貌焕然一新。“北接西拓”发展战略不断深化，西区生态城建设成效明显，形成新的城市商圈，包含武夷新区在内城市建成区面积从 12.8 平方公里扩大到 34 平方公里。完成黄花山路、朱熹大道、宋慈路等城市道路改造，城区主干道基本实现“白改黑”、强弱电下地，考亭大桥、七贤桥顺利建成。新增城市公园 15 处，建成区绿化覆盖率 46.8%，绿地率 44.7%。建立“户集、村收、乡运、区处理”垃圾清运及卫生保洁机制，建成 49 个美丽乡村。

着力先行、互通联动，基础设施不断完善。武邵、宁武和合福高速高铁建成通车，高速公路通车里程 129 公里。绕城高速、徐大线道路改造、横二线改线提升工程开工建设，武夷山国际新机场选址建阳。境内国道、省道、乡道改造全面完成，改造农村路网 140.1 公里，市政道路与高速公路、国省干线顺畅连接。童游和由源溪排涝站、污水处理厂、垃圾焚烧发电厂等一批基础设施项目相继建成。

统筹协调、和谐共建，民生保障持续加强。累计办好为民实事 142 项，新增城镇就业 15481 人，转移农村劳动力 30340 人，建成保障性住房 3797 套，城镇居民人均可支配收入、农村居民人均可支配收入年均增长 8.6% 和 10.9%。被评为“全国义务教育基本均衡县”“中国印刷文化保护基地”“全国科普示范县”“省计划生育先进县市”“省级平安先行县市”。

今后五年，是打赢扶贫攻坚战、全面建成小康社会的决胜期，也是南平市行政中心迁驻建阳、市区一体化加快发展的重大机遇期。中央支持福建加快发展，南平市委、市政府高度重视建阳发展，多重政策利好叠加，为建阳加快发展注入新动力；生态文明建设和绿色发展上升为国家战略，建阳区丰富、优质的生态资源，将成为争先进位的巨大推动力；新老城区同步发展，西区生态城、考亭水美城、经济开发区建设全面推进，同城化水平不断提升，城市承载能力进一步增强，一座功能齐全、产业发达、经济繁荣的闽浙赣交界区新兴中心城市正在崛起。

今后五年工作指导思想是：

高举中国特色社会主义伟大旗帜，全面贯彻党的十八大和十八届三中、四中、五中、六中全会精神，深入贯彻习近平总书记系列重要讲话精神，紧紧围绕“五位一体”总体布局和“四个全面”战略布局，牢固树立和落实五大发展理念，按照“再上新台阶，建设新福建”和南平建设全国绿色发展示范区的部署要求，融入新区谋发展，立足全省找位置，突出服务武夷新区、加快自身发展，大力实施绿色工业强区行动计划，持续保障和改善民生，扎实推进各项事业加快发展，在更高起点上，再上新台阶，建设新建阳。

（摘编：吴　强）

邵武市社会发展概况

2016年是“十三五”开局之年，邵武市经济社会发展在爬坡过坎中奋力前进，总体保持平稳运行。初步统计，全年实现地区生产总值204亿元，公共财政总收入13.3亿元，地方公共财政收入10.1亿元，城镇居民人均可支配收入29516元，农村居民人均可支配收入15442元，金融机构存款余额157亿元、贷款余额105亿元，完成上级下达的年度节能减排任务。

城乡建设成效明显。国家新型城镇化综合试点工作有序开展，城乡“多规合一”扎实推进，基本完成新一轮城市总体规划修编和历史文化名城保护规划编制，调整完善土地利用总体规划；启动北门、东关历史文化风貌街区改造项目规划编制和乡镇总体规划修编工作。全年实施城建项目18项，总投资2.4亿元，完成环紫云湖绿道景观二期、李纲东路新丰路一期、龙都圆盘改造工程，八一大桥改造工程进入扫尾阶段，大乾水库城市供水工程有望春节前实现供水。新建宜居小区12个。新增和优化公交线路5条，新建公交停靠站36个，投入运营新型纯电动公交车30辆。加强城乡环境治理，拆除“两违”面积26.8万平方米。和平、吴家塘小城镇综合改革试点建设加快推进，实施14个村“千村整治、百村示范”工程，“万人保洁”工作常抓长效。

发展环境不断优化。认真落实党政领导生态环境保护目标责任制和“河长制”，强化环境保护和综合整治，全年绿化造林2.93万亩，治理水土流失2.12万亩，关停拆除生猪养殖场102家，淘汰“黄标车”544辆，严厉打击非法河道采砂、弃土弃渣行为，绿益新环保危险废物处理项目加快建设。着力改善交通环境，316国道和205省道改线、肖家坊至天成奇峡景区公路等项目加快推进，卫闽至316国道连接线、大埠岗至205省道连接线竣工通车，硬化通自然村（组）公路23.3公里，实施农村公路安保工程221.6公里。持续优化服务环境，精减行政审批和公共服务事项30项，全年受理审批服务事项4.9万件，当日办结率81.7%。深化商事制度改革，实行“五证合一、一照一码”，新增各类市场主体3291户，注册资本37亿元。成立不动产登记中心，不动产发证工作顺利开展。

民生事业持续改善。年初确定的11项为民办实事项目顺利推进。积极扶持就业创业，发放小额担保贴息贷款221.9万元，大力开展青年、妇女、农民工、复员军人就业创业培训工作，建成“铁城家政”培训中心，新增城镇就业2631人，城镇登记失业率2.94%。各类社会保险覆盖率稳步增长，社会保障体系更加完善。新建成保障性安居工程983套。坚持教育优先、均衡发展，职业中专实训楼、和平小学教学楼、洪墩和卫闽中学学生宿舍楼、城郊幼儿园等7个项目竣工；应届高考本科上线率82.42%，同比提高3.56个百分点。公立医院综合改革扎实推进，实施分级诊疗制度，启动人民医院迁建项目，新建妇幼保健院竣工；人口计生工作健康发展，二孩政策有效落实，出生人口政策符合率93.69%，自然增长率6.55‰。完成全市文化产业发展规划编制；市新体育中心项目开工建设，城市“十分钟体育健身圈”基本形成；成功举办全国武术太极拳公开赛、国际自行车挑战赛、国际古道越野赛等大型赛事。加强社会治理工作，“民生110”受理群众服务需求1.38万件，办结率98.2%，群众满意率96.5%。深化“平安邵武”建设，完善治安防控体系，新增高清探头100个，刑事案件下降39%。积极预防和妥善化解各类矛盾纠纷，信访总量下降23%，群众安全感保持在全省前列。切实加强安全生产工作，全面落实安全生产“党政同责、一岗双责”，重点领域安全隐患排查、整治工作深入推进。

自身建设不断加强。自觉接受人大依法监督和政协民主监督，认真办理人大代表建议95件、政协委员提案126件，办复率均为100%。扎实推进依法治市，被评为全国“六五”普法先进市。认真落实中央八项规定精神，进一步健全市政府会议、公务接待等机关运行制度，“三公”经费支出持续下降。机关公务用车制度改革顺利推进。完善政府性工程招投标、财政资金审批使用等规章制度，实行阳光操作。强化行政监察和审计监督，加大政务公开力度，政府系统党风廉政建设和反腐败工作扎实推进。

过去的五年，邵武市铁心拼搏、奋勇争先，为再上新台阶、建设新邵武打下了坚实的基础。

致力于加快绿色发展，综合实力不断提升。始终坚持绿色发展方向不动摇，统筹推进发展速度、质量和效益同步提升。全市地区生产总值突破200亿元，是2011年的1.5倍，年均增长10.7%；公共财政总收入年均增长5.35%，地方公共财政收入年均增长9.36%。2013年至2015年创业竞赛和绩效考评位列南平十县（市、区）第一，连续三年获评全省县域经济发展“十佳”。

致力于建设美丽邵武，城乡面貌焕然一新。城市规划控制面积95平方公里，建成区面积18.89平方公里，城镇化率达67.5%。城市品位逐步提升，先后投入12亿元实施严羽公园、环紫云湖绿道、平安主题公园、城区主干道“白改黑”等近百个市政项目，创建规范化小区56个、宜居小区19个。特色小镇、美丽乡村建设加快推进，和平镇入选国家首批“特色小镇”，吴家塘小城镇建设渐成规模，“百村示范、千村整治、万人保洁”工程深入实施。生态文明建设持续提升，森林覆盖率达75%，顺利通过国家生态市创建验收。

致力于推进改革创新，发展活力不断增强。重点领域改革取得成效，商事登记制度、教育、医疗改革全面展开。财税体制改革稳步推进，全面落实“营改增”。深化集体林权制度和农村土地承包经营权改革，在全省率先建立林业担保收储服务中心、农村土地流转服务中心，开展农业金融信托服务。社会治理领域改革取得新突破，打造“民生110”社会网格化服务、严重精神障碍患者救治管控、“吉祥三宝”等全省平安品牌。

致力于保障改善民生，百姓有更多获得感。坚持民生优先，补齐民生短板，民生支出占一般公共预算支出比重达76.6%，五年累计投入17.17亿元，实施78项为民办实事项目；城镇居民和农村居民人均可支配收入年均分别增长9.4%、11.6%，群众的幸福感、获得感不断增强。扎实推进精准扶贫，全市累计脱贫9200人。深入实施就业创业工程，五年累计新增城镇就业1.4万人。社会保障体系更加健全，城乡居民社保、医保实行一体化运作，城乡低保应保尽保，被列为全国全民参保登记计划试点。社会事业稳步推进，连续两届获评省级文明城市，成功创建全国义务教育发展基本均衡市，被评为全国群众体育先进市、全国武术之乡，连续十一年获得“全国计生优质服务先进县”称号。

致力于加快转变职能，行政效能持续提升。基本完成新一轮政府机构改革，认真落实行政权力清单、责任清单、公共服务事项清单，进一步规范权力运行。行政审批制度改革持续推进，建成标准化行政服务中心，精减行政审批事项50%以上，审批服务事项100%进驻，办结时限压缩到法定时限的50%以内，行政服务效能不断提升。

未来五年邵武市经济社会发展的主要目标是：到2020年，力争地区生产总值年均增长9.5%；公共财政总收入和地方公共财政收入年均增长5.8%；城镇居民人均可支配收入和农村居民人均可支配收入年均增长8.5%，提前两年实现城乡居民人均收入比2010年翻一番。

（摘编：杨立群）

武夷山市社会发展概况

2016年是“十三五”规划开局之年，武夷山市积极应对复杂的经济形势，克难奋进，保持经济社会平稳健康发展。初步统计，全市生产总值145亿元，增长7.5%；公共财政总收入10.56亿元，地方公共财政收入8.19亿元；旅游接待总人数1077.27万人次，增长10.04%，旅游总收入171.41亿元，增长11.7%；城镇居民人均可支配收入2.9万元，增长7.2%；农村居民人均可支配收入1.46万元，增长8.9%；城镇登记失业率4%；人口自然增长率7‰；完成年度节能减排目标。

旅游秩序持续提升。设立旅游巡回法庭，查处“黑的”、出租车、三轮车非法营运等各类交通违法行为1250起，查处“野导”86人次，查处筏工违纪违规行为60人次，提升改造旅游厕所35座，完善标识标牌、分类垃圾桶等旅游配套设施，国庆黄金周游客综合满意率为97.23%。

生态保护常抓不懈。完善生态管护体系，拨付生态公益林补偿资金1600万元，完成造林绿化1.64万亩，收储商品林5297亩，打击森林违法犯罪行为148起。实施国家水土保持生态文明综合治理工程，治理小流域水土流失20平方公里；建设崇阳溪、籍溪万里安全生态水系项目，综合治理西溪、澄浒溪、黄柏溪河道13.4公里，新建堤防及护岸11.9公里，综合整治崇阳溪兴田段、东溪吴屯段沿河10个行政村环境。专项整治重点流域畜禽养殖污染，关闭拆除16家生猪养殖场。全面落实“禁煤承诺”，开展“清水蓝天”专项检查，办结环境污染投诉294起；淘汰“黄标车”647辆，完成任务114.11%。

城市功能逐步完善。编制火车站片区控制性详规、南源岭村特色旅游区等规划。改造城区、度假区道路，绿化文公苑、老物委片区以及街边空地，开工建设崇安大桥、“四中心一广场”、崇安大道。新建污水处理设施10套，新增污水处理量1250吨/日，完善度假区污水管网建设，污水处理率达96.5%。

幸福指数不断提高。26项为民办实事项目有效落实。新增城镇就业1809人、转移农村劳动力就业3510人。完成棚户区改造1130套、货币化安置492套，基本建成公共租赁住房77套，杜坝风情小镇完成交付回迁。加大投入扶残助残、帮扶计生特殊家庭，解决乡村医生养老保障，提高农村低保、五保供养标准。出台乡村教师支持计划，建成百花幼儿园，实现中小学“班班通”和教学点数字教育资源全覆盖。深化医药卫生体制改革，组建公立总医院，建成区域医疗卫生信息化平台；完成社会福利中心二期主体建设，新建3所农村幸福院、16个社区居家养老服务中心。开展120多场文化惠民活动，成功举办22个省级以上赛事，荣获“中国围棋之乡”称号。

社会保持和谐稳定。落实领导干部联合大接访制度，领导干部带案下访48件，化解信访积案10件。安全生产总体平稳，企事业单位安全生产标准化建设全部达标。推进政府职能转变，清理规范行政审批、中介服务事项，推行“双随机一公开”和市场准入负面清单制度，编制乡镇（街道）权责清单。

过去的五年，武夷山市综合经济实力迈上新台阶。全市经济保持较高增速，地区生产总值年均增长11.2%，2013年跨越百亿元大关；全社会固定资产投资年均增长20%，2014年突破200亿元；公共财政总收入年均增长6.08%，2013年首次突破十亿元；地方财政收入年均增长6.43%；

正式步入高铁时代，旅游接待人数突破千万人次、年均增长 12.3%，旅游总收入年均增长 13.5%。品牌价值进一步提升，成功举办五届海峡两岸茶博会、第三届中蒙俄“万里茶道”与城市发展市长峰会和第六届朱子文化节，培育了马拉松、骑游、轮滑等国际赛事品牌；创建全国旅游标准化试点城市和首批全国智慧旅游试点城市，被列为首批国家全域旅游示范区。

落实生态立市之本，不断提高环境的承载力和支撑力，生态文明建设推向新阶段。重拳打击违规开垦茶山、“两违”等破坏生态行为，五年累计整治违规茶山 5.2 万亩，拆除违建 118 万平方米。开展重点生态区位商品林收储，建立省级黄龙岩自然保护区，生态公益林比例位列全国县级第一，空气质量、主要流域水质保持全优。创建 8 个国家级生态乡镇，省级以上生态乡镇比例达到 90%、市级以上生态村比例达到 93.9%，荣膺国家生态市。

落实以人为本理念，不断提高城乡的舒适度和宜居度，美丽武夷建设呈现新面貌。建立国际旅游度假城市标准体系，完成“五大片区”和乡镇、行政村规划，编制旅游、教育、公共交通等专项规划。主动对接武夷新区，开发建设北城新区、文化创意产业园区、杜坝旅游服务园区，完善生态创业园区平台；完成度假区立面改造，推进工业路棚户区改造，建成武夷山高铁北站、百花路、滨溪景观路，实施武夷大道改造提升、机场改扩建等项目，新增建成区绿化面积 67 公顷，更新 158 辆新能源公交车。保护提升历史文化名镇、名村和传统村落，建设五夫朱子文化园、吴屯南平市级试点小城镇、39 个美丽乡村。

落实民生优先导向，不断提高群众的获得感和幸福感，社会事业发展实现新突破。坚持新增财力倾斜民生领域，科教文卫等民生事业累计支出 65.7 亿元，占公共财政预算支出的 70.8%，荣获全国科普示范市、全国义务教育发展基本均衡县、全国计划生育优质服务先进市、中国民间文化（茶文化）艺术之乡、省级文明城市、省教育先进市。社会保障体系更加完善，最低保障标准持续提高，实现城乡居民社会养老保险一体化。完成余庆桥、文庙（崇圣祠、明伦堂）等文物修缮。持续创建“平安武夷”“诚信武夷”，建立“民生 110”机制，城乡网格化服务管理、乡村法律服务体系等做法在南平乃至全省推广，综治“三率”连续三年居于全省前十，被授予全国法治市创建先进单位、全省“平安先行市”。居民生活水平稳步提高，城镇居民人均可支配收入年均增长 7.86%；农村居民人均可支配收入年均增长 10.3%。

落实执政为民宗旨，不断提高政府的透明度和公信力，服务型政府建设取得新进展。严格落实中央八项规定精神和国务院“约法三章”，开展“作风建设年”活动，规范公务接待、办公用房使用管理，完成公务用车制度改革，加强政务公开，加大对财政资金和项目审计监督力度。自觉接受人大、政协的监督，五年累计办理人大议案建议 371 件，政协提案 506 件，办结率均为 100%。实施政府机构改革、事业单位分类改革，成立邮政业发展中心，持续深化行政审批、商事制度改革，按时公布“三张清单”，完善市级行政服务中心、乡镇（街道）便民服务中心、村（居）便民服务代办点三级网络。

今后五年的奋斗目标：全市生产总值年均增长 9.5% 以上，三次产业比例调整为 15∶25∶60；公共财政总收入和地方财政收入年均增长 6% 以上；全社会固定资产投资年均增长 15% 以上；社会消费品零售总额年均增长 15% 以上；外贸出口和验资口径实际利用外资年均增长 6% 以上；城镇居民人均可支配收入年均增长 9% 以上；农村居民人均可支配收入年均增长 10% 以上；城镇登记失业率控制在 4% 以下。到建党一百年，全市经济社会发展走在南平乃至全省前列，为实现建国一百年基本建成国际旅游度假城市目标打下坚实基础。

（摘编：黄万良）

建瓯市社会发展概况

2016年，建瓯市紧紧围绕“四个全面”战略布局，坚持稳中求进工作总基调，牢固树立和落实新发展理念，着力稳增长、促改革、调结构、惠民生、防风险，深入推进“三去一降一补”，经济社会保持平稳健康发展。初步统计全市完成地区生产总值219亿元，增长9%；固定资产投资264亿元，增长3.5%；社会消费品零售总额76.1亿元，增长9.3%；城镇居民人均可支配收入28221元，增长7.5%；农村居民人均可支配收入14573元，增长8.6%；人口自然增长率6.59‰；一般公共预算总收入10.1亿元，其中，地方级一般公共预算收入7.6亿元。

强基础、提品位，城市功能不断完善。上峰景城至高铁西站连接线通车，完成兴泰街、青云路等道路改造。汽车东站一期竣工。云际山公园栈道一期投入使用，新增鼓楼、水南塔等8处夜景工程。建成8座城区垃圾中转站。强化“两违”整治，拆除“两违”建筑40.32万平方米。基本完成生态红线和永久基本农田划定工作，获评“全国国土资源节约集约模范县”。扩大黄标车限行范围，淘汰黄标车1040辆。美丽乡村建设扎实推进，15个“千村整治”村完成投资7800万元，新建乡村污水处理设施17个，完成农村路网硬化111.44公里。衢宁铁路建瓯东站通站道路加快推进，省道303线改造小桥至玉山段通车，省道204线改造完成北坪大桥主体工程。闽江防洪工程南平段三期、小松溪安全生态水系等水利工程扎实推进。深入实施小松溪、吉溪等5条中小河流治理工程，综合治理水土流失2.76万亩。

年初确定的10项为民办实事项目基本完成。社会保障不断加强。组织各类技能培训3263人，新增城镇就业2214人，农村富余劳动力转移就业7355人，城镇登记失业率控制在3%以内。启动全民参保计划，全市参加基本养老保险26.71万人，发放养老金7.51亿元。社会福利中心综合服务楼完工，残疾人康复服务中心着手装修。精准扶贫扎实推进。设立扶贫小额贷款平台和易地扶贫搬迁投融资平台，发放小额贷款588万元，帮扶贫困户130户；完成造福工程搬迁606户2382人，全年脱贫5534人。教育事业协调发展。通过“全国义务教育发展基本均衡县”验收。乡贤中国华信集团董事局主席叶简明先生，捐资5000万元用于建瓯一中扩建；叶柳春教师培训中心和3所乡镇中心幼儿园全面竣工，竹海学校初中部教学楼封顶，实验幼儿园重建项目开工。医疗卫生水平持续提升。被确定为“国家城乡居民基本医疗保险支付方式改革工作联系点”。公共卫生服务中心一期竣工，中西医结合医院即将竣工。完成2个乡镇卫生院和20个村级卫生所改建。文化体育事业蓬勃发展。徐墩镇获评全国“双服务文化建设”先进集体。挑幡再次走出国门，应邀赴马来西亚表演。闽北首家知青文化博物馆开馆。首部《建瓯年鉴2015卷》正式出版。档案数字化建设扎实推进。市图书馆获“省古籍保护先进单位”称号。全力抓好防汛救灾工作，防汛应急能力不断提高。深化“平安建瓯”建设，完善信访维稳工作机制，促进领导约访下访、基层接访、包案落实和压力传导常态化，矛盾纠纷得到及时调处；实施“雪亮工程”，强化“严打”专项行动，扎实推进禁毒工作，社会治安管控不断加强。建立健全安全生产“党政同责、一岗双责”制度，持续抓好道路交通、企业生产、消防、食品等领域安全隐患排查整治工作，通过全省首批“食品安全社会共治示范县”验收，社会保持安定稳定。

优服务、提效能，政府建设不断加强。自觉接受人大法律监督和政协民主监督，全年办理人大议案2件、代表建议64件，政协委员提案86件。深化行政体制改革，完成乡镇街道权责清单编制工作。持续推进行政服务中心标准化建设，落实便民服务“马上就办”，积极推动网上办事，建设在线审批监管平台，行政审批服务效能进一步提高。成立不动产登记局，组建实业集团，开展“一区三园”整合工作。加强金融风险防控和不良贷款处置，全年累计处置不良贷款7.6亿元。积极化解问题楼盘，新叶外滩1、2号楼交房。出台《实行购房补贴化解房地产库存的实施意见》《统购商品住房作为安置住房的实施意见》等，促进房地产市场健康发展。完善信息公开和政务公开制度，加大行政监察与审计监督力度，推动中央“八项规定”精神落实情况监督常态化，“三公”经费同比下降9.4%。

五年来，建瓯市积极应对经济下行压力，锐意进取，攻坚克难，努力推进“机制活、产业优、百姓富、生态美”的新建瓯建设，全市经济社会发展迈上新台阶。

综合实力显著增强。地区生产总值年均增长10.3%，与2011年相比，规模工业总产值、固定资产投资均实现翻番，一般公共预算总收入和地方级一般公共预算收入较快增长。培育了一批省级旅游休闲集镇、旅游特色村和观光工厂，新增国家3A级旅游景区2个。

改革开放扎实推进。农村土地流转稳步推进，专业合作社、家庭农场等新型经营主体加快发展。经信、卫计、规建旅等机构改革基本完成。建立“三个清单”制度，简政放权工作取得成效。投融资、医药卫生等领域改革不断深入，被列为县级公立医院改革试点。主动融入“一带一路”发展大局，积极对接自贸区政策，拓展山海合作空间，对台合作得到加强。

城乡面貌深刻变化。获评省级园林城市和省级生态市。高铁片区、城南片区开发有序推进。完成8条主干道“白改黑”或“白加黑”，改建城区道路14.9公里、新建大桥2座。一批城市公园广场建设项目竣工投入使用，新建和改造夜景198处。小松湖头村被确定为国家级“美丽乡村”示范村，郑魏村、党城村、伍石村、阳泽村入选中国传统村落名录。松建高速、建闽高速、合福高铁建成通车。完成一批水库除险加固、河道治理、水土流失综合治理、农田水利和防洪工程建设，城乡防洪排涝抗旱能力得到提高。

社会事业全面进步。新建3所小学、1所九年一贯制学校、8所公办幼儿园，完成38个校舍安全改造建设项目。新建中西医结合医院、公共卫生服务中心、精神病院等项目，改造和提升10个乡镇卫生院、119个村级卫生所。人口计生工作连续5年保持国优水平。科技、文化、体育等社会事业加快发展，被确定为全国第一批科技工作试点县和“原中央苏区县”，获得全国文化先进市和体育先进市称号，建瓯档案馆升级为“国家二级档案馆”。徐墩镇和吴大元村、安宁村荣获“全国文明村镇”称号。

人民生活持续改善。累计实施为民办实事项目53个，财政用于民生支出84.4亿元，占全市一般公共预算总支出的75%。城镇居民和农村居民人均可支配收入，分别是2011年的1.5倍和1.6倍。农村“五保”供养标准、居民低保标准和城市“三无”人员供养标准不断提高。建成各类保障性住房3532套，造福工程危房改造2900户。获评“全国百佳深呼吸小城”，创建省级以上生态乡镇（街道）10个。创新社会治理，“平安建瓯”深入推进，社会保持和谐稳定。

今后五年的主要奋斗目标是：在优化结构、提高效益、节能降耗、保护环境的基础上，全市地区生产总值年均增长9%以上，一般公共预算总收入和地方级一般公共预算收入年均增长5%以上，城镇居民人均可支配收入和农村居民人均可支配收入年均增长9%以上。努力构建“宜居富庶、生态优美，经济富裕、生活甜美，精神富有、城乡秀美，和谐富强、社会和美”的新建瓯。

（摘编：周忠志）

顺昌县社会发展概况

2016年是顺昌县凝心聚力、实干拼闯、攻坚克难、加快发展的重要一年，面对经济发展“赶”和“转”的双重压力，经济运行稳中有进，实现了“十三五”良好开局。初步统计，2016年全县生产总值100亿元，增长7.8%；全社会固定资产投资73亿元，增长10%；财政总收入5.82亿元，增长2%；地方级财政收入4.03亿元，增长2%；社会消费品零售总额29.8亿元，增长6.5%；城镇居民人均可支配收入25417元，增长8.5%；农村居民人均可支配收入12665元，增长9%。

重规划优质量，城乡建设扎实推进。完成城市总规设计方案评审和专项规划及11个乡镇总规编制。新城滨江景观（防洪）工程顺利竣工，A-08地块安置房项目完成主体工程，东门大桥复桥、A-14地块安置房等项目有序推进。城市基础设施更加完善，建成日处理200吨垃圾压缩中转站和日处理2万吨污水处理厂。城南绿荫停车场建设新增停车位114个。园林绿化、街景改造、亮化美化工程持续提升。郑坊省级小城镇、仁寿市级小城镇、元坑古镇、洋口旅游小城镇建设及其他乡镇集镇改造提升工程扎实推进。13个省级“千村整治、百村示范”村庄建设基本完成，洋墩乡洋坑村入选中国传统村落名录。深化城乡环境治理，拆除“两违”面积25.43万平方米。“万人保洁”常抓长效，“户分类、村收集、乡运转、县处理”的垃圾处理机制初见成效。

抓治理强监管，生态优势日益凸显。高度重视林分改造、水体保护、污染治理、清洁生产、达标排放，完成造林绿化13941亩，建设国家战略储备林3.2万亩，开展重点生态区位林分修复补植套种1320亩。持续开展“清水蓝天”专项行动，清理环保违规违法项目，淘汰黄标车351辆，超额完成任务。治理水土流失面积3.12万亩。探索林业碳汇、企业初始排污权管理和交易，县国有林场林业碳汇在省海峡股权交易中心挂牌交易，首批推出交易碳减排量15万吨。核定富宝实业、富宝腾达、升升木业等23家企业初始排污权。完成年度节能减排任务。环境质量保持良好，城区空气环境质量达标天数、集中式饮用水源水质和地表水断面水质达标率均达到100%。埔上、大干、元坑、洋口、大历、岚下6个乡镇申报国家级生态乡镇通过专家评审，创建国家级生态县取得阶段性成效。

补短板惠民生，社会建设更加和谐。全力开展脱贫攻坚，落实帮扶项目31项，到位资金3167.2万元。完成“造福工程”易地扶贫搬迁510户1971人，实现脱贫人口2533人。21项为民办实事项目全部完成。城镇登记失业率3.01%，比任务指标下降1.19%，就业形势稳中向好。保障性安居工程基本建成1334套。社会保险扩面征缴任务全面完成，城乡低收入家庭实现标准提高、应保尽保。完成顺昌一中、实验小学等5所中小学扩容改造和大历、元坑等6个乡镇中心幼儿园项目建设。完成县医院整体搬迁，实现县医院、中医院、妇幼保健所医疗资源整合，与南平市第一医院建立医联体，公共卫生服务水平持续提升。人口计生责任制目标全面完成。公共文化服务体系更加完善。新考录（招聘）行政机关、事业单位人员232人。深化领导定期接访、包案接访、专案协调等工作机制，信访总量持续下降。深化“平安顺昌”建设，安全生产“四项指标”全面下降，食品药品安全有效保障，社会治安综合治理不断加强，社会总体保持和谐稳定。

强素质树形象，政府建设得到加强。深入开

展“两学一做”学习教育，认真贯彻执行中央八项规定精神，全县“三公经费”持续下降。全面深化行政审批制度改革，完成三批次行政许可和公共服务项目清理，保留县级行政许可事项204项、公共服务事项132项。推进行政服务中心标准化建设，深化投资项目审批流程和商事登记制度改革，实现行政审批提速提效，新增各类市场主体1305户，认缴注册资本16.7亿元。强化便民服务“马上就办”，行政效能明显提升。坚持依法行政，推行政府法律顾问制度。自觉接受县人大、政协、社会和舆论监督，办理人大代表建议54件、政协委员提案（信件）100件，满意和基本满意率100%。行政监察和审计监督力度加大，信息公开和政务公开制度不断完善，党风廉政建设和反腐败工作扎实推进。

五年来，顺昌县主动适应和引领发展新常态，全力稳增长、调结构、促改革、惠民生，推进经济社会持续平稳发展。

坚持发展为要，狠抓经济建设，综合实力明显提升。与2011年相比，地区生产总值年均增长8.9%；财政总收入年均增长4.9%；地方财政收入年均增长9.4%；全社会固定资产投资达到2011年的2.64倍。地区生产总值、规模以上工业产值突破百亿大关。

坚持城乡统筹，打造宜居环境，美丽顺昌加快建设。完成城乡总规修编评审和新城详规编制。累计投资7.07亿元，实施了城南路、龙山路拓宽改造、城区污水处理厂等一批重点城建项目。郑坊省级小城镇、仁寿市级小城镇、元坑古镇等特色小镇加快建设。实施了40个省级美丽乡村建设，被评为全省美丽乡村创建示范县，张墩村荣获第八届中国十佳小康村。

坚持生态优先，保护青山绿水，生态环境持续优化。率先在全省开展重点生态区位商品林赎买和保留伐区阔叶树，森林覆盖率、林木蓄积量、森林与林地保有量逐年提高，七台山自然保护区成功申报省级自然保护区，被评为全国木材战略储备基地县。城乡污水处理率和垃圾无害化处理率不断提高，节能减排任务全面完成，被评为省级生态县。

坚持发展共享，着力改善民生，社会建设更加和谐。完成为民惠民实事127项。累计脱贫人口1.6万人。城镇和农村居民人均可支配收入分别年均增长8.9%和10.8%。义务教育基本均衡工作通过国家验收。医药卫生体制改革扎实推进。城乡居民医疗和社会养老保险制度实现一体化运作。建设保障性住房6478套，建筑面积46.26万平方米。累计新增城镇就业7977人，农村劳动力转移就业12194人。每个乡镇建成1座公益敬老院。“平安顺昌”建设持续深化，被评为全省首批平安先进县。

今后五年顺昌县发展的指导思想是：高举中国特色社会主义伟大旗帜，以邓小平理论、“三个代表”重要思想、科学发展观为指导，认真贯彻习近平总书记系列重要讲话和党的十八大及十八届三中、四中、五中、六中全会精神，按照“五位一体”总体布局和“四个全面”战略布局，全面落实中央、省委、市委和县委的各项决策部署，自觉践行五大发展理念，内聚人心、外树形象，振奋精神、真抓实干，以项目为抓手，实施工业、城市、交通、脱贫“四大战役”，统筹推进经济社会发展，努力建设机制活、产业优、百姓富、生态美的新顺昌。

2017年全县经济社会发展的主要预期目标是：地区生产总值增长9%；农林牧渔业总产值增长4%；规模以上工业产值增长12%；财政总收入和地方级财政收入增长6%；全社会固定资产投资增长15%；实际利用外资增长9%；外贸自营出口增长4%；社会消费品零售总额增长9%；城镇居民人均可支配收入增长8%；农村居民人均可支配收入增长8.5%；城镇登记失业率控制在4%以内；人口自然增长率控制在14‰以内；单位生产总值综合能耗、主要污染物排放总量控制在上级下达的基数以内。

（摘编：张海生）

浦城县社会发展概况

2016年浦城县积极应对经济下行压力，全力以赴抗洪救灾，各项工作扎实有序推进。初步统计，2016年全县完成地区生产总值128亿元，比上年增长9.5%（下同）；财政总收入6.86亿元，下降18.1%；其中地方级财政收入5亿元，下降20.4%；社会消费品零售总额43.62亿元，增长9.3%；城镇居民人均可支配收入26270元，增长8.0%；农村居民人均可支配收入12190元，增长8.0%；居民消费价格总水平101.2%；人口自然增长率3.67‰，经济社会保持平稳增长。

提升城市形象。加快城市景观提升，五一三路城西段改造、梦笔大道延伸段、梦笔文化中心、仙楼山步行道、马莲河亲水慢道、文化一条街、污水处理厂二期扩建、智慧浦城（免费公共wifi）和安华、贝林2个广场改造等项目相继建设，县体育中心即将建成启用，城区市场化保洁扩大清扫面积近19万平方米，城区扩容提质加快。

全力攻坚脱贫。坚持精准识别、精准施策、精准管理，通过下派干部、党员结对帮扶、“百个部门联百村”和“民企联村”等活动，加快造血式、减负式、兜底式和搬迁式扶贫。全年落实帮扶资金2.89亿元，造福工程扶贫搬迁户春节前可搬入新居。

突破重点难点。严格目标管理，加大督办力度，农村土地确权工作有序推进，完成新城1618.47亩用地征迁，党政机关公务用车制度改革启动实施，禁养区关闭拆除各类生猪养殖场62家、升级改造178家，淘汰黄标车536辆，各类交通违法行为得到有效整治。

五年来，浦城县攻坚克难，开拓奋进，基本实现了“十二五”规划确定的目标，取得了“十三五”的良好开局。

发展基础不断夯实，城乡面貌大为改观。城市建设方面，实施“大城关”战略，加快浦城新城建设，城区规划面积从26平方公里扩大到45平方公里，建成区面积9.5平方公里，改造提升了城区13条主次道路和4座桥梁，新建改造了10.5公里背街小巷道路、6个市民广场和3组城市雕塑，仙楼山红色文化主题公园、江滨亲水慢道、苏区历史纪念馆、新华停车场等建成使用，共拆除违法建筑面积84.29万平方米，城市框架逐步拉开、功能和形象不断改观。美丽乡村建设方面，积极争取各方支持，加快石陂、九牧等8个试点小城镇建设，仙阳列入全省“镇级小城市”培育试点。持续实施新一轮“十百千”工程，建设“千村整治”示范村49个，实现农村卫生保洁全覆盖，打造了际岭、水东、大游等一批各具特色的美丽乡村。环境保护方面，坚守生态底线，落实“河长制”，持续推进“四绿工程”，抓好水土保持、河道非法采砂整治等工作。五年共造林绿化20.53万亩，森林覆盖率达75.04%；完成水土流失综合治理12.04万亩；浮盖山、匡山、刘田三个园区联合获评为省级地质公园；县城饮用水源水质达标率保持100%，空气质量达到国家二级以上标准，国家级生态乡镇达16个，获评“省级生态县”。

改革开放稳步推进，发展活力不断激发。开展综合行政执法体制改革试点，组建县行政执法局和市场监督管理局等，合并撤销县驻榕办等62个单位，共招聘录用公务员316人、事业单位人员1019人。深化行政审批制度改革，公布乡镇政府权责清单，县级行政审批事项共取消167项、调整414项，公布县级行政权力清单33个部门4305项。持续财政国资体制改革，成立县国投公司和城投公司，实行部门预算、政府采购、会计集中核算、非生产性国有资产管理等制度，乡镇财政管理体制进一步完善。深化农村综合改革、集体林权制度改革，加快土地林权流转、融资等平台建设，流转农村土地19.21万亩。启动医药卫生体制综合改革试点，稳步推进县级公立医院综合改革。实施“五证合一、一照一码”登记制度，“营改增”、不动产统一登记全面推开，住房保障、文化教育、户籍管理、基层治理、社会组织等领域改革扎实推进。

社会事业协调发展，民生福祉显著提高。五年共办好为民实事135项，民生支出占一般公共预算支出年均75%以上。全力推进脱贫攻坚，五年累计向上对接落实扶贫项目145项、资金15.64亿元，完成5803户造福工程危房改造，脱贫30个重点村、2.13万人。民生保障水平进一步提升，共转移就业农村劳动力36367人、新增城镇就业10744人，城镇登记失业率保持在3.15%的较低水平。基本医疗保险制度实现全覆盖，城乡居民社会养老保险制度实现一体化，累计新建改造乡镇敬老院12所、供给城镇保障性住房548套，发放农资综合补贴2.61亿元、移民直补1347.5万元，财政“一事一议”奖补7073万元。社会公共服务加快改善，县医院住院大楼、疾控中心改扩建、精神病专科住院综合楼和梦笔学校、科普活动中心、广播电视数字化改造等一批公共服务设施建成启用，镇安桥等30个文保单位完成维修，“浦城剪纸”入选第四批国家非遗名录，成功承办第十三届福建国际英语科普夏令营活动，获评国家科技进步县、全省科普示范县。实施乡村教师支持计划，新建、改建13所幼儿园，改薄、扩容44个校舍项目，共安排进城务工人员随迁子女城区就读4280人，教学质量不断提高，义务教育发展基本均衡工作通过国家评估认定，提前实现教育“双高普九”。加强精神文明建设，广泛开展劳动模范、道德模范、美丽使者、荣誉市民等评选活动，倡导各类爱心帮扶志愿服务，“浦城故事会”经验在全国推广，双同村获“全国文明村镇”称号。全面完成全国第三次经济普查、第一次可移动文物普查和中华人民共和国成立后馆藏档案数字化等工作，《浦城县志》出版发行，获评“省级双拥模范县”。

自身建设明显加强，行政能力不断提升。五年共办结人大代表建议354件，政协委员提案397件。坚持依法行政，规范行政执法行为，强化公共资源交易市场监管。严格落实中央“八项规定”精神，“三公”经费得到有效控制，“四风”积弊得到有效整治，共清理规范“在编不在岗”人员270人，清理党政领导干部在企业兼职22人；共查处违反中央“八项规定”精神问题案件86件134人。深化绩效评估，出台转作风优服务工作规范，着力整治“为官不为”“庸懒散拖”等不良风气，共70人被效能告诫、诫勉教育，51个单位61人被通报批评。严格落实党风廉政建设责任制，抓好政府系统廉洁自律，加强干部教育管理，严格执行干部个人有关事项报告等制度，政府组成部门派驻监督基本全覆盖。深入开展“平安浦城”建设，深化社区矫正与安置帮教工作，依法管理宗教事务，成立“矛盾多元调处中心”，认真办理各类信访事项；严格落实安全生产“党政同责”，强化重点领域安全监管整治，抓好市场供应和物价监管，社会保持安定稳定，获评全省食品安全示范县。

今后五年，浦城县工作的指导思想是：高举中国特色社会主义伟大旗帜，深入贯彻习近平总书记系列重要讲话精神和对福建工作重要指示，按照“四个全面”战略部署，牢固树立和落实“五大发展理念”，坚持生态立县、产业兴县、文化强县，着力创新驱动和加强供给侧结构性改革，统筹推进经济、政治、文化、社会、生态文明建设和党的建设，持续构建“南接北连的产业洼地、现代农业的示范基地、山清水秀的宜居福地、底蕴深厚的文化高地”，打造“全国苏区老区精准扶贫与振兴发展示范县”“闽浙赣省际合作共赢发展先行县”“海西知名的生态和文化旅游城市”，确保如期实现全面建成小康社会目标，全力建设“产城景”相融合的清新福建“北大门”。

（摘编：黄万良）

光泽县社会发展概况

2016年，光泽县深入贯彻落实党的十八大、十八届三中、四中、五中、六中全会和习近平总书记系列重要讲话精神，努力克服经济下行压力，紧紧围绕建设“中国生态食品城”，着力稳增长、调结构、促改革、惠民生，经济社会总体保持平稳发展态势。初步统计，全年实现地区生产总值84亿元，增长6%；农林牧渔及服务业总产值69亿元，与上年持平；规模以上工业总产值85亿元，增长2.5%；固定资产投资49.7亿元，增长2%；社会消费品零售总额19亿元，增长8.3%；出口总值5780万美元，与上年持平；实际利用外资3300万美元，增长65%；财政总收入5.55亿元，增长6.1%，其中地方级财政收入4亿元，增长2.1%；农村居民人均可支配收入11623元，增长10.1%；城镇居民人均可支配收入25272元，增长8%；城镇登记失业率控制在3.01%；节能减排目标任务全面完成。同时，生态环境持续改善，城乡面貌加快转变，民生事业全面发展，各项工作得以有力落实。

过去五年，光泽县先行先试，激情创业，攻坚克难，扎实进取，全县经济社会发展跃上新台阶。

传承开拓，发展定位更加明确。立足生态资源优势，积极探索实践山区县绿色发展新模式，努力走出一条以食品产业发展为主线、以生态保护建设为基础、以新型城镇化建设为依托、以项目带动为抓手的特色发展道路，建设“中国生态食品城”成为全县干部群众的共同意愿和自觉行动。坚持这一发展方向，采取强有力的措施推进经济发展，县域综合实力明显增强。主要经济指标保持了年均两位数增长，增幅在全省23个贫困县排名靠前。地区生产总值是2011年的1.83倍，人均生产总值位居全市前列；财政总收入、地方级财政收入、农林牧渔及服务业总产值、固定资产投资均实现翻番；规模以上工业总产值、社会消费品零售总额分别是2011年的1.83倍和1.75倍。累计新增“四上企业”54家，新登记注册市场主体4635户。

同创共建，品牌优势日益凸显。抢抓发展机遇，凝聚各方力量，坚持走品牌引领、特色发展之路。生态保护建设富有成效，成功创建国家级生态县并获命名，入选国家生态保护与建设示范区，通过国家水土保持生态文明工程考核验收并授牌，武夷天池被评为国家森林公园，乌君山与神山景区合评为省级地质公园，圣农肉禽无高致病性禽流感生物安全隔离区通过国家验收；绿色特色产业发展壮大，先后获得“中国特色竹乡”“中国厚朴之乡”“全国食品工业强县”、全国首个“中国生态食品名城”等荣誉称号；城市建设管理水平提升，获评“省级文明县城”“省级园林县城”，成为全省限制开发区首个获批省级新型城镇化试点县。光泽的知名度、竞争力不断提升。

统筹城乡，发展环境持续优化。新一轮县城总规完成修编，各专项规划逐步完善。城市空间加快拓展，城区三纵三横路网框架基本形成，城南、桔子洲片区初具规模，鸾凤河谷产城融合先行区启动建设，城镇化率提高3.4个百分点。城市美化绿化不断推进，主干道全面“白改黑”，夜景灯光、立面改造分步实施，城市绿地率达40.8%。乡村面貌加快改善，止马小城镇综合改革试点建设扎实推进，7个村获评市三星级以上美丽乡村。城乡综合治理能力持续提升，“两违”得到有效管控，万人保洁长效机制全面建立，生活垃圾无害化处理率达97%、城镇污水集中处理率达90%。

基础设施日益改善，邵光高速顺利通车，通村公路全部硬化，城乡电网全面升级，光纤宽带、4G信号实现建制村全覆盖。在加快发展的同时，更加重视生态保护与建设，森林覆盖率提高14.37个百分点，空气质量优良天数占比98%，主要流域水质优良率达100%，生态环境质量保持全省前列。

惠民利民，人民生活不断改善。累计完成为民办实事项目138项，民生支出占一般公共预算支出达79%。城镇居民、农村居民人均可支配收入年均增长9.2%和11%，累计新增城镇就业8635人、转移农村劳动力18894人。脱贫攻坚扎实推进，累计脱贫1.34万人，贫困村自我发展能力明显增强。建设各类保障房2185套，完成造福工程危房改造3675户。城乡社会保障体系日益健全，政府补助标准逐年提高，社会救助机制不断完善。教育优先发展持续巩固，城乡办学条件极大改善，在全市5个县率先通过义务教育发展基本均衡县国家级验收。医药卫生体制改革稳步推进，综合医院基本建成，乡镇卫生院改扩建、村卫生所标准化建设逐步实施，基本公共卫生服务水平不断提高，群众看病难、看病贵问题进一步缓解。文体广电事业加快发展，体育中心、数字影院等一批投入大、标准高的项目相继实施，被评为全国群众体育先进县、全省首个“中国民间故事之乡”。

勤政廉政，行政效能稳步提高。深入推进依法行政，主动接受人大法律监督和政协民主监督，建议、提案办理更加高效务实；严格重大行政决策程序，完善政府工作规则，实现县、乡、村法律顾问全覆盖。全面推行“三张清单”，累计取消行政审批事项107项，精简率31.1%。强化政务公开和政府信息公开，加强政府绩效管理，深化“马上就办”，行政服务中心标准化建设走在全市前列；社区服务功能不断提升，乡村运行效率和服务水平明显提高。创新社会治理体制，群众信访秩序持续好转，安全生产标准化提升工程三年行动顺利完成，成功创建省级食品药品信用监管示范县，综治综合考评保持全市前列。巩固提升党的群众路线教育实践活动成果，扎实践行“三严三实”，积极开展“两学一做”学习教育，干部宗旨意识进一步增强。县政府党组以上率下，带头履行“一岗双责”和落实主体责任，推动全面从严治党向基层延伸，一批群众身边的腐败案件和违反中央八项规定精神案件得以严肃查处。

今后五年，是光泽全面建成小康社会的决胜期，是全力推进转型升级的攻坚期。工作总的要求是：高举中国特色社会主义伟大旗帜，以邓小平理论、“三个代表”重要思想、科学发展观为指导，全面贯彻党的十八大和十八届三中、四中、五中、六中全会精神，深入贯彻落实习近平总书记系列重要讲话精神和对福建工作的重要指示，紧紧围绕“五位一体”总体布局和“四个全面”战略布局，牢固树立和落实五大发展理念，按照县第十三次党代会部署，坚持“中国生态食品城”定位不动摇，坚持生态食品产业、产城融合“两轮驱动”不松懈，全力推进经济社会持续协调快速发展，确保如期全面脱贫，全面建成小康社会，在全省建设国家生态文明试验区、全市建设全国绿色发展示范区的征途中，当好先锋，走在前列，为全省、全市发展大局作出新的更大贡献。

（摘编：杨立群）

松溪县社会发展概况

2016年是“十三五”规划的开局之年，松溪县围绕“建设绿色崛起后发赶超的新松溪”的定位，持续既定的工作思路，攻坚克难，聚焦发力，狠抓落实，实现了“十三五”稳健起步。全县完成生产总值46.64亿元，增长6.8%；一般公共预算总收入2.81亿元、下降22.9%，地方一般公共预算收入2.18亿元、下降20.2%；全社会固定资产投资54.88亿元，增长1%；社会消费品零售总额24.26亿元，增长8.4%；城镇居民人均可支配收入24364元、增长5.8%，农村居民人均可支配收入10267元、增长9.5%；年度节能减排任务全面完成。

全力改善城乡环境条件。坚持规划先行，促进“多规合一”。完成松溪河两岸、绿地系统、县城给水工程等专项规划，东大广场、东升商城等综合体加快建设。建成城区小绿地、来龙山绿道等项目，东门湿地公园启动建设。深化“两违”综合治理，遏制了“两违”多发态势。严格执行“河长制”，开展打击河道非法采砂专项整治，河道管理成效明显提升，主要河流水质全优。基本完成工农路改造、河六线公路提级改造工程，市政路网得到改造提升。建设农村路网33.13公里、农村公路安保工程47.9公里，公路安全生命防护工程隐患整治率达100%。大力实施美丽乡村建设，建成新村住宅小区18个，溪源、刘源、下店、刘屯等9个美丽乡村获市政府授牌，溪东至溪源省级美丽乡村景观带初步建成。

全力打好脱贫攻坚战役。坚持精准识别、精准施策、精准管理，加快造血式、减负式、兜底式、搬迁式扶贫。17个贫困村实现贫困村出列。吴山头村、东边村、山源村、岭完村、刘屯村等5个贫困村成为全国乡村旅游扶贫重点村。完成造福工程扶贫搬迁1500人，减少贫困人口3266人。落实扶贫小额信贷风险金及贴息资金1520万元，为农户和新型农业经营主体发展生产发放贷款600万元。开展“雨露计划”农村劳动力技能培训600人次，让有条件的贫困户都能够掌握1—2项实用技术，有1个以上增收项目，实现就地脱贫。深化山海协作和对口帮扶工作，落实扶贫开发帮扶项目17项，到位资金3.67亿元。

全力办好民生社会事业。年初确定的20项为民办实事项目基本完成，共投入资金3.22亿元。新增城镇就业1517人，城镇登记失业率3.07%，农村劳动力转移就业3350人。保障性安居工程开工100套、基本建成50套，均超额完成任务。建立城乡居民社会养老保险“长缴多得、多缴多得”激励机制，按期完成城乡居民养老保险续保缴费和新老农保衔接过渡。医药卫生体制综合改革试点全面实施，县医院同省立医院签订了医联体协议，县、乡、村三级医疗卫生服务网络基本形成。二孩政策稳步实施，计划生育工作整体水平持续提升。“全面改薄”工作扎实推进，全县整体办学条件显著改善，获评“全国义务教育基本均衡县”，松溪一中被授予“福建省一级达标高中校”。群众体育和竞技体育运动蓬勃开展，成功举办南平市首届非专业自行车分站赛全国邀请赛。推动文化传承发展，成功举办纪念朱子诞辰886年祭祀典礼活动。安全生产形势平稳，食品药品安全有效保障，开展“平安松溪”系列专项行动，社会保持安定稳定。

全力强化政府服务功能。扎实践行“三严三实”，深入开展“两学一做”学习教育活动，牢固树立“四种意识”，倡导实干拼闯，强化政府履职。认真贯彻执行县委的决策部署，自觉接受人大的法律监督、工作监督和政协的民主监督，办理人大代表意见43件，政协委员提案53件，满意率分别达95.3%和100%。认真执行中央八项规定精神，“三公”经费得到有效控制。以全面深化改革为契机，完成政府部门权责清单梳理、审核、发布工作。推行“双随机、一公开”机制，强化事中事后监管。深化政府班子成员联系重大项目和重点工程制度，大力整治慢作为、不作为、乱作为现象，“敢担当、想干事、干实事”的氛围逐渐形成，政府执行力进一步提高。

过去的五年，是松溪经济社会发展和各项事业取得长足进步的五年。

进一步明晰了绿色引领发展的强县道路。始终秉持“生态立县”的发展导向，突出抓好生态文明建设，全力推动生态型经济发展，努力实现由“环境换取增长”向“环境推动发展”转变。连续三年进入全省县域经济发展“十佳”县，成功获得国家生态县、全国休闲农业和乡村旅游示范县、中国名茶之乡、全国绿色食品原料（茶叶）标准化生产基地县等一批“国字招牌”，松溪绿色发展的道路越走越宽、越走越实。

进一步奠定了松溪后发快进的坚实基础。始终突出发展第一要务，聚精会神搞建设、一心一意谋发展。全县生产总值、规模工业增加值、财政总收入、地方一般预算收入年均分别增长10.1%、16.4%、4.3%、5.7%，全社会固定资产投资实现翻番，主要经济指标增幅超过全市平均水平。

进一步优化了松溪加快发展的良好环境。面对大武夷旅游圈发展的重大机遇，着力建设承接浙沪对接武夷山的文化旅游城市。坚持“小县大城关”战略，累计投入18亿元用于城市建设，城区框架迅速拉开，功能不断完善。松溪人民盼望已久的松建高速建成通车，衢宁铁路开工建设，形成链接沿海、连通周边的大动脉。在改善“硬环境”的同时，着力优化“软环境”，取得新的成效。

进一步提升了广大人民群众的民生福祉。始终牢记执政为民，坚持民生优先，逐年加大民生财政支出，民生支出占一般公共预算支出的比重超过77%，认真办好群众最关心、最直接、最现实的好事实事。教育、卫生、文化事业稳步提升，获评全国艺术教育实验县，农村幸福院建设工作入选全省试点，社会养老保险和医疗保险体系基本实现城乡居民全覆盖，各项社会事业取得长足进步。综治“三率”排名均在全省前列，获全省“平安先行县”称号。

今后五年松溪县工作的指导思想：高举中国特色社会主义伟大旗帜，以邓小平理论、“三个代表”重要思想、科学发展观为指导，全面贯彻党的十八大和十八届三中、四中、五中、六中全会精神，深入贯彻习近平总书记系列重要讲话精神和对福建工作的重要指示，按照“五位一体”总体布局和“四个全面”战略布局，牢固树立和落实五大发展理念，以提高经济发展质量和效益为中心，坚持绿色发展方向不动摇，大力实施创新驱动战略和供给侧结构性改革，加快形成引领经济发展新常态的体制机制和发展方式，统筹推进经济、政治、文化、社会、生态文明建设，加快建设绿色崛起后发赶超的新松溪，确保圆满完成“十三五”规划目标任务。

主要预期目标：综合实力明显提升，主要经济指标绝对值在省、市排位前移；转型升级取得重大进展，规模以上工业增加值有效增长；绿色发展成效显著，生态优势进一步凸显；社会事业繁荣发展，脱贫攻坚任务全面完成，教育、就业、社保、医疗、住房等公共服务体系更加完善，民主法治更加健全，社会治理能力和水平不断提高，人民生活更加殷实，群众获得感和幸福感明显增强。

（摘编：康明辉）

政和县社会发展概况

2016年，是全面实施“十三五”规划的开局之年，是本届政府任期的最后一年。五年来，政和县主动适应新常态、直面发展难题、有效改善民生，拓展了发展空间、实现了提升进位。

发展质效显著提升。五年来，紧紧抓住省市领导挂点、省统战系统助推、省市部门挂钩、石狮对口帮扶、高速公路建成通车等政策和时空机遇，谋发展求突破。综合实力不断增强。五年来，发展速度快于全市、发展质量优于全省。2012年县域经济发展指数位次提升35位、上升幅度全省最大，2013年至2015年连续三年蝉联全省县域经济发展“十佳”县，改变了长期以来综合实力全省末位的困境。发展指标增速加快。初步统计，地区生产总值从34.4亿元增加到55亿元、年均增长11.2%；财政收入从2.2亿元增加到4.4亿元、年均增长14.8%，其中地方财政收入从1.5亿元增加到3.2亿元、年均增长16.9%；规模以上工业产值从25亿元增加到76亿元、年均增长18.2%；全社会固定资产投资从22.7亿元增加到71.3亿元、年均增长36.7%；城镇居民可支配收入从15227元增加到25081元、年均增长11%；农村居民可支配收入从2014年8823元增加到10473元、年均增长9%。精准扶贫成效突出。累计争取省市帮扶项目资金17.6亿元、省统战系统帮扶资金1.64亿元、石狮对口帮扶资金2.07亿元，全县3.98万贫困人口实现脱贫、脱贫率达91.7%，2015年被列为全国扶贫小额信贷示范县。

服务能力持续提升。出台加快重点企业发展、鼓励总部经济发展、促进工业创新转型、加快机电产业发展等政策措施，支持实体经济发展，增强投资吸引力，政策洼地效应逐步显现。落实“马上就办”，县行政服务中心投入运营，入驻部门34个。创新项目并审联批机制，全县425项审批服务业务统一纳入管理，办理时限压缩了50%。行政权力清单、责任清单、公共服务清单公布运行，投资项目审批效率明显提升。

城乡面貌焕然一新。五年来，把完善城乡基础设施作为重要抓手，突出重点项目，攻坚难点建设，城乡面貌发生巨大变化。城市功能不断完善。累计实施重大城建项目165个，完成投资71亿元；城市规划区面积由34平方公里扩大到103平方公里，建成区面积由3平方公里扩展到5平方公里，城区人口由5万增加到7.8万，城镇化率从31%提高到46%；新建改造迎宾大道、胜利洋主街等市政道路18条；建成同心大桥、新官湖大桥等市政桥梁8座；完成或基本完成福地心苑、锦绣花园等住宅小区11个；城区道路、城区河道卫生保洁实行市场化运作，环境卫生大为改观。基础建设取得突破。宁武、松建高速建成通车，省道改造全面完成，衢宁铁路政和段、国省道过境环城路开工建设。建溪四期（政和段）防洪工程基本建成，东平光伏一期并网发电，220千伏输变电站、中广核风能发电项目完成前期工作。农村环境连片整治、高标准农田示范、旧宅基地复垦、烟基工程、农网改造等一批重大农村基础设施项目建成投用。美丽乡村亮点纷呈。40个美丽乡村建设持续推进，完成投资1.9亿元，涌现出4个省级美丽乡村建设典型，农村“万人保洁”取得实效。生态建设扎实有效。完成造林绿化15.1万亩、水土流失治理6.8万亩，森林覆盖率达78.06%，获评省级生态县、全国乡土珍贵树种示范县，两次入选中国百佳“深呼吸小城”，淘汰黄标车227辆。

改革红利惠及民生。五年来，强化保障、关

注民生、加大投入，社会发展从“重补缺”迈向“普惠化”，解决了一批群众关心的热点难点问题。社会保障不断加强。累计新增城镇就业7984人，农村劳动力转移就业1.75万人，城镇失业人员再就业3066人，城镇登记失业率控制在3.45%以内。城乡居民社会养老保险实现一体化，城乡低保实现应保尽保。完成各类保障性住房建设3938套、造福工程危房改造3761户。原中央苏区县获得认定，成立县慈善总会，改造残疾人康复中心，建成乡镇敬老院、农村老人幸福院等一批社会福利项目。教育事业优先发展。累计投入1.9亿元，新建改造校舍面积4.3万平方米。成立实验小学教育集团，引进开办江西开来民办学校，政和一中被认定为省一级达标校。教育“两项督导”“双高普九”通过省上验收，义务教育发展基本均衡县通过国家认定。卫计改革持续深化。累计投入1.2亿元，改扩建医疗业务用房4.6万平方米。在全市率先开展公立医院托管改革，组建政和县总医院，建成县域卫生信息中心、“一站式”婚育便民服务中心，成立计生特困家庭奖励基金，二孩政策有效落实。文体活动扎实开展。电影《山外是海》成功拍摄，公益歌曲《爱在政和》在全网全球发布，连续成功举办四届全国街舞大赛，五人制足球进入全国总决赛，熊山转播台电视数字化节目无线覆盖工程完成，数字家庭示范县通过省级验收。此外，台风、洪涝等自然灾害应对积极有效，食品药品监管扎实开展，经济普查和人口抽样调查顺利完成，社会维稳长效机制逐步完善，安全生产形势持续好转。

未来五年，是政和县建成小康社会、脱贫攻坚的决胜期；也是赶超并举、转型升级的攻坚期。站在新的历史起点，迎来了前所未有的重大机遇。中央支持福建加快发展，省市帮扶政和、省统战系统助推政和力度不断加大，多重政策利好叠加，为政和加快发展注入新动力；基础设施日臻完善，交通网络加快构建，生态环境持续提升，后发优势逐步凸显，为政和进一步扩大开放提供了更为广阔的空间；特别是广大干部拼搏进取，全县上下人心思进，干事创业热情高涨，为政和推进改革发展提供了宝贵的精神财富。

今后五年工作总的要求是：高举中国特色社会主义伟大旗帜，以邓小平理论、“三个代表”重要思想、科学发展观为指导，全面贯彻党的十八大和十八届三中、四中、五中、六中全会精神，深入贯彻习近平总书记系列重要讲话精神和对福建工作的重要指示，紧紧围绕“五位一体”总体布局和“四个全面”战略布局，落实“五大发展”理念，按照中央、省经济和农村工作会议及省、市、县党代会的要求，坚持稳中求进的总基调，以供给侧结构性改革为主线，围绕突破“四大经济”的发展思路，着力打造工业产业中心、城市经济中心、特色农业示范区、全域旅游示范区、精准脱贫示范区，全面完成“十三五”规划目标任务，确保如期全面脱贫，全面建成小康社会。

今后五年的主要奋斗目标是：全县地区生产总值年均增长9.1%；财政总收入年均增长5%；规模以上工业增加值年均增长12%；固定资产投资年均增长15%；城镇和农村居民人均可支配收入分别年均增长9%、10%以上。

（摘编：李　哲）

龙岩市社会发展综述

2016年，在省委、省政府和市委的坚强领导下，龙岩市各级政府积极践行新发展理念，扎实推进供给侧结构性改革，全力打好项目落地、脱贫攻坚、生态环保“三大战役”，经济社会保持稳中有进的发展态势。初步统计全市地区生产总值1891亿元，增长8%；一般公共预算总收入266.1亿元，地方一般公共预算收入131.4亿元、增长5.5%；全社会固定资产投资2245亿元，增长16.2%；社会消费品零售总额729亿元，增长14%；外贸出口160亿元，与上年持平；实际利用外资2.76亿美元，增长6%；内联引资实际利用市外资金210亿元，增长7%；城镇居民人均可支配收入30616元，增长8.5%；农民人均可支配收入14535元，增长9.5%；居民消费价格总水平上涨1.6%；城镇登记失业率2.52%。

推进新型城镇化，城乡环境持续改善。基础设施日益完善。研究出台综合交通一体化规划。浦梅铁路建宁至冠豸山段、厦蓉高速龙岩东联络线、古武线永定至上杭高速公路、小池至古田快速通道等项目开工建设，中心城区至高新园区快速通道、双永高速龙岩北互通连接线等项目建成通车。完成国省干线建设改造90公里，农村公路提级改造、生态路建设230公里。西气东输正式接通龙岩。城市功能持续提升。实施中心城市道路畅通、市政提升、旧城改造等重点工程，西外环、龙岩大道南段一期、龙岩大道高架桥等主干道路实现通车或部分通车；黉门前、莲花山交通节点可在2017年春节前实现部分通车；龙岩火车站北站房开工建设，龙津湖片区改造、东肖新城开发等项目有序推进。新增公共停车位2804个，新建人行天桥7座。开通中心城市至永定城区公交线路，积极推动基础设施、公共服务等同城配置。乡村建设力度加大。实施新型城镇化和美丽乡村建设三年行动计划，124个美丽乡村和133个省级“千村整治、百村示范”工程全部开工建设，农村家园清洁行动深入开展。古田镇列入国家首批特色小镇试点，14个村列入第四批中国传统村落名录，67个村列入全国乡村旅游扶贫重点村。

办好惠民利民实事，社会保持和谐稳定。社会保障更加有力。全市公共财政用于各类民生支出217亿元，增长6.5%，占地方公共预算支出的79%。完成25件为民办实事项目。新增城镇就业2万人，农村劳动力转移就业4.5万人。保障性安居工程新开工1.7万套，基本建成7711套。党政军民合力抗灾救灾，最大限度降低损失，受灾重建户可在2017年春节前全部迁入新居。社会事业加快发展。农村薄弱学校改造、城区中小学扩容扎实推进，新建公办幼儿园10所。医药卫生体制改革深入推进，公立医院全面实行药品、耗材零差率，“互联网+分级诊疗”正式运营。在全省率先推行医保卡购买健身服务模式。成功举办全国女子举重锦标赛和首届环土楼国际山地马拉松赛。举办纪念红军长征胜利80周年系列活动，反映闽西子弟兵浴血湘江的电视剧《绝命后卫师》在央视热播，十大群众文化活动、文化惠民工程深入开展。社会治理不断改进。创建全国文明城市成效初显，城市管理、社区建设和市民素质进一步提升。法治龙岩、平安龙岩建设深入推进，涉麻制毒、电信诈骗专项治理得到公安部充分肯定。抓好安全生产重点整治，安全生产形势持续稳定好转。深入开展“餐桌污染”治理，启动建设食品药品安全放心市三年行动，食品药品安全得到有效保障。

加强政府自身建设，行政效能进一步提高。

深入开展“两学一做”学习教育，牢固树立“四个意识”，加强党风廉政建设，严格落实中央八项规定精神，政府作风进一步转变。推进简政放权，实现市县乡三级政府权责清单全覆盖，在全省率先推行投资项目告知承诺预审批，建成全省首个市县乡一体化网上办事大厅。党政机关公务用车改革全面完成。自觉接受市人大及其常委会的法律监督、工作监督和市政协的民主监督，办理人大代表建议279件，办复率、满意率均为100%，办理政协提案573件次，办复率、满意率分别为100%、99.8%。政府与法院、检察院、工会联席会议制度更加完善。机关效能建设、行政监察和审计监督不断加强。

2016年各项任务的完成，标志着过去五年目标基本实现。过去五年，是龙岩发展历程中极不平凡的五年，习近平总书记两次对长汀水土流失治理作出重要批示，亲自决策并主持的“新古田会议”在龙岩市召开，中央、省出台促进苏区老区振兴发展的政策，给全市人民极大的鼓舞和支持；龙岩市主动适应经济发展新常态，积极应对增速换挡、结构调整、动能转换带来的困难和挑战，危中求机、稳中求进，各项事业取得长足进步，谱写了龙岩发展新篇章。

五年来，人民生活实现新提升。城乡居民人均可支配收入年均分别增长9.9%和10.5%，贫困人口减少14.8万人。完成造福工程危房改造3.7万户，建成保障性安居工程3.7万套，解决170.6万农村人口饮水安全问题。合作医疗实现市级统筹，在全省率先实现城乡居民养老保险和市（县）福利中心、乡镇敬老院全覆盖。全面完成义务教育发展基本均衡县创建，文化、卫生、体育等事业协调发展。

五年来，城乡建设展现新面貌。新增高速公路通车里程339公里、累计662公里，新增铁路171公里、累计625公里，高速公路和铁路密度分别为每百平方公里3.5公里和3.3公里，居全省前列。永定撤县设区，形成“一市多区”发展格局，中心城市建成区面积扩大13平方公里、达55平方公里。打造一批美丽乡村典型，共有106个村镇获得国家级、省级历史文化名镇名村等称号，位居全省前列。全市常住人口城镇化率提高5.6个百分点、达53.1%。

五年来，生态环境彰显新优势。成功创建国家园林城市、国家森林城市、全国绿化模范城市，顺利通过省级生态市考核验收。节约集约利用资源，连续17年实现耕地占补平衡，森林覆盖率提高到77.9%，保持全省首位。治理水土流失面积268万亩，水土流失下降率居全省首位，“长汀经验”在全国推广。重点流域水环境持续改善，城市环境空气质量居全省前列。

五年来，改革开放取得新成果。行政审批制度、基层医药卫生体制、集体林权制度、“三农”综合保险、不动产统一登记、关检合作“三个一”等改革走在全国、全省前列。与厦门共建全省首个山海协作经济区，龙岩陆地港建成投入使用。一批优势企业加快“走出去”，国际友好城市合作不断拓展。

今后五年，是全面建成小康社会的决战决胜期。全市将认真贯彻落实市第五次党代会提出的“再上新台阶、建设新龙岩”各项决策部署，扎实推进各项工作。

今后五年，政府工作的总体要求是：高举中国特色社会主义伟大旗帜，全面贯彻落实党的十八大以来党中央一系列决策部署，深入贯彻习近平总书记系列重要讲话精神和来闽来岩重要讲话精神，紧紧围绕“五位一体”总体布局和“四个全面”战略布局，牢固树立和践行新发展理念，认真落实市第五次党代会部署，以推进供给侧结构性改革为主线，全面实施“三大战略”，深入打好“三大战役”，全力建设创新型工贸旅游强市，为加快建设机制活、产业优、百姓富、生态美的新龙岩，全面建成小康社会而努力奋斗。

今后五年，要全面完成“十三五”规划确定的各项任务，顺利实现市第五次党代会确定的“一个确保、五个突破、五个再上新台阶”目标，在建党100周年前全面建成小康社会，经济总量、综合实力显著提升，改革创新、城乡发展、生态环保、人民生活水平等方面取得新进展，实现更高质量、更有效率、更加公平、更可持续的发展。

（摘编：孟力坚）

新罗区社会发展概况

2016年，是新罗区“十三五”规划的开局之年，面对新形势、新挑战，铆足干劲，攻坚克难，奋力拼搏，在一些重点领域取得了较好成效。

突出城市建设，管理水平不断提升。以创建全国文明城市及省级文明城区为契机，强化市容市貌管理，规范农贸市场管理，环境卫生综合整治、背街小巷改造、“两违”整治等工作取得成效，物业管理、二手车市场整治等工作顺利推进，城市形象和品位全面提升。中心城市辐射带动作用进一步凸显，龙门物流园、龙岩大道、闽西交易城等商贸功能不断增强，楼宇经济、总部经济、商务聚集区等商业业态日趋丰富，万阳文创产业基地、恒亿文化艺术中心等项目建成竣工。主动对接城建“六大工程”，持续开展主干路网等重大基础设施项目建设，龙岩中心城市至古田快速通道、东环线等项目扎实推进。

突出问题导向，体制机制持续深化。对投融资体制进行有益探索，积极引进社会资本推进一批民生、基础设施工程包项目，龙津河垃圾清捞等11个项目实施政府购买服务。持续深入开展“进企业、送服务、解难题、促增长”活动，全年为企业办理17.4亿元过桥周转资金。中心城区4个医联体加快建设；公务用车改革有序推进；雁石、南城等6个镇街成立“大联勤”指挥中心，积极探索构建长效化社会治理模式；被列为省级社区治理和服务创新实验区。

突出四大战役，克难攻坚成效凸显。脱贫攻坚精准到位。全面落实贫困户988户2758人的易地扶贫搬迁任务；发放小额贷款2411万元；培育示范典型村26个、基地（项目）30个、示范户57户；完成脱贫人数4939人，占总任务数的51.8%，扶贫成效综合排名位居全市前列。生态环保重点突破。完成治理水土流失面积5.4万亩、造林绿化16476亩。全面完成黄标车年度淘汰任务；在巩固中心城区整治成果的基础上，重点推进东方片区养殖业污染整治；省控断面水质优良比例为70.8%，超过市下达任务0.8个百分点；九龙江流域水质稳中有升，空气质量保持全省前列。征地拆迁扎实有序。顺利完成龙津湖、西外环（龙门段）等51个重点项目征迁任务。特别是龙津湖项目重启后，曹溪街道克服重重困难，全面完成房屋征收568户28.6万平方米、土地征收322亩的任务，为中心城市发展创造了良好环境。

突出民生民本，社会大局和谐稳定。较好完成22项为民办实事项目，“教育名城”加快创建，龙岩图书馆改造提升、龙津河安全生态水系等年度项目建成投入使用，北城小学、实小东山分校、小洋小学扩容建成招生；成功举办第七届世界龙岩同乡恳亲联谊大会；引进微医集团，依托人民医院共建区域性互联网医院；城镇登记失业率控制在2.75%；安全生产“四项指数”全面下降，电信诈骗、涉麻涉毒、民爆物品、进京非访等专项整治有序推进；于伟国省长到雁石随机检查，对防汛工作给予充分肯定。

五年来，新罗区面对新常态形势复杂多变、经济下行压力，紧紧依靠和带领全区人民，牢牢把握“稳中求进”总基调，积极应对、有效作为，实现了经济社会平稳较快发展。

发展活力持续激发。全面落实简政放权、放管结合、优化服务改革，在全市率先完成“三个清单”公开；深化投融资体制改革，组建三大类国有资产运营集团；加大教育、卫生等领域改革力度，政府向社会购买服务取得良好成效；扎实推进林权改革、农村土地确权登记颁证、省级白沙小城镇综合改革试点、雁石小城镇机构改革试点等工作。项目考评连年位居全市第一。区域协作加强，厦龙山海协作区建设启动；全面参照西部政策，获得中央补助38.9亿元；23个项目获国家专项基金支持，总额达10.9亿元。

城乡面貌明显改善。中心城区加快建设，“五城同创”成绩显著；现代交通体系加快构建，龙厦动车开通，双永高速全境贯通，火车站北站房、龙岩大道高架桥等重点项目征迁顺利完成，龙腾北路、金鸡路一期等断头路逐一打通。养殖业污染整治成效明显，出境断面水质明显提升，内河水质稳定达标；大气环境质量稳定在二级水平；森林覆盖率为78.4%，比2011年提高2.2个百分点。乡镇区划平稳调整，设立北城街道，西陂、曹溪撤镇改街，江山、岩山、苏坂撤乡设镇，全区城镇化率达72%；基本实现村村通客车、通广播电视、通宽带。荣获“中国新型城镇化质量百强区”“全省美丽乡村建设示范区”“全国国土资源节约集约模范区”等称号。

民生事业全面提升。区财政共投入94.5亿元用于民生改善，超过一般公共预算支出的70%。城镇及农民人均可支配收入分别年均增长9.6%、10.7%。突出精准扶贫，五年累计减贫1.08万人。社会保险实现制度全覆盖；科教文卫体等社会事业协调发展，“龙岩采茶灯”入选第四批国家级非物质文化遗产，荣获全国法制宣传教育先进区、全国义务教育发展基本均衡县、“全国计划生育优质服务先进区”“全国和谐社区示范城区”等荣誉称号。坚持重大事项向人大报告、政协通报，认真听取各党派和社会各阶层意见，按时办结人大代表建议和政协委员提案；反腐倡廉、效能监察等工作有效加强。

今后五年是新罗区打赢脱贫攻坚战役、全面建成小康社会的决胜期，要全面落实“五位一体”和“四个全面”战略布局，以“五大发展理念”为指引，按照省、市、区委的决策部署，紧紧围绕“增速高于市、发展‘一四五’、提前‘双翻番’、全面达小康”的目标，全力推进产业轻型化、集群化“两化并进”，城乡统筹、民生和谐“两翼齐飞”，全面完成“十三五”规划任务，努力打造闽粤赣边生态型经济强区、区域性中心城市。

今后五年重点强化“五个新罗”：

实力新罗。牢牢把握发展第一要务，着力壮大经济总量、优化产业结构，促进辖区综合实力和核心竞争力显著增强。主要经济指标（按区属口径）增幅高于全市平均水平，提前实现地区生产总值、居民人均可支配收入比2010年翻一番。建成全省重要的机械制造和现代服务业集聚区，经济综合竞争力走在闽粤赣边县（市、区）前列。

活力新罗。进一步深化重点领域改革，努力培育和催生经济社会发展新动力、新热点。主动融入国家省市战略，用好用足苏区政策资源，全方位加强与港澳台、东盟等国家和地区的交流合作，全力支持厦龙山海协作区建设；外贸出口总额、实际利用外资力争分别突破35亿美元和3亿美元；形成闽粤赣边最具活力的区域。

魅力新罗。按照“一主一副，两带支撑，五大经济体协同发展”的战略布局，充分发挥中心城市辐射带动作用，积极推进小城镇、特色小镇、美丽乡村建设。强化市区一体理念，全力争创全国文明城市，不断创新城市管理。传承弘扬新罗“德业日新，网罗四方”的优秀文化，健全“吃住行游购娱”六要素，做好宗教游文章，加快打造九龙江源“慢生活”圈。城镇化率达74%以上，建成城乡一体先行区、闽粤赣边旅游集散中心。

生态新罗。持续推进“治山、治水、治大气”攻坚战，全面淘汰落后产能，促进土地、水、矿产等资源节约集约利用。实行最严格的源头保护、环境保护责任追究等制度。森林覆盖率高于79%以上，城市空气质量优良天数比例保持在98%以上，主要流域水质优良比例总体达到90%以上，绿色、可持续发展水平明显提升，建成省级生态文明示范区。

和谐新罗。坚决打赢脱贫攻坚战，确保2019年底之前完成3870户、9532人贫困户脱贫任务。市区合力创建“教育名城”，力争教育综合竞争力位居全省同类县（市、区）前列；建立健全覆盖城乡的基本医疗卫生制度，实施推动创业和促进就业扶持政策，全力推进各项社会保障全员覆盖。深入实施“七五”普法，健全大调解工作体系，认真落实信访“路线图”，加大安全生产、食品安全等综合监管，确保社会和谐稳定。

（摘编：王诗诚）

永定区社会发展概况

2016年，永定区主动适应体制转轨、经济转型、作风转变的新形势，集中精力抓发展，真心实意惠民生，一路攻坚克难、砥砺奋进，全区经济社会发展取得稳中有进、稳中向好的新成效。

经济发展稳中向好。全年完成地区生产总值137.8亿元、增长8%；全社会固定资产投资178亿元、增长20%；一般公共预算总收入13.05亿元，其中地方一般公共预算收入8.65亿元；社会消费品零售总额48.3亿元、增长14.3%；城镇居民人均可支配收入32270元、增长9%；农民人均可支配收入15270元、增长11%。

脱贫攻坚稳步推进。完成贫困户建档立卡3477户11673人，安排3392名干部结对帮扶，探索实施光伏、文化、旅游等产业扶贫的新路径，区财投入脱贫资金2300余万元，发放扶贫小额信贷资金3453万元，1244户4122人易地搬迁贫困户春节前可基本搬入新居，年度脱贫1694户5906人、脱贫率达49.14%。

生态环保取得实效。实施14个生态环保基础设施项目，年度完成投资5.1亿元。淘汰黄标车993辆、燃煤锅炉2个，完成造林绿化9389亩，空气质量优良。全面改善提升流域生态环境，争取汀江（韩江）流域上下游横向生态补偿资金4960万元，完成龙湖3万多亩水葫芦灾害治理，湖面全面恢复通航；标准化改造养猪场123家，关闭拆除养猪场1546户、27.8万平方米；开工建设10个乡镇污水处理设施。国省控断面水质均符合Ⅲ类水标准，水质优良率达100%。

城乡建设扎实推进。城区建设更富品位。城建惠民“十个一”项目基本完成，沿河北路“白改黑”项目、春蔼园改造提升工程投入使用，“一河两岸”生态休闲绿廊一期工程等项目顺利推进。体育中心民生板块突破征拆难题，正式开工建设。城区交通秩序得到有效规范，新建改建7个停车场、新增555个停车位，九一街、南门街全面禁停机动车辆。顺利通过“国家卫生县城”复核验收，新一届“省级文明县城”通过年度测评。镇村建设更具特色。下洋、龙潭列入市级新型城镇化建设重点镇，下洋镇列为市级土楼美食特色小镇建设。20个省级“千村整治、百村示范”美丽乡村建设完成投资1.02亿元，20个市级美丽乡村规划编制全面完成。下洋镇中川村等6个村列入第四批中国传统村落名录。基础设施更加完善。全年完成交通基础设施投资9.15亿元。龙岩中心城区至高陂快速通道、岐岭互通连接线二期等工程建成通车，漳武高速永定至上杭段、永梅出省公路、湖雷经溪口至坎市公路、高陂至虎岗公路二期等项目顺利推进。全年修建乡村公路63公里，城乡交通“脉络”更加通畅。完成电网投资1.14亿元，湖坑、坎市、古竹等乡镇输变电工程竣工投入运行。完成培丰至龙潭西气东输天然气管道建设。

社会事业全面进步。持续推进以改善民生为重点的社会事业建设，投入民生事业14.46亿元、增长8.06%，38项为民办实事项目基本完成。教育事业扩容提质。完成“十三五”城区学校布局规划调整，建成坎市彩金实验小学、实验幼儿园大洲园区、大溪中心幼儿园，完成25所学校新改扩建工程，新增学位2250个。投入1741万元配备832套“班班通”设备，投入8864万元实施“全面改薄”工程，投入6000万元实施22所学校运动场塑化改造工程，教育教学条件不断完善。高考本科以上院校录取率达44.17%，同比提高2个百分点。卫生事业加快发展。湖雷、高头、洪山等3

个乡镇卫生院改扩建工程全面竣工，32个村（居）卫生所标准化建设全面完成，全年新增卫技人员248名、床位321张，医疗卫生服务业务用房及人才紧缺问题得到有效缓解。基本公共卫生服务经费人均标准由25元提高到45元。社会保障不断健全。继续提高社会养老保障水平，城乡居民基础养老金提高到每人每月125元，机关事业单位和企业退休人员人均月增资245元、148元。失业、工伤、生育保险参保人数基本实现应保尽保。给予守法家庭大病医保报销比例增加10%的奖励。体育赛事精彩纷呈。成功举办首届环土楼国际山地马拉松赛、海峡两岸汽车场地越野赛、全国城市俱乐部筏钓巡回赛等大型体育赛事，"土楼+体育运动"不断升华。社会治安和谐稳定。信访维稳、禁麻禁毒、安全生产等工作成效明显，全年未发生较大及以上安全生产事故，社会治安防控体系更趋完善，刑事发案率下降8%，群众安全感、社会治安满意率不断提升。

改革创新稳步实施。着力规范权力运行，向社会公布区乡两级"三张清单"，取消51项审批事项。规范财政投资和政府采购，公共资源交易中心全年交易346笔9.09亿元，节约资金6065万元。出台向上争取资金及引税入永激励措施，争取上级补助资金13.46亿元、比增8.6%。争取"区+县"叠加政策有新突破，在高速公路建设等领域获得支持，正式开通龙岩至永定城际定制公交。注重资本运作，创新融资方式，优化债务结构，采取PPP、政府购买服务、国家专项基金、企业发债等渠道筹集建设资金，有效拓展投资建设新渠道。全面实施公车改革和医药卫生体制改革，农村土地承包经营权确权登记、集体林权制度改革等其他领域改革扎实推进。

过去五年，永定区厚植发展优势、破解发展难题，奠定了转型发展的坚实基础。

基础设施日趋完善，城乡面貌焕然一新。城乡一体化进程扎实推进，成功实现"五城同创"，常住人口城镇化率由38.8%提升至46.1%。湖坑镇入选国家级历史文化名镇，高陂、下洋分别被列入省、市镇级"小城市"培育试点，美丽乡村建设"南江经验"、美丽革命基点村和旧村改造经验在全省推广。"莆永高速""湖城高速"等一批重大交通项目建成通车，路网、电网、水系安全网等基础设施更加完善。生态红线有效筑牢，五年累计拆除养猪场72.8万平方米，治理水土流失42.9万亩，造林绿化27.8万亩，环境质量持续优化。

社会事业全面进步，民生福祉大幅改善。财政累计投入民生事业60.1亿元，占财政总支出的51.8%。顺利通过"义务教育发展基本均衡县"国家级验收，城区学校加快扩容，教育布局更加优化。三级医疗卫生服务网络进一步健全，医疗卫生水平不断提高。社会保障体系更加完善，在全市率先执行城乡居民社保奖励性养老金政策，基础养老金翻番，被征地农民养老保障金标准提高42%，城乡居民基本医疗保险财政补贴标准提高1.1倍。文体事业繁荣发展，"土楼三部曲"多次在境内外巡演。"平安永定""法治永定""数字永定"建设扎实推进，群众幸福指数不断提高。

各项改革加快落地，行政效能不断提升。体制改革取得重大突破，撤县设区获国务院批复，凤城撤镇改街，虎岗、城郊、仙师撤乡设镇，高陂被列为全省第三批机构改革试点镇。简政放权稳步推进，顺利完成商事制度改革，设立公共资源交易中心、投资评审和合同管理中心、国库集中支付中心。制度建设成效明显，专项资金审批、项目投资管理、争取资金绩效考核等制度逐步完善。党风廉政建设责任制和中央"八项规定"精神得到有效落实，行政成本进一步压减，"三公"经费比2011年下降49.3%。

对外合作不断拓展，发展活力显著增强。永定客家文化园被列为海峡两岸交流基地，福建土楼博物馆被确定为中国华侨国际文化交流基地，成功举办海峡客家（永定）旅游风情节。与海外侨胞、港澳台同胞的交流往来更加密切，与厦门翔安、火炬高新区的山海协作深入推进。共设立9家异地商会，"回归工程"成为招商的主渠道。

（摘编：杨立群）

上杭县社会发展概况

2012年以来，上杭县全面贯彻落实党的十八大、十八届历次全会以及习近平总书记系列重要讲话和来闽来杭重要讲话精神，抢抓机遇，大干快上，全县经济社会保持较好较快发展。

致力加快经济发展，综合实力显著提升。据初步统计，2016年实现地区生产总值276.5亿元；财政总收入31.7亿元，其中地方级收入22.9亿元；社会消费品零售总额88.2亿元；城镇和农村居民人均可支配收入分别为33320元、14200元。县域经济实力显著增强，被评为“福建经济实力十强县”，三次被评为“福建县域经济发展十佳县”。

致力完善基础设施，城乡面貌焕然一新。基础设施持续改善。赣龙复线铁路、长深高速（上杭段）、上蛟高速建成通车，厦蓉高速（上杭段）扩容、永杭高速（上杭段）开工建设；完成国道357（稔田集镇至接官亭）、358（水西渡至东门大桥）建设和茶白线、大中线（溪口至庐丰段）、才庄线等8条通乡镇干线道路升级改造，完成县通乡公路建设118.3公里和危桥改造、渡改桥56座。电力体制改革全面完成，建成110千伏变电站8个、220千伏变电站3个，实现乡镇双电源供电全覆盖。西气东输管网工程（上杭段）基本完成。农村安全饮水整乡、整村推进工程全面完成，荣获“全国农村饮水安全工程示范县”称号。农田水利建设完成投资4.5亿元，新增和改善灌溉面积11.2万亩。生态建设成效显著。治理水土流失面积22.3万亩。植树造林35.2万亩，森林覆盖率从74.6%提高到77.1%。“一江两河”水环境综合整治和中小河流治理工程扎实推进，关闭拆除生猪养殖场164.6万平方米，实施规模养殖场标准化改造2138家，流域水质明显好转。乡镇污水处理厂、生活垃圾中转站基本建成。通过国家级生态县验收，被评为福建省森林县城。城市品位明显提升。完成了县城总体规划（2015—2030）修编工作，城市建成区面积扩大到13平方公里。南门大桥、张滩大桥及连接线建成通车，上杭大道全面建成，城市中轴线顺利打通。实施三环路一期、东二环路、琴岗路、江滨西路一期等一批城市道路和小街小巷改造工程。完成南北江滨公园、安澜桥滨水景观、瓦子街广场、市民活动广场和街心花园、紫金公园提升改造工程。客家缘文化中心基本建成，客家族谱博物馆、演艺中心、客家开元酒店投入使用。城区新建6个停车场、新增停车位257个。“绿亮美”工程全面推进，城区绿化覆盖率达42.9%，被评为省级园林县城。新农村建设扎实有效。实现全县乡镇总规、行政村规划全覆盖。完成8个乡的撤乡设镇工作，城镇化率从36.7%提高到43.9%。被列入第三批国家新型城镇化综合试点地区。古田市级“小城市”培育试点、9个小城镇综合改革试点和64个省级“千村整治、百村示范”工程、21个市级美丽乡村示范建设扎实推进，古田镇、才溪镇获评全国特色景观旅游名镇，古田镇入选全国首批特色小镇。毛泽东才溪乡调查旧址群、临江楼、李氏大宗祠被列为全国重点文保单位。太拔镇院田村和中都镇罗溪村、田背村、兴坊村入选中国传统村落名录。

致力发展民生事业，人民生活明显改善。坚持每年实施一批民生实事，县财政支出70%以上用于改善民生。社会保障更加有力。健全完善社会保障体系，逐年提高城乡居民基本医疗保险政府补助和养老保险基础养老金补助标准，在全省率先实施健康扶贫保险，养老保险、医疗保险、失业保险实现从制度全覆盖到人员全覆盖。社会保障服务中心荣获“全国人社系统优质服务窗口”称号。累计新增城镇就业12937人，城镇登记失业率控制在2.6%以内。建成各类保障性住房3323套，配租配售2846套。脱贫攻坚深入推进，完成造福工程危房改造5832户，减少贫困人口1.5万人。社会事业全面发展。全面完成义务教育阶段标准化学校建设，城区新增2所小学、4所幼儿园，新改扩建26所乡镇公办幼儿园，在全市率先实行普通高中教育免学杂费、课本费、住宿费政策。深化实施医药卫生体制和县级公立医院改革，县医院门诊综合大楼投入使用，开工建设县医院、县妇幼保健院整体搬迁项目，完成13个乡镇卫生院业务用房、辅助用房、职工周转房和305个村卫生所建设。新改扩建17个乡镇敬老院、58个农村幸福院。建成县级老年人活动中心。实施114个行政村文体设施提升改造工程，建成体育中心多功能馆，开工建设水上运动中心，杭籍运动员获得省级以上赛事金牌115枚，县少体校被评为新一轮国家高水平体育后备人才基地，被评为全国文化先进县、全国群众体育先进单位。社会管理不断加强。全面完成计划生育工作目标任务，保持“全国计划生育优质服务先进单位”，荣获“全国先进农村卫生协会”“全国计生协会县级先进单位”“福建省人口计生综合改革示范县”称号。“平安县乡村”三级联创活动持续深化，“六五”普法工作通过国家验收，被评为“全国法制宣传教育先进县”、福建省第三轮首批平安县。食品药品安全监管水平持续提升，质量安全更有保障。

致力提升服务水平，自身建设持续加强。深入开展党的群众路线教育实践活动和“三严三实”专题教育、“两学一做”学习教育，扎实推进机关效能建设，政风行风持续好转。公共资源配置中心投入运行，公共交易程序和交易主体行为更加规范。简政放权力度进一步加大，推行项目前期审批联合会审机制，基本完成县、乡全流程网上办事大厅建设。自觉接受县人大及其常委会的法律监督、工作监督和县政协的民主监督，广泛接受社会监督，依法向人大报告工作，定期向政协和老同志通报情况，办理人大代表建议1370件、政协委员提案934件。持之以恒落实中央八项规定，“三公”经费支出明显下降，办公用房进一步规范，党政机关公务用车改革基本完成。依法实施行政监察和审计监督，深入开展廉政访谈、述责述廉、专项巡察等活动，建立党员干部旁听庭审警示教育制度，加强对党员干部特别是“一把手”的日常监督管理，党风廉政建设和反腐败工作不断深入。

圆满完成全军政治工作会议地方保障工作，得到上级充分肯定。在第二批党的群众路线教育实践活动中，作为张德江委员长的联系点，上杭县始终坚持高标准、严要求，为全市、全省乃至全国树立了标杆、作出了示范。成功举办了纪念古田会议85周年、毛泽东才溪乡调查80周年、陈丕显同志100周年诞辰、邓六金同志100周年诞辰等重大活动，顺利承办了第八届海峡论坛·海峡客家（上杭）族谱文化风情节、第十一届中国铜加工行业发展论坛。与塔吉克斯坦共和国彭吉肯特市签订友好城市备忘录，塔吉克斯坦总统埃莫马利·拉赫蒙到访上杭县，并成为县荣誉市民。

荣获第三次全国经济普查国家级先进集体。连续两届被评为全国双拥模范县。连续两次被评为全国“两纲”工作示范县。

今后五年是全面建成小康社会的决胜期，是全面深化改革的攻坚期，上杭县的主要奋斗目标是：全面完成“十三五”规划确定的各项目标任务，全面建成小康社会；巩固“十强县”成果，力争实现提升进位；力争地区生产总值达500亿元、财政总收入达50亿元、居民人均可支配收入达3万元以上；力争福州至广州高速铁路（上杭段）开工建设，永杭高速（上杭段）、环城公路建成通车，“2345”交通圈基本建成，县医院完成整体搬迁，60%以上的村（居）建成农村幸福院，现行标准下贫困人口全部提前脱贫，争创国家级园林县城、国家级卫生县城、国家生态文明建设示范县、省级文明县城、省级教育强县，进入创新型县份行列。

（摘编：康明辉）

武平县社会发展概况

2016年，武平县坚定信心，迎难而上，全力以赴做好政府各项工作，经济社会保持平稳健康发展。全年实现地区生产总值160亿元、增长8.5%；财政总收入10.4亿元、增长1.5%，其中地方级财政收入7.3亿元、增长0.1%；城镇居民人均可支配收入28544元，增长9%；农村居民人均可支配收入13952元，增长10.9%。

扎实推进城乡建设，新型城镇化步伐加快。基础设施不断改善。建长武高速公路被列入海西网规划并启动前期工作。环城快速通道启动建设，环城南路正式开工，环城东路、环城北路已对外招标。完成三角埔至中赤公路路面重铺和6座农村危桥改造。新增公路通车里程70公里。实施35千伏象洞变二期扩建、35千伏城关至永平线路改造等电力基础设施工程。汀江防洪工程（一期）武平城北段、平川河云礤溪安全生态水系、小型农田水利重点县等项目加快实施，石径岭水库封堵蓄水，陈田水库通过下闸蓄水验收，云礤水库开工建设。县城建设有序推进。创建全国县级文明城市工作取得积极进展。沿河西路、武安路（一期）、南门大桥完成改造，东环路（三期）、中街西路、中心桥改造等加快推进。新建公交车停靠站83个，新增公交车6辆，新开通第六路公交线路，县公交首末站将于年底投入使用。新建供水管网5公里、燃气管网10公里。公安新业务技术用房、社会福利中心（一二期）、儿童乐园建成投入使用。拆除“两违”面积99.6万平方米。“智慧城市”综合服务管理平台试运行。镇村建设全面加强。十方镇市级小城市建设试点项目推进力度大。十方、岩前市级新型城镇化建设重点镇和城厢、中山特色小镇建设步伐加快。17个“千村整治、百村示范”美丽乡村示范点取得实效。完成首届“十大美丽乡村”评选。

扎实推进改革创新与对外开放，发展活力进一步增强。重点领域改革持续深化。深入推进“放管服”改革，行政权力清单动态管理、行政审批后续监管等工作在全省、全市领先，十方镇权责清单试点作为全市唯一典型报省推广。党政机关公务用车改革全面实施。商事制度改革成效明显。医药卫生体制改革深入推进，实施了医联体试点，完善了基层医疗卫生机构收入分配机制，县内就诊率达81%。县社会福利中心实行“公建民营”。创新创业力度加大。首个市级众创空间“智农青创”建成营运。对外开放不断拓展。积极融入中国（福建）自由贸易试验区等重大改革试验区建设。闽粤赣边区域协作和山海协作不断加强。申报创建定光佛文化园区海峡两岸交流基地取得积极进展。第五届海峡两岸定光文化旅游节首次赴台举办。

扎实推进民生改善，人民群众获得感不断扩大。县财政全年安排民生支出21.3亿元。为民办实事项目得到较好落实。社会事业稳步发展。促进教育提质发展“十条措施”成效显现，教育教学质量稳步提升。实验小学河东分校建成投入使用，第三实验小学、武安小学、武安幼儿园、文山幼儿园4所学校开工建设。人口计生工作稳定有效。县医院新病房大楼投入使用。县妇幼保健院完成建设。文化惠民工程深入实施，开展了“文化梁野”群文系列活动。文化产业发展壮大，新上规模以上文化产业法人企业7家。获市级以上体育竞技赛事金牌69枚。县电视台数字化改造提升工程全面竣工。社会保障水平进一步提升。城市低保标准提高至每人每月475元，农村低保标准提高至每人每年2650元。新建社区综合服务站1个、农村幸福院5个。新建成保障性安居住房140套。新增城镇就业1396人，农村转移就业5082人。社会治理持续加强。全面落实安全生产“一岗双责”和企业主体责任，安全生产形势平稳。在全市率先完成乡镇防汛视频会议系统升级改造，新增区域自动气象观测站17个，有效应对了台风等自然灾害袭击。“平安武平”建设进一步深化，司法体制改革不断推进，对涉麻涉毒、涉黑涉恶、电信诈骗等违法犯罪活动保持严打高压态势，刑事案件破案率连续四年居全市第一位，公众安全感满意率居全省第二位。

扎实推进政府自身建设，服务质量稳步提高。自觉接受县人大及其常委会的法律监督、工作监督和县政协的民主监督。全年共办理人大代表建议151件、政协委员提案123件。大力推进行政服务标准化建设，行政效能进一步提升。绩效管理持续加强，行政监察和效能督查力度加大，执行力得到较大提高。严肃财经纪律，对91个政府性投资项目实施审计，节约财政资金4390万元。“三公”经费下降10.1%。

过去的五年，全县经济社会发展取得长足进步，荣获全国县级文明城市提名城市、全国科技进步先进县、国家知识产权强县、国家义务教育发展基本均衡县、全国绿化模范县、全国集体林权制度改革先进典型县、福建省县域经济发展十佳县、省级园林县城、省平安创建先进县等一系列荣誉称号。

五年来，城乡面貌得到较大改善。古武高速公路建成通车，宁象公路完成改扩建，构建了“三纵两横”公路主骨架，成为全省少有的具有两条出省高速公路的县份。形成以县城为中心，十方、岩前为次中心，桃溪、中山、中堡为片区中心的城镇化格局。全县常住人口城镇化率从32.6%提高到46.5%。县城建成区面积从6.5平方公里扩大到8.1平方公里。武平大道、沿河西路、梁野大道贯穿南北，闽粤赣边客家生态文化城、客都汇文化旅游小镇、新天地购物广场等城市综合体拔地而起，实验小学河东分校、第二实验幼儿园、县妇幼保健院、社会福利中心、儿童乐园等民生项目深得人心，“一河两岸”绿廊慢道稳步推进，山水园林精品城市建设初见成效。小城市、重点镇和美丽乡村建设不断加强。新增六个乡撤乡设镇。抓了65个美丽乡村示范村建设。

五年来，改革开放得到较大推进。新一轮政府机构改革全面完成。“放管服”改革持续深化，政府部门权力清单、责任清单和公共服务事项清单全面公开，减少行政审批事项98项、公共服务事项171项，优化办事流程68项，下放乡镇审批服务事项21项，非行政许可审批事项全部取消。集体林权制度改革纵深推进，林权抵押贷款、重点生态区位商品林赎买等工作全省领先。在全市率先推进“三农”综合保险。被列为全国农村土地承包经营权抵押贷款试点县和国家县级公立医院综合改革试点县。

五年来，民生福祉得到较大增进。累计投入22.2亿元，实施了66件为民办实事项目。创建省级生态县通过现场验收与复核。东留、民主、万安、下坝4个乡（镇）被评为“国家级生态乡镇”。森林覆盖率达79.7%。境内各流域水环境总体改善。空气质量位居全省前列。累计投入3.7亿元实施学校扩容、校安工程等项目建设，新建学校11所，城乡教育资源布局趋于均衡。城镇、农村居民人均可支配收入年均分别增长10.2%、12%。实现城乡居民养老保险参保全覆盖，基础养老金从每人每月55元提高到125元。城市低保标准和人均补助水平分别提高82.7%、75.1%，农村低保标准和人均补助水平分别提高120%、110%。贫困人口由27822人减至8931人。

五年来，政府作风得到较大改进。切实加强绩效管理，全面实施了县对县直部门和乡镇的绩效考评，工作效能稳步提升。全面加强政府系统党风廉政建设，努力构建“不想腐、不能腐、不敢腐”的长效机制。针对国有土地出让、建设工程招标、政府采购、财政资金审核与拨付等重点领域，制订完善了一系列管理制度。“三公”经费年均下降15.6%。

（摘编：李　哲）

长汀县社会发展概况

过去五年，长汀县主动适应新常态，全力以赴稳增长、促改革、调结构、惠民生、防风险，经济社会平稳健康发展。初步统计2016年完成地区生产总值175亿元、财政总收入9.4亿元、地方公共财政收入6.5亿元、全社会固定资产投资240亿元、社会消费品零售总额66.4亿元、城镇居民人均可支配收入21420元、农村居民人均可支配收入12820元，分别年均增长10.5%、3.6%、8.6%、29.9%、15.4%、11.6%、12.1%。

生态治理持续发力。实施水土保持“六大工程”，累计完成水土流失治理68.7万亩，水土流失面积下降到39.6万亩，流失率降为8.52%。完成植树造林27.2万亩，森林蓄积量达1557万立方米，森林覆盖率79.8%。全面落实“河长制”，启动万里安全生态水系建设，集中式饮用水源地水质、汀江河交接断面水质达标率为100%。开展畜禽养殖污染专项整治，加强重点流域污染整治，关闭拆除生猪养殖场1701家、50.8万平方米。大力整治大气污染，在全市率先完成黄标车年度淘汰任务，空气质量优良天数比例达90%以上。

生态创建卓有成效。积极探索水土流失治理和生态文明建设新路径，水土流失治理“长汀经验”在全国推广。成功推动建立汀江－韩江横向生态补偿机制，汀江生态经济走廊六大功能板块建设扎实推进，公众生态文明认知度、生态知识普及度和生态建设参与度逐步提高。顺利通过国家生态县考核验收。

名城魅力初步显现。加快大同新区、策武工业新区、火车南站片区、汀州电商物流城建设。黄屋大桥、宝珠路顺利通车。实施“一江两岸”景观修复和四大街区改造项目61个，完成投资4.1亿元，太平双廊桥、大夫第、济川门主体工程相继建成，店头街—五通街和东大街成为第一批省级历史文化街区，店头街被评为中国历史文化名街。启动长汀一中高中部、汀州医院迁建工程，初步解决名城保护修复、城市拥堵、环境卫生等方面的突出问题。

镇村面貌不断改观。河田、新桥小城镇综合改革试点和“321”特色乡镇创建工程稳步推进，常住人口城镇化率由2011年的44.6%提高到46.5%。“六清六美”城乡环境综合整治和“两违”专项整治扎实开展，在全省率先出台《长汀县传统古村落保护与管理实施纲要》，成功获评中国传统村落6个、国家级历史文化名村2个，省级传统村落8个、省级历史文化名村4个。

基础设施日趋完善。赣瑞龙铁路顺利通车，长汀进入动车时代。完成319国道长汀段“白改黑”、龙长高速古城互通、省道205线三期工程。完成镇镇有干线公路59.6公里、农村公路449.5公里、渡改桥及危桥改造50座。实施农村电网改造工程、西气东输三线东段天然气管道工程，城区第二污水处理厂、河田污水处理厂投入使用，城区生活垃圾无害化处理场渗滤液处理站和18个集镇生活污水收集处理项目顺利竣工。加快烟基工程、病险水库除险加固、高标准农田、汀江防洪、小型农田水利重点县工程等农业农村水利基础设施建设，农业综合生产能力稳步提高。

脱贫攻坚精准发力。建立“三定六有九到户”工作机制，实施“十一个一批”精准脱贫工程，累计投入扶贫资金4.1亿元，完成贫困户劳动力技能培训9418人次，发放扶贫小额信贷2.1亿元，建成造福工程集中安置区25个，完成造福工程搬迁和危房改造8715户35171人。贫困人口比2011年减少14137人，贫困发生率由8.96%下降至5.34%。

社会保障更加健全。促进就业创业，转移农村劳动力3.57万人，累计新增城镇就业1.47万人，城镇登记失业率连续5年控制在2.46%以内。社会保障水平稳步提高，城乡低保标准逐年提高，医疗救助、临时救助力度持续加大。建成各类保障房5377套，住房保障工作走在全省前列。积极应对2015年“5·19”“7·22”特大洪灾，灾后重建工作顺利完成。

社会事业长足进步。投入31.5亿元，改善办学条件，新建、改造各类校舍8.98万平方米，顺利通过义务教育发展基本均衡县国家级评估验收。妇幼保健院妇女儿童保健大楼、中医院住院病房大楼、大同社区卫生服务中心建成并投入使用，医疗机构床位比2011年增加811张，县乡村三级医疗卫生服务水平不断提升。加强计生优质服务，人口自然增长率控制在8‰以内。成功举办省苏维埃政府成立80周年、杨成武将军100周年诞辰、红军长征胜利80周年纪念活动和名城保护日、公祭客家母亲河活动，建成汀州客家剧院、青少年活动中心、图书馆，群众文化体育生活日益丰富。

社会大局和谐稳定。“平安长汀”建设扎实推进，坚持以打开路、以打促防，强化综合整治，涉麻制毒等各类违法犯罪活动得到有效遏制，得到国家禁毒委、公安部和省、市的充分肯定。落实维稳“一评估四联动”机制，推进社区网格化服务管理，依法规范信访秩序，有效化解信访积案41件。安全生产形势平稳，落实安全生产“一岗双责”，2016年各类事故“四项指数”比2011年分别下降53.1%、73.9%、21.6%、93.6%。

深化改革蹄疾步稳。深化行政审批制度改革，公布3616项权力事项和4880项责任事项，集中33个单位755个审批服务事项进驻县行政服务中心，审批事项削减46%，行政审批提速50%。推进公共资源市场化配置，“五证合一、一照一码”登记、不动产统一登记全面推行，社会投资创业活力不断激发。新一轮政府机构改革顺利完成，事业单位分类改革和公务用车改革稳妥实施。建立和完善水土流失治理十项保障机制，生态司法“三三”工作机制被评为“全国性生态环境法治保障制度创新优秀事例”。“一归口三下放”基层医改经验被评为中国地方政府创新优秀实践奖。创新国有资产运营机制，国有资产总额是2011年的2倍。

政府自身建设进一步加强。自觉接受县人大及其常委会的法律监督、工作监督和县政协的民主监督，累计办理人大代表建议意见401件、政协委员提案572件，办结率均为100%。推进政务公开，完善绩效管理，有效落实各项决策部署，政府公信力和执行力不断提升。认真落实党风廉政建设责任制，强化行政监察和审计监督，查处违法违纪案件489件468人。坚持政务公开，接受社会监督。严格落实中央八项规定精神，政府系统三公经费支出年均下降5.6%。

未来五年，是深化改革创新、加快转变发展方式的攻坚期，也是全面建成小康社会的决胜期。长汀县工作的指导思想是：高举中国特色社会主义伟大旗帜，全面贯彻党的十八大和十八届三中、四中、五中、六中全会精神，以马克思列宁主义、毛泽东思想、邓小平理论、“三个代表”重要思想、科学发展观为指导，深入贯彻习近平总书记系列重要讲话和来闽来岩重要讲话精神，按照“五位一体”总体布局和“四个全面”战略布局，坚持稳中求进、好中求快的工作总基调，牢固树立和贯彻落实新发展理念，认真落实“十三五”规划和省、市、县党代会部署要求，以保持经济稳定较快增长为目标，以供给侧结构性改革为主线，以提高发展质量和效益为中心，以增进人民福祉为出发点和落脚点，再上新台阶、建设新长汀。

主要目标是：到2021年，地区生产总值年均增长9.5%；财政总收入年均增长6%，地方公共财政收入年均增长6%；居民人均可支配收入年均增长8%；常住人口城镇化率达到53%；城镇登记失业率控制在3.5%以内。

（摘编：张海生）

连城县社会发展概况

过去五年，连城县积极应对经济下行、要素制约和自然灾害等严峻挑战，攻坚克难、砥砺前行，加快推进“四个强县”和富有特色的海西新连城建设，实现了经济社会平稳较快发展。全县生产总值从97.3亿元增加到160.8亿元，年均增长10.6%；财政收入增加到6.2亿元，年均增长7.7%；城镇、农村居民人均可支配收入提高到26563元和12986元，年均分别增长10.2%和11.1%；全社会固定资产投资从66.3亿元增加到228亿元，年均增长27.6%；金融系统存款余额、贷款余额年均分别增长15.8%和16.2%。

重统筹、优布局，发展基础更加夯实。城镇化进程步伐加快。县城建成区范围及人口分别增加至7.5平方公里和6.9万人，城镇化率达42.6%。荣获省级园林县城称号，省级文明县城创建通过实地测评。完成观景路建设和文亨高速出口至江坊红绿灯道路“白改黑”“三线下地”改造提升工程；客家文化公园、城市公园建成对外开放；新建临时停车场10个，新增停车位425个；建成汇豪名城、阳光新都、紫金佳苑等一批房地产项目。姑田等3个镇入选全国重点镇，培田草药小镇列入福建省首批特色小镇创建名单，朋口、新泉列为市级新型城镇化建设重点镇，林坊、四堡完成撤乡设镇。美丽乡村建设成效显著。宣和培田、庙前芷溪被评为国家历史文化名村，四堡、新泉获评省历史文化名镇，塘前迪坑等25个村被列为市级以上传统村落。完成隔川松洋等3个市级和北团石丰等23个县级美丽乡村建设，成功打造曲溪罗胜、文亨田头、莒溪太平僚等一批美丽乡村亮点。在全市率先启动“中国最洁净乡村”建设工作，罗坊下罗等57个村的“千村整治、百村示范”工作顺利通过省级验收。现代交通网络日趋健全。赣龙复线建成通车，浦梅铁路（连城段）开工建设。冠豸山机场稳定运营，先后开通至北京、上海等7条航线，运送旅客35.1万人次。新增国省干线里程45公里、县道26.9公里、村道612.7公里，实施危桥改造62座、农村公路安保工程741公里。公交车首末站建成投入运营，开通冠豸山火车站客运专线。

勇创新、善突破，发展活力积聚释放。重点领域改革不断深化。开展依法行政和深化行政执法体制改革，法治政府建设不断加强。在全市率先开展“一照一码”登记制度改革，推进“放管服”工作，完成县政府职能转变、机构改革和不动产登记职责整合。在全省率先设立“政银保”合作农业小额贷款保证保险基金，建成全省首个“金融与企业信息综合服务平台”，设立中小微工业企业应急还贷资金。强化村级财务管理，实施村级财务交叉审计。启动农村土地经营权确权登记颁证、宅基地和集体建设用地使用权确权登记发证试点工作。开展全县中、小学校长公开竞聘，实施“名师、名校长培养工程”。公立医院综合改革有序推进，建立县域内转诊转院制度，药品零差率，实现县、乡医疗机构全覆盖。

惠民生、增福祉，发展成果群众共享。社会事业全面进步。累计实施为民办实事65件。顺利通过“义务教育发展基本均衡县”国家级验收；改造薄弱学校22个，实施校安工程项目33个，新建校舍10.6万平方米；连城一中、二中分别创建省一级、二级达标高中，西城文教片区实验小学、实验幼儿园投入使用。在全省率先建成使用计生征信管理系统，县医院完成异地搬迁并成功创建二级甲等医院，县卫生监督所、疾控中心、精神病院综合楼建成投入使用。农村有线广播“村村响”、农家书屋和农民健身工程点实现行政村全覆盖，县文艺中心、博物馆、青少年校外体育活动中心对外开放，全民健身、竞技体育协调发展。四堡雕版印刷基地成为中国印刷博物馆福建印刷文化保护基地，姑田大龙被载入吉尼斯世界纪录，客家牌匾等民俗文化赴台巡展。安全生产和食品药品安全形势持续稳定向好。禁毒人民战争全面打响，立体化社会治安防控体系初步建成。获评全国法治县创建工作先进县，实现“全国双拥模范县”三连冠和“省级双拥模范县”七连冠。经受“7·22”特大洪灾等自然灾害严峻考验，抗灾救灾和灾后重建工作取得阶段性胜利。社会保障更加完善。新增城镇就业1.2万人，转移农村劳动力就业2.3万人，失业率稳定在4%以内。城乡居民基本养老保险基础养老金最低发放标准提高至每人每月125元，累计发放养老金1.9亿元；城市低保标准提高至每人每月475元，农村低保标准提高至每人每年2650元，累计发放城乡低保金1.37亿元。新农合参合率持续稳定在99.8%以上，累计补偿金额4.86亿元。发放被征地农民养老保障金1880万元。开工建设保障性住房2661套，分配公共租赁住房1444套。扶贫开发富有成效。累计投入扶贫资金12.6亿元，减少贫困人口2.5万人，贫困村、贫困户生产生活条件得到有效改善。落实省直挂钩部门和福清市对口帮扶项目293个，争取帮扶资金3.3亿元。投入建房和基础设施等补助资金5.7亿元，完成造福工程危房改造5063户、贫困劳动力职业技能培训7720人。启动实施精准扶贫“349”工程，贫困乡、贫困村、贫困户挂钩帮扶实现全覆盖，产业扶贫、金融扶贫、光伏扶贫、电商扶贫等措施统筹推进，教育、医疗、社会保障等政策有效对接，完成国定标准贫困户易地扶贫搬迁5695人，发放小额扶贫贷款1560万元。生态文明扎实推进。成功创建省级生态县，赖源、曲溪、宣和获评国家级生态乡镇，新泉获评国家绿色低碳示范镇，214个行政村成功创建市级以上生态村。持续推进流域水环境综合整治，在全市率先启动“河长制”工作，开工建设“六江两溪”乡（镇）污水处理厂，县污水处理厂、第二污水处理厂建成投入使用。依法关闭拆除非法采（洗）砂场22家、禁养区生猪养殖场511家，综合整治地瓜干生产加工企业和小作坊103家。集中式饮用水源地水质达标率100%。完成造林绿化20.3万亩，水土流失治理59.8万亩。

提效能、转作风，发展环境持续优化。党的群众路线教育实践活动和“三严三实”专题教育、“两学一做”学习教育深入开展，廉政建设、行政监察和审计监督全面加强，政风行风明显好转，行政效能持续提升。严格落实中央“八项规定”精神，“三公”经费逐年下降，取消公务用车245辆、腾退办公用房1710平方米。坚持定期向人大常委会报告工作、向政协通报情况，累计办理人大代表建议397件和政协委员提案486件，办复率100%。

今后五年，是全面建成小康社会的决胜期，是全面打赢脱贫攻坚战役的关键期，政府工作的指导思想是：高举中国特色社会主义伟大旗帜，全面贯彻落实党的十八大以来党中央一系列决策部署，深入贯彻习近平总书记系列重要讲话和来闽来岩重要讲话精神，主动对接中央支持福建加快发展、支持原中央苏区振兴发展和实施脱贫攻坚等重大决策，大力实施创新驱动、产业兴县、人才强县“三大战略”，奋力打好项目落地、脱贫攻坚、生态环保“三大战役”，聚力突破工业经济、现代农业、文化旅游、城市建设“四大板块”，努力打造国际山水旅游度假城市，全力建设美丽连城、创业连城、幸福连城。

主要目标是实现“两个确保、五个突破”，即：到2021年，确保全县生产总值、财政收入增速高于全市平均水平，规模以上工业增加值、服务业增加值、社会消费品零售总额分别突破100亿元，全体居民人均可支配收入突破2.8万元，全社会固定资产投资累计突破1800亿元。

（摘编：林学军）

漳平市社会发展概况

过去五年，漳平市抢抓机遇，开拓进取，经济社会发展取得新成就，为全面建成小康社会打下了坚实基础。2016年，初步统计全市地区生产总值突破200亿元大关，达到204.1亿元，年均增长10.4%；地方财政一般公共预算收入完成6.4亿元，年均增长0.3%；城镇居民人均可支配收入29240元，年均增长11.5%，农村居民人均可支配收入14725元，年均增长12.2%。

城市品位明显提升。主攻大交通、大城区建设，加快补齐城市建设短板，大城区整体构架进一步拉大，城市建设呈现新局面。加大交通路网建设，“莆永”“漳永”高速公路（漳平段）、国道358线、福增大桥及连接线、卓西线、红尖山隧道（漳平段）连接线建成通车，新增高速公路出口4个。完善规划体系，城市总体规划、中心城区公共停车场专项规划完成编制。改善人居环境，万成、凯源等7大住宅小区及景弘公园等一批绿地广场建成，城区绿化覆盖率达42.5%。2016年，重点实施“一江两岸”生态经济带建设，迎宾大道提升改造、厚福大道、东环路白改黑、东坑口新大桥、华龙棚户区改造等项目建设扎实推进；创新城市管理体制，精细化、网格化管理水平不断提升，市容市貌综合整治持续开展，省级文明城市创建成果进一步巩固。

新型城镇化、美丽乡村建设亮点纷呈。把握规模化、集约化、特色化方向，推进新型城镇化建设，累计投入40亿元实施小城镇建设项目204个，城镇化率达57%。14个乡镇完成总体规划方案编制，双洋、溪南完成古民居保护专项规划。芦芝、西园、南洋撤乡设镇。南洋生态小镇建设初显成效。新桥、永福、溪南被列为全国重点镇，永福花香小镇列入省首批特色小镇。“美丽乡村”示范点扎实推进，拥有国家级传统村落3个、龙岩市美丽乡村试点村9个，双洋东洋村获评中国历史文化名村，溪南东湖村获评闽西最美古村落，南洋北寮村入选中国乡村旅游模范村，永福西山村被评为全国文明村。农村路网不断完善，农村道路硬化率达61%。建成农村安全饮水工程367处、受益14.2万人。

生态环境显著改善。创成省级以上生态乡镇15个、龙岩市级以上生态村157个。水土流失治理面积30.7万亩，造林绿化18.5万亩，宜林荒山基本消灭，森林覆盖率达78.1%，创成省级园林、森林城市。“河长制”全面推行，九龙江流域水环境综合整治持续推进，实施节能减排项目86个，关闭淘汰企业17家。2016年，着力打好“生态环保攻坚战役”，开展生猪养殖污染整治“百日会战”行动，关闭拆除养殖场面积61.3万平方米，消减生猪18.8万头；开展河道非法采砂专项整治，拆除取缔非法采砂场99个；淘汰黄标车624辆；九龙江流域漳平段水质稳定在国家Ⅲ类水标准，城区饮用水源地水质达标率100%，顺利通过国家生态市考核验收。

重大领域改革有序推进。政府机构、事业单位分类、城市管理综合执法、市场监管、不动产统一登记等机构和体制改革基本完成。“三张清单”、前置审批中介服务事项清单、“双随机一公开”“五证合一、一照一码”等制度全面推行。取消行政审批和公共服务事项42项，部门下放行政审批和公共服务事项31项。国家土地承包经营权确权登记颁证试点工作基本完成。土地流转准入、风险评估和监督保障制度逐步完善，流转农村土地面积8.4万亩。

精准扶贫、灾后重建成效显著。健全“领导

联村、部门挂钩、科局长驻村兼任第一书记”机制，开展“千名干部扶千户”活动，实现建档立卡贫困户挂钩帮扶全覆盖，具体帮扶措施基本落实。2016年，着力打好“脱贫攻坚战役”，组建扶贫小额信贷担保公司和扶贫开发投资有限公司，解决贫困户“建房难”“贷款难”问题，新增政策性投入和市本级财政投入1.3亿元，发放小额贷款2286万元，帮扶有劳力的贫困户各发展1个以上脱贫项目，实施易地扶贫搬迁813户2762人，其中进城集中安置的贫困户271户970人，建设集中安置区9个，年度脱贫4592人。全力抗灾救灾，扎实推进灾后重建，受台风“尼伯特”“莫兰蒂”影响的599户受灾群众春节前将全部搬入新居。

社会事业加快发展。实施为民办实事项目49个，累计投资20.2亿元。每年民生支出占公共预算支出比重均超75%。“双高普九”成果持续巩固，义务教育发展基本均衡县通过国家督导评估，校园布局调整进一步优化，“一校多区”管理学校增至9所，新建和改扩建幼儿园10所、中小学校29所，漳平三中（迁建）建成使用；进城务工人员随迁子女义务教育阶段在公办学校就读率达100%；高考成绩喜人。医药卫生体制改革稳步推进，城乡医疗机构药品、耗材零差率销售全面实施，市医院整体迁建项目投入使用，市中医院、妇幼保健院通过“二级甲等医院”评审，12个基层医疗卫生机构改造提升、115个村卫生所标准化建设顺利完成。坚持计划生育基本国策，两孩政策稳妥实施。新建乡镇文化站14所，实现农民健身工程、农家书屋和村村通、村村响173个行政村全覆盖；奇和洞古人类遗址列入全国十大考古新发现、全国重点文物保护单位和中华人类文明探源项目，王景弘史迹陈列馆成为全国海洋意识教育基地，漳平水仙茶传统制作工艺入选省级非物质文化遗产，永福“妈祖文化节”入选“闽西十大经典民俗活动”。首届全国青运会、第十五届省运会取得佳绩。获国家发明专利授权582项。全国第三次经济普查顺利完成。

社会保障水平进一步提升。就业形势保持总体稳定，新增城镇就业1.2万人、农村劳动力转移2.4万人，城镇登记失业率2.2%，控制在目标责任制4.6%以内。建立机关企事业单位工作人员及退休人员工资稳步增长机制，实施城乡居民基础养老金倍增计划和全民参保登记计划，城镇职工基本养老保险、医疗保险、失业保险、工伤保险、生育保险参保缴费覆盖面不断扩大。建成保障性住房6246套，实施造福工程3472户13280人。

社会大局保持和谐稳定。深入创建“平安漳平”，开展涉麻制毒、涉爆涉矿、电信诈骗与金融风险等专项治理，荣获“全国平安建设先进市”称号，北郊社区获评全国和谐社区建设示范社区。“科技创安”力度加大。公共安全预警防控和应急处置体系加快建设。信访维稳机制不断创新，社会矛盾纠纷有效化解。严格落实安全生产责任制，安全生产形势持续稳定向好。国防动员、后备力量建设和双拥共建稳步推进，被评为省级双拥模范城（县）。

依法治市全力推进。认真执行市人大及其常委会的决议决定，自觉接受人大、政协监督，办理市人大代表建议381件、市政协委员提案538件，满意率分别达92%、99.4%。健全公众参与、专家论证、风险评估、合法性审查、集体讨论决定等决策程序。扎实推进政务公开、行政权力依法规范公开运行。改进和加强行政复议，完善政府法律顾问制度。政府与法院、检察院、工会互动联席机制进一步完善。“六五”普法任务圆满完成，荣获“全国依法治市创建活动先进单位”称号。

行政效能大幅提升。“互联网+行政审批”平台建设深入推进，进驻网上办事大厅运行管理事项981个，办理时限、窗口直接办结率、当日办结率大幅提升。乡镇（街道）便民服务中心标准化建设全面完成，漳平行政服务中心被列为国家级社会管理和公共服务综合标准化试点单位。构建“大督查”工作格局，成立市督查工作办公室，机关效能建设不断加强。

（摘编：郭　虹）

宁德市社会发展综述

2016年，宁德市深入实施环三都澳区域发展战略，加快建设“六新大宁德”，经济社会发展保持总体平稳态势，实现了“十三五”良好开局。初步统计全市地区生产总值1615亿元、增长7.6%；公共财政总收入155.09亿元、增长5.2%，地方公共财政收入100.97亿元、下降3.3%；居民消费价格总水平上涨1.5%；城镇居民人均可支配收入28240元、增长8.5%；农民人均可支配收入13500元、增长9.0%。

城乡建设步伐加快，人居环境呈现新貌。中心城区基础设施不断完善，闽东路中段、天山东路一期实现通车，金漳路、漳湾疏港公路、福宁路三期等一批道路加快建设。投放新能源公交车98辆，新增公共停车场7个、停车泊位539个。出租车行业改革不断深化，网约出租车管理逐步规范。建成兰溪公园、环东湖慢行道一期等一批园林绿化项目，新增绿地64万平方米。新建改建供水管道10.6公里、雨污管网42公里。启动建设北区污水处理厂二期工程、第三水厂扩建工程等项目。建成投用一批防洪排涝工程。新型城镇化建设步伐加快，古田列入全国第三批新型城镇化综合试点名单，蕉城赤溪镇列入全国第四批美丽宜居小镇示范名单，福安廉村、蕉城邑坂村、周宁陈峭村、柘荣上黄柏村、古田凤竹村和林峰村列入全国第三批和第四批美丽宜居村庄示范名单。蕉城三都澳大黄鱼小镇、霞浦三沙光影小镇、屏南药膳小镇入选第一批省级特色小镇创建名单。赛岐、太姥山两个“小城市”培育试点三年行动计划获批，全市29个省市小城镇综合改革试点镇实施项目499个。农村环境卫生综合治理扎实开展，改水改厕试点工作成效显著，142个“千村整治、百村示范”美丽乡村加快建设。“两违”综合治理持续推进，拆除违建面积453.72万平方米。

改革开放力度加大，关键领域取得突破。组建市医疗保障管理局和市医疗保障基金管理中心，全市医保管理体制实现“三保合一”，城乡居民大病保险全面启动。全面两孩政策得到落实，市县两级妇幼保健与计生技术服务机构完成整合。柘荣被确定为第二批全国健康促进县项目试点地区。行政审批制度改革持续推进，调整规范市级前置审批和中介服务项目280项，市县乡三级实现权责清单全覆盖。“双随机一公开”监管机制有效推行。市公共资源交易中心平台挂牌成立。“五证合一、一照一码”登记制度改革稳步推进，新增市场主体3.63万户、增长30.36%。在全省率先实现市、县不动产统一登记全覆盖。财税体制改革扎实推进，全口径预算编制工作深入实施，“营改增”试点全面推开，政府债务管理不断规范，政府购买服务领域逐步扩大。公务用车制度改革有序推进。居民用水阶梯价格制度全面推行，一般工商业用电同网同价政策正式实施。第七届海峡两岸电机电器博览会和第八届海峡论坛·陈靖姑文化节成功举办，区域协作持续拓展。

环境整治成效明显，生态质量保持优良。屏南、寿宁、周宁、柘荣纳入国家重点生态功能区，柘荣获得“国家生态县”称号。全市陆域、海域生态红线以及城市（县城）周边永久基本农田完成划定。在全省率先开展领导干部自然资源资产离任审计试点工作。生态环保目标责任书任务得到有效落实，水、大气、土壤污染防治扎实推进。实施水污染防治项目147个、安全生态水系建设项目10个，重点流域水质功能达标率100%。建成投用乡镇污水集中处理设施15个、垃圾中转设施16个。大唐火电1#、2#、4#机组完成超低排放改造，燃煤锅炉、黄标车淘汰任务超额完成，空气质量达标天数比例98.6%。危废监管暨规范化管理“达标升级”试点通过考核，市危废综合处置中心项目启动建设，福鼎龙安热电厂、固废处置中心建成试产。植树造林15.67万亩，建设沿海基干林带23.3万亩，治理水土流失21.33万亩。

民生福祉不断增进，社会事业长足进步。精准脱贫持续推进，习近平总书记视频连线福鼎赤溪村，肯定宁德市扶贫脱贫成效。全市实施精准帮扶项目7000多个、投入资金20多亿元，完成造福工程搬迁6560户2.58万人，实现脱贫3.8万人。保障体系逐步完善，全市民生支出196.11亿元、增长5.9%，占公共财政支出72.9%。城镇新增就业3.14万人、登记失业率2.79%，农村劳动力新转移就业4.12万人。27个为民办实事项目基本完成。基层人社服务平台建设走在全省前列，发放城乡居民养老金4.95亿元，1895名高校毕业生实现自主创业。福利和慈善事业持续发展，市社会福利中心投入运营，新建农村幸福院42个。最低生活保障制度惠及10.6万人。新开工保障性安居工程7478套，基本建成7760套，累计配租配售保障性住房2.59万套，完成农村危房改造2000户。公共服务稳步提升，实施中小学扩容工程12项、校安工程20项、公办幼儿园16所。屏南、周宁通过义务教育发展基本均衡县国家评估认定。宁德师范学院通过教育部本科教学工作合格评估。宁德职业技术学院入选省示范性高职院校培养单位名单。文化惠民活动常态推进，文艺精品创作富有成效，《山哈魂》获全国少数民族文艺会演银奖。新增中国传统村落32个。群众性精神文明创建活动深入开展，“学习大军”民间志愿组织入选“全国百佳”。第十六届省运会筹办和备战工作扎实推进，市首届“魅力农体”展示大会顺利举办。“平安宁德”建设不断深化，反恐维稳管控和治安重点防控措施有力，各类刑事犯罪得到严厉打击，群众安全感达94.56%。圆满完成G20杭州峰会安保任务，福鼎贯岭公安检查站被公安部授予集体一等功，“七五”普法启动实施，宗教领域总体和谐稳定，信访态势平稳可控，安全生产形势保持稳定，食品药品安全保障有力。防抗台风及灾后重建工作扎实有效。连续四届被评为“全国双拥模范城”，国防后备力量、民兵预备役建设、海防、人防和打私工作进一步提升。

五年来，宁德市在抢抓机遇中加快发展，在应对挑战中克难奋进，谱写了宁德发展新篇章。

综合实力跃升晋位。全市地区生产总值先后突破千亿元和1500亿元，年均增长10.4%，高于全省平均增幅。公共财政总收入和地方公共财政收入先后突破百亿元，均前移至全省第七位，区域经济竞争力进一步增强。

城乡面貌显著变化。全市常住人口城镇化率和户籍人口城镇化率分别达55%和35.32%。中心城市主城区面积从22.8平方公里拓展到34.2平方公里，人均道路面积12.35平方米，人均公园绿地面积15.2平方米，成功创建国家园林城市。森林覆盖率67.18%，森林蓄积量4422.26万立方米。省级生态县（市、区）创建实现全覆盖。建成美丽乡村示范村40个，打造美丽乡村景观带19条，国家级传统村落数量居全省第一。

民生保障持续改善。扶贫开发“宁德模式”得到国家层面肯定，累计脱贫16万人。造福工程搬迁2.95万户11.8万人。建成保障性住房2.8万套。全市财政民生支出每年都占公共财政总支出66%以上。城乡居民人均可支配收入分别增加10527元、5681元，年均分别增长9.8%、11.5%。“双高普九”提前实现，义务教育发展基本均衡实现全覆盖，文化、卫生、体育等公共服务体系加快完善。社会保障制度不断健全，物价水平保持稳定，社会治理水平逐年提升，综治考评成绩居全省前列，进入全省文明城市行列。

（摘编：孟力坚）

蕉城区社会发展概况

2016年，蕉城区积极应对经济下行压力，全力推进“港城一体、产城联动、宜业宜居”新蕉城建设，经济社会保持总体平稳的发展态势。初步统计完成地区生产总值288亿元，增长8%；公共财政总收入20.5亿元，增长35.8%，其中地方公共财政收入11.8亿元，增长13.8%；社会消费品零售总额126.3亿元，增长13%；城镇居民人均可支配收入29513元，增长9%；农民人均可支配收入13528元，增长10%；居民消费价格总水平上涨1.5%。

建管并举，城乡发展步伐加快。交通路网不断升级。全年累计投入交通基础设施建设资金23亿元，衢宁铁路加快建设，宁德至南平铁路启动前期工作。沈海复线宁连段建成通车，福漳段抓紧建设，宁古高速加快前期工作。省道纵三线霍童段完成主体工程，漳湾疏港公路、虎贝至界首岔公路开工建设。火车站综合枢纽、城澳8#、9#泊位工程持续推进，14#、15#泊位开工建设。新改建农村公路28公里，新建农村港湾式车站、候车亭72个，实施公路安全生命防护工程24公里。城乡建设协调推进。天山东路一期实现通车，闽东路中段即将全面通车，鹤峰路“白改黑”可望在春节前完成主道路沥青铺设。方中广场一期动工建设，署前路一期、鹤岭小区等棚改项目完成前期。改造北大路等小街巷道路3条。实施“五大公园”提升工程，南漈绿道全线贯通。新增公共停车场7个，停车位572个。完成蕉南芦坪、东湖、下宅园等城区低洼地带整治。霍童镇被列入全国重点镇、飞鸾“三都澳大黄鱼小镇”列入省级第一批特色小镇创建名单。完成霍童溪八都段田园风光等3条美丽乡村景观带和七都小溪村等19个美丽乡村建设，霍童邑坂村被住建部确认为美丽宜居村庄示范点。新增国家级传统村落18个。“两违”综合治理持续推进，拆除违建面积约77万平方米，占全年目标任务的132.5%。生态环境深化治理。在2015年度全市“最严格水资源管理制度”考核中获得第一名，完成造林绿化2.4万亩，森林抚育2.45万亩，水土流失治理1088亩。投入2000余万元，完成漳湾垃圾焚烧发电厂等环保设施改造。生猪养殖场标准化升级改造1家，拆除禁养区生猪养殖场87家，超额完成市政府下达任务。城市环境空气质量二级以上天数达到98.3%。黄标车淘汰稳步推进，“清海”工作、海漂垃圾治理进一步深化。

着力民生，发展合力持续增强。全年投入19.6亿元用于民生工程建设，为民办实事项目有效实施。新开工保障性住房1147套，竣工850套。完成水库移民后期扶持项目建设52个。新增城镇就业4697人，农村劳动力转移就业5085人，均超额完成任务，城镇登记失业率2.62%。支持高校毕业生自主创业，成立大学生就业创业协会，帮助申请贷款772万元，蕉城区大学生创业园入驻企业25家。城乡居民社会养老保险综合参保率96.6%，城乡居民医疗保险实现全覆盖。城市、农村低保标准分别从每人每月420元、192元提高到486元、221元。社会事业统筹发展，宁德五中新校区二期、第一实验学校一期、第二实验学校一期建成投入使用，完成虎贝、城南富洋等6所农村公办幼儿园及实验小学、九都小学等5所学校综合楼建设。福建省唯一的“中国关心下一代教育示范基地”在区民族实验小学挂牌成立。分级诊疗新秩序逐步建立，宁德人民医院新外科综合大楼投入使用，累计建设“海云工程”项目点148个。两孩政策全面实施，各项计生重点指标均达省市要求，被省卫计委推荐为全国计划生育优质服务先进单位。霍童黄鞠水利遗址被纳入中国水利博物馆永久性展陈，填补了中国隋代水利空白。成功举办“2016中国·宁德·蕉城·霍童溪第三届山地自行车挑战赛”。区综合体育场馆抓紧建设，第十六届省运会备战工作扎实推进。社会治理不断强化，深化“平安蕉城”创建，加强“三化一龙头”建设和“六个专项治理”，立体化治安防控体系建设加快推进，基本实现城区和镇区视频监控全覆盖，“海上枫桥”和“三条主线”多元化解矛盾问题的经验做法全省推广。完成蕉北培英社区火灾隐患整治工作。禁毒、戒毒、打击电信网络新型违法犯罪等工作扎实开展。“六五”普法通过省级验收，建成城区公共法律服务中心，“一村（社区）一法律顾问”推广到187个村（社区），覆盖率达60%；在全市率先试点设立天湖、北山等5个司法工作室。创建“无访乡村（社区）”270个。“营改增”试点工作全面完成。严厉打击恶意逃废债、非法集资等金融犯罪，企业信贷风险有效防控。

依法治区，发展保障扎实有力。落实全面从严治党主体责任，强化法治思维，坚持在党的领导下，依宪依法行政。“两学一做”深入开展，严格落实中央“八项规定”精神，党风廉政建设和反腐败工作扎实推进，行政监察和审计监督力度加大。自觉接受人大及其常委会监督，依法执行人大及其常委会决议决定，坚持向人大及其常委会报告工作，全年办理人大代表议案、建议80件。支持政协履行政治协商、民主监督、参政议政职能，定期向政协通报情况，办理政协提案121件。落实行政机关负责人出庭应诉制度，完成行政执法主体确认，完善权责清单，全面推行法制审核制度，在全区主要执法单位设立专门法制审核员。政务公开和政府信息公开持续推进。探索建立“五一五联”投资项目并联审批工作机制，有效压缩行政审批环节和承诺时限。建成启用公共资源交易平台，投资项目在线审批监管平台进入试运行，完成全区所有乡镇（街道）便民服务中心和建制村（社区）便民服务站标准化建设。

过去的五年，蕉城区经历了不平凡的发展历程，在科学发展加快发展道路上迈出了坚实步伐。

经济发展驶入“快车道”，综合实力显著增强。坚持“发展是第一要务”不动摇，迎来改革开放以来发展最快最好的时期，创造了蕉城发展的黄金五年，综合实力跻身全市第一方阵。地区生产总值、规上工业总产值、固定资产投资突破两百亿元大关；社会消费品零售总额突破百亿元；公共财政总收入突破二十亿元，地方公共财政收入突破十亿元；人均地区生产总值突破九千美元；城镇居民和农民可支配收入分别突破两万元、一万元。

城乡新貌谱写“交响曲”，人居环境不断优化。确立了中心城市地位，晋列国家园林城市、省级生态区、省级文明城区，连续六届被授予“省级双拥模范城”称号。主城区建成面积达34平方公里，累计实施重大城建项目147个，一批市政设施和景观工程建成投用。主城区形成“四横五纵”路网结构，宁古公路蕉城段、九都至虎贝公路竣工通车，衢宁铁路、沈海复线加快建设，漳湾8#、9#码头投入使用，等级公路通车里程达1653公里。小城镇综合改革试点建设水平持续提升，12个乡镇获得“国家级生态乡镇”称号，美丽乡村建设串点成线，镇容村貌明显改观。

民生工程架起“连心桥”，群众生活明显改善。五年来，坚持以人为本，累计民生支出77.5亿元，年均增长18.8%。通过“全国义务教育发展基本均衡区”评估认定，获评“福建省教育工作先进区”，医药卫生体制改革扎实推进，保障性住房加快建设，“入学难”“就医难”“住房难”等民生问题得到缓解，精准扶贫、就业、社保等民生保障不断强化，单石碑垃圾山整治等一批“老大难”问题有效破解，生态环境质量保持全省前列。城镇居民和农民人均可支配收入分别是2011年的1.5倍、1.75倍，2013—2014年连续两年农民人均可支配收入增幅位居全省第一。

（摘编：苏建平）

福安市社会发展概况

2016年，福安市全力推进经济社会持续健康平稳发展。初步统计全市生产总值378亿元，增长7.5%；公共财政总收入29亿元，下降16%；地方公共财政收入18.12亿元，下降23%；城镇居民人均可支配收入29808元，增长8.0%；农村居民人均可支配收入14146元，增长9.0%；居民消费价格总指数101.5；城镇登记失业率4%；人口自然增长率8.68‰。

新型城镇化进程提速。城乡建设成效明显。实施城建项目192个，完成投资49.53亿元。溪北洋和富春溪西岸城市新区、赛岐北部新区开发建设加快推进，省级新型城镇化综改、赛岐“小城市”试点培育和穆阳、溪柄宁德市级小城镇综改深入实施。溪北洋非机动车及人行隧道开工建设，环城路二期、湾坞疏港公路基本竣工，沈海复线高速福安至蕉城段、富春大道三期、韩赛快速通道等一批城市主干道加快推进，坂中公园路绿化、阳头岛慢道系统三期四期、溪口公园等一批城市景观工程以及王基岭公交场站投入使用。城市管理水平进一步提升，交通秩序、街区环卫等整治成效明显，市容市貌明显改观。“两违”“两乱”整治拆除各类建筑物、构筑物628处，建筑面积100.87万平方米，占地面积172.52万平方米。生态建设力度加大。完成造林绿化18048亩，补充耕地1500亩，实现耕地占补平衡。溪潭镇芹洋村等27个村庄列入省级美丽乡村，整治打造了茜洋溪和磻溪流域等2条省级美丽乡村景观带；东山等11个村列入全国乡村旅游扶贫重点村，廉岭、仙岩、凤洋、金斗洋、溪塔等5个畲族村列入省非遗保护专项补助对象和省级畲族文化生态保护示范点，南岩村列入省重点扶持改善提升名镇名村传统村落；虎头村入选“中国生态文化村”，龙井坑村入选第四批国家级传统村落名录，佳浆、泰康、棠溪等3个村入选第五批省级历史文化名镇名村名录。12个乡镇污水处理厂和溪北洋新区、湾坞工贸区污水处理厂加快建设，城区垃圾填埋场渗滤液处理站提升改造工程和溪柄污水处理厂正式投入试运行。

社会保持和谐稳定。民生保障不断加强。市财政民生支出30.05亿元，占全市公共财政预算支出的71.5%。新增就业8065人、下岗再就业2635人，农村劳动力转移就业6900人，阳春社区入选省级充分就业星级社区。35件为民办实事项目基本完成，新开工建设保障性住房1476套，建成2919套，配租配售870套。扎实推进精准扶贫，完成1236户贫困户4400人减贫任务；实施“造福工程”733户3199人，年底前可全部迁入新居；市农户自立服务社为2782户农户发放扶贫小额信贷5693万元。建设和改造农村公路52.2公里，改造农村危桥4座，完成农村道路交叉口安全整治288处；新建农村客运站3个、新型农村候车亭80个。兑现计生家庭奖励484.14万元、大学生自主创业补贴170万元，发放计生户小额贷款贴息72万元、高校毕业生创业贷款487万元。计生意外保险等“生育关怀”项目覆盖2万户计生困难家庭。推进新农合及低保、高龄补贴扩面提标，全面实行新农合普通门诊统筹补偿、门诊特殊病种差别化基金支付政策，特殊病种范围扩大到28种，重大疾病医疗保障病种达到22种；城乡居民养老保险综合参保率97.7%，足额发放养老金1.03亿元；高龄老年人生活补贴发放范围由90周岁以上扩大到80周岁以上，受惠1.2万名老年人；为1.1万名60周岁以上被征地农民发放保障金2483万元。敬老院、幸福园实现乡镇、街道全覆盖。

各项事业协调发展。福安选手在全省青少年科技创新大赛中获得8枚金牌，获奖数和总成绩均居全省县级市首位。实施教育民生项目131个，完成投资1.98亿元；福安一中溪北洋校区已封顶12栋楼，福安六中晋级省二级达标高中，市学生资助管理中心通过省标准化验收；继续实施“368”惠生工程，惠及4948人。实施卫生基础工程项目10个，完成投资1151万元，“海云工程”覆盖农村人口70%以上；设立市阳光青少年心理服务中心，建成苏堤村和阳泉社区2所残疾人康复站。“三馆合一”主体工程竣工验收，大剧院、妇儿活动中心开始装修，奥体中心综合馆加快建设，市文化馆被评为国家一级文化馆；新建“福乐书屋”7所、社区多功能运动场和健身康乐家园51处；成功举办省“全民健身百村行”等活动，有序推进第十六届省运会备战工作，获全省青少年竞技项目锦标赛冠军11项；社区文化建设“五个一”工程深入开展，“社区群星秀”成为群众文化活动新品牌，“读书月”活动在全省推广；康厝畲族乡金斗洋村6人代表我省畲族参加第五届全国少数民族文艺会演开幕式。完成广播电站无线覆盖工程。计生“两孩”政策有效落实，殡改火化率达100%，骨灰集中安放（葬）率60%。市老年大学被评为“省老年大学示范校”。社会总体安定稳定。破获各类刑事案件951起，社会治安群众满意率进一步提升。推进社区矫正和刑释解教安置帮教工作，安置帮教率99%。“六五”普法工作通过验收。市公安交警女子护学岗中队获“全国三八红旗集体”称号，指挥情报中心被列为公安部联系点。

行政效能进一步提升。重点领域改革持续推进。全面推行工商“五证合一、一照一码”登记制度改革，实行电子营业执照。承接落实省、宁德市下放、委托行政审批事项14项。市行政服务中心入驻事项902项，所有行政审批、公共服务、便民服务事项均授权窗口办理；实现企业登记和不动产登记“一条龙”服务，开通大学生创业、重点项目等绿色审批通道，启动市行政服务中心新址装修工作。公立医院改革有序推进，优化整合市乡两级妇幼保健和计生技术服务资源。政府作风持续改进。深入开展“两学一做”专题教育，严格执行中央八项规定精神，办理市人大代表建议119件、市政协提案107件。

五年来，福安城市建设加速推进，人民生活明显改善。

城乡面貌焕然一新，生态环境持续向好。“一市三区六组团”城市发展框架基本建立，溪北洋、富春溪西岸城市新区和赛岐“小城市”试点。电网用电负荷从30亿千瓦时提高到80亿千瓦时。宁武、福寿、沈海复线福安至柘荣段高速公路和富春大道一期、五福大道、白云山旅游大道、天马大道、环城东路等一大批城镇重要交通主干道建成通车。全市高速公路互通达10个（其中枢纽互通3个），港口年吞吐量达2360万吨。获得省级生态城市、森林城市、卫生城市、园林城市等系列称号，建成了6条各具特色的美丽乡村景观带和一批生态镇、生态村，全市行政村基本实现村村通公路、通客车。

改革开放富有成效，民生事业不断改善。建成市行政服务中心及赛岐分中心，扎实推进行政审批制度、工商登记制度和公立医院改革、农村土地确权登记等，政府职能进一步转变。市财政累计投入各项民生经费126亿元。扎实推进精准扶贫，完成83个村整村搬迁，“造福工程”搬迁4535户18773人，建成“船民安居工程”6个，脱贫人口3591户14995人，溪邳村成为全国东部地区扶贫工作座谈会观摩点。建成各类保障性用房7853套，解决20.13万农村人口饮水安全问题。社会保障面不断扩大，城镇居民社会养老保险和新农合实现全覆盖。社会事业协调发展，获评“全国科普示范市”“全国义务教育发展基本均衡市”“省教育先进市”。社会治理水平不断提升，防灾抗灾减灾能力进一步增强，群众对社会治理的满意率逐年提高。

（摘编：吴　强）

福鼎市社会发展概况

福鼎市鼎力拼搏、奋力赶超，开创了福鼎经济社会发展的新局面。五年来，主要经济指标实现大幅增长。2016 年，全市实现地区生产总值 337 亿元，是五年前的 1.9 倍，年均增幅 11.56%（预计数，下同）；财政总收入 25.45 亿元，其中地方级财政收入 18.39 亿元，分别是五年前的 1.66 倍和 1.79 倍，年均增幅 10.7% 和 12.3%；社会消费品零售总额 96 亿元，是五年前的 1.87 倍，年均增幅 13.3%；城镇居民人均可支配收入 29957 元，是五年前的 1.61 倍，年均增幅 9.9%；农民人均可支配收入 13853 元，是五年前的 1.72 倍，年均增幅 11.5%。

这五年，发展基础日益夯实，城乡面貌大幅改观。

城市工作有序推进。城市建设规划修编工作扎实开展，“东扩南移面海”城市发展战略初显成效，建成区面积由五年前的 16.5 平方公里扩大至 19.2 平方公里，城区常住人口从 14.4 万人增至 15.7 万人。海湾新城、百胜、铁锵等新区加快建设，桐山溪河口整治成效明显。旧城区基础设施不断完善，累计改造背街小巷 85 处 8000 米，改善消防、给排水等设施 85 处 16000 米。新建环城北路、铁锵大道、玉塘大道等城市主干道 16 条，岗尾大桥、潮音大桥建成通行，太姥大道、锦福路、南大路等 6 条道路完成“白改黑”拓宽改造，初步形成中心城区环状交通网。坚持公交事业绿色发展，公交保障能力显著增强。深入开展中心城区“脏乱堵”综合整治，环卫作业市场化运作实现城区全覆盖。累计拆除“两违”建筑 237.7 万平方米，违法用地、违规建设行为得到有效遏制。

镇村建设步伐加快。太姥山镇小城市培育和店下、点头、前岐小城镇综合改革试点建设工作加快推进，辐射带动作用日趋明显。桐山、桐城、山前结合城市总体规划，积极推动城区拓展。龙安、贯岭、白琳、硖门围绕工业发展，不断壮大城镇规模。沙埕、佳阳、磻溪、嵛山、管阳、叠石立足山海资源优势，打造特色城镇。2016 年，全市常住人口城镇化率达 57.2%、户籍人口城镇化率达 32.7%，初步形成以城带乡、城乡共同繁荣的新局面。五年来，共有 43 个村列入美丽乡村，在实现乡村环境绿化美化的基础上，呈现了一批各具特色的休闲旅游点。巽城、澂城、西昆和金钗溪等村列入中国传统村落，仙蒲入选第六批国家级历史文化名村，赤溪、杜家获评中国最美休闲乡村，双华、瑞云等村被命名为中国少数民族特色村寨。村财收入 10 万元以上的村增加到 68 个，农村“三资”监管和村务公开规范化建设实现全覆盖，获评“全国村务公开民主管理示范单位”。

人居环境明显改善。在全省率先建立县级生态补偿机制，切实加强饮用水源地环境保护，通过省级生态市验收，创建国家级生态乡镇 2 个、省级生态乡镇 12 个。五年来，累计新增城市绿化面积 150.7 万平方米，城区绿化率提高到 44.2%，完成植树造林 22.6 万亩，建设绿慢道 52 公里。先后建成太姥山镇生活污水处理厂、桐山溪水质自动监测站、空气自动监测站、金属表面处理中心、环境监测监控分中心等一批环保基础设施，有序推进热电联厂、固废处置中心、垃圾焚烧发电厂和一批乡镇、园区污水处理厂等项目，取缔关停“十五小”“新五小”非法窝点 72 家。逐年完成上级下达的各项主要污染物减排指标，饮用水源水质和空气质量长期保持优良。

这五年，社会事业全面进步，人民生活不断

改善。

扶贫攻坚深入开展。全面实施精准扶贫精准脱贫，建档立卡帮扶贫困人口。注重精准施策，推动贫困群众“断穷根”，五年来贫困人口由25000人减为4010人，完成造福工程搬迁4810户，农村人均住房面积由39.1平方米扩大到45平方米。切实落实扶贫责任，创新社会扶贫参与机制，先后选派2批100多名市直机关干部驻村蹲点，贫困村、贫困户“两个100%”和“六到村、六到户”等帮扶措施取得实效。重点指导38个村整村推进扶贫开发，突出乡村旅游、特色农业等产业扶贫，涌现出赤溪、柏洋、三佛塔等一批脱贫致富示范村。赤溪村的扶贫开发工作模式得到了习近平总书记批示肯定、视频连线寄语鼓励，国务院汪洋副总理，省委尤权书记深入指导。赤溪村被确定为“全国旅游扶贫试点村”和全国少数民族扶贫奔小康典型。

保障体系趋于健全。全面实行城乡居民社会养老保险，综合参保率95.67%、续保率93.36%。建立高龄老人生活津贴制度，累计发放津贴693.4万元。五保户供养标准从每年1200元提高到7392元，农村低保标准从1200元提高到2650元，城市低保标准从3120元提高到5832元。新农合和城镇居民基本医疗保险政府补助标准由每年人均60元提高到420元，参合率保持在99.9%。逐步完善重特大疾病医疗补助和医疗救助制度，共为27000人（次）发放医疗救助金2115万元，为4106户（次）困难对象发放临时救助款777万元。就业政策有效落实，增加城镇就业32000人、下岗失业人员再就业1万余人，城镇登记失业率控制在3%以内。建设落实各类保障性住房6467套，配租配售率达92.3%。积极发展社会福利、救灾救济、优抚安置和慈善事业，先后开展“阳光”“金秋”“春蕾”“帮困”系列助学活动，累计发放各类资金约1.5亿元。

社会事业协调推进。着力缓解城区中小学、幼儿园“就学难”问题，累计投入9.7亿元，实施桐山中心幼儿园、点头中心小学、十六中、特教校等88个教育项目建设，新增校舍面积25万平方米、城区学位8000个，顺利通过省级“双高普九”“两项督导”教育考核验收。公立医院改革和分级诊疗试点工作稳步推进，药品耗材零差率销售全面实行。启动市医院百胜院区和中医院北院区建设，完成乡镇卫生院（社区卫生服务中心）标准化改造，“海云工程”基本实现全覆盖，千人均医疗机构床位数由2.85张提高到3.34张。单独两孩、全面两孩生育政策有效落实。成功举办两届全国公开水域游泳锦标赛，在第十五届省运会上力夺12金3银13铜。《中国微演艺》草根艺术平台累计上演700多个节目。精神文明创建活动成效显著，累计获得全国文明单位1个、文明村镇2个、全国劳模6个、全国五一劳动奖章6个，荣获2012—2014年度省级文明城市。保持全国文化先进县（市）荣誉，先后获评“全国义务教育基本均衡市”“全国群众体育先进单位”等称号。

这五年，政府工作不断改进，社会更加和谐稳定。

行政行为规范从严。五年共办结人大代表建议504件、政协委员提案737件。贯彻执行深化改革各项政策措施，全面推进行政审批制度改革，加快实现政府职能转变。认真落实中央八项规定，三公经费年均下降18.2%。

社会局面安定稳定。社会治理创新不断深入，“六五”普法顺利完成，五年来刑事案件总量持续下降，连续十五年实现命案全破，群众安全感逐年提升，先后获评全国“平安建设先进市”“法治先进市”。推行信访工作制度改革，累计排查调处矛盾纠纷10791起，调解成功率99%，实现信访工作“四下降一好转”目标。加强食品药品安全监管，基本建成食品检验检测中心。大力开展安全生产标准化建设提升工程“三年行动”，交通、消防安全形势持续平稳。强化提升防灾减灾能力，有效防抗“菲特”“莫兰蒂”等台风和“8·13”特大暴雨等自然灾害，认真做好突发事件应对和重大疾病防控。

（摘编：黄万良）

霞浦县社会发展概况

2016年，霞浦县坚持发展新理念，妥善应对风险挑战，以“五个年”活动为抓手，深入实施“12345”工作计划，致力打造“六个霞浦”，经济社会呈现持续稳定发展态势。初步统计全年完成地区生产总值195亿元、增长7.3%；财政总收入11.8亿元、增长1.1%，地方公共财政收入9.15亿元、增长2.5%；固定资产投资（不含农户）128亿元、增长8.2%；城镇居民人均可支配收入28270元、增长9%，农民人均可支配收入13786元、增长10%。

突出城乡统筹，宜居宜业呈现新貌。城区功能持续提升。六一七路东关段、山河路夜景照明提升改造工程和长溪桥、污水处理厂二期等一批市政设施建成使用；体育北路、限价房南路、廉租房南路加快建设；高速互通口绿化景观工程、动车站站前公园等一批项目即将竣工。改造老城区管网26处，修建下水道10公里。新增纯电动公交车25辆。城市综合管理水平不断提升，城区交通秩序和环境卫生持续向好。新增造林绿化面积791亩，拆除“两违”建筑物65万平方米。村镇建设加快推进。牙城、长春、溪南、三沙4个省市综改小城镇建设投入7亿元，新建续建项目41个。农村路网工程投入6700多万元，新、改建乡村公路43.4公里，整治农村公路低标段31公里、公路隐患点471处。美丽乡村建设累计投入5900万元，三沙光影小镇列入第一批省级特色小镇；投入3800万元，持续开展农村环境卫生综合整治。制定出台《海漂垃圾治理实施方案（试行）》，加大海漂垃圾整治和沙滩保护力度，大京、高罗、小皓3个沙滩和围江滩涂获评全省首批海岸公园；牙城污水处理厂投入使用，柏洋、崇儒污水处理设施及污水管网加快建设。环境保护力度加大。环保目标责任制“一岗双责”有效落实。罗汉溪流域和三河流域河道综合整治、城区黑臭水体整治、牙城七都溪安全生态水系建设等项目扎实推进，完成水土流失治理面积3750亩。完成黄标车淘汰、生猪养殖污染整治专项行动年度任务。生态示范创建活动持续深化，新增国家级生态乡镇6个，省级生态乡镇实现全覆盖。

突出民生保障，社会事业协调发展。惠民措施有效落实。全县民生支出26.8亿元、增长27%，占公共财政支出73.4%。深化精准扶贫工作，出台《推进精准扶贫打赢脱贫攻坚战实施意见》《贫困户扶贫小额贴息信用贷款工作实施方案》等，投入2.5亿元，实施精准帮扶项目32项，完成“造福工程”搬迁1048户4005人，为1476户贫困户落实小额贴息信贷4400多万元，实现脱贫7600人。城镇新增就业3911人，城镇失业人员再就业1533人，农村劳动力新转移就业7005人，城镇登记失业率2.6%。基本医疗保障制度不断健全，职工医保、居民医保、新农合参保（合）率稳定在97%以上；累计为7.3万城乡居民发放养老金6600多万元，最低生活保障制度惠及14530人，城乡医疗救助1万多人次。新开工保障性安居房758套，基本建成553套，累计配租配售408套；完成农村危房改造200户，整治地质灾害点17处。坚持尽力而为为民办实事，32件为民办实事项目完成27件。社会事业持续进步。教育基础设施累计投入1.6亿元，县四小全面封顶，实小教学楼、职业中专实训楼等14个项目顺利竣工，一幼获评“省示范性幼儿园”，新增11所省级青少年校园足球特色校。医疗卫生条件逐步改善，县精神病院顺利搬迁，县医院新院、县中医院“福乐康复中心”建设加快推进，三沙中心卫生院获评“国家群众满意的乡镇卫生院”。文体事业繁荣发展,《霞浦·千里海疆行》大型电视纪录片荣获全国“红色追忆”纪录片三等奖、省优秀短纪录片二等奖;海洋文化基因库项目启动前期工作;崇儒溪坪盘柴槌、溪南半月里婚俗等畲族文化保护传承工作扎实开展,屏风山贝丘遗址完成国家项目考古发掘。游泳馆建设稳步推进。成功举办第七届霞浦(三沙)国际山地马拉松赛、第四届福建省青少年机器人竞赛、“2016中国霞浦休闲矶钓大赛”,四礵列岛被授予“中国海钓基地”称号。牙城吴灵芝荣获2016年亚洲武术锦标赛女子刀术冠军、松城王庆玲荣获2016年全国田径锦标赛女子七项全能冠军。社会治理不断加强。“平安霞浦”建设持续深化,各类刑事案件和群体性事件起数有所下降,群众安全感达94.6%,居全市第二。“七五”普法启动实施。安全生产形势持续稳定。食品药品安全有效保障。防抗“莫兰蒂”“鲇鱼”等台风取得胜利,灾后安置、重建工作扎实有效。

突出效能提升,政府建设不断加强。修订完善《县人民政府工作规则》,全面推进依法行政。1—11月全县办结行政审批和公共服务事项26.6万件,办结率99.5%,即办率87.9%,群众满意率99.7%。自觉接受人大及其常委会依法监督,认真执行人大及其常委会决议、决定,积极配合人大常委会开展代表视察、专项调研,办理县人大代表建议139件。支持政协履行政治协商、民主监督、参政议政职能,定期向政协通报情况,积极采纳委员调研成果和协商建议,办理县政协提案77件。主动接受司法、社会和舆论监督,广泛听取并吸纳各民主党派、工商联、各人民团体、无党派人士及社会各界人士意见。“两学一做”学习教育扎实推进。从严治党主体责任全面落实,党内政治生活进一步规范。严格落实中央八项规定,行政监察和审计监督力度加大,党风廉政建设和反腐败斗争取得实效。机关效能、绩效管理持续加强,行政复议工作不断改进,电子政务、政务公开有效开展。

经过五年来全县上下的共同努力,经济社会发展迈上了新台阶。

综合实力持续增强。地区生产总值接近翻一番,规上工业总产值、固定资产投资、公共财政总收入、地方公共财政收入均实现翻番。先后获得“全国食品工业强县”“全国青少年校园足球试点县”“国家级计划生育优质服务先进县”“全国义务教育发展基本均衡县”“省级双拥模范县”“省级文明县城”“省级生态县”“省级园林县城”“省级平安先行县”和“省级依法治县先进县”等称号。

域功能不断优化。交通“瓶颈”逐步缓解,累计投资12.9亿元,新、改建国省干道73公里、县乡村公路415公里,新建桥梁7座,新增乡村客运站4座、陆岛交通码头8座、渔港24个。减灾防灾能力进一步加强,治理中小河流13条,完成除险加固病险水库43座、海堤28条。城镇化步伐不断加快,全县常住人口城镇化率达到45.6%;建成区面积新增3.9平方公里,九大馆、福宁文化公园等一批工程建成使用。农村条件进一步改善,完成乡镇总规修编12个和村庄规划编制172个,创建省级美丽乡村52个,打造美丽乡村景观带3条。

社会事业协调进步。建成各类保障房3612套,完成造福工程搬迁4332户17936人,解决26万农村人口饮水安全问题,实现精准脱贫5632户21403人,城乡居民人均可支配收入年均分别增长8.2%、11%。教育基础设施不断改善。“海云工程”覆盖大部分农村人口,城乡就业和社会保障体系、公共文化服务和文化遗产保护传承体系日益完善。社会治理水平逐年提升,综治考评成绩居全市前列。

(摘编:周忠志)

寿宁县社会发展概况

2016年，寿宁县积极应对经济下行压力，加快建设宜居宜业宜游新寿宁，扎实推进供给侧结构性改革，全面落实稳增长、调结构、强动力、惠民生、防风险各项任务，保持了经济平稳增长、社会和谐稳定的良好势头。初步统计实现地区生产总值73.3亿元，增长7.1%；公共财政总收入5.65亿元，增长0.7%；地方公共财政收入4.31亿元，增长0.2%；全社会固定资产投资64.8亿元，增长2%；社会消费品零售总额20.5亿元，增长4.6%；城镇居民人均可支配收入22059元，增长9%；农民人均可支配收入11690元，增长8.8%。

坚持抓双创、促提升，城乡面貌日新月异。以创建省级文明县城、省级园林城市为抓手，城区基础设施完成投资5900万元，城乡建设管理水平全面提升。保持“两违”“两乱”整治高压态势，依法拆除各类违法建设27万平方米。城乡基础功能持续完善。蟾溪滨水木栈道二期建成投用。县城污水处理厂二期扩建工程竣工投用。城区节点改造和路面修复等一批项目加快实施。省市级小城镇和美丽乡村建设全面提速，实施重点项目60个，完成投资13.36亿元。斜滩镇和西浦村、下党村被评为省级历史文化名镇名村，下党村、碑坑村列入中国传统村落名录。持续开展“农村家园清洁行动”，新建14个乡镇污水处理设施。新增配套污水收集管网及雨污分流24公里、乡镇垃圾中转站5个。完成6个试点村改厕工作。新建绿道30公里。生态建设持续加强。非煤矿山、地质灾害、“青山挂白”等专项治理稳步推进。完成造林绿化6671亩、森林抚育1.78万亩。建成生物防火林带3870亩。

坚持办实事、惠民生，社会大局和谐稳定。加大民生投入。基本完成23大项为民办实事项目。全面落实就业和再就业政策，城镇新增就业1356人，城镇失业人员再就业526人，农村劳动力转移就业3015人，城镇登记失业率控制在4%以内。8.84万城乡居民参加养老保险，3.45万人领取养老金，1500名失地农民参加养老保险。县福利中心康乐楼建设进展顺利，新建农村幸福院4个。临时救助和医疗救助3630人次，发放救助金442万元。新开工保障性安居工程200套。完成农村危房改造1433户。优先发展教育事业。新建续建项目19个，完成投资7819万元。实施中小学教学质量提升三年行动计划，义务教育发展基本均衡县通过国家督导评估认定。教育发展基金会持续壮大，当年发放奖教助学金197万元。巩固医药卫生体制改革成果，完善县医院托管闽东医院运行机制，开展县乡村医疗服务一体化试点工作，基本医疗和公共卫生服务水平不断提升。县医院第二病房楼、中医院综合病房楼开工建设。卫生发展基金会累计认捐1910万元，当年发放奖医助学金73万元。人口和计划生育工作不断加强。文化体育建设扎实推进，文化综合体完成主体工程，县体育馆建成主体框架，文化信息资源共享工程基层服务点基本覆盖。全民健身运动蓬勃开展，竞技体育再结硕果。举办“瑞隆杯”全国山地越野自行车晋级赛、全国山地马拉松赛（寿宁站）比赛。加大安全生产隐患排查整治力度，有效保障了人民群众生命财产安全。信访形势保持平稳。社会治安立体化防控体系建设成效显著，顺利通过省“平安县”验收。国防动员、民兵预备役和征兵工作成效明显，征集新兵78名，大学生入伍比例达61.5%。涉老机构和组织不断发展壮大。公安民警、武警消防官兵、义务消防队在维护稳定、抢险救灾等方面发挥重要作用。斜滩志愿消防队荣获全国119消防奖。

坚持转作风、提效能，政府自身建设明显加强。贯彻落实中央八项规定精神，全县政府系统“三公”经费支出下降13.6%。积极争取上级政策扶持，到位财政一般和专项转移支付补助资金12.73亿元，新增地方政府债券资金、置换债券资金和专项建设资金9.37亿元。强化财政监督、审计监督，规范公共资源交易，核减节约项目建设资金7083万元。行政审批制度改革持续深化，省市下放、委托和取消行政审批事项承接率100%。完成前置审批、中介服务规范清理和乡镇政府权责清单编制公布。积极回应人大代表、政协委员对社会热点问题的关切，53件人大代表议案建议、61件政协提案全部办复。

2016年工作任务的完成，标志着第十七届政府任期目标的基本实现，五年奋斗，为寿宁加快发展、绿色崛起奠定了良好基础。

综合实力显著增强，家底越来越殷实。2013年、2014年连续两年主要经济指标考评位居全市第四，2015年财政收入综合指数考评位居全省第14名，跻身全省县域经济发展十佳县。全县地区生产总值是2011年的1.7倍，年均增长10.7%，多项主要经济指标年均保持两位数增长，占全市比重逐年提高。

基础设施日益完善，家乡越变越美好。坚持改旧城、建新城、美乡村，一大批市政设施和景观工程建成投用。新建保障性住房204套、商住房3923套，新增住房面积62.74万平方米，改造农村危房4993户，实施造福工程4197户17486人，一大批城乡困难家庭圆了安居梦。犀溪、平溪、凤阳实现撤乡设镇。全县常住人口城镇化率达45.6%，比2011年提高4.1个百分点。福寿高速、“两镇同城”连接线实现通车。五年累计新增、改造、提级公路通车里程185公里，公路总里程达1352公里。“县际一小时交通圈”“县内半小时交通圈”逐步形成。累计投入水利建设资金3.69亿元，建成11个大项民生水利工程，其中城乡饮水安全受益近16.36万人。投入3.95亿元，建成变电站6座，新架、改造输电线路314公里，全社会供电能力达507兆伏安。生态县建设成果得到巩固提升，完成造林16.8万亩，森林覆盖率达71.5%。

县域知名度大幅提升，步子越迈越坚定。先后荣获省级森林公园、省级地质公园、省级水利风景区、省级生态县、省级矿山公园、首批省级富硒产业开发重点县、省级食品安全示范县。华东富硒土地应用与推广、全省富硒农业、全省生物防火林带建设、全市“六位一体”等多个现场会在寿宁召开，影响力不断扩大。

民生福祉持续增进，群众的获得感越来越实在。累计投入民生领域资金51.58亿元，占公共财政支出的68.73%。五年间四次上调行政事业单位工资标准，住房公积金计提基数和比例按规定执行到位，机关事业单位全员纳入社保缴费。发放创业担保贷款3.21亿元。农村贫困人口从2011年的2.28万人减至6000人。社会保障体系不断完善。实现城乡基本医疗保险、养老保险制度一体化。投入资金3023万元，完成城乡低保、五保户供养补助和重度残疾人两项补贴配套及提标工作。全面兑现高龄老人补贴。累计投入1.15亿元，实施教育改薄项目52个，新建、改扩建、维修加固校舍8.28万平方米。公共卫生服务体系不断健全，县医院和中医院实现新建搬迁和扩建盘活，全县新增医疗业务用房2.44万平方米、标准化卫生室157个。文化遗产保护传承体系日益完善，文化产业“六个一”工程深入实施。文化惠民活动常态化开展，一批文艺精品享誉全省全国。

（摘编：郭　虹）

周宁县社会发展概况

2016年是“十三五”规划的开局之年。周宁县主动适应新常态，抢抓新机遇，保持经济社会平稳健康发展。初步统计，全年实现地区生产总值51.12亿元，增长8.3%；财政总收入5.46亿元，增长11.8%；地方级财政收入3.63亿元，增长6.0%；固定资产投资52.84亿元，增长15.0%；社会消费品零售总额15.30亿元，增长8.0%；城乡居民人均可支配收入24594元和12596元，分别增长8.0%和9.0%；金融机构贷款余额22.10亿元，增长13.9%。发展凝聚力在提升，出台政府购买服务、政府投资项目管理、项目前期经费和代建制管理以及乡镇财力保障建设“八条措施”等文件，梳理问题，建章立制，项目工作流程、环节和制度建设不断规范。

过去的五年，周宁县坚持以科学发展观为指导，积极应对经济下行压力，稳增长、调结构、促改革、惠民生、防风险，社会发展成就喜人。据统计（预计数，下同），全县地区生产总值从2011年的（下同）32.77亿元增加到2016年的51.12亿元，年均增长10.4%；固定资产投资从10.90亿元增加到52.84亿元，年均增长37.1%；财政总收入从2.59亿元增加到5.46亿元，年均增长16.1%；地方级财政收入从1.61亿元增加到3.63亿元，年均增长17.6%；城镇居民人均可支配收入从14825元增加到24594元，年均增长10.6%；农村居民人均可支配收入从7251元增加到12596元，年均增长11.7%；金融机构存款余额从33.44亿元增加到55.57亿元，贷款余额从20.69亿元增加到22.10亿元。

着力抓建设，优环境。坚持规划引领，统筹推进，城镇化率从43.7%提高到47.9%，成功创建省级生态县、省级园林县城、市级文明县城。城市配套得到提升，编制县城总体规划及重点区域控制性详规，完成宁武高速公路连接线拓改工程、狮浦大道和南街“白改黑”、龙潭大道等市政道路建设，实施综合物流园、“四园一体”、桥南商贸中心、洋庄城市综合体等功能配套项目，新建改造自来水管网46公里、污水管网56公里，“两违”现象有效遏制，城市承载力得到增强。新农村建设稳步推进，完成6个乡镇和72个村庄规划编制，浦源、七步市级小城镇建设步伐加快；建设4个乡镇污水处理设施，工程治理66个地质灾害隐患点；财政奖补5600多万元，实施“一事一议”项目459个；投入1亿多元，培育了吴山底、云门、首章、黄埔等一批美丽乡村典型，禾溪、洋中等6个村入选国家级传统村落名录。生态环境保持良好，环保“党政同责、一岗双责”“三同时”制度有效落实，节能降耗目标全面完成。营林绿化1.4万亩，建设生物防火林带2750公里，饮用水水源地保护和农业面源污染、流域水环境等专项整治成效明显，生态环境质量位居全省前列。2016年，周宁县被纳入国家重点生态功能区。

着力抓统筹，惠民生。坚持以保障和改善民生作为出发点和落脚点，财政用于民生支出累计超过43亿元，群众获得感不断增强。扶贫攻坚步伐加快，累计减贫14875人，造福工程搬迁13048人，建成省市级集中示范安置点20个；38个整村推进扶贫村实施帮扶项目89个，培育村财收入10万元以上村29个。社会事业全面发展，投入1.6亿元，实施校舍安全工程、薄弱学校改造、学前教育“三年行动”等项目46个，成功创建国家“义务教育发展基本均衡县”，周宁一中新校区投入使用并通过“省一级达标高中”评定；建成党校新校区及“五馆”，完成广电网络转企改制，4G

信号覆盖绝大部分行政村（社区）；全民健身活动和竞技体育蓬勃发展，我县体育健儿汤星强获得2016年里约奥运会田径男子4×100米接力比赛团体第四名；县医院病房大楼投入使用，“医疗联合体”被列为全国县级公立医院改革试点，中医院增设精神病康复专科，妇幼保健院迁建序时推进，卫生监督所和9所乡镇卫生院条件得到改善，医疗卫生体制改革深入开展，分级诊疗制度启动实施；全面二孩政策得到落实，生育水平总体保持稳定。保障体系更加健全，城镇登记失业率稳定控制在4%以内；建成各类保障性住房1670套，改造农村危旧房1136户；县级以下机关公务员职务与职级并行和乡镇工作补贴制度有效落实，机关事业单位工作人员养老保险制度改革全面实施。失业、生育、工伤保险覆盖面扩大，基本医疗、养老保险参保率分别达99.5%和98.0%，累计发放城乡居民基本医疗保险补助29.2万人次2.8亿元、养老保险基础养老金1.1亿元；兜底政策全面落实，城乡低保、农村五保扩面提标，妇女儿童、老年人、残疾人权益得到保障，累计发放慈善救助款3600多万元。社会管理持续强化，“平安周宁”建设有序推进，“七五”普法启动实施，依法安征迁、信访积案化解、金融风险防范、安全生产专项整治、餐桌污染治理全面推进，社会保持安定和谐。

着力抓作风，提效能。坚持作风建设永远在路上，持续转变政府职能。法治政府加快建设，出台《周宁县人民政府工作规则》等文件，坚持重大事项向县委报告制度，自觉接受人大监督，广泛听取政协和社会各界的意见，累计办复人大代表建议670件、政协委员提案403件。重点领域改革加快推进，深化行政审批制度改革，编制并公布县乡两级权责清单，承接上级下放委托事项169项，取消行政审批事项120项，时限压缩63.3%；“营改增”平稳过渡，“五证合一、一照一码”有序推行。我县被列入省级供销综合改革试点县。作风效能加快转变，党的群众路线教育实践活动、“三严三实”专题教育、“两学一做”学习教育深入开展，全面从严治党主体责任有效落实，党内政治生活进一步规范。认真贯彻中央八项规定精神，党风廉政建设和反腐败工作扎实推进，预算执行、行政监察、审计监督力度加大；机关效能、绩效管理、政务公开持续强化。

今后五年，是攻坚拔寨、全面建成小康社会的决胜时期。周宁县发展的总体要求：深入贯彻落实习总书记系列重要讲话精神和中央大政方针，按照“五位一体”总体布局和“四个全面”战略布局，牢固树立五大发展理念，突出科学发展大主题，坚持稳中求进总基调，以全域旅游为引领，通过项目带动、产业融合，城乡一体、统筹发展，进一步壮总量、调结构、补短板、打基础，全力推进滨海亚高原生态旅游县建设，完成脱贫攻坚任务，确保如期全面建成小康社会。主要目标：地区生产总值年均增长8%；农林牧渔业总产值年均增长4.5%；规模以上工业增加值年均增长10%；固定资产投资年均增长15%；财政总收入、地方级财政收入年平均增长5%；城乡居民人均可支配收入年均分别增长8%、9%。

2017年周宁县发展的主要目标是：地区生产总值增长8%；农林牧渔业增加值增长4.5%；规模以上工业增加值增长7.5%；固定资产投资增长10%；财政总收入、地方级财政收入均增长5%；社会消费品零售总额增长10.5%；城乡居民人均可支配收入分别增长8.5%、9%。

（摘编：王诗诚）

柘荣县社会发展概况

2016年，面对前所未有的经济下行压力和严峻复杂的困难挑战，柘荣县政府紧扣“两城”定位，奋力攻坚、努力作为，加快发展动能转换，经济基础进一步夯实。实现地区生产总值51.0亿元，比上年增长7%。公共财政总收入3.84亿元，下降9%，其中，地方公共财政收入2.58亿元，下降10.8%。社会消费品零售总额11.7亿元，增长8.5%。城镇居民可支配收入23028元、农民人均可支配收入12105元，分别增长8%、8.5%。

城乡建设功能提升。六一五路“白改黑”工程启动实施，柳东桥拓宽改造顺利完成。5条“镇镇有干线”项目全面竣工，建成农村公路18.7公里，以大城关为中心辐射集镇的“半小时交通圈”基本形成。8个村被列为省级美丽乡村重点整治村庄，项目总投资3989万元。第二污水处理厂动工建设，新建改造雨水、污水管网各4.5公里。赛江流域二期防洪工程、龙溪流域安全生态水系工程等重点水利项目有序实施。东源获评“中国老年人宜居名镇”，石山村被评为全国生态旅游村，上黄柏村被评为省级历史文化名村并和山樟、黄柏村同列省级美丽乡村示范村，官安、蒲洋、东源村被列入省级传统古村落。

社会事业强力推进。建成机关幼儿园主体工程，第一幼儿园和一中、四中、二小等新建校舍投入使用，三小校区启动建设。三中、一小获评全省首批“义务教育管理标准化学校”。开展“文化柘荣”提升年活动，在宁德举办“孝德柘荣”文化惠民演出，《闽东日报》开设“文化柘荣”专版24期。拍摄完成微电影《烟雨溪口》。县体育中心项目动工建设。竞技体育实现突破，首届“魅力农体”运动会金牌总数居全市首位。分级诊疗全面启动，被列为全国健康促进县（区）试点。

民生保障逐步落实。全年培训农民工1700人、新增城镇就业1000人、转移农村劳动力1100人，城镇登记失业率为2.77%。扶持高校毕业生自主创业项目73个。城乡居民养老保险缴费率93.5%、医疗保险参合率99.9%。城市低保、农村低保人均月补助标准分别为407元、220元；农村五保敬老院集中供养每人每月545元；分散供养（含村幸福园）每人每月455元。开工保障性住房200套（户）、建成70套（户）。医疗救助5364人，发放救助资金331万元。县社会福利中心一期工程完工。造福工程搬迁218户847人。完成2839人贫困户建档立卡“回头看”工作，年度脱贫1552人，建档立卡贫困人口缩减到1514人、贫困建制村缩减至8个。综治平安建设年终考评位居全市前茅，被评为省级平安县。

五年来，面对经济发展新常态，柘荣县牢固树立发展新理念，统筹推进各项工作，社会发展迈上新台阶。新创中国长寿之乡、中国孝德文化之乡、中国老年人宜居县、国家生态县等“国字”品牌，被纳入国家重点生态功能区，跻身全省县域发展“十佳县”行列，开创科学发展加快发展新局面。

坚持以宜居家园为目标，提高建管水平，城乡面貌明显改善。强化城乡建设规划引领，修订县城总规并获批实施，编制控规6项、专规5项，完成85个村庄规划编制。新建商品房面积23.5万平方米，拆除“两违”面积38.6万平方米，城区建成区面积从3.7平方公里扩大到7平方公里，常住人口城镇化率达59.8%。市政设施进一步完善，新建改造城区主干道8万平方米，铺设雨污管网18公里、供水管网11公里。东源、城郊小城镇建设取得明显成效，实施项目73个、投资49亿元。

生态环境持续优化，新增造林绿化面积8.1万亩，城镇绿化覆盖率从40.3%提高到43.1%、绿地率从36.2%提高到40.2%。完成85个村环境综合整治，乡镇垃圾污水处理设施实现全覆盖，节能减排工作有效落实，被评为全国创建生态文明标杆县。

坚持以改革开放为动力，创新体制机制，发展活力持续释放。建成行政服务中心及人力资源和社会保障服务中心大楼，行政审批事项有效承接，公共资源交易平台挂牌成立。“营改增”和非税收入收缴管理改革全面铺开，全口径预算编制、预算绩效评价、预决算公开等工作有序推进，政府购买服务范围逐步扩大。农村土地承包经营权确权登记颁证、不动产统一登记等改革稳步实施。居民用电、用水价格阶梯制度全面执行，工商业用电同网同价政策正式实施。

坚持以“三村”建设为重点，深化精准扶贫，农业农村日趋繁荣。山地农业深度开发，流转土地4.8万亩，建成千亩高优农业示范园区和近百个百亩以上农业示范基地。“三村”建设力度加大，投入资金3.9亿元，实施基础设施、生态景观、环境整治等项目312个。石山村被评为全国生态旅游村，上黄柏村被评为省级历史文化名村并和山樟、黄柏村同列省级美丽乡村示范村，官安、蒲洋、东源村被列入省级传统古村落。小型农田水利重点县项目全面完工，提前两年全面实现饮水安全工程建设目标。三级公路从无到有，完成农村公路硬化102.7公里、安保工程252.3公里，改造危桥7座。整村推进扶贫开发有力有效，造福工程搬迁1340户6235人，4262人实现脱贫。

坚持以民生建设为根本，完善公共服务，人民生活继续改善。教育事业优先发展，“双高普九”“两项督导”通过省级验收评估，义务教育发展基本均衡县通过国家认定，被评为2015年全省教育工作先进县。一中创成省一级达标高中，省生物工程职业技术学院柘荣分院挂牌设立。老年大学和老干部活动中心分获省级示范校、示范中心。“文化柘荣”建设深入实施，凤歧吴氏大宅被列为国家级重点文物保护单位，中华游氏文化园被评为全国社会科学普及教育基地，马仙信俗、游氏仙姑祈福仪俗分别列入国家级、省级“非遗”。竞技体育实现突破，柘荣籍运动员荣获全国性赛事金牌3枚，首届“魅力农体”运动会金牌总数居全市首位。医药卫生体制改革稳步推进，县医院加入闽东医院医疗集团，县中医院通过“二乙”评审并与福建中医药大学嫁接托管，被列入全国健康促进县（区）试点。社会保障体系不断健全，城乡居民养老保险缴费率达93.5%、医疗保险参合率达99.9%。城市低保、农村低保、农村五保人均月补助分别是2011年的1.7、2.2和3.7倍。建成保障性住房743套。“平安柘荣”建设成效显著，草根“和事佬”工作法全面推广，信访积案加快化解。金融风险有效防控，食药安全监管持续强化，安全生产形势总体平稳。荣膺全国计划生育优质服务先进县、法制宣传教育先进县、平安农机示范县、社会主义新农村档案建设示范县和全省首批平安先行县、计划生育目标管理责任制先进县、食品安全社会共治示范县等称号。

坚持以职能转变为核心，加强自身建设，行政行为逐步规范。深入开展党的群众路线教育实践活动、“三严三实”专题教育和“两学一做”学习教育，修订完善县政府工作规则，出台行政决策、财政专项资金、差旅费会议费管理等规范性文件。自觉接受人大、政协和社会监督，累计办理县人大代表建议253件、政协委员提案326件，办复率均为100%。政府与法院、检察院、工会联系机制更加完善。行政督查和审计监督力度加大，反腐倡廉工作进一步加强。认真落实中央八项规定精神，“三公”经费年均下降13.2%。新一轮政府机构改革全面完成，权力清单、责任清单、公共服务事项清单等制度全面推行，机关效能、绩效管理、信息公开等工作进一步加强，政风行风不断改善。

（摘编：杨立群）

古田县社会发展概述况

2016年，古田县着力抓机遇、上项目，打基础、利长远，惠民生、促和谐，经济社会发展取得新的成效。

城乡建设协调推进。成为全市首个国家新型城镇化综合试点。城市功能完善提升，完成古屏路、滨河路、城西路部分路段雨污分流及沥青路面改造，新改建供水管网5.1公里、雨污管网9公里，新增停车位111个，改造城市景观4.4万平方米，通过省级园林城市考核验收。小城镇综合改革试点和美丽乡村建设扎实推进，新增16个“千村整治、百村示范”试点，桃溪获评中国美丽休闲乡村历史古村，前洋、白溪、岭里、桃溪、瑞岩入选第四批中国传统村落名录。“两违”治理持续推进，拆除违建49.8万平方米。

环境质量持续提升。实施节能技改和减排项目14个，淘汰黄标车389辆，年度节能减排目标顺利实现。“河长制”有效落实，实施重点流域综合整治项目39个，深入开展矿山“一退三清”，关闭拆除畜禽养殖场311家，“两江一湖”等重点流域水质稳定达标。生态修复扎实推进，造林绿化8200亩，治理水土流失8000亩。环保设施进一步完善，城区污水处理厂二期、生活垃圾无害化处理厂三期投入运营，年度72个农村垃圾及污水治理项目顺利完成。

社会事业加快发展。教育事业优先发展，新改扩建校舍3.2万平方米，新增学位1664个，完成19所中小学操场塑化，中小学实现“班班通”全覆盖。卫生服务更加健全，基层医药卫生体制综合改革稳步推进，分级诊疗启动试点，妇幼保健与计划生育技术服务机构完成优化整合，荣获新一轮“全国计划生育优质服务先进县”。文化事业繁荣发展，成功举办第五届世界古田同乡恳亲大会、第八届海峡论坛·陈靖姑文化节，进一步拓展影响、深化合作、凝聚人心。第十六届省运会备战工作扎实开展，古田籍运动员郑少忠蝉联世界健身锦标赛冠军。

民生和谐有效增进。贫困户精准识别建档立卡全面完成，干部结对帮扶贫困户实现全覆盖，扶贫小额信贷授信8502万元，全年减贫2800人。新增城镇就业3479人，转移农村劳动力5986人。低保“回头看”全面完成，城乡医保、城乡低保、农村五保等补助标准有新提高。工伤、生育、失业保险缴费率再次下调，城乡大病保险、老年人高龄津贴、职务与职级并行、乡镇工作补贴启动实施。完成县社会福利中心一期建设，批复城乡个人零星危旧房改造108户，开工保障房800套，基本建成607套，历年配租配售率达84.2%。“七五”普法全面启动。社会治安综合治理逐步深化，打击违法犯罪力度加大，群众安全感、满意率稳步提升。禁毒工作全面加强。安全生产形势稳定向好。防抗“尼伯特”“莫兰蒂”等强台风及灾后恢复生产扎实有效。

作风建设进一步加强。扎实开展“两学一做”学习教育，深入学习周炳耀同志等先进事迹，真学实做提振党员干部精气神。严格落实中央八项规定精神，坚持反对“四风”、改进作风，“三公”经费持续下降，公车改革全面启动。自觉接受县人大、县政协监督，依法执行县人大及其常委会决议、决定，支持县政协履行政治协商、民主监督、参政议政职能，按时办理答复人大代表建议52件、政协委员提案58件。落实从严治党主体责任，强化“马上就办”，整治“慵懒散拖”，廉政建设和反腐败工作力度加大，行政监察和审计监督进一步加强。

本届政府任期的五年，是古田发展迎来重大机遇并取得重要成就的五年。上级高度重视和支持古田加快发展，28位省部级领导、310多位厅局级领导莅古考察指导、帮促发展。特别是省政协张昌平主席挂点古田扶贫开发，先后10次带领挂钩对口单位、省直有关厅局深入古田，亲自为古田谋划发展，提出了“三个三”“四个气”“建三圈、兴三业”的重要指示和“三年脱贫、五年奔小康、力争全省二十强”的殷切期望，累计帮扶争取项目63个、资金8.1亿元，解决了一批事关长远发展的大事、难事、关键事，为古田发展注入了强劲动力。

五年来，古田县坚持以扶贫攻坚统揽全局，深入实施“融入环三核心区，打造省会后花园”发展战略，奋力推动经济社会科学发展、加快发展，迈出了持续快速发展的坚实步伐，开启了全面建设小康社会的新征程。

综合实力大幅跃升。初步统计，2016年全县生产总值达161亿元，人均地区生产总值达48869元，分别是2011年的1.7倍和1.6倍。一般公共预算总收入、地方一般公共预算收入分别达9.7亿元、6.8亿元，是2011年的1.7倍和1.8倍。2014年荣获“全省县域经济发展十佳县”称号。

城乡面貌深刻变化。“湖城一体”发展格局基本形成，高头岭路段拓宽改造、省道202城关过境线建成通车，翠屏湖增设年发电消落水位至373米，长期制约翠屏湖保护开发的水位问题得以破解。中心城区加速东延、西展、南拓，建成区面积由2011年的6平方公里扩展至10.4平方公里，建成高速高铁城关连接线、滨河路、城区5条主干道“白改黑”和一批公园、停车场、污水处理设施。试点小城镇和美丽乡村建设取得新成效，常住人口、户籍人口城镇化率分别达43%和32.5%。生态质量巩固提升，空气质量保持良好，森林覆盖率居全省前列，重点流域功能达标率和城区集中式饮用水达标率均为100%。

改革开放全面深化。八大领域重点改革扎实推进。政府机构改革完成，“三张清单”公布运行。行政审批实现“一站式”服务，440项审批事项集中入驻，行政服务中心标准化建设走在全省前列。“五证合一、一照一码”登记制度全面推行，新增市场主体9535户。财税体制改革持续深化，“营改增”试点扩围全面完成。农村金融创新成效明显，成为全省唯一的全国“两权”抵押贷款双试点县，农村承包土地经营权、农民住房财产权抵押贷款规模均位居全省第三。

民生事业长足进步。城镇居民人均可支配收入较2011年分别提高9705元和5276元。69个贫困村面貌得到较大改善，2.3万人实现脱贫，获评“全国社会扶贫创新协作试点县”。城镇登记失业率控制在2.6%以内，城乡基本养老保险实现全覆盖，城乡低保、医保等补助标准持续提高。新建保障房2028套，造福工程搬迁1539户6833人，11.2万农村居民饮水安全问题得到解决。社会事业全面发展，荣获“全国义务教育发展基本均衡县”“全国科技进步先进县”“全国法治县创建活动先进单位”“省教育工作先进县”“省双拥模范县”“省人才强县试点县”等称号，蝉联“全国文化模范县”“省级文明县城”“省级卫生县城”。“平安古田”建设持续深化，安全责任制有效落实，获评“省食品安全示范县”。

今后五年，是古田科学发展、加快发展的关键期，也是全面建成小康社会的决胜期，工作的总体要求是：紧密团结在以习近平同志为核心的党中央周围，全面贯彻党的十八大、十八届三中、四中、五中、六中全会精神和习近平总书记系列重要讲话精神，坚持“五位一体”总体布局和“四个全面”战略布局，按照省第十次党代会、市第四次党代会和县第十二次党代会的决策部署，深入实施“融入环三核心区，打造省会后花园”发展战略，乘势而上、全面打造“千年临水、健康古田”发展品牌，着力“建三圈、兴三业”，闯出一条独具特色、又好又快的发展路子，确保如期全面建成小康社会。

（摘编：黄万良）

屏南县社会发展概况

2016年，屏南县牢固树立和贯彻落实新发展理念，积极应对经济下行压力，坚持创新驱动发展，着力推进供给侧结构性改革，团结进取，奋力攻坚，经济社会保持稳中有进、稳中向好的发展态势，实现了“十三五”良好开局。初步统计，全年完成地区生产总值68.68亿元，增长8.0%；固定资产投资48.7亿元，增长13.0%；社会消费品零售总额18.7亿元，增长9.8%；公共财政总收入5.3亿元，增长12.3%；地方公共财政收入3.55亿元，增长3.0%；城镇居民人均可支配收入23178元，增长9.0%；农民人均可支配收入12089元，增长9.0%；居民消费价格总水平上涨1.4%。

城乡建设步伐加快。城乡总规和城区控规实现全覆盖，新型城镇化试点工作有序推进，省级文明县城、园林县城、卫生县城创建工作有效开展，屏南药膳小镇列入省级第一批特色小镇创建名单，实施宜居环境建设项目61个，完成投资6.83亿元。东区旅游生态城建设高效推进，中心片区、西环路片区、长坋中路片区、外东环路南段片区等重点项目有效实施，世纪皇庭半岛、壹品公馆、华泰新天地、锦丰小区二期等房地产项目加快建设，城区道路“白改黑”三期、麓山公园改造提升和城区夜景二、三期等一批市政工程建成投入使用。新建和改造城区供水管网7.4公里，新建城区污水管网4.8公里。拆除“两违”面积21.3万平方米，腾出土地16.5万平方米，“无违建”示范县创建工作扎实推进。小城镇、中心集镇及美丽乡村建设取得新进展。农村改厕试点工作全面完成。新建、改造农村公路75公里，完成道口隐患整治157处，建设生命防护工程72公里。

改革开放深入推进。“放管服”改革持续深化，权责清单编制及前置审批和中介服务清理工作有效落实，731项行政审批和服务事项全部入驻省网上办事大厅。财税体制改革加快推进，“营改增”全面实施。全国农村改革试验区扶贫开发综合改革试点工作顺利通过中期评估验收。农村土地承包经营权确权登记颁证工作全面展开，林权制度改革取得新成效，成立全市首家林权收储公司，发放“两权”抵押贷款3300多万元。不动产统一登记工作有序开展。公务用车制度改革稳步推进。商事制度、人事制度等改革取得新的进展。与马来西亚等华侨、华人商会联络联谊持续加强。《甘国宝》影视剧启动拍摄，屏台交流得到拓展。

生态质量保持优良。列入国家重点生态功能区，全县永久基本农田划定基本完成。关停整治生猪养殖企业17家，淘汰黄标车和老旧车210辆，完成路下、城区石材集中区及13家塑料粒子厂环保达标整治工作，主要污染物排放得到有效控制，万元GDP能耗进一步下降。全面启动乡镇垃圾中转站建设。治理水土流失1.35万亩，完成造林绿化5791亩、森林抚育2.9万亩，森林覆盖率达75.2%、蓄积量达785.3万立方米。殡葬改革持续推进，“两乱”现象得到有效控制，火化率保持100%。

社会事业协调发展。20项为民办实事项目有效落实。义务教育发展基本均衡县通过国家评估认定，屏南一中创省一级达标校工作取得新进展。一中新校区动工建设，国宝小学、国宝幼儿园、翠屏幼儿园等项目有序推进。学前教育、老年教育和特殊教育稳步发展。全年发放奖学奖教金300多万元。荣获“福建省安全教育示范县”称号。全面两孩政策得到落实。分级诊疗工作全面启动，县乡卫计机构整合做法在全市推广，县医院与市医院“托管”合作取得实质性进展，“海云工程”项目覆盖61个村。县医院门诊医技综合楼完成建设，县精神病院实现整体搬迁，县中西医结合医院、妇幼保健院整体搬迁项目前期工作有序开展，新增医疗机构床位130张。荣获“福建省科普示范县”称号。降龙、忠洋、岭下村入选第四批中国传统村落名录。成功承办2016年“白水洋·鸳鸯溪杯”福建省青少年拳击锦标赛，荣获女子团体第一名。屏南籍运动员张家玮荣获里约奥运会男子拳击56公斤级第五名和“中国拳王”称号。第十六届省运会办赛场馆建设进展顺利。

民生保障有效落实。脱贫攻坚深入开展，创建10个党建扶贫小康村，建成13个产业扶贫示范基地，培育12个精准扶贫示范社。率先推出全省第一张金融扶贫卡“福泽卡”，为732户建档立卡贫困户发放扶贫小额贷款4600多万元。造福工程搬迁1855人，熙岭、寿山、长桥、路下等4个造福工程集中安置点建设有序推进。中烟集团、河仁基金会、郭氏基金会等社会扶贫工作有效开展。落实帮扶资金1亿元，脱贫4364人。社会保障体系持续完善，出台城乡困难家庭医疗救助、临时救助等政策，发放各类救助资金4000多万元。新建农村幸福院7个。全民参保登记计划试点县工作全面启动，城乡居民养老保险、医疗保险参保续保工作扎实有效，乡、村新农合覆盖率100%。新增城镇就业1115人，失业人员再就业385人，城镇登记失业率2.7%。新增公租房110套。“七五”普法启动实施。领导干部接访制度进一步落实，接待群众来访149批411人次，群众信访按“路线图”处理答复率100%。安全生产标准化建设提升工程“三年行动”取得明显成效，道路交通安全综合整治联勤工作模式得到省市公安交通管理部门的肯定并推广，安全生产形势保持稳定。

自身建设得到加强。认真落实全面从严治党主体责任，深入开展“两学一做”学习教育，严格执行中央八项规定精神，持续深化机关作风建设。全面推进依法行政，政府法制建设得到加强，府院联系机制不断完善。自觉接受县人大及其常委会监督并报告工作，认真执行人大及其常委会的决议、决定。支持县政协履行政治协商、民主监督、参政议政职能，定期向政协通报情况，主动听取各人民团体和社会各界人士的意见建议。办理县人大代表建议41件、政协提案58件，办复率、满意及基本满意率均为100%。自觉接受司法、社会和舆论监督。加强机关效能建设和绩效管理，政务公开、政府信息公开和行政复议工作有效开展。行政监察和审计监督力度加大，廉政建设和反腐败工作不断深化。

经过五年来全县上下的团结拼搏，全县社会发展迈上了新台阶。

城乡面貌显著变化。累计完成固定资产投资173.5亿元，是前五年的3.6倍。在全市率先实现“镇镇有干线”目标，宁武高速屏南连接线建成通车，屏南通用机场列入省“十三五”规划，实现机场、铁路、高速公路规划建设全覆盖。中心城区规划面积拓展到27.2平方公里，“五路五区”城建项目加快建设，常住人口城镇化率提高到42.6%。双溪、长桥等试点小城镇建设全面推进，建成36个美丽乡村和2条景观带。15个村入选中国传统村落，3个镇村入选中国历史文化名镇名村，数量均居全省前列。省级生态县和5个国家级生态乡镇、132个市级以上生态村获得命名，生态环境质量保持全省前列。

民生福祉持续增进。累计投入民生事业资金44.56亿元，是前五年的3.2倍。城镇居民和农民人均可支配收入分别突破2万元和1万元大关，累计减少贫困人口9700人、造福搬迁5100人，“屏南金融扶贫模式”得到国务院扶贫办的肯定和示范推广。城乡居民基本养老保险制度实现全覆盖，城乡低保、农村“五保”和城乡居民医保补助标准持续提高。实验小学、实验幼儿园新校区建成投入使用，基本公共服务均等化程度不断提升，科技、教育、文化、卫计、体育等各项社会事业全面进步。法治屏南和平安屏南建设深入推进，社会大局保持和谐稳定。

（摘编：张海生）

平潭综合实验区社会发展综述

2016年，平潭综合实验区围绕“四个转变”，凝心聚力，攻坚克难，全力推动平潭发展，“十三五”实现良好开局，地区生产总值205.72亿元，增长7.0%；一般公共预算总收入37.57亿元，增长50.2%；社会消费品零售总额58.52亿元，增长5.0%；城镇居民人均可支配收入33215元，增长8.1%；农村居民人均可支配收入13610元，增长7.6%，年度节能减排任务全面完成。一年来社会发展的主要工作和成效是：

共同家园元素持续集聚。探索“一区两标、包容共存、融合发展、两岸共赢”模式。率先采认台湾旅游、建筑、规划、医疗、药械等领域执业资格，50多家台湾相关机构和100多名执业人员落地从业。精心培育两岸海上直航航线，台车入闽、对台海运快件实现常态化，全年累计运送旅客8.71万人次、货物6.7万吨。实施“为拟经平潭入境的台湾本岛居民办理五年期台胞证”“为省外居民来岚赴台团队旅游办理出入境证件”等两项全国唯一的出入境优惠政策，办证人数突破20万人。两岸经贸合作态势良好，全年新增注册台资企业227家，投资总额11.41亿元。台湾商品免税市场年销售额7.9亿元，台湾创业园被国台办授予海峡两岸青年创业基地。创建两岸共同家园研究院，成功举办第五届共同家园论坛、两岸村里长交流会等重要活动，公开招聘一批台湾专才，600多名台湾青年在岚创业生活，民间交流交往和合作发展更加密切。

城乡面貌变化明显。金井湾、澳前、岚城、流水四个片区加快建设，行政中心入驻金井湾片区，“智慧岛”管理服务中心一期投入使用，新城区产城融合加快。公铁大桥、岛内主干路网、污水处理厂、垃圾焚烧发电厂等一批重大基础设施工程加快建设。拆除新增和历史“两违”建筑24.3万平方米，连续3年实现“两违”零增长。实施交通秩序、卫生整治“三年攻坚战役”，积极创建第五届全国文明城市。实行“互联网+”、社区网格化等社会治理模式，重拳打击各类违法犯罪行为，切实解决一批历史遗留问题，社会大局保持安定稳定。

社会事业长足进步。加快建设平潭一中新校区、福建师大平潭附中等7所标准化学校，顺利通过全国义务教育均衡发展评估验收。持续提升医疗卫生水平，启动建设区卫生信息平台、公共卫生大楼项目，协和医院即将交付使用，台资爱维口腔专科医院对外营业。全面二孩政策有效落实。举办国际海岛论坛、国际风筝冲浪节等重大活动，全民健身运动蓬勃发展。完善社会保障体系，城乡居民参保率达95.2%，新农合参合率达97.8%，城乡困难群众医疗救助比例从60%提高到70%。农村低保标准从每人每月260元提高到300元，城市低保标准从每人每月460元提高到570元。城乡居民养老金标准提高到每人每月150元，居全省前列。启动建设社会福利中心。加快建设安置保障房2912套，建成1754套，配租1215套。改造城乡危紧房366户。妇女儿童、民族宗教、双拥共建、人防、审计、残疾人、慈善事业等工作取得新进展。

2017年社会发展的主要工作是：

增进两岸文化认同。继续举办两岸共同家园论坛、村里长交流会以及跆拳道、自行车赛、马拉松赛等文体交流活动，培育一批重大活动品牌。加快推进台湾创业园二期、北港文创村、上岳顶风韵古村、两岸青年新天地、“中华心灯塔”等一批项目建设，鼓励两岸青年开展文创合作，增进两地年轻人的文化共鸣。继续组织宗亲、同乡、民间信仰等民间互动交流活动，形成多层面、宽领域的长效交流机制。

促进两岸社会融合。完善医疗、教育、社会保障等制度，满足台湾同胞在平潭就业、就学和生活需求。推动两岸共同家园研究院开展工作。推动两岸医疗园区建设，积极筹建两岸“国医馆”，促进两岸医疗机构、医学院校等组织的深度交流协作。积极创建台胞社区，探索实施台胞自主管理。继续推动在国彩村等旅游村庄试点引进台湾村里长担任村委会执行主任，搭建台胞参与治理的基层组织架构。

完善城市配套设施。提升城市综合服务配套功能，合理布局并建设医院、中小学校等社会事业项目。推动城市市政道路等一批项目建设。加快建设“一闸三线”岛外引调水工程、一级客运站及防洪防潮、污水垃圾处理等项目。建成220千伏娘宫输变电站和110千伏桥锦头输变电工程、三松再生水厂、垃圾焚烧发电厂等一批项目并投入运营。启动旧城区改造前期工作，补齐老城区供水管网、电力线路、公共停车场等基础设施短板，畅通城市“血管动脉”。

提高城市管理水平。启动实验区总体规划修编工作，完善各类专项规划，强化规划的引领作用。以创建第五届全国文明城市为抓手，实施交通秩序整治、环境卫生整治、市场秩序整顿、市民素质提升等“四大专项行动”，实现共建、共管、共治、共享。依托平潭“智慧岛”管理服务中心，打造全区域、全领域的社会诚信体系，营造文明诚信的人文环境。持续加大“两违”管控力度，保持新增“两违”零增长，积极创建省级“无违建”示范区。

坚持教育优先发展。建设特色幼儿园，扩大优质学前教育资源。建成福建师大平潭附中、平潭一中新校区等学校。加快发展职业教育，推进福建信息职业技术学院平潭校区建设，强化建筑、航运等应用技能培训。推动福州大学海洋学院整体搬迁至平潭。推进特教学校标准化建设，促进教育公平、均衡发展。推动台湾高校来岚合作办学，举办岚台校际交流等活动，促进岚台教育合作。

推进卫生计生事业发展。全面深化医改工作，合理配置医疗卫生资源。平潭协和医院上半年投入运营。加快推进基层医疗卫生机构升级改造和农村卫生服务站建设，改善离岛乡镇医疗卫生服务质量。完成卫生信息化一期工程建设。争取农工党中央支持，推动建设“健康中国2030”先行先试示范区和国家健康医疗旅游示范基地。全面提升计划生育优质服务水平。

促进文体事业发展。筹办平潭艺术季、国际民俗交流节、青年沙滩电影音乐节、户外运动季等重大活动，提升对外艺术交流水平。加快全民健身体育设施建设，完成图书馆智能化和24小时自助图书室建设。每年组织开展不少于1000场次的公益文艺演出、书画摄影联展、青年歌手大奖赛等群众喜闻乐见的文体活动，进一步丰富群众业余生活。争创全国双拥模范城，推动军民融合发展。

实施精准扶贫工程。创新扶贫开发机制，继续实施就业、政策、教育、医疗、兜底等扶贫措施，确保2017年底有劳动能力的贫困人口比全省提早一年实现脱贫。将无法通过开发性扶贫措施实现脱贫的贫困人口全部纳入低保，做到应保尽保，农村低保标准从家庭年人均3600元提高至3950元。完善社会救助和养老服务体系，逐步提高贫困家庭医疗救助筹资标准和救助水平。

提升社会保障水平。打通城乡养老保险和医疗保险转移通道，完善台湾居民参加社会保险政策，力争实现应保尽保。建立保障待遇正常增长机制，被征地农民养老金提高到每人每月300元。城乡困难群众医疗救助比例从70%提高到80%。建成社会福利中心、城区老年人活动中心。设立慈善公益总会，加快社会慈善事业发展。加快保障性安居工程建设，基本建成3159套。完成金井湾、澳前、岚城、流水等安置小区配套设施建设，积极稳妥实施房票安置政策，年底基本完成征迁户的回迁安置任务。妥善处理居民住房历史遗留问题，多渠道解决城乡居民危房紧房问题。推动房地产市场健康发展。持续推进殡葬改革，加大违法乱滥建坟墓整治力度，加快推进公益性公墓和骨灰楼堂建设。加快推进公安监管场所、驾驶人考试中心等项目建设，强化社会治安综合治理，落实“雪亮工程”、网格化服务管理工作，整治非法集资、“盗毒骗”等治安热点问题，为平潭发展提供更高水平的平安保障。

（摘编：杨立群）

第六篇

统计数据

综 合

说明:

本篇内容摘自《2017 福建统计年鉴》，采用近三年的数据（除注明外）。

（摘编：王诗诚）

福建省行政区划（2016 年底）

设区市名称	县级行政单位数（个）				县级行政单位名称
	合计	县	县级市	市辖区	
总　计	85	44	13	28	
福州市	13	6	2	5	鼓楼区　仓山区　台江区　马尾区　晋安区　福清市　长乐市　闽侯县　连江县　罗源县　闽清县　永泰县　平潭县
厦门市	6			6	思明区　海沧区　湖里区　集美区　同安区　翔安区
莆田市	5	1		4	城厢区　涵江区　荔城区　秀屿区　仙游县
三明市	12	9	1	2	三元区　梅列区　永安市　明溪县　清流县　宁化县　大田县　尤溪县　沙县　将乐县　泰宁县　建宁县
泉州市	12	5	3	4	鲤城区　丰泽区　洛江区　泉港区　石狮市　晋江市　南安市　惠安县　安溪县　永春县　德化县　金门县
漳州市	11	8	1	2	芗城区　龙文区　龙海市　云霄县　诏安县　漳浦县　长泰县　东山县　南靖县　平和县　华安县
南平市	10	5	3	2	延平区　建阳区　邵武市　武夷山市　建瓯市　顺昌县　浦城县　光泽县　松溪县　政和县
龙岩市	7	4	1	2	新罗区　永定区　漳平市　长汀县　上杭县　武平县　连城县
宁德市	9	6	2	1	蕉城区　福安市　福鼎市　霞浦县　古田县　屏南县　寿宁县　周宁县　柘荣县

全省法人单位数和从业人员数（2016 年）

项　　目	法人单位数（个）	单产业法人	多产业法人	从业人员数（万人）
按登记注册类型分	751747	723518	28229	1793.04
内资	735739	708208	27531	1569.74
国有	43495	38700	4795	150.08
集体	8952	8020	932	18.70
股份合作	2484	2368	116	9.26
联营	1060	1020	40	2.47
国有联营	199	192	7	0.46
集体联营	425	402	23	0.99
国有与集体联营	89	86	3	0.30
其他联营	347	340	7	0.72

续表

项　　目	法人单位数（个）	单产业法人	多产业法人	从业人员数（万人）
有限责任公司	136369	132782	3587	422.44
国有独资公司	1596	1382	214	24.60
其他责任有限公司	134773	131400	3373	397.84
股份有限公司	7577	6907	670	65.16
私营	431072	423958	7114	773.81
私营独资	64698	64062	636	69.80
私营合伙	18435	18267	168	21.59
私营有限责任公司	339039	332956	6083	658.77
私营股份有限公司	8900	8673	227	23.66
其他	104730	94453	10277	127.82
港澳台商投资	10547	10114	433	144.24
合资经营（港或澳、台资）	2119	2005	114	34.83
合作经营（港或澳、台资）	177	171	6	0.88
港、澳、台商独资经营	7821	7529	292	102.60
港、澳、台商投资股份有限公司	280	267	13	3.55
其他港澳台商投资	150	142	8	2.38
外商投资	5461	5196	265	79.05
中外合资	1382	1302	80	22.69
中外合作	93	86	7	0.82
外商独资	3540	3385	155	51.63
外商投资股份有限公司	254	237	17	2.44
其他外商投资	192	186	6	1.48
按机构类型分	751747	723518	28229	1793.04
企业	636090	622143	13947	1571.88
事业单位	29071	26969	2102	91.99
机关	9109	6771	2338	33.75
社会团体	18744	18419	325	23.85
其他	58733	49216	9517	71.57
按行业分	751747	723518	28229	1793.04
农、林、牧、渔业	47858	47632	226	56.62
农业	25840	25747	93	31.99
林业	5215	5154	61	6.85
畜牧业	6516	6487	29	6.54
渔业	5834	5817	17	6.34
农、林、牧、渔服务业	4453	4427	26	4.90

续表

项　　目	法人单位数（个）	单产业法人	多产业法人	从业人员数（万人）
采矿业	2981	2934	47	11.84
煤炭开采和洗选业	302	290	12	3.95
石油和天然气开采业				
黑色金属矿采选业	325	313	12	1.46
有色金属矿采选业	339	334	5	1.23
非金属矿采选业	1894	1876	18	5.07
开采辅助活动	24	24		0.01
其他采矿业	97	97		0.11
制造业	138926	137105	1821	661.56
农副食品加工业	6243	6137	106	29.19
食品制造业	4521	4409	112	21.81
酒、饮料和精制茶制造业	4890	4771	119	17.26
烟草制品业	15	14	1	0.61
纺织业	5536	5482	54	34.02
纺织服装、服饰业	13429	13241	188	74.54
皮革、毛皮、羽毛及其制品和制鞋业	9474	9389	85	91.95
木材加工和木、竹、藤、棕、草制品业	5577	5512	65	19.19
家具制造业	3516	3462	54	11.87
造纸和纸制品业	3895	3871	24	15.79
印刷和记录媒介复制业	3319	3277	42	8.96
文教、工美、体育和娱乐用品制造业	9037	8911	126	39.06
石油加工、炼焦和核燃料加工业	185	180	5	1.18
化学原料和化学制品制造业	4167	4076	91	15.57
医药制造业	611	590	21	4.12
化学纤维制造业	250	248	2	4.28
橡胶和塑料制品业	7056	7001	55	27.83
非金属矿物制品业	14523	14371	152	59.72
黑色金属冶炼和压延加工业	1194	1181	13	10.81
有色金属冶炼和压延加工业	655	639	16	6.13
金属制品业	9274	9184	90	25.27
通用设备制造业	6088	6003	85	20.32
专用设备制造业	6060	6000	60	16.00
汽车制造业	1836	1806	30	13.36
铁路、船舶、航空航天和其他运输设备制造业	1126	1113	13	5.67
电气机械和器材制造业	6688	6606	82	31.62

续表

项　　目	法人单位数（个）	单产业法人	多产业法人	从业人员数（万人）
计算机、通信和其他电子设备制造业	3608	3540	68	35.88
仪器仪表制造业	1145	1128	17	5.66
其他制造业	3644	3616	28	11.09
废弃资源综合利用业	632	623	9	1.06
金属制品、机械和设备修理业	732	724	8	1.71
电力、热力、燃气及水生产和供应业	6888	6670	218	16.22
电力、热力生产和供应业	5718	5543	175	12.81
燃气生产和供应业	206	185	21	0.74
水的生产和供应业	964	942	22	2.67
建筑业	28007	26455	1552	386.97
房屋建筑业	6222	5517	705	238.88
土木工程建筑业	4719	4331	388	58.26
建筑安装业	3035	2853	182	12.38
建筑装饰和其他建筑业	14031	13754	277	77.44
批发和零售业	230842	225959	4883	184.76
批发业	152112	149724	2388	111.75
零售业	78730	76235	2495	73.01
交通运输、仓储和邮政业	16912	16154	758	43.24
铁路运输业	102	99	3	0.90
道路运输业	7784	7494	290	22.58
水上运输业	1277	1228	49	3.76
航空运输业	85	73	12	2.00
管道运输业				
装卸搬运和运输代理业	5649	5426	223	7.79
仓储业	1039	1005	34	1.60
邮政业	976	829	147	4.61
住宿和餐饮业	11574	11140	434	30.00
住宿业	4450	4336	114	13.65
餐饮业	7124	6804	320	16.35
信息传输、软件和信息技术服务业	22801	22506	295	27.33
电信、广播电视和卫星传输服务	744	661	83	6.46
互联网和相关服务	4502	4469	33	3.49
软件和信息技术服务业	17555	17376	179	17.38
金融业	4938	4451	487	23.05
货币金融服务	1194	971	223	15.76

续表

项　　　目	法人单位数（个）			从业人员数（万人）
		单产业法人	多产业法人	
资本市场服务	1975	1938	37	2.11
保险业	553	338	215	4.44
其他金融业	1216	1204	12	0.74
房地产业	17417	16394	1023	35.65
房地产业	17417	16394	1023	35.65
租赁和商务服务业	76540	75332	1208	64.53
租赁业	4789	4729	60	3.01
商务服务业	71751	70603	1148	61.52
科学研究和技术服务业	27025	26280	745	27.40
研究和试验发展	6740	6693	47	4.61
专业技术服务业	12381	11798	583	16.45
科技推广和应用服务业	7904	7789	115	6.34
水利、环境和公共设施管理业	4834	4664	170	9.97
水利管理业	894	858	36	1.05
生态保护和环境治理业	699	672	27	0.80
公共设施管理业	3241	3134	107	8.12
居民服务、修理和其他服务业	13098	12786	312	15.74
居民服务业	5099	4945	154	7.21
机动车、电子产品和日用产品修理业	4927	4815	112	4.51
其他服务业	3072	3026	46	4.02
教育	17130	16008	1122	63.62
教育	17130	16008	1122	63.62
卫生和社会工作	8162	7808	354	23.32
卫生	6692	6362	330	22.09
社会工作	1470	1446	24	1.24
文化、体育和娱乐业	12883	12699	184	14.83
新闻和出版业	359	350	9	0.89
广播、电视、电影和影视录音制作业	1112	1077	35	2.08
文化艺术业	4897	4848	49	4.48
体育	1629	1582	47	1.83
娱乐业	4886	4842	44	5.56
公共管理、社会保障和社会组织	62931	50541	12390	96.40
中国共产党机关	1335	1198	137	1.90
国家机构	17149	14548	2601	43.54
人民政协、民主党派	293	279	14	0.44

续表

项目	法人单位数（个）	单产业法人	多产业法人	从业人员数（万人）
社会保障	606	604	2	0.64
群众团体、社会团体和其他成员组织	25668	25327	341	29.49
基层群众自治组织	17880	8585	9295	20.40

各设区市按机构类型分的法人单位数（2016年）

单位：个

地区	法人单位数	企业法人	事业法人	机关法人	社团法人	其他法人
福建省	751747	636090	29071	9109	18744	58733
福州市	151463	133444	4707	1531	2959	8822
厦门市	145481	138978	1339	496	1878	2790
莆田市	34659	28185	1692	571	933	3278
三明市	41820	29470	3230	1179	1954	5987
泉州市	154742	137880	4342	1202	3170	8148
漳州市	73642	59958	4000	1224	1665	6795
南平市	55224	40032	4298	1098	2195	7601
龙岩市	37669	27309	2457	774	2411	4718
宁德市	57047	40834	3006	1034	1579	10594

各设区市按行业门类分的法人单位数（2016年）

单位：个

项目	福建省	福州市	厦门市	莆田市	三明市	泉州市	漳州市	南平市	龙岩市	宁德市
农、林、牧、渔业	47858	5999	2250	1962	4930	5501	7197	7127	3631	9261
采矿业	2981	230	22	48	710	462	291	324	696	198
制造业	138926	16973	21580	6830	5330	49317	15932	7795	4645	10524
电力、热力、燃气及水生产和供应业	6888	666	113	194	1282	895	816	961	1157	804
建筑业	28007	6860	6063	1352	1096	4925	2811	1970	1331	1599
批发和零售业	230842	49994	56672	11648	9854	48204	19083	13030	9485	12872
交通运输、仓储和邮政业	16912	3463	4335	587	918	2961	1909	1147	651	941
住宿和餐饮业	11574	2847	2891	408	465	2121	965	641	587	649
信息传输、软件和信息技术服务业	22801	6879	7794	764	773	2844	1303	1003	612	829
金融业	4938	944	1249	172	250	791	314	457	258	503
房地产业	17417	3722	3985	727	928	2838	1934	1261	949	1073
租赁和商务服务业	76540	22829	19719	2504	3175	10644	5941	5520	2734	3474
科学研究和技术服务业	27025	7929	6260	741	1334	3805	2444	1844	1351	1317

续表

项　　目	福建省	福州市	厦门市	莆田市	三明市	泉州市	漳州市	南平市	龙岩市	宁德市
水利、环境和公共设施管理业	4834	743	602	237	512	610	666	579	410	475
居民服务、修理和其他服务业	13098	3286	3247	395	544	2290	1289	872	507	668
教育	17130	3620	2090	906	955	3657	2257	1428	1161	1056
卫生和社会工作	8162	1875	594	276	784	976	507	634	385	2131
文化、体育和娱乐业	12883	2808	2334	519	828	2293	1419	1064	789	829
公共管理、社会保障和社会组织	62931	9796	3681	4389	7152	9608	6564	7567	6330	7844
国际组织										

人口 就业 工资

主要年份年末常住人口及人口变动

年 份	常住总人口（万人）	按性别分类		按城乡分		人口出生率（‰）	人口死亡率（‰）	人口自然增长率（‰）	人口密度（人/平方公里）
		男	女	城镇	农村				
2014	3806	1936	1870	2352	1454	13. 70	6. 20	7. 50	307
2015	3839	1949	1890	2403	1436	13. 90	6. 10	7. 80	310
2016	3874	1970	1904	2464	1410	14. 50	6. 20	8. 30	313

各种受教育程度人口占总人口的比重

单位:%

项 目	1982 年	1990 年	1995 年	2000 年	2010 年	2015 年	2016 年
大专以上	0. 6	1. 2	1. 4	3. 0	8. 4	9. 8	10. 4
高中（含中专）	5. 7	7. 0	6. 7	10. 6	13. 9	15. 0	15. 3
初中	12. 6	16. 9	20. 4	33. 5	37. 9	38. 7	38. 7
小学	36. 3	43. 2	43. 8	37. 8	29. 8	27. 4	26. 7

家庭户类型构成

单位:%

项 目	1982 年	1990 年	2000 年	2010 年
一人户	7. 7	5. 8	9. 1	12. 1
二人户	8. 2	8. 6	15. 5	17. 2
三人户	12. 2	16. 8	25. 4	24. 3
四人户	17. 1	23. 6	24. 7	21. 7
五人户	18. 4	21. 4	15. 8	13. 7
六人户	14. 7	11. 8	5. 9	6. 4
七人户	10. 1	5. 9	2. 2	2. 6
八人户	11. 6	2. 9	0. 8	1. 1
九人户		1. 4	0. 3	0. 5
十人及以上户		1. 8	0. 3	0. 4

六次全国人口普查人口基本情况

项　　目	1953 年	1964 年	1982 年	1990 年	2000 年	2010 年
一、总户数和总人口						
家庭户（万户）	320	360	514	658	874	1121
总人口（万人）	1285	1676	2587	3005	3410	3689
男	662	869	1331	1543	1757	1898
女	623	807	1256	1462	1653	1791
性别比（女性 = 100）	106. 4	107. 8	105. 9	105. 6	106. 3	106. 0
平均每户人数（人/户）	4. 0	4. 7	4. 9	4. 4	3. 6	3. 0
二、城乡人口（万人）						
城镇人口		223	548	642	1432	2106
乡村人口		1453	2039	2363	1978	1583
城镇化率（%）		13. 3	21. 2	21. 4	42. 0	57. 1
三、民族人口（万人）						
汉族人口			2562	2958	3351	3610
占总人口比重（%）			99. 0	98. 4	98. 3	97. 8
少数民族人口			25	47	59	80
占总人口比重（%）			1. 0	1. 6	1. 7	2. 2
四、人口年龄构成						
0—14 岁人口（万人）	460	709	945	946	760	571
占总人口比重（%）	35. 8	42. 3	36. 5	31. 5	22. 3	15. 5
15—64 岁人口（万人）	782	914	1530	1907	2422	2828
占总人口比重（%）	60. 9	54. 5	59. 1	63. 5	71. 0	76. 7
65 岁及 65 岁以上人口（万人）	43	53	113	152	228	291
占总人口比重（%）	3. 3	3. 2	4. 4	5. 0	6. 7	7. 9
百岁老年人口（人）	16	14	45	143	373	1058
男	3	2	7	16	46	221
女	13	12	38	127	327	837
总抚养比（%）	64. 2	83. 3	69. 2	57. 6	42. 2	30. 5
少儿抚养比	58. 8	77. 6	61. 8	49. 6	32. 7	20. 2
老年抚养比	5. 4	5. 8	7. 4	8. 0	9. 5	10. 3
老少比（%）	9. 2	7. 4	12. 0	16. 1	30. 1	51. 0
平均预期寿命（岁）			68. 50	70. 50	72. 55	75. 76
男			66. 20	68. 40	70. 30	73. 27
女			70. 70	72. 60	75. 07	78. 64
五、受教育人口						
每十万人拥有小学及以上文化程度人口（人）						
小学		26716	36334	43213	40200	29801

续表

项　　目	1953 年	1964 年	1982 年	1990 年	2000 年	2010 年
初中		5070	12601	16891	35700	37886
高中及中专		1826	5716	6991	11300	13876
大专以上		439	608	1228	3200	8361
文盲人口			651	477	327	90
文盲率（%）		58.8	25.2	15.9	9.6	2.4
六、劳动力和就业状况						
劳动适龄人口（万人）	701	816	1364	1710	2188	2556
男（16—59 岁）	367	444	736	911	1148	1353
女（16—54 岁）	335	372	628	799	1040	1203
占总人口比重（%）	54.6	48.7	52.7	56.9	64.2	69.3
七、各种婚姻人口占 15 岁及以上人口比重（%）			100	100	100	100
未婚			28.4	25.1	24.1	22.9
有配偶			63.4	67.8	69.6	70.6
离婚			0.6	0.6	0.7	1.1
丧偶			7.6	6.5	5.6	5.4
八、婚姻状况						
育龄妇女人数（万人）	319	354	608	778	1006	1121
生育旺盛期组（女 20—29 岁）	106	109	212	293	328	359
生育率（‰）			94.4	90.8	32.9	
总和生育率			2.7	2.4	1.0	
九、人口自然变动						
出生率（‰）	36.67	38.59	27.91	24.44	11.60	11.27
死亡率（‰）	12.55	8.68	6.35	6.71	5.85	5.16
自然增长率（‰）	24.12	29.91	21.56	17.73	5.75	6.11

就业基本情况

项　　目	2010 年	2015 年	2016 年
就业人员合计（万人）	2241.59	2768.41	2797.03
第一产业	636.54	617.87	615.52
第二产业	820.89	1025.70	1006.12
第三产业	784.16	1124.84	1175.39
就业人员构成（%）			
第一产业	28.4	22.3	22.0
第二产业	36.6	37.1	36.0
第三产业	35.0	40.6	42.0

续表

项　　目	2010年	2015年	2016年
按城乡分就业人数（万人）			
城镇单位就业人员	507.14	663.08	668.83
#国有单位	155.51	155.18	158.39
集体单位	16.58	11.40	10.66
股份合作单位	8.14	6.38	4.97
联营单位	1.95	0.98	0.88
有限责任公司	87.40	268.61	279.28
股份有限公司	31.28	43.34	45.65
港澳台商投资单位	110.25	103.34	99.47
外商投资单位	81.88	66.60	62.23
城镇私营和个体从业人员	338.64	666.49	691.73
乡村就业人员	1395.81	1438.83	1436.48
城镇单位在岗职工人数（万人）	485.94	567.50	569.57
国有单位	145.74	132.70	133.88
城镇集体单位	15.38	8.94	8.11
其他单位	324.83	425.85	427.57
私营单位从业人员数（万人）	362.67	505.40	518.00
城镇登记失业人数（万人）	14.49	15.41	16.25
城镇登记失业率（%）	3.77	3.66	3.86

城镇单位企业、事业、机关年末在岗职工人数

单位：万人

年　份	总　计	企　业	事　业	机　关
2014	559.95	452.39	74.10	31.50
2015	567.50	459.86	73.78	31.87
2016	569.57	459.61	75.77	32.00

城镇单位企业、事业、机关在岗职工平均工资

年　份	平均货币工资（元）				指数（上年=100）			
	总　计	企　业	事　业	机　关	合　计	企　业	事　业	机　关
2014	54235	52219	63753	62516	109.9	110.3	109.2	106.0
2015	58719	55562	73414	71808	108.3	106.4	115.1	114.9
2016	63138	59167	80308	80540	107.5	106.5	109.4	112.2

城镇单位从业人员平均劳动报酬（2016 年）

单位：元

项　　目	单位从业人员	在岗职工	其他从业人员
合　计	61973	63138	46691
按企事业机关分			
企业	58503	59167	50091
事业	77271	80308	30476
机关	77183	80540	27077
按国民经济行业分			
农、林、牧、渔业	35577	51121	13315
采矿业	44222	44354	41762
制造业	54439	54281	65082
电力、热力、燃气及水生产和供应业	88471	89651	46053
建筑业	53557	53248	55359
批发和零售业	57937	59421	28710
交通运输、仓储和邮政业	71181	72547	35773
住宿和餐饮业	39434	39494	37164
信息传输、软件和信息技术服务业	93774	95112	42785
金融业	108377	136220	39478
房地产业	65110	66361	40799
租赁和商务服务业	56934	57441	41769
科学研究和技术服务业	79317	81470	40122
水利、环境和公共设施管理业	51083	53722	26459
居民服务、修理和其他服务业	48040	48784	35084
教育	75773	78602	29046
卫生和社会工作	87997	90693	44313
文化、体育和娱乐业	67018	70176	27782
公共管理、社会保障和社会组织	76926	80118	26320
按三次产业分			
第一产业	35577	51121	13315
第二产业	54796	54678	56405
第三产业	73828	76717	34762

居民收支

城乡居民家庭人均收入

单位：元

年　份	居民人均可支配收入			城镇居民人均可支配收入			农村居民人均可支配（纯）收入		
	数　值	比上年增长（%）		数　值	比上年增长（%）		数　值	比上年增长（%）	
		名　义	实　际		名　义	实　际		名　义	实　际
2014	23331	10.0	7.8	30722	9.0	6.8	12650	10.9	8.8
2015	25404	8.9	7.1	33275	8.3	6.5	13793	9.0	7.2
2016	27608	8.7	6.9	36014	8.2	6.3	14999	8.7	7.1

城镇居民人均可支配收入及构成

单位：元

项　　目	2014 年	2015 年	2016 年
可支配收入	30722.39	33275.34	36014.26
工资性收入	19197.23	20714.28	22213.41
经营净收入	4246.81	4571.46	4919.35
财产净收入	3648.56	3822.24	4199.43
转移净收入	3629.79	4167.37	4682.07
可支配收入构成（%）	100.00	100.00	100.00
工资性收入	62.49	62.25	61.68
经营净收入	13.82	13.74	13.66
财产净收入	11.88	11.49	11.66
转移净收入	11.82	12.52	13.00

城镇居民人均生活消费支出

单位：元

项　　目	2014 年	2015 年	2016 年
生活消费支出	22204.06	23520.19	25005.52
食品烟酒	7368.71	7759.14	8299.57
衣着	1460.99	1489.82	1443.55
居住	5434.70	5811.38	6530.52
生活用品及服务	1301.97	1336.95	1393.43
交通通信	2737.80	3021.53	3205.69
教育文化娱乐	2170.03	2314	2461.45
医疗保健	1058.97	1165.3	1178.47
其他用品及服务	670.90	622.07	492.83

农村居民人均可支配收入及构成

单位：元

项　　目	2014 年	2015 年	2016 年
人均可支配收入	12650.19	13792.70	14999.19
工资性收入	5655.21	6187.00	6785.20
经营净收入	5093.61	5455.57	5821.46
财产净收入	201.28	232.46	255.68
转移净收入	1700.09	1917.68	2136.85
可支配收入构成（%）	100.00	100.00	100.00
工资性收入	44.70	44.86	45.24
经营净收入	40.27	39.55	38.81
财产净收入	1.59	1.69	1.70
转移净收入	13.44	13.90	14.25

农村居民人均生活消费支出

单位：元

项　　目	2014 年	2015 年	2016 年
生活消费支出	11055.93	11960.79	12910.84
食品烟酒	4222.53	4493.83	4818.30
衣着	572.36	610.58	567.48
居住	2607.83	2907.57	3203.95
生活用品及服务	642.69	620.57	687.94
交通通信	1097.70	1248.58	1452.10
教育文化娱乐	940.72	1003.87	1071.34
医疗保健	735.94	826.94	866.95
其他用品及服务	236.16	248.87	242.78

设区市城镇居民人均可支配收入（2016 年）

单位：元

项　目	人均可支配收入	工资性收入	经营净收入	财产净收入	转移净收入
福建省	36014	22213	4919	4199	4682
福州市	37833	23619	3408	4738	6067
厦门市	46254	32699	4180	5464	3911
莆田市	31818	16915	5780	4573	4550
三明市	29677	19142	4202	2303	4030
泉州市	39656	22636	8978	4868	3175
漳州市	30726	18834	5363	2020	4509

续表

项 目	人均可支配收入				
		工资性收入	经营净收入	财产净收入	转移净收入
南平市	27818	16562	3525	2829	4902
龙岩市	30408	21097	3795	3175	2341
宁德市	28164	12994	8458	2637	4075

设区市城镇居民人均生活消费支出（2016 年）

单位：元

项 目	生活消费支出								
		食品烟酒	衣着	居住	生活用品及服务	交通通信	教育文化娱乐	医疗保健	其他用品及服务
福建省	25006	8300	1444	6531	1393	3206	2461	1178	493
福州市	26392	8704	1474	7360	1363	3022	2866	1084	518
厦门市	30867	9754	1720	8225	1638	4446	3160	1233	690
莆田市	21584	7671	1148	5287	1457	2460	1991	1079	493
三明市	21183	7424	1308	4723	1437	2467	2530	906	389
泉州市	25210	8511	1798	5866	1474	3286	2376	1116	782
漳州市	21467	8027	1201	4487	1220	2784	2308	1003	437
南平市	18503	6359	1144	4259	1388	2047	2106	901	299
龙岩市	20784	7270	1325	4723	968	2772	2258	1091	377
宁德市	19982	7113	1519	4569	1288	1768	1887	1372	465

设区市农村居民人均可支配收入（2016 年）

单位：元

项 目	人均可支配收入				
		工资性收入	经营净收入	财产净收入	转移净收入
福建省	14999	6785	5821	256	2137
福州市	16346	8663	4328	779	2577
厦门市	18885	12566	4567	739	1014
莆田市	15131	7345	3941	323	3524
三明市	13918	5302	7171	283	1162
泉州市	17179	9257	6045	293	1583
漳州市	15320	7329	6275	180	1536
南平市	13331	4633	7546	190	961
龙岩市	14429	5684	7070	166	1509
宁德市	13516	4082	8084	145	1205

设区市农村居民人均生活消费支出（2016 年）

单位：元

项　目	生活消费支出	食品烟酒	衣着	居住	生活用品及服务	交通通信	教育文化娱乐	医疗保健	其他用品及服务
福建省	12911	4818	567	3204	688	1452	1071	867	243
福州市	14033	5343	858	3618	808	1328	1163	644	272
厦门市	16300	6072	802	4283	968	2382	981	482	330
莆田市	12932	5348	572	3038	1037	1191	971	453	322
三明市	10598	4043	473	2302	629	1269	1074	599	208
泉州市	13480	5058	737	3573	883	1545	856	519	308
漳州市	11006	4381	396	2543	713	1160	917	700	196
南平市	10087	3666	500	2423	473	1223	846	808	148
龙岩市	10748	4279	419	2635	560	1162	846	614	233
宁德市	10646	4290	567	2641	480	877	820	785	187

城市概况

各设区市城市建设情况（2016 年）

地　区	城市面积（平方公里）	#建成区面积	本年征用土地面积（公顷）	城市人口密度（人/平方公里）	年末实有道路长度（公里）	年末实有道路面积（万平方米）	城市桥梁数量（座）
福州市	1043.00	265.33	521	2390	1467	3228.00	434
厦门市	351.32	334.64	2845	9268	1828	3835.21	469
莆田市	244.00	89.88	280	2689	691	1273.35	117
三明市	220.00	38.70	145	1010	281	326.43	45
泉州市	539.00	214.00		2494	890	1959.00	150
漳州市	95.24	67.25	193	5408	410	1291.78	56
南平市	199.51	41.24	513	1770	341	430.62	38
龙岩市	200.00	61.65	409	2096	462	717.43	73
宁德市	107.50	32.10	1676	2391	202	453.70	20

各设区市城市供水情况（2016 年）

地　区	年底供水综合生产能力（万立方米/日）	年末供水管道长度（公里）	全年供水总量（万立方米）	#生活用水	#生产用水	用水人口（万人）	人均日生活用水量（升）
福州市	167.50	3059.71	40550.77	22899.69	2434.77	249.22	251.74
厦门市	156.90	3965.33	43282.45	21162.00	10948.00	308.00	188.24
莆田市	32.00	2391.00	7833.00	3477.00	2377.00	65.30	145.88
三明市	24.00	523.73	3725.91	1853.77	1398.99	22.18	228.98
泉州市	60.00	2897.99	13585.53	8968.05	1525.97	133.20	184.46
漳州市	31.50	530.10	7668.48	3403.38	2224.08	51.51	181.02
南平市	19.00	521.84	3669.20	2257.76	643.57	35.32	175.13
龙岩市	31.90	863.70	8701.37	2671.28	3302.86	41.62	175.84
宁德市	13.70	309.04	2022.13	1171.65	85.30	25.50	125.88

各设区市城市排水和污水处理情况（2016年）

地　区	排水管道长度（公里）	污水处理厂数（座）	城市污水厂日处理能力（万立方米/日）	污水处理总量（万立方米）	污水处理率（%）	污水处理厂集中处理率（%）
福州市	2598	8	95.50	26460	93.2	93.2
厦门市	2775	7	88.20	30283	93.6	93.6
莆田市	1596	4	27.80	6199	85.0	85.0
三明市	228	2	5.50	2270	87.0	63.7
泉州市	1395	5	29.00	10325	95.0	89.9
漳州市	856	2	15.00	3897	90.8	90.8
南平市	252	4	13.00	2560	86.9	86.9
龙岩市	406	3	17.00	5630	89.8	89.8
宁德市	248	1	4.00	1322	87.5	87.5

各设区市城市公共交通情况（2016年）

地　区	公交车标准运营车数（标台）	出租车运营车辆数（辆）	总客运量（万人次）
福州市	5506	6495	77578
厦门市	6093	5860	107855
莆田市	1102	1296	11589
三明市	433	404	9151
泉州市	1424	2080	16668
漳州市	518	995	7486
南平市	418	608	9547
龙岩市	380	614	9614
宁德市	259	776	8801

各设区市城市绿地和园林（2016年）

地　区	绿化覆盖面积（公顷）	#建成区	园林绿地面积（公顷）	#建成区	公园个数（个）	公园面积（公顷）
福州市	12326	11639	11661	10773	101	3414
厦门市	21462	14367	20137	13061	120	2604
莆田市	3895	3895	3493	3493	42	509
三明市	1964	1705	1745	1570	6	154
泉州市	9245	9244	8624	8623	37	825
漳州市	2871	2864	2723	2680	35	657
南平市	1876	1850	1677	1603	16	348
龙岩市	2788	2514	2382	2382	31	320
宁德市	1312	1277	1191	1189	9	382

各设区市城市市容环境卫生情况（2016 年）

地　区	道路清扫保洁面积（万平方米）	生活垃圾清运量（万吨）	市容环卫专用车辆设备总数（台）	公共厕所（座）	#三类以上
福州市	3626.00	108.24	608	366	366
厦门市	3541.00	166.21	1028	557	557
莆田市	1041.00	48.95	255	161	161
三明市	265.00	10.41	76	78	78
泉州市	1980.00	44.18	178	436	420
漳州市	1004.00	27.07	77	119	119
南平市	414.00	12.62	63	85	85
龙岩市	610.00	24.01	98	145	145
宁德市	376.00	15.22	39	41	38

各设区市城市设施水平（2016 年）

地　区	城市用水普及率（%）	城市燃气普及率（%）	人均城市道路面积（平方米）	人均公园绿地面积（平方米）	生活垃圾无害化处理率（%）	建成区绿化覆盖率（%）
福州市	100.0	97.2	12.95	14.07	99.0	43.9
厦门市	94.6	96.4	11.78	11.47	97.8	42.9
莆田市	99.5	95.0	19.41	12.70	99.1	43.3
三明市	99.9	99.6	14.70	14.76	98.6	44.1
泉州市	99.1	97.5	14.58	14.20	98.7	43.2
漳州市	100.0	99.5	25.08	14.64	99.7	42.6
南平市	100.0	93.1	12.19	13.11	95.3	44.9
龙岩市	99.3	99.7	17.11	12.51	99.7	40.8
宁德市	99.2	99.1	17.65	15.64	96.5	39.8

科 技

科技活动基本情况

项 目	2010 年	2015 年	2016 年
科技活动人员（人）	179271	252800	272770
#科学研究与开发机构	5573	7231	7450
高等院校	28895	48778	51366
大中型工业企业	86111	119465	125352
研究与试验发展人员折合全时当量（人年）	76737	126572	132155
#科学研究与开发机构	2756	4091	4305
高等院校	5892	9915	10673
大中型工业企业	44062	73920	74746
研究与试验发展经费内部支出（亿元）	170. 90	392. 93	454. 29
#科学研究与开发机构	6. 54	15. 48	18. 60
高等院校	6. 94	15. 37	27. 16
大中型工业企业	116. 12	261. 63	291. 37
研究与试验发展经费支出相当于国内生产总值比例（%）	1. 16	1. 51	1. 59
技术市场成交额（万元）	381217	538645	1057125
专利申请受理数（项）	21994	83146	130376
#发明专利	5117	17663	27041
专利申请授权数（项）	18063	61621	67142
#发明专利	1224	5730	7170
发明专利拥有量（项）	3295	17868	26714
每万人口发明专利拥有量（件）	0. 89	4. 65	6. 90

从事科技活动人员情况

单位：人

年 份	合 计	科研机构	高等院校	大中型工业企业	其 他
2014	257397	7005	33041	141483	75868
2015	252800	7231	48778	119465	77326
2016	272770	7450	51366	125352	88602

县级以上政府部门科学研究与开发机构情况

项　　目	2010 年	2015 年	2016 年
机构数（个）	96	100	102
职工人数（人）	6437	7469	7641
自然科学			
机构数（个）	80	84	84
职工人数（人）	5850	6891	7005
#从事科技活动人员（人）	4618	5758	5791
经费收入总额（万元）	151715	339057	328092
#政府拨款	106849	237813	232873
经费支出总额（万元）	133247	331761	328923
社会、人文科学			
机构数（个）	3	3	5
职工人数（人）	218	215	273
#从事科技活动人员	189	191	264
经费收入总额（万元）	5230	8379	9728
#政府拨款	4256	8182	9143
经费支出总额（万元）	4874	7024	7860
科学情报和文献			
机构数（个）	13	13	13
职工人数（人）	369	363	363
#从事科技活动人员（人）	326	345	342
经费收入总额（万元）	6651	8756	7924
#政府拨款	5482	7570	7164
经费支出总额（万元）	5744	8830	8372

各类型专利申请和授权情况

单位：项

年　份	专利申请数	发　明	实用新型	外观设计	专利授权数	发　明	实用新型	外观设计
2014	58075	12529	25410	20136	37857	3426	21013	13418
2015	83146	17663	44339	21144	61621	5730	34086	21805
2016	130376	27041	78176	25159	67142	7170	42110	17862

地方国有企事业单位专业技术人员数

单位：人

年 份	合 计	#工程技术人员	#农业技术人员	#卫生技术人员	#科学研究人员	#教学人员
2014	688199	76157	12962	106517	8771	372909
2015	703950	80289	13247	113119	9058	375467
2016	725593	86827	11973	114527	8798	380590

地方国有企事业单位各行业技术人员数

单位：人

行 业	2014 年	2015 年	2016 年
合 计	688199	703950	725593
按行业分			
农、林、牧、渔业	21459	22558	21858
采矿业	3442	3240	2859
制造业	12577	12627	12710
电力、燃气及水的生产和供应业	4323	5267	5961
建筑业	11792	12809	13542
交通运输、仓储和邮政业	15847	18627	17509
信息传输、计算机服务和软件业	7867	7926	9351
批发和零售业	5271	4804	6397
住宿和餐饮业	1050	765	695
金融业	22825	23748	24618
房地产业	6369	5963	6723
租赁和商务服务业	2497	2955	2951
科学研究、技术服务和地质勘查业	14676	14618	14745
水利、环境和公共设施管理业	9542	9983	9680
居民服务和其他服务业	6193	3962	6664
教育	385487	389241	394471
卫生、社会保障和社会福利业	125982	133027	139778
文化、体育和娱乐业	17159	16601	18376
公共管理和社会组织	13841	15229	16705
按三次产业分			
第一产业	21459	22558	21858
第二产业	32134	33943	35072
第三产业	634606	647449	668663

教　　育

专任教师数和在校学生数

年　份	专任教师数（人）				在校学生数（万人）				每万常住人口拥有大学在校学生数（人）
	普通高等学校	普通中等学校	#普通中学	普通小学	普通高等学校	普通中等学校	#普通中学	普通小学	
2014	43902	169151	148856	158698	74.85	224.53	175.48	274.63	251.3
2015	44791	168453	148428	162496	75.85	221.09	175.97	288.31	250.8
2016	44751	168992	149213	165910	75.64	222.91	178.95	298.67	243.8

各级各类非学历教育学生情况（2016 年）

单位：万人

项　　目	毕（结）业生数	注册学生数
总　计	133.24	123.96
高等教育	23.78	22.84
自考助学班	0.10	0.80
普通预科生		0.10
进修及培训	23.69	21.95
中等职业教育	14.59	9.23
#资格证书培训	7.62	5.12
岗位证书培训	2.30	0.98
职业技术培训机构	94.87	91.89
#资格证书培训	10.25	7.11
岗位证书培训	20.43	17.42

各级各类民办教育基本情况（2016 年）

单位：人

项　　目	学校数（所）	毕业生数	招生数	在校学生数	教职工数	#专任教师数
民办高等教育	36	55227	65041	221677	16863	11875
民办高校	29	33649	45351	139780	10675	7020
本科	8	15795	21690	73538	5587	3706
专科	21	17854	23661	66242	5088	3314
独立学院	7	21578	19690	81897	6188	4855
本科	7	21578	19690	81897	6188	4855
高中阶段教育	108	31420	40160	103375	16976	12723

续表

项　目	学校数（所）	毕业生数	招生数	在校学生数	教职工数	#专任教师数
高中	73	20171	24343	69856	15683	11816
中等职业学校	35	11249	15817	33519	1293	907
初中阶段教育	65	47780	50650	146437	6766	4931
初中	65	47780	50650	146437	6766	4931
民办普通小学	95	18345	21373	127747	4825	3610
民办幼儿园	5466	272077	322802	847949	94648	50595

各类学校数

单位：所

年　份	普通高等学校	成人高等学校	中等职业教育	普通中学	#高中	技工学校	小学	幼儿园
2014	88	3	226	1781	542	66	5167	7591
2015	88	3	217	1780	540	62	5141	7748
2016	88	3	207	1778	533	62	5188	7791

各类学校专任教师数

单位：人

年　份	普通高等学校	中等职业教育	普通中学	#高中	技工学校	小学	幼儿园
2014	43902	17102	148856	50923	3193	158698	70405
2015	44791	17103	148428	50463	2922	162496	74840
2016	44751	16732	149213	50424	3047	165910	79381

各类学校在校学生数

单位：万人

年　份	普通高等学校	成人高等学校	中等职业教育	普通中学	#高中	技工学校	小学	幼儿园
2014	74.85	16.08	43.76	175.48	62.91	5.29	274.63	145.63
2015	75.85	15.47	39.67	175.97	62.63	5.45	288.31	151.26
2016	75.64	13.67	38.05	178.95	63.47	5.90	298.67	156.61

各类学校招生数

单位：万人

年　份	普通高等学校	成人高等学校	中等职业教育	普通中学	#高中	技工学校	小学	幼儿园
2014	21.91	6.07	14.09	58.04	20.86	2.13	52.95	59.86
2015	21.79	5.00	14.08	59.77	21.57	2.41	53.63	64.03
2016	21.16	3.37	13.70	62.60	21.71	3.22	53.08	62.48

各类学校毕业生数

单位：万人

年　份	普通高等学校	成人高等学校	中等职业教育	普通中学	#高中	技工学校	小学
2014	19.01	4.12	15.21	57.03	22.72	1.76	37.89
2015	19.47	4.30	13.84	57.13	20.81	1.69	38.84
2016	19.95	4.38	13.17	57.21	19.70	1.75	41.56

研究生数

单位：人

年　份	在校学生数	招生数	毕业生数
2014	39312	12505	10878
2015	41338	13288	10969
2016	42731	14088	11968

职业技术培训机构情况（2016 年）

项　　目	学校数（所）	注册学生数（人）	结业学生数（人）	教职工数（人）	#专任教师数
总　计	1700	918862	948683	11536	5973
职工技术培训学校（机构）	80	313061	341632	1784	1601
#教育部门和集体办	65	307402	336023	1706	1555
民办	15	5659	5609	78	46
农村成人文化技术培训学校（机构）	1276	414309	414139	3582	458
#教育部门和集体办	1274	413073	412803	3575	453
民办	2	1236	1336	7	5
其他培训机构（含社会培训机构）	344	191492	192912	6170	3914
#教育部门和集体办	21	56565	66229	638	491
民办	323	134927	126683	5532	3423

分科研究生数（2016 年）

单位：人

项目	在校学生数	招生数	毕业生数	博士生			硕士生		
				在校生数	招生数	毕业生数	在校生数	招生数	毕业生数
合计	42731	14088	11968	5700	1345	995	37031	12743	10973
学术型学位	24710	7825	7157	5612	1327	989	19098	6498	6168
哲学	253	71	65	86	15	12	167	56	53
经济学	1623	458	517	406	74	84	1217	384	433
法学	1590	494	503	354	82	82	1236	412	421
教育学	804	242	249	110	28	21	694	214	228
文学	1437	447	465	307	65	55	1130	382	410
历史学	408	114	112	130	28	24	278	86	88
理学	6406	2205	1704	1755	495	325	4651	1710	1379
工学	5724	1811	1645	1123	267	157	4601	1544	1488
农学	1259	420	331	310	72	34	949	348	297
医学	2395	755	770	364	96	76	2031	659	694
管理学	2346	659	635	611	91	106	1735	568	529
艺术学	465	149	161	56	14	13	409	135	148
专业学位	18021	6263	4811	88	18	6	17933	6245	4805
哲学									
经济学	813	297	223				813	297	223
法学	859	316	273				859	316	273
教育学	1713	764	517	88	18	6	1625	746	511
文学	566	216	195				566	216	195
历史学	39	10	15				39	10	15
理学									
工学	3779	1368	980				3779	1368	980
农学	655	364	227				655	364	227
医学	2809	1117	815				2809	1117	815
管理学	6320	1645	1435				6320	1645	1435
艺术学	468	166	131				468	166	131

普通高等学校本科分科学生情况

单位：人

项目	2014 年	2015 年	2016 年
在校学生数	477753	491779	499185
哲学	542	516	530
经济学	40412	39163	39882

续表

项　　目	2014 年	2015 年	2016 年
法学	15993	16423	16626
教育学	14279	15040	15852
文学	46962	46540	44445
历史学	1571	1726	1447
理学	30632	31260	29282
工学	158764	165067	170337
农学	9235	9273	9766
医学	24823	25768	26403
管理学	98154	100154	102647
艺术学	36386	40849	41968
招生数	127557	128633	124729
哲学	222	194	215
经济学	9727	9918	9969
法学	4268	4078	3618
教育学	3962	4266	4332
文学	11535	11474	10749
历史学	340	382	334
理学	7838	7910	6828
工学	43946	44798	44124
农学	2612	2655	2555
医学	6311	5682	5570
管理学	26026	26263	25795
艺术学	10770	11013	10640
毕业生数	102431	109789	112010
哲学	46	39	29
经济学	9268	10395	9944
法学	3809	3604	3799
教育学	3158	3345	3375
文学	11770	11937	12087
历史学	419	497	398
理学	7268	7765	7231
工学	32283	35760	36261
农学	2393	2414	2042
医学	4619	4654	4797
管理学	21325	22561	24107
艺术学	6073	6818	7940

普通高等学校专科分科学生数（2016 年）

单位：人

项　　目	在校学生数	招生数	毕业生数
合　计	257207	86865	87455
农林牧渔大类	3348	1383	1160
交通运输大类	2132	814	652
生化与药品大类	1832	588	704
资源开发与测绘大类	34061	9786	11908
材料与能源大类	1315	481	416
土建大类	18994	6768	5640
水利大类	1390	536	425
制造大类	2118	852	532
电子信息大类	6290	2081	2531
环保、气象与安全大类	10549	3861	2475
轻纺食品大类	28041	10501	10006
财经大类	30032	10474	9309
医药卫生大类	61288	18783	23543
旅游大类	8413	2862	2864
公共事业大类	15852	5292	5017
文化教育大类	2721	923	724
艺术设计传媒大类	26621	10093	8716
法律大类	2109	743	792

成人高等学校分科学生情况

单位：人

项　　目	2010 年	2015 年	2016 年
招生数	36025	19092	16015
经济学	1904	506	323
法学	798	334	253
教育学	5063	2236	2087
文学	2226	476	266
历史学	36	16	3
理学	352	122	101
工学	9142	6845	4333
农学	338	454	200
医　学	4545	2958	3776
管理学	11621	5043	4605
艺术学		102	68

续表

项　　　　目	2010 年	2015 年	2016 年
在校学生数	99038	59981	58021
经济学	5821	1462	1123
法学	2352	1115	867
教育学	11746	6727	6928
文学	7489	2004	1458
历史学	116	48	31
理学	1012	494	437
工学	24131	18720	17059
农学	1190	1223	996
医学	13041	11983	13771
管理学	32140	15756	15026
艺术学		449	325
毕业生数	34699	16827	18966
经济学	2854	446	571
法学	1120	555	468
教育学	4537	1505	1905
文学	4309	656	745
历史学	75	11	22
理学	1178	141	241
工学	6323	4812	5474
农学	508	245	381
医学	4025	3307	4032
管理学	9770	4940	4965
艺术学		209	162

成人高等学校专科分科学生数（2016 年）

单位：人

项　　　　目	在校学生数	招生数	毕业生数
合　计	78710	17733	24825
#农林牧渔大类	6790	1911	272
交通运输大类	148	37	75
生化与药品大类	451	73	370
资源开发与测绘大类	10003	1934	5189
材料与能源大类	100	57	32
土建大类	6447	1400	1286
水利大类	432	69	9

续表

项　　目	在校学生数	招生数	毕业生数
制造大类	186	22	199
电子信息大类	154	7	68
环保、气象与安全大类	998	100	249
轻纺食品大类	2895	531	732
财经大类	15064	2897	3378
医药卫生大类	22726	6481	9405
旅游大类	794	123	259
公共事业大类	1247	214	435
文化教育大类	11		7
艺术设计传媒大类	8250	1341	2244
法律大类	1976	521	611

中等职业教育分科学生数（2016 年）

单位：人

项　　目	毕业生数	招生数		在校学生数
			#招初中毕业生数	
合　计	131698	137049	112206	380533
农林牧渔类	30388	8295	2691	52050
资源环境类	7	11	11	63
能源与新能源类	263	240	240	512
土木水利类	9162	7569	6289	23820
加工制造类	7998	10965	9696	29140
石油化工类	675	592	320	1049
轻纺食品类	2433	2383	1638	5807
交通运输类	11998	16984	12071	38625
信息技术类	14794	21080	18766	54375
医药卫生类	8058	8796	8274	23522
休闲保健类	1163	1804	1775	5473
财经商贸类	17250	22290	18951	59287
旅游服务类	7002	9343	7428	21350
文化艺术类	7127	9025	7900	23548
体育与健身	697	1402	1264	3155
教育类	9339	13961	13240	33265
司法服务类	64	164	126	412
公共管理与服务类	1705	627	548	1848
其他	1575	1518	978	3232

技工学校数、学生数和专任教师数

年　份	学校数（所）	招生数（人）	在校学生数（人）	毕业生数（人）	专任教师数（人）
2014	66	26913	76678	27602	3193
2015	62	24130	54524	16948	2922
2016	62	32244	59016	17500	3047

学龄儿童入学率和各级普通学校毕业生升学率

单位:%

年　份	学龄儿童入学率	小学升学率	初中升学率
2014	99.99	98.10	92.79
2015	100.00	98.36	88.28
2016	99.99	98.38	87.80

文　化

主要年份文化事业情况

年　份	艺术表演团体（个）	公共图书馆（座）	博物馆（座）	图书出版总印数（万份）	期刊出版总印数（万份）	报纸出版总印数（万份）	广播综合人口覆盖率（%）	电视综合人口覆盖率（%）
2014	72	88	98	8619	4426	111945	98.31	98.70
2015	70	90	98	8800	3970	106072	98.68	98.94
2016	70	90	98	9709	4215	90608	98.96	99.12

主要年份各类文化事业机构数

单位：个

年　份	艺术事业		公共图书馆	博物馆	群众文化事业	
	艺术表演团体	表演场馆			艺术（文化）馆	文化站
2014	72	57	88	98	97	1118
2015	70	56	90	98	97	1125
2016	70	58	90	98	97	1125

图书馆、博物馆情况

项　　　目	2014 年	2015 年	2016 年
图书馆			
公共图书馆图书总藏量（千册）	26602	28211	30510
#图书藏量（千册）	20645	22076	24140
报刊藏量（千册）	2171	2341	2437
视听文献、缩微制品藏量（千册）	639	696	712
电子图书（千册）	16605	18543	21516
组织各类讲座次数（次）	2364	2891	3384
各类讲座参加人次（千人次）	323	287	416
举办展览次数（次）	751	712	836
参观展览人次（千人次）	1357	1420	1738
举办培训班次数（次）	740	1083	1368
参加培训班人次（千人次）	41	58	119
总流通人次（千人次）	20519	23963	26035
图书购置费（千元）	45208	52063	60998
博物馆			
文物藏品（件）	483880	514057	541462

续表

项　　目	2014年	2015年	2016年
#一级品	1060	1081	1085
二级品	2912	3043	2999
三级品	94310	97883	100066
参观人次（千人次）	23082	24121	25883
#文物机构青少年参观人次	8132	8451	9206

图书出版情况

年　份	图书种数（种）	本版图书种数	#新出	总印数（万册、万张）	#租型	总印张（千印张）	#租型	定价总金额（万元）
2014	3653	3456	2442	8619	3099	660192	226916	108127
2015	3579	3395	2318	8800	3197	700447	234302	116504
2016	4154	3954	2620	9709	3309	792968	246575	143426

书刊报纸出版情况

年　份	出版社（个）	出版种数（种）			总印数（万份）		
		图　书	期　刊	报　纸	图　书	期　刊	报　纸
2014	11	3653	176	42	8619	4426	111945
2015	11	3579	176	45	8800	3970	106072
2016	11	4154	176	42	9709	4215	90608

音像电子出版物出版情况

项　　目	2014年		2015年		2016年	
	种数（种）	数量（万张）	种数（种）	数量（万张）	种数（种）	数量（万张）
出版						
录音制品	54	18.81	31	6.79	32	9.60
录像制品	35	29.65	28	16.72	42	7.43
电子出版物	32	8.05	39	24.58	52	21.33
复制						
磁带制品		14.83		8.33		7.89
光盘制品		1803.53		1082.88		1201.53

广播电视事业发展情况

项　　目	2014 年	2015 年	2016 年
广播电台数量（座）			
广播电台	6	6	4
电视台	6	7	5
广播电视台	65	65	67
节目套数（套）			
广播	90	90	91
电视	41	41	103
全年播出节目时间（万小时）			
广播	51. 65	52. 41	52. 34
电视	34. 92	36. 49	36. 92
全年节目制作时间（万小时）			
广播	25. 63	25. 37	25. 84
电视	6. 78	7. 40	6. 90
人口覆盖率（%）			
广播	98. 31	98. 68	98. 96
电视	98. 70	98. 94	99. 12
有线广播电视用户（万户）	724. 03	730. 68	738. 89
#数字电视用户	594. 66	689. 18	715. 37
付费数字电视用户	123. 85	306. 81	305. 52
#双向电视用户	22. 42	53. 51	94. 85
广播电视网络互联网用户数（万户）	30. 62	33. 60	78. 20
有线电视入户率（%）	69. 26	69. 07	69. 25
广播电视总收入（亿元）	91. 36	99. 34	105. 80
实际创收收入（亿元）	63. 75	71. 96	74. 33
#广告收入	22. 25	19. 85	17. 40
#广播广告收入	3. 61	4. 05	3. 74
电视广告收入	16. 33	13. 66	10. 77
网络收入	23. 36	26. 11	28. 87
广播电视节目销售收入	1. 99	3. 65	3. 73

各设区市有线电视用户数

单位：万户

地　区	2014 年	2015 年	2016 年
全　省	724.03	730.68	738.89
福州市	184.59	187.66	187.21
厦门市	81.03	80.83	80.01
莆田市	39.82	45.82	46.87
三明市	47.49	49.93	49.79
泉州市	129.15	126.48	135.25
漳州市	86.40	81.80	79.62
南平市	67.79	64.85	65.64
龙岩市	40.25	41.33	40.88
宁德市	47.51	51.98	53.62

各设区市电视节目综合人口覆盖率

单位:%

地　区	2014 年	2015 年	2016 年
全　省	98.70	98.94	99.12
福州市	99.08	99.17	100.00
厦门市	100.00	100.00	100.00
莆田市	98.38	98.59	98.60
三明市	99.15	99.17	99.24
泉州市	98.39	98.39	98.43
漳州市	99.12	99.15	99.18
南平市	98.58	98.64	98.71
龙岩市	98.18	98.57	98.62
宁德市	97.61	99.30	99.42

体　　育

在聘技术等级运动员人数

单位：人

项　　目	2014 年	2015 年	2016 年
等级运动员	1282	1469	1544
#女	541	585	606
国际级运动健将	15	7	
#女	5	5	
国家级运动健将	62	66	8
#女	27	32	2
一级运动员	320	405	398
#女	171	163	165
二级运动员	885	991	1138
#女	338	365	439

竞技体育比赛奖牌情况

单位：枚

项　　目	2014 年	2015 年	2016 年
世界比赛	22	18	12
金牌	12	12	8
银牌	5	4	1
铜牌	5	2	2
亚洲比赛	40	25	24
金牌	18	15	12
银牌	17	5	9
铜牌	5	5	3
全国比赛	117	108	97
金牌	32	40	39
银牌	37	34	32
铜牌	48	34	26

卫　生

卫生机构和人员情况

项　目	卫生机构数（个）	#医院、卫生院	卫生机构床位数（张）	#医院、卫生院	卫生机构技术人员数（人）	#医生	每千人口拥有	
							卫生机构床位数（张）	医生数（人）
2014	27913	1437	164781	152529	206545	75372	4.3	1.9
2015	27921	1450	173199	160011	213162	78173	4.5	2.0
2016	27658	1470	178902	165177	220889	80131	4.6	2.1

各类卫生机构数

单位：个

项　目	2014 年	2015 年	2016 年
合　计	27913	27921	27658
医院	557	570	590
基层医疗卫生机构	25877	25875	26190
社区卫生服务中心（站）	531	528	555
卫生院	880	880	880
门诊部	492	512	615
诊所、卫生所、医务室	4849	4945	5195
村卫生室	19125	19010	18945
专业公共卫生机构	1405	1402	808
疾病预防控制中心	96	96	96
专科疾病防治院	24	23	24
健康教育所	1		
妇幼保健院、所、站	87	87	87
急救中心	7	7	7
采供血机构	9	9	9
卫生监督所	86	86	86
计划生育技术服务机构	1095	1094	499
其他卫生机构	74	74	70
疗养院	11	11	11
医学科学研究机构	8	8	8
医学在职培训机构	23	23	22
其他	32	32	29

各类卫生机构床位数

单位：张

项目	2014年	2015年	2016年
合计	164781	173199	178902
#医院	122843	129609	134790
疗养院	2374	2527	2600
社区卫生服务中心（站）	3045	3201	3377
卫生院	29686	30402	30387
门诊部	10	39	26
妇幼保健院、所、站	5338	5709	6036
专科疾病防治院	1454	1681	1655

各类卫生技术人员数

单位：人

项目	2014年	2015年	2016年
合计	206545	213162	220889
#执业医师	64444	66162	69307
执业助理医师	10928	12011	10824
注册护士	85673	90503	96250
药师（士）	13798	13865	14410
检验人员	7446	7720	8145

各类卫生机构情况（2016年）

项目	卫生机构（个）	医疗床位（张）	卫生技术人员（人）		
				#医生	#注册护士
合计	27658	178902	220889	80131	96250
医院	590	134790	134551	43210	68226
综合医院	356	93193	98520	31784	50876
中医医院	80	17965	18685	6226	8289
中西医结合医院	10	2811	2946	950	1501
民族医院	1	60	38	14	17
专科医院	141	20681	14304	4218	7518
护理院	2	80	58	18	25
基层医疗卫生机构	26190	33790	68205	30158	22355
社区卫生服务中心（站）	555	3377	10746	4367	3903
卫生院	880	30387	29905	9902	10572
门诊部	615	26	8940	4504	3032
诊所、卫生所、医务室	5195		14444	7576	4487

续表

项　　目	卫生机构（个）	医疗床位（张）	卫生技术人员（人）	#医生	#注册护士
村卫生室	18945		4170	3809	361
专业公共卫生机构	808	7722	17303	6513	5329
疾病预防控制中心	96		3678	2080	247
专科疾病防治院	24	1655	844	354	200
妇幼保健院、所、站	87	6036	8909	3170	3978
急救中心	7	31	284	118	149
采供血机构	9		576	64	326
卫生监督所	86		1343		
计划生育技术服务机构	499		1669	727	429
其他卫生机构	70	2600	830	250	340
疗养院	11	2600	505	126	299
医学科学研究机构	8		92	55	6
医学在职培训机构	22		64	27	25
其他	29		169	42	10

基层医疗卫生机构情况（2016 年）

项　　目	社区卫生服务中心（站）	卫生院	门诊部	诊所、卫生所、医务室	村卫生室
机构数（个）	555	880	615	5195	18945
卫生技术人员数（人）	12573	35862	11013	14783	4170
#执业医师	10746	29905	8940	14444	1500
执业助理医师	4367	9902	4504	7576	2309
注册护士	3609	7107	3966	6394	361
药师（士）	758	2795	538	1182	
检验人员	1008	2943	595	1510	

农村村级卫生组织情况

项　　目	2014 年	2015 年	2016 年
村设置医疗点数（个）	19125	19010	18945
执业（助理）医师（人）	3563	3513	3809
注册护士（人）	291	329	361
乡村医生和卫生人员数（人）	27240	26902	26502
乡村医生	26532	26113	25697
卫生员	708	789	805

各类医院医疗服务情况

年份	诊疗人数（万人次）	#门急诊	入院人数（万人）	出院人数（万人）	病床周转数（次）
2014	9333.62	9238.56	411.46	410.71	35.20
2015	9310.82	9230.45	409.86	408.94	33.73
2016	9642.67	9569.44	425.27	424.45	33.49

医院、卫生院、妇幼保健院医疗服务情况（2016年）

项　　目	诊疗人数（万人次）	#门急诊	入院人数（万人）	出院人数（万人）	死亡率（%）	病床周转数（次）	病床使用率（%）
医院	9642.67	9569.44	425.27	424.45	0.16	33.49	81.47
#综合医院	7062.52	7010.63	328.19	327.73	0.18	37.14	82.39
中医医院	1574.09	1560.67	50.74	50.53	0.13	30.19	77.48
专科医院	778.61	776.47	37.59	37.50	0.06	19.89	80.29
卫生院	2678.02	2623.38	82.21	82.03	0.01	28.55	48.02
妇幼保健院	978.69	954.25	20.23	20.20	0.01	40.14	60.11

防病工作情况

项　　目	2014年	2015年	2016年
甲乙类传染病发病总例数（万个）	25.33	22.82	22.63
传染病发病率（1/10万）	671.08	599.62	589.38
传染病死亡总人数（人）	171	172	184
传染病死亡率（1/10万）	0.45	0.45	0.48
结核病登记病人数（例）	17469	16602	15922
登记患病率（‰）	0.46	0.44	0.42
结核病新发病人数（例）	16507	16016	15063
结核病登记新发病率（1/10万）	43.74	42.44	39.58
"五苗"接种率（%）	99.92	99.91	99.88
乙肝疫苗全程接种率（%）	99.94	99.94	99.91

法定报告传染病发病及死亡情况（2016年）

项　　目	发病率（1/10万）	死亡率（1/10万）	病死率（%）
总计	589.38	0.48	0.08
病毒性肝炎	130.22	0.03	0.02
痢疾	1.27		
伤寒副伤寒	1.84		
艾滋病	2.43	0.29	11.79

续表

项　　目	发病率（1/10万）	死亡率（1/10万）	病死率（%）
淋病	15.42		
梅毒	58.51	0.01	0.01
麻疹	0.63		
百日咳	0.01		
流脑			
猩红热	1.59		
出血热	0.95		
狂犬病			100.00
布氏杆菌病	0.20		
乙脑	0.01		
疟疾	0.30		
新生儿破伤风	0.02		
肺结核	42.74	0.14	0.33

前十位疾病死亡原因及构成（2016年）

项　　目	占疾病死亡总人数比重（%）	项　　目	占疾病死亡总人数比重（%）
城市	92.23	农村	92.47
恶性肿瘤	29.21	恶性肿瘤	30.01
心脏病	17.59	脑血管病	18.61
脑血管病	16.05	心脏病	14.30
呼吸系统疾病	9.11	损伤和中毒	10.79
损伤和中毒	8.83	呼吸系统疾病	10.58
内分泌、营养和代谢疾病	4.72	内分泌、营养和代谢疾病	2.44
消化系统疾病	2.63	消化系统疾病	2.13
神经系统疾病	1.53	神经系统疾病	1.40
精神障碍	1.44	精神障碍	1.12
泌尿生殖系统疾病	1.12	泌尿生殖系统疾病	1.08

民　政

婚姻登记情况

单位：对

年　份	结婚登记件数	内地居民登记结婚	涉外及华侨、港澳台居民登记结婚	离婚登记件数	内地居民登记离婚	涉外及华侨、港澳台居民登记离婚
2014	375330	368993	6337	70341	69168	1173
2015	349417	344309	5108	72589	71632	957
2016	314648	309569	5079	80169	79323	846

社会救济与捐赠情况

项　　目	2010 年	2015 年	2016 年
社会救济			
城镇居民最低生活保障人数（人）	181530	129477	85879
#女性	59498	50814	35546
#残疾人	19764	20875	17207
#老年人	35936	33308	20924
城市居民最低保障家庭数（户）	84876	75518	54017
城市低保资金全年计划支出（万元）	28851	53548	44415
农村最低生活保障人数（人）	713217	716811	461493
#老年人	174188	227503	139439
#女性	194465	260786	186463
#未成年人	80935	78654	59365
#残疾人	85429	103180	78853
农村居民最低生活保障家庭数（户）	305692	375987	242437
社会捐赠			
直接接受捐赠情况			
捐赠款数额（万元）	124204. 40	616. 80	5076. 00
捐赠其他物资价值（万元）	294. 00	5. 70	20. 80
受益人数（次）	162286	15514	13391
社会接收工作站、点数（个）	1233	799	804

提供住宿的社会服务机构数

单位：个

项　　　目	2014 年	2015 年	2016 年
合计	494	440	432
光荣院	50	26	25
社会福利院	69	66	65
城市养老服务机构	112	118	117
农村养老服务机构	94	94	88
社会福利医院	14	14	15
儿童福利院	12	11	11
救助类服务机构	69	42	43
军队离退休干部供应站	3	4	3

提供住宿的社会服务机构基本情况（2016 年）

项　　　目	床位数（张）	年末在院人数（人）	社会（助理）工作师人数（人）
总计	57146	25131	310
#光荣院	1713	524	10
社会福利院	11811	3706	98
城市养老服务机构	24733	11538	37
农村养老服务机构	5384	2248	3
社会福利医院	3806	3451	36
儿童福利机构	1504	756	29
救助类服务机构	2003	336	57
军队离退休干部供应站	596	543	3

老龄事业发展情况

项　　　目	2010 年	2015 年	2016 年
老年维权			
老年法律援助中心（个）	891	1306	1375
维权协调组织数（个）	1851	2011	2112
老年服务设施			
老年活动站（中心、室）（个）	15166	18332	16301
老年福利			
享受高龄补贴的老年人数（人）	197587	518541	559137
老年医疗护理机构			
老年医院（个）	38	42	44
#床位数（张）	2115	3065	3165

续表

项　　目	2010 年	2015 年	2016 年
老年临终关怀医院（个）	6	33	33
#床位数（张）	844	1798	1798
年底在院人数（人）	396	954	958
老年群众组织			
老年协会（个）	13827	16072	15551
参加人数（人）	2243303	2275301	2250262
老年基金会（个）	470	261	216
事业投入经费（万元）	3370	7588	4386
其他老年社团组织（个）	1164	512	773
参加人数	261839	247984	293718
老年教育			
老年大学个数（个）	11268	12032	11119
在校人数（人）	592429	1041805	930784

司　　法

律师、公证、调解工作情况

项　　目	2014 年	2015 年	2016 年
律师工作			
律师事务所（个）	607	660	751
专职律师（人）	6581	7211	8055
兼职律师（人）	404	426	445
聘请常年法律顾问单位（个）	15493	16310	20194
律师业务情况			
民事诉讼（件）	108258	128245	140959
行政诉讼（件）	2963	4010	5559
非诉讼法律事务（件）	13488	16905	18596
解答法律咨询和代写法律事务文书（件）	163599	180682	164685
公证工作			
公证处（个）	90	90	90
公证人员（人）	913	979	999
#公证员	399	417	433
办理公证书（件）	458320	491618	538332
国内公证	202133	229152	279941
涉外及港澳台	256851	262466	258391
调解工作			
人民调解委员会（个）	19650	19817	19986
调解人员（万人）	9.54	9.60	9.66
调解纠纷（万件）	15.86	17.26	14.20
专职司法助理员（人）	2496	2481	2498

国内公证业务分类情况（2016年）

单位：件

项目	办证件数	项目	办证件数
合计	279941	现场监督	2107
合同（协议）	30412	#招标投标	1480
#买卖合同	6566	拍卖	152
赠与合同	4001	开奖、评选	21
借款合同	2442	公司会议	39
租赁合同	61	抽签（摇号）	231
承揽合同		保全证据	9474
建设工程合同	8	公司章程	19
委托合同	3654	组织资格	113
担保合同	1680	财产权	138
土地使用权合同	51	身份	832
知识产权合同	21	收养关系	12
承包合同	3	婚姻状况	491
企业经营合同		亲属关系	1682
劳动（劳务）合同		有无违法犯罪记录	409
其他合同	1590	其他有法律意义事实	1120
合伙协议	15	#出生	324
财产分割协议	1893	死亡	154
财产约定协议	2255	生存、居住	59
扶养协议	122	学历（学位）	286
出国留学协议	221	经历	132
拆迁安置协议	69	职务（职称）	38
赔偿协议	1964	证书（执照）	1276
还款协议	708	签名（印章）	49058
继承	29029	文本相符	25431
单方法律行为	106690	赋予执行效力	9564
#委托	73675	执行证书	2016
声明	24347	抵押登记	1916
赠与	1945	提存	35
遗嘱	4686	保管	
保证（担保）	1617	其他	8117
承诺（要约）	57		

社会保险

社会保险情况

项　　目	2010 年	2015 年	2016 年
养老保险			
城镇企业职工养老保险			
期末参加基本养老保险职工人数（万人）	466.88	676.76	709.62
期末领取基本养老保险离退休人数（万人）	93.33	124.10	129.23
基本养老保险基金收入（亿元）	149.55	372.47	442.63
基本养老保险基金支出（亿元）	135.85	336.18	370.80
基本养老保险基金累计结余（亿元）	104.63	501.74	573.57
机关事业单位养老保险			
期末参加基本养老保险职工人数（万人）	54.93	59.82	85.84
期末领取基本养老保险离退休人数（万人）	20.13	22.99	43.15
基本养老保险基金收入（亿元）	55.32	81.49	202.94
基本养老保险基金支出（亿元）	52.65	97.78	214.10
基本养老保险基金累计结余（亿元）	36.60	75.39	127.56
城乡居民社会养老保险			
期末参加基本养老保险人数（万人）		1480.41	1489.10
基本养老保险基金收入（亿元）		73.78	78.98
基本养老保险基金支出（亿元）		53.58	57.86
基本养老保险基金累计结余（亿元）		102.81	123.93
医疗保险			
期末参加基本医疗保险人数（万人）	1226.25	1301.24	1297.90
城镇职工	554.67	759.38	792.12
城镇居民	671.58	541.86	505.78
基本医疗保险基金收入（亿元）	113.72	267.09	331.72
城镇职工	106.22	244.59	259.97
城镇居民	7.50	22.50	71.75
基本医疗保险基金支出（亿元）	96.01	205.90	274.68
城镇职工	88.96	184.90	207.77
城镇居民	7.05	21.01	66.91
基本医疗保险基金累计结余（亿元）	174.86	426.79	497.27
城镇职工	169.99	411.94	464.13
城镇居民	4.87	14.86	33.84
基本医疗保险基金收缴率（%）	99.29	99.51	99.40

续表

项　　目	2010 年	2015 年	2016 年
失业保险			
期末参加失业保险人数（万人）	374. 18	546. 27	575. 52
期末领取失业保险金人数（万人）	3. 17	5. 02	5. 17
失业保险基金收入（亿元）	11. 63	34. 54	29. 23
失业保险基金支出（亿元）	5. 60	11. 06	16. 82
失业保险基金累计结余（亿元）	52. 25	151. 50	163. 90
工伤、生育保险			
期末参加工伤保险的城镇企业职工人数（万人）	417. 74	691. 03	733. 77
工伤保险基金收入（亿元）	5. 90	19. 39	17. 78
工伤保险基金支出（亿元）	2. 86	13. 01	13. 54
工伤保险基金累计结余（亿元）	22. 37	54. 05	58. 13
期末参加生育保险的职工人数（万人）	374. 41	598. 32	625. 50
生育保险基金收入（亿元）	4. 32	16. 53	12. 46
生育保险基金支出（亿元）	2. 95	13. 83	14. 99
生育保险基金累计结余（亿元）	8. 18	25. 42	20. 94

各设区市主要社会保险参保人数（2016 年）

单位：万人

地　　区	参加城镇基本养老保险人数	参加城乡居民社会养老保险人数	参加基本医疗保险人数	参加失业保险人数	参加工伤保险人数	参加生育保险人数
全　省	967. 83	1489. 11	1297. 90	575. 52	733. 77	625. 50
省　直	51. 16		36. 31		23. 93	24. 75
福州市	194. 30	230. 59	309. 00	121. 40	154. 85	111. 40
#平潭	4. 26	18. 24	6. 69	1. 89	3. 05	2. 13
厦门市	229. 42	24. 77	351. 37	192. 46	192. 30	181. 88
莆田市	39. 15	153. 24	63. 09	27. 84	46. 29	33. 65
三明市	57. 59	120. 85	71. 21	32. 04	37. 90	30. 62
泉州市	143. 58	364. 48	175. 62	65. 68	105. 61	97. 10
漳州市	84. 48	208. 59	72. 01	39. 34	54. 67	42. 97
南平市	62. 85	128. 50	42. 25	36. 49	44. 07	29. 18
龙岩市	55. 31	132. 05	116. 29	38. 29	39. 85	43. 60
宁德市	49. 99	126. 02	91. 67	21. 98	34. 30	30. 35

各设区市城镇基本养老保险人数（2016 年）

单位：万人

地　区	参加城镇基本养老保险职工人数	参加城镇企业基本养老保险人数	参加城镇机关事业养老保险人数	期末领取基本养老保险金离退休人数	企业单位领取人数	机关事业单位领取人数
全　省	795. 46	709. 62	85. 84	172. 38	129. 23	43. 15
省　直	34. 59	25. 29	9. 30	16. 57	8. 66	7. 91
福州市	157. 34	142. 81	14. 53	36. 96	29. 30	7. 66
#平潭	3. 00	2. 20	0. 80	1. 26	0. 82	0. 44
厦门市	202. 86	196. 53	6. 33	26. 56	24. 43	2. 13
莆田市	31. 96	25. 05	6. 91	7. 20	4. 47	2. 73
三明市	41. 41	33. 25	8. 16	16. 18	12. 45	3. 73
泉州市	131. 44	124. 41	7. 03	12. 14	9. 59	2. 55
漳州市	66. 59	57. 48	9. 11	17. 89	13. 50	4. 39
南平市	44. 21	36. 63	7. 58	18. 64	14. 09	4. 55
龙岩市	44. 72	36. 39	8. 33	10. 59	6. 74	3. 85
宁德市	40. 34	31. 78	8. 56	9. 66	6. 01	3. 65

环境保护

环境保护基本情况

项目	2014 年	2015 年	2016 年
水环境			
降水量（毫米）	1705.00	1992.94	2432.60
水资源总量（亿立方米）	1219.62	1325.93	2109.04
地表水	1218.42	1324.67	2107.14
地下水	330.48	332.33	450.69
人均水资源量（立方米/人）	3027.00	3454.00	5468.80
用水总量（亿立方米）	205.63	201.33	189.06
#农业	95.65	93.34	84.22
工业	86.71	72.47	68.54
生活	20.09	32.22	33.13
废水排放总量（亿吨）	26.06	25.69	23.70
化学需氧量排放量（万吨）	62.98	60.94	39.16
氨氮排放量（万吨）	8.93	8.51	5.33
大气环境			
二氧化硫排放量（万吨）	35.60	33.79	18.93
工业	33.76	31.71	16.79
城镇生活	1.83	2.08	2.14
氮氧化物排放量（万吨）	41.17	37.90	26.18
工业	30.13	27.98	17.03
城镇生活	0.24	0.30	0.28
烟（粉）尘排放量（万吨）	36.79	34.17	23.79
工业	34.92	32.18	21.89
城镇生活	0.97	1.15	1.15
固体废物			
工业固体废物产生量（万吨）	4843.90	4956.27	4449.23
工业固体废物综合利用量（万吨）	4277.69	3784.27	3090.82
危险废物产生量（万吨）	28.23	37.31	86.62
生态环境			
森林覆盖率（%）	65.95	65.95	65.95
当年造林面积（万公顷）	4.43	8.73	1.03
自然保护区数（个）	90	92	93
#国家级	16	16	17

续表

项　　目	2014 年	2015 年	2016 年
自然保护区面积（万公顷）	44.80	45.50	45.50
自然灾害			
发生地质灾害起数（起）	87	225	1327
发生地震灾害次数（次）			
海洋灾害发生次数（次）	33	35	44
森林火灾次数（次）	130	114	29
环境污染治理投资			
城市环境基础设施投资（亿元）	141.96	137.61	70.30
燃气	16.53	12.34	4.44
排水	43.28	40.29	31.40
园林绿化	73.37	73.85	25.67
市容环境卫生	8.78	11.13	8.79
工业污染治理投资（亿元）	20.34	29.82	22.63
治理废水	5.60	6.94	7.35
治理废气	6.47	7.54	6.28
治理固体废物	4.58	1.98	5.70
治理噪声	0.33	0.18	0.01

城市环境情况

项　　目	2014 年	2015 年	2016 年
城市个数（个）	23	22	22
城区人口（万人）	1134.15	1181.23	1224.99
城市基础设施投资额（亿元）	481.89	597.17	621.40
城市面积（平方公里）	4318.09	4368.15	4440.87
#建成区面积（平方公里）	1326.42	1413.54	1469.16
年底供水综合生产能力（万立方米/日）	717.24	717.03	737.04
全年供水总量（亿立方米）	15.65	16.16	16.46
#生活用量	7.45	7.59	7.61
人均日生活用水量（升）	180.98	176.93	194.23
用水普及率（%）	99.5	99.6	98.1
公交车标准运营车数（标台）	16642	18783	20326
出租车运营车数（辆）	23384	24785	24961
煤气供应总量	0.30	0.30	0.30
#家庭用量（亿立方米）	0.25	0.23	0.26
液化石油气家庭用量（万吨）	17.15	18.79	18.27
用气普及率（%）	98.8	98.6	97.2

续表

项　　目	2014 年	2015 年	2016 年
道路长度（公里）	7987	8415	8656
道路面积（万平方米）	15436	16303	17657
排水管道长度（公里）	13495	13340	14329
建成区绿化覆盖面积（公顷）	56767	60736	63649
建成区绿化覆盖率（%）	42.8	43.0	43.3
公园绿地面积（公顷）	14475	15327	16017
人均公园绿地面积（平方米）	12.76	12.98	13.08
公园个数（个）	557	555	590
公园面积（公顷）	11402	11913	12426
生活垃圾清运量（万吨）	598.89	608.06	656.97
城市生活垃圾无害化处理率（%）	97.9	99.2	98.4
城市污水处理率（%）	88.7	89.5	91.3
城市污水处理厂集中处理率（%）	83.8	87.5	90.1

农村环境情况

项　　目	2014 年	2015 年	2016 年
农村总户数（万户）	803.59	720.32	753.79
累计卫生厕所户数（万户）	737.26	676.81	707.82
农村卫生厕所普及率（%）	91.8	94.0	93.9
当年新增无害化卫生厕所户数（万户）	14.39	10.46	37.57
累计使用卫生公厕户数（万户）	74.16	74.27	56.89
当年用于改厕投资（万元）	26515.25	22444.19	28127.12
#国家	3812.18	3632.32	4629.94
集体	1723.46	1437.89	1862.23
个人	20621.61	17092.99	21101.97
其他	358.00	281.00	533.00
农村可再生能源利用情况			
沼气池产气总量（亿立方米）	2.07	2.18	1.49
农村户用沼气池（万口）	48.60	48.47	47.24
生活污水净化沼气池（处）	965	970	970

市县数据

年末户籍统计人口数（2016 年）

单位：万人

地　　区	年末户籍统计总人口	按城乡分		按性别分	
		非农业	农业	男	女
全　省	3769.98	1716.44	2053.54	1942.86	1827.12
福州市	687.06	386.63	300.44	351.64	335.42
福州市辖区	203.06	194.69	8.37	100.54	102.53
鼓楼区	57.84	57.84		28.71	29.14
台江区	32.63	32.63		16.20	16.43
仓山区	55.59	55.59		27.36	28.23
马尾区	17.45	12.48	4.97	8.72	8.73
晋安区	39.55	36.15	3.40	19.55	20.00
福清市	135.87	57.43	78.44	70.11	65.76
长乐市	72.55	35.49	37.07	38.15	34.40
闽侯县	67.34	29.24	38.10	34.55	32.79
连江县	67.09	28.78	38.31	34.79	32.31
罗源县	26.65	9.56	17.09	13.93	12.73
闽清县	32.36	10.46	21.90	17.04	15.33
永泰县	38.35	9.87	28.48	20.37	17.98
平潭县	43.78	11.10	32.68	22.18	21.61
厦门市	219.51	175.71	43.80	108.68	110.82
厦门市辖区	219.51	175.71	43.80	108.68	110.82
思明区	74.98	74.98		36.60	38.38
海沧区	17.89	15.35	2.54	8.79	9.10
湖里区	29.86	29.86		14.99	14.87
集美区	26.25	22.50	3.74	13.00	13.25
同安区	36.68	20.05	16.63	18.36	18.32
翔安区	33.86	12.97	20.89	16.95	16.90
莆田市	349.88	142.64	207.24	178.81	171.07
莆田市辖区	234.55	99.77	134.78	119.32	115.23
城厢区	41.30	19.72	21.58	20.84	20.47
涵江区	44.60	28.72	15.89	22.15	22.45
荔城区	55.94	30.25	25.70	28.14	27.80
秀屿区	92.70	21.09	71.61	48.19	44.51

续表

地　　区	年末户籍统计总人口	按城乡分		按性别分	
		非农业	农业	男	女
仙游县	115.33	42.87	72.46	59.49	55.84
三明市	286.85	102.58	184.26	150.06	136.79
三明市辖区	28.36	22.72	5.64	14.31	14.05
梅列区	14.37	13.03	1.34	7.20	7.17
三元区	13.99	9.69	4.30	7.11	6.88
永安市	33.26	18.43	14.83	17.12	16.14
明溪县	11.87	3.76	8.11	6.15	5.72
清流县	15.70	4.71	10.99	8.19	7.51
宁化县	37.91	9.17	28.74	19.88	18.03
大田县	40.24	11.25	28.99	21.86	18.38
尤溪县	44.47	10.55	33.92	23.84	20.63
沙县	26.92	9.47	17.46	13.86	13.06
将乐县	18.63	5.36	13.27	9.67	8.96
泰宁县	13.78	3.57	10.21	7.13	6.66
建宁县	15.70	3.60	12.10	8.04	7.65
泉州市	732.30	358.17	374.14	379.42	352.89
泉州市辖区	109.50	74.34	35.16	55.19	54.31
鲤城区	25.33	25.33		12.48	12.85
丰泽区	24.47	24.47		11.94	12.53
洛江区	19.04	5.17	13.87	9.93	9.10
泉港区	40.67	19.38	21.29	20.84	19.83
石狮市	33.20	24.42	8.78	16.91	16.29
晋江市	113.23	60.91	52.32	57.99	55.24
南安市	161.32	85.82	75.50	84.68	76.64
惠安县	101.65	46.36	55.28	51.07	50.58
安溪县	120.05	28.48	91.56	64.23	55.81
永春县	59.72	27.57	32.14	31.50	28.21
德化县	33.64	10.25	23.38	17.84	15.80
漳州市	508.19	185.74	322.45	260.96	247.24
漳州市辖区	60.46	45.45	15.01	29.96	30.50
芗城区	45.82	35.86	9.96	22.64	23.18
龙文区	14.64	9.59	5.05	7.32	7.33
龙海市	87.43	29.67	57.75	43.97	43.45
云霄县	45.74	10.16	35.58	24.10	21.64
漳浦县	91.32	32.12	59.20	46.96	44.36

续表

地　区	年末户籍统计总人口	按城乡分		按性别分	
		非农业	农业	男	女
诏安县	66.02	10.51	55.50	34.49	31.53
长泰县	20.84	6.09	14.75	10.58	10.27
东山县	21.67	12.05	9.63	10.91	10.76
南靖县	36.17	10.98	25.19	18.47	17.69
平和县	61.69	22.18	39.51	32.80	28.89
华安县	16.85	6.52	10.33	8.72	8.13
南平市	321.26	110.50	210.75	165.85	155.41
南平市辖区	86.13	36.26	49.87	44.25	41.88
延平区	50.45	24.73	25.72	25.95	24.50
建阳区	35.68	11.53	24.15	18.30	17.38
邵武市	30.87	13.16	17.71	15.80	15.06
武夷山市	24.29	10.01	14.28	12.36	11.93
建瓯市	55.54	16.89	38.66	28.64	26.90
顺昌县	23.85	8.71	15.14	12.27	11.58
浦城县	43.52	9.49	34.03	22.44	21.08
光泽县	16.53	4.58	11.95	8.63	7.91
松溪县	16.86	4.88	11.97	8.77	8.09
政和县	23.65	6.51	17.14	12.69	10.96
龙岩市	313.29	130.28	183.00	162.54	150.75
龙岩市辖区	103.09	52.91	50.18	52.77	50.32
新罗区	52.26	37.09	15.18	26.27	25.99
永定区	50.82	15.82	35.00	26.50	24.33
漳平市	29.72	11.48	18.25	15.64	14.09
长汀县	53.79	20.38	33.41	28.43	25.36
上杭县	52.62	18.28	34.34	27.01	25.61
武平县	39.56	15.26	24.30	20.49	19.07
连城县	34.50	11.98	22.52	18.20	16.30
宁德市	351.64	124.19	227.45	184.91	166.73
宁德市辖区	48.81	21.55	27.26	24.98	23.83
蕉城区	48.81	21.55	27.26	24.98	23.83
福安市	66.93	25.78	41.14	35.33	31.60
福鼎市	59.94	19.67	40.27	31.18	28.76
霞浦县	54.82	18.41	36.41	28.98	25.84
古田县	43.17	13.66	29.51	22.77	20.40
屏南县	19.25	5.60	13.65	10.30	8.95

续表

地　　区	年末户籍统计总人口	按城乡分		按性别分	
		非农业	农业	男	女
寿宁县	26.52	8.19	18.34	14.19	12.34
周宁县	21.24	7.29	13.95	11.43	9.80
柘荣县	10.97	4.05	6.92	5.76	5.21

年末常住人口数（2016年）

单位：万人

地　　区	常住人口数			城镇化水平（%）
		城镇人口	乡村人口	
全　省	3874.00	2463.93	1410.07	63.6
福州市	757.00	518.80	238.20	68.5
福州市辖区	313.00	305.51	7.49	97.6
鼓楼区	72.80	72.80		100.0
台江区	47.80	47.80		100.0
仓山区	81.40	81.40		100.0
马尾区	25.50	18.61	6.89	73.0
晋安区	85.50	84.90	0.60	99.3
福清市	129.30	63.74	65.56	49.3
长乐市	72.10	36.05	36.05	50.0
闽侯县	70.50	38.28	32.22	54.3
连江县	58.20	26.13	32.07	44.9
罗源县	20.90	9.25	11.65	44.3
闽清县	23.80	9.33	14.47	39.2
永泰县	25.20	10.10	15.10	40.1
平潭县	44.00	20.41	23.59	46.4
厦门市	392.00	348.90	43.10	89.0
厦门市辖区	392.00	348.90	43.10	89.0
思明区	99.90	99.90		100.0
海沧区	34.16	31.09	3.07	91.0
湖里区	102.40	102.40		100.0
集美区	65.60	57.07	8.53	87.0
同安区	55.54	38.60	16.94	69.5
翔安区	34.40	19.84	14.56	57.7
莆田市	289.00	167.91	121.09	58.1
莆田市辖区	203.10	131.07	72.03	64.5
城厢区	43.20	30.24	12.96	70.0

续表

地　　区	常住人口数	城镇人口	乡村人口	城镇化水平（%）
涵江区	48.60	38.15	10.45	78.5
荔城区	52.10	37.30	14.80	71.6
秀屿区	59.20	25.38	33.82	42.9
仙游县	85.90	36.84	49.06	42.9
三明市	255.00	146.62	108.38	57.5
三明市辖区	38.24	34.91	3.33	91.3
梅列区	18.14	17.76	0.38	97.9
三元区	20.10	17.15	2.95	85.3
永安市	35.32	23.84	11.48	67.5
明溪县	10.22	5.21	5.01	51.0
清流县	13.66	6.34	7.32	46.4
宁化县	28.40	12.13	16.27	42.7
大田县	31.60	15.39	16.21	48.7
尤溪县	35.81	15.44	20.37	43.1
沙县	23.07	14.54	8.53	63.0
将乐县	15.12	8.04	7.08	53.2
泰宁县	11.31	5.52	5.79	48.8
建宁县	12.25	5.26	6.99	42.9
泉州市	858.00	553.41	304.59	64.5
泉州市辖区	154.90	129.16	25.74	83.4
鲤城区	43.70	43.70		100.0
丰泽区	57.10	57.10		100.0
洛江区	21.20	11.98	9.22	56.5
泉港区	32.90	16.38	16.52	49.8
石狮市	68.80	53.94	14.86	78.4
晋江市	209.20	135.77	73.43	64.9
南安市	148.90	84.58	64.32	56.8
惠安县	100.30	56.54	43.76	56.4
安溪县	101.20	45.24	55.96	44.7
永春县	46.00	26.91	19.09	58.5
德化县	28.70	21.27	7.43	74.1
漳州市	505.00	283.81	221.19	56.2
漳州市辖区	78.20	70.51	7.69	90.2
芗城区	59.10	53.66	5.44	90.8
龙文区	19.10	16.85	2.25	88.2

续表

地　　区	常住人口数	城镇人口	乡村人口	城镇化水平（%）
龙海市	93.95	52.71	41.24	56.1
云霄县	42.00	20.24	21.76	48.2
漳浦县	82.77	41.63	41.14	50.3
诏安县	61.41	26.16	35.25	42.6
长泰县	22.31	11.94	10.37	53.5
东山县	22.09	12.53	9.56	56.7
南靖县	34.50	17.11	17.39	49.6
平和县	51.36	22.65	28.71	44.1
华安县	16.41	8.33	8.08	50.8
南平市	266.00	145.77	120.23	54.8
南平市辖区	78.70	49.42	29.28	62.8
延平区	47.50	31.92	15.58	67.2
建阳区	31.20	17.50	13.70	56.1
邵武市	27.50	18.65	8.85	67.8
武夷山市	23.40	13.15	10.25	56.2
建瓯市	45.30	22.42	22.88	49.5
顺昌县	19.00	9.35	9.65	49.2
浦城县	29.80	13.77	16.03	46.2
光泽县	13.50	6.17	7.33	45.7
松溪县	12.10	5.44	6.66	45.0
政和县	16.70	7.40	9.30	44.3
龙岩市	263.00	141.49	121.51	53.8
龙岩市辖区	108.80	67.99	40.81	62.5
新罗区	72.50	51.55	20.95	71.1
永定区	36.30	16.44	19.86	45.3
漳平市	24.20	13.12	11.08	54.2
长汀县	40.20	19.45	20.75	48.4
上杭县	37.40	17.13	20.27	45.8
武平县	27.70	13.13	14.57	47.4
连城县	24.70	10.67	14.03	43.2
宁德市	289.00	157.22	131.78	54.4
宁德市辖区	44.60	28.41	16.19	63.7
蕉城区	44.60	28.41	16.19	63.7
福安市	57.45	35.96	21.49	62.6
福鼎市	54.00	31.37	22.63	58.1

续表

地　区	常住人口数	城镇人口	乡村人口	城镇化水平（%）
霞浦县	46.65	21.46	25.19	46.0
古田县	33.10	14.27	18.83	43.1
屏南县	14.00	5.98	8.02	42.7
寿宁县	18.00	8.37	9.63	46.5
周宁县	12.15	5.94	6.21	48.9
柘荣县	9.05	5.46	3.59	60.3

城镇单位年末从业人员数（2016 年）

单位：人

地　区	单位从业人员数	在岗职工				其他从业人员
			国　有	城镇集体	其　他	
全　省	6688257	5695738	1338846	81148	4275744	992519
福州市	1568274	1192325	302919	21888	867518	375949
福州市辖区	965762	661077	176663	9957	474457	304685
鼓楼区	453537	290809	89250	2394	199165	162728
台江区	142493	70313	26077	1135	43101	72180
仓山区	133985	120941	26312	2943	91686	13044
马尾区	104762	87502	9669	1063	76770	17260
晋安区	130985	91512	25355	2422	63735	39473
福清市	184517	170138	31721	1199	137218	14379
长乐市	98884	90588	19286	631	70671	8296
闽侯县	96087	86910	26720	4981	55209	9177
连江县	51268	44203	13320	1584	29299	7065
罗源县	30774	25865	7307	818	17740	4909
闽清县	56284	52365	9000	2236	41129	3919
永泰县	57253	38598	8097	482	30019	18655
平潭县	27445	22581	10805		11776	4864
厦门市	1391506	1186943	153452	4412	1029079	204563
厦门市辖区	1391506	1186943	153452	4412	1029079	204563
思明区	540324	403442	83769	1964	317709	136882
海沧区	153150	136595	8968	241	127386	16555
湖里区	330440	302254	18393	407	283454	28186
集美区	167185	160506	23518	1275	135713	6679
同安区	95939	89256	11788	456	77012	6683
翔安区	104468	94890	7016	69	87805	9578

续表

地　　区	单位从业人员数	在岗职工	国　有	城镇集体	其　他	其他从业人员
莆田市	519633	469294	80638	4699	383957	50339
莆田市辖区	436681	392081	63021	3295	325765	44600
城厢区	106328	91859	28769	1152	61938	14469
涵江区	116046	103341	10791	917	91633	12705
荔城区	147713	134732	10161	386	124185	12981
秀屿区	66594	62149	13300	840	48009	4445
仙游县	82952	77213	17617	1404	58192	5739
三明市	240126	208122	104923	8144	95055	32004
三明市辖区	82956	72078	25699	1381	44998	10878
梅列区	27753	25244	6521	925	17798	2509
三元区	28121	25901	3872	233	21796	2220
永安市	31192	26945	13294	636	13015	4247
明溪县	8997	6717	4508	182	2027	2280
清流县	19263	17080	6198	258	10624	2183
宁化县	13274	11173	8525	638	2010	2101
大田县	20221	17989	10658	2865	4466	2232
尤溪县	17816	15167	10946	529	3692	2649
沙县	20158	17965	8313	963	8689	2193
将乐县	10550	9165	7015	286	1864	1385
泰宁县	7607	6737	5087	153	1497	870
建宁县	8092	7106	4680	253	2173	986
泉州市	1495919	1415432	220718	14667	1180047	80487
泉州市辖区	371851	348048	95485	3616	248947	23803
鲤城区	95111	84992	29278	650	55064	10119
丰泽区	105056	101816	15410	1109	85297	3240
洛江区	40531	38774	3538	225	35011	1757
泉港区	30336	27989	9077	449	18463	2347
石狮市	120911	107870	6426	931	100513	13041
晋江市	374880	363314	27492	2793	333029	11566
南安市	133385	126507	27437	2027	97043	6878
惠安县	268215	259897	20117	1838	237942	8318
安溪县	138112	130520	24599	1679	104242	7592
永春县	60471	53030	10747	1052	41231	7441
德化县	28094	26246	8415	731	17100	1848

续表

地　区	单位从业人员数	在岗职工	国　有	城镇集体	其　他	其他从业人员
漳州市	560007	455901	127408	9190	319303	104106
漳州市辖区	166708	128598	38780	1262	88556	38110
芗城区	133051	100293	34168	1236	64889	32758
龙文区	33657	28305	4612	26	23667	5352
龙海市	122998	94990	16508	1433	77049	28008
云霄县	36279	28180	9646	567	17967	8099
漳浦县	61511	49788	14640	1853	33295	11723
诏安县	38526	30821	10831	939	19051	7705
长泰县	42770	41769	6222	671	34876	1001
东山县	17333	13573	7519	221	5833	3760
南靖县	26890	24905	8000	647	16258	1985
平和县	26230	24441	10620	930	12891	1789
华安县	20762	18836	4642	667	13527	1926
南平市	246974	206785	104230	5431	97124	40189
南平市辖区	101400	82899	38017	1268	43614	18316
延平区	80221	64597	27777	780	36040	15624
建阳区	21179	18302	10240	488	7574	3062
邵武市	37462	32197	10442	855	20900	5265
武夷山市	24118	19887	10926	684	8277	4231
建瓯市	20004	17663	12011	1005	4647	2341
顺昌县	15296	12079	7300	594	4185	3217
浦城县	19960	16965	8649	510	7806	2995
光泽县	7616	6877	5568	123	1186	739
松溪县	9232	7743	5402	209	2132	1489
政和县	11886	10475	5915	183	4377	1411
龙岩市	313607	267617	106891	7742	152984	45990
龙岩市辖区	135787	107733	52932	3117	51684	28054
新罗区	105190	81113	38017	1530	41566	24077
永定区	30597	26620	14915	1587	10118	3977
漳平市	33573	30898	10225	874	19799	2675
长汀县	49230	45838	11833	2013	31992	3392
上杭县	48801	43925	13200	188	30537	4876
武平县	27776	23722	9277	716	13729	4054
连城县	18440	15501	9424	834	5243	2939

续表

地　区	单位从业人员数	在岗职工				其他从业人员
			国　有	城镇集体	其　他	
宁德市	315122	261909	106257	4975	150677	53213
宁德市辖区	124779	92695	30286	496	61913	32084
蕉城区	124779	92695	30286	496	61913	32084
福安市	45324	41791	17629	1060	23102	3533
福鼎市	61527	57530	14121	1113	42296	3997
霞浦县	18462	15220	11066	785	3369	3242
古田县	22973	19886	9453	973	9460	3087
屏南县	9650	7946	5931	217	1798	1704
寿宁县	12672	10586	7055	17	3514	2086
周宁县	10551	8153	5754	299	2100	2398
柘荣县	9184	8102	4962	15	3125	1082

城镇单位在岗职工平均工资（2016年）

单位：元

地　区	在岗职工平均工资				在岗职工平均工资比上年增长（%）
		国　有	城镇集体	其　他	
全　省	63138	80833	59466	57629	7.5
福州市	67630	84476	48249	62447	8.2
福州市辖区	69011	89169	46482	62870	9.2
鼓楼区	70366	90370	48214	63197	6.7
台江区	69381	93938	51326	61295	9.5
仓山区	67843	80728	48288	64466	11.8
马尾区	67149	81704	47137	65546	9.6
晋安区	66653	91691	39774	57812	11.8
福清市	67180	77072	48489	64934	12.4
长乐市	64845	72403	45601	62771	1.5
闽侯县	68348	84448	43995	62066	7.2
连江县	61103	77518	64869	53510	7.2
罗源县	59810	73144	59320	54169	7.6
闽清县	64412	70564	49217	63511	-0.3
永泰县	62688	65979	56335	61793	1.1
平潭县	67269	87418		47682	6.3
厦门市	69218	109606	66928	63267	7.6
厦门市辖区	69218	109606	66928	63267	7.6
思明区	76599	118278	68206	67099	7.5

续表

地 区	在岗职工平均工资	国 有	城镇集体	其 他	在岗职工平均工资比上年增长（%）
海沧区	69158	92337	50878	67509	6.3
湖里区	66757	94217	67136	64748	8.2
集美区	62384	100055	66900	56009	8.9
同安区	60530	99472	74556	54057	8.4
翔安区	59739	115065	33771	55129	5.5
莆田市	56511	79465	60776	51572	7.9
莆田市辖区	57477	82977	59576	52612	7.1
城厢区	63854	94070	64980	50339	8.4
涵江区	50500	79264	56438	47200	6.4
荔城区	56655	75590	68206	55040	4.4
秀屿区	61541	66991	51774	60209	10.9
仙游县	51694	68387	63091	45636	11.3
三明市	62712	69602	52392	55885	8.5
三明市辖区	69353	79171	50583	64417	8.7
梅列区	68673	80824	49745	65224	9.6
三元区	61791	61704	61467	61813	7.9
永安市	63699	77420	56276	50356	10.6
明溪县	57974	61474	44943	51113	7.8
清流县	51291	63702	59036	43684	3.2
宁化县	64781	70757	48963	44317	3.1
大田县	53670	61367	48484	37019	8.2
尤溪县	62501	65944	64580	52113	9.2
沙县	60129	70225	50886	50939	12.0
将乐县	58221	58916	71123	53518	5.8
泰宁县	60398	60819	61968	58764	8.0
建宁县	57921	61527	56210	49440	6.4
泉州市	57141	81537	69162	52326	5.7
泉州市辖区	60141	80072	73900	52080	3.6
鲤城区	50031	61070	71199	43608	6.5
丰泽区	61482	76339	86333	58498	3.5
洛江区	48654	81136	71066	44569	7.4
泉港区	61954	71769	47262	57261	6.4
石狮市	59354	74226	40637	58601	-0.6
晋江市	53025	94000	74253	49289	9.3
南安市	58860	77327	71431	53270	5.9

续表

地　　区	在岗职工平均工资	国　有	城镇集体	其　他	在岗职工平均工资比上年增长（%）
惠安县	55189	72842	54190	53481	-1.0
安溪县	58906	85036	86502	52617	10.1
永春县	55600	80929	74235	48901	12.9
德化县	53049	71670	49697	43882	20.3
漳州市	61085	76813	78023	54344	8.6
漳州市辖区	63487	92291	46755	51379	9.1
芗城区	64851	93604	46318	50344	9.1
龙文区	58885	83195	60821	54109	9.3
龙海市	64634	75592	114389	61420	6.0
云霄县	57028	66172	78739	51198	6.9
漳浦县	57248	65953	75492	52431	6.0
诏安县	52268	59483	62073	47768	13.1
长泰县	57746	81098	95031	52747	6.6
东山县	64937	78482	101314	46345	9.5
南靖县	59548	73662	56245	52402	16.7
平和县	58165	63348	87650	51507	15.6
华安县	64907	71650	64917	62316	11.2
南平市	59537	68844	52055	49936	8.1
南平市辖区	63743	76202	55895	53533	8.7
延平区	64892	79024	54827	54808	8.6
建阳区	59430	68452	57892	46750	9.4
邵武市	55014	70291	57098	46400	7.4
武夷山市	57273	61275	47788	48037	7.2
建瓯市	60583	64260	46565	54375	5.5
顺昌县	55907	65240	43249	42154	12.7
浦城县	57940	69995	61799	44164	7.2
光泽县	57486	61046	46120	41178	9.5
松溪县	57775	63835	55200	40689	10.6
政和县	50244	56524	41330	41608	10.4
龙岩市	59329	69003	60987	51958	7.0
龙岩市辖区	65925	72505	65892	58988	7.1
新罗区	68818	75572	70218	62130	6.5
永定区	57004	64003	60747	47176	8.0
漳平市	52310	64418	75388	43461	4.5
长汀县	50697	66672	59097	44453	6.6

续表

地　　区	在岗职工平均工资	国　有	城镇集体	其　他	在岗职工平均工资比上年增长（%）
上杭县	62472	71673	25856	58350	6.4
武平县	51078	65167	44248	39789	7.7
连城县	54070	57668	54014	46723	13.6
宁德市	61309	63617	57371	59712	8.3
宁德市辖区	67072	69547	80443	65611	10.1
蕉城区	67072	69547	80443	65611	10.1
福安市	64936	67161	38009	64473	12.2
福鼎市	57858	67408	64899	54075	2.6
霞浦县	55920	57403	53624	51267	6.0
古田县	52452	59998	52737	43918	7.7
屏南县	54537	56093	80802	45319	8.4
寿宁县	53899	57518	50706	46977	4.1
周宁县	52745	54424	44909	49206	5.2
柘荣县	56746	52575	55400	63393	5.9

城乡居民人均可支配收入（2016 年）

单位：元

项　　目	城镇居民人均可支配收入		农村居民人均可支配收入	
	数值	增长（%）	数值	增长（%）
全　省	36014	8.2	14999	8.7
福州市	37833	8.2	16346	7.5
福州市辖区				
鼓楼区	44364	8.6		
台江区	41133	8.8		
仓山区	34736	7.6		
马尾区	41415	8.2	21241	7.2
晋安区	38467	8.0	16701	6.7
福清市	38077	8.9	19230	7.8
长乐市	39231	7.7	18835	8.5
闽侯县	35531	7.2	15646	7.5
连江县	30942	7.0	14967	8.2
罗源县	28120	7.8	12790	7.0
闽清县	26781	7.4	12168	6.3
永泰县	26135	8.5	11790	6.5
平潭县	33296	8.4	13609	7.6

续表

项　　目	城镇居民人均可支配收入		农村居民人均可支配收入	
	数值	增长（%）	数值	增长（%）
厦门市	46254	8.6	18885	7.6
厦门市辖区				
思明区	55840	8.5		
海沧区	42146	8.7	23551	7.0
湖里区	45850	8.4		
集美区	41110	8.7	22999	7.8
同安区	38688	8.3	17439	7.2
翔安区	32988	10.3	16991	8.0
莆田市	31818	8.7	15131	9.0
莆田市辖区				
城厢区	36426	8.5	17002	8.6
涵江区	30273	8.2	14680	8.4
荔城区	35816	8.8	16875	8.9
秀屿区	26475	7.9	15602	9.3
仙游县	27313	9.3	13711	9.1
三明市	29677	8.3	13918	8.7
三明市辖区				
梅列区	33803	8.6	15393	9.4
三元区	32301	10.1	16170	9.6
永安市	30804	8.0	15085	8.8
明溪县	25558	7.7	12861	6.3
清流县	25863	8.1	13217	7.2
宁化县	23975	9.0	12538	10.3
大田县	29700	9.1	14094	9.0
尤溪县	28483	7.5	14429	9.2
沙县	30522	8.9	15736	8.3
将乐县	28349	6.6	13714	8.3
泰宁县	27185	7.2	13106	8.4
建宁县	24283	8.8	12849	9.6
泉州市	39656	6.4	17179	8.3
泉州市辖区				
鲤城区	38652	3.6		
丰泽区	46991	6.0		
洛江区	34911	6.3	14597	8.1
泉港区	30018	6.2	16866	8.2

续表

项　　目	城镇居民人均可支配收入		农村居民人均可支配收入	
	数值	增长（%）	数值	增长（%）
石狮市	50730	7.5	21097	7.5
晋江市	42597	6.4	19882	9.4
南安市	39093	6.9	18250	8.7
惠安县	37526	6.1	17336	8.6
安溪县	27247	7.6	14004	7.6
永春县	27885	6.5	13517	7.7
德化县	28887	7.0	13015	8.8
漳州市	30726	9.4	15320	10.5
漳州市辖区				
芗城区	34009	10.0	15356	10.9
龙文区	35067	9.4	16687	10.7
龙海市	31621	9.7	16101	10.5
云霄县	27588	9.0	14047	10.1
漳浦县	30689	9.9	16535	11.3
诏安县	25432	7.1	13708	10.6
长泰县	31604	10.4	16136	9.5
东山县	30845	9.6	17888	11.5
南靖县	28202	8.1	14313	10.0
平和县	27556	9.0	14827	9.8
华安县	28746	9.2	14974	9.7
南平市	27818	6.5	13331	8.7
南平市辖区				
延平区	28984	5.8	14822	8.1
建阳区	28065	5.3	13357	8.1
邵武市	29159	6.2	15286	7.9
武夷山市	28958	6.8	14622	9.0
建瓯市	27827	6.0	14600	8.8
顺昌县	25324	8.1	12734	9.6
浦城县	26075	7.2	12134	7.5
光泽县	25178	7.6	11444	8.4
松溪县	24364	5.8	10267	9.5
政和县	24849	7.0	10559	9.9
龙岩市	30408	7.8	14429	8.7
龙岩市辖区				
新罗区	33952	7.1	17501	9.2

续表

项目	城镇居民人均可支配收入		农村居民人均可支配收入	
	数值	增长（%）	数值	增长（%）
永定区	32138	7.3	15352	8.6
漳平市	29056	8.1	14496	8.3
长汀县	21268	7.7	12766	9.5
上杭县	33019	8.0	14074	9.0
武平县	28439	8.6	13676	8.7
连城县	26265	8.4	12810	8.0
宁德市	28164	8.2	13516	9.1
宁德市辖区				
蕉城区	29134	7.6	13565	10.3
福安市	30084	9.0	14146	9.0
福鼎市	29957	8.0	13903	9.9
霞浦县	28249	8.9	13736	9.6
古田县	26405	8.3	14209	8.4
屏南县	23093	8.6	12144	9.5
寿宁县	21897	8.2	11691	8.8
周宁县	24411	7.2	12620	9.2
柘荣县	23028	8.0	12105	8.5

普通教育专任教师及在校学生数（2016年）

单位：人

地区	专任教师数			在校生数		
	普通高中	普通初中	小学	普通高中	普通初中	小学
全省	50424	98789	165910	634747	1154758	2986658
福州市	8627	17370	29319	108930	218928	565459
福州市辖区	3220	5447	10081	44239	81670	216557
鼓楼区	1360	1699	2865	18344	25390	54001
台江区	474	661	1249	6611	10517	25041
仓山区	710	1567	3135	10364	23647	71745
马尾区	280	593	803	3763	6237	15607
晋安区	396	927	2029	5157	15879	50163
福清市	1736	3605	5899	21234	44999	117529
长乐市	709	1492	2568	8024	19147	52625
闽侯县	617	1497	2610	7986	20860	51919
连江县	713	1651	2439	8224	16283	45048
罗源县	290	651	1152	2865	5753	15368

续表

地　区	专任教师数			在校生数		
	普通高中	普通初中	小学	普通高中	普通初中	小学
闽清县	346	993	1467	3901	9339	19334
永泰县	385	891	1375	4764	8221	18932
平潭县	611	1143	1728	7693	12656	28147
厦门市	3598	7187	15405	46512	99180	296143
厦门市辖区	3598	7187	15405	46512	99180	296143
思明区	1581	2258	3868	20298	32925	72213
海沧区	200	581	1546	2706	8229	30238
湖里区	187	1023	2882	2610	16419	57449
集美区	649	1168	2850	7770	16622	57281
同安区	640	1375	2994	8596	17270	52450
翔安区	341	782	1265	4532	7715	26512
莆田市	4921	8518	15060	63832	104242	248685
莆田市辖区	3460	5728	10484	44470	69937	177422
城厢区	900	1317	2239	10828	17433	36459
涵江区	586	1187	1990	8064	11465	31735
荔城区	1168	1434	2569	15720	22901	55114
秀屿区	806	1790	3686	9858	18138	54114
仙游县	1461	2790	4576	19362	34305	71263
三明市	3754	7521	11968	47564	75792	184882
三明市辖区	636	939	1370	9875	11480	24824
梅列区	250	515	727	3996	6447	13389
三元区	386	424	643	5879	5033	11435
永安市	525	995	1535	6016	10279	24616
明溪县	150	270	492	1651	2328	5612
清流县	170	357	681	1965	3842	9466
宁化县	471	770	1346	5941	8279	20610
大田县	365	990	1518	4027	8668	27167
尤溪县	559	1225	1615	7092	10044	21578
沙县	339	822	1332	4338	9418	22745
将乐县	247	475	741	2912	4751	11627
泰宁县	140	302	649	1807	3446	7881
建宁县	152	376	689	1940	3257	8756
泉州市	10467	20481	33737	134907	252642	717891
泉州市辖区	2649	3891	6251	33442	50120	124010
鲤城区	1288	1445	1876	17085	22408	44799

续表

地区	专任教师数			在校生数		
	普通高中	普通初中	小学	普通高中	普通初中	小学
丰泽区	528	887	1637	7466	12932	36083
洛江区	280	489	885	3766	6021	15656
泉港区	553	1070	1853	5125	8759	27472
石狮市	678	1243	2333	10003	20241	60437
晋江市	1814	3872	6925	26377	60636	178393
南安市	1886	3908	5415	21258	39373	117224
惠安县	1141	2735	3760	15433	27303	72776
安溪县	1225	2619	5628	14624	31286	108179
永春县	674	1449	2144	8271	14484	34578
德化县	400	764	1281	5499	9199	22294
漳州市	6777	13362	20671	88230	152820	354763
漳州市辖区	1439	2246	3098	19621	32420	65078
芗城区	1179	1734	2267	16450	24898	47732
龙文区	260	512	831	3171	7522	17346
龙海市	1379	2204	3486	16181	22235	62523
云霄县	604	1297	2189	7699	15723	31369
漳浦县	982	2328	3100	14255	24188	60160
诏安县	596	1427	2333	9078	16956	41330
长泰县	253	555	897	2541	4869	15588
东山县	336	466	799	3277	5315	13512
南靖县	403	873	1384	5017	7976	19003
平和县	631	1570	2650	8933	19452	36636
华安县	154	396	735	1628	3686	9564
南平市	3634	7902	13318	49967	87165	204151
南平市辖区	984	2193	3726	13423	25259	56654
延平区	603	1325	2213	7966	14865	32867
建阳区	381	868	1513	5457	10394	23787
邵武市	372	824	1260	4834	7752	18396
武夷山市	211	656	1121	3649	7014	18506
建瓯市	526	1262	2181	7519	14279	37349
顺昌县	453	720	969	6128	5387	11563
浦城县	395	1012	1647	5729	13287	25458
光泽县	227	394	844	2872	5211	10738
松溪县	189	386	628	2468	3760	10403
政和县	277	455	942	3345	5216	15084

续表

地　　区	专任教师数			在校生数		
	普通高中	普通初中	小学	普通高中	普通初中	小学
龙岩市	4373	8129	12370	46680	77538	186013
龙岩市辖区	1527	2870	4792	17060	30832	78226
新罗区	804	1554	2774	10784	19908	52180
永定区	723	1316	2018	6276	10924	26046
漳平市	298	818	1250	4077	6976	16986
长汀县	729	1257	1979	9273	13813	31357
上杭县	773	1219	1666	6820	10735	24670
武平县	518	991	1418	5175	8280	18486
连城县	528	974	1265	4275	6902	16288
宁德市	4273	8319	14062	48125	86451	228671
宁德市辖区	712	1257	2324	7357	13859	40638
蕉城区	712	1257	2324	7357	13859	40638
福安市	954	1594	2834	10648	20168	52490
福鼎市	660	1447	2238	8579	14504	38303
霞浦县	517	1203	2044	7227	11732	35496
古田县	503	1054	1475	4400	8716	20229
屏南县	227	452	818	2203	3841	9897
寿宁县	303	661	1050	3462	6542	13848
周宁县	253	441	786	2475	4426	10341
柘荣县	144	210	493	1774	2663	7429

卫生主要指标（2016 年）

地　　区	卫生机构数（个）	卫生机构床位数（张）	卫生技术人员数（人）	#执业医师	#注册护士
全　省	27658	178902	220889	69307	96250
福州市	4467	35253	53656	17945	23273
福州市辖区	1506	22343	35973	12739	15837
鼓楼区	317	9740	15721	5686	7125
台江区	210	4929	8005	2999	3696
仓山区	414	3923	5791	2097	2560
马尾区	121	643	919	297	374
晋安区	444	3108	5537	1660	2082
福清市	652	3224	4780	1443	2143
长乐市	419	2056	3011	1000	1092
闽侯县	398	1465	2293	709	913

续表

地　区	卫生机构数（个）	卫生机构床位数（张）	卫生技术人员数（人）	#执业医师	#注册护士
连江县	330	1342	2003	552	736
罗源县	232	1065	1191	309	544
闽清县	302	1465	1347	343	648
永泰县	286	917	1105	350	460
平潭县	342	1376	1953	500	900
厦门市	1578	14939	27497	10405	11975
厦门市辖区	1578	14939	27497	10405	11975
思明区	397	7953	12885	4782	6006
海沧区	178	1440	2872	1135	1153
湖里区	138	1238	2603	865	1184
集美区	300	1917	4709	1904	1837
同安区	359	1511	2898	1106	1199
翔安区	206	880	1530	613	596
莆田市	1329	12808	13884	4407	6023
莆田市辖区	971	9829	10578	3537	4616
城厢区	195	2793	3356	1212	1587
涵江区	219	4250	3864	1299	1738
荔城区	272	1200	1879	590	759
秀屿区	285	1586	1479	436	532
仙游县	358	2979	3306	870	1407
三明市	2615	13643	15305	4509	6706
三明市辖区	248	3146	3711	1215	1707
梅列区	131	1718	2550	853	1189
三元区	117	1428	1161	362	518
永安市	349	2553	2722	918	1270
明溪县	106	488	525	153	213
清流县	133	561	720	185	315
宁化县	279	1175	1272	327	534
大田县	477	1302	1367	366	622
尤溪县	376	1497	1701	441	695
沙县	234	1108	1311	380	527
将乐县	140	764	776	216	345
泰宁县	157	652	743	189	277
建宁县	116	397	457	119	201
泉州市	4909	33791	38372	11727	16193

续表

地　　区	卫生机构数（个）	卫生机构床位数（张）	卫生技术人员数（人）	#执业医师	#注册护士
泉州市辖区	369	9434	13124	3902	6244
鲤城区	181	6113	7800	2359	3814
丰泽区	188	3321	5324	1543	2430
洛江区	144	683	731	226	229
泉港区	190	1400	1384	370	526
石狮市	364	1593	3030	1034	1288
晋江市	933	4771	6173	2005	2280
南安市	891	5224	4093	1236	1654
惠安县	456	3636	3443	993	1381
安溪县	863	3553	3153	928	1291
永春县	386	2134	1923	562	759
德化县	313	1363	1318	471	541
漳州市	4397	22165	22187	6278	9418
漳州市辖区	546	7792	8651	2763	3971
芗城区	364	7156	7589	2446	3545
龙文区	182	636	1062	317	426
龙海市	825	2992	2920	871	1169
云霄县	289	1510	1393	349	626
漳浦县	689	2812	2993	716	1187
诏安县	454	1902	1622	369	640
长泰县	224	804	807	222	312
东山县	178	889	872	243	360
南靖县	398	1002	1175	315	441
平和县	558	1913	1347	330	552
华安县	236	549	407	100	160
南平市	2218	16212	15734	4418	7036
南平市辖区	513	5701	5667	1564	2689
延平区	280	3759	3474	1070	1589
建阳区	233	1942	2193	494	1100
邵武市	160	2353	1936	535	879
武夷山市	268	1110	1304	486	518
建瓯市	318	2393	2238	619	1030
顺昌县	163	892	821	213	370
浦城县	285	1688	1394	423	567
光泽县	170	635	756	211	326

续表

地　　区	卫生机构数（个）	卫生机构床位数（张）	卫生技术人员数（人）	#执业医师	#注册护士
松溪县	158	648	699	150	265
政和县	183	792	919	217	392
龙岩市	3210	16955	18457	5201	8503
龙岩市辖区	984	8166	9666	3063	4671
新罗区	564	6421	7875	2598	3896
永定区	420	1745	1791	465	775
漳平市	345	1460	1313	358	552
长汀县	471	2354	2354	471	1106
上杭县	639	1877	2053	560	775
武平县	492	1694	1515	379	697
连城县	279	1404	1556	370	702
宁德市	2935	13136	15797	4417	7123
宁德市辖区	365	3126	3947	1206	1879
蕉城区	365	3126	3947	1206	1879
福安市	573	2344	2922	923	1377
福鼎市	443	2007	2874	804	1316
霞浦县	337	1691	2038	495	893
古田县	510	1428	1520	388	659
屏南县	183	735	644	171	276
寿宁县	236	719	815	191	333
周宁县	168	587	558	107	210
柘荣县	120	499	479	132	180

社会保险和低保情况（2016 年）

单位：万人

地　　区	期末参加基本养老保险职工人数	期末参加城乡居民社会养老保险人数	期末参加基本医疗保险人数	城镇居民最低生活保障人数	农村居民最低生活保障人数
全　省	795.47	1489.11	1297.90	8.59	46.15
福州市	157.34	230.59	302.32	1.04	5.53
福州市辖区	111.97	16.22	232.37	0.58	0.43
鼓楼区		0.95		0.03	
台江区		0.92		0.18	
仓山区		5.46		0.19	0.23
马尾区	9.64	4.54	13.97	0.07	0.11
晋安区		4.36		0.12	0.09
福清市	15.32	66.16	21.68	0.11	0.87

续表

地　区	期末参加基本养老保险职工人数	期末参加城乡居民社会养老保险人数	期末参加基本医疗保险人数	城镇居民最低生活保障人数	农村居民最低生活保障人数
长乐市	5.33	33.55	8.74	0.04	0.63
闽侯县	8.99	28.87	12.11	0.04	0.81
连江县	4.71	28.51	10.52	0.03	0.69
罗源县	2.72	9.81	5.53	0.05	0.55
闽清县	2.97	13.60	5.32	0.04	0.32
永泰县	2.34	15.62	6.04	0.07	0.47
平潭县				0.08	0.75
厦门市	202.86	24.77	351.37	0.94	0.46
厦门市辖区	202.86	24.77	351.37	0.94	0.46
思明区	40.53	1.31		0.27	
海沧区	33.18	0.89		0.08	0.06
湖里区	17.66	2.86		0.09	
集美区	10.48	7.99		0.05	0.03
同安区	22.88	1.74		0.14	0.29
翔安区	16.15	9.99		0.32	0.07
莆田市	31.96	153.24	63.09	0.28	5.25
莆田市辖区	25.48	102.83	45.45	0.16	1.90
城厢区	0.80	16.10	14.24	0.03	0.36
涵江区	7.01	21.50	10.12	0.05	0.31
荔城区	0.77	20.81	11.08	0.07	0.43
秀屿区	2.61	44.42	4.79		0.81
仙游县	6.48	50.41	17.64	0.12	3.35
三明市	41.41	120.85	40.29	0.63	3.15
三明市辖区	12.42	4.84	15.47	0.15	0.05
梅列区	2.94	1.33		0.07	0.02
三元区	2.33	3.51		0.08	0.03
永安市	7.33	12.00	7.38	0.07	0.11
明溪县	1.44	5.62	1.34	0.03	0.14
清流县	1.68	6.67	1.42	0.03	0.25
宁化县	2.36	16.30	2.05	0.07	0.55
大田县	3.45	17.93	2.50	0.02	0.44
尤溪县	3.13	22.72	2.63	0.05	0.67
沙县	4.58	11.72	3.38	0.08	0.23
将乐县	2.04	9.28	1.70	0.06	0.24
泰宁县	1.54	6.45	1.25	0.04	0.14
建宁县	1.44	7.32	1.16	0.04	0.33

续表

地　　区	期末参加基本养老保险职工人数	期末参加城乡居民社会养老保险人数	期末参加基本医疗保险人数	城镇居民最低生活保障人数	农村居民最低生活保障人数
泉州市	131.44	364.48	175.62	1.29	6.61
泉州市辖区	47.90	39.60	81.83	0.42	0.95
鲤城区	9.16	4.13	19.24	0.11	
丰泽区	14.44	5.65	25.23	0.13	
洛江区	3.91	8.85	6.23	0.04	0.26
泉港区	3.62	20.97	4.45	0.14	0.69
石狮市	10.00	19.08	8.89	0.30	
晋江市	35.35	59.82	23.68	0.29	0.90
南安市	12.95	83.91	19.32	0.07	1.77
惠安县	10.35	55.57	20.44	0.09	1.09
安溪县	5.77	60.61	11.11	0.05	1.21
永春县	4.63	30.60	6.00	0.04	0.40
德化县	4.48	15.29	4.36	0.02	0.29
漳州市	66.59	208.59	72.01	1.86	8.27
漳州市辖区	23.35	17.69	35.78	0.43	0.54
芗城区	7.47	10.08		0.37	0.40
龙文区	0.28	7.61		0.06	0.15
龙海市	9.78	40.57	7.64	0.41	1.31
云霄县	4.38	18.40	4.91	0.16	1.00
漳浦县	7.64	39.75	6.01	0.18	1.12
诏安县	3.54	22.38	2.56	0.14	1.43
长泰县	4.85	8.34	3.45	0.05	0.45
东山县	3.27	8.56	3.13	0.15	0.22
南靖县	4.18	17.57	3.80	0.16	0.82
平和县	3.84	27.06	3.27	0.17	1.26
华安县	1.76	8.29	1.45	0.02	0.12
南平市	44.21	128.50	42.25	1.05	4.85
南平市辖区	18.16	31.58	18.00	0.31	1.03
延平区	5.62	16.66	4.64	0.23	0.51
建阳区	4.12	14.92	4.11	0.07	0.52
邵武市	5.36	12.03	5.41	0.07	0.25
武夷山市	3.33	9.96	3.09	0.13	0.89
建瓯市	4.18	22.74	4.31	0.09	0.30
顺昌县	3.57	9.90	3.27	0.06	0.46
浦城县	4.26	18.85	3.50	0.10	0.41
光泽县	2.43	7.20	1.90	0.03	0.43

续表

地　　区	期末参加基本养老保险职工人数	期末参加城乡居民社会养老保险人数	期末参加基本医疗保险人数	城镇居民最低生活保障人数	农村居民最低生活保障人数
松溪县	1.45	7.41	1.32	0.09	0.48
政和县	1.48	8.84	1.44	0.16	0.59
龙岩市	44.72	132.05	116.29	0.52	4.76
龙岩市辖区	23.41	40.43	60.16	0.10	0.87
新罗区	12.37	17.13	28.94	0.08	0.25
永定区	4.81	23.29	15.95	0.02	0.62
漳平市	3.45	13.85	8.44	0.06	0.64
长汀县	4.44	21.49	18.23	0.26	1.39
上杭县	6.21	22.67	16.66	0.03	0.61
武平县	3.89	19.20	5.70	0.03	0.62
连城县	3.33	14.41	7.09	0.04	0.63
宁德市	40.34	126.02	91.66	0.98	7.27
宁德市辖区	11.40	14.93	22.06	0.10	0.67
蕉城区	6.69	14.93	16.65	0.10	0.67
福安市	8.47	25.19	14.93	0.22	1.64
福鼎市	7.14	24.46	12.39	0.14	0.86
霞浦县	3.67	19.75	12.16	0.17	0.92
古田县	3.45	14.12	8.39	0.09	0.66
屏南县	1.39	7.54	3.69	0.02	0.60
寿宁县	2.24	8.43	9.64	0.11	0.92
周宁县	1.17	7.70	4.67	0.05	0.61
柘荣县	1.40	3.89	3.74	0.08	0.39

第七篇
政策法规

福建省社会发展政策法规

中共福建省委　福建省人民政府转发《省委宣传部、省司法厅关于在全省公民中开展法治宣传教育的第七个五年规划（2016—2020年）》的通知

各市、县（区）党委和人民政府，平潭综合实验区党工委和管委会，省直各单位：

《省委宣传部、省司法厅关于在全省公民中开展法治宣传教育的第七个五年规划（2016—2020年）》已经省委、省政府同意，现转发给你们，请结合实际认真贯彻执行。

中共福建省委
福建省人民政府
2016年8月3日

省委宣传部、省司法厅关于在全省公民中开展法治宣传教育的第七个五年规划（2016—2020年）

在省委、省政府的正确领导下，全省第六个五年法制宣传教育规划（2011—2015年）顺利实施完成，以宪法为核心的中国特色社会主义法律体系得到广泛宣传和普遍遵行，“法律六进”活动深入开展，多层次多领域法治创建活动稳步推进，全省公民法治观念明显增强，社会治理法治化水平不断提高，为服务我省经济社会发展和社会和谐稳定做出了重要贡献。

党的十八大以来，以习近平同志为总书记的党中央对全面依法治国作出了重要部署，对法治宣传教育提出新的更高要求，明确了法治宣传教育的基本定位、重大任务和重要措施。十八届三中全会要求“健全社会普法教育机制”；十八届四中全会要求“坚持把全民普法和守法作为依法治国的长期基础性工作，深入开展法治宣传教育”；十八届五中全会要求“弘扬社会主义法治精神，增强全社会特别是公职人员尊法学法守法用法观念，在全社会形成良好法治氛围和法治习惯”。习近平总书记多次强调“领导干部要做尊法学法守法用法的模范”，要求法治宣传教育“要创新宣传形式，注重宣传实效”，为法治宣传教育工作指明了方向，提供了基本遵循。

“十三五”时期是我省全面建成小康社会和再上新台阶、建设新福建的关键时期。为做好第七个五年法治宣传教育工作，进一步增强全省公民法治观念，更好服务保障我省“十三五”经济社会发展规划顺利实施，根据《中共中央、国务院转发〈中央宣传部、司法部关于在公民中开展法治宣传教育的第七个五年规划（2016—2020年）〉的通知》（中发〔2016〕11号）和《中共福建省委关于贯彻党的十八届四中全会精神全面推进依法治省的实施意见》（闽委发〔2014〕28号）精

神，制定本规划。

一、指导思想、主要目标和工作原则

（一）指导思想。高举中国特色社会主义伟大旗帜，全面贯彻党的十八大和十八届三中、四中、五中全会精神，以马克思列宁主义、毛泽东思想、邓小平理论、“三个代表”重要思想、科学发展观为指导，深入贯彻习近平总书记系列重要讲话精神和对福建工作重要指示，按照“五位一体”总体布局和“四个全面”战略布局，践行五大发展理念，落实全面依法治国新要求，紧扣福建“十三五”经济社会发展的目标任务，以法治文化为引领，法治创建为支撑，项目带动为抓手，创新发展为驱动，制度建设为保障，充分发挥法治宣传教育在全面推进依法治省中的基础性作用，为再上新台阶、建设新福建创造更加优良的法治环境。

（二）主要目标。法治宣传教育工作机制更加完善，互动型服务型创新型法治宣传教育体系更加优化，全媒体多元化法治宣传平台更加完备，全省公民尊法学法守法用法意识和全体党员党章党规意识更加牢固，形成守法光荣、违法可耻的社会氛围。

（三）工作原则。

——坚持服务大局、融合发展。紧紧围绕全面深化改革、全面推进依法治省的目标任务，把法治宣传教育融入法律规范、法治实施、法治监督、法治保障、党内法规“五大”法治体系建设各个环节，渗透到经济、政治、文化、社会、生态文明和党的建设各个领域，充分发挥法治宣传教育在经济社会发展中的基础先导作用。

——坚持需求导向、提升实效。立足法治宣传教育群众性特点，围绕人民群众最关心、最直接、最现实的法律问题，针对不同地区、不同部门、不同行业、不同人群、不同时期的法治需求，提供系列化、多元化、规范化的法治宣传教育服务，引导全社会自觉尊法学法守法用法。

——坚持治理主导、以用促学。积极推进社会治理法治化，把法治宣传教育融入立法、执法、司法、法律服务和党内法规建设活动中，引导党员群众在法治实践中自觉学习、运用国家法律和党内法规，提升法治素养。

——坚持规范发展、全面覆盖。健全完善法治宣传教育制度保障体系，强化责任意识、细化工作标准，促进法治宣传教育规范运作，向社会各领域、各层面有效拓展。

二、主要任务

（一）深入学习宣传全面依法治国重大理论和以宪法为核心的中国特色社会主义法律体系

1. 深入学习宣传习近平总书记关于全面依法治国的重要论述。党的十八大以来，习近平总书记站在坚持和发展中国特色社会主义全局的高度，对全面依法治国作了重要论述，提出了一系列新思想、新观点、新论断、新要求，深刻回答了建设社会主义法治国家的重大理论和实践问题，为全面依法治国提供了科学理论指导和行动指南。要深入学习宣传习近平总书记关于全面依法治国的重要论述，增强走中国特色社会主义道路的自觉性和坚定性，增强全社会厉行法治的积极性和主动性。深入学习宣传以习近平同志为总书记的党中央关于全面依法治国的重要部署，宣传科学立法、严格执法、公正司法、全民守法和党内法规建设的生动实践，使全社会了解和掌握全面依法治国的重大意义和总体要求，更好地发挥法治的引领和规范作用。

2. 突出学习宣传宪法。坚持把学习宣传宪法摆在首要位置，在全社会普遍开展宪法教育，弘扬宪法精神，树立宪法权威。深入宣传依宪治国、依宪执政等理念，宣传党的领导是宪法实施的最根本保证，宣传宪法确立的国家根本制度、根本任务和我国的国体、政体，宣传公民的基本权利和义务等宪法基本内容，宣传宪法的实施，认真组织好“12·4”国家宪法日集中宣传活动，推动宪法家喻户晓、深入人心，提高全体公民特别是各级领导干部和国家机关工作人员的宪法意识，教育引导一切组织和个人都必须以宪法为根本活动准则，增强宪法观念，坚决维护宪法尊严。实行宪法宣誓制度，各级人民代表大会及县级以上各级人民代表大会常务委员会选举或者决定任命的国家工作人员，以及各级人民政府、人民法院、人民检察院任命的国家工作人员，正式就职时要公开向宪法宣誓。

3. 广泛宣传中国特色社会主义法律体系。大力宣传宪法相关法、民法商法、行政法、经济法、社会法、刑法、诉讼与非诉讼程序法等法律法规。大力宣传社会主义民主政治建设的法律法规，提高人民有序参与民主政治的意识和水平。大力宣传保障公民基本权利的法律法规，推动全社会树立尊重和保障人权意识，促进公民权利保障法治化。大力宣传依法行政领域的法律法规，推动各级行政机关树立“法定职责必须为、法无授权不可为”的意识，促进法治政府建设。大力宣传有利于激发文化创造活力、保障人民基本文化权益的相关法律法规，促进社会主义精神文明建设。大力宣传教育、就业、收入分配、社会保障、医疗卫生、食品安全、扶贫、慈善、社会救助和妇女儿童、老年人、残疾人合法权益保护等方面法律法规，促进保障和改善民生。大力宣传国家安全和公共安全领域的法律法规，提高全民安全意识、风险意识和预防能力。大力宣传国防法律法规，提高全社会国防观念，促进国防建设。大力宣传党的民族、宗教政策和相关法律法规，促进民族关系、宗教关系和谐。大力宣传环境保护、资源能源节约利用等方面的法律法规，推动生态文明建设。大力宣传互联网领域的法律法规，教育引导网民依法规范网络行为，促进形成网络空间良好秩序。大力宣传诉讼、行政复议、仲裁、调解、信访等方面的法律法规，引导群众依法表达诉求、维护权利，促进社会和谐稳定。

4. 深入学习宣传党内法规。适应全面从严治党、依规治党新形势新要求，注重党内法规宣传与国家法律宣传的衔接和协调，切实加大党内法规宣传力度。突出宣传党章，教育广大党员以党章为根本遵循，坚决维护党章权威。大力宣传《中国共产党廉洁自律准则》《中国共产党纪律处分条例》《中国共产党问责条例》等各项党内法规，坚持纪在法前、纪严于法。各级党组织要把党内法规作为学习型党组织建设的重要内容，充分发挥正面典型倡导和反面案例警示作用，引导广大党员特别是党员领导干部做党章党规党纪和国家法律的自觉尊崇者、模范遵守者、坚定捍卫者。

5. 广泛宣传服务保障新福建建设相关法律法规。紧紧围绕我省“十三五”经济社会发展规划，大力加强保障实施创新驱动战略、保持经济稳定较快增长、加快产业转型升级、深化改革扩大开放等方面法律法规宣传普及，推动全社会树立保护产权、平等交换、公平竞争、诚实信用等意识，促进经济在新常态下平稳健康运行。主动服务中国（福建）自由贸易试验区、21 世纪海上丝绸之路核心区、生态文明先行示范区、平潭综合实验区和福州新区建设，大力宣传投资、贸易、金融、政府监管、生态文明建设等领域法律法规。

（二）大力加强社会主义法治文化建设

1. 推进法治教育和道德教育相结合。坚持贯彻依法治国和以德治国相结合的基本原则，以法治体现道德理念、强化法律对道德建设的促进作用，以道德滋养法治精神、强化道德对法治文化的支撑作用，实现法律和道德相辅相成、法治和德治相得益彰。大力弘扬社会主义核心价值观，弘扬中华优秀传统文化，培育社会公德、职业道德、家庭美德、个人品德，增强法治的道德底蕴。重点强化规则意识，倡导契约精神，弘扬公序良俗，发挥法治宣传教育在解决道德领域突出问题中的作用，引导人们自觉履行法定义务、社会责任、家庭责任。

2. 广泛开展群众性法治文化活动。尊重群众主体地位，鼓励引导社会各界文艺工作者、摄影书画爱好者、民间艺人广泛参与法治文艺创作演出。推动法治文化与地方特色文化、行业文化、乡村（街区）文化、企业文化的融合发展，把法治元素融入群众公共文化生活。组织开展年度法治人物、法治事件评选等活动，发挥法治典型在全社会中的示范引领作用。组织编写《百姓综治宝典》《百姓法治宝典》等贴近百姓需求、通俗易懂的法律读本，优化《调解有一套》等电视法治栏目，引导广大群众自觉守法、遇事找法、解决问题靠法。

3. 加强法治文化阵地建设。建设不同类型、不同特色、不同规模的法治场馆、法治文化广场、法治文化街区，鼓励有条件的地方建设宪法法律教育中心，强化图书馆、博物馆、纪念馆、文化馆、社区文化中心的普法功能，逐步完善基层法治文化公共设施体系。鼓励党政机关、国有企事业单位和学校的各类法治宣传设施向社会免费开放。创新法治文化设施管理模式，有条件的地方可探索开展法治文化设施社会化运营试点，通过委托或招投标等方式吸引有实力的社会组织和企业参与法治文化设施建设。

4. 实施法治文化精品工程。加大法治文化建设政策扶持力度，对符合条件的法治文艺作品，可比照其他文艺作品，申请省级文化、新闻出版等有关政策和经费支持。加强法治题材影视剧、青少年法治动漫系列剧等法治文化产品的创作和推广，组织开展年度优秀法治公益广告、微视频创作征集大赛，打造一批有福建特色的法治宣传品牌、法治文艺精品和法治文化示范项目。

（三）稳步推进多层次多领域依法治理

1. 扎实开展法治城市、法治县（市、区）创建活动。健全完善法治城市、法治县（市、区）创建工作领导体制和工作机制，在各地党委、政府统一领导下，把创建活动列入地方党委、政府重要议事日程，纳入地方党委、政府综合目标考评体系，着眼于确保宪法法律全面正确实施，推进区域社会治理的制度化、法治化，规范公共权力行使，保障公民权利，促进科学立法、严格执法、公正司法、全民守法，努力提高社会治理法治化水平。

2. 持续深化基层组织依法治理。深入推进基层组织依法治理，持续深化民主法治村（社区）创建活动，支持各类社会主体自我约束、自我管理。健全完善市民公约、村规民约、行业规章、团体章程，推动形成多层次、多样化的社会治理规则体系，引导和支持城乡社区基层组织通过规约章程规范成员行为，依法维护成员合法权益，使参与社会治理的所有主体都能明白自身的法定权力和责任、权利和义务，成为自觉遵守法律、善于运用法律的治理力量。

3. 积极推动部门行业依法治理。加快建设法治政府，大力推动简政放权，建立权责清单制度，明确地方各级政府工作部门职责权限，深入推进依法行政。大力推动行业依法治理，促进形成完善、规范的行业协会治理结构，引导行业协会通过协商制度制定行约、行规，实现契约治理、规范治理，以诚实、守信的行业规范影响协会成员的行为倾向，促进行业的健康发展。

4. 不断畅通公民参与法治实践渠道。有序引导社会公众参与立法、执法、司法等各个环节，使每一个立法听证、司法执法、人民调解、法律援助、法律服务案件的办理过程成为生动鲜活的法治宣传教育过程。建立法治宣传主管部门与司法执法、公共法律服务、特殊人群管理等部门的信息互通、业务联动机制，推动前置性普法、针对性普法、防范性普法。建成完善全省“12348”公共法律服务热线，实现“一村（社区）一法律顾问”全覆盖，不断满足人民群众基本法律服务需求。

三、对象与要求

法治宣传教育的对象是一切有接受教育能力的公民，重点是领导干部和青少年。

（一）坚持把各级领导干部带头学法、模范守法、严格执法作为全社会树立法治意识的关键。认真贯彻落实中组部、中宣部、司法部、人力资源和社会保障部印发的《关于完善国家工作人员学法用法制度的意见》（司发〔2016〕4号），健全落实各级党委（党组）中心组学法、政府常务会议会前学法制度，把宪法法律和党内法规列入党委（党组）中心组学习内容，列为党校、行政学院、干部学院、社会主义学院必修课。把法治教育纳入干部教育培训总体规划，纳入国家工作人员初任培训、任职培训的必训内容，纳入其他各类培训的必修课程，保证法治培训课时数量和培训质量。县级以上地方各级政府每年至少举办一期领导干部法治专题培训班，地方各级政府领导班子每年应当举办两期以上法治专题讲座。党委（党组）书记要认真履行第一责任人职责，带头讲法治课，做学法表率。落实重大决策合法性审查机制，对重大事项的决策权限、内容和程序等进行合法性审查，未经合法性审查或经审查不合法的，不得提交讨论。探索建立领导干部法治素养和法治能力测评指标体系，每年组织国家工作人员学法统一考试，加强对领导干部任职前法律知识考试和依法行政能力测试，将考试和测试结果作为领导干部任职的重要参考。落实领导干部述法制度，在领导班子和领导干部年度述职述廉时增加述法内容，围绕法治学习情况、重大事项依法决策情况、依法履职情况等进行述法。认真贯彻落实中共中央办公厅、国务院办公厅印发的《关于推行法律顾问制度和公职律师公司律师制度的意见》（中办发〔2016〕30号），2017年底前，县级以上地方各级党政机关要普遍设立法律顾问、公职律师，建立以党内法规工作机构、政府法制机构人员为主体，吸收法学专家和律师参加的法律顾问队伍。建立健全国有企业法律顾问、公司律师制度，推进企业依法经营、合规管理。

（二）坚持法治教育从青少年抓起。积极推动法治教育纳入国民教育序列，组织实施青少年法治教育大纲，在中小学开设国家统一设置的《道德与法治》课程，使用教育部审定通过的国家课程教材，并按规定滚动推进，确保在校学生都能得到基本法治知识教育。适时在中、高考中渗透法治知识内容，使青少年从小树立宪法意识和公民意识。将法治教育纳入“中小学幼儿园教师省级培训计划”，加强法治课教师、分管法治教育副校长、法治辅导员培训，组织开展法律知识竞赛、学法用法演讲、法治文艺会演、法治书画展览、法治图书阅读等校园普法活动。充分利用第二课堂和社会实践活动开展青少年法治教育，在开学第一课、毕业仪式中有机融入法治教育内容。加强对高等院校学生的法治教育，增强其法治观念和参与法治实践的能力。积极创造条件打造一批集实践性、参与性为一体的青少年法治教育示范基地。

各地区各部门要根据实际需要，从不同群体的特点出发，因地制宜开展有特色的法治宣传教育。突出加强对企事业经营管理人员的法治宣传教育，促进诚信守法、依法经营。加强对农民工等群体的法治宣传教育，增强依法维权意识，自觉运用法律手段解决矛盾纠纷。

四、工作措施

第七个法治宣传教育五年规划从2016年开始实施，到2020年结束。各地区各部门要根据本规划，研究制定本地区本部门规划，深入宣传发动，全面组织实施，确保第七个五年法治宣传教育规划各项任务落到实处。

（一）严格落实国家机关“谁执法谁普法”普法责任制。各级国家机关要认真梳理本部门、本单位负责执行的法律法规，建立普法责任清单制度，明确责任部门和责任人员，组织编写“谁执法谁普法”系列丛书，确保工作落实。推动形成宪法及宪法性文件宣传普及由人大机关为主负责，民法、刑法、诉讼法等基本法律宣传普及由司法机关为主负责，部门性法律法规由行政执法机关为主负责的“大普法”格局。

（二）健全完善“法律六进”长效机制。针对受众心理，创新方式方法，不断深化法律进机关、进乡村、进社区、进学校、进企业、进单位的“法律六进”主题活动。区别不同需求，明确每一进的涵盖领域、重点群体和责任主体，探索形成各具特色的“法律六进路线图”，量化工作指标，加强督促考核，构建资源集约、力量集中、优势集聚的“法律六进”长效机制。

（三）健全完善以案释法制度。大力推动法官、检察官、行政执法人员、律师等法治专业人员充分运用社会广泛关注、具有普遍警示教育意义以及法律效果、社会效果和政治效果较好的案例开展以案释法，普及法律知识、弘扬法治精神、培育法治信仰。审判机关要充分利用裁判文书公开、典型案例发布、庭审公开、巡回审判方式，向当事人和社会公众宣传各种法律法规；检察机关要进一步拓展检务公开范围，丰富检务公开形式，结合司法办案开展以案释法；行政执法机关要注重在执法过程中，向管理对象、服务对象、执法对象宣讲有关实体法和程序法，全面准确宣传部门法律法规；司法行政机关要指导律师、公证员等法律服务工作者为社会提供法律咨询、法律服务。

（四）不断强化媒体公益普法责任。各级各类大众传媒要积极履行公益普法社会责任，大力加强法治新闻报道和法治典型宣传，针对社会热点和典型案（事）例开展及时权威的法律解读，引领社会法治风尚。广播电视、报纸期刊、互联网和手机媒体要在重要版面、重要时段刊播法治公益广告，且刊播比例在其投放的所有公益广告中达到10%以上。

（五）全力推动法治宣传教育创新发展。创新是实现法治宣传教育转型升级的第一动力。遵循现代传播规律，推进法治宣传教育工作理念、方式方法、载体阵地和体制机制等创新，提高法治宣传教育的针对性和实效性。大力推进“互联网+法治宣传”行动，以满足“受众”学法需求和增强“用户”普法体验为导向，充分发挥新媒体直观快捷、互动共享优势，打造普法网站、微博、微信、移动客户端多级联动的新媒体普法矩阵。积极研发法治类动漫、音频、微视频、网络游戏等导向正确、内涵丰富的新媒体普法产品，让公众在寓教于乐中接受法治熏陶。探索建设法治宣传教育云平台，实现法治宣传教育公共数据资源开放和共享。

五、保障措施

（一）强化组织领导。健全完善党委领导、人大监督、政府实施、各部门齐抓共管、全社会共同参与的法治宣传教育工作机制。各级党委和政府要把法治宣传教育纳入当地经济社会发展规划，定期听取法治宣传教育工作情况汇报，及时研究解决工作中的重大问题。各级人大要加强对法治宣传教育工作的日常监督和调研检查。各级普法依法治理领导小组每年要将法治宣传教育工作情况向党委（党组）和上级普法依法治理工作领导小组报告。各级宣传、司法行政部门要认真履行组织、协调、指导和检查职能，推动法治宣传教育工作创新发展。文化、教育部门要在法治宣传教育中发挥积极作用，根据各自特点和实际需要，有针对性地组织开展法治宣传教育活动。各行业、各单位要落实“谁主管谁负责”的普法责任，明确承担法治宣传教育工作的机构，结合行业特点和特定群体的法律需求，在管理、服务过程中开展法治宣传教育。制定出台法治宣传教育地方性法规。加强社会诚信建设，健全公民和组织守法信用记录，完善守法诚信褒奖机制和违法失信行为惩戒机制，使尊法守法成为全省公民的共同追求和自觉行动。

（二）强化经费保障。各级政府要把法治宣传教育纳入政府购买服务指导性目录。“七五”普法期间，省、市、县（区）普法经费要在“六五”普法基础上有所增长，并列入同级财政预算，足额予以保障。各部门各单位应落实法治宣传教育专项经费，并在本部门年度经费预算中列支。探索建立社会化、市场化普法资金筹措机制，鼓励引导社会资金参与公益性的法治宣传事业。

（三）强化人才培育。高度重视基层法治宣传教育队伍建设，健全人才培养机制，优化工作队伍结构，切实解决人员配备、基本待遇、工作条件等方面的实际问题。大力加强各级普法讲师团建设，建立激励机制，选聘优秀法律和党内法规人才到普法讲师团队伍中，充分发挥普法讲师团成员在法治宣讲中的骨干作用。扶持、培育、孵化一批普法志愿者优秀团队，健全完善普法志愿者注册招募、服务记录、管理评价和激励保障等配套制度。

（四）强化督促检查。各级党委和政府要将法治宣传教育纳入综合绩效考核、综治考核、精神文明创建和法治建设考核内容，将公民尊法学法守法用法情况作为文明城市、文明村镇、文明单位创建活动的重要内容，明确考核标准，提升分值权重，强化督促检查。注重以信息化手段提升督查实效，打造法治宣传教育信息化管理系统，实现省、市、县、乡镇（街道）、村（居）五级法治宣传教育工作上下互联、部门单位间左右互通，推动法治宣传教育组织网络扁平化管理。不断改进法治宣传教育考核评价方式，努力实现方式、方法、效果的有机统一。坚持问题导向，经常深入基层、深入群众，调查研究、解决问题、推进工作。健全激励机制，认真开展“七五”普法中期检查和总结验收，做好全省普法先进单位、先进个人的表彰工作。

驻闽中国人民解放军和中国人民武装警察部队的第七个五年法治宣传教育工作，参照本规划进行安排部署。

中共福建省委办公厅　福建省人民政府办公厅关于印发《福建省党政机关国内公务接待管理办法》的通知

各市、县（区）党委和人民政府，平潭综合实验区党工委和管委会，省直各单位：

《福建省党政机关国内公务接待管理办法》已经省委、省政府领导同志同意，现印发给你们，请结合实际认真贯彻执行。

中共福建省委办公厅
福建省人民政府办公厅
2016 年 8 月 7 日

（此件公开发布）

福建省党政机关国内公务接待管理办法

第一章　总　则

第一条　根据《党政机关厉行节约反对浪费条例》《党政机关国内公务接待管理规定》和《福建省贯彻〈党政机关厉行节约反对浪费条例〉实施细则》，结合我省实际，制定本办法。

第二条　本办法适用于全省各级党的机关、人大机关、行政机关、政协机关、审判机关、检察机关，以及工会、共青团、妇联等人民团体和参照公务员法管理事业单位的国内公务接待行为。

第三条　本办法所称国内公务，是指出席会议、考察调研、执行任务、学习交流、检查指导、请示汇报工作等公务活动。

第四条　国内公务接待应当坚持有利公务、务实节俭、严格标准、简化礼仪、高效透明、尊重少数民族风俗习惯的原则。

第五条　县级以上地方党委、政府应当建立健全国内公务接待集中管理机制，对本级国内公务接待工作实行统一管理。

省机关事务管理局是全省党政机关国内公务接待管理部门，负责制定完善省级党政机关国内公务接待管理制度和有关标准，指导、协调全省党政机关国内公务接待工作。

设区市、县（市、区）党委、政府应当明确本级党政机关国内公务接待管理部门，负责管理本级党政机关国内公务接待工作，指导下级党政机关国内公务接待工作。

全省各级党政机关应当加强国内公务接待管理，严格执行有关管理规定和开支标准。

第六条　全省各级党政机关应当积极推进国内公务接待服务社会化改革，有效利用社会资源为国内公务接待提供住宿、用餐、用车等服务。

第二章　接待管理

第七条　全省党政机关国内公务接待实行分级负责、对口接待，根据接待对象的身份和公务活动的内容等，由相应接待单位组织实施，或以牵头单位的对口单位为接待单位。

第八条　全省各级党政机关应当加强公务外出计划管理，科学安排和严格控制公务外出的时间、内容、路线、频率、人员数量。公务外出应当按照程序履行报批手续。

国家工作人员不得要求将休假、探亲、旅游

等非公务活动纳入国内公务接待范围。

禁止异地部门间没有特别需要的一般性学习交流、考察调研；禁止重复性考察；禁止以各种名义和方式变相公款旅游；除有直接相关业务外，禁止违反规定到风景名胜区举办会议和活动。

第九条 全省各级党政机关应当建立国内公务接待审批控制制度，对能够合并的公务接待统筹安排，按照“先审批、后接待”的管理程序，根据派出单位公函填写国内公务接待审批单，报单位相关负责人审批。审批单内容包括：填报单位、承办部门及承办人、派出单位、接待事由、活动安排和经费预算等。

第十条 公务外出确需接待的，派出单位应当向接待单位发出公函，告知内容、行程、人员和需协助安排的食宿标准。无公函的公务活动和来访人员一律不予接待。

第十一条 公务活动结束后，接待单位应当如实填写接待清单，由相关负责人审签，作为财务报销凭证之一并接受审计。接待清单应当包括接待对象的单位、姓名、职务、公务活动项目、时间、场所、费用等明细。

第三章 接待标准

第十二条 全省各级党政机关应当严格执行公务接待标准，实行公务接待支出总额和接待标准双控制度。

接待单位不得超标准接待，不得组织旅游和与公务活动无关的参观，不得组织到营业性娱乐、健身场所活动，不得安排专场文艺演出，不得以任何名义赠送礼金、有价证券、纪念品和土特产品等。

第十三条 接待住宿应当严格执行差旅、会议管理的有关规定，在定点饭店或者机关内部接待场所安排，执行协议价格。出差人员按照财政部门制定的接待地住宿费限额标准支付住宿费，回本单位凭据报销。与会人员住宿费按会议费管理有关规定执行。

（一）接待住宿按照财政部门制定的差旅住宿标准执行。

（二）接待单位不得超标准安排住房，不得额外配发洗漱用品。

（三）当地陪同及工作人员一般不安排住宿。

（四）各级党政机关不得以任何名义新建、改建、扩建内部接待场所，不得对机关内部接待场所进行超标准装修或装饰、超标准配置家具和电器。积极推进机关内部接待场所集中统一管理和利用，推行企业化管理，建立资源共享机制。

第十四条 县级以上地方党委、政府应当根据当地经济发展水平、市场价格等实际情况，按照当地会议用餐标准制定本级国内公务接待工作餐开支标准，并定期进行调整。接待开支标准应当报上一级国内公务接待管理部门、财政部门备案。

（一）接待对象应当按照规定标准自行用餐，接待单位可协助安排。

（二）确因工作需要，接待单位可以安排工作餐1次，并严格按规定控制陪餐人数。接待对象在10人以内的，陪餐人数不得超过3人；接待对象超过10人的，陪餐人数不得超过接待对象人数的三分之一。

（三）工作餐应当供应家常菜，不得提供鱼翅、燕窝等高档菜肴和用野生保护动物制作的菜肴，不得提供香烟和高档酒水，不得使用私人会所、高消费餐饮场所。

（四）同城公务活动一般不安排用餐。在榕省直机关到福州市城区活动均属同城。各设区市应当对本市同城的界定进行研究确认，并报省机关事务管理局备案。

第十五条 国内公务接待的出行活动应当安排集中乘车，合理使用车型，严格控制随行车辆。

接待单位应当严格按照有关规定使用警车，不得违反规定实行交通管控。确需安排警卫的，应当按照规定的警卫界限、警卫规格执行，合理安排警力，尽可能缩小警戒范围，不得清场闭馆。

第十六条 国内公务接待应当简化礼仪，不得在机场、车站、码头和辖区边界组织迎送活动，不得跨地区迎送，不得张贴悬挂标语横幅，不得打电子屏幕标语，不得安排群众迎送，不得铺设迎宾地毯，不得献花插彩旗；地区、部门主要负责人不得参加迎送。严格控制陪同人数，不得层层多人陪同。

第四章　经费管理

第十七条　全省各级党政机关应当坚持先预算后支出原则，将公务接待经费纳入财政预算管理，合理限定接待费总额并单独列支。不得超预算或无预算列支公务接待费。

禁止在接待费中列支应当由接待对象承担的差旅、会议、培训等费用，禁止以举办会议、培训为名列支、转移、隐匿接待费开支；禁止向下级单位及其他单位、企业、个人转嫁接待费用；禁止在非税收入中坐支接待费用，禁止借公务接待名义列支其他支出。

第十八条　公务接待实行一事一结，接待费凭据报销，报销凭证应当包括财务票据、派出单位公函、接待审批单和接待清单。报销凭证不齐全或者内容不一致的，财务部门不得报销。不得多单集中报销，不得大单化整为零进行报销。不得用公款报销或者支付应当由个人负担的费用。

第十九条　接待费资金支付应当严格按照国库集中支付制度和公务卡管理有关规定执行。具备条件的地方应当采用银行转账或者公务卡方式结算，不得以现金方式支付。

第五章　监督检查

第二十条　县级以上国内公务接待管理部门应当会同有关部门加强对本级党政机关各部门和下级党政机关国内公务接待工作的监督检查。

财政部门应当对党政机关国内公务接待经费开支和使用情况进行监督检查。

审计部门应当对党政机关国内公务接待经费进行审计，并加强对机关内部接待场所涉及相关资金管理使用情况的审计监督。

第二十一条　检查内容主要包括国内公务接待规章制度制定情况，国内公务接待标准执行情况，国内公务接待经费管理使用情况，国内公务接待信息公开情况，机关内部接待场所管理使用情况等。

党政机关各部门应当于每年 3 月底前汇总本部门上一年度国内公务接待情况，报同级国内公务接待管理部门、财政部门和纪检监察机关备案。

第二十二条　县级以上国内公务接待管理部门应当会同财政部门按年度组织公开本级国内公务接待制度规定、标准、经费支出、接待场所、接待项目等有关情况，自觉接受社会监督。

第二十三条　全省各级党政机关应当将国内公务接待工作纳入问责范围。纪检监察机关应当加强对国内公务接待违规违纪行为的查处，严肃追究相关负责人、直接责任人的党纪责任、行政责任并进行通报，涉嫌犯罪的移送司法机关依法追究刑事责任。

第六章　附　则

第二十四条　邀请外宾来闽参加经贸、文体、科教等国际性活动应当加强邀请的针对性、时效性，外宾邀请单位应当严格按照有关规定安排接待活动，从严从紧控制外宾团组和接待费用。

省外事、商务部门应当会同有关部门参照本办法，制定外事接待、招商引资等活动的接待办法，严格审批，强化管理，严禁扩大接待范围、增加接待项目，严禁以招商引资等名义变相安排公务接待。

第二十五条　全省各级党委、政府以及党政机关应当依照本办法制定本地、本部门国内公务接待管理实施细则，明确操作规范。

第二十六条　国有企业、国有金融企业和不参照公务员法管理的事业单位参照本办法执行。

第二十七条　本办法解释工作由福建省机关事务管理局承担。

第二十八条　本办法自发布之日起施行。此前发布的有关规定与本办法不一致的，按照本办法执行。

福建省人民政府办公厅关于印发福建省“十三五”科技发展和创新驱动专项规划的通知

各市、县（区）人民政府，平潭综合实验区管委会，省人民政府各部门、各直属机构，各大企业，各高等院校：

《福建省“十三五”科技发展和创新驱动专项规划》已经省政府研究同意，现印发给你们，请认真组织实施。

福建省人民政府办公厅
2016年4月19日

福建省“十三五”科技发展和创新驱动专项规划

前　言

“十三五”时期，是中央支持福建进一步加快发展的重大战略机遇期，是全面建成小康社会的决战期，是全面深化改革的攻坚期，是全面依法治国和全面从严治党的关键期。为深入实施创新驱动发展战略，适应新常态，把握新机遇，全面完成《福建省中长期（2006—2020年）科学技术发展规划纲要》任务目标，增强自主创新能力，提高创新治理能力，建设创新型省份，根据《福建省国民经济和社会发展第十三个五年规划纲要》的整体部署，制定并实施省“十三五”科技发展和创新驱动专项规划。规划基期为2015年，规划期为2016—2020年。

第一章　发展现状与面临形势

一、发展现状

“十二五”期间，福建省科技工作认真贯彻落实党中央、国务院和省委省政府部署，实施创新驱动发展战略，强化科技创新驱动经济、服务民生意识，自主创新和科技支撑转型发展能力显著增强，区域科技创新体系不断完善，创新型省份建设扎实推进。

（一）企业创新能力稳步提升

2015年，全省拥有创新型（试点）企业904家、高新技术企业2035家，较2010年分别增加567家和828家；全省企业发明专利申请9447件、授权3336件，比2010年分别增长262%和562%；企业牵头或参与科技计划项目经费占新上项目（不含基础和公益研究项目）经费的比重达79.8%。2014年，全省研究与试验发展经费投入355亿元，其中89.1%的投入由企业完成，83.1%的研发活动人员集中在企业。

（二）科技引领产业加快转型

“十二五”期间，“数控一代”推广应用行动取得显著成效，新能源汽车、微波通信、大功率永磁伺服驱动电机等产业技术研究取得新进展；竹纤维制备及功能化应用、电袋复合除尘、车联网嵌入式系统、超细硬质合金制造、四轴数控精密磨床等领域取得了一批关键技术和革新产品。种植业、水产养殖业等30个农业新品种通过国家审（鉴）定，建成6个国家级生猪核心育种场；低甲烷高淀粉水稻育种，菠萝基因组学、调控水稻产量的密码破解研究等取得重大开创性成果，分别在世界权威杂志《自然》主刊和《自然·遗传学》发表；研发的世界上首个番鸭呼肠孤病毒病活疫苗，获得国家一类新兽药证书。“重组戊型肝炎疫苗”获得国家一类新药证书和生产文号，成为世界上第一个用于预防戊型肝炎的疫苗；食品中致癌物监测技术研究取得突破，2 个抗乙肝药物获得生产注册；福建省药物非临床安全性评价中心获得国家 GLP 认证批件。预计 2015 年全省高新技术产业增加值 3950 亿元，占地区生产总值比重达 15.2%；战略性新兴产业增加值 2619 亿元，占地区生产总值比重达 10.1%。

（三）创新服务平台显著增强

研发平台建设水平稳步提升，中科院海西研究院、机械科学研究总院海西分院、国家海岛研究中心等高端研发平台落户。截至 2015 年，全省共拥有省级以上重点实验室 200 个（其中国家级 9 个），省级以上企业技术中心 458 家（其中国家级 35 家），工程技术研究中心 447 个（其中国家级 7 个），工程研究中心、工程实验室 37 个（其中国家级 4 个，国家地方联合 20 个），2011 协同创新中心 36 个（其中国家级 2 个），省行业技术开发基地 45 个。组建 28 个省级产业技术创新战略联盟，新建 18 个省级产业技术重大研发平台、22 个产业技术公共服务平台和 4 个产业技术研究院。科技服务平台加快发展，海峡技术转移中心成为国家技术转移海峡中心，中国·海峡项目成果交易会形成常态化机制，科技成果转移转化对接实效不断加强，福建省知识产权科技创新服务平台建成并投入使用。全省共拥有省级以上科技企业孵化器 31 家（其中国家级 11 家），众创空间 49 家，国家技术转移示范机构 11 家、技术经纪机构 54 家。2015 年全省技术市场交易总额达 53.86 亿元。

（四）创新型省份建设扎实推进

根据全国科技进步统计监测，2014 年我省综合科技进步水平居全国第 13 位，知识产权综合实力位居全国第 7 位。2015 年，每万人口发明专利拥有量达 4.7 件、每万名劳动力中研发人员投入预计达 54 人年，提前完成“十二五”规划目标。全省区域科技创新格局不断优化，福州、厦门被列为国家创新型试点城市，福州、厦门、泉州、龙岩、莆田被列为国家知识产权工作示范（试点）城市，厦门、三明入围全国首批“小微企业创业创新基地城市示范”，泉州开展“数控一代”工程试点，成为“中国制造 2025”唯一地方样板。在新一轮的全国科技进步考核中，全省 7 个设区市、66 个县（市、区）通过全国科技进步考核，泉州、龙岩等 31 个市、县（区）被评为科技进步考核先进市、县（区）。

二、面临形势

当前，创新发展是国际竞争的大势所趋，居于国家发展全局的核心位置。创新作为引领发展第一动力，为我省科技创新发展带来新机遇，也提出新挑战。

（一）世界新一轮科技革命和产业变革加速推进，科技创新竞争日趋激烈

科学发现和技术创新呈现多中心、多领域齐头并进态势，跨界融合加快，重大颠覆性技术不断涌现，正在催生新产业、新业态、新模式。科技实力成为重塑世界经济结构和竞争格局的关键。各国普遍加大科技创新和产业变革力度，加强科技资源统筹协调，美国部署“先进制造业伙伴计划”、德国实施“工业 4.0 计划”、日本推进“科学技术创新综合战略”、俄罗斯实行“2020 创新发展战略”，抢占战略制高点，抢抓发展主动权。

（二）我国确立创新驱动发展战略，科技创新核心地位凸显

我国正处于加快转变经济发展方式和全面建成小康社会的关键时期，经济处于深层次矛盾交织和“三期叠加”阶段，迫切需要进一步发挥科技创新潜能，打造发展新动力。党的十八大部署实施创新驱动发展战略，提出面向世界科技前沿、面向国家重大需求、面向国民经济主战场“三个面向”的战略思想，指明了科技创新发展的方向；提出依靠科技创新和体制机制创新的“双轮驱动”战略，明确了创新驱动的实施路径；提出了必须把发展基点放在创新上，形成促进创新的体制架构，塑造更多依靠创新驱动、更多发挥先发优势的引领型发展，进一步强化了科技创新的核心地位。

（三）福建科技创新进入新的历史时期，发展需求更加迫切

党中央、国务院大力支持福建加快发展，继

"三规划两方案"颁布后，又出台支持生态文明先行示范区建设、赣闽粤原中央苏区振兴发展、21世纪海上丝绸之路核心区建设、设立中国（福建）自由贸易试验区等重大举措，福建的经济社会和科技发展进入重要机遇期，迫切需要把创新驱动作为新时期推进科学发展跨越发展的战略来组织实施。

"十三五"我省科技发展面临难得的机遇，同时也面临基础相对薄弱，科技投入仍然偏低，科技成果转化不畅，创新发展的体制机制障碍依然存在，全社会创新创业活力有待激发等制约因素。未来五年，面对新形势、新机遇、新挑战，我省要大力优化科技创新环境，统筹利用境内外资源，增强创新驱动力，推动产业转型升级，培育经济发展新动力，打造福建产业升级版。

第二章　总体要求

一、指导思想

深入贯彻党的十八大、十八届三中、四中、五中全会和习近平总书记系列讲话及对福建工作的重要指示精神，坚持"创新、协调、绿色、开放、共享"的发展理念，全面落实中央支持福建加快发展的重大决策部署，充分发挥创新是引领发展的第一动力，坚持"自主创新、重点跨越、支撑发展、引领未来"的指导方针，围绕发展新经济、培育新动能，紧扣"五新"（新产业、新技术、新平台、新业态、新模式）任务，大力实施创新驱动发展战略，以建设创新型省份为目标，强化科技创新驱动经济、服务民生意识，深化科技体制机制改革，激发全社会创新创业活力，提升科技创新能力，推动全省经济社会发展再上一个新台阶，为建设机制活、产业优、百姓富、生态美的新福建提供科技支撑。

二、基本原则

（一）加强规划引领与资源统筹相结合

把握科技、经济全球化趋势，坚持"大科技、大开放"的发展思路，结合国家与我省科技工作部署，加强规划顶层设计，突出重大需求和问题导向。充分发挥市场在科技资源配置中的决定性作用，更好利用境内外科技资源，加强统筹协调，促进科技资源的有效配置和集成，以科技经济深度融合为导向，形成推进科技创新发展的强大合力。

（二）坚持创新驱动与转型升级相结合

坚定不移地把增强自主创新能力作为科技发展的战略基点，以科技创新为核心，推动全面创新。围绕产业链部署创新链，强化企业技术创新主体地位和主导作用，充分发挥高校、科研院所源头创新主力军作用，推动各类创新资源向企业集聚，做大做强主导产业、改造提升传统产业、培育发展新兴产业，抓龙头、铸链条、建集群，构建产业技术创新体系，加快形成以科技创新为引领和支撑的经济发展模式。

（三）坚持制度创新与科技创新相结合

加强创新生态建设，进一步优化创新服务体系，激发各类人才和创新主体创造活力；加强科技创新与机制创新协调互动，深化重点领域和关键环节的改革，更加注重优化政策供给，推动政府职能从研发管理向创新服务转变。

三、发展目标

深入实施创新驱动发展战略，推动科技创新为核心的全面创新。全省综合科技进步水平、高新技术产业化指数位居全国前列，两化融合发展指数保持全国前列，重点行业单位工业增加值能耗、物耗和污染物排放保持国内先进水平，区域科技创新体系更趋完善，创新创业活力显著增强，进入创新型省份行列。到2020年，实现以下主要指标：

——全社会研究与试验发展经费投入占全省地区生产总值的比重达2.0%以上；

——每万名劳动力中研发人员投入达63人/年；

——科技进步贡献率达58%；

——高新技术产业增加值占全省地区生产总值的比重达16%；

——战略性新兴产业增加值占全省地区生产总值的比重达15%；

——每万人口发明专利拥有量达7.5件；

——技术市场交易总额累计达300亿元；

——高新技术企业达到3000家、创新型企业达到600家、科技小巨人领军企业1000家；

——省级以上重点（工程）实验室、工程（技术）研究中心、企业技术中心和产业技术研究院达到1540个、众创空间达到200家。

第三章　支撑新产业发展

从新一代信息技术、新材料、高端装备制造等新兴产业领域提出重点发展方向，加快新兴产业倍增发展。

一、新一代信息技术产业

大力发展集成电路产业，推动12英寸集成电路生产线、6英寸Ⅲ—Ⅴ族化合物集成电路、存储芯片（DRAM）等项目建设，加快设计业、制造业、封装测试业协同发展。壮大新型显示产业，加快推进8.5代TFT—LCD面板、莆田华佳彩6代Oxide液晶面板、厦门天马微（二期）等重大项目建设，扩大液晶模组和智能终端生产规模。推动信息通信产业升级发展，加快新一代通信网络系统设备、数字家庭网络设备、高性能服务器等研发生产，促进微波功能模块、微波介质材料、5G通信等技术研发和产品转型。做强软件业，加快发展移动互联网、工业控制系统、信息安全、集成电路设计以及特色应用软件等，促进软件服务外包发展。

二、新材料产业

重点发展稀土永磁、储氢、发光、催化等高性能稀土功能材料和稀土资源高效综合利用技术，加快建设中国（厦门）钨材料生产、应用和研发基地，推动硬质合金材料、涂层技术等关键技术研发与产业化。发展含氟聚合物新材料、含氟精细化学品及中间体，打造氟化工新材料生产基地。发展碳纤维、锦纶、无机非金属等高性能纤维及其复合材料，研发高品质不锈钢、铝合金与特种金属材料。建设国家级特种陶瓷材料生产研发基地，推动碳化硅纤维、氮化硅纤维和透波/吸波材料、陶瓷先驱体材料产业化。

三、高端装备制造业

重点培育发展先进轨道交通装备、航空装备、传感器和智能化仪器仪表、伺服装置和控制系统、工业机器人等高端装备。加快智能测控装置与部件的研发和产业化，提升重大智能制造装备集成创新能力。着力提高高速精密重载传动装置、高压液压元件、高可靠性密封件、大型精密模具、核心芯片等基础制造水平。

四、节能环保产业

发展高效节能锅炉窑炉自动化控制、低温烟气余热深度回收、非晶变压器、高效电动机等工业节能设备，以及高效照明产品、节能汽车等节能产品。壮大先进环保产业，重点发展危险废物处置技术、挥发性有机污染物治理技术，水污染、大气污染防治技术设备及其配套产品、垃圾处理技术设备和环保药剂；扩大平板式脱硝催化剂、高效电袋复合除尘器、空气净化器等生产规模，加快膜材料和组件、高浓度难降解工业废水成套处理设备等水处理设备产业化。

五、新能源产业

完善从硅料（薄膜）、太阳能电池及组件到系统集成、电站工程总承包全产业链，支持太阳能光伏分布式发电系统建设，打造国家级光伏产业基地。加快建设国家级海上风电研发中心和东南沿海风电装备制造基地，以风电成套机组设计和组装为核心，带动风电关键零部件发展。推动大功率、高能量动力锂电池核心技术研发和产业化，发展阀控密封蓄电池、镍氢电池等新型动力电池，打造国内新型环保型动力电池制造和研发中心。建设海西核能工程技术中心，开展第二代在运核电机组延寿技术开发，加快第三代核电技术的消化吸收和再创新。

六、生物与新医药产业

大力发展生物制药业，重点开发蛋白质及多肽药物、干细胞等细胞治疗产品、核酸药物及基因治疗药物；鼓励医疗器械高端化发展，重点发展数字医学影像设备、人工关节、齿科材料、体外诊断医疗器械及试剂等；培育现代中药业，加快名优中成药的剂型改造和二次创新、名医名方和优质中医保健产品开发；推动化学药向“改良型新药”“创新药”升级。发展生物制品业，建立以细菌、酵母、藻类等为基盘的细胞工厂，重点推广细胞转化和酶催化等绿色制造方式。

七、海洋高新产业

继续做强高技术船舶和海洋工程装备产业，重点发展海洋勘探、海底工程、海洋环保、海水综合利用、海上油气生产平台、海洋可再生能源机械、核电机械、港口机械等海洋工程装备，以及汽车滚装船、液化气运输船、客滚船、远洋渔船、游艇等高技术船舶，积极研制大型邮轮。加大海洋资源开发，重点开发海洋高效创新药物和海洋现代中药、海洋功能食品、新型海洋生物材料、海洋生物农用制品、海洋生物酵制剂及海洋生物源化妆品等；集成海藻能源、海水淡化关键技术，促进海水的综合开发利用；积极开发潮汐能、波浪能、潮流能、天然气水合物等可再生能源。

八、现代服务业

发展壮大电子商务、第三方物流、检验检测认证、服务外包、融资租赁、人力资源服务等生产性服务业，提高对制造业转型升级的支撑能力。推动生活性服务业向精细化和高品质转变，培育一批大型旅游、健康、养老产业集团和产业联盟。加快文化创意产业发展，推进文化创意服务专业化、集约化、品牌化，促进工业设计、文化软件服务、建筑设计服务、专业设计服务、广告服务等与制造业、建筑业、农业、体育产业等重点领域融合发展。

九、现代特色农业

鼓励农业龙头企业与设施装备业、农产品加工业、冷链物流业、电子商务业等产业组团发展，拓展农业产业链，推动农业精致化、集约化、高附加值化。支持引导有实力的“育繁推一体化”种子企业选育一批具有自主知识产权、高产优质的品种。推动分子标记技术、细胞遗传学技术与常规技术结合，发展组培技术，提高育种水平。着力提升设施及农业智能化装备水平，创建农业物联网基础信息传输平台、存储平台和分析平台，推动农业生产过程的数字化采集、科学化管理、智能化控制和精准化服务。重视生态农业集约化种养技术和农产品综合加工、食品安全控制技术的研发与应用，建立现代农业可持续发展技术体系。

第四章 加强新技术研发

加快研发突破产业关键核心技术和前沿新兴技术，有效推动技术成果转化，加强知识产权运用和标准制定，提升产业综合竞争力。

一、加快掌握关键核心技术

研究制定电子信息、机械装备、石化、新材料、新能源、节能环保等重点产业技术创新路线，明确技术创新的战略目标、关键共性技术和攻关路径。支持企业采用先进适用的新技术、新设备、新工艺和新标准实施技改，加快新技术产业化。组织实施工业强基工程，支持企业加快研发一批关键基础材料和核心基础零部件（元器件），重点突破关系我省整机产业健康发展的核心芯片、轴承、液压元件、紧固件、陶瓷纤维、光学器件、仪器仪表等基础产品。鼓励企业加强技术研发，提升铸锻、焊接、热处理、表面处理及特殊加工等先进制造工艺水平。组织实施工业强基重大技术攻关，提升核心基础产品性能和可靠性，推动关键材料、核心部件、整机、系统的协调发展。

实施福建省特色现代农业科技创新行动计划，重点开展良种选育、设施农业、海洋渔业、农产品加工、生态农业科技攻关，构建产出高效、产品安全、资源节约、环境友好的特色现代农业技术体系。

加快生态保护与资源环境技术攻关。开展精准医疗、重大疾病诊疗、中医治未病和康复等关键共性技术，以及基于数字化医疗、移动医疗技术的协同医疗和整合服务模式研究，加强创新药物研发。开发食品安全、防灾减灾和社会安全关键技术和产品。

二、积极研发前沿新兴技术

跟踪国际科技前沿，支持开展石墨烯、增材制造、机器人、智能可穿戴设备、人工智能、无人机、生命信息、基因检测、北斗导航及应用等新技术的研发，加快新技术、新产品、新成果产业化应用，抢占未来产业发展制高点。着力突破3D打印材料研发、过程控制、数字化建模、后处理等环节的共性关键技术。突破机器人本体、伺服电机、控制器、传感器、驱动器、生物芯片等关键零部件技术。积极开发石墨烯在复合材料、电池/超级电容、储氢材料、场发射材料以及超灵敏传感器等领域的应用。促进计算机视觉、智能语音处理、生物特征识别、智能决策控制及新型人机交互等人工智能关键技术的研发和产业化。发展航拍、电力巡线、林业监测、环保监控等系列无人机。拓展北斗导航技术在海洋监管、水文监测、交通运输、生态红线区域监管等民用领域的应用。加快可视化、环境构造、仿真、识别与追踪等虚拟现实（VR）和增强现实（AR）技术研发，发展头盔式虚拟现实显示、可视化眼镜、数据手套等虚拟显示和交互产品，推进 VR 和 AR 技术在教育、娱乐、医疗等领域应用。

三、强化基础研究需求导向

瞄准新一代电子信息、新能源、新材料、先进制造、生物与新医药等前沿领域，组织开展固体表面物理化学、结构化学、光催化材料、激光晶体材料、纳米功能材料、新能源材料，应激细胞生物学、恶性肿瘤分子机制、激光生物医学检测，分子育种、特色水产养殖品种选育与病害防治、农作物生态栽培、亚热带生态系统等我省优势特色学科领域基础研究，重点突破关键核心技术和共性技术，力争形成一批具有自主知识产权和重大应用前景的原始创新成果。争取国家在我省布局建设卫星应用、海底科学观测等重大科技工程，积极参与国际大科学计划和大科学工程。

四、有效推动技术成果转化

实施科技成果转移转化行动，完善科技成果转化的运行机制、激励机制和协同推进机制。提升科技成果链接转化能力，拓展提升“中国·海峡项目成果交易会”“6·18 虚拟研究院”、海峡技术转移中心的平台功能，吸引境内外创新资源来闽聚集。加快国家技术转移海峡中心及其公共服务平台建设，加入中国—东盟、中国—南亚、中国—阿拉伯国家技术转移协作网络，发挥创新合作和技术转移枢纽功能，促进境内外科技成果在我省转化。建设中科院 STS（科技服务网络计划）福建中心，加快中科院科研成果在福建落地转化。提高从新技术到新产品的转化效率，加强首台（套）重大装备认定工作。优化整合科技中介服务机构，健全技术经纪服务体系，支持民营资本建设网上技术交易市场，定期发布企业技术需求目录、高校和科研机构科技成果转化目录。

五、加强知识产权运用保护和标准制定

开展知识产权强省建设试点，抓好知识产权强市、强县、强企试点示范。实施专利增量提质工程，围绕新产业提高发明专利创造能力，增强企业核心竞争力。实施省专利运用行动计划，推进专利金融合作，完善社会化专利服务体系，提升企业和高校、科研院所专利转化能力，建设国家专利审查协作福建中心。实施专利导航工程，为企业技术研发、专利风险规避提供服务，支持企业在“一带一路”沿线国家布局专利。强化知识产权保护，完善省、市、县三级知识产权行政执法体系，加强福建自由贸易试验区知识产权统一管理和执法。对科技计划项目实行全过程知识产权管理，支持具有或可能形成自主知识产权的研发项目，将获得知识产权作为应用性研发项目的重要验收指标。支持企业积极参与国际、国家、行业和地方标准的制定。鼓励企业制定满足市场和创新需要的团体标准，推动企业产品和服务标准自我声明公开和监督。支持相关行业部门根据我省产业发展需求成立标准化技术委员会，积极培育和发展标准服务业。

第五章　推进新平台构建

加强自主研发、产业协同、创新创业支撑、技术交流合作等科技创新平台建设，提升创新创业服务功能。

一、强化科技自主研发平台

实施“五个一批”平台建设工程，重点引进合作一批重大研发机构、支持一批高校高水平科研机构、建设一批龙头企业研发中心、培育一批新型创新创业孵化平台、扶持一批技术转移转化中心。加快中科院海西研究院、机械科学研究总院海西分院、国家海洋局海岛研究中心（二期）、厦门南方海洋研究中心、厦门大学石墨烯工业技术研究院、龙岩紫荆创新研究院、中船重工厦门材料研究院等平台建设，争取国家部委在闽布局“加速器驱动乏燃料再生利用”实验设施项目，提升基础技术自主研发能力。对接国内外一流大学、科研院所、世界500强企业和央属企业，引进设立重大研发机构。支持省内高校围绕重点领域建设一批产业研究院和科技研发创新平台。依托电子信息、机械、纺织、冶金、电机电器、汽车等行业的领军企业，建设一批省级产业技术研究院。

二、搭建产业协同创新平台

发展由产业需求拉动、以技术应用为导向的网络化协同创新模式，形成产学研用创新利益共同体，打造新型研发机构和创新组织。支持行业领军企业联合科研院所、高校等组建区域性制造业创新中心，主动融入国家制造业创新中心网络，以前沿技术和关键共性技术的研究开发、转移扩散、首次商业化为重点，形成可复制、可推广的整体解决方案。引进培育以技术扩散和集成应用为主的应用技术研究机构或团队，强化高校院所实验室技术向产品技术转化和集成应用，为企业提供问题诊断、技术咨询、系统解决方案设计、工艺优化等服务。鼓励企业建立院士专家工作站，发挥高端智力资源的引领带动作用。建设省级科技思想库，鼓励有关学会组织专家为产业创新发展提供咨询服务。围绕产业链部署创新链，鼓励面向企业开展技术创新活动，组建产学研创新联盟。

三、完善创新创业支撑平台

把虚拟研究院产业技术分院改造提升为重点突出的“双创”大本营，成为“四众”支撑平台的重要载体；利用存量厂房、仓库、商务楼宇以及传统文化街区等，改造建设一批资源集聚、服务专业、特色鲜明的众创空间；整合高校教学资源、产学研合作基地和创业孵化载体，建设一批大学生创业基地；鼓励科研院所开展改革试点，推动孵化科技企业；争取国家小微企业创业创新基地城市示范，培育一批模式先进、配套完善、服务优质的示范创业创新中心；改造提升现有各类产业园区中的孵化器，鼓励与上市公司、创投机构和专业团队开展合作孵化，拓展孵化功能。制定重大科研基础设施和科学仪器向社会开放的政策措施，推动高校院所资源向小微企业和创业者开放共享。延长园区创新链，鼓励园区与高校院所的创新创业平台开展合作，共享创新资源与优惠政策，提升创新创业服务功能。以农业科技园区、新农村发展研究院、科技特派员服务站等为载体，打造一批支撑乡村创业的“星创天地”。加强对科技创新平台专业化服务、共性技术研发、资源整合、成果转化等评估，加大共享服务的经费支持。

四、拓展技术交流合作平台

支持优势企业融入全球创新网络，在欧美等国家设立研究中心、技术转移平台、创业孵化平台，兼并重组境外优势科技型企业，链接优势创新资源。积极参与“科技伙伴计划”，推进中以、中新、中俄等“一带一路”建设的双边或多边政府间科技合作，促进高新技术在福建落地转化。组织实施一批科技援外项目，针对“一带一路”沿线国家发展需求组织科技援外培训班。加强与国外知名高校、科研机构和跨国公司的合作，组织企业参与国（境）内外科技成果项目对接活动。推动科技部与省政府共建海丝科技合作中心，联合海丝沿线国家智库机构成立“海丝智库合作联盟”，举办“海丝科技论坛”。推动中国科协与省政府共建“创新驱动助力工程”示范省，积极争取中国科协和全国学会的支持，促进一批国家级会企协作创新联盟、学会协同服务企业创新基地和国家级学会服务站在闽落地。深化闽台合作，逐步拓展海峡联合基金合作领域，扩大基金规模，促进两岸共同研究区域协同发展中的重大科学问题，联合开展关键技术攻关，推进国家级海峡两岸产业合作基地和闽台科技合作基地建设，举办海峡技术转移专场，发挥海峡科技专家论坛等平台作用，促进两岸科技项目合作落地。推动泛珠三角区域科技合作，利用闽港、闽澳合作平台，拓展与葡语国家的科技合作交流。加强与国内创新发达地区合作。建立闽疆科技战略合作联盟，密切与新疆“丝绸之路”核心区的协作关系。

第六章　加快新业态培育

加速推进“互联网＋”、制造业服务化、云服务业、跨界融合等方面发展，提升新型终端产品服务水平。

一、培育“互联网＋”新业态

大力发展互联网经济，在制造、能源、服务、媒体等领域引入互联网要素，培育工业互联网、智能电网、数字营销、互联网教育、个性化诊疗、社区O2O、互联网金融等新业态。组织实施“互联网＋”重大工程，重点培育为智慧互联工厂提供整体解决方案和系统性服务的工业互联网产业；发展以智能仓储和智能配送为主要特点的现代物流业；鼓励医疗机构与互联网企业合作开展电子处方、疾病预防、个性化健康管理等网络医疗服务；支持互联网企业开发数字教育资源，提供网络化教育服务；推广家政、安防、餐饮、生鲜配送、洗衣等社区O2O服务。深化物联网应用，着力发展车联网、船联网、智能家居等新业态。探索发展分享经济，推动企业利用互联网思维，整合重构闲置资源，在设备租赁、交通出行、旅游、房屋出租、体验评价等领域提供新服务。

二、推进制造业服务化

鼓励制造企业通过管理创新和业务流程再造实现主辅分离，设立面向细分行业的技术研发、信息化支撑、市场拓展、品牌运作的新型服务企业。鼓励制造企业向提供咨询设计、工程施工、仓储物流、系统维护和管理运营等系统集成总承包服务商转型。支持发展提供大型制造设备、生产线等融资租赁服务的专业化类金融服务企业。发展面向智能制造的信息技术服务业，为企业提供制造过程信息物理系统（CPS）方案的设计、开发和系统集成服务。壮大面向研发设计、技术转移、知识产权、科技资讯等的科技服务业。培育市场化运营、融入全球服务外包网络的平台型工业设计企业。

三、发展云服务业

支持传统信息技术企业向云计算产品和服务提供商转型，实现信息技术能力的按需供给和信息资源的充分利用。发展面向企业的计算、存储资源租用和应用软件开发部署平台服务，以及经营管理、研发设计等在线应用服务；发展面向政府和重点领域的安全可信云计算外包服务；发展面向个人的基于云计算的信息存储、在线工具、学习娱乐等服务。支持云计算与物联网、移动互联网、互联网金融、电子商务等技术和服务的融合发展与创新应用。发展面向云计算的信息系统规划咨询、方案设计、系统集成和测试评估等服务。

四、鼓励跨界融合催生新业态

引导企业树立跨界发展理念，在传统产品中融入新一代信息技术、节能环保、健康、体验等新元素，发展智慧化、绿色化、健康化、社交化的新业态，积极推动更多的新业态转化为新产业。引导工业企业应用物联网、大数据、自动控制等技术开发智能终端产品，实现由传统的提供产品向提供智慧化、人性化增值服务转型。鼓励信息技术服务企业掌握数据挖掘分析、知识图谱、机器学习等核心技术，强化大数据的获取、分析、行业应用等高附加值环节，为企业提供智能数据服务。强化生态设计理念，加强全生命周期绿色管理，发展绿色建筑、绿色家居、绿色交通、绿色能源等新产品新服务。拓展传统产品的健康监测与管理、医疗保健、照料护理、生物医药等功能，满足健康消费升级需求。提升可穿戴设备、体育用品等个人终端消费产品的数据实时分享、互动等社交化功能。

第七章　引领新模式应用

推进开放式研发设计、网络化制造、个性化定制生产、互联网商业和共享协作等方面创新，促进科技资源开放共享。

一、推广开放式研发设计模式

借助互联网等手段，汇聚各类创新资源，提升研发设计效率和水平。引导消费电子、家电、制鞋、服装、食品等消费类企业建立开放式创新交互平台、在线设计中心，对接用户需求，发展客户深度参与的研发设计模式。支持机械、船舶、汽车、建材等企业加快构建产业链协同研发体系，集聚各类优势研发设计能力，发展基于互联网的协同设计。支持骨干企业建立面向全社会的研发测试、创业培训、投融资、创业孵化等创新设计平台，打造市场化与专业化结合、线上与线下互动、孵化与投资衔接的创新设计载体。

二、推行网络化制造模式

鼓励龙头企业通过互联网与产业链上下游紧密协同，促进生产、质量控制、运营管理等系统全面互联，向关联企业“溢出”技术优势、管理优势和资源优势。鼓励优势制造企业发展云制造模式，通过互联网、云计算、大数据等技术，推进生产制造、检验检测、数据管理、技术标准、工程服务的开放共享，打造制造资源“池”，实现制造能力的优化配置。鼓励互联网企业构建网络化协同制造服务平台，促进创新资源、生产能力、市场需求的集聚与对接，加快多元化制造资源的有效协同，提高产业链资源整合能力。

三、发展个性化定制生产模式

鼓励企业提供满足客户个性化需求的产品，提升产品附加值和客户满意度。在设计、制造、物流、服务等环节植入客户参与界面，实现客户深度参与的定制化生产。通过先进制造技术与新一代信息技术的集成创新，推行模块化产品设计、柔性制造系统、智能化生产控制与调度技术，实现以大批量生产的成本和效率提供定制化产品。率先在纺织、服装、制鞋、家具、建材等行业开展个性化定制试点示范。鼓励互联网企业聚合市场信息，挖掘细分市场需求，为企业开展个性化定制提供服务支撑。

四、促进互联网商业模式创新

推动传统优势企业与电子商务融合转型，加快商贸服务业线上线下深度融合。整合培育一批面向全国、覆盖全产业链的行业垂直电商平台和闽货网上专业市场。支持传统对外贸易企业向跨境电商转型，推动我省成为全国跨境电商聚集区和对台电商枢纽。鼓励企业利用移动社交、新媒体等渠道，发展社交电商、粉丝经济等网络营销新模式。鼓励企业发展基于互联网的产品全生命周期服务，搭建产品远程监测与诊断平台，向客户提供在线诊断、远程运维、咨询服务，增强与客户的“黏性”和长期互动。

五、鼓励共享协作发展模式

鼓励技术领先企业向标准化组织、产业联盟等开放基础性专利或技术资源，支持发展开源社区、开发者社群、资源共享平台、捐赠平台、创业沙龙等互助平台，营造良好的众扶发展环境。鼓励消费电子、智能家居、健康设备、特色农产品等创新产品开展实物众筹，发挥实物众筹的资金筹集、创意展示、价值发现、市场接受度检验等功能，帮助创新创意付诸实践；稳步推进股权众筹，鼓励小微企业和创业者通过股权众筹融资方式募集早期资本。鼓励优势企业实现内部资源平台化，培育员工创客意识，建立内部众创机制，通过投资员工创业，开拓新的业务领域。

第八章　促进大众创业万众创新

加快推进创新创业载体建设，努力推动科技人才创新创业，积极完善创新创业服务体系，营造创新创业良好环境，充分激发全社会创新潜能，努力培育和催生经济社会发展的新动力。

一、加快创新创业载体建设

培育一批创新创业示范基地。推进厦门、三明国家小微企业创业创新基地城市示范建设，创建国家级小型微型企业创业创新基地，推动各地建设一批“创业大本营”“星创天地”和设立劳模、国家级技能大师工作室、农村创新驿站等。鼓励高校建设公益性大学生创新创业基地。到2020年，建设40家以上省级小微企业创业基地。推动“6·18”与“双创”平台、创业者、创业导师、创新资源对接。

大力发展众创空间。立足各地的产业、区位资源优势，引导建设一批各具特色的众创空间。支持高校、科研院所、龙头骨干企业围绕优势专业和主营业务，建设针对产业细分领域的专业化众创空间。鼓励各地引进境内外知名创新创业服务机构来闽独立或合作运营众创空间。2020年前建成200家以上省级众创空间。

提升一批科技企业孵化器。加大扶持力度，提高孵化器建设与运营水平，提升从业人员素质，推动各类科技服务平台和科研机构为入孵企业提供科技支撑和中介服务。鼓励孵化器配套建设加速器，完善创业孵化链条。力争到2020年，国家级高新区各打造1家以上国家级孵化器，省级高新技术园区各打造1家以上省级孵化器。

二、推进科技人才创新创业

完善科技成果使用处置和收益管理改革，推动各设区市研究制订相应政策措施，督促高校、科研院所调整和完善科技成果转化实施办法和管理制度，强化收益分配的激励导向，提高科技人员转化职务科技成果获得的收益奖励，加强企业科技创新股权改革，以科技成果转移转化为重点，扩大“双创”的源头供给。

推动科技型创新创业，使科技人员成为创新创业的主力军。建立健全科研人员双向流动机制，鼓励和支持高校、科研院所科技人员离岗创业或到企业兼职。支持高级科研人员带领团队参与企业协同创新，积极吸引省外高端人才和工程技术人才来闽创新创业。引导和鼓励高等院校统筹资源，支持大学生创新创业。鼓励科技人员入驻产学研用紧密结合的众创空间，促进人才、技术、资本等各类创新要素的高效配置和有效集成，推进产业链创新链深度融合，提升创新创业的能力和水平。鼓励企业通过集众智、汇众力等开放式创新，吸纳科技人员创业，创造就业岗位，实现转型发展。

三、完善创新创业服务体系

支持企业、高校、科研机构向创业创新企业和众创空间开放科研设施，推进科研基础设施、大型科研仪器和专利信息等资源开放共享，为创业创新者更好地提供科研仪器设备使用、检验检测、数据分析等服务。鼓励发展研发设计、技术转移、知识产权、法律咨询、创业培训等科技服务。省财政设立创新券专项资金，补助创业者和创新企业购买科技创新服务。

定期举办中国创新创业大赛（福建赛区）暨福建创新创业大赛活动，加大对获胜企业、团队的奖励，激发全社会创新创业热情。完善导师队伍建设，组建一批创业师资队伍，吸收有连续创业经验的企业家、职业经理人、投资机构负责人等加入，筛选优秀项目、进行资本对接等。

完善科技金融服务体系，培育一批科技金融专营服务机构，加大对创新创业的信贷支持，推进专利权质押融资、科技创投等融资方式创新。完善贷款风险补偿机制，发展科技保险。“万家小微成长贷”“小微企业保证保险贷款”等优先向创新创业企业倾斜。支持创新创业企业到境内外资本市场上市，或到新三板、海峡股权交易中心挂牌。完善股权、产权、知识产权交易体系，培育上市资源。支持省新兴产业创业投资引导基金加大对创新企业股权投资，积极争取国家与我省共同设立“福建省科技成果转化创业投资基金”。引导天使投资基金、风险投资基金等社会资本投资创新创业企业。

四、营造大众创业万众创新氛围

进一步简政放权，完善创新管理体制，清理调整与创业创新相关的审批、认证、收费等事项，降低创业创新门槛。加快推进知识产权交易、市场准入、金融创新等改革，构建技术创新市场导向机制。实行严格的知识产权保护制度，切实维护创新创业者权益。将业态创新、模式创新纳入相关创新专项的扶持范围，调动科研人员和创业者的积极性。对符合条件的众创空间房租、宽带使用、数据中心租用等费用予以减免或补贴，培育的企业被认定为高新技术企业的，对孵化载体予以奖励。建立健全高校弹性学制管理办法，将我省高校毕业生自主创业扶持政策范围延伸至普通高校在校大学生，调动广大青年的创业积极性。

加强创新创业宣传，积极营造大众创业、万众创新的浓厚氛围。倡导敢为人先、敢冒风险的新风尚，在科技计划项目实施和管理中，建立宽容失败的制度保障，使一切有利于科技进步的创新行动得到支持和鼓励。鼓励高等院校单独或引进相关创新创业机构合作开设创新创业教育课程，促进专业教育与创新创业教育有机融合。推进城市科技馆、科学中心，县区科技馆、科技活动中心以及特色科普基地建设，面向公众开展重大科技成果的科普宣传，促进科普资源的开放。引导媒体加大对“四众”的宣传，普及“四众”知识，发挥典型案例的示范带动作用。

第九章　拓展区域创新发展空间

大力提升高新区建设水平，以福州、厦门、泉州 3 个国家高新区为核心，以福州、厦门 2 个国家级创新型试点城市和平潭综合实验区为重点，围绕海峡两岸协同创新先行区、海上丝绸之路技术转移核心区、产业转型升级示范区、科技体制机制改革先导区、创新创业生态引领区等方面开展示范，推进福厦泉国家自主创新示范区建设，打造具有海上丝绸之路开放创新和深化两岸合作交流特色的国家自主创新示范区。

一、建设福厦泉国家自主创新示范区

（一）构建自主创新研发示范体系

针对产业关键共性技术，整合建设一批产业科技重大研发平台。针对企业创新创业，建设一批技术转移、产品检测测试、知识产权服务等公共技术服务平台。鼓励和支持企业与高等院校、科研院所、上下游企业、行业协会等共建产学研用研发组织，建立产业技术创新联盟。完善企业内部创新激励政策，推动以深化技术要素参与收益和股权分配为核心的成果转化相关改革创新试点，突破现有行政区划的限制，推动各类创新要素在城市、园区之间流动和聚集，建立健全区域科技创新协同推进机制。

（二）构建自主创新产业优化体系

加快机械、船舶、汽车、轻工、纺织、食品等行业成套设备及生产系统的智能化改造，推动重点产业、传统优势产业和劳动密集型产业逐步实现“机器换工”。着力培育工程机械、新能源汽车、重大成套装备等先进制造产业，推动向高端化、轻型化、智能化方向发展。重点推动泉州全面实施“数控一代”示范工程和“泉州制造2025”行动计划，推动福州、厦门新能源汽车开发和推广应用，加速汽车产业发展。

加快培育具有集聚带动和辐射引领作用的战略性新兴产业龙头项目，进一步扩大福州物联网、云计算、大数据，厦门电子信息、生物医药，泉州新一代信息技术、太阳能光伏等战略性新兴产业规模，促进形成创新型产业集群和战略性新兴产业集聚区。

大力发展生产性服务业，构建以创意设计、影视传媒、创意出版、动漫游戏、旅游娱乐的多层次文化创意产业体系，辐射带动东南沿海地区的创业服务、技术转移服务、技术交易服务和知识产权服务发展。

（三）构建自主创新闽台协同体系

推动闽台产业深度融合，优化战略性新兴产业区域布局，吸引台湾百大企业来闽投资设厂，助推形成平板显示、LED、微波通信等多个与台湾并驾齐驱、全国规模最大的产业集群，培育建成若干个产业优势明显的两岸战略性新兴产业集聚区。

吸引、整合和聚集海峡两岸科技资源，发挥海峡两岸科技合作联合基金和两岸清华福州产业基金导向作用，解决闽台两岸共同关注的重大科学和关键技术问题。建立海峡清华研究院发展基金，推动两岸清华的科技成果落地发展。加快推进两岸技术研发基地、台湾工业设计及创意产业研发机构和闽台农业生物防治示范基地等建设。充分利用两岸知名的品牌供应商共同打造B2B、B2C电子商务示范平台和海峡电子商务物流运筹中心。

（四）构建自主创新开放融合体系

加强与欧美、日韩、以色列等发达国家合作，吸引国际高端创新资源入驻园区。以更加开放的创新政策、更加灵活的合作模式，扩大国际科技交流合作渠道和范围。大力引进世界级创新成果，加快产业化进程，并推动创新型企业迈出国门参与全球竞争。

推进我省优势技术输出，带动产能输出与对外投资。充分挖掘利用我省海外华侨华人资源，推进民间科技交流，重点针对东盟地区等发展中国家，推进农业先进技术、纺织先进技术及海水养殖、海洋生物、生物质新能源、信息等技术输出。

推动跨区域产业链上下游企业在关键材料、核心配套部件或设备、系统集成和工程化等方面的协同创新。支持和推动高校院所与企业共建技术研发机构和联合实验室，构建中试研发、技术转移的载体，充分对接高校的技术资源、企业的资本资源和市场服务资源。

二、加快高新区转型升级

（一）大力提升高新区创新能力

确立区内企业在技术创新决策、研发投入、科研组织和成果产业化中的主体作用，鼓励企业承担国家科技项目，支持企业联合高校、科研机构规划建设一批产业技术研究院。建立更为顺畅的产学研用合作关系，推广以企业为主导的委托研发、组建联合实验室、成立合资公司、合作开展中试以及技术许可、技术转让、技术入股等多种合作模式。培养和支持一批中青年科技创新创业人才，引进一批海外高层次人才回国（来华）创新创业，建成一批国家级研发基地。鼓励园区建设科技企业孵化器、留学人员创业园等孵化服务机构，打造一批具有当地特色的众创空间。实现区内企业研究与试验发展经费内部支出占销售收入比重超过全省平均水平，园区内高新技术企业数量明显增加。

（二）增强高新区产业核心竞争力

发挥国家高新区的核心载体作用，以整合技术资源为基础，采取“政府启动、多元投资、需求导向、市场运作”的运行模式，大力推动企业开发新产品，实现产品升级换代，发展高端制造业。鼓励企业并购与重组，支持跨区域整合与产业链整合，做大企业规模。积极推进创新型产业集群建设，加快科技成果在产业集群内的转化，产业集中度明显提高，区内高新技术产业总产值增长率高于全省平均水平。

（三）促进高新区转型升级

坚持精简高效和服务型政府的管理理念，赋予国家高新区必要的经济、社会、行政等管理权限和职能，强化高新区管委会的综合服务功能和科技创新促进功能，允许高新区依法进行用人、薪酬等方面的改革。大力推进能源、资源的节约、集约和循环利用，单位工业增加值能耗、水耗进一步下降，主要污染物排放总量显著减少，提高土地集约利用效率，促进经济社会实现生态发展、绿色发展和可持续发展。按照“布局合理、特色鲜明、集约高效、生态环保”的原则，创建高新技术产业基地、生态工业示范园区、循环化改造示范试点园区、低碳工业园区等绿色园区，鼓励创建知识产权试点示范园区，探索建立国际合作创新园。提升高新区城市综合功能，优化人居环境，完善公共服务设施，促进具备条件的高新区向宜居宜业城市转型，把高新区建设成创新要素、高层次人才、高端产业集聚的科技新城区。

第十章　科技重大专项和重大工程

按照符合我省战略导向、具有长远和全局意义、对产业发展带动性强的要求，聚焦目标、整合资源，持续实施一批科技重大专项，建设一批科技重大工程，造就一批科技创新创业领军人才和具备竞争优势的团队，培育和发展一批具有国际竞争力的科技型企业。

一、重大专项

（一）云计算、大数据和物联网技术

重点突破面向行业应用的大数据云服务架构、多源异构数据的分析与计算、云计算和大数据环境下的资源管理与调度、安全保障及多维数据融合智能应用等技术难题，研制数据中心操作系统、云端融合操作系统、高端 IT 器件与设备、EB 级数据存储系统，实现大数据产品与服务的产业化。推进物联网的前端感知、数据传递和智能处理等关键技术研发；研制以物联网云平台和物联网终端中间件为核心的自主软硬件产品。

（二）通信技术和集成电路芯片

开展新型高速移动通讯射频器件的产品研发；卫星通信、卫星导航高精度技术及应用；新一代移动通信、网络设备与终端的研发，重点解决超高交换容量、高稳定性、高速路由关键技术；突破核心芯片的设计，集成电路的制造、封装、测试以及整机应用等技术；开展高端工业传感器芯片及系统研究。

（三）基础制造工艺技术与基础零部件

围绕大型工程机械、高档数控机床等装备，重点研发高精度、高速度、长寿命的轴承、齿轮等传动装置，液气密元件、新型传感器、仪器仪表等高端智能元器件；研发铸、锻、焊、热处理及表面处理等节能环保新工艺新技术，开展以自动化、绿色加工、精密加工技术和新材料应用为依托的基础零部件研制。

（四）高档数控机床与机器人

开发网络化多轴高档数控系统、伺服进给单元等功能部件，研发一批精密、高速、智能、复合数控机床和特种加工机床、高效柔性制造系统、增材制造装备；研发高可靠性、高性价比工业机器人以及安防、危险作业、救援、医疗等专用机器人。

（五）智能制造产品及系统

开展智能制造产品与传感器、制造物联、移动互联网、自动控制、工业软件等技术的融合创新，加快研制智能成套工程机械、橡胶塑料机械等新一代智能化机械产品；继续加大对先进适用成套装备及生产线的推广力度，推动数字化车间的应用示范；开展智能汽车的智能传感、辅助驾驶、智能计算等关键系统技术开发与应用。

（六）新材料

研发新型照明、显示和半导体材料与制备技术，研制新型固体激光与闪烁晶体材料与器件，提升光电材料应用水平；研究石墨烯等材料制备技术及应用产品，开发稀土清洁生产和高质利用技术；研究合成树脂多功能化、减量化改性技术，研发增强增韧复合材料、高强度高模量增材制造材料；研发高性能钢铁、高品质铝合金和硬质合金与特种金属材料。

（七）新能源与节能技术

开展高效低成本太阳能电池产业化技术研究；研发海洋可再生能源、生物质能源以及核能设备与核心配套零部件；突破高能量、大功率储能与动力电池产业化技术；研究多能源互补的智能化分布式供能和微电网应用技术；推进工业流程优化节能技术，工业节能装备、减摩高效节能技术等研究，实现能源尖端技术产业化应用示范。

（八）特色良种选育及高效安全种养技术

利用常规和新技术育种手段，开展地方品种资源优异基因挖掘利用的研究，创制优异育种新材料；加强新品种（系）培育，育成一批高产、优质、广适、多抗的农林水畜禽优良品种（系）；建立特色良种培育体系，提高良种覆盖率；研发新型肥料和生物制品，开展农业高产、优质、高效、生态、安全种养技术及农业设施设备研究推广。

（九）农业重大疫病防控技术

开展动物疫病净化技术、生物安全隔离区、无疫区配套技术研究，开发新发疫病及危害严重疫病的新型疫苗、快速诊断、综合防控等技术；开展植物疫病预警监测、快速诊断、生态防控技术研究，研发生物农药及新型化学农药等；开展外来有害生物监测、预警和防控技术研究；研发新型饲料、饲料添加剂和兽（渔）药等。

（十）农产品综合加工技术及装备

开展农林水畜禽等产品加工共性技术研究和高新技术应用，开发新产品；突破高值化利用、原料综合利用和食品有害物检测、追溯预警关键技术；研制新型节能、天然活性成分或功能性物质高效提取、分离集成和超高压冷加工等装备。

（十一）高效优质商品林生态林经营技术

开展商品林优良繁殖材料选育与工厂化繁育、集约经营及林分结构优化等技术研究；集成与创新生态林非木质利用、低效林改造与恢复技术；研究高碳汇与高附加值特色经济林培育、高保护价值森林健康经营和林下资源高效利用技术；开展森林修复技术、森林生态防护功能和效益研究。

（十二）海洋生物与海水资源开发利用技术

开展大宗海产品综合利用技术和现代加工装备研究，开展海洋生物营养成分和活性物质提取关键技术研究，开发高值化的海洋功能食品和生物制品。集成海藻能源、海水淡化关键技术，示范高效低耗和低运行成本工程，促进海洋生物质能源和海水的综合开发利用。

（十三）环境保护治理与生态修复技术

开展饮用水源地污染控制与生态调控、重点流域与近岸海域水环境检测监控、生物多样性保护、湿地与海岛海岸保护和恢复、森林碳汇与应对全球气候变化、生态补偿机制，以及环境生态风险评价与预警体系构建等技术研究；开发流域水环境污染、高浓度废水、工业废气和土壤复合污染等治理与修复工艺及技术，实现应用示范；开展农业面源污染防控、农业环境污染修复治理、农业废弃物无害化处理与多级循环利用等技术集成示范研究。

（十四）药物新产品

开展有明确活性和新作用机制（靶位）的先导化合物筛选、成药性研究、临床前评价、临床研究和产业化关键技术研究；加强疫苗、蛋白质/多肽类药物、基因工程药物和抗体药物等生物药关键技术和新产品研究；加快具有临床价值的新药和临床急需的仿制药研发与产业化；开展中药资源利用和保护技术研究，加快名优中成药的剂型改造和二次创新；开展海洋药物和海洋生物酶制剂研发。

（十五）医疗器械

研制新型热疗、治疗微系统等高端设备，开发微创介入、人工器官、组织工程等医用材料；研发中医康复器械、数字医学影像设备、动态生理参数检测与监护、分子生物分析仪器；研究新型快速诊断试剂和智能化诊断系统技术，研制快速便携式诊断产品，研发数字化、精准化、家庭化、网络化等移动医疗设备。

（十六）重大疾病防治技术

开展恶性肿瘤、心脑血管疾病等重大慢性疾病诊疗关键技术研究；研究相关疾病早期亚临床检测指标和干预措施；加强大样本、大数据背景下疾病防治新医疗模式研究。

（十七）资源综合与循环利用技术

开展生活垃圾生态填埋、大件垃圾回收、有机质资源化、矿化垃圾开采利用、大宗工业固废与典型尾矿、低品矿综合利用、农业废物能源化与饲料肥料化、危险废物与垃圾焚烧飞灰处置，以及废弃物回归土壤的环境安全风险评估等技术研究与装备研制，完善固体废物资源化工艺、提升其高效回收利用技术水平。

（十八）食品安全监测检测技术

研发食品中重金属残留、真菌毒素的快速检测技术与设备；研究海洋食品外源性污染物、化学物质残留和内源性生物毒素检验监测技术；研究畜禽生产中主要药物的代谢及迁移转化行为的动态监测与预警系统，开展全产业链安全控制的示范应用；研究包装材料中危害因子安全性评价及迁移规律，提升食品包装材料安全监控水平。

（十九）公共安全关键技术与装备

开展气象、海洋、地质、地震等自然灾害的精细化监测预报预警及风险评估技术的应用研究；开展城市火灾、爆炸及恐怖袭击等突发事件防范与处置技术研究；研发道路应急抢通设备、紧急医疗救援器械和大型排涝装备等应急产品。

二、重大工程

（一）加速器驱动先进核能系统宁德研发基地

聚焦乏燃料处理和再生燃料元件制备、检验等，开展"加速器驱动乏燃料再生利用"实验设施研究；建设加速器驱动先进核能系统示范装置及系统工业应用；建设清洁核能国家实验室。

（二）卫星应用科技工程

建设遥感数据平台、位置信息服务平台、天地一体化卫星通信平台及政务空间云服务平台；建设北斗地基增强系统及卫星应用工程研究中心、高分辨对地观测系统分中心、国家北斗数据分中心；推进北斗导航、地理信息、通信集成一体化应用。

（三）福建基因检测技术应用示范中心

建设生物芯片、基因测序、毛细管电泳测序和荧光定量 PCR 等技术平台，构建基因检测技术体系，将基因检测技术应用于遗传性疾病、肿瘤、心脑血管疾病、感染性疾病等重大疾病的个体化诊断和靶向治疗，以及个人基因组检测和基因身份证等新领域；建设区域质量控制中心、区域信息中心及区域遗传资源库。

（四）国家专利审查协作福建中心

国家知识产权局专利局专利审查协作福建中心业务用房建筑面积 5 万平方米，包括综合办公区、会议区、信息化机房、保障运行的配套设施等。2017 年前工程建设项目全部竣工、具备入驻使用条件，2022 年底前形成 700 名左右的人员队伍规模，年审查发明专利申请约 3.5 万件。远期人员为 1000 人。发挥福建中心作用，带动人才集聚和知识产权服务业发展。

（五）国家海洋局海岛研究中心（二期）

建立海岛科学博物馆、海洋水族馆和海岛科普文创园区；建设海岛生态修复实验馆，包括海岛物种种质资源库、海岛物种标本储藏库、生态实验室及温室培育区等；建设海岛海岸保护实验馆，重点解决海岛海岸保护、开发、建设等方面的重大技术问题；建立海岛立体（海基、陆基、空基）监视监测综合平台。

（六）中科院海西研究院（三期）

建设面积约 46000 平方米新材料创新研制与支撑平台，开展功能材料前沿科学研究和新物质创制；建设面积约 25000 平方米人才公寓和研究生公寓，引进高层次优秀人才和加强研究生培养。完成科技创新公共配套设施建设，包括从青洲变电站引入第二回路电源，新建绿化等景观与配备道路及广场，配置相应的设备及相关配套基础设施等。

（七）厦门南方海洋研究中心

构建南方海洋创业创新基地，建成集科研创新基地、科技公共服务平台、众创空间、产业孵化器、成果交易中心与人才培育基地等于一体的具备综合功能的业务中心。组织重大海洋攻关项目，协调海洋科研机构，汇集国内外海洋高端人才，建设高水平的海洋科技研发平台、海洋产业发展孵化器和海洋科技国际交流中心，使之成为具有国际影响力、引领我国南方海洋经济发展的核心机构。

第十一章　保障措施

强化创新政策法规保障，加大科技创新投入，增强人才培养引进力度，健全创新治理和激励机制，形成规划实施的强大合力，保障规划顺利实施。

一、切实加强组织领导

各级政府要始终坚持创新是引领发展第一动力，加大组织领导和统筹协调的力度，创新体制机制，动员更大的政府、企业和其他社会力量，组织更多的人力、财力、物力投入科技发展和创新驱动，形成创新驱动发展的强大合力和浓厚氛围，切实把创新落到产业、企业和项目上。建立省创新发展厅际联席会议制度，统筹协调全省创新发展相关工作，持续优化创新政策体系和发展环境，及时解决创新发展中的困难和问题。研究建立科技创新、知识产权与产业发展相结合的创新驱动发展评价指标，完善市、县党政领导干部政绩考核办法，把创新驱动发展成效纳入考核范围。强化科技宏观管理，加强相关部门和各地市的协调配合。各地各部门要围绕本规划提出的目标、任务和政策措施，制定年度工作目标和工作计划，明确责任人和进度要求，定期检查，抓好落实。

二、完善科技政策法规

统筹推进地方科技立法，修订促进科技成果转化条例、科学技术奖励办法等地方性法规，开展涉及科技创新的法规、规章的立改废释工作。加强科技、经济、社会等方面的政策、规划和改革举措的统筹协调与有效衔接，加大金融支持和税收优惠力度，构建普惠性创新支持政策体系。加强科技执法检查，加大科技创新和成果转化司法保障力度，依法维护科研人员创新创业合法权益。

三、改善科技创新治理机制

加快政府职能转变，整合省级科技计划、专项或基金等，实行分类管理、分类支持，探索实行充分体现人才创新价值和特点的经费使用管理办法，完善人才培养、吸引和使用机制。建立和完善科技报告、科技评估、科研信用等基础制度，深入推进科技管理行政权力运行网上公开。落实国家创新调查制度，开展区域创新调查，建立创新驱动发展导向的政绩考核机制。完善科技决策咨询制度，推进科技智库建设，提升“鼓岭科学会议”品牌与影响力。明晰省、市、县三级有关科技管理事权和职能定位，加强市县基层科技管理部门机构与队伍建设，加快构建统筹协调、科学有效的科技创新治理体系。

四、强化企业创新主体地位

强化企业创新主体地位，实施大中型工业企业研发机构广覆盖行动，鼓励企业研发机构参与政府支持的技术研发项目，并对其运行绩效评估和补助奖励。鼓励企业普遍设立研发准备金，建立研发管理标准体系，吸收更多企业参与研究制定技术创新规划、计划、政策和标准。实施科技小巨人领军企业行动计划，促进科技小巨人领军企业加快技术创新，培育一批专、精、特高新技术企业，壮大由科技型企业、高新技术企业和创新型企业构成的创新企业群体，培育若干有国际竞争力的科技创新型领军企业。

五、建立高效研发组织体系

深化高校科研体制机制和科研院所分类改革，发挥高校院所在科技创新中的基础支撑作用，优化对基础性和公益性研究的支持方式，完善稳定支持和竞争性支持相协调的机制。建立以创新成果应用为导向的评价标准，形成“企业出题、政府立题、协同解题”协同创新机制，支持企业与高校院所以资本为纽带，以项目为依托，联合组建优势互补、风险共担的协同创新利益共同体。扩大高校院所自主权，赋予创新领军人才更大人财物支配权、技术路线决策权，实行以增加知识价值为导向的分配政策，取消知识产权、科技成果等非经营性资产划转为经营性资产的规模限制，深化科技奖励制度改革，注重科技创新质量和实际贡献，突出对重大科技贡献人员、优秀创新团队和青年人才的激励，激发科技人员科研积极性。发展面向市场的新型研发机构，制定鼓励社会化新型研发机构发展意见，探索非营利性运行模式。新型研发组织在承担科技项目和人才引进等方面与公办科研机构实行一视同仁的支持政策。

六、健全科技投入机制

合理划分各级政府财政科技经费支出责任，建立健全财政性科技投入保障机制，统筹安排、优先保障重点科技支出需求。推进财政科技投入“碎片化”改革，实现财政科技投入资金预算和安排的统一协调和合理配置，优化财政科技投入结构，加大研发经费投入。加大力度落实高新技术企业所得税减免、研发费用加计扣除、固定资产加速折旧、创业投资企业投资抵扣和技术转让税收减免等促进企业技术创新方面的政策，激励企业增加研发投入，提高全社会研发经费投入水平。

七、壮大科技人才队伍

深化人才发展体制机制改革，全面落实国有企业、高校、科研院所等企事业单位和社会组织的用人自主权，探索建立以创新创业为导向的人才培养机制。加强产业人才需求预测，加快培育重点行业、重要领域、战略性新兴产业人才。深入实施“海纳百川”高端人才聚集计划，引进、支持、培养一批高层次人才，设立高层次人才创投基金，引导各类资本投向高层次人才创办的科技型、创业型、成长型企业。进一步扩大省杰出青年科学基金规模，加快培育中青年科技创新领军人才。鼓励高校和职业院校建设高端产业学科体系，培养一批紧缺的跨学科、高学历、复合型人才，壮大具有实际技术操作能力的人才队伍。支持社会中介机构开展创业辅导、紧缺人才培训和创新创业服务。加快人才评价制度改革，职称政策向科技人才、企业人才倾斜，把知识产权、实物成果和服务成效作为人才评价的重要指标。

2016 年 4 月

【发文机关】福建省人民政府办公厅
【标　　题】福建省人民政府办公厅关于印发福建省“十三五”科技发展和创新驱动专项规划的通知
【发文字号】闽政办〔2016〕53 号
【发布日期】2016 年 4 月 19 日

福建省人民政府办公厅关于印发福建省“十三五”教育发展专项规划的通知

各市、县（区）人民政府，平潭综合实验区管委会，省人民政府各部门、各直属机构，各大企业，各高等院校：

《福建省“十三五”教育发展专项规划》已经省政府研究同意，现印发给你们，请认真组织实施。

福建省人民政府办公厅
2016年4月28日

福建省“十三五”教育发展专项规划

前　言

“十三五”时期，是中央支持福建进一步加快发展的重大战略机遇期，按照党中央经济建设、政治建设、文化建设、社会建设、生态文明建设的总体布局和全面建成小康社会、全面深化改革、全面依法治国、全面从严治党的战略布局，牢固树立和落实创新、协调、绿色、开放、共享的发展理念，科学编制实施《福建省“十三五”教育发展专项规划》，对坚持教育优先发展，办好人民满意的教育，推动经济社会转变发展方式具有重大意义。本规划根据《福建省国民经济与社会发展第十三个五年规划》和《国家教育事业发展第十三个五年规划》编制，并与《福建省中长期教育改革和发展规划纲要（2010—2020年）》及其他专项规划衔接，主要阐述政府对教育发展与改革的战略意图和工作重点，明确教育发展的指导思想、目标任务和保障措施。本规划基期为2015年，规划期为2016—2020年。

第一章　迈向教育现代化新征程

一、现状基础

“十二五”期间，我省深入落实教育优先发展战略，大力实施科教兴省和人才强省战略，解放思想、改革创新、真抓实干，全面实现教育发展主要目标任务，义务教育各项发展指标保持在全国较高水平，学前三年入园率达97.3%、提高7.8个百分点，高中阶段毛入学率达94.1%、提高10.7个百分点，高等教育毛入学率达42.8%、提高16.2个百分点，高考实际录取率达87%、提高7个百分点，终身教育体系基本形成，教育事业发展实现历史性跨越。

——教育公平惠及民生。在全国较早实现义务教育“两免一补”、特殊教育“三免两补”，实行中职免学费，设立学前教育政府助学金，“三类”残疾儿童特殊教育普及水平居全国前列。义务教育学校标准化完成率达98.5%，80.4%的县（市、区）通过“义务教育发展基本均衡县”国家认定、比全国平均水平高40%。全面实施义务教育免试就近入学政策，近90%随迁子女在公办学校就读；所有高中面向符合条件的随迁子女开放，率先出台实施“异地高考”政策。实施公办园建设项目，开展政府购买普惠性民办园教育服务试点，普惠性学前教育资源覆盖面不断扩大。

——教育质量稳步提升。稳步推进基础教育课程改革，全面开齐开足规定课程，先学后教、分层教学、校本作业等教改成效明显，义务教育省级以上质量监测覆盖88%的县（市、区），全省达标高中占78.7%、在校生占90%，学生科技创新成绩取得历史性突破。中职学校、高职院校毕业生“双证书”比例分别达95%、85%以上，就业率分别达97%、95%以上；积极推行现代学徒制人才培养模式改革，不断加强示范性公共实训基地和校企共建实训基地建设。3所高校进入全国百强，15个学科进入全球ESI排名前1%，30个学科进入全国学科评估前30%，新增博士、硕士学位授予单位3个，一级学科博士点48个、一级学科硕士点112个、专业学位授权点32个，拥有2个国家级“2011协同创新中心”、居全国前列；厦门大学整体实力跃居全球400强，并成为大陆第一所海外举办分校的高校。

——教育保障不断增强。率先实行城乡统一的义务教育教师专业技术岗位结构比例，全面推行县域内教师校际交流，十大举措支持乡村教师队伍建设。建立统一的中小学教师职称制度，在中小学、中职学校设置正高级职务，在高校设置正高级实验师职务。同级财政支持职业院校按不超过总编制的30%聘请兼职教师，建立民办职业学校教师从教津贴制度等。教育经费总投入从634.69亿元增长到892.88亿元、年均增长12.05%，财政性教育经费从485.82亿元增长到715.18亿元、年均增长13.76%，财政教育支出占公共财政支出比例居全国前列。实行城乡统一的义务教育生均公用经费标准，建立小规模小学公用经费保障机制，实施中小学校舍安全工程、城区中小学扩容建设、义务教育薄弱学校改造计划和农村义务教育学生营养改善计划。完善中职教育财政投入保障机制，制定中职学校生均公用经费财政拨款标准，在全国率先出台职业院校学生实习补贴政策。提高高校生均拨款定额标准，本科达1.4万元。

——闽台合作更加密切。颁布实施《福建省促进闽台职业教育合作条例》，开大陆各省市之先河。全省69所高校与台湾百余所高校签订500多份合作协议，不断扩大多领域、多层次交流合作。赴台就读学历生占大陆赴台学历生总数的1/4，在闽高校就读台生占大陆高校台生总数的1/6。联合打造大学校长论坛、应用技术大学校长论坛、学前教育论坛、百名中小学校长论坛等两岸知名教育交流品牌。“校校企”闽台联合培养人才项目入选全国教育改革创新典型案例并获创新奖，闽台高校合作创建2个二级学院。联合台湾高水平大学在两岸设立4个“师资闽台联合培养中心”，实施台湾高校师资引进计划。

专栏一　“十二五”教育事业发展和人力资源开发主要目标实现度

	2010年	2015年	规划目标
学前教育			
幼儿在园人数（万人）	116.7	151.3	123.1
学前三年入园率（%）	89.45	97.3	93
九年义务教育			
在校生（万人）	366.5	401.7	368
巩固率（%）	96.7	98.2	98
高中阶段教育			
在校生（万人）	132.5	102.3	104.4
毛入学率（%）	83.4	94.1	90
高等教育			
在学总规模（万人）	78.8	95.3	91.3
在校生（万人）	77.8	80	87.2

续表

	2010 年	2015 年	规划目标
其中：研究生（万人）	4.3	5.5	5.6
毛入学率（%）	26.6	42.8	40
继续教育			
从业人员继续教育年参与率（%）	27	41.5	40
具有高等教育文化程度的人口数（万人）	308.5	467	500
劳动年龄人口平均受教育年限（年）	9.3	10.3	10.5
其中：受过高等教育的比例（%）	9.9	18	15
新增劳动力平均受教育年限（年）	11.6	13.5	13.3

二、发展环境

"十三五"时期，是国家实施全面建成小康社会、全面深化改革、全面依法治国、全面从严治党重大战略的关键时期，也是实现第一个百年目标的关键五年。党中央、国务院高度重视福建发展，党的十八大以来，出台了一系列支持福建加快发展的意见、规划和方案，尤其是支持海峡西岸经济区建设，以及赋予自由贸易试验区、21世纪海上丝绸之路核心区、生态文明先行示范区、福州新区建设等重大历史使命。省委、省政府全力推进福建科学发展、跨越发展，加快建设机制活、产业优、百姓富、生态美的新福建。积极把握新机遇、主动应对新挑战，对教育提出了前所未有的新任务、新要求。

——经济新常态激发新动力。新型工业化、信息化、城镇化、农业现代化孕育巨大发展潜能，尤其是创新驱动、信息化和工业化深度融合、"中国制造2025""互联网+"等重大举措的推进，新技术、新产业和新业态正在培育形成，深化供给侧改革，服务大众创业、万众创新，更加依靠国民整体素质的提升和创新人才的培养。

——区域发展战略凸显新优势。国家"一带一路"战略的深入实施、两岸关系的和平发展，以及我省自贸试验区、"海丝"核心区建设的全面推进，互联互通、互利共赢的陆海经济大通道正在形成，服务全方位的对外开放格局，迫切需要教育开放化多样化发展，提供更加有力的人才支撑和智力支持。

——社会教育需求呈现新特点。我省地区生产总值达2.598万亿元，人均地区生产总值突破1万美元，人民群众对高水平高质量教育的需求日益增长，教育正日益成为新的消费热点，实现有质量的公平教育，成为教育改革发展的新使命，促进人的全面而有个性的发展成为新时期教育发展的重要导向。

——人口规模结构出现新变化。我省加快推进新型城镇化进程，常住人口城镇化率将达67%，城镇人口进一步上升，人口生育政策调整，学前教育学龄人口规模恢复性增长，人口老龄化速度加快，教育需求发生结构性变化，迫切要求完善现代教育体系，优化教育布局结构，为所有人的终身学习奠定基础。

——国际教育发展涌现新变革。优先发展教育，构建现代教育体系，建设学习型社会，培养大批创新人才，已成为人类应对复杂挑战、实现可持续发展的战略首选。以互联网、云计算、大数据等为特征的信息社会背景下，教育内容、教育方法和教育模式日新月异，学校形态、学习方式和组织方式正在经历一场深刻变革。

我们必须清醒地认识到，目前福建教育与经济社会发展水平、人民群众接受更加良好教育的期盼还不相适应，在教育理念、布局结构、办学质量、社会贡献度、对外开放等方面还存在差距。一是落实立德树人根本任务和推进素质教育的整体合力有待加强，学校和教师的教育理念相对落后，人才培养模式和质量仍不适应时代发展和学生成长需要。二是普惠性、优质学前教育资源严重不足，幼儿园区域布局不尽合理，城镇化建设同步配套幼儿园政策落实不到位，保教质量有待进一步提高。三是义务教育在区域、城乡、校际、硬软件建设等方面还不够均衡，资源配置农村“弱”、校舍闲置，城区“挤”、教师缺口大、“大校额”“大班额”现象还比较严重。四是普通高中办学模式较为单一，优质高中覆盖面亟待扩大，急需以新的时代内涵丰富福建“高考红旗”优良传统。五是现代职业教育体系尚不完善，产教融合缺乏刚性约束，高等教育创新能力、综合竞争实力还不强，高等教育服务经济社会发展、引领科技进步的能力较弱，与产业行业反哺高等教育发展的作用不强并存。六是教育开放度、国际化水平偏低，中外合作举办高校尚未实现零的突破，留学生、外籍教师比重较低。七是政府治理教育的协同推进机制不够健全，放、管结合不到位，教育投入总体不足。福建是改革开放先行之地，素有崇文重教的优良传统，面对改革发展的新挑战和新机遇，我们要以“福建没有理由不把教育办好”的责任感、使命感，着力解决突出问题，努力提升教育改革发展水平，加快向实现教育现代化的宏伟目标迈进。

三、指导思想

高举中国特色社会主义伟大旗帜，全面贯彻党的十八大和十八届三中、四中、五中全会精神，以马克思列宁主义、毛泽东思想、邓小平理论、“三个代表”重要思想、科学发展观为指导，深入贯彻习近平总书记系列重要讲话精神和对福建工作的重要指示，按照“五位一体”总体布局和“四个全面”战略布局，牢固树立创新、协调、绿色、开放、共享的发展理念，围绕中央支持海峡西岸经济区建设和福建加快发展的重大决策部署，全面贯彻党的教育方针，以立德树人为根本，以提高教育质量为核心，深化教育领域综合改革，完善现代教育体系，提升教育治理现代化水平，不断增强教育服务经济社会发展和人的全面发展的能力，为如期实现全面建成小康社会，推动经济社会发展再上一个新台阶，努力建设机制活、产业优、百姓富、生态美的新福建奠定更加坚实的人力资源基础。“十三五”时期，教育改革发展必须遵循以下基本原则：

——坚持创新发展，提升综合实力。坚持顶层设计和实践探索有机结合，深化教育体制机制改革，着力解决制约教育科学发展的瓶颈，打造福建教育升级版。提升教育科技创新服务能力，推动高等学校和职业院校融入国家和区域创新体系。深化教育教学改革，将创新创业教育融入人才培养全过程，厚植人才优势，培育发展新动力，着力提升教育服务经济社会发展的贡献度。

——坚持协调发展，统筹布局结构。以主动适应和引领经济发展新常态为导向，从注重规模扩张转向更加注重质量提升、结构优化，加快教育供给侧改革。调整优化教育体系结构、学校布局和人才培养结构，推动教育类型结构、层次结构、区域结构、学科专业结构更加符合国家和区域发展需求，努力形成教育与经济社会发展、各级各类教育、城乡区域教育协调发展的格局。

——坚持绿色发展，优化育人生态。坚持育人为本，把促进人的全面发展作为教育改革发展的出发点和落脚点，遵循教育和人才成长规律，把社会主义核心价值观教育贯穿国民教育全过程，全面实施素质教育。强化实践环节，推进全社会协同育人，实行绿色评价，着力增强学生的社会责任感、创新精神、实践能力，努力为每个人成长成才创造条件奠定基础。

——坚持开放发展，深化合作共赢。推动各级各类学校面向社会、行业企业开放办学，统筹规划产业发展、社会建设和人才培养，促进人才、基础设施等要素资源的共建共享，全面推进科教结合、产教融合，着力增强教育服务国家和区域发展战略的能力水平。优化教育对外开放总体布局，加大闽台教育交流合作先行先试力度，提升国际化办学水平，培育教育改革发展新增长极。

——坚持共享发展，促进普惠均衡。坚持教育优先发展，着眼更高标准，争取在若干领域打造一批在全国“叫得响、排得上”的知名教育品牌，让教育改革发展成果更多地惠及广大人民群众。坚持普惠性、保基本、均等化、可持续方向，加快完善基本公共教育服务体系；坚持公共教育资源配置向薄弱环节、薄弱地区、薄弱学校、困难群体倾斜，实施教育精准扶贫攻坚，促进教育强民、资助惠民、技能富民、就业安民。

四、发展目标

“十三五”时期教育发展的目标是：率先基本

实现教育现代化，率先基本形成学习型社会，进入教育强省和人力资源强省行列。

——到2017年，全面普及学前三年教育、入园率达98%，全面实现义务教育基本均衡发展、巩固率超过98%，全面普及高中阶段教育、毛入学率达95.6%，基本建立起与福建产业体系相适应的现代职业教育体系，全面实现高等教育大众化、毛入学率达49%，创建“教育强县”顺利推进，基本建成学习型社会，新增劳动力平均受教育年限达13.7年，劳动年龄人口平均受教育年限达11年。

——到2020年，学前三年入园率超过98%、全面解决“入园难”问题，全面推进义务教育优质均衡发展、巩固率稳定在98%以上，全面实施高中阶段免费教育、毛入学率超过96%，实现特殊教育向学前和高中阶段“两头延伸”，高等教育迈入普及化发展阶段、毛入学率达53%，“教育强县”占比超过50%，基本满足学习型社会多样化教育需求，新增劳动力平均受教育年限达14年，劳动年龄人口平均受教育年限达12年。

经过五年努力，全面落实立德树人根本任务，高质量普及15年基本教育，打造形成福建版“二元制”现代职业教育体系，一流大学和一流学科建设取得重大进展，终身教育体系更加完善，更好地满足人民群众对优质多样化教育的需求，教育支撑经济社会发展和创新驱动发展的能力大幅提升，各阶段教育总体发展水平在东部地区争先进位，再创福建教育新优势。

专栏二　“十三五”教育事业发展和人力资源开发主要目标

主要发展指标	2015年	2017年	2020年	属性
学前教育				
幼儿在园人数（万人）	151.3	155	160	预期性
学前三年入园率（%）	97.3	98	98以上	预期性
九年义务教育				
在校生（万人）	401.7	417	441	约束性
巩固率（%）	98.2	98以上	98以上	约束性
高中阶段教育				
在校生（万人）	102.3	108	119	预期性
其中：中等职业教育（万人）	39.7	45	50	预期性
毛入学率（%）	94.1	95.6	96以上	预期性
高等教育				
在学总规模（万人）	95.3	93	91	预期性
在校生（万人）	80	78	76	预期性
其中：研究生（万人）	5.5	6.5	7.5	预期性
毛入学率（%）	42.8	49	53	预期性
继续教育				
从业人员继续教育年参与率（%）	41.5	48	60	约束性
新增劳动力平均受教育年限（年）	13.5	13.7	14	预期性
其中：受过高中阶段及以上教育的比例（%）	90	93.8	96	预期性
劳动年龄人口平均受教育年限（年）	10.3	11	12	约束性
其中：受过高等教育的比例（%）	18	22	25	预期性
主要劳动年龄人口中具有高等教育文化程度的人口数（万人）	467	540	620	预期性

第二章　全面落实立德树人根本任务

一、强化学生基本素养

加强社会主义核心价值观教育。坚持德育为先、能力为重、全面发展，培养社会主义合格建设者和接班人。整体规划大中小学德育内容，推进一体化建设，形成由浅入深、分层递进、有机衔接的德育体系，推进社会主义核心价值观教育落细落小落实。完善学科教学育人功能，促进德育与智育、体育、美育有机融合。实施高校思政课建设体系创新行动计划和高校哲学社会科学教学科研骨干研修规划，发挥人文社会科学育人优势。实施德育项目化管理机制，统筹推进活动育人、实践育人、文化育人平台建设。

传承中华优秀传统文化。一体化构建大中小学中华优秀传统文化教育的内容体系和实践机制。组织编写优秀传统文化系列读本，推动中小学开展中华经典诵写讲活动，高校开设优秀传统文化必修课或选修课全覆盖，师范类专业普遍开设国学、书法等课程。建设一批高校优秀传统文化教育教学研究基地和中小学文化艺术传承学校，实施“一校一品”校园文化建设工程和青少年人文经典阅读工程。推广国际理解教育，增进学生对不同国家文化的认识、理解和包容，增强中华文化自觉和自信。

保护和激发学习兴趣。把保护学习热情、激发学习兴趣、教会学会学习放在中小学教育的首位，深化教育教学改革，实行启发式、讨论式、探究式学习，重视学科核心素养培养，发展每位学生的学习兴趣和特长。实行绿色评价，严禁中小学按学习成绩分班，不以任何形式公布学习排名，不搞题海作业。建立中小学学生课业负担监测、举报、公告和问责制度。高等学校和职业院校要基于学生职业发展需要，完善知行合一的人才培养模式，引导学生主动学习、主动思考和主动实践，自主发现问题、思考问题和解决问题。

促进青少年身心健康成长。深化学校体育改革，强化体育课和课外锻炼，完善课程标准，创新教学模式，优化教学体系、课程保障和评价体系。推进义务教育学校运动设施标准化建设。建立学生体质健康测试分析和公布制度，加强科学锻炼指导，落实“每天锻炼一小时”，推动青少年阳光体育活动；加快普及校园足球，加强青少年校园足球特色学校及校园足球试点城市、试点县建设；广泛开展各级各类学校体育联赛和民间传统体育活动，让每位学生基本掌握1—2项运动技能；到2020年，全省中小学生《国家学生体质健康标准》测试合格率达90%以上。健全学校心理教育、预防、咨询和危机干预体系，促进学生心理健康与道德养成、人格塑造、职业生涯发展等相互融入。完善学校生命健康教育和疾病防控机制，引导学生养成良好生活、健康锻炼的习惯。建立完善学校毒品预防教育长效机制，推动各县（市、区）至少建立1个毒品预防教育基地。

提高审美能力与艺术修养。构建大中小幼相互衔接、课堂教学与课外活动相互结合、普及教育与专业教育相互促进的现代美育体系，配足配齐专任教师，开足开齐开好音乐、美术国家课程，大力推动开设戏剧、戏曲、舞蹈、影视等美育课程，并在其他课程中渗透美的教育。建立中小学校美育工作自评和年度发展报告制度，实施学生艺术素养测评。建设一批学校美育实践基地，创建一批艺术特色学校和具有民族传统艺术活动特色的中华优秀文化艺术传承学校，建设一批具有丰富文化内涵的校园文化美育环境示范学校。组建美育教学联盟和文艺工作者援教联盟。推动高雅艺术、乡土艺术进校园，办好大中小学生艺术展演活动。积极探索具有时代特征、校园特色和学生特点的美育活动形式，让每位学生在校期间能够参加至少1项美育活动，形成1—2项艺术特长和爱好。

加强生态文明教育。深入开展绿色校园建设，将生态环保、绿色节能、循环经济理念融入教育过程，鼓励学生积极参与植树造林、节能环保科技创新等活动，培养学生树立生态文明理念、资源忧患意识，掌握基本的节约知识与技能，使节约成为每位学生的良好行为习惯和自觉行动。

二、强化实践育人

推进校内外实践教育有机衔接。落实社会实践课时，建立校内外结合的实践课程体系，形成学校教育与校外教育有效衔接、学科学习与实践学习有机结合的育人机制。改进中学理科实验教学，加强中小学劳动教育，支持中小学开展春秋游、夏冬令营和野外拓展生存训练等有利于促进团队合作、锻炼意志的活动。健全大学生志愿服务体系，志愿者注册率达50%以上。落实社会实践经费保障，扩大学生社会实践评价成果使用范围，让学生更多地接触社会、参与实践、亲近工农。

加强校内外实践基地建设。建立政府统筹、部门推动、区域管理、社会资源与学校共同实施的中小学“社会大课堂”和高校实践育人共同体建设，推动纪念馆、科技馆、博物馆、图书馆、美术馆、自然和文化遗产等公共资源与学校共建共享。加强学校实验室、实训基地、工程实践中心和野外实践基地建设。推进青少年校外综合实践基地、活动场所、研学旅行基地的建设、管理和使用，有效衔接校内外教育。

三、构建“四位一体”协同育人体系

落实政府主导责任。建立以政府为主导、学校为主体，家庭、社区、企业全面参与的育人工作机制。建立各级领导干部深入学校调研、听课，以及为师生作形势报告制度。完善教育监测评价与反馈改进制度，改变单纯以升学率评价学校和教师的做法。引导新闻媒体坚持正确价值观，营造良好育人环境。加强普法教育，完善青少年违法犯罪预警机制，支持办好工读学校，教育和保护有严重不良行为的青少年。

落实学校主体责任。坚持把德育放在学校工作首位，按照全员育人、全方位育人、全过程育人的要求，将任务细化、责任到人，覆盖教育管理各领域和人才培养全过程。创新中小学班主任制度，探索实施主副班主任、任课教师每月轮换担任班主任等制度，提高高校辅导员职业化、专业化水平，改革和完善教师育人评价办法，提升全员育德能力。

落实社会协同责任。将企事业单位接纳和指导学生参观、见习、实习、社会实践等作为必须履行的责任和义务。建立学校周边党政机关、企事业单位、社会组织协作育人机制，进一步加强学校周边环境治理，为青少年健康成长营造良好环境。

落实家庭基本责任。推动中小学校普遍建立家长委员会，教育、妇联、共青团、关工委等共同办好家长学校，开展有针对性的教育和宣传，引导家长树立科学的教育观、人才观，培养孩子的诚信意识、劳动习惯、生存技能、社交礼仪，以良好家教、家风引导孩子健康成长。实施家庭教育提升工程，构建家庭教育社区支持体系，增进家校互信互助。

专栏三 全面落实立德树人根本任务重大项目

中小学校外教育资源整合工程	经省、市、县认定的“社会大课堂”资源单位达1000家，建设100个中小学素质教育综合实践基地、100个示范性校外教育活动中心、100个“海丝文化”主题研学旅行示范基地，建立60个省级大学生社会实践示范基地、50个省级高校思想政治理论课实践教学基地，实现每所学校都有相对固定的社会实践基地。
青少年校园足球发展促进计划	加强足球师资队伍建设，深化足球教学改革，构建校园足球竞赛体系，创建700所以上省级校园足球特色学校。
学生心理健康教育标准化工程	推动中小学心理辅导室建设全面达标，实现所有专职心理健康教育教师持证上岗。推动高校按1∶5000配备专职从事心理健康教育的教师且每校不少于2人，规范预约等候室、个体咨询室、团体辅导室、心理测评室建设，到2020年实现全省90%以上高校学生心理健康教育工作基本建设达标。
家庭教育提升工程	开发家庭教育指导课程与网络资源，组建省、市、县三级家庭教育讲师团，开展“千名校长、万名教师进社区访家庭”活动，每年省级示范性培训10万名家长，打造100个省级家庭教育示范基地、500个优秀家长学校。
青少年文化艺术普及工程	开展“走近名家、走近经典、走近科学”活动，每年组织百场文化名家和院士专家讲座、百场高雅艺术展演进校园；创建不少于100所艺术特色学校，打造10个大学生、10个中小学生交响乐团（民乐团、艺术团），建设10个高校优秀传统文化省级教育教学研究基地，创建100所中小学文化艺术传承学校。

第三章　高质量普及 15 年基本教育

一、推动学前教育优质普惠发展

优化幼儿园布局结构。将幼儿园建设纳入城乡公共服务设施配套建设规划，引导各地根据人口生育政策调整、新型城镇化推进等情况，科学预测学前教育供求情况，以县（市、区）为单位，按照城镇服务人口 1 万人、农村服务人口 3000—6000 人设置 1 所幼儿园的原则，优化幼儿园总体布局规划。落实新建小区同步配套、使用幼儿园有关政策，抓好城乡接合部和农村乡镇中心园、小学附设幼儿园和村办幼儿园建设，盘活机关、企事业单位停办、闲置、改变用途的学前教育资源，满足就近入园需要。

扩大普惠性学前教育资源。实施第二、第三期学前教育三年行动计划，继续实施公办幼儿园建设项目，每年新建 200 所公办园；探索建立政府购买普惠性民办幼儿园教育服务机制，构建以公办性质幼儿园和普惠性民办园为主体的学前教育公共服务体系。到 2017 年，在普惠性幼儿园就读的适龄幼儿达 75%；到 2020 年，在普惠性幼儿园就读的适龄幼儿达 85%，其中在公办性质幼儿园就读的达 50% 以上，各级示范性学前教育资源覆盖面扩大到 40%。鼓励有条件的地区对家庭经济困难幼儿实施学前教育免除保教费。

提升学前教育保教质量。落实《3—6 岁儿童学习与发展指南》，规范幼儿园课程实施和教育行为，科学安排幼儿生活，避免幼儿教育“小学化”，重视习惯养成教育。探索学前教育片区管理新模式，实施示范园与薄弱园、公办性质幼儿园与民办园联片教研、联动帮扶，促进合作共进。总结推广农村学前教育巡回支教试点工作经验。修订幼儿园基本办园标准和省级示范性幼儿园评估标准，完善民办幼儿园准入和年审制度。建立以关注教育过程、促进师幼互动为导向的保教质量评估监管体系。

二、推动义务教育优质均衡发展

提高县域均衡发展水平。进一步完善中小学布局规划，构建与常住人口规模相适应的中小学布局。实施《福建省全面改善义务教育薄弱学校基本办学条件项目规划（2014—2018 年）》，2017 年实现“义务教育发展基本均衡县”全覆盖。完善教师“县管校聘”体制，推进教师校际交流常态化。组织开展“义务教育管理标准化学校”建设与评估，将“义务教育管理标准化”纳入对县教育督导，2020 年 50% 的县（市、区）成为“义务教育管理达标县”。结合社会公众评价，适时遴选、加强宣传引导，争取到 2020 年 50% 的义务教育学校成为“老百姓身边好学校”。加强省市统筹，推进县域义务教育向优质均衡发展，推动有条件的设区市在更大范围内实现优质均衡发展。

推进城乡教育一体化发展。根据新型城镇化、人口生育政策调整新形势，在新区建设、旧城改造和产业集聚区建设中，同步规划、配套建设中小学校。提高中小学办学条件标准化水平。实施农村小规模学校调整改造计划，推进必要的教学点标准化建设。到 2020 年，农村寄宿制学校都有合格的学生宿舍、食堂、厕所、澡堂。推进农村学校闲置校舍盘活再利用，鼓励把乡村文化活动中心建在学校。完善义务教育“小片区”管理、农村薄弱学校“委托管理”和中小学集团化办学机制，组建城乡学校发展共同体。

全面提高义务教育教学质量。落实课程方案与课程标准，开齐开足开好国家规定课程。修订地方课程教材管理办法，建立精品校本课程评价制度。明确各学段素质教育基本要求和重点任务，建立整体推进体系。完善各学段考试和学生综合素质评价制度，从 2017 年秋季入学的初中新生开始实行学业水平考试和综合素质评价制度。建立中小学校质量评价制度，公布教育质量监测结果，提高监测结果应用效益。支持开展教学模式和方法的改革创新，鼓励学校特色发展，着力加强初中教育教学质量建设。实施基础教育优秀教学成果奖励制度，推广基层教学改革理论与实践成果。

三、推动高中教育优质特色发展

巩固提高普通高中发展水平。优化普通高中布局，推动各地整合布点重复、办学条件差、规模过小的普通高中，适度扩大高中学校办学规模。实施普通高中改造提升计划，配足配齐专用教室、教学仪器、现代信息技术装备等，支持薄弱高中达标建设。健全以政府为主的普通高中发展投入机制。到 2020 年，力争 90% 公办普通高中完成达标建设、达标高中在校生比例超过90%。实现普通高中免费教育。

着力推进优质高中建设。实施优质高中建设工程，在教师岗位设置、经费补助、招生入学等方面给予政策支持。鼓励民办学校争创省级达标高中，支持各地加快省一级达标高中建设，重点建设一批高水平、高质量的示范性高中。到2020年，省一级达标高中比例达30%左右，其中省级示范性高中达35所左右、若干所高中进入全国一流行列，省一级达标高中和示范性高中在校生比例达45%左右。

推动高中多样化特色发展。实施高中多样化特色发展计划，创新人才培养模式，启动省级课程改革基地建设，支持学校突出课程教学改革，构建多层次、可选择、有特色的课程体系。推动高中特色发展，重点培育一批特色高中。适时推进普通高中学业水平考试和学生综合素质评价改革。改革教学组织方式，建立健全学生选课走班制、学分制和导师制等教学管理制度，满足不同潜质和兴趣爱好学生的发展需求。推动特色高中与高校协作实施创新人才早期培养试点，建立教科研、招生入学和实习培训基地。

专栏四　高质量普及15年基本教育重大项目

第二、第三期学前教育三年行动计划	继续推进公办幼儿园建设，推进政府购买普惠性民办幼儿园教育服务试点，使全省公办园在园幼儿占比达50%以上，普惠性幼儿园在园幼儿占比达85%。
全面改善义务教育薄弱学校基本办学条件项目	重点扶持23个省级扶贫开发重点县义务教育学校建设，缩小学校资源配置差异，2017年实现“义务教育发展基本均衡县”全覆盖。
义务教育优质均衡发展计划	实施“义务教育管理标准化学校”创建工程，提高学校管理水平，推进义务教育治理规范化和法治化。结合社会公众评价，适时遴选宣传“老百姓身边好学校”，提高人民群众满意度。
城区中小学扩容工程	加大人口密集区域公办中小学教育资源及学生生活设施建设力度，缓解义务教育学校“大校额”“大班额”问题，保障进城务工人员随迁子女入学机会公平。
普通高中内涵提升计划	实施薄弱高中改造工程，省级补助建设100所高中，重点扶持23个省级扶贫开发工作重点县高中建设。实施优质高中建设工程，省一级达标高中比例达30%左右，重点支持建设35所左右省级示范性高中。实施高中多样化特色发展计划，重点建设100个省级课程改革基地，60所左右特色高中。

第四章　打造福建版“二元制”现代职业教育

一、优化职业教育布局结构

统筹发展各层次职业教育。巩固提高中等职业教育，创新发展专科层次高等职业教育，积极发展本科、专业学位研究生层次职业教育，促进职业教育的规模、结构、层次、布局与我省经济社会发展要求相协调。实施中职学校分级达标建设，加强薄弱校改造；支持有条件的设区市整合区域内职业院校，建设资源共享的职业教育园区。依托工业园区、产业集中区，打造一批具备实习实训、师资培训、职业技能培训、产品研发等多种功能的公共实训基地；支持职业院校通过校企合作、引企入校等方式，共建兼具生产、教学和研发功能的实训基地。实施示范性现代职业院校建设工程，支持示范性应用型本科高校建设。到2020年，全省建成5所左右示范性应用型本科高校、10所左右示范性现代高职院校、50所左右示范性现代中职学校，全省中职教育在校生达50万人左右、专科层次职业教育在校生达25万人左右、本科层次以上应用型人才培养规模进一步扩大，建成10个省级示范性公共实训基地、全省职业院校实训基地骨干专业覆盖率达80%以上。

优化服务产业发展的专业布局。围绕福建省加快产业转型升级和实施“中国制造2025”行动计划，根据技术技能人才需求预测，健全职业教育专业调整快速响应机制，提高专业结构与产业结构、社会需求的契合度。实施职业院校服务产业特色专业群建设工程，加快形成覆盖主要产业链的专业布局。突出职业教育行业、区域办学特色，行业性高职院校相关专业招生规模不少于学校年招生计划的60%，并逐年提高到80%；区域性高职院校专业设置紧密对接区域经济发展需求，大力发展产业支撑型专业。

推动本科高校加强应用型人才培养。鼓励普通本科高校明确办学定位，服务行业、区域经济发展，调整优化学科专业布局，积极培育与战略性新兴产业相关的学科和交叉学科，加大与基础产业、支柱产业和新兴产业紧密相关的学科专业建设力度，着力提高工科专业比重，形成与我省产业发展高度契合、结构合理、特色鲜明的应用型本科专业体系。到2020年，本科层次应用型人才培养规模不低于70%，研究生层次专业学位研究生教育规模达65%以上。

二、提高技术技能人才系统化培养水平

构建中高职紧密衔接的人才培养体系。围绕产业转型升级对技术技能人才的需求，以技术技能含量高、培养周期长的专业为主，积极推进中高职人才培养有机衔接。制订一体化人才培养方案，根据产业和岗位需求，明确不同学段人才培养定位，系统设计中高职衔接专业课程标准和教学标准，开发中高职衔接教材和教学资源，推进中高职培养规格、课程设置、工学比例、教学内容、教学方式方法、教学资源配置的有效衔接。推进职业院校联盟建设，探索区域职业教育"集群发展"模式。

完善职业教育考试招生制度。建立中职学校与普通高中统一的招生平台，实现普职同时招生、平等对待、规模大致相当。建立中职学校学业水平考试和学生综合素质评价制度，推动普通学校和职业学校互相转学、互认学分。改革高职考试招生办法，实行"文化素质＋职业技能"评价方式，试行单独招生和技能拔尖人才免试等招生办法，逐步建立基于高中阶段学生学业水平考试成绩、参考综合素质评价等的注册入学制度。开展应用型本科高校招收中职毕业生试点。扩大应用型本科高校招收高职毕业生和高职院校招收中职毕业生比例，2020年分别达15%和30%。

拓宽技术技能人才终身学习通道。全面实行学分制，建立学分积累与转换制度，建立教育与就业的旋转门，畅通在职人员"学习—就业—再学习"通道，支持技术技能人才根据职业发展需要，在职接受继续教育。推动部分应用型本科专业开展招收有实践经验学习者试点，专业学位研究生主要招收有实践经验学习者，完善职业教育人才多样化成长渠道。

三、完善产教融合协同育人机制

构建校企深度合作办学机制。制定实施校企合作促进办法，鼓励企业举办或参与举办职业教育，发挥企业重要办学主体作用。成立行业主管部门、行业企业、学校共同参与的行业职业教育指导委员会，建立联动机制，发挥行业企业在专业建设、人才培养、质量评价等方面作用。支持应用型本科高校和职业院校与行业、企业建立人才培养及技术技能积累创新共同体。建立行业人力资源需求预测和就业状况定期发布制度。

大力推广现代学徒制。开展现代学徒制试点，探索建立校企联合招生、合作培养、一体化育人的长效机制。实施"二元制"技术技能人才培养模式改革，采取单独招生的方式，招收企业在职员工进校学习，逐步构建以行业企业与学校二元主体、学徒与学生二元身份、师傅与教师二元教学、企业与学校二元管理、企业与学校二元评价、毕业证与职业资格证二元证书、全日制与非全日制二元学制为主要特征，以全面提升劳动者技术技能水平和职业素养为主要目标的现代职业教育人才培养新模式。

鼓励多元主体组建职教集团。支持示范、骨干职业院校，围绕区域发展规划和产业结构特点，牵头组建面向区域主导产业、特色产业的区域型职业教育集团。支持行业部门和行业龙头企业、职业院校，围绕行业人才需求，牵头组建行业型职业教育集团。重点推进行业、企业、学校等主体共建法人型职教集团，引导省、市属国有和龙头企业牵头组建覆盖全产业链的职教集团。

提高学生就业创业能力。建立就业创业协同育人新机制，修订人才培养方案，加强职业生涯规划指导，面向全体学生开设创新创业课程，纳入学分管理体系，建立休学创业制度；改革教学方式和考核方式，强化实践平台和创新创业基地建设，建立评估体系，将就业创业教育纳入学校质量年度报告和毕业生就业质量年度报告。推动学历证书与职业资格证书“双证融通”改革试点，加快实现学历证书考试和职业资格证书考试标准对接，逐步实现两考合一。中职毕业生年度就业率保持在97%以上，高职院校毕业生初次就业率保持在75%以上，双证书获得率分别保持在98%、88%以上。

专栏五　打造福建版“二元制”现代职业教育重大项目

现代职业教育体系建设工程	建设5所左右示范性应用型本科高校、10所左右示范性现代高职院校、50所左右示范性现代中职学校，200个左右对接产业转型升级的专业群，10个示范性公共实训基地，10个左右国家级示范性职业教育集团，100个中高职衔接课程体系，提升技术技能人才系统培养能力和水平。

第五章　加快高等教育内涵建设

一、分类推进高水平院校建设

推动一流大学和一流学科建设。支持厦门大学对接国际一流标准和国家重大战略需求，全面建成世界知名高水平研究型大学；将华侨大学纳入省属高水平大学建设项目。实施“一流大学建设计划”，加快推进省属高水平大学建设，加大力度支持福州大学、福建师范大学、福建农林大学建成全国一流大学。面向全省高校实施“一流学科和特色学科建设计划”，重点建设40个具有一流创新环境、培养一流创新人才、产出一流创新成果的国际知名、国内领先的“高峰”学科；重点建设60个学科基础好、整体实力强，对国家和我省经济社会发展贡献度高的“高原”学科；重点建设100个与福建经济社会发展密切相关的应用型特色学科。实施“医学院校提升计划”，提高医学人才培养能力和水平。

推动示范性应用型本科高校建设。坚持试点引领、示范推动，确定一批有条件、有意愿的试点高校率先探索应用型发展模式，推动其真正转到服务地方经济社会发展、产教融合校企合作、培养应用型人才和增强学生就业创业能力上来。加大对试点高校的政策支持和条件保障力度，到2020年力争建设5所左右示范性应用型本科高校。

推动示范性现代高等职业院校建设。重点培育一批办学定位准确、办学基础良好、发展潜力较强的高职院校，面向福建战略布局、区域和行业发展需求办学，强化内涵建设、特色发展，持续深化产教融合，密切产学研合作，大幅提升人才培养质量和应用技术研发水平，增强服务产业发展能力，在福建特色现代职业教育体系建设中发挥引领示范作用。

二、完善人才培养布局结构

调控高等教育总体规模。根据国家和福建发展战略需要，以及人口变化趋势、产业发展和人才需求预测，稳定全省高校普通本专科教育规模，扩大研究生教育特别是博士生、专业学位研究生教育规模，支持有条件的本科高校新增硕士专业学位授权单位和博士、硕士专业学位授权点。建立办学规模定期核定机制，逐校核定办学规模。科学安排年度招生计划，加强分专业招生计划调控力度，扩大工学、医学、农学等紧缺急需专业招生规模，限制或调减财经类、管理类、政法类等专业招生计划。

优化高校层次科类结构。稳定现有高校数量，除中外合作办学机构外，原则上不再审批增设新高校，集中力量办好现有高校。通过高等专科学校升格等形式，增设医学、工科等紧缺急需科类本科高校；推动一般本科学校整合优势资源、提升综合实力，更名为大学。通过推动高职院校兼并重组，闲置校区校际置换、有偿调整，实施省属高校及其周边配套基本建设项目等，改善高校办学条件。

调整本科高校服务产业人才培养结构。实施“高校学科专业建设服务产业转型发展和创新创业行动计划”，引导本科高校调整优化专业设置，对接区域主导产业、新兴产业和产业转型升级，重点建设200个服务产业特色专业点和20个应用型人才培养专业集群。围绕科技进步、产业结构调整和社会管理创新的要求，加快发展支撑引领新产业、新技术、新业态的新学科、新专业，布局建设智能制造、电子信息、集成电路、互联网经济、现代特色农业、生产性服务业和社会文化建设等重点领域人才培养培训基地。

三、巩固提高人才培养质量

改革完善人才选拔机制。2018 年启动高考综合改革，计入高考总成绩的 3 门高中学业水平等级性考试科目，由考生根据报考高校要求和自身特长自主选择。高校根据自身办学定位和专业培养目标，研究提出对考生高中学业水平考试科目报考要求和综合素质评价使用办法。探索基于统一高考和高中学业水平考试成绩、参考综合素质评价的多元录取机制。到 2021 年，全面建立有利于促进学生健康发展、科学选拔各类人才和维护社会公平的普通高校招生考试制度。

巩固本科教学基础地位。继续实施"本科教学工程"，重点支持建设一批教师教学发展中心、实验教学示范中心和虚拟仿真实验教学中心等，力争更多项目入选国家级行列。实施"高校教学名师引领计划"，以落实教授为本科生上课制度为基础，以健全"培养—选拔—应用"机制为核心，以建设名师工作室为抓手，打造教学名师梯队。实施"互联网 + 教育"方案，支持建设福建省高校数字图书馆、精品在线开放课程、联合实训基地等优质教育资源共享体系。

提升研究生培养水平。分类推进研究生培养模式改革，突出学术型研究生的学术素养和创新能力、应用型研究生的职业能力和实践能力培养。加强学位授权学科、导师队伍等建设。继续实施研究生教育创新计划，重点建设一批研究生联合培养示范基地、研究生核心课程（教学案例、教材），打造一批高水平研究生学术论坛，选派一批以博士生为主的研究生赴海外研修，支持高校提升创新实践能力培养水平。

四、着力提升创新驱动发展能力

深化创新创业教育改革。实施"高校创新创业教育改革计划"，把创新创业教育融入人才培养，建立以创新创业为导向的人才培养机制，完善产学研用结合的协同育人模式，深化课程体系、教学内容、教学方式方法、教学管理制度等改革，挖掘和充实各类专业课程创新创业资源，推动高校完善创新创业课程体系。加强实践教学资源、创新创业实习实训平台等建设，实施大学生创新创业训练计划，办好各级各类创新创业、学科和技能竞赛，提升教师创新创业教育意识和能力。着力建设校园创新创业文化。落实高校毕业生创业扶持政策，探索建立以创新创业为导向的高校发展性资助体系。鼓励高校与地方政府、行业协会、企业、产业园区、孵化基地等通过多种方式建立大学生创新创业基金，建设一批大学生创新创业基地和创新创业教育改革示范校，建设优秀创新创业导师库，积极发展"众创空间"等，使大学生自主创业的规模、质量持续得到扩大和提高。

完善协同育人、协同创新机制。深入实施系列"卓越计划"，推动建立校校、校企、校地、校所以及国际合作的协同育人新机制，积极吸引社会资源和国外优质教育资源投入创新创业人才培养。紧密结合国家重大科研任务，围绕战略性新兴产业和我省经济社会建设重大需求，通过跨学科、跨院校、产学研联合培养等，培养科技创新和工程技术领域拔尖人才。

加强高校科研创新平台建设。坚持科教融合、创新引领，推动高水平国家级科研创新平台建设，建设若干个国家重点（工程）实验室、工程（技术）研究中心和一批省部级科研创新平台，积极争取在国家实验室建设方面取得突破，增强高校承担国家重大科研项目和解决区域经济发展关键科技问题的能力。实施"高校创新能力提升计划"，择优建设 30 个左右省级"2011 协同创新中心"。支持国家大学科技园建设。

提升高校科技创新服务能力。引导高校围绕福建省产业转型升级和产业急需，提升高校科学研究与社会的契合度。加大投入，支持高校加强基础研究和应用技术研究。引导推进高校科研活动和成果分类考核机制，探索开放的、多方参与的科研评价体系，以研究质量、原创价值和实际贡献为标准评价高校服务社会能力，推动高校落实科技成果使用、处置和收益权，完善和落实促进科研成果转移转化的收益分配政策，以及高校对科技成果的自主定价权与分配权，允许科技人员以转让、许可、作价入股等方式转移转化科技成果，建立健全有利于科技成果转移转化的人才评价制度和机制。

推进高校新型智库建设。以“2011 协同创新中心”和人文社会科学重点研究基地建设为抓手，重点打造一批高端智库。聚焦国家和福建急需，发挥高校人文社会科学优势，统筹规划高校各类科研机构、人才团队和项目设置，凝练智库建设主攻方向，力争在我省经济社会发展关键领域和环节，以及亟待解决的问题上取得重大突破。

专栏六　加快高等教育内涵建设重大项目

拔尖高校建设工程	设立专项资金支持建设各类高水平院校，引导每一所高校明确在三维分类体系中的办学定位，促进不同类型高校在不同层次或领域办出特色、争创一流。
一流学科、特色学科、学科专业服务产业转型发展和创新创业行动计划	重点建设 100 个“高峰”“高原”学科，100 个与福建经济社会发展密切相关的应用型特色学科，200 个服务产业特色专业点和 20 个应用型人才培养专业群。
省属高校及其周边配套基本建设项目	支持高水平大学基本建设项目、有关高校新校区或续建项目建设，以及福州地区大学新校区完善提升项目等，进一步改善办学条件。
本科教育质量提升工程	实施本科教学工程、高校教学名师引领计划、“互联网 + 教育”、高校创新创业教育改革计划和系列卓越计划，提升本科教学质量，增强大学生创新创业能力。
研究生教育创新计划	重点支持学位授权学科、导师队伍、研究生改革试点项目、研究生联合培养示范基地、研究生核心课程（教学案例、教材）、研究生学术论坛，选派研究生赴海外研修等。
高校创新能力提升计划	认定 30 个左右省级“2011 协同创新中心”，鼓励高校积极申报国家级“2011 协同创新中心”，提升高校协同创新、协同育人水平。

第六章　促进教育包容发展与机会公平

一、提升特殊教育和民族教育发展水平

进一步完善特殊教育体系。加强部门协调，建立健全残疾儿童筛查安置网络，实行“一人一案”，让每位残疾儿童都能接受合适教育。推动特殊教育向学前和高中阶段“两头延伸”，支持建设集残疾儿童康复、教育为一体的特殊幼儿园，支持特教学校举办附属幼儿园（班）和高中班，促进普通幼儿园和高中学校接收有能力接受普通教育的残疾学生。实施残疾儿童少年学前至高中阶段 15 年免费教育。完善高校招收残疾考生政策，扩大残疾人高等教育规模。

提升特殊教育办学水平。实施特殊教育提升工程，加大省级统筹规划和经费奖补、政策支持力度，到 2018 年办学年限达 6 年的独立设置特殊教育学校基本达到标准化要求。到 2020 年，每个乡镇（街道）建设 2 所随班就读基地校，配备资源教室；建设 50 所左右特教学校职教教室和实训基地，聘请专业教师，开展职业教育和培训。试点推进特殊教育医教结合改革，开发教育康复校本课程，优化课程结构，探索建立特教机构和医疗机构有效合作机制。支持泉州市、厦门市同安区国家特殊教育改革实验区建设。

大力扶持民族教育发展。加大民族教育专项资金支持和对口支援力度，支持民族中小学校改善办学条件、深化课程教学改革、培育民族教育特色等。完善少数民族学生升学、就学照顾政策。到 2020 年，民族乡村基本公共教育服务整体水平及主要指标接近或达到全省平均水平。加大民族地区教育对口支援力度，办好内地西藏班、新疆班及高校民族预科班和民族班。

二、大力发展终身教育

积极发展继续教育。建立学历继续教育质量保障机制，加强准入监管和质量评估，建设集管理、监测、服务功能为一体的数字化服务平台。大力发展非学历继续教育，到 2020 年，职业院校开展职工继续教育人次绝对数达全日制在校生的

1.2 倍以上，建成 100 个成绩突出、质量高、社会效益好的继续教育示范学校（教学站点）。加强数字化资源建设，开发 1000 门优质网络课程。加快建设福建开放大学，搭建全省继续教育和终身学习服务支撑平台。

拓宽社会成员终身学习通道。扩大社会成员接受多样化教育机会，建立健全宽进严出学习制度。为残疾人等特殊群体参加考试提供服务。建立个人学习账号和学分累计制度，探索建立多种形式学习成果认定转换制度，促进多种学习渠道、学习方式、学习过程的相互衔接。支持职业院校和电大面向高校毕业生、退役士兵、外来务工人员、农村富余劳动力、失业人员、残疾人等，开展就业技能和创业培训，扩大新型产业工人和职业农民培训规模。

完善终身教育网络。深入开展城乡社区教育工作，实施社区教育机构提升计划，到 2020 年建成 100 个社区教育示范基地、100 个社区教育特色品牌。建立各类学习型组织评价制度和推广机制，推动部门、行业分类制定学习型组织建设标准，促进学习型组织建设具体化、规范化和系统化。高度重视发展老年教育，鼓励社会力量兴办老年教育，到 2020 年老年人入学率达 20%。倡导全民阅读，开展多样化学习教育活动。提高公民语言文字规范意识和应用能力。

三、实施教育精准扶贫攻坚

提升扶贫开发重点县基本教育发展水平。支持扶贫开发重点县实行普通高中免费教育。“全面改薄”工程资金、项目予以倾斜支持，加强农村学校图书、实验仪器、宽带、卫生、食宿、体育、美育条件建设。实施重点县薄弱高中改造计划，支持高中达标建设，到 2019 年每个县至少建成 1 所一级达标高中。面向重点县，实施“农村紧缺学科教师学费代偿计划”“经济困难县补充农村教师资助计划”“优秀退休教师支教服务计划”，帮助解决农村学校师资总量不足和结构不合理问题。

提高革命老区本科高校办学水平。加大对龙岩学院、三明学院、武夷学院、宁德师范学院等本科院校的支持力度，加强基础设施、人才队伍和学科专业等重大项目建设。推动省重点建设高校对口支援新建本科院校。

增加农村学生上重点本科高校比例。继续实施教育部直属高校和其他自主招生试点高校面向我省农村单独招生计划，拓宽农村、中央苏区、革命老区学生就读重点高校升学渠道。继续实施省属本科一批高校面向我省扶贫开发工作重点县招收农村学生专项计划，确保重点县本科一批录取比例不低于全省平均水平。

完善学生资助体系。扩大学前教育资助范围，统一并完善城乡义务教育惠民政策，完善中职学校家庭经济困难学生资助政策，设立高中阶段省政府励志奖学金，完善国家助学贷款政策。对家庭经济困难学生、残疾学生接受职业教育实行应助尽助。率先对建档立卡的家庭经济困难的高中阶段学生实施免除学杂费。建立精准资助工作机制，推动信息化建设，实现对受助对象的精准认定、精准奖助和精准管理，提高资助工作的服务和管理水平。

四、促进入学机会公平

完善中小学招生入学办法。探索建立公办幼儿园招生新机制。依法实施义务教育免试就近入学政策，按常住人口合理确定小学服务范围，初中学校通过单校划片对口直升或多校划片随机派位等组织入学。改革完善高中阶段学校招生办法，2017 年起全省统一组织实施语文、数学、英语等科目中考，2020 年全面实行基于初中学业水平考试成绩、参考综合素质评价的中考中招制度，省一级达标高中（含县一中）招生名额分配到初中学校的比例不低于 50%。

切实保障进城务工人员子女公平就学升学。以流入地为主、以公办学校为主，对符合条件的义务教育阶段随迁子女，通过自主报名结合随机派位、积分制等方式入学，确保随迁子女就读公办学校（含政府购买民办学校义务教育服务）的比例达 90% 左右。实行高中阶段学校向随迁子女开放和同等招生政策。实施“异地高考”政策，完善配套措施和管理办法。建立政府、学校、家庭、社会联动的农村留守儿童关爱体系。完善农村寄宿制学校设施设备，加强生活管理和卫生保健人员配备，优先满足留守儿童寄宿需求。

建立更加公平规范的高招录取机制。改进高校招生录取模式，逐步推行按专业“一档多投”

录取模式改革，增加学生和高校双向选择权。待条件成熟时，减少本科院校招生录取批次。减少和规范高考加分，2018年起取消我省所有地方性加分项目。进一步规范高校各种特殊类型招生管理。

专栏七　促进教育包容发展与机会公平重大项目

特殊教育提升工程	每个乡镇（街道）配备2所（小学、初中各1所）随班就读基地学校资源教室。支持50所左右特教学校建设职教教室和实训基地，添置专业设备，聘用专职教师，开展残疾人职业教育。
终身教育发展计划	实施终身学习资源开发计划、社区教育基地建设工程，加强终身学习课程资源、福建特色网络课程的开发，建设100所示范性社区教育基地，办好福建开放大学。
革命老区本科高校发展提升计划	支持龙岩学院、三明学院、武夷学院、宁德师范学院基础设施、人才队伍和学科专业等重大项目建设。
义务教育保障机制和困难学生精准资助计划	农村义务教育公办学校学生免费教科书、作业本扩大到全省义务教育阶段学生，农村义务教育学生营养改善计划从寄宿制学校扩大到全省农村学校。建立高中阶段学生省政府励志奖学金，完善学生资助政策、扩大资助范围。

第七章　建设高素质专业化教师队伍

一、全面加强师德建设

增强师德教育针对性和实效性。加强中国特色社会主义理论体系教育，不断提高教师的理论修养和思想政治素质。坚持解决思想问题和解决实际困难相结合，增强思想政治工作的针对性和实效性。创新师德教育的内容、形式、方法、手段，强化师范生师德养成教育，增强教师教书育人的责任感和使命感，争当有理想信念、有道德情操、有扎实学识、有仁爱之心的好老师。

落实师德建设长效机制。建立健全教育、宣传、考核、监督与奖惩相结合的师德建设机制。开展各种形式的师德教育，定期评选表彰省杰出人民教师、省特级教师和省优秀教师，奖励长期扎根农村任教的优秀教师，加大师德典型的宣传力度，促进形成重德养德的良好风气。将师德建设作为学校工作考核和办学质量评估的重要指标，把师德表现作为教师资格定期注册、业绩考核、职称评审、岗位聘用、评优奖励的首要内容，对教师实行师德表现一票否决制。对有严重失德行为、影响恶劣者按有关规定予以严肃处理直至撤销教师资格。

二、提高中小学教师专业化水平

完善培养和补充机制。改革师范生招生培养办法，实施“卓越教师”培养工程，探索“4+2”教育硕士培养试点。扩大师范生免费教育规模，重点培养小学、幼儿教育男教师和农村小学全科教师。提升学前教育和特殊教育师资培养层次和水平。完善中小学、幼儿园教师职业准入机制和新任教师全省公开招聘考试办法，加强乡村教师、幼儿园教师和中小学紧缺学科师资的补充。贯彻教师专业标准，规范中小学、幼儿园新任教师见习期培训制度，建立非师范生进入教师队伍入职培训制度，全面实施中小学教师资格国家考试和定期注册制度。

实施乡村教师支持计划。建立全省统一标准、依据学校艰苦边远程度实行差别化的乡村教师生活补贴制度，在教师编制核定、岗位设置、职称评聘、评先评优、培养培训等方面向乡村学校倾斜。实施乡村校长助力计划和乡村教师素质提升计划，2020年前将乡村校长和教师轮训一遍。通过改造闲置校舍或新建，修建2万套乡村教师周转宿舍，改善乡村教师生活条件。

完善教师全员培训制度。建立中小学、幼儿园教师专业发展攀升体系，分级、分类、分岗开展五年一周期的全员培训。完善中小学校长任职资格培训、提高培训、高级研修和专题培训制度。以全省中小学教师教学技能大赛为引领，深化教师全员岗位练兵活动。建立教师培训学分管理、培训机构资质认证和培训质量评估制度，推进教师培训管理现代化和培训模式综合改革。推动信息技术与教师培训深度融合，探索混合式培训、网络研修等新型培训模式，促进教师自主学习。

实施中小学名师名校长培养工程。建立名师名校长成长激励机制，省级培养百名名师和名校长、千名学科带头人和骨干校长，建设100个省级名师工作室，拓宽名师名校长出境访问交流渠道。积极探索教育家培养模式，激励名师和名校长从优秀走向卓越。打通中小学和教师教育人才交流通道，鼓励支持师范院校和教师进修院校聘任中小学名师到校任教。

加强教师培训机构建设。加强福建教育学院建设，使其成为省级基础教育教学研究和中小学教师省级培训的重要基地。每个设区市重点建设1个市级教师培训基地。切实加强县级教师进修学校建设与管理，实施标准化建设工程，推进县级教师进修学校与教研室、教科所（室）、电教馆的职能和资源整合，建成30个研训一体化的县级教师发展中心。

三、加强职业院校“双师型”教师队伍建设

支持从行业企业选聘教师。扩大应用型本科高校和职业院校师资来源，建立从行业企业招聘教师制度，到2020年职业院校新补充专业教师（含专业课和实习指导教师）中具有行业企业工作经历的比例逐年提高至50%。建立教师与企业工程技术人员、高技能人才双向聘用机制，推进校企之间人员互派互聘。中职学校和未实行生均定额拨款的高职院校可将不超过总编制的30%用于自主聘请兼职教师，由同级财政按编制内教师平均工资水平核定补助经费。

加强教师培养培训。在有条件的普通本科师范院校设立职业技术师范学院，依托高水平院校、大中型企业共建50个“双师型”教师培养培训基地。出台教师到企业实践制度和“访问工程师”进修办法。实施职业院校教师素质提升工程，通过“福建省师资闽台联合培养计划”“省级专业带头人培养计划”，重点培养500名省级专业带头人、3000名骨干教师和管理干部。遴选组建100个优秀教学团队，成立20个职业教育名师工作室。完善符合职业教育特点的教师资格标准和专业技术职务评聘办法。

四、加强高校高层次人才队伍建设

加快建设一流学科领军人才队伍。实施高校高层次人才培养引进工程和闽江学者奖励计划，加大人才培养引进力度，新增一批入选“两院”院士、国家“千人计划”、长江学者奖励计划、国家杰出青年和优秀青年科学基金等项目的高层次人才。围绕国家和我省重大战略需求，优化人力资源配置，重点建设一批高水平创新团队。逐步探索高校不纳入编制管理，完善教师职务聘任制改革，引导高校建立不同岗位不同学科领域人才评价体系。支持高校对引进人才实行年薪制，试行以岗位任务为导向的协议工资，吸引并留住更多高层次人才。

加强青年教师培养培训。完善高校新教师选聘和培训制度，把新教师担任助教情况作为其主讲课程和获得主讲教师资格的先决条件。支持高校设立教师教学发展中心，延聘、返聘知名退休教授担任青年教师导师。遴选资助“福建省高校新世纪优秀人才支持计划”500名左右、“福建省高校杰出青年科研人才培育计划”500名左右，壮大高校科研人才队伍。

提升师资培养国际化水平。完善教师境外进修交流访学制度，支持高校选派优秀青年教师到国外访学交流，积极推荐高校高层次人才到国际组织任职，加大外籍教师聘任力度。到2020年，全省本科高校具有半年及以上境外学习经历的教师达20%以上。

专栏八　建设高素质专业化教师队伍重大项目

高素质专业化教师队伍建设工程	实施乡村教师支持计划、中小学百千万人才培养工程、职业院校教师素质提升工程、高校高层次人才引进工程、免费师范教育项目等，打造高素质专业化的教师队伍。
中小学教师培养培训体系建设工程	实施省市县三级教师专业发展中心建设工程，推动福建教育学院研训一体化发展，服务和支撑中小学教师专业化发展。

第八章　推动教育开放化多样化信息化发展

一、加大闽台教育交流合作先行先试力度

创新闽台合作办学模式。建立高等教育合作综合改革试验区，争取教育部支持试验区在对台政策和机制上先行先试。引进台湾优质教育资源联合举办高水平大学、应用技术型院校或行业特征鲜明的二级学院，办好一批与福建经济社会发展及产业转型升级匹配度高的闽台合作项目。支持台湾优质技职教育资源来闽参与职业教育集团运作，开展职业院校或普通高校部分院系委托台湾优质高校管理试点。

引进台湾高校优秀教师资源。实施“福建省高校台湾全职教师引进资助计划”，吸引台湾高校高水平师资来闽任教，支持高校从台湾引进1000名具有博士学位的优秀教师或业内精英。建设“福建师资闽台联合培训中心”，建立闽台职业教育教学和科研资源共享平台，实施两岸高校合作培训师资项目。

拓展闽台教育交流合作领域。贯彻落实《福建省促进闽台职业教育合作条例》。持续举办“海峡两岸大学校长论坛”“海峡两岸应用技术类大学校长论坛”“海峡两岸教育博览会”等活动，打造两岸教育界认同的教育交流品牌。支持闽台继续教育、终身教育双向交流。支持有条件的高校开展闽台文化交流活动、研究闽台区域文化、建设闽台文化体验中心等。进一步提高福建省高校台湾学生奖学金额度，扩大高校对台招生规模。积极推动闽台两地学生互换、学历学分互认。加强闽台青少年交流，多种形式举办青少年文体比赛、学生夏令营、祖地文化交流等活动。

二、提升国际化办学水平

加快引进境外优质教育资源。实施引进境外优质教育资源工程，支持省内外高校引进境外知名大学来闽联合举办具有独立法人资格的高水平大学；支持省内高校引进境外知名大学设立相对独立的二级学院，建设示范性中外合作办学项目（机构）；支持省内高校和职业院校开展多形式、多层次中外合作办学。借鉴国际先进教育理念和办学经验，引进优质办学模式、课程体系和教材，提高教育教学质量和管理水平。加强教育质量评估认证的国际交流合作。

大力培养国际化人才。提高福建省外国留学生奖学金额度，打造一批留学教育的高水平师资和特色鲜明的学科专业，吸引更多海外留学生。提高福建省出国留学奖学金额度，重点支持高校紧缺学科和急需专业教师出国研修。积极参与国家建设高水平大学公派研究生项目。实施大学生海外学习实习计划，扩大与国外大学交换学生培养领域。提高聘请外国文教专家的层次和水平。探索建立与国际接轨的吸引利用海外高层次人才新模式。支持有条件的地区创办基础教育阶段的国际学校。

推动教育机构海外办学。支持高校海外办学，推动厦门大学马来西亚分校和中国－东盟海洋学院建设，推动华侨大学在泰国设立华文学院、在新加坡设立南洋学院等，鼓励省重点建设高校和有条件的职业院校单独或联合赴海外办学，提升我省教育的区域竞争力和国际影响力。

加强汉语国际推广工作。加快孔子学院南方基地建设，推进孔子学院和孔子课堂建设。积极建设华文教育基地和对外汉语教学基地，探索多种形式的海外华文教育，深入开展汉语和中国文化国际推广活动。加强与海上丝绸之路沿线国家的汉语文化交流，为我省教育发展提供人才、技术、信息资源。

三、推动社会力量办学健康发展

实行民办学校分类管理。按照营利性与非营

利性不同属性，在尊重举办者意愿的基础上，对民办学校进行分类。制定民办学校分类管理办法，探索非营利性和营利性分类标准、管理和资助办法。探索实行民办幼儿园分类管理制度，建立分类定级标准。遴选若干所非营利性民办高校开展优质校建设，通过示范带动和政策引导，逐步实现民办高校分类管理和差异化扶持。

创新社会力量参与办学模式。探索建立混合所有制法人治理结构。开展社会力量参与的公办职业院校混合所有制改革试点，鼓励和吸引大型国有企业以及各种公有、民营、外资等社会力量，通过多种形式合作举办符合经济社会发展需求的混合所有制职业院校或二级办学机构。支持各类主体以合资、合作等方式举办优质特色幼儿园、高中学校。支持非营利性民办学校的管理者和骨干教师以知识、技术、管理、资本等方式参与办学并享有相应权利。鼓励公办和民办学校相互委托管理、购买服务。

完善扶持社会力量办学机制。逐步落实非营利性民办学校与同级同类公办学校享受同等优惠政策。改革民办高校发展专项资金扶持导向，通过资助内涵建设、奖励特色优质专业等方式向非营利性民办高校购买紧缺人才培养服务。支持民办高校在“实行机关事业单位养老保险”“建立民办高校年金制度”等方面开展改革试点。完善政府委托义务教育阶段民办学校承担义务教育任务制度，遴选一批义务教育阶段民办学校开展政府购买服务试点。进一步扩大民办学校收费自主权，允许营利性民办学校依据办学成本和市场调节自主定价收费，并向社会公示。

促进民办学校规范办学。按照“分级审批、分工管理”原则，明确各级政府及相关部门民办学校审批和管理职责。完善民办学校财务会计和审计监督制度，建立办学风险防范机制和信息公开制度，加强评估和年度检查。制定民办学校退出标准，依法保护受教育者、教育者和举办者合法权益。完善民办幼儿园收费管理和安全监管机制。加强民办中小学规范管理和监督。研究制订民办高等教育规范管理意见。进一步加强民办高校在教师队伍建设、办学信息公开、风险防控机制等方面的制度建设，支持设区市开展民办高校监管体制改革试点，重点加强民办高校财务和资金使用监管。

四、促进教育信息化融合创新发展

加快教育信息化基础设施建设。分阶段实施一批重点项目，进一步改善和提升各级各类学校教育信息化基础设施设备水平。实施农村中小学宽带网络接入工程，基本实现全省各级各类学校宽带网络全覆盖，力争到2020年全省农村中小学班均出口带宽达5M。实施“福建省优质教育资源共享支撑工程”，基本实现全省各级各类学校具备网络条件下的多媒体教学环境，鼓励各地建设优质学校与农村中小学间的远程互动教学多媒体教室，资助农村中小学远程互动教学多媒体（录播）教室建设。完善省级教育资源和教育管理公共服务平台，基本建成具有我省特色的信息化支撑服务体系。

加强教育资源开发与应用。按照“政府引导、市场驱动、多方参与、共建共享”的思路，以省级教育资源公共服务平台建设为基础，通过发放虚拟币、政府购买服务等方式整合、汇聚、引进各类优质教育资源及应用。出台激励措施和政策，完善中小学“一师一优课、一课一名师”工作机制，鼓励教师开发建设内生资源，建立教育资源审核、评估、淘汰机制，形成配套完整、覆盖各级各类教育的资源中心。推动优质教育资源共享辐射，实现农村和经济欠发达地区学校共享优质教育教学资源。推进信息技术与学校管理、教育教学深度融合，提升管理效率和教学科研水平。实施中小学教师信息技术应用能力提升工程，增强教师信息化应用能力、管理人员信息化管理能力。

启动高校智慧校园建设试点工作。依托高校建设福州地区大学新校区“一卡通”系统平台，采取“公益性投入与市场化运作相结合”的运行机制，以政府购买服务引入企业负责统筹建设经费，统一建设、统一运营，按照个性化要求提供相应优质服务，为高校师生提供教育、教学、生活、学习、就业等方面的资源与服务。

专栏九　推动教育开放化多样化信息化发展重大项目

组建中外合作大学——福建（平潭）海洋大学	支持省内外高校引进境外知名大学在平潭联合举办具有独立法人资格的高水平大学。
引进境外优质教育资源工程	支持省内外高校引进境外知名大学来闽设立具有独立法人资格的高水平大学，支持省内高校引进境外知名大学设立相对独立的二级学院，支持省内高校和职业院校开展多形式、多层次中外合作办学。
双向留学及港澳台侨学生奖学金	提高福建省外国留学生奖学金、福建省出国留学奖学金额度，设立福建省高校台湾学生奖学金、福建省高校港澳及华侨学生奖学金，扩大双向留学及港澳台侨学生来闽学习规模。
民办高等教育发展提升计划	奖补民办高校规范化建设，向民办高校购买紧缺人才培养服务，支持民办高校整合重组后的内涵建设。
教育信息化建设工程	实施农村中小学宽带网络接入工程、优质教育资源共享支撑工程、农村中小学远程互动教学多媒体（录播）教室建设、教育资源公共服务平台建设及教育资源开发应用、福州地区大学新校区高校智慧校园建设、中小学教师信息技术应用能力提升工程、标准化考点建设工程，提升信息化支撑教育教学和教育管理改革的能力和水平。

第九章　提升教育治理现代化水平

一、完善教育治理体系

全面提升教育系统党建科学化水平。推动教育系统健全党建责任体系，建立健全党组织书记抓基层党建述职评议考核制度，逐级构建党建工作指导、监控长效机制；持续深化党建制度改革，进一步完善高校二级院系、中小学校、民办学校党组织建设工作机制，抓实做细基层服务型党组织建设，推动建立稳定的党建经费保障和基层党务工作激励机制；坚持问题导向、项目带动，创新党建平台载体。建立职业化、专业化校长选聘机制，探索省属高校校级领导任期全职化试点和中小学校长职级制改革。贯彻落实《中国共产党统一战线工作条例（试行）》，促进统战工作制度化、规范化、程序化。按照全面从严治党要求，进一步落实党委主体责任和纪委监督责任，认真落实中央“八项规定”，践行“三严三实”，持之以恒纠正“四风”，深入推进惩治和预防腐败体系建设。

强化教育分级统筹管理。加快完善分级管理、地方负责、县乡（镇、街道）共建、各有关部门分工负责的学前教育管理体制。建立健全设区市组织协调、以县为主的义务教育管理体制，注重发挥乡镇参与学校建设的作用。建立完善设区市为主统筹规划建设、学校自主发展的高中阶段教育管理体制。进一步完善高等教育管理体制，强化省级政府对省属高校办学定位、办学规模、发展规划等方面的统筹管理，加强分类指导和分类发展，加强设区市政府对以市为主管理高校的统筹指导。

深入推进管办评分离。改革完善政府教育治理方式，更多地运用法规、规划、标准、政策、公共财政、信息服务等手段引导和支持学校发展，构建政府、学校、社会之间新型关系，使学校成为依法自主办学的主体，享有充分的权利和承担应有的责任。建立权力清单和责任清单制度，依法明确政府教育管理权限和职责，加大简政放权力度，最大限度减少对学校过多、过细的直接行政干预。逐步建立教育行政绩效评估体系，加大行政监督和问责力度。探索建立政府购买教育服务机制、政府和社会资本合作教育项目模式，创新提供公共教育服务方式。完善各级专家委员会制度，充分发挥专业机构和专家咨询委员会在服务教育行政决策、推进教育教学改革、提高教育教学质量等方面的重要作用。

二、改革完善教育经费保障机制

提高教育经费保障水平。统一教育事权和财权，完善地方政府教育投入督导、公告和责任追究制度，确保各项投入政策落实到位，全省财政教育支出占公共财政支出比例力争达到21%的目标要求，确保教育经费预算安排和执行均达到法定“三个增长”。加强教育费附加征收与管理，土地出让金收益的10%用于教育。进一步提高义务教育公用经费标准，特殊教育学校生均公用经费拨款标准达到普通初中的8倍，制定普通高中生均公用经费标准，推动市、县建立幼儿园生均拨款机制，确保2017年高职院校生均拨款水平不低于12000元。根据办学需要和经济发展水平，建立各类教育生均财政拨款标准动态调整机制。力争“十三五”期间，各类教育财政预算生均教育事业费和公用经费支出高于全国平均水平，2020年达到东部省份平均水平。

改革完善教育投入结构。完善非义务教育阶段学生培养成本分担机制，适时调整学费（保教费）标准。健全学前教育政府、社会、家庭合理分担的投入机制，建立普通高中财政投入为主、其他渠道筹措经费为辅的机制，完善职业教育政府、行业、企业及社会力量筹措经费的机制，健全高等教育以举办者投入为主、受教育者合理分担培养成本的机制。完善以改革和绩效为导向的高校预算拨款制度，建立基础拨款和绩效拨款相结合机制，提高经常性经费（生均拨款）占比并逐步达到70%以上，经常性经费由学校根据内涵发展需要自主安排。创新基础教育省级经费奖补机制，加大专项经费整合，根据地方政府财力、基础教育发展、投入和管理责任落实情况，探索建立综合奖补机制。

完善教育经费管理体制。实施全口径教育经费预算管理，推进编制省级以上教育经费中期预算规划，强化中期规划对年度预算的约束；建立教育经费管理会商机制，由财政、教育部门共同提出年度预算安排方案；确保教育经费投入和管理更加适应教育事业发展要求。加强教育投入的科学规划和研究论证，健全拨款咨询审核制度和经费监管机制。加强教育经费使用与管理的绩效评价。在本科高校和省属高职高专学校开展总会计师制度试点。

三、推进依法治教和依法行政

坚持依法治教。稳步推进教育立法，及时修订地方教育法规、规章，力争2020年初步形成与现代教育体系相适应、符合福建实际的地方教育法律法规体系。深化教育行政审批制度改革，建立便民高效、权责一致的制度机制，强化事中、事后监管；完善网上受理、审批、公示、查询、投诉等功能，提高服务管理水平。依法明确各级各类学校办学权利，进一步扩大学校开展教育教学活动和人、财、物使用管理等方面自主权。在中小学设立法治知识课程。建设中小学校（幼儿园）依法治校考核指标体系与工作机制。推动各级各类学校建立健全法律顾问制度。创建一批依法治校示范校，依法开展城市语言文字工作评估。

深化教育行政执法体制改革。建立完善教育行政执法体制机制，落实省市县分级责任制，及时查处违反教育法律法规、侵害受教育者权益、扰乱教育秩序等行为。健全学校、教师、学生合法权益保障机制。健全教育内部审计机制，强化审计监督。推进教育政务信息公开，维护人民群众知情权和监督权，加快电子政务建设，加强教育系统管理信息的互通和资源共享，扩大网上办公范围。

加快建设现代学校制度。健全公办高校党委领导、校长负责、教授治学、民主管理的现代大学治理结构，开展法人治理结构试点，完善校院（系）两级治理方式，充分发挥学术机构在学科建设、学术发展中的重要作用，保障教职工参与学校民主管理的权利。完善中小学和中职学校校长负责制，建立健全校务委员会、教职工代表大会、学生代表大会、家长委员会，拓展师生及社会参与学校民主管理、支持学校发展的渠道。支持行业企业参与高校和职业院校治理，建立由行业企业、地方政府和社区参加的理事会。推动民办高校完善法人治理结构，建立健全董事会（理事会）、校行政和监事会，形成决策、执行、监督既相对独立又相互制约的治理结构。

四、完善教育督导评估体系

建立各级各类教育质量标准体系和评价导向机制。进一步完善评估工作方式，将以人为本、基于学生学习成果、持续改进的先进理念落实到师生，推动学校开展自我评估，建立质量保障长效机制。完善语言文字工作督导评估指标体系。健全中小学各学段教育质量评价体系及反馈系统，逐步建立对学生、学校、区县不同层次的评价反馈机制。改革职业教育、高等教育评价机制，按照分类指导原则，逐步建立与国际接轨、有福建特色的专业人才培养质量标准和评估认证体系。

健全督政、督学和评估监测三位一体的教育督导体系。建立健全各级政府教育督导委员会及其办事机构，完善省市县分级领导体制和工作机制，促进相对独立行使职权。实施督学能力提升工程，推进教育督导队伍专业化。优化政府督导工作机制，促进各级政府有效履行教育职责。完善学校督导评估制度，督促和引导学校全面实施素质教育。建立健全各级各类教育质量监测指标体系，系统开展评估监测。完善教育督导报告发布制度，建立健全公示、公告、约谈、问责、奖惩、限期整改和复查制度。

支持专业机构和社会组织规范开展第三方教育评价。建立科学多元的评价标准，大力培育各类专业教育评价机构，扩大社会团体、民办非企业和基金会等参与各类评价，建立健全客观专业的评价反馈机制。引进和借鉴境外教育评价机制体制，加快高等教育专业认证国际化进程。探索将委托专业机构和社会组织开展教育评价纳入政府购买服务范围。

建立完善区域教育现代化评估推进机制。研究制订基本实现教育现代化指标体系和评估监测办法，建立省市县三级监测体系，每年发布监测报告，及时掌握全省教育现代化建设进展。支持福州、厦门、泉州等有条件的地区先行先试，创建教育现代化示范区。省财政设立专项资金，奖补推进教育现代化先进市县，逐步实现教育现代化建设由县域拓展到设区市及全省。

专栏十　提升教育治理现代化水平重大项目

实施高校共建共管计划	省教育厅、发改委、财政厅等分别与厦门市、漳州市政府签订共建集美大学、闽南师范大学协议，省教育厅、发改委、财政厅等与有关设区市政府签订共建以市为主管理本科高校协议，省教育厅与行业主管部门签订共同推进行业性高职院校改革发展协议，统筹协调各方力量，为高校改革发展提供政策保障和工作支持。
建立普通高中生均公用经费拨款制度	2016年建立普通高中生均公用经费拨款制度，逐年提高生均公用经费标准，到2020年提高到1500元/生·年。

第十章　强化规划组织实施

一、落实推进教育改革发展的责任

省教育行政部门负责规划实施的组织协调，有关部门要结合职能，积极配合、密切协作；各级政府要按照本规划部署，实行分工负责，共同抓好贯彻落实。各市、县（区）政府、教育行政部门、各级各类学校要从实际出发，科学规划本地区、本单位教育事业发展，形成上下结合、共同推进的局面。要建立完善监督考核机制，对规划实施情况进行监测评估和跟踪检查，将实施情况纳入各级政府综合评价和绩效考核体系。强化教育督导结果运用，健全考核奖惩机制，将其作为资源配置、干部考核、表彰奖励的重要依据。各级政府要自觉接受同级人大、政协以及社会各界的监督检查，定期听取人大、政协关于规划实施的意见建议。

二、全面推进重大项目和教育综合改革

围绕教育改革发展目标，组织实施学前教育三年行动计划、义务教育优质均衡发展计划、特殊教育提升工程、普通高中内涵提升计划、现代职业教育体系建设工程、拔尖高校建设工程等30个重大项目，加强关键领域和薄弱环节建设，着力促进公平、提高质量。制定实施《福建省教育综合改革方案（2015—2020年）》，加快体制机制改革步伐，坚持增量与存量改革并举，从单项改革向综合改革推进，破解深层次瓶颈问题，着力构建促进学生全面发展的育人制度体系、科学分离而又有机统一的“管办评”制度体系、教育与经济社会发展合作共赢的协同联动制度体系，力争到2020年基本形成系统完备、开放有序、有效率重公平的现代教育治理体系。

三、切实维护教育系统和谐稳定

深入开展平安校园创建活动，实施学校安全

标准化建设提升工程，2016年底前实现全省安全标准化建设目标，2017年底前全省95%以上的学校达到“平安校园”等级标准。强化学校安全教育，健全完善课程体系，建设安全教育信息化平台，深化学校安全教育教学研究，开发优质课程资源。推进校园及周边治安综合治理，加强校园人防、物防和技防建设，构建信息化、科学化、智能化新型校园治安防控和隐患排查治理体系。扎实做好校园反恐防范工作。依法健全和完善学校安全稳定责任追究和考核奖惩机制，落实学校综治安全维稳“党政同责、一岗双责”和“一票否决”权。健全学校突发事件应急机制，提升运用法制方式解决校园安全事故（件）的能力。持续推进文明学校创建工作，进一步优化育人环境。

四、动员全社会共同关心支持教育改革发展

各级政府及有关部门要各负其责，共同推进教育改革发展。各级各类学校要努力改革创新，不断提高教育教学质量和人才培养水平。充分发挥各级人大、政协，以及民主党派、人民团体、企事业单位等推进教育改革发展的重要作用。充分发挥新闻媒体作用，及时了解人民群众所思、所盼、所忧，积极回应社会关切。提升各级教育宣传部门组织策划能力，广泛宣传党的教育方针政策以及规划的主要内容，大力宣传各地、各单位贯彻落实规划的思路、举措、方案，挖掘树立教育战线先进典型和社会各界关心支持教育的经验做法，进一步增强各级政府和社会优先发展教育的责任感和使命感，动员全社会进一步关心支持教育改革发展。

【发文机关】福建省人民政府办公厅
【标　　题】福建省人民政府办公厅关于印发福建省“十三五”教育发展专项规划的通知
【发文字号】闽政办〔2016〕67号
【发布日期】2016年4月28日

福建省人民政府办公厅关于印发福建省“十三五”文化改革发展专项规划的通知

各市、县（区）人民政府，平潭综合实验区管委会，省人民政府各部门、各直属机构，各大企业，各高等院校：

《福建省“十三五”文化改革发展专项规划》已经省人民政府同意，现印发给你们，请认真组织实施。

福建省人民政府办公厅

2016年5月27日

福建省“十三五”文化改革发展专项规划

前　言

为深入贯彻落实《福建省国民经济和社会发展第十三个五年规划纲要》等精神，编制本规划。本规划由省文化厅牵头会同省委宣传部、省新闻出版广电局、省社科联、省文联编制，涵盖了精神文明、文化艺术、新闻出版、广播影视、哲学社会科学等方面。

第一章　发展基础和面临形势

一、发展现状

“十二五”时期，福建文化持续繁荣发展，基本完成了阶段性任务，取得了新的成效。

——社会主义核心价值观教育扎实推进。学习贯彻习近平总书记系列重要讲话精神，坚定中国特色社会主义道路自信、理论自信和制度自信，不断完善党委（党组）中心组学习制度，广泛开展面向基层的对象化、分众化、互动式宣讲。加强党的创新理论研究，产生了一批研究中国特色社会主义理论体系的课题成果，推出了一批反映社会主义核心价值观的优秀出版物、广播影视作品。颁布施行《福建省社会科学普及条例》，社会科学普及工作步入法治化、规范化轨道。

——精神文明创建不断深入。全面部署中国特色社会主义和中国梦宣传教育活动，公民道德建设、诚信建设等工作持续加强。8人被评为全国道德模范，人数居全国前列；294人入选“中国好人榜”。厦门、福州继续保持全国文明城市荣誉称号，三明、泉州、漳州新进入全国文明城市行列，莆田、龙岩、平潭以及福清、石狮、晋江、长泰、惠安、沙县、泰宁、武平荣获全国文明城市提名城市，德化、永春保留全国文明县城称号，沙县夏茂镇等66个村镇荣获全国文明村镇称号，厦门航空公司等167个单位荣获全国文明单位称号。

——文化体制改革全面推开。组建福建省新闻出版广电局，市县新闻出版、广电行政部门机构合并改革稳步推进。国有文化单位改革有序推进，6家国有文艺院团完成转企改革，33家非时政类报刊出版单位完成转企改制任务。推动海峡出版发行集团股份制改造，推进福建日报报业集团经营管理机制改革。组建福建广电网络集团，基本实现全省广播电视有线网络“一省一网”。福州、莆田被评为“全国文化体制改革工作先进地区”。深化文化市场综合执法改革，完成简政放权“四张清单”的清理工作，着力加强取消或调整的行政审批项目的后续监管工作。

——公共文化建设持续完善。厦门、三明、福州等入选国家公共文化服务示范区，艺术扶贫工程、村级文化协管员队伍建设、激情广场大家唱和宁德古田溪山书画院建设模式入选国家公共文化服务示范项目。全民阅读活动逐步向常态化、数字化、移动化方向转变，农家书屋实现行政村全覆盖。完成全省广播电视村村通、农村有线广播村村响工程及县乡村三级联播联控暨应急预警系统建设，高山无线发射台站基础设施建设稳步推进，广电有线网络数字化率达91.48%。实现县级数字影院全覆盖，一村一月免费观看一场数字电影得到落实。全省县级博物馆全面达标，建设500个激情广场群众性文化示范点、新建500个乡镇综合文化站文化信息共享服务点、扶持32个非物质文化遗产地方剧种剧团公益性演出等为民办实事文化项目全面完成。“情系八闽——文化志愿服务走基层”为民惠民系列文化活动广泛开展。

——文化艺术精品不断涌现。我省电影、电视剧、戏剧、歌曲、广播剧、文艺类图书荣获第十二届全国精神文明建设“五个一工程”优秀作品奖，实现“满堂红”；6部作品荣获第十三届全国精神文明建设“五个一工程”奖。16部剧目获“文华奖”等国家级以上奖项，4人次获“中国戏剧梅花奖”，1人次获中国曲艺牡丹奖。成功举办第五、第六届福建艺术节等活动。创排大型舞剧《丝海梦寻》，受邀在联合国总部、联合国教科文组织总部、欧盟机构以及台湾、香港、澳门等地演出。福建美术、书法跻身全国先进行列，5幅作品入选“中华文明历史题材美术创作工程”，在第5届中国书法兰亭奖与第11届全国书法篆刻展中入展与获奖人数均创下历史最好成绩。53种广播影视精品获国家级以上奖项及荣誉，3部影片票房破亿元。107种重点图书获国家级奖项、列入国家重点规划项目或国家重点基金资助。

——文化产业实力快速提升。2015年文化产业增加值突破1000亿元，占地区生产总值比重为4.1%，总量和占比均居全国前列。新闻出版业综合实力名列全国第10位，动漫游戏业、工艺美术业综合实力均名列全国第4位。电影业持续快速发展，电影票房14.86亿元，年均增长43.2%。网龙集团连续两届获评全国文化企业30强。形成以泉州、厦门、福州为核心的创意设计、动漫游戏集聚区，以莆田、泉州、福州为核心的工艺美术产业集聚区，以南平、龙岩等闽西闽北地区为核心的生态和文化旅游产业集聚区。福州、厦门获批闽台国家文化产业试验园区、国家级文化和科技融合示范基地。厦门软件园二期动漫园区、福州软件园影视动漫产业基地分别获评国家动画产业基地和国家影视动漫实验园。全国最大的正版数字内容聚合和发行平台——中国移动手机动漫基地落户厦门。海峡两岸（厦门）文化产业博览会、海峡两岸图书交易会、中国（莆田）海峡工艺品博览会等平台影响力不断扩大。

——文化遗产保护有力推进。全省共登记不可移动文物33251处，位居全国第10位。中央苏区革命文物、涉台文物、水下文物等特色文化遗产和乡土建筑、工业遗产等新型文化遗产在全国占有重要地位，其中涉台文物1515处，约占全国总数的四分之三。武夷山城村汉城、三明万寿岩两处考古遗址公园列入国家考古遗址公园立项名单。海上丝绸之路、三坊七巷、闽浙木拱廊桥、闽南红砖建筑、鼓浪屿等入选《中国世界文化遗产预备名单》。“福州茉莉花与茶文化系统”入选全球重要农业文化遗产。福州三坊七巷社区博物馆成为全国首家生态（社区）博物馆。全国首个印刷文化保护基地落户我省。新认定中国历史文化街区4个，新增中国历史文化名街3个、名镇6个、名村13个。明清海防遗址入选国家大遗址保护项目库。“福建木偶戏后继人才培养计划”成功入选人类非物质文化遗产优秀实践名册，我省成为获得人类非物质文化遗产三个系列的唯一省份。德化荣膺联合国教科文组织“世界瓷都”称号。《闽南文化生态保护区总体规划》正式实施。4家企业获批国家级非遗生产性保护示范基地，3家企业获批国家级非遗保护研究基地。福建艺术职业学院成为目前全国唯一的国家级非物质文化遗产人才培养基地。

——对台对外交流合作日益拓展。组织22批“福建文化宝岛行”系列文化交流活动，涉及35个院团（组）2200多人。中国闽台缘博物馆每年接待台胞7—8万人次。“妈祖之光”大型电视综艺晚会每年持续入岛直播举办。海峡媒体峰会、海峡影视季、海峡新闻出版合作论坛、世界闽南文化节、“21世纪海上丝绸之路”国家级研讨会、东亚文化之都·2014泉州活动年暨首届海上丝绸之路国际艺术节、第十四届亚洲艺术节暨第二届海上丝绸之路国际艺术节、首届丝绸之路国际电影节福州分会场和第二届丝绸之路国际电影节（福州主会场）等大型对台对外文化交流活动成功举办。在美国等8个国家设立8家“闽侨书屋”，率先在南非、美国各设立1家“闽侨文化中心”。“丝路帆远——海上丝绸之路文物精品（图片）展”到联合国总部和巴西、英国等国家巡展。“闽韵流芳·福建文化年”系列活动在法国巴黎举办。对外文化产品和服务贸易位居全国前列。

二、机遇与挑战

“十三五”时期，福建文化改革发展机遇与挑战并存。

（一）中央对文化建设做出战略部署，为文化改革发展提供遵循。党的十八大以来党中央高度重视文化建设，作出一系列重大决策部署。习近平总书记就文化建设发表系列重要讲话，特别是在文艺工作座谈会和党的新闻舆论工作座谈会上发表的重要讲话，以及关于传承弘扬中华优秀传统文化的重要论述，为新时期文化改革发展指明了方向。

（二）中央提出的全面建成小康社会奋斗目标，对文化建设提出新要求。“十三五”时期文化建设将对经济社会可持续发展和综合国力提升起到重要支撑作用，直接关系到人民群众的生活质量和幸福指数。创新、协调、绿色、开放、共享的发展理念与文化建设息息相关，为“十三五”时期我省文化发展提供重要的思想指引和理论武器。

（三）中央支持福建加快发展，为福建文化改革发展提供新机遇。近年来，中央陆续出台实施了一系列支持福建加快发展的意见、规划和方案，尤其是支持福建发展的“三规划两方案”、深入实施生态省战略和加快建设生态文明先行示范区建设的意见、中国（福建）自由贸易试验区总体方案，以及支持福建省进一步加快经济社会发展、建设21世纪海上丝绸之路核心区等重大政策，为福建文化建设带来新的政策红利。

（四）经济发展进入新常态，为文化改革发展开辟新空间。适应经济新常态，推进供给侧结构性改革，为发展文化产业、扩大文化消费、推动产业结构转型注入新活力。“互联网+文化”发展态势和新媒体蓬勃发展，也为我省发展文化产业、拉动文化消费、推动文化产品和文化服务“走出去”提供新契机。

“十三五”时期推进我省文化改革发展也必须克服存在的问题和不足：一是文化管理体制机制不健全，事业产业关系未理顺。二是公共文化服务体系不健全，城乡、区域发展不平衡，管理运行机制有待完善。三是传统媒体与新兴媒体融合步伐较慢，产业总体实力和竞争力不强。四是文物保护与开发建设矛盾日益凸显，文化遗产保护形势严峻。五是文艺出精品、出人才的机制亟待健全完善。六是对台对外文化交流质量和效益有待提升。

第二章　总体要求

一、指导思想

深入贯彻落实党的十八届三中、四中、五中全会和省委九届十四次、十五次全会精神，深入贯彻落实习近平总书记系列重要讲话精神和对福建工作的重要指示，紧紧围绕“四个全面”战略布局和创新、协调、绿色、开放、共享的发展理念，坚持社会主义先进文化前进方向，坚持以人民为中心的创作导向，以培育和弘扬社会主义核心价值观为根本任务，以满足人民群众的精神文化需求为出发点和落脚点，以改革创新为动力，加快文化强省建设，促进我省文化事业全面繁荣和文化产业跨越发展，为推动我省经济社会发展再上一个新台阶，建设机制活、产业优、百姓富、生态美的新福建提供有力支撑和保障。

二、基本原则

（一）坚持正确导向。坚持用“中国梦”和社会主义核心价值观凝聚共识、汇聚力量，全面贯彻为人民服务、为社会主义服务的方向和百花齐放、百家争鸣的方针，弘扬主旋律，推动全社会形成积极向上的精神追求和健康文明的生活方式。

（二）坚持改革创新。进一步解放思想，积极破除制约文化事业和文化产业发展的体制机制障碍，加快文化产业技术革新，促进文化传播手段和内容生产创新，推动传统媒体和新兴媒体融合发展，大力解放和发展文化生产力。

（三）*坚持均衡发展*。坚持创新、协调、绿色、开放、共享的发展理念，大力推进文化事业和文化产业发展方式由粗放型向集约型、数量型向质量型、单向型向互动型转变，加大对贫困县、乡（街道）和村（社区）的文化政策倾斜力度，推动公共文化服务领域均衡发展。

（四）*坚持统筹兼顾*。始终把社会效益放在首位，坚持社会效益和经济效益有机统一，科学协调文化领域各方面关系，实现文化事业普惠基层、文化事业与文化产业双效统一。

三、发展目标

“十三五”期间，力争把我省建设成为公共文化服务体系均衡发展省、全国对台对侨对外文化交流的重要基地、全国重要的文化产业基地，文化艺术精品生产创作、地方戏曲传承发展、媒体融合发展、文化遗产保护利用、数字文化建设与服务、国家级文化生态保护区建设等方面水平位居全国前列。

——精神文明建设取得新成效。城乡文明程度和公民文明素质显著提高，群众性精神文明创建活动实现新突破。力争到2020年，福州、厦门、漳州、泉州、三明继续保留全国文明城市称号，新增1—2个地级全国文明城市、4—5个县级全国文明城市。县级以上文明村镇占全省村镇数的30%以上，县级以上文明单位占全省法人单位数的10%以上。

——现代公共文化服务体系建设走在全国前列。基本建成覆盖城乡、便捷高效、保基本、促公平的现代公共文化服务体系。各级各类公共文化设施互联互通，实现公共文化资源效能最大化。公共文化“互联网+”服务方式和手段日益完善。品种丰富、结构合理、特色鲜明的文化资源体系和群众文化需求反馈机制基本建立。广播电视人口综合覆盖率均达到99.5%，农村群众一村一月免费观看一场数字电影服务有效保障。到2020年，实现全省国有图书馆、博物馆和文化馆全部达到等级馆标准。

——文化产业成为国民经济支柱性产业。文化产业持续健康快速发展，文化产业增加值占地区生产总值比重超过5%，成为国民经济支柱产业。基本建成区域布局合理、产业结构优化、主导产业突出、企业实力雄厚、市场繁荣有序、福建特色彰显的现代文化产业发展体系。新闻出版、广播影视产业发展水平明显提高，工艺美术等传统优势产业市场竞争力明显增强。以科技创新为支撑、媒体融合发展为导向的文化新业态繁荣发展。文化产业重大项目深入实施，拥有一批在全国具有较强实力和竞争力的大型文化企业或集团，培育2家以上总资产超过100亿、5家以上超过50亿的文化企业。“互联网+文化产业”行动实施方案有效实施，推动文化产业转型升级，做大做强。

——文化艺术创作生产整体水平不断提高。文化精品战略深入实施，推出6—10个（台）具有福建特色的优秀剧（节）目，重点打造一批优秀出版物、影视作品、节目栏目，福建艺术节、福建省百花文艺奖等相关奖项品牌活动效应凸显，优秀传统艺术传承创新持续推进。

——历史文化遗产得到有效保护与利用。推进三明万寿岩遗址和武夷山汉城遗址国家考古遗址公园建设。完成第二期涉台文物保护工程的实施。加强古田会议旧址、长汀革命旧址等原中央苏区革命文物保护利用。朱子文化、妈祖文化品牌，林则徐、严复等名人文化品牌及福建书院文化品牌建设有效推进。争取设立国家级朱子文化生态保护实验区、国家级客家文化生态保护实验区。设立30—40个省级畲族文化生态保护示范点（园区）。建成一批非物质文化遗产专题博物馆、民俗博物馆和传习所。

——文化体制机制不断创新。各项改革重点任务全面落实。行政部门职能加快转变，管理体制和运行机制不断完善，宏观管理能力不断提高，依法行政能力进一步增强。全省国有文艺院团改革积极稳妥推进。国有新闻媒体公益性文化单位内部制度改革继续深化。公益类事业单位法人治理结构加快建立，经营性文化事业单位加快转企改制，已转制的国有文化企业加快公司制、股份制改造步伐。

——海上丝绸之路核心区文化建设有效推进。海丝历史文化资源优势充分发挥，与海丝沿线国家文化交流与合作不断加强，海丝文化品牌集群积极打造。丝绸之路国际电影节、国际艺术节等系列文化活动有效开展，海丝题材文化精品创作力度加大，舞剧《丝海梦寻》品牌继续提升。闽台文化交流合作持续深化。泉州等地海丝遗迹和鼓浪屿申报世界文化遗产工作取得突破。福建文化“走出去”步伐加快，对外文化贸易持续发展，对外文化影响力不断扩大。

第三章　主要任务

一、大力加强社会主义核心价值观建设

（一）进一步强化思想理论武装

坚持不懈地以马克思主义中国化最新成果武装党员、教育群众，加强对中国特色社会主义理论体系的研究与普及。推进理论工作“四大平台”建设，加强马克思主义理论研究和建设工程、中国特色社会主义理论体系研究中心、马克思主义学院、报刊网络理论宣传阵地建设，深化对重大现实问题、重大思想理论问题、重大实践经验总结的课题研究。坚持把社会主义核心价值观贯穿到各项工作中，加强研究阐述和舆论引导，大力弘扬社会主流价值，引领社会思潮，凝聚社会共识。充分发挥省级理论进基层示范点的作用，坚持开展形势政策和国防教育，推动科学理论深入人心。

（二）培育文明和谐社会风尚

加强基层宣传思想文化工作，推进社会主义核心价值观宣传教育、农村宣传思想文化工作示范乡镇创建、爱国主义教育基地提升工程、家风家训馆建设和书院建设等。深化中国特色社会主义和中国梦学习宣传教育，制作播出《中国梦·福建故事》等电视纪录片，组织创作一批核心价值观公益广告、动漫宣传片。继续贯彻落实《公民道德建设实施纲要》，深入推进社会公德、职业道德、家庭美德、个人品德建设。继续弘扬科学精神，加强人文关怀，培育奋发进取、理性平和、开放包容的社会心态。加强文明礼仪教育，推动形成我为人人、人人为我的社会氛围。强化职业操守，支持创新创业，鼓励劳动致富，发扬团队精神。综合运用法律、教育、行政、舆论等手段，引导人们讲正气、知荣辱、尽义务，形成扶正祛邪、惩恶扬善的社会风气。长期坚持开展志愿服务，推进志愿服务经常化和规范化，到2020年，全省经过规范注册的志愿者力争超过250万人。

（三）广泛开展群众性精神文明创建活动

以群众更多“获得感”为目的和标尺开展文明城市创建，加强文明社区建设。加强农村精神文明创建，着力移风易俗，培育文明新风。文明行业、文明单位创建重点抓好“优质服务、便民利民”活动，改善行业风气。深入推进学雷锋志愿服务活动。抓好家庭家风建设，文明家庭创建。文明校园创建重点强化师德师风建设，深化学生道德教育实践。推进诚信建设、志愿服务、文明旅游等制度化，拓展网络精神文明建设，深化道德领域突出问题专项教育与治理。通过发挥文明创建测评体系的导向作用、加强日常检查监督和明察暗访、发挥媒体舆论监督作用、完善评先退出考核机制等方式强化常态长效工作机制。

（四）繁荣发展哲学社会科学

充分发挥哲学社会科学在认识世界、传承文明、创新理论、咨政育人、服务社会等方面的重要作用。组织实施《福建省哲学社会科学研究“十三五”规划》，健全社科成果评价体系，开展省第十二、十三届社会科学优秀成果评奖，推出哲学社会科学研究精品。推进基础理论研究，完善学科建设，形成富有特色、结构合理、充满活力的学科集群。实施哲学社会科学创新工程，推进新型文化和哲学社会科学智库建设。深化福建省中国特色社会主义理论体系研究中心建设，加大对习近平总书记系列重要讲话精神及在福建工作时重要思想和方略研究。管好用好全省社会科学普及基地，加强哲学社会科学普及宣传工作，做好各学科学术名家大家工作，注重培养和延揽青年学术才俊。

（五）加强未成年人思想道德建设和大学生思想政治教育

深入挖掘朱子文化、林则徐精神、严复思想等历代知名人物精神内核，把社会主义核心价值观和优秀传统文化教育融入国民教育全过程。深化大学生思想政治教育，组织开展社会实践活动，加强和改进高校思想政治理论课，加强形势政策教育等。深入开展青少年爱国主义读书教育活动。

营造全社会关心和支持未成年人思想道德建设的良好氛围，完善社会、学校和家庭“三结合”教育网络。加强未成年人文艺作品创作生产，实施校园德育数字化工程，推动校外活动场所、未成年人心理健康辅导站规范化建设，继续加强“乡村学校少年宫”建设。加强留守儿童等特殊未成年人群体的关爱教育。构建有力的法律保护环境，建立健全统筹协调、宣传引导、考核评价等长效机制。

二、加快现代公共文化服务体系建设

（一）大力推进基本公共文化服务标准化、均等化

加强公共文化设施网络建设，完善公共图书馆、博物馆、文化馆、美术馆、纪念馆、广播电视台、高山发射台站、城乡阅报屏（栏）等公共文化设施。完善省、市、县、乡、村五级公共文化服务基础设施网络。推进基层综合性文化服务中心建设，到2020年，全省乡镇（街道）和村（社区）普遍建成集宣传文化、党员教育、科学普及、普法教育、体育健身等功能于一体的基层综合性公共文化设施和场所，形成符合实际、运行良好的管理体制和运行机制，建设一支扎根基层、专兼职结合、综合素质高的基层文化队伍。加强少年儿童图书馆（少年儿童阅览室）建设，有条件地区建立独立建制的少年儿童图书馆。坚持以标准化促进均等化，以县为单位推进落实《福建省基本公共文化服务保障实施标准》（2015—2020年）。

（二）增强公共文化服务发展动力

培育和促进文化消费，推动公共文化服务向优质服务转变，实现标准化和个性化服务的有机统一。通过政府采购、建立基金、项目补贴、定向资助、贷款贴息等方式，保障公益性文化事业持续健康发展。鼓励和引导社会力量以各种方式参与公共文化服务体系建设，制定规范和推动社会资本进入文化领域的实施意见。鼓励海外华侨、港澳台同胞、民营企业和私人积极捐资捐赠支持文化建设，特别是捐建或自建文化基础设施。培育和规范文化类社会组织，引导文化类社会组织依法依规开展公共文化服务。推进向社会购买公共文化服务，建立健全政府向社会力量购买公共文化服务机制。出台全省促进社会力量捐赠公共文化事业管理办法。

（三）推动公共文化服务创新发展

加强公共文化服务与科技融合发展，统筹建设数字图书馆、数字博物馆、数字文化馆、数字美术馆、数字农家书屋、城乡电子阅报屏、公共电子阅览室等设施，完善农村公益电影放映、广播电视村村通、地面数字电视、直播卫星户户通等工程，推进覆盖城乡的公共数字文化云服务。推进数字版权公共服务平台建设，引入社会化机制，加强多网、多终端应用开发，实现公共文化数字资源协作加工、有效保护与便捷利用。提升公共文化服务现代传播能力，加强移动互联网、交互式网络电视、手机电视等新技术开发应用，推动手机终端软件（APP）、微信、微博等基于新媒体的数字文化服务。加强广播电视台、发射台（站）、监测台（站）建设，推进有线电视网络建设和数字化双向化改造，推进直播卫星和地面数字电视覆盖工程，实现广播电视户户通。完善应急广播体系建设。加强省、市、县三级广播电视、主流报纸和各级政府网站的公共文化频道频率、专栏建设。

（四）提升公共文化服务效能

实施“互联网＋”公共文化服务行动，构建全省统一的公共文化产品和服务社会化运作网络平台。完善公共文化设施免费开放的保障机制，通过税收优惠、财政补贴、社会捐赠、编制调整等方式，为免费开放提供资金、人才等方面保障。出台向社会力量购买公共文化服务管理办法及指导性目录。建立群众文化需求征集和反馈评价机制，制定并定期发布公共文化服务提供目录，开展“菜单式”“订单式”服务。依托高校和社科机构等第三方机构，建立公共文化服务第三方评价机制。推进公共文化机构互联互通，实施文化服务“一卡通”、公共文化巡展巡讲巡演等服务，实现区域文化共建共享。开展有针对性的宣传、民俗、娱乐以及“送戏下乡、演艺惠民”等活动。推进公共文化服务进校园。围绕国家重大纪念日、传统节日、民俗节庆、文化主题日，以“我们的节日”为主题，组织开展群众性节日民俗活动。培育积极健康、多姿多彩的社会文化形态。传承

弘扬福建优秀传统文化，开展文化遗产保护和管理标准化研究，提升全省文化遗产保护和管理水平。在继续做好宗祠普查、书院普查工作的基础上，引领带动书院、宗祠开展优秀传统文化教育。丰富优秀公共文化产品供给，鼓励和引导组织开展特色民间工艺、民间戏剧、曲艺、舞蹈、音乐和民族体育等非物质文化遗产的学习传承活动和民俗文艺活动。

专栏一　公共文化服务工程

公共文化重点设施建设。建成海峡演艺中心项目并投入使用。推进省美术馆新馆建设。加快省图书馆改扩建项目建设。完善客家博物馆园建设，加强陈列布展。争取福建人民艺术剧院剧场、省艺术馆新馆、省图书馆仓储库、福建中国闽台缘博物馆“两岸关系和平发展”主题展馆和军民共享的宁德国际文化艺术交流展示中心项目完成立项并开始建设。

《八闽文库》出版工程。该工程是有史以来第一次大规模、成系统地全面调查、整理、出版福建历代文献典籍的特大工程，出版书目1189种、1705册。以全媒体产品体系创新出版方式，其中纸质图书包括“文献集成”“要籍选刊”“专题汇编”等板块。

广播影视公共服务提升工程。主要包括：①广播电视节目无线数字化覆盖工程。实现广播和电视节目均不少于15套在全省覆盖。②无线发射台站基础设施建设。对高山道路、电力、供水、机房等设施进行维修和升级改造。③福建省应急广播系统建设。实现与国家应急广播系统、城市公共广播和农村有线广播系统等有效对接，与省级应急部门的应急信息发布需求对接。④农村公益电影放映提升项目。选择150个行政村，开展农村电影放映由室外转室内建设，深入开展公益电影放映，提供免费观影服务。

新闻出版公共服务增效工程。主要包括：①全民阅读推广项目。开展“全民读书月”“世界读书日·海峡读者节”等各类阅读促进活动，推进全民阅读数字化，推动《福建省全民阅读促进条例》的起草和制定，建设全民阅读示范基地。②数字农家书屋建设。推进数字农家书屋与各类公共数字文化服务项目融合发展。③福建印刷文化保护基地建设。建设中国印刷博物馆建阳、连城、宁化分馆，加强印刷文物保护和传统印刷技艺传承，组织拍摄电视纪录片《建本留香》和策划出版相关图书。④福建印刷文化博物馆建设。做好福建印刷文化展品的收集、修缮、保护、展示、研究等工作，加大对印刷文化的宣传推广。

八闽基层特色文化活动对接平台——“八闽文化云”。利用有线广电网络，为固定和临时场所的民俗文化节庆活动、节日主题活动、非物质文化遗产活动、文化旅游项目、特色文化产品展览展示等提供视频监控、现场录制、现场直播等系列服务。通过数字化手段建立基础文化活动、优秀传统文化、精神文明建设成果等的电子档案库和媒体资源库，促进传统文化的信息化数字化，加强结对帮扶和基层宣传文化工作的供需对接。

三、推动文化体制改革机制创新

（一）健全完善文化宏观管理体制

建立职责明确、反应灵敏、运转有序、统一高效的宏观调控体系，以转变政府职能、提高管理效能为中心，不断深化文化行政管理体制改革，推进政企、政事分开和管办分离，推动文化行政管理部门履行好政策调节、市场监管、社会管理和公共服务职能。严格主管主办制度，推进文化广电新闻出版企业行业协会与各级行政管理部门（包括下属单位）脱钩。建立协调有序的综合执法运行机制，推进综合执法工作的法制化、科学化、规范化。建立健全党委和政府监管有机结合、宣传部门有效主导的国有文化资产管理机构，推动实现管人管事管资产管导向相统一。明确出资人职责，推动文化企业把社会效益放在首位，实现社会效益和经济效益相统一。研究制定国有文化企业综合效益考核体系，落实国有文化企业负责人经营业绩、薪酬管理等制度，确保国有资产保值增值。加强行业自律，建立健全市场准入和退出机制，不断完善现代流通体制，构建统一、高效、便捷的文化市场管理网络。

（二）不断创新公共文化服务运行管理机制

建立省、市、县三级公共文化服务体系建设协调机制，强化对工作方案、财政保障、人才保障等重大政策的研究和制定。继续在公共文化服务的投入保障、服务供给、考核评价等机制的改革创新方面积极探索，持续形成责任明确、行为规范、富有效率、服务优良的长效运行机制。加强对公共文化基础设施的统筹规划和管理运营，推动资源整合和跨部门项目合作，实现基层公共文化服务设施共建共享，提升公共文化服务的效率和质量。以《事业单位人事管理条例》实施为契机，深化国有公益性文化单位内部制度改革，进一步明确不同文化事业单位功能定位，形成有效运行机制。推动福建艺术职业学院升格为本科艺术院校。继续推进法人治理结构试点建设，形成多种公共文化机构法人治理结构模式。加大公益性文化事业单位的劳动人事、收入分配和社会保障制度改革，全面实施全员聘用制度、岗位管理制度、绩效工资制度。创新基层公共文化管理机制，发挥城乡基层群众性自治组织的作用，推广居民、村民评议等行之有效的做法，引导城市社区居民和村民参与公共文化服务项目规划、建设、管理和监督。加强基层文化队伍建设，按照控制总量、盘活存量、优化结构、有减有增的要求，在现有总量内，合理配备各级各类公共文化机构人员编制。

（三）持续培育合格文化市场主体

加快培育自主经营、富有活力的文化市场主体，深化文艺院团、广播影视、新闻媒体等单位管理体制经营机制改革，积极推进福建日报社剥离经营性资产，组建传媒集团公司。推动出版、发行、影视制作发行放映等领域已转制单位完善法人治理结构和内部运行机制，全面完成省属文化企业股份制、公司制改造，建立有文化特色的现代企业制度。继续深化国有文艺院团体制改革。全面完成市、县两级电影发行放映单位转企改制，加快电影院线和数字电影院（城）建设，壮大国有电影院线实力。完善省级主要新闻单位采编播人事管理制度，推进新闻媒体采编与经营分开。围绕做大做强主流媒体这一重点，积极培育综合性传媒集团。积极推动从事互联网新闻信息服务、网络出版、网络视听传播节目服务以及对外专项出版业务的企业开展特殊管理股试点工作。

四、提高文化产业发展竞争力

（一）推动六大重点文化产业发展

1. 新闻出版业。推进数字化转型升级工程。加快发展数字内容产业，鼓励支持新闻出版单位开发新型出版产品，发展数字出版、在线教育、网络文学、动漫游戏、文化创意、移动多媒体等新业态。加强内容数据库和用户数据库建设和开发利用，以内容产业为基础进行深度开发，拓展衍生产品销售、版权贸易。培育报刊、出版传媒集团和龙头企业，支持福建日报社（报业集团）和海峡出版发行集团改革创新，多元发展。鼓励印刷企业设备更新、技术革新和产品创新，积极发展绿色印刷、数字印刷、智能印刷、创意印刷、定制印刷等新业态。鼓励实体书店创新经营、转型升级，探索体验式阅读服务和网上书店等多元商业模式。加快推动发行业向网络空间延伸，发展电子商务，做大做强电商平台。积极利用互联网技术和平台，推动报刊出版内容、渠道、平台、经营管理的转型升级，探索新的发展模式和商业模式。加强版权登记、保护和应用开发，充分发挥国家海峡版权交易中心平台作用，培育一批全省版权示范单位、示范园区。

2. 广播影视业。支持省广播影视集团跨媒体合作，逐步建成国内具有较强竞争力的大型综合性传媒集团。支持福建广电网络集团加强资源整合，提升节目传输能力和服务水平。推进福建广播影视全媒体平台建设，实施广播、电视、电影精品建设工程，加强节目策划、制作能力与品牌营销能力，创新内容产品的制作、投融资机制，打造一批知名节目、专题、频道品牌。发挥广播电视内容产业核心优势，促进节目推广和交易，探索版权、商标等资产和衍生品的开发经营。鼓励支持新媒体企业加强网络视听节目内容创作生产，探索网络传播盈利模式。加快交互式网络电视等服务平台建设，发展电子商务、远程教育、远程医疗等综合信息服务，提升全产业链竞争力。加快推动重点影视文化产业园区建设。继续实施县级城市数字影院建设工程。支持现有县（市）城区2厅以下数字影院改造升级，鼓励社会资本投资综合改革试点小城镇数字影院建设，安排符合条件的乡镇电影院试点建设。培育1—2个具有品牌影响力和市场竞争力的骨干电影企业。大力发展影视大数据产业，提升影视上下游产业整合开发能力。加强福建影视拍摄基地建设，鼓励和支持各影视企业围绕影视剧拍摄发展后期制作、体验式观影、衍生品开发等多业态。

3. 工艺美术业。加强工艺非物质文化遗产保护性开发，推动传统现代艺术设计产业转型升级。提升工艺技术自主研发能力和科技创新水平，提升德化陶瓷、福州漆艺、仙游古典工艺等一批行业技术机构的研发水平和创新服务能力。支持省创意设计中心建设，加快传统工艺美术与创意产业、电子商务的融合发展。推动福州寿山石和漆器等专业产品市场发展，做强做优德化陶瓷园、惠安崇武石雕园、中国古典工艺博览城、宁德工艺博览城、上杭黄金珠宝及铜文化创意产业园等园区，打造一批在全国具有影响力的工艺美术展览展示、交易贸易平台。

4. 动漫游戏业。推动国家动漫精品工程、中国民族网络游戏出版工程、中华优秀出版物（音像电子游戏出版物）和中国文化艺术政府奖动漫奖参评。支持具有自主知识产权的动漫游戏产品研发，培育一批原创与研发能力强的动漫游戏企业，打造一批有影响的动漫游戏品牌。加强动漫游戏产业基地建设，强化基地的孵化、交易、展示、培训等作用，提升福州、厦门国家级动漫（动画）游戏产业基地的辐射带动能力。搭建专业化、国际化的动漫游戏会展交易平台和版权交易平台，推动动漫游戏品牌形象、动漫技术、动漫元素与玩具、服装、食品、日用品等产业融合发展。

5. 文化旅游与演艺娱乐业。进一步打好武夷山“双世遗”品牌，提升福建土楼、莆田妈祖、马尾船政、福州三坊七巷、闽南文化生态保护实验区等特色历史文化资源的保护开发水平，扩大“妈祖文化旅游节”“朱子文化节”等文化节庆品牌的影响力。加快剧院、剧场等演艺基础设施建设，扩大原创性演出产品生产。加快培育旅游演艺市场，引导主要旅游城市、重点旅游景区开发大型旅游演艺产品。推动闽台两岸演艺企业交流合作，打造优质演出剧目，推动设立闽台两岸演艺中心。

6. 创意设计与会展业。加强文化创意和设计服务与相关产业融合发展，重点发展工业设计、文化创意、时尚设计等领域，建设一批海峡创意产业集群。调动各级各类博物馆利用馆藏资源开发创意产品的积极性，大力发展文博创意产业。推动工业设计向高端综合设计服务转变，支持国家工业设计中心建设，认定一批省级工业设计中心，持续举办年度“海峡杯”工业设计大赛。支持国家级和省级广告产业园区建设，形成福州、厦门、泉州三大板块广告企业集群。加强与海内外会展组织合作交流，做大做强海峡两岸文博会、图博会等重要展会，打造在海内外具有影响力的文化会展品牌，将福州、厦门建设成为全国一线会展城市。

（二）加快建设文化产业基地、园区和特色产业群

加强文化产业基地、园区的规划、认定及动态管理，建设一批专业化、规模化、集约化的国家和省级文化产业示范园区，打造一批集聚效应明显的文化产业示范基地。重点推进闽台国家文化产业试验园区、国家级文化和科技融合示范基地、海西国家广告产业园区、海峡国家数字出版产业基地等国家级文化产业园区建设。打造特色文化旅游基地和特色文化街区，推动特色文化产业示范区和省级创意产业园区（基地）建设，形成一批具有地方特色的创意产业基地、园区和文化产业群。

（三）促进文化产业与相关产业融合

加快文化创意和设计服务与制造业、数字内容产业、建筑业、农业、演艺娱乐、出版发行、体育产业、旅游业等相关产业融合发展，推进福州、厦门等国家级文化和科技融合示范基地建设，培育一批文化科技融合示范基地、龙头企业。深入实施文化旅游融合示范工程，推进一批以海丝文化、朱子文化、生态文化等为重点的文化旅游重点项目。推动文化产业与金融业融合发展，建立健全多元化、多层次、多渠道的投融资体系。支持海峡出版发行集团完成核心业务整体上市。支持福建日报社（报业集团）海都公众服务公司完成股改上市。

（四）健全现代文化市场体系

建立健全统一开放、竞争有序的多层次文化消费市场，扩大和引导文化消费，增加文化消费总量，提高文化消费水平。着力发展电子商务、物联网、文化物流、品牌授权、文化定制等文化新业态。引导重点城市群建设区域文化产品销售中心和文化物流配送中心，加强中小城市文化消费市场建设，合理布局小城镇和乡村文化服务网点。鼓励实施文化消费补贴制度。支持建设、改造剧院、电影院等文化消费基础设施。引导文化企业开发适销对路的文化产品和服务，培育新的文化消费增长点。加快培育资本、产权、人才、

信息、技术等文化要素市场，加速发展文化产品拍卖、经纪、评估、鉴定、交易等文化市场中介。完善互联网上网服务行业管理政策，鼓励上网服务场所探索多种业态经营方式。

专栏二 文化产业发展工程

文化产业基地、园区和特色产业群。重点抓好闽台（福州、厦门）文化产业园区建设。推进福州、厦门国家级数字出版基地、海峡传媒港项目、南靖海峡印刷产业园、上杭黄金珠宝及铜文化创意产业园、晋江印刷基地、石狮包装基地等园区建设。打造有特色有影响力的文化众创空间或创客工作室。打造若干家年产值在5—10亿元、若干家年产值超10亿元以上的文化产业园区。

新闻出版数字化建设项目。主要包括：①出版物数字化工程。建设优秀传统出版物知识资源数据库，包括海峡教育云平台、中国自然生态图鉴（美丽中国）知识数据库、民国史工具书数据库与检索系统、两岸闽南话大辞典全媒体数字平台、闽台中药资源图片库、视频库建设等。②福建日报传媒中心数字化项目。建设集内容生产、智能传播、流程再造、舆情监控等功能于一体的传统媒体、新兴媒体、网络数据等五大平台。③海都公众U我民生云服务平台。搭建“互联网+民生”技术服务系统。④数字版权综合运营管理平台。建设集版权确权登记、版权交易代理、版权维权保护、版权孵化金融支持等服务为一体的运营平台。

影视文化产业促进项目。主要包括：①福建影视文化创意产业园。引进海峡两岸影视创意企业和人才入驻园区，打造集影视策划、剧本创作、拍摄录制、后期编辑、院线发行等为一体的产业园。②万星影视文化城连锁项目。采用PPP等形式吸引社会资本，重点投资县级城市影城建设。③中兴院线新建影城项目。参与省内外一批影城建设。④荔园智慧影视文化城。综合开发运营影视动漫策划制作与体验，影视动漫版权集散、亲子影视文化体验等三大产业集群。⑤广电中心（二期）影视文化产业综合体项目。实施广播影视文化特色影城建设，促进影视文化消费和产业聚焦。

印刷业转型升级项目。主要包括：①传统印刷企业数字化改造工程。引导重点印刷企业，着重对传统印刷流程和工艺进行数字化、网络化、智能化改造升级。②海峡印刷创意中心。整合海峡出版发行集团印刷资源，建设集创意设计、新材料研发、绿色印刷、数字印务等于一体的印务基地。

发行业转型升级项目。主要包括：①海峡出版广场项目。在原新华印刷厂、彩色印刷公司地址建设大型书城和文化创意中心。②新华文化城连锁经营及新华书店改造提升项目。改造提升全省新华书店卖场的阅读环境和业态布局，建设电子商务系统，完成110家门店升级改造，打造以图书为核心，以工艺品、电影院及相关文化产品为支撑的复合型业态。

广电网络产业开发项目。主要包括：①下一代广播电视网（NGB）。推进有线电视用户双向化改造等建设。②福建广电网络智能融合终端研发及市场推广项目。建设新一代家庭智能终端，为用户提供多元化综合信息服务。③福建广电网络互联网+TV多屏融合项目。打造福建广电网络互联网视频与增值业务门户，提供党员远程教育、地方特色内容发布等服务。

五、繁荣文化产品创作生产

（一）推动文艺精品创作

继续繁荣文化产品创作生产，鼓励创新创优，推出更多传播当代中国价值观念、体现中华文化精神和福建优秀传统文化的精品力作。组织开展福建地方戏曲剧种普查工作，实施“福建濒危剧种曲种抢救工程”，加强对地方戏剧的保护研究。整理优秀传统戏曲作品，扶持一批地方戏曲重点院团，培养一批潜心钻研、德艺双馨的创作表演人才，推出一批珍贵的地方戏曲史料及作品。加大扶持力度，重点加强闽派批评、闽派诗歌、闽派文学创作，实施闽版出版物精品工程、福建影视精品工程、重点报刊内容建设工程和福建网络文艺精品工程。策划实施纪念建党100周年新闻出版广播影视作品选题工作。积极培育、选送和推介优秀作品参加国家“五个一工程”和文化部文华奖、“中国出版政府奖”“中华优秀出版物奖”等国家级奖项评选，力争有更多的好作品获得全国性表彰。组织文化系统艺术单位“深入生活、扎根人民”，开展采风创作、结对帮扶、慰问演出等活动。积极举办各类艺术活动，推动福建文艺“走出去”。实施获奖优秀作品巡展巡演系列活动，发挥精品力作的社会示范效应，打响福建文化的知名度。推动武夷山、厦门、泰宁、土楼、三坊七巷等重点旅游目的地城市和景区创作文化旅游演艺精品，并开展常态化商业演出。推动闽台两岸演艺企业携手打造优质演出剧目，加强在传统戏剧、民谣、舞蹈、编剧、导演、剧院管理等方面交流合作。

（二）打响福建文化品牌

挖掘、整理、研究福建特色文化资源，重点

挖掘闽南文化、客家文化、妈祖文化、朱子文化、船政文化、红色文化、海洋文化、福建书院文化、畲族文化、闽都文化和陈靖姑文化等地方特色文化，鼓励以文学、戏剧、影视、美术、创意设计等艺术形式创作凸显福建本土文化的优秀作品。推进文学艺术精品创作工程，打造在全国有影响力的“文艺闽军”，提高福建文化影响力。实施福建红色文化保护传承弘扬工程、福建文脉延续工程、海上丝绸之路文艺创作工程、福建戏曲（剧）繁荣工程和福建青年文艺人才培养工程，推动闽派文论、诗歌、小说、戏曲（剧）、翻译、美术振兴。支持创作思想精深、艺术精湛、制作精良的展现福建特色、具有示范带动效应的品牌出版物和广播电视品牌栏目。重点实施品牌刊社培育扶持计划和广播电视品牌栏目建设。

专栏三　文化产品创作生产工程

文艺精品创作展示展演。争取申办第十二届中国艺术节。举办第七届福建艺术节暨福建省第27届戏剧会演及第四届音乐舞蹈杂技曲艺类优秀节目展演活动。举办第九、十届全省青年演员比赛，第一、二届福建戏曲优秀传统经典折子戏展演。举办福建省第二、三、四届中小学生戏剧展演。举办“闽彩墨华——福建省画院进京作品展”“福州国际魔术艺术节”“福建省优秀原创音乐作品展示（交流）音乐会”、闽港青少年优秀舞蹈展演暨福建省优秀民族民间舞蹈香港校园行等。

福建特色文艺品牌培育。推选优秀作品参加“五个一工程”奖、中国艺术节暨文华奖等国家艺术活动和评奖，扶持创排畲族舞剧《山哈魂》参加全国少数民族文艺会演。深化打造福建省百花文艺奖，办好“水仙花”戏剧奖、“金钟花”音乐奖、“百合花”舞蹈奖、“八闽丹青”美术书法奖、“金像”摄影奖、“山茶花”民间文艺奖、曲艺“丹桂奖”“福建省电视艺术奖”“福建魔术‘金手杖’奖大赛”等活动。实施“闽派文学”发展扶持工程，推动闽派批评、诗歌、翻译、戏剧等创作和研究，启动“朱子文化美术创作工程”，创作杂技剧《戚继光》、魔幻剧《我的梦》和大型杂技综艺晚会《福秀》，举办“一带一路”“中国梦”海丝主题音乐征集创作，开展“深入生活·扎根人民”主题音乐采风创作活动等。

闽版出版物精品工程。重点抓好《中国共产党治国理政丛书》《中国改革开放全景录·福建卷》等167种主题图书项目的策划出版。鼓励引导出版单位推出“闽派批评”“闽派翻译”“闽派诗歌”“福建思想文化大系”丛书、社会科学《百人百部书库》、“福建历史人物”系列丛书、《闽东之光》系列丛书以及朱子文化等反映福建历史特色出版物的出版工作。出版两岸宗亲文化、闽南语文化、妈祖文化等反映两岸历史渊源出版物。实施“中国自然生态图鉴”复合出版、“中国中药资源大典”复合出版、“品牌特色产品线建设工程”。建设“八闽传奇儿童文学馆”“海疆学术资料馆数字化知识服务”等项目。

品牌刊社培育扶持计划。重点培育我省期刊出版龙头骨干，重点支持期刊出版单位集团化战略、数字化转型和融合发展，增强优秀期刊的引领示范作用，着力打造一批全国知名的品牌刊社，力争在5年左右培育有影响力和美誉度的品牌期刊3—5个，有竞争力和知名度的杂志社1—3家，努力打造涵盖各主要期刊门类的品牌期刊第一方阵，不断增强优秀期刊引领示范作用。

福建影视精品工程。重点扶持“中国梦”优秀广播影视作品的创作生产。推出既有福建特色历史文化价值，又能反映经济社会发展现实特征的优秀纪录片。支持系列主题微广播剧创作生产播出，推动传统广播媒体的内容创新。加强原创影视剧内容的创作生产，组织推动《县委书记谷文昌》《建本留香》《客家人》等重点电影、电视纪录片、电视剧拍摄制作和宣传推介。扶持严复系列影视文化制作项目，突出船政文化在文化产业培育和两岸交流中的重要作用，挖掘福建传统历史文化传奇故事，开发文化品牌栏目和节目。力争推出10部左右优秀纪录片、5部左右优秀广播剧（微广播剧）、10部左右优秀电视剧（动画片）。建立健全电影剧本库，鼓励本省电影创作生产，支持福建、海丝、海峡题材电影创作，扶持省电影公司参与投资反映“中国梦”和福建重要题材的电影拍摄，全省电影生产数量达到平均每年10部以上，力争有1—2部在全国电影市场既叫好又叫座的精品力作。

广播电视品牌栏目建设。重点推进优秀广播电视品牌栏目创作生产，支持广播电视媒体打造品牌活动，挖掘福建传统历史文化故事，培育一批导向正确、特色鲜明、效益显著的品牌频率频道和节目栏目，计划每年扶持10个广播电视品牌栏目，重点扶持原创性、公益性和少儿类栏目。力争打造1—2个在全国有一定影响的优秀广播电视栏目。

福建网络文艺精品工程。加强网络视听内容创作生产，重点扶持我省优秀原创节目、重大宣传项目、台网融合案例、传播创新产品、重点推广项目、优秀内容管理项目、优秀研究成果等七类项目，继续实施“社会主义核心价值观 共筑中国梦”主题原创优秀网络视听节目作品征集、评选和展播活动，争取5部以上作品获得国家表彰。抓好互联网出版机构主题精品出版，加快网络文学发展，积极参加优秀网络文学原创作品推介活动。引导、扶持我省更多企业出版运营民族原创网络游戏精品，力争更多作品入选“中国民族网络游戏出版工程”项目，组织优秀游戏企业参赛参评中国音像与数字出版协会举办的各类活动。

六、加强文化遗产保护发展

（一）加强历史文物的保护和利用

推进世界文化遗产申报、保护和管理。完善福建土楼世界文化遗产保护管理机制，建立福建土楼世界文化遗产监测与防灾预警系统。组织编制并实施《武夷山世界文化与自然遗产保护规划》，进一步完善监测和防灾预警体系。进一步研究世界文化遗产保护与旅游产业协调发展的各项政策和机制。全面实施涉台文物保护工程，重点推动朱子文物、林则徐文物、严复文物等名人系列涉台文物保护工程。加强涉台文物的管理和利用，打造一批以涉台文物为主要内容的传统村落和建筑群的综合展示利用项目。全面推进三明万寿岩遗址与武夷山汉城遗址国家考古遗址公园建设，积极探索大遗址保护、展示模式和管理运行机制。推进文化遗址对游客开放，建设一批文化旅游体验精品。实施“记得住乡愁”历史文化街区、村镇保护计划，颁布实施《福建省历史文化名城名镇名村保护条例》。开展以县为单位的县域文化资源普查，加强历史文化名城名镇名村、历史文化街区、传统村落保护力度，推进省级以上历史文化名城名镇名村、历史文化街区、传统村落的整体保护利用工程，打造一批特色旅游名镇、名村。组织实施18个国保省保集中成片传统村落整体保护利用项目。加强原中央苏区革命文物保护利用，推进红色文化旅游产业发展。加强博物馆保存环境建设和馆藏文物保护修复，打造一批精品展览，完善博物馆青少年教育功能。引导非国有博物馆建设管理，切实提升非国有博物馆的公共文化服务能力和规范化水平。推动全省国有博物馆馆舍建设基本达到《博物馆建筑设计规范》要求。

（二）加强非物质文化遗产的保护和传承

重点保护发展闽南文化、客家文化、妈祖文化、朱子文化、红色文化、船政文化、福建书院文化、畲族文化、闽都文化和陈靖姑文化等特色文化，加大对红色文化、海洋文化的挖掘和弘扬，努力培育一地一品一特色的民族民间文化品牌。加强国家级和省级文化生态保护实验区建设。建设闽南文化、客家文化、畲族文化、妈祖文化、朱子文化等文化生态保护实验区。提高非物质文化遗产保护、传承的能力和水平，进一步完善国家、省、设区市、县（市、区）四级非物质文化遗产代表性项目名录体系，推动非物质文化遗产项目的整体保护。重点加大对面临生存危机的传统戏剧、传统技艺的代表性传承人的保护力度，实施抢救性记录工程，组织高水平的教育培训，培养一批高层次的非物质文化遗产保护专业人才，加强非物质文化遗产理论研究。加强非物质文化遗产和地方特色资源数据库建设，推动全省非物质文化遗产项目的数字化保护，继续推进《福建文化记忆》数据库群建设，建立“闽南文化生态保护区数据库”“闽台宗祠文化资源数据库”。推进“中华古籍保护计划”，建设国家级古籍修复中心。推进“福州漆艺（福建脱胎漆器髹饰技艺）”“武夷岩茶（大红袍）制作技艺”“南戏（梨园戏、莆仙戏）”“木偶戏”等国家级非物质文化遗产项目建设。征集、整合和利用乡规民约、祖训家规，组织民风民俗、民间传统技艺系列展览展示活动，传播优秀传统文化。进一步丰富和拓展非物质文化遗产进校园的形式和内容。充分发挥非物质文化遗产的资源优势，开发形式多样的旅游体验产品和伴手礼商品。扶持一批有实力、有特色的对外宣传交流表演团体，积极开展各种宣传展示活动，提升福建文化遗产在海峡两岸乃至国际上的影响力。

专栏四　文化生态保护工程

加强闽南文化生态保护区建设。继续实施《闽南文化生态保护区总体规划》，加快建设53个整体性保护重点区域，重点推进泉州古城、鼓浪屿、海上丝绸之路核心区史迹、历史文化街区、村镇和传统村落保护。推进泉州建设闽南文化生态园、漳州建设闽南文化生态走廊、厦门打造闽南文化博物馆。推进保护区各个县（区）综合性展示馆、专题展示馆建设。继续指导、规范、扶持一批传习中心，培养出一批新的传承人。继续公布、扶持一批非物质文化遗产生产性保护示范基地。

加强客家文化建设。推进设立国家级福建客家文化生态保护实验区。重点建设好29个文化生态保护试点，设立45个传习中心，做好10个生产性保护项目，建设一批文化生态保护基础设施，建设一批重要的客家文化设施骨干项目。

加强妈祖文化建设。继续实施《湄洲岛妈祖文化生态保护区规划纲要》，基本形成较为完备的妈祖文化遗产保护体系，较为完整的基础设施，较为完善的妈祖文化生态环境，实现妈祖文化保护工作科学化、规范化、网络化、法制化。

加强朱子文化建设。积极推进朱子文化的研究、保护和合理利用，开展“走朱子之路”等活动，打造朱子文化品牌。力争申报成功与朱子文化相关的1—2个国家级非物质文化遗产代表性项目，确定2—3个省级非物质文化遗产代表性项目，10—20个市、县级非物质文化遗产代表性项目，争取设立国家级朱子文化生态保护实验区。将福建书院文化建设纳入朱子文化建设范畴，重点建设4—5所以“闽学”“朱子文化”为亮点的书院，研究、传承和发扬中国传统文化的精髓，复兴福建书院文化传统。

加强红色文化建设。实施福建红色文化保护传承弘扬工程，加大古田会议旧址群、长汀革命旧址群、才溪乡调查会址、漳州中国工农红军东路军领导机关旧址等革命文物保护力度，在龙岩、武夷山、宁德、三明等红色旅游基地建立红色文化博览馆、文化景观。研究整理红色文化，打造具有全国影响力的红色文化交流平台，推出一批内容丰富、具有理论高度的学术成果。组织开展红色文化专题活动，创作生产一批红色文艺精品，提升打造一批红色文化旅游精品路线。

加强畲族文化建设。设立福建畲族文化生态保护示范点（园区），加强畲族文化研究，加强规划和保护。设立30—40个左右畲族文化生态保护示范点。争取在闽东地区成立省级畲族文化生态保护实验区。

加强闽都文化建设。深入挖掘闽都文化内涵，大力实施名城历史记忆工程，重点开展朱紫坊、上下杭等历史文化街区和烟台山、冶山历史文化风貌区保护修复工程，建立不可移动文物信息数据库。规划建设闽剧博物馆。完善非物质文化遗产保护传承体系，推动咏春拳、福州茉莉花茶窨制工艺申报人类非物质文化遗产代表作目录，挖掘恢复优秀传统剧目，出版闽都文化图书。

七、推进现代传播体系建设

（一）加快推动媒体融合发展

推动“一报一台一网”（福建日报、东南卫视、东南网）建设，发挥行业的内容和公信力优势，把传统媒体的影响力向移动终端和网络空间延伸，增强主流媒体的舆论引导能力。组织实施《传统媒体和新兴媒体融合发展重点扶持项目管理办法》，支持传统媒体推进采编流程集约化、数字化改造和移动采编、多媒体采编系统升级，支持传统媒体建设内容和用户数据库、实现数据资源的互联互通，支持报刊网一体化发展。加快推动广播电台、电视台数字化、网络化应用，着力推进省、市两级电视台高清化建设，逐步实现省、市电视台制播高清化。支持福建网络广播电视台建设发展，加快IPTV（交互式网络电视）省级集成播控分平台的投入使用。

（二）加快建设多元传播渠道

适应分众化、差异化传播趋势，加快构建舆论引导新格局。支持新闻媒体扩展内容传播渠道，建设推广微信、微博、移动客户端、二维码等信息传播平台。积极发展移动数字电视业务，扩大公共交通车载电视的覆盖范围。支持我省新闻媒体和传播机构积极参与数字福建、智慧城市、智慧社区、数字家庭等项目建设。

（三）加快构建科学监管体系

进一步落实省、市、县三级行政管理部门的政府监管职责，明确监管工作任务。加强对各级广电播出机构的规范管理，切实提高安全播出水平。规范书报刊出版活动，严格监管出版物印刷、发行市场和产品质量。严厉打击和整治虚假违法广告和违规互联网视听节目、电视购物节目。进一步健全电影专资管理体系，提高电影售票监管系统和农村电影放映监管水平。深入开展“扫黄打非”，建立互联网监控技术平台，以网络为重点，持续开展打击非法出版物和有害信息专项行动。加强版权执法，持续开展打击侵权盗版专项行动，不断规范作品转载传播行为，维护线上线下版权秩序。

专栏五　媒体融合与监管平台项目工程

主流报刊媒体融合项目。主要包括：①福建日报媒体融合项目。推进福建融媒体智能化传播工程建设，推动内容采编平台融合和采编流程再造。完成内容和用户大数据库建设，连接“数字福建”存储中心。支持福建日报全媒体大楼建设。②海峡导报“动新闻”数字出版平台项目。打造跨平面阅读和多媒体数字阅读的新一代新闻产品生产和发布平台。

广电内容数据库建设项目。主要包括：①省广播影视集团媒资系统大数据平台。对影像资料进行数字化整理编目归档保存，实现提供检索、资源共享、互联互通。②福建广电网络集团 NGB 中心项目。建设海量视频节目库，实现节目内容重组与分发的播控平台和互动电视云平台。

广电媒体融合发展项目。主要包括：①福建网络广播电视台和 IPTV 集成播控分平台项目。网络广播电视台项目计划实现电视节目在包括 PC、移动终端在内的多屏发布。IPTV 集成播控分平台计划实现与央视总平台和福建电信传输平台对接，实现系统双认证、双计费的功能。②“看厦门”城市信息云平台。建设新闻资讯整合传播、网络视听服务、城市信息消费服务、市民互动娱乐社交、对外网络宣传等五个平台，实现“多屏化”“社交化”。③漳州市户外电视智能互动网络项目。通过终端设备、手机 APP（应用程序）软件将政令接收、城市预警、城市便民服务、多平台互动等功能融为一体。④“福视悦动”便民手机客户端项目。分步开发大规模分发节目系统、辐射全国重点城市的对外宣传平台和云电商平台。⑤泉州广播电视台新媒体平台项目。实现网站、微信公众账号、微博、APP 客户端全覆盖，提供便民通道及公共服务。

新闻出版广播影视综合监管平台项目。主要包括：①广播电视监管平台。建设涵盖省市县三级数字电视、IPTV、手机电视、互联网电视信号监测的技术系统。②新闻出版监管平台。建设针对传统出版物内容和质量监测的技术系统。③农村电影放映监管平台。实现对全省加装 GPS 模块的农村电影数字放映设备放映情况的实时监控。④“扫黄打非”网络监管技术平台。实现对我省备案网站信息传播等领域实时监测、监管。

八、增进对外对台文化交流

（一）扩大对外文化交流

加强国际文化交流与合作，积极做好中外高级别人文交流活动、友好城市文化交流等活动。落实“部省合作计划”，实施与中国驻外大使馆文化交流合作项目。参与“海外中国文化中心”建设及对口合作等国家搭建的重要对外文化交流平台活动。支持闽籍华侨华人社团传承中华文化，开展形式多样的传统节庆活动。开展“八闽文化走乡亲”系列活动。邀请海外华侨华人文化人士来闽考察。

（二）拓展闽台闽港澳文化交流

借助港澳地区举办国际性文化活动，开展各种形式的闽港澳文化合作与交流。加强与旅港澳乡亲、民间社团的联系和沟通。推动福建文化企业赴港澳参加相关文化贸易活动，在 CEPA 框架下，鼓励香港、澳门投资者在我省设立企业。

持续发挥对台基地平台作用。继续办好海峡论坛、海峡媒体峰会等活动。推动两岸媒体信息共享、人员互访、合办栏目、联合采访。深化闽台学术交流和社团往来。办好海峡两岸民间艺术节、海峡两岸文化产业博览交易会、中国·湄洲妈祖文化旅游节、闽台对渡文化节暨蚶江海上泼水节、海峡两岸关帝文化节、中国（莆田）海峡工艺品博览会、郑成功文化节等重点涉台文化交流活动。推动福州新区对台文化交流基地建设，做强船政文化等品牌，鼓励和支持两岸文化重要交流活动和项目优先选择在福州新区举办或开展。完善闽台文创产业常态化合作机制，拓展闽台文化产业合作交流。推动闽台青少年艺术演艺文化创意交流合作等项目建设。加强与台湾有影响的文化艺术中介机构合作。

（三）加强对外传播能力和话语体系建设

加强重点主题对外传播宣传，深入开展以“中国梦”为引领的“新福建”“清新福建”等特色宣传。巩固对东南亚印尼、菲律宾等重点华侨国家宣传工作，把握好同日本、韩国、蒙古、泰国等周边国家新闻交流合作工作，提升在美国、加拿大、英国、法国、德国、意大利和俄国的国际传播能力，实现在亚洲、美洲、欧洲、大洋洲和非洲更多地方落地。扩大海峡卫视、厦门卫视通过中国电视长城平台对外落地；推进与人民日报海外版、中国国际广播电台等中央外宣媒体合作，深化与中国日报合作，办好福建全球英文网。积极邀请外国媒体、港澳台媒体和海外华文媒体来闽采访。进一步开拓在闽籍侨馆、会馆、中餐馆等的宣传传播工作。继续办好美国《侨报》和《欧洲时报》福建专版，推动《福建侨报》在 12

个国家与14家华文媒体合作落地印刷发行，力争将《美国侨报》福建专版打造成为讲好福建故事的海外版。

（四）促进对外文化贸易发展

推动我省适销对路的工艺美术、舞台艺术、视觉艺术等文化产品与服务“走出去”。鼓励和支持文化企业在境外投资、营销、参展、宣传等领域开展活动，积极拓展境外文化市场。开展文化出口重点企业认定工作，培育一批发展潜力大、产品市场前景好的文化出口重点企业。发挥文化出口重点企业品牌示范效应，建立融文化交流、项目创意、文化产品和服务出口于一体的综合服务平台。邀请海丝沿线国家参展厦门文博会等重要展会，鼓励和支持赴境外举办福建文化精品展览、展销活动，扩大文化产品和服务出口。支持文化企业在境外版权登记、商标注册、专利申请以及维护升级，开展国际通行的资质认证。大力拓展中国（福建）自由贸易试验区文化功能，提升自由贸易试验区文化市场开放开发水平。建设福建（海峡）对外文化贸易平台。

专栏六　闽台文化深化交流工程

深化两岸文艺交流。继续举办“海峡两岸曲艺欢乐汇”“海峡诗会”“两岸民间文艺理论研讨会”“海峡两岸校园戏剧交流展演”“海峡两岸合唱节”等活动。继续打造“乡剧相聚”“福到澎湖”等交流品牌。举办海峡两岸作家笔会、海峡两岸书画展、海峡两岸华人音乐创作交流笔会、闽台名家民间音乐整理改编创作出版系列活动。加大闽台戏剧、音乐等艺术门类创作交流的力度，推动歌仔戏、闽剧与台湾剧团创作交流和演出。

深化两岸新闻出版广播影视交流。建设闽台民间族谱数字博物馆，组织出版妈祖文化数字出版物、闽台传统建筑、闽南话、客家文化等反映两岸宗亲文化的出版物精品。建设台版出版物数据中心，加强数据资料管理和开发利用。宣传推广闽台广播影视精品和方言节目，引导鼓励闽台两岸影视剧（含文献片）创作交流。与台湾出版单位合作出版《闽台历代方志集成》（800卷）、《馆藏民国闽台关系档案汇编》（100卷）、《台湾古籍丛编》（10卷）、《闽台药用植物图志》（4卷）、《台湾新文学文库》（30卷）等反映两岸历史文化的出版物精品。继续办好海峡两岸图交会、海峡媒体峰会、金门书展（台澎金马巡回展）、海峡影视季、海峡悦读会、海峡两岸电视主持新人赛、闽粤赣台两岸客家人电影文化交流等活动，入岛举办“妈祖之光”电视综艺晚会、闽南语歌曲创作演唱大赛等活动。

深化民俗宗亲文化交流。继续入岛举办各类族谱展、涉台文物展、福建工艺美术展、福建民间民俗展及民间技艺展示，组织妈祖神像、保生大帝神像、陈靖姑金身等入岛巡游等。继续推进“祖地文化”交流展览，策划两岸联合举办大型展览。深化闽台同宗同名村交流活动，举办“海峡两岸同宗同名村文化论坛”和“海峡两岸民间谱牒文化论坛”，建设“海峡两岸谱牒文献交流服务中心”。持续办好海峡旅游博览会。持续开展两岸同名村续缘之旅。

深化与台湾青少年交流。继续开展“福建文化宝岛校园行”项目，完成“五年百校”的交流计划。继续办好海峡青年节。提升“海峡两岸少儿歌手大奖赛”交流活动水平。依托福建中国闽台缘博物馆等海峡两岸交流基地，深化两岸青少年交流，举办“海峡两岸青少年夏令营”“两岸青年新闻讲习所”。设立海峡两岸青少年舞蹈艺术交流研习基地。持续开展“万名台湾青年学子来闽修学旅游”活动。继续组织两岸青少年快乐读书会，举办“新教师·新课堂”海峡两岸基础教育交流研讨活动，建设“海峡悦读学堂”、海峡青年文艺创作基地及数字化交流平台等。

九、推进海上丝绸之路核心区文化建设

（一）加强福建海丝文化建设顶层规划

积极呼应国家“一带一路”战略和我省21世纪海上丝绸之路核心区建设，彰显我省作为“一带一路”空间结合部唯一省份的独特优势，统筹整合资源，组织编制《21世纪海上丝绸之路核心区文化发展专项规划》，出台具体政策和措施，指导海丝文化项目在我省合理布局、山海联动，凝练特色、错位发展，构建形成全省合力打响海丝文化品牌的工作格局，努力以海丝文化引领海上丝绸之路核心区建设。

（二）加大海丝文化资源价值挖掘力度

支持高校和社科机构开展福建海丝历史文化与建设21世纪海上丝绸之路核心区关系的课题研究，打造福建省海洋文化中心等一批海丝文化高端智库和学术交流平台。加强高校与海洋文化相关的专业建设，加大海洋文化人才培养力度。发掘海丝商贸人文历史资源，扶持以海丝文化为题材的文化产品创作生产，扩大舞剧《丝海梦寻》品牌影响，建立海洋文化创意产业素材库，讲好福建海洋文明故事。策划出版海丝文献系列、研究系列、普及系列图书，建设海丝文化数字出版平台和对外宣传平台。整合利用海丝人文资源和文化史迹，推动海丝文化与旅游融合发展，策划建设王景弘故里香寮村等一批海丝主题旅游景区，打造形成海丝文化旅游品牌集群。

（三）推进海丝文化遗产申遗和保护利用

深入开展我省海上丝绸之路文化遗产本体保护、学术研究、环境整治和展示利用，全力做好海上丝绸之路泉州史迹、鼓浪屿申报世界文化遗产工作，力争 2017 年、2018 年申遗成功。推动“万里茶道”（福建段）捆绑申报《中国世界文化遗产预备名单》。开展福州古港、泉州古港、漳州月港等海丝核心港口遗产的保护与弘扬，加强闽江、晋江、九龙江、汀江水系等古代河运与海上丝绸之路渊源研究，实施德化窑遗址、明清海防遗址、昙石山遗址等大遗址保护展示工程，加大建盏、北苑茶等文化遗址保护力度。开展闽台史前文化交流暨南岛语族起源研究，加强平潭壳丘头、霞浦黄瓜山、晋江庵山等海洋文化遗址的保护和展示。推进平潭海域、漳州海域等水下重要文化遗产的保护和利用，争取设立福建水下文化遗产保护和研究机构。

（四）拓宽与海丝沿线国家文化交流渠道

衔接国家丝路书香、丝绸之路影视桥等工程，扶持福建文化艺术精品“走出去”。办好海上丝绸之路相关论坛、艺术节、电影节、博览会、旅游节等重大活动。加强海洋文化非物质文化遗产发掘与保护，积极推动民间信仰、民俗文化等民间交流往来，争取设立中国海洋文化基因库、世界妈祖文化中心，定期举办各种民俗、祭祀活动。支持承办世界客属恳亲大会、世界华商大会等具有国际或区域影响力的人文交流活动，增进我省与海丝沿线国家人民之间的民间互信。

（五）实施海丝文化交流与合作工程

加强与海丝沿线国家和地区在数字出版、网络影视、动漫游戏、在线教育、文化电商等领域的产业合作。组织福建文化精品赴海丝沿线国家和地区展览交易。加快“海上丝绸之路数字文化长廊”建设，推进海上丝绸之路国际文化交流展示中心、中国海上丝绸之路博物馆、海上丝绸之路国际艺术公园、南洋华裔族群寻根谒祖综合服务平台等项目建设，发挥海上丝绸之路客家族谱对接服务平台、客家博物馆园在全球客家人寻根问祖和文化交流中的作用。举办“海丝美术创作及国际双年邀请展（暂名）”“海丝寻梦——海上丝绸之路舞蹈艺术节”等活动。组织实施福建文化进海丝沿线国家场馆计划，推广在华侨、闽侨聚居地建设“闽侨书屋”“闽侨文化中心”，建立国际文化交流基地，扩大中华优秀传统文化和福建特色文化海外传播影响力。

专栏七　海丝核心区文化建设工程

海丝文化发展规划。研究编制《21 世纪海上丝绸之路核心区文化发展专项规划》，出台具体政策和措施。加强海丝历史文化与建设21 世纪海上丝绸之路核心区关系的课题研究，打造福建省海洋文化中心等海丝文化高端智库和学术交流平台。

海丝文化载体平台建设。加快“海上丝绸之路数字文化长廊”建设，重点建设海丝文化资源库、海丝文化资源建设协作网和海丝文化资源服务协同网、海丝文化展示平台和网上文化商贸平台。支持中国海上丝绸之路博物馆、海上丝绸之路国际艺术公园、海上丝绸之路客家族谱对接服务平台、海洋文化创意产业素材库、中国海洋文化基因库、世界妈祖文化中心等项目建设。

海丝文化遗产保护利用。争取海上丝绸之路泉州史迹、鼓浪屿申遗成功，推动“万里茶道”（福建段）申遗工作。加大海洋文化遗址发掘力度，实施德化窑遗址、明清海防遗址、昙石山遗址等大遗址保护展示工程。推进水下重要文化遗产保护和利用，争取设立福建水下文化遗产保护和研究机构。策划建设王景弘故里香寮村等一批海丝主题旅游景区。

海丝文化交流合作。扶持福建文化艺术精品“走出去”。办好海丝国际艺术节、电影节等重大文化活动。推广建设“闽侨书屋”“闽侨文化中心”，建立国际文化交流基地。支持承办具有国际或区域影响力的人文交流活动。

第四章　保障措施

一、加强统筹领导，科学组织实施

坚持和完善党委统一领导、党政齐抓共管、宣传部门组织协调、有关部门分工负责、社会力量积极参与的工作体制和工作格局，形成文化建设的强大合力。加强文化改革发展的宏观政策调研，加强制度设计，建立完善文化专家咨询制度和参与决策的机制。建立健全规划实施的工作机制和目标责任制。

二、推进文化立法，加强法制保障

推进文化立法进程，进一步修订完善原有的文化法规和规章体系。逐步形成与现行法律框架相配套、与全面推行依法行政和建设福建文化强省相适应的文化法律法规体系。加强依法行政，全面提升文化行政部门依法行政能力，扎实推进文化管理的科学化与法制化。规范文化市场秩序，严厉打击侵权盗版行为，持续开展“扫黄打非”行动，净化社会文化环境。加强文化法制队伍建设，建立普法长效机制。

三、落实文化经济政策，推进文化事业和文化产业协调发展

合理划分各级政府基本公共文化服务支出责任，建立健全公共文化服务财政保障机制。公共财政投入向基本公共文化需求倾斜。鼓励和引导社会力量提供公共文化产品和服务。发挥福建海峡文化产业投资基金、福建文化产业发展投资基金的作用，重点扶持特色文化产业项目建设，支持文化科技研发应用和提高文化企业技术装备水平。继续落实中央支持福建文化建设的政策措施，全面落实我省近年已出台的支持文化事业文化产业发展的一系列政策。

四、完善文化人才机制，建设人才队伍

大力实施人才兴文战略，完善相关政策措施，健全人才培养工作机制。加快构建一支各学科门类齐全、结构合理、梯次分明、素质优良的宣传思想文化工作者队伍。继续实施“四个一批”人才、文化名家和社会科学领军人才等培养工程。加强基层文化人才队伍建设。重视发现和培养扎根基层的乡土文化能人、民族民间文化传承人特别是非物质文化遗产项目代表性传承人。建立健全文化人才分类培训机制。充分发挥人才培养基地作用。依托福建省文学院，建设福建作家人才培养基地。设立福建省青少年戏剧、曲艺传承基地。积极引进高层次人才。实施高端紧缺文化人才培养计划。

【发文机关】福建省人民政府办公厅
【标　　题】福建省人民政府办公厅关于印发福建省“十三五”文化改革发展专项规划的通知
【发文字号】闽政办〔2016〕84号
【发布日期】2016年5月27日

福建省人民政府办公厅关于印发福建省“十三五”卫生计生事业发展专项规划的通知

各市、县（区）人民政府，平潭综合实验区管委会，省人民政府各部门、各直属机构，各大企业，各高等院校：

《福建省“十三五”卫生计生事业发展专项规划》已经省政府研究同意，现印发给你们，请认真组织实施。

福建省人民政府办公厅
2016年10月28日

福建省“十三五”卫生计生事业发展专项规划

前　言

“十三五”时期是全面建成小康社会的决胜期，是全面深化改革的攻坚期，是全面依法治国和全面从严治党的关键期，也是推动“再上新台阶、建设新福建”的重大战略机遇期。紧紧围绕“四个全面”的战略布局，编制和实施《福建省“十三五”卫生计生事业发展专项规划》（以下简称为《规划》），对于全面深化医药卫生体制改革、完善计划生育政策，保障群众健康权益，促进人口发展和民众健康水平不断提高，推进健康福建建设，具有重要意义。

本《规划》以《福建省国民经济和社会发展第十三个五年规划纲要》《“健康中国2030”规划纲要》《全国医疗卫生服务体系规划纲要（2015—2020年）》《福建省深化医药卫生体制改革综合试点方案》《福建省人民政府关于促进健康服务业发展的实施意见》等为重要依据，明确提出全省“十三五”卫生计生事业的指导思想、发展目标、主要任务和政策措施，是各级人民政府及其有关部门引导卫生计生事业发展，以及审批、核准重大项目，安排政府投资和财政支出预算，制定相关政策的重要依据。

本规划基期为2015年，规划期为2016—2020年。

第一章　发展现状

第一节　发展成就

“十二五”时期，我省紧紧围绕提高人民群众健康水平，全面深化医药卫生体制改革，大力扩充医疗卫生服务资源，健全完善医疗卫生服务体系和公共卫生服务体系，稳固发展基本医疗保障制度，坚持计划生育基本国策，提升计划生育服务管理水平，全省卫生计生事业取得较大进展。

——人民群众健康水平明显提高。全省居民人均期望寿命77.04岁，比2010年提高了1.28岁；全省孕产妇死亡率14.63/10万、婴儿死亡率4.64‰、5岁以下儿童死亡率5.74‰，分别比2010年下降了26.26%、38.62%和40.70%。甲乙类传染病报告发病率274.59/10万，继续保持在较低水平；未发生重大传染病流行和重大突发公共卫生事件。

——医疗卫生资源总量快速增长。全省卫生总费用972亿元，比2010年增长105.6%；各级各类医疗卫生机构27921所；医疗机构床位17.32万张，比2010年新增床位6.09万张，增长51.18%；卫生技术人员21.32万人，比2010年增长48.25%；每千常住人口医疗机构床位4.51张、执业（助理）医师2.04人、注册护士2.36人，分别比2010年增加1.47张、0.45人、0.90人，改善了全省医疗卫生机构的基础设施和医疗条件。

——医疗服务体系进一步完善。全省各级医疗机构基本建设投入124.97亿元，新增业务用房建筑面积189.5万平方米。通过开展以改善服务流程、服务环境、服务质量等为主要内容的“三改二推一评议”活动，推广优质护理服务；开展“基层医疗机构管理年”活动，实施对口帮扶基层医疗卫生机构等措施，进一步提升全省医疗服务能力和服务水平。初步建立了各级综合性区域医疗中心，全省三级医院65所，其中每个设区市均有1所以上的三级甲等综合医院；人口80万以上的8个县（市）有6所三级综合医院，人口30万以上的30个县（市）都有1所二级甲等综合医院；基本实现每个乡镇（街道）有1所乡镇卫生院（社区卫生服务中心）、每个行政村有1所村卫生所的目标。

——深化医药卫生体制改革稳步推进。被列为全国深化医改综合试点4个省份之一，各设区市全部列入全国城市公立医院改革的试点城市，县（市）均被列入县级公立医院综合改革试点。全部开展了以药品、耗材零差率销售为切入点的公立医院综合改革，医药、医保和医疗“三医”联动，综合配套改革深入推进。基本药物制度覆盖所有乡镇卫生院和社区卫生服务中心，基层综合改革不断完善。

——低生育水平继续保持稳定。全省总人口3839万人，比2010年增加146万，年均增加29万，年均人口出生率12.8‰，年均自然增长率6.9‰，出生人口政策符合率保持在85%左右。“单独两孩”政策顺利实施。落实计划生育目标管理责任制，全面开展免费孕前优生健康检查，推进流动人口基本公共卫生计生服务均等化。开展关爱女孩行动、圆梦女孩志愿行动，实施“生育文明·幸福家庭”促进计划等，出生人口性别比失衡得到有效遏制。

——计划生育受惠家庭覆盖面持续扩大。省委、省政府先后将7个计划生育奖励扶助项目列入为民办实事项目。全省有29万人次享受计划生育奖励扶助；有13.27万户计划生育家庭得到生育关怀、贴息贷款的帮扶或救助；有262.2万户计划生育家庭参加保险；开展幸福工程行动，帮扶计划生育贫困母亲5.35万户。加大对计划生育特殊困难家庭的关怀扶助力度，大幅度提高补助标准。

——公共卫生服务能力明显增强。基本公共卫生服务项目全面落实，人均基本公共卫生服务经费提高到40元。全省累计建立居民健康档案3374.7万份，电子建档率88.7%；为65岁以上老年人建档319万份；高血压和糖尿病规范管理率分别达到75%和74%，重性精神疾病患者管理率86.9%；孕产妇系统管理率91.41%，3岁以下儿童系统管理率92.38%；以乡镇为单位适龄儿童免疫规划疫苗接种率95%以上；农村妇女“两癌”检查项目深入开展，农村孕产妇住院分娩率99%以上。

艾滋病、结核病防治有效落实。全省艾滋病病毒感染人数0.86万例，艾滋病疫情持续控制在低流行水平；现代结核病控制策略覆盖率达到100%，结核病新涂阳患者发现率和治愈率分别维持在70%和85%以上；乙肝控制持续强化，控制在1%以下，5岁以下儿童乙肝表面抗原携带率0.23%。

——卫生应急能力不断提高。稳步推进卫生应急体系、预案体系建设，健全卫生应急组织管理体制和卫生应急协调机制，建立联系密切的部门间、区域间、军地间突发事件卫生应急协调联动机制；加强卫生应急队伍建设，提升装备水平，突发公共卫生事件监测预警能力得到大幅提升。卫生应急处置及时高效，有序处置人感染H7N9流感疫情、防范中东呼吸综合征等突发公共卫生事件，有效开展厦门“6.7”公交车爆燃事件和多起重大交通事故等事故灾难的紧急医学救援，全省卫生应急处置能力进一步提升。

——基本医疗保障制度日趋完善。建立大额医疗费用补充保险、公务员补助以及企业补充保险等补充医疗保险，基本形成以基本医疗保险为主体，以商业医疗保险和城乡医疗救助等多种形式为补充，覆盖城乡居民的多层次医疗保障体系。

新农合参合率99.9%，新农合筹资标准提高到470元/人年，政府补助标准增长1.5倍，政策范围内的报销水平在60%以上，重大疾病保障病种达到22类，保障水平稳步提高。

——妇幼健康服务能力显著提升。降低孕产妇和婴儿死亡率、减少出生缺陷、妇女儿童疾病防治等措施得到有效落实，新生儿救护网络、儿童医疗救治网络、危重症孕产妇转诊救治网络、产前诊断技术网络、新生儿代谢性疾病筛查网络和新生儿听力筛查网络不断健全。全省婚前医学检查率90.67%，产前筛查率60.3%，新生儿代谢性疾病筛查和听力筛查率分别为99%、93.9%。28周以上致死、致残出生缺陷率大幅下降，由2010年的19.52/万降至2015年的12.83/万。

——中医药传统特色更加显现。注重发展中医康复和慢性病防治医疗服务，省中医康复学科是第一个国家中医药管理局重点学科和国家临床重点专科，拥有国家级康复专业科研教学团队和全国首家三级甲等中医康复医院，在全国处于领先行列；率先设立省级慢性病中医药防治中心，实现安全、有效的慢性病患者双向转诊，推动中医慢性病一体化防治管理。注重发展闽产中药材和制剂，目前全省已拥有道地及具有优势特色的闽产药材达50余种，发展特色专药及院内中药制剂215种，设有中药制剂的医疗机构达26所。注重学科建设和人才培养，建立国家中医药优势特色教育培训基地16个，建设重点学科23个、重点专科40个；选拔培养国家级优秀中医临床人才31人，全国中药和护理骨干人才30人；涌现一批具有独特诊疗技术和单方验方的家传或师承学术派别，设立国家级、省级名中医传承工作室48个，确定8批国家和省级师承工作指导老师141名、继承人238名；有5项传统医药获得国家级中医药非物质文化遗产。

——卫生监督执法能力进一步提高。加强卫生监督执法队伍建设，实施68所县级卫生监督机构基础设施建设，为19所县级卫生监督机构配备监督执法车辆等专用设备，8所疾病预防控制机构配备食品安全风险监测设备，监督执法能力和应对突发公共卫生事件能力不断提升。开展打击非法行医专项行动、血液安全监督检查、医疗机构设置审批情况专项整治等督查活动，规范医疗机构的执业行为。强化卫生监督监测和执法力度，监督覆盖率从2011年的57%上升到2015年的90%，食品污染物及有害因素监测点覆盖到县级区域达到100%，食源性疾病监测医院达到97所，全省卫生计生综合监督取得了长足发展。

——卫生人才培养和医学科技教育得到加强。大力推进卫生人才队伍建设，着重抓好基层卫生人才和高层次人才培养。实施“四个一批”人才政策和本土化医学人才定向培养项目，累计培养本土化医学人才1185人，实行医学毕业生学费代偿制，鼓励高校毕业生到农村基层医疗卫生机构服务；实施“万名乡村医生培训工程”项目；建立并实施突出贡献专家激励、医学领军人才引进、中青年骨干人才培养、高级管理人才能力提升等高层次卫生人才培养项目，评选省突出贡献中青年专家17人，立项中青年骨干人才培养项目234项。扎实推进医学科技教育工作，获得省部级以上医学科研立项1202项，获省科技奖149项；承担省级医学科研项目1657项。建立和完善住院医师规范化培训和全科医生培训制度，累计完成住院医师规范化培训8089人、全科医生各类培训5647人和乡村医生培训14.69万余人次。

——人口健康信息化建设扎实推进。依托省政务外网建成了省、市、县、乡、村五级的信息专网，覆盖全省各级卫生计生行政部门和医疗机构（含村卫生所）1.75万个。建立了省市两级数据中心平台，全省居民健康信息系统全面运行，实现了全省就诊一卡通、电子健康档案共享利用和检查检验结果网上互认。建成了基层卫生信息、免疫规划信息、慢性病管理和妇幼卫生信息等业务子系统。建成了全省医疗机构药品集中采购交易信息平台。新农合信息系统覆盖所有定点医疗机构，实现全省范围跨区域即时结报。建成全员人口数据库，完成“两网”整合，实现了卫生计生信息共享利用。

“十二五”时期，全省卫生计生事业发展取得了较大成绩，但是，必须清醒地认识到，卫生计生事业发展所面临的短板问题依然突出。医疗机构床位千人均水平与全国平均水平差距较大；医学人才总量不足，高层次人才缺乏；产科和儿科资源紧缺；精神卫生防治能力亟待提升；村卫生所发展相对滞后；疾病预防控制机构建设急需加强，公共卫生管理的任务艰巨；医药卫生体制改革有待进一步深化，综合改革配套政策有待完善。为此，我们要进一步深化医药卫生体制改革，着力解决突出问题，努力提升全省卫生计生发展水平和服务能力，推进健康福建建设。

表1 “十二五”规划目标完成情况

指标名称	单位	2010年	规划目标		实现情况	
			2015年	年均增长（下降）或提高	2015年	年均增长（下降）或提高
1. 人均期望寿命	岁	75.76	76	0.118岁	77.04	0.256岁
2. 婴儿死亡率	‰	7.56	7以下	下降1.5%	4.64	年均下降9.30%
3. 孕产妇死亡率	1/10万	19.84	18以下	下降1.9%	14.63	年均下降5.91%
4. 每千人口医疗机构床位数	张	3.15	4	4.90%	4.51	年均增加0.29
5. 每千人口执业（助理）医师数	人	1.57	1.88	3.60%	2.04	年均增加0.09
6. 每千人口注册护士数	人	1.49	2.07	6.80%	2.36	年均增加0.18
7. 人口出生率	‰	11.27	14左右		12.8	
8. 人口自然增长率	‰	6.11	不超过7.8		6.9	
9. 全省总人口	万人	3693	3836	7.85‰	3839	年均增加29
10. 出生人口政策符合率	%	85	90以上	—	85左右	—
11. 新农合参合率	%	98.13	98以上	—	99.9	—
12. 艾滋病病毒感染人数控制	万人	0.32	2以下	—	0.86	—
13. 发现并治疗肺结核患者	万人	2.09	8以上	—	8.2	—
14. 以乡为单位适龄儿童免疫规划疫苗接种率	%	90以上	95	1.09%	>95	—
15. 麻疹发病率	1/100万人	0.69	1以下	—	11.2	—
16. 5岁以下儿童乙肝表面抗原携带率	%	—	1以下	—	0.23	—
17. 重点慢性病防治知晓率	%	—	70	—	—	—
18. 高血压患者规范管理率	%	37.7	60	—	75	—
19. 糖尿病患者规范管理率	%	25	60	—	74	—
20. 重性精神疾病患者管理率	%	—	85以上	—	86.9	—
21. 政府卫生投入占卫生总费用比重	%	29.7	32	1.50%	30.5	年均增长0.53%
22. 个人卫生支出占卫生总费用比重	%	32	28	下降2.71%	27.57	年均下降2.94%
23. 人均基本公共卫生服务投入标准	元	15	40以上	21.70%	40	年均增长21.7%

第二节 面临的形势

未来五年是全面建成小康社会的决胜期，也是大力推进卫生计生事业改革发展，深度挖掘人口健康红利，打造健康福建的重要机遇期和改革攻坚期，卫生计生事业改革发展面临着新的形势与重大挑战。

一、经济社会发展对卫生计生事业提出新的要求

党的十八大提出了2020年“全面建成小康社

会”的宏伟目标，要求在“病有所医”上持续取得新进展，实现人人享有基本医疗卫生服务，对“十三五”卫生计生事业发展提出新的更高要求。同时，随着经济社会的持续发展，经济总量的不断增强，中央支持福建加快发展、福建自贸区建设和把福建作为21世纪海上丝绸之路核心区等政策措施的进一步落实，为卫生计生事业发展提供了良好的发展机遇和保障。

“十三五”期间，我国正处在经济增速换档期和结构调整阵痛期，区域结构、城乡结构、产业结构调整刻不容缓，推进新型城镇化、促进区域、城乡协调发展、保障和改善民生的任务十分艰巨。做好卫生计生工作，促进人口均衡发展，实现基本公共卫生计生服务均等化，对推进区域协调发展、城乡协调发展，提高居民健康水平，促进人的全面发展，实现全面小康具有重要的意义。

二、城镇化进程的加快给卫生计生事业提出新的任务

随着我省城镇化率的不断提高，2015 年全省已达到62.6%；全省流动人口1131 万人，其中跨省流入438 万人，居全国前六位。流入人口的健康需求对流入地卫生计生服务供给带来了巨大压力，尤其新城（新区）、小城镇以及卫生资源短缺（薄弱）地区医疗卫生资源供需矛盾将更加突出，资源布局和结构调整也将面临更大的挑战。

三、人口老龄化趋势的加剧将给医疗服务提出新的需求

随着人口老龄化趋势的日益明显，20 世纪五六十年代生育高峰出生的人口在2020 年前后陆续进入老年阶段，届时我省的人口老龄化程度将进一步加剧。目前，我省除了泉州、厦门两市以外，其他的7 个地区均已进入老龄化社会阶段。老年人医疗保健、康复、护理等需求将日益增长，康复、老年护理等薄弱环节问题将更为凸显。

四、全面两孩政策的实施将给卫生计生服务带来新的挑战

目前我省人口出生仍处于高峰期，2012 年以来，全省人口出生率已连续四年高于15‰。随着全面两孩政策的实施，出生人口数量将大量增加，2016 年二孩出生增量在5 万人左右，预计2017—2018 年每年二孩出生增量最高可能达到25 万人左右，产科、儿科的医疗服务需求将激增。妇产、儿科、妇幼保健等相关医疗服务的供需矛盾也将更加突出。

第二章　指导思想、基本原则和发展目标

第一节　指导思想

以马克思列宁主义、毛泽东思想、邓小平理论、“三个代表”重要思想、科学发展观为指导，紧密团结在以习近平同志为核心的党中央周围，深入贯彻习近平总书记系列重要讲话精神和对福建工作的重要指示，紧紧围绕“五位一体”总体布局和“四个全面”战略布局，按照全面建成小康社会和建设健康中国的总体要求，以促进人的全面发展作为发展的出发点和落脚点，坚持“保基本、强基层、建机制”，维护基本医疗卫生的公益性质；深化医药卫生体制改革，统筹推进医疗卫生服务体系和公共卫生服务体系建设，推动医疗卫生工作重心下移、医疗卫生资源下沉；坚持计划生育基本国策，完善计划生育政策，促进人口均衡发展，提高全民健康水平，为全省全面建成小康社会，推动经济社会发展再上新台阶，努力建设机制活、产业优、百姓富、生态美的新福建提供坚实的健康服务保障。

第二节　基本原则

一、坚持以人为本、持续发展。围绕人的全面发展，以健康需求和解决人民群众主要健康问题为导向，以调整结构、提升能力为主线，加快医疗卫生服务体系建设，全面提升医疗卫生服务水平，满足人民群众健康需求。

二、坚持统筹兼顾、协调发展。合理配置医疗卫生资源，推进区域、城乡协调发展，注重预防、医疗、康复相结合，中西医并重，增强医疗卫生事业发展的整体性和均衡性。

三、坚持公平效率、协同发展。优先保障基本医疗卫生服务的可及性，保证城乡居民公平公正地享有基本医疗卫生服务。同时，注重医疗卫生资源配置与使用的科学性与协调性，提高效率，降低成本，实现公平与效率的统一。

四、坚持深化改革、创新发展。突出医疗、医药、医保联动改革和医药卫生体制机制创新，加快推进公立医院综合改革和各项配套改革，进一步完善体制机制，促进医疗卫生事业持续发展。

第三节　发展目标

到2020年，覆盖城乡居民的基本医疗卫生制度基本建立。医疗卫生资源配置合理、医疗卫生服务层次分明、医疗卫生机构运行高效的医药卫生新格局基本形成；城乡居民基本医疗保障水平显著提升；基本医疗卫生服务均等化水平进一步提高；人口均衡稳定增长；每千人口医疗机构床位数、执业（助理）医师数、注册护士数等主要资源指标接近或达到全国平均水平，其他指标接近或达到全国先进水平。

——居民健康水平进一步提高。加强孕产妇、儿童系统保健管理，提升危重症孕产妇、新生儿和儿童医疗救治水平，优化整合妇幼保健与计划生育技术服务资源，进一步增强全省妇幼健康服务体系服务能力，促进出生人口素质和居民健康水平不断提高。到2018年，实现每千名儿童床位数3张，每千名儿童儿科执业（助理）医师数0.88名，每个乡镇卫生院和社区卫生服务机构至少有1名全科医生提供规范的儿童基本医疗服务，基本满足儿童医疗卫生需求；到2020年，孕产妇死亡率控制在16/10万以下，婴儿死亡率控制在7‰以下，人均期望寿命78.29岁，全省居民主要健康指标继续保持在全国中上水平。

——医疗服务体系进一步健全。加强省级医疗中心、县级医疗中心和基层医疗服务网络建设，提升城乡医疗服务水平。力争到2018年县域内就诊率90%以上，基本实现大病不出县；到2020年，每千常住人口医疗机构床位6张，执业（助理）医师、注册护士分别为2.5人、3.14人，每万常住人口全科医生2人。加快推进社会办医，基本形成多元办医格局。

——医疗保障体系建设进一步完善。健全医疗保障体系，实施统一的城乡居民基本医疗保险制度，提高城乡居民医疗保障水平。到2018年，实现个人卫生支出占卫生总费用比重下降到26%左右，政府卫生投入占卫生总费用32%以上。到2020年，实现城乡居民参保98%以上，政策范围内的住院报销比例提高到80%左右，城乡居民医药费用负担得到明显减轻。

——公共卫生服务能力进一步提升。加强专业公共卫生服务机构建设，建立公共卫生机构与医疗机构信息共享与互联互通协作机制，重大传染病得到有效防控，公共卫生服务水平显著提升。到2018年，实现高血压患者规范管理率80%，糖尿病患者规范管理率80%。到2020年，实现每千常住人口公共卫生人员数0.83人，艾滋病病毒感染人数控制在3.5万人以下，发现并治疗肺结核患者6.5万人以上，重性精神疾病患者管理率90%以上。

——人口均衡稳定增长。坚持计划生育基本国策，继续完善人口发展战略。到2020年，基本实现人口均衡发展，出生人口性别比平衡，出生人口素质有效提升。全省总人口控制在4100万人以内（不含新增流动人口），年平均人口出生率控制在20‰左右。

表2　“十三五”时期卫生计生事业发展主要指标

领　域	指标名称	单位	2015年	规划目标值	实现年限	指标性质
健康水平	1. 人均期望寿命	岁	77.04	78.29	2020	预期性
	2. 婴儿死亡率	‰	4.64	≤7	2020	预期性
	3. 孕产妇死亡率	1/10万	14.63	≤16	2020	约束性
卫生资源发展	4. 每千人口医疗机构床位数	张	4.51	6	2020	预期性
	5. 每千人口执业（助理）医师数	人	2.04	2.5	2020	预期性
	6. 每千人口注册护士数	人	2.36	3.14	2020	预期性
	7. 每千人口公共卫生人员数	人	0.65	0.83	2020	预期性
	8. 每万人口全科医生数	人	1.34	≥2	2020	约束性

续表

领　域	指标名称	单位	2015 年	规划目标值	实现年限	指标性质
医疗保障	9. 城乡居民参保率	%	99.9	≥98	2020	预期性
	10. 政策范围内住院费用报销比例	%	67.8	80 左右	2020	预期性
	11. 住院费用实际报销比例	%	46.5	50 左右	2020	预期性
医药卫生体制改革	12. 县域内就诊率	%	66	90	2018	预期性
	13. 公立医院药占比	%	42.49	30	2018	预期性
	14. 城市全科医生签约服务覆盖率	%	25	≥30	2020	预期性
疾病防控及基本公共卫生	15. 艾滋病病毒感染人数控制	万人	0.86	≤3.5	2020	预期性
	16. 发现并治疗肺结核患者	万人	8.2	≥6.5	2020	预期性
	17. 以乡镇为单位适龄儿童免疫规划疫苗接种率	%	>95	>95	2020	约束性
	18. 高血压患者规范管理率	%	75	80	2018	预期性
	19. 糖尿病患者规范管理率	%	74	80	2018	预期性
	20. 重性精神疾病患者管理率	%	86.9	≥90	2020	预期性
计划生育	21. 期末总人口规模	万人	3839	4100	2020	预期性
	22. 人口年平均出生率	‰	12.8	20 左右	2020	预期性
	23. 年均自然增长率	‰	6.9	≤14	2020	预期性
	24. 出生人口政策符合率	%	85	≥90	2020	约束性
卫生计生投入	25. 政府卫生投入占卫生总费用	%	30.5	32—34	2018	预期性
	26. 个人卫生支出占卫生总费用	%	27.57	26 左右	2018	预期性

第三章　主要任务

第一节　加强医疗服务体系建设，优化资源配置

一、优化资源配置，明确功能定位

坚持以健康需求和解决人民群众主要健康问题为导向，以明确功能定位、调整布局结构、提升能级为重点，以深化改革、多元办医为动力，构建与我省国民经济和社会发展水平相适应，与居民健康需求相匹配，布局合理、规模适当、层级优化、职责明晰、功能完善、富有效率的医疗服务体系。

进一步明确公立医疗机构功能定位。公立医院是全省医疗卫生服务体系的主体，应坚持维护公益性，并充分发挥其在基本医疗服务提供、急危重症和疑难病症诊疗等方面的骨干作用，承担起人才培养、医学科研、医疗教学、公共卫生服务、突发事件紧急医学救援、援外、国防卫生动员、援藏、援疆、援宁、救灾、支援社区以及国家和省部署的其他对口支援等任务；其中省办医院是全省医疗中心，主要负责向全省各地提供急危重症、疑难病症诊疗、专科医疗等服务；市办医院是市级区域医疗中心，主要负责向市级区域内居民提供代表本区域高水平的综合性、专科医疗等服务；县办医院是县域医疗中心，主要承担县级区域内居民的常见病、多发病诊疗、急危重症抢救，接受基层医疗卫生机构转诊，培训和指导基层医疗卫生机构人员。加强各级医疗中心建设。按照“统筹规划、提升能级、分级辐射”的原则，结合区域位置、交通状况、现有医疗资源和技术水平、就医流向，在全省规划设置两个省级区域医疗中心。一是依托福建省立医院、福建医科大学附属协和医院、福建医科大学附属第一医院、福州市第一医院、福州市中西医结合医院建设北部省级区域医疗中心，主要辐射福州、宁德、南平、三明和平潭综合实验区等地区。重点

支持福建省立医院、福建医科大学附属协和医院、福建医科大学附属第一医院3所高水平医院建设成为国家级区域医疗中心，力争进入全国百强医院，辐射全省。二是依托福建医科大学附属第二医院、厦门大学附属第一医院、厦门大学附属中山医院、泉州市第一医院建设南部省级区域医疗中心，主要辐射厦门、莆田、泉州、漳州、龙岩等地区。同时，按照“二提、二调、三控、四增”的原则，注重提高医疗卫生资源利用效率，提升省级医疗中心技术水平；调整医疗卫生资源不合理布局和结构；适度控制省办、市办公立综合性医院床位发展规模；增加县办医院、基层医疗卫生机构、社会办医、新城（新区）、郊区和医疗卫生资源短缺（薄弱）地区，以及儿科、产科、妇幼保健、精神卫生、康复、老年护理等薄弱学科的医疗卫生资源。

提升县级医院综合服务能力。实施县级医院综合能力提升工程，增强对县域内县乡村三级医疗机构的辐射带动作用，依托县级综合医院，重点支持县域医疗三大平台，即县域医疗服务技术平台、县域医疗服务协作平台、县域医疗服务信息平台等三大平台建设；六大中心，即县域消毒供应中心、心电诊断中心、临床检验中心、医学影像诊断中心、病理检验中心、远程会诊中心等项目建设以及十大临床薄弱学科和核心专科建设；加快卫生技术人才队伍建设和高级专业人才引进，完善临床科室设置，打造强有力的县级医疗中心。

二、实施“创双高”项目建设，提升医疗综合服务水平

实施高水平医院建设。将福建省立医院、福建医科大学附属协和医院、福建医科大学附属第一医院建成高水平医院，完成省临床医学实验平台、省级医学实验动物中心，并在3所高水平医院建设急诊医学、重症医学、老年医学、心脏医学、血液医学、微创医学、神经医学、创伤医学、颌面医学、烧伤医学等10个高水平临床医学中心建设，加强高水平人才培养、高精尖医疗设备配备、高层次学术交流、对外交流合作，注重科技成果转化应用，推进3所高水平医院医学科研教学能力显著提升。落实福建省立医院、福建医科大学附属协和医院、福建医科大学附属第一医院与北京协和医院、上海交通大学医学院附属瑞金医院、复旦大学附属华山医院的合作共建，通过国内顶尖医院“带一把”“托一把”“拉一把”，帮助福建省3所医院建设一批临床重点专科，培养一批领军人才，突破一批难点技术，推动一批重点项目。

实施高水平临床医学中心和重点专科建设。在其他9所省属三级甲等医院建设呼吸、生殖、儿童、癌症、口腔、肝病、精神、中医盆底、中医儿科、中医脾胃和中医康复等11个高水平临床医学中心；在省、市三级医院建设60个省级高水平临床重点专科，建设临床专科龙头，加强对区域的辐射带动，通过逐步完善全省临床重点专科体系，提高全省临床诊疗服务水平。

三、深化基层医药卫生体制综合改革，夯实基层基础

以问题为导向，以基层为重点，以体制机制改革为动力，以强基层为目标，借鉴长汀、三明、厦门等地基层改革经验，进一步完善政策措施，推进管理体制改革，改善基层医疗卫生机构就医环境，提升基层医疗卫生服务水平。建立完善县域医疗卫生机构管理体制，建立基层医疗卫生机构服务清单制度，明确服务边界，强化基层医疗卫生机构规范化、标准化建设与管理，到2020年实现基层医疗卫生机构基础设施、基本设备双达标。

推进基层医疗卫生机构人事编制管理制度改革，根据服务人口和功能定位，完善编制核定办法，进行动态调整，实现编内编外人员同岗同酬。探索基层医疗卫生机构卫生技术人员管理新模式，放宽招聘条件，简化招聘流程，提高编制使用效率。改革基层医疗卫生机构内部分配制度，实行院长（主任）目标年薪制，推行基层医保、价格、基本药物政策改革，拉开县域内医疗服务价格差距和医保报销差距，实行差别化政策，引导群众到基层就医。通过组建医疗联合体、对口支援、医师多点执业、家庭医生签约等方式，鼓励城市二级以上医院医师到基层医疗卫生机构服务，或通过预约就诊、定期出诊、巡诊、技术支持等方式，推动资源下沉，提高基层服务能力。

加强全科医生、康复治疗师、护理人员等专业人员培养，满足人民群众多层次、多样化健康服务需求。坚持面向初中毕业生举办中专农村医学专业，鼓励在岗乡村医生参加成人学历教育，开展乡村医生规范培训，建立乡村医生规范管理制度。建立乡村医生医疗责任保险制度，完善乡村医生养老保障政策，稳定优化乡村医生队伍。推进乡镇卫生院与村卫生所一体化，到2018年实现符合条件的乡村医生参加城镇企业职工基本养老保险全覆盖。

专栏一　医疗服务体系建设

医疗中心服务能力提升工程：建设福建省立医院、福建医科大学附属协和医院、福建医科大学附属第一医院3所高水平医院，争取成为国家级区域医学中心；在省属三级医院建设21个临床医学中心，在省市三级医院建设60个高水平临床重点专科。开展一批省级医院基础设施建设项目。

县级医院综合能力提升工程：开展县级医院业务用房和床位建设、薄弱学科和核心专科建设，县域医疗服务技术平台、县域医疗服务协作平台和县域医疗服务信息平台建设，推进县域消毒供应中心、心电诊断中心、临床检验中心、医学影像诊断中心、病理检验中心、远程会诊中心等项目建设。

基层医疗卫生机构建设工程：开展基层医疗卫生机构业务用房改扩建和康复床位建设，加强村卫生所达标建设，为乡镇卫生院、社区卫生服务中心、村卫生所配备基本诊疗设备、健康小屋、多功能医疗服务车等，实行乡镇卫生院和村卫生所一体化。

急救体系能力提升工程：开展各设区市急救中心25所网络医院（三级综合医院）急诊科建设，重点建设急诊重症监护室，并为市、县、乡医疗机构配备各类救护车。

第二节　健全公共卫生服务体系，提升服务能力

一、提升疾病预防控制服务能力

加强疾病预防控制能力建设。加快实施省疾病预防控制中心迁建项目，开展市、县疾病预防控制中心基础建设项目，重点支持23个省级重点扶贫开发县疾病预防控制中心业务用房建设和仪器设备配置，改善疾病预防控制机构基础设施和基本设备条件，推进全省疾病预防控制机构达标建设。完善传染病治疗管理机制，加强艾滋病和结核病等重大传染病的监测分析及预警工作，落实防治措施，开展学校艾滋病干预工作。加强预防接种信息化管理，落实流动儿童疫苗接种管理和催种服务，实现以乡镇为单位适龄儿童免疫规划疫苗接种率95%以上。加强血吸虫等寄生虫病和地方病监测及防治工作，推进消除疟疾行动计划。

加快推进精神卫生综合建设。加强精神障碍患者床位建设，按照改造和新建相结合，优先改造、扩建精神专科医院，重点扶持县级医院（含中医医院）精神科的原则，补齐床位缺口，满足群众需求。建立完善的精神卫生工作组织领导和部门协调机制，发改、卫生计生、公安、民政、司法等有关部门各司其职，按照“应治尽治、应管尽管、应收尽收”的要求，加强精神卫生防治网络建设和精神卫生专业队伍建设，合理配置精神科医师、护士、心理治疗师，逐步提高精神卫生服务能力，提高重性精神障碍患者检出率、治疗率和管理率。到2020年，精神卫生标准化床位达每万人口5.64张。

加强慢性病防治工作。开展慢性病综合防控示范区建设，健全全省慢性病监测体系，加强健康危险因素监测和数据利用。落实慢性病综合干预与管理，强化慢性病发病、患病、死亡、危险因素和营养健康状况监测工作。

二、加强卫生应急能力建设

完善卫生应急体系和队伍建设。继续加强省级卫生应急队伍建设和管理，提升省级卫生应急队伍应急处置能力，力争建设一支国家级卫生应急队伍。在省属医院建立核与辐射损伤、化学中毒应急救治基地，提高其紧急医学救援和批量伤病员收治能力。在具备条件的三级综合性医院有序推进应急扩充能力建设，完成二级以上公立医院卫生应急机构建设。加强市、县两级卫生应急队伍和装备建设，加强培训、演练，夯实突发事件卫生应急处置基础。

强化卫生应急机制和指挥决策系统建设。健全完善具有针对性、指导性的分级分类预案体系建设，实现预案的动态管理。建立和完善与相邻

省卫生计生部门联动及省内部门间、区域间、军地间卫生应急协调联动机制。探索建立海空紧急医学救援机制。开展全省突发事件卫生应急管理与指挥决策信息系统项目建设，提升突发事件卫生应急指挥决策能力。继续加强突发公共卫生事件监测预警、风险评估制度建设。

加强卫生应急装备物资储备管理。开展省级卫生应急队伍装备物资储备库（室）建设，建立健全卫生应急队伍装备物资管理制度、调用制度，坚持"平急结合"，确保装备物资完好和快速调用，提高卫生应急队伍的快速反应能力。继续做好省级紧急医学救援特殊药品和快速诊断试剂等物资储备。各级卫生计生行政部门对承担卫生应急任务的医疗卫生机构明确应急物资储备工作要求，健全储备制度。

三、加强卫生计生综合监督

加强卫生计生监督体系建设。加强卫生计生监督机构建设，建立全省农村卫生计生监督网络，不断推进卫生计生监督协管工作，初步形成覆盖城乡、上下协调、部门联动的卫生计生监督执法体系，实现卫生计生监督服务覆盖面不断延伸，执法能力全面提升。

加大卫生计生监督执法力度。加大饮用水、公共场所、学校卫生、涉水产品、消毒产品的监管力度，实现公共场所卫生信誉度等级公示率100%，对涉水产品企业年监督覆盖率100%，全省学校卫生综合评价实施工作覆盖率100%。建立消毒产品生产企业不良名单制度，曝光不合格产品及问题单位。大力打击非法行医和非法采供血，对省属医疗机构和采供血机构监督覆盖率100%，对监督过程中发现的违法事实处理率100%，净化医疗服务市场。

加强食品安全风险监测。健全食品安全风险监测体系，扩大监测覆盖面，食品污染物和有害因素监测覆盖所有县级区域，并逐步向乡镇延伸；增加食源性疾病监测哨点医院数量，将所有二级以上综合性医院纳入监测范围。加强实验室检测能力建设力度，推动建立食品安全风险监测参比实验室和食源性疾病病因学鉴定实验室，提高省市疾病预防控制中心技术水平。健全风险评估制度和食品安全风险预警机制，建立科学有效的评估方法，构建和完善预警所需信息数据库，逐步提高食品风险评估能力和预警能力。加快制定和修订食品安全地方标准，完善食品安全地方标准体系。

四、加强妇幼健康服务工作

完善妇幼健康服务体系。优化整合妇幼保健与计划生育技术服务资源，实施省、市、县三级妇幼保健机构业务用房建设和基本设备装备，强化妇幼保健机构管理与指导，推进转型升级，建成科室设置科学、功能完整、服务高效的新型妇幼保健机构。

加强儿童医疗卫生服务能力建设。强化儿科医务人员培养和队伍建设，推进高等院校儿科医学人才培养，扩大儿科专业住院医师规范化培训规模，开展儿科医师转岗培训，增加儿科医务人员数量，提高队伍整体素质。完善儿童医疗卫生服务体系，加强儿童医院、综合医院儿科和妇幼保健机构建设，重点支持市级儿童医院、综合医院儿科和省、市、县妇幼保健机构建设，县级综合医院儿科床位比例达到10%，县级二级甲等中医院儿科床位比例达到5%，妇幼保健机构儿科床位比例达到30%。优化优质儿童医疗卫生资源区域布局，设置省级儿童医学中心，市级设置儿科省级重点专科或儿童医学分中心，实现区域儿童医疗卫生资源均衡发展。推进儿童医疗卫生服务领域改革，合理调整儿科医疗服务价格，提高儿科医务人员薪酬待遇，促进儿科医务人员职业发展，推进优质儿童医疗资源下沉，优先实施儿童家庭医生签约服务等政策措施，建立完善促进儿童医疗卫生事业发展的政策体系和激励机制，调动儿科医务人员积极性。

提升妇幼健康服务能力。强化助产技术质量控制，规范产科、新生儿科和儿科急救流程，落实高危孕产妇分级管理制度；完善危重症孕产妇监护救治网络、新生儿救护网络和儿童医疗救治网络，提高危重症患者识别、转诊和抢救成功率，降低孕产妇和儿童死亡率。提升出生缺陷综合防治能力，全省一级、二级、三级防治措施覆盖率分别达到90%、70%、90%以上。开展妇女儿童常见疾病普查普治，逐步扩大免费检查覆盖范围；落实综合干预措施，将预防艾滋病、梅毒和乙肝母婴传播纳入妇幼卫生常规工作，将艾滋病病毒抗体检测作为婚前医学检查和产前检查的常规检查项目，提高妇女儿童健康水平。

五、加强采供血体系建设

强化政府领导、部门合作、全社会参与的工作机制，依法推动无偿献血工作。加强采供血机构能力建设，对业务用房和实验室面积未达到要求的市中心血站实施新建和改扩建，提升服务能力。到2020年，力争人口献血率达到15‰以上；建成与经济社会发展相适应的血站服务体系，建立血液质量安全管理体系，进一步提升血液安全，有效降低血液残余风险度；推进临床合理用血。

六、开展健康教育和健康促进工作，做好爱国卫生工作

深入开展全民健康教育。加强与大众传媒的合作，结合重大政策出台、重点工作宣传、文化科技卫生“三下乡”活动、卫生日活动和突发事件处置等工作，传播健康知识、医药卫生知识，倡导健康文明的生活方式，提高人民群众的健康水平。创新健康知识和中医药文化科普知识传播形式，有计划地建立一批包括中医养生保健康复等卫生计生科普专家队伍，提高全民健康素养，鼓励广大医疗卫生、计生工作者通过传统和新兴媒体，采用多种形式传播健康知识，科学介绍医学风险，引导群众科学理性就医。

启动健康城镇建设试点，深入开展爱国卫生运动。紧密结合新型城镇化建设，推进卫生城镇创建活动；建设健康城镇，打造卫生城镇的升级版。大力推进城乡环境卫生整洁行动，提升城乡环境卫生水平。

专栏二　公共卫生服务体系建设

疾病预防控制机构建设工程：实施福建省疾病预防控制中心迁建；开展市、县两级疾病预防控制机构基础设施建设及设备配置。

妇幼保健机构能力提升工程：实施妇幼保健机构达标建设和产儿科床位建设，推进危重症孕产妇监护救治网络和新生儿救护网络建设。

精神病专科建设工程：开展精神病专科床位标准化建设和基本医疗设备配备。

采供血机构建设工程：开展采供血机构业务用房建设和血液采集、检测、储存设备配备，实施实验室标准化改造，增加献血屋（采血点）和流动献血车。

食品安全风险监测能力提升工程：完善数据收集及数据共享共用，推动监测与监管的联动衔接，增设监测点，扩大监测范围、指标和样本量，为省市疾病预防控制机构配备相关检验检测设备。

卫生监督和职业病防治能力建设工程：实施市、县卫生监督机构基础设施建设和执法装备配备，推进放射卫生、职业病防治及化学中毒预防控制能力建设。

第三节　深化医药卫生体制改革，创新体制机制

一、推动公立医院管理体制改革

（一）推进“三医”联动改革，为公立医院体制改革提供政策保障

推动药品流通领域改革。一是完善药品招标采购机制。继续推行药品招标采购“两票制”，逐步推进医用耗材和医用设备集中采购。二是建立医保药品支付和结算新机制。建立按药品通用名设定医保药品支付标准，制定高值耗材的医保支付标准。三是改革药品配送模式。加快建设药品流通统一市场，形成现代医药物流体系。四是加强药品监督管理。实行省市县三级联动的药品采购服务监管机制；加强药品不良反应监测，强化合理用药监控；加强药品生产经营企业的监督管理，严格执行诚信记录和市场清退制度。

推动医保管理体制改革。总结推广三明经验，全面推进“三保合一”，实行政策统一、机构统一以及市级统筹，实行“招采合一”职能合并。推进医保支付方式改革，建立以按病种付费为主，按人头付费、按服务单元付费等复合型付费方式，鼓励推行按疾病诊断相关组（DRGs）付费方式。健全医保经办机构与定点医疗机构的谈判协商机制，建立“节余留用、超支分担”的激励约束机制。

推动医疗价格体系改革。一是建立合理的价格动态调整机制。挤压药品耗材流通和使用环节

以及医院节约成本所产生的价格空间，“腾笼换鸟”实现医疗服务价格科学补偿；按照“总量控制、结构调整、有升有降、逐步到位”的原则，小步快走建立常态化的动态调整机制；坚持定时定价，及时制定医疗服务新增项目价格，促进医院合理收费，健康发展。二是推进收费方式改革，逐步减少按项目定价，积极探索按病种、床日、服务单元等为计价单位的定价方式。三是实现医疗服务价格、医保支付、分级诊疗等政策的有机衔接，科学核定价格调整部分，同步纳入医保支付范围。四是适时开放特需医疗服务项目价格，由医疗机构根据市场自主制定。到2020年，建立以成本和收入结构变化为基础的价格动态调整机制。

（二）深化公立医院管理体制改革

一是强化政府办医主体责任。细化并落实各级政府对公立医院投入政策，建立常态化投入机制；改革财政补助方式，强化财政补助与公立医院的绩效考核结果挂钩关系。二是加快建立现代医院管理制度。厘清政府与公立医院之间的关系，全面落实院长管理自主权，推进以公立医院管理委员会为实现形式的现代医院法人治理结构，加快管办分开、政事分开进程；实行院长目标年薪制，健全院长选拔任用制度，实行院长聘任制、考核评价机制；完善公立医院以预算管理、成本核算为基础的精细化管理机制。三是改革编制人事管理。以医院实际开放床位为基础，合理核定医院人员规模，打破编内编外人员的身份界限，变身份管理为岗位管理，实现动态调整的编制备案制，逐步实行编内外人员同岗同薪同待遇。四是改革内部收入分配制度。建立以医务性收入为主导的人员工资总额管理办法，严禁医务人员收入与药品耗材、检查化验等收入直接挂钩，严禁与科室创收挂钩。健全以岗位工作量、服务质量、行为规范、技术能力、医德医风和患者满意度为重要指标的内部绩效考核体系，在核定的绩效工资总额内，自主分配，多劳多得，优绩优酬，合理确定医务人员收入水平，拉开收入差距。五是强化考评和监管机制。完善政府主导、第三方参与、医院内部管理和社会监督为补充的综合监管长效机制，推动全行业属地化监管。加强行业自律和社会监督，引导和规范医院建立内控制度。

二、推动建立分级诊疗制度

进一步完善分级诊疗配套政策，加快推进分级诊疗运行机制的建立。一是强化政府办医责任。深化县级办医领导体制改革，落实保障责任，加强基层医疗卫生机构标准化建设。加强管理和监督，落实办医自主权，借鉴长汀“一归口、三下放”经验，完善院长选拔任用机制，实施院长任期目标年薪制，健全绩效考核制度，完善基层激励机制。二是激发基层机构活力。结合县级公立医院综合改革，加强乡镇卫生院和社区卫生服务中心的分类管理，发挥基层医疗卫生机构在提供基本医疗服务、基本公共卫生计生服务、双向转诊服务等方面的功能作用。三是完善基层运行机制。以县级医院为龙头，建立医联体，密切各级医院分工协作机制，促进城市医院优质资源与基层共享。四是筑牢基层网底建设。在农村全面推进乡村一体化管理，建立村医养老保障制度和正常退出机制。推进城市开展慢性病家庭医生签约试点，打通两个“最后一公里”，筑牢分级诊疗基础。五是强化基层人才保障。继续实施特岗医师、定向培养“本土化、直通车”全日制大专层次医学专业人才政策，开辟农村基层医疗卫生队伍适用人才培养的新途径。

到2020年，县（市）域内就诊率提高到90%，基层医疗卫生机构诊疗量占总诊疗量比例达到65%。分级诊疗服务能力全面提升，保障机制逐步健全，适应分级诊疗制度的医疗服务体系基本构建，基本建立符合省情的分级诊疗制度。

三、加快推进社会资本办医

放宽社会资本办医准入。鼓励和支持企事业单位、社会团体、个体、慈善机构、保险机构以及其他社会组织举办医疗机构。发挥福建省的地缘优势，吸引港澳台企业投资民营医院，鼓励与外资合作开办民营医院，开展国际知名品牌医院兴办合资合作实体试点等。明确社会办医的功能定位，引导社会办医向“专、精、优”方向发展，重点发展专科医院和高端医疗，与公立医院实现优势互补。优先支持社会资本举办非营利性医疗机构，加快形成以非营利性医疗机构为主体、营利性医疗机构为补充的社会资本办医体系。到

2020年全省社会办医床位数力争达到全省医院床位数的25%左右。

改善社会资本办医执业环境。执行与公立医院统一的城镇职工、城乡居民基本医疗保险定点机构的准入条件。根据医疗机构设置规划，将社会资本办医所需用地纳入土地利用年度计划。落实用水、用电、用气和医疗服务价格政策，建立财税扶持社会资本办医机制。支持非公立医疗机构引进和培养人才，对社会力量办医院在重点专科建设、科学研究、人才培养、学术地位评定等给予公平政策。

加强社会资本办医监督管理。将社会办医纳入统一的医疗质量控制与评价范围。严厉打击非法行医，严肃查处租借执业执照开设医疗机构和出租承包科室、院中院等行为，探索建立医疗机构及从业人员退出机制，建立健全医疗机构及从业人员信用记录。加强财务会计制度监管。支持社会办医成立独立行业协会，推动社会办医行业自律和医德医风建设。

第四节　调整完善计划生育政策，促进人口均衡发展

一、调整完善计划生育政策

促进人口均衡发展。坚持计划生育的基本国策，继续完善人口发展战略，全面实施一对夫妇可生育两个孩子政策；加强宣传教育、优生指导、生殖保健、计划生育家庭帮扶和权益维护等工作，提高服务水平；实施重点针对计划生育特殊家庭的再生育辅助工程；加强出生人口监测预警，引导家庭有计划地安排生育，调控人口总量、提升人口素质、优化人口结构，促进人口均衡发展和家庭和谐幸福。

完善计划生育奖励和社会保障制度。整合计划生育利益导向政策，建立和完善政府主导、社会补充的计划生育家庭扶助保障政策体系；建立健全基本养老保险、基本医疗保险、生育保险和其他社会保障制度，促进计划生育；加大对有特殊困难的计划生育家庭的帮扶力度，解决其在生活保障、养老照料、大病医疗、精神慰藉等方面的困难和问题；完善扶助制度动态调整机制，扩大城镇计划生育家庭奖励扶助覆盖面，稳步提高扶助标准；加大小额贴息贷款帮扶力度，落实新出台普惠政策与计划生育利益导向的衔接工作。全面开展创建幸福家庭活动，构建有利于完善计划生育服务管理的家庭发展支持体系。

二、加强计划生育综合服务管理

加大出生人口性别比综合治理。完善宣传倡导、全程服务、整治“两非”、统计监测和考核评估的工作机制；深入开展关爱女孩行动和圆梦女孩志愿行动；加强对可用于胎儿性别鉴定和终止妊娠的设备、药物、技术和人员的管理，加大打击“两非”力度，严厉查处“两非”行为，实现出生人口性别结构有效改善，全省出生人口性别比趋于平衡。

推进流动人口基本公共卫生计生服务均等化。深化流动人口“一盘棋”机制建设，推进“新市民之家”等服务场所的建立和流动人口服务车进企业、市场、园区等活动；设立流动人口基本公共卫生计生服务均等化专项经费，落实流动人口儿童预防接种、传染病防控、孕产妇和儿童健康管理、计划生育等基本公共服务，开展社会融合示范试点工作；加强统计监测和信息化应用，推进流动人口基本公共卫生计生服务均等化。力争到2020年，全省流动人口基本公共卫生计生服务均等化试点覆盖面达到50%。

提升计划生育服务管理水平。推进计划生育服务管理改革，推广使用统一的母子健康手册，整合孕前保健、孕期保健、住院分娩、儿童保健、儿童预防接种和计划生育服务内容，为妇女儿童提供系统、规范的优生优育全程服务，打造“一条龙”服务链。实行生育登记服务制度，加强优生优育、避孕节育、妇幼健康的咨询指导，落实免费的卫生计生服务项目；推进国家免费避孕药具基本公共服务的全覆盖；推动建立征信体系，规范社会抚养费征收管理；推进计划生育基层自治和诚信计生，加强基层基础，稳定计划生育行政管理、技术管理队伍，确保落实服务管理，开展计划生育优质服务示范单位创建活动。

充分发挥计划生育协会群团组织作用。加强计划生育协会组织建设，健全组织网络，充分发挥生力军作用，更好地承担宣传教育、生殖健康咨询服务、优生优育指导、计划生育家庭帮扶等

工作，深化生育关怀，扩大幸福工程、小额贴息贷款、安居工程、金秋助学、关爱失独家庭和意外伤害保险等项目的受益面，积极探索服务计划生育家庭的新途径，探索行政管理和群众工作相结合的服务管理新模式，为计划生育群众排忧解难。

专栏三　计划生育家庭发展能力保障体系建设

医养结合及老年护理建设工程：推进医疗卫生与养老服务相结合，支持养老机构开展医疗服务，推动医疗卫生服务延伸至社区、家庭，为老年人提供连续性的健康管理服务和医疗服务，配置巡诊与转运服务车辆和便携设备；建设一批医养结合机构和老年康复、老年护理等专业医疗机构。

计划生育家庭发展能力建设和保障提升工程：实施计划生育特殊家庭精准扶助项目；开展青春健康服务活动及科学育儿、养老照护、家庭文化建设试点工作。

第五节　加强科技教育和人才队伍建设，提高服务水平

一、加快医学科教发展

搭建医学科技服务平台。根据临床需求，建设一批省级临床医学研究中心，搭建疾病研究协同网络，开展疾病防治研究。建设一批优先发展特色专科和急需发展薄弱专科的重点实验室，在全省形成布局合理、各具特色、开放共享的重点实验室服务平台网络，促进全省医学科技服务整体水平的提升。

加快医疗技术研发推广。围绕临床需求和关键技术，开展跨学科、跨行业、跨区域联合攻关，提高科研创新能力和学术竞争力。加强国内外技术合作，引进、消化先进医疗技术并加以创新推广应用，扩大医疗技术的辐射能力。研发临床效果好、效率高、费用低的适宜技术，推广应用到基层医疗卫生机构。推进高水平医院以临床基础研究为切入点，提升创新能力和研究水平；以解决常见、多发的疑难重症疾病为重点，开展临床新技术应用研究，提高临床诊治水平。

完善医师规范化培训制度和继续医学教育制度。加强住院医师规范化培训基地建设和管理，促进医学院校临床教学基地与住院医师规范化培训基地建设有效衔接，推动住院医师规范化培训与临床医学专业硕士学位衔接工作。推动实施公共卫生医师规范化培训。制定专科医师规范化培训办法，开展培训试点，逐步形成一体化的培训体系。运用远程教育等现代化手段开展继续医学教育，逐步推进继续医学教育学分信息化管理。“十三五”期间，争取培训住院医师、全科医生1.2万名。

二、加快卫生计生人才队伍建设

加大医学人才培养规模。深化医学人才培养机制改革，加强与教育部门沟通协作，促进院校医学教育与卫生计生行业需求的紧密衔接，增设急需紧缺专业。支持高等院校和中等职业学校开设健康服务业相关学科专业，加强食品安全技术人才队伍建设。调整优化医学院校布局结构，适度扩充医学教育资源，支持有条件的医学高职高专院校升格为本科院校，支持符合条件的医学类中专学校升格为大专院校，规范和提升医学类中专院校，完善医学院校临床教学基地布局，加强指导和监管，确保人才培养质量。完善卫生计生管理人员职业化培训制度、考核体系和评价标准，提升专业化和职业化水平。

加强基层人才队伍建设。创新基层人才管理体制机制，进一步理顺以县为主的人才管理体制，实行差别化人才招聘办法和差别化的基层职称评聘办法，提高基层医疗卫生机构高级专业技术岗位结构比例。继续实施为49个基本财力保障县的县级医院定向培养本科层次临床医学人才项目和基层医疗卫生机构特岗医师计划，继续实施定向培养本土化大专学历医学人才项目，鼓励基层卫生计生技术人员定期进修学习，充实基层人才队伍。通过基层在岗医师转岗培训、全科医生定向培养、提升基层在岗医师学历层次等方式培养全科医生，提高基本医疗和公共卫生服务能力，实现城乡居民每万人口全科医生2人。鼓励支持执业医师到基层医疗卫生机构多点执业，建立乡村医

生医疗责任保险制度。

实施高层次人才建设工程。依托“海纳百川”高端人才聚集计划，培养引进高层次卫生计生专业人才，实施突出贡献专家激励、医学领军人才引进、中青年骨干人才培养、高级管理人才能力提升等四个高层次卫生人才队伍建设项目，全面提升高层次人才项目质量和水平。全面实施“创双高”工程，引进30名在国内具有重要学术地位的杰出专业技术人才；选派300名临床医学中心、临床专科带头人及300名专业骨干人才，到国际、国内一流医学院校和医院进修学习。实施自贸区高层次人才集聚项目，建立紧缺急需卫生人才信息发布制度，扩大闽台卫生人才交流合作。全面落实对台湾居民开放的专业技术资格考试，加大柔性引才引智力度。改进人才评价考核方式，扩大省属医疗卫生单位职称评价自主权，支持向条件成熟的大型三级甲等医院、专业公共卫生机构等下放应用型医学人才职称评审权，探索开展高层次人才和部分急需紧缺专业人才的直聘试点工作。统筹实施“人才高地”建设，通过培养与引进人才、资金、项目等基本支撑，巩固提高福建医科大学附属协和医院血液病研究所、省疾病预防控制中心人兽共患病实验室2个全省“人才高地”建设项目；力争新增5个具有明显优势的“人才高地”建设项目，并逐步向市县延伸。

加快紧缺人才队伍建设。支持省内医学院校申请设立儿科、精神卫生等紧缺急需专业，并逐步扩大招生规模。开展儿科、精神科执业医师转岗培训，提高紧缺专业人员编制比例，简化儿科、精神科等紧缺急需专业招聘程序，专业技术岗位聘用向紧缺专业人才倾斜，并提高紧缺专业人才中高级专业技术岗位比例，提高紧缺专业人员的薪酬待遇。加强公共卫生人才队伍建设，合理设置机构和人员配备标准。到2020年，每10万人口精神科执业（助理）医师3.8名，儿科医师6000人。

专栏四　卫生计生人才培养及科教服务体系建设

卫生计生人才队伍建设工程：围绕增总量，加大医学人才培养规模；围绕“创双高”，推进高层次人才队伍建设；围绕强基层，加强基层人才队伍建设；围绕补短板，促进紧缺人才队伍建设；围绕破壁垒，统筹推进社会办医人才队伍建设。

卫生科研建设工程：实施中青年骨干人才培养计划，开展卫生教育联合攻关、医学创新课题、青年科研课题和面向农村和城市社区推广适宜技术等医学科研项目。

第六节　完善医疗保障体系，推进城乡居民待遇均等化

一、完善多层次的医疗保障体系

建立和完善医疗保障体系，提高医疗保障管理水平和运行效率，统筹城乡基本医保管理体制，改革医疗救助体制，加大对大病患者的救助力度。建立健全城乡居民大病保险制度，提高重特大疾病患者保障水平。全面实施疾病应急救助，形成无负担能力患者急救医疗费用的保障机制。加强基本医保、大病保险、医疗救助、疾病应急救助、商业健康保险和慈善救助等制度的衔接，发挥协同互补作用，提高医疗保障水平。

二、逐步提高城乡居民医保筹资和保障水平

根据各级政府财力状况和居民收入增长情况及承受能力，探索建立稳定可靠、合理增长的筹资机制，逐步提高城乡居民医保筹资水平；通过完善大病保障政策、控制医药费用过快增长等措施，提高大病保障水平，实现政策范围内的住院费用报销比例提高到80%左右，提高住院费用实际报销比例。逐步提高基本医保保障绩效，缩小政策范围内住院费用支付比例与实际住院费用支付比例间的差距。

三、强化医保基金的监管

加快建立各类医疗保险经办机构和定点医疗机构之间公开、平等的谈判协商机制和风险分担机制，发挥各类医疗保险对医疗服务行为和费用的调控引导与监督制约作用。加强医保基金经办机构建设，充实人员配置，完善精细化管理。建立监管平台，优化信息化监控手段，建立全省医

保定点医院科室和医保医师数据库，推广使用医保智能审核系统。加强稽核和监督，加大对医保违法违规行为的查处力度。

第七节 健全中医药服务体系，提升中医药服务能力

一、健全中医医疗服务体系

加强中医医疗服务体系建设。每个设区市和县（市）办好一所中医类医院，全面达到国家标准。加强非中医医疗机构的中医药科室建设。提升基层中医药服务能力，在乡镇卫生院、社区卫生服务中心开展以中医馆为主要形式的中医药集中诊疗区建设，鼓励组建中医医疗联合体。

实施中医“名医名科名院”发展战略。开展省名中医评审活动，建设名老中医药专家传承工作室和中医学术流派传承工作室，力争产生国医科大学师，培养一批知名中医师。建设国家级、省级中医重点专科、基层中医特色专科，通过“提升、巩固、发展”一批重点专科和特色专科，实现到2020年，累计建设国家级中医重点专科45个，省级中医重点专科90个，基层中医特色专科200个。评选建设省级示范中医院，建设一批知名中医医院。

开展中医药医疗保健服务。大力推进中医“治未病”健康服务工程，挖掘整理传统中医养生保健技术，拓展中医药在慢性病防治、孕产妇保健等方面的优势。规范开展中医健康管理、健康状态辨识、亚健康调养等服务，发展药浴、康复理疗等传统养生保健服务，发展传统中医药特色堂（馆）。

拓展中医特色康复服务能力。加强二级甲等及以上中医医院康复科建设，康复科床位不受规划限制。依托福建中医药大学附属康复医院建立技术研究与培训指导中心，开展康复适宜技术与设备研发，加强中医药适宜技术培训推广。

二、推进中医药继承与创新

搭建中医药创新平台。实施老中医药专家学术经验继承项目、优秀中医临床人才研修项目、名中医国内访问学者项目，加强常见病、多发病的中医药防治研究。加快建设省级中医临床研究基地、中医重点研究室等公共研究平台。

鼓励广泛应用中药制剂。支持医疗机构联合成立中药制剂中心，支持部分确有疗效、临床急需而市场缺乏类似药品的医疗机构中药制剂在全省中医医疗机构间调剂使用。鼓励将应用多年、疗效确切的医疗机构中药制剂开发为中成药。

建立中医药文化科普宣传长效模式。开展中医药文化宣传教育基地建设，培养中医药文化科普宣传人才，利用基地和各类媒体、出版物，推进中医药文化科普知识进社区、进乡村、进学校、进家庭活动，提高公民中医养生保健素养。

三、发展壮大中医药人才队伍

加强中医药人才培养引进。建立健全激励机制，提高中医药专业人才待遇，鼓励培养和引进研究型人才和学术领军人物。统筹中医药人才培养与“两培训一教育”（临床住院医师规范化培训、全科医生规范化培训、医学硕士专业学位研究生教育）的有机衔接。

培养中医药健康服务专业人才。推动高校设立健康管理等中医药健康服务相关专业，鼓励校企合作联合培养中医养生保健等中医药技能型人才。拓宽中医药健康服务技术技能人才岗位设置，推进相关职业资格认证和技能鉴定，规范并加快培养中医药健康服务从业人员。探索培养中医药健康旅游、中医药科普宣传、中医药服务贸易等复合型人才。

专栏五 中医药服务体系建设

中医药能力提升工程：开展省中医临床研究基地建设、基层医疗卫生机构中医馆建设、中医特色专科和中医名科建设，健全县级中医药服务网络，推进中医药人才、中医药传统文化和产业体系建设。

康复医疗服务能力提升工程：实施省级及各设区市康复医院新建或改造，加强公立中医医院“治未病”科和康复科建设，提升中医预防保健康复服务能力。建立省中医特色康复技术研究与培训指导中心，开展中医特色康复技术培训与推广。

第八节　发展健康服务产业，注入新的活力

一、积极开展健康管理与促进

推进健康管理向多元化发展。鼓励引进国内、国际知名健康服务机构，开展连锁经营，形成一批健康管理与促进服务的知名品牌。引导健康体检机构向健康管理机构发展，推广健康体检、健康咨询和疾病预防服务，推动医院的体检中心向检后服务转型，继而迈向个体化、契约式服务关系的健康管理和健康促进。加快发展心理健康服务，培育专业化、规范化的心理咨询、心理干预和辅导机构。

鼓励发展医养结合。推进养老机构与医疗机构合作发展，鼓励在有条件的养老服务机构内设医疗机构。发展社区卫生服务机构与老年人家庭医疗契约服务，提供康复护理、慢性病管理、中医保健等家庭医生式服务。鼓励医疗机构将护理服务延伸至居民家庭，丰富和完善服务内容，做好健康延伸服务。

二、发展健康服务业相关支撑产业

推动健康服务业发展。整合利用特色资源与健康服务资源，打造集医疗康复、保健养生、健康信息服务、健康产品开发于一体的高端健康服务业集聚区，重点支持莆田、厦门、龙岩、泉州医疗园区建设，促进健康服务产业集聚发展。加快构建健康体检、康复护理、健康旅游、健康文化、健康保险、体育健身和健康养生等多样化健康服务体系，培育一批健康服务龙头企业。

鼓励发展健康保险服务。鼓励商业保险机构提供多样化、多层次、规范化的产品和服务，发展基本医保之外的医疗、疾病保险等产品。鼓励开发推广长期护理商业险以及与健康管理、养老等服务相关的商业健康保险产品，加强健康风险评估和干预。加快发展医疗责任保险、医疗意外保险，探索发展多种形式的医疗执业保险。

发展健康旅游业。运用中华老字号名店以及中药材种植基地、药用植物园、药膳食疗馆等资源，发展中医药特色旅游。打造一批中医药特色旅游城镇、度假区、文化街、主题公园等休闲养生示范基地。鼓励中医医疗机构与社会资本合作，开设中医药健康服务机构，提供推拿、药膳、“治未病”等中医药健康服务项目。

促进中药产业加快发展。开展全省中药资源普查，推进中药资源监测和信息网络建设，以道地药材深度开发、传统名优中成药开发为重点，支持中药饮片加工和中药制药企业做大做强，培育龙头企业和产业集群。加大对中药行业驰名商标、著名商标的扶持与保护力度。优化中药产品出口结构，提高中药出口产品附加值，扶持中药企业开拓国际市场。

三、引导发展健康服务新型业态

引导发展健康服务机构。鼓励以城市二级医院转型、新建等多种方式，合理布局、积极发展康复医院、老年医院、护理院、临终关怀医院等医疗机构，发展新兴健康服务机构。简化对康复医院、老年医院、护理院等机构的立项、开办、执业资格和医保定点等审批手续，改革前置审批事项。

引导发展第三方健康服务。鼓励发展专业的医学检验中心、影像诊断中心和病理诊断中心，推动医疗机构与第三方检查检验机构间检查结果互认。鼓励发展第三方的医疗服务评价、健康管理服务评价，以及健康市场调查和咨询服务。引导发展独立的医学实验室。推动发展远程医学影像诊断、远程病理诊断、远程医学教育等移动医疗新型业态。

第九节　推进人口健康信息化建设，实现共享应用

一、整合规范卫生计生信息系统

完善人口健康信息化建设顶层设计，持续推进我省“11256”项目（一张专网、就诊一卡通、省市两级平台、五级网络、六大业务应用系统）建设。依托电子政务外网，以居民身份证号码为主索引，实现全员人口信息、电子健康档案和电子病历三大数据库基本覆盖全省人口，实现公共卫生、计划生育、医疗服务、医疗保障、药品供应、综合管理等六大应用系统的业务协同和信息共享。落实人口健康信息标准化应用，着力提高数据质量，实现与相关部门的数据交换，实现卫生计生一网覆盖、居民健康一卡通用、健康信息

资源统一融合。

二、大力发展“互联网+医疗”

应用移动互联网、物联网、云计算、可穿戴设备等信息技术，打造福建健康服务云，发展“互联网+医疗”应用，促进智慧健康管理。积极探索在线医疗服务模式，包括预约诊疗、诊间结算、第三方医疗支付、检查检验结果查询、知情通报等。依托基层卫生信息系统建立家庭医生与服务对象信息互动平台，开展家庭医生电子签约服务，探索运用信息系统支撑预约诊疗、双向转诊、远程会诊等服务，实施远程家庭健康监护；加强远程医学影像诊断、病理诊断、医学教育等信息化建设。

三、加快推进信息平台互联互通

加快推进与国家平台互联互通，实现居民健康档案、新农合系统、药品采购系统、全员人口库、妇幼信息系统与国家平台对接。推进跨省医疗健康信息共享、新农合跨省异地清单审核与结算、出生人口动态监测、流动人口婚育信息管理等。推进居民健康卡与社会保障卡、金融IC卡集成应用于“就诊一卡通”，实现居民跨省就医一卡通和个人电子健康档案跨省共享和动态更新。

四、推进全民医疗健康信息服务

开展国家医疗健康信息共享试点应用项目建设，充分发挥已建信息系统的作用，提升区域人口健康信息平台在医改监测、分级诊疗、方便群众就医、行政监管决策服务等方面的应用水平。实施全省数字化医院示范建设工程，建立人口全覆盖、生命全过程、中西医并重、工作全天候的全民医疗健康信息服务机制，开展基于区域电子病历数据库的医疗健康信息整合，推动医院信息系统集成平台建设。实施人口健康信息化惠民工程，探索健康医疗大数据资源向社会开放，依托互联网建设面向公众的健康服务门户网站，支持挂号预约、个人健康管理、居民健康档案查询等。

五、促进医疗信息产业发展壮大

加强医疗卫生行业大数据的创新应用，鼓励社会资本与高等院校和专业研究机构合作，运用区域信息平台开展数据应用专题研究。大力推进医疗数据采集应用，开展影响健康状况与医疗保健的相关因素分析研究，促进健康管理与疾病防治。

专栏六　人口健康信息化支撑体系建设

数字化医院示范工程：建立区域电子病历数据库，实施电子病历结构化数据的标准化建设，制定医疗机构之间电子病历共享机制。开展医院信息系统集成平台建设。“互联网+医疗”服务创新工程：开展公众健康服务平台建设，提供居民健康档案互联网查询、自助健康档案管理等服务。推进“互联网+医疗”应用，开展远程视频门诊系统建设。

人口健康信息平台保障工程：开展区域信息平台容灾备份建设。对医疗保障信息系统进行升级改造建设，实现跨省就医费用的核查和清单传输；开发新农合稽核系统、基金分析软件等。

应急指挥信息支撑工程：建设以省级平台为区域中心、市级平台为支撑、县级平台为节点的突发公共卫生应急指挥与决策系统，联通省、市、县、乡等各级各类医疗卫生机构。

卫生监督信息支撑工程：实施卫生监督信息系统建设。

第十节　加强对外开放与交流，深化闽台卫生合作

加强卫生对外交流，以推进21世纪海上丝绸之路核心区建设为契机，做好国际和港澳台地区交流与合作项目引进工作，拓宽对外交流渠道。搭建闽台卫生合作对接平台，建立闽台医疗卫生领域专家学者互访讲学、交流互动机制，加强闽台卫生人才培养合作，推动闽台卫生类学会（协会）、医院之间等多层次、多渠道、多形式的合作交流。发挥中医药对台交流与合作优势，推进中医药对台学术、文化、科研交流与协作。建立健全对港澳台卫生政策法规，优先支持港澳台资本或服务提供者到我省设立合资合作医疗机构或独资医院。继续做好援外医疗工作，定期组织轮换援博茨瓦纳、援塞内加尔两支医疗队。

第四章　保障措施

第一节　加强组织领导

各级政府要切实加强对卫生计生工作的组织领导，落实政府在制度、规划、筹资、服务和监管等方面的责任，根据职责分工，将规划各项任务目标分解落实到各有关部门，共同推进规划实施。完善计划生育目标责任制。各有关部门要各司其职，密切配合，加强衔接，协调解决人民群众医疗需求与医疗卫生资源供给矛盾等重大问题，维护公共医疗卫生的公益性，满足人民群众多层次、多元化医疗卫生服务需求。

加强重大工程和重点项目的组织管理，实施项目带动战略，以规划带动项目建设，以项目促进规划落实；加强项目动态管理，建立重大项目滚动机制，完善重大项目库，形成“谋划一批、签约一批、开工一批、投产一批、增资一批”的发展态势；抓好项目前期工作，严格按照基建项目管理程序，在项目完成可行性论证后，组织开展项目建设，确保项目顺利实施，为卫生计生改革发展提供项目支撑。

第二节　加大投入力度

各级政府要加快完善政府卫生计生投入政策，建立卫生计生投入稳定增长机制。按照“规划引领、多元筹集、差别投入、分级保障”的原则，重点加强对公共卫生、城乡居民基本医疗保险、基层医疗卫生机构、中医药事业等投入力度，进一步提高政府卫生投入占卫生总费用的比重，逐步降低居民个人医疗卫生支出比重。按照事权与支出责任相适应的原则，同级政府应当履行办医责任，落实政府对公立医院的基本建设和设备购置、重点学科发展、公共卫生服务、符合国家规定的离退休人员费用和政策性亏损补贴等投入政策。各级政府对区域内不同等级、不同类别公立医院实行差别化的投入政策，省级政府主要承担省属医院发展建设的主体责任，全省重点、薄弱学科专科建设，医学人才队伍建设，以及县域范围内承担主要医疗服务任务的医疗机构发展建设的引导性补助责任，并对老区、苏区、经济欠发达地区给予适当倾斜。同时，要大力鼓励和扶持社会资本办医，将社会资本办医纳入医疗卫生发展规划，对符合条件的社会资本举办医疗机构的持续运营、临床重点专科建设、公共卫生服务任务等项目给予补助。到 2020 年，实现政府卫生投入占卫生总费用 32% 以上。

第三节　加强监督评价

各级政府要加强对规划实施的监督和评价，把落实规划的目标、发展指标、主要任务、重点项目建设等纳入到各级政府目标责任制考评体系，切实抓好规划的落实。健全规划实施情况中期评价和终期考核制度，并定期对规划实施进度和效果开展监督检查，及时发现实施中存在的问题，提出解决问题的对策和措施，以推动规划的顺利实施。

第四节　营造良好环境

加强卫生计生系统党风廉政建设和行风政风建设。持续开展医德医风教育，坚持“以病人为中心”的服务理念，大力弘扬白求恩精神和先进模范人物的高尚品德，发扬救死扶伤、治病救人的优良传统。大力实施改善医疗服务行动计划，围绕便捷就医、安全就医、有效就医、明白就医，不断提升医疗服务水平，使人民群众看病就医感受明显改善，医患关系更加和谐。完善药品集中招标采购办法。深化政务公开和信息公开，自觉接受群众和社会监督，坚持正确的舆论导向，确保卫生计生事业健康发展。

附表

“十三五”期间省级医疗卫生机构基础设施建设项目表

序号	项目名称	建设内容及规模	建设年限	投资估算（万元）	投资方式
1	福建省疾病预防控制中心迁建	选址新建综合楼，病毒学、细菌学实验室、生物安全3级实验室及疫苗保藏中心等，总建筑面积5万平方米。	2016—2020	97000	政府投入
2	福建中医药大学附属第二人民医院一期三阶段	建设病房综合楼及配套业务用房等，总建筑面积7.8万平方米。	2017—2020	60000	政府投入
3	福建省立金山医院二期	建设门诊、医技、住院及配套用房等，总建筑面积6万平方米。	2017—2022	48000	政府投入
4	福建医科大学附属第三医院二期	建设住院、医技、行政楼等，总建筑面积7.2万平方米。	2017—2020	57600	政府投入
5	福建省妇幼保健院分院	选址新建三级甲等专科医院，业务用房包括孕产保健、妇儿保健、计划生育、医技、行政楼等，总建筑面积10万平方米。	2017—2020	98300	政府投入
6	福建省儿童医院	选址新建三级甲等专科医院，业务用房包括门急诊、住院、医技、行政楼等，总建筑面积13万平方米。	2017—2020	125200	政府投入
7	福建医科大学附属第一医院皮肤病性病分院及新院区	选址新建设皮肤病性病防治大楼、门诊、病房及配套用房等，总建筑面积16万平方米。	2017—2020	100000	政府投入
8	福建医科大学附属第一医院全科医生临床培养基地	建设全科医生临床培养基地、体检中心及停车场等，总建筑面积3.2万平方米。	2017—2020	18000	政府投入
9	福建医科大学附属口腔医院新院	选址新建门诊、病房、医技、科研教学等，总建筑面积6.3万平方米。	2017—2020	40000	社会资本合作
10	福建中医药大学附属人民医院自贸区分院	选址新建病房、门诊、医技楼等，总建筑面积21万平方米。	2016—2018	150000	社会资本合作
11	福建省级机关医院荆溪医院	选址新建门诊、病房等，总建筑面积9万平方米。	2016—2018	100000	社会资本合作
12	福建中医药大学附属第三人民医院病房大楼	建设病房综合楼，建筑面积4.3万平方米。	2017—2020	25000	社会资本合作
13	福建医科大学附属第二医院东海院区	建设住院楼，建筑面积4.2万平方米。	2016—2020	30000	社会资本合作
14	福建省癌症中心大楼	建设肿瘤防治、防癌体检、康复中心、规范化培训、信息中心及配套用房等，总建筑面积5.1万平方米。	2017—2020	33000	社会资本合作

【发文机关】福建省人民政府办公厅
【标　　题】福建省人民政府办公厅关于印发福建省“十三五”卫生计生事业发展专项规划的通知
【发文字号】闽政办〔2016〕178号
【发布日期】2016年10月28日

福建省人民政府办公厅关于印发福建省“十三五”体育事业发展专项规划的通知

各市、县（区）人民政府，平潭综合实验区管委会，省人民政府各部门、各直属机构，各大企业，各高等院校：

《福建省“十三五”体育事业发展专项规划》已经省人民政府同意，现印发给你们，请认真组织实施。

福建省人民政府办公厅
2016年4月28日

福建省“十三五”体育事业发展专项规划

前　言

“十三五”时期是全面建成小康社会决胜阶段，是协调推进“四个全面”战略布局，实现中华民族伟大复兴中国梦的重要时期，也是全面深化改革、推进体育事业进一步加快发展的重大战略机遇期。编制好福建省“十三五”时期体育事业发展专项规划，对于明确新时期各项体育发展与改革任务，更好地发挥体育在推动我省经济社会再上新台阶、建设新福建中的独特作用具有重要意义。

本规划以国务院和省政府关于体育事业发展的系列决策部署和《福建省国民经济和社会发展第十三个五年规划纲要》为主要编制依据，主要阐明未来五年福建体育发展的总体要求、重点任务和保障措施，是制定实施各级体育发展规划和相关政策的重要依据，是加快建设体育强省的行动纲领。

本规划以2015年为基期，规划期限2016—2020年。

一、现状与形势

（一）“十二五”时期我省体育发展取得显著成就

“十二五”期间，全省体育系统认真学习贯彻习近平总书记关于体育工作的系列讲话和批示精神，坚决落实中央和省委、省政府决策部署，以打造体育强省为主线，围绕中心、服务大局、攻坚克难、改革创新，各项工作呈现出特色鲜明、充满生机、富有活力的强劲发展态势，福建体育的竞争力、亲和力、影响力、融合力达到了新的历史高度，受到国际奥委会、国家体育总局和省委、省政府的充分肯定。

群众体育蓬勃发展。全民健身公共服务体系逐步完善，由政府主导、部门协同、全社会共同参与的“大群体”工作格局基本形成，市、县全民健身工作实现“三纳入”全覆盖，并向“多纳入”拓展。群众体育组织健全完善，县级体育总会实现全覆盖，老体协、农体协已覆盖社区和行政村，全省街道乡镇级以上各类民间体育组织2970个，社会体育指导员总数达到66531名，每万人拥有社会体育指导员达到15.9人。全省人均场地面积达到1.80平方米，经常参加体育锻炼的人数比例达到39.3%，城乡居民达到《国民体质测定标准》合格以上的人数比例为90.1%，每年接受国民体质测试人数平均为21.81万人。全民健身运动会连续三年被列为省委、省政府为民办实事项目。各地突出地方特色，挖掘区域特色体育资源，结合传统文化和山水资源特色，打造全民健身品牌，基本形成“一市一品”或“一县一品”的赛事格局。

竞技体育成绩突出。“十二五”期间，我省运动员在参加国际、国内大赛中，共获得世界冠军42个，亚洲冠军43个，全国冠军160个，充分展示我省竞技体育综合实力。伦敦奥运会我省运动员获得2枚金牌、2枚银牌、3枚铜牌，为中国体育代表团取得境外参赛奥运会最好成绩做出了重要贡献，中国奥委会授予“特殊贡献奖”，省政府给予记三等功奖励。仁川亚运会我省运动员取得了34枚奖牌，创造了历届亚运会参赛人数最多、所获奖牌最多的历史最好成绩。辽宁全运会我省取得18枚金牌、63.5枚奖牌的好成绩，创造了历届全运会参赛人数最多、所获奖牌最多的历史最好成绩。成功举办第一届全国青年运动会，我省运动员共获得32枚金牌、30枚银牌和32枚铜牌，金牌数、奖牌数和总分均位居全国第二，国际奥委会授予省体育局“体育与创新”奖杯，省政府给予省体育局记集体二等功、给予福州体育局、厦门体育局和福州市公安局记集体三等功。成功举办第十五届漳州省运会。

青少年体育稳步推进。率先在全国启动实施“青少年校外体育活动中心和场所”建设，累计投入7.63亿元建成88个青少年校外体育中心和785个青少年校外体育活动场所，较好地改善了青少年校外体育活动的基础设施。积极探索青少年校外体育活动中心运营管理模式并取得突破。组织中小学生体育六项联赛，参赛人数达65287人。积极开展青少年“阳光体育活动”，完成全国性活动18项。开展“足球进校园活动”，人数达2万余人，有效带动学校体育活动的开展。夯实后备人才培养基础，全省各级少儿体校在校生达15600人，全省中等专业体校在校学生达到1033人。积极推进国家、省级高水平体育后备人才基地和少体校“二集中”单位创建工作，命名国家高水平体育后备人才基地10所、省重点体育后备人才基地30所。

体育产业快速发展。体育产业发展政策不断完善，省政府颁布印发《关于加快发展体育产业的实施意见》《关于加快体育产业发展促进体育消费十条措施的通知》，设立体育产业专项资金，有力推动了我省体育产业在更高起点加快发展。2015年，全省体育产业总规模突破3000亿元，实现增加值近千亿元，增加值较2010年增长88%，从业人员达到70多万人。全国体育产业增加值的21.8%由我省贡献，增加值占地区生产总值的比重居全国首位。泉州、厦门被列为国家体育产业联系点，福建匹克集团有限公司、361°国际有限公司列为国家体育产业示范单位。连续5年组团参加全国体育文化·体育旅游博览会。2015—2016年连续两届在我省举办中国国际体育用品博览会。全省体育彩票“十二五”期间累计销售301.53亿元，同比增长翻番，再创历史新高。全省体育基础设施建设投入不断加大，“十二五”期间全省体育设施建设投入近90亿元，新建体育场地达23000多个，其中体育彩票公益金投入累计达31.99亿元。

保障体系持续完善。依法治体取得新进展，取消商业性和群众性体育赛事审批，省级所有体育行政审批权限下放县市一级。闽台体育交流方兴未艾，借力闽台“五缘”优势与海峡品牌，闽台体育交流相关赛事和活动连续八届参加“海峡论坛”。体育行业作风建设和反腐倡廉建设有力推进，为体育事业发展营造了风清气正的良好环境。

（二）“十三五”时期我省体育发展存在的困难与矛盾

“十三五”时期，我省体育发展将进入更加严峻的改革攻坚期。人民群众日益增长的多元化体育需求与有效供给不足仍然是我省体育发展中存在的主要矛盾。全民健身公共服务体系有待进一步完善，公共体育场地设施存在重建设轻管理问题，学校和单位内部的体育设施对社会开放力度不大。全省体育组织分布不平衡、结构不合理，社会力量举办全民健身活动的扶持激励政策需要进一步完善。竞技体育核心竞争力不强，项目结构布局还不够科学合理，一些影响广泛的基础大项和集体球类项目水平较低。业余训练体制机制创新不足，青少年体育后备人才匮乏的局面没有得到根本改观。体育产业结构不尽合理，体育服务业在体育产业中的比重较低，区域发展不够平衡，体育产业各项基础工作还比较薄弱，高素质的体育产业人才匮乏。

（三）“十三五”时期我省体育发展面临的机遇

以习近平为总书记的党中央把体育作为中华民族伟大复兴的一个标志性事业，国家对体育的重视和支持将更加有力。全面建成小康社会、建设健康中国、全民健身上升为国家战略，为体育的发展与繁荣提供了重要机遇。

一是经济发展新常态对体育发展提出了新要求。中央提出深化供给侧结构性改革，为体育产业发展提供了难得的发展机遇。体育产业作为新兴产业、绿色产业、朝阳产业，完全有条件成为供给侧改革新的增长点。体育被列为六个新增的消费领域之一，成为推动经济社会持续发展的重要力量。

二是快速增长的体育需求为体育发展提供了新机遇。全面建成惠及全省人民的小康社会的新要求以及人民群众收入的稳步增长，使广大群众对体育的需求也日趋多样，竞技体育巨大的社会功能和综合效应越来越受到广泛关注。

三是“再上新台阶、建设新福建”为体育发展营造了新环境。中央关于支持福建进一步加快经济社会发展的意见以及中国（福建）自由贸易试验区、21世纪海上丝绸之路核心区、福州新区批复，为推进福建体育事业再上新台阶提供了良好的发展环境。省委提出“十三五”时期“再上新台阶、建设新福建”的目标以及省政府加快体育产业发展若干政策措施的相继颁布实施，为我省体育事业的发展提供了根本保证。

四是信息化、全球化、网络化的发展为体育发展提供了新动力。当前，科技领域迅猛发展，国家层面推进和实施的“中国制造2025”“大众创业、万众创新”和“互联网+”极大地改变着人们的生产和生活方式，体育与经济、政治、社会和文化将产生更加积极全面的互动，体育发展前途光明。

面对难得的历史机遇，必须充分利用福建独特的区位优势和产业基础，统一思想，凝聚力量，抓住机遇，乘势而上，实现我省体育科学发展、跨越发展，在新的更高起点上推动我省体育事业全面协调可持续发展。

二、总体要求

（一）指导思想

全面贯彻党的十八大和十八届三中、四中、五中全会精神，深入贯彻习近平总书记系列重要讲话和对福建工作的重要指示，按照全面建成小康社会、建设体育强国的总要求，抓住中央支持福建进一步加快经济社会发展和“五区”叠加的历史机遇，围绕省委提出的“再上新台阶、建设新福建”新任务、新要求，进一步解放思想、深化改革，以增强人民体质、满足群众健身需求为根本出发点，以改革创新和科学发展为动力，以建设体育强省和健康福建为重要内容，充分发挥体育在推动经济、政治、文化和社会建设中的作用，为推动我省经济社会发展再上一个新台阶，努力建设“机制活、产业优、百姓富、生态美”的新福建做出积极的贡献。

（二）基本原则

坚持服务大局。坚持将体育事业发展融入新福建建设大局，准确把握体育在推进我省经济建设、政治建设、文化建设、社会建设、生态文明建设等方面的综合功能。

坚持科学发展。从体育发展的实际出发，遵循现代体育发展内在规律，顺应社会发展新趋势，实现体育更高质量、更有效率、更加公平、更可持续的发展。

坚持以人为本。坚持维护和实现人民群众的体育权益，不断满足人民群众日益增长的多元化体育需求。注重体育与健康、养老、医疗等领域良性互动，引导群众增强健身意识，科学锻炼身体，提高身体素质，形成良好的健康投资与消费理念。

坚持深化改革。坚持解放思想、实事求是、与时俱进，坚持问题导向、底线思维、法治理念，加快体育事业发展方式转变，破除制约体育发展的障碍。正确处理政府和市场的关系，充分发挥市场在体育资源配置中的决定作用，激发体育内在活力，促进体育市场化、社会化、生活化发展。

（三）主要目标

根据国家和我省“十三五”规划确定的任务目标和要求，深化体育重点领域改革，进一步完善体育管理体制和运行机制，促进群众体育、竞技体育、体育产业、体育人才队伍建设等各领域体育事业取得进一步发展，推进体育发展再上新台阶。

全民健身公共服务体系不断完善。全面实施《全民健身实施计划（2016—2020年）》。到2020年，群众体育健身和消费意识显著增强，经常参加体育锻炼的人数比例达到40%以上，全省人均体育场地面积达到2.0平方米以上，城乡居民《国民体质测定标准》合格率高于全国平均水平，社会体育指导员人数达到7万人以上，每万人拥有社会体育指导员16人以上。全民健身基本公共服务覆盖各类人群，城乡居民的健身意识进一步增强。

竞技体育核心竞争力进一步增强。完善竞技体育管理机制，优化竞技体育项目结构，保持优势项目继续领先，力争潜优势项目取得突破。我省运动员参加2016年巴西里约第三十一届夏季奥运会、2020年日本东京第三十二届夏季奥运会、2018年印尼第十八届亚洲运动会成绩力争继续保持上届水平。2017年天津第十三届全运会、2019年山西第二届全国青年运动会赛会成绩继续保持全国前列。2018年宁德第十六届省运会实现办赛和参赛双丰收。

体育后备人才培养体系进一步健全。到2020年，基本形成学校、社会、家庭相结合的青少年体育公共服务网络和运行机制，构建较为完善的适应我省竞技体育发展需要的青少年体育后备人才培养体系，努力提升青少年体质健康水平，提高体育后备人才质量。国家级高水平体育后备人才基地保持10所左右，省级重点体育后备人才基地达到40所，省级体育传统项目学校达到220所。

体育产业规模和质量不断提升。到2020年，全省体育产业总规模达到5000亿元。体育产业就业人数占全省就业人数的比重达到3%，体育服务业增加值占全省体育产业增加值的比重达到10%，逐步形成多元主体共同发展的体育产业格局。力争把我省建设成为海峡两岸体育产业合作开发示范基地，全国规模最大、综合实力最强的省级体育产业基地，具有国际影响力的现代体育用品制造业基地和全国驰名的山水运动体育休闲旅游目的地。

三、深化重点领域改革创新，增强体育发展活力

（一）加快体育部门职能转变。推进简政放权、放管结合，进一步厘清政府权力边界，减少审批事项，放宽市场准入，实施负面清单管理模式，加强事中事后监管。研究制定体育工作综合评价体系，从群众体育、竞技体育、青少年体育、体育产业等方面综合测评体育工作业绩。进一步健全政府购买体育服务体制机制，制定政府购买体育服务指导性目录，完善资金保障、监督管理、绩效评价等配套政策，逐步构建多层次多方式的体育服务供给与保障体系。

（二）推进体育社会组织改革。落实国务院《行业协会商会与行政机关脱钩总体方案》，积极稳妥推进单项体育协会改革工作，及时总结和推广试点改革经验，推动各级各类体育协会改革，推进各级各类单项协会实体化发展，扶持单项体育协会承担政府公共服务职能。加大政策扶持力度，引导、培育、扶持体育社团、体育民办非企业单位、体育基金会、自发性群众体育组织等体育社会组织发展。建立体育社会组织信用信息平台，着力规范体育社会组织服务行为。

（三）推进职业体育改革。稳步推进具备条件的运动项目走职业化道路，探索教练员、运动员职业化发展方向。鼓励具备条件的省级竞技运动队与社会资本合作成立职业化运动队，推动足球、篮球、排球、羽毛球、网球、乒乓球职业化、产业化发展。支持社会资本发展职业体育，允许社会化培养的运动员拥有参加省级赛事资格，鼓励进入各级专业运动队，并代表福建省参加全国和国际赛事。鼓励赴省外境外接受高水平的训练、培训。充分利用大型比赛创造的综合效应，合理利用全省竞技体育资源，转化成对福建经济、社会的有利影响。

（四）推进足球事业改革。根据《中国足球改革发展总体方案》和《中国足球协会调整改革方案》，制定实施我省足球改革发展规划，重点在足球场地建设、人才培养、办赛模式上有所突破。逐年加大经费投入，不断扩大足球场地面积，增加足球人口。体育部门要协同教育部门开展校园足球，依托社会力量探索职业化足球发展模式。支持足球俱乐部、足球县和足球传统校建设。

（五）推进体育场馆运营改革。积极推进体育场馆管理体制改革和运营机制创新，引入和运用现代企业制度，探索大型体育场馆所有权和经营权分离，采取特许经营、委托经营等方式提升场馆运营效能。扶持和培育一批体育场馆专业运营管理实体，支持其通过品牌输出、管理输出和资本输出等形式实现规模化、专业化运营。推行体育场馆设计、建设、管理和运营一体化，促进赛事功能需要与赛后综合利用有机结合。建立健全体育场馆服务标准，运用现代信息技术，提高体育场馆专业化、标准化、信息化水平。鼓励有条件的体育场馆发展体育商贸、体育会展、康体休闲、文化演艺、体育旅游等多元业态，建设体育服务综合体和体育产业集群。鼓励学校、机关、企事业单位的体育场馆设施创造条件向社会开放。

四、全面落实全民健身国家战略，加快推进群众体育发展

（一）完善全民健身公共服务体系。制定出台《福建省全民健身实施计划（2016—2020 年）》，开展新周期计划实施与评估工作，夯实“政府主导、部门协同、全社会共同参与”的全民健身事业发展格局，完善全民健身公共服务体系。强化政府体育公共服务职能，逐年提高“三纳入”质量并向“多纳入”延伸。安排一定比例的体育彩票公益金等财政资金，通过政府购买服务等方式，支持和引导社会力量参与全民健身，鼓励群众健身消费。

（二）加大全民健身场地设施建设力度。制定出台“十三五”公共体育设施建设规划，加大公共体育设施建设的投入和扶持力度，充分利用公园、绿地、广场、山地等建设公共体育设施，完善公共体育设施布局，确保公共体育设施建设全面纳入城乡建设规划和土地利用总体规划。加强便民、利民、惠民的中小型公共体育设施建设，继续将全民健身场地设施建设列入省委、省政府为民办实事项目。鼓励社会资本建设小型化、多样化的公共体育设施，政府以购买公共服务的方式予以支持。加快城乡公共体育设施提档升级和覆盖延伸，基本建成设区市、县（市、区）、乡镇（街道）、行政村（社区）四级公共体育设施体系。城市社区建成“15 分钟体育健身圈”，新建居住区和社区公共体育设施室内人均建筑面积不低于 0.1 平方米或室外人均用地面积不低于 0.3 平方米。结合“美丽乡村”建设，完善农民健身工程，在乡镇、行政村（社区）实现公共体育设施全覆盖。推动各级各类公共体育设施免费或低收费开放，完善中小型公共体育场馆对外免费和低收费开放的补助政策，并逐步加大扶持力度。

（三）广泛开展全民健身活动。继续将省全民健身运动会列为省委、省政府为民办实事项目，广泛开展丰富多样、群众喜闻乐见的全民健身活动。突出福建山海优势，利用福建森林覆盖率高、山海具备、空气优良的地域优势，大力发展生态项目和海洋项目。继续发挥“一地一品，一行一品”的示范、引领、辐射作用，鼓励各地打造具有福建山水资源、人文优势、民族特色、区域优势和行业特色的全民健身品牌活动。重点引导“三大球”的普及开展，大力发展健身跑、健步走、广场舞、气排球、网球、自行车、轮滑、武术、游泳、登山运动等有发展空间的群众体育项目，推进全民健身生活化、社会化，促进项目人口的增长。支持和鼓励各级机关、企事业单位和社会组织举办不同层次、不同类型的全民健身活动。通过政府购买服务等方式，引导社会组织和社会力量开展全民健身赛事和活动。探索多元主体办赛的机制，政府由主办活动转向指导、支持和服务社会力量举办活动，统筹推进青少年、成年人、老年人及社区居民、农民、妇女、少数民族、残疾人等人群体育均衡发展，增加体育健身服务供给。广泛开展经常性老年人体育健身活动，着力打造一批老年体育健身活动品牌，办好老年人体育健身大会，以争创老年人健身康乐家园活动为抓手，全面推进老年体育工作。

（四）健全完善全民健身组织网络。继续发挥好各级体育总会、老年体育协会、农民体育协会等综合性、枢纽性体育社会组织作用，强化单项体育协会全民健身功能。优先发展和重点培育群众广泛参与的单项和综合性体育社会组织，注重培养网络、社区、草根等非正式体育社会组织的成长转化，着力培养立足基层、服务百姓的项目型体育社会组织。以规范化、实体化为目标，引导体育社会组织完善权责明确、运转协调、监督有效的治理结构，强化自我约束和自主能力，健全诚信服务和信息披露机制，促进体育社会组织依法设立、自主办会，服务为本、治理规范、行业自律。完善社会体育组织评估体系，实施第三方公开的绩效评估机制。

（五）加大全民健身科学指导和宣传力度。完善国民体质监测站点建设，开展体质监测和日常测定工作。积极推动移动互联网、云计算、大数据、物联网等现代信息技术与全民健身相结合，构建“智慧型”体育服务网络和平台，探索国民体质监测、全民健身活动状况调查网络化、信息化，提高全民健身管理的效率及科学化水平。鼓励有条件的地方试行“医保健身一卡通”制度，将个人医保卡结余部分用于体格检查、体质测评等。鼓励社会资本搭建健康管理、体质测定和运动康复等平台，推动健康咨询，推广“运动处方”。发展壮大社会体育指导员、全民健身志愿者队伍，创新社会体育指导员技能培训分级管理制度，提高社会体育指导员业务技能和综合素质。建立全民健身宣传的长效机制，开展全民健身公益巡回讲座，促进体育生活化、锻炼常态化，组织全民健身志愿者走街道、入社区、进农村示范科学的项目健身方法，普及健身知识等。引导群众树立科学健身的理念，养成健康文明的生活方式和体育消费习惯，形成以参与体育健身、拥有强健体魄为荣的个人发展理念和社会环境。

五、提升竞技体育水平，增强竞技体育综合实力

（一）加快转变竞技体育发展方式。进一步优化竞技体育发展环境，逐步形成政府办与社会办相结合的竞技体育管理体制，协调推动竞技体育与群众体育、青少年体育、体育产业良性互动发展。加强对竞技体育发展理论、训练理念、战术创新、组织管理等方面的研究和经验总结，使创新成为竞技体育发展的驱动力。统筹协调各市、各行业、高校的竞技体育工作，大力发展具有区域特点和行业特色的竞技运动项目。全面启动振兴“三大球”的系统工程，加强“三大球”后备力量培养和队伍建设，借助社会资源振兴“三大球”发展。

（二）提高竞技体育科学化管理水平。科学节俭办好宁德第十六届省运会，培养选拔我省竞技体育后备人才。健全竞技体育管理体系，继续完善竞赛项目责任人制度，实施竞聘上岗、年度考核的竞争机制，强化绩效考核，加强督导督查，落实奖惩制度。完善竞技人才选拔、培养、评价、流动和配置机制，建立运动员选拔档案信息库，适时跟踪运动员的阶段性发展。开展国字号教练员培养工程，实施“领军人才+团队”模式，培养造就并有针对性地引进一批高水平教练人才。出台福建省体育竞赛管理办法，调整竞赛结构，扩大竞赛规模，丰富竞赛种类，强化竞赛监督，引导社会力量办赛，鼓励政府购买服务，逐步形成赛制稳定、管办分离、等级分明、衔接有序、遍及城乡的竞赛格局。提升运动训练基地建设和管理水平，集中力量重点建好现代化、专业化、科学化程度较高的国家级和省级训练基地。加强体育科技队伍和体育科研仪器设备建设，推进体育科技成果转化，提高运动训练科学化程度。

（三）做好重大赛事的备战参赛工作。认真贯彻落实2011—2020奥运争光计划，全面优化全运、青运攻关计划，狠抓重大赛事备战工作的综合协调与组织保障，确保完成好2016年巴西里约夏季奥运会、2017年天津全运会、2018年印尼亚运会、2019年山西青运会、2020年日本东京夏季奥运会以及其他重大赛事的备战参赛任务。实行金牌课题攻关激励制度，科学合理制定各运动管理中心的指标任务。进一步完善各类大型赛事参赛备战方案，创新训练管理，制定重点项目、重点运动员的倒计时备战计划，并按照时间节点有序推进。加大信息情报收集力度，积极建立信息分类供给和信息沟通机制，做到知己知彼，为备战及训练提供支撑。进一步优化我省竞技体育项目结构，以传统优势项目打下基本盘、以挖掘潜优势项目扩大夺分点，确保优势项目保持优势，潜优势项目加快发展，基础项目、弱势项目和集体球项目水平稳步提高。

（四）完善运动员文化教育和保障机制。继续贯彻落实《关于进一步加强运动员文化教育和运动员保障工作的指导意见》，加强运动员在役期间的文化教育工作，保障义务教育阶段运动员达到国家规定的基本教育教学质量要求，完善优秀运动员进入高等院校学习政策。规范运动员赛前文化测试工作，实行文化测试成绩与参赛资格挂钩，努力提升运动员全面素质。到2020年，力争我省所有优秀运动员完成基础教育，适龄优秀运动员接受高等教育率达到98%以上。继续完善各项运动收入分配和激励保障政策，确保运动员社会保障待遇全面覆盖。完善优秀运动员伤残保险基金、助学基金和退役保障基金，合理科学设置退役运动员自主择业经济补偿标准和发放程序。完善运动员职业转换社会扶持体系，进一步做好退役运动员就业安置工作，加大退役运动员创业扶持力度。

（五）*全面强化正风肃纪工作*。贯彻实施《反兴奋剂条例》《反兴奋剂管理办法》，继续加强反兴奋剂宣传教育工作，建立健全反兴奋剂长效工作机制，做好备战参赛的各类运动会的反兴奋剂工作。全面开展反兴奋剂教育资格准入，坚决纠正体育行业不正之风，坚持文明参赛、公平竞争，教育引导运动员、教练员和管理人员自觉抵御享乐主义、拜金主义和极端个人主义侵蚀，提升职业素养和职业道德，夯实体育事业健康发展的道德根基。开展以弘扬爱国主义、集体主义精神为主题的教育活动，加强运动员理想信念和励志教育。加大对弄虚作假、徇私舞弊、执裁不公、扰乱赛场秩序等违规违纪行为的处罚力度。

六、大力发展青少年体育，壮大体育后备人才队伍

（一）*着力提升青少年体育公共服务能力*。落实青少年公共体育服务职能，实施青少年体育活动促进计划，推动落实以公共财政为主渠道的青少年体育投入保障机制。加强适应青少年需求的体育设施建设，完善青少年校外活动中心软硬件建设，鼓励建设档次和标准更高的灯光篮球场、足球场、乒乓球馆、棒球场等青少年群体喜闻乐见的专业体育运动场所，并以公益普惠性原则向青少年开放。探索建设青少年体育校外辅导员队伍，为青少年学生开展校外体育活动提供科学、专业的技术服务。以省运会为龙头，以各项目年度锦标赛、冠军赛和中小学生体育联赛为主体，带动各市、县、学校广泛开展青少年体育竞赛，形成层层选拔、逐级输送、覆盖范围广、竞技水平高的青少年体育竞赛体系。促进各类青少年体育组织规范发展，积极创建青少年体育俱乐部及户外营地，评估认定100个省级青少年体育俱乐部，搭建青少年校外体育活动展示平台。

（二）*积极推进学校体育发展*。以阳光体育活动为抓手，积极推动青少年体育活动广泛开展，保证学生在校期间体育锻炼活动每天不少于1小时。省、市、县各级分别定期组织开展综合和单项青少年体育活动，充实青少年课外体育生活。学校、社区和家庭之间加强沟通与协作，经常组织开展多种多样的青少年体育活动。体育部门要会同教育部门，建立联动机制，科学规划全年青少年体育赛事，每年联合发布全省青少年赛事计划，推动各运动项目在学校中开展。完善省、市两级中小学生体育联赛体制机制。鼓励体育社会组织进入校园开展体育活动。

（三）*完善竞技体育后备人才培养体系*。加强各级体校建设，充分发挥省少体校后备人才培养的主渠道作用，着力抓好市、县（区）少体校建设，夯实体育后备人才培养基础。市、县（区）体校经费纳入本级财政预算，并和当地经济发展状况以及体育后备人才培养情况相适应。保障青少年运动员文化教育，将体校文化教育纳入普通教育序列，由地方财政按同类学校标准配建和保障办学经费，并根据国家办学条件和教育教学基本规定提高各级各类体校人均经费基本标准和人均财政拨款标准。大力推进少体校“三大球”工作，设立专项资金对组建“三大球”队伍，尤其是对薄弱项目足球和排球办学的少体校予以扶持。

积极开展各层级高水平后备人才培养基地认定工作，鼓励有条件的市、县（区）先做强做大国家和省级“基地”校，对条件稍差的市、县（区）可采取把少体校依托或办进重点学校以及政府向社会组织购买服务等多种形式培养体育后备人才。对已命名的国家高水平体育后备人才基地和省级重点体育后备人才基地给予重点扶持，主要包括基础设施建设、训练器材更新、新增训练项目、人才引进。

七、优化体育产业结构，促进体育消费增长

（一）推动体育健身休闲业全面发展。拓展体育健身休闲的方式和途径，培育体育健身休闲产品，促进健身休闲业向专业化、功能化、品牌化方向发展。建立覆盖各类体育健身休闲项目的组织体系和竞赛体系，广泛开展群众喜闻乐见的运动项目。支持我省传统体育项目和少数民族运动项目发展，鼓励开发适合老年人特点的休闲运动项目。发挥中心城市的市场优势，提升都市健身休闲业品质。抓住城镇化发展机遇，发展中小城镇体育健身休闲市场。鼓励社会力量利用生态农业绿色资源积极开展农村特色体育健身休闲活动。

（二）完善体育竞赛表演市场化运行机制。加强体育赛事战略规划和布局，进一步优化体育赛事结构。出台《福建省体育产业专项资金体育品牌赛事项目资助扶持办法》《福建省体育产业专项资金地方传统体育赛事项目资助扶持办法》，推进省级竞赛赛制改革，探索完善综合性运动会、单项体育赛事的市场开发和运作模式，由政府主办的公益性体育赛事活动，逐步采用政府向社团、企业等购买服务的形式办赛。建立体育赛事评估机制，精心选择和引进一批适合我省举办的、有较大市场前景的体育赛事项目。充分发挥体育赛事对住宿、餐饮、旅游、通讯、交通、传媒、会展、广告等相关产业的拉动作用。鼓励和引导社会力量参与举办体育赛事，逐步建立和完善以市场为主的办赛机制，对承办国际国内重要赛事、采取市场化运作的单位给予重点扶持。鼓励和引导社会力量参与组建运动项目联盟或建立职业体育俱乐部。积极开展海峡两岸体育竞赛表演活动的交流与合作。依托省公共资源交易平台设立体育产业资源交易子平台，推进赛事举办权、场馆经营权、无形资产开发等具备交易条件的资源公平、公正、公开流转。

（三）加快体育用品制造业结构性转型升级。积极调整体育用品产业结构，大力发展高科技、高附加值的高端体育用品制造业，重点扶持和鼓励发展体育用品和健身器材制造企业。鼓励和引导体育用品制造龙头企业加大技术创新和技术改造，推动跨区域、跨行业、跨所有制兼并重组，推动转型升级。建立国际领先水平的体育用品质量测控中心和研发机构，推动技术革新、工艺优化和产品升级换代，提升产品技术含量和品牌附加值。落实省委、省政府《行动计划》，打造一批具有国际竞争力的体育用品制造企业和自主品牌。引导和扶持我省体育用品业集聚发展，建设若干富有特色、在全国具有较大影响力的体育用品制造业基地和园区等。鼓励有条件的设区市加快组建符合现代企业制度的体育产业集团，充分利用我省体育制造业产业规模、资本实力和品牌集聚的优势，组建体育产业集团，推动龙头企业走多元化战略，带动体育服务业的配套和跟进发展，延伸产业链，提高市场竞争力。积极承接台湾体育用品业转移，大力吸引台湾企业来闽设立地区总部、配套基地、物流中心、营运中心和研发中心。支持发展闽台运动装备器材制造产业对接专业园区，鼓励建立与台湾运动装备器材产业配套的以及大陆台资企业所需的零部件、原辅材料中心，促进两岸产业对接进一步集聚、提升。

（四）大力发展体育中介培训业。加强不同运动项目培训标准的建设和推广，提高体育培训市场的专业化水平。逐步建立和完善社会办体育的市场机制，引导发展社会体育中介组织，制定政策扶植体育中介机构，培育以专业体育中介公司和兼业体育中介公司为主体的中介活动。逐步实现体育中介资源的市场化，加强体育中介市场的法制建设，推动体育中介业的规范发展。

积极开发一批体育特色培训项目，培训一批影响力大、受众广、效益好的体育培训机构，鼓励和引导各地积极开展与国际体育机构、著名职业体育联盟、俱乐部和明星合作，引进培育各类体育培训品牌和培训市场主体，创办一批高水平的、有品牌效应的国际体育学校，发展高端体育培训业。加快体育中介人才的培养，通过高校及体育产业协会开设体育经纪人培训班，建立体育中介从业培训制度。

（五）促进体育与相关产业融合发展。以资源整合为抓手，促进体育产业融合发展。积极整合省、市体育系统资源，推动体育传媒、体育会展、体育培训、体育动漫、电子竞技等新型体育服务业态，实现我省强势体育用品制造业带动体育服务业发展的模式。

积极促进体育与旅游融合，研究制定福建省体育与旅游融合发展的实施意见，大力发展运动休闲、运动体验、康体度假、赛事观赏、山野户外和民族民间民俗体育等旅游，推动每年创建10家以上体育旅游休闲示范基地，引领全省体育旅游新兴业态发展。

促进康体结合，培育发展体育健康服务产业，推动体育与健康服务业融合发展。发挥中医药在运动康复等方面的特色，提倡开展健身咨询和调理等服务。

推进体育与文化创意和设计服务融合发展，积极打造体育文化创意产业，加强体育文化服务业品牌建设。以体育设施为载体，推动体育与住宅、休闲、商业综合开发，将体育用地与居住绿地、公园绿地进行融合，打造城市体育服务综合体。积极打造体育创意产业园，鼓励可穿戴运动设备、运动健身指导技术装备、运动功能饮料和营养保健食品药品等研发制造营销。推动体育产业与电子商务结合，积极发展基于互联网的体育服务，发展形式多样的新型业态，培育新兴体育消费热点，促进互联网的新业态成为体育产业新的增长动力。

（六）全力抓好体育彩票工作。贯彻落实《彩票管理条例》和《实施细则》，按照安全运行、科学发展和依法治彩的原则，进一步完善更加符合市场需求、有利于彩票事业发展的政策措施和管理制度。深化推进条块结合管理模式，明确省、市、县三级体育部门职责分工，不断提高管理效益。优化产品结构，打造以乐透型彩票为支柱、以竞猜型彩票为品牌、以即开型彩票为增长的产品结构，增强产品核心竞争能力。坚持多元化发展，大力拓展实体网点，不断提高网点的覆盖率，稳妥推进非实体渠道建设工作，全力提升网点竞争力。坚持防患未然，加强科学决策和内控管理，强化发行销售风险防控体系，切实维护好体育彩票安全运营的生命线。加强体彩公益金的使用管理绩效评价，加大体育彩票宣传力度，不断提升公益品牌。

八、完善保障体系建设，促进体育事业全面发展

（一）提高体育依法行政能力。认真制定并贯彻落实全省体育系统法制宣传教育第七个五年规划，积极开展《全民健身条例》《公共文化体育设施条例》《福建省体育经营活动管理条例》《福建省公共游泳场所管理办法》等法律法规落实情况的检查调研。指导完善行政执法工作机制，明确自由裁量权，规范全省体育行政执法行为。强化基层体育部门执法力量，支持在大编制控制内调整增加县（区）综合执法大队人员，在执法大队职能中增加体育执法职责。把握深化改革的总方向，推进简政放权放管结合、转变政府职能工作，及时调整公布行政权力、公共服务事项清单和责任清单，建立行政权力清单运行流程图，健全行政权力运行电子平台，强化行政权力事中事后监管。

（二）加大体育科研工作力度。整合我省体育院校、科研院所、重点实验室和运动训练基地的优势资源，设立重点课题研究专项经费和国家重点专项课题配套经费，开展政策研究和应用研究，为体育改革发展、重大决策、科学管理提供咨询服务。进一步完善科医训一体化的科技服务保障体系，加强运动创伤防治与康复、医务监督与运动营养工作，探索建立体育康复医院，建立服务优秀运动队训练比赛的科技保障平台。以满足群众多元化健身需求为重点，开展全民健身重点领域和科学健身方法研究。支持现代科技成果向体育产业领域的转移与应用，加大知识产权保护和产权激励力度，促进体育企业的技术应用与成果的高效转化。

（三）加快体育人才队伍建设。优化体育人才成长环境，探索建立有利于调动体育人才积极性、创造性的收入分配体系，完善以能力素质为核心、以业绩和贡献为导向的科学化、社会化评价机制。构建政府、企业、高等院校和社会力量相互补充的多元化体育人才培养体系。积极响应国家体育总局“优秀中青年专业技术人才百人计划”，加大优秀中青年的培养和使用力度，重视优秀教练员和学科带头人的培养，改革和完善教练员岗位培训制度，提高竞技体育人才队伍质量。积极发挥高等院校、职业技术学院、体育专业培训机构的作用，鼓励省内高校联合探索体育创新创业人才培养模式，培养体育市场急需的各类体育专业技术人才和体育管理人才。鼓励体育企业引进国内外体育高端策划、经营管理等领军人才，鼓励体育职业俱乐部引进国内外优秀教练员与运动员，按规定享受相关待遇。

（四）推进体育文化建设。充分利用我省闽南文化、客家文化、妈祖文化、红土地文化、船政文化、畲族文化、朱子文化等独有的文化特色，深入挖掘富有福建特色的体育文化，传承咏春拳等我省传统体育非物质文化资源。加强优秀民族体育、民间体育、民俗体育的整理和推广。加强体育志编纂工作。提高《海峡体育》杂志采编质量，发挥福建体坛网作为官方网站的传播主渠道作用。

（五）扩大对外交流合作。抓住国家实施“一带一路”战略带来的机遇，创新与沿线国家在体育领域的合作机制。拓展国际体育赛事、体育法制、境外训练、康复以及体育科研等资源，扩大与国际体育组织、友好城市、港澳台地区的合作交流。借助“海峡论坛”的影响力，大力开展闽台体育交流赛事，积极推动两岸市、县基层青年社团和学生结对互动，密切闽台青少年交流交往。发挥海峡两岸（平潭）体育促进会的平台功能，合作举办大型体育赛事，引进推广棒垒球、水上运动、自行车、沙滩排球等特色民间体育活动，发展综合性体育休闲旅游服务项目。

九、加强组织领导，保障规划落实

（一）加强组织领导。各级政府要高度重视体育工作，将发展体育事业、建设体育场地设施、促进体育消费纳入地方经济、社会发展和城乡规划。体育部门要加强与发改、财政、税收、金融、国土等部门的联系与合作，建立健全体育工作领导协调机制。充分发挥各级工会、共青团、妇联和社会组织的积极作用，统筹推动体育发展。

（二）强化基础工作。加强体育产业统计工作，建立体育产业信息发布制度，探索体育产业统计的长效机制和重点业态的动态监测机制。加强省级体育标准化工作，积极宣传落实体育领域的国家强制性标准和推荐性标准，努力做好体育服务论证和体育安全生产监管工作。加强宣传工作，融合媒体资源，拓宽宣传渠道，创新宣传方式，为体育事业发展营造良好的宣传氛围和舆论环境。

（三）加大资金投入。各级政府要加大对公益性体育事业的扶持力度，体育事业经费和公共体育设施建设纳入各级财政预算。完善体育事业多渠道投入机制，鼓励社会团体和个人参与投资发展体育事业。

（四）狠抓作风建设。贯彻全面从严治党要求，落实主体责任和监督责任，加大对体育行业重点领域的正风肃纪，强化监督和问责力度，建立惩防结合的源头治理体系，为体育发展营造风清气正的良好环境。

（五）加强监督落实。加强对规划实施的管理和监督，各地、各部门要根据本规划的要求，对发展指标进行逐年逐项分解，落实责任人、责任部门、完成时限，确保各项工作保质、保量、按时完成。加强对重点工作、重点工程的督促检查，对规划实施情况进行中期评估，检查规划落实情况，确保本规划目标任务如期完成。

附件：列入福建省“十三五”体育事业发展专项规划滚动管理的重点项目和储备项目

附件

列入福建省“十三五”体育事业发展专项规划滚动管理的重点项目和储备项目

列入我省“十三五”体育事业发展专项规划滚动管理的重点项目和储备项目共计51个，投资估算约181亿元。其中省本级重点建设项目5个：漳州国家女排训练基地二期、长乐滨海体育中心二期、平潭海峡两岸青少年体育训练基地一期、贵安国家游泳训练基地二期、南安激流回旋训练基地，投资估算约14.14亿元；各设区市储备项目46个（1亿元以上项目），投资估算约166.78亿元。

序号	地区	项目名称	项目单位	投资估算（万元）	进度安排	类型
			重点项目			
	省局					
1	本级	漳州国家女排训练基地二期	省体育局	13900	2015—2019 年	体育场馆建设类
2	本级	长乐滨海体育中心二期	省体育局	99000	2016—2020 年	体育场馆建设类
3	本级	平潭海峡两岸青少年体育训练基地一期	省体育局	3000	2016—2018 年	体育场馆建设类
4	本级	贵安国家游泳训练基地二期	省体育局	18700	2014—2017 年	体育场馆建设类
5	本级	南安激流回旋训练基地	省体育局	6800	2015—2020 年	体育场馆建设类
			储备项目			
	福州					
6	本级	福州市体校改扩建工程	福州市体育运动学校	52300	2014—2017 年	体育场馆建设类
7	闽清县	闽清县梅溪新区体育馆	闽清县科技文体局	20000	2015—2018 年	体育场馆建设类
	厦门					
8	本级	厦门市体育中心综合健身馆等	厦门市体育局	33607	2015 年动工	体育场馆建设类
	漳州					
9	龙文区	龙文区综合体育场	龙文区文体局	20000	2017—2019 年	体育场馆建设类
10	东山县	东山县综合体育场	东山县文体局	50000	2017 年开始	体育场馆建设类
11	长泰县	长泰县综合体育场	长泰县文体局	15300	2016 年完工	体育场馆建设类
12	平和县	平和县体育公园	平和县文体局	15000	2017—2020 年	体育休闲健身类
13	漳州常山开发区	常山省级以上足球基地	常山华侨经济区管委会	200000	2016—2020 年	体育场馆建设类
14	漳州台商投资区	漳州台商投资区角美活动中心	漳州台商投资区社会事业管理局	15000	2016—2020 年	体育场馆建设类
	泉州					
15	本级	泉州海峡体育中心二期	泉州市体育局	36000	2017—2021 年	体育场馆建设类
16	南安市	南安市体育中心群体健身中心	南安市文体新局	26590	2016—2018 年	体育场馆建设类
17		南安国家篮球训练基地训练馆	南安市文体新局	17870	2015—2017 年	
18	晋江市	晋江市八仙山全民健身中心	晋江市文体新局	23137	2015—2018 年	体育休闲健身类
	三明					
19	本级	三明市少体校新校区建设	三明市少体校	11700	2015—2016 年	体育场馆建设类
20	大田县	大田县体操培训基地	大田县文体广电出版局	20000	2015—2016 年	体育场馆建设类
21		大田县象山夏季体育综合训练基地	大田县文体广电出版局	10000	2016—2020 年	

续表

序号	地区	项目名称	项目单位	投资估算（万元）	进度安排	类型
22	明溪县	明溪县李沂村乡村体育生态休闲旅游开发项目	明溪县夏坊乡人民政府、明溪县文体广电出版局	60000	分4年二期投资，每期各投资30000万元	体育休闲健身类、体育旅游服务类
23	尤溪县	尤溪县体育中心建设项目	尤溪县文体广电出版局	29000	正在选址	体育场馆建设类
24	泰宁县	泰宁县丹霞之城全民健身活动中心	泰宁县文体广电出版局	26000	2015—2020年	体育休闲健身类、体育旅游服务类
25		泰宁县丹霞热气球表演中心	泰宁县文体广电出版局	12000	2015—2017年	
26		泰宁县环大金湖自行车生态步道	泰宁县文体广电出版局	50000	2016—2025年	
27		泰宁县红石峡体育休闲公园	泰宁县文体广电出版局	60000	2015—2018年	
28		泰宁县金湖水上运动基地	泰宁县文体广电出版局	18000	2016—2020年	
29		国际山地户外运动（泰宁）基地项目（海峡两岸丹霞文化户外运动展示交流基地项目）	泰宁县文体广电出版局	80000	2016—2026年	
30	清流县	清流县体育中心	清流县文体广电出版局	18000	2016—2019年	体育场馆建设类
	南平					
31	本级	南平市武夷新区体育中心	南平市体育局	65000	2015—2018年	体育场馆建设类
32	邵武市	邵武市田径中心（场）	邵武市文化体育新闻出版局	15000	规划设计阶段	体育场馆建设类
	龙岩					
33	本级	海峡两岸（龙岩）体育交流基地	龙岩市体育局	35000	2015—2017年	体育场馆建设类
34	上杭县	上杭县体育中心综合体育场	上杭县文体广新局	25000	2016—2018年	体育场馆建设类
35		上杭县体育中心综合体育馆	上杭县文体广新局	12000	2018—2020年	
36	连城县	闽台棒球文化交流比赛训练基地	连城县文体广电新闻出版局	15000	2016—2017年	体育场馆建设类
37		连城县火烧炉棒球训练基地	连城县文体广电新闻出版局	12000	2015—2017年	
38	武平县	武平县体育公园	武平县文体广电新闻出版局	30000	2015—2019年	体育场馆建设类
39	漳平市	漳平市青少年水上运动与赛事基地	漳平市文体广电新闻出版局	50000	2018—2021年	体育场馆建设类

续表

序号	地区	项目名称	项目单位	投资估算（万元）	进度安排	类型
40	长汀县	长汀县体育中心	长汀县文化体育出版局	10800	2015—2017 年	体育场馆建设类
41		长汀县青少年足球训练基地	长汀县文化体育出版局	19000	2016—2019 年	
	宁德					
42	本级	宁德市体育中心体育馆	宁德市体育局	24717.94	已招标	体育场馆建设类
43	寿宁县	寿宁县体育健身中心	寿宁县人民政府	12000	2015—2018 年	体育场馆建设类
44	霞浦县	霞浦县游泳馆	霞浦县文体新局	14861	2015—2017 年	体育场馆建设类
45		霞浦县体育中心	霞浦县文体新局	30000	2016—2020 年	
46	古田县	古田县体育中心综合体育馆	古田县文体新局	18000	2016 年	体育场馆建设类
47		古田县水上运动中心项目	古田县文体新局	15000	2016—2017 年	
48	福安市	福安市体育中心综合馆	福安市文体新局	21960	2016—2017 年	体育场馆建设类
49	蕉城区	蕉城区文体中心项目	蕉城区文体新局	12000	2015—2020 年	体育场馆建设类
	平潭					
50	本级	平潭综合实验区奥林匹克中心	区管委会	300000	2016—2020 年	体育场馆建设类
51		平潭垒球场二期	区社会事业局	11000	2016—2018 年	

【发文机关】福建省人民政府办公厅

【标　　题】福建省人民政府办公厅关于印发福建省“十三五”体育事业发展专项规划的通知

【发文字号】闽政办〔2016〕64 号

【发布日期】2016 年 4 月 28 日

福建省人民政府办公厅关于印发福建省“十三五”人力资源和社会保障事业发展专项规划的通知

各市、县（区）人民政府，平潭综合实验区管委会，省人民政府各部门、各直属机构，各大企业，各高等院校：

《福建省“十三五”人力资源和社会保障事业发展专项规划》已经省政府同意，现印发给你们，请认真组织实施。

福建省人民政府办公厅

2016年3月28日

福建省“十三五”人力资源和社会保障事业发展专项规划

前　言

“十三五”时期是全面建成小康社会的决胜期，是全面深化改革的攻坚期，是全面依法治国和全面从严治党的关键期，是中央支持福建进一步加快发展的重大战略机遇期。为促进我省人力资源和社会保障事业全面协调可持续发展，更好地服务经济社会发展大局，根据《福建省国民经济和社会发展第十三个五年规划纲要》，特制定本专项规划。

本规划重点阐述“十三五”时期我省人力资源和社会保障事业发展的总体思路、发展目标、主要任务和重大政策措施，是未来五年我省人力资源和社会保障工作的重要指导性文件。

规划基期为2015年，规划期为2016—2020年。

第一章　民生为本人才优先开创事业发展新局面

“十二五”时期，省委、省政府高度重视人力资源和社会保障工作，做出了一系列重大决策部署，为“十三五”时期人力资源和社会保障事业发展打下坚实基础。在新的发展时期，必须深刻认识并准确把握发展形势，创新理念，抢抓机遇，努力推进人力资源和社会保障事业全面协调可持续发展，为我省经济社会发展再上一个新台阶和全面建成小康社会做出新的贡献。

第一节　发展基础

“十二五”时期是福建经济发展迎来重大历史机遇并取得重大发展成就的五年，也是人力资源和社会保障事业改革力度最大、发展最迅速的五年。五年来，全省各级人力资源和社会保障部门认真贯彻实施《福建省“十二五”人力资源和社会保障体系建设专项规划》，按照“十二五”规划确定的目标任务，坚持以人为本，千方百计扩大就业，加快完善社会保障体系，统筹各类人才队伍建设，深化人事制度改革，努力构建和谐劳动关系，各项工作取得良好成效。

一、稳定和扩大就业成效明显。坚持就业优先的发展战略，实施福建特色的积极就业政策，鼓励大众创业、万众创新。稳步推进城乡统筹就业，统筹做好高校毕业生、就业困难人员、农村转移劳动力和退役军人等重点群体就业工作。完善面向全体劳动者的职业培训制度，组织实施农民工职业技能提升计划、农村转移劳动力岗前培训和失业人员再就业技能培训。深化技工教育改革，不断提升劳动者素质。“十二五”时期，全省累计实现城镇新增就业325.58万人，农村劳动力转移累计214.96万人，城镇登记失业率保持在3.7%以下，高校毕业生年度就业率均超过90%，高于全国平均水平，全省就业形势保持总体稳定。

二、社会保障体系建设取得重大突破。启动机关事业单位养老保险制度改革，城乡居民基本养老保险制度实现一体化，城镇居民大病保险在全国率先开展，养老、医疗保险从制度全覆盖向人员全覆盖推进，医疗保险支付方式改革稳步推进，失业、工伤、生育保险覆盖所有职业人群，建立失业保险金与物价上涨联动机制，初步形成工伤预防、补偿、康复三位一体的工伤保险制度体系，制定出台公务员工伤保险政策，一批历史遗留问题得到解决。至“十二五”末，全省城镇职工基本养老、城镇基本医疗、失业、工伤、生育保险参保分别达883.65万人、1301.24万人、546.27万人、691.03万人和598.32万人，均比“十一五”末有较大幅度增加。企业退休人员月人均养老金由“十一五”末1280元增至2322元，城乡居民基础养老金省定最低标准提高到85元，城镇居民医疗保险财政补助标准提高到每人每年不低于380元。

三、人才队伍建设富有成效。实施人才优先战略，坚持以用为本、高端引领，创新完善人才引进政策，完善服务平台，加强人才智力引进，建立“中国福州海西引智实验区”。搭建人才项目对接平台，着力引进培养高层次、高技能人才。“十二五”时期，全省共引进各类人才12.6万人、外国专家7.8万人次；新增“两院”院士4人，全国杰出专业技术人才3人、先进集体2个，国家千人计划94人，享受国务院政府特殊津贴人员128人，百千万人才工程国家级人选36人、省级人选52人，新增博士后站点78个，国家级专业技术人员继续教育基地2个。“十二五”期末，全省专业技术人才队伍239.6万人，高、中、初级专业技术人才比例8.5∶35.4∶56.1。全省技能人才538.05万，其中高技能人才87.33万人，获得中华技能大奖4人、全国技术能手51人。

四、人事制度改革稳步推进。公务员职位管理、考录考核、表彰奖励、培训监督各项工作扎实推进。“十二五”时期，全省共招录公务员2.2万人，公开遴选公务员1013人，培训25万人次，推荐全国先进集体216个、先进个人383人，表彰全省先进集体1372个、先进个人4733人。贯彻实施《事业单位人事管理条例》，事业单位人事制度改革不断深化，实现公开招聘、人员聘用和岗位管理制度全覆盖。积极推进军转干部“阳光安置”，安置军转干部6146人。军转培训和自主择业管理服务进一步加强，企业军转干部总体保持稳定。

五、工资收入分配制度改革不断深入。企业工资收入分配制度进一步完善，企业工资指导线、最低工资标准等宏观指导制度不断健全。“十二五”时期，每年及时发布工资增长指导线、人力资源市场工资指导价位和行业人工成本信息，适时调整最低工资标准。在全国率先建立人工成本信息监测点，国有企业负责人薪酬制度改革稳妥推进，规范国有企业工资内外收入取得新进展，工资支付保障制度逐步健全，市、县两级均建立欠薪应急保障金制度，工资保证金制度从建筑领域扩大到三年来所有欠薪企业。统筹推进机关事业单位工资收入制度改革，规范公务员津贴补贴，根据“规范秩序、缩小差距”总体要求，建立“三类五档”的津补贴标准体系。稳妥推进事业单位绩效工资改革，机关与事业、在职与离退休及不同区域人员收入差距进一步缩小。

六、劳动关系总体保持和谐稳定。深入实施劳动合同法，全面推进劳动用工备案工作，劳务派遣用工逐步规范，集体合同制度基本覆盖所有已建工会的企业。协调劳动关系三方机制进一步完善。和谐劳动关系创建活动进一步标准化、规范化和常态化。“十二五”期末，企业劳动合同签订率达到96.4%，集体合同签订率达84.42%。加强劳动争议调解体系建设，劳动争议仲裁实体化取得突破性进展，市、县两级建院率达100%，“十二五”时期，全省累计处理劳动争议案件8.3万件。强化劳动保障监察体系建设，劳动保障监察“两网化”管理基本实现全覆盖，欠薪问题得到及时妥善处理，受理投诉举报案件9.66万件，结案率100%。

七、公共服务能力明显增强。人力资源和社会保障服务设施建设快速推进，高技能人才培养工程成效显著，信息化建设取得突破性进展。“十二五”期末，基层就业和社会保障服务平台覆盖75个县（市、区）。全省依托技工院校和龙头企业，建成24个产业技工培养基地。社会保障卡制发3567.6万张，各地社会保障卡制发窗口全部建设到位，基本实现立等可取。金保工程二期项目通过立项，建成全省城乡居民基本养老保险、劳动用工管理、社会保险基金监管、人力资源和社会保障12333公共服务平台等信息系统，信息化服务能力和水平进一步提升。

第二节 面临形势

“十三五”时期经济社会发展将呈现新的阶段性特征。经济发展进入新常态，经济发展方式加快转变，新的增长动力正在孕育形成，经济长期向好基本面没有改变，仍处于大有作为的重要战略机遇期。但“十三五”时期，我省经济社会发展也面临着诸多挑战，存在加快结构调整与保持经济稳定增长、产业转型升级与创新动力不足、保持整体竞争力与要素成本上升、区域优先发展与均衡发展等矛盾。“十三五”时期，挑战前所未有，机遇也前所未有，对人力资源和社会保障事业发展的各项工作，提出了新的更高要求。我们必须深刻认识“十三五”时期人力资源和社会保障事业面临的新形势新任务新要求，准确把握战略机遇期内涵的深刻变化，强化机遇意识和忧患意识，更加有效地应对各种风险和挑战，不断推动我省人力资源和社会保障事业全面协调可持续发展。

一、加快转变经济发展方式，对就业创业提出新的更高要求。经济下行压力较大，一些企业停产减产，导致失业风险加大。就业总体压力和结构性矛盾依然比较突出，适龄劳动人口占比持续下降，劳动力成本持续上升。新增就业人员尤其是大中专毕业生，创业创新能力不足，择业观念亟待转变。结构性改革和产业转型升级造成部分人员失业，急需创新就业岗位，促进下岗失业人员再就业。同时劳动者素质和能力有待进一步提升，人岗适配问题凸显。企业熟练工短缺与职业院校招生难、办学难等问题依然存在。此外，我省存在数量众多的中小民营企业，劳动强度大、工作环境差、待遇偏低，与劳动者的期望还有差距，影响劳动者就业的稳定性。

二、高度重视保障和改善民生，对社会保障体系建设提出新的更高要求。随着经济增速放缓、人口老龄化加剧、社会保险待遇刚性支出和享受群体加大等因素影响，扩面征缴空间收缩，社会保险基金长期平衡和安全运行压力加大，群众对提高待遇的诉求和公平性期待越来越强烈。企业要求降低社会保险费率的呼声日益强烈，选择性参保问题、城镇个体劳动者、灵活就业人员、农民工和被征地农民的社会保障问题依然比较突出。城乡居民社会保障水平总体偏低，长缴多得的激励机制需进一步完善。社会保险各项制度互相衔接任务加重，人员编制少、经办力量无法满足基层业务倍增需求，管理服务面临挑战。

三、实施人才强省战略，对人才人事工作提出新的更高要求。目前我省人才总量不足、高端人才匮乏、结构不尽合理。以领军人才为核心的创业创新团队引进不足，集聚功能还比较薄弱。人才服务体系和评价标准亟待完善，人才发展体制机制障碍有待进一步破除。科学的选人用人机制还需进一步建立，公务员和事业单位人事制度改革面临压力。基层公务员晋升存在“天花板”现象，事业单位岗位设置和人员聘用工作有待进一步完善。军转干部安置去向集中沿海城市和党政机关的现象日益突出。

四、维护社会稳定，对构建和谐劳动关系提出新的更高要求。受经济下行压力影响，一些中小企业、劳动密集型企业、外向型企业经营困难，劳动关系不稳定性增强。劳动者更加注重劳动条件的整体改善和职业发展，就业的选择性增大。新生代农民工集体维权意识明显增强，企业职工利益诉求表达机制不完善。部分企业还存在用工不规范、超比例使用劳务派遣工、集体协商和集体合同签订不规范等问题。企业职工工资正常增长机制尚不健全，工资收入分配关系有待进一步理顺，劳动标准制定滞后，未得到全面落实。劳动关系纠纷调处和监察执法机制还不完善，劳动人事争议仲裁组织机构建设不够健全，仲裁和监察执法人员紧缺，案多人少问题突出。劳动争议案件易发多发，和谐劳动关系面临更大考验。

五、提升公共服务水平，对公共服务平台建设提出新的更高要求。目前，我省统一的人力资源和社会保障公共服务平台尚未完全建成，劳动就业、劳动关系和社会保险等服务项目的基础数据、流程设计、窗口经办等资源有待整合，存在多个信息系统并立、数据共享及业务协同办理困难等问题，数据备份与灾难备份系统尚未建设，难以有效抵御系统风险，影响了公共服务的质量和效率。此外，公共服务平台的服务领域有限，功能单一，工作人员素质能力亟须进一步提高，无法完全满足服务对象日益增长的需要。

第三节　指导思想和基本原则

“十三五”时期，我省人力资源和社会保障事业要全面贯彻党的十八大和十八届三中、四中、五中全会精神，深入贯彻习近平总书记系列重要讲话精神和对福建工作的重要指示，按照“五位一体”总体布局和“四个全面”战略布局，牢固树立和落实创新、协调、绿色、开放、共享的发展理念，全面贯彻省委、省政府的决策部署，积极适应经济发展新常态，坚持民生为本、人才优先的工作主线，促进就业创业，建成更加公平更可持续的社会保障制度，加快人才队伍建设，深化人事制度改革，完善工资收入分配制度，构建和谐劳动关系，加强人力资源和社会保障基本公共服务能力建设，促改革、补短板、兜底线、防风险，推动全省人力资源和社会保障工作整体跃升，为推动我省经济社会发展再上一个新台阶，努力建设机制活、产业优、百姓富、生态美的新福建作出新的贡献。

坚持解放思想，改革创新。面对艰巨繁重的改革发展任务，要打破思维定式，创新工作机制，完善政策举措，稳慎推进工作，完成各项改革任务。要与时俱进，更新发展理念，激发内生动力，敢啃“硬骨头”、敢于涉险滩，求新求变求突破。

坚持围绕中心，服务大局。面对我省前所未有的历史机遇和重大挑战，紧紧围绕新福建建设、服务福建再上新台阶，咬定目标、准确定位、主动作为，着力推进人力资源和社会保障领域改革、着力加强人力资源要素保障、着力保障和改善民生，在大局中更加有为、更加有位。

坚持依法行政，转变职能。落实依法治国、依法治省要求，强化法治思维和法治意识，进一步健全依法决策机制，做到法无授权不可为、法定职责必须为，在法治轨道上行使权力、推动工作。同时，进一步简政放权，深化行政审批制度改革，全面落实权责清单和公共事项服务清单，让权力在“阳光”下运行。

坚持统筹协调，强化基层。协调是持续健康发展的内在要求，必须统筹城乡、区域人力资源和社会保障政策，促进人力资源和社会保障事业协调发展。必须强化基层作用，健全公共服务体系，提升基层公共服务能力，为人民群众提供更加便捷、高效的公共服务。

第四节　主要目标

贯彻落实党的十八大提出的全面建成小康社会的宏伟目标，紧密结合我省人力资源和社会保障事业改革发展需要，实现社会就业更加充分，社会保险法定人群全覆盖，人才队伍不断壮大，人事制度改革深入推进，劳动关系更加和谐稳定，公共服务能力显著增强。未来五年，我省人力资源和社会保障事业发展的主要目标是：

社会就业更加充分。就业规模持续扩大，劳动者素质明显提升，就业创业能力明显加强，失业风险有效控制。“十三五”时期，全省城镇新增就业 275 万人以上。

社会保险法定人群全覆盖。社会保险制度覆盖全体城乡居民，各类社会保险参保人数进一步增加，基本实现人人享有社会保险。建立社会保障待遇正常调整机制，实现基金的安全可持续运行。“十三五”期末，城镇职工基本养老保险参保人数达 1030 万人，城乡居民基本养老保险参保人数达 1502 万人，基本养老保险参保率达 90%，城镇基本医疗保险参保人数达 1390 万人（其中城镇职工基本医疗保险 890 万人），失业保险参保人数达到 630 万人，工伤保险参保人数达到 780 万人，生育保险参保人数达到 680 万人。

人才队伍不断壮大。人才优先发展战略各项任务全面落实，以高层次专业技术人才、高技能人才为重点的各类人才队伍建设统筹推进，规模持续扩大，创新创业能力显著增强。“十三五”期末，全省专业技术人才总量达到280万人，高、中、初级专业技术人才比例为10∶40∶50。全省技能人才总量达到700万人，其中，高技能人才总量达140万人。

人事制度改革深入推进。完善公务员制度体系，创新管理机制，努力打造一支忠诚干净担当的高素质专业化公务员队伍。深化事业单位人事制度改革，事业单位岗位设置和聘用制度不断完善，符合各类事业单位运行规律和特点的人事管理制度基本建立。完善军队转业干部安置办法，军转干部得到妥善安置。

合理有序的工资收入分配格局基本形成。深化企业工资制度改革，积极推进工资决定及正常增长机制建设，推行企业工资集体协商制度，促进企业职工工资水平合理增长。公务员工资制度和事业单位收入分配激励机制进一步完善，机关事业单位人员工资正常增长机制逐步健全。

劳动关系更加和谐稳定。健全构建和谐劳动关系工作机制，全面实施劳动合同制度，企业劳动合同签订率保持在95%以上。协调劳动关系三方机制有效运行，劳动标准体系更加健全。劳动人事争议处理机制更加完善，基层劳动人事争议调解组织和仲裁机构实体化建设基本得到落实，劳动人事争议案件及时有效处理，劳动人事争议仲裁结案率达到90%以上。劳动保障监察执法体系更加完善，劳动保障监察“机构标准化、人员专业化、执法规范化”的目标基本实现，劳动者权益得到有效维护。

公共服务能力显著增强。人力资源和社会保障基本公共服务机构比较健全、设施设备更加完善、信息网络互联互通、服务流程科学规范、服务水平显著提高，为广大人民群众提供规范、便捷、高效的公共服务。以我省金保工程二期为核心，建成统一完善的人力资源和社会保障信息系统，省、市、县（市、区）、乡镇（街道）四级基本公共服务平台基本建成。

“十三五”时期人力资源和社会保障事业发展主要指标

指标	2015年基数	2020年目标	属性
一、就业			
1. 城镇新增就业人数	325.58万人	275万人以上	预期性
二、社会保障			
2. 基本养老保险参保率	84.35%	90%	预期性
3. 城镇职工基本养老保险参保人数	883.65万人	1030万人	约束性
4. 城乡居民基本养老保险参保人数	1480.41万人	1502万人	预期性
5. 城镇基本医疗保险参保人数	1301.24万人	1390万人	约束性
6. 失业保险参保人数	546.27万人	630万人	约束性
7. 工伤保险参保人数	691.03万人	780万人	约束性
8. 生育保险参保人数	598.32万人	680万人	约束性
三、人才队伍建设			
9. 专业技术人才总量	239.6万人	280万人	预期性
10. 高、中、初级专业技术人才比例	8.5∶35.4∶56.1	10∶40∶50	预期性
11. 高技能人才总量	87.33万人	140万人	预期性
四、劳动关系			
12. 企业劳动合同签订率	96.4%	95%以上	预期性
13. 劳动人事争议仲裁结案率	93.97%	90%以上	预期性

第二章　深入实施就业优先战略推动更高质量就业创业

坚持劳动者自主就业、市场调节就业、政府促进就业和鼓励创业的方针，实施就业优先战略和更加积极的就业政策，促进就业政策与财政、金融、产业等政策相协调，深入推进体制机制创新，着力解决结构性就业矛盾，有效应对失业风险，完善城乡均等的就业创业公共服务体系，实现比较充分和更高质量的就业，保持就业局势稳定。

第一节　实施更加积极的就业政策

建立经济发展与扩大就业联动机制，加强就业政策与产业、财税、金融等政策的衔接，完善新时期就业创业政策，形成综合性就业政策体系。支持发展现代农业、现代服务业，保持第二产业就业份额稳中有升，提高第三产业就业比重。支持小微企业发挥就业主渠道作用，加强对灵活就业、新的就业形态的政策支持，鼓励劳动者自谋职业、自主创业和返乡创业。支持企业吸纳重点群体就业，提高政策的针对性和有效性。

第二节　大力推动创业带动就业

加快实施创新驱动发展战略，鼓励大众创业万众创新，进一步深化改革，降低市场准入门槛，营造有利于创业发展的良好环境。加大创业资金扶持力度，拓宽创业投融资渠道，健全创业担保贷款制度。建立健全公共创业服务体系，培育“互联网+”等公共平台，大力发展“众创空间”，建立面向人人的创业服务平台，加强创业教育培训，完善导师队伍建设，扶持一批创业孵化示范基地和创业大本营。

第三节　统筹推进高校毕业生等重点群体就业

坚持把高校毕业生就业摆在就业工作首位，实施大学生就业促进计划、创业引领计划，统筹实施“三支一扶”、村干部选聘、志愿服务、服务社区等项目，推进高校毕业生就业信息化建设，优化毕业生就业服务，遴选扶持50—100个高校毕业生创业项目，支持建设50个省级创业孵化基地（大学生创业园）。健全城乡劳动者平等就业制度，统筹推进就业困难人员、农村转移劳动力、退役军人等重点群体就业，全面实施企业用工调剂计划。积极开展就业援助，规范公益性岗位开发、管理，托底帮扶就业困难人员和“零就业”家庭。按照省委、省政府脱贫攻坚总体部署，扎实开展转移就业脱贫行动，做好农村贫困家庭劳动力就业创业、职业培训和人才智力精准帮扶。

专栏一　大学生就业促进计划

大学生就业促进计划：综合运用各项政策措施和服务手段，将有就业意愿的离校未就业高校毕业生全部纳入就业公共服务范围，力争使每一名有就业意愿的离校未就业高校毕业生在毕业半年内实现就业或参加到就业准备活动中。

专栏二　大学生创业引领计划

大学生创业引领计划：坚持政府政策支持与创业者努力相结合，合理运用政府公共资源，充分动员社会其他资源，激发大学生创新活力，以创新引领创业，以创业带动就业。2014—2017年，全省力争引领3万名大学生实现创业。

第四节　加快发展职业培训与技工教育

适应经济社会发展和产业转型升级需要，以企业为主体，职业院校（技工院校）和职业培训机构为基础，社会力量共同参与，建立健全覆盖城乡全体劳动者、贯穿劳动者职业生涯、适应劳动者和企业需求的职业培训制度。坚持城乡统筹、就业导向、技能为本的原则，着力加强就业技能培训、岗位技能提升培训和创业培训，逐步提高企业技能人才比重，优化技能人才结构。重点实施“百万农业转移人口职业技能提升计划”，开展“互联网+”从业创业人员培训。利用互联网等现代科技手段，开展职业教育培训服务。加大培训资金投入，提高就业专项资金中用于职业培训的比例，建立健全政府购买培训成果机制。

坚持以需求为导向，创新机制，深化校企融合，加快推进“校企双制、工学一体”的产业技能人才培养模式，支持开展企业新型学徒制试点，重点抓好技工教育产教融合示范基地、中德合作智能制造实训基地和技能人才培养平台建设，并在全省复制推广。深化技工教育改革，加强“双师型”教师队伍建设，力争在各设区市重点扶持建设1所以上高级技工学校或技师学院，全省重点建设15所办学定位准确、整体实力领先的技工院校。推进多元投资主体共建技工教育集团改革试点，努力形成技工教育集团化办学，打造福建产业技工培养升级版。

专栏三　百万农民转移人口职业技能提升计划

百万农业转移人口职业技能提升计划：“十三五”时期，每年组织实施农业转移人口职业技能提升培训20万人次，“十三五”末，全省共完成农业转移人口职业技能提升培训100万人次。

专栏四　企业新型学徒制

企业新型学徒制：由企业、学校和学生三方签订协议，明确三方权利义务，通过开办“招生即招工全日制班”或“招工即招生在职双制班”，工学交替贯穿于在校与在企教学实训全过程。

第五节　推进人力资源服务体系建设

建立健全专业化、信息化、产业化、国际化的人力资源服务体系，统筹人力资源市场，打破城乡、地区、行业分割和身份、性别歧视，健全人力资源市场政策法规体系，完善管理制度，规范市场秩序，推进诚信体系和标准体系建设，加快人力资源市场信息化建设。健全统一的市场监管体系，整合公共就业和人才服务机构，强化创业服务功能，支持建设基层就业创业服务平台。

促进人力资源服务业发展，放宽准入条件，吸引省外、海外知名人力资源服务机构来闽开展服务，鼓励我省人力资源服务机构开展对外合作，承接国际服务外包业务；支持人力资源服务机构通过兼并重组做大做强，稳步推进政府向社会力量购买人力资源服务，加强流动人员人事档案管理，推动人力资源服务业从业人员队伍建设。

第六节　加强失业预防与失业调控

加强就业局势研判，全面开展就业需求、用工需求和失业动态预测监测，推进调查失业率统计工作，做好数据分析评估。健全失业预警制度，制定应对规模性失业风险预案，着力防范失业风险。做好化解产能过剩、企业兼并重组中失业人员安置工作，引导有序转岗，促进再就业。

第三章　实现法定人群全覆盖建立更加公平更可持续的社会保障制度

按照全覆盖、保基本、多层次、可持续方针，加快推进社会保险法定人群全覆盖，进一步深化社会保险制度改革，完善社会保险待遇调整机制，加强社会保险基金监管和服务，建立更加公平更可持续的社会保障制度。

第一节　实现法定人群全覆盖

实施全民参保计划，基本养老保险覆盖全体职工和适龄城乡居民，基本医疗保险覆盖全民，失业、工伤、生育保险覆盖职业人群。完善居民、个体从业人员、被征地农民、农民工等群体参保政策，鼓励积极参保、持续缴费。鼓励具备条件的进城灵活就业人员和农业产业化从业人员参加职工基本养老保险，推动全民参加医疗保险应保尽保，推进公务员（含参公管理事业单位、社会团体工作人员）、建筑业从业人员和有雇工的个体工商户参加工伤保险。

第二节　进一步深化社会保障制度改革

养老保险。坚持和完善现行的社会统筹与个人账户相结合的城镇职工基本养老保险制度，巩固完善企业职工基本养老保险省级统筹，全面实施机关事业单位养老保险制度改革，建立独立于机关事业单位之外、资金来源多渠道、保障方式多层次、管理服务社会化的机关事业单位工作人员养老保险制度。完善基本养老保险关系转移接续政策，构建包括职业年金、企业年金和商业保险的多层次养老保险体系。

医疗保险。推进职工和城乡居民基本医疗保险管理制度整合，巩固职工医疗保险和居民医疗保险设区市统筹。进一步完善职工大额医疗费用补充保险和城乡居民大病保险制度，健全重特大疾病保障机制。深化医疗保险支付方式改革，全面实施总额控制下的复合式付费方式，发挥医疗保险控费作用。完善职工医疗保险个人账户政策，探索通过调整个人账户建立职工医疗保险普通门诊统筹。全面开展医疗费用智能化审核监控，完善医疗保险关系转移接续政策，开展跨省异地就医结算试点，提高管理服务水平。

失业保险。完善失业保险制度，扩大失业保险基金支出范围，充分发挥失业保险保障生活、促进就业和预防失业的功能。落实失业保险基金支持企业稳岗政策，减轻企业和个人负担。健全失业保险标准与社会救助、物价上涨挂钩联动机制。

工伤保险。推进工伤预防和工伤康复试点工作，构建省、市相结合的工伤康复网络体系，逐步提高工伤保险统筹层次。

生育保险。完善生育保险政策，落实生育保险待遇，实现生育医疗费刷卡即时结算和生育津贴社会化发放。

第三节　完善社会保障待遇调整机制

按照国家统一部署，开展基本养老保险待遇调整工作。完善基本医疗保险可持续的筹资机制，稳步提高基本医疗保险保障水平，“十三五”时期职工医疗保险、城镇居民医疗保险政策范围内住院费用支付比例分别稳定在75%以上和75%左右。制定伤残津贴、生活护理费和供养亲属抚恤金三项定期待遇调整办法，稳步提高工伤职工待遇保障水平。

第四节　加强社会保险基金监管和服务

编制完整的社会保障预算，与一般公共财政预算相衔接，努力实现财政对社会保障投入的规范化和制度化。建立完善基本养老保险基金投资运营监管制度，建立基金投资信息报告和信息披露制度。

加强社会保险基金监督检查，规范社会保险基金非现场监督；深化社会保险基金社会监督，建立社会监督与行政监督相结合的监督机制；加强审计监督，规范监督程序，维护基金安全。

第四章　实施人才强省战略
建设高素质人才队伍

贯彻落实《中共中央关于深化人才发展体制机制改革的意见》（中发〔2016〕9号）和《福建省中长期人才发展规划纲要（2010—2020年）》（闽委发〔2010〕9号），围绕产业转型升级和福建自贸试验区、“海丝”核心区、生态文明先行示范区、福州新区建设，推进人才发展体制机制改革和政策创新，以高层次和高技能人才为重点，加强人才队伍建设，健全人才服务体系，为建设新福建提供人才智力支撑。

第一节　实施更开放的人才智力引进政策

制定加强福建自贸试验区人才工作政策，实施福建省引进高层次创业创新人才“百人计划”、留学人员来闽创业启动支持计划、互联网经济人才支持计划和工科类青年专业人才支持办法。健全留学人员回国服务体系，完善福建省人才居住证制度，加强海外高层次留学人才回国工作绿色通道建设。

定期发布急需紧缺人才目录，举办海外、省外人才招聘活动，精准引进一批重点领域急需的高层次专业人才。对我省急需紧缺的特殊人才，实行特殊政策，实现精准引进。加大政府购买服务力度，鼓励社会力量引进高层次人才，加强海外引才联络站和留学人员创业园建设。实施一批国家、省级重点引智项目，加强出国（境）培训项目管理，支持中国福州海西引智试验区等平台建设。整合人才引进管理服务资源，优化机构和职能配置。

专栏五　引进高层次创业创新人才“百人计划”

引进高层次创业创新人才“百人计划”：依托企业、园区、高校、科研院所等单位，引进一批海内外高层次创业创新人才来闽创办企业、受聘工作、开展合作研究等，给予每个引进高层次人才（团队）100—300万元人民币补助。

专栏六　留学人员来闽创业启动支持计划

留学人员来闽创业启动支持计划：每年遴选一批创新能力强、发展潜力大、市场前景好的留学回国人员创办的企业，在创办初始阶段予以重点支持，对入选项目给予20—50万元经费资助。

专栏七　互联网经济人才支持计划

互联网经济人才支持计划：围绕我省互联网经济重点产业发展方向，遴选一批优秀人才，在其初始创业并取得较明显业绩阶段予以重点支持，对入选人才给予30—100万元的创业资金支持。

第二节　加快培养高层次专业技术人才队伍

实施我省特殊支持高层次人才管理暂行办法，重点支持一批省百千万工程领军人才、青年拔尖人才，做好全国杰出专业技术人才、享受国务院政府特殊津贴人员、百千万工程国家级人选的推荐评选工作。

推动产业技术研究院、留学人员创业园、大学生创业园、“6·18”虚拟研究院与国内外知名高校和科研院所合作，加快“海纳百川”高层次人才信息共享平台建设，支持重点学科、重点实验室和产业龙头企业设立博士后站点，全省博士后站达200个，累计招收博士后人员3000人。

深化职称制度改革，突出用人主体在职称评审中的主导作用，合理界定和下放职称评审权限，推动高校、科研院所和国有企业自主评审。全面推进专业技术人员继续教育，深入实施技术人才知识更新工程，培养一批具有创新精神和创新创造能力的高层次专业技术人才。新建一批专业技术人员继续教育基地，构建覆盖城乡的远程继续教育网络服务体系。

第三节　加强高技能人才队伍建设

适应产业发展需要，大力加强高技能人才培养培训，依托职业院校、技工院校、龙头企业，新建25个省级产业技工培养基地、250个省级技能大师工作室。

以职业能力和工作业绩为导向，创新高技能人才评价机制，鼓励企业设立“首席技师”岗位，完善高技能人才带头人制度，建立职业技能等级（岗位）与薪酬紧密挂钩激励机制。健全职业技能竞赛体系，广泛开展职业技能竞赛活动。开展技能大师、技术能手评选活动，营造尊重劳动、崇尚技能和鼓励创新的社会氛围。

第四节　创新人才工作体制机制

以品德、能力、业绩为导向，健全专业技术人才和技能人才评价机制，发挥政府、市场、专业组织、用人单位等多元评价主体作用，加快建立科学化、社会化、市场化的人才评价制度。加强评审专家数据库建设。深化职业资格管理制度改革，建立健全职业资格管理体系。建立与人才贡献相适应的激励机制，鼓励技术、技能要素参与分配，实行期权股权激励。完善人才配置机制，健全人力资源服务体系，实施国有企事业科研人员离岗创业政策，促进人才合理流动。鼓励高校、科研院所设立一定比例的流动岗位，吸引具有创新实践经验的企业家、科技人才兼职。鼓励和引导优秀人才向企业集聚。健全人才服务体系，加强人才工作宣传和理论研究。

落实高技能人才在公务员录用、企事业单位招聘、专业技术人员考试、工龄计算、考核定级、职位晋升、职称评定等方面与本、专科学历人员同等对待政策。被机关、企事业单位录（聘）用的高技能人才，执行所任（聘）职务（岗位）工资待遇。技工院校和职业院校取得高级工以上职业资格的工程技术类专业毕业生，可按有关规定参加专业技术人员职称评聘，构建技能人才成长“立交桥”。

第五节　深化区域人才交流合作

以自贸试验区、台商投资区、台湾人才创业园等为载体，吸引集聚台湾高层次创业创新人才，推动闽台产业对接。支持台湾居民来闽就业创业、参加职业技能鉴定和职称评审，探索两岸职业资格互认办法。实施台湾青年人才创业支持计划、对台引智专项计划。加强闽港澳人才交流合作，支持建立闽港澳人才工作联络站，组织人才赴港澳学习交流。

围绕“海丝”核心区建设，加强与“海丝”沿线国家（地区）人才交流合作。做好人才智力对口支援工作，推进与长三角、珠三角等地区人才合作。开展福建自贸试验区人才工作立法研究。深化专家服务基层活动，建成50个专家服务基地，扶持建设100个农村实用人才服务站。

第六节　发挥企业用人主体作用

加强政府在人才宏观管理、公共服务和监督指导等方面职能，实施福建省人才兴企促进计划，建立联系服务重点企业制度，引导支持企业用好用活人才，充分发挥企业在人才培养、吸引、使用、投入等方面的主体作用。

专栏八　人才兴企促进计划

人才兴企促进计划：旨在发挥企业用人主体作用，满足企业发展、创新驱动、产业升级对人才的需求，形成政企协力的人才工作格局。主要包括完善惠企人才政策体系，加强人才公共服务体系和创业创新平台建设，推动企业完善人才工作机制，提升人才市场化配置水平，营造人才发展社会环境等内容。

第五章　深化干部人事制度改革
形成充满生机活力的选人用人机制

深入实施公务员法，认真落实省委《关于贯彻2010—2020年深化干部人事制度改革规划纲要的实施意见》（闽委办发〔2010〕2号），创新管理方式，完善选拔任用、培养评价、激励约束、进入退出等机制，深化事业单位人事制度改革，促进形成广纳群贤、人尽其才、能上能下、公平公正、充满活力的人事管理制度。

第一节　提高公务员管理科学化水平

完善公务员制度体系，创新管理机制，努力打造一支忠诚干净担当的高素质专业化公务员队伍。组织实施专业技术类、行政执法类改革，稳步推进分类考录、分类考核、分类培训。继续开展聘任制公务员试点，做好司法体制和人民警察等相关制度改革。

坚持“凡进必考”和“公开、平等、竞争、择优”原则，以人岗相适为目标，探索人才紧缺职位的特殊考录办法。落实中央做好艰苦边远地区基层公务员考试录用工作意见，加大考录政策向基层倾斜力度，优化基层公务员队伍结构。健全人事考试安全保障联动机制，促进考录工作科学规范、安全有序、公平公正。继续推动公务员录用考试（福建）测评基地建设。

贯彻落实《干部教育培训工作条例》，制定实施2016—2020年全省行政机关公务员培训纲要。推进公务员职业道德建设工程。充分利用“互联网+”，创新培训理念、内容和方式方法，5年内实现培训对象全覆盖。加大贫困地区公务员培训力度，提高带领群众脱贫致富的能力。加强公务员监督管理，探索建立公务员处分决定和解除处分决定备案机制。推动公务员申诉公正工作，健全公务员权益保障制度。

加强对公务员履职尽责情况考核，全面推进

平时考核工作，做好定期考核和奖励工作。严格按照国家和省里有关规定，做好评比达标表彰工作。发挥先进典型示范作用，深入开展争做“人民满意公务员”和“人民满意公务员集体”活动。

专栏九　公务员职业道德建设工程

公务员职业道德建设工程：根据国家统一部署，通过健全行为规范、强化教育培训、推动实践养成、加强考核监督、完善奖惩机制，全面推进公务员职业道德建设。

第二节　深化事业单位人事制度改革

贯彻落实《事业单位人事管理条例》，完善事业单位人事制度改革配套政策，健全岗位管理和聘用制度，推进事业单位人事分类管理，实现由固定用人向合同用人转变，由身份管理向岗位管理转变。

完善事业单位岗位动态管理机制，不断优化岗位结构比例。探索开展事业单位职员制试点。规范事业单位聘用管理，指导不同行业、不同类型事业单位实行聘用合同制度，推进事业单位人员聘用制度全覆盖。全面实行公开招聘制度，推行竞聘上岗，完善考核办法，建立完善符合事业单位特点的奖励、处分、申诉等制度。

第三节　完善军队转业干部安置办法

服务军队改革大局，进一步完善政策措施，完成军转计划安置任务，推行“阳光安置”，突出安置重点，加强军转干部适应性、专业性培训，提高自主择业军转干部管理服务水平，做好企业军转干部解困维稳工作。

第六章　深化工资制度改革形成合理有序收入分配格局

加强工资收入分配宏观调控，完善企业和机关事业单位工资决定和增长机制，缩小收入分配差距，规范收入分配秩序，促进形成合理有序的工资收入分配格局。

第一节　深化企业工资制度改革

积极推进工资决定和正常增长机制建设。推行工资集体协商制度，扩大覆盖范围。完善最低工资标准调整机制，建立最低工资评估机制。完善人力资源市场工资指导价位制度，定期发布职业薪酬信息和重点行业人工成本信息。逐步规范国有企业负责人薪酬管理，改革国有企业工资总额管理办法，健全国有企业工资内外收入监督检查制度。完善农民工工资支付保障长效机制，努力实现农民工工资基本无拖欠。

第二节　推进机关事业单位工资制度改革

根据国家部署，调整机关事业单位工作人员基本工资标准，优化工资结构。推进建立工资调查比较、公务员职务与职级并行、适应分类管理的公务员工资等制度，改革法官、检察官等工资制度，逐步建立与经济社会发展相适应的机关事业单位工作人员工资正常增长机制。

健全工资管理机制，规范公务员津贴补贴，结合事业单位分类改革，建立健全符合事业单位行业特点、体现岗位绩效和分级分类管理的工资分配制度。推进公立医院等行业薪酬制度改革。

第七章　推动体制机制创新构建和谐劳动关系

贯彻落实《中共中央国务院关于构建和谐劳动关系的意见》（中发〔2015〕10号），健全党委领导、政府负责、社会协同、企业和职工参与、法治保障的工作体制，加快形成源头治理、动态管理、应急处置相结合的工作机制，建立规范有序、公正合理、互利共赢、和谐稳定的劳动关系。

第一节　全面实施劳动合同制度

全面实施《劳动合同法》，加强对企业实行劳动合同制度的监督和分类指导。规范产业转型升级和国有企业改革中的劳动关系调整，依法规范劳务派遣和企业裁员行为。全面推进劳动用工备案制度，依法推行集体协商和集体合同制度。

第二节 加强劳动标准体系建设和劳动关系协调

完善企业特殊工时管理监督机制，依法加强未成年工和女职工特殊劳动保护，监督企业落实工时制度和休息休假制度。推动行业开展通用劳动定额标准研究。指导企业通过集体协商，制定科学合理的劳动定额、计件单价。

建立健全协调劳动关系三方委员会，加强区域性、行业性协调劳动关系三方机制建设，充分发挥三方机制在构建和谐劳动关系中的重要作用。完善乡镇（街道）、行政村（社区）的劳动关系工作职能，推进劳动关系协调工作向基层延伸。深入开展和谐劳动关系创建活动。

第三节 健全劳动人事争议调解仲裁机制

贯彻实施《劳动争议调解仲裁法》，坚持“预防为主、基层为主、调解为主”工作方针，建立健全多层次劳动争议调解组织体系，指导企业建立劳动争议内部协商解决机制，推动乡镇（街道）、有条件的行政村（社区）建立劳动争议调解组织，指导基层加强调解工作。

加强各级劳动人事争议仲裁委员会建设，完善劳动人事争议调解仲裁制度，充实基层调解和仲裁办案工作力量，加快推进办案场所、专用设施和信息化建设，落实仲裁经费保障，提升仲裁业务能力。

第四节 完善劳动保障监察体系

贯彻落实《劳动保障监察条例》，坚持抓源头、建机制、重平常，建立举报投诉案件联动处理机制，健全监察执法与刑事司法衔接机制，推进工资支付诚信体系建设，开展创建“三无欠薪”活动，积极解决企业拖欠工资问题。

加强劳动保障监察执法能力建设，充实基层执法力量，建立劳动保障监察管理指挥中心，大力推进“网格化、网络化”管理，推进办案场所建设，统一执法着装和装备，落实经费保障。

专栏十 “三无欠薪”活动

“三无欠薪”活动：创建“无欠薪项目部”“无欠薪网格”“无欠薪工业园区”活动。

第八章 加强基本公共服务能力建设提升公共服务水平

加强公共服务设施建设，提高公共服务能力和信息化、标准化水平，推进人力资源和社会保障系统干部队伍建设，努力形成覆盖城乡、普惠公平、可持续的人力资源和社会保障基本公共服务体系。

第一节 推进基本公共服务设施建设

继续推进县及县以下劳动就业和社会保障服务设施建设，基本实现全覆盖。支持乡镇（街道）、行政村（社区）人力资源和社会保障公共服务所站（窗口）与当地其他公共服务设施共建共享。加强省和设区市、平潭综合实验区社会保障服务中心建设，提供各项社会保险参保缴费、转移接续、待遇核发、档案管理和异地就医结算等经办服务。推进设区市和平潭综合实验区人力资源市场建设，提供综合就业、人力资源、劳动关系协调、劳动人事争议调解仲裁、劳动保障监察等服务。“十三五”期末，全省各级人力资源和社会保障服务设施明显改善。

第二节 进一步推动信息化建设

积极推进金保工程二期项目，依托省电子政务云平台，建设全省集中、“五险合一”的社会保险业务信息平台，推进一站式服务；建设社会保障卡综合服务平台，提高跨区域应用能力；完善12333公共服务平台，整合人力资源和社会保障公共服务；建设业务数据共享平台、安全保障平台，为数据资源共享和系统安全提供支持。

规划推动金保工程三期建设，完善信息化应

用，建设机关事业单位人事管理平台二期、机关事业单位养老保险信息系统、医疗保险信息管理系统和劳动保障监察管理指挥中心；提高均等化公共服务能力，建设大中专毕业生就业管理信息系统、流动人员人事档案信息管理系统和城乡居民养老保险业务村级经办系统；加强大数据开发应用，建设全民参保登记信息系统和人力资源市场大数据信息平台。

积极拓展社会保障卡应用领域，逐步扩大社会保障卡社会化应用范围。

第三节　加强系统队伍建设

把思想政治建设、作风建设和党风廉政建设贯穿于干部队伍建设全过程，围绕提高履职能力，统筹抓好系统干部教育培训；围绕优化服务环境，简政放权，转变作风，提升机关效能，推行“马上就办”；围绕全面从严治党要求，落实主体责任，加强廉政风险防控，扎实推进系统党风廉政建设。

第九章　强化措施保障全面完成目标任务

人力资源和社会保障事业改革发展任务十分艰巨，必须加强组织领导，集聚各方力量，强化责任落实，采取有力措施，确保目标任务全面完成。

第一节　加强法治保障

贯彻全面依法治省，加快推进社会保险、就业创业、人力资源市场等地方立法工作，深入开展“七五”普法。深化行政审批制度改革，落实权责清单，继续推进行政审批“三集中”改革，坚持放管结合，加强事中事后监管。强化行政执法监督，推行案卷评查和执法评议考核，全面规范行政执法行为。

第二节　加大财政投入

加强财政预算与规划实施的衔接协调，各级政府要加大对人力资源和社会保障事业的投入，建立与规划实施相匹配的政府预算安排机制，保障重大项目的实施。将人力资源和社会保障事业发展所需资金统筹列入部门中期财政规划，强化中期规划对年度预算约束，逐步提高人均社会保障支出水平。

第三节　完善统计监测

加强统计调查，逐步实现统计数据采集、汇总和分析自动化，提升统计分析水平。建立完善各级人力资源和社会保障统计数据库，实行规划定期监测评估，做好规划中期评估和总结评估。开展年度计划编制，加强规划与省国民经济和社会发展规划、国家人力资源和社会保障事业发展规划的衔接。

第四节　强化规划实施

加强规划实施的组织领导，建立目标任务分解落实方案。各地要依据本规划，结合实际，制定实施本地区相关发展规划；各有关部门要按照规划分解落实方案，抓好贯彻实施工作。要加强规划宣传，坚持正确的舆论导向，营造良好的实施环境。要加强规划实施情况考核，确保目标任务落实。

附录

福建省“十三五”人力资源和社会保障体系建设重点建设项目表

项目名称	主要建设内容	牵头落实单位	建设年限
（一）产业工人实训基地建设项目			
1. 技工教育产教融合示范基地	以省级技工院校为项目建设单位，通过与龙头企业深度融合，开展“三三制”的新型学徒制教学试点，建设省属技工教育产教融合示范基地。“十三五”时期，依托全省技工院校、培训机构和龙头企业，在各设区市和平潭综合实验区扶持建设10—15个同类型、开放式示范基地。“十三五”时期，预计该项目可培养15万名以上高素质产业工人。	省人力资源和社会保障厅，各市、县（区）人力资源和社会保障部门	2016—2020年
2. 中德合作智能制造实训基地	在省级技师学院和德国职业教育学院多年合作的基础上，进一步深化拓展，建设中德合作智能制造实训基地。通过与德国企业等合作，以智能制造为重点，建立面向社会开放的机器人、三维制造技术、现代数字化机械加工制造、“互联网+”及汽车制造维修等五个实训中心。“十三五”时期，预计该项目可培养1.5万名以上智能制造高技能人才。	省人力资源和社会保障厅	2016—2020年
3. 技能人才培养平台建设项目	依托职业院校和行业企业，新建一批国家级高技能人才培养示范基地、25个省级产业技工培养基地。依托企业、行业和职业院校，新建一批国家级、250个省级技能大师工作室。“十三五”时期，预计该项目可培养15万名技能人才。	省人力资源和社会保障厅	2016—2020年
（二）社会保障服务中心和人力资源市场建设项目	启动省级社会保障服务中心改扩建；支持各设区市、平潭综合实验区建设社会保障服务中心和人力资源市场；扶持800个乡镇（街道）劳动就业和社会保障服务设施建设。	省人力资源和社会保障厅，各市、县（区）人力资源和社会保障部门、乡镇（街道）劳动保障事务所	2016—2020年
（三）金保工程建设项目			
1. 金保工程二期	主要对分别设置的社会保险业务信息系统进行整合，建设全省“五险合一”的社会保险业务、社会保障卡综合服务、业务数据共享等信息平台。	省人力资源和社会保障厅，各市、县（区）人力资源和社会保障部门	2016—2020年
2. 金保工程三期	建设机关事业单位养老保险信息系统、全民参保登记系统、医疗保险信息管理系统、城乡居民养老保险业务村级经办系统、机关事业单位人事管理系统二期、大中专毕业生就业信息管理系统、劳动保障监察管理指挥中心、人力资源市场大数据信息平台和流动人员人事档案信息管理系统。	省人力资源和社会保障厅，各市、县（区）人力资源和社会保障部门	2016—2020年
（四）福建省人事考试基地（公务员录用考试福建测评基地）	为福建省公务员考试和其他人事考试提供考试科研、题库建设、考官培训、考务保障等服务，重点建设入闱（涉密）区、配套服务区和配套办公区三个区域及基地配套设施。	省人力资源和社会保障厅	2016—2020年

续表

项目名称	主要建设内容	牵头落实单位	建设年限
（五）劳动人事争议调解仲裁服务设施建设	建设省级劳动人事争议调解仲裁院；支持各设区市、平潭综合实验区和全省各县（市、区）劳动人事争议调解仲裁院建设；主要建设内容为：调解仲裁办案场所建设、仲裁庭基础设备配备、调解仲裁信息化建设。	省人力资源和社会保障厅，各市、县（区）人力资源和社会保障部门	2016—2020年

【发文机关】福建省人民政府办公厅

【标　　题】福建省人民政府办公厅关于印发福建省“十三五”人力资源和社会保障事业发展专项规划的通知

【发文字号】闽政办〔2016〕43号

【发布日期】2016年3月28日

福建省人民政府办公厅关于印发福建省“十三五”民政事业发展专项规划的通知

各市、县（区）人民政府，平潭综合实验区管委会，省人民政府各部门、各直属机构，各大企业，各高等院校：

《福建省“十三五”民政事业发展专项规划》已经省政府研究同意，现印发给你们，请认真组织实施。

福建省人民政府办公厅
2016 年 4 月 11 日

福建省“十三五”民政事业发展专项规划

前　言

民政工作是社会建设的重要组成部分，在保障基本民生、创新社会治理、优化社会服务、支持国防建设等方面发挥着基础性作用。为贯彻落实中央和省委有关决策部署，推动民政事业科学发展，根据《福建省国民经济和社会发展第十三个五年规划纲要》，结合民政工作实际，制定本规划。

本规划主要阐述规划期内政府对民政事业发展的战略意图和施政方向，明确民政事业发展的总体要求、主要任务和保障措施，是制定相关政策和安排重点建设项目的重要依据。本规划以 2015 年为基期，规划期为 2016 年至 2020 年。

第一章　发展基础及面临形势

第一节　发展基础

“十二五”期间，我省民政事业发展总体保持良好态势，各项任务目标顺利完成。民政在社会建设中的骨干作用充分发挥，有效促进了福建科学发展跨越发展。

一、民政惠民实效显著提升。社会救助由最低生活保障对象向低收入家庭和临时困难家庭拓展，社会福利由补缺型向适度普惠型发展，社区服务惠及广大社区居民。截至 2015 年底，全省有 84.5 万人享受最低生活保障，城市低保平均标准和人均补助水平分别比“十一五”末提高 104%、121.5%，农村低保平均标准和人均补助水平分别提高 132.7%、138.9%；8.01 万人享受农村五保供养，集中供养标准和分散供养标准分别提高 173.2%、179.6%，人均补助水平提高 185%；30.7 万名重度残疾人享受生活困难补助；6323 名孤儿享受福利保障。实施医疗救助，资助参合参保 531 万人次，住院及特殊门诊等救助 311 万人次，救助支出比“十一五”增长 6 倍；实施临时救助 25 万户次，救助流浪乞讨人员 36.7 万人次；救助受灾群众逾 800 万人次，扶持倒损农房灾后重建 5632 户。20 万优抚对象和革命“五老”人员抚恤补助标准大幅提高。慈善事业加快发展，取得了显著社会效益。

二、民政服务能力切实增强。以改善民生为根本，民政公共服务能力不断提高。以居家为基础、社区为依托、机构为补充的养老服务体系初步形成，全省每千名老年人拥有养老床位数达30张。社区信息化建设和一站式服务覆盖率达100%；基本殡葬服务均等化水平逐步提高，全省火化率达99.7%；婚姻登记服务更加规范化、便捷化和人性化；地名公共服务工程稳步推进。以服务大局为导向，有效促进城乡区域协调发展、军民融合深度发展。完成南平、龙岩两市和45例乡镇（街道）行政区划调整，平安边界建设扎实深入。全省9个设区市连续三届荣膺全国双拥模范城，拥军优属政策法规体系日趋完善，全面完成退役士兵、军休人员接收安置和军供保障任务。立足福建优势探索民政对台工作，两岸社会组织、社会工作、社区治理、婚姻家庭、养老服务等领域交流合作取得积极进展。

三、民政改革创新持续推进。政府主导、部门协作、社会参与的民政工作机制逐步完善，社会力量和市场机制的引入促进了民政事业发展方式转变。社会救助政策创新、养老服务模式创新、防灾减灾机制创新、退役士兵安置改革、民政“简政放权”改革等一系列改革创新成果提升了民政事业发展效益。城乡基层民主实践不断创新发展，社区治理和服务体系建设在试点示范中不断创新完善，社会组织在管理体制改革和政府转移职能、购买服务等创新举措的支持下获得更大发展空间，社会工作专业人才和志愿者队伍在多方共建、政策引导下逐步成长发育，初步形成了政社互动、多元共治的社会治理新格局。

四、民政基础支撑不断强化。民政公共服务设施明显改善，市县社会福利中心、乡镇敬老院、社区居家养老服务中心（站）、农村幸福院、社区综合服务站等重点工程逐年推进，救灾仓储、避灾场所、儿童福利、流浪救助、精神卫生、殡葬服务、烈士纪念等项目建设力度加大。民政资金投入持续增加，各级财政用于民政事业总支出344.8亿元，年均递增13.6%；福利彩票累计发行218.95亿元，筹集公益金62.46亿元。民政法制保障更加有力，相继出台8部法规规章及23项民政标准。民政信息化建设和基层队伍建设取得新进展。

“十二五”期间民政事业发展主要指标完成情况

序号	主要项目和指标	计量单位	“十一五”期末数	“十二五”指标	“十二五”期末数
1	城市低保标准	元/年	2616	——	5340
2	农村低保标准	元/年	1370	——	3189
3	农村五保标准：集中供养 分散供养	元/年 元/年	2746 2340	—— ——	7503 6544
4	流浪乞讨人员救助	万人次	16.8	——	36.7
5	各类养老服务床位	万张	6.3	15.3	14.9
6	每千名老人拥有养老床位	张	11.9	30以上	30.1
7	每万人社会组织	个	4	——	6.6
8	城市社区综合服务设施覆盖率	%	84	——	92
9	全省平均火化率	%	97.6	97以上	99.7
10	社会工作专业人才	万人	0.13	1.5	1.5
11	全省民政事业费支出	亿元	144.99	——	344.8
12	福利彩票发行销售 其中：筹集彩票公益金	亿元 亿元	77.37 24.93	100 ——	218.95 62.46

第二节　面临形势

“十三五”时期是全面建成小康社会的决胜阶段，福建发展既面临重大历史机遇，又面临诸多风险挑战。民政事业发展要因势利导、乘势而上，在抢抓机遇和应对挑战中拓展新作为、实现新跨越。

一、“四个全面”战略布局对民政工作提出更高要求。全面建成小康社会，要求民政工作更紧密地结合“五位一体”建设，全方位发挥职能作用，强化“一个都不能少”理念，促进发展成果全民共享。全面深化改革，要求民政工作围绕国家治理体系和治理能力现代化目标，突破体制障碍和利益藩篱，以创新促转型，以开放促合作，更充分地调动和整合政府、市场、社会力量，做大做强民政事业，提升社会治理和公共服务能力。全面依法治国，要求构建更加完备的民政法规制度体系，全面提高民政法治化水平，充分保障人民群众合法权益。全面从严治党，要求提高民政系统党建科学化水平，更好地发挥党和政府联系群众的桥梁纽带作用，以优良党风促政风带行风，以惠民利民实效巩固党的执政基础。

二、经济发展新常态对民政工作提出更高要求。当前和今后一个时期，我国经济发展进入新常态，要保持中高速增长、迈向中高端水平，就必须加快经济转型升级。经济转型过程充满困难与挑战，经济下行压力可能在一段时期内持续存在，由此带来的社会风险可能不断累积和显现。这就要求民政工作适应经济新常态，通过发展养老服务业、提高社会救助标准、合理调整行政区划等具体举措，在扩内需、调结构、惠民生中更有作为，为经济转型升级提供支持和保障。同时，由于新常态下财政收入增速放缓，民政事业发展方式也必须加快实现从财政投入向多元投入、从要素驱动向创新驱动转变。

三、社会深度转型对民政工作提出更高要求。随着经济结构持续调整，社会结构继续发生深刻变化，社会活力空前释放与社会风险隐患增多相伴并存。从社会阶层结构看，各阶层利益分配失衡、收入差距拉大问题依然突出，要求民政工作更加注重协调各方利益，特别是保障弱势群体的生存权和发展权。从人口家庭结构看，人口老龄化进程逐步加快，家庭小型化、空巢化现象日益普遍，要求民政工作加快完善养老服务体系，探索完善儿童福利政策，有效弥补家庭保障功能的不足。从城乡结构看，随着新型城镇化和户籍制度改革的推进，逐步消除民政政策待遇的城乡差别，推进民政事业城乡一体化发展，已成为大势所趋。

四、福建加快发展对民政工作提出更高要求。近年来，中央出台一系列支持福建深化改革、扩大开放、对台先行先试和加快经济社会发展的政策措施，给福建发展带来前所未有的重大历史机遇。省委省政府正带领全省人民抢抓机遇、凝心聚力，加快建设机制活、产业优、百姓富、生态美的新福建。实现民政事业更好更快发展，是建设新福建的应有之义，必须以更高站位、更宽视野加以谋划，以更大力度、更实举措加以推动，进而在服务全省大局中更好发挥作用。同时应当看到，目前我省民政事业发展仍受体制不顺、机制不活、投入不足等因素制约，发展不平衡、不协调、不可持续问题还比较突出，总体发展水平在东部地区各省市中仍相对落后，基础设施建设、基层能力建设、法规制度建设和信息化建设还有待加强。“十三五”时期，必须扬长补短、攻坚克难，奋力实现跨越赶超。

第二章　总体要求

第一节　指导思想

高举中国特色社会主义伟大旗帜，全面贯彻落实党的十八大和十八届三中、四中、五中全会精神，以马克思列宁主义、毛泽东思想、邓小平理论、“三个代表”重要思想、科学发展观为指导，深入贯彻习近平总书记系列重要讲话精神和对福建工作的重要指示，紧紧围绕“五位一体”总体布局和“四个全面”战略布局，切实践行“创新、协调、绿色、开放、共享”发展理念，以增进人民福祉、促进社会和谐为根本，以深化民政领域改革、加强民政法治建设为主线，推动民政事业实现更高质量、更有效率、更加公平、更可持续的发展，为实现全面建成小康社会的奋斗目标，推动经济社会发展再上一个新台阶，建设机制活、产业优、百姓富、生态美的新福建作出应有贡献。

第二节　基本原则

——以人为本，民生为重。把实现好、维护好、发展好最广大人民的根本利益作为民政事业改革发展的出发点和落脚点，把保障和改善民生作为民政工作首要任务，筑牢民生底线，补齐民生短板，推进适度普惠，让广大人民特别是困难群众有更多获得感。

——统筹兼顾，注重公平。统筹协调城乡区域民政事业发展，鼓励发达地区增创民政事业改革发展新优势，支持贫困地区和革命老区民政事业加快发展，推动民政事业城乡一体化发展，提高民政基本公共服务均等化水平；统筹协调各方利益关系，努力满足人民群众多层次、多样化服务需求，更加重视弱势群体的权益保障，促进社会公平正义。

——创新驱动，激发活力。通过理念、模式、政策、平台、技术等多维创新，构建更加开放、更具活力、更有利于科学发展的民政工作体制机制，着力推动民政服务资源由依靠政府投资建设运营向政府主导、社会参与、市场配置转变，社会事务由政府包揽向多元治理转变，加快实现传统民政向现代民政转型升级。

——强基固本，重心下移。把握民政立足基层、贴近群众、面向社会的特点，适应民政职能拓展、对象扩大、任务加重的趋势，更加重视民政基层基础建设，推动重心下移、资源下沉、权限下放，支持基层完善公共服务设施、加强人力资源开发和运用现代信息技术，提升基层民政承载能力和管理服务水平。

第三节　发展目标

到“十三五”期末，全省民政事业发展达到全面建成小康社会有关目标要求，关键指标整体达到或接近东部地区平均水平，民政领域改革取得实质性突破，民政法治化、规范化、社会化、信息化、专业化水平显著提高，民政事业发展成果更多更公平惠及全体人民。

——民生保障机制更加健全完善。减灾救灾体制机制基本完善，受灾群众基本生活得到有效救助。社会救助更加精准，托底功能不断增强，各项救助标准形成科学合理的动态调整机制；农村低保标准实现与扶贫标准相衔接；城乡一体的特困人员供养机制基本建立；医疗救助筹资标准逐步提高；救助申请家庭经济状况核对机制全面实施；临时救助工作更加规范有效。

——民政公共服务更加优质高效。养老服务供给能力大幅提升，基本实现结构优化、布局均衡、功能完善。全省每千名老年人拥有养老床位数达 35 张以上，护理型床位占养老机构总床位 30% 以上，养老服务设施覆盖所有城市社区和 60% 以上建制村。适度普惠型儿童福利服务体系基本建立，残疾人救助、康复等福利服务进一步加强，慈善事业发展更加规范有序和富有活力。基本殡葬服务更加惠民利民，城乡公益性骨灰存放设施实现全覆盖，全省火化率保持在 99% 以上，节地生态安葬率达到 50%。婚姻收养登记服务优质便捷。区划地名工作有效促进经济社会发展，界线管理工作切实保障边界地区和谐稳定。

——社会治理格局更加科学有序。社区建设、社会组织建设、社会工作专业人才队伍建设协同推进，基层民主活力和社会自治功能明显增强，社会治理形成“三社联动、政社互动”良性机制。全省城市社区居委会 50% 以上实行居民直选或户代表选举；城市社区综合服务设施覆盖率达 98%，每百户居民拥有社区综合服务站面积不低于 20 平方米。农村社区建设示范点覆盖率不低于 10%。全省每万人拥有社会组织 10 个，服务社会能力明显提升。全省社会工作专业人才达 4.5 万人，人才培养、使用、评价和激励机制更加完善。

——服务国防和军队建设更加有力有效。双拥模范城（县）创建成果巩固提升，有力促进军民融合深度发展。普惠与优待共享、城镇与农村一体、物质与精神并重的优抚安置制度体系更加系统完备，有效保障军队建设改革和军事斗争准备。烈士褒扬工作更加深入人心，烈士纪念设施建设和管理进一步加强。军供保障能力不断提升。

“十三五”期间民政事业发展主要指标

序号	项目和指标	计量单位	“十二五”期末数	“十三五”指标
1	城市低保标准	元/年	5340	按当地最低工资标准的36%—42%确定
2	省定农村低保标准	元/年	2300	每年提高350元
3	城乡特困人员供养标准	元/年	6544	按不低于上年度当地城乡居民人均消费支出的70%确定
4	每千名老人拥有养老床位	张	30.1	35以上
	其中：护理型床位比例	%	—	30以上
5	建制村养老服务设施覆盖率	%	37	60以上
6	每万人社会组织	个	6.6	10
7	城市社区综合服务设施覆盖率	%	92	98
8	全省平均火化率	%	99.7	99以上
9	节地生态安葬率	%	—	50
10	社会工作专业人才	万人	1.5	4.5
11	注册志愿者人数占居民人口比例	%	—	10
12	福利彩票发行销售	亿元	218.95	260

第三章　着力改善和保障基本民生

第一节　完善社会救助体系

坚持托底线、救急难、可持续的方针，加快完善城乡一体、制度衔接、定标科学、管理精细的社会救助体系。遵循公开、公平、公正、及时的原则，严格规范社会救助工作，提高社会救助精准度和公信力。

一、完善最低生活保障制度。健全低保标准与经济发展和物价水平相适应的动态调整机制。城市低保标准按当地最低工资标准的36%—42%确定；省定农村低保标准每年提高350元，“十三五”期末实现与国定扶贫标准相衔接。从市辖区、县级市先行突破，力争全省50%以上县（市、区）实现城乡低保标准一体化。完善分类施保，加大对低保对象中的老年人、未成年人、残疾人、重病患者等特殊人群的救助力度。

二、完善特困人员供养制度。逐步提高城市“三无”人员供养标准，与农村五保供养标准调整机制相衔接，到2020年全省建立城乡一体的特困人员供养制度。对选择集中供养的特困供养人员，通过安排入住公办福利机构、向民办养老机构购买服务等方式予以保障。

三、完善专项救助制度。依法实施医疗、住房、教育、就业等专项救助，救助对象向低收入家庭、“支出型贫困”家庭适度拓展。逐步提高医疗救助水平，全面实施重特大疾病医疗救助，全面实行救助对象医疗费用与基本医疗保险“一站式”即时结算服务，救助对象政策范围内住院自付医疗费用的救助比例达到70%。

四、完善临时救助制度。突出临时救助“救急难”的托底性作用。完善临时救助对象认定办法，明确救助类型、范围和标准，加强制度衔接，消除救助盲区。救助对象由流浪乞讨人员延伸到生活无着流动人员，为其提供临时食宿、急病救治、协助返回等救助服务；探索妥善安置长期滞留人员的多种有效途径。加强生活无着流动人员救助工作，救助范围由城市延伸到农村，逐步建立市、县、乡镇（街道）、村（居）四级联动的救助服务网络。

五、提高社会救助管理水平。完善各项救助制度的具体实施办法，严格执行工作规程，加强动态管理和监督检查。建立社会救助“一门受理、协同办理”机制，确保困难群众求助有门、受助及时。加强各项救助制度的有效衔接，全面实施跨部门、多层次、信息共享的救助申请家庭经济状况核对机制，健全信息核对平台，加强审核甄别，确保精准救助。建立救助对象需求与公益慈善组织、社会工作机构的救助资源对接机制，实现政府救助与社会帮扶的有机结合。

第二节　加强减灾救灾能力建设

坚持灾前预防与灾后救助并重，推进常态减灾与应急救灾相结合，加强减灾救灾能力建设，把灾害损失降到最低程度。

一、完善减灾救灾体制机制。发挥各级减灾委员会职能作用，健全政府主导、部门协同、上下联动、社会参与的减灾救灾体制机制。提高减灾救灾信息管理服务水平，建设自然灾害救助管理信息系统、救灾物资管理信息系统，开设防灾减灾公众信息网，推动跨部门减灾救灾信息集成与互联互通，统一灾情信息发布。加强减灾救灾政策研究制定，出台自然灾害防范与救助管理办法、救灾捐赠管理办法、救灾物资管理办法、社会力量参与减灾救灾指导意见，修订完善自然灾害救助应急预案。推进闽台减灾救灾交流合作。

二、提高灾害风险综合防御能力。统筹推进救灾物资储备网络、避灾场所、减灾示范社区、农房保险制度、防灾减灾科普宣教基地、减灾科技支撑工程和灾害信息员队伍建设，增强防灾减灾能力。建设省减灾中心和省救灾物资储备库二期工程，全面完成市县救灾物资储备库建设，各级救灾物资储备基本满足本级三级应急响应救助需求。开展以“5·12”防灾减灾宣传日为重点的防灾减灾宣传活动和各类灾害应急演练。实施基层防灾减灾示范工程，建设1000个自然灾害避灾场所示范点，创建200个全国综合减灾示范社区，建设一批基层防灾减灾科普教育示范点。

三、提升灾害管理和救助水平。完善救灾准备、应急救助、灾后救助、恢复重建相衔接的自然灾害救助制度，形成以抢险、救护、救助、捐赠为基本内容的救灾应急社会动员机制，确保受灾群众有饭吃、有衣穿、有干净水喝、有临时住处、有病能得到及时治疗。制定灾害应急救助、过渡安置、灾后重建、冬春救助、遇难人员家属抚慰等自然灾害救助标准，提高受灾群众救助水平。

第三节　大力发展养老服务业

积极应对人口老龄化，坚持政府主导与社会主办、扩大总量与提升质量相结合，加快完善以居家为基础、社区为依托、机构为补充的多层次养老服务体系，形成城乡一体化、投资多元化、管理规范化、队伍专业化的养老服务业发展格局。

一、拓展提升基本养老服务。以政府为主导，发挥社会力量作用，着力保障特殊困难老年人的养老服务需求，确保人人享有基本养老服务。到“十三五”期末，我省每千名老年人拥有床位数达到35张以上。统筹发展居家、社区和机构养老服务，统筹规划养老服务设施配置，统筹城市和农村养老资源，促进基本养老服务均衡发展。完善公办养老机构服务功能，着力发挥托底保障和示范引导作用。建设省级养老服务示范园区。大力推进农村养老服务，将乡镇敬老院发展成区域性养老服务中心，新建一批农村幸福院，完善农村养老服务设施运营保障机制。建立养老服务评估机制，统筹建立高龄补贴、养老服务补贴和护理补贴制度。

二、提升养老服务社会化水平。引导社会力量全方位进入养老服务领域。通过公建民营、委托管理等方式，推动公办养老机构社会化运营。完善落实税费减免、土地供应、融资贷款、开办补助和运营补贴等优惠政策，加大对社会力量兴办养老服务机构和企业的扶持力度。支持举办面向居家老人的家政预约、生活照料、精神慰藉、康复护理、安全援助、物品代购、服务缴费等服务项目，兴办或运营老年供餐、日间照料、老年活动中心等社区养老服务项目。到“十三五”期末，90%以上的城镇社区建立符合标准的日间照料机构、老年人活动中心等养老服务设施，60%以上的农村社区（行政村）建立养老服务站点。加强“互联网+养老服务”信息网络和服务平台建设，促进老年人服务需求与社会服务供给有效对接。支持社会组织参与养老服务，承接政府转移的行业标准制定、服务质量评估、专业职称评定等有关事项。

三、培育发展养老服务产业。设立省养老产业投资基金，撬动社会资本投向养老服务产业。营造全面开放、平等参与、公平竞争的养老服务市场环境，扩大养老服务市场规模，拓展适合老年人特点的文化娱乐、体育健身、休闲旅游等服务领域，支持企业开发安全有效的康复辅具、食品药品、服装服饰等老年用品用具和服务产品，开发养老金融产品和宜居住宅。立足福建区位、生态等优势，培育一批产业链长、覆盖领域广、经济社会效益好的养老服务产业集群，打造海峡两岸养老服务产业合作开发示范基地。

四、大力推进医养融合发展。推进医养结合，加快发展护理型养老服务，保障失能、失智等老年人服务需求。到“十三五”期末，护理型床位占养老服务机构总床位比例达到30%以上。探索政府和社会资本合作（PPP）的投融资模式，鼓励和引导各类金融机构创新金融产品和服务方式，由金融和产业资本共同筹资的健康产业投资基金支持医养结合发展。积极推进政府购买健康服务，鼓励养老机构与周边的医疗卫生机构开展多种形式的协议合作。开展创建医养结合示范单位活动，每年培育一批医养结合基地。

五、加强养老服务专业队伍建设。通过在大中专院校设立养老服务相关专业培养专门人才、职业培训提升养老护理人员水平、深化闽台养老服务业合作和康复护理人员交流培训等方式，多渠道加强养老服务专业队伍建设。不断加大资金投入，保障和提高养老护理员待遇。

第四节　加快发展福利慈善事业

突出扶贫济困、扶弱助残，继续发展适度普惠型社会福利事业，促进慈善事业健康发展，为困难弱势群体平等参与社会生活、共享经济社会发展成果创造更有利的条件。

一、拓展深化儿童福利服务。继续做好孤儿保障工作。探索建立困境儿童分类保障制度，分层次、分类型、分标准实施保障，建立基本生活保障、监护监督干预等政策制度，完善法律援助、心理咨询、社区矫正、救助帮扶等关爱机制。开展未成年人社会保护和农村留守儿童关爱保护工作，构建“家庭、社会、政府”三位一体保障格局。加强儿童福利机构、未成年人保护中心及基层服务网络建设，引导社会力量积极参与未成年人保障服务。

二、提高残疾人福利保障水平。完善困难残疾人生活补贴和重度残疾人护理补贴制度，继续实施“残疾孤儿手术康复明天计划”。提高民政精神卫生机构建设、管理和服务水平，全省80%民政精神卫生机构达到二级及以上等级水平。进一步规范福利企业资格认定制度。支持康复辅具产业加快发展，建设省康复辅具研发检测中心。

三、增强慈善事业发展活力。推动出台《福建省慈善事业促进条例》，完善落实相关政策。积极培育管理规范、运作专业、富有活力的慈善组织，建立健全募用分离、高效顺畅、公开透明的运行机制，构建政府监管、社会监督、行业自律的治理体系，形成大众参与、各方支持、慈善光荣的社会氛围。创新发展“慈善超市”，探索网络慈善新形态。打造慈善组织联合平台和建立行业协作机制，使慈善组织在资金募集、志愿者动员、项目实施方面既适度竞争，又分工合作，实现慈善资源的优化配置。

四、做大做强福利彩票事业。完善福利彩票销售管理机制，加强管理制度、组织网络、专业队伍和基础设施建设，增强销售服务和安全保障能力。创新福利彩票销售方式，开辟销售新渠道，推动销量持续稳健增长，力争销售网点数达到5500个，发行销售福利彩票260亿元，筹集公益金78亿元。进一步规范公益金使用管理，提高社会公信力。

第四章　加强和创新社会治理

第一节　深化基层民主和社区建设

逐步完善面向全体城乡居民，主体多元、功能完善、内容丰富、队伍健全、机制合理的基层民主和社区服务体系，把城乡社区建设成为管理有序、服务完善、文明祥和的社会生活共同体。

一、加强基层民主建设。按时进行村（居）委会换届选举，完善村（居）委会直选制度。深入开展以村（居）民会议、议事协商、民主听证为主要形式的民主决策实践，以自我管理、自我教育、自我服务为主要目的的民主管理实践，以村（居）务公开、民主评议为主要内容的民主监督实践，健全基层党组织领导的充满活力的基层群众自治机制。健全村（居）民委员会下属委员会，选齐配强村（居）民小组长、楼院门栋长，形成上下贯通、左右联动的基层自治组织体系。创新乡村治理机制，深化以村民小组或社区为基本单元的村民自治试点，因地制宜探索村民自治有效实现形式。

二、完善社区治理体系。健全以社区党组织为核心、社区自治组织为主导、社区居民为主体、社区社会组织和驻社区单位共同参与的社区治理体制机制。加强城乡社区协商工作。加强社区工作者队伍建设，继续实施高校毕业生服务社区计划。统筹发展社区公共服务、志愿互助服务和便民利民服务，推广“一站式”“一门式”服务规范。加强社区综合服务站建设，户口在1000户以上的社区实现每百户拥有的社区综合服务站面积不低于20平方米，城市社区综合服务设施覆盖率达98%。持续推进社区减负增效工作。有条件的地方建立社区工作站，承接政府下沉到社区的公共服务职能。推进社区公共服务综合信息平台建设，实现政府基本公共服务事项统一办理。

三、推进农村社区建设。强化农村基层党组织领导核心地位，完善村民自治与多元主体参与有机结合的共建共享机制，健全村民自我服务与政府公共服务、社会公益服务有效衔接的农村基层综合服务管理平台，形成乡土文化和现代文明融合发展的文化纽带，构建生态功能与生产生活功能协调发展的人居环境。全省80%的乡镇建立社区综合服务中心，基本实现农村社区建设全覆盖，网格化新型管理体制全面建立，社会化服务水平大幅提升，农村居民的生活质量明显提高。

第二节　激发社会组织活力

坚持培育发展和管理监督并重，加快形成政社分开、权责明确、依法自治的现代社会组织体制，初步形成布局合理、结构优化、功能完善、作用明显的社会组织发展格局。

一、深化社会组织管理体制改革。落实社会组织直接登记、允许行业协会商会一业多会、下放异地商会和基金会登记权限、实行城乡基层社会组织登记备案、取消社会团体筹备审批等改革举措。探索推行将社会组织法人登记证、组织机构代码证、税务登记证“三证合一”为社会信用代码。健全统一登记、各司其职、协调配合、分级负责、依法监管的社会组织管理体制，增强各级各部门监管合力。探索推行社会组织网上年检，健全社会组织评估和抽查制度，完善社会组织信息披露机制，制定社会组织信用评定标准体系。继续深化行业商业协会与行政主管部门脱钩工作。加强社会组织党建工作，推动按单位、行业和区域建立党组织，发挥党组织的引领保障作用。

二、优化社会组织发展环境。推动社会组织培育孵化工作，实现设区市孵化基地全覆盖、60%以上县（市、区）建有孵化基地。完善财税金融支持政策，引导社会组织承接政府转移职能，推动政府向社会组织购买服务。继续实施好中央和省级财政支持社会组织参与社会服务项目。发挥社会组织在协商民主中的作用。

三、推进社会组织自身建设。完善社会组织治理结构，形成民主决策、科学管理、自我约束、规范发展的内部运行机制。强化社会组织自治功能，健全会员大会、理事会、监事会制度。推动社会组织完善规范运作、信息公开等机制，健全社会捐赠、服务承诺等管理制度。引导社会组织加强人才建设，推进从业人员职业化、专业化和年轻化。

四、促进闽台社会组织交流合作。培育发展符合对台需要和体现闽台特色的社会组织，打造两岸社会组织交流合作前沿平台。引导闽台同类社会组织建立对口联系互动机制，促进两岸多领域紧密合作、融合发展。发挥社会组织在闽台民间交往、基层交流中的作用，促进两岸民众情感交融。支持社会组织依托“5·18”“6·18”“9·8”等平台组团办展，参与推动闽台产业对接合作。

五、加强社会组织党的建设。坚持党的领导与社会组织依法自治相统一，健全社会组织党建工作管理体制和工作机制，推进党的组织和工作有效覆盖。加强以党组织书记为重点的党务工作者队伍建设，提高经费、阵地等基础保障水平，充分发挥社会组织党组织的战斗堡垒作用和广大党员的先锋模范作用，推动社会组织党建工作水平全面提升，引领社会组织正确发展方向，激发社会组织活力。

第三节　加强社会工作和志愿服务

壮大社会工作专业人才和志愿服务队伍，扩展服务领域，增强服务能力，在创新社会治理、促进社会和谐中发挥积极作用。

一、培养社会工作专业人才。利用省内社会工作教育科研资源，强化社会工作从业人员教育培训。建立社会工作专业督导制度，培养社会工作督导人才。全省社会工作专业人才总数达4.5万人，其中具有中级以上职业水平的达5000人。

二、开发社会工作岗位。在老年人服务、残疾人服务、孤残儿童服务和社会救助服务等民政领域分类设置社会工作岗位1.5万个。全省社区社会工作专业人才达5000人以上，每个社区配置2—3人。完善民办社会工作服务机构扶持政策，民办社会工作服务机构达500个以上。

三、建立社会工作服务体系。推进政府购买社会工作服务，加大资金投入，扩大支持范围。推动社会工作融入社会治理格局，建立社区、社会组织、专业社会工作“三社联动”机制。推动专业社会工作服务扩展到婚姻家庭、精神卫生、教育辅导、就业援助、职工帮扶、犯罪预防、禁毒戒毒、矫治帮教、人口计生等领域。研究制定社会工作专业服务指导标准。推动建立各级社会工作行业组织，培育一批专门从事社会工作评估的第三方机构。

四、推动志愿服务持续健康发展。推动出台《福建省志愿服务条例》，完善志愿者招募、培训、注册、激励机制。推进和规范志愿服务记录工作，鼓励志愿者组织、公益慈善组织、社会服务机构建立志愿服务时间储蓄制度。开展志愿者星级评定，将志愿服务记录与志愿者评选表彰、奖励保障等挂钩，在志愿者升学、就业、使用公共设施、接受社会服务等方面制定优惠政策。志愿服务记录平台上登记注册志愿者数量达全省常住人口的10%。

第五章　服务国防和军队现代化建设

第一节　提升双拥工作水平

紧紧围绕军地深化改革融合发展的新要求，推进我省双拥工作创新发展，巩固军政军民团结。

一、推进双拥工作创新发展。大力弘扬双拥光荣传统，不断增强广大军民国防观念和双拥意识。主动适应形势要求和时代特点，不断拓展丰富双拥工作内容与形式，深入开展双拥模范城（县）创建活动。积极推进司法拥军、社区拥军、科技拥军、文化拥军工作，拓展社会力量拥军，着力打造双拥工作新品牌。

二、促进军民融合深度发展。积极配合部队体制编制、政策制度等调整改革。继续支持驻闽部队基础设施、训练设施、文化设施、生产生活设施和信息化建设。健全完善双拥工作机制，贯彻落实双拥政策法规，协调有关部门进一步解决驻闽部队官兵实际问题，协调部队深入开展拥政爱民工作和军民共建活动。

第二节　加大优抚保障和烈士褒扬力度

完善落实优抚保障、烈士褒扬各项政策措施，不断提高优抚对象待遇水平，充分发挥烈士精神对社会价值取向的引领作用。

一、完善优抚保障机制。落实优抚对象抚恤补助标准自然增长机制，调整完善优抚待遇标准体系，逐步缩小“三属”等优抚对象抚恤补助标准的城乡差别。规范优抚数据管理，加快信息化建设，完成所有优抚对象二代身份证信息采集。继续加强优抚对象医疗保障服务。结合“造福工程”、棚户区改造等保障性安居工程建设，优先帮助符合条件的城乡优抚对象改善居住条件。加强优抚事业单位建设，新建上杭·古田光荣院。

二、加强烈士褒扬工作。健全烈士纪念设施管理保护长效机制，对全省127处县级以上烈士陵园进行维修改造，巩固零散烈士纪念设施抢救保护工作成果。做好全省烈士审批和英名录编纂工作，利用清明节、烈士纪念日等重要节日广泛开展烈士纪念活动。

第三节　加强军人安置和军供保障服务

深化退役士兵安置改革，做好军休人员安置服务，加强军供保障能力建设，为军队深化改革提供服务保障。

一、完善落实退役士兵安置政策。全面贯彻落实《退役士兵安置条例》，拓展退役士兵安置渠道，健全“阳光安置”机制，保证安置工作公开公平公正。建立城乡一体、优化与服役贡献对等的待遇标准体系，构建以就业需求和退役士兵愿望为牵引的教育培训体系，保证有参训意愿的退役士兵100%获训，指导帮助退役士兵就业创业。

二、推进军休服务管理创新。继续做好军休干部和无军籍职工接收安置工作，认真落实政治和生活待遇，逐步完善国家保障与社会化服务相结合的服务管理模式。引入社会养老服务资源，为军休干部提供专业化、精细化服务。提高军休所建设管理水平，创建军休干部幸福养老的和谐家园。

三、提高军供保障能力。完善全省军供保障网络，按照正规化、现代化标准推进军供站建设，增强快速、持续、应急供应保障能力，打造“平时服务、急时应急、战时应战”的拥军支前服务平台。

第六章　拓展和优化基本社会服务

第一节　加强区划地名和界线管理

构建适应经济社会发展需要的区划、地名、界线管理服务体系，为推进新型城镇化建设、深化平安建设和方便群众生产生活提供服务保障。

一、科学审慎推进行政区划调整。适时推进具备条件的市、县（区）、乡（镇）开展行政区划调整，有序增设城镇行政区，逐步完善有利于优化资源配置、统筹城乡发展的行政区划结构，构建有利于新型城镇化发展的空间布局。推动和引导省会城市、沿海地区的政区整合优化。深入研究特大镇的行政区划调整，探索试验特大镇政区管理新模式。完善行政区划调整方案论证、社会稳定风险和民生影响评估、调整组织实施、调整效果评估等工作机制。

二、完善地名管理服务。全面完成我省第二次全国地名普查任务，推动普查成果的转化应用。提高地名管理法治化、标准化水平，规范地名命名、更名和使用，继续做好地名标志设置和管理工作。推进地名信息化建设，建立健全省、市、县三级国家地名和区划数据库，建设地名信息管理服务平台，完善地名信息共享机制。继续完善地名公共服务体系，加强地名基础研究、地名文化保护、地名信息服务等工作，出版一批标准地名工具图书，开发一批新型地名服务产品，形成一批地名基础研究成果，扶持一批地名文化产业项目。

三、加强行政区域界线管理和平安边界建设。严格贯彻执行行政区域界线管理法规，建立健全界线联检、界桩管护、档案管理等工作制度。加强界线界桩管护员队伍建设。深化平安边界建设，建立健全联席会议、应急预案、隐患排查、信息通报等长效机制。开发行政区域界线界桩管理服务综合业务平台，整合勘界基础数据资源，实现联检成果信息资源共享。

第二节　提高专项社会事务管理服务水平

坚持以惠民便民为导向，创新服务方式，依法规范管理，促进殡葬事业健康发展，推进婚姻收养登记服务便利化，进一步提高社会满意度。

一、深化殡葬改革和惠民服务。完善殡葬政策法规，修订《福建省殡葬管理办法》。加强殡葬公共服务设施建设，提升殡仪馆火化设备设施环保水准，开展市县殡仪馆等级达标创建工作，实现城乡公益性骨灰存放设施全覆盖。健全完善基本殡葬公共服务保障制度，全面落实免除城乡困难群众基本殡葬服务费政策，适度拓展保障项目。加强殡葬信息化建设，建立全省联网的殡葬信息管理系统。推广生态葬式，推动出台生态殡葬奖补政策，将生态安葬服务纳入基本殡葬公共服务体系。加强殡葬服务行业管理，构建行政监管、行业自律、社会监督相结合的综合监管体系。拓展闽台两岸殡葬行业交流合作。

二、推进婚姻收养登记便利化。持续推进婚姻登记机关标准化建设。提高婚姻登记信息化管理水平，全面完成婚姻登记历史数据补录工作。

推广结婚登记颁证和婚姻家庭辅导常态化服务。加强闽台婚姻家庭交流服务，促进两岸婚姻家庭和谐发展。依法办理收养登记，规范公民收养行为，建立收养家庭评估制度，推动解决国内公民私自收养子女问题，促进涉外收养及互访活动持续健康开展。

第七章　保障规划顺利实施

第一节　强化法治引领

紧紧围绕全面依法治国战略举措，全面推进民政法治建设，坚持用法治思维和法治方式推进民政事业改革发展，以法治建设引领推动民政工作规范化、标准化。

一、加快完善民政法规制度体系。紧密结合民政重大改革举措推动立法工作，做到改革于法有据。针对民政法规制度体系中有空白、有滞后、有脱节和位阶低等问题，加快“立、改、废、释”工作。推动群众期待、实践亟须、条件成熟的民政立法项目列入省市2015—2020年立法规划和年度计划，同时多层次推进民政政策创制工作，加快形成内容协调、程序严密、配套完备、有效管用的民政法规制度体系。

二、全面提升民政法治化水平。健全职权法定工作机制、重大行政决策机制和行政执法体制机制，确保民政法规制度严格施行。建立清晰明确的民政行政职权和责任清单，完善执法检查、信息公开、复议应诉工作制度，确保民政权力规范高效阳光运行。创新民政法制宣传教育形式，形成上下联动、多方参与、学用结合、注重实效的民政普法格局。注重民政法制工作保障，加强民政法制机构和人才队伍建设。完善法律顾问制度，发挥法律顾问在民政立法创制、行政决策、复议应诉等方面的积极作用。

三、全面推进民政标准化建设。积极参与制定民政领域国家标准、行业标准，推进出台覆盖民政各项业务的地方标准，形成结构合理、科学实用、协调配套的新型民政标准体系。逐步扩大民政标准化试点范围，推出一批新的试点示范项目，形成多层次、多领域的民政标准化试点格局。加快标准化知识普及，加强对标准化实施情况的监督检查，大力培育一批标准宣传贯彻典型，带动民政标准有效推广应用。加强标准化人才队伍建设和经费保障。

第二节　强化要素支撑

集聚资金、政策、人才、科技等方面资源要素，强化基础支撑，提升民政事业综合实力，增强民政事业发展后劲。

一、完善民政资金筹措机制。推动建立与财政收入同步增长、各级政府合理分担、事权财权相匹配的民政资金保障机制，将基本民生保障、基本公共服务等民政支出列入各级财政重点投入的优先领域。进一步放宽准入门槛，强化财税、金融等政策引导，运用政府和社会资本合作（PPP）等新模式，引导和吸纳社会资本投入民政公共服务领域。通过扩大福利彩票发行、倡导公益慈善捐助等多种方式，吸纳更多社会资金参与民政事业，形成以政府投入为主的多元化、多渠道、多形式、多层次筹资机制。加强资金监管，防范资金风险，提高资金使用效益。

二、强化政策支持保障机制。紧紧抓住国家“一带一路”发展战略和福建自贸试验区建设的机遇，全方位提升我省民政事业对外开放度。争取国家部委赋予我省民政对台事务更加灵活开放的政策，并在行政区划体制改革、社会治理体制创新等方面给予更多指导和支持。用足用好苏区老区扶持政策，推动我省有关民政建设项目列入中央预算内投资并按中西部地区政策执行。统筹抓好苏区老区扶持政策、扶贫开发政策在民政领域的衔接落实，在安排我省民政项目资金时，对省级扶贫开发重点县、原中央苏区、闽东苏区和其他困难老区给予优先安排和倾斜支持。争取中央彩票公益金对我省苏区老区民政事务更大支持。

三、全方位开发人才人力资源。统筹推进民政系统行政管理人才、专业技术人才、基层实用人才等队伍建设，广泛吸纳社会人才资源和志愿服务队伍参与民政事业，建立健全以行政力量为主导、专业力量为支撑、公众力量为基础的民政人力资源保障格局。分层分类做好民政干部职工教育培训工作，面向社会开展养老护理、防灾减灾、社区管理等职业技能培训，注重培养创新型、应用型、复合型人才。

四、全面推进民政信息化建设。加快建设“数字民政”工程和民政基础数据库，力争民政综合业务信息系统全领域覆盖。探索基于云计算的民政大数据运用，推进现代信息技术与民政业务的深度融合，实现“统筹整合、信息共享、精细管理、延伸服务”。完善救助申请家庭经济状况核对（二期）、救灾物资、社会福利、殡葬服务、老区建设、退役士兵安置、军休人员安置、收养登记、行政区域界线、决策分析10个管理系统，构建社区公共信息服务、社会养老服务、社会组织综合监管3个平台。加强民政信息安全体系建设。

第三节　强化基层能力

建立健全促进更多人力、物力、财力投向基层的体制机制，扎实推进民政基层能力建设，夯实民政为民服务基础。

一、充实基层工作力量。以民政新增职能、服务窗口、执法岗位为保障重点，优化基层民政机构设置和人员配备，确保各项工作有效运转。严格按照国务院和省政府关于加强社会救助能力建设、加强乡镇敬老院管理、加强社区综合减灾工作等部署要求，科学整合相关机构及人力资源，通过人员调配、政府购买服务、设置公益岗位、使用社会工作专业人才等方式，充实和加强基层民政工作力量，加快完善县、乡、村三级民政管理服务网络。

二、改善基层工作条件。按照分级负担原则，将民政工作经费列入地方各级财政预算，根据实际需要合理安排。按照费随事转原则，将民政部门转移职能、购买服务、委托社区办理等事项所需经费纳入民政工作经费统筹安排。加强基层民政机构和服务窗口规范化建设，改善设施设备，优化服务环境。

三、加强基层工作督导。坚持从服务基层出发，深入基层做好指导、调研、督查等工作，帮助基层释疑解惑、排忧解难，支持基层创新实践，及时发现和纠正基层民政工作中存在的问题。贯彻落实“四下基层”工作制度，推进各级民政部门特别是领导干部信访接待下基层、现场办公下基层、调查研究下基层、宣传党的方针政策下基层，推动民政工作更加贴近群众、更好服务群众。

第四节　强化组织实施

各级政府加强对民政工作的组织领导，形成协调有力、推进有序、监督有效的实施机制，把规划确定的目标任务落到实处，抓出实效。

一、注重协调衔接。加强各级各有关部门在规划实施中的协调联动，明确责任分工，形成工作合力，确保责任到位、措施到位、投入到位。加强本规划与各级各类有关规划的协调衔接，确保目标与行动的一致性，增强政策措施的系统性和协同性。着力做好与国家有关规划对接工作，争取国家在项目、资金和政策上给予更大支持。

二、实施项目带动。坚持以项目为抓手带动规划实施，加快项目策划生成，做好项目储备和项目对接，保持每年“建成一批、开工一批、储备一批”的滚动发展态势。政府投资项目要抓紧开展前期工作，逐项组织论证，多方筹措资金，争取尽快开工建设。实行严格、透明的项目监管制度，确保把民政工程项目建成“优质工程”“放心工程”“廉洁工程”。

三、加强监测评估。建立民政事业发展状况的监测体系，及时做好信息数据采集和统计工作，加强对规划实施情况的跟踪分析和监督检查。2018年进行规划中期评估，2020年进行规划终期评估。

附件：“十三五”民政事业发展专项规划重点项目储备表

附件

“十三五”民政事业发展专项规划重点项目储备表

序号	项目名称	建设内容及规模	投资估算（亿元）
（一）	基本养老服务体系		85.5
1	设立省养老产业投资基金	基金规模60亿元（首期30亿元），主要投向养老基础设施建设、养老综合体建设、养老产品开发、养老服务类和与养老产业相关的其他项目。	60.0
2	农村幸福院、光荣院建设	建设一批农村幸福院，为农村老年人提供就餐、文化娱乐等日间照料服务；建设上杭·古田光荣院。	10.5
3	护理型（医养结合）养老机构建设	根据养老机构配置医疗设施和服务功能给予分类补助。	6.0
4	养老服务示范园区建设	建设省养老服务示范园区，以PPP方式引入社会资本和产业基金投入。	9.0
（二）	综合减灾体系		3.5
5	救灾物资储备库建设	省救灾物资储备库二期新建多层库房；建设县级救灾物资储备库。	1.0
6	防灾减灾工程建设	建设一批自然灾害避灾场所示范点、中小学校防灾减灾科普教育示范点、乡镇（街道）防灾减灾科普教育示范点；建设福建省防灾减灾公众信息网和救灾物资管理信息系统；建设省减灾中心。	2.5
（三）	社区服务体系		3.3
7	城乡社区综合服务站建设	支持新建、改扩建城乡社区综合服务站。	3.3
（四）	公共服务体系		21.8
8	儿童福利设施建设	支持新建、改扩建儿童福利设施。	3.8
9	精神卫生福利机构建设	支持改扩建或迁建精神卫生福利机构；建设省康复辅具研发检测中心。	3.2
10	城乡公益性骨灰楼堂建设	支持建设一批城市公益性骨灰楼堂、乡村公益性骨灰楼堂。	3.4
11	市、县殡仪馆改造	支持市、县（区）殡仪馆火化设备设施改造。	1.0
12	烈士陵园（墓）维修改造	支持全省烈士陵园维修改造。	1.9
13	政府购买服务专项	支持乡镇（街道）购买养老救助专项工作服务岗位；支持社会组织参与扶老助残、救孤济困、社会公益等社会服务。	3.0
14	省民政学校建设	新建省民政学校新校区。	2.0
15	省福彩运营大楼建设	新建或购置省福彩中心运营大楼。	3.5
	合　计		114.1

【发文机关】福建省人民政府办公厅

【标　　题】福建省人民政府办公厅关于印发福建省“十三五”民政事业发展专项规划的通知

【发文字号】闽政办〔2016〕50号

【发布日期】2016年4月11日

各设区市社会发展政策

福州市人民政府办公厅关于印发2016年政务公开工作主要任务分解表的通知

各县（市）区人民政府，市直各委、办、局（公司），市属各高等院校、自贸区福州片区管委会：

为贯彻落实《国务院办公厅关于印发2016年政务公开工作要点的通知》（国办发〔2016〕19号）和《福建省人民政府办公厅关于印发2016年政务公开工作主要任务分解表的通知》（闽政办〔2016〕83号）精神，经市政府同意，现将我市《2016年政务公开工作主要任务分解表》印发给你们，请认真组织实施。

各县（市）区、各部门要加强组织领导，明确一位领导（负责）同志分管政务公开工作，并列入本部门领导工作分工，同时对外公布；主要领导（负责）同志年内至少听取一次政务公开工作汇报，研究部署推进工作。政务公开工作要纳入政府绩效考核体系；尚未纳入的，今年之内应予以纳入。

各县（市）区、各部门要认真按照国务院、省政府的要求，根据职责分工，围绕市委、市政府中心工作，进一步细化工作任务，建立有效工作机制，加大公开力度，加强政策解读回应，不断增强政务公开实效。落实工作要点情况要纳入本地区、本部门政府信息公开年度报告，并向社会公布。各牵头部门要落实责任分工，加强工作指导，协办和责任部门要密切配合，确保将本年度政务公开各项工作落实到位。

各县（市）区、各责任部门尤其是有牵头任务的部门，要结合实际，制定具体详细的实施方案或工作措施，在7月20日前报市政府办公厅、市数字办，并在本地区、本部门政府网站公开。前三季度、全年工作要点落实情况分别于9月15日、11月30日前同时报送市政府办公厅、市数字办。市政府办公厅、市数字办将对各单位落实工作要点情况进行督查，组织开展政务公开评估，并公布评估结果。

福州市人民政府办公厅

2016年6月22日

2016 年政务公开工作主要任务分解表

工作任务	牵头单位	责任单位	工作要求
一、围绕深化改革推进公开			
（一）进一步推进权力清单和责任清单公开			
1. 全面公开市级政府工作部门权力清单和责任清单	市编办（市审改办） 市行政服务中心管委会市政府法制办	市直各部门、各单位，各县（市）区、自贸区福州片区管委会	通过政府门户网站集中展示，及时动态更新。
2. 推动县级政府工作部门及试点乡镇政府全面公开权力清单和责任清单			
3. 政府工作部门取消、下放、保留行政审批、职业资格等事项的公开			重点公开保留的行政许可事项清单、中介服务事项清单。
（二）推进市场监管公开透明			
4. 依法公开随机抽查事项清单	市市场监管局	市直各部门、各单位，各县（市）区	明确抽查依据、主体、内容、方式，及时公布抽查结果和查处情况。
5. 推进监管执法信息公开		市住房保障和房产管理局、市市场监管局、市旅游局、市科技局、市安监局，各县（市）区	推进保障性住房、产品质量、旅游市场、知识产权、安全生产等方面的监管执法信息公开，公开监管执法的依据、内容、标准、程序和结果。
6. 推进企业信用信息公示系统建设		市直各相关部门，各县（市）区	通过系统归集并公示对企业做出的行政许可、行政处罚、抽查检查和企业严重违法失信等信息。
7. 做好各级政府网站与“信用中国”网站的连接工作	市发改委	市数字办，各县（市）区	推动信用信息互联共享。
（三）推动政务服务公开			
8. 推进“互联网＋政务”	市编办（市审改办）市行政服务中心管委会市数字办	市直各部门、各单位，各县（市）区	推动政务服务事项办理由实体政务大厅向网上办事大厅延伸，逐步实现服务事项在线咨询、网上办理、电子监察。
9. 推进公共企事业单位办事公开		各行业主管部门，各县（市）区	制定完善具体办法，组织编制公共服务事项目录、指南。
10. 推进面向转移落户人员的服务公开		市公安局会同市人社局、市卫计委、市教育局等相关部门，各县（市）区	及时公开户口迁移政策，公开居住证相关信息。
二、围绕促进经济发展推进公开			
（一）进一步推进经济社会政策公开透明			
11. 加大稳增长、促改革、调结构、惠民生、防风险等方面的政策公开力度	市发改委市经信委	市直各部门，各县（市）区	及时公布支持“双创”、培育发展新动能、改造提升传统动能、深挖内需潜力、优化产业结构、扩大对外开放等方面的政策措施。对公开的重大政策要分专题梳理汇总，通过在政府网站开设专栏、设立微博微信专题、出版政策及解读汇编等方式集中发布。
（二）推进市场准入负面清单公开			

续表

工作任务	牵头单位	责任单位	工作要求
12. 做好市场准入负面清单试点情况的公开工作	市发改委 市商务局	各县（市）区，自贸区福州片区管委会	公开市场准入负面清单试点内容，及时向社会公开市场准入负面清单的调整事项、依据和结果。
（三）推进政府投资的重大建设项目信息公开			
13. 做好项目审批、核准、备案、实施等信息的公开	市发改委	市直各相关部门，各县（市）区	加大在线监测、项目稽查、执法检查等执法信息的公开力度。研究起草相关指导意见，明确公开的范围、程序、标准等。
14. 推动政府和社会资本合作（PPP）项目的信息公开	市财政局 市发改委	市直各相关部门，各县（市）区	公开政府和社会资本参与方式、回报机制、项目实施情况等。
（四）推进公共资源配置领域信息公开			
15. 推动各级公共资源交易平台透明运行	市行政服务中心管委会	市公共资源交易中心，各县（市）区	依法公开交易公告、资格审查信息、成交信息、履约信息及有关变更信息等。
（五）推进减税降费信息公开			
16. 加大对支持小微企业、促进就业创业、兼并重组等方面的税收优惠和减免政策公开力度	市财政局 市国税局 市地税局	市直各部门、各单位，各县（市）区	充分发挥新媒体的主动推送功能，提高政策知晓度和传播率。
17. 实行收费目录清单管理	市发改委（市物价局） 市财政局	市直各部门、各单位，各县（市）区，自贸区福州片区管委会	公布行政事业性收费、政府性基金以及实施政府定价或指导价的经营服务性收费目录清单；公开对清单之外乱收费、乱摊派等行为的查处结果；具体执收单位要在收费场所公示收费文件依据。
（六）推进国有企业运营监管信息公开			
18. 公开国有资本整体运营情况、企业国有资产保值增值及经营业绩考核有关情况、国有资产监管制度和监督检查情况等	市国资委 市财政局	市直各相关部门，各县（市）区	
19. 推动国有企业改制重组、产权交易、增资扩股等方面的信息公开和结果公示			
20. 及时公开国有企业改革重组、公司治理及管理架构、财务状况、重要人事变动等信息			
三、围绕民生改善推进公开			
（一）推进扶贫工作信息公开			
21. 围绕实施精准扶贫、精准脱贫，加大扶贫政策、扶贫成效、贫困退出、扶贫资金、项目安排等信息公开力度	市农业局（市委农办）	市直各部门、各单位，各县（市）区	公开年度减贫责任书、建档立卡贫困人口脱贫计划、精准扶贫专项行动和专项工程信息及落实情况。
22. 贫困地区要建立扶贫公告公示制度			确保扶贫对象看得到、看得懂、能监督。
23. 指导督促相关社会组织全面及时公开扶贫捐赠信息	市民政局	各县（市）区	提高社会组织透明度和公信力。

续表

工　作　任　务	牵头单位	责　任　单　位	工　作　要　求
（二）推进社会救助信息公开			
24. 进一步增强城乡低保、特困人员救助供养、医疗救助、临时救助等信息公开的针对性和有效性	市民政局	各县（市）区	重点公开城乡低保对象人数、特困人员人数、低保标准、补助水平、资金支出等情况；医疗救助对象的人次数、资金支出情况；临时救助对象的人次数、救助水平、资金支出等情况。
25. 做好减灾救灾信息公开			定期发布全市核定灾情、救灾工作进展、救灾资金物资调拨使用等情况。
（三）推进就业创业信息公开			
26. 加大促进就业创业政策、措施的公开力度	市人社局	各县（市）区	推动公开相关补贴申领条件、申领程序等信息公开，加强面向农村劳动力、就业困难人员、高校毕业生等就业专项活动的公开工作。
27. 及时公开就业供求信息	市人社局	市直各部门、各单位，各县（市）区	做好行政机关、国有企事业单位人员招录信息和人力资源市场供求信息的发布工作，扩大就业信息服务的受众面。
（四）推进棚户区改造、农村危房改造和保障性住房信息公开			
28. 做好棚户区改造政策及相关任务完成情况信息公开	市住房保障和房产管理局	各县（市）区	主动发布和准确解读政策措施，积极引导棚户区居民参与改造。
29. 强化农村危房改造政策、对象认定过程、补助资金分配、改造结果公开	市建委	各县（市）区	提高工作的精准化水平。
30. 推进保障性住房分配和退出信息公开	市住房保障和房产管理局	各县（市）区	
31. 定期公开住房公积金年度报告	福州住房公积金管理中心	各县（市）区	
（五）推进环境保护信息公开			
32. 加大空气质量预测预报信息公开力度	市环保局	市卫计委、市水利局，各县（市）区	细化公开空气质量预报、城市空气质量指数范围、空气质量级别及首要污染物、对人体健康的影响和建议措施等内容。
33. 推动集中式生活饮用水水源水质监测信息公开			自2016年起地级以上城市人民政府每季度应向社会公开饮用水水源、供水厂出水、用户水龙头水质等饮水安全状况。
34. 推进重点排污单位信息公开	市环保局	各县（市）区	重点排污单位应当依法向社会公开其产生的主要污染物名称、排放方式、排放浓度和总量、超标排放情况，以及污染防治设施的建设和运行情况。
35. 督导检查建设单位公开环评信息	市发改委 市环保局	各县（市）区	
（六）推进教育、卫生和食品药品安全信息公开			

续表

工作任务	牵头单位	责任单位	工作要求
36. 推进教育信息公开	市委教育工委 市教育局	市属各高等院校，各县（市）区	重点公开教育督导报告、义务教育均衡发展督导评估反馈意见；改善贫困地区义务教育薄弱学校基本办学条件工作进展和实施成效；推进义务教育招生意见、随迁子女入学办法公开。推动高校财务信息公开。
37. 推进医疗信息公开	市卫计委	各县（市）区	推动医疗机构院务公开，健全公开目录；依法定程序公开传染病疫情及防控信息。
38. 推进食品药品安全信息公开	市市场监管局	各县（市）区	做好食品安全标准信息公开；加强对食品安全标准的宣传和解读；做好食品药品监管信息、抽检抽验信息的公开工作，及时发布处罚信息、消费警示信息和产生重大影响的典型案件信息，积极回应社会关切。
四、围绕助力政府建设推进公开			
（一）积极推进决策公开			
39. 探索建立利益相关方、公众、专家、媒体等列席政府有关会议制度		市直各部门、各单位，各县（市）区	对社会关注度高的决策事项，除依法应当保密的外，在决策前应向社会公开相关信息，并及时反馈意见采纳情况。
40. 推进重大决策预公开		市直各部门、各单位，各县（市）区	
41. 推进医疗卫生、资源开发、环境保护、社会保障等重大民生决策事项民意调查制度		市直各部门、各单位，各县（市）区	
（二）推进政策执行和落实情况公开			
42. 围绕政府工作报告、发展规划提出的重要事项，实事求是公布进展和完成情况		市直各部门、各单位，各县（市）区	特别是市委、市政府部署的改革任务、民生举措，要细化公开执行措施、实施步骤、责任分工、监督方式等。
43. 加大对督查发现问题及整改落实、奖惩情况的公开力度		市直各部门、各单位，各县（市）区	
44. 深化审计结果公告及整改情况的公开	市审计局	各县（市）区	以公开推动审计查处问题的整改，促进重大政策措施有效落实。
（三）深入推进预决算公开			
45. 推进市、县两级使用财政资金的部门和单位预决算公开	市财政局	市直各部门、各单位，各县（市）区	公开内容包括本单位职责、机构设置、一般公共预算收支、政府性基金预算收支、机关运行经费等。除涉密信息外，部门预决算支出应当公开到功能分类项级科目，一般公共预算基本支出细化公开到经济分类款级科目。
46. 推进县、乡级部门和单位重点公开民生支出情况	市财政局	各县（市）区	公开教育、医疗卫生、社会保障和就业、住房保障、涉农补贴等情况，包括项目名称、预算规模、补助标准、发放程序、资金分配结果等。

续表

工 作 任 务	牵头单位	责 任 单 位	工 作 要 求
五、围绕扩大政务参与加强解读回应			
（一）主动做好政策解读			
47. 及时发布重要政策的解读		市直各部门、各单位，各县（市）区	出台重要政策，牵头起草部门应将文件和解读方案一并报批，相关解读材料应与文件同步在政府网站和媒体发布。
48. 各地区各部门主要负责人主动参与政策解读工作		市直各部门、各单位，各县（市）区	对涉及面广、社会关注度高的法规政策和重大措施，各地区各部门主要负责人应通过参加新闻发布会、接受访谈、发表文章的方式带头宣讲政策，传递权威信息。各级政府、与宏观经济和民生关系密切的市直部门主要负责人，年内解读重要政策措施不少于1次。
49. 加强专家库建设		市直各部门、各单位，各县（市）区	为专家学者了解政策信息提供便利，更好发挥专家解读政策的作用。
50. 注重运用各级各类新闻媒体及时全面准确解读政策		市直各部门、各单位，各县（市）区	针对不同社会群体，采取不同传播策略，要重视发挥主流媒体及其新媒体“定向定调”作用。
（二）积极回应社会关切			
51. 组织做好政务舆情监测工作	市网信办 市公安局	各县（市）区	扩大舆情收集范围，及时了解各方关切，有针对性地做好回应工作。
52. 认真研判处置所涉及的重要政务舆情、媒体关切等热点问题		市直各部门、各单位，各县（市）区	及时借助媒体、网站等渠道发布准确权威信息，讲清事实真相、有关政策措施、处置结果等。
53. 做好重大突发事件处置	市应急办 市委宣传部（市政府新闻办）	市直各部门、各单位，各县（市）区	遇有重大突发事件，负责处置的地方和部门是信息发布第一责任人，主要负责人要当好“第一新闻发言人”，快速反应、及时发声。针对涉及突发事件的各种虚假不实信息，要迅速澄清事实，消除不良影响。特别重大、重大突发事件发生后，应在24小时内举行新闻发布会。
（三）更好发挥媒体作用			
54. 统筹运用媒体做好发布工作		市直各部门、各单位，各县（市）区	要善于运用媒体发布信息、解读政策，引领舆论、推动工作。
55. 及时报道政策解读		市直各部门、各单位，各县（市）区	重要信息、重大政策发布后，要注重运用主流媒体及其新媒体在重要版面、重要位置、重要时段及时报道解读。出台重大决策部署，要通过主动向媒体提供素材，召开媒体通气会，推荐相关专家学者接受访谈等方式做好发布解读工作。
56. 畅通媒体采访渠道		市直各部门、各单位，各县（市）区	创造条件安排主流媒体及其新媒体负责人列席有关重要决策会议。
六、围绕增强公开实效加强能力建设			

续表

工 作 任 务	牵头单位	责 任 单 位	工 作 要 求
（一）提高政务公开工作制度化标准化水平			
57. 推进政府信息主动公开基本目录建设		市直各部门、各单位，各县（市）区、自贸区福州片区管委会	进一步明确重点领域、重点行业公开的主体、内容、时限、方式等，提升主动公开的规范化水平。
58. 积极做好政府规章和政策性文件清理结果公开	市政府法制办	市直各部门、各单位，各县（市）区	
59. 加强对规范性文件公开的审查		市直各部门、各单位，各县（市）区、自贸区福州片区管委会	定期对不公开的政府信息进行评审，确保应公开尽公开。
60. 严格执行保密审查制度		市直各部门、各单位，各县（市）区、自贸区福州片区管委会	进一步完善各单位政府信息公开保密审查制度，对拟公开的政府信息依法依规做好保密审查。
（二）提高政务公开工作信息化集中化水平			
61. 充分发挥门户网站信息公开第一平台作用		市直各部门、各单位，各县（市）区、自贸区福州片区管委会	增强政府网站发布信息、解读政策、回应关切、引导舆论的功能。加强政府网站数据库建设，完善查询功能，提升公开信息集中度，强化与新闻网站、商业网站的联动。
62. 办好政府公报		市政府公报室	着力提升规章、规范性文件的发布质量和时效，做好网站发布工作，充分发挥标准文本的指导和服务作用。
63. 增进与公众互动交流	市“智慧福州”管理服务中心 市数字办	市直各部门、各单位，各县（市）区	加强政府热线电话管理，开展政府开放日、网络问政等活动。
64. 加强政府信息查阅场所工作	市档案局 市文广新局	市直各部门、各单位，各县（市）区	继续推进主动公开信息送交档案馆、图书馆工作，各级各部门按照规范化要求做好政府信息送交工作。市、县（市）区档案馆、图书馆规范建设政府信息查阅场所，开展信息查阅服务。制定政府信息公共查阅场所管理办法。
（三）提高政务公开队伍专业化理论化水平			
65. 轮训政务公开工作人员	市人社局	市直各部门、各单位，各县（市）区、自贸区福州片区管委会	要围绕3年内对政务公开工作人员轮训一遍的要求，制定业务培训计划，精心安排培训科目和内容，分级分层组织实施。
66. 政务公开工作人员要加强政策理论学习和业务研究		市直各部门、各单位，各县（市）区、自贸区福州片区管委会	政务公开工作人员要准确把握政策精神，增强专业素养，强化公开理念，提高指导、推进政务公开工作的能力和水平。

【发文机关】福州市人民政府办公厅

【标　　题】福州市人民政府办公厅关于印发2016年政务公开工作主要任务分解表的通知

【发文字号】榕政办〔2016〕104号

【发布日期】2016年6月22日

厦门市人民政府关于深入推进依法行政加强和改进行政应诉工作的意见

各区人民政府，市直各委、办、局，各开发区管委会：

为贯彻落实党的十八大、十八届三中、四中全会精神和《中共中央、国务院关于印发〈法治政府建设实施纲要（2015—2020年）〉的通知》（中发〔2015〕36号）、《国务院办公厅关于加强和改进行政应诉工作的意见》（国办发〔2016〕54号）等文件要求，严格依法规范行政执法行为，加强和改进行政应诉工作，有效预防和化解行政争议，为我市经济社会健康发展提供良好法治保障，现就进一步深入推进依法行政、加强和改进行政应诉工作提出如下意见：

一、进一步增强依法行政意识，加快推进法治政府建设。

各级行政机关要切实加强组织领导，将依法行政的各项要求落实到日常工作之中，着力强化行政机关工作人员依法行政的意识，增强运用法治思维和法治方式解决问题、化解矛盾的能力，提高源头治理能力。要正确认识和处理好公平与效率以及促进经济发展、维护社会稳定与坚持依法行政的辩证统一关系，防止出现以提高行政效率为由违法行政，或者以侵害行政相对人合法权益为代价片面追求行政目标。行政机关工作人员在行政执法中，要教育为先，引导行政相对人合法表达利益诉求，增强执法人文关怀，切实保障行政相对人的合法权益，防止执法方式不当导致矛盾升级。要坚持强制与柔性并用、教育与处罚结合、管理与服务并重、处理与疏导同行，实现法律效果与社会效果的统一，从源头上防止和减少行政争议，促进社会和谐稳定。要健全和落实依法决策机制，切实推进行政决策的科学化、民主化、法治化，明确决策主体、决策事项范围、决策程序和决策责任追究，切实将公众参与、专家论证、风险评估、合法性审查和集体研究作为重大行政决策的必经程序。要认真贯彻落实《中共中央办公厅、国务院办公厅印发〈关于推行法律顾问制度和公职律师公司律师制度的意见〉的通知》（中办发〔2016〕30号）和《中共福建省委、福建省人民政府关于印发〈全面推行政府法律顾问制度的指导意见〉的通知》（闽委发〔2016〕10号）要求，全面推行政府法律顾问制度，市、区政府和市政府工作部门在2016年底前要依托本单位负责法制工作的机构（以下简称法制机构）建立和实行政府法律顾问制度，完善以法制机构为主体、吸收法律专家和律师参加的法律顾问队伍。要进一步加强法制机构建设，充实法制机构力量，使法制机构在政府法律顾问工作中发挥主体作用。要健全完善相关工作机制和配套制度，保证政府法律顾问在制定重大行政决策和推进依法行政中有效发挥参谋、助手作用。要全面清理规范性文件，确保抽象行政行为合法有效。2016年在全市开展规范性文件清理工作，将文件清理与促进政府依法履职相结合，保证行政机关制定的规范性文件依据合法、程序合法、内容合法，从制度建设的源头上保障依法行政。要健全和完善多元化行政争议化解机制，认真贯彻落实《厦门经济特区多元化纠纷解决机制促进条例》和《厦门市行政调解程序规定》，积极通过调解、仲裁、行政裁决、行政复议、行政诉讼等有机衔接、互相协调，实现诉讼与非诉讼、行政调解与司法调解、行政手段与司法手段优势互补，形成化解行政争议的合力，努力把行政争议化解在基层、化解在初发阶段、化解在行政程序中。

二、全面履行政府职能，严格规范行政行为。

要按照“法定职责必须为、法无授权不可为”的要求，遵循合法行政、合理行政、程序正当、高效便民、诚实守信、权责统一的原则，推行权力清单、责任清单等制度，严格依照法律、法规、规章所明确的权限行使权力，全面、正确、及时履行法定职责，坚决纠正不履行法定职权、不按规定履行法定职权等不作为、乱作为现象。要强化程序意识，严格行政执法程序，确实保障程序正当、过程公开。在实施行政执法行为时，要严格按照法定的执法方式、步骤、措施和时限进行。要充分听取行政相对人的意见，切实保障行政相对人的知情权、参与权、陈述权和申辩权。要依照法定程序，全面、客观、公正地调查、收集证据，完善调取证据、证据审核、证据排除、证据保管使用等相关程序制度。要健全行政执法告知、罚没收入管理制度，让权力在阳光下运行。要加强对行政裁量权行使的规范管理，进一步健全行政裁量权基准制度，规范裁量范围、种类、幅度，科学合理细化、量化行政裁量权，完善适用规则，严格对适用法律、法规等依据的审核，严格规范行政裁量权的行使，防止行政裁量的随意性，杜绝行政权力的滥用。要严格执行重大执法决定法制审核制度，未经法制审核或者审核未通过的，不得作出决定。要高度重视政府信息公开工作，严格按照《政府信息公开条例》的规定做好政府信息主动公开和依申请公开，加强政府信息公开工作机制建设，建立健全政府信息公开各个程序环节的工作制度，及时研究解决政府信息公开工作中反映出来的问题，杜绝不予答复、超期答复、不规范答复、选择性答复等情况。

三、落实行政执法责任，强化行政执法监督。

要根据本部门的权力清单和责任清单及行使职权的法定依据、权限和程序，确定岗位执法人员的执法责任，建立常态化的责任追究机制；按照《厦门市行政执法责任制规定》的要求，落实行政执法责任制。要加强行政机关内部监督，对权力集中的部门和岗位实行分事行权、分岗设权、分级授权，定期轮岗，强化内部流程控制，防止权力滥用。要加强行政机关的层级监督和专门监督，落实依法行政的绩效考核，深化“马上就办”，加强效能监督，主动接受司法监督，对司法机关依法发出的《司法建议书》《检察建议书》《纠正违法通知书》指出的问题，要认真研究，落实整改，及时反馈，推动行政机关不断改进和完善执法方式，严格规范公正文明执法。

四、加强行政应诉工作，切实提高行政应诉能力。

要全面贯彻落实《国务院办公厅关于加强和改进行政应诉工作的意见》，从协调推进“四个全面”战略布局的高度，充分认识做好行政应诉工作对于依法及时有效化解社会矛盾纠纷、规范行政行为、加强政府自身建设的重要意义。要加强对行政应诉工作的组织领导，将加强和改进行政应诉工作提上重要议事日程，行政机关主要负责人对本单位的行政应诉案件要亲自过问，重要和复杂案件要组织集体研究，认真做好答辩、举证工作，积极应诉。要支持人民法院依法受理和审理行政案件，积极履行人民法院生效裁判。要明确行政应诉工作职责分工，强化被诉行政行为承办机关或者机构的行政应诉责任，同时发挥法制机构在行政应诉工作中的组织、协调、指导作用。行政复议机关和作出原具体行政行为的行政机关为共同被告的，由作出原具体行政行为的行政机关对原具体行政行为实施举证和答辩。要依法履行出庭应诉职责，行政机关负责人在行政诉讼中出庭应诉是法定义务，被诉行政机关负责人要依法履行应诉职责，积极出庭应诉。确实不能出庭应诉的，应当委托相关工作人员出庭应诉，不能仅委托律师出庭。对涉及重大公共利益、社会高度关注或者可能引发群体性事件等案件以及人民法院书面建议行政机关负责人出庭的案件，被诉行政机关负责人应当出庭。要加强行政应诉能力建设，严格按照《行政诉讼法》规定，建立和落实行政应诉工作制度，规范行政应诉工作程序，加强行政应诉工作力量，合理安排工作人员，确保行政应诉力量与工作任务相适应。要强化行政机关工作人员的业务学习和培训，通过集中培训、旁听庭审和案例研讨等活动，提高行政应诉能力。

要加强行政应诉工作考核，将行政机关出庭应诉、支持人民法院受理和审理行政案件、司法建议反馈、执行人民法院生效裁判以及行政应诉能力建设情况纳入依法行政考核体系。要严格落实行政应诉责任追究制度，对于行政机关干预、阻碍人民法院依法受理和审理行政案件，无正当理由拒不到庭或者未经法庭许可中途退庭，被诉行政机关负责人不出庭应诉也不委托相应的工作人员出庭，拒不履行人民法院对行政案件的判决、裁定或者调解书的，由任免机关或者监察机关依照《行政诉讼法》《行政机关公务员处分条例》《领导干部干预司法活动、插手具体案件处理的记录、通报和责任追究规定》等规定，对相关责任人员严肃处理。要进一步加强行政复议工作，做好行政复议规范化建设，加强行政复议队伍建设，提高行政复议办案质量，增强行政复议的专业性、透明度和公信力，充分发挥行政复议化解行政争议的重要作用。要加强依法行政与行政审判的良性互动机制建设，适应新修订的《行政诉讼法》和《福建省高级人民法院关于部分行政案件实行跨行政区划管辖的公告》要求，创新府院联席会议机制。加强与厦门市、区两级法院及漳州市中级人民法院的良性互动，建立行政审判和行政应诉联络工作机制，做好与法院的工作对接和信息的沟通交流，探索行政案件异地管辖行政争议化解机制，及时协调、化解行政争议，促进行政机关依法行政。

五、强化保障措施，促进行政执法及行政应诉工作有效开展。

全市各级行政机关要进一步加强行政能力建设，建立健全培训制度，强化对工作人员的法律培训和教育；邀请专家或法律顾问定期或不定期开展有针对性的业务培训和工作指导，夯实行政机关依法行政基础。要强化问题导向，定期对本单位行政执法和行政应诉工作进行总结分析，查找问题，改进工作，对在行政复议和行政诉讼中的败诉案件要重点查找和分析原因，总结教训，落实整改措施。要建立健全行政执法和行政应诉工作制度，强化行政执法人员执法证件管理，2016年在全市开展行政执法证件清理工作，严格行政执法人员执法资格审查。要切实保障行政执法和行政应诉工作经费、装备和其他必要的工作条件，保障行政执法及行政应诉工作顺利开展。

厦门市人民政府

2016年8月25日

【发文机关】厦门市人民政府

【标　　题】厦门市人民政府关于深入推进依法行政加强和改进行政应诉工作的意见

【发文字号】厦府〔2016〕267号

【发布日期】2016年8月25日

漳州市人民政府办公室关于印发《闽南文化生态保护区总体规划》漳州市实施方案的通知

各县（市、区）人民政府，漳州、常山、古雷开发区管委会，漳州台商投资区、漳州高新区管委会，市直各单位：

《闽南文化生态保护区总体规划》漳州市实施方案已经市委、市政府研究同意，现印发给你们，请认真组织实施。

漳州市人民政府办公室
2016年4月15日

《闽南文化生态保护区总体规划》漳州市实施方案

闽南文化是秦汉晋唐期间南迁汉人携带来的中原文化在福建东南沿海特殊的地理环境中与闽越、闽南本土文化多次融合，宋元明清以来在与异域经济文化交流和向外拓展中吸收了东南亚、阿拉伯、西方等外来优秀文化因素而形成的农耕文化与海洋文化交织的闽南民系文化，是历代闽南人创造出来的精神文明与物质文明的总和，是中华文化的重要组成部分。

2014年5月，省政府正式批准公布《闽南文化生态保护区总体规划》（以下简称《规划》），是引导和推进闽南文化生态保护区建设、制定闽南文化生态保护区相关政策和安排重点项目投资建设的重要依据。漳州市是规划范围内三个行政区之一，其所涵盖的文化包括区域内的闽南文化、朱子文化、客家文化、疍民文化、侨乡文化、畲族及高山族等少数民族文化。按照《规划》的要求，结合漳州实际，制定本方案。

一、指导思想和基本方针

（一）指导思想

以马克思列宁主义、毛泽东思想、邓小平理论、“三个代表”重要思想、科学发展观为指导，深入贯彻习近平总书记系列重要讲话精神，着力深化改革，加大文化遗产保护力度，构建科学有效的文化遗产保护体系，提高全社会文化遗产保护意识，充分发挥文化遗产在传承中华文化、提高人民群众思想道德素质和科学文化素质、推进两岸文化交流与合作、增强民族凝聚力、促进社会主义先进文化建设和构建社会主义和谐社会中的重要作用。

（二）基本方针

以法治思维和法治方式，推动文化生态保护工作。非物质文化遗产保护要贯彻“保护为主、抢救第一、合理利用、传承发展”的方针；物质文化遗产保护要贯彻“保护为主、抢救第一、合理利用、加强管理”的方针。坚持保护文化遗产的真实性和完整性，坚持依法和科学保护，正确处理经济社会发展与文化遗产保护的关系，统筹规划、分类指导、突出重点、分步实施。

二、建设目标

（一）总体目标

建设一批有利于文化遗产保护的基础设施，改善文化遗产保存、保护的环境，濒危和重要的文化遗产以及一批传承人得到有效的保护，全社会文化遗产保护意识不断提高；建立一套科学化、规范化、法制化、网络化的文化生态保护体制和运行机制；整体有效保护非物质文化遗产，维护文化遗产与人文环境、自然环境的文化生态平衡；培养高度的文化自觉和文化自信，提高全社会的文化素质，促进人的全面发展；发挥祖地文化优势，深入开展海峡两岸文化交流，不断增强闽南文化认同感，建设两岸文化交流重要基地和共有精神家园；按照“创新、协调、绿色、开放、共享”的要求，传承闽南文化优良品质，弘扬闽南文化精神，推进我市经济建设、政治建设、文化建设、社会建设、生态文明建设和党的建设全面协调可持续发展。

（二）主要指标

1. 完善国家、省、市、县（区）四级非物质文化遗产代表性项目名录体系。有效保护全市（六批次）市级以上 107 项非遗项目（见附件 1），其中 2 项列入联合国教科文组织人类非物质文化遗产代表作名录、16 项列入国家级名录、51 项列入省级名录。加大非物质文化遗产项目挖掘力度，有效保护好新增的各级非物质文化遗产代表性项目，力争更多项目列入联合国、国家级非物质文化遗产代表性项目名录。

2. 健全各级非物质文化遗产项目代表性传承人保护机制，有效保护市级以上非遗项目代表性传承人 129 人（见附件 2），其中 11 个国家级代表性传承人、50 个省级代表性传承人；有效保护好新增的各级非物质文化遗产项目代表性传承人；扶持和推进《规划》中漳州市第一批传承传习、展览展示设施的建设项目（见附件 3）。

3. 推进“五馆一歌”（博物馆、艺术馆、图书馆、科技馆、规划馆、歌剧院）和闽南文化（漳州）展示中心、闽南文化生态走廊建设。做好《规划》中漳州市第一批整体性保护重点区域建设（见附件 4），不断探索整体保护方法，全面推进文化生态整体性保护工作。

4. 做好《规划》中漳州市第一批对台对外非物质文化遗产交流活动（见附件 5），不断挖掘、培养新项目，广泛开展与台湾、港澳地区和世界各国的文化交流活动，扩大闽南文化的影响力。

5. 加大力度扶持一批生产性保护项目，传承传统手工技艺，努力实现非物质文化遗产项目的社会效益和经济效益，促进非物质文化遗产保护与经济社会协调发展的良性互动。

6. 开展学校教育传承活动，鼓励中小学校开设乡土教育课程，职业技术（艺术）院校对学生进行有关非物质文化遗产代表性项目教学传习，高校培养文化遗产保护、传承、研究的专业人才，构建幼儿园、小学、中学、职业院校、高等院校阶梯式的非物质文化遗产教育传承体系。

7. 鼓励新闻出版、广播电视、互联网等媒体宣传文化遗产，发挥公共博物馆、图书馆、文化馆、纪念馆、美术馆、非物质文化遗产展示馆的宣传教育作用，搞好文化遗产日的展示宣传活动，提高文化自觉意识，增强文化自信心，营造有利于文化遗产保存、生存、传承、发展的良好社会环境。

8. 发挥高校和社会有关团体的学术力量，开展闽南文化、文化生态保护区建设、政策法规等研究，构建一套与实践紧密结合的文化生态保护理论体系。

9. 建设“东南西北中”五大景观区域、世界级（国家级）非遗项目专题展示馆、整体性保护区域展示馆、非物质文化遗产代表性项目传习所，为非遗展示、传承活动提供物质载体。

10. 建立《漳州文库》。研究弘扬历代乡贤对漳州闽南文化内涵及外延的深化与拓展；抢救保护一批珍稀古代地方志、乡贤诗文集、金石拓片和民间文书等地方文献；撰写漳州文化研究学术著作。

11. 确定一批漳州市文化遗产保护和利用建设储备项目。推进漳州“海上丝绸之路”申遗工作，开展遗址本体保护展示、环境整治等方面工作，争取“海丝”申遗成功；对全市 17 个文化遗产的周边环境进行整理利用；全面实施“五古丰登”行动规划，重点做好漳州古城、龙海镇海卫、田螺坑土楼群等 22 个“五古丰登”重要支撑项目的保护利用，挖掘五古文化，提升闽南文化，传承朱子文化，丰富台海文化，保护海丝文化，重点保护好古厝、古桥、古街、古树、古牌坊等历史文化资源；建设 5 个综合非遗展示馆及专题展示中心，更好地传承和弘扬漳州的历史文化，让人们记得住乡愁。（见附件 6）

（三）主要对象

1. 闽南文化生态保护区所保护的核心对象为

其划定区域范围内的各级非物质文化遗产代表性项目以及代表性传承人。

2. 保护区内涉及文物、历史文化名城（街区）、名镇（乡）、名村以及传统村落、特色旅游名镇、名村、自然保护区、风景名胜区等。（见附件7）

三、实施内容

实施方案从2015年至2025年，分近期（2016年）、中期（2017年—2020年）、远期（2021年—2025年）三个阶段实施。

（一）近期（2016年）

1. 推进“五馆一歌”和闽南文化生态走廊建设。

2. 建设闽南文化（漳州）展示中心。

3. 建立完善的四级非物质文化遗产代表性项目名录体系、非物质文化遗产项目代表性传承人体系和保护机制，力争更多列入国家级非物质文化遗产代表性项目名录。

4. 采取措施及时抢救一批濒危非物质文化遗产项目。（见附件8）

5. 做好《规划》中漳州市第一批两岸文化交流项目，深入开展两岸“村对村”“宫庙对宫庙”对接，不断挖掘文化内涵，深化两岸文化交流合作。

6. 进行社会宣传教育，特别是对青少年进行教育，继续推进非物质文化遗产进校园、进课堂、进教材活动，提高青少年文化遗产保护意识；各高校继续招收、培养出一批非物质文化遗产研究、保护的紧缺人才。

7. 漳州市闽南文化研究机构和单位积极组织开展与厦门、泉州闽南文化生态保护机构和台湾文化遗产保护机构的交流活动；举办文化生态保护研讨会，出版丛书与著作。（见附件9）

8. 建设闽南（漳州）文化生态保护区非物质文化遗产数据库。

9. 整理收集一批地方文献资料，保护和利用一批文化遗产。

10. 实施漳州古城保护利用一期工程。

（二）中期（2017年—2020年）

1. 完成漳州市闽南文化生态文化遗产综合性展示馆建设。

2. 建设国家级非物质文化遗产代表性项目的专题展示馆。推进各个县（区）综合性展示馆、专题传习中心建设。

3. 整治整体性保护重点区域的周边环境。修复和保护10个漳籍名人故居，（见附件10），保护一批漳州较负盛名的名山石刻（见附件11）。保护与非物质文化遗产相关的实物和场所，保护自然生态环境。

4. 全面开展传承活动，培育新的传承机构，继续指导、规范、扶持《规划》中漳州第一批传习中心，培养出一批新的传承人。

5. 全面开展整体性保护区域的保护工作，修复区域内的古建筑、古民居等；整体有效保护文化遗产、自然遗产；推进整体性保护区域的展示馆和基础设施建设；扶持培育新的整体性保护区域。

6. 继续巩固《规划》中漳州第一批对台文化交流活动，使之成为两岸具有影响力的重要文化品牌；继续挖掘、培育新的对台交流项目，扩大两岸非物质文化遗产交流范围。

7. 扶持生产性保护企业，树立典范，公布《规划》中漳州第一批非物质文化遗产生产性保护示范基地。（见附件12）

8. 继续推进非物质文化遗产进校园、进课堂、进教材活动，不断开展社会宣传教育，提高人民群众、特别是青少年文化遗产保护意识；继续培养非物质文化遗产研究和保护的专业人才。

9. 推进闽南文化生态保护区非物质文化遗产数据库建设。

10. 举办闽南文化生态保护区成果展、经验交流会、学术研讨会。

11. 继续推进漳州古城保护利用二期工程并全部完成。

（三）远期（2021年—2025年）

1. 实现闽南文化生态保护工作科学化、规范化、网络化、法制化。

2. 建立闽南（漳州）文化生态保护区管委会、实行党政领导双轨制，统筹资源，统一管理。

3. 建立起民间传承、专业传承、学校教育传承的传承体系，培育主要非物质文化遗产代表性项目传承人人才梯队。

4. 整体性保护区域的古建筑、古民居基本得到修复，非物质文化遗产项目、自然遗产得到有效保护。基础设施较为完善，每个整体性保护区域都有一个内容丰富的展示馆。

5. 更进一步促进两岸非物质文化遗产交流活动，文化交流日益密切，人员往来日益频繁，文化认同感日益增强。

6. 争创更多的省级以上的生产性保护示范基地，其中部分项目成为地方经济发展的支柱性产业。

7. 实现非物质文化遗产密集的县（区）有一个综合性展示馆、一个专题传习中心的目标，非物质文化遗产传承、展示的基础设施完备、功能齐全。

8. 拥有一支高素质的文化遗产研究、保护人才队伍。

9. 文化遗产保护成为人们的自觉行为，文化自信心明显提高，优秀传统文化精神融入现代生活，与现代文明相衔接，促进漳州经济、社会、政治、文化、生态文明建设全面协调可持续发展。

10. 实现闽南文化生态保护区非物质文化遗产数字资源库的共建、共通、共有、共享。各县（市、区）分级建立集工作推动、宣传数字和检索服务等诸多功能于一体的网络平台。

四、保障措施

（一）工作机制保障

1. 成立漳州市闽南文化生态保护区工作领导小组。领导小组由市政府分管领导任组长，成员由市直有关单位负责人及各县（市、区）政府、开发区（投资区）管委会领导组成（见附件13）。各县（市、区）、开发区（投资区）成立相应机构。

领导小组职能：定期召开联席会议，听取闽南文化生态保护区工作汇报，确定重大项目的实施；统筹协调有关工作；指导督查闽南文化生态保护区工作；指导执行闽南文化生态保护区有关管理办法和条例等。

2. 成立漳州市闽南文化生态保护区专家工作委员会（见附件14）。专家委员会由漳州市闽南文化生态保护区工作领导小组聘请的各学科有关专家学者组成，为闽南文化生态保护区建设提供智力支撑。专家工作委员会设在漳州市闽南文化生态保护中心。

专家委员会职能：组织闽南文化理论研讨，拓展理论研究的深度，深入调查研究，对闽南文化生态保护区工作提出指导性意见和建议；为闽南文化生态保护区工作所遇到的问题提供专业咨询；为闽南文化生态保护区有关工作人员进行教育和培训；对闽南文化生态保护区的工作进行评估及有关项目评审等。

3. 设立漳州市闽南文化生态保护区工作领导小组办公室。办公室设在市文广新局。

办公室工作职能：承担日常事务，组织实施闽南文化生态保护区工作操作层面事项，确保领导小组决定的执行；起草漳州市闽南文化生态保护区建设相关文件及会议议程；开展单位间、区域间协调与联络交流工作等。

（二）政策法规保障

以《中华人民共和国文物保护法》《中华人民共和国非物质文化遗产法》《国务院关于加强文化遗产保护的通知》等法律法规、上级文件为依据，贯彻执行省政府及上级文化行政部门已出台或将出台的闽南文化生态保护区各项管理办法：

1.《闽南文化生态保护区保护工作管理暂行条例》

2.《闽南文化生态保护区非物质文化遗产代表性项目保护与管理暂行办法》

3.《闽南文化生态保护区非物质文化遗产项目代表性传承人保护与管理暂行办法》

4.《闽南文化生态保护区非物质文化遗产传习中心管理暂行办法》

5.《闽南文化生态保护区整体性保护区域管理暂行办法》

6.《闽南文化生态保护区生产性示范基地管理暂行办法》

7.《闽南文化生态保护区专项资金使用管理暂行办法》

（三）经费保障

采取国家、省、市（含县〈市、区〉）财政拨款和民间筹集方式解决经费问题。经费用于非物质文化遗产代表性项目活动、传承人经费资助、传习中心活动、对台对外交流活动、整体性保护区域建设、人才队伍建设、数据库建设、基础设施建设、非物质文化遗产研究等。

1. 国家、省、市（含县〈市、区〉）财政投入比例为1:1:1。

2. 市政府设立闽南文化生态保护区建设专项资金，列入年度财政预算。

3. 闽南文化生态保护区所涉及的县（市、区）政府设立相应的专项资金，列入本级财政预算。

4. 通过政策引导措施，鼓励个人、企业和社会组织对文化生态保护区建设予以资助，多渠道吸纳社会资金投入。资金的募集、使用和管理，依照国家有关法律、行政法规和部门规章等相关规定执行。

（四）人才保障

1. 继续发挥闽南师范大学闽南文化研究院、中共漳州市委党校漳台关系研究所、漳州职业技术学院闽南（漳州）文化研究所、漳州城市职业学院黄道周研究室等高校科研力量，设立开拓闽南文化相关学科，设置非物质文化遗产保护相关专业，加快培养一批文化遗产保护的高层次人才。

2. 定期举行文化生态保护区从业人员的专业培训工作，进行普查知识、文化遗产保护理论、文化生态理论、法律法规、地方文化、管理方法等培训，提高文化遗产保护专业人员的业务能力和工作能力。

3. 组织专业人员到国内各保护区以及台湾、港、澳地区参观交流，开展各种经验交流研讨会，总结实践经验，探索文化生态保护规律，提升保护区从业人员文化生态保护理论和工作水平。

4. 建设“闽南文化保护志愿者”队伍，参与闽南文化保护工作的宣传、保护、传承等。

5. 重视文化经营管理人才的培养，以产业支撑，推动文化遗产保护和文化发展繁荣。

附件：1. 漳州市市级以上非物质文化遗产代表性项目名录

2. 漳州市市级以上非物质文化遗产项目代表性传承人名单

3. 漳州市第一批传承传习、展览展示设施建设项目名单

4. 漳州市第一批整体性保护重点区域（略）

5. 漳州市主要对台对外文化交流活动项目（略）

6. 漳州市文化遗产保护和利用建设储备项目一览表（略）

7. 保护区内涉及文物、历史文化名城（街区）、名镇（乡）、名村以及自然保护区、风景名胜区名单（略）

8. 漳州市主要濒危非物质文化遗产代表性项目名录（略）

9. 研究机构（单位）与出版丛书（著作）计划（略）

10. 漳州名人遗迹、故居保护一览表（略）

11. 漳州名山石刻保护一览表（略）

12. 漳州市主要非物质文化遗产生产性保护示范基地（略）

13. 漳州市闽南文化生态保护区工作领导小组成员名单（略）

14. 漳州市闽南文化生态保护区专家工作委员会名单（略）

附件1

漳州市市级以上非物质文化遗产代表性项目名录

序号	项目名称	项目类别
1	漳州木版年画	传统美术
2	漳州布袋木偶戏（市直）（漳浦）	传统戏剧
3	漳州木偶头雕刻	传统技艺
4	锦歌	曲艺
5	歌仔戏（芗剧）（市直）（漳浦）（南靖）	传统戏剧
6	东山歌册	曲艺

续表

序号	项目名称	项目类别
7	高山族拉手舞	传统舞蹈
8	漳州蔡福美传统制鼓技艺	传统技艺
9	漳州八宝印泥	传统技艺
10	漳浦剪纸	传统美术
11	保生大帝信俗（龙海）（平和）	民俗
12	漳州片仔癀制作技艺	传统医药
13	浦南古傩	传统舞蹈
14	潮剧（云霄）（东山）（平和）	传统戏剧
15	客家土楼营造技艺	传统技艺
16	三平祖师信俗	民俗
17	福建客家山歌（漳州南靖田螺坑客家山歌）	传统音乐
18	南靖四平锣鼓乐	传统音乐
19	诏安铁枝戏	传统戏剧
20	南靖竹马戏	传统戏剧
21	华安玉雕	传统技艺
22	东山关公信仰习俗	民俗
23	云霄开漳圣王巡安民俗	民俗
24	东山南音	传统音乐
25	漳州南词	曲艺
26	东山剪瓷雕工艺	传统技艺
27	东山宋金枣传统制作工艺	传统医药
28	黄金漆画（东山）（云霄）	传统技艺
29	岩溪珪塘祭祀民俗	民俗
30	闽台玉二妈信仰民俗	民俗
31	闽台乞龟民俗	民俗
32	铁枝木偶戏	传统戏剧
33	漳州哪吒鼓乐	传统音乐
34	漳台大鼓凉伞舞	传统舞蹈
35	漳窑（米黄色瓷）传统制作技艺	传统技艺
36	漳绣技艺	传统技艺
37	仙草制作技艺	传统技艺
38	东山海船钉造技术	传统技艺
39	东山肖米（烧卖）制作技艺	传统技艺
40	东山金木雕技艺	传统技艺
41	东山海柳雕技艺	传统技艺
42	诏安黄金兴（咸金枣、宋陈咸橄榄、梅灵丹）传统制作技艺	传统技艺

续表

序号	项目名称	项目类别
43	华安畲家民歌	传统音乐
44	漳州太祖拳青龙阵	传统体育
45	彩扎（诏安彩扎技艺）	传统美术
46	剪瓷雕工艺（诏安）	传统技艺
47	漳州水仙花雕刻技艺（龙海）	传统技艺
48	长泰明姜制作技艺	传统技艺
49	山重赛大猪祈丰年	民俗
50	灯谜（芗城）（诏安）	民间文学
51	妈祖信俗（漳浦）	民俗
52	竹马戏	传统戏剧
53	林前伽蓝药王巡社	民俗
54	洋西山北“拾福分”	民俗
55	檀林（威惠庙）请祖	民俗
56	高山族（排湾族落）服饰	民俗
57	南靖土楼闽南山歌	传统音乐
58	南靖提线木偶戏	传统戏剧
59	常春岩戏钹（龙海、漳浦）	杂技和竞技
60	龙海宋江九州八卦阵	杂技和竞技
61	东山和尚戏（香花僧）	民俗
62	华安土楼民俗	民俗
63	云霄三山国王走溪	民俗
64	龙文檀林食福习俗	民俗
65	漳州水仙花传说	民间文学
66	漳浦大车鼓	曲艺
67	东美香脯糕制作技艺	传统技艺
68	漳州龙舟钉造技艺	传统技艺
69	紫泥北岸篮编制技艺	传统技艺
70	漳州瓷器（龙海素三彩瓷）烧制技艺	传统技艺
71	漳州瓷器（平和青花瓷）烧制技艺	传统技艺
72	漳州龙舟赛（扒龙舟）（龙海、漳浦）	传统体育
73	海澄双糕润制作技艺	传统技艺
74	枋洋豆签制作技艺	传统技艺
75	浮宫杨梅腌制技艺	传统技艺
76	平和白芽奇兰茶制作工艺	传统技艺
77	白眉凉茶	传统医药
78	洪塘磕尪习俗	民俗

续表

序号	项目名称	项目类别
79	石码港口虎爷信俗	民俗
80	闽南抢孤习俗	民俗
81	漳州蜈蚣阵	民俗
82	漳州辇艺	民俗
83	岱仙岩信俗	民俗
84	漳州棉花画	传统美术
85	闽南龙船歌	传统音乐
86	独脚鹤拳	传统体育游艺与杂技
87	古琴传统制作技艺	传统技艺
88	闽南木雕制作工艺	传统技艺
89	火梨花传统手工技艺	传统技艺
90	平和龙艺扎制技艺	传统技艺
91	南胜麻枣制作技艺	传统技艺
92	漳州疍民习俗	民俗
93	高坑张圣君信俗	民俗
94	闽南成年礼	民俗
95	闽南穿灯脚习俗	民俗
96	古琴传统艺术（长泰）	传统音乐
97	南筝（诏安演奏技艺）	传统音乐
98	越南竹竿舞（南靖）	传统舞蹈
99	印尼风情歌舞（常山）	传统舞蹈
100	白水贡糖制作技艺	传统技艺
101	红曲酒酿造技艺（华安）	传统技艺
102	酱油酿造技艺（长泰）	传统技艺
103	漳州窑（红绿彩瓷）	传统技艺
104	戏曲头盔制作技艺（云霄）	传统技艺
105	闽台走水尪习俗	民俗
106	抢伯公习俗	民俗
107	圣侯巡安民俗	民俗

附件2

漳州市市级以上非物质文化遗产项目代表性传承人名单

类别	项目名称	传承人	级别
民间文学	灯谜（漳州）	庄荣坤　杨锦标	市级
传统音乐	南靖四平锣鼓乐	吴炎祥	省级
	漳州南靖田螺坑客家山歌	黄庭芳　王金才	省级
	东山南音	张福禄	省级
		杨桔平　刘修槐　卢炳全	市级
	南靖土楼闽南山歌	简良发	市级
传统舞蹈	高山族拉手舞	高建生　高荣华	省级
	浦南古傩	李春华	市级
传统戏剧	歌仔戏（芗剧）	吴兹明　郑秀琴	国家级
		郑娅玲　杨月霞　陈彬　张丹	省级
		蓝海滨　郭志贤　陆逸红　许美香　张晓荣　谢锦仁	市级
	漳州布袋木偶戏	陈锦堂　庄陈华　陈炎森	国家级
		蔡柏惠　朱亚来　洪惠君	省级
		陈黎晖　陈丽玲　吴光亮	市级
	竹马戏（南靖）（漳浦）	林朝元　林如柏	省级
		林艳环　张晓荣　郑志强　郑海涛	市级
	诏安铁枝戏	陈银发　吴崇耀	省级
		吴朝聪	市级
	潮剧（东山）（云霄）	马丽端　黄荣　汤巧艺　何继雄	市级
	铁枝木偶戏	陈银龙	市级
	南靖提线木偶戏	魏敢相	市级
曲艺	锦歌	王素华	国家级
		石耀辉	省级
		沈赞福　边惠心	市级
	东山歌册	蔡婉香　黄春慧	国家级
		林如东　张丽卿　谢溪添	省级
		林玉珠　孙志娟　吴彩华　陈亚笑	市级
	漳州南词	苏水泉　陈有龙　蒋亚明	市级
传统体育游艺与杂技	龙海常春岩戏钹	甘亚瑞	市级
	漳州太祖拳青龙阵	游清文　游建华	市级
	独脚鹤拳	林水河　洪跃坚	市级

续表

类　别	项　目　名　称	传　承　人	级　别
传统美术	漳州木版年画	颜仕国	省级
	漳州木偶头雕刻	徐竹初　徐聪亮	国家级
		杨亚州　许桑叶　徐　强	省级
		杨君炜	市级
	漳浦剪纸	陈秋日	国家级
		张峥嵘　欧阳艳君　高少苹	省级
		游金美　陈燕榕　卢淑蓉	市级
	彩扎（诏安彩扎技艺）	林养生　林艺聪	市级
	漳州棉花画	郭美瑜	市级
传统技艺	华安玉雕	杨子华	省级
		黄清池	市级
	漳州八宝印泥制作技艺	杨锡伟	省级
	漳州蔡福美传统制鼓技艺	蔡志强	省级
	东山黄金漆画技艺	谢少艺	省级
	东山剪瓷雕工艺	孙志强	省级
		李国强	市级
	客家土楼营造技艺	张民泰　简如林	市级
	漳绣技艺	陈钟辉　陈钟棋　郑密珠　陈明	市级
	漳窑（米黄色瓷）传统制作技艺	林　俊	市级
	东山海柳雕技艺	陈佛顺	省级
		沙文泽	市级
	东山海船钉造技术	吴添才　颜镇　孔炳煌	市级
	东山肖米（烧卖）制作技艺	翁瑞发　张丽华	市级
	东山金木雕技艺	许庆石	省级
		陈平	市级
	诏安黄金兴（咸金枣、宋陈咸橄榄、梅灵丹）传统制作技艺	黄英强	市级
	剪瓷雕工艺（诏安）	沈振祥　沈振泽	省级
		沈炎忠　沈振南	市级
	长泰明姜制作技艺	王冬胜	市级
	漳州水仙花雕刻技艺	张文江	市级
	枋洋豆签制作技艺	蔡水方	市级
	平和白芽奇兰制作工艺	何锦能　曾天用	市级
	古琴传统制作技艺	谢建东	市级
	南胜麻枣制作技艺	杨裕成	市级

续表

类 别	项 目 名 称	传 承 人	级 别
传统医药	东山宋金枣传统制作工艺	张振成	省级
		张振顺 张志敏	市级
	漳州片仔癀制作技艺	陈佩娇 戴俊伟 魏腾云	市级
	白眉凉茶	沈琼麟	市级

附件3

漳州市第一批传承传习、展览展示设施建设项目名单

南音	东山县铜陵御乐轩南音社（杨桔平、张福禄） 龙海市程溪下庄村南音社（卢炳全） 漳州市南音艺术家协会（刘修槐）
歌仔戏	漳州市芗剧团（郑秀琴、吴兹明、郑娅玲、杨月霞） 龙海市芗剧团
漳州布袋木偶戏	漳州市木偶剧团（庄陈华、陈锦堂、陈炎森、朱亚来、蔡柏惠）
漳州木偶头雕刻	徐竹初木偶艺术馆（徐竹初、徐聪亮、徐强） 福春堂（杨亚州） 福建省艺术学校龙溪木偶班（许桑叶）
漳州木版年画	漳州颜文华木版年画馆（颜仕国）
东山歌册	东山歌册码头社区歌册演唱队（蔡婉香、黄春慧、张丽卿、谢溪添、林如东）东山歌册桂花社区歌册演唱队
漳浦剪纸	漳浦县文化馆 陈秋日剪纸传习中心（陈秋日） 高少苹剪纸传习中心（高少苹） 张峥嵘剪纸传习中心（张峥嵘） 游金美剪纸传习中心（游金美） 欧阳艳君剪纸传习中心（欧阳艳君） 卢淑蓉剪纸传习中心（卢淑蓉）
漳州锦歌	漳州市芗剧团（王素华） 古城锦歌社传习所（石耀辉）
东山黄金漆画技艺	福建省东山县工艺美术厂（谢少艺）
东山剪瓷雕工艺	东山博物馆（孙志强） 诏安沈氏家族艺圃（沈振祥、沈振南、沈振泽）
漳州八宝印泥制作技艺	漳州八宝印泥厂（杨锡伟）
蔡福美传统制鼓技艺	漳州市蔡福美工艺品有限公司（蔡志强）
漳州片仔癀制作技艺	漳州片仔癀药业股份有限公司（陈佩娇、戴俊伟、魏腾云）
南靖竹马戏	南靖县金山镇表演队（林如柏、林朝元）
漳浦竹马戏（芗剧）	漳浦竹马戏（芗剧）传承保护中心（林艳环、张晓荣、许美香、郑海涛、郑志强、杨顺平）
东山宋金枣传统制作技艺	东山县蜜果厂（张振成）

续表

诏安铁枝戏	东山新艺铁枝木偶剧团（陈银发） 诏安县怡梨香剧团（吴崇耀）
南靖四平锣鼓乐	南靖金山镇新村村四平锣鼓队（吴炎祥、吴再德）
米黄色瓷传统制作技艺	漳州市民间古瓷工艺研究所（林俊）
漳州刺绣	漳州刺绣厂（陈钟辉）
漳州南词	漳州霞东钧社（苏水泉） 漳州市艺术馆
彩扎、刺绣	诏安县庆源号彩绸庄（林养生、林艺聪）
东山金木雕技艺	东山金木雕作坊（沙涛松、陈友梅、陈坤、陈平、许庆石）
东山海船钉造技术	东山海船钉造工场（吴桂德、吴友、吴九秋、吴添才）
漳州哪吒鼓乐	芗城区打锡巷文衡殿鼓乐队（蔡国明、陈维昌、王海西、林济民）
东山海柳雕	东山海柳雕作坊（沙清河、陈卓卿、陈科、林友源、陈佛顺、林涌春、林金春）
漳台大鼓凉伞舞	芗城区文化馆（沈龙发、沈井水）

【发文机关】漳州市人民政府办公室

【标　　题】漳州市人民政府办公室关于印发《闽南文化生态保护区总体规划》漳州市实施方案的通知

【发文字号】漳政办〔2016〕75号

【发布日期】2016年4月15日

泉州市人民政府办公室关于印发泉州市新型城镇化农业转移人口市民化实施方案的通知

各县（市、区）人民政府，泉州开发区、泉州台商投资区管委会，市直有关单位：

《泉州市新型城镇化农业转移人口市民化实施方案》已经市政府第118次常务会议研究通过，现印发给你们，请抓好贯彻实施。

泉州市人民政府办公室

2016年12月30日

泉州市新型城镇化农业转移人口市民化实施方案

按照国家、省新型城镇化规划的总体部署和要求，结合我市实际，遵循经济社会发展规律，走具有泉州特色的新型城镇化道路，积极稳妥扎实推进全市农业转移人口市民化，促进城镇化健康协调发展，建成生态宜居城市，特制定本方案。

一、总体目标

（一）城镇化水平和质量稳步提升。城镇化健康有序发展，到2020年，常住人口城镇化率达到68.5%，农村地区人口密度进一步降低，并向中心城区、县城有序转移。

（二）城镇人居环境明显改善。稳步推进义务教育、就业服务、基本养老、基本医疗卫生、保障性住房等城镇基本公共服务常住人口全覆盖。

二、主要任务和工作措施

（一）推进人口管理制度改革

优化、完善全市城乡统一的户口登记管理制度，全面实行以居民合法稳定职业、合法稳定住所为基本依据的户口迁移政策。全面放开城镇落户限制。完善流动人口居住证制度，提升流动人口服务管理水平。

责任单位：市公安局。

（二）有序推进就地城市化

对市域内由农村户口转为城镇户口的人员，允许在一定时期内保留宅基地使用权、林地承包经营权、集体林地用地收益权。

责任单位：市林业局、卫计委、国土资源局、住建局等单位按职能分工负责。

（三）完善信息管理利用制度

1. 通过建设城市公共基础数据库、数据共享交换中心、信息管理与服务门户、大数据挖掘与分析系统等，将分散在各个业务部门的数据通过数据共享与交换平台集中汇聚，构建面向全市统一的大数据综合服务平台；将人口库、法人库、电子证照库以及医疗、交通、教育、公共视频、社会信用等业务数据纳入多部门共享，为各类智慧应用提供权威的、唯一的城市基础数据支撑。

责任单位：市经信委牵头，市发改委、公安局、教育局、民政局、人社局、国土资源局、住建局、城乡规划局、行政执法局、交通运输委、卫计委、统计局、食品药品监管局、工商局、质监局，市行政服务中心管委会、数字办等相关单位配合。

2. 依法提供法人涉税信用信息查询；积极创造条件实现自然人涉税信用信息的记录评估和依法查询。

责任单位：市国税局、地税局。

3. 配合做好信息管理利用工作，主动融入，服务大局，为推进人口基础信息库建设提供计生基础数据支撑；同时，进一步完善计生信息业务系统，落实与公安、民政等部门在出生入户、婚姻、火化等方面的信息通报制度，提高信息质量。

责任单位：市卫计委。

（四）建立劳动者平等就业制度

1. 实施“农民工职业技能提升计划—春潮行动”，对在我市各级公共就业人才服务机构办理求职、失业等实名制登记的农民工，参加就业公共服务机构、省级重点以上技工院校组织的职业培训或按项目运作培训获得职业培训结业证书的进行补贴。争取每年面向农村新成长劳动力和拟转移就业劳动者开展政府补贴培训5万人，培训合格率达到90%以上，就业率达到80%以上。

2. 鼓励农民工通过培训取得职业资格证书，对在我市的各级公共就业人才服务机构办理求职、失业、就业等实名制登记的农民工（含外省来闽务工人员），通过职业技能培训并取得国家职业资格证书的，可按规定享受培训资金补贴。

3. 健全面向全体劳动者的职业培训制度，实现培训对象广覆盖、培训方式多样化、培训内容多层次，建立与我市产业发展相匹配、与充分就业相适应的现代职业培训体系，形成职业培训促进就业和稳定就业的良性互动工作格局。发挥企业主体作用，政府每年加大财政资金投入，加强对技能人才实训基地和培训师资队伍的建设，提升培训质量，扎实推进技能人才队伍建设，培养大批与经济社会发展相适应的高技能人才。

责任单位：市人社局。

4. 广泛开展职工职业技能竞赛、职工经济技术创新活动。实施泉州市百万职工技能大提升行动，组织农民工积极参加各行各业开展的争创“工人先锋号”劳动竞赛、“安康杯”竞赛、节能减排竞赛及企业“六型”班组竞赛等活动。开展以“十大项目”为重点职工职业技能竞赛，推动各级、各行业普遍开展岗位练兵、技能竞赛、技术比武活动，形成“培训、练兵、比武、创新、晋级”五位一体的职工技能提升活动模式，实现职工技能提升活动制度化、常态化、品牌化。开展职工“五小”创新活动，征集职工创新成果参加国际、国家级发明展览会、6·18职工创新成果展及参评泉州市“科技进步奖”。

责任单位：市总工会。

（五）建立健全随迁子女平等享有受教育制度

坚持以流入地政府管理为主、以全日制公办学校接收为主，全面落实义务教育学校建设、教师编制、生均公用经费标准“三统一”，将随迁子女义务教育纳入各县（市、区）教育发展规划和财政保障范畴。农业转移人口教育待遇无差异。义务教育阶段的农业转移人口随迁子女，按照相对就近入学原则，通过电脑派位等方式统筹安排在公办学校就学。接受政府委托面向随迁子女招生的民办学校，依法享有与公办学校同等的优惠政策。将农业转移人口随迁子女纳入当地普惠性学前教育。

责任单位：市教育局。

（六）扩大社会保障覆盖面

农业转移人口在城镇单位就业的，随同用人单位参加城镇职工基本养老、医疗、失业、工伤、生育保险，待遇与城镇职工一致。

责任单位：市人社局、卫计委、民政局。

（七）改善农业转移人口基本医疗卫生条件

1. 根据常住人口配置城镇医疗卫生服务资源，将常住农业转移人口及其随迁家属纳入社区卫生服务对象，免费提供健康教育、妇幼保健、预防接种、传染病防控、老年人健康管理、避孕节育等基本公共卫生计生服务并逐步向重大公共卫生服务拓展。延伸基层公共卫生和基本医疗服务，在农业转移人口聚集地设立卫生服务机构或个体全科诊所。

2. 优化医疗卫生资源的规划布局。加大政府投入，扩充全市优质医疗资源总量，合理调整卫生资源布局和结构，提高医疗服务可及性、能力和资源利用效率。加强市属医院高层次人才引进、学科建设以及开展关键诊疗技术所需设备配备，全面提升医疗服务水平；完善以县级医院为龙头，乡镇卫生院和社区卫生服务中心为枢纽，以村卫生室（所）和社区卫生服务站为基础的医疗卫生服务网络。积极鼓励和引导社会资本举办医疗机构，形成具有侨乡特色的投资主体多元化、投资方式多样化的办医体制，满足人民群众多层次、多元化医疗卫生服务需求。

3. 健全基层卫生服务机构与城市大医院之间分工协作、分级诊疗、双向转诊的医疗卫生服务体系。完善重大疾病防控、妇幼保健、卫生监督等专业公共卫生机构和计划生育服务网络。落实流动人口基本公共卫生计生服务均等化。

4. 持《居住证》的农业转移人口，可以在居住地办理生育服务登记和其他计划生育证明材料。

责任单位：市卫计委。

（八）有序推进农业转移人口住房公共服务均等化

1. 将符合条件的农业转移人口纳入城镇住房保障体系，在工业园区、企业就业的农业转移人口可申请在工业园区或企业投建（筹集）的公租房，申请政府统筹分配的公租房；持有《居住证》的农业转移人口可申请限价房，对放弃土地承包权或宅基地使用权的进城落户人员，在原所在地乡（镇）人民政府出具相关证明材料后又符合申请条件的保障对象，可优先安排保障房。多渠道筹集保障房房源，综合运用资金补助、审批和用地支持、税费优惠等政策，支持鼓励民营企业和环卫、公交（交通）、公立医院、高等院校等特殊行业，利用自有用地投建公租房；在持续推进保障性安居工程建设的同时，打通商品房与安置房及保障房转换通道，搭建政府服务平台，增加保障房房源供应，引导房地产开发企业通过服务平台向农业转移人口优惠出售商品住房，力争2020年，城镇常住人口保障性住房覆盖率达到23.21%。

责任单位：市住建局。

2. 积极探索建立农业转移人口住房公积金制度，督促非公企业逐步将进城务工的农业转移人口纳入我市住房公积金制度覆盖范围，发挥住房公积金制度优势，扩大制度惠及面，完善住房保障体系，改善农业转移人口居住条件，实现“住有所居”目标。

责任单位：市住房公积金管理中心。

三、工作要求

（一）加强组织领导。建立以市公安局为主牵头，市发改委、经信委、教育局、民政局、人社局、国土资源局、住建局、城乡规划局、行政执法局、交通运输委、林业局、卫计委、统计局、食品药品监管局、工商局、质监局，市行政服务中心管委会、住房公积金管理中心、数字办，市国税局、地税局，市总工会等相关部门和单位共同组成的联席会议制度，适时研究解决农业人口转移市民化工作中的重大问题，协调落实各项工作，推动各项工作的组织实施，保障各项任务顺利完成。

（二）稳步推进实施。各部门要对照本方案，结合工作职能，制定工作计划，分阶段、分目标有序推进。在户籍制度改革、产业升级转型、土地制度改革、城市规划体系建设、基础设施建设和经济社会管理体制机制创新等关键环节，明确责任分工、时限要求，层层分解目标，逐级落实任务，保障工作顺利推进。

（三）强化目标管理。对重点改革事项实行项目管理，提高改革的科学性，防范和减少风险。对重大发展改革举措和政策，适时组织开展事前咨询论证和事后跟踪评估。建立目标责任制度，确保工作积极稳妥推进。建立改革年度报告制度，及时报告改革试验中发现的问题、积累的经验、形成的典型。

（四）营造良好氛围。各职能部门要主动服务，积极参与、支持泉州市农业转移人口市民化工作。充分尊重人民群众的意愿，充分调动社会各方面的积极性，充分发挥专家咨询作用，共同推进试点工作。积极发挥新闻媒体和网络的作用，广泛宣传农业转移人口市民化的政策措施和阶段性成果，努力营造全社会支持、推动城镇化试点的良好氛围。

【发文机关】泉州市人民政府办公室
【标　　题】泉州市人民政府办公室关于印发泉州市新型城镇化农业转移人口市民化实施方案的通知
【发文字号】泉政办〔2016〕198号
【发布日期】2016年12月30日

三明市人民政府办公室关于印发加快推进市区社会事业重点项目工作实施方案的通知

梅列、三元区人民政府，市直有关单位：

《关于加快推进市区社会事业重点项目工作实施方案》已经市政府同意，现印发给你们，请认真抓好贯彻实施。

三明市人民政府办公室

2016 年 12 月 9 日

（此件主动公开）

关于加快推进市区社会事业重点项目工作实施方案

为认真贯彻落实《加快市区经济重点项目建设行动计划》（明政〔2016〕25 号），进一步强化市区社会事业重点项目建设，促进社会事业发展，增强中心城市的集聚力、向心力和带动力，特制定本实施方案。

一、总体目标

紧紧围绕市第九次党代会提出“奋力建设更富活力更具实力更有竞争力的新三明”的目标，通过实施一批市区社会事业重点项目，促进教育、卫生、文化、体育事业加快发展，让市区市民群众共享更加优质的社会事业发展成果。

（一）*教育方面*。着力打造市区优质教育资源集聚地，扩大公办幼儿园覆盖率，提升民办幼儿园办学质量，力争 2017 年普惠性幼儿园达到 75%，2020 年达到 85%。加快改善市区义务教育阶段学校办学条件，全力保持小学、初中教育质量优质水平。加快薄弱高中达标建设，提升市区普通高中质量，到 2020 年，市区全部高中达标创建省级改革创新示范性高中。统筹发展市区职业教育，做强职教园区，争创示范性现代职业院校建设和示范性应用型本科高校建设，力争新建三明医高专。

（二）*卫生方面*。力争到 2020 年，基本建立覆盖城乡居民的基本医疗卫生制度，医疗卫生服务体系、公共卫生服务体系、医疗卫生服务水平基本适应人民群众多层次、多样化的健康需求，居民健康水平稳步提高，实现千人均医疗机构床位数、执业（助理）医师数、注册护士数等指标达到全省平均中上水平。

（三）*文化方面*。巩固提升我市国家公共文化服务体系示范区创建成果，以“六联六创”为载体，努力构建网络健全、结构合理、发展均衡、运行有效、惠及全民的现代公共文化服务体系。加快万寿岩国家考古遗址公园建设，促进广播电视数字化新媒体创新发展，加快数字图书馆建设步伐，建立健全三明地方特色文化信息资源库，加强文化艺术精品生产创作、地方戏曲保护传承、文化产业建设、新媒体融合发展，不断提高质量和水平。

（四）*体育方面*。力争到 2020 年，市区群众体育健身和消费意识显著增强，经常参加体育锻炼的人数比例达到 40% 以上，人均体育场地面积达到 2.0 平方米以上，居民《国民体质测定标准》合格率高于全国平均水平，社会体育指导员人数达到 1500 人以上，每万人拥有社会体育指导员 20 人以上。市少体校结合新一轮国家级高水平体育后备人才基地创建，优化竞技体育项目结构，保持优势项目继续领先。体育产业发展进一步凸显特色，以举办全国性及海峡两岸体育赛事为抓手，促进体育产业和旅游产业融合发展。

二、重点任务

（一）打造优质教育资源集聚地

1. 实施公办幼儿园项目建设。优化幼儿园布局结构，结合省上开展的第二、三期学前教育发展三年行动计划，继续实施公办幼儿园项目建设，增加三明市区公办幼儿园数量，提高普惠性幼儿园比率，着力缓解“入园难”问题。督促落实新建住宅小区的房地产代建幼儿园及中小学校项目建设，在住宅楼盘业主入住前交付所在区域教育部门办学。在2016年已新建2所公办幼儿园基础上，再规划新建6—8所公办幼儿园。2017—2018年新建梅列区实验幼儿园贵溪洋第一分园、第二分园和三元区岩前中心幼儿园等，总建筑面积达1.02万平方米，总投资约6800万元；完成市第二实验幼儿园的改扩建、三元区实验幼儿园的迁建以及三元区富兴堡幼儿园项目。

2. 实施城区中小学扩容改造项目建设。进一步完善义务教育布局规划，开展义务教育管理标准化学校建设，扩大市区中小学招生容量。着力实施梅列区东新小学、列西小学、三元区第二实验小学、三明市实验小学、三明学院附属小学、三明列东中学、三明三中、三明十二中等扩容项目，扩大校舍建设面积，提升学校标准化建设水平；新建梅列区第二实验学校，扩建三明十二中富兴小学部，新扩建三元区东霞小学。2016—2017年重点推进三明学院附属小学、梅列区东新小学、列西小学、三元区第二实验小学、三明三中扩容项目，新建梅列区第二实验学校，总建筑面积达4.94万平方米，总投资约1.43亿元；同时，推进列东中学教学楼重建工程和市实验小学扩容工程项目实施。

3. 实施普通高中提升改造项目建设。推进普通高中提升改造计划，加强教学类、学生生活类校舍建设，配足配齐专用教室、教学仪器、现代信息技术装备等，满足普通高中改革特色发展需求。实施三明一中、二中、九中的校舍建设，总建筑面积1.6万平方米，总投资约5600万元。2017年将重点策划实施三明九中教学综合楼项目建设，建筑面积7000平方米，总投资约3200万元。

4. 促进民办教育规范发展。认真贯彻《中华人民共和国民办教育促进法》，规范管理民办教育机构，鼓励社会力量和民间资金投资兴办教育，通过政府购买服务等形式，扶持民办幼儿园发展，增加普惠性幼儿园数量。支持民办三明北大附属实验学校办学，建设教学楼、综合楼、艺体楼等校舍，总建筑面积6万平方米，建设运动场地1.5万平方米，绿化用地2.8万平方米，总投资3亿元。

5. 实施职教园区二期项目建设。加快发展市区现代职业教育，职教园区内的三明市高级技工学校创建成为三明技师学院，三明职业中专学校打造“福建省示范性现代职业学校”。2017年启动实施职教园区二期建设工程，扩建理实一体化教学用房、学生宿舍、食堂及文体活动中心等校舍，总建筑面积约4万平方米，总投资约1.5亿元。

6. 实施高等院校项目建设。加快示范性现代职业院校和应用型本科高校建设。2017年实施三明职业技术学院新泉校区校舍修缮改造，建设面积1.8万平方米，总投资1000万元。2017—2018年启动实施三明学院工科实训大楼、体育馆、艺术馆等建设项目，规划总建筑面积6.8万平方米，概算总投资5.2亿元，其中2017年计划完成投资2.2亿元。

7. 实施农村教师周转宿舍项目建设。进一步落实乡村教师支持计划，着力改善农村学校教师住宿条件。启动实施农村中小学教师周转宿舍项目建设，2017—2020年在梅列区、三元区的农村学校和市职教园区将规划建设教师周转宿舍324套，建设面积1.62万平方米，概算投资约4229万元，其中2017—2018年计划建设194套教师周转宿舍，建设面积9700平方米，投资约2522万元。

（二）提升医疗卫生事业发展水平

1. 实施市第一医院外科病房（全科医师培训基地）综合楼建设。建设内容包含病房、病区药剂科、全科医师培训基地、外科各专业住院科室、手术室及外科重症监护病房等，建筑面积45743.7平方米，地上13层（裙房5层）、地下2层，初步设计总概算为2.967亿元，其中外科培训基地中央补助1300万元。

2. 实施市第五医院（市职业病防治中心）病房综合楼建设。建设内容含住院病房、层流手术室、医技用房、供应中心等，建筑面积15804平方米，地上9层、地下1层，总投资约5440万元，其中争取省上补助4650万元。

3. 实施市中西医结合医院医技病房综合楼建设。新建医技用房、住院病房、科研教学功能用房，建筑面积21100平方米，总投资约9699万元，其中争取中央补助4752万元，力争2019年投入使用。

4. 实施市妇幼保健院综合楼改建。对原市中医院房产（现划拨与市妇幼保健院）改造成医疗业务用房，内设手术室、产房、供应室、药房、病房、门诊诊疗室、妇儿保体检中心、医技检查、放射科、多功能学术厅等科室，设置床位100张。改造装修费用预计1380万元，改建面积6000平方米，力争2018年1月投入使用。

5. 实施列东社区卫生服务中心改扩建。按省级示范社区卫生服务中心标准，规范化建设列东社区卫生服务中心并新建污水处理设施，项目总投资约2500万元，改建面积1000平方米，扩建面积1600平方米。

（三）推进文化事业繁荣发展

1. 实施万寿岩国家考古遗址公园项目建设。2017年计划扩建博物馆3000平方米，完善游客服务中心、停车场等配套设施；实施遗址环境整治和生态恢复，宋代涌泉恢复，以及相关科研、展示项目。

2. 实施广播电视数字化新媒体改造工程。实施高清数字化设备改造升级项目，建设高清非编全台网、高清虚拟演播室、高清数字硬盘播出系统、300平方米全媒体全景演播厅、全媒体融合线索汇聚及发布系统等，计划投资3300万元。实施智慧城市客户端项目，具备新闻门户、视频直播、视频点播等功能，设置交通路况、政务办公、城市服务、公共安全、医疗挂号、公交打车、旅游出行、气象信息以及环保、城管、工商业活动等版块，为涉及民生的各种需求提供整体解决方案，实现城市智慧管理和运行，计划投资1000万元。同时，为加快市广播电台和电视台整合为市广播电视台的改革工作，推进传统媒体与新兴媒体融合发展，拟同步实施广播电视大楼提升改造工程，投资约500万元。

3. 实施三明大剧院新建工程。建设功能齐全、设施完善的文艺演出场所，开展客家文化艺术传承、研习、表演，国家级或省级艺术展演、赛事及各类文艺活动、文艺辅导等。项目以歌舞艺术为特色，以文化传媒公司为核心，结合艺术培训、文艺公共服务平台和“周周有戏看”等项目，打造小剧场演出模式，引进和输出优秀文艺作品，推动文化艺术交流，提升群众文化生活品质。项目总面积约6000平方米，占地面积2000平方米，计划总投资1.3亿元，2017—2018年完成主体建设。

4. 实施三元区公共文化设施提升工程。实施三元区文化馆搬迁改造项目，按国家二级馆标准建设2000平方米、功能齐全的新馆。实施基层公共文化服务中心提升项目，按照规范化、开放性的要求，结合养老、健身等功能布局，新建白沙街道公共文化服务中心和莘口镇黄砂村、西际村2个农村综合性文化服务中心示范项目，配套建设富兴堡“乐龄家园”公共文化项目。在三明世纪城规划建设三元区青少年文化拓展中心项目，建设总面积2000多平方米。3个项目计划总投资1000万元，2017—2018年完成。

（四）促进体育健身和体育产业发展

1. 建设市国民体质测试与运动健康指导中心。实施市国民体质测试与运动健康指导中心建设，推动试行“医保健身一卡通”制度，促进康体结合，培育发展体育健康服务产业，提倡开展健身咨询和调理等服务，推动体育与健康服务业融合发展，投资约200万元，2017年完成。

2. 建设市少体校运动训练交流中心。进一步完善市少体校新校区硬件设施，打造国家高水平体育后备人才基地。启动实施市少体校新校区二期建设工程，建设运动训练交流中心大楼。承办省、市年度锦标赛单项赛事，承接全国青少年暑期训练营，各省优秀运动队外训，争取国家、省举重队来明训练比赛，举办教练员培训班。项目总投资3500万，计划接待能力300人。

3. 发展体育竞赛表演业。不断提升市区体育场馆规范化管理水平，着力提高场馆的使用率。

精心选择和引进体育赛事项目，充分发挥体育赛事对住宿、餐饮、旅游、通讯、交通、传媒、会展、广告等相关产业的拉动作用。市区每年投资约100万元，承办几项全国性、全省及海峡两岸的体育赛事。

4. 创建市公共体育服务平台。通过与三明学院体育学院“智库”“人才库”合作，创建“三明市公共体育服务平台”。线上项目通过整合国民体质监测、体育休闲旅游、竞赛组织、体育场馆运营、活动策划与体育表演、体育培训、社区体育服务等体育公共服务及产业资源，构建“互联网+体育”公共体育服务推广新模式，力争实现市民享受到监测健康、预约教练和场地、报名参赛、观看体育竞赛表演、参与社会体育指导培训等一站式服务。

5. 完善三元区体育设施布局。结合三元区城市开发建设，力争2020年前在东霞C地块规划建设三元文体中心项目，含体育场、综合馆和健身广场等场地设施。其中：体育场内设400米标准田径场，可容纳3000人的观众席，设室内游泳池、篮球馆、排球馆、乒乓球馆、羽毛球馆、健身房等功能区域；综合馆为多功能体育馆，可容纳1500名观众；健身广场含室外健身器材活动区、室外篮球场、网球场、5人足球场等。

三、工作保障

（一）加强组织领导。市区社会事业重点项目工作组将项目工作作为一项重要的惠民政策和民生工程来抓，统筹推进项目实施。认真落实部门责任制度，教育、卫生、文化、体育等单位和梅列、三元区政府要各负其责，进一步强化责任意识、紧迫意识、作为意识，主要领导亲自抓、分管领导具体抓，全力以赴抓好项目策划、项目建设等工作，扎实推动项目落地见效。

（二）注重项目谋划。坚持长中短项目统筹、大中小项目配套，加强统筹规划，提高项目策划生成的水平。建立滚动式项目储备库，教育、卫生、文化、体育等单位和梅列、三元区政府要充分考虑项目的可行性和长远性，结合实际适时策划、生成新的具有带动作用的社会事业新项目。要积极对接跟踪国家和省上相关政策文件，向上争取资金、政策、审批等支持，科学统筹用好各类指标，做好资金拼盘，全力保障项目建设需要；在争取上级资金、用好财政性资金的同时，建立项目信息分级公开发布制度，积极鼓励社会投资。

（三）强化工作保障。对重点问题、难点问题加大协调解决力度。教育、卫生、文化、体育等单位和梅列、三元区政府要积极引导项目责任单位做深做细项目前期工作，市发改、财政、国土、林业、住建、规划等单位和梅列、三元区政府要进一步优化服务，加强项目资金、用地等方面保障，开通绿色通道，促进项目尽快对接和落地建设。

（四）加大推进力度。教育、卫生、文化、体育等单位和梅列、三元区政府要制定详细的项目工作计划，逐月分解目标任务，建立健全工作责任制，责任落实到岗到人，在保证项目质量和安全、廉洁的前提下，加快在项目工作进度，推动储备项目实施。

（五）落实监督检查。建立项目督查制度，市区社会事业重点项目工作组加大督查力度，每月对项目进展情况进行督查通报，确保工作落实到位。各项目主管单位指定一名项目信息联络员，每半月（每月1日和15日）将项目进展、存在问题和整改措施等情况报项目工作组办公室。

附件：1. 2016年市区社会事业重点项目表（略）

2. 2017年市区社会事业重点项目表（略）

3. 市区社会事业重点储备项目表（略）

【发文机关】三明市人民政府办公室
【标　　题】三明市人民政府办公室关于印发加快推进市区社会事业重点项目工作实施方案的通知
【发文字号】明政办〔2016〕148号
【发布日期】2016年12月9日

莆田市人民政府办公室关于加强全市各级各类学校合成材料运动场地建设管理工作的通知

为进一步做好全市各级各类学校合成材料面层运动场地建设管理，保障师生身体安全和健康，现将有关工作通知如下：

一、明确部门职责

明确全市各级各类学校（含中小学、中等职业学校、幼儿园，以下简称“学校”）合成材料面层运动场地（含人工草坪）建设项目（含新建、改扩建和维修等）中的各方职责，建立以建设单位为责任主体，市级统筹协调、县（区、管委会）属地管理、各级政府职能部门共同监督落实的责任制度。

市教育局主要负责统筹指导各县（区、管委会）学校合成材料面层运动场地建设工作，建立信息数据库等工作。负责通报合成材料面层运动场地建设中违反诚信使用假冒、劣质原材料的施工企业、原材料供应商等，在莆田市教育网上公示，并通报相关行业主管部门。各县（区、管委会）教育局（事务局）负责指导、监督、检查辖区内学校合成材料面层运动场地建设管理工作，对新建合成材料面层运动场地项目的招标、合同等各个环节进行审查备案。统计报送合成材料面层运动场地建设项目信息数据，密切监控辖区内各学校合成材料面层运动场地建设及使用期间动态情况，开展在校学生日常健康监测和缺勤缺课情况的每日报送工作，会同卫生部门及时处置发现的异常情况。

市住房城乡建设局主要负责指导县（区、管委会）建设管理部门，依法对纳入工程报建范围涉及学校合成材料面层运动场地建设内容的项目，实施监督管理。

市环保局主要负责对学校合成材料面层运动场地建设工程空气质量检测提供技术指导等工作。

市质量技术监督局主要负责指导辖区质监（市场监管）局，加强对本市合成材料面层运动场地面层原材料生产企业产品质量的监督检查工作。

二、科学规划项目

（一）制定实施计划

各县（区、管委会）教育局（事务局）应根据辖区内各学校运动场地实际情况，结合教育教学安排及前期工作进度，科学制定合成材料面层运动场地建设项目年度实施计划，并明确项目名单、项目内容、投资金额、招标方案、施工周期、应急预案及联系方式等要素。同时报送市教育局及县（区、管委会）住建局、环保局及质量技术监督部门。

（二）确定招标方式

新建项目的运动场地基础工程及合成材料面层应统一打包进行建设工程招标。学校应遵循工程建设程序，依法履行项目报批、报建、招投标、合同信息报送、竣工验收备案等相应程序。依法需强制工程监理的项目，按照有关规定实施监理。运动场地基础已具备合成材料面层施工条件的，可采用政府采购方式进行招标。

（三）规范标书及合同

依法规范合成材料面层运动场地建设项目招投标活动，科学编制招标文件，建设单位应在招标、合同文件中体现“四个明确”，即明确面层原材料（包括黏结剂、高分子颗粒、颜料、助剂、填料等）性能、质量、安全等技术指标；明确面层原材料和成品检测标准和内容；明确合成材料面层运动场地建成后运动场的空气质量及检测标准和内容；明确竣工验收未达到标准的违约责任，并将上述相关内容纳入合同的条款。

三、加强过程管理

（一）加强资料审核

1. 合成材料面层原材料进场前，施工单位应提供原材料的生产厂家资质及材料清单，由建设单位及其委托的工程监理单位进行审查（严禁使用汽油及含苯、二甲苯、二硫化碳、二氯甲烷等的溶剂），必要时报工商行政管理部门复核。确定无误后方允许入场，并封闭管理。

2. 合成材料面层原材料入场后，建设单位及其委托的工程监理单位应对施工企业提供的原材料合格证明、供货凭证等资料进行审核。

（二）做好原材料检测

建设单位在原材料复核无误的基础上，参建各单位对面层原材料实行现场见证取样封存，并由建设单位送经获得检验检测资质认定（含计量认证）的机构检测，符合莆田市《合成材料运动场地面层质量控制标准》招标文件及有关要求后，方可进场施工，在我市“控制标准”尚未出台前，参照深圳市住房和建设局2016年5月4日发布的《合成材料运动场地面层质量控制标准（试行）》（深建科工〔2016〕15号）执行。

（三）施工过程管理

面层施工前应在监理见证下按配方及施工工艺制作样板，施工时应以样板作为施工标准进行施工。施工过程中建设单位或其委托的工程监理单位应当督促施工企业根据施工规程，精心组织施工，确保合成材料面层场地建设项目符合质量和安全的要求，严禁任意压缩合理工期。合成材料面层场地面层施工所用原材料应与施工承包合同一致，不得随意变更，严禁添加原材料清单以外的其他材料。

（四）规范验收程序

1. 合成材料面层铺设完工并满足检测条件后，建设单位及其委托的工程监理单位应监督施工企业挖取合成材料面层成品样品封存，并由建设单位委托具有检验检测资质认定（含计量认证）的机构按合同约定进行相关材料质量检测。

2. 由建设单位参照《室内空气质量标准》（GB/T18883—2002）、《大气污染物综合排放标准》（GB16297—1996）及合同约定委托具有检验检测资质认定（含计量认证）的机构对合成材料面层场地空气质量进行监测。

3. 合同约定标准合成材料面层运动场地应达国际田径联合会相关标准要求的，由建设单位委托具有相关资质的第三方机构对建成后的合成材料面层运动场地进行验收并提供验收报告。

4. 合成材料面层运动场地面层材料、空气质量及跑道标准等项目均检测合格后，方可组织验收。以工程形式招标的，由建设单位组织设计、施工、监理等单位，在住建部门监督下，进行竣工验收，形成工程竣工验收报告，涉及办理竣工验收备案的建设项目，按照相关法律法规规定，办理相应手续。采用政府采购进行面层施工的项目，在财政部门监督下进行验收。

四、主动公开信息

建设单位应在合成材料面层运动场地建设过程中做到全过程公开，将相关信息在学校醒目位置及学校网站上进行公示，即在合成材料面层场地面层施工前，将建设内容、施工企业、原材料供应商、原材料清单、施工周期等主要信息主动公开；在合成材料面层场地面层成品通过检测后，将相关检测合格报告主动公开。

五、强化档案管理

各县（区、管委会）教育局（事务局）应当指导督促建设单位，参照校安工程档案管理规定建立健全合成材料面层场地项目档案管理工作机制，确保合成材料面层场地建设项目档案管理责任到人，并及时将相关项目信息报送县（区、管委会）教育局（事务局）存档。

六、依法追偿相应责任

对管理工作不力、渎职造成后果的建设单位，应当依法严肃查处；对违反诚信使用假冒、劣质原材料的施工企业、原材料供应商等，除追究违约责任外，应向社会通报相关情况，涉嫌构成犯罪的，依法追究相应责任。

七、事中事后监管

市教育局要会同相关部门，开展学校合成材

料面层运动场地监督检查工作。对人民群众反映强烈的应开展重点检查。并建立“学校合成材料面层运动场地施工企业及原材料供应厂家黑名单”制度，将违法违规情节严重的施工企业及原材料供应厂家列入“黑名单”，并及时抄告相应建设主管部门和质量技术监督部门。学校对列入“黑名单”的施工企业及原材料供应厂家参与建设本市合成材料面层运动场地建设活动应当进行相应限制。

莆田市人民政府办公室
2016 年 9 月 6 日

【发文机关】莆田市人民政府办公室
【标　　题】莆田市人民政府办公室关于加强全市各级各类学校合成材料运动场地建设管理工作的通知
【发文字号】莆政办〔2016〕148 号
【发布日期】2016 年 9 月 6 日

南平市人民政府办公室关于印发建立共建美丽乡村长效机制推动绿色发展的若干措施的通知

各县（市、区）人民政府，武夷新区管委会，市直有关单位：

《关于建立共建美丽乡村长效机制推动绿色发展的若干措施》已经市政府同意，现印发给你们，请认真组织实施。

南平市人民政府办公室

2016年6月12日

（此件主动公开）

关于建立共建美丽乡村长效机制推动绿色发展的实施意见

美丽乡村建设涉及方方面面，各级各部门要围绕“机制活、产业优、百姓富、生态美”的总体要求，加强领导，统筹安排，齐心协力推进美丽乡村建设。现就共建美丽乡村建设提出以下意见：

1. 加强部门协作共建。建立健全领导小组成员单位分工协作和联席会议制度，合力推进共建工作。监察、组织、宣传、督查、住建、农业局、发改、财政、民政、安监、交通运输、国土资源、规划、环保、文广新、卫生、食品药品监管、公路、公安、交警、工商、商务、民委、扶贫、水利、农业、林业、畜牧、教育、旅游等部门，要各司其职、各尽其责，加强协作，形成齐抓共管的工作格局。

2. 发挥共建共管优势。落实共建美丽南平领导小组成员单位分工协作和联席会议制度，整合有关部门“农村环境综合整治”“小流域治理”“造福工程”“土地增减挂钩”“财政一事一议”“乡村旅游”“传统村落保护”“绿色村庄”等项目资源，配合组织部门实施美丽乡村村级组织活动场所改善工程，联合妇联开展巾帼美丽家园创建活动，合力推进美丽乡村建设。

3. 重点整治生产生活环境。美丽乡村专项补助资金必须重点用于整治乡村的生产生活环境。一是整治农村生活垃圾、生活污水。改造现有沟渠，收集排放生活污水，因地制宜选择简易工艺处置生活污水；逐步建立生活垃圾“村收集、镇中转、县处理”的清运处理模式；加大力度推行无害化卫生户厕改造，合理配建水冲式公厕。二是加大农村“两违”整治力度，清理整治房前屋后临时搭盖、废旧弃物、杂乱堆放以及有碍观瞻的乱占公共空间的构筑物。结合土地整理，加强村庄内部公共空间整治。三是修缮旧建筑。在保留其有一定历史价值的建筑原貌的基础上，对一些裸房和平顶房进行适当的立面改造和坡屋顶改造，形成协调美观的建筑风貌。四是加强村庄生态绿地系统建设。对村庄的道路两旁、田园、公共空间进行适当改造，做到房前屋后绿地菜地化、村头村尾公园田园化。五是景观工程适度建设。本着先解决基础设施后考虑景观工程的原则，花小钱办实事，结合村庄自身特点进行适度景观建设。景观建设要因地制宜、就地取材，突显农村特色和乡土气息，切忌“大拆大建”“贪大求洋”“过度硬化”。

4. 引导串点成线扩面。在抓好顺昌张墩、松溪溪东美丽乡村景观带建设的基础上，2016 年重点打造延平区大横镇湖尾村至康石村、武夷山市兴田镇南源岭村至星村镇曹墩村、建阳区黄坑镇九峰村至长见村、建瓯市小桥镇霞抱村至后塘村等 4 条美丽乡村景观带，推动邵武邵南片和平、大埠岗、肖家坊、桂林、金坑五个乡镇 20 个村庄的美丽乡村景观片建设，同时引导每个县（市、区）策划生成一条不少于 8 公里长的美丽乡村景观带，实现以点串线，以线扩面，扩大规模效应。

5. 发挥农民主体作用。指导督促成立美丽乡村建设村民理事会，制定村规民约，推进“门前三包、垃圾分类、河道管护、文明乡风、诚信村民”的落实，导入市场机制，逐步开展村庄资源股份化，村庄经营市场化试点工作。推行村内事“村民议、村民定、村民建、村民管”的治理机制，引导村民参与项目建设、监督和管理。指导县、乡镇加强机构建设，充实专业技术人员，加强美丽乡村建设技术指导和服务，为美丽乡村建设提供人才支持。

6. 创新农村社区建设管理工作机制。以美丽乡村为重点探索农村社区建设管理，一是充分发挥理事会作用，积极发动群众主动参与社区建设，对社区供水、排水、道路、环卫、绿化、设施维护等推行市场化、社会化、物业化管理，切实转变农民生活方式。二是鼓励、引导和支持发展各种农村新型社会化服务组织，延伸推进卫生、就业、教育、文化等公共服务，增强新型农村社区的吸纳和辐射能力，建立起“村委会—社区理事会—农户”的新型农村社区自治组织架构。三是创新美丽乡村建设的经济经营方式。配套建设集体所有的休闲、旅游、文化等公共设施，这些资产的收入用于新型农村社区管理。

7. 深化宣传教育引导。通过广播、电视、网络媒体、宣传栏、印发宣传资料等宣传途径，加大共建美丽南平，推动绿色发展工作的宣传教育力度，积极推介共建美丽南平工作成果、先进经验和典型，使共建工作家喻户晓、人人皆知，形成全党动员、全民参与、齐抓共建的良好氛围。

8. 切实抓好督查考评。将共建美丽南平工作纳入政府目标管理任务和绩效考核内容，严格实行领导负责制和责任追究制。建立健全定期和不定期督查机制，对督查结果进行通报。建立健全共建美丽南平考核评比实施办法和考评机制，实行一季一考评、半年一讲评、一年一总结。对工作突出的部门和单位予以表彰奖励；对行动慢、力度小、重视不够的地区和单位主要领导和相关责任人予以通报批评，限期整改。实行“以评促建”“以奖促治”“以罚促改”，推进共建美丽南平工作良性发展。

【发文机关】南平市人民政府办公室
【标　　题】南平市人民政府办公室关于印发建立共建美丽乡村长效机制推动绿色发展的若干措施的通知
【发文字号】南政办〔2016〕80 号
【发布日期】2016 年 6 月 12 日

龙岩市人民政府
印发关于进一步完善城乡义务教育
经费保障机制实施方案的通知

各县（市、区）人民政府，龙岩经济技术开发区（龙岩高新区）、厦龙山海协作经济区管委会，市直有关单位：

为贯彻落实国务院、省政府关于进一步完善城乡义务教育经费保障机制的决策部署，进一步提高我市城乡义务教育均衡发展水平，推动义务教育全面均衡发展，根据《福建省人民政府关于进一步完善城乡义务教育经费保障机制的实施意见》（闽政〔2016〕16号）精神，结合我市实际，制定本实施方案，现印发给你们，请认真抓好贯彻落实。

龙岩市人民政府

2016年5月20日

（此件主动公开）

关于进一步完善城乡
义务教育经费保障机制实施方案

一、充分认识完善城乡义务教育经费保障机制的重要意义

建立健全城乡统一、重在农村的义务教育经费保障机制，是教育领域的一项重大举措，有利于推动地方政府优化教育布局，推动我市城乡义务教育在更高层次的均衡发展，促进教育公平、提高教育质量；有利于促进劳动力合理流动，推动经济结构调整和产业转型升级；有利于促进基本公共服务均等化，构建社会主义和谐社会，建设人力资源强市。

二、工作目标

（一）构建城乡一体保障机制。适应新型城镇化建设和户籍制度改革新形势，并按照财税体制改革、教育领域综合改革的新要求，完善城乡一体化义务教育经费保障机制，增强政策的统一性、协调性和前瞻性。

（二）稳步提升保障水平。继续加大义务教育投入，整合专项资金，盘活存量，优化支出结构，用好增量，重点向农村义务教育倾斜，向贫困地区倾斜，统筹解决城市义务教育相关问题，促进城乡义务教育均衡发展。

（三）创新经费管理方式。建立健全教育基础信息管理系统，提升教育管理信息化水平。建立义务教育转移支付与学生流动相适应的管理机制，实现相关教育经费可携带，增强学生就读学校的可选择性。

（四）完善经费分担机制。完善市、县（区）分项目、按比例分担的义务教育经费保障机制，加大对省级扶贫开发工作重点县等经济欠发达地区义务教育转移支付的统筹力度，提高经济欠发达地区义务教育经费保障水平。

三、工作任务

（一）统一城乡义务教育“两免一补”政策。

自2016年起，全市义务教育阶段学生全部免除学杂费（民办学校学生免除学杂费标准按照省定的生均公用经费基准定额执行）。

从2016年秋季学期开始，对全市义务教育阶段学生（含民办学校）免费提供教科书和正版学

生字典。

从2016年起，对农村义务教育公办寄宿制学校寄宿生、城乡义务教育公办寄宿制学校中低保和建档立卡贫困家庭寄午餐学生，按每生每年1000元标准进行营养餐补助。同时，继续推进农村义务教育学生营养改善计划。

（二）逐步提高城乡义务教育学校生均公用经费基准定额。

2016年全市城乡义务教育学校生均公用经费基准定额，继续执行普通小学每生每年650元、普通初中每生每年850元标准，在此基础上，对公办寄宿制学校按照寄宿生年生均300元标准增加公用经费补助，对不足100人的公办小学按100人核定公用经费，对100—200人的公办小学按200人核定公用经费，对不足300人的公办初中校按300人核定公用经费。

从2017年开始，全市城乡义务教育学校生均公用经费基准定额，提高到普通小学每生每年750元，普通初中每生每年950元。在此基础上，对寄宿制学校按照寄宿生年生均400元标准增加公用经费补助。

特殊教育学校和特教班生均公用经费基准定额标准，按照每生每年6800元执行。随班就读残疾学生生均公用经费基准定额标准参照特殊教育学校标准执行。

（三）巩固完善义务教育学校校舍安全保障长效机制。

按照《福建省中小学校舍安全保障长效机制实施意见》的要求，建立健全中小学校舍安全保障经费投入机制，完善公办义务教育学校维修改造、抗震加固、改扩建校舍及其附属设施项目建设规划编制制度，建设所需资金纳入地方公共财政预算。

（四）巩固落实城乡义务教育教师工资政策。

县级人民政府确保县域内义务教育教师工资按时足额发放，财政、教育部门在分配绩效工资时，要加大对艰苦边远贫困地区的倾斜力度，依法依规落实乡村教师工资待遇政策，依法为教师缴纳住房公积金和各项社会保险费。

（五）加大对义务教育发展薄弱环节投入。

2016年起，在实现“两免一补”和生均公用经费基准定额资金随学生流动可携带的同时，继续实施农村义务教育薄弱学校改造计划等相关项目，着力解决城乡义务教育发展中存在的突出问题和薄弱环节，全面提升义务教育均衡发展水平。一是跟踪督促武平、长汀、连城县落实省财政“十三五”期间每县2000万元教育专项资金的投资计划；二是继续实施省级扶贫开发工作重点县补充教师资助计划，所需经费由省财政承担。建立乡村教师生活补助制度，乡村教师除享受乡镇工作补贴外，按平均每人每月不低于300元的标准予以生活补助，具体由各地依据学校艰苦、边远程度实行差别化的补助标准，补助额度不纳入绩效工资总量，所需经费由当地政府承担，武平、长汀、连城3个省级扶贫开发工作重点县所需经费由省财政予以综合奖补。

（六）建立健全城乡义务教育学校信息技术等大件教学设备更新经费保障机制。

2017年起，各县（市、区）政府应安排专项资金为辖区内义务教育学校更新计算机等设备，提高义务教育中小学信息技术应用水平，原则上每5年更新一次。

四、保障措施

（一）切实落实各级政府应承担的责任。按照完善城乡义务教育经费保障机制的要求，健全本地区城乡义务教育经费保障机制。县级政府要按照义务教育“以县为主”的管理体制，落实主体责任，将义务教育正常办学和发展所需经费全额纳入公共财政保障范围。市、县两级财政要按照省的“义务教育经费分担办法”的规定，及时足额落实本级应承担的经费，并确保义务教育经费法定增长。

（二）进一步优化中小学布局和资源配置。各县（市、区）政府、市直有关部门要根据农村城市化进程、人口流动的情况、产业和城市发展规划，及时调整完善中小学布局规划，将民办学校纳入本地区教育布局规划，制定完善对义务教育民办学校扶持政策和管理机制，促进公民办教育协调发展。要慎重稳妥撤并乡村学校，保障当地适龄儿童就近入学，努力消除城镇学校“大班额”。要进一步完善寄宿制学校、乡村小规模学校及边远地区学校办学经费和条件保障机制，加强留守儿童教育关爱。要深化教师人事制度改革，健全城乡教师和校长交流机制，促进优质教育资源的均衡配置。

（三）加强义务教育经费预算和绩效管理。各县（市、区）人民政府要加强县域内教育经费的统筹安排，财政、教育部门要加强对义务教育学校全口径预算编制工作的指导和管理，细化预算编制，硬化预算执行，强化预算监督。同时，严格按照新修订的《中小学财务制度》要求，规范义务教育学校财务管理，建立健全义务教育经费使用管理评价机制，切实提高经费使用效益。

（四）完善信息公开和监督检查机制。各县（市、区）政府要将义务教育经费预算安排、执行情况向同级人民代表大会报告，并及时向社会公布，接受社会监督。各级财政、教育、物价、审计、监察等有关部门要齐抓共管，每年定期对义务教育经费投入、使用管理、学校收费等情况进行监督检查，确保义务教育经费及时、足额落实到位，充分发挥资金使用效益。

（五）加大宣传力度。各市、县有关部门要加强统一城乡义务教育经费保障机制的宣传工作，广泛利用各种宣传媒介，采取多种方式，向社会进行深入宣传，使党和政府的教育惠民政策家喻户晓、深入人心，确保统一城乡义务教育经费保障机制各项工作落实到位。

（六）提高义务教育信息化管理水平。各级教育部门要加强义务教育综合信息管理，确保学生学籍信息、学校基本情况、教师信息等数据真实准确，为科学调整中小学布局、完善义务教育经费保障政策以及教育资源均衡配置提供决策支持。各县（市、区）教育、财政部门应按照省要求及时、准确上报义务教育在校生、寄宿生、寄午餐生、低保家庭学生等数据，确保义务教育学生应免尽免、应补尽补。

【发文机关】龙岩市人民政府
【标　　题】龙岩市人民政府印发关于进一步完善城乡义务教育经费保障机制实施方案的通知
【发文字号】龙政综〔2016〕91号
【发布日期】2016年5月20日

宁德市人民政府关于印发宁德市小流域及农村水环境整治实施方案（2016—2020 年）的通知

各县（市、区）人民政府、东侨经济技术开发区管委会，市政府各部门、各直属机构、各大企业、各大中专院校：

经研究，现将《宁德市小流域及农村水环境整治实施方案（2016—2020 年）》印发给你们，请认真组织实施。

宁德市人民政府
2016 年 11 月 10 日

宁德市小流域及农村水环境整治实施方案（2016—2020 年）

为进一步改善我市小流域和农村水环境质量，保障全市水生态安全，根据《福建省人民政府关于印发福建省小流域及农村水环境整治计划（2016—2020 年）的通知》（闽政〔2016〕29 号），结合我市实际，制定本实施方案。

一、指导思想和目标要求

（一）指导思想

全面贯彻党的十八大和十八届二中、三中、四中、五中、六中全会精神，深入贯彻习近平总书记系列重要讲话精神，按照中央、省关于加快推进生态文明建设和《国家生态文明试验区（福建）实施方案》的部署要求，以改善水环境质量为核心，坚持问题导向、长效导向、共治导向，进一步推进小流域及农村水环境综合整治，形成“党政主导、部门联动、企业施治、社会参与”的水环境保护新机制，实现小流域“水清、河畅、岸绿、生态”，让人民群众共享更多绿色福利。

（二）目标要求

一年打基础。到 2016 年底，完成小流域水质监测普查，确定整治方案；基本消灭垃圾河，重点区域的小流域水质明显改善。

三年见成效。到 2018 年，汇入 5 条主干流及直接入海的小流域消除劣Ⅴ类水体，省、市级考核的重点整治小流域消除劣Ⅴ类水体，消灭“牛奶溪”。

五年大变化。到 2020 年，全市小流域Ⅲ类以上水质比例达到 90% 以上。

二、基本原则

（一）党政同责，分级治理。强化生态环境保护“党政同责”和属地管理责任，明确市、县、乡、村四级职责，落实部门环保监督管理“一岗双责”，加强目标责任考核和责任追究，形成上下协同联动的小流域治理格局。

（二）源头管控，综合施治。以提升水环境质量为目标，坚持生态优先、源头管控、综合施策，加强对全市小流域污染情况的监测梳理，加强分类指导，有计划、分阶段推进重点行业、区域和流域水环境治理。

（三）水陆统筹，突出重点。坚持区域联动、水岸共治、治管结合，统筹协调上下游，对污染严重、流域水环境影响大的分轻重缓急加快治理；实施“一河一策”，推动流域精细化整治，形成长效机制。

（四）全民参与，社会共治。充分发挥公众监督的积极作用，引导更多社会力量参与小流域及农村水环境整治，变“政府治”为“全民治”，形成全民治水的强大合力。

三、主要任务

（一）深入推进农业污染整治

1. 加大畜禽养殖整治力度。以流域水质达标为目标，根据当地流域环境容量，调整优化养殖业布局，加大力度逐年压减畜禽养殖量。各地禁养区、可养区划定要细化到村，建立网格化动态巡查机制，严防畜禽养殖向支流源头蔓延，依法关闭拆除可养区内存栏250头以下、未提出改造方案或改造后仍不能达标排放的生猪养殖场（户）；加快落实生猪养殖场标准化改造任务，鼓励生猪养殖污染防治重点县（市、区）建立智能化监控平台。推广种养结合、循环利用模式，推进畜禽养殖废弃物综合利用；鼓励探索PPP等第三方污染治理新模式，积极推动有条件的县（市、区）开展畜禽牧业绿色发展示范县创建活动。2016年底前，全面完成存栏5000头以上生猪规模养殖场标准化改造；2018年底前，全面完成可养区内生猪规模养殖场标准化改造。

责任单位：市农业局、环保局牵头，各县（市、区）人民政府、东侨经济技术开发区管委会负责落实。[以下任务均需各县（市、区）人民政府、东侨经济技术开发区管委会负责落实，不再列出]

2. 控制农业面源污染。逐步建立农业面源污染防控体系，实现主要农作物化肥、农药使用量零增长，重点推进设施作物、蔬菜、果树、茶叶等作物测土配方施肥，不断提高肥料利用效率；推广应用生物农药、高效低毒低残留农药，推行精准施药和科学用药，到2020年，主要农作物测土配方施肥覆盖率达95%以上，经济农作物测土配方施肥技术推广覆盖率达到90%，主要农作物化肥利用率提高到40%以上、农药利用率达到40%以上，农作物病虫害绿色防控覆盖率达到30%以上、专业化统防统治覆盖率达40%以上。建立农药废弃包装物和废弃农膜回收处理体系，试点建立农村定点有偿回收农药废弃包装物和废弃农膜站点，到2020年，农膜回收率达80%以上。

责任单位：市农业局牵头。

3. 加强水产养殖污染防治。坚持生态优先，按照不同养殖区域的生态环境状况、水体功能和水体承载能力，科学划定禁养区、限养区；深化水产养殖水污染治理，加强养殖投入品管理，水产养殖集中区域必须实行水环境监测；严格控制水库网箱养殖规模，对不符合养殖规划的网箱养殖开展专项整治和清退，全面取缔饮用水源水库网箱养殖。到2020年，基本完成不符合养殖规划的网箱养殖清退工作。

责任单位：市海洋与渔业局牵头。

（二）加快推进农村生活污染治理

1. 加强农村生活污水处理。科学制定农村生活污水治理规划，鼓励人口集聚和有条件区域建设有动力或微动力农村生活污水治理设施。2016年底前，交溪、敖江流域1公里范围内乡镇要实现污水处理设施全覆盖，其余乡镇要力争在2018年底前完成。到2020年，行政村生活污水处置覆盖率达到70%。

责任单位：市住建局、环保局牵头。

2. 推进农村生活垃圾处置。因地制宜抓好垃圾处置，推广“户分类—村收集—镇中转—县处理”的城乡生活垃圾一体化处置模式；在经济欠发达、交通不便的偏远山区、海岛地区可采取堆肥、填埋等就地处理方式。完善村庄保洁制度，加强对河道、池塘、沟渠周边及水面垃圾的清理，实现农村生活垃圾常态保洁。2016年底前，使全市33%行政村生活垃圾得到有效治理，2018年底前使全市90%行政村生活垃圾得到有效治理，并力争完成农村陈年垃圾清理任务。2020年底前，所有乡（镇）、村实现生活垃圾有效治理，生活垃圾收集处置率达到90%以上。

责任单位：市住建局牵头。

3. 健全农村污水垃圾处理长效运管机制。积极探索农村生活污水垃圾处理运行管理模式，培育农村污水垃圾处理市场主体，落实县、乡（镇）政府和村委会对农村生活污水垃圾治理设施运行维护管理的责任，力争到2020年，所有镇村生活污水垃圾处理设施实行专业化运行维护管理。加强已投用生活污水垃圾治理设施的长效管护，鼓励运用市场机制，以政府购买服务方式委托第三方管护，提高管护水平和设施运行效率；对分散处理的，应发挥村级责任主体作用，落实管护责任人，建立政府扶持、村级自筹和社会支持的管护经费保障机制，确保生活污水垃圾治理设施正常运行。建立农村生活污水垃圾治理设施资产管理制度，按照“一设施一档案”，定期向社会公布设施管理相关信息。

责任单位：市住建局、财政局、环保局牵头。

（三）切实保障农村饮水安全

1. 规范农村水源地保护。县级政府要按照有关规定，加快划定农村集中式饮用水水源保护区或保护范围。开展农村饮用水水源规范化建设，推进农村集中式饮用水水源保护区设立隔离防护设施和边界标志。2016 年底前，完成供水人口 1000 人以上的农村集中式饮用水水源保护区划定。2020 年底前，基本完成供水人口 200 至 1000 人的农村饮用水水源保护范围的划定。

责任单位：市水利局、环保局牵头。

2. 加强农村水源地整治。推进农村区域集中供水，加快饮水安全工程的改造，强化水源设施管理；对已划定的水源保护区（范围）内的违规项目要限期整治，对水源保护区（范围）内的生产性、经营性排污口，要在划定后一年内关闭拆除完毕；2020 年底前，已划定的水源保护区（范围）内的违规项目、违法排污口整治完毕。

责任单位：市水利局、环保局牵头。

3. 健全长效保障机制。建立健全农村饮用水水源地长效管理机制，明确供水工程及水源管护主体，消除水源地安全隐患；推进农村供水机构和水质监测机构建设，设立维修养护基金，保障工程长效运行。按规定开展水质监测，2017 年起，逐步公布日供水 1000 吨或服务人口 10000 人以上水源水质状况；2020 年全面实现水源地水质信息公开。

责任单位：市水利局、卫计委、环保局牵头。

（四）全面推进工业污染防治

1. 严格环境准入

严格落实生态红线管控制度，一级红线管控区实行严格管理，禁止不符合管理要求的开发建设活动；二级管控区内严禁损害主导生态功能和不符合生态保护方向的建设活动，实行开发建设项目环境准入管理制度。

责任单位：市环保局、发改委牵头。

发挥规划环评约束作用，各级各有关部门在组织编制区域、流域规划和重点产业发展规划过程中要同步开展规划环评，优化开发规模、结构和布局。

责任单位：市发改委、环保局、经信委、水利局牵头。

严格建设项目环评管理，闽江水口电站以上流域范围禁止新、扩建制革项目，严控新、扩建植物制浆、印染、合成革及人造革项目。在水环境质量不满足功能区要求、无环境容量的流域内，禁止新建增加相应污染物排放的项目。

责任单位：市环保局、发改委、经信委牵头。

2. 加强重污染行业整治。2017 年底前，力争完成氮肥、印染及造纸等行业高污染、高能耗生产线的技术改造，推动产业转型升级。加快制订完善重污染行业污染物排放地方标准。根据生态环境承载能力，适时制定污染控制重点地区水污染物特别排放限值，确保达标排放。

责任单位：市经信委、环保局牵头。

3. 加快淘汰落后产能。严格执行国家有关产业政策和产业结构调整指导目录，鼓励实施更加严格的落后产能地方淘汰标准，加速落后产能淘汰和过剩产能退出；取缔不符合产业政策的“十小”企业，关闭能耗高、污染重、治理无望的企业和生产线，加大电镀、氮肥、农副食品加工等十大重点行业专项整治力度。

责任单位：市经信委、环保局牵头。

4. 加强工业园区集中治理

新建的化工、印染、电镀、铅蓄电池、皮革、合成革及人造革建设项目，应布设在环保基础设施齐全并经规划环评的专业园区内，现有企业要加快引导入园发展。

责任单位：市发改委、经信委、环保局、住建局牵头。

新建、升级工业园区应同步规划建设污水、垃圾、工业固体废物集中处理等污染治理设施。现有省级及以上各类开发区、工业园区应全面实现污水集中治理并安装自动在线监控装置；其他类型开发区、工业园区应于 2017 年底前建成。

责任单位：市商务局、经信委牵头。

（五）开展小流域生态保护与修复

1. 实施河道生态修复

推进“万里安全生态水系建设”项目，围绕小流域整治重点，2016年治理河流112公里。开展河道拆违、生态清淤、河面漂浮物清理、河道两岸堆放的废渣与垃圾清除等专项整治行动，河道综合整治与河道两岸截污工程应同步规划设计。鼓励采取政府购买公共服务方式，引进专业养护公司承担河道保洁工作；2016年基本消除垃圾河，2018年河道保洁实现全覆盖。

责任单位：市水利局牵头。

加强河道采砂和洗砂管理，全面打击非法采砂和洗砂行为，制定县（市、区）河道采砂和洗砂管理规划，对影响水源保护区和水生态的河道逐步实行禁采、禁洗。

责任单位：市水利局、住建局、国土局、经信委牵头。

2. 实施封山育林。严格执行林地保护利用规划，实行林地定额管理和用途管制制度，健全生态公益林和重点生态区位商品林管护制度；全面停止天然林商业性采伐，探索天然林生态修复和补偿机制，提升森林质量。推进“四旁绿化”建设，大力开展水源涵养区、江河源头区保护与恢复，实施低效林改造和生态修复，加快水涵养林建设，加强河流湿地保护。结合工程治理措施，保护好森林和植被，提升森林、湿地生态系统功能。到2020年全市完成封山育林60万亩。

责任单位：市林业局牵头。

3. 加强水土流失治理。坚持人工治理与自然修复相结合，强化水土流失重点区域治理，营造水土保持林，禁止陡坡（>25度）开荒种地，对已经开垦地区逐步退耕还林还草，提高流域水土保持能力。全面开展重点农业类生态功能区、城镇与城郊农业（或集约化高优农业）功能区、重要水源地水土保持生态建设和水生态修复，加快实施山洪地质灾害易发区水土流失综合整治工程和坡耕地水土流失综合整治示范工程。探索水土流失治理企业化运作。到2020年，全市水土流失率控制在8%以内。

责任单位：市水利局、农业局牵头。

4. 加强水电站整治。强化水资源统一调度，水力发电等调度应当服从水资源统一调度。完善水量调度方案，科学合理安排和考核水电站下泄水量，结合水电站技术改造，增设生态下泄流量设施或生态机组等措施，维持河湖基本生态用水需求，重点保障枯水期生态基流。采取综合施策，建立小水电退出机制，对不符合河流最小生态流量要求的水电站要限制运行；对安全隐患重、生态影响大的小水电站，要有序强制退出。

责任单位：市水利局、经信委、环保局牵头。

5. 加强矿山整治与修复

加大矿山生态环境恢复力度，严格落实矿山生态环境治理恢复保证金制度，实行“边开采，边治理”。对历史遗留的无主废弃矿山，2016年底前，当地政府应完成调查建档工作；2018年底前，制定总体整治计划，逐点制定具体整治方案，并分轻重缓急，因地制宜组织实施。

责任单位：市国土局牵头。

现有建筑饰面石材集中加工区域应建成污水集中处理设施，配套污水管网和水回用系统，实现零排放。现有零散分布的建筑饰面石材企业应严格执行环保相关要求，并实施差别电价政策，促进零散企业尽快搬入集中区。2018年底前，基本消灭“牛奶溪”。

责任单位：市经信委、环保局牵头。

（六）强化环境监测与监管执法

1. 加强水环境监测能力建设

制定实施《小流域水环境质量监测网络拓展方案》，推动我市流域水环境质量监测体系向小流域延伸。2016年开展全市小流域监测点位踏勘布点和水质监测普查，对“垃圾河”“黑臭水体”、V类、劣V类水体及生猪养殖重点区域内的小流域开展监测，并以此为基础有针对性地开展分类整治；2017年对前一年度水质不达标的小流域开展水质监测，加快小流域自动监测站建设；2018年实现小流域监测全覆盖。水环境监测能力建设运行资金由财政统筹安排。

责任单位：市环保局、财政局、发改委牵头。

分期分级建设完善区域农村饮水安全工程水质检测中心，2017年起日供水1000吨或服务人口10000人以上乡镇水源地实现定期监测。监测经费列入年度财政预算。

责任单位：市环保局、水利局、卫计委、财政局牵头。

2. 推进环境监管网格化。各级政府要统筹辖区内负有环保监管职责的部门及其相应的环境管理资源，依托城乡社区网格，完善“属地管理、分级负责、全面覆盖、责任到人”的网格化环境监管体系。强化三级网格（乡镇、街道）与四级网格（村、居）的联动机制，推动环境执法力量向农村基层延伸，确保不留死角，不存盲区。把小流域的环境监管作为环保网格化监管任务的重要内容，重点小流域所在的乡镇（街道）、村居（社区）要建立环境监管责任制，明确小流域环保监管检查、日常巡查、协调、报告等职责，及时发现制止违法排污现象。小流域网格化环保监管工作列入地方党政领导综治（平安建设）责任书，保障小流域环保网格监管落实到位。

责任单位：市环保局、综治办、编办牵头。

3. 加强环境监管执法。严格执行环境保护法，强化小流域环境执法监管，坚持日常监管和专项整治相结合，深入开展各类环保专项行动，建立健全小流域日常巡查制度，实施差别化执法监管，及时发现和查处各类违法行为。建立环保与公安部门常态化联合执法机制，依法重点打击小流域环境违法行为，保持对环境违法打击的高压态势，对涉嫌环境犯罪的，依法移送司法机关追究刑事责任。

责任单位：市环保局牵头。

四、保障措施

（一）完善工作机制

1. 细化目标任务。各地要在2016年底前制定并公布本地区小流域及农村水环境整治计划，报市政府备案；坚持“一河一策”，强化不达标流域治理，明确整治路径、目标、时间节点，逐年确定分流域、分区域、分行业的重点任务和年度目标，向社会公布，每年向上一级政府报告流域治理情况。

责任单位：市环保局牵头。

2. 加强组织领导。各地要落实“党政同责”和属地管理责任，完善工作机制，建立小流域及农村水环境整治工作联席会议制度，加强统筹协调，形成上下游、左右岸紧密协作、责任共担、问题共商、目标共治的联防联治格局。各有关部门要根据环保监督管理“一岗双责”职责分工，按照“谁主管、谁负责”的原则，落实小流域环境监管责任，建立多部门协调联动机制和信息通报制度，形成水环境治理的强大合力。

责任单位：市环保局牵头。

3. 全面落实河长制。切实落实各级河长管、治、保“三位一体”职责，健全市、县、乡（镇）三级河长体系，推动设立小流域村级管理员，将各项目标任务层层落实到各级河段长及相关部门。县、乡（镇）河长、河段长要加大对责任河道的巡查力度，发现污染事故或污染隐患的，要第一时间督促或通报有关部门查处。强化责任落实机制，按照“突出重点、分级管理”的原则，每条河要建立“一河一档”和项目库，制定“河长”考核细则和奖惩办法。实施跨行政区域河流交接断面水质保护管理考核，每年向社会公开并定期公布整治进展。

责任单位：市水利局牵头。

4. 建立联防联治机制。流域上下游县（市、区）要建立联合监测机制，根据实际需要组织开展同步采样、同步监测，监测点位由相邻区域环保部门共同确认后报上一级环保部门；建立联合通报机制，每月定期相互通报相邻区域的水质监测数据，逐步实现监测数据的互通和共享；建立联合执法机制，开展相邻区域定期联合执法和不定期异地交叉执法，共同查找问题、解决问题，对交叉执法发现的问题要第一时间通报给相关部门，提升区域联合执法水平。

责任单位：市环保局牵头。

5. 严格考核与奖惩

小流域整治情况纳入党政生态环境保护目标责任书考核内容，并作为对各地环境保护督察的重要内容，加大考核权重，考核结果作为各地党政领导班子综合评价的重要依据。

责任单位：市环保局、市委组织部牵头。

综合运用行政及舆论监督手段，加强督察、暗访和信息公开，实施重要断面水质双月考、定期排名通报制度，对流域整治不力、未完成年度整治目标任务的地方，采取媒体曝光、通报预警、约谈及限批等措施；对水质持续恶化、不升反降的，按照《党政领导生态环境损害责任追究办法》予以追责。

责任单位：市环保局牵头。

（二）建立健全资金保障机制

1. 多渠道筹措资金

各级政府要加大对小流域治理及农村环境保护投入，将小流域水环境保护资金列入年度财政预算，加强资金保障；建立多元投入机制，加强政策扶持和激励，鼓励社会资本通过各种方式积极参与小流域及农村水环境治理。

责任单位：市财政局、发改委牵头。

各地可探索建立生态环境公益基金，鼓励社会各界捐赠，动员各类社会组织积极参与小流域治理公益项目；积极探索村民自建模式，试行众筹等新方式来推进水环境治理工作。

责任单位：市环保局牵头。

2. 强化项目带动。各地要建立小流域治理环境整治项目库，创新项目生成机制，推进实施小流域综合治理工程、生态保护工程、农村环境保护工程、危险废物处置工程等治理工程体系，以项目带动环境治理。深化项目投融资体制改革，以项目带资金，积极推广运用PPP、环境污染第三方治理模式。鼓励推出小流域和农村环境治理投资工程包。

责任单位：市发改委、环保局、财政局牵头。

（三）构建社会共治格局

1. 加强宣传教育。充分发挥宣传和舆论导向作用，建立各级各部门环保宣传教育与媒体新闻宣传相结合的环保宣传教育大格局，全方位、多形式宣传水环境保护的重要性，引导广大群众树立尊重自然、顺应自然、保护自然的理念，真正形成简约适度、绿色低碳、文明健康的生活方式；充分发挥社会舆论监督作用，在主流媒体上设立污染小流域和破坏农村水环境违法行为曝光台，建立媒体参与环境执法、挂牌督办等工作机制，形成“保护水环境人人有责、改善水环境人人受益”的良好氛围。

责任单位：市委宣传部、市环保局牵头。

2. 推动全民参与。探索建立社会力量参与环保监督机制，引导公众有序参与和监督小流域和农村水环境保护工作，邀请人大代表、政协委员和社会各界参与监督，建立有奖举报制度，鼓励群众监督和举报污染小流域、破坏农村水环境的行为。强化志愿服务，建立小流域和农村水环境治理志愿服务队伍，鼓励社会各界广泛参与，构建群策群力、共建共享的治理体系。

责任单位：市环保局牵头。

【发文机关】宁德市人民政府
【标　　题】宁德市人民政府关于印发宁德市小流域及农村水环境整治实施方案（2016—2020年）的通知
【发文字号】宁政文〔2016〕281号
【发布日期】2016年11月10日

平潭综合实验区管委会关于印发实施畅通城市三年行动计划（2016—2018 年）方案的通知

区直各单位、各乡镇人民政府、各国有公司：

根据福建省人民政府《关于印发实施畅通城市三年行动计划的通知》〔闽政（2016）18 号〕要求，经研究，现将《平潭综合实验区实施畅通城市三年行动计划（2016—2018 年）方案》印发给你们，请各单位按照责任分工抓紧组织实施。

平潭综合实验区管委会
2016 年 6 月 20 日

平潭综合实验区实施畅通城市三年行动计划（2016—2018 年）方案

为贯彻中央和全省城市工作会议精神，组织落实福建省人民政府《关于印发实施畅通城市三年行动计划的通知》（闽政〔2016〕18 号）要求，改善城市交通环境，缓解城市交通拥堵，特制定本行动计划方案。

一、目标要求

按照“部门联动、落实责任、建管结合、综合实策”的原则，突出城市重点拥堵区域，抓住综合交通关键问题，从 2016 年起用三年时间，通过政治一批拥堵路段和节点，建设一批道路配套设施，采取一批执法管理措施，推动一批城市交通设计，提高城市综合交通管理水平和智能化水平，有效缓解城市核心区交通拥堵，切实保障城市交通运行总体安全平稳有序，让人民群众有实实在在的获得感。

（一）交通设施承载能力明显提高。按照 2020 年城市建成区平均路网密度达到 8 公里/平方公里、道路面积率达到 15% 目标要求，每年全区新改扩建城市道路 30 公里以上。2016 年，城市建成区平均路网密度提高到 6.7 公里/平方公里，道路面积率达到 12.3%，新增公共自行车 2000 辆以上。到 2018 年，城市建成区平均路网密度提高到 7.3 公里/平方公里、道路面积率达到 13.5%，全区新增公共停车泊位 1200 万个以上，新增公共自行车 2000 辆以上。

（二）公交出行比重显著提高。2016 年，全区新增公交车 10 辆以上，新增公交线路 3 条以上，新建公交场站 4 个，公共交通分担率达到 16% 以上。到 2018 年，公共交通分担率达到 18%，实现市中心城区公交站点 500 米全覆盖。

（三）道路交通更加顺畅。推动一批城市主干道和重要拥堵节点的交通设计，加快城市主次干道和重要交通拥堵节点优化提升改造，基本完成城市重要拥堵节点的综合治理，消除或减轻城市交通拥堵现象。大力推行公交优先、单向交通、“绿波”通行、精准配时等管理方式，提高智能化、精细化、规范化水平，推动交通秩序进一步改善、群众出行满意度进一步提升，逐年提高高峰时段主干道平均车速。

二、主要任务

（一）加快交通基础设施建设

1. 加快城市道路规划建设。要树立“窄马路、密路网”的理念，按照城市交通拥堵状况和 2020 年路网密度目标要求，抓紧组织规划、建设、交通、交警等相关部门和技术力量梳理城市综合交通、公共交通及道路拥堵等方面存在的问题，进一步完善综合交通规划。有必要修编和尚未编制道路交通专项规划的要于2016年底前完成。在安排城市道路新改扩建项目时，重点完善城市主次干道路网，强化城市环路与中心城区路网的衔接，推进城市重点发展组团与老城区以及各组团间的快速联系通道建设，拓宽、加密新老城区之间连接道路。结合旧城区有机更新、景观整治，拓宽一批老城区支路、小巷，条件允许的小巷要通过改造，力争建成车行道，完善城市“毛细血管”。合理组织单向交通，打造循环交通体系。2016年，重点加快推进京台高速长乐至平潭段、金井湾大桥及连接线工程、坛东大道一期、坛东大道二期、镇镇有干线、福平大道（东段、西段）等一批重大交通项目建设，实施一批片区道路网加密改造项目。要加强公路、市政工程质量监管，推进标准化施工管理。

责任单位：区公安局、区交建局、区经发局、区规划局、各乡镇。

2. 鼓励非机动车出行。新建城市主次干道要建设步行和自行车道，交通流量较大的次干道以上的道路视情设置分隔设施，保障非机动车合理通行路幅。建设公共自行车系统，主城区重要地区附近区域尽可能配建公共自行车站点，构建便捷的半小时自行车体系，解决市民出行“最后一公里”。重点梳理完善行人过街系统，提高行人过街设施的可达性、便捷性。加快市、县（区）便民自行车系统建设，到2018年，公共自行车和慢行系统基本完善，新增公共自行车2000辆以上。

责任单位：区交建局、区规划局、各乡镇。

（二）大力发展城市公共交通

1. 加快公共交通设施建设。推进“公交都市”建设，统筹城市公交、BRT、轨道交通等多种类型公共交通协调发展，提高公共交通分担率，尽快形成畅通、安全、便捷的公共交通体系。加强公交专用道建设，逐步扩大公交专用道的覆盖范围，交通流量大及单向3车道以上的城市道路应当设置公交专用道。推进火车车站、高速铁路及城际铁路站、机场、景区、公园等与公共交通、出租车接驳换乘的有效衔接。结合新城区建设以及旧城区改造，加快港湾式公交停靠站建设，加快公交枢纽、换乘站、停保场、首末站等场站建设。鼓励公交进社区，大型连片居住社区以及城市综合体都要同步配套公交场站。城市各类新区和产业园区等要建设公交枢纽站。2016年，重点推动高铁中心站及公共交通接驳系统建设，建成港湾式公交候车亭50个。到2018年，全面解决公共交通车辆占路停车。具备条件的主要客流走廊试点推行公交电子站台，提高城市公交运行准点率。

责任单位：区交建局、区规划局、区经发局、区环境与国土资源局。

2. 优化公交线网。要做好存在公交乘车难的重点地区（小区）的排查工作，制定公交线路和站点优化调整方案，采取跳站、接驳、改造站点等措施，解决公交站密集、线路过于集中、公交车站口斜插左拐、公交车“列车化”停靠与行进等问题，并于2016年上半年向社会公布实施。2016年年底前完成全区公交线网和公交枢纽场站专项规划的编制工作，提高公共交通线网覆盖率，设区市中心城区公交站点500米全覆盖，建立起与城市规模、社会经济发展相适应结构合理的城市公交网络，以高质量和高效率满足市民出行需求。城市新区和各类产业园区要及时增设或者延伸公交线路。加快车辆更新改造升级步伐，推广应用大容量、低地板公交车辆和空调车，积极推进混合动力、纯电动、天然气等新能源和清洁燃料车辆的示范和应用，新增非新能源和清洁燃料城市公交车辆全部实现国V及以上排放标准。2016年，全区新增公交车10辆，新增公交线路3条以上，延伸、优化公交线路5条。力争到2018年实现全岛城乡公交一体化发展，全区公交车要突破260标台，其中清洁能源、新能源公交车辆达到240辆以上，公交线路突破25条，中心城区公交平均发车间隔高峰时段不超过5分钟一班。

责任单位：区交建局、区规划局、区经发局。

3. 提升城市公共交通运输服务水平。根据城市自身特点、交通需求、道路承载能力、环境保护等因素，适度发展出租汽车，科学确定出租汽车运力规模及在城市综合交通运输体系中的分担比例，及时调整运力规模，更好满足社会公众个性化出行需求。统筹出租汽车电召服务平台建设，推广人工电话、手机软件等出租汽车预约服务，逐步减少出租汽车巡游空驶里程。大力推广应用交通“一卡通”服务，实现融入全省范围内应用于高速收费、公交、出租、公共自行车、轮渡等交通运输领域及加油加气充电、超市消费、停车场等应用领域，逐步与省电力公司充电设施车联网平台互联互通，实现公众出行消费的“一卡式”支付。

责任单位：区公安局、区交建局、区经发局、区交投公司、电力公司。

4. 健全公交补贴机制。要进一步健全城市公共交通企业成本监审和补贴补偿制度，在《平潭综合实验区城市公交财政补贴补偿管理办法（暂行）》（岚综实交建运管［2014］16 号）实行的经验基础上，继续完善补贴补偿程序和考核办法，建立实验区公交财政补贴补偿长效机制。对执行政府指令性任务、开通冷僻线路、实行低票价、减免票等产生的政策性亏损，在对公共交通企业成本和费用进行年度审计审核评价界定的基础上，给予足额补偿。同时要加强公交运营企业管理，提升公交服务的安全与质量水平。

责任单位：区交建局、区财政金融局、区市场监管局。

（三）优化道路交通组织管理

1. 实施治堵综合整治工程

（1）全面排查交通拥堵路段。2016 年上半年完成主干道、次干道、支路、交通微循环及内街内巷等的全面排查，对存在拥堵情况的逐一登记造册，建立、完善基础台账，并使用地图标注的方法予以明确，全面掌握拥堵分布的总体情况和具体明细。抓好各交通拥堵点（段）的分类排查，从标志标线、交通信号、交通违法、停车场设置、道路施工、管线破路维修、道路条件、路网缺陷、场站布局等方面，对应列举拥堵成因，并分类建档。

责任单位：区公安厅、区交建局。

（2）落实堵点整治工作责任。按照“一点（段）一方案一责任工程师”的要求，提出改造方案。改造方案按照归口办理的原则由各相关部门按照职责分工，提出具体改造方案、改造计划，并明确改造进度，确保按时完成。建立城市交通拥堵节点责任工程师专人跟踪制度，按照购买服务的方式，若干个堵点聘请一位责任工程师，由责任工程师现场蹲点研究拥堵点的成因并提出优化方案。推进城市重要主次干道拥堵节点交通治堵设计，解决拥堵节点的信号灯配时、人行过街斑马线、渠化岛以及交通流组织混乱问题。采取综合措施解决城市重要交叉路口的拥堵问题，通过地下、地面、地上三个空间的综合利用及与四周建筑物的衔接，实现交叉路口的空间整合、商业开发和人流、车流的分离。2016 年，选择一条以上城市主干道先行开展交通治堵设计试点，由设区公安交警部门牵头，交建、规划等部门配合，于 2016 年底前完成。

责任单位：区公安局、区交建局。

2. 提升智能管理水平。交通指挥中心，加快交通信号联网联控、交通流量、气象信息、卡口、测速、视频监控、信息发布与交通诱导等智能交通控制系统建设，加强各部门间的资源共享，提高排堵保畅、应急处置能力。优化道路交通流组织管理，在城市主要干道推行“绿波”通行。优化交通信号配时，大力推广“一口一策”、协调控制、联网联控等管理方式。各地要依托“福建出行助手”、政务网站等平台建立出行信息服务系统，将道路状况、交通拥堵、管控措施、公共交通服务、交通气象等提示信息，通过媒体、互联网、手机、交通引导屏等形式向社会发布，便捷居民出行。

责任单位：区公安局、区交建局。

3. 强化交通秩序管理。提高路面“见警率”“管事率”，增强道路交通事故的快速处理能力。加强城市中心城重要路口、重点部位、交通枢纽以及商业场所、学校、医院周边的交通组织和交通秩序管理，加大信号灯以外区域交通管理，规范机动车通行和停放，严格非机动车、行人交通管理，加大道路交通违法行为的查处力度。加强占道施工重要节点、时段的管控。

责任单位：区公安局、区交建局。

三、保障措施

（一）加强组织领导。由区交建局牵头建立实施畅通城市三年行动计划工作联席会议制度，统筹协调畅通城市建设的重大问题，协调区直相关部门职责衔接。区交建局负责指导协调城市道路交通基础设施建设等工作；区公安局负责指导协调城市道路职能交通建设管理，以及交通标志标线、信号灯、防护设施管理，抓好交通秩序管理和事故处理等工作；区交建局负责指导协调城市公共交通发展和相关基础设施建设等工作；其他有关部门按照职责分工做好支持和配合，乡（镇）人民政府是本区域畅通城市建设的责任主体，要于2016年6月底前建立联席会议制度，明确相关部门职责分工，并结合本地实际制订年度工作实施方案，推进畅通城市各项工作任务的落实。

责任单位：区交建局、区公安局、区财政金融局、区环境与国土资源局、各乡镇。

（二）严格督查考核。区管委会将把畅通城市建设纳入“三比一看”重要内容，于每年4月底前向省畅通城市三年行动计划工作联席会议办公室上报畅通城市建设年度工作目标和具体实施项目。区畅通城市三年行动工作联席会议办公室要建立定期督查机制，实行季度通报、半年督查、年度考核。对工作不力的乡镇及相关单位采取通报、约谈、媒体曝光等措施。

责任单位：区交建局、区公安局、各乡镇。

（三）加大政策支持。财政部门将城市公共交通发展纳入公共财政保障体系，列入年度财政预算。经发、财政等部门要积极争取国家在相关专项建设资金、债券、项目资金等方面加大支持力度，相关单位要善于通过整合综合交通相关项目，推行PPP模式等方式，多渠道争取建设资金。要设立绿色通道，简化畅通城市三年行动计划项目涉及的用地、规划、建设审批。对于符合《划拨用地目录》的建设用地，应当以划拨方式供应土地。

责任单位：区经发局、区财政金融局、区交建局、区环境与国土资源局。

（四）加强宣传教育。各级各相关部门要充分发挥报纸、广播、电视、网络、微博、微信等媒体作用，创新宣传方式，倡导文明出行理念，引导市民形成良好出行习惯，引导社会力量积极支持参与畅通城市建设。各级教育部门和工会、共青团、妇联组织要发挥自身优势，广泛开展交通文明教育活动，夯实国民交通安全素质基础。

责任单位：区交建局、区公安局、区社会事业局、区宣传部、区总工会、区团委、妇联。

平潭综合实验区管委会办公室
2016年6月20日

【发文机关】平潭综合实验区管委会
【标　　题】平潭综合实验区管委会关于印发实施畅通城市三年行动计划（2016—2018年）方案的通知
【发文字号】岚综管综〔2016〕140号
【发布日期】2016年6月20日

第八篇

文明单位

科研院所

说明：本篇选介的部分社会事业、乡镇街道等单位曾荣获全国或省级文明单位称号，排名不分先后。

中国科学院福建物质结构研究所

中国科学院福建物质结构研究所（简称福建物构所）由我国著名科学家、教育家卢嘉锡院士创建于1960年，是中科院A级研究所。

该所定位于注重原创基础研究，加强变革创新，促进成果转移转化，多年来面向国家重大与战略需求、面向世界科学前沿，注重原创基础研究，开展基础性、战略性、前瞻性研究，引领国际结构化学和光电晶体材料学科发展，创建物质科学的新理论和新方法，实现目标导向的新材料理论设计和定向合成；谋划创新需求驱动的学科布局，以结构化学和光电材料优势带动新能源、新材料、激光技术、装备制造等相关学科发展。

该所现有职工702人，其中：中科院院士5人（含兼职3人），研究员86人，副高111人，引进中科院"百人计划"27人，国家杰出青年基金获得者15人，是1978年国务院学位委员会批准的博士、硕士学位授予权单位之一，设有化学一级学科博士培养点和无机化学、物理化学、有机化学、凝聚态物理、材料物理与化学、生物化学与分子生物学等6个博士、硕士培养点；材料工程、生物工程、光学工程、化学工程4个硕士研究生培养点；并设有化学学科、材料科学与工程2个博士后流动站。目前在学研究生共402人，其中博士生146人，硕士生171人，海西联培硕士生79人，外国博士留学生6人，在站博士后15人。研究生导师87人，其中博士生导师55人，硕士生导师32人。

该所设有结构化学国家重点实验室、国家光电子晶体材料工程技术研究中心、中科院功能纳米结构设计与组装重点实验室、中科院光电材料化学与物理重点实验室、中科院煤制乙二醇及相关技术重点实验室、福建省纳米材料重点实验室、福建省纳米材料工程实验室、福建省激光技术集成与应用工程技术研究中心、福建省光电子晶体材料与器件行业技术开发基地、福建省光电子晶体材料及器件产业技术创新联盟等10个科技创新平台以及结构化学基础研究室、纳米材料研究室、理论与计算化学研究室、晶体材料研究室、材料化学与物理研究室、激光工程研究室、化学生物学研究室、应用化学研究中心、先进材料研究中心等10个研究室（中心），培植了福晶科技股份有限公司、通辽金煤化工有限公司、福建创鑫科技有限公司、福建中科华宇科技发展有限公司、福建中科万邦光电科技和青岛海泰光电科技等十多个高科技企业。

建所以来，该所获得230多项科技成果和奖励，其中问鼎国家科技三大奖及中科院科技进步特等奖17项、中国发明专利金奖2项，已成为在国际上具有重要影响力的结构化学、新材料与器件集成与应用的综合研究基地。

该所以中科院实施的"率先行动"计划为主线，围绕创新驱动发展战略，建立了"知识创新—技术创新—工程产业化"三者互相支持、良性互动的科技创新体制。

（摘编：李　哲）

福建省农业科学院

福建省农业科学院成立于1960年。现设有水稻、茶叶、果树、作物、甘蔗、食用菌、畜牧兽医、生物技术、农业生态、植物保护、土壤肥料、农业生物资源、农业工程技术、农业经济与科技信息等研究所和中心实验室以及科技干部培训中心共16个研究（服务）机构。

拥有国家水稻改良中心福州分中心等3个国家

级重点实验室（中心），福建省精密仪器农业测试重点实验室等6个省级重点实验室，福建省畜禽疫病防治工程技术研究中心等12个省级工程（技术）研究中心；建有国家龙眼－枇杷资源圃、福建省农业科研野外观察站等8个国家和省级资源圃和野外观察站。全院共有142多公顷实验场（圃），保存珍贵作物种质资源13000多份。

在职职工1090人，其中，中国科学院院士1人、国家级专家6人、省级专家15人、享受国务院政府特殊津贴73人、国家“百千万人才工程”人选5名、省“百千万人才工程”人选37名；研究员120人，副研究员221人，中级专业技术人员317人；博士（生）108人、硕士（生）381人。建立了博士后科研工作站和中农院研究生教学实习基地，每年合作招收硕士、博士研究生100人左右。1978—2010年以来，共取得国家、部省级科技奖励成果385项，其中省部级二等奖以上重大成果104项。荣获第十二届省级文明单位称号。

该院坚持以应用研究和开发研究为主，适当开展基础研究，建立了作物育种、园艺科学、农业微生物、农业生态、动物传染病、基础生物学、植物保护、农产品加工、农村区域经济、食用菌等10个创新团队，着力提高科技创新能力。在水稻育种（超级稻、转基因水稻）、果树育种（枇杷、龙眼）、畜禽疫苗（番鸭细小病毒病）、水产病害（欧鳗小瓜虫）、生物农药（生物杀菌剂－ANTI8098A和生物杀虫剂－BtA）、植物病虫防治（捕食螨、柑橘黄龙病）、农业生态（红萍资源）等方面研究居世界先进水平。

该院坚持服务“三农”，服务企业，近年来实施“双百”行动，每年选派百名农业专家深入基层服务百家农业龙头企业，选派百名农业专家驻点农村服务百个规模经营的专业农户。建立了200多家农业龙头企业技术示范点和300多个规模种植科技示范基地，探索出农业科技服务“三农”长效机制，有效推进了科技成果的转化应用。

（摘编：黄万良）

福建省地质测绘院

福建省地质测绘院成立于1958年6月，隶属福建省地质矿产勘查开发局，现有职工1030人，其中高级职称129人，初中级职称345人，下设5个经济实体，管理科学，技术力量雄厚，设备精良，拥有先进的进口和国产设备600台及配套软件系统，价值3千余万元。ISO9000质量体系认证涵盖所有业务范围，在数字测绘、工程测量、物化探、遥感、工程勘察、工程检测、环境评价、国土资源、3S技术综合应用、地理信息系统及制图、印刷等领域，集科研生产于一体，依靠科技进步，应用高新技术，面向社会，本着“诚实、信用、合作、共享”的原则，为国民经济建设服务。

近半个世纪来，尤其近10年来，福建省地质测绘院承接并优质地完成了上百个国家、省部级重点建设和科研项目以及国外勘查项目，取得了良好的社会经济效益，得到国内外用户的高度赞誉。

2016年获得中共福建省委省直机关工委颁发的“先进基层党组织”荣誉称号，为第十二届省级文明单位。

（摘编：张海生）

福建省计量科学研究院

该院始建于1960年，隶属于福建省质量技术监督局，为依法设置的省级法定计量检定机构，是全省量值溯源中心和最高层次的计量科学研究机构。承担了国家法定计量检测任务，同时开展计量技术研究，为促进产业创新、提升产品质量提供技术支撑。

该院编制数151人，目前职工341人，其中博士17人、硕士97人、本科167人；教授级高工24人，高级工程师46人、国家计量专业委员会委员23人，享受国务院特殊津贴2人，列入百千万省级工程人选1人。设有长度、热工、力学与声学、电学、化学、建设与交通、流量与容量、医学工程与电离辐射、智能测量等9个计量研究所和网络信息等5个专业科技研究中心及党政办等7个职能部门。

该院是国家质检总局首批三个“质检科技成果推广转化基地”之一，建有全国首个国家城市能源计量中心、国家蒸汽流量计产品质检中心、国家光伏（产业）计量测试中心、福建省能源计量重点实验室、福建省计量器具型式评价技术公共服务平台等一批具有国内先进水平的科技创新服务检测平台。

近年来该院计量事业实现了跨越发展，综合实力已经跻身于全国省级院先进行列。现有实验室及办公用房建筑面积约60133平方米。已通过国家实验室认可复评审的校准能力606项，检测能力119项。法定计量授权检定项目472项，校准项目521，计量标（基）准总数289项，已取得电能表、非自动衡器、称重显示器等6个国家型式评价实验室资质，能够为我省重点产业发展及民生领域提供技术支撑保障。

该院坚持坚持“检测”与“科研”两翼齐飞，科技工作实现重大突破性进展，得到了省委省政府、国家质检总局及有关方面的高度肯定。近5年来，5项成果达到国际领先水平，1项成果达到国际先进水平，45项成果达到国内领先水平，获省部级成果奖13项；获发明专利授权19项。其中“汽车衡新校验方法及装置（液压式）”获得2015年度中国计量测试学会科技进步一等奖，“锅炉煤耗/效率在线监测系统的研究与应用”“PH/离子计自动检定方法的研究”“能源计量数据在线监测公共平台关键技术的研究”等获得省科技进步二等奖，“医用诊断全景牙科X射线辐射源”“日射法一级参考太阳能装置”等获得省科技进步三等奖，“在线烟气监测系统研究与应用”获得国家质检总局科技兴检三等奖。

该院服务于国防装备、节能减排、食品安全、医疗卫生等方面的科研成果转化约2000多万元，特别是在智能测控、超大力值量值溯源等计量科技创新与成果应用成效显著。

该院围绕科技创新服务产业发展的工作主线，积极建设位于福州市闽侯铁岭工业区的科研基地，占地约82亩。一期工程已建有6栋工作大楼，实验室及科研办公面积32000平方米，其中恒温恒湿实验室约3000平方米，重点建设60MN力标准机、高精度衡器载荷测量仪、大型瞬态太阳模拟器等一批具有国际、国内先进水平的社会公用计量标准项目。正在规划设计的二期工程建筑面积6000平方米，计划建设测力、电学、环境医学、标准物质等计量检测实验楼。预计2019年完成并投入使用。

该院不断提升国际交流合作水平，拓展境外校准业务，创新闽台计量合作发展。2016年5月该院参与了欧洲计量研究计划（EMRP）项目，这是世界上第一个大型计量合作研究计划，总投资为4亿欧元，有22国共同参与。该院是全国首个参与该项目的省级计量院，大大提高我国在超大力值计量领域的技术水平。该院还与德国联邦物理技术研究院（PTB）、南非国家计量院签订科研框架合作协议，与德国GTM传感器公司、HBM传感器生产企业签订合作协议，开展国际大力值计量校准服务。此外，该院还代表中国在该领域首次承担国际标准《振动与冲击传感器磁灵敏度测试方法》的研究和制定任务。

该院先后被评为第十二届省级文明单位；2011—2012年连续两年被评为“全国质检系统民生计量工作先进单位”；2013年获评“福建省五一劳动奖状”；2015年被全国总工会评为“全国模范职工之家”荣誉称号。

（摘编：杨立群）

福建省食品药品质量检验研究院

福建省食品药品质量检验研究院的前身是1936年9月在福建省卫生试验所内设立的化学课，兼管药品的检验工作。新中国成立后，1953年6月成立福建省卫生防疫站时，在化验科内设立药检室，负责我省药品、毒品和食品的检验工作。1956年9月，正式成立福建省卫生厅药品检验所。1962年机构迁址至福州市安良里九号（现在的通湖路330号），设置化学室、中药室、生测室与技术室等，业务工作独立对外。1979年3月独立机构建制，机构名称定为“福建省药品检验所（副处级单位）”，直属于福建省卫生厅。科室设置有：中药室、化学室、生测室、菌检室和业务室、办公室、药品标准办公室。1984年1月，卫生部批准成立“中华人民共和国福建口岸药品检验所”，授权对福建口岸进口药品进行法定检验。1989年11月，经福建省标准计量局计量认证评审考核合格，获得《计量认证合格证书》。1990年2月，经福建省编制委员会批准，机构升格为正处级单位。1992年5月，经福建省编制委员会批准，成立“福建省药品质量研究所”，承担药品质量标准与药品检验新技术、新方法的研究工作。1995年11月，经福建省卫生厅批准建立“新药药理研究基地”。1998年4月通过卫生部组织的药品检验实验室认证。2003年8月、2004年11月，2次经福建省质量技术监督局计量认证扩项评审合格，共获一次性使用医疗器械十八种产品的检验资格。2005年2月取得国家食品药品监督管理局“关于认可福建省药品检验所对一次性使用无菌注射器等产品和项目的检测资格的通知”（国食药监械〔2005〕70号）；2005年4月获得中国实验室国家认可委员会认可证书（No. L2069）。2013年3月通过国家实验室认可复评审，获得实验室认可证书（No. L2069），检测领域为：药品、医疗器械、食品和保健食品。2014年12月，根据闽委编办〔2014〕215号文件，省药品检验所更名为省食品药品质量检验研究院，加挂“海峡化妆品保健食品检验检测中心”牌子，省医疗器械与药品包装材料检验所独立设置。2015年10月通过检验检测机构资质认定复评审、扩项评审，获得检验检测机构资质认定证书（证书编号：151300140121），检测领域为：药品、医疗器械、洁净区（室）环境、药品包装材料和容器、化妆品、生物制品、食品与保健食品、食品包装材料与容器。

该院是完全独立的第三方药品检验机构，目前行政上隶属于福建省食品药品监督管理局，经济上独立核算，是经登记注册的事业法人单位，能独立承担法律责任。下设4个行政管理科室，3个业务管理科室，8个检验科室和2个辅助检验科室。全院共有职工137人，其中高中级技术人员占专业技术人员总数的36%。现有仪器设备2238台（套），总值达7770万元，实验室面积10888平方米。可对中药材、中成药、化学药及生化药、抗生素、医疗器械和食品药品包装材料与容器生物性能、食品、保健食品、化妆品、进口药品等进行检验。

（摘编：李　哲）

福建省产品质量检验研究院

福建省产品质量检验研究院（原福建省中心检验所）于1964年经福建省人民政府批准成立，是我国最早组建的省级质检机构，在全国质量技术监督系统具有很高的知名度，在检测方面的总体规模和综合实力名列全国前列。该院早在1986年就致力于实验室质量管理工作，在实验室的质量管理方面有着丰富的经验，并带动了全国各类实验室的质量管理工作。1993年在我国最早取得国家实验室认可的十七个实验室中，有四个是该院的实验室，2002年该院按ISO/IEC17025标准通过了国家实验室认可复评审，目前该院已通过实验室认可的标准5200多个，居全国各类实验室前茅。

经过几十年的努力，该院已形成了电气、电子、建材、食品、塑料、轻工、机械、化工、消防、环保等60大类两千多种产品的检验能力，承担了国家各行政部门下达的大量产品质量监督检验工作，并开展电工电子产品环境试验、电磁兼容测试、消防和安防工程检测、建筑智能化系统工程检测、建筑及桥梁钢结构无损检测、室内空气质量检测等专项测试，可以提供检验、认证、验货、质量技术咨询等多产品一站式服务，区域遍及全国各省市区及十多个国家和地区。

该院实验室面积三万多平方米，仪器设备六千多台（套），固定资产两亿多元，收存各类国内外标准资料十多万份。在职员工466人，检验相关人员350多人，技术人员中的中高级职称人数占60%以上，其中3C工厂检查员、生产许可证工厂检查员、QS审核员、质量管理体系审核员、环境管理体系审核员、职业健康安全体系审核员和实验室评审员100多人。

经国家质监总局和有关权威机构授权、认可，设在该院的具有国家资格的实验室有：国家塑料制品质量监督检验中心、国家加工食品质量监督检验中心、国家电子信息产品质量监督检验中心、国家中小小型电机产品质量监督检验中心、国家低压开关电器产品质量监督检验中心、国家建筑装饰装修产品监督检验中心等 6 个国家级检测中心，国家强制性产品认证指定实验室、国家食品质量安全检验单位（国家示范实验室）、科技部科技成果国家级鉴定机构、商务部农产品定点监测单位、农业部无公害农产品检测机构、公安部授权安防工程检测单位等。同时是国家人造板、钢筋、防水卷材、蓄电池、电线电缆、砂轮、食品添加剂、食品包装材料及制品、肥料、化妆品、泵产品、危险化学品涂料产品和餐具洗涤剂、工业硫酸、机动车制动液、铅酸蓄电池极板、建筑钢管脚手架扣件、电焊条、危险化学品包装物及容器等产品的生产许可证检验单位。是自镇流荧光灯、中小型三相异步电动机、计算机显示器、容积式空气压缩机、微型计算机、平板电视产品的中国能效标识能源效率检测机构。并作为中国质量认证中心、方圆认证标志中心、中国检验认证集团、中国电磁兼容认证中心、中国标准化研究院能效标识管理中心、北京中轻联认证中心（原中国玩具产品认证委员会）等十多家认证机构的指定实验室。

设在该院的省级实验室有：福建东南产品质量司法鉴定所、福建省建筑工程检测甲级资质单位、福建省医疗器械检测中心、福建省农产品（食品）安全检测分析中心、福建省计算机房安全检测中心站、福建省消防产品质量监督检验站、福建省安防工程监督检验站、福建省安防产品质量监督检验站、福建省药品包装材料容器产品质量检验站、福建省汽车产品质量监督检验站等。

近十多年来，该院还与 ITS、TUV、PSB、STC、SIQ 等国际知名机构开展了广泛的业务合作，并成为国际电工产品测试互认实验室（IECEE - CB 实验室）。

该院坚持以 ISO/IEC 导则 25 和 ISO/IEC17025 的要求不断完善实验室的质量体系，形成了以质量管理为核心的科学管理体系。严格控制样品代表性、设备、检验标准、方法、人员素质、环境条件、校核、审定等检验流程，同时把服务质量、工作质量、公正性控制、报告及时性纳入质量保证活动的重点。随着 FCII 的发展，已把技术、管理咨询、认证工厂检查、培训等工作服务质量也纳入质量控制范围。

（摘编：周忠志）

厦门市教育科学研究院

厦门市教育科学研究院是市教育局直属事业单位，于 2006 年 6 月成立，是厦门市基础教育、中等职业教育科研与教研的智囊机构，承担着指导、组织、管理、协调全市教育科研、教学研究、教育培训和教育信息技术等工作；拥有一支教育研究的专家队伍，目前有省特级教师 6 人、省级学科带头人 8 人、市优秀校长 1 人、市杰出教师 4 人。该院先后荣获“市第十二届文明单位”“市五一劳动奖状”“市教育系统先进基层党组织”“市教育系统三项主题活动先进集体”“市基础教育课程改革先进单位”“市高中课程改革实验先进单位”和“市中小学心理健康教育工作先进集体”“省五一劳动奖状”“市第三届创建全国文明城市工作突出贡献单位”“第十二届省级文明单位”等荣誉称号。

该院内设：办公室、教育科学研究室、基础教育教学研究室、职业教育教学研究室、培训部和信息技术中心。

该院全体教职工正与时俱进，发挥教育研究、指导、服务、管理职能，围绕提高厦门市教育教学质量的中心工作，服务海西教育中心城市建设，努力开创厦门教科研训工作新局面。

（摘编：王诗诚）

各类院校

福建师范大学

2012年，教育部与福建省决定共建福建师范大学。2014年被确定为福建省重点建设的高水平大学。叶圣陶、郭绍虞、董作宾、林兰英、郑作新、黄维垣、唐仲璋、唐崇惕、姚建年等诸多蜚声海内外的大师巨匠曾在学校任教。经过一代又一代师大人的传承创新，学校砥砺出“知明行笃，立诚致广”的校训精神，孕育了“重教、勤学、求实、创新”的优良校风，推动学校各项事业不断向前发展，荣获“全国文明单位”等一大批高级别荣誉称号。建校以来，学校先后为社会输送了50多万名各级各类人才，为国家和福建省经济社会发展做出了巨大贡献。

学校本部现有旗山、仓山两个校区，占地面积约4000亩。现有本科专业81个（2016年招生专业74个），全日制普通本科学生2万多人，各类研究生7000多人。校本部1700多名专任教师中，高级职称人员占55%；具有博士学位教师占46.9%；国际欧亚科学院院士1人，双聘院士3人，“长江学者奖励计划”特聘教授2人、青年学者2人，国家杰出青年科学基金获得者、国家“青年千人计划”和“万人计划”人选7人，国家自然科学基金优秀青年科学基金获得者2人，国务院学位委员会学科评议组召集人、成员3人，全国博士后管委会专家评审组召集人1人，国家级有突出贡献中青年专家7人，国家级百千万人才工程人选7人，国家级教学团队3个、“教学名师”2人，文化名家暨“四个一批”人才2人，教育部创新团队2个，教育部“新世纪优秀人才支持计划”入选者18人，历年享受国务院政府特殊津贴专家125人。

学校本科教学工作水平被教育部评为优秀，先后获国家级教学成果一、二等奖16项。18本教材入选“十二五”普通高等教育本科国家级规划教材。先后获批国家级专业综合改革试点2个、特色专业建设点10个，国家级精品课程、精品资源共享课程、精品视频公开课、双语教学示范课程24门，国家级（虚拟仿真）实验教学示范中心5个，国家级人才培养模式创新实验区4个，国家级卓越教师教育计划1项。拥有国家人才培养基地4个，教育部高校辅导员培训和研修基地、教育部全国重点建设职教师资培养培训基地各1个。学生在“挑战杯”等国家级赛事中屡获特等奖、金奖、一等奖，入选全国百篇优秀博士学位论文3篇。

学校拥有国家重点学科1个、省高校优势学科创新平台（含培育）3个、省特色重点学科9个、省重点学科26个，博士后科研流动站19个，博士学位授权一级学科19个，硕士学位授权一级学科37个，硕士专业学位授权点13个。6个学科在全国第三轮学科评估中进入全国同类学科前20名，其中3个学科进入全国同类学科前10名。化学学科进入ESI全球前1%学科行列。

学校拥有国家级重点实验室培育基地、国家地方联合工程研究中心、国家级“2011”协同创新中心（核心协同单位之一）3个，教育部重点实验室、工程研究中心、人文社科重点研究基地等部省级科研平台32个，省高校重点实验室、工程研究中心、人文社科研究基地21个。先后获部省级以上科研成果奖600多项，其中独立或合作获国家三大奖（国家自然科学奖、国家技术发明奖、国家科学技术进步奖）18项、教育部高等学校科学研究优秀成果奖人文社会科学一等奖3项，自然科学一等奖1项。近五年来，承担各类国家级课题近500项，其他各类课题3000多项，其中获得国家社会科学基金重大项目和教育部哲学社会科学研究重大课题攻关项目6项，3部专著入选国家社科成果文库、1部专著入选国家社科基金中华学术外译项目。

学校充分发挥地处21世纪海上丝绸之路核心区、毗邻台港澳等区位优势，积极开展对外交流与合作。目前已与美国、英国、澳大利亚等国家和地区的110多所高校、科研机构及联合国教科文组织建立了友好合作关系，与台湾40多所高校建立了实质性合作关系。海外华文教育初具规模、特色彰显，迄今已向菲律宾、印度尼西亚、泰国、越南等12个国家派出志愿者共计14批774人，与菲律宾红溪礼示大学、印尼阿拉扎大学合作创办2所孔子学院、与美国波士顿文艺复兴特许公立学校合作创办孔子课堂，在海内外产生了良好影响。

学校主办多种学术期刊，《福建师范大学学报》哲学社会科学版和自然科学版均为全国中文核心期刊，哲学社会科学版被评为教育部名栏建设学报、中文社科引文索引（CSSCI）来源期刊，自然科学版被列为中国科技核心期刊、中国科学引文数据库（CSCD）来源期刊。图书馆为全国古籍重点保护单位，现有纸质图书总量近400万册，电子图书200多万册，在全国高师院校中名列前茅。(本文数据截至2016年9月)

（摘编：李　哲）

福建农林大学

福建农林大学是农业部、国家林业局与福建省政府共建大学，是福建省重点建设的三所高水平大学之一，在培养高质量人才、开展高水平科学研究、提供高效益的社会服务等方面取得了丰硕的办学成果。

学校创办于1936年，是全国最早创办的农林院校之一，现已发展成为一所以农林学科为优势和特色，理、工、经、管、文、法等多学科协调发展的省属重点大学。设有23个以全日制本科生和研究生培养为主的学院，全日制在校生2.7万人，其中博、硕士研究生5000余人。校园占地4800余亩，另有科教基地1178亩，教学林场4.59万亩。校园环境优美，鸟语花香，先后荣膺全国文明单位、全国绿化模范单位、全国生态文明教育基地等称号。

学校办学水平居全国省属农林院校前列，现有11个一级学科博士点，25个一级学科硕士点，11个博士后科研流动站，硕士专业学位授权点10个（覆盖23个领域）。设有国家和部省级创新平台107个，其中国家重点实验室1个、国家工程技术研究中心2个、国家地方联合工程实验室（工程研究中心）2个，并与安溪铁观音集团合作共建“国家茶叶质量安全工程技术研究中心”，国家级科研平台数量居全国农林院校前列。

学校综合实力居福建高校前列，现有2个国家重点学科、2个农业部重点学科、7个国家林业局重点学科，9个福建省特色重点学科、21个福建省重点学科和3个省级优势学科平台。在全国第三轮学科评估中，1个学科进入全国前5名，4个学科进入全国前10名，8个学科进入全国前20名，均占福建省属高校50%左右，排名第一。植物学与动物学学科进入ESI全球前1%学科行列，生命科学学科自然指数排名位居中国内地高校第55位。在全球率先破译小菜蛾基因组、菠萝基因组，世界首次解析植物蓝光受体原初光反应的分子机制，相关成果在《Nature》《Science》《Cell》等国际顶级学术期刊上发表。获得国家科技进步特等奖、国家技术发明奖等国家科学技术三大奖32项，居福建省高校第2位。

学校师资水平居福建省高校前列，现有教职工2700多人，专任教师1700多人，其中两院院士10人（含双聘院士9人），全国杰出专业技术人才2人，“千人计划”入选者10人，“万人计划”科技创新领军人才3人，国务院学科评议组成员5人，“长江学者”8人，国家杰出青年科学基金获得者4人，国家优秀青年科学基金获得者3人，国家百千万人才工程一、二层次人选15人，国家级有突出贡献的专家15人，科技部中青年科技创新领军人才4人，教育部新世纪优秀人才支持计划5人，先后有157人享受国务院特殊津贴；有首批地方高校“111”计划创新引智基地1个，教育部创新团队1个，农业部创新团队2个，科技部重点领域创新团队2个。

学校人才培养质量居福建高校前列，输送了19万各类优秀人才，形成了以“基础扎实、工作务实、为人朴实、作风踏实”的育人品牌。特别是近年来，学校先后入选教育部首批创新创业50强高校、全国首批卓越农林人才计划实施高校，积极鼓励学生参加国家级、省级大学生创新创业计划项目和各类学科竞赛，全国“挑战杯”成绩连续十多年均居全国高校前列，福建高校第一。

学校社会服务水平居福建高校第一，建有国家级新农村发展研究院，服务覆盖福建省73个县区和全国32个省市370个县区。参加中国·福建项目成果交易会，连续14年对接并获资助项目数居所有参会高校和科研院所第一，创造了巨大的效益，其中学校发明的菌草技术推广到101个国家；育成的甘蔗品种占全国甘蔗种植面积的85%；育成的麻类品种占全国的2/3并覆盖全国种植面积1/2以上；选育了全国推广范围最广的甘薯和花生新品种。

学校开放办学水平居福建高校前列，是教育部中国政府留学生奖学金接受院校，有美国、加拿大、苏丹、泰国等六大洲30个国家的来华留学生在校学习、研究。与加拿大戴尔豪斯大学、加拿大英属哥伦比亚大学等世界名校联合举办5个本科专业教育项目，居福建省高校首位；与南非德班理工大学合作共建了全球第二所农业特色孔子学院。学校率先对台湾开展单独招生，同时获准与台湾中兴大学、台湾海洋大学等举办6个闽台人才联合培养项目，是福建省高校与台湾“一流顶尖大学计划”高校合作办学的第一家。

（摘编：李　哲）

华侨大学

华侨大学创办于1960年，直属国务院侨务办公室领导，是国家重点建设的综合性大学。在50多年的办学历程中，周恩来、李先念、习近平、胡锦涛、俞正声、邓颖超、贾庆林、李长春等党和国家领导人先后为学校建设与发展做出重要指示。国家领导人廖承志、叶飞亲自担任首任、次任校长。现任校长为海内外著名华文教育学家、博士生导师贾益民教授。

华侨大学是新中国最早实行董事会制度的大学。学校董事会由海外华侨、港澳同胞、归侨等各界著名人士、专家、领导组成，庄希泉、胡平、贾庆林、陈明义、宋德福等先后任华侨大学董事会董事长。现任董事长为原中央政治局委员、中央书记处书记、中央办公厅主任、全国政协副主席王刚，名誉董事长为全国政协副主席、原澳门特别行政区行政长官何厚铧。

学校共有35个学院，140个研究院、所、中心；有21个博士学位授权点；111个硕士学位授权点，20个硕士专业学位授权点；94个本科专业。学校拥有哲学、经济学、法学、教育学、文学、历史学、理学、工学、农学、医学、管理学、艺术学等12个学科门类，形成了文理渗透、理工结合、工管相济、协调发展的学科体系。目前，学校有3个学科进入ESI（基本科学指标数据库）世界排名前1%，位居全国高校第75名；2015年国家社会科学基金项目立项结果中，学校有21个项目获得资助立项，立项数在全国高校排名第34位。学校现有国家重点学科、省部级重点学科共41个；有国家级实验教学示范中心、教育部工程研究中心、国务院侨办侨务理论研究基地、中国旅游研究院旅游安全研究基地、福建省“2011协同创新中心”、福建省社会科学研究基地、福建省高校人文社会科学研究基地、博士后流动站、福建省商务研究基地、省级重点实验室、省级工程技术研究中心、省高校重点实验室、省级实验教学示范中心、省研究生教育创新基地等国家级和省部级教学科研平台55个。学校总占地面积226.8万平方米，建筑面积97.6万平方米，现有各类图书资料共400万册。

华侨大学师资力量雄厚。现有教职工2654名，其中专任教师1541名，高级职称人员736名，占专任教师总数的47.76%；具有博士学位教师885名，占专任教师总数的57.43%。专任教师队伍中，有双聘院士5人；有“国家杰出青年科学基金”获得者、国家千人计划创新类长期项目入选者、“外专千人计划”项目入选者、“青年千人计划”项目入选者、国家“百千万人才工程”入选者、全国文化名家暨“四个一批”人才入选者、国家高端外国专家（文教类）项目入选者、教育部“新世纪优秀人才支持计划”入选者、教育部“高等学校优秀青年教师教学科研奖励计划”入选者、教育部“优秀青年教师资助计划”入选者、教育部“高等学校骨干教师资助计划”入选者和历年享受国务院政府特殊津贴专家共100多人；有福建省引进高层次创业创新人才（百人计划）入选者、福建省“外专百人计划”入选者、福建省海西产业人才高地创新团队领军人才、福建省杰出科技人才、福建省优秀专家、福建省高等学校百名领军人才、福建省科技创新领军人才、福建省“百千万工程”领军人才、福建省“百千万人才工程”入选者、福建省优秀青年社会科学专家、福建省青年科技奖获得者、福建省“闽江学者奖励计划”特聘教授、福建省“闽江学者奖励计划”讲座教授、福建省高等学校新世纪优秀人才支持计划入选者、福建省高校杰出青年科研人才培育计划入选者等各类高层次人才近300人；有科技部“创新人才推进计划——重点领域创新团队”、教育部“长江学者和创新团队发展计划”创新团队等各级团队多个。近年来，学校教师先后获国家科学技术奖、教育部高校科学研究优秀成果奖等多项重要奖项。学校还聘请了麦克·法登(DanielL. McFadden)、戴维·格罗斯(DavidJ. Gross)、罗宾·沃伦（J. RobinWarren）、厄温·内尔（ErwinNeher）、杨振宁等诺贝尔奖得主以及饶宗颐、卢秉恒、金庸、李君如、何祚庥、李景源、蔡昉、李培林、席西民、龙永图等大批国内外著名专家学者担任名誉教授、客座教授、讲座教授或兼职教授。

华侨大学现有博士生、硕士生5567名，全日制普通本科生24704名，全日制普通专科生911名，其他成教学生13320名，其中有来自50多个国家和地区的华侨华人、港澳台和外国学生4405名，是全国拥有境外学生最多的大学之一。

近年来，华侨大学学生在国内外各类比赛中成绩骄人。在国际奥林匹克运动会、全球建筑毕业设计大赛、模拟联合国大会、美国（国际）大学生数学建模竞赛、“挑战杯”中国大学生创业计划竞赛，“挑战杯”全国大学生课外学术科技作品竞赛、全国大学生电子设计大赛、全国软件专业人才设计与创业大赛、全国大学生结构设计大赛、全国大学生工业设计大赛、全国大学生英语竞赛等国内外各项大赛中，屡获大奖；学生男子篮球队在中国大学生篮球联赛（CUBA）十七届赛事中共获得九次总冠军；学校连续两年获全国高校校园文化建设优秀成果一等奖，荣获第十二届省级文明单位称号。

华侨大学致力于服务社会，协同海内外力量，促进经济社会发展。学校设立了“厦门工程技术研究院”“厦门城市建设与经济发展研究院”“制造工程研究院”“泉州科学技术与社会发展研究院”“软件园产学研基地”“世界冠军创业项目中心”等组织，全方位开展产学研合作，取得了显著成效。学校设立“海上丝绸之路研究院”“华侨华人研究院”“国际关系研究院”“华文教育研究院”“侨务公共外交研究所”“中国海外发展研究中心”等研究院所，着力培养和打造高水平智库队伍，全面开展国家侨务战略、外交战略、重大科技战略、面向行业产业及区域发展战略等系列研究，打造特色型国家级智库。

华侨大学致力于国际化办学，设有国际学院。学校全方位拓展渠道为学生创造赴境外高校学习的机会。学校已有本科“1+2+1”“3+1”“2+2”“2+1+1”，硕士“1+1+1”“0.5+1”“2+1”，博士“1+X”“0.5+X”等国际交流项目，与美、欧、澳、日等国家和地区及台湾、香港、澳门的100多所高校签订交换生及联合培养等项目。

（摘编：康明辉）

福州大学

福州大学是国家“211工程”重点建设高校，福建省人民政府与国家教育部共建高校。创建于1958年，现已发展成为一所以工为主、理工结合，理、工、经、管、文、法、艺等多学科协调发展的重点大学。

学校拥有福州旗山、怡山、铜盘和厦门集美、鼓浪屿以及泉州泉港、晋江等多个校区，占地7000余亩。办学主体位于福州地区大学新区旗山校区，现有公共用房总面积123余万平方米，运动场地14余万平方米。固定资产总值33亿余元，其中教学科研仪器设备值10亿余元。图书馆藏书322万余册，电子图书227万册。所属网络中心机房是中国教育和科研计算机网福州主节点。

学校设有19个以全日制本科生和研究生培养为主的学院以及1个独立学院。现有国家重点学科1个、国家重点（培育）学科1个、省级优势学科创新平台5个、省级特色重点学科6个、省级重点学科26个；化学、工程学和材料科学3个学科进入国际ESI学科排名前1%。共有博士后流动站11个，一级学科博士点10个、二级学科博士点3个（不含一级学科覆盖），一级学科硕士点36个、二级学科硕士点7个（不含一级学科覆盖）、专业学位授权点12个（其中工程硕士专业学位授权点含23个工程领域），本科专业78个。

学校现有教职工3170人，专任教师1996人。其中院士6人（含双聘院士5人），国际欧亚科学院院士1人，荷兰皇家科学院院士1人，全国杰出专业技术人才1人，“973计划”项目首席科学家1人，国家各类“千人计划”人选12人，国家“万人计划”各类人选4人，“长江学者”特聘教授5人，国家教学名师1人，国家杰出青年科学基金获得者8人，“百千万人才工程”国家级人选8人，国家有突出贡献中青年专家5人，国家优秀青年科学基金获得者2人，教育部“新世纪优秀人才支持计划”人选13人，享受国务院特殊津贴专家116人，博士生导师272余人。1支团队入选“全国专业技术人才先进集体”，2支团队入选教育部“长江学者和创新团队发展计划”，1支团队入选科技部“创新人才推进计划”重点领域创新团队，学校入选国家“高校国际化示范学院推进计划”和“高等学校学科创新引智计划”（“111”引智计划）。

学校现有普通本一批学生24000余人，各类博、硕士研究生10300余人。建校以来，已为国家培养了全日制博硕士研究生、本专科毕业生21余万人。学校拥有2个国家级人才培养基地、7个国家级实验教学示范中心、1个国家人才培养模式创新实验区、7个国家特色专业、3个国家级专业综合改革试点项目、6个校企合作的国家工程实践教育中心、1个国家教学团队、3门国家精品课、1门国家双语教学示范课程、3门国家级精品资源共享课、2门国家级精品视频公开课、4部国家级“十二五”规划教材，10个省级研究生教育创新基地，11个省级专业学位研究生联合培养示范基地，是教育部“卓越工程师教育培养计划”改革试点高校及教育部“国家大学生创新创业训练计划”实施高校。“十二五”以来，学校有12个专业通过省教育厅认可的国际、国家级认证。学校获省级教学成果奖19项，本科生参加各类学科竞赛获127项国际奖，1340次国家级奖。毕业生就业率连续多年保持在95%以上，学校荣获第十二届省级文明单位称号，“2014年度全国高校毕业生就业工作50强”，在第二届中国“互联网+”大学生创新创业全国总决赛中斩获2金2铜并蝉联“先进集体奖”，入选“全国首批深化创新创业教育改革示范高校”。

学校现有1个国家级大学科技园，11个国家级、74个省部级科技创新平台，其中：1个国家重点实验室，7个国家级工程研究中心，3个国家国际科技合作基地，3个教育部重点实验室，1个教育部工程研究中心。“十二五”以来，学校获各类科技项目6252项，科研资助经费16.31亿余元，其中，对外签订技术合同超过2000项，横向合作经费实际到校超过6.55亿元。获省部级以上奖项132项，其中，国家科技三大奖3项，国家专利授权总量1902件，7046篇科技论文被三大检索收录。学校是福建省唯一一个拥有“国家大学科技园”和“国家技术转移示范机构”的高校，多次获得“全国技术市场金桥奖”“中国产学研合作促进奖”“中国产学研合作创新奖”“中国产学研合作创新成果奖”和“项目成果转化优秀组织奖”。

学校大力开展对外合作交流，与清华大学、北京大学、中国人民大学等知名高校、科研院所建立了良好的校际、校所协作关系，并与美、英、日、德、意、加、澳等国家和港澳台地区的140多所高校建立了校际合作关系。积极开展中外科教文化交流，是中国政府奖学金留学生接收院校，目前已面向近30个国家招收来华留学生，聘请了50余名海外专家学者长期在校任教，并建立了国内首个西方文献典籍中心一“西观藏书楼”。现有中外合作项目3个，各类学生长短期访学项目40多个，涵盖本科、硕士、博士等高等教育层次。对台交流向纵深发展，交流规模日益扩大，现为闽台合作办学国家改革试点重点项目单位。学校已成为福建省与国际及台、港、澳地区科教文化交流的一个重要窗口。

（摘编：黄万良）

福建医科大学

福建医科大学创建于1937年，前身是福建省立医学专科学校，首任校长侯宗濂（1900—1992），系中国近现代著名生理学家和医学教育家。在近80年的办学历程中，学校始终以造就优秀人才、推动科技进步、服务社会发展、弘扬先进文化为己任，逐渐形成了“勤奋、严谨、求实、创新”的优良校训，成为一所以医为主，理、管、法、文、工等多学科协调发展，具有学士、硕士、博士人才培养体系和集教学、科研、医疗、预防和社会服务于一体的省属重点建设高校，是福建医药卫生人才培养中心、医学科学研究中心和医疗预防保健中心。

学校拥有上街、台江2个校区，占地约1500亩，校舍建筑面积42万多平方米，办学主体位于福州市大学新区上街校区。设有20个学院（部），学生21000多人、教职医护员工10700多人（含附属医院），其中校本部1200多人。建有5所直属附属医院，其中附属第三医院正在建设中。坚持开放办学理念，先后与海内外30多所高校和科研院所开展了多层次、多角度的合作。

学校以培养具有科学精神、人文素养和专业素质，德智体美全面发展，富有社会责任感，能适应经济社会发展需要的高素质人才为人才培养总目标。办学近80年来，为国家和地方共培养输送了10万多名医学人才。校友中不乏杰出人才，其中有院士、专家、教授，许多校友都已成为医药卫生战线的领军人物。近年来就业率始终保持在96%以上。临床医学、口腔医学、预防医学、护理学等专业学生在历年国家执业医师（护师）资格考试通过率名列全省前茅。多年来临床医学专业学生参加全国高等医学院校大学生临床技能比赛成绩名列前茅，2016年5月，学校代表队以总分第一名的成绩荣获第七届全国高等医学院校大学生临床技能竞赛全国总决赛特等奖。

学校现有全日制在校本科生12900多人、博士研究生260多人、硕士研究生2700多人，在校留学生、港澳台生500多人，成人教育学生4900多人。设有普通本科专业26个。拥有国家级特色专业4个，教学成果奖3项，实验教学示范中心2个，人才培养模式创新实验区、专业综合改革试点、教学团队、卓越医生教育培养计划、大学生校外实践教育基地等5个，精品视频公开课、精品资源共享课、精品课程等3门。省级教学成果奖35项，特色专业8个，专业综合改革试点7个，服务产业特色专业4个，创新创业教育改革试点专业3个，应用型人才培养专业群3个，人才培养模式创新实验区8个，实验教学示范中心13个，虚拟仿真实验教学中心1个，教学团队9个，大学生校外实践教育基地8个，精品资源共享课6门，精品在线开放课程3门，精品课程37门。福建省研究生教育创新基地11个，福建省专业学位研究生联合培养示范基地3个。学校设有非直属附属医院14所（含临床医学院2所），临床教学医院24所，专业实践教学基地58个，形成了比较完善的临床教学与实践教学基地网络。

在学校1450名专任教师（含附属医院临床教师）中，具有博士学位占40.21%，硕士学位以上占85.17%，高级职称占68.34%。博士生导师138名，硕士生导师787名。国家“万人计划”百千万领军人才1人，国家“千人计划”人选2人，“南丁格尔”奖章获得者1人，国家有突出贡献中青年专家3人，“新世纪百千万人才工程”国家级人选6人，教育部新世纪优秀人才支持计划人选3人，卫生部有突出贡献中青年专家7人，教育部优秀青年教师资助3人，教育部骨干教师资助8人，全国高校优秀骨干教师1人，享受国务院特殊津贴专家114人，福建省“百人计划”人选8人，福建省“外专百人计划”人选1人，福建省高校领军人才1人，“闽江学者奖励计划”人选19人，福建省杰出人民教师3人，福建省杰出科技人才4人，福建省特支计划人选21人，海西产业人才高地领军人才1人，福建省优秀专家22人，福建省优秀人才6人，“福建省百千万人才工程”人选63人，福建省高校教学名师13人，福建省高校新世纪优秀人才支持计划人选52人，福建省高校杰出青年科研人才培育计划29人，福建省高校创新团队6个。

学校主动对接国家和区域战略需求，着力打造具有影响力的高水平学科和科研平台。现有博士学位授予权一级学科2个，二级学科27个；硕士学位授予权一级学科8个，二级学科53个；硕士专业学位授予权学科6个。根据国际权威机构最新统计，2009年临床医学学科进入ESI排名前1%。现有福建省国家重点学科培育建设学科1个，国家临床重点专科10个，省级临床重点专科21个，国家中医药管理局重点专科1个，省中医、中西医结合重点专科1个，省“211工程”重点学科2个，省特色重点学科4个，省级重点学科9个。现有临床医学和基础医学2个博士后科研流动站，4个院士工作站（新增加的为孙颖浩落户协和医院、段树民落户附一医院）。拥有肿瘤免疫药物开发国家地方联合工程研究中心，福建省唯一的新药安全性评价中心。拥有教育部重点实验室1个，省级重点实验室7个，省“2011协同创新中心”2个，省级工程研究中心1个，省级工程技术研究中心2个，闽台科技合作基地1个，省高校重点实验室9个。“十二五”以来，科研经费总量达7亿元，获各类科技项目2800多项，发表SCI收录论文3300多篇，获授权国家专利124件，获省科技奖36项，其中科技进步一等奖3项、二等奖14项，获省第十届社会科学优秀成果三等奖1项，获中华医学科技奖二等奖1项、三等奖2项，获福建医学科技奖68项，其中一等奖7项、二等奖21项，获省紫金科技创新奖5项，获省运盛青年科技奖7项。获得霍英东教育基金会高等院校青年教师奖1项。荣获第十二届省级文明单位称号。

（摘编：李　哲）

龙岩学院

龙岩学院是经中华人民共和国教育部批准设立的实行“省市共建、以市为主”管理体制的全日制多科性本科院校。学校坐落于著名革命老区——福建省龙岩市，是根植并成长于红土地的唯一一所本科院校。前身为创办于1958年的龙岩师范高等专科学校，2001年原福建资源工业学校并入龙岩师范高等专科学校，2004年5月，正式升格更名为龙岩学院。

学校面向23个省（市、区）招收本科生以及少数民族预科生，全日制在校生11785人；现有教职工864人，专任教师559人，教师中具有副高以上职称262人，具有博士、硕士学位422人；享受国务院政府特殊津贴专家2人；设有13个二级学院和1个思想政治理论课教学研究部、2个研究院。有40个本科专业，所设专业涵盖文学、理学、工学、经济学、管理学、教育学、农学、艺术学等八大学科门类。学校占地面积1113亩（含附属学校），校舍建筑总面积32万平方米（含附属学校），现有教学科研仪器设备总值12568.74万元，配备较为完善的体育设施和多种类的活动场所；图书馆馆藏电子图书140余万册、纸质图书近90万册、纸质报刊近1400种，拥有现代化检索系统和镜像站点，是闽西最大的文献信息中心。

学校现有国家级特色建设专业1个，国家级专业综合改革试点项目1个，省重点学科3个，省级工程技术研究中心1个，省级重点实验室2个，省高校重点实验室2个，省高校工程研究中心1个，省高校人文社科研究基地1个；省级专业综合改革试点项目5个，省级科研创新团队1个，省级特色建设专业7个，省级人才培养模式创新实验区5个，省级教学团队2个，省、市教学名师36人，省级精品课程11门，省部级优秀教学成果奖7项，省级实验教学示范中心6个，建立356个校外实习实训基地，成立闽台客家研究院、中央苏区研究院，设有动物医学研究所、闽西食品研究所、功能材料研究所等30个具有一定特色和优势的科研学术机构；升本以来，承担包括国家自然科学基金、国家社科基金等各级各类科研课题1263项；获各级政府奖多项，其中，获省科学技术奖二等奖1项、三等奖3项；获省社科优秀成果二等奖1项、三等奖4项，青年佳作奖1项，多位教师获得龙岩市科学技术奖、专利奖和闽西文化奖。

学校毕业生专业基础知识扎实，实践能力较强，近三年，学校年度就业率平均达到95%以上，被评为福建省本科高校就业工作优秀单位。建校以来，学校已培养4万多名本专科毕业生，校友遍布全国各地。

学校重视开放办学和社会服务。近几年，学校先后与美国、巴西、澳大利亚等国家和台湾、澳门等地区的高等院校及教育机构建立了校际友好合作关系，与国内许多重点院校、科研机构积极开展学术交流与合作。学校与地方政府、经济开发区、企业等建立了校地、校产、校企合作战略联盟，融入海西区域经济发展，为闽西提供技术服务和智力支持。近三年来，为地方培训各类基础教育师资、煤矿安全技术人员和其他各类技术骨干2万余人。

2006年，校党委被省委评为“福建省先进基层党组织”；2007年，学校获准成为学士学位授权单位；2008年至今，学校连续获得第十届、十一届、十二届省级文明学校；2009年，校团委被团中央评为“全国五四红旗团委”；2010年，我校荣获全省高校系统唯一的省级“绿化先进单位”；2011年，学校在全省就业工作本科组中排名第二，被评为优秀；学校连续多年被评为省、市平安单位、高校安全稳定工作先进集体。2012年6月，学校高质量通过教育部本科教学工作合格评估。

（摘编：彭金龙）

福建林业职业技术学院

福建林业职业技术学院是由福建省人民政府举办、福建省教育厅主管的全日制公办高职院校。学院创建于1953年，具有64年悠久的办学历史。学院现为“首批国家示范性骨干高职院校”“全国职业教育先进单位”“全国首批现代学徒制试点单位”“全国绿化模范单位”“教育部首批教育信息化试点院校”“全国林业院校就业创业工作先进集体”“福建省示范性现代职业院校建设工程A类培育项目院校”“省级文明单位”。2016、2017年连续两年入围全国高职高专百强院校。在省教育厅公布的《福建省普通高等院校办学潜力年度报告(2016)》中，学院优势专业数名列全省高职院校第一。

学院位于南平市，拥有“一校两区”，即天麟校区和江南校区。校园占地面积978亩，其中天麟校区452亩，江南校区526亩，建筑面积20万平方米。建有2个国家级实训基地、5个省级生产性实训基地、1个院士专家工作站、11个企业专家工作站、12个教师工作站、115个实验实训室、21个校内生产性实训基地、184个紧密合作型校外实训基地。固定资产总值2.85亿元，教学仪器设备总值7000多万元，图书56万册。

学院办学以全日制高职教育为主体，并与本科院校联办应用型本科，与中职校联办五年制高职，积极探索“中职—高职—应用型本科”相互贯通的现代职教体系建设。现有各类在校生11000多人，其中全日制高职在校生7568人，非全日制在校生4100多人，设有林学系、园林系、艺术设计系、经济管理系、建筑工程系、交通工程系、自动化工程系等7个系和1个思政部，招生专业39个、应用型本科专业2个。拥有国家示范性骨干高职院校重点专业6个，中央财政支持的重点专业2个，省级精品专业6个，省级示范专业11个；国家精品课程1门，国家精品资源共享课程1门，国家林业局精品课程1门，省级精品课程15门；国家级教学成果一等奖1项，省级教学成果特等奖1项、一等奖2项、二等奖3项。2012年以来，学生在全国职业院校技能大赛中，获得3项一等奖，5项二等奖，5项三等奖；学生在福建省职业院校技能大赛获得56项一等奖，67项二等奖，70项三等奖，居全省高职院校前列。

学院现有教职工327人，其中教授14名，副高以上专任教师占42.4%，硕士研究生学历或学位以上占61.2%，双师素质教师比达88.6%。现有国家级教学团队1个，特聘院士1名，国家级“新世纪百千万人才工程”人选1名，国务院特殊津贴专家1名，国家可持续发展实验区专家委员会委员1名，国家林业局跨世纪学术与技术带头人1名，省级教学团队6个，省优秀专家1名，省级教学名师7名，省级优秀教师5名，省级专业带头人13人，博士生导师1人，硕士生导师11人。

学院每年均组织数十场校园招聘会，为每位毕业生提供多次就业机会，毕业生平均就业率达到98%以上，平均对口就业率达85%以上。毕业生黄日鹏入围团中央创业英雄100强，王建地、黄美玲荣获“全国林科十佳毕业生”称号，陈圣煌、陈晓恩、翁小宇、吴婷婷等荣获“全国林科优秀毕业生”称号。学院荣获全国林业院校就业创业先进单位、福建省就业评估“优秀”等级院校。学院还与北京林业大学、哈尔滨工业大学、福建农林大学等国内重点高校开展合作办学，成立了“北京林业大学研究生院福建教学与实习基地”

"北京林业大学成人教育学院福建分院""哈尔滨工业大学远程教育学院福建校外学习中心"等。

学院以"国家商务部援外培训项目""中日林业生态培训中心项目南方培训基地""闽台高职院校林业与园林类师资培训中心"为平台，先后与日本合作开办了13期中日林业生态培训班，承担了4期由国家商务部主办、31个亚非拉发展中国家121名国务秘书和部长级林业官员参加的"森林执法与施政官员研修班"。学院发挥闽台合作优势，与台湾中州科技大学、台湾南亚技术学院分别签订了合作办学协议。

（摘编：杨立群）

福建工业学校

福建工业学校创办于1978年，福建省教育厅直属校，是一所集机械、汽车、电气、轨道交通、信息、经贸等多专业群的综合性公办职业学校。现为首批国家中等职业教育改革发展示范学校、首批公立国家级重点中专、全国职业教育先进单位、全国首批技能紧缺型人才培养培训基地、连续六届福建省文明学校和福建省平安校园。学校占地近130亩，在校生近5000人，教职工近300人（其中特级教师1人、博士后1人、硕导1人、正高级讲师1人，高级讲师70人、研究生学历37人），建有机械、汽车等多个大型省级实训基地，60余间仿真实验实训室，综合办学实力稳居全省同类学校前列。

学校坚持"校企合作、深度对接"，与宝马集团、上海通用、福建奔驰、星网锐捷、新大陆、吴越动漫、采丽源生物科技有限公司等知名企业强强联手，订单培养。在校内建有全省职业院校唯一一个宝马"BEST"培训基地、全省唯一上海通用汽车"AYEC"项目培训基地、在福州金山工业区建有全省规模最大的机械行业中高端数控实习实训基地（福建省机械行业公共实训基地），在全省职业院校中率先成立动漫工作室，独立承接企业产品设计，率先投入巨资建设城市轨道交通实训室，为福州地铁建设储备人才。

技能竞赛捷报频传。该校学生在全省、全国各级技能竞赛上屡创佳绩，近三年获得省级二等奖以上45人次，国家三等奖以上21人次，总成绩多年位居福建省中职校前列。

就业升学多元发展。就业推荐，学校开设职业生涯规划指导课程，长期与宝马、通用、福建奔驰、福建新大陆、福建移动、福大自动化等企业合作，每年举办100多场企业专场招聘会，提供就业岗位数量稳定在毕业生人数的5倍以上，毕业生供不应求，98%及以上毕业生实现高薪高品质就业。升学直通方面：（1）校内举办高职招考升学辅导班。近年来，专科上线率100%，2014年本科上线率45%，其中黄少敏、高立龙同学分别获2014年福建省高等职业教育入学考试交通类、机械类状元，并有6名同学跻身于交通类全省前十名。2015年机械类升学班同学本科上线率达92%。（2）与福建信息职业技术学等高校合作办学，就读该校相关专业，不需高考即可升入大学。（3）校内所有专业学生均可自愿报名参加福建省统一的成人高考，缴费就读于与该校联办的福建广播电视大学（脱产）大专班相关专业，在校同时完成中专与大专学习，毕业后可获得全日制中专学历及国家承认、电子注册的大专学历。

（摘编：周忠志）

福建建筑学校

福建建筑学校（原：福建建材工业学校）创建于1979年，是直属福建省教育厅的国家级重点中等职业学校，首批国家中等职业教育改革发展示范校，被誉为福建建筑建材行业的"黄埔军校"。2013年12月，经福建省教育厅正式批复更名为"福建建筑学校"，坐落于福州市洪山桥金山学区。校园占地面积103.2亩，建筑面积70277.6平方米。

学校2004年被教育部、建设部确认为"全国建设行业技能型紧缺人才培养、培训基地"，2008年被确认为"福建省高技能人才培训考核省职业技术教育中心基地""福建省中等职业学校首批省级技能型紧缺人才培养基地（建筑工程施工专业）""海峡西岸经济区技能型人才培养基地（建筑工程施工专业）"，2009年被福建省劳动厅批准为"2009—2012年产业技工培养基地建设项目"

学校，2009年9月，由学校和省建筑业协会牵头组建了“福建省建筑建材职业教育集团”。学校办学成绩斐然，五年来先后获得“福建省平安校园”“福建省职业教育先进单位”“福建省依法治校示范校”“省级花园式单位”“福建省教育系统先进单位”“省模范职工之家”“全国中等职业学校德育工作先进集体”“全国学校艺术教育先进单位”“省级文明学校”“福建省五四红旗团委”“第五届中小学和谐校园创建活动先进学校”“体育先进单位”“平安先行学校”“福建省语言文字规范化示范校”等多项荣誉称号。

学校现有先进的实训设备设施总值2000多万元，建有楼宇智能化、给排水系统安装与调试、建筑预算仿真实训室、测量放线实训工场、财经模拟、影视包装合成实训室、金工车间、可编程实训室及PLC电工、电子、数控、化学等24个校内实验实训室，建立了建筑建材、机电一体化、汽车驾驶与维修、信息技术、财经商贸、会计电算化等6个校内实训基地，并与福建省锦楠建设工程有限公司等32家企业单位共建，近三年毕业生的就业率达99.6%。

学校现有专任教师233人，具有高级职称的教师80人，占34.3%；专任教师中理论教师的本科学历达100%，硕士研究生22人；专业课和实习实训指导教师中“双师型”教师占83.7%；现有高级考评员11人，中级考评员21人。此外，学校还特聘企事业单位生产、管理一线的高级工程师、经济师、会计师、能工巧匠等技术人员为兼职教师，进一步充实、优化了教师队伍。

（摘编：张海生）

福建省福州第一中学

福建省福州第一中学是福建省教育厅唯一直属管理的一所完全中学，原国家教委确认的中国名校，以建校历史悠久、办学效益卓著、学生素质全面、校友英才辈出而蜚声中外，在福建省近现代教育史上占有重要地位，长期以来一直是福建基础教育的一面旗帜。

学校以校友林觉民的名言“为天下人谋永福”为办学宗旨，以“植基立本，成德达材”为校训，以校友邓拓名言“坚持真理，疾恶如仇；铁骨铮铮，宁折不弯”为精神楷模，以“心术端正，文行交修，博通时务，讲求实用”为育人目标，以“基础扎实，素质全面，志向高远，风仪端朴”为学子风范，历久形成“勤奋、严谨、竞取、活跃”的优良校风，教风以“严、实、细、活”著称。确立了福州一中育人宗旨八大支柱，即国家责任、独立人格、学会学习、健体怡情、服务意识、国际视野、实践能力、自力自治；用“Moral（道德）、Modesty（谦逊）、Multiplicity（多样化）”重新阐释为福州一中校标。

学校前身是创建于清嘉庆二十二年（公元1817年）的凤池书院和同治九年（公元1870年）的正谊书院。1902年，位于福州三牧坊两侧的“凤池”“正谊”两书院合并改建，更名为“全闽大学堂”，开八闽兴办新学之先河，成为福建省最早一所公立学校。1951年定为现名。

引领时代教育潮流的福州一中，早在上个世纪初，就引起了广泛关注。1921年，著名教育家杜威在福州一中做专题演讲，成为世界瞩目的焦点；1938年，被列为全国最优秀的十所中学之一，受到当时教育部传令嘉奖；1957年至1959年，连续三年获得全国高考红旗；1960年，获“全国文教系统先进单位”荣誉称号；1979年，福州一中以办学成绩优异受到国务院通令嘉奖；1993年被确认为福建省第一所一级达标中学。继1986年后，2007年，中华人民共和国人事部、教育部再次授予福州一中“全国教育系统先进集体”光荣称号；自1989年以来连续十一届被评为福建省文明学校，2009年福建省委、省政府授予“福建省2006—2008年度文明学校标兵”光荣称号；2010年福州一中在全国众多著名中学中脱颖而出，被评为“全国青少年科技创技教育创新十佳学校”，同年被评为“全国学校艺术教育工作先进单位”；2011年校工会被评为“全国教科文卫体系统先进工会组织”；2012年，获“福建省五一劳动奖状”荣誉称号、“福建省2009—2011年度德育工作先进学校”称号；2013年，被确认为福建省首批“平安先行学校”，清华大学授予我校“中学毕业生清华成长奖”等。

长期以来，福州一中历任校长一直都坚持着

当时最先进的办学理念，知名校长有被誉为福建新式学校教育的开拓者、末代皇帝溥仪的老师陈宝琛；有新中国时期被联合国亚太地区教科文组织誉为当代教育家的陈君实；有全国教育系统劳动模范、有突出贡献的科技管理专家朱鼎丰；还有入选“新世纪百千万人才工程”国家级人选、享受国务院政府特殊津贴专家并被评为省优秀专家的现任校长李迅。学校名师荟萃，一批学者型、专家型的教师已构成师资的核心力量。

百年薪传，英才辈出。校友中有为民族解放而献身的仁人志士，如林觉民、陈盛馨等；校友中有17位院士，15人先后当选两院院士，他们是邓拓、李俨、萨本栋、邓叔群、冯端、陈彪、田昭武、唐崇惕、陈可冀、林群、王乃彦、王任享、刘应明、李幼平、王海舟；校友中还涌现出许多文化界杰出人物如林纾、陈衍、朱谦之、梁遇春等；校友中有多人入选IEEE（美国电子电气工程师协会）院士，如程代展、林间、卢建宇、姚新等。此外，我校校友在政治、经济、文化、军事等方面均有杰出表现。

独领风骚的高考成绩、一枝独秀的科技创新教育和学科竞赛、生机勃发的学生社团活动和先人一步的国际眼光，是福州一中教育教学的突出成果和独具的办学特色。“创建全国一流示范性高中”是福建省政府、省教育厅为新世纪福州一中的发展提出的新思路，为此，学校正与时俱进，跨越巅峰，再铸辉煌。

（摘编：孙　津）

福建省福州实验小学

福建省福州实验小学坐落于福州繁华的东街口闹市区。这座由清末名仕陈宝琛先生创办、有着100多年的历史名校，被人们誉为“文明传播的学府，英才成长的殿堂”。学校占地面积18余亩，有2幢教学楼近百间教室。校内设有阅览室、乒乓球馆、录播室、书法室、舞蹈厅、报告厅等特种专用教室30多间，配备了现代化教育教学设施，以及建设了集环形跑道、篮球场、羽毛球场于一体的全塑胶操场，最大程度的满足现代教育教学活动的需要。

福州实验小学是福建省人民政府首批的16所重点小学之一，也是全国具有影响力的示范小学。2000年以来，学校制定了“以创新促发展，以质量铸品牌，努力打造基础教育示范学校”的奋斗目标，为学校今后的发展明确了方向。

学校现有一支高素质教职员工队伍，是教育领域中一支颇具实力的坚强集体。现有教职员工89人。本科学历占74%，研究生学历11%，在职特级教师5人、高级教师9人、一级教师47人。近十多年以来，学校荣获“全国文明单位”“全国三八红旗集体”“全国青年文明号”“全国巾帼文明示范岗”“全国德育先进集体”等十多项全国级荣誉称号。

学校积极支持贫困地区的教育，先后派教师赴四川、西藏开展“送教下乡”活动，足迹踏遍了巴山藏乡。为了增进国际的交流，学校分批派出30多名精英赴多个国家参与华文教育培训活动，得到了国内外专家、同行的一致称赞。

学校校训“知、道、能、行”“学道·体道·悟道·得道”道出了教育本质和教育目标，“敢于做梦、勇于追梦、努力圆梦”则是全校师生共同的追求。

多少年来，学校致力于探索教育的新途径，利用校本课时间，开展了丰富多彩、形式多样的教学活动，各种兴趣小组应运而生。燕前堂，坐落于学校的一隅，这座风情古朴谢氏老宅如今已经成为学校校本活动的场所之一。每到周三的下午，这里琴瑟和鸣、茶香私语、文墨飘香。在这里，孩子们既可以学习技艺，又传承了中华优秀的文化，怡然自得。

与此同时，学校的教学楼内的京剧班、舞蹈队、合唱队的兴趣活动也是如火如荼。京剧《红灯记》唱的字正腔圆，合唱《校园的早晨》充满情诗画意，舞蹈《学习雷锋好榜样》有声有色。孩子们在培养兴趣、展示个性的同时，又陶冶了情操。

福州实验小学强有力的领导集体，高素质的教师队伍，是学校一往无前的制胜法宝。学校将在教育科学管理、教师队伍的建设、教学质量建设、学生文明素质、校园文化建设等五大工程的引领下，扬帆起航，再创辉煌！

（摘编：吴　强）

福建省金山幼儿园

福建省金山幼儿园隶属福建省妇女联合会，是省属事业单位，省示范性幼儿园。

幼儿园环境优美，设备齐全，宽敞明亮，充满乐趣，集教育化、儿童化、功能化于一体，是一所花园式幼儿园，更是孩子学习和生活的乐园。

建园以来，幼儿园坚持科研兴园，秉承着让孩子在幼儿园“快乐学习、健康成长”的办园理念，先后参加了省级早期阅读课题和全国十一五课题《在分享阅读中整合词素意识，培养幼儿的自主阅读能力》等的研究，并取得较好成果；早期阅读也成为幼儿园的特色课程，这一课程的开展让教师、家长和孩子都从中受益。

幼儿园的发展目标：一流的师资，一流的教育，一流的环境，一流的服务。

师资队伍建设目标：建设一支讲文明、讲礼貌、讲团结、求进取、争奉献、敢创新、爱岗敬业的保教队伍。

幼儿的培养目标：面向全体幼儿，让他们从这里学会学习、学会做人、学会生活、学会健体，使之形成健康的人格，成为学习、生活和社会的主人。

在全体教职员工的共同努力下，幼儿园先后荣获：“福建省示范性幼儿园”、福建省“文明学校”、福建省级“青年文明号”“巾帼文明岗”、福建省直“文明单位”等称号；被福建省教育厅安办、福建省公安厅评为“平安校园”，多次被福建省妇联、福建省直幼教研究会评为“先进集体”、福建省妇联“先进党支部”等等。高质量的办园水平，得到社会各界的广泛认同。

（摘编：郭　虹）

福州第三中学

福州三中坐落于榕城风景秀丽的西湖之滨，创办于 1942 年，前身是“福州市立初级中学”，1952 年 6 月，经福州市统一调整校名，正式定名为“福州第三中学”，沿用至今。

1953 年，学校被确定福州市重点中学，1963 年它被确定为首批 14 所省级重点校之一，1994 年被确定为省一级达标校，1995 年和 2005 年两次被推举为中国知名中学科研联合体的常务副理事长单位。2003 年被确定为省级示范性高中。近年来，荣获省市级以上荣誉近两百余项，连续 9 届被评为福建省文明学校，并获得“全国模范职工之家”、北京 2008 奥林匹克教育示范学校、“全国教育系统先进集体”等荣誉称号。2008 年被中央文明委授予“全国未成年人思想道德建设先进单位”荣誉称号。2009 年被评为福建省首届文明单位标兵。

学校现拥有 42 个教学班，在校学生逾 2000 人。在职教工 160 人，其中特级教师 4 人，高级教师 80 人。学校占地面积约 30000 平方米，拥有 42 间教室、14 间完备而规范的理、化、生、劳技等课程的专用实验室和 2 间语音教室以及省内最先进的物理 DIS 实验室、数学 TI 实验室，42 间教室均实现多媒体组合，已能使课堂教学告别了粉笔时代，大大提高了教学质量。

一座总面积达 4598 平方米，内设有灯光球场、标准室内游泳池，体操房、乒乓球室以及现代化艺术多媒体教室多功能体艺中心，由于功能齐全，目前是我省中小学中首屈一指的体艺中心。一个占地约 15 亩的 300 米塑胶环形跑道运动场为学生的全面发展提供了优质的硬件保证。

学校还拥有一座建筑面积达 2353 平方米独立的图书馆。馆内藏书愈十一万册，配备了现代化的管理设施，能应用计算机进行采编、编印、流通、情报检索等管理，极大地满足学生自主学习的需要。

学校有一支卓越的师资队伍。从 20 世纪 80 年代的教师典范池伯鼎、郑寿彭等，到 90 年代德艺双馨的名师王性复、王立根、张金华，再到新世纪涌现出的魏丽真、林风、骆小山、马平等学科专家，一代代优秀教师用自身的“严谨治学，为人师表”不断积淀着三中“敬业、爱生、严谨、求精”的教风，也培养出三中学生“勤勉、乐学、创新、超越”的学风。

学校的教育教学始终保持着稳定的高质量。继 2008 年吴丹丹同学以原始分总分 666 的高分夺得福州地区理科高考状元后，2009 年林骥原同学以原始分总分 692 的高分再夺福州地区理科高考桂冠。2007—2011 年，累计有 60 人保送北大、清华、浙大、上交等国内一流名牌大学。每年高中毕业率 100%。升学率 100%，平均每年有 50% 以上高中毕业生进入全国重点大学学习深造。毛子青、杨沐同学在国际信息学奥林匹克竞赛中，夺取 2 枚金牌。2008 年至今，学生共获得国际级奖项 3 人次，国家级奖项 45 人次，省、市级奖项 272 人次。2011 年再传捷报，黄文瀚同学在亚洲太平洋地区信息学奥林匹克竞赛中获得金牌。王正钧、李孟航、林德欣三位同学获 2011 年机器人世界锦标赛高中组 MATH 工程挑战赛季军，并获机器人设计创新奖。

（摘编：王诗诚）

福州外国语学校

福州外国语学校创办于 1907 年，前身为圣马可书院、三一学校、福州第九中学，系福州市唯一一所公办外国语学校。2015 年学校被确认为福建省普通中学一级达标学校，先后荣获福建省文明学校、福建省校园文化建设先进学校、福建省先进德育学校、福建省中学示范图书馆、福建省巾帼文明岗、福州市实施素质教育先进学校、国家级体育传统项目学校等称号。

学校现有 60 个教学班，学生近 3000 人，教职工 224 人，其中专任教师 202 人，具研究生学历或专业硕士学位的教师 20 人，持有高级中学教师资格证 100 人，持证率达 98%，具有中级以上专业技术职务任职资格的教师 128 人，其中在聘特级教师 2 人，高级专业技术职务教师 51 人，省、市级学科带头人 6 名。

学校建有教学大楼、实验楼、综合楼、图书楼、行政办公楼、校友楼、学生活动中心、专项运动场（300 米环形塑胶跑道、128 米长的风雨跑道和长 98 米、宽 57.6 米的人工草皮国际标准的足球场、羽毛球场、篮排球场、乒乓球场）、探究室、理化生实验室、网络教室、录播室、会议室、通技室、各类专用教室、生物、地理园地。所有教室均配置多媒体演播系统，校园智能广播系统和校园计算机网络系统。学校已接入 100M 光纤，校园网站功能齐全、内容丰富，整合了学校各类教育教学资源，实现校园数字化。

学校遵循“勤勉、上进、自强、守恒”的校训，弘扬“团结、奋进、求是、创新”的校风，提出“致力于追求适合学生的教育方式，营造学生健康成长的学习环境”理念，明确“外语见长、文理兼优、全面发展”办学目标，探索德育工作新思路，不断探索校友陈景润“求实、探疑”特色德育，提高学生整体素质。近年来学校有 46 项研究性学习成果在国家、省市“青少年科技创新大赛”中获奖，学校连续五年荣获福州市科技创新大赛优秀组织奖。学校中高考、高中学业会考成绩突出，组织学生参加国家、省、市科技创新大赛、信息技术（机器人）比赛、英语风采大赛、数学“杰出杯”竞赛等都取得优异成绩。

学校把“复语、复合型”的外语特色作为学校的办学特色，选派教师参加国际、国家、省市级学科带头人培训和引进优秀外教。学校开设有英语实验班、日语班、德语班和法语班。复语、复合型教学模式在多语种、多元文化教学中逐步形成并完善。学校不断深化拓展国际交流空间，2002 年起至今，已先后与日本那霸市上山中学、爱尔兰都柏林大学三一学院、新加坡圣公会中学、德国魏尔霍夫一级文理中学、法国勒布伦中学以及美国吉尔伯特中学建立了合作关系。学校还是德国政府 DSD 项目教育教学基地和福州市校园足球培训基地。

学校充分发挥高中新课程样本校和校本培训基地的辐射带动作用，先后与长乐漳港中学、福州台屿中学、柘荣城关中学、闽侯祥谦中学、福州英华英语学校等学校达成帮扶协议，积极参加省、市组织的赴宁夏、新疆、光泽县、漳浦县、平潭等地区送教下乡活动，助推教育的均衡发展。

（摘编：杨立群）

福建省福州高级中学

福州高级中学坐落于闽江南岸的烟台山之巅，依山傍水的良好位置赋予福高灵动的生命，被誉为“烟山明珠”，福建省环境保护厅和教育厅联合授予“省级绿色学校”称号。

福州高级中学前身是创办于1881 年的鹤龄英

华书院，至今已逾130载。在鹤龄英华书院的历史上，培养出了侯德榜、陈景润、沈元等13名中国科学院和工程院院士，林森、陈岱孙等政界和教育界知名人士。1951年，新中国人民政府接管和重组旧式教育，这个校园先后命名为福州工农速成中学、福州大学附设工农速成中学和福建师范学院附设工农速成中学，1956年定名为福建省福州高级中学，1963年评为福建省重点中学，1978年被福建省教育厅确定为首批办好的16所重点中学之一，1996年被确认为福建省一级达标中学。学校先后赢得了福建省和福州市文明学校、福建省教育系统先进集体、福建省模范教工之家、福建省模范离退休教工之家、福建省校务公开先进单位、福建省现代教育技术实验学校、福建省新课程实验样本校、福建省教育教学改革项目试点学校和福建省科技教育基地学校等荣誉。

学校师资力量雄厚，名师云集。截至2016年10月，学校在编教职员工153人，其中正高级教师1名，在岗特级教师4名，高级教师占教师总人数52.3%。独占省市基础教育鳌头的福建省中小学教学名师1名、福建省学科带头人15名、福州市名学科带头人4名，教育部“国培计划”专家库人选1名、教育部全国中小学教师信息技术应用能力提升工程专家库成员1名，福建教育学院和福建师大兼职教授各1名、兼职教授副教授15名，“福建省中学历史名师工作室”和“福州市中学历史名师工作室”落户福高。近年来，教师在中高考、会考和省市质检等统一考试的命题和评价等方面发挥了重要作用，多位名师还承担了教科书编委、教参编写和课标解读等任务，为我省的基础教育课程改革发挥了积极的作用。

学校现有高中三个年级39个教学班，在校生近2000人。福高人在团结和谐、富有开拓创新精神的领导班子带领下，创下了一个又一个骄人的业绩，福高学子在青少年科技创新等竞赛中率获佳绩，连续5年均有优秀学子被评为福建省优秀学生，近年来高考各项指标和中招录取位次持续提升，享有较高的社会声誉。

福高新一代的领导班子和教职员工，秉承“志当存高远”的校训和“团结、求实、奋进”的校风，以“传承文化，务实创新，构筑师生和谐发展的书香校园”的办学理念，以“培养有文化气质和社会责任的福高人”为育人目标，展望未来，开拓进取，打造“传统名校文化传承与社会责任教育”办学特色的教育品牌。

（摘编：吴　强）

福州市乌山小学

福州市乌山小学，位于乌山西麓，白马河畔的乌山路120号。学校前身是全闽师范学堂附小。初创于光绪癸卯年的“全闽师范学堂附小”，专收名门望族子女入学，特聘社会名流执教。1950年，经中共福建省委机关批准，由路凯（张鼎丞夫人）、沈亚平等同志负责将这所小学筹办成省立儿童学园。1956年，小学部从学园分出定名为乌山小学，隶属于福州市教育局主管。1959年学校归属省教育厅领导，列为省立重点小学，办学成果丰硕。1979年，市委选定乌山小学作为首批对外开放单位，同年，市委、市府授予“嘉奖令”。作为市直属校和省首批办好的16所小学之一。

如今，乌山小学拥有良好的教学环境、优秀的教师队伍。学校实有占地面积11678平方米，其中，总建筑面积9530平方米，绿地面积4269平方米，操场面积4800平方米，配备教学楼、综合楼、生物园、图书馆、网络教室……校园环境幽雅，教学场馆齐全，教学设施完善，在校师生2000多名。基于长期教育教学的实践和积淀，并经数任校长励精图治，广大教师同心同德，辛勤耕耘，学校办学业绩显著，致力于追求“环境幽雅·学生文雅·教师儒雅”的“三雅”办学特色逐步形成，日益成为省、市基础教育的窗口学校之一，1995年曾被省教委确认为首批省级“示范小学”，并多次被省、市党委和政府授予“文明学校”“文明标兵单位”等光荣称号。《中国教育报》《文汇报》《光明日报》以及省、市各大报刊、电视新闻媒体都曾作过专题报道。

（摘编：林学军）

福州教育学院附属第一小学

在福州的于山北麓，五一路东，坐落着一所百年老校。它就是当今在省内外享有较高声誉的省级示范学校——福州教育学院附属第一小学。它建校于1870年，现校园占地9066平方米，建筑面积9420平方米，可容纳36个教学班。现有学生1883名，教师100名。在一百三十多年的办学历程中，始终站在福州市基础教育的前列。学校坚持探索“德育首位的特色优势、科研兴校的质量意识、以人为本的管理模式”这一办学思路，在内涵上下功夫，在特色上做文章，向管理上要效益，扎实推进素质教育，努力争创省会一流教育。几年来，学校教育硕果累累。2000年被评为“省示范小学”之后，2002年顺利通过“福建省文明学校”验收，2015年2月中央文明委授予“全国文明单位”。学校还先后荣获“福州市文明单位”、第一届省“绿色学校”、通过了“福建省素质教育督导评估”和“福建省课改评估”，“中国WHO合作项目健康促进学校（金奖）”“福建省现代教育技术试验学校”等荣誉称号。在全面实施素质教育中，该校发挥全体教师整体素质高的优势，逐步形成英语、体操两大特色。

随着教育改革的发展，学校教育还有许多新的课题等待他们去探究，他们将继续探索“德育首位的特色优势、科研兴校的质量意识、以人为本的管理模式”这一办学思路，深化教育教学改革，锐意创新；突破工作的重点，进一步全面提高教育质量和管理水平，扎实推进素质教育，努力办让人民满意的教育，为实现一流的队伍、一流的管理、一流的校园、一流的设备、一流的质量而不懈努力！

（摘编：黄万良）

福州市儿童学园

福州市儿童学园占地面积7264平方米，位于“三山两塔”的乌山北麓，于1950年10月由时任福建省人民政府主席张鼎丞批示创办，是福州解放后新中国创办的第一所“延安保育院式”的公办幼儿园，其夫人路凯担任第一任名誉园长；现隶属福州市教育局，系福建省首批优质幼儿园。2009年4月经福建省评估组复评后更名为福建省示范性幼儿园。现有小、中、大13个幼儿班，教职工71人，教师100%达大专及以上学历。

学园始终把“一切为了孩子，为了孩子一切，为了一切孩子”作为办园宗旨，在“以幼儿为本，给幼儿幸福的童年生活，通过积极有效的师幼互动，培养幼儿终身可持续发展的基本素质，支持幼儿有意义的学习，促进每个幼儿全面而富有个性和谐发展”的办学理念引领下，不断深化改革，全方位地引导幼儿学会生活、学会学习、学会做事、学会做人，培养幼儿具有良好的生活、学习习惯，诚实勇敢，具有健康的身心素养和强劲的发展潜能。环境优美 设施齐全 充满童趣，具有体的设施、智的启迪、德的氛围、美的形象等四大特色，集“生活、学习、游戏、运动”为一体。为“福建师大学前教育硕士学位、本科生教学实践基地、福建儿童发展职业学院教育实践基地、福州教育学院教学教研实践基地、福建省贯彻《指南》基地园”，曾被教育部确认为国家级课改试点园（全国十五所试点园之一）。现拥有5名高级教师及省幼教学科带头人，18名省、市级骨干教师等高素质、研究型的教师队伍，共有百余篇论文在国家、省、市级学术会议上交流、获奖或刊登，多次在国培、省、市开教学观摩示范活动，获得广泛好评。

学园先后多次被评为全国、福建省“三八”红旗单位，省、市文明学校，省、市先进幼儿园，省、市先进教工之家，省德育先进校，省巾帼文明岗，省绿化红旗单位；获得全国科技教育优秀研究基地、省科技教育特殊贡献先进集体、市“平安校园”、市“绿色学校”等100多项荣誉称号，多位教师获得全国、省、市优秀教师等荣誉称号，赢得了较高的社会声誉。

（摘编：郭　虹）

福清市实验小学

福清市实验小学创办于1904年仲秋，前身为福清县高等小学堂，1951年3月升格为福清县实验小学，1991 年 10 月更名为福清市实验小学。1980 年被省人民政府确定为全省首批 16 所重点小学之一。1995 年经省教育委员会验收，确认为福建省首批示范小学。

学校现有学生 3318 人，66 个教学班；教职工 140 人，其中，专任教师 133 人，高级教师 5 人，一级教师 106 人，福建省学科带头人 1 人，省市级骨干教师 62 人，本科学历 76 人，专科学历 43 人，中专学历 14 人，具有一支师德高尚、业务精湛、结构优化、开拓创新的科研型教师队伍。

学校传承百年精华，始终坚持“为学生的终身发展奠定基础、为教师的可持续发展创建平台、为学校的科学发展探索新路”的办学理念，将“内涵发展、文化育人”的办学特色融入日常工作中，办学品位不断提升。一百多年来，学校培育出近 4 万名的莘莘学子，校友遍布五洲四海。

近年来，学校继往开来，开拓进取，大力推进教改实验，承担了多个国家、省级教育科研项目，相继被授予“全国教育科研‘十一五’规划教育部重点课题实验学校”“福建省‘十二五’心理健康教育协作校”。学校还先后荣获“福建省文明学校”“福建省德育工作先进学校”“福建省实施素质教育工作先进学校”“福建省教育系统先进集体”“福建省学校先进基层党组织”“福建省军民共建精神文明先进单位”“福建省军民共建‘三挂钩’工作先进集体”“福建省海外华文教育基地”“福建省红旗大队”“福建省语言文字规范化示范校”“福建省篮球、田径特色学校”“福建省体育传统项目（篮球）学校”“福建省‘中华诵·经典诵读’试点学校”和“福建省教育信息化试点学校”等荣誉称号。

学校现已成为一所国内外有一定影响的实验性、示范性小学，已成为政府满意、社会认可、家长和学生向往的小学。今后，学校仍将继续发扬“永立潮头，永不放弃，永创第一”的实小精神，为祖国培养出更多德智体美劳全面发展的创新开拓型的优秀人才奠定坚实基础。

（摘编：张海生）

福建省长乐第一中学

福建省长乐第一中学是一所具有 127 年悠久历史的老校，于 1993 年评定为省二级达标中学，2002 年晋级为省一级达标中学；自 1993 年起，已连续十二届被评为“省文明学校”，先后荣获“福建省实施素质教育工作先进学校”“福建省依法治校示范校”“福建省师德建设先进集体”“福建省模范教工之家”“福建省教育系统先进集体”等称号。

2016 年 12 月 25 日，长乐一中一分校撤并为长乐一中首占校区。学校现有两个校区。本部校区坐落于长乐市区和平街 56 号，是福建省首批“花园式单位”。校区面积 102 亩，建筑面积 3. 36 万平方米。本部校区教职工 171 名，高级教师 51 人；中级教师 82 人；现设高中 39 个班，学生 1746 名。首占校区位于长乐市会堂南路 99 号，校园占地面积 150 亩。首占校区教职工 127 名，高级教师 16 人，中级 41 人。现有高中 12 班，学生 538 名。初中 30 班，学生 1516 名。

学科奥赛成绩突出，在全省乃至全国赢得了荣誉。2008—2015 年，2 人获得奥林匹克化学、物理学科省赛一等奖。14 人次获得福建省数学联赛省级一等奖，4 人入选省代表队，3 人获国家级银奖，1 人获国家级铜奖。2014 年 11 月 21 日，因数学奥赛成绩优异，全国高中数学联赛（福建省赛区）表彰大会在我校举行，这是我校的殊荣。信息技术奥赛成绩突出，42 人次获得福建赛区一等奖，2 人获得亚太地区信息技术比赛铜奖，1 人获银奖。2015 年，1 人入选省代表队并参加全国奥林匹克信息技术比赛荣获金奖，提前两年获得保送清华大学资格，在全国中学生天文奥林匹克竞赛中，2015 年有 4 人获得省一等奖，2016 年又有 4 人获奖。2016 年与 2017 年，学科奥赛成绩又有突破。（1）承办重大赛事。继 2014 年成功承办了 2014 迎春杯全国数学科普活动（福建省赛区）之后，2016 年四五月，又成功举办了第五届海峡两岸数学邀请赛，在小学生、初中生中普及了数学奥赛知识，促进了长乐市小学阶段的数学奥赛工作。（2）信息技术奥赛连续取得历史性突破。

2016年，一位同学在“2016年北京大学信息学奥赛训练营”勇夺全国第一，提前与北京大学签约2017年本一线录取协议。四位学生入选省队（全省15人）。2017年，九位同学获得全国赛省级一等奖，两位同学入选省队。

学校高考成绩每年均在福州地区同类校前列。2009—2015年，高考成绩连创历史新高。本一上线人数连续4年突破400人，考取985、211大学人数将近200人。2016年，在高考回归全国卷的背景下，高三毕业班高考成绩令人满意，一名同学考取北京大学，一名同学考取香港城市大学，一名同学考取香港中文大学；理科本一上线率82.5%；文科本一上线率58.2%，文理科合计本一上线率77.8%。这个成绩已可与多所地市级一中媲美。由于高考出口分数比高一入口分数大大提高，学校被福州市教育局授予“2016年高考成绩优胜奖”。

（摘编：郭　虹）

闽侯县实验小学

闽侯县实验小学创建于1951年，有着昙石山文化孕育出的厚重历史。学校现有教师156人，学生2760人。本部占地33.6亩，38个教学班，分校占地20.47亩，16个教学班。学校环境优雅，设施日渐完善，处处洋溢着艺术校园文化气息。学校本部省级示范图书馆、分校市级达标图书馆、功能分区的“艺术综合楼”、品位颇高的休闲区“桃李园”、综合实践园区“行知园”成为校园文化亮点。

学校以“博爱、博学”为校训，以“艺术点亮心智，文化成就品行”为特色办学理念，致力于培养智慧的学生、成就智慧的教师、建构智慧的学校。依托“环境美化、学科渗透、课程开发、课题研讨、馆校结合”等途径，在学科教学中发现美，挖掘美，创造美，渗透艺术教育，成功立项了省市课题《艺术教育促进学生良好习惯养成的行动研究》和《以艺术教育为特色的校园文化行动研究》，并以团队研修的方式开展子课题研究，探索出了“文化引领—艺术熏陶—匡正言行—成就品行”艺术育人路径，成就自己的“育人之道”。并根据学校现有条件，让教师各展其趣、各显其能，开发艺术校本课程，以“千人共舞”“百人纷呈”“传统项目”为主线，自编了多套校本师生韵律操，开设了45个校级专项兴趣小组，组建了“百人旗操”“百人葫芦丝”“百人合唱”“百人腰鼓”“百人拉丁”以及管乐队和足球队等。如今，全校人手一支紫竹笛，师生共学，提升师生艺术素养。

学校进行分层师资培训，实行研训一体，现有1名特级教师，3名省学科带头人、3名市学科带头人，数十名市县骨干教师、兼职教研员等。学校的校本研训成果向全市推广，被授予“福州市基础教育改革先进单位”“福建省第二批基础教育音乐学科教学研究基地学校”等。数年来，学校也获得“全国读书育人特色校”“全国少先队红旗大队”“福建省科技基地校”“福建省巾帼文明岗”“福建省德育先进校”等荣誉称号，并连续三届被评为“福建省文明学校”。

（摘编：黄万良）

连江县实验小学

连江县实验小学前身是创建于清雍正元年（1723年）县城龙西铺化龙桥西侧的理学书院。现有32个教学班，1886名学生，90名教师，其中特级教师1人，小中高1人，省级学科带头人1人，省市级骨干教师21人，高级教师64人。学校连续五届被省委省政府授予“省文明学校”称号，先后获得“省模范教工之家”“省道德示范校”“省少先队工作先进学校”“省先进教研组”“省第三届军民共建精神文明先进单位”“省第四届军民共建精神文明先进单位”“少先队全国红旗大队”“省先进少年军校”等荣誉称号。教师获省级以上荣誉称号的二十多人次，其中有全国优秀班主任、特级教师、省十佳少先队辅导员、省优秀教师、省德育先进工作者、省先进教育工作者、省优秀班主任、省优秀青年教师等，《人民日报》《福建日报》《福建教育督导》《构筑新世纪精神大厦》大型文献等新闻媒体、报刊多次予以报道。

学校确立了以爱国主义教育为核心，致力于培养“谦逊礼让、彬彬有礼、知书达理、落落大方”的“实小人”，近年来，《远漂的心愿》《雏鹰，在体验中成长》等多项活动多次被省、市、县各级教育台等新闻媒体报道推广，并获福建省少先队活动金银奖等多项荣誉，“学英雄争先进，当实小优秀学生”“当班干部利大还是弊大”“茉莉花开走进连江实小”等多项活动在省市电视台播报。陈頔等同学获得了全国五星级雏鹰奖章、省手拉手先进个人等称号。

学校全面实施“质量立校，科研兴校”的战略，正积极实施四项省级以上课题实验——国家级课题“小学生个性化作文教学”、省级课题“引导小学生学会学习”“在阅读实践中培养学生的探究能力”以及“小学生心理健康教育”研究。课改实验取得了实质性成果，“小学生勤劳俭朴教育”获“福建省中小学德育课题实验一等奖”，教师有150多篇论文在CN级刊物发表，学校自编了多册德育实验教材，开发编写了《小学信息技术》《经典古诗文诵读本》等多本校本教材，出版了《蓓蕾初绽》《教改浪花》《前行的足迹》等多本科研论文集、学生优秀作文专集，组织开展多场市、县课改开放日和“送教下乡”活动。

学校开设了科技、艺术、体育、文化四大类十多项兴趣小组，据不完全统计，2000年以来，学生参加市级以上作文、数学、电脑、科技、艺体等各项竞赛350人次获奖，2002—2006年，陈寒融等15位同学获县小学毕业生“又溪奖”，分别占全县小学获奖总人数的一半以上。

（摘编：杨立群）

福建省闽清第一中学

闽清一中是省一级达标学校，至今已有120年历史。现有教职工158人，其中高级教师40人，一级教师77人，全校36个教学班，在校生1800多人。2015年3月，被福建省教育厅确认为“福建省一级达标高中”。

学校教育教学设施先进、校园网络系统、班级多媒体、电子图书室等设备齐全、教育教学已基本实现信息化、网络化。学校先后获得了“省文明学校”“省德育先进学校”“省先进基层党支部”“省级达标中学图书馆”“市重点体育项目传统学校”等多项省、市级荣誉称号，被省教育厅列入“福建省高中特色校建设”和“福建省首批学科基地校建设”试点行列。

学校实施“科研兴师，名师强校”的发展战略，教育教学质量稳步上升。高考成绩稳居福州市上游，2003—2005连续三年获福州市高考状元，本科上线率达91%；2011—2014年本一上线人数再创新高，2011年应届本一上线228人，本一上线率达38%；2012年应届本一上线233人，上线率达40%；2013年应届本一上线270人，上线率达47%；2014年应届本一上线315人，上线率达57%。近三年学科竞赛成绩喜人：获全国奖的有26人，获省级奖的有61人，获市级奖的有132人；在福建省青少年篮球锦标赛暨中学生篮球联赛中，女篮自2006年以来已实现“八连冠”，男篮2014年获得第三名，校田径队获得2014年福建省青少年田径锦标赛暨中学生联赛高中团体总分第一名，凸显出体育办学特色。教研成果丰硕：2个省市级课题获市优秀成果二等奖；2个省、市级课题进入结题阶段；1个国家级课题的子课题已通过中期验收。学校每年都开展体育节、艺术节、读书节、十佳歌手赛、各类夏令营、梅园文社采风等活动，深入农村、社区，开展社会实践活动，积极推进素质教育，做到全面育人。

（摘编：周忠志）

福建省厦门第一中学

厦门一中系福建省首批办好的重点中学，她创办于1906年。其前身是清朝康熙二十四年（1685年）创立的玉屏书院，是厦门岛内最早的书院，为厦门的文脉之源。厦门一中南依著名的“万石植物园”国家级风景区，与厦门大学隔山而伴，楼倚巍峨，门开画境，环境优美。

厦门一中是一所享誉中外的著名中学。校区占地约12万平方米。环境优美、布局合理、设备先进。现有110个教学班，在校学生5000余人。现有教职工404名，其中拥有正高级职称2人，具有高级教师任职资格的118人。享受国务院政府津贴3人，省杰出人民教师3人，特级教师7人，全国劳模1人，全国模范教师2人，省名校长1人、省中小学优秀校长1人，省骨干校长2人，首届厦门市中小学优秀校长1人，市拔尖人才4人，市杰出教师6人，省首届名师4人，省市学科带头人38人。

学校办学历史悠久、英才辈出，涌现了一批政治家、科学家、教育家、体育明星等。全国人大原常委会副委员长叶飞，全国政协原副主席、国务院副总理、中科院院长方毅，全国人大原常委会副委员长、中科院院长卢嘉锡，全国人大常委会副委员长、全国妇联主席陈至立，工程院院士李幼平，前世界乒乓球冠军郭跃华、著名诗人舒婷、著名钢琴音乐家杨鸣以及被誉为“浴火凤凰”的烈士黄美妙等就是其中的杰出代表。

近年来，学校被中央文明委、教育部等授予“全国文明单位”“全国教育系统先进集体”“全国教科文卫体系统模范职工之家”“全国科技体育传统校”“全国‘巾帼’文明岗”“全国五四红旗团委”等荣誉称号。

厦门一中的办学目标是“全省顶尖，全国一流，面向国际，面向未来的现代学校”；办学理念是“人文、创新，为发展而教育”；学生培养目标是“国家认同＋国际理解＋人文底蕴＋科学精神”，厦门一中坚持文化治校：致力于建设“民主、责任、情感、荣誉”的精神文化，“人本、规范、科学、激励”的制度文化，“共享、理性、包容、进取”的行为文化，“人文、典雅、传承、现代”的学校物质文化。

学校师资力量雄厚，教学质量稳居省市前茅。学校连续多年高考升入北大、清华及港大的学生占三校在福建省招生总数的六分之一以上，本一上线率达到或超过95%；2016年被清华北大港大录取35人（不含医学部、国防生、小语种），居全省第一。学科奥赛和科技创新大赛处于省内领先水平：2006年以来，学科奥赛获国际金牌1枚，国家一等奖13人。学校文体教育硕果累累：彩虹合唱团连续三次荣获全国中学生艺术展演金奖（一等奖）；健美操项目荣获全国团体等奖2项、一等奖5项，游泳项目荣获全国传统项目联赛个人冠军10项，省传统项目12项。学生发明创造已获得12枚国际发明展奖牌、17枚国家级奖牌。近年来，学校建设了103门（开发了130多门）特色校本课程；打造了生物与环境科学教育基地、科技发明示范基地、机器人工作室、航模基地等学校创新工作四大亮点。

厦门一中积极履行社会责任，主动支援薄弱学校改革发展，先后创办了集美分校等6所学校，在海沧区新建了拥有初高中部共90个班级规模的海沧校区，推进了基础教育均衡发展。

（摘编：康明辉）

福建省厦门实验小学

前身系陈嘉庚先生1944年倡办的第一侨民师范附属小学，1949年11月改为现名。地处思明区同安里，毗邻中山公园，隶属厦门市教育局。校园原占地面积16165平方米，2014年起进行校园改扩建工程，新增用地11447平方米，现总面积达27613平方米。现有37个教学班，学生1781人，教职工104人，拥有省特级教师4人，中学高级教师12人、省学科带头人12人，市学科带头人12人，市专家型教师11人。

办学70多年来，学校秉承实验性、示范性的办学宗旨，牢记“诚、勤、毅、创”的校训，严谨办学，立德树人，开拓创新，努力为教师的专业发展与学生的健康成长搭建平台。坚持“师生和谐发展，素质全面提高”的办学目标，秉承“让每个人健康快乐地发展”的办学理念，着力建设一支“特别爱学生、特别守纪律、特别讲奉献、特别会教书育人”的教师队伍。师德建设既注重弘扬“爱生教好”的优良传统，又与时俱进，形式多样；创设“二级导师制师徒工作小组”的师训新模式，大力开展课题研究和岗位练兵活动。

学校于2000年被确认为“全国现代教育技术实验校”，2012年又被中央电教馆确定为“全国百所数字校园示范校建设项目学校”。学校加强数字校园软硬件建设，云平台及一卡通系统、办公OA管理系统、无线Wi－Fi升级、自动录播系统、数据备份系统更新、网络硬件改造等相继投入使用，目前已进行“平板电脑进课堂”先行者研究，举办了面向市级的“智慧课堂”研讨活动。

学校坚持“小、近、实”的德育工作原则，着力培养“文明、勤奋、自主、活泼”的优良学风，开展丰富的主题教育和道德实践体验活动，倾心培育学生的“遵守纪律、文明有礼、勤于学习、活泼勇敢、富于创新、品学兼优”的特质。学校坚持举办春秋游活动、夏令营和冬令营活动，开展丰富多彩的假日小队活动，还组织学生赴境外友好学校进行交流和互访活动，与河南实验小学开展“手拉手”体验教育活动。

近年来，学校多次荣获“全国文明单位”荣誉称号，还获得“第二届中小学和谐校园创建活动先进学校”“全国消防安全教育示范学校”“全国巾帼文明岗”、省“2011—2012 年度中小学、幼儿园岗位练兵先进单位”“2009—2012 年度福建省厂务公开民主管理工作先进单位”、省“2013 年度网络文明传播工作先进单位”、省“师德先进集体”、省“先进基层党组织”、省“语言文字示范校”和市“五一劳动奖状”、市“平安先行学校”、市“德育先进工作者校”等市级表彰 21 项。

（摘编：王诗诚）

厦门外国语学校

厦门外国语学校创办于厦门特区成立的 1981 年，原名“厦门英语中学”，原址在“海上花园”鼓浪屿上，1994 年学校扩大办学规模，迁址到湖滨北路。2004 年，为充分发挥学校优质教育资源，带动周边地区教育教学的发展，学校率先把高中部办到海沧。现有教学班 85（含 4 个新疆班），在校生 4326 人。两个校区共占地 103000 平方米，建筑面积 93200 百平方米。

学校在职教师中，有 5 名博士，76 名硕士，69 位研究生课程班毕业，120 余位教师参加国家、省、市骨干教师培训；特级教师，国家、省、市级学科带头人近 40 名。学校常年聘请 10 余名外籍教师任教英、法、德、日语课程。

学校致力于优质教学，近年来，共有 14 名学生获得省、市高考状元。2004 年至 2006 年学校连续三年蝉联高考理科总均分全省第一。2011 年更是囊括福建省理科总分前两名和厦门市文科总分前五名。近五年来，厦外学子上清华、北大、香港大学的总数超过 120 人，居全省之冠。2005 年至今已保送北大、清华等 40 多所国内名校累计近 800 余人，2011 年被北京大学确定为我省首批中学校长实名推荐资格学校。目前厦外学子遍布哈佛、斯坦福、剑桥、耶鲁大学等世界排名前十名的名校。

学校还注重学生创新能力的培养。近年来学生在学科竞赛、创新大赛中获全国金奖 7 项，获得 2 块中国数学奥林匹克金牌。建校以来，师生共获发明专利 46 项，分获第十三届、第十四届、第十五届全国发明展览会金奖，练仰贤老师获第 95 届巴黎国际发明展列宾奖杯。学校被评为福建省科技创新大赛组织奖并获得首届“卢嘉锡科技教育奖”。

近几年，学校荣获全国优秀外国语学校、全国外国语学校工作研究会理事校、全国外语教研工作示范学校、全国现代教育技术实验学校、全国汉语国际推广中小学基地校、全国法制宣传教育先进学校、全国巾帼文明岗、全国优秀家长学校；福建省文明学校、福建省“五一劳动奖状”单位、福建省基础教育课程改革实验基地校、福建省实施素质教育工作先进校、福建省课改先进校、福建省科技教育基地示范校、福建省师德建设先进校、福建省优秀基层党组织、福建省五四红旗团委、福建省海外华文教育基地校、福建省青年教师评优创优先进单位、福建省中小学综合治理先进单位、福建省未成年人保护工作先进集体、福建省绿色学校、福建省环境优美奖、福建省双拥工作先进单位、福建省青少年维权岗等称号。

（摘编：康明辉）

福建省厦门集美中学

集美中学历史悠久，业绩辉煌，学子遍五洲，声名播四海，被誉为“中国名校”。系爱国华侨领袖陈嘉庚先生 1918 年创办，2001 年被确认为福建省普通中学一级达标学校，现系厦门市直属公办完中。

陈嘉庚先生被毛泽东誉为“华侨旗帜，民族光辉”，邓小平、江泽民等都亲临集美，给予高度评价。2963 号小行星被命名为“陈嘉庚星”。集美学校得到周恩来等历代领导人重视，弦歌不绝，越办越好。学校占地10万平方米，拥有大楼10多幢。设施先进，配备齐全，拥有全省中学一流的科学实验楼、室内体育馆、标准400米塑胶跑道运动场、套房式学生公寓、招待所等，陈嘉庚群雕、文化柱等被称为典范之作。

学校有着光荣的爱国革命传统，被称为“革命堡垒”，系省市德育基地、爱国主义教育基地、国防教育基地。荣获第十二届省级文明单位称号。

学校以“慎选教师，严谨治校”著称，保证了高水平的办学质量。现有教职工255人，其中特级、高级教师近90人，省级以上学科带头人和骨干教师30多人。还常年聘请外籍教师和著名专家、教授上课、讲学。多年来，高考中考成绩不断突破，高考上线率100%，本科上线率超过90%。

学校锐意改革，不断创新，素质教育成效显著，深受政府社会赞誉。校报《集美中学》获全国特别奖；学生电视台和电视节目获全国金奖；激活课堂成为课改品牌；研究性学习硕果累累；网络实验班特色凸显；个性化作文课题成绩突出；文艺体育成绩斐然；学生社团活动丰富多彩。

建校以来，集美中学培养了5万多名校友，造就了许多卓有成就的人才，如福建早期革命家朱思、翁泽生、董云阁、陈康容；战斗英雄李金发、林有声；抗日民族女英烈李林；省部级干部黎韦、胡明、陈金池、周时昌；两院院士伍献文、邓从豪、蔡启瑞、张乾二、俞昌旋、李幼平；艺术大师黄永玉；著名画家谢投八、周碧初、胡一川；著名作家白刃；著名音乐家蔡继琨；著名导演黄健中；著名作曲家李海晖；著名社会活动家黄长溪、陈共存、梁披云、丁文志、张祥盛；爱国侨领刘玉水、李尚大；著名慈善家、3609号小行星命名者李陆大；著名实业家黄克立、曾星如、洪贵仁、戴良川；著名计算机专家陈福接；著名航空专家林文郁；奥运教练黄德国；奥运会国手林绍洲、戴淑国，著名运动员黄柏龄、李有志、陈秋斌……

（摘编：郭　虹）

厦门市音乐学校

厦门市音乐学校（厦门大学附属音乐学校）是厦门市人民政府于1990年创办的九年义务教育音乐特色学校兼中等音乐专业学校，学校于2009年加挂厦门大学附属音乐学校校名。办学以来学校先后获全国学校艺术教育先进单位、全国巾帼文明岗、福建省文明学校、福建省实施素质教育先进校等荣誉称号。2013年学校办学规模进一步扩大，在厦门岛湖里区五缘湾美仑路建设新校区，形成鼓浪屿校区和五通校区“一校两区”办学格局。

学校坚持素质引领和特色立校，不断探索多元办学模式，开创了一条音乐专业与文化教育优质发展的办学之路。学校师资力量雄厚，文化课实行小班制教学，小学、初中按义务教育课程授课，获得厦门市小学教学常规管理先进校、厦门市初中教学质量优胜奖；音乐专业课实行个别化授课，共开设键盘、弦乐、管乐、民乐、声乐等五大类近30多种特色专业。殷承宗、郑小瑛、侯润宇等著名音乐家均为学校艺术顾问。学校聘请柏林交响乐团首席指挥、厦门爱乐乐团艺术总监傅人长担任校管弦乐团艺术指导，聘请集美大学教授、青年钢琴家、博士周宇博到校任教。高中及中专按普通高中课程授课，历年中专部学生参加全国普通高校艺术类高考上线率达百分之百，为中央音乐学院、上海音乐学院、中国音乐学院等高等艺术院校及国外艺术院校输送了一大批优秀的音乐人才。学校师生在国际、国内各类音乐比赛中荣获上千个奖项，经常参加省市各级各类重大演出和对外交流活动，先后与美国、德国、俄罗斯、日本、澳大利亚、以色列等国家及港、澳、台等地区的音乐团体和学校开展文化交流活动，成为厦门市中小学艺术教育的窗口学校。

（摘编：李　哲）

漳州第一中学

漳州一中是一所公办的全日制高中。其前身是1902年创建的漳州府中学堂，1951年正式命名为福建省漳州第一中学。1996 年通过了省一级达标学校验收。学校师资力量雄厚，环境整洁优美。现有教学班级 51 班，在校学生数有 2600 多人。在长期的办学过程中，学校坚持正确办学方向，全面贯彻党的教育方针，形成“爱国、进取、求是、创新”的校风，“厚德、爱岗、博学、敬业”的教风和“尊师、乐学、多思、向上”的学风。在不断改革的过程中，逐渐形成了“传承文明，追求卓越”的新时期办学理念。

现有教职工 280 人，其中正高级教师 3 人，特级教师 6 人，高级教师 112 人。学校通过“校园十佳青年教师”“中年教师优质课”的评选，落实新老教师“结对子”活动，优秀教师团队已然建成。学校教师先后有 10 人次参与高考命题；青年教师参与各类比赛，屡拔头筹。学校依托八闽高中教学校际协作组织，积极推进校际交流合作，在充分利用各校现有资源、逐步推动新资源生成的同时，形成了学校之间资源的互补与共享，进一步促进了名校示范辐射作用地更大发挥和教师团队的发展。

学校建立起“全面发展、突出个性”的培养模式，促使学生全面的富有个性地发展。近年来，高考本科上线率接近 100%，2007 年陈默同学勇夺省理科状元，2008 年林青同学以一分之差荣获省理科亚军，2010 年杨炜乐同学再以一分之差荣获省文科亚军，2011 年杨帆同学再夺省文科状元；1977 年恢复高考以来，学校省高考状元数量达到 7 人次，位列全省第三。学校成为北京大学校长实名推荐制学校，成为清华大学“新百年领军计划”、南京大学、南开大学等一大批著名学府的优质生源基地。

全球化的今天，需要全球化的人才与全球化的视野。学校先后和加拿大哥伦比亚国际学院、美国科罗拉多州立大学、美国密歇根州牛津国际公立寄宿高中、英国南安普顿市 ItchenCollege 等学校签订合作协议，2012 年中英高中国际课程班也已完成招生。学校教育将进一步“面向世界”，学校学生将有更多的机会参加海外夏令营，就读海外名校。

学校在素质教育的实施过程中取得了优异的成绩，并得到了社会和上级领导部门的充分肯定。学校先后获得“全国教育系统先进集体”、省“文明单位”、市“高考功勋奖”等市级以上表彰 10 多次。

（摘编：吴　强）

漳州第一职业中专学校

漳州第一职业中专学校是首批国家级重点职业中专学校，是教育部指定参评国家级高水平示范性中职学校。被教育部认定为国家计算机应用与软件技术技能型紧缺人才培训基地、国家级机械制造与控制实训基地，先后获得全国职业教育先进单位、省级文明学校等荣誉称号。

学校坐落于漳州芝山公园西侧芗城区凤高路 17 号的高教园区内，学府路、腾飞路在此交汇。全校占地总面积 150 亩，总建筑面积 68641.37 平方米，在校生近 5000 人。交通便利，环境优美，设施到位。学校实训中心已具规模。现有七个实验实训基地，拥有 50 多间实训室及五个基础实验室，实施专业化、标准化建设。建立工学教室，创新教学方法，大力提高学生职业素质及技能水平。

学校现有国家、省、市级骨干专业 17 个，设有计算机、电工电子、机械数控、财经、美术、学前教育、综合类及高职单招等八大类热门专业（含半工半读）。“双师型”教师占全校总教师人数的 80%；其中特级教师、全国职教名师、全国优秀教师、国家级骨干教师、省级学科带头人及省、市级骨干教师近 70 人。至今，学校选派 4 名教师到德国进修培训，分期分批选送专业教师近 80 人次参加国家、省部举办的各类教育培训，并取得相应的专业职业资格证书。

学校以“成就每一个学生，发展每一位教师”为办学理念，提倡学生“勤学善行”，毕业生遍布全国，主要服务海西建设。近三十年来，许多毕业生成长为专业领域的顶尖力量或创业成才。更多的毕业生成为各行业的技术骨干、技能型师傅和优秀的管理人员。

（摘编：黄万良）

福建省漳州财贸学校

福建省漳州财贸学校创办于1956年（原漳州财贸干校），已有60多年深厚的办学历史。

学校现有教职工120人，中、高级职称教师占师资队伍66%。68人次获得省、市、区优秀老师，“学科带头人”“教坛新秀”“优秀班主任”称号。其中：夏燕侠老师是福建省首批中职校会计专业学科带头人，漳州市教育局名师工作室成员。

学校现设会计、物流服务与管理、学前教育、计算机应用、电子商务、汽车运用与维修、航空服务、美发与形象设计等8个专业37个班级，学生近2000名。其中会计专业和物流服务与管理专业是省级重点专业，会计专业的综合实训课程获得省级特色课程，物流服务与管理专业是国家改革试点创新专业和福建省紧缺型人才实训基地。

学校办学设施齐全，拥有总价值近2000万元的实训设备，建有省内一流的会计综合模拟实训室、物流仓储、运输实务模拟实训室、沙盘模拟经营实训室、叉车训练场、美容美发实训室等实习实训场所共11个。

学校技能教学扎实。会计专业代表福建省参加全国技能大赛荣获三等奖，会计、物流专业参加福建省职业院校技能比赛中屡获金牌。近三年，学生参加省市职业院校技能比赛，共获得21个一等奖、33个二等奖、32个三等奖。2017年报考高职招考的学生大学上线率100%。

学校提倡“一专多能”，全面推行“两证制”。近五年毕业生就业率均达99%以上。毕业生专业对口，工资待遇好，稳定率高。学校荣获第十二届省级文明单位称号。

（摘编：王诗诚）

福建省诏安第一中学

福建省诏安第一中学位于县城南诏镇良峰山麓，其前身是诏安县初级中学，创办1922年10月。1958年由省教育厅正式命名为福建省诏安第一中学。1994年被福建省教育厅确认为省二级达标学校，2006年被省教育厅确认为省一级达标学校，学校现为全日制中学，共有6个年级，60个教学班，在岗教职工264人，专任教师245人，教师学历达标率100%。学校布局合理，划分为教学区、运动区、生活区三大区域，占地面积88665平方米，建筑面积43392平方米，其中绿化面积20937平方米。学校建有办公楼一幢，教学楼3幢，科学楼一幢，图书馆1幢，建有现代化校园网络和32间多媒体教室及各种功能用室，理化生实验室按省一级达标学校标准配置，学校建设标准田径运动场1个，建有篮球场、排球场、羽毛球场和乒乓球场，教职工宿舍4幢，学生公寓楼3幢，学生食堂一幢，可供1600人同时进餐。

抓师资，育名师。学校现有高级教师85人，占教师总数32%，参加市级以上骨干教师培训25人，形成了一个政治素质高，业务水平硬的教师团队。涌现了全国优秀教师陈列文，福建省“五一劳动奖章”获得者吴志能，市劳动模范许维民、林幼芬，漳州市首届学科优秀教师沈潮等7位名师。

抓科研，促发展。近年来教师在省级以上刊物及省学科会议论文65篇，其中CN刊物30篇，省级交流并获奖35篇。其中，沈玉川老师论文《在高中新课程教学中渗透研究性学习》荣获“教育部中国教师发展基金会”一等奖。抓常规，提质量，高考多次取得优异成绩，共有34个“研究性学习”课题被评为市级优秀课题，有61名学生在省级以上学科竞赛中获奖。

近年来，学校蝉联多届福建省文明学校荣誉称号，荣获福建省教育系统先进集体、福建省基础教育科研活动组织奖，荣获漳州市先进基层党组织、漳州市高中教育教学管理先进学校和漳州市校园治安先进单位等。

（摘编：王诗诚）

福建省漳州市第三中学

漳州市第三中学创办于1920年，前身为进德女中、崇正中学，1952年两校合并为漳州市第三中学，现为省一级达标学校。

学校现有59个教学班，在校学生3093人（含120名高中西藏生）。师资力量雄厚，现有在编教职工229人，其中特级教师2人，高级教师84人，省市名师骨干教师48人，研究生学历或专业硕士学位教师33人。

学校办学声誉显著，获得了国家体育传统项目学校、国家语言文字工作规范化示范校、全国学校体育工作示范校、全国首批心理辅导特色学校、省级文明学校、省师德建设先进集体、省党政工共建先进教工之家、省中小学实施素质教育工作先进学校、省红十字模范校、省绿色学校、省首批基础教育学科教学研究基地学校等及一系列市级荣誉。

学校年年获市高中、初中“教育教学先进学校”，2016年获漳州市高考功勋学校荣誉。近年来，高考上线率均达100%，“本一”和“985”高校上线率名列全市前茅，本一上线率已达54%，本科上线率达98%，并保持高位运行态势。中考综合评价连年位列全市同类校第1名。

学校体育办学特色凸显，是“全国体育传统项目学校”“全国体育后备人才试点中学”“全国青少年体育工作先进集体”“全国中学生体育协会排球分会副主席学校”“北京2008奥林匹克教育示范学校”“省首批中学体育特色与传统体育先进学校”。几十年来，学校男女排球队在福建省中学生排球锦标赛（体育传统校比赛）中独占鳌头，参加全国中学生排球赛成绩优异。多次代表省市参加各类比赛并获好成绩，代表福建省参加闽港粤埠际排球赛获男女双冠军。

学校艺术教育（音乐、美术）特色班顺应多元办学形势，适时引导，加强指导，不断总结，艺术教育成果丰硕，为学校高考做出了贡献。每年均有几十名考生通过艺考走进高校殿堂，其中不乏中央美院、中国美院、中国传媒大学、中国音乐学院等顶级艺术高校。

（摘编：康明辉）

福建省晋江市养正中学

养正中学，创办于1928年，校名取自《易经》“蒙以养正”和《孟子》“吾善养吾浩然之正气”。办学89年来，学校秉承“养天地正气，育人间英才”的办学宗旨，坚持“文化立校、面向未来”的办学理念，共培养了5万多名毕业生，日渐成为在全国、全省有较高影响力的闽南名校。

学校现为全国文明单位（为福建省唯一蝉联四届全国文明单位的学校）、全国培养体育后备人才试点学校、全国现代教育技术实验学校、全国青少年校园足球特色学校、福建省首批示范性普通高级中学、福建省普通高中新课程实验样本校、福建省德育先进校。曾先后荣获全国中小学德育工作先进集体、全国精神文明建设工作先进单位等荣誉称号。

学校有两个校区，其中新区占地300亩，建筑面积14万多平方米，采用具有闽南文化建筑特色和现代建筑特点相结合的新古典主义建筑风格，凭园纳水，绿荫环抱，是一所园林生态式校园。海八路校区占地80亩，建筑面积6万多平方米，校园环境雅致，教学资源丰富，文化氛围浓厚。两校区均配备高端的教育教学设备，办学条件达国家示范学校标准。

学校现有在校学生3692人，教师263人，其中高级教师82人，特级教师1人（先后有8人），省、市学科带头人和骨干教师48人，还有多位省“五一劳动奖章”、省优秀教师获得者。

学校教育教学质量优异。高考连年创优，2000年以来，共有8名学生进入全省高考总分前10名，有20名学生获福建省或泉州市或晋江市状元，有56名学生考入清华大学或北京大学，上全国重点院校的比率和人数名列泉州前列。

学科竞赛成绩斐然，近3年来，共有160多人次获国家级、省级奖励，肖维新、王明璋、刘文涛等多名同学先后入选省学科奥林匹克集训队，并代表福建省参加全国比赛，荣获多项殊荣。教育科研成绩卓著，4个国家重点课题和2个省级科研课题均以优异成绩结题，取得一大批科研成果，教育科研能力处在全省领先水平。

国际化办学成效显著。学校与加拿大合作举办“中加高中课程实验班”，与菲律宾中正学院缔结为姊妹学校，与英国哈特尔普尔学院、英国贝勒比斯学院、加拿大约克大学等开展国际交流活动，还被泉州市教育局确定为第三批中美“千校携手”项目学校，每年有近20位同学录取于美国、加拿大、英国、澳大利亚等境外名校。

今后，学校将重点抓好“一校两区”办学格局，以两校区的高水平融合和集团化办学为发展方向，探索大规模、跨校区的现代管理模式。进一步夯实“文明校园、人本管理、智慧教师、实效德育、高效课堂、活力教研、先锋党建、信息技术、足球特色、平安校园、乐团建设、乡土文化、心理健康、后勤服务、如家工会”等方面办学特色建设，为全面建成福建省一流、全国闻名并与国际接轨的现代文明学校而努力奋斗。

（摘编：张海生）

泉州市城东中学

泉州市城东中学创办于1969年，是福建省“一级达标高中”，连续五届蝉联福建省“文明学校”。学校占地面积83338平方米，现有73个教学班，在校学生3916人。教职工297人，专任教师中有硕士研究生20人，大学本科学历250人；中高级职称以上教师208人，其中，省特级教师1人，国家、省、市、区学科带头人、骨干教师95人。

学校先后荣获全国“模范职工之家”、全国“绿色学校”、全国“青少年普法教育零犯罪学校”、全国“基础教育化学新课程实施先进单位”、全国“青少年校园足球特色学校”、全国“最美校园书屋（学校图书馆）”、省“教育系统先进单位”等50多项国家、省、市、区级集体荣誉称号。

学校具有泉州市一流的人才培养环境。2006—2016年中高考共获得贤銮奖71人，高考本科上线人数年增长率达到20%左右，初中毕业班一级达标学校上线率连续几年保持在较高水平，每年均为一级达标高中输送优质生源350名以上。高中学生参加历史、化学、物理、生物、政治、地理、信息会考，各科均达到40%以上的优秀率、95%的优良率。中高考继续保持良好态势，在生源整体较弱的情况下，2016年高考再创佳，文科本一上线11人，理科本一上线89人；本二以上492人（含艺体），比去年增加7.8%。高三年张宁鑫同学荣获高考甲等贤銮奖，初三年刘晓玲、赖箐菁、谢诗凡同学荣获市区组中考乙等贤銮，中考成绩位列全市公办中学前茅。中考400分以上达69人，刘晓玲、赖箐菁、谢诗凡三位同学荣获市区组中考乙等贤銮奖，400分、390分以上人数比例及贤銮奖获奖人数均位居鲤城、丰泽、洛江三区公办中学第三名。

（摘编：杨立群）

泉州市实验幼儿园

泉州市实验幼儿园的前身是县城泉州南街基督教会于民国9年（1920年）创办的华英幼稚园，园址设在泉州中山中路南街头，开创了泉州幼儿教育之先河。抗日战争爆发后，幼稚园一度停办，直至民国29年（1940年）1月华英幼稚园再度复办。1952年，由泉州市人民政府接管，改名为桐山区第二幼儿园。1980年正式更名为泉州市实验幼儿园，隶属鲤城区教育局管辖。班生规模从创办初期的1个班13名幼儿3名教师，发展到目前15个班500多名幼儿60多名教师。

在过去的93个春秋里，泉州市实验幼儿园逐步发展成为一所“保教质量上乘、师资队伍精良、教育科研领先。幼儿发展全面、办园特色鲜明”的市区一流、省内知名的省级示范园。如今的泉州实幼是一所名副其实的“求知的学园、生活的花园、活动的乐园、温馨的家园”。学园率先成为省“优质幼儿园”“省课改试点园”“省语言研究基地”“省级文明单位”，是“全国爱国启蒙教育示范基地”，长期承担省市区幼教见习、实习、对外开放及教育教学研究实验等任务。

（摘编：张海生）

泉州南少林国际学校

泉州南少林国际学校创建于1995年，是一所集幼儿园、完小、完中为一体的全日制、寄宿式、封闭式、午晚托的花园学校。目前在校中国籍学生近2000人，海外学生1000多人，教职员工206人。学校坚持小班化教学，是一所高质量、有特色的精品化民办学校。办学以来，学校先后荣获“泉州市示范小学”“福建省文明学校”“全国特色学校”“全国最具创新力榜样学校”“全国十杰武术学校”“福建省对外交流窗口学校”“全国新教育实验学校”等荣誉称号。学校被福建省侨办确定为“福建省海外华文教育基地”。

名师教学。学校配备一支在区、市、省乃至全国产生一定影响的教师队伍，为学生的成长提供强有力的保障。其中：高级职称教师占32%，中级职称以上教师占85%；国际级武术裁判3人（福建省共6人），武英级运动健将5人。

实行封闭式管理，多元就读方式。寄宿方式和午晚托方式，满足家长不同需求。

办学特色之一：中华武术。

幼儿园：“少儿武术+英语”。幼儿园武术教学从小班抓起，每周两节武术课，主要学习抱拳礼、五步拳。老师通过给武术招式起名称，让幼儿加深对武术招式的认识，老师们还将少儿武术动作贯穿到文艺会演之中。幼儿园聘请一名外教，专门为英语兴趣班教学。幼儿园英语教学，每周安排两节课，游戏贯穿整个课堂。

小学部：“武术套路+多元课程”。小学部把推广普及武术健身操，作为学校武术工作的重要组成部分，武术培养了学生讲文明、讲纪律、讲理想，为思想教育工作打下了很好的基础。

中学部：“武术散打+行为规范”。2016年10月22日，世界搏击运动中最高规格的职业赛事——WFK世界终极格斗金腰带争霸赛泉州站的比赛在泉州侨乡体育馆拉开战幕！泉州南少林国际学校朱斌强强势出击，一举夺得70公斤级搏击金腰带。

办学特色之二：国际交流。

到目前为止，世界有40多个国家和地区7000多人次组团来学校学习、交流。近年来，每年有1000多人次的海外青少年及武术文化爱好者前来学习交流。仅2016年，共接待12个海外夏（冬）令营团队、30多个国家和地区、近1000人华裔青少年营员。

（摘编：林学军）

泉州市鲤城区实验小学

泉州市鲤城区实验小学位于泉州南邑。一百年来，学校先后二次迁址，三并学校（溪亭、紫江、崇德），砥砺出“爱国、求是、尚美、健体”为校风的学校文化传统，培养出了世界体育冠军、学界名人、实业家等，更多的是活跃于各行各业的模范、骨干，为国家输送了一批又一批的栋梁之材。

学校缘起于辛亥革命时期爱国人士创建的民办学校，1911年吴惟纯等人在横街创办商立学校，申宁帮、蔡鼎常等人在天后宫创办振兴小学。1923年两所商校合并了，定校名为商立振兴学校，校址择在原横街商立学校，名誉校长有陈仲谨、蔡光华，实质校长是王松岫、谢杰英主持校务。

从20年代末到30年代初，商立振兴学校连年开展规模不小的文艺活动，在教育界影响颇大，声誉倍增。

20世纪30年代初，校友周景灿、萧镇江，陈奕尚、刘淑娥、陈登良等人先后来校执教。由于学校很小，在长不到三十米，宽不超过七米的地段，设了沙坑、单杠、滑梯、起翘板；也竖立一个篮球板，兼作排球场用。各项体育训练只能在课内进行，后来分散到附近乌岸头荒芜的草地上活动。从1934至1936年，连续三年学校的男女田径队在各组的比赛中都获得冠军，荣获全县田径赛总分第一。

抗战期间，学校经受了炮火的洗礼，在颠沛流离中坚持办学，并组织“抗战巡回剧团”，课外宣传抗日救国，翻山越岭深入各乡镇，以戏剧、歌咏、演讲等形式开展活动。在校师生坚持上课，晚上到街头宣传，演出短剧《捉汉奸》《放下你的鞭子》等。后来又组织了“长虹抗敌剧社”，寒暑假期间演出，大部分校友踊跃参加，人数众多。

振兴小学的戏剧和体育的办学传统在当地一直颇具影响力，也为学校今天的特色发展积淀了丰厚的文化内涵。

1992年升格实小以来，学校以创建“优质学校”为目标，发扬“百折不挠、艰苦创业”的办学传统，积极实施“科研兴校、特色强校”战略，凝心聚力，砺剑韬光，形成了“以校为本，追求办学特色；以生为本，追求个性化学习；以教与学为中心，实施有效教育；以文化为支点，勾勒管理文化、教师文化、生命文化”的办学育人思想。历经了积淀蛰伏—探索践行—破茧跨越这三个时期，走上了一条“稳定中求发展，改革中求特色，创新中求名牌”的教科研发展之路。

近年来，学校先后获得教育部颁发的全国和谐校园先进学校、全国教育科研工作先进集体、全国中小学艺术教育工作先进学校等十余项国家级荣誉。学校承担多个国家和省级教育科研项目，学生综合素质实现全面发展，在国家、省、市、区各级各类竞赛活动中成绩卓然，形成了小刺桐合唱团、南拳、空中英语三个品牌特色，是福建省示范小学、文明学校。

（摘编：黄万良）

泉州市泉港区第一中学

泉港一中创办于2000年，2005年5月晋升为省二级达标学校。2013年3月学校顺利晋升为省一级达标学校，掀开了办学历史新的一页。2014年学校创办初中部，办学规模进一步扩大。学校现有初、高中6个年段，47个班级，学生2100多人。

学校位于海峡西岸湄洲湾南岸的新兴石化港口城市——泉港城市中心区，占地面积145亩，拥有实验综合大楼、教学楼、图书馆大楼、学生宿舍楼、师生食堂、体育馆、科技楼、行政办公楼、学术报告厅等，建筑总面积达47151平方米，绿化总面积达40455平方米。学校现教职员工数226人，其中专任教师197人，本科以上学历196人，具有研究生学历8人（含已取得硕士学位证书的4人）。在聘高级职称教师59人，中级职称教师87人；市学科带头人2人、省市区骨干教师33人。

办学以来，学校坚持“以人为本、全面发展”的办学理念，以“立德树人，知能并行”为校训，形成“砺志、诚信、力行、开拓”的校风，办学声誉日渐提升，朝创办“有特色、高质量、现代化”的省示范性中学的目标迈进。学校先后获得省文明学校、省绿色学校、省德育工作先进学校、省学校先进基层党组织、省级示范图书馆、市实施素质教育工作先进单位、市平安学校先进单位等荣誉称号。

（摘编：赵旭东）

石狮市第三实验幼儿园

石狮市第三实验幼儿园（原石狮市直机关幼儿园）创办于2002年8月，位于八七路宝源花苑内，是石狮市第一所小区配套公办幼儿园，于2012年12月被评为泉州市示范性幼儿园。学园实行“一园两区”管理模式，旧园区位于石狮市八七路宝源一期，占地面积1297平方米，建筑面积1435平方米；新园区2012年9月投入使用，位于石狮市回兴路宝源二期，占地面积2750平方米、建筑面积4000平方米，进一步扩大了办园规模，逐步满足市民对公办学前教育资源的需求。学园现有幼儿390人，设12个班，其中小班4班、中班4班、大班4班。幼儿园拥有一支高学历、专业化、朝气蓬勃的师资队伍，有泉州教坛新秀3名，泉州骨干教师培训对象2人，幼儿园高级教师11人，专任教师全部毕业于师范院校、取得大专以上学历、取得教师资格证书，保育员全部获取中级保育员资格。

学园以“健康、诚信、和谐、创新”为园训，以《幼儿园教育指导纲要》《3—6岁儿童学习与发展指南》为指导思想，突出实践特色，开展“春之韵”阅读节、“夏之潮”艺术节、“秋之思”益智节、“冬之火”运动节四大品牌活动，为幼儿搭建展现个性的舞台。学园致力发挥示范园教科研先导作用，课题研究取得重大突破，承担了泉州市“十一五”规划课题《主题背景下美术活动的实践研究》、福建省“十二五”立项课题《早期阅读与领域教育整合的实践研究》等立项课题，并以“经典早期阅读”为特色课程理念，致力于课程园本化探索。

学园荣获第十二届省级文明单位、“福建省先进教工之家”“泉州市文明学校”“泉州市绿色学校”“泉州市德育先进校”“泉州市教育科研先进单位”“泉州市先进基层党组织”“泉州市五四红旗团支部”“泉州市示范家长学校”“泉州市首批家长学校规范化建设实验校”“泉州市语言文字规范化示范校”“泉州市关工委创五好先进单位”“泉州市安全教育和管理标准化Ⅰ级学校”等荣誉称号，办园成效得到了社会、家长的信任和认可。

（摘编：郭　虹）

福建省南安国光中学

南安国光中学由华侨领袖陈嘉庚的女婿、新加坡著名华人实业家、慈善家、教育家李光前创办于1943年，学校坐落在李光前先生的故乡梅山镇竞丰村。1982年重新确定为省重点中学和重点侨校。1996年初晋升为一级达标学校，1999年经南安市人民政府批准，进行高初中分开办学的改革，成为一所独立高中。2003年被确定为省首批“示范性普通高中”。学校先后荣获福建省“文明学校”“实施素质教育先进学校”“现代教育技术实验校”“绿色学校”“体育特色学校”等十多项省级荣誉称号，被《福建日报》誉为“侨乡第一校”。

学校有教职工有215人，特级教师2人，泉州市级以上学科带头人、名师有50多人，高级教师46人。

学校先后投入一千多万元资金，按照国家示范性高中标准，优化办学条件，基本实现教育教学、行政办公电子化和信息化。

学校始终坚持“公毅”校训，秉承“手脑并用、文理并重、和谐发展”的办学思想，深入推进办学特色与课程的结合，承担省改革试点项目“开发特色课程，形成办学特色”的研究工作，学校也获评首批“福建省基础教育（高中生物学科）教学研究基地校”。

学校向来以优异教育质量著称。实施普通高中新课程实验以来，学校坚持“理直气壮抓高考，持之以恒抓考评”，高考成绩一年上一个台阶，受到上级领导充分肯定和社会好评。近年来，高考质量连年稳步提升。本科上线率稳居90%以上。已培养出4万多名高初中毕业生，校友遍及五大洲。有李龙土、陈桂林两位院士，有刘再复、潘旭澜等文坛名将等。

国光校友传承光前精神，感恩回报，反哺母校。这是国光教育的成果之一。他们的精神和善举极大地鼓励和影响了广大的在校师生。戴明瑞、戴克华、李仲树、李金聪等一批校友为母校捐款捐物。2011年7月，巫庭光、张高贤、李铁圣、黄敏敏、刘向东、吴浩沛、林翔云等一批校友，倡议并成立“国光校友感恩基金会”，至今已有1146位新老校友参加感恩活动，筹集善款港币138万多元，人民币109万多元，并成功举办三届奖教助学颁发活动。

（摘编：周忠志）

福建省惠安第一中学

学校创建于1916年，1952年定为福建省重点中学，2001年定为福建省一级达要示中学。学校坚持“依法治校，素质立校，科研强校，特色兴校”的办学思想，弘扬“勤奋、守纪、求实、创新”的学校精神，追求“重素质、重示范、创特色、争一流”的办学目标，践行人民教育家陶行知“爱满天下”教育理念，用爱心培养每一个生命，用真心塑造每一个人格。

学校拥有标准化的教学楼、科学实验楼，现代化的网络中心、网上阅卷中心系统、学术报告厅、图书艺术楼、心理辅导中心，宽敞的学生公寓、师生温馨食堂和运动场地，彰显文化气息的行知园、行知文化走廊、行知学生社团活动广场、雷锋园、尊师亭、园林式长廊、楼道文化、国学楼层精粹文化等。绿化面积达38%以上。

学校有省特级教师3人；全国优秀教师2人；国家、省、市级学科带头人骨干教师88人；高级教师130人，一级教师64人；硕士研究生15人；县语文、数学、英语、化学、政治名师工作室专家共5人。近三年来有7人次教师参加高考命题。

2013年高考应届本一上线率达63%，上清华、北大3人。被“985”院校录取134人，被“211”院校录取314人。2014年高考应届本一上线率63.9%，3人被清华、北大录取，其中应届生江冰森同学以原始分671分获福建省文科状元。据统计近五年录取清华北大共计13人。一中广海校区本一上线率连续四年仅次于校本部，位居全县第二。学科竞赛方面：321人次获国家、市、县级以上各类竞赛奖励。

学校被福建省政府评为“福建省文明学校标兵”（全省仅10所），连续7届获福建省“文明学校”荣誉称号。先后被评为“全国群众体育工作先进集体”、省教育厅评为“实施素质教育先进校”，“福建省中小学体育工作先进集体”，全国“十一五”教育科研先进集体，全国和谐校园文化建设先进集体。2011年被授予“福建省行知实验学校”的称号。2012被评为“福建省学校创先争优先进基层党组织”，2012年被授予“福建省2009—2011年度德育工作先进学校”。2013年被评为“全国素质教育先进校”。

（摘编：苏建平）

福建省安溪第一中学

安溪第一中学是省一级达标学校、省级文明学校。学校创办于1924年2月，择址于明伦堂，后几易其址，现坐落于凤冠之阳，龙湖之畔。学校占地面积141亩，建筑面积57992.64平方米，布局错落有致，环境优美壮观。现有高中教学班52个，学生2760人，教职工222人。学校着力锻造一支师德高尚、业务精湛、结构合理、富有活力的高素质教师队伍，现拥有特级教师2名，高级教师69名，一级教师95名。

学校弘扬“同心超越，乐善担当”的精神，秉承“文雅润品，日新致远”的校训，改革开放以来，为北大、清华输送优秀学子达74人，这在泉州市同类学校之中，名列前茅。第二课堂活动活跃开展，2008年至今，先后有51人次在各学科奥赛获得省级一等奖，特别是自2012年以来，有近40人次获得数学、物理、化学、生物、信息学科奥赛省级一等奖，两度实现了大满贯，连创十几项校史、县史记录。其中，李宏约、黄剑英、梁佳明、林基鹏、陈志坤、黄伟灿、刘森阳、郑素清、梁卓一等同学在全国总决赛中斩获国家金牌1枚、银牌3枚、铜牌5枚。学校先后被评为全国“零犯罪学校”，福建省“德育先进校”“先进基层党组织”“校园文化建设先进学校”“省级书香校园”“省级行为规范建设示范校”“先进教育工会”“语言文字规范化示范校”、市“素质教育先进学校”“国防教育示范校”“体育工作先进单位”“艺术教育先进单位”等。

学校先后培育了6万余名初、高中毕业生，全国人大代表、全国政协委员、华侨大学第三任校长的陈觉万教授；凭借在分子生物学领域的开创性研究成果而当选为美国国家科学院院士的陈志坚教授；填补了国内空白、领导研制了银河10亿次巨型计算机的陈福接少将；党的十六大代表、在亚运会中荣获国际女子帆船470型项目冠军陈秀梅校友；中国科学技术大学教授、博士生导师、取得亚纳米拉曼成像成果的董振超，等等都是校友中的杰出代表。

学校管理创新跃升，文化育人风生水起，内涵建设持续深入，学科竞赛捷报频传，高考成绩屡创新高，成为孕育茶乡精英才俊的摇篮。

（摘编：黄万良）

福建省永春美岭中学

永春美岭中学位于两次荣获“全国文明村”称号的一都镇美岭村，是泉州市唯一一所村办公立完中校。她的创办是第十五、十六届中共中央候补委员、泉州美岭集团董事长苏新添同志致富思源、回报社会的重大决策和高尚义举。美岭中学的成功创办，体现了一名老共产党员重视教育、培养人才的世界眼光和责任担当。

经过16年的建设与努力，美岭中学现已发展成为一所拥有51个教学班和2409在读学生的农村高级完全中学。学校教职工总数152人，所有教师均具有本科及以上学历。

学校坚持教学常规的过程管理，努力推进管理体制改革，不断完善各项管理制度，积极探索“教与学”方式的转变，不断提高教育教学水平。近几年来，学校高考本一上线率、本科上线率、高中会考合格率及优良率均取得了优异成绩，名列全县前茅。学校优秀毕业生叶春兰、陈志军、徐宝生等同学曾获2006年、2009年高考永春县文科和理科状元。2016年高考学校参考人数379人，理工类最高分636，文史类最高分582。本一上线93人，本二线以上312人。本一上线率24.54%，本科上线率82.3%，再次超额完成上级部门下达的上线任务并再次蝉联全县完中校完成任务率第一。近三年中考按时毕业率、学科及格率及优秀率、综合比率位居永春县前茅，片区第一名。特别2016年地理、生物会考及格率达100%，居永春县第一。学科竞赛方面，全校共有150多人次获得市级以上奖项或表彰。学校林丰开、赖桂荣、张文钦等老师还获得了全国和福建省优秀教师荣誉称号。学校优异的办学业绩受到了上级领导和社会各界高度赞扬和充分肯定。

美岭中学先后获得“福建省花园式单位”“省教育系统先进集体”“省文明学校”“市义务教育标准化学校”等10多项县级以上荣誉称号。学校建校16年来，一共为社会培养了初、高中毕业生共计7784人，为三市四县周边山区培养了3200多名大学本科生。

（摘编：苏建平）

三明市特殊教育学校

三明市特殊教育学校创办于1992年9月，占地面积19亩，建筑面积1.025万平方米，主要担负市辖12个县（市、区）盲、聋儿童的教育任务，现有19个教学班，在校生203人，教职工66人。

学校根据残疾学生身心特点，在开好文化基础课程的同时，大力发展职业教育，培养学生的职业技能，先后开设了缝纫、烹饪、按摩等10个职教专业，2006年9月，增办职业高中班，学生通过系统的职业技能学习后，都能掌握一技之长，走上社会后成为自食其力的劳动者，2008年9月，顺利开办聋儿语训班，2010年9月，顺利开办智障高中班，今年3月，又顺利开办全市首家特殊教育幼儿班。截至目前，历届毕业生中除18人分别考入长春大学等大中专院校外，其余毕业生100%就业。学校注重培养学生的兴趣特长，开设了体育、美术、舞蹈、手工等兴趣小组，使得学生个性特长得到充分挖掘。

2008年12月，市残联依托该校成立了三明市残疾人艺术团，艺术团成立以来，已应邀走进部分县区、省直单位和高校作了20多场的汇报演出，受到各级领导的高度肯定和社会各界广泛赞誉。学校选派学生参加了4届的全国残运会和5届的省残运会，先后获得10枚金牌、19枚银牌、15枚铜牌、3个第四名、1个第五名，多名学生入选省残疾人运动队。据不完全统计，近年来师生中共有200多人次在各级各类文体竞赛中获奖。

学校有一支爱生如子、甘于奉献、业务精干的教师队伍，专任教师中大专以上学历占95%，在教育教研方面成果显著。教师撰写的论文在省级以上刊物发表50多篇，1997年，学校被中央教科所确定为“全国特殊教育师资培养实验学校”（当时全国仅两所），参与中央教科所的课题研究，并代表我省先后参加了全国特教研讨会、中美特教研讨会、第六届亚太地区耳聋学术大会等一系列高水平学术会议。

学校办学成果曾作为三明市教育系统的代表在福建省庆祝建国50周年科教成就展上展出。学校创办至今，先后有多位国家、省部级领导到校视察，来校参观考察的各界人士达上千人次，他们对学校的办学成果给予了高度赞誉。此外，《人民日报》《福建日报》、中央电视台、福建电视台等众多新闻媒体报道学校办学成果和先进事迹上百余篇（次）。学校先后获得“全国文明单位”“全国教育系统先进集体”“全国特殊教育工作先进单位”“全国扶残助残先进集体”“全国优秀青少年维权岗”“第二届全国青少年社会教育银杏奖”“全国巾帼文明岗”“省先进基层党组织”“省教工之家”等数十项荣誉称号。2003年12月，市教育局专门下发通知，号召全市教育系统开展向三明特校党支部学习活动。2010年12月，被中残联、教育部授予“全国特殊艺术人才培养基地”。

（摘编：周忠志）

三明市列东中学

三明市列东中学是一所省级初中示范校。学校坐落于麒麟山麓，占地36616平方米，建筑面积23602平方米，拥有先进的教学设施和优越的办学条件。全校现有48个教学班，在校生2260余人，教职员工186人。

学校遵循“对学生可持续发展负责，为师生展示才华搭建舞台”的教育理念，以人为本，全面推进素质教育，不断深化基础教育课程改革，教育教学成绩显著，成了全市初中教育的排头兵。学校先后被确认为首批“福建省普通初中示范学校”“福建省中小学实施素质教育工作先进校”

"福建省课程改革实验基地校""福建省中小学现代教育技术实验校"和"福建省青少年科技教育示范校"，荣获了"全国中小学民族团结教育先进集体""福建省文明学校""福建省花园式单位"，"福建省先进教工之家""福建省绿色学校"等荣誉称号。

注重对学生个性特长的培养，积极开展科技、文体、艺术教育，为学生展示才华创造条件，是列东中学办学的一大特色。几年来，学校重视硬件投入，积极为开展科教活动创造条件，做到课外活动制度化，人员、地点、经费三落实。2000年以来，在青少年"三小"活动、科普活动、学科奥林匹克、知识能力等各类竞赛中，荣获国家、省、市级一、二、三等奖达700多人次。尤其是信息技术教育成绩显著，多次组队参加全国中小学生电脑作品设计制作竞赛，荣获全国和省级一、二、三等奖达100多人次，在省内同类学校中名列前茅。

办好内地西藏班，发展民族教育事业，是列东中学教育教学工作的重要组成部分，也是学校办学的一大特色。西藏班创办于1995年，至今已累计接收来自西藏日喀则、林芝、山南、昌都地区的藏族学生1426多人。学校本着"严、爱、细"的工作原则，对藏族学生严格要求，悉心爱护，精心培养，取得了优异的成绩，已经毕业1159多名学生，升学率达到了97.6%，为发展民族教育做出了积极的贡献。

（摘编：郭　虹）

三明市陈景润实验小学

三明市陈景润实验小学坐落于美丽的沙溪河畔，始创于1916年，曾历经沧桑，几度易名。2014年根据该学校办学历史、师资生源、长远规划、发展机遇、陈景润的精神与现代教育发展的高度融合，学校更名为三明市陈景润实验小学。

三明市陈景润实验小学经过几代人的不懈努力，培养了大批的优秀人才，历届校友遍布祖国各地，各个领域。世界著名教学家陈景润、第二十三届国际中学生化学奥林匹克竞赛金牌获得者林诚就是学生的杰出代表。现学校占地面积6636平方米，校舍面积11005平方米，有42个教学班，在校生2294人，教职工113人，教师学历100%达标，大专以上学历达90%，中小学高级教师7人，省、市、区各级骨干教师48人，形成了一支德才兼备的教师队伍。

学校把教育质量视为生命，树立全面的质量观、人才观。经过全体师生的不懈努力，学校教学质量稳步提升，连续多年在三元区教育教学综合评估中名列前茅，并多次召开市、区德育工作、教科研工作现场会，合格加特长的教学目标正在实现。

学校历来以实验为光荣使命，始终依托教育科研促进学校发展。近年来，教师在各级教学比赛中获得好成绩，仅在华东六省一市课堂教学大赛中就获得五个一等奖，四个二等奖，有100多篇教育教学论文在公开发行的专业刊物上发表或在省级专业会议上交流。

学校以良好的校风、上乘的质量得到了社会各界的广泛赞誉。先后荣获全国少先队红旗大队、全国"双学""双有"先进集体、全国特色学校、全国"注提"实验先进单位、全国写字教育实验学校、省文明学校、省示范小学、省级标准化学校、省先进教工之家、省五一先锋岗、省奥林匹克教育特色学校、省心理健康教育实验学校、省课改基地校、市实施素质教育先进学校、市教育系统先进集体、市科技示范校等上百项市级以上荣誉称号。近年来，学校在全国、省市各级部门评比竞赛中获得几百项荣誉，成为文明城市百花园中的一朵绚丽的花朵。

（摘编：彭金龙）

三明学院附属小学

三明学院附属小学创建于1963年，坐落在三明市麒麟山脚下，沙溪河之畔，2004年6月更为现名。学校是三明市基础教育的"窗口"学校，广受社会各界的高度赞誉。

学校占地面积7809平方米，现有36个教学班，1900多名学生，104名教师。学校先后涌现出全国优秀教师2名，省劳动模范1名、特级教师7名，省、市学科带头人10名，高级教师28名，区、市骨干教师20多名，大学专科学历100%，大学本科学历达90%，其中硕士2人。长期以来，学校遵循“从小事做起，把小事做好”的校训，在历史沿革发展基础上，提出“福泽思想办幸福教育”的主张，牢固树立“为学生幸福人生奠基”的办学理念，全面实施“名师、名校”发展战略，以“幸福教师团队建设、‘四生’幸福课堂、幸福七色花体验教育、‘幸福学生的样子’好习惯养成教育”四轮驱动为践行载体，全力构建“学校有特色、教师有特质、学生有特长”的发展模式。

学校先后被国家教育部等授予全国现代教育技术实验校、全国优秀（示范）家长学校、全国艺术教育先进集体、全国少先队红旗大队、全国特色学校，全国文明交通示范学校、连续六届被福建省委、省政府授予省级文明学校，被省教育厅授予省示范小学、省实施素质教育先进集体、省基础教育课程改革先进集体、省小公民道德建设先进集体、省绿色学校、省师德先进集体、省德育先进校等170多项全国、省、市级集体荣誉称号。师生获得市级以上荣誉达1600余次，400多篇教师论文或案例在各级、各类刊物上发表。

（摘编：游学荣）

福建省清流第一中学

清流一中是一所省重点中学，二级达标学校，坐落在三面环水一面依山有着“山区明珠”之称的清流县城。地理位置得天独厚，环境幽雅。步入校园，扑面而来的便是一股淡淡的清香，沁人心脾，校园内是绿围翠绕，鸟语花香，环境优美，四季怡人，被人们誉为“美丽的校园”“花园式的学校”。

清流一中有着悠久的历史，创办于1928年，原名是“清流乡村师资养成所”，学校历经沧桑，几经易名，走过了一段艰难而曲折的道路，直至中华人民共和国成立后，学校才正式定名为“清流县第一中学”。长期以来，学校围绕着“办学要有新发展，教改要有新突破，质量要有新提高，校园要有新面貌”的“四新”要求，不断扩大办学规模，改善办学条件，提高教育教学质量。学校先后获得福建省文明单位、省文明学校、省王丹萍教育奖、省绿化红旗单位、省教学创优先进单位、省普通中学常规管理先进单位、三明市德育工作先进校、三明市首批德育特色校、市优秀家长学校、市先进职工之家、市交通安全教育先进单位、市拥军优属先进单位、市勤工俭学先进单位、市爱国卫生先进单位、市暑假学校教育活动先进单位等荣誉称号。

（摘编：林学军）

福建省宁化第一中学

宁化第一中学前身为连冈中学，创办于1927年，先后有过“宁明清三县联立中学”“宁化县立初级中学”“福建省立宁化中学”等名，于1957年才正式定名为“福建省宁化第一中学”。

宁化一中坐落在武夷山脉中段南麓宁化城关北山脚下，占地83840.4平方米，建筑面积39310平方米，绿化面积19500平方米。校园布局合理，楼宇廊亭，错落有致，青山翠拥，假山飞瀑，鸟语盈耳，鱼戏方池，是一所“花园式学校”。

学校现拥有48个教学班，学生2600余人。有教职员工220余人，其中专兼任教师190人，高级教师90人。学校于2011年6月升格为福建省“一级达标”高中。

在近90年的办学历程中，宁化一中倚靠客家子民崇文重教的执着理念，发扬爱党爱国的光荣传统和客家精神，形成了“刻苦自强务实拼搏”的校风。以中国远洋集团前总裁陈忠表、中国工程院院士雷霁霖、著名经济学家（原国家统计局局长）邱晓华、新加坡首席科学家洪万进等为代表的一大批优秀学子遍布海内外。

近十年来，学校高考质量不断提升，连创佳绩。目前，应届本科上线率已达92%以上，本一上线率近50%。被“985”“211”名牌高校录取人数逐年增加（2016年达164人）。2009年以来，学校有15位学子被清华、北大录取。优异的教育教学成绩，赢得了社会各界的广泛赞誉。学校各项事业稳步推进，已蝉联五届省“文明学校”称号，2016年又喜获省“五一劳动奖状”。

（摘编：赵旭东）

福建省泰宁第一中学

泰宁一中坐落在名扬天下的大金湖之畔，前身为泰宁县立初级中学，始建于1940年，1996年通过“省二级达标学校”验收，跻身全省重点中学行列。自2006年秋季起，改为高级中学。2009年3月28日，被省教育厅确认为省一级达标高中。悠久的办学历史和深厚的文化底蕴，滋养着一代又一代一中人。在近70年的办学进程中，培养了一批又一批合格的毕业生，为大中专院校输送了近万名优秀学子。

学校占地面积51606平方米，建筑面积36778平方米，绿化面积19541平方米。校园布局精巧，建筑风格鲜明，粉墙黛瓦，檐角飞扬，独具新徽派特色。校内绿草如茵，万木滴翠，环境优雅，充满深厚的文化氛围，是一所集绿化、美化、香化、诗化为一体的现代园林式学校。

学校现有39个教学班，学生1780人，教职工159人，136位专任教师中，具有本科学历的有135人，高级教师59人（其中特级教师1人）；中学一级教师62人。

学校全面贯彻党的教育方针，秉承“诚实、勤奋、团结、进取”的校风，发扬“厚积薄发—做自豪泰宁人”的校训，积极倡导并实践“让每位教师得到发展，让每个学生体验成功”的办学理念，形成了“探究乡土，人文见长”的办学特色、“一年成型，二年成人、三年成才”的梯级培养路劲、底线教育的德育模式和“三六课堂”教学管理模式。积极推进素质教育，扎实开展新课程改革，取得了辉煌的办学业绩。特别是近十四年来，学校的发展始终保持良好上升态势，教育教学质量稳居全市前列，涌现出一大批优秀教师、先进教育工作者，校园文化氛围浓厚，学生第二课堂活动硕果累累。为此，学校先后荣获团中央授予的“活跃的中学生生活先进集体”“全国体育传统项目先进集体” “全国教育先进科研单位”“省级文明学校”“省级花园式单位”“省一级达标高中”等40多项国家、省、市级荣誉。

（摘编：郭 虹）

福建省尤溪县第七中学

尤溪县第七中学坐落在宋代著名理学家、教育家朱熹的诞生地——尤溪县城关。学校创办于1985年3月，1993年1月成为省三级达标学校，2001年3月晋升为省二级达标学校。2016年9月迁址城关西苑教育村。

学校现有初高中6个年段，46个教学班，在校生2180人，在编教师187人，其中硕士研究生2人，在读研究生1人，高级教师51人，中级以上职称教师97人，市县学科带头人、骨干教师、教坛新秀52人。

学校努力践行新教育十大行动，以“超越自我，追求至善”为校训，坚持开展“营造书香校园”“师生共写随笔”“缔造完美教室”“家校合作共建”“推进每月一事”“研发卓越课程”“构筑理想课堂”等活动，深化“五学”课堂教学模式，为学校的发展奠定了坚固的基石。学校把学生的发展放在第一位，实行封闭式管理，采取谈心制措施，以抓常规、抓落实、抓规范化管理、抓质量和效益为工作重点；坚持重视德育工作，传承优秀传统文化，悬挂朱子名言警句，强化良好习惯养成教育；深化校本教研，积极推进教育教学改革，不断创新进取。学校形成了“仁爱、严谨、诚信、坚韧”的校风，在“创特色、上质量、铸品牌”上积极探索，形成了“科技教育”“心理健康教育”和“读书育人”三大办学特色，促进了师生成长，推动了校园文化和精神文明建设，提升了办学品位，让学校成为全体师生生活、学习、工作的乐园，共同过一种幸福完整的教育生活。

学校被教育部确定为“全国科学教育实验基地”。办学以来，学校先后获得“全国新教育实验优秀实验学校”“省市文明学校”“省书香校园创建示范校”“省先进教工之家”“省心理健康教育实验学校”“省现代教育技术实验学校”“省知识产权普及教育试点学校” “省市德育工作先进学校”“省市语言文字规范化示范校”“省市集邮先进集体”“省红十字爱心公益单位”“市首批科技示范学校”“市篮球传统项目学校”“市平安校园建设先进单位”“市基础课程改革先进单位”等荣誉称号。

（摘编：游学荣）

福建省大田县第一中学

大田县第一中学位于大田县城关文山路，北枕凤凰山。1980 年 12 月，被列入福建省重点中学；2001 年，创办福建省一级达标高级中学。自 1982 年以来，连续十二届保持“福建省文明学校”称号。

学校拥有光荣的革命传统和先进的现代化教育教学设施设备，校园环境优美。凤凰福地，值得托付。办学 88 年来，经几代人励精图治、薪火相传，培养了 72 届初中毕业生、4 届师范毕业生、53 届高中毕业生。培养了林鸿图、林大蕃等为正义事业英勇献身的革命烈士，培养了以中国科学院院士、南京大学教授郑有炓为代表的一大批优秀学生，校友遍布世界各地。

学校秉承“修德求知”校训，贯彻“全面发展、学有特长”的办学理念，促进学生成材、教师成长、学校发展，努力提高办学质量。恢复高考以来，有 33 名学生考取北京大学、清华大学。1998 年，陈珺同学荣登福建省高考文史类状元。1998 年以来，有 49 人次在福建省学科奥赛中获奖，其中 11 人次获得一等奖。1997 年 10 月，陈珺同学获得全国高中数学联合竞赛一等奖、福建省赛区特等奖；2013 年 9 月，叶豪同学获得第 29 届中国数学奥林匹克竞赛银牌。

2016—2017 学年，46 个教学班级，在校学生 2000 余名。有教职工 217 人，其中，中学高级教师 96 名，省学科带头人 2 名；市学科带头人 3 名，市级学科带头人培养对象 4 人，市骨干教师 13 名，市级骨干教师培养对象 1 名；县级骨干教师 23 名。省、市语文、政治名师工作室成员 7 名。

（摘编：赵旭东）

福建省莆田第一中学

莆田第一中学创办于 1906 年，校区位于市区学园南街，占地 160 亩，建筑面积 7 万多平方米，环境优美，教学设施现代一流。现有高中 57 个班，学生 3000 人。教师 100% 本科毕业，其中硕士研究生 59 人，高级教师 81 人，国家省市级学科带头人和骨干教师共 60 人，省市名师 8 人。学校办学成绩蜚声海内外，历史上以全国高考红旗而闻名。校友中有院士 4 人，教授级专家、学者、党政领导等近 3000 人。

学校全面推进素质教育和新课程改革，坚持德育为首，实施“五个一”工程，按照“强化、浸润、体验、养成”的德育模式，以“五正”（正容、正言、正行、正心、正人）教育为核心，通过主题推进式德育，提高学生的文明素养。建立高三工作“139”新模式，高考成绩取得新突破，稳居全省前茅。2010—2015 年共 82 人考取清华、北大、港大；文理科本一总上线率达 95%；2015 年 71 位学生获许亚琼奖学金，创 1987 年设奖以来我校年度获奖人数最高纪录。荣获第十二届省级文明单位荣誉称号。

学校坚持秉承传统，与时俱进，不断推进集团化、国际化、多元化、特色化发展，提升办学品位。组建包含 8 个学校的莆田第一中学教育集团。2012 年开办中美高中课程实验班，现共招生 360 人，外教 6 人；同年承担内地新疆高中班任务，现有 10 个民族的 150 名新疆班学生。突出科技教育特色，每年举办科技节、“奇思妙想”创意节，形成了一批省内一流水平的科技特色项目。每年都有 10 多位学生获创新大赛、机器人比赛省一等奖以上奖励。21 项师生的实用新型专利获通过。学科奥赛成绩突出，学生曾获国际奥赛金牌、铜牌。2015 年省学科奥赛获奖人数创历史纪录，特别是物理奥赛取得四项全省第一的优异成绩。体育底蕴深厚，校运会举办了 141 届，校篮球队在省青少年篮球赛中十连冠，2009 年获全国高中男子篮球联赛亚军。

（摘编：苏建平）

福建省莆田职业技术学校

福建省莆田职业技术学校创建于 1981 年，坐落在妈祖故乡——莆田市区中心的杨梅山麓。学校先后获得“福建省职业教育先进单位”“省级文明学校”、莆田市“一类平安校园”等荣誉称号，为国家级重点中等职业学校，国家级电子电工与自动化实训基地，电子技术省级技能型紧缺人才培养基地。

学校现有建筑面积30374平方米，校内教学楼、实训楼、培训楼、学生公寓、运动场井然有序，拥有电子信息等价值近1500多万元的实训设施设备和校内COB实训生产车间，能很好地满足教学及实训需要。学校现有教职工133名、外聘教师40名、国家级及技术骨干教师51名、研究生学历的教师6名，“双师型”教师68名，形成了一支具有良好师德、业务精湛的教师队伍。

多年来，学校坚持“面向市场、服务社会、严格管理、注重质量、教有特色、学有专长”的办学指导思想，开拓创新，积极探索教产结合、校企一体化办学的新路子，并根据市场的需求选择和调整专业，开设制造类、信息技术类、财经类、商贸类、文化艺术类、医药卫生类等六大类十三个中等职业教育专业，在校生2486名；在莆田武警部队办起了军人分校，同时还开设各类技能培训与鉴定，形成了大、中专相结合，学历教育与培训并重的多层次职业技术教育体系。

学校着眼于培养具有竞争意识和创业精神的复合型人才，所培养的学生均能娴熟掌握一至两门专业技能，且具有良好品德修养与发展潜力，从业素质好，就业率高达98.3%，深受用人单位好评，为地方经济建设与发展作出了重大的贡献。

（摘编：黄万良）

福建省仙游第一中学

仙游一中的前身为仙游官立金石小学堂，创办于1902年。1959年，审定为首批福建省重点中学；1999年，评定为福建省一级达标中学。现有初、高中82个教学班，其中初中34个，高中48个，学生人数达4286人；教职员工299人，其中特级教师6人，高级教师125人，省、市、县学科带头人和骨干教师76人。

校园占地面积达210多亩，校舍建筑总面积六万多平方米，绿地面积三万多平方米，为全国绿色学校。拥有塑胶田径运动场、校园网络中心、多媒体教室、录播室、计算机网络教室、电子阅览室等先进的教学设施设备。

多年来，学校以“敲金戛石，弘毅拓新”为校训，奋勇拼搏，开拓创新，取得了骄人的办学成绩。仅解放后，仙游一中培养的初、高中毕业生就有六万多人。先后夺得高考全省理科总分第一名的有3人。自1977年恢复高考以来，考上清华大学、北京大学的共有114人；获得高考总分莆田市第一名的有11人，其中理工类9人，文史类2人。自2003年以来，高中学生参加数学、物理、化学、生物等奥林匹克学科竞赛，获得福建省一等奖的共有93人次，获得全国一、二、三等奖的共有21人次，成绩居福建省同类中学前茅。

近几年，学校秉承“以人为本，让每个人的个性和才能都得到充分和谐发展”的办学理念，注重学科尖子培养和各类竞赛辅导，不断提升办学水平和办学实效。高考本一批上线率达到60%以上，本二批上线率在98%左右，每年被“985工程”院校录取的有80多人，被“211工程”院校录取的有180多人。近三年，奥赛学科竞赛成绩喜人，荣获省一、二等奖达20多人次，市一等奖60多人次；第二课堂活动频传佳音，学校在2014年福建省全民健身运动会航空模型比赛中获四个单项第二名，获2014年福建省青少年航空模型锦标赛中学航空锦标赛团体第二名、遥控团体第一名、六个单项第一名，获2015年福建省青少年航空模型锦标赛中学组航空锦标赛团体第一名。

学校校友众多，英才辈出，许多校友成为各界精英、国之栋梁。有两院院士4人，有享受国务院政府特殊津贴的专家200多人，有著名的科学家、将军、作家、企业家及党政重要领导人等校友2000多人。

骄人的办学成绩为学校赢了诸多荣誉。获得福建省一级达标中学、全国绿色学校、全国课题实验校、省优雅校园、省素质教育工作先进学校、省青少年科技教育示范学校、省普通高中新课程实验样本校、省现代教育技术实验学校、省海外华文教育基地、省语言文字规范化示范学校、省防震减灾科普示范学校、省知识产权试点学校、省五一劳动奖状单位，以及省第十一、十二届文明学校等荣誉称号。

（摘编：吴　强）

莆田市荔城区梅峰小学

荔城区梅峰小学创办于1898年，她的前身培德女学创建于清光绪二十四年（1898年）。1952年12月学校由县政府接办，改名为“莆田县梅峰小学”。“文革”期间，易名为“莆田县城厢镇胜利小学”。1984年学校划归城厢区管辖，1985年改名为“城厢区第一中心小学”。1997年8月，撤销学区建制，学校复称为“城厢区梅峰小学”。2002年莆田市区规划调整后，定名“荔城区梅峰小学”。

近年来，学校以办人民满意的教育为宗旨，以改革创新为动力，以发展内涵为主题，完善管理体制，优化育人环境，校园面貌焕然一新。学校现有校园面积5753平方米，建筑面积7503平方米，绿化面积840平方米。校园环境优美，教学设施完善，专用教室全部配备“班班通”，另有录播室、电脑室、科学实验室、舞蹈室、图书馆、美术室、综合实践活动室等功能室齐全，并按一类标准配备教学仪器。目前学校有34个教学班，在校学生2000多人，教职工110多人，其中特级教师4人，高级教师6人，一级教师68人，大专以上学历达98.2%。国家级、省级普通话测试员3人，国家、省、市、区级骨干教师50多人，是一所规模大，师资强，办学质量高、富有发展潜力的城区小学。

学校以“明德至善，博学笃行”为办学理念，以“争创名牌小学，培育一流人才”为办学目标，提出“规范+特色、合格+特长”的办学思路。在教学上，学校坚持科研领航，借助各级课题研究平台开展课程改革实验，并在德育管理中率先推行“争夺文明券”“文明礼仪伴我行”活动，通过“校园四节”“莆仙戏进校园”“排球基地校”的特色建设和“青蓝工程”教师队伍建设等新举措，形成了显著的办学特色，赢得了上级和社会的广泛赞誉。

学校先后被授予“全国艺术教育先进单位”“全国德育先进学校”“省文明学校”“省军民共建精神文明先进单位”“省先进少年军校”“省课改实验基地先进集体”“省素质教育先进学校”“省级示范图书馆”“省第五届中小学艺术节精神风貌奖”“市平安校园”“市语言文字规范化示范校”“区校本教研先进集体”等荣誉称号。

（摘编：张海生）

福建省南平第一中学

南平第一中学创办于1903年，建校时命名为“延平府中学堂”，其前身为1719年始办的“道南书院”。1956年定名为“福建省南平第一中学”，沿用至今。1957年被福建省教育厅列为省重点中学。1995年评为福建省普通中学一级达标学校，1999年，撤销初中部成为独立设置的普通高中。

南平一中与时俱进，以质取胜，声重闽北。学校先后培养了近三万名毕业生。五湖四海，世界各地，都留下校友自强不息的身影和开拓进取的足迹。在不同的历史时期，校友们为民族的振兴，国家的富强做出了贡献。

南平一中现有两个校区。紫云校区（老校区）坐落于市区紫云岗上，占地面积24184平方米，建筑面积39669平方米，包括2座教学楼，1座图书馆，1座实验楼，1座学生宿舍，1座办公楼以及食堂、游泳馆、室内外篮球场、跑道等建筑。江南校区位于水南八仙片区，占地86390平方米，建筑面积41527平方米。包括2座教学楼、1座实验楼、1座综合楼、2座男女生宿舍、1座食堂以及标准化校园田径跑道、篮球场、足球场等设施。图书馆藏书10万册，实验室、语音室及校园计算机网络系统等现代教育教学设施、设备齐全，办学条件良好。

改革开放后，尤其是近年来，学校进入持续高速发展阶段。目前，学校有高中三个年级54个教学班，学生2937人，教职工248人。其中专任教师241人，高级教师94人，中级教师47人。

学校适应时代需要，调整课程内容和目标，变革学习方式和评价方式，在省内率先开展全校性的“研究性学习”活动，被省教育厅定为“研究性学习”联系校。2003年，学校被命名为首批“福建省青少年科技教育示范校”。举办“科技节”“体育节”“艺术节”（三节活动），面向全体学生，注重全面发展，得到社会的广泛认可。

学校发扬光荣传统，推进素质教育，提高办学质量和效益，为高校和社会输送了大批优秀毕业生。学校发展能力、鼓励创新的探索，已见成效。学生在各级各类学科竞赛中频频获奖，音体美赛事中崭露头角，学校的教育教学工作受到社会的普遍赞誉。

学校先后荣获省教改先进单位、省普通中学创优先进集体、省教育工作先进单位、省“文明学校”、省先进教工之家、省级民主管理先进单位、省综合治理先进单位、省王丹萍教育奖等多种荣誉称号。

（摘编：吴　强）

福建省南平剑津中学

南平剑津中学于1902年创办，其前身为流芳和淑馨男女两校合并而成。其后声誉日增，广受赞扬，抗战期间，成为东南诸省中颇负盛名的一所中学。1992年，复名为南平剑津中学。1991年通过首批三级达标校验收，1996年再上一个台阶，通过省二级达标校验收。1998年，因市区学校布点调整，被确定为初级中学，停止高中部招生，2001年被确定为省级初中示范校。目前已连续荣获十二届省文明学校称号。

学校本部有三个年级，每个年级14个班，共42个教学班。在校生2046人，教职工194人，校园占地面积22093.2平方米。根据上级规划江南教学点每个年级为八个班，共计24个班级。目前已有九年级1个班，八年级2个班，七年级3个班，共有6个教学班，学生311人。

近年来学校抓住新课程改革的历史机遇，进入了一个新的重要发展时期。学校秉承“志存高远”的校训，实行精细化管理。学校中考成绩优秀，近年来上南平一中人数始终在350人以上，一级达标校上线率达70%以上，学校每年向当地、省城优质高中学校输送大量优秀毕业生，使学校成为本市学生最向往的初级中学。在青少年科技创新和机器人大赛中学生均取得优秀成绩。学校先后获市素质教育先进学校、市课改先进集体、市德育先进校、省青少年科技教育先进集体、省中小学爱国读书活动先进学校、福建省教育系统先进基层党组织、省先进教工之家、福建省教育系统先进基层党组织、全国优秀家长学校、省素质教育先进学校、省级示范校等荣誉称号。

（摘编：杨立群）

福建省武夷山市第一中学

武夷山一中坐落于世界文化与自然遗产地——中国武夷山，是福建省重点中学之一。校园占地65000多平方米，总建筑面积30000多平方米，绿化面积23000多平方米。各功能区布局合理，教学设施完善，环境优美，是座花园式的学校。

武夷山一中创建于抗日战争年代。1939年，福州三一中学内迁闽北来到崇安县坚持抗战办学。1941年8月与来崇安的福州陶淑女中汇合，成立三陶联中，师生共计600多人。1942年，三陶联中迁往古田县，留下一部分教师及本地招收的学生继续在原址上课，并于同年10月成立崇安县立初级中学。1993年初成为省二级达标学校，现有54个教学班，学生2907余人，教职工228人，专任教师205人，其中高级教师60人，一级教师86人。

学校先后获得福建省文明单位、“福建省绿色学校”“南平市绿色学校”“福建省综合治理先进单位”“福建省先进教工之家”“南平市先进基层党组织”“南平市体育传统校”等荣誉称号。2000年成为中国极地研究所科普馆“极地科普教育基地”；2001年成为“心手相牵”国际项目福建实验校和福建省情商（EQ）训练基地。2006年12月，先后获得“北京2008奥林匹克教育示范学校”和“国家汉语国际推广实习基地校”荣誉称号。

（摘编：王诗诚）

福建省建瓯第一中学

建瓯一中坐落在美丽的黄华山脚下，学校的前身是创办于清康熙二十五年（1686年）的建溪书院。1906年改制为闽北第一所中学校“建郡中学堂”。1949年与“建瓯县立中学”合并为“福建省建瓯人民中学”。1952年合并私立培汉中学为“福建省立建瓯中学”。1956年校名始称“福建省建瓯第一中学”。2005 年 9 月转制为独立高中。2011 年被确立为“福建省一级达标高中”。

自“建郡中学堂”创建至今百年来，学校经十五易校名，八迁校址，毕业学子五万余人。曾在建瓯一中就读的一大批以杨峻德、刘葆彝、陈英、杨立、江上峰、徐洵、魏德馨、朱崇实、宋晓东、钟维平、朱清、陈小平、林中、刘登平、叶淑巧等为代表的革命烈士、将军功臣、专家学者、政界要员、商界精英、劳模标兵，他们身上强烈的社会责任感和优秀品质，昭示着建瓯一中“公、勇、严、勤”的百年校训和“勤奋、守纪、求实、上进”的优良校风。

自恢复高考以来，学校高考成绩多年居南平地区榜首，先后涌现两名省理科状元，18 名南平市文、理科状元。在各类学科竞赛中，学子们屡创佳绩，有全国电脑机器人竞赛一等奖、全国信息学奥赛省一等奖、中国优秀特长生金奖、省青少年创新大赛一等奖……不胜枚举的成果体现了一中的育人特色，浓缩了一中人锲而不舍的耕耘，使建瓯一中成为闽北一所闻名遐迩的百年名校。

目前，学校校园面积 70525 平方米，校舍建筑面积 28816 平方米，共有 53 个高中教学班级，学生约 2700 人，教职工约 200 人。学校先后获“全国模范教工之家”“省级文明学校”“省优雅校园”“省绿色学校”“省军民共建先进单位”“省花园式单位”“省家庭教育先进集体”“省素质教育先进校”“省高中新课程改革样本校”“省青少年科技教育基地校”等荣誉称号。

（摘编：赵旭东）

福建省龙岩第一中学

龙岩一中是福建省首批办好的重点中学、首批一级达标中学和示范性高中。学校创办于 1903 年，培养了三万多名优秀学子。国务院原副总理邓子恢、中共福建省委首任书记陈明等无产阶级革命家，卢衍豪、郭柏灵、林鹏等“两院”院士，胡道杨、游卫东等新时期烈士英模，北京奥运冠军张湘祥、央视节目主持人谢颖颖等体艺新星，在这里受过良好教育后挥洒出人生辉煌。经过历代龙岩一中人的不懈追求，学校已成为“名重八闽学界”的“闽西办学典型”。

学校占地面积 150 多亩，建筑面积近 5 万平方米。运动场地堪称全省中学一流。先后被授予国家“绿色学校”、全国绿化模范单位等称号。

学校现有 48 个教学班、学生 2500 多人，206 名教工中有享受特级教师 4 人、高级教师 82 人、一级教师 45 人。教师中获硕士研究生学位及在读研究生的 70 余人。近年来教师中有 600 多人次获得全国模范教师、全国优秀教师、省先进工作者、省五一劳动奖章、省优秀班主任、省三八红旗手等县（区）级以上表彰。学校是全市唯一的具备接收外教资格的中小学校。2006 年 2 月开始，英国“盖普”组织每学期选派两名外教来校任教，有力地促进了我校的英语教学，大大提高了学生的英语口语交际能力。

学校实现持续发展，2015 年被中央文明委授予“全国文明单位”，连续六届获省文明学校称号。近年来学校获省级以上表彰达 73 项。

学校被确定为“福建省中学德育基地”，形成了以革命传统教育为龙头，以爱国主义教育为主线，以养成教育为重点，以激励成才为目的，以喜闻乐见形式为载体的鲜明德育特色。从 1983 年开始，学校坚持发展优秀学生加入中国共产党，至 2009 年 7 月止共发展学生党员 299 人。

学校突出以教学为中心，把加强教学常规管理和科研兴校作为驱动教育教学质量优化的“两个轮子”。学校重视教师的可持续发展，坚持认真进行各项教育科学研究，参加的国家重点课题“中学整体优化改革实验”及“信息技术与课堂整合的理论与实践研究”分别获得全国突出成果奖、全国一等奖。近年高考稳定呈现“有状元、高本一、多名校”的喜人局面。

龙岩一中学科奥赛及创新大赛成绩斐然。近年来，获得国际奥赛银牌 1 块，国家级奖牌 26 块，省级金牌 45 块，奖牌总数名列全省前茅。其中有 12 人次进入数学奥赛国家冬令营。学校是省青少年科技教育重点示范校，2006 年、2008 年分别被授予第 21 届、第 23 届福建省青少年科技创新大赛优秀组织奖。2008 年 7 月，龙岩一中承办“第五届中国东南地区数学奥林匹克”，有菲律宾、台湾、香港、福建、浙江、江西、上海、江苏、广东等国内外36支代表队参赛。

（摘编：林学军）

龙岩市高级中学

龙岩市高级中学（前身为龙岩师范学校）创办于1903年，至今已有110余年的办学历史。1999年由福建省龙岩师范学校改制为龙岩市高级中学，2001年增设初中部。2005年通过福建省二级达标校评估验收，现为福建省二级达标学校。

学校位于市区东城龙津河畔，校园占地43266平方米，教学建筑面积25103平方米，200米塑胶运动场1个，标准篮球场6个，绿化面积14204平方米。现有教职工180人，其中具有研究生学历10人，特级教师1人，中学高级教师53人，省市骨干教师15人，省市学科带头人5人，龙岩市名师5人。在校学生2400多人，教学班48个（高中30个班，初中18个班）。学校获得“全国模范职工之家”“省文明学校”“省素质教育先进学校”“省绿色学校”“省语言文字规范化示范校”等数十项荣誉称号。

学校各项事业有了长足的进步。2013年底，新领导班子到位后，提出了“为每一个学生幸福人生奠基”的办学理念，“初中创品牌，高中办特色”的办学目标，注重学校内涵发展，加强精细化管理，在体育、艺术教学中凸显优势，形成“为学生成长导航，为学生成功铺路，让学生个性特长自由发挥”的办学特色。初中树品牌，积极探索初中教学分层教学模式，提高高效课堂和高效作业效率，减负增效使初中教育教学质量在龙岩市居领先地位，初中“四率”评估连续多年获城区市直学校一等奖。高中办特色，发挥艺、体教育师资优势，2014年经市教育局批准，恢复面向全市招收美术特长生，2015年艺体类考生专业、文考本科上线率均达100%。全面提高学生素质，全面提高教学质量，促进每一个学生成长成才。

（摘编：赵旭东）

福建省龙岩卫生学校

福建省龙岩卫生学校（简称龙岩卫校）成立于1934年，为区域经济发展、保障人民健康做出了积极贡献，被人们誉为闽西“白衣天使的摇篮”。学校经过近80多年的不断发展，办学综合实力已经走在全省的前列。2004年就被国家教育部评定为首批国家级重点中职学校，从1996年起就被福建省委、省政府评为“省级文明学校”。学校现有在校生2400多人，年培训非学历卫生技术人员3000多人，是福建省卫生人才培养的重要基地之一。同时也是福建医科大学成教学院、泉州医高专、厦门医高专合作办学单位。

学校现有专（兼）职教师150多人，其中高级职称45人，中级职称40人，双师型教师60人，市级优秀人才1人，龙岩市名师3人。学校有建筑面积5万多平方米，拥有完备的体育健身设施和塑胶运动场。图书馆藏书15万册，期刊报纸200多种，数字图书资源15万册；学校实现了多功能教室和校园网络全覆盖；有现代化的实训中心，模拟护士站、模拟病房、模拟手术室及各类仿真模拟系统一应俱全，各类实验实训设施设备走在全国先进行列；拥有2家附属医院（龙岩市中医院与永定坎市医院）并在省内21家二级以上综合、专科医院建立了实训实习基地。

学校秉承“德为医之本、无德不为医”的医学教育理念，形成了“修医德、精技能、济世致远”的卫校精神，狠抓教学质量和技能实训，取得令人瞩目的优异成绩。学校连续五年全国护士执业资格考试通过率居全省同类学校之首，连续五年职业技能鉴定通过率达100%，学校参加全省、全国职业院校技能大赛均取得出色的成绩，受到省教育厅、卫生厅的表彰。

学校开设有护理、助产、农村医学、药剂、医学检验技术专业，并与厦门医高专联合开设“3+2”五年制大学专科护理专业，为广大考生提供了灵活多样的专业选择；同时，还是福建医科大学成教学院、泉州医高专的函授教学点，并与福建医科大学联合小自考、大自考招生，为学生进一步深造提供更加宽阔的空间。学校高度重视毕业生就业网络的建设，毕业生成为各家医疗卫生单位的“抢手”资源，赴广东等经济发达地区就业的人数大大增多，护理、助产专业毕业生甚至走向香港、新加坡等国家和地区就业，毕业生直接就业率连续几年都达到98%以上。

（摘编：黄万良）

上杭县实验小学

上杭县实验小学位于美丽的汀江河畔，创办于1906年，前身是崇正小学堂，1952年秋定名为现名，有39个教学班，学生2317名，教职工120名，其中高级教师5人，国家级骨干教师2人，省级骨干教师7人，省级学科带头人8人，市管优秀专业人才6人，市名校长1人，市名师5人。

学校秉承“文明、好学、健美、创新”的校训，充分利用上杭的“红色资源”宝库，以争当“著名苏区好学生”为目标，开展“读红书，唱红歌”“重走红军路”“争当文明之星，争创邓六金中队”“参观革命旧址展馆”等丰富多彩的革命传统教育活动，加强未成年人思想道德建设；持之以恒地开展以全员性参与为基础，以递进性发展为目标的“六节一赛”（语言节、数学节、书画节、音乐节、体育节、科技节、读书竞赛）活动，全力构建学生展示才艺、激发潜能的平台；精心创建多元化、多层次、多项目（“十星”“十佳”“十二奖项”等）的评价激励机制，激发学生积极上进、全面发展。

学校在德、智、体、美诸方面结出了丰硕成果，走出了许多优秀的学生。有被称为“羽坛三杰”的世界羽毛球冠军林丹、周金灿、余立志；有全国著名画家、大学教授等30余人，博士20余人；有大批政界、军界、企业界人才，特别是近三十年来走出的学生中进入中央部委以及央企机关工作的80后8人，进入清华、北大有30余人，国外留学20余人。他们中有的获福建省高考文科状元、龙岩市高考理科状元、东南“小歌王”称号。近10年，学生的书法、美术作品获希腊、日本、西班牙等国际级各种奖项共计1000余幅，习作、小论文等在各级报刊发表共计100多篇。学校坚持科研兴校的战略，近10年，教师获全国优质课评比一等奖2人，二等奖1人，省优质课比赛一等奖5人，在公开发行刊物发表教育教学论文200多篇。学校先后被评为“省级示范小学”“省文明学校”“全国少先队红旗大队”“福建省信息技术实验校”“福建省实施素质教育工作先进学校”“福建省中小学校艺术教育工作先进集体”“福建省先进基层党组织”“福建省语言文字规范化示范校”“全国中小学图书馆先进集体”。

（摘编：彭金龙）

福建省长汀第一中学

长汀一中前身为建于1681年的龙山书院，新学创办于1904年，历经汀郡中学堂、汀州中学校、福建省立七中、长汀第一中学等校名更迭，弦歌不断，不易校址。学校现在是独立高中，校园面积约145亩，总建筑面积约52664平方米。现有高中教学班54个，学生2723人，拥有一支精于教学、善于育人的教师队伍，其中，特级教师1人，高级教师130人，一级教师94人，省级学科带头人6人，省市级骨干教师26人。

1956年，学校被确认为省重点中学。2005年3月，经省教育厅确认为省一级达标校。近年来，被授予全国“教育系统先进集体”、全国“中小学现代教育技术实验学校”、全国“中小学心理健康教育示范校”、全国“中小学图书馆先进集体”、省“文明学校”、省“绿色学校”等荣誉称号。还被南京大学、西安交通大学、武汉理工等多所重点高校确认为“优质生源基地”。

学校培养了初、高中毕业生共六万余人，他们遍布五洲四海，立勋军政学商。著名校友有杨成武上将、刘亚楼上将等六位共和国将军，张存浩（2013年度国家最高科学技术奖获得者）、王业键两院士等大批科技精英，张浚生、谢先文等一批党政高级领导干部。

学校落实“让每个学生获得理想发展，为学生未来发展奠基”的办学理念，各项事业蓬勃发展。考取名牌大学的人数多，高考尖子多。2013年高考，本科以上上线1014人，其中本一上线538人。李昶明同学以投档分673分的成绩获龙岩市理工类第二名，考取清华大学。罗斌同学参加空飞招考，考取北京大学。2014 届应届参加考试人数为 906 人，本一上线达 550 人，同比增加 54 人，上线率 60.71%。2015 届参加考试人数为 893 人，本一上线达 596 人，同比增加 46 人，上线率 66.74%。理工类考生沈楚莹同学考取 684 分，居全省第 51 名、全市第二名，考取清华大学；傅泽林同学考取 677 分，居全省第 122 名；丘光昱同学考取 676 分，居全省第 141 名，获北京大学投档线 60 分加分，考取北京大学。2007 至 2015 年，考取（含保送）清华、北大共 18 人，考取香港大学 1 人，应届本一上线率和上线数列全市前茅（据市教育局中教科统计）。学科奥赛获全国铜牌 1 人次、省一等奖 17 人次。在第 31 届全国中学生物理竞赛中，2015 届丘光昱、傅泽林、钟志辉三位同学荣获省一等奖，其中丘光昱同学以全省第一名的好成绩入选福建省代表队。在第 32 届全国中学生物理奥赛中，2016 届高三（1）班丁国桢、林远方同学荣获省一等奖。

（摘编：游学荣）

福建龙岩财经学校

福建龙岩财经学校于 1980 年经省人民政府批准成立，1993 年被省政府确立为首批省部级重点普通中专，2004 年被国家教育部评为国家级重点中专。先后被省委、省政府授予省级文明学校称号和省级“花园式单位”称号。校园坐落于龙岩西湖山下，与新建龙岩火车客运站站前广场相毗邻，交通便利，学校占地 70 亩，校舍建筑面积 38000 平方米，建有 6500 平方米的八层教学大楼，每个教室配有闭路电视教学系统；建有 2600 平方米的现代化图书馆，藏书 17 万册。

学校拥有一支素质优良、经验丰富、锐意进取的师资队伍，现有高级职称教师 23 人，中级职称教师 59 人，98% 任职教师具有本科以上学历。

学校积极推行教育教学改革，实行弹性学制的学分制，努力提高教学质量，并形成了多形式、多层次、多渠道的办学格局。与湖南大学、厦门大学联合办学，举办高升专、高升本、专升本等多层次、多专业的远程教育班和函授班。2002 年起，学校与教育部直属的中央财经大学合作办学，在学校设立福建省唯一的函授站，举办高升专、专升本两个层次的教育班。2005 年招收高升专会计专业学生 76 人，专升本会计学专业学生 15 人，90% 学员为学校中专毕业生；2006 年计划招收高升专会计专业学生 100 人，专升本会计专业学生 50 人。2005 年又与北京经贸职业航空服务学院联合办学，学校作为该学院的基础部，为该学院培养输送空乘专业生源。在以上大学就读的学生，学完全部课程，成绩合格者颁发相应的大学毕业文凭，国家承认其学历，符合条件者可授予学士学位。

（摘编：杨立群）

福建省宁德技师学院

福建省宁德技师学院创办于 1980 年，坐落于宁德市蕉城区。学院占地面积 158.8 亩，建筑面积 71006.61 平方米，实习实训场地建筑面积 16161 平方米。学院现有在校生 3265 人，专任教师中高级职称教师 68 人，“双师型”教师 183 人，其中具有高级工、技师、高级技师职业资格证书的实习指导教师 78 人。学院实行院系两级管理，按专业分为电气工程、机械工程、信息工程、汽车工程、经贸管理五个教学系部，开设有电气自动化设备安装与维修、数控加工、模具制造、汽车维修、时装设计、会计、计算机应用、烹饪、酒店服务等各级各类专业 26 个。

学院加强专业建设资金投入，建有电子装配、变流与调速、可编程控制器、机床电器维修、电力拖动、钳工、普车、数车、数控加工中心、模具加工中心、汽车维修、电气焊接、影视制作中心等 93 个实习实训场所、1300 多台教学电脑，所有专用教室、多功能阶梯教室全部配备多媒体投影设备，学院已成为闽东地区综合实力最强的职业技术院校。

学院主动适应社会市场需要，闯出了一条多功能、多层次、多学科的综合型职业教育的办学路子。学院办学时间长，师资力量强，实习设备完善，毕业生素质高，办学质量得到社会的认可，近三年每年开展各类职业培训 4000 多人次，毕业生供不应求，就业率均在 98% 以上。

在历年省、市职业技能大赛中师生均取得了优异成绩。学校2001年被评为“国家级重点技工学校”、宁德市首批“平安校园”，2002年、2014年两次获得“全国职业教育先进单位”称号，连续五届获得省级文明学校称号。2011年7月经省人民政府批准升格为技师学院，2012年被确认为国家级高技能人才培训基地，2013年成为国家中等职业教育改革发展示范校项目建设单位。

（摘编：周忠志）

福建省宁德第一中学

福建省宁德第一中学创办于1940年2月，1995年被评为省“二级达标学校”，2006年4月被评为省“一级达标学校”。1999年秋开始向独立高中设置过渡，2001年秋转制为高级中学。校园环境优美，办学条件良好，教风学风严谨。近年来教育教学成果显著，赢得社会各界的普遍赞誉，目前正向着国家级示范高中的目标挺进。

学校占地面积为5.3万平方米，目前共有39个教学班，在校生2140人。教职工192名，现有专任教师171名，其中高级教师92人，比率为54%；特级教师10位。省、市级骨干教师20多人，拥有层层递进、优势突出的人才梯队。

近年来，宁德一中通过加强师德师风建设、狠抓教学常规管理、打造教学骨干、对学生开展培优补缺等有力措施，使得教育教学水平显著提升，奥赛和高考取得骄人成绩。获得数学、物理、化学、生物奥赛省一等奖人数分别为1人、8人、1人、2人，二三等奖200多人。1993年至2013年考入北大、清华10多人。从2009年起，本一录取率每年以7.3%的比例递增，学校班子提出的“有尖子，多名校，高本一，满本科”的目标已经实现。

由于各项工作成绩显著，宁德第一中学先后被评为福建省绿色学校、福建省校务公开示范单位、福建省模范职工之家、福建省教育系统先进集体、福建省教科文卫体系统工会宣传信息工作先进单位、中共福建省先进基层党组织、福建省师德建设先进集体、福建省文明学校、福建省德育工作先进学校、全国模范职工之家。

（摘编：苏建平）

霞浦第一中学

霞浦一中前身为创办于1902年的“宁郡中学堂”。作为传播民主思想与传授科学知识并重的新型学校，开创了被誉为“八闽邹鲁”的“海疆重镇”的现代文明之源，开启了闽东教育史上男女同校学习之先河，成为八闽大地莘莘学子接受现代文明洗礼的圣地，成为闽东早期革命志士成长的摇篮。百年名校培养了包括原国务院秘书长杜星垣先生，著名易学宗师、原福建师大副校长教授黄寿祺先生，著名历史学家、考古学家、书法家游寿女士等在内的三万多名品学兼优的毕业生。

学校2008年7月14日整体搬迁至位于霞浦城关新城区。新校区占地面积214亩，建筑面积48200平方米，总投资1.3亿元，包括教学楼、图书馆、办公楼、科技楼、专家楼、体育馆、学生公寓等七幢主要建筑物及各类先进的附属配套设施，校内有千兆主干网和百兆局域网、数字化教学系统，学校硬件设施名列全省前茅。

学校1993年被确定为省二级达标中学，2004年通过省新二级达标验收，2014年6月以高分通过省一级达标高中验收并确认。目前学校共有教职工249人，有57个教学班，学生2970人。学校拥有高级职称101人，中级职称85人，国家级骨干教师3人，省级学科带头人3人，省级骨干教师5人，市级学科带头人、骨干教师20人的强大教师队伍。强大的办学力量，孕育了丰硕的办学成果，近三年高考本一上线率逐年提升，2012年本一上线人数取得历史性突破，其中理科囊括宁德市前4名的好成绩，张杰同学摘得宁德市理科状元，被清华大学录取。2013年再创历史新高，本一上线450人，上线率达到53.5%，本二上线808人，上线率达到96.2%。其中有两位同学跻身宁德市文科前5名，本一上线率大大超过福建省的平均水平。

学校本着“以人为本，为学生的成功人生奠基”的办学宗旨，坚持正确的办学方向，各项工作再上新台阶，管理水平不断提升。学校工作因此获得了上级的肯定：连续五届被评为“福建省文明学校”，连续三届被评为“福建省绿色学校”，先后获得“全国青少年阳光体育俱乐部”“福建省社会科学普及基地”“福建省巾帼文明岗”“福建省德育工作先进学校”“福建省体育特色学校”“福建省八闽课改联盟理事长单位”等16项省级以上荣誉称号。

（摘编：郭　虹）

宁德师范学院附属小学

宁德师范学院附属小学坐落于蕉城区古老的镜台山下，创办于1970年，2010年作为宁德市第一个校安工程项目重建竣工，同时更名为宁德师范学院附属小学。学校占地10.37亩，建筑面积12234平方米，现有在编教职员工145人，49个教学班，学生2720人。校园环境优美，设施一流，为素质教育的实施提供物质保证，为学生提供良好的学习环境；2011年6月福建省“学校现代化教育现场会”在该校召开。

学校以师生发展为本，沿着“实施主体性教育，培养发展型学生，创建精品型学校，建设学者型教师群体”的办学目标不懈努力，1995年以来学校获得全国平安校园示范校、全国语言文字规范化示范校、全国教育科研先进校、全国德育研究先进实验学校、全国家庭教育先进学校、全国少年军校示范校、全国少先队红旗大队、全国少先队信息教育基地、中国少年科学院科普基地校、王丹萍教育奖学校、省示范小学、省文明学校、省模范职工之家、省素质教育先进学校、省义务教育标准化学校等全国、省、市集体荣誉140多项。

学校拥有145名教职工中，大专以上学历139人，特级教师2人，中学高级教师12人，小学高级教师75人；国家、省级骨干教师培训结业21人，省级学科带头人7人，在训6人；担任省一级学会常务理事及各学科专业委员会理事11人；担任市教育学会小学科专业委员会主任或副主任7人，各学科专业委员会理事18人；教职员工中获得全国、省、市级各类教育教学奖500多项次，其中38人次参加课堂教学大赛获全国、省、市级奖；课程改革以来，获得全国、省、市教育科研成果奖20多项，学者型教师群体初步形成。

学校立足“育人为本、德育为先”，德育活动常规化、系列化。其中，军警校共建成为一面旗帜，《中国公安报》《中国消防》《消防时刊》《福建日报》《闽东日报》《独生子女报》、福建电视台“公共频道”、福建少儿电视台、闽东电视台等多家新闻媒体对此争相报道，予以肯定；2010年6月，宁师附小有关感恩教育的专题片《奖牌背后的故事》在宁德电视台展播，在社会上反响热烈，深受好评。

学校除了挖掘潜力接受部分农民工子女入学（现有农民工子女），还多渠道开展示范辐射活动。课程改革以来，已派出50多位优秀教师到全市各县（市、区）学校上示范课80多场、120余节；30多位名师、骨干到各级各类教师培训班、各县（市、区）开设教育专题讲座700多场次；帮助30多所农村学校带徒培训教师40多人；示范辐射足迹遍布闽东九个县（市、区）的大部分乡镇学校，全市60%以上小学教师听过该校的观摩示范课或专题讲座。同时，积极开展“城乡对口帮扶”活动，为薄弱学校提供人力物力的帮助。

（摘编：黄万良）

宁德市机关幼儿园

宁德市机关幼儿园创建于1950年，已经历了六十二年的风雨历程。始终坚持“为幼儿终身发展奠定坚实基础，为教师专业成长创造优良条件”的办园理念，秉承“让幼儿快乐幸福，让家长满意放心，为幼儿人身奠基，为社会发展尽意”的办园宗旨，朝着“科学人文的管理，开拓进取的师资，高效优质的保教，充满教育的环境，与时俱进的科研，品牌第一的风范”的办园目标不懈努力。现已是一所拥有两个园区，大、中、小三个年段近1200名幼儿的省级示范性幼儿园。主园地处宁德市署前路14号，占地面积5492.02平方米，建筑面积4806平方米，新园地处宁德市东侨曲尺塘，占地面积8093平方米，建筑面积6714平方米。根据实际，幼儿园创设“以幼儿发展为本”的教育环境，园内设有幼儿园安全接送管理系统、安全监控系统、电脑办公网络系统、多媒体演播系统，每班均配置多媒体教学系统等设备，班级与卧室均安装空调，园内还设有室内游泳池、多功能室、音乐室、电脑室、角色游戏室、科学发现室、资料室、图书室、体育器材室、保健室等，教学材料充足、卫生保健器材药品齐全、运动设施完善。幼儿园还拥有健全的规章制度、高素质的教师队伍、专业的保育人员、良好的教育质量、合理的膳食营养等，为幼儿健康、快乐的学习发展提供了坚实的基础。

幼儿园特色是：倡导“团结奉献、博爱自信、快乐工作、健康生活”的园训，不断促进学校内部管理的规范化，努力发挥幼儿园特色，坚持德育为先，以教育教学为中心，关注孩子个体需要，培养一群能力卓越、人格健全、心志远大的小公民。

幼儿园先后荣获全国“三八红旗”先进集体、全国“示范家长学校”、全国巾帼文明示范岗、省先进幼儿园、省机关后勤“三优一满意”先进工作单位、省“无偿献血先进单位”、市“优秀团支部”、市“德育先进学校”等荣誉称号，并连续十二届被评为“省级文明学校”。

（摘编：康明辉）

文化单位

中国闽台缘博物馆

中国闽台缘博物馆是反映祖国大陆（福建）与宝岛台湾历史关系的国家级专题博物馆，坐落于中国历史文化名城泉州市区西北侧，北倚国家级风景区清源山，南接风景秀丽的西湖之畔。

该馆占地154.2亩，主体建筑面积23332平方米，采用了“天圆地方”的设计理念，运用闽台两地传统建筑“出砖入石”的特色工艺，红白相间，浑然天成，充分体现了海峡两岸的人文精神与地域特色。其中主体建筑有通向观景天台的四道半弧形的屋面斜阶，象征着中国闽台缘博物馆是海峡两岸交流的桥梁和纽带；观景天台上的和平莲则将常年播撒吉祥和平的福音。

该馆景观广场由馆名卧碑、倒影池、音乐喷泉、九龙柱、七彩灯柱等组成，以极富闽台建筑特色的红色为基调，利用天然石板材的颜色和特制红砖，红白相间分隔出醒目的图案，与主体建筑融为一体。九龙柱和卧碑构成一组寓意深远的景象，以“九龙吐珠”象征海峡两岸同胞都是龙的传人，海峡两岸关系坚如磐石。景观广场中间的倒影池的水由里向外源源不断地流动，象征着海峡两岸关系源远流长。

该馆主体建筑的入口门厅有一幅火药爆绘壁画，高18米，宽9米，是著名的泉州籍旅美艺术家蔡国强先生的作品。他以中国人的古代发明——纸和火药为材料，运用现代行为艺术演绎着海峡两岸亘古不变而又历久弥新的文化主题：同文、同种、同根生。

该馆共分为四层，展厅总面积7355平方米。二楼的基本陈列《闽台缘》和三楼的专题展《乡土闽台》，全年对公众开放免费参观，展示闽台之间地缘相近、血缘相亲、文缘相承、商缘相连、法缘相循的历史事实。设置定时免费讲解、语音导览、无障碍通道等便民服务，每年接待参观人数近100万。广场面积16427平方，停车场面积3558平方，每年举办大型社会活动。先后被中宣部授予“全国爱国主义教育示范基地”、团中央授予“全国青少年教育基地”、国家文物局授予“国家一级博物馆”、国台办授予“海峡两岸交流基地”、荣获福建省第十二届省级文明单位称号。

（摘编：王诗诚）

福建省图书馆

福建省图书馆是一所具有百年历史的综合性省级公共图书馆，是面向社会公众开放，提供书刊借阅、参考咨询、计算机检索和多媒体阅览、协作与辅导等多功能的学术性服务机构，是全省藏书、目录、信息服务、古籍保护与地方特色资源开发、图书馆学研究和业务培训的中心、福建省级继续教育基地。馆舍面积4.17万平方米（含少儿馆1.79万平方米），藏书451万册（件），电子资源77.73TB。

自1985年以来，已连续十一次获得省委、省政府授予的“省级文明单位”称号，2009年被中共中央文明办授予“第四届全国精神文明建设工作先进单位”。荣获文化部“一级图书馆”、第一届“文化部创新奖”“第十四届群星奖”之“图书馆公共服务奖” “全国文化工作先进集体”“2008—2009年度省直文化系统先进党组织”“2007—2010全省文化系统先进集体”“2009年全民阅读活动优秀组织奖” “省级模范职工之家”“福建省社会科学普及基地”“社会科学普及先进集体”、国家级“全民阅读示范基地”等20多项荣誉。2012年，福建省少年儿童图书馆荣获省政府“福建省重点建设项目优胜奖”、获得“福建省第七届（2012—2014年度）文明行业创建工作示范点”的荣誉称号。“全国科普教育基地（2012—2016）”“基于云计算的公共数字文化服务技术支撑平台建设研究与应用”项目荣获第四届文化部创新奖。

福建省图书馆学会连续多年被中国图书馆学会评为“全民阅读”优秀组织奖。学会刊物《福建图书馆理论与实践》也连续多年被福建省科协评为优秀科技期刊鼓励奖。

（摘编：王诗诚）

福建省科技馆

福建省科技馆位于福州市中心的于山南麓、五一广场东侧，占地面积6000平方米，建筑面积8000平方米，1993年1月开馆，是集展览教育、学术交流、培训实验、特效影视为一体的综合性科技馆。其中，常设展厅4000平方米，有各类经典展品300余件；有电脑机器人、信息技术、无线电测向、航模制作和木工制作等省级“青少年科学工作室”；有设备齐全、性能先进的学术报告厅和培训教室。同时，建有500平方米的院士厅和150米长的院士画廊，展示149位闽籍及在闽工作院士风采。全年对外开放300天，年平均来馆参观和参加科普活动人数达40多万人次。

近年来，该馆以提高公民科学素质为首要任务，以科普教育为主要功能，不断扩大展厅面积，丰富展教内容和手段，通过开展基层流动科技馆、海西科普大讲坛、海峡两岸科普嘉年华、科普助学、科技馆活动进校园、青少年科学素质培养等形式多样的特色科普活动，充分发挥了科技馆的科普主阵地作用，被确认为“全国科普教育基地”“全国青少年科技教育基地”“全国青少年校外活动示范基地”，先后被授予“全国科普工作先进集体”“全国《全民科学素质行动计划纲要》实施工作先进集体”“第十、十一、十二届省级文明单位”“福建省科普工作先进集体”“福建省全民科学素质工作先进集体”“福建省十佳科普场馆”“福建省直机关先进基层党组织”“福建省直机关工会先进职工之家”“福建省直机关五四红旗团（总）支部”等荣誉称号。

（摘编：黄万良）

福建省艺术馆

福建省艺术馆成立于1956年6月，是在原福建省文化局音乐工作组和美术组的基础上组建的。为隶属于福建省文化厅的公益性群众文化机构。荣获第十二届省级文明单位称号。

该馆内设部门有：办公室、理论调研部、艺术创作部、文化志愿者工作部、艺术培训部、非遗保护办公室、《福建非物质文化遗产》编辑部、数字化部、非遗博览苑、《福建歌声》编辑部。拥有专业人才高级职称21人、中级职称14人、初级职称2人；馆舍面积2654平方米。

近半个世纪以来，该馆植根于八闽大地，一直秉承文化服务于群众、服务于社会的理念，坚持科学发展观、为构建和谐社会，全面推进海峡西岸经济区文化建设，进一步健全公共文化服务体系作出不懈努力。

近年来，福建省艺术馆在全省倡议开展艺术扶贫工作，创建艺术扶贫工程，大力推进国家非物质文化遗产挖掘、保护、研究、整理工作，积极开展公共文化服务，拓展全省群众文化的普及、提高，组织、辅导，及整理、研究民族民间文化遗产，培训业余文艺骨干队伍等方面取得显著成果。

据不完全统计，建馆以来福建省艺术馆在省级以上发表、展览、演出各类艺术成果达三千余件。近年来，本馆专业干部创作的音乐作品、群文理论研究等项目成果多次获国家级金奖。

（摘编：林学军）

福州市群众艺术馆

福州市群众艺术馆是福州市政府设立的公益性文化事业机构，是承担公共文化服务、开展群众文化活动的主导性业务单位，是构建和谐繁荣的省会中心城市公共文化服务体系的重要组成部分。该馆的前身是1949年8月成立的福州市人民教育馆，后改名为福州市人民文化馆，1978年恢复成立了福州市文化馆，1980年又更名为福州市群众艺术馆。2008年以来，连续被文化部评为

"一级文化馆"。荣获第十二届省级文明单位称号。

该馆始终以丰富群众精神文化生活、维护人民的文化权益为己任，每年承担政府主办的各类大型文艺演出上百场；长期坚持开展面向全社会的公益性艺术培训，辅导基层文艺队伍和骨干；积极组织群众文艺作品创作，开展群众文化理论研究，诞生了一批批优秀的文艺精品；承担非遗项目、传承人申报工作，并开展各类形式丰富的非遗展演活动，为进一步建设和谐繁荣的文化强市而不断努力。

（摘编：郭　虹）

厦门市图书馆

厦门市图书馆创办于1919年，有着九十多年的历史。原馆舍位于公园南路2号，由旅居香港的老读者杨贻瑶先生捐资兴建。2007年3月1日迁入厦门文化艺术中心新馆。新馆建筑面积25732平方米（不含共享使用面积），拥有上、下两层各六千平方米的"藏、借、阅、检、咨一体化"的开放式阅览空间。现有藏书250.3万册，电子图书147.4万种，电子资源数据库89.99TB，以闽南地方文献为收藏特色。

该馆以"全方位开放、全公益服务、全社会共享"为服务方针，以社会化办馆为理念，以人性化的平等、免费、便捷服务为原则，形成在建筑设施、馆藏资源、读者工作等要素上实行全方位开放的办馆模式，为读者提供多层次、多元化、多形式的服务，最大限度地满足读者各种层次的信息需求。全年365天开放，并实行免费服务，日均接待读者1.2万人次。馆内可无线上网，并配置了触摸屏导读系统和阅报系统、自助借还书机、自助复印机、自助扫描仪，还提供图书外借预约、电话续借、网上续借以及短信催还等多种开放性服务措施，同时设立自助图书馆，使读者获取文献信息更为便捷、自由；全年开展公益性的读书沙龙、专题讲座、周末电影、故事会、展览等多种形式的读者活动，丰富读者阅读内容，提升服务内涵；常年深入社区、学校、企业开展图书馆服务宣讲活动，引导广大市民利用图书馆，发挥图书馆的社会教育职能。2011年以来年均举办公益性培训、展览、讲座，开展读书活动等各类主题活动1110场。成为目前国内开放程度较高、较具服务特色的综合性公共图书馆。

该馆常年坚持服务基层，以实现本地区公共文献信息资源共享为目标，致力于构建一个以现代化网络通信技术为依托，以厦门市图书馆总馆为中心，各区图书馆为骨干，镇（街）、村（居）图书室为节点的公共图书馆联合服务网络。目前市区两级图书馆已实现借书证通用，图书通借通还，文献联合编目、数字资源共建共享，读者活动互联互动。2010年，还与国家数字图书馆签订战略合作协议，实现"国家数字图书馆厦门全覆盖"，有效地提升了厦门地区数字资源的服务能力。近年来，厦门市图书馆还在鼓浪屿、海沧、杏林、灌口等建有19个直管型、托管型、联办型分馆和5个流通点，初步形成覆盖全市的公共图书馆服务网络。

2016年，该馆接待读者439万人次，外借文献393万册次，各项业务指标居全国公共图书馆前列，获得了全国文化系统先进集体、全国三八红旗集体、全国巾帼文明岗、文化部一级图书馆、福建省文明单位等荣誉称号，并被命名为全国科普教育基地、福建省社科普及基地。

（摘编：黄万良）

晋江市图书馆

晋江市图书馆创建于1953年，先后被评为"全国文明图书馆"、中国书业2010年度图书馆、全民阅读先进单位，连续5届被文化部评为"国家一级图书馆"，连续7届被中共福建省委、省政府评为"省级文明单位"。2011年加入国际图联（IFLA），2012年加入联机计算机图书馆中心（OCLC）。

晋江市图书馆旧馆舍"陈延奎图书楼"由菲律宾华侨陈延奎、蔡琼霞伉俪捐建的，于1994年开馆；2007年12月5日迁至晋江市世纪大道文化广场内的现馆舍，地上4层，地下1层，建筑面积1.8万平方米，为晋江市文化地标，为福建省目前规模最大、最现代化的县级市公共图书馆，居全国县级市公共图书馆前列。2013年10月31日，由陈延奎图书楼改建而成的晋江市少年儿童图书馆正式对外开放，共4层，馆舍面积3960平方米，少儿馆按照国家一级少年儿童图书馆标准进行建设，服务对象为0—16岁的少年儿童，定位为少年儿童文献信息传递中心、阅读天堂和快乐家园，为福建省唯一一家超前体验式少儿图书馆。

晋江市图书馆采用“Interlib”图书馆集群管理系统，实行“通借通还”惠民服务，读者可在市图书馆、市少儿馆、24小时街区自助图书馆、企业分馆、高校分馆和中学分馆等场馆通借通还文献并“跨馆”归还；设有文学借阅室、社会科学借阅室、自然科学借阅室、少儿借阅室、电子阅览室、读者休闲书吧等对外服务窗口，提供外借、阅览、咨询、视听、网络信息与数据库检索等服务；常年承办晋江市悦读节，包括少年儿童一生阅读计划、我们的节日、大型展览、名家讲座、英语角等阅读推广活动，举办培训、学术交流、读书沙龙等活动。推行总分馆制，着力打造晋江市“一公里半径·城市图书馆群”，至目前，已建成图书馆分馆10个，24小时城市街区自助图书馆17座，以及37个图书流通点，408个文化信息资源共享工程基层服务点。

晋江市图书馆以谱牒（族谱）文献与台湾文献为馆藏特色，共藏有纸质文献70万余册（件），电子图书51余万册，数字资源近30TB；设有全国文化信息资源共享工程晋江支中心、晋江市谱牒研究会和文献研究室，履行全国文化信息资源传播和地方文献学术研究职能；自建《晋江理论》《印象晋江》《晋江文化丛书》等系列富有晋江特色文化的专题数据库，与图书馆自购数字资源构建不受时间、空间限制的晋江数字图书馆，为读者打造统一的、“一站式”服务，方便读者浏览海量数字资源。

（摘编：周忠志）

卫生机构

福建省立医院

福建省立医院是省卫计委直属单位、非营利性三级甲等综合医院。创建于1937年，由华侨胡文虎先生投资兴建，是福建省最早创办的中国人管理的公立医院。今天的福建省立医院已成为全省医疗、教学、科研、干部保健的中心。院本部占地面积38858平方米，建筑面积15.8万平方米，开放床位2398张。年门诊量200万人次，住院量8万人次，年急诊量20余万人次。在职员工3500多名，医生900多名，护士1500多名。医院先后获得“全国百佳医院”“全国卫生应急先进集体”“全国群众满意的医疗机构”等荣誉称号。建院70周年时，习近平主席发来贺信，称赞福建省立医院是一所具有光荣传统、在省内外有影响的著名医院。

该院医疗体系含有福建省立医院、省急救中心、省心血管病研究所、省临床检验中心、省老年医院（北院）、省立金山医院（南院）、武夷山市立医院（武夷分院）。医院承担了福州市50%的急诊量，福建省各地疑难病患者的救治，各级干部保健任务以及各类突发卫生事件的主力医疗队的重任。与新疆、青海、四川以及省内数十个市、县医院建立了对口帮扶、协作关系。医院还是3000多名社区居民的健康教育学校，让6000多位晚期癌症贫困患者无痛而终的宁养院。省立医疗体系日趋成熟，辐射效应日益彰显。

该院还重视国际交流，先后与美国克里夫兰医学中心、新加坡心胸外科中心、日本冲绳中部病院建立友好协作关系。近年又与美国纽约布鲁克林医学中心、德国国家（柏林）心脏中心缔结合作关系。

该院一直致力于成为出色的医学研究中心、出色的医学教育中心，从而成为出色的临床医疗中心。医院共有省心血管病研究所、省急诊医学研究所、省胃肠病研究所、省老年病研究所、省核医学研究所等5个省级医学研究所。作为福建医科大学省立临床医学院，近年来先后承担20多个专业的临床教学任务，目前有博士培养点6个、硕士培养点27个、省住院医师规范化培训基地17个，每年在院学习的硕士、博士以及各类实习进修生近800名。每年完成国家级、省级继续医学教育近百项。医院被评为全省唯一的国家首批住院医师规范化培训示范基地。同时也是卫生部冠心病介入诊疗培训基地、心律失常介入诊疗培训基地、四级妇科内镜手术培训基地、临床药师培训基地、腹膜透析培训示范中心培育单位等。

该院共有专科护理、重症医学、急诊医学科、心脏大血管外科、中医全科医学等5个国家级临床重点专科建设项目，心血管内科、内分泌科、耳鼻喉科、呼吸内科、眼科等省级临床重点专科建设项目。3个省级医学中心包括省心脏介入治疗中心、省消化内镜中心、省微创外科治疗中心；9个省级专业质控中心，临床检验、急诊、高压氧、病理、影像医学、病案、心血管介入、护理、感染性疾病等。糖尿病专业被列为省领先医疗特色专业。省级重点实验室2个，省心血管病重点实验室和老年病实验室。

该院先后被国家卫生计生委列为优质护理示范工程重点联系医院、电子病历试点医院、医改对口联系医院。获批成为原卫生部脑卒中筛查与防治工程基地、癌痛规范化治疗示范病房、远程病理会诊中心等。近10年来，中标各类课题500多项，获得科研成果奖近百项。在全国性专科学会任职的专家有30人，在省级各专科学会任职的有116人，全院享受政府特殊津贴专家48人，30多位专家分获中央保健工作突出贡献者、国家卫生计生突出贡献中青年专家、福建省优秀人才等荣誉称号。

（摘编：孟力坚）

福建医科大学附属第二医院

福建医科大学附属第二医院、第二临床医学院是泉州地区现代医学的发祥地，是我省主要的医疗、教学、科研基地之一，是福建省首批通过卫生部评审的四家三级甲等综合性医院之一，是博士、硕士研究生学位授权点单位。该院始建于1881年，为英国教会医院，原名“惠世医院”，中华人民共和国成立后，改为晋江专区第二医院。1973年升格为福建医科大学附属第二医院。2000年成为福建医科大学第二临床医学院，2002年成为福建医学会风湿病学分会主任委员单位，2012年成为福建医学会变态反应学分会主任委员单位。

该院病床编制2000张，设鲤城和东海两个院区，鲤城院区占地24.57亩，目前开放病床1172张；在建的东海院区占地142.6亩，规划床位1000张，2015年初一期门急诊医技楼、专科病房楼正式投入使用，开放床位300张，核心病房楼建设也已启动。此外还设非行政隶属分院石狮市医院和晋江市医院。目前医院在编人员1579人，合同制人员842人，高级职务人员309人，卫生部突出贡献中青年专家1人、国务院特殊津贴专家6人、全省百千万人才6人、全省卫生系统跨世纪学术和技术学科带头人19人、福建医科大学学科带头人10人，兼任国家、省、市专业学会主任委员10人，各专业学会副主任委员（副会长）44人、常务委员（常务理事）83人、委员（理事）181人，博硕士364人。

该院倡导科学精神与人文精神相结合的治院方略，历来以外科技术精湛著称，20世纪四五十年代率先在泉州地区开展大、中型外科手术，并为泉州地区培养了大批医学骨干力量。近二十年来，内科领域在相关学科带头人开拓领导下，学科建设长足发展，多个二级专业跃入省内先进水平。目前支气管封堵术、眼视光学与低视力康复、心血管疾病的胎儿起源研究等专项技术达国际先进水平，介入呼吸病学、超声医学、皮肤医学美容、骨质疏松性骨折预防与治疗、骨科生物力学达到国内先进水平。风湿病与自体免疫病学是福建医科大学重点培育学科。该院是国际联合低视力康复教育中心、国家人力资源和社会保障部博士后科研工作站、中国科学院生物物理研究所生物医学技术中心临床转化基地、国家心血管疾病诊疗质量监测基地、卫生计生委脑卒中筛查与防治基地、骨质疏松性骨折二级预防项目协作单位、全国综合医院中医药工作示范单位、卫生部和中国残联认定的低视力康复工程试点单位、国家级皮肤医疗美容示范基地、全国临床药师培训基地、中国肺癌联盟肺结节诊治分中心，是福建医学会变态反应学分会、福建超声医学工程学会、福建省视障康复技术指导中心、福建省低视力康复指导组、福建医科大学肝胆胰疾病数字化技术临床应用中心挂靠单位，是福建省危重症孕产妇转诊救治网络医院，泉州市疑难急危重症和孕产妇抢救中心。2014年，在国家级呼吸内镜培训基地书面评审中，成绩高居全国第三位。

该院拥有核磁共振成像系统（MRI）、数字减影血管造影机（DSA）、双源CT、直线加速器（LA）、单光子发射计算机断层扫描仪（SP—ECT）、数字化胃肠造影机、流式细胞仪、彩色多普勒超声心动图、腹部彩色超声波、血液透析机、体外循环机、电子直线加速器、数字高频摄片机、骨密度仪、乳腺钼靶、体外震波碎石机、神经电生理检查仪、电子胃镜、电子肠镜、电子支气管镜等先进仪器设备。优秀的人才、精良的设备和完备的医学专科为广大民众提供了全方位的医疗、保健服务。

作为福建医科大学第二临床医学院及省级医学继续教育基地之一，设有22个医学教研室，现教授24人，副教授103人，博士研究生导师4人，硕士研究生导师51人，1998年开始招收全国统招硕士研究生，2003年开始招收全国统招博士研究生，2016年获批国家人力资源与社会保障部博士后科研工作站并开始招生。依托自身免疫病研究室、介入超声研究室、肝胆研究二室、耳鼻喉研究室、手外科研究室、糖尿病研究室、肾病研究室、骨科生物力学研究室、睡眠呼吸研究室等9个研究室和科研实验室，倡导“创新、求实、严谨、规范”实验室室训，大力开展医学科学研究。

该院高度重视与国内外的学术交流，与美国纽约大学、日本山梨医科大学、日本鹿儿岛大学、荷兰自由大学等机构及学者建立了合作关系。近年该院应邀出席国际会议并作专题发言32人次，31位国际学者来该院开展学术交流，派出15位中青年骨干到美国、德国等国家研修。

1981年，经省政府批准，该院在本省率先建立华侨门诊、华侨病区。十多年来接受大量来自美国、日本、新加坡、菲律宾、印度尼西亚及其他东南亚地区和香港、澳门的病人。

该院先后被评为全国医院文化建设先进单位、福建省平安医院、福建省文明单位等荣誉。

（摘编：康明辉）

福州市第一医院

福建医科大学附属福州市第一医院历史悠久，前身系1898年英国圣公会创办的福州柴井基督医院，是一所具有百年历史和光荣传统的公立医院，是福建省会福州市属唯一一所三级甲等综合医院，医院同时被省政府命名为福建省福州红十字医院。医院多次被卫生部、省、市政府授予多项荣誉表彰，荣获第十二届省级文明单位称号。

该院位于福建省福州市台江区达道路190号，占地面积59.8亩，总建筑面积5.6万平方米。编制床位800张，实际开放近1000张，规划床位1500张。医院内设36个临床科室、16个医技科室、13个教研室、9个住院医师规范化培训基地；附设郭应禄院士工作站、程京院士工作站、福州市心血管病研究所、福州市中西医结合肿瘤研究所、《中国伤残医学杂志》福建工作站等16家科研质控机构；是福州市口腔学会、福州市康复医学会、福州市抗癌协会、福州市针灸学会等19个学术团体的挂靠单位；延伸举办鼓楼区水部街道卫生服务站、台江区鳌峰街道社区卫生服务中心及闽江学院门诊部等基层医疗机构。该院设有呼吸内科、妇科、产科、肾内科、泌尿外科及口腔科等6个重点科室。中医肛肠科、中西医结合肿瘤科、乳腺外科等专业技术水平在全省乃至全国处于领先行列。

该院设备先进，拥有德国西门子1.5TMRI、GE64排螺旋CT、西门子悬吊式大C形臂数字化造影机、GE数字胃肠机、数字减影X线拍片机、ECT（发射型计算机断层扫描仪）、彩超、大型全自动生化分析仪、骨密度测定仪、酶免分析仪、血液透视机等，手术室配备德国原装麻醉机、手术床、无影灯、百级净化系统等，医院大型设备配置在省市范围内处于领先水平。目前该院初步实现了管理信息化及后勤服务社会化。

该院医疗技术雄厚、环境优美整洁、教学条件良好，是福建医科大学非直属附属医院、福建医科大学口腔医学院教学基地、福建中医药大学教学医院、福建卫生职业技术学院教学医院、泉州医学高等专科学校教学医院、福建省卫生厅住院医师规范化培训基地、福建省卫生厅全科医师临床培训基地、乡镇卫生院招聘临床医学本科生临床能力培训医院。

（摘编：李　哲）

福建省福州儿童医院

福建省福州儿童医院于1986年6月1日开诊，是福建省最早成立的，也是福州地区唯一一所集儿童医疗、保健、康复、科研、教学为一体的三级综合性儿童专科医院。医院附设福州市哮喘支气管炎研究所，挂靠福州市医学会儿科分会、小儿外科学分会、变态反应学分会和福州市中西医结合儿科学分会等四个专科学会。现为福州市儿科医疗联合体中心单位，福建省儿童医疗救治体系福州分中心，是福建医科大学、福建中医药大学和福建卫生职业技术学院的教学医院、全国住院医师规范化培训儿内科基地、国家级残疾儿童定点康复机构、复旦大学附属儿科医院协作医院。荣膺全国爱婴医院、全国模范职工之家、省级文明单位、福州市诚信医疗示范单位和福州市先进基层党组织等殊荣。

医院占地22.3亩，建筑面积48235平方米。编制床位650张，现实际开放315张。编制人员845人，现有员工686人，其中中高级职称卫技人员171人，约占员工总数25%。共27人在省、市级以上学术担任常委秘书以上职位。拥有西门子1.5TMRI、GE64排CT、飞利浦彩超、雅培大型生化、支气管镜、胃肠镜系列腔镜等先进设备。医院学科齐全，专科特色突出，医院设有临床科室

27 个及内分泌遗传代谢、盆底功能、平衡功能等三个实验室。市级重点学科 2 个，院内重点学科 6 个。其中小儿外科、小儿呼吸内科、小儿内分泌、小儿耳鼻咽喉、儿童哮喘、儿童脑瘫、儿童心理卫生、NICU（新生儿重症监护）等一批学科处于省内领先水平。近 5 年医院获得省、市级以上科技类奖项 27 项，发表 SCI 论文十余篇，正在研究科研项目 28 项。2015 年门急诊 65 万人次，出院病人 1.5 万例次，手术 3200 多台，日益成为福州地区儿童就诊的首选目的地。毗邻医院东侧 12 亩地块已启动征地工作，拟进一步扩建，提升整体服务能力。

医院始终秉承"艰苦创业　优质服务　一切为了儿童健康"的办院宗旨，遵循"精、诚、仁、创"院训，不断创新管理理念，以医院文化引领医院快速发展，围绕病人满意度打造"儿科事业平台、儿童健康港湾"，努力建设成为立足福州、辐射海峡西岸的设施一流、技术一流、服务一流的儿童医院。

（摘编：康明辉）

厦门大学附属第一医院

厦门大学附属第一医院创办于 1937 年，前身为福建省立医院，经过 70 余年发展，现已形成拥有四所分院、两家护理院、六个社区卫生服务中心的医疗集群，是集医疗、教学、科研、预防、康复为一体的闽西南规模最大的三级甲等综合性医院。2015 年福建省首家通过 JCI 国际认证。在国家卫生计生委委托健康报开展的"2015 改革医疗服务创新亮点评选活动"中，荣获"改革服务创新医院"。2016 年通过 HIMSS（美国医疗信息与管理学会）EMRAM（电子病历采纳模式）六级评审，为福建省首家，率先成立厦门市首家肿瘤医院、省首家糖尿病医院以及互联网医院。

该院编制床位 2500 张。2016 年年门急诊量 594.04 万人次，出院人数 14.27 万人次，手术例数 7.62 万例。现有临床、医技科室 49 个。拥有儿科重症、临床护理两个国家临床重点专科；中西医结合糖尿病专病为省级中医重点专科（专病）建设项目；福建省新生儿救护厦门分中心、福建省儿童医疗救护厦门分中心、厦门市肿瘤中心、厦门市泌尿系统疾病诊治中心、厦门市脑科中心、内分泌代谢疾病诊治中心、闽南 PET（派特）中心等省市级医学中心；心血管内科、耳鼻喉头颈外科、儿科重症专科、糖尿病诊疗科、重症医学科（ICU）、核医学科、临床护理、妇科肿瘤、传染性呼吸系统疾病诊治专科、新生儿救治、烧伤整形科、感染性疾病科、胆胰外科、小儿呼吸科、消化内镜诊疗科、放射影像科等厦门市重点学科及规划重点学科；厦门市心血管病研究所、厦门市糖尿病研究所 2 个市级研究所及厦门市公共卫生突发事件救治基地。

该院已形成了以 15 位名医为楷模，一大批学有专长、术有专攻的学科带头人为领军，众多崭露头角的青年才俊为后备力量的人才队伍。现有中高级专业技术人才 2138 人，博士、硕士 676 人，享受国务院特殊津贴专家 17 人，担任中华医学会各专业委员会委员专家 30 余人。

该院已获各级课题资助，包括国家"863"和"973"子课题、国家自然科学基金、国家"十一五"科技支撑计划等国家级课题。获省部级、市各级科技进步奖，包括教育部科技进步一等奖、解放军科技进步二等奖、省科技进步二等奖、厦门市科技进步一等奖等。2014 年，发表 SCI（科学引文索引）论文突破百篇。2016 年全院共申报各类科研项目 203 项（其中国科金申报 100 项），获得各级各类科研项目共 68 项，资助经费 1012 万元。2016 年已发表 SCI 文章 129 篇，获得发明专利两项。其中 JCR（期刊引用报告）分区 1 区论文 24 篇。糖尿病医院的"运动干预与脂肪肝"研究结果今年发表于国际顶尖杂志《美国医学会内科杂志》，SCI 影响因子高达 14 分，创下厦门市卫生系统 SCI 学术论文影响因子最高分。4 个科研所获批厦门大学首批院级科研平台，分别为厦门大学医学院肺癌研究所、厦门大学医学院自身免疫研究所、厦门大学医学院儿童医学研究所、厦门大学医学院血液病研究所。已建设省、市级科研平台 11 个，包括福建省糖尿病转化医学重点实验室、福建省糖尿病中医药重点研究室 2 个省级平台、厦门市代谢性疾病系统生物学研究平台、厦门市现代病理诊断中心、厦门市心脏电生理重点实验室、厦门市风湿免疫重点实验室、厦门市肿瘤早期诊疗重点实验室、厦门市胸部疾病重点实验室、厦门市脑科中心重点实验室、厦门市泌尿系肿瘤和结石重点实验室、厦门市乳腺肿瘤重点实验室9个市级科研平台。

该院设有中心实验室、风湿免疫实验室、生物样本库、心脏介入研究室、高血压研究室、显微外科研究室、神经病学研究室、肿瘤研究室等20多个临床研究室，厦门市重大科技创新平台——代谢性疾病等系统生物学研究平台。此外，与厦门大学共建“福建省神经系统疾病重点实验室”“厦门市代谢性疾病重点实验室”等研究机构。2006年通过国家审批，设立福建省地市级医院首家博士后工作站，培养博士后30余名。共有心血管、内分泌、神经内科、神经外科、肾病、风湿免疫、医学影像（核医学）、糖尿病等20个专业获得国家药物临床试验资格，是福建省获批专业最多，也是厦门市最早一家获得国家药物临床试验资格的机构。

目前设立内、外、妇、儿、急诊、护理等23个临床教研室，有临床教师826人，其中博士149人、硕士301人，博硕研究生导师89人。现有25个国家级住院医师规范化培养基地以及福建省17个住院医师规范化培训基地。是闽西南地区住院医师规范化培训基地最全、招收学员最多的医院。2016年共接收各院校本科生、研究生、住培学员、进修生等共计1837名。2016年，医院成立临床教学技能培训中心，新增教学用房821平方米，增加15个功能实训区（含内外妇儿模拟手术ICU全科等），是筹建国家健康医疗领域厦门开放大学的核心单位。

该院与德国杜塞尔多夫大学医学院、新加坡国立大学医院、新加坡中央医院、新西兰惠灵顿儿童医院建立长期互助合作联系，联合培养学科骨干人才。

该院先后被评为全国卫生系统先进集体、信息化创新医疗服务模式十佳医院、连续两年获评全国百家改革创新医院、省级文明单位；自卫生部批准每年评选医师行业最高奖项——中国医师奖以来，该院已7次获得该奖项。

（摘编：李　哲）

厦门大学附属中山医院

厦门大学附属中山医院始建于1928年，由爱国华侨和地方知名人士为弘扬中山先生“天下为公，造福社会”的精神捐资兴建而成，时任厦门大学校长、医学专家林文庆博士出任首任院长，为福建省唯一985工程院校厦门大学的首家附属医院。历经80余载中山人的拼搏进取，已发展成为一所集医疗、教学、科研、预防保健于一体的三级甲等综合性医院和国家重点大学研究型附属医院，为福建省规模最大的三级甲等综合性医院之一。

医院现有编制床位2500张，2014年门、急诊量280万余人次，年收住病人近6万人次；现有教职员工2672人，副高以上专家465名，硕士、博士509名，硕士生导师和博士生导师60余名。医院设有38个临床学科、10个医技科室、1个分院、2个分部、5个社区卫生服务中心。医院拥有国家临床重点专科：消化内科；福建省重点专科：消化内科、肝胆外科；市级领先学科：消化内科、肝胆胰外科；市级重点学科：神经内科、血液科、内分泌科、关节外科、超声科、胸外科、专科护理；市级规划重点学科：老年病康复科、病理科、皮肤科、非传染性呼吸系统疾病诊治专科、急救医学、前列腺疾病、产科危重症、糖尿病肾病科；拥有厦门市临床检验中心、厦门市消化疾病诊治中心和厦门大学消化疾病研究所、厦门大学医学院胃肠肿瘤研究所、厦门市老年疾病康复研究所及厦门市肿瘤分子诊断与靶向治疗重大科技平台等重要医学中心和科研平台；为中华医学会消化内镜培训基地、福建省超声医学培训基地、全国健康管理示范基地；是福建省首批获国家卫计委审核批准开展人体器官移植技术的医院之一。医院拥有最新一代的双源螺旋CT、3.0T超导型MRI、头部伽马刀、直线加速器、DSA（数字减影血管造影）以及PET—CT等先进医疗设备。

医院雄厚的技术力量和合理的人才梯队推动医院医疗教学科研工作阔步前进。近几年来，医院获各级课题资助300余项，包括国家“863”和“973”子课题、国家自然科学基金、国家“十一五”科技支撑计划等国家级课题40余项，部、省、市各级科技进步奖40余项，发表SCI论文100余篇，最高影响因子达14.66，国家专利40余项，科研项目总量在全省名列前茅。在大量科研成果的有力支持，医院每年开展大量临床新技术、新项目，先后在本市率先开展肝脏移植、肾脏移植等高难度临床手术，填补了大量技术空白。

医院凭借地域优势积极开展对外交流，特别是倡导建立的“海峡两岸医学论坛”和“中山医学联席会”，涵盖消化、神经内外、超声医学、医院管理等多个学科，分别已成为海峡两岸医学交流中最高水准的学术盛会和国内外知名度最高的“中山”系列医学院所交流平台。目前，“海峡两岸医学论坛”和“中山医学联席会”已突破以往会议讨论和简单交流的形式，通过相互培训管理团队、派遣一线医务人员等方式逐步将各自的科研和教学工作紧密联系起来。

近年来，医院推进就医流程改造，推行全天候、全预约、全自助、全网络、全方位的“五全”惠民便医服务，成立独立随访室开展患者诊后回访，变被动服务为主动服务，将院内服务延伸至院外，极大地改善了患者的就医感受；作为优质护理省级重点联系医院，医院积极推进优质护理服务示范创建工作，努力落实整体护理，夯实基础护理，建立“首见”负责制，实行“包床到护”，大大减少了患者自聘护工的数量，患者经济负担得到极大减轻，病房秩序更加安静有序。通过上述举措，医院患者满意度逐步提高，医院先后荣获全国卫生系统先进集体，全国卫生文化建设先进单位，全国“改革创新医院”，省级文明单位等称号。

（摘编：孟力坚）

福建省残疾人康复教育中心

福建省残疾人康复教育中心原名福建省残疾人康复职业培训中心，成立于1996年4月，是福建省残联直属事业单位，是为残疾人提供教育康复、医疗康复和职业康复的省级公益性康复机构，是面向全省残疾儿童开展康复服务的重要基地和示范窗口。

该中心位于福州市“花乡之镇”的仓山区建新镇，环境优美、康复训练场所完善、设施齐全、器械精良完备，拥有一支管理规范和精业务精湛、富有爱心的高素质康复教育训练队伍。现有干部职工97人，其中康复训练教师、医疗专业技术和保育人员63人。内设：办公室、聋康中心、智康部、脑瘫康复科、启能中心、培训科（社区康复指导部）、低视力康复科七个部门，主要面向全省开展聋儿听力语言障碍、儿童孤独症、弱智、脑瘫等测查、康复训练；开展轻、中度智障青年康复就业培训；指导县市康复机构建设；培训指导基层残疾人工作者和各类残疾儿童家长开展康复训练；还承担省委省政府为民办实事“光明行动”项目，为偏远山区贫困白内障患者实施复明手术。

近几年来，该中心共收训各类残疾儿童600多人次，其中收训聋儿300多人次，康复聋儿入普小、普幼率67.7%；收训智障儿童300多人次，康复有效率80%以上；收训脑瘫儿童100多人次，康复有效率90%以上；为基层市县培训了600多人次残疾人康复工作者，下基层10多批次，深入县市基层指导工作300多人次，为我省市、县残疾人康复工作奠定了坚实的基础；举办了28期残疾儿童家长培训班，培训家长2000多人次，提高了家庭康复训练的水平，巩固了残疾儿童康复效果；2008年承担福建省委、省政府为民办实事的“光明行动”暨“中国流动眼科手术车——复明十五号”对省内偏远的贫困山区实施白内障患者复明扶贫行动，每年完成2000例手术任务。成为全省残疾人康复工作的信息中心、技术中心、资源中心、指导中心，先后获得全国五一劳动奖状、全国职工职业道德建设标兵单位、十一五全国残疾人康复工作先进集体、第十二届省级文明单位、省五一劳动奖状、第七届省职业道德十佳单位、省三八红旗单位、2010—2012年度省直创先争优先进基层党组织、2008—2012年度省直先进基层党组织、省巾帼文明岗、省“女职工标兵岗”、省直女职工先进集体等荣誉，连续七年获得省残联授予的“先进党支部”等荣誉，有力促进了我省残疾人事业的持续发展，为建设海峡西岸先行区，构建和谐社会做出了积极的贡献。

（摘编：郭　红）

福州市疾病预防控制中心

福州市疾病预防控制中心成立于2004年2月，是在原福州市卫生防疫站基础上，由福州市卫生防疫站、福州市职业病防治院、福州市结核病防治所和福州市健康教育所等4个单位合并组建更名而成，同时增挂福州市职业病防治所、福州市结核病防治所和福州市健康教育所3块牌子，为副处级全额拨款事业单位。

该中心编制180人，现有在职职工161人，其中专业技术人员132人，占82%。专业技术人员中，高级以上职称40人（正高13人、副高27人）、中级职称54人，博士2人、硕士19人。

该中心现占地面积约7.8亩，土地使用面积5136.2平方米，总建筑面积约13000平方米，其中实验室用房约4800平方米。现有各类仪器设备768台件，总价值4136.9万元，拥有ICP－MAS超高效液相色谱仪、液相色谱－质谱仪、气相色谱－质谱仪等一大批先进仪器设备。

该中心内设14个科室，其中业务科室11个，分别为传染病防控科、免疫规划科、应急处置科、健康教育科、结核病防治科、艾滋病防治科、地慢病防治科、公共卫生科、职业卫生科、检验科、预防医学检查科；职能科室3个，分别为办公室、综合科、业务质量管理科。

该中心为福建医科大学的教学基地，获得省级检验检测机构和省级食品检验机构资质认定资格，是法定的职业病诊断、职业健康检查机构、职业卫生技术服务和放射卫生技术检测与评价机构，流感监测实验室被国家疾控中心确认为国家级流感网络监测实验室，艾滋病实验室被福建省省卫计委确认为确证实验室。

该中心先后荣获全国结核病防治工作先进集体、全国丝虫病防治先进集体、全国抗击非典先进单位、全省卫生系统先进集体、福建省模范职工之家、福建省省级文明单位等荣誉。

（摘编：康明辉）

漳州市中心血站

漳州市中心血站位于西洋坪路6号，坐落于环境优美的高校园区内，占地面积10.87亩，总建筑面积7700平方米，是一所集无偿献血宣传教育和招募，血液采集、制备、检测、质控、储存和血液相关研究工作为一体的现代化血站，承担着全市两区一市八县的临床供血任务，年供血量超过10吨。

从1997年12月成立至今，血站不断发展壮大。现拥有固定资产超过4000万，云霄分站一个，市区献血屋三个，拥有先进仪器设备、专业设备近40台。工作人员也由建站之初的13人发展到目前的82人，其中正高职称2人，副高职称5人，中级职称11人，卫生技术人员占职工总数的76%。设有办公室、财务科、质量管理科、检验科、成分制备科、血源管理科、体采科、机采科及云霄分站等行政后勤、业务管理科室及部门。

“一点一滴，爱心无价”。血站坚持先进的、以人为本的献血服务理念，坚持开展优质无偿献血服务。不论刮风下雨，不分严寒酷暑，每天外出采血，定期下乡，方便献血者；组织爱心人士组成漳州市献血志愿服务队，又组织本站青年员工成立血站献血志愿服务队，利用业余时间，宣传无偿献血，为献血者提供咨询、引导等服务；成立无偿献血志愿者之家、机采成分血献血者之家、稀有血型献血者之家、赢得了广大无偿献血者的信赖。

“一丝不苟，袋袋平安”。血站深入贯彻落实《中华人民共和国献血法》《血站管理办法》《血站质量管理规范》《血站实验室质量管理规范》等血站相关法律法规，加强血液质量管理，引进科学化、规范化的全面质量管理体系，建立严密的质量监控体系和行之有效的质量、安全审核检查制度。2003年下半年启动ISO9001—2000质量管理体系，2004年3月通过了审核认证，2007年、2011年及2014年对质量体系文件进行修改完善。通过质量体系持续有效的运行和不断改进，充分发挥血站各级职能，使影响血液质量和服务质量的各种因素和过程中的各个环节都处于受控状态，预防质量问题的发生，达到质量合格和用户满意的双重目标。几年来，漳州市血站在多次全国、省级质检质评等均取得较好的成绩，有效控制了乙肝、丙肝、梅毒、艾滋病等疾病经血传播。

“一心一意，共谋发展”。经过多年的努力，漳州市无偿献血事业取得了质的飞跃。2005 年 1 月，血站收归各县市区采供血，实现全市血液管理“三统一”，并实现了全市临床用血 100% 来自街头自愿无偿捐献；2006 年 10 月，实现了机采血小板 100% 来自自愿无偿捐献；2008 年 10 月，位于漳州市高教园区的市中心血站业务综合楼正式启用；2010 年 5 月，血液成分制品增加红细胞悬液 1.5 单位、血浆 150 毫升两种规格，10 月起全面开展血液制品滤除白细胞项目。几年来先后荣获省级“无偿献血先进单位”“采供血机构血液质量检验工作先进单位”“青年文明号”“文明行业创建工作示范店”“卫生系统创先争优活动现金集体”、省级“文明单位”；市级“文明单位”“先进基层党组织”“五四红旗团（总）支部”“工人先锋号”“行业星级示范窗口”“女职工标兵岗”等荣誉称号。

（摘编：李　哲）

晋江市中医院

福建中医药大学附属晋江中医院位于福建省晋江市泉安中路 1105 号，是一所中医特色浓厚，融医疗、教学、科研、康复、预防保健和中医药文化传播为一体的综合性中医医院。近年来，已发展成为一家古韵今风相得益彰，传统现代交相辉映，学科齐全、设备先进、环境优美的国家“三级乙等”综合性中医医院，是福建中医药大学非直属附属医院。

医院现占地面积 3.3 万平方米，建筑面积 5 万平方米，编制床位数 520 张，分设急诊医学部、门诊部、住院部。共设 31 临床科室、12 个病区，设有脾胃病科、心病科、肺病科、内分泌科、脑病科、普外科、泌尿外科、妇产科、儿科、麻醉科、骨伤科、针灸推拿科、肛肠科、眼科、耳鼻喉科、治未病科等临床科室，并设有药学部、手术室、检验科、病理科、放射科、超声医学科、功能检查科、腔镜中心、导管室、消毒供应室、营养室、输血科等医技辅助功能科室。

医院现有员工人数 988 人，其中主任医师 20 人、副主任医师 46 人，兼职教授、副教授 22 人。医院固定资产 2.67 亿元，拥有大平板心血管造影成像系统、1.5TMRI、飞利浦 16 排 CT（2 台）、进口大型成套数字化 X 线机组、飞利浦彩色超声机、成套富士能电子胃肠镜、电子气管镜、电子鼻窦内镜、以色列胶囊内镜、进口腹腔镜、宫腔镜、关节镜、全自动生化分析仪血气分析仪、细菌室仪器和各种监护仪、各种呼吸机等高端设备，医疗设备资产额近亿元。

新一轮医药卫生体制改革实施以来，医院通过改革内部运行机制，围绕“急诊急、门诊快、病区质、检查准、取药便、疗效佳、费用低”的医疗服务目标，推行“慢决策、快执行、严监督”机制，构建现代医院管理体系，建立管理制度，逐步实现现代医院管理即岗位管理、绩效管理、组织变革、精细化管理，促进医教研同步发展；中医、西医、中西医结合齐头并进；基本医疗、非基本医疗、高端医疗互补共存，结构合理。创业、创新、创优、争先，推动学科建设，开设“夜间门诊”方便打工者就医。2015 年医院年业务收入 3.12 亿元。门诊量 100.01 万人次；分娩婴儿数 9356 人；手术量 9724 台；药品收入控制在占业务收入 24.3%；每门诊病人平均 158.53 元、每出院病人平均 5161.18 元，多年来，出院病人的满意度持续保持泉州市前列。

近年来，医院不断加强临床科室建设，凸显中医药特色优势，鼓励各科室根据临床实际开展适宜的中医特色服务项目，采用汤、膏、丸、散、敷、贴、熏、浸、针、灸、推、拿、按、摩、割、刮，治疗效果显著；医院现有骨伤科、脾胃科、治未病科、针灸康复科等多个中医重点专科。开展中医临床路径 41 个，开展中医外治 85 项 120 种；不断提高病房中医治疗率、急危重疑难病中医参与治疗率；提高了中医临床疗效，缩短住院日，减少了医疗费用。

医院始终坚持把中医药的核心文化（仁、和、精、诚）融入医院的远景目标，在工作实践中，注重内涵，多措并举，以求实效。从医院的核心价值体系建设、行为规范体系建设、环境形象体系三个层面，不断丰富中医药文化元素，努力构建以廉洁文化为核心内容的医院文化。在核心文化上，医院开展“五好三满意”活动，遵循“人道、爱心、敬业、利民”的医院精神，在各病区开展优质护理服务，护士以爱心、细心、责任心、耐心结合精湛的中医护理知识，赢得了广大患者的赞誉。

晋江市中医院先后获得全国中医药文化建设先进单位、福建省文明单位、福建省卫生计生系统党建工作“1263”机制建设示范点、福建省创先争优先进基层党组织、福建省第八届文明行业创建工作示范点、泉州市廉政文化建设示范单位、泉州市先进基层党组织；晋江中医院急诊医学部从2005年至今一直保持全国青年文明号称号，妇产科正创建全国巾帼文明岗。涌现了全国五一劳动奖章、全国医德标兵、全国医院服务改革创新人物、全国中医药科技推广先进个人、全国最具惠民医院院长、福建省优秀中医院长、福建省三八红旗手、福建省优秀共产党员、泉州市优秀健康卫士、泉州市优秀共产党员、晋江市先进工作者等先进个人。

（摘编：康明辉）

乡镇街道

鼓楼区温泉街道

鼓楼区温泉街道地处福州市东部，北起华林路中线，西临五四路、五一路中线，南抵福新路中线，东达晋安河中线。辖区面积 2.242 平方公里，下辖琼河、东大、东湖、河东、金汤、汤边、汤门 7 个社区居委会和温泉经合社。户籍人口 7.65 万人，常住人口 6.71 万人。

温泉街道坐落于省、市政治、经济、文化中心，辖区内有省人大、省政协、省外贸中心集团、市区行政服务中心、省图书馆等单位。这里，有独特的区位优势和畅通的交通网络，五一路、五四路、六一路、华林路等 7 条主干道 3 条次干道纵横交错，车水马龙，川流不息，为经济发展提供强劲引擎；这里，有众多高档写字楼，高楼大厦、鳞次栉比，筑起楼宇经济特色巢，引来四面八方金凤凰。截至目前，温泉街道共有已建商务楼宇 60 座，总建筑面积 184 万平方米，入驻企业共计 3489 余家；这里，还有风景秀丽的温泉公园、闻名遐迩的金源大饭店、现代时尚的购物名店街、生机勃勃的水调歌头娱乐天地、历史悠久的秘书巷和古三座、三山座澡堂等文化古迹以及即将竣工的福州温泉博物馆，形成了以商贸业、餐饮娱乐业、休闲业、金融业、信息咨询业等为龙头的中央商务区。

近年来，街道以“构建宜居宜业美丽温泉”为总目标，以“科学发展”之钥开启“跨越发展”之门，促进了辖区经济、社会各项事业取得长足进步。街道已连续五届被省委、省政府授予“文明单位”荣誉称号，连续 8 年在鼓楼区绩效考评中获得街、镇组优秀，先后被评为“福建省先进基层党组织”“福建省第二批新型生育文化创建基地先进单位”“福建省科普示范街道”“福建省职工之家”“福州市创建全国文明城市工作先进单位”“鼓楼区平安建设先进单位”，温泉公园激情广场大家唱被评为全国特色文化广场。

（摘编：李　哲）

仓山区金山街道

金山街道位于南台岛西部，东起闽江南岸，西至乌龙江畔，南邻浦上路，北至金山大道，占地 13.09 平方公里。街道目前辖卢滨、潘边、石边、新颐、上雁、葛屿、闽江、刘宅 8 个村，后曹、燎原 2 个经济合作社及金洲、金河、金环、金麟、鑫龙、吉龙、水都、丽景、香江、中天、新筑、彼岸、建中、金骏、建兴洋、幸福、六江道、潘厝 18 个社区（其中建兴洋、幸福、六江道、潘厝 4 个为 2016 年上半年刚批复同意成立的新社区，目前在进行人员及办公场所落实等相关筹备工作）。辖区总人口约 20 万（其中户籍人口约 7.5 万）。近年来，街道先后获得福建省文明单位、福州市文明单位、仓山区文明单位、仓山区人口和计划生育工作先进单位、仓山区先进单位等多项荣誉称号。

2015 年，街道紧紧盯住各项主要经济指标展开工作。财政总收入 21337 万元、地方级财政收入 17693 万元、限上零售额 256867 万元、社会消费品零售总额 326700 万元、全社会固定资产投资额 284107 万元、建筑业产值 29806 万元、实际利用外资 210 万美元、出口交货值 2010 万美元。

辖区内形成榕城广场、新华都购物广场、乐购、万达等重点商圈。辖区内文化资源丰富，有福州金山中学、福州四中橘园洲校区、福州金山小学、福州教院三附小、四附小以及仓五小、仓七小、仓八小、八期小学、水都小学等 10 所中、小学校。同时仓山区委、区政府及仓山区行政服务中心、仓山区法院、福州市中级人民法院等政府机构以及省特检、市质量技术监督局、新华通讯社福建分社、市气象局、省气象防灾中心（在建）等多家省属、市属单位均位于街道辖区内。

金山街道的成立，标志着福州市城市化进程迈出了新的一步。近几年，金山新区不断开发发展，目前，地铁2号线项目正在进行建设（在街道金祥路沿线将建设金山、金祥、洪湾、金桔4个站点），标志着金山街道已逐渐成为集居住、商贸、金融、文娱活动、休闲旅游于一体的功能配套逐步完善的新型现代化街道。

（摘编：杨立群）

晋安区新店镇

新店，福州市晋安区一大重镇，扼守省会榕城北大门，三面环山，南面临城，距市中心仅3公里，紧邻省委省政府所在地及省会商务金融、文体娱乐中心。全镇面积48.29平方公里，辖28个行政村和11个社区，总人口20多万。今日北大门已融入福州大都市核心区建设发展的“五大战役”中，初步建成了集高档住宅、度假旅游、都市产业、商贸服务为一体的“现代综合商务居住区”。先后荣获福建省：百强乡镇，小康镇、“双拥”模范镇、精神文明先进镇、科技示范镇、科技星火密集区、综治达标镇、省级生态乡镇，获福州市：标兵单位、军民共建精神文明先进单位、一流经济强镇等，2011年，再次荣膺“中国民间文化艺术（腰鼓）之乡”称号。

历史文化底蕴深厚。新店是福州历史文化名城发祥地，福州源于冶城，冶城始于新店古城，汉高祖五年（公元前200年），闽越王无诸始建冶城，由此揭开了2200多年八闽文明的灿烂篇章，从此奠定了福州市作为福建省会城市的基础。现留存有闽越城遗址城墙故址、汉代古瓷器等，历史名胜古迹和人文景观有闽王王审知墓、千年古刹升山寺、象山古刹崇福寺及福建佛学院、福温、福瓯古驿道遗址、升山摩崖题刻等。拥有闽台王审知信俗文化、西园十番等民间民俗文化和新店腰鼓、西园软木画、地术拳、同利肉燕等国家级非物质文化遗产。

自然生态环境优越。境内有福州国家森林公园，福州市儿童公园、福州动物园、琴亭湖公园、闽王文化公园，有八一、过溪、斗顶、杨廷、磨里等5大水库，有莲花山、罗汉山、金鸡山、象山等，有解放溪、新店溪、马沙溪、桂后溪等12条景观内河。

资源条件富于承载。镇内科教文体等社会事业基础设施配套完善，现有16所小学、2所中学、2所民办学校、43所幼儿园，有多所省市科研机构，有数十个高档楼盘，有多个现代商贸服务业集群。

（摘编：苏建平）

思明区鼓浪屿街道

鼓浪屿街道2015年完成固定资产投资4552万元；完成财政收入16099万元，其中街道级收入1700万元；完成合同利用内资12662万元，合同利用外资506.9万美元。先后荣获“福建省文明单位”“慈善捐赠优秀组织单位”“全国安全社区”等荣誉称号。

便民服务。成立家庭综合服务中心，深化“网格医生”项目，免费提供上门建档及健康评估、慢性病随访、健康体检等服务，已累计建档2090户，总计5155人，纳入管理的高血压人员1169人、糖尿病392人，高血压病人控制达标率80.8%，糖尿病人控制达标率80.3%。

文明创建。深入开展“垃圾不落地”文明旅游宣传和试行垃圾分类。按照可回收、不可回收、有害三类区分垃圾，实行垃圾分类积分制，逐步形成积极参与的良好氛围。

平安建设。全年110刑事报警数3202起，辖区内共立刑事案件196起，破案率40.8%，刑事拘留38人，逮捕11人。受理治安案件500起，查处367起，查处率73.4%。组建鼓浪屿协同管理联合执法队，建立黑名单制度，加强无证导游、假冒卷烟、无证照经营整治。对辖区内268家餐饮店开展燃气安全检查，发现事故隐患126处，发出整改通知64份，责令现场整改62处。加强各级调委会和调解队伍建设，全年共调解纠纷62起，其中重大纠纷3起，签订书面协议6份。

民生保障。实现城镇下岗失业人员再就业819人，完成全年计划的180%，城镇就业困难对象再就业272人，完成年指标的213%。2015年共发放救助金总额75.88万元，其中享受低保对象1065

户次1347人次，发放低保金70.85万元，孤儿救助1.55万元，40%精简职工1.92万元，小生产业者6600元，困难人员补贴1100元，低保80岁以上补贴7900元；发放临时价格补贴2.01万元，水电费补贴7891.8元；发放困难群众"快车道"救助金17人5万元；发放安康医疗救助金6人9.83万元，安康居家养老服务支出7.51万元；发放瘫痪重度残疾人居家护理补助费1020人次32.92万元等。

申遗工作。抽调街道、社区精干力量参与申遗风貌建筑房屋搬迁安置、核心商业区建筑外立面整治及第五立面整治等工作。通过"美丽厦门·共同缔造"行动，提升公共服务、公共设施、公共空间，争取居民对申遗工作的理解支持。鼓励侨胞侨友、台胞台属等统战对象积极参与社会治理，将侨联楼提升打造为鼓浪屿侨史展厅，申报并通过省级"侨胞之家"验收。

（摘编：林学军）

翔安区新店镇

新店镇总面积135平方公里，辖41个社区居委会，345个居民小组，全镇总人口129272人（其中常住人口109441人，流动人口19831人），2016年出生2396人（其中常住人口出生1771人，流动人口出生625人）。2016年全镇财政总收入完成14.456亿元，完成预算的138.46%；累计完成固定资产投资92.9亿元；实现农村居民人均可支配收入17340元，同比增长9.1%。荣获第十二届省级文明单位。

工业商贸。2016年全镇引进企业1334家，合同利用内资50.45亿元人民币，创新驱动有效落实，130家企业入驻创新孵化中心。商贸布局不断优化，新兴街传统商圈、汇景商城、"厦大一条街"、泰禾天街四大商圈人气聚集。南部新城提升拓展，洋唐居住区三期、市级档案馆立项建设，科技中学高中部主体封顶，厦航生活基地全面开工，新城CBD建设提速，海西商贸物流城完成总体规划设计并开工建设。

项目建设。2016年全镇共完成征地4746亩，完成区委年度任务数的94.75%，拆迁10.83万平方米，完成区委年度任务数的68.68%，保障了滨海东大道、翔安西路、洪钟大道、海域吹填等省、市重点建设项目建设用地需求。

农村建设。投入858万元完成33个村庄规划修编。投入1225万元开展大宅、东界、茂林、陈塘4个社区美丽乡村建设，实施区、镇两级"以奖代补"项目58个。澳头海港特色小镇启动规划。大宅、吕塘等5个社区幸福院竣工验收并交付使用。投入2714万元完成洪厝、后村等7个社区的自来水管网改造并通水，其中市政府为民办实事4个自来水改造社区全面完成。后村、蔡厝等15个社区路灯工程竣工亮灯，总投资315万元。蔡厝、炉前等社区6条农村公路建设有序推进。投入277万元购买1260辆垃圾压缩车等环卫设施，镇域环卫水平大幅提升。

民生保障。全年发放低保金631万元惠及772户1534人，办理城乡居民医疗保险79082人，参保率达99.59%。发放困难家庭老人养老补助68899人次1536万元。大力开展创业、就业帮扶活动，非正规转移农村富余劳动力1000人，接受申请办理小额贴息贷款89笔2198万元。35个社区居家养老服务站规范运行。

教育卫生。新翔小学上划市直属小学，教育投入力度持续加大，新建扩建和改造中小学、幼儿园3所。2016年全镇共奖学助学100多万元。霞浯、珩厝等4个社区相继成立教育促进会。医疗保障水平提升，新店中心卫生院启动改造，翔安医院主体结构封顶，32家村（居）卫生所实现医保定点机构全覆盖。镇级财政共投入546万元用于计生扶贫等工作，计生家庭奖励扶助兑现率100%。

（摘编：苏建平）

诏安县南诏镇

南诏镇地处诏安县南部，东临东溪，是诏安县的经济、政治、文化中心，是"中国书画艺术之乡"和"中国民间文化艺术之乡"，是省级"文明镇""商贸重镇""生态乡镇"。镇区现有面积17.5平方公里，规划面积36.7平方公里，辖15个社区、2个行政村，总人口数约8.1万人。2015

年，农村经济总收入26111万元，农民人均纯收入1.4万元。

近年来，随着城镇化发展，工业项目也逐步外迁，现有可耕地面积约1000亩，工业、农业在经济发展中的短板问题日益突出。南诏镇充分借助书画文化和地理人文优势，立足商贸兴镇，积极培育书画文化产业、房地产业、旅游业、服务业、餐饮业、商贸业等第三产业作为城区经济发展的新增长点和支撑点，着力开发南环城片区和江滨新区，并率先启动全县第一个棚改项目——南雅园棚户区改造工程。

2015年，南诏镇取得全县绩效考评一类乡镇第一名的好成绩，经贸、综治、计生、安全生产等工作也位列前三名。在承担江滨新区扫尾、华林北路、江滨学区、文创园及南诏中心小学等项目征迁任务的基础上，还保质保量地完成了黄标车整治、“两违”整治、征兵等工作任务，为全县做贡献。2016年，南诏镇继续以江滨新区和南环城片区的征迁作为中心工作，特别是圆满完成了江滨新区失地农民安置房的分房。同时，全面启动南雅园棚户区改造项目（项目规划用地面积13.57万平方米），完成了所有涉及的837个征迁户的入户宣传和调查摸底工作，形成了“一户一档”。截至5月份，南诏镇主要经济指标完成情况为：城镇以上固定资产完成50865万元；工业固定资产完成4704万元，已完成年度计划的94.08%；规模工业产值完成58176万元，已完成年度计划的51.94%；限额以上社会消费品零售总额完成16813万元；电子商务交易额完成2349万元；电子商务零售额完成2389万元。

（摘编：周忠志）

平和县小溪镇

小溪镇是漳州九龙江西溪上游花山溪畔的一片热土，清朝贡品“琯溪蜜柚”的发源地，平和县的县城镇，漳州市经济发展实力“十强镇”，福建省“文明乡镇”，“中国民间文化艺术（龙艺）之乡”，拥有山地面13万亩、耕地2.7万亩，年产饮誉海内外的“中国琯溪蜜柚”18万吨。在这片112.2平方公里的土地上生活着10万勤劳、智慧而善良的人民，分布为23个村、6个社区居委会。

近年来，小溪镇综合实力持续较快增强，形成了以琯溪蜜柚生产为龙头，以机械制造、食品加工、服装成衣、木纸制品、建筑建材、交通运输、商贸服务为重要支柱的经济发展格局。2016年，社会生产总值达49.34亿元，其中工业35.1亿元、农业10.7亿元，农民人均纯收入23464元，财税收入23950万元。人口计生工作保持在全县第一层面，安定稳定局面有效巩固，社会各项事业健康有序发展。

大坂洋工业园区是小溪镇在县城西环路内侧所规划并开发建设的一个工业发展平台，总规划面积2595亩，共有26家企业入住，总投资规模6.4亿元，年产能13.2亿元，主要产业有食品、保健品、农产品深加工，工艺美术品、纸制品、石板材加工，机械制造、家具制造等行业，安排就业岗位2000多个，年可缴纳税收1200多万元，经济和社会效益开始凸显，推动了“工业强镇”进程。

小溪镇发挥“中国琯溪蜜柚”发源地优势，积极引导、扶持群众开山种果，不断扩大蜜柚种植规模，使琯溪蜜柚从昔日的贡品、礼品，发展到目前的规模化商品，“名、优、特”珍果这一盛名得以发扬光大，成为全镇的一大特色产业。经过20多年的发展，目前，全镇种植水果6.5万亩、年产水果20万吨，其中琯溪蜜柚6.2万亩、年产18万吨，成为群众致富的主要经济支柱。

（摘编：康明辉）

华安县新圩镇

新圩镇是世界四大名柚——坪山柚之乡，地处华安县中部，九龙江北溪中游两岸，全镇辖有10个行政村和一个社区居委会，94个村民小组，人口12000人左右，土地总面积186.7平方公里；是省级生态乡镇、省级文明乡镇，于2015年12月通过省级农村宣传思想文化工作示范镇验收；官畲村入选中国少数民族特色村寨，并被评为省级老年人健身康乐家园；新圩村、官畲村被命名为省级传统古村落；官畲村、天宫村被列入省级美丽乡村示范点。

工业经济。2015年完成固定资产投资12.6亿元、规模工业总产值14.5亿元、规模工业增加值4.1亿元、社会消费品零售总额1.35亿元，同比分别增长18.87%、15.08%、24.24%和42.05%，新增规模企业2家；财政总收入2715万元，其中，地方级财政收入1452万元。目前，华安经济开发区有15个飞地项目，其中7个投产，7个在建，1个正在做前期；镇域内工业项目9个，已投产项目9个。

物产资源。新圩镇山多地广，土地面积相当于一个东山县，土地肥沃，盛产竹木果茶。森林覆盖率为54%以上，木材蓄积常量超过32万立方米。铁观音茶叶种植面积达1.4万亩，人均1亩以上，茶叶加工厂近500家，年产优质铁观音3万担，产值上亿元，全镇有5000人以上从事茶产业，茶叶成为新圩镇农业主导产业。2015年全镇农业总产值23939万元、农民人均纯收入13184元。

旅游资源。九龙江最上游的码头——新圩古渡，历史上是龙岩、漳平、永福、华安、安溪等地与外界交流的重要窗口和货运聚散地，至今仍在；有一处水温高达60℃罕有的天然淡水温泉；畲家民歌列入省级非物质文化遗产；北溪风味小吃、茶文化、省级名胜古迹“石笋尖”和鲤鱼滩均为未开发的旅游资源，蕴藏着无限商机。

（摘编：赵旭东）

鲤城区临江街道

临江街道地处泉州市老城区南隅，辖区总面积1.2平方公里，辖伍堡、溪亭、隘南、幸福、新桥、跃进、聚宝7个社区。截至2016年12月，总户数6218，户籍人口26737，常住人口17332，流动人口5574。辖区内有天后宫、德济门遗址2处国家级文物保护单位，李贽故居、富美古渡头2处省级文物保护单位，7处文物古迹，形成了“海上丝绸之路东端起点”的灿烂历史。

街道先后荣获“全国百家示范乡镇（街道）工会”“全国基层低保规范化建设典型单位”“全国婚育新风进万家活动先进单位”“全国科普示范社区”“全国五好基层关工委先进集体”“福建省文明单位”“福建省先进基层党组织”“福建省安全社区”等100多项荣誉称号。

2016年街道经济发展趋稳向好，全年完成工商总税13765万元，区级工商税收6860万元，分别比增9.37%和23.2%，排名均居全区第二。电子商务企业总部基地1期竣工，网商（虚拟）产业园挂牌运营，幸福网店商城与阿里巴巴达成战略合作，首创全国品控服务商模式“互联网+实力产业群”项目实现泉州“源头好货”供销全球。高新电子产业发展势头强劲，晶彩光电和七星电气2家企业在新三板挂牌，占全区挂牌企业一半。

2016年街道强化民生保障，提升群众幸福指数。一是大力发展慈善公益事业。新桥社区慈善诊所免费服务范围延伸至全街道7个社区，惠及1800多位60周岁以上的老人，运营以来已免费问诊9000多人次。伍堡社区建成全市首家老年人日间照料中心，为空巢老人提供各种服务。二是致力打造平安临江。平安建设实现智能化，在全市首推人脸识别智能管控系统，得到省、市领导批示肯定。伍堡社区与区法院联合成立泉州首个“家事纠纷服务站”，2016年全街道社区矛盾纠纷调解成功率100%，综治“三率”居全区第二。

（摘编：李　哲）

宁化县石壁镇

石壁镇地处宁化县西部，距县城17公里，古称玉屏，唐中叶更名为石壁。全镇区域面积136.5平方公里，耕地面积3.19万亩，林地面积14.87万亩；辖22个行政村、1个居委会、242个村民小组、总人口37266人，镇政府驻禾口村。

石壁镇是闻名海内外的客家祖地所在地。1995年以来，已成功举办21届世界客属石壁祭祖大典，来自世界五大洲、100多个国家和地区的海内外百万客家人先后前来寻根谒祖、观光旅游。

石壁镇是中国历史文化名镇。现有省级文物保护单位3个，至今保存基本完好的主要古迹建筑总数达106处，以清中期建筑为主，主要包括寨堡关隘、桥梁路亭、宗祠宫庙、香火祖厅、民居建筑等，其中又以宗祠、香火厅及古民居数量最多、最具特色，是客家传统聚居村镇的典型。

石壁镇是著名的革命老区。土地革命时期，

2000多名青壮年参加红军，其中列入《共和国英名录》的在册烈士1268人，被誉为苏区“乌克兰”，是中央苏区100个重点乡镇之一，也是中央红军长征出发地之一。石壁镇也是谷文昌、张仁和等时代先锋工作战斗过的地方。2015年市委常委会、市人大、市政协等10余个单位先后组织领导班子到隆陂水库谷文昌纪念园开展“三严三实”专题教育活动。荣获第十二届省级文明单位称号。

石壁镇是山区农业大镇。2015年，种植烤烟1.46万亩，收购2.78万担，产值4792万元，是优质烟叶“翠碧一号”的发源地；种植粮食4.29万亩，粮食产量1.48万吨，是省级商品粮基地和银鹭集团原料供应基地之一。

石壁镇是闽赣边贸重镇。西与江西石城交界，省道307线贯穿全镇，泉南高速在此设立互通口和省际收费站。正在建设的纵八线公路涉及红旗、陂下、溪背3个村，兴泉铁路涉及刘村、官坑等8个村。

（摘编：苏建平）

泰宁县下渠乡

下渠乡位于泰宁南面之中部，距县城10公里，总面积131平方公里，其中耕地2.07万亩，山林17.2万亩，辖12个行政村，66个自然村，83个村民小组，人口1.1万余人。2015年，实现工农业总产值6.21亿元，比增7.1%。其中，农业总产值达1.93亿元，增长4.8%。工业总产值达4.28亿元，增长18%，新上规模企业2家。全社会固定资产投资5.59亿元，增长24.19%，乡财政总收入867.1万元，增长4.1%，财政收支保持平衡，农民人均年收入达12270元，增收10%。荣获第十二届省级文明单位称号。

农业经济。2015年完成烟叶收购量1.38万担，完成任务数达95.5%，上等烟比例、烟叶收购均价皆位居全县首位。积极推动肉兔、紫薯、苗木等特色种养产业做强做大，全乡年可出栏优质肉兔3万余只、年产值250余万元，种植紫薯500亩、产值120余万元，种植珍稀苗木2万余株。新增农业实体企业1家，新注册成立家庭农场1家。

项目运作。2015年招商引资项目5个，工业项目2个，均落地生产并投产。天马硅业提升改造项目建成投产后满负荷生产，产值超亿元；“泰紫茅”食品有限公司扩建项目已完成前期工作。通过主动对接上级规划，成功策划了“春风工程——村财成长”3个村4个项目。

乡村建设。2015年完成街道“白改黑”及杆线下地工作，下渠烟草站、下渠供电所新建办公楼、下渠村老年活动中心、河滨公园等一批新建惠民项目相继投入使用，集镇功能设施得到进一步改造提升。投资50万余元新建垃圾中转站2座，新增垃圾桶600个，清理历年遗留垃圾1500平方米，清理河道垃圾180吨，聘请13名保洁员负责农村生活垃圾集中收运清理，进行长效管理，有效解决农村“脏、乱、差”等问题。投入180余万元新建下渠村老年活动中心，已正式投入使用，宁路村、王坑村分别完成村部修缮和改造工作。

社会事业。2015年投资300万余元的下渠中心幼儿园正式投入使用，全面改造修缮学生宿舍楼，改善学校的教学和生活条件，丰富广大群众的精神文化生活。落实最低生活保障制度，做到应保尽保，积极开展法律援助和社会救助，加大对困难家庭、重点优抚对象、“五老”人员医疗救助力度，完善经济困难学生助学体系、计划生育家庭奖励扶助制度等各项福利事业，提高困难群众的保障水平。

（摘编：黄万良）

明溪县雪峰镇

雪峰镇位于明溪县境中部，辖2个村、6个居委会，人口2.6万人，辖区面积15.86平方公里，是明溪县政府所在地和全县政治、经济、文化中心。荣获第十二届省级文明单位。

“雪峰”因镇区的高峰寒冬积雪、群峰竞秀而得名。北宋元符元年（1098年）清流县在雪峰设明溪驿，明成化六年（1470年）归化建县后历经明、清、民国，都在雪峰设县署，1931—1932年中国工农红军二度解放归化县，建立雪峰城市革命委员会和雪峰乡苏维埃政府。自1941年设雪峰乡至中华人民共和国成立后的20世纪80年代初，雪峰镇与城关乡几经并撤。1982 年 4 月 17 日与城关乡分离，恢复雪峰镇建置。

雪峰镇山川秀丽、人杰地灵。有雪峰营垒、玉虚仙洞、河滨公园等许多胜景；有李世英、彭生香、赖聚奎等诸多英才。雪峰镇是革命老区，第二次国内革命战争时期，毛泽东、朱德、彭德怀等老一辈无产阶级革命家率工农红军在此驻扎、战斗过，留下许多革命足迹。

雪峰镇辖区内森林覆盖率达到 83.8%，镇区绿化覆盖率达 35.6%。多年来，雪峰镇按照“小县大城关”的发展战略，配合县委县政府新规划了绿园新村、绿色家园、明珠御苑、万乘华府、阳光新城等一批和谐宜居的居民小区，极大地改变了城镇风貌，充分展示了人与自然和谐发展的生活理念，结合南关溪改选、城中村改造等县级重点项目，又规划了五处安置点，如今，畔溪花园、福溪小区等安置点已初具规模，不久的将来，雪峰镇经济将更加发达，人居环境更加优美，人与自然更加和谐。

（摘编：杨立群）

将乐县南口乡

南口乡位于将乐县境南部，全乡土地总面积 195.9 平方公里，乡政府驻地松岭村距县城 12 公里，设 13 个行政村（村民委员会），1 个良种场，50 个自然村，全乡 4004 户、15102 人。与玉华洞、龙栖山、金湖等旅游地毗接。清嘉庆二年（1568 年），农民孙赛奴率众起义，遭千户唐焕镇压。1931—1934 年，中国工农红军曾解放南口联保，在南口、蛟湖、井垅、东坑、南胜、舍坑、上仰、陈厝等村建立苏维埃政权。2016 年全乡完成工农业总产值 104375 万元，其中农业总产值 25201 万元，工业总产值 79174 万元。荣获第十二届省级文明单位称号。

物产资源。有石英石、花岗岩、辉绿岩、高岭土等矿。石英石储量约 3000 万吨，含硅量达 99.8%，矿脉集中，便于开采。金溪、池湖溪、南胜溪等溪流水源丰富。全乡有耕地 1.77 万亩，林地面积 23.27 万亩，毛竹山面积 2.6 万亩。粮食以水稻为主，经济作物有烟叶、淮山、旱芋、大豆、花生等，土特产有香菇、草菇、竹荪、大球盖、雪茸菇、木耳、红菇、笋干等，水果主要有柑橘。

农业发展。以“公司 + 基地”方式，依托福建省花卉盆景公司建立乡总园艺花卉基地，已完成投资 3030 万元，种植花卉苗木 750 亩，其中香水百合花卉种植 80 亩，樱花、紫荆等种植 670 亩。引进福建茂业生态休闲农业发展有限公司，已在蛟湖种植辣木、兰溪杨梅、台湾火龙果 500 亩。

企业发展。截至 2016 年底，有各类工业企业 31 家，企业用工年平均 1937 人。其中规模以上企业 8 家，市级产业化龙头企业 1 家（将乐县科利达香料香精有限公司）。建设了伏岭干工业集中区，面积达 350 亩，良好的投资环境吸引了许多客商到此投资兴业。全乡已形成林木加工、纺织、塑料加工、香精香料、中药材生产加工、特种养殖等多门类企业生产格局。

文化教育。引导民间文化团队，通过举办“三月三”祭祀、“跑马将军”等活动，宣扬本土特色文化。拥有一座建筑面积 400 平方米的文化站，内设有图书室、阅览室、棋艺室、乒乓球室、篮球场、门球场等设施，兴建了文化信息网络中心；13 个行政村和 1 个良种场开通了有线电视；全乡 12 个村配备农家书屋。

（摘编：郭　虹）

沙县富口镇

富口镇位于沙县西北部，全镇辖 15 个建制村，97 个村民小组，总人口 16898 人，土地总面积 233.1 平方公里，其中耕地面积 2.18 万亩，林地面积 28.87 万亩。境内拥有丰富的土地、木竹、水电、矿产、旅游等资源，山地面积 23 万亩，其中毛竹面积 5.1 万亩、苦竹面积 1.1 万亩、茶园面积 0.5 万亩；水电站年发电量 12200 万度，居全县乡镇之冠；山、水、洞、林等旅游资源一应俱全。

2015 年，富口镇实现农林牧渔总产值 3.95 亿元，比上年增长 11.9%；财政总收入 936 万元，与上年基本持平；规模以上工业总产值 17.22 亿元，比上年增长 19.5%；全社会固定资产投资 9.15 亿元，比上年增长 12.8%；农民人均纯收入 12288 元，比上年增长 11.2%。荣获全县乡（镇、街道）绩效工作考评“一核两带”完成责任目标优胜奖第一名，计生工作荣获一等奖，获评党建工作先进单位。

2015年，富口镇征迁工作有新突破，金沙园二期1000亩征地任务全面完成；重点项目有新进展，宏盛化工、海峡两岸种苗花卉科技园等23个重点项目完成投资3.2亿元，发展后劲进一步增强；现代农业有新特色，形成花卉苗木、生态养殖、瓜果蔬菜、有机茶叶四个特色产业，祖鼎家庭农场被评为省级家庭示范农场，金楠种植专业合作社获评全国林业专业合作社示范社；集镇面貌有新提升，完成占地面积约1.3万平方米的富口农民文化公园建设，建设健身广场、红军铜雕塑、七仙女雕像、民俗文化长廊等；“美丽乡村”建设成效明显，姜后村、荷山村完成建设，岩地村、罗溪村扎实推进，两条“美丽乡村”示范带基本形成；先行先试有新成效，林改整镇推进工作，建设林改服务中心，发放林权贷款10笔680万元；农村金改有效推进，新增3个村级融资担保基金和1个小额支付便民示范点；小吃产业逐步壮大，新发展会员店30家，发展子公司2家；文化惠民稳步推进，推行“1+N”文化发展新模式，成功获评省级文明乡镇，顺利通过全省农村宣传思想文化工作示范乡镇验收；坚持开展慰问活动，新型农村合作医疗、新型农村社会养老保险等政策得到较好落实，新农合参合率、新农保参保率达100%。

（摘编：彭金龙）

大田县桃源镇

桃源镇位于大田县西部，辖13个行政村，53个自然村，21个党支部，党员756人，总人口2.28万人，总面积214.93平方公里，其中耕地面积15797亩，山场面积150452亩，素有“世外桃源”之称。先后荣获国家级生态镇、省级文明镇、全省农村宣传思想文化工作示范镇、省环境优美乡镇、绿色乡镇、市级文明乡镇、平安乡镇、争创农村经济发展十佳乡镇、县先进乡镇党委、金融信用镇等多项荣誉，列入三明市“中心镇”。2015年全镇完成农林牧渔业总产值2.71亿元，规模以上工业总产值14.2亿元，固定资产投资15.6亿元，农民人均纯收入15629元。

农业特色。全镇种植无公害蔬菜15000亩，莴苣、白菜、黄瓜三个产品获农业部无公害农产品认证，并评为全国科普惠农兴村先进单位、列入国家级无公害蔬菜标准化生产基地和省级城市副食品调控基地、第七批省级蔬菜种植农业标准化示范区。

社会经济。实施项目带动战略，充分发挥资源优势，开发谷口、东坑垅、前厝等工业园区3000亩，境内拥有机械铸造、木制品加工等一批龙头企业；福建华伦特重工股份有限公司成为全市首家在海峡股权交易中心挂牌的企业，被列入省级重点项目。

生态环境。森林覆盖率达82.6%，位居全县首位，实现村村市级以上“生态村”；被列入全县整镇推进美丽乡村建设示范镇，蓝玉村被评为全市首批美丽乡村示范村，东坂村荣获国家级“少数民族特色村寨”和“中国传统村落”荣誉称号、顺利通过市级美丽乡村示范村考核验收。

乡村旅游。完成生态休闲旅游编制规划，成立三明市乐源乡村旅游有限公司和东坂乡村游合作社，广汤村入选省林业厅“森林人家”示范点、荥阳祠列入省第八批文物保护单位、安良堡入选第七批全国重点文物保护单位，蓝玉村、东坂村列入第二批省级特色景观旅游名镇名村。引进福建小风车投资开发有限公司，规划投资2.84亿元占地270亩，建设以“一心五点”为核心的桃源亲子、广汤温泉、特色文化等旅游线路，打造全方位创意型文化旅游基地。

（摘编：杨立群）

涵江区萩芦镇

萩芦镇着力推进创新驱动，统筹推进稳增长、促改革、调结构、惠民生各项工作，打造生态宜居乡镇。2015年，全镇实现地区生产总值4.64亿元，完成计划的101.3%；全社会固定资产投资25.02亿元，完成年计划的100.12%；辖区内规模以上工业企业共有5家，完成产值5.31亿元，完成年计划的101.2%；财政收入预计超2600万元，农村居民人均可支配收入预计8811元。荣获第十二届省级文明单位。

项目建设。确保17个重点项目的顺利实施，年度投资达12.55亿元，已有12个项目顺利完工。其中：污水管网工程完成3公里管道铺设；省道202沿线绿化改造工程完成3公里樱花种植；湄渝高速及安置区建设工程：主线工程已建成通车；潭井、崇福坡头两个安置区完成封顶。美丽乡村建设项目：崇福村道改造单改双2公里已完成，大坪组村道硬化2公里；潭井村完成1.6公里登山步道建设；进行沿溪临水栈道景观建设；完成3公里公路两侧绿化以及村内路灯工程。南坛温泉综合开发项目完成温泉综合楼建设并投入使用，现进行露天浴场、室外标准游泳馆及配套基础设施建设。荻芦镇崇福生态园项目：完成生态园规划设计；完成入园道路硬化、道路两侧绿化及景观设计、路灯等配套设施建设；完成溪仔桥—水库坝顶两边防腐木栈道建设；完成铁索桥一座、四角亭一座、荷花池等景观设施建设。紫霄大道项目：完成主线及安置区征地土地补偿款发放。

民生工程。公交230线路开通，让许多沿线的村民坐上公交车；205、215开往山区公交线路的开通。2015年，先后筹集资金600多万元，分别养护农村公路近40公里，硬化了利东、崇联、崇福、潭井等4条村组道路，总长2.6公里；扩宽改造崇福、洪里、友谊、南坛线道路12公里，完成集镇区主干道“白改黑”工程1.1公里。

农业经济。大力发展“一村一品”精品农业，做精做强“荻芦牌”枇杷。在洪南村实施万胜源名特优水果基地建设项目，与省农科院协作，引进“贵妃”枇杷、四季龙眼种植等。在南坛片区大力发展油茶；在洪南、双亭村建设草莓采摘观光园；在梅洋村种植百香果、金丝楠木、沉香木等名特优品种培育，发展特色现代农业。强化落实各项惠农强农政策，全镇积极推广良种种植，实施良种补贴，全年发放水稻良种补贴15.7万元；发放农资综合直补约51.7万元，补贴面积约1.1万亩。

（摘编：赵旭东）

顺昌县埔上镇

埔上镇地处顺昌县西北部，距城关仅18公里，面积207平方公里，辖12个行政村，人口2.4万人。现有山地面积24万亩，其中林地16万亩、毛竹3万亩、耕地2.4万亩、柑橘2万亩。有各类企业近百家，其中规模企业十余家。2015年，全镇完成规模以上工业产值3.69亿元，同比增长12.7%；完成全社会固定资产投资3.13亿元，同比增长51.4%；农林牧渔业总产值4.1亿元，其中农业总产值2.7亿元，同比增长3.8%。先后被评为省、市先进基层党组织，省级文明单位，南平市十强乡镇和省乡镇企业百强乡镇。

自然资源。埔上镇位于顺昌西北三镇一乡中心位置，四个乡镇有林地面积64万亩，竹林面积17万亩，柑橘7万亩，耕地面积8.4万亩，温和的山区气候和丰富的水源适合各种农产品生长。还蕴藏大量的瓷土矿、萤石矿、花岗石矿和优质矿泉水，同时邻近县市的种植业也很发达，发展竹木加工、农副产品基地建设和深加工项目有广阔发展空间。

区位优势。交通便利，316国道、鹰厦铁路、顺阳省道贯穿全境。设有铁路货运中转站，系闽北西翼农、林产品的集散中心地，金融、电讯各类服务设施齐全，商贸极为兴旺。位于316国道两侧的口前、张墩工业平台，目前完成工业用地规划2000多亩，已入驻益昌、宝利华等规模企业。

工业经济。目前已初步形成矿业、特种养殖、竹制品加工、木制品加工、建筑建材、精细化工等六大系列具有一定竞争优势的行业和产品，辖区内共有规模企业9家，麒麟记纸业、益昌竹木、萤石公司等企业生产的神纸、竹木制品和萤石精粉系列产品年出口创汇近千万元。

（摘编：张海生）

光泽县崇仁乡

2016年，崇仁乡在建设“绿色生态、经济发展、富足文化之乡”的征程中又迈上了一个新的台阶。初步统计，全年实现农林牧渔业总产值达到1.7亿元，同比增加6.3%；规模工业总产值1.4亿元，同比增加7.7%；固定资产投资3.5亿元，同比减少22.2%；财政收入完成760万元，同比增加4.1%；农民人均纯收入10400元，同比增加6.2%。荣获第十二届省级文明单位称号。

绿色产业。按照集约、绿色、环保、循环的食品产业发展新模式，继续举全乡之力扶持圣农加快发展，充分发挥圣农优势，不断扩大生产规模。2016年承天中药材种植加工项目完成投资1.9亿元，承天企业承担了国家工信部的“多花黄精规范化种植及野生抚育产业基地”建设、国家中医药管理局的“中药标准化项目——建泽泻、华重楼等闽产两种中药优质饮片标准和等级标准”制定；继续推进泰元食品公司新标准厂房建设，并做好配套基础设施建设；投资700万元推进南美白对虾工厂化养殖基地建设；投资1000万元推进金龙蛇业加工厂房建设；投资700万元在共青村建设大棚蔬菜基地。

绿色乡村。加大生态保护力度，投资900万元完成了农村环境综合整治项目；投资1000万元继续推进旧村复垦工程。加强农田保护，投资1410万元推进农田设施建设；投资200万元推进黑米坑除险加固工程；投资150万元完成金陵村生态护岸建设。扎实抓好新农村建设，目前全乡已经有7个行政村实施了美丽乡村建设，共完成投资1460万元。投资4000万完成崇仁中心村84户住房建设和基础设施建设。继续加强基础设施建设，完善交通网络，投资1.6亿元推进光泽至崇仁、崇仁至寨里二级公路建设；投资4200万元推进金岭高速互通口建设，投资270万元推动百庆至安浆公路改扩建；投资460万元完成了儒堂桥建设。

绿色动力。做好做优重点项目，2016年全乡实施重点项目33个，总投资4.1亿元，当年计划完成投资3.5亿元，其中县级以上重点项目6个，分别是承天中药材种植、农业综合开发示范平台试点项目、职能配电箱制造及PHC管桩二期项目、承天中药材饮片加工、金陵村美丽乡村建设、崇仁村春源小区安置点易地扶贫搬迁工程等，完成投资2.45亿元。发展壮大优势产业，福建广峰电力通信公司投资4000万元推进第二期厂房建设，并在项目资金、征用地、用工方面给予支持。

（摘编：周忠志）

武平县城厢镇

城厢镇位于国家级自然保护区梁野山麓，地处武平城郊，呈“品”字形分布于县城周围，全镇总面积163平方公里，其中山林面积19万亩、耕地面积2.9万亩，辖16个村，164个村民小组，总户数6962户，常住人口31631人。2016年实现农业总产值4.32亿元，增长4.5%；固定资产投资34亿元，增长23%；规模以上工业产值21.88亿元，增长20.1%；限额以上企业销售营业额9.7亿元，增长30.73%；财政总收入2.2亿元；农民人均纯收入14258元，增长9.8%。荣获第十二届省级文明单位称号。

城厢属亚热海洋性季风气候，低山丘陵地貌。境内主要有石英石、钾长石、高岭土、水晶石、膨润土等非金属矿产资源，水力资源充足，拥有全县唯一的地热资源。道路、电力、通讯等基础设施完善，省道309线和205线及古武高速、武平大道经过该镇，人饮工程普及全镇各村，医疗卫生等社会保障体系完善。旅游资源丰富，贸易繁荣，环梁野山城乡一体协调发展试验区“核心区”、省级武平工业园区、不锈钢产业园区及“客都汇”文化旅游综合体、梁野山景区、龙洲商贸物流园坐落该镇。

近年来，城厢镇全面贯彻落实中央、省、市、县各项决策部署，围绕建设农业大镇、工业强镇、旅游名镇和美丽乡村建设示范乡镇目标，突出项目服务、产业发展、民生为本，全镇经济社会发展呈现良好发展势态，为全面建成小康社会奠定了坚实的基础。

当前，全镇上下心齐气顺、风清气正，正以强烈的赶超意识，积极饱满的精神状态，务实的工作作风，坚持“四个全面”的战略布局，坚持创新、协调、绿色、开放、共享的发展理念，主动适应经济新常态，主动融入全县发展大局，致力把城厢镇打造成闽粤赣边生态型经济枢纽重要增长极的主战场和城乡一体协调发展的试验区。

（摘编：彭金龙）

长汀县庵杰乡

庵杰乡地处长汀东北部，距县城32公里，是客家人的母亲河——汀江的发源地，国家级自然保护区、国家级生态乡、国家级3A景区，第十二届省级文明单位。全乡辖5个行政村，65个村民小组，79个自然村，总人口10066人，面积62.5平方公里，其中耕地面积8600亩，林地面积8.2万亩。

客家之源。庵杰位于客家母亲河—汀江的源头，乡内“龙门”是世界客属普遍认同的客家母亲河的标志性源头，素有“天下客家第一源”的美称，是全世界客家人共同的根，寻根谒祖的目的地。2010年，中国国民党荣誉主席、世界客属总会会长、世界客家播迁路名誉会长吴伯雄欣然题词“登龙门、福禄寿”。

生态名乡。是汀江源国家级自然保护区，国家级生态乡，庵杰乡至新桥镇的“十里生态画廊”被列为全市七大生态长廊之一。拥有独特的生态优势，林地面积8.2万亩，其中生态公益林7.6万亩，森林覆盖率86.3%，负离子含量高，是天然的“氧吧”。2014年12月经省旅游质量等级评定委员会批准，汀江源龙门风景区荣获国家3A级旅游景区称号，是该县第一个生态旅游3A级景区。

旅游胜地。拥有汀江源龙门旅游区、八宝峰景区、大悲山景区三大景区。被许多游客称为龙岩的“九寨沟”，是山、水、洞、岸、庙、人等多种景观元素集合地，也是欣赏田园风光最佳目的地。位于涵前村的龙门被誉为天下奇观。以徐霞客码头为上岸点的“天下客家第一漂”已于2014年7月中旬开漂，整个漂流行程4.8公里，前半段休闲逍遥，后半段惊险刺激，历时2个小时，吸引着成千上万的游客。

养生仙境。据第六次全国人口普查显示，不到1万人的庵杰乡80岁以上老年人162人，90岁以上老人21人，百岁老人3人，人口长寿数据水平在全省名列前茅。宜居环境：山清水秀、空气清新、雨水丰沛。长寿文化：庵杰乡是客家母亲河的源头，1.2亿客家人的摇篮。庵杰人的长寿文化还包含了优良客家人的生活方式。养生景点：吸大悲山、八宝峰最纯净天然氧吧、喝最纯正的龙门生态茶、赏千亩红豆杉群、住太极养生岛、享乡村田野体验采摘乐趣、品农家小店客家美食、玩激情漂流使人身心焕发，去除人间烦恼。

漳平市溪南镇

溪南镇地处漳平市东北部，全镇总面积260平方公里，为漳平市四大乡镇之一，辖16个行政村，1个居委会，1个林果场，总人口22115人。2015年全镇完成工业总产值7.84亿元，规模以上工业完成产值5.7亿元，招商引资完成9.09亿元；固定资产投资11.58亿元。财政总收入完成366.17万元，地方级收入完成219.27万元，争取资金1801.33万元。荣获第十二届省级文明单位称号。

项目开发。溪南镇不仅是漳平市规划的四大5000亩工业园区之一，而且是龙岩市30个工业强镇之一，闽南客商投资区位于上坂村，规划总面积约7500亩，目前已有福建安吉屋新型建材有限公司等企业入驻。溪南镇充分利用“飞地工业”政策，拓宽引资渠道，共引进华滨鞋材、越丰冷冻链、国珍玉雕、乐福来健身器材等企业入驻园区。

旅游事业。溪南镇作为漳平市的东大门，以“古镇古街古民居”作为品牌，辐射久鸣奇石之旅、溪南溪滨水休闲之旅、金菊梦幻乡村之旅、东湖文化名村之旅、溪南红色文化之旅、畲族民族风情文化之旅、生态养生度假之旅等七大旅游主题，形成独具溪南特色的“闽南后花园”。

社会事业。溪南镇大力实施“科教强镇”战略，基础教育全面加强，素质教育扎实推进，镇内建有初级中学1所、小学11所，溪南中学宿舍、食堂、综合楼和小学教学楼进行重建，改善了办学条件，优化了育人环境。全镇100%农民享受新型合作医疗保和三农保险，符合新农保参保条件的对象95%以上已参保，使群众真正享受到国家的惠民政策。深入开展“生育文明、幸福家庭”行动，稳定低生育水平；深化“平安溪南”建设，创建“三级三轮三选”矛盾纠纷调处机制，创新“四有四能”工作机制，综治信访维稳工作位于全市前列，社会环境和谐稳定。

基础设施。省道“203”线全线和“莆永高速”溪南段相继建成通车，实现村村通水泥路；完成农网改造升级，新架及改造10kV线路30公里及0.4kV线路125公里；完成中小河流域治理、集镇自来水和农村安全饮用水项目，启动实施“五江一溪”防洪堤建设；完成敬老院、供电所新建和集镇街道改造、集镇文化公园、计生服务大楼改造升级、三农综合保险中心、老年人活动中心等场所建设。

（摘编：黄万良）

福鼎市店下镇

店下镇位于福鼎市东南沿海，总面积140.75平方公里，辖16个行政村和1个社区，总人口4.7万人，是福鼎市的农业大镇，素有福鼎“米粮仓”之美誉。连续五届被授予“省级文明乡镇”，是宁德市小城镇综合改革建设试点乡镇。2015年全镇实现农业总产值5.95亿元，规上工业产值34.3亿元，农民人均纯收入13200元。

发展潜力。首先，土地资源丰富。农业方面，不仅有适宜现代化农业发展所需要的连片的万亩良田，还有符合林下经济发展的山地资源；工业方面，有已经用地规划调整后的5000亩东岐工业项目区及4000亩的集镇商住用地，可为工业和商贸发展提供极佳的空间。其次，水电资源丰富。境内现拥有树兜220千伏变电站和杨岐110千伏变电站，35千伏、10千伏配网齐全。周边有小（一）、小（二）型水库共12座，目前已建有地面水厂两座，日供水量可达15000吨。再次，海洋渔业资源丰富。滨临优质良港沙埕港，海岸线曲且长，紫菜、海带、大黄鱼、美国红鱼、南美白对虾等海洋生物资源极为丰富。最后，旅游资源丰富。不仅有巽城长屿岛风光，筼筜千米金滩、海蚀长廊、西山“小太姥”、神龟岛、礁石岩洞等自然景观，还拥有中华人民共和国成立后福建省文物考古19大发现之一的距今4000年的马兰山遗址等历史文化遗产。

产业经济。农业上，全镇耕地面积3.2万亩，水田面积2.2万亩，拥有蚕豆、紫菜、茶叶、大棚蔬菜、食用菌、网箱养殖等六大特色农业种养基地及近百家的各类农产品加工厂。同时，拥有占地1800亩的恒润千亩高优现代农业示范园，可实现年产值5500万元，辐射带动周边种植户增收数千万元。巽城、筼筜等村的万口网箱养殖也在全国具有一定的规模。工业上，以立新造船、鼎港船舶、三虎建材、海翔建材、钱盛食品、绿盛菌业等多家规上企业为代表的临港工业及食品加工业发展良好，其中，立新船舶轮船修造项目被列入福建省2015年重点项目。此外，以恒润千亩高优农业示范园、巽城传统村落为代表的农业观光体验游、乡村一日游等旅游产业也正在不断发展。

（摘编：郭 虹）

周宁县玛坑乡

玛坑乡2015年实现工农业总产值30321万元，其中农业总产值10021万元，比增5%；工业总产值2.03亿元，比增11.1%，农民人均纯收入8945元，比增8%；固定资产投资达2.33亿元。首章村荣获第十二届省级文明单位。

现代农业。2015年，玛坑乡茶企共生产“福云六号”365万公斤、“云雾雪兰”10万公斤、红茶5.6万公斤、禅茶150公斤、“金牡丹”“金观音”450公斤，总产值5960万元。在周宁县第二届“官司云雾茶”杯斗茶技能大赛中，玛坑共有三家企业参赛，送选茶样9个。周宁县绿立茶叶开发有限公司选送的“云雾雪兰”获得绿茶类“金奖”，首章茶叶专业合作社选送的“丹山绿芽”获得“优质奖”。完成绿立、首章等茶园基地改造项目，实现现代茶园改造面积300亩；绿立茶业公司完成1500平方米清洁化厂房建设，投资500万元建设福建省内首条茶叶精深加工流水线。

招商引资。机制砂项目选址于长峰村与杉洋村交界处，计划总投资3000万元。经省第四地质大队勘测2个点储量就达4200万立方米，据推算全乡该资源总量至少可达1亿立方米以上，按年产100万立方计算，该资源至少可持续开采100年，目前正与省机电控股集团下属海峡科化洽谈投资事宜；汤湾工业园区项目拟选址于玛坑乡东南部杉洋村、紫竹村与福安周华交界处，园区规划总面积600亩，计划总投资1.8亿元，可容纳120多家企业，现已引进一家福安客商完成工商注册，正在办理相关的行政审批手续。

惠农政策。一是积极落实粮食直补、良种补贴等惠农政策，累计发放惠农资金48.1万元。二是投入资金242万元，供养五保户265户，补助低保543人，累计发放救灾救济款19万元；三是2015年医保参保13965人，参合率103.3%。四是在全乡范围内大力宣传“新型农村社会养老保险”新政策，发放新农保宣传扇2000多把，加大群众知晓率。2015年参保率100%，老农保清退率80%。

精准扶贫。共建档立卡贫困户102户383人，预脱贫153户534人。对半岭村53户216人，紫竹村106户480人实施异地扶贫搬迁。半岭村搬迁新区建设项目工程总占地15亩，安置搬迁户53户，每户建三层半砖混住房，已投入500多万元；紫竹村搬迁新区建设项目工程总占地42亩，建设52套（一期）三层半砖混住房，已投入1130多万元。

（摘编：王诗诚）

第九篇
荣誉成果

2016 年福建省荣获全国五一劳动奖状、劳动奖章和工人先锋号名单

全国五一劳动奖状（5 个）

福建春伦茶业集团有限公司

三明市农业科学研究院

莆田擢英中学

福建省公安厅交警总队南平高速公路支队

福建省煤田地质局

全国五一劳动奖章（22 个）

王锦萍（女）　福清市城头镇卫生院村医

林碧云（女）　福建省福州屏东中学数学教研组副组长

田云超　福建华威股份有限公司交通运输有限公司福州公交巴士有限公司副总经理

刘用辉　盛辉物流集团有限公司董事局主席

曾武艺　厦门自贸试验区电子口岸有限公司港口业务总监

叶杉民　厦门惠尔康食品有限公司行政处长

吕炳车　福建省同安第一中学教师

高少萍（女）　漳浦县高少萍剪纸艺术馆工艺美术大师

蔡亚桂（女）　漳州市公安局台商投资区分局治安管理大队副大队长

李志鹏　福建匹克集团有限公司行政部经理

方怡灿　福建浔兴拉链科技股份有限公司车间主任

颜少敏　永春县中医院医生

陈娟娟（女）　泉州市高甲戏传承中心演员

林保平　福建省三明市第二中学教师

李振佑　福建省新创化建科技有限公司车间主任

徐元宝　仙游县度尾镇书潭珍藏坊名木艺品厂雕刻总设计师

舒立荣　福建省南平市公路局建阳分局回龙公路站站长

包芳芳（女）　长汀县妇幼保健院副院长

王钰海　福建春驰集团有限公司二分厂化验室主任

刘忠雄　福建省福鼎市第五中学帆船、帆板教练

郑为太　福建省公安厅治安总队一支队副支队长

苏　峰　福建省种植业技术推广总站干部

全国工人先锋号（23 个）

厦门航空有限公司空中乘务部

福建奔驰汽车工业有限公司生产生技部总装车间终装 B 线

福州市行政服务中心办事大厅

国网福建省电力有限公司福州供电公司冯振波输电带电作业一班

福建捷联电子有限公司主板二课

厦门市厦顺铝箔有限公司板带厂设备部动力辅助班

厦门创新软件园管理有限公司平台运营部

中国移动通信集团福建有限公司漳州分公司芗城区营销中心竹围营业厅

漳州市美洁物业服务有限公司清扫保洁组

泉州市鲤城区行政服务中心（窗口）

福建省石狮市富兴包装材料有限公司设备维修组

福建省闽发铝业股份有限公司挤压车间第55班

福建泉州市华远电讯有限公司九一营业厅

福建恒源供水股份有限公司工程公司安装二队

福建省三明双轮化工机械有限公司总装车间钳工二段

福建巨岸建设工程有限公司综合部

福建省南平闽延电力建设有限公司配网电缆班

福建省武平县地方税务局城区分局

福建连城兰花股份有限公司“连城兰花”生产技术研发中心

福建鼎信实业有限公司镍铁部电炉二车间

福建省地方税务局直属税务分局办税服务厅

福建省经济信息中心网络通讯处

中建三局集团有限公司（粤）东南国际航运中心总部大厦项目部工

（摘编：赵旭东）

2016 年福建省五一劳动奖状、奖章和工人（五一）先锋号名单

一、福建省五一劳动奖状（60 个）

福州市

福建飞远城市配送有限责任公司

福州市钱塘小学

福州市第六医院

福建锦江科技有限公司

福州市园林绿化综合行政执法支队

福州市市场服务中心

福建中移通信技术工程有限公司

厦门市

厦门市四美达科技发展有限公司

鹭燕（福建）药业股份有限公司

厦门宏发电声股份有限公司

联发集团有限公司

国药控股星鲨制药（厦门）有限公司

福建省厦门轮船有限公司

厦门市公安局出入境管理支队赴金旅游办证中心（出入境管理支队第三大队）

漳州市

中共漳州市委办公室

福建省漳州市地方税务局

漳州科华技术有限责任公司

厦门大学附属实验中学

中国人民银行云霄县支行

泉州市

福建铁拓机械有限公司

福建省鸿山热电有限责任公司

福建省安溪县地方税务局

国网福建德化县供电有限公司

泉州市法律援助中心

泉州晚报社

泉州市城市建设档案馆

中国邮政储蓄银行股份有限公司泉州市分行

三明市

福建省泰宁县国家税务局

将乐县人民检察院

中国工商银行股份有限公司明溪支行

尤溪县人民法院

福建省宁化第一中学

福建省大田职业中专学校

莆田市

福建巨岸建设工程有限公司

莆田市涵江区地方税务局

福建省莆田市人民检察院

南平市

中共南平市委政法委员会

中国人寿保险股份有限公司南平分公司

福建省幸福生物科技有限公司

国网福建政和县供电有限公司

龙岩市

福建省交通综合行政执法总队

龙岩高速公路支队一大队

国网福建新罗区供电有限公司

龙岩市永定区农村信用合作联社

福建省瑞森新材料股份有限公司

龙岩市烟草公司武平分公司

宁德市

闽东水电开发有限公司

福安市中闽水务有限责任公司

宁德市烟草公司福鼎分公司

中国邮政集团公司福建省霞浦县分公司

平潭综合实验区

中国铁建大桥工程局集团有限公司

福平铁路 FPZQ—4 项目经理部二分部

省直机关

福建省交通综合行政执法总队

国家计算机网络应急技术处理协调中心福建分中心

福建省出入境检验检疫局检验检疫技术中心

其他省级产业、系统

福建汇丰物流有限公司

福建幼儿师范高等专科学校

福建体育职业技术学院

福建炼化林德气体有限责任公司

福建发展高速公路股份有限公司泉厦分公司

兴业银行股份有限公司信用卡中心

福建省送变电工程有限公司

二、福建省五一劳动奖章（194 名）

福州市

刘志强　福建水口发电集团有限公司机械专工

黄绣江（女）　福州教育学院附属第二小学教师

赵美玉（女）　福州市仓山环境卫生管理处驾驶员

陈　芹（女）　福州市绿化管理处办公室副主任

倪政云　福州天福集团有限公司市场部经理

刘栋银　福州顺丰速运有限公司收派员

陈　飞　福州市交通综合行政执法支队一大队二中队中队长

陈子荣　东南（福建）汽车工业有限公司管理部部长

李　芳（女）　中国石化销售有限公司福建福州石油分公司财务科长

蔡小明　茶花现代家居用品股份有限公司模具部经理

曾幼菊（女）　福州开发区钜联鞋业有限公司财务部经理

翁国华　福清市公安局龙田派出所所长

刘雁翎　长乐市人民检察院控告申诉检察科科长

林孔亮　闽侯县人民法院刑事审判庭审判员

缪　欢　连江县公安局交通警察大队科员

程道忠　闽清县城建监察大队监察员

林晓平（女）　罗源县医院护理部副主任儿科护士长

兰　平（女）　中共永泰县葛岭镇纪委副书记

陈望青（女）　福州市鼓楼区城市社会经济调查队队长

赵　鼎　福州市天虹百货有限公司总办主管

沈　波　福州市疾病预防控制中心预防医学检查科副科长

陈　云　德艺文化创意集团股份有限公司总经理助理兼研发中心项目组组长

王　林（女）　福州市城乡规划局机关党委专职副书记

陈明月　福州市公安局鼓楼分局刑侦大队两抢犯罪侦查队队长

郭德章　福州市农业科学研究所副所长

陈　炜　福建省福州第八中学校长

王香华　中共福州市仓山区建新镇党委书记

陈润根　福建兴航房地产有限公司安保员

谢智波　杭州路桥市政设施管养有限公司福州分公司管理员

冯清山　华能（福建）海港有限公司作业区经理助理

吴声枝　福建宝中海洋工程股份有限公司技术主管

何世猛　福耀玻璃工业集团股份有限公司副总裁

叶晨琛　中国邮政集团公司福州市分公司长寿路支行行长

厦门市

丁智勇　厦门精合电气自动化有限公司班长

罗小秋（女）　厦门谊瑞货架有限公司生管员

陈江平　福建安井食品有限公司技术部经理助理
王开辉　网宿科技股份有限公司厦门分公司产品经理
谢洪珍（女）　厦门紫金矿冶技术有限公司科研人员
杨美花（女）　厦门特宝生物工程股份有限公司科技人员
谢志南　福建省亚热带植物研究所研究员
康良溪　福建省同安第一中学教师
苏春梅（女）　厦门拓福珠饰服装有限公司人事部经理
姚育青　福建省厦门双十中学副校长
杨庆伟　厦门轻工集团有限公司党委书记、董事长
李健平（女）　厦门市第五医院党群工作部主任
肖　华（女）　厦门市思明区梧村街道梧村社区居委会党委书记、工会主席
杨琤娴（女）　路达（厦门）工业有限公司工会主席
周欲晓　中国农业银行股份有限公司厦门市分行江头支行行长
沈元泽　厦门钨业股份有限公司工会主席
赵建庄　中国联合网络通信有限公司厦门市分公司工会副主席
刘　健　青岛啤酒（厦门）有限公司总经理
周云明　厦门 EPCOS 有限公司现场主管

漳州市

沈振义　诏安县梅洲流域四都水利工作中心站站长
卢灯荣　焙之道食品（福建）有限公司技术员
魏小婉（女）　漳州市程盛再生资源有限公司破碎车间主任
林智勇　国网福建漳浦县供电有限公司职工
陈　蔚（女）　漳州市芗城中学玉兰分校教师
黄娉婷（女）　漳州市第二实验小学教师
马机勇　龙海市公安局网络安全监察大队科员
汤毓贤　云霄县博物馆研究馆员
陈斌珊（女）　东山县石斋初级中学教师
林坤勇　华安县公安局交通警察大队副大队长
杨丽明　中国农业银行股份有限公司漳州分行副行长、纪委书记、工会主席
程克波　漳州电视台副总编辑
陈丽华（女）　福建省漳州第二职业中专学校教师
林亚头　福建省烟草公司漳州市公司副经理
陈克珍（女）　漳州市工商行政管理局 12315 指挥中心主任
魏腾云　漳州片仔癀药业股份有限公司车间主任

泉州市

陈晓红（女）　福建高速公路有限责任公司泉州管理分公司永春（码头）征管所监控班长
何秀凤（女）　晋江市第二实验幼儿园教师
任达树　福建省晋江市信龙机械工业有限公司钳工
颜贞明　福建省桃城建设工程有限公司职工
付心知（女）　泉州市盲聋哑学校教师
贾冬霞（女）　泉州维盾电气有限公司研发部主任
林伟娥（女）　泉州福海粮油工业有限公司保险专员
吴明晶（女）　石狮市人民法院审判委员会专职委员
黄梅跃　石狮市宝盖镇副镇长、总工会主席
张子山　福建火炬电子科技股份有限公司副总工
郭协力　晋江市医院神经外科副主任医师
曾歆雅（女）　泉州市鲤城区商务局办公室主任
陈国璋　福建省南安第一中学校长
陈美娥（女）　飙山狼体育用品有限公司财务总监

郑开峰　南安市公安局刑侦大队洪濑中队中队长
曾少杰　福建共荣建筑装饰有限公司施工员
许为民　惠安县大千雕刻工艺社艺术总监
林素彬（女）　福建省安溪茶业职业技术学校实训处主任
叶盛锋　安溪县农村信用合作联社龙门信用社主任
许志国　泉州市公安局交通警察支队丰泽大队大队长
叶剑君　中国邮政速递物流股份有限公司泉州市分公司德化营业部网控主管
苏雪华（女）　德化县中医院护士长
林美徽　泉州经济技术开发区实验学校副校长、工会主席
庄稼汉　泉州市住房公积金管理中心党总支副书记
黄炯奇　泉州市发展和改革委员会系统党委办公室主任
许景源　泉州市环境卫生管理处主任
蔡如明　福建省泉州市地方税务局科长
李晓玫（女）　福建省泉州市人民检察院民事行政检察处副处长
黄　辉　华侨大学制造工程研究院教授
戴增俭　泉州市一鸣交通电器有限公司研发部主管
王启联　日春股份公司总裁

三明市

陈林海　明溪县环境保护局职工
吴晓敏（女）　清流县人民检察院公诉科科长
刘义忠　福建长宁纺织有限公司工艺主管
陈奕乾　建宁县溪口镇人口和计划生育服务中心主任
范子辉　泰宁县三晶光电有限公司机修班长
吴祥生　福建省将乐县第一中学教师
张庆林　福建省水利投资集团（沙县）水务有限公司安装维修队队长
刘秀妹（女）　福建省尤溪第一中学教务处副主任
王雯君（女）　大田县实验幼儿园园长
颜丽珍（女）　福建省三明市第十中学、三明市梅列区青山小学校长、党总支书记
王录华（女）　三明市三元区环境卫生管理处清扫工
杨华娟（女）　三明市中西医结合医院护士
俞　灏　中国邮政集团公司三明市分公司党委书记、总经理
唐筑成　福建省三钢（集团）有限责任公司动力能源公司经理

莆田市

许元潘　莆田市寿山石雕行业协会雕刻师
谢燕柳（女）　莆田南洋自来水有限公司职工
郭　旭　福建复茂食品有限公司技师
翁钰珍（女）　福建荔丰鞋业开发有限公司车间主任
陈秀榕（女）　莆田市地方税务局局长、党组书记
吴伟锋　莆田市湄洲日报社记者
黄珊珊（女）　莆田市中级人民法院民一庭副庭长
许志伟　中国电信股份有限公司莆田分公司网络运营部经理
陈立新　莆田市农业局扶贫开发科科长

南平市

廖丽玲（女）　福建武夷交通运输股份有限公司邵武汽车站站务员
黄　宁（女）　福建南平南孚电池有限公司财务会计部经理
叶治彬（女）　国网福建省电力有限公司南平供电公司运维检修部（检修分公司）副主任
郭玉萍（女）　南平广播电视台播音主持中心主任
林　坚　福建省南平市第一医院副院长、党委副书记
池光萌　福建省南平第一中学副校长
黄　斌　福建省光泽县医院外二科主任
包新域　福建华泰汽配工业股份

有限公司董事长
叶 斌 中国电信股份有限公司浦城分公司线路中心主任
任 斌 国网福建松溪县供电有限公司营销部副主任
赵 军 南平市环境卫生管理处副主任
沈 琅 政和县澄源乡上榅洋村党支部第一书记（福建省信访局主任科员下派驻村挂职）
范和北 福建居怡竹木业有限公司安全环保部经理兼工程项目部经理
葛香珠（女） 福建省武夷山市第一中学教师
马昭雄 南平市建阳区农村信用合作联社党委书记、理事长

龙岩市

罗良庆 福建梅花山国家级自然保护区管理局护林员
黄迎春（女） 中国邮政集团公司龙岩市分公司投递员
陈文全 漳平市新桥中心学校华美教学点教师
余 莲（女） 龙岩市第一医院血液风湿科主任
罗 伟 福建金磊律师事务所律师
赖文奎 福建煤电股份有限公司白沙南（苏二）煤矿矿长
谢江水 福建省龙环环境工程有限公司路段队长
许万强 福建永强岩土股份有限公司董事长
徐福淼 中国农业银行股份有限公司漳平市支行综合部副经理
廖月璋 龙岩市公共交通有限公司驾驶员
苏银华（女） 龙岩市永定区地方税务局洪山所所长
郑志忠 福建省 121 地质大队地灾应急分队队长
吴载赋 福建茗匠竹艺科技有限公司设计策划部经理
黄银富 龙岩市公安局东城派出所警务八队队长
李福民 上杭县公安局副局长兼古田所所长

宁德市

蔡金钗（女） 宁德市蕉城区第四中心小学教师
游凤珠（女） 柘荣县第二小学教师甘乾庚屏南县国省干线工程建设指挥部高级工程师
黄世凤（女） 中国农业银行股份有限公司周宁县支行营业部柜员
王仁凯 福建省寿宁县国家税务局纳税服务科副主任科员
蔡振云 福建一华电机有限公司办公室主任
陈 明 福安市公安局城北派出所所长
林飞燕（女） 中国邮政集团公司福建省古田县分公司金融客户部主任
应卫峰 福建西岸生物科技有限公司执行董事
吴以龙 福鼎市医院消化内科主任医师
胡绍斌 福建闽东电力股份有限公司霞浦发电分公司督导员

平潭综合实验区

念华明 平潭综合实验区医院院长

省直机关

柯少奴 福建省残疾人劳动就业服务中心干部
黄禄华 中华人民共和国福州海关技术处科长（挂职霞浦县北壁乡下岐村党支部第一书记）
邹 寅（女） 福建省血液中心办公室主任
潘 宁（女） 福建省气象台副总工
陈艺良 中国共产党福建省纪律检查委员会副处级巡视专员
陈 勇 中国石油天然气股份有限公司福建福州销售分公司经理、党委副书记
张增田 福建省价格认定局副局长
吴春玲（女） 福建省财政厅办公室主任科员
王 斌 福建省高级人民法院司法行政装备管理处主任科员

其他省级产业、系统

曾维吉 中国水利水电第十六工程局有限公司基础设施分公司工程部

古田高头岭项目经理
陈　勇　　国网福建省电力有限公司福州供电公司班长
饶悌彬　　中国华电集团公司福建分公司火电项目开发管理二级职员
林　钻　　福建省地质调查研究院矿产一所项目负责
何跃辉　　福建省能源服务有限公司漳州分公司片区服务部抄表员
林　姗（女）福清市百合小学校长
谢　熙（女）福建省妇幼保健院妇科主任、主任医师
李瑞玉（女）福建省立医院耳鼻喉科主任、主任医师
陈　弘　　厦门国贸集团股份有限公司证券事务代表、部门总经理
姚文华　　福建省天湖山能源实业有限公司含春矿机电办副主任
罗佳森　　南昌铁路局永安车务段信息管理科管理员
李粒生　　东山县交通运输局工程师
童福越　　中建海峡建设发展有限公司项目技术负责人
付满治（女）福建先创电子有限公司工会常务副主席、生产部主任
黄云腾　　福建省南安五台山国有林场工区主任
张柳华（女）福建省三明市地方税务局规费科科长
林　琳（女）福建省漳州市地方税务局规费科科长
陈　曦（女）福建省审计厅机关党办主任科员
郭　贤　　漳州市安全生产监督管理局办公室主任
卢志伟　　福建省公安厅交警总队三明高速公路支队二大队副大队长
刘养霖　　福建省公安厅交警总队龙岩高速公路支队二大队新泉中队中队长

三、福建省工人先锋号（229个）

福州市

福建清禄鞋业有限公司水电维护课
长乐恒申合纤科技有限公司设备部
福州华威汽车驾训有限公司教练队
明一国际营养品集团有限公司质量卫士
福建华科光电有限公司镀膜中心B7#镀膜车间
祥兴（福建）箱包集团有限公司71组
福州市海峡国际会展中心有限责任公司综合维修部
福建恒久集团股份有限公司皮套车间
福州明视眼镜有限公司宝龙分店
福建易联众软件系统开发有限公司体检/检验产品研发团队
福州金宇电器设备有限公司技术部
福州谢氏时装有限公司生产车间B班
福建顺欣物业有限公司工人文化宫物业处
福州小神龙表业技术研发有限公司工模部
福州富拉马斯塑胶有限公司生产自动化团队
福州宝凯运动用品实业有限公司车间成型后段
三坊七巷保护开发有限公司企划营销部
福州闽运公共交通有限责任公司319线路
福建中移通信技术工程有限公司综合办公室
中国移动通信集团福建公司省客户服务中心热线销售室知识管理班组
中国邮政速递物流股份有限公司福建省闽侯县分公司甘蔗营业部
福州市烟草专卖局稽查支队
金陵药业股份有限公司福州梅峰制药厂针剂车间配制组
福建中外运船务代理有限公司福州分公司班轮中心

厦门市

厦门宏旭达园林工程有限公司成控部
厦门厦华新技术有限公司仓库班组
厦门海投物业有限公司兴旺广场管理服务处
三达膜科技（厦门）有限公司研发部陶瓷膜研发组
厦门恋水木环卫园林科技有限公司绿化工程管理部
厦门洋江食品有限公司研发室

国网福建厦门市供电公司抢修突击队
厦门 ABB 振威电器有限公司研发部
厦门狄耐克电子科技有限公司战略地产部
中国联合网络通信有限公司厦门市分公司思明分公司集客拓展分部
厦门麦当劳食品发展有限公司工会联合会五洲餐厅工会小组
厦门绿泉实业有限公司包装生产部一瓶盖线 A 班
南昌铁路局厦门供电段高崎接触网工区
厦门市快速公交运营有限公司第一码头站务组
中国人民财产保险股份有限公司厦门分公司禾山支公司
安费诺电子装配（厦门）有限公司仓库
厦门思明华医馆中医康复门诊部康复科
厦门紫金工程设计有限公司选矿室
厦门湖里国宇门诊部超声科
厦门金达威集团股份有限公司研发中心
厦门思尔特机器人系统股份公司制造部
林德（中国）叉车有限公司精整工段
全球物流（厦门）有限公司行政部
厦门蓝斯通信股份有限公司研发中心
图途（厦门）户外用品有限公司零售大店组
厦门农村商业银行股份有限公司集美支行
厦门中联建设工程有限公司信义国际中心项目部

漳州市

中国移动通信集团福建有限公司漳州分公司芗城区营销中心政企客户部
漳州市国辉工贸有限公司公示制作部样品课
漳州科能电器有限公司整机装配车间
国网福建龙海市供电公司海澄供电所
福建省梦娇兰日用化学品有限公司生产部一号车间一组
漳州伟伊科技园科技小组
国网福建云霄县供电公司陈岱镇供电所
东山县康力电池隔板有限公司生产车间
漳州市烟草公司平和分公司客户服务中心
南靖万利达科技有限公司综合产品制造厂 B2 车间 01 线
福建元吉体育用品有限公司胶二课整修班
招商局漳州开发区安达公共交通有限公司旅游组
海顺德（漳州）特种油品有限公司己庚烷生产装置二班
龙海市上全工艺首饰有限公司包装车间

泉州市

泉州金山石材工具科技有限公司三分厂一班组
泉州罡晟服装有限公司工会委员会
嘉泰数控科技股份公司研发中心
福建省清美汽车服务有限公司机电维修车间
石狮市飞鸿五金饰品有限公司压铸班组
裕佳利（福建）服饰有限公司缝纫 201 组
晋江市公路建设开发有限公司浙江交工集团迎宾路北延伸工程项目部
福建冠达星控股集团有限公司电商业务部
九牧集团有限公司五金事业部龙头厂管件部焊加科数控组
福建南安市顺昌鞋业有限公司成型车间
国网福建惠安县供电公司台商投资区客户服务中心
惠安禾协驾驶培训学校有限公司业务科
福建八马茶业有限公司内销小包装车间
福建纬璇织造有限公司缝制三部一车间
龙岩市龙顺物业管理有限公司永春桃溪流域水面保洁项目部
福建冠林竹木家用品有限公司砧板车间中道组
中国农业银行德化县支行南门支行
泉州市东南光电有限公司视频采集终端工程技术研究中心
玖龙纸业（泉州）有限公司生产设备部
中国民生银行泉州分行营业部
泉州晋江国际机场股份有限公司公安分局治安大队
中建富林集团有限公司五金机电产业园安置房项目部

三明市

闽晟（福建）建设工程有限公司土石方班组
福建明海鑫企业股份有限公司螺纹库工人班组
建宁县华新食品有限公司清水车间
将乐嘉信矿业有限公司机电维修班组
福建斯特力气动工具有限公司装配组

中国重汽集团福建海西汽车有限公司总装部动力班组
福建中化智胜化肥有限公司生产部一轮班
大田红狮水泥有限公司制成车间巡检班组
三明福特科光电有限公司涂墨胶合车间
福建泰宁旅游有限公司上清溪排工班组
清流县嵩溪爱珍豆腐皮专业合作社集中培训车间
福建省奥翔体育塑胶有限公司胶水车间
福建省沙县侨丹实业有限公司精制车间
三明市公共交通公司第一营运分公司闽GY2998车辆

莆田市

莆田市荔盛市容环卫建设有限公司调度中心
国网福建莆田市供电公司运检部输电带电班
中国电信股份有限公司莆田分公司政企客户支撑中心支撑保障组
福建仙游胜北实业有限公司营销部
莆田市鑫龙鞋业有限公司成九课
闽中有机食品有限公司新产品研发部
莆田市园景市政绿化工程有限公司项目部
莆田欧雅艺术制品有限公司工艺画组
福建恒艺展柜有限公司营销部
福建华兴玻璃有限公司制瓶车间
赛得利（福建）纤维有限公司公用工程部/电厂

南平市

福建省南平市太阳电缆有限公司总部一厂挤塑护套组
福建省南平铝业股份有限公司模具部数控加工班
福建南纺有限责任公司纺纱厂前纺梳棉保全班组
中国银行南平分行营业部
南平市公交公司16路班组
南平市延平区太平国有试验林场业务股
福建长富乳品有限公司动力车间
福建省鑫森炭业股份有限公司研发中心
武夷山旅游发展股份有限公司观光车分公司火车驾驶组
南平市建阳区汽车锻压件厂技术创新小组
福建省顺昌县升升木业有限公司外贸组
福建武夷交通运输股份有限公司浦城分公司修理厂客车车间
福建圣农发展股份有限公司肉鸡加工事业部挂杀车间
福建三信食品有限公司食品精加工车间
福建百事特文具有限公司成品车间

龙岩市

连城县福农食品有限公司水晶薯仔包装组
神华福能（福建龙岩）发电有限责任公司发电部运行五值
武平县中山供销合作社办公室
中国农业银行股份有限公司龙岩永定支行营业部
永定采善堂制药有限公司制药车间
中国联合网络通信有限公司龙岩市分公司运行维护部

宁德市

国网福建宁德市供电公司调控中心自动化运维班
宁德新能源科技有限公司电池极片车间
古田县海鑫污水处理有限公司脱泥车间
古田县烟草专卖局城关管理所
屏南县农村信用合作联社营业部营业窗口
周宁县兴达劳保服装有限公司第四组
福建怡和电子有限公司按摩椅车间机芯组
福鼎市丰泰化油器制造有限公司机工组
福建省天湖茶业有限公司小包装车间

平潭综合实验区

平潭自由贸易区两岸发展有限公司招商运营部
平潭综合实验区水务投资有限公司三十六脚湖取水泵房
平潭综合实验区市政园林有限公司工程部
国网福建平潭供电公司营销部营业班
平潭麒麟荣誉国际酒店有限公司房务部
平潭综合实验区港务发展有限公司二线卡口管理中心

其他省级产业、系统

中国邮政集团公司龙岩市分公司莲庄邮政信报收投部
福建湄洲湾氯碱工业有限公司供电车间整变

中心
中国邮政储蓄银行股份有限公司福州市分行埔顶支行
中移铁通有限公司泉州分公司惠安经营部
中国农业银行股份有限公司光泽县支行营业部
国网福建莆田市供电公司黄石供电所
福建福清核电有限公司运行一处运行五值
国网福建厦门市供电公司半兰山变电运维班
中国人寿保险股份有限公司沙县支公司
中铁二十四局集团福建铁路建设有限公司厦门地铁项目部
华能国际电力股份有限公司福州电厂运行部运行 A 值
华电（厦门）能源有限公司集控运行丙班
兴业银行股份有限公司福州分行仓山支行
福建联合石油化工有限公司技术与规划部工艺工程模块
福建宁德核电有限公司电气部
中国移动通信福建有限公司石狮分公司金林营业厅
福建大唐国际新能源有限公司梅岭风电场
中国联合网络通信有限公司德化县分公司湖心营业厅
国网福建省电力有限公司检修分公司变电检修中心一次检修 1 班
中国水利水电第十六工程局有限公司厦门分公司福建长泰枋洋
水利枢纽工程 C4 标项目经理部
中国光大银行股份有限公司福州分行五一支行
中国电信股份有限公司莆田分公司湄洲湾北岸电信分局
兴业银行股份有限公司厦门分行松柏支行
中国电信股份有限公司厦门分公司光缆维护班
中国移动通信集团福建有限公司莆田分公司网络部核心网维护中心
中国人民财产保险股份有限公司上杭支公司人保财险上杭支公司
国家开发银行股份有限公司福建省分行客户二处
国网福建龙岩市供电公司配电带电作业班
中国工商银行股份有限公司莆田江口支行
华电福新能源股份有限公司古田溪水力发电厂维修部维修二班
中国建设银行福建省分行福州城东支行营业室
中国建设银行福建省分行营业部
中国光大银行福州分行长乐支行
中国银行股份有限公司福州花园路支行
中国人寿财产保险股份有限公司福建省分公司互动业务部
中国农业银行股份有限公司福州鼓楼支行洪山支行
中国工商银行福鼎支行营业部
福州市闽都文化艺术中心舞蹈团
福州黎明职业技术学院烹饪系
福州和洁医院后勤服务有限公司被套组
中国银行股份有限公司福州市仓山支行营业部
福州蓝天量贩超市有限公司白马店蔬菜班组
永辉超市股份有限公司国棉超市
福州泓欣环境清洁服务有限公司仓山项目第一组
厦门永辉民生超市有限公司集美万达店
厦门国际银行股份有限公司总行风险评估部
宝钢德盛不锈钢有限公司第一粗炼厂石灰窑主控班
福建天辰耀隆新材料有限公司环己酮分厂
厦门金龙旅行车有限公司中客三部特殊车辆生产线工段
中石化森美（福建）石油有限公司厦门分公司马巷加油站
福建省电力建设有限公司电控专业公司电控四班
福建东南造船有限公司电装课电工一班
南昌铁路局福州车务段宁德站
南昌铁路局永安车辆段漳平运用车间站修作业场
南昌铁路局南平车务段兴田站
南昌铁路局南平工务段南平南路桥车间绿水路桥保养工区
南昌铁路局福州供电段宁德供电车间福鼎供电工区
南昌铁路局漳州车务段罗溪站
南昌铁路局福州车辆段福州运用车间库辆综

合工班
南昌铁路局永安工务段永安路桥车间高砂路桥工区
宁德市公路局寿宁分局南阳公路站
福建省厦门轮船有限公司迅安轮
福建省汽车运输有限公司站务分公司客北站快客组
中国福州外轮代理有限公司福清办事处
宁德三都港汽车运输有限公司宁德汽车南站行车组
中建三局集团有限公司厦门分公司东南国际航运中心总部大厦项目
恒亿集团有限公司恒亿·蓝波湾 TP14 地块 I 标段项目部
中交二航局福州分公司厦沙高速公路泉州德化段 A2 合同段项目经理部
宁德市房地产管理中心市房地产测绘队
福建富士通信息软件有限公司信息化业务事业部 ITM 产品线
利胜电光源（厦门）有限公司华安分公司注塑车间
富顺光电科技股份有限公司半成品车载斗量插件组
福建三元达通讯股份有限公司 CTAS 项目组
福建榕基软件股份有限公司开发一部
厦门台松精密电子有限公司制造部
厦门特力通信息技术股份有限公司工程服务部漳州代维项目组
厦门龙侨电子有限公司电声车间
福建省尤溪县红树林木业有限公司妈妈班组
福建宏盛园艺股份有限公司办公室
福建漳平市德诺林业有限公司涂装车间
福鼎市郑源工艺有限公司总经办

四、福建省五一先锋号（103 个）

福州市

福建省福州儿童医院手术麻醉科
中共福清市委办公室
福州市公安局经侦支队五大队
长乐市人民政府吴航街道办事处便民服务中心
闽江学院物理学与电子信息工程系
福州市第七医院内科三区
福州市海洋与渔业技术中心实验检测室
福清市玉屏中心小学机器人工作室
福清市公安局刑侦大队
林祥谦烈士陵园管理所

厦门市

厦门市思明区中华街道办事处镇海社区居委会
厦门市湖里区市容环境卫生管理处设施服务所维修班
厦门市公安局湖里分局刑侦大队
厦门市图书馆流通服务部
厦门城市职业学院财务与资产管理处

漳州市

漳州市人民医院儿科
漳浦县行政服务中心管委会服务大厅
诏安县国家税务局纳税服务科
平和县国家税务局纳税服务科
南靖县国家税务局纳税服务科
龙海市人民法院角美人民法庭

泉州市

鲤城区浮桥街道社区卫生服务中心门诊部
泉州市洛江区劳动争议仲裁委员会办公室调解仲裁组
泉港区国家税务局纳税服务科
福建省南安职业中专学校机械专业科
泉州市园林管理局绿化管理所
泉州广播电视台综艺节目中心
泉州市妇幼保健院儿童医院保健部
晋江市公安局出入境管理大队
泉州市洪水预警报中心建设管理科

三明市

福建省大田桃源国有林场湖美森林保护站
尤溪县地方税务局办税服务厅
福建省沙县水南国有林场资源管理科
三明市公安局交通警察支队驾管大队

莆田市

莆田第二中学信息通用教研组
莆田第一中学英语教研组
莆田市第一医院妇产科
莆田市涵江区梧塘中心小学工会委员会
莆田市秀屿区医院急诊科

南平市

南平市财政局会计集中核算中心
南平市城市管理行政执法局直属执法大队
建瓯市公安局交警大队车驾管中队
福建省顺昌县地方税务局大干分局
松溪县文体广电新闻出版局新闻部

龙岩市

中共龙岩市委总值班室
龙岩市林业调查规划所工会
龙岩市公安局中城派出所
中国人民银行连城县支行营业室
福建省121地质大队地质灾害应急分队
龙岩市新罗区民政局新罗区殡葬管理所
龙岩市公路局长汀分局城关公路站
新罗区地方税务局办税服务厅
龙岩市公路局漳平分局和平公路站
龙岩市公安局巡特警支队特勤大队
龙岩市公安局新罗分局交警大队
龙岩高速公路交警支队支队监控指挥中心
上杭县公安局才溪派出所
龙岩市第二医院泌尿外科

宁德市

福建省特种设备检验研究院宁德分院检验二室
宁德人民医院妇产科
寿宁县实验幼儿园小班组
福建省福安市地方税务局福安经济开发区税务分局
柘荣县国家税务局纳税服务科
霞浦县溪南中心小学航模教练组

平潭综合实验区

平潭出入境检验检疫局旅检科
平潭综合实验区地方税务局流水分局
平潭综合实验区公安局平原派出所户籍办证大厅服务窗口
平潭县城东小学音乐组
国家海洋局海岛研究中心海岛保护与开发研究小组

省直机关

福建省农业科学院水稻研究所超级稻遗传育种研究室
福建省广播影视集团新闻评论部
福建省政协研究室信息处
福州出入境检验检疫局法制与综合业务处
福建省测绘院应急保障分院
福建省疾病预防控制中心性病艾滋病防治科
福建省地质测绘院测绘处软件研发中心
福建省青少年体育学校总务科
福建省工商局企业监督管理处
中共福建省委党校福建行政学院社会与文化教研部

其他省级产业、系统

福建省第四地质大队霞浦东冲半岛抗旱找水项目组
中国人民银行南平市中心支行科技科
中国人民银行福州中心支行征信管理处
福建省昙石山遗址博物馆展览宣教部
福州第一中学音乐组
福州市鼓楼第一中心小学学校体育教研组
福州市第一医院重症医学科
福建省体育彩票管理中心福州体育彩票管理中心
福建中医药大学附属第二人民医院普外科
厦门国家会计学院注册中心
福州市仓山区福一幼儿园
三明市公路局建宁分局均口公路站
福建省湄洲湾港口管理局规划建设处
南平市建阳公路分局回龙公路站
福州市交通综合行政执法支队投诉中心
宁德市公路局古田分局杉洋公路站
南平市住房和城乡建设局武夷新区分局
三明市园林管理局动物园
漳州市住房和城乡建设局审核审批科
莆田市住房和城乡建设局建设管理服务中心
福建省永春碧卿国有林场生产技术股
福建省长泰亭下国有林场办公室
永安市林业局洪田镇林业站
福建省顺昌县国有林场业务部

（摘编：张海生）

2016 年度福建省科学技术奖励

2017 年 9 月 1 日福建省人民政府下发《福建省人民政府关于 2016 年度省科学技术奖励的决定》(闽政文〔2017〕304 号)，主要内容如下：

为全面贯彻党的十八大和十八届三中、四中、五中、六中全会精神，大力实施科技创新驱动发展战略，充分调动和激发科技人员创新创业的积极性和创造性，根据《福建省科学技术奖励办法》的规定，经省科学技术奖励委员会评审，省政府决定，授予洪茂椿院士福建省科学技术重大贡献奖；授予“平面三角构型紫外非线性光学晶体的结构设计与生长”等 2 项成果福建省自然科学奖一等奖，授予“我国四种主要水稻病毒突破介体昆虫传播屏障的机制”等 4 项成果福建省自然科学奖二等奖，授予“影像探针功能化设计与细胞/分子标记示踪”等 4 项成果福建省自然科学奖三等奖；授予“印染用可控型还原剂及关键技术”等 2 项成果福建省技术发明奖二等奖，授予“内墙涂料组合物研发及产业化”等 4 项成果福建省技术发明奖三等奖；授予“智能化多媒体通信系统及终端关键技术研发与产业化”等 16 项成果福建省科学技术进步奖一等奖，授予“超吸水纤维非织造布研制及其应用”等 51 项成果福建省科学技术进步奖二等奖，授予“钢铁制件表面高性能防腐处理关键技术”等 108 项成果福建省科学技术进步奖三等奖。同时，对上述获奖者颁发奖状、证书和奖金。

希望获奖的科技工作者珍惜荣誉，再接再厉，充分发挥科技创新的模范带头作用，勇攀高峰，再创佳绩。各级、各部门和广大科技工作者要认真贯彻落实全国科技创新大会精神，继续发扬求真务实、勇于创新的科学精神，奋发进取，积极作为，不断提高自主创新能力，为加快推进新福建建设和确保如期全面建成小康社会作出更大贡献。

一、福建省科学技术重大贡献奖（1 人）

序号	姓　名	工作单位
1	洪茂椿	中国科学院福建物质结构研究所

二、福建省科学技术奖（共 191 项）

序号	项　目　名　称	完　成　单　位	完　成　人
		自然科学奖（10 项）	
		一等奖	
1	平面三角构型紫外非线性光学晶体的结构设计与生长	中国科学院福建物质结构研究所	叶　宁、王时超、邹国红、罗　敏、刘　华
2	海洋酸化对初级生产过程的影响、机制及其生态效应	厦门大学	高坤山、徐军田、高　光、金　鹏、吴亚平

续表

序号	项　目　名　称	完　成　单　位	完　成　人
		二等奖	
1	我国四种主要水稻病毒突破介体昆虫传播屏障的机制	福建农林大学	魏太云、贾东升、陈　倩、陈红燕、毛倩卓
2	高性能渗透汽化膜的设计与合成	厦门大学	刘庆林、张秋根、陈建华、熊　鹰、吴建洋
3	直觉模糊多属性决策理论方法及应用	福州大学	李登峰、陈国宏、黄志刚
4	免疫层析定量测试及其生化反应模型研究	福州大学、厦门大学	李玉榕、曾念寅、姜海燕
		三等奖	
1	影像探针功能化设计与细胞/分子标记示踪	厦门大学、福州大学	刘　刚、杨黄浩、陈小元、徐秀琴、王骁勇
2	纳间隙结构的表面增强拉曼效应及表征新技术	厦门大学	吴德印、任　斌、田中群、黄逸凡、赵刘斌
3	不确定性数据降维的蚁群优化理论与方法	厦门理工学院	陈玉明、李　伟
4	带干扰的模型参数估计与递归学习算法	福州大学	夏又生
		技术发明奖（6 项）	
		一等奖（空缺）	
		二等奖	
1	印染用可控型还原剂及关键技术	福州大学、石狮市清源精细化工有限公司、福建清源科技有限公司	刘明华、刘剑锋、蒋晓丽、郑福尔、刘以凡
2	基于高效信道匹配的浅海水声通信技术	厦门大学	童　峰、许肖梅、陶　毅、陈友淦、陈东升
		三等奖	
1	内墙涂料组合物研发及产业化	福建皓尔宝新材料科技有限公司、闽南师范大学	刘佳铭、叶　飞、朱文明、胡世荣、杨天隆
2	镍氢电池新型配方和焊接工艺关键技术的研发及应用	泉州劲鑫电子有限公司	陈端典、陈文明、李培坤
3	带维护提醒的龙头式多功能直饮水净水器	泉州万利得节能科技有限公司	汤艺文、吴子斌、张国亮、李国清、沈炎标
4	杂交水稻－两系“光温敏不育系”可控制繁育系统	厦门永华光电科技股份有限公司	夏庆国、李新奇、夏　爽、袁定阳
		科学技术进步奖（175 项）	
		一等奖	
1	智能化多媒体通信系统及终端关键技术研发与产业化	厦门大学、福州大学、福建新大陆通信科技股份有限公司、福建三元达通讯股份有限公司	石江宏、苏凯雄、吴晓芳、张　进、陈凌宇、黄海峰、沈少阳、洪学敏、王献飞、何劲财

续表

序号	项 目 名 称	完 成 单 位	完 成 人
2	变压器超高频（UHF）局部放电检测技术研究与应用	国网福建省电力有限公司电力科学研究院、华北电力大学、国网福建省电力有限公司检修分公司、国网电力科学研究院武汉南瑞有限责任公司、国网北京市电力公司、国网安徽省电力公司蚌埠供电公司	陈金祥、陈玉树、齐　波、郑书生、施广宇、唐志国、王　伟、李成榕
3	重大工程灾备电源关键技术与产业化	漳州科华技术有限责任公司、浙江大学、厦门科华恒盛股份有限公司	陈四雄、徐德鸿、苏先进、陈　敏、曾奕彰、董德智、王志东、杜　伟、李　睿、林艺成
4	燃煤电厂湿式电除尘系统	福建龙净环保股份有限公司	罗如生、林国鑫、林　翔、郑岩峰、杨　丁、黄建华、张　瑾、戴海金、钟德楠、彭宇泉
5	高端自润滑关节轴承研发及产业化	福建龙溪轴承（集团）股份有限公司、厦门大学、福州大学	陈志雄、曾凡沛、戴李宗、卢金忠、杨晓翔、王兆昌、许志宏、何两加、邱志辉、吴世榕
6	60MN叠加式力标准装置	福建省计量科学研究院、福州大学	姚进辉、许　航、池　辉、陈心东、杨晓翔、郭贵勇、王秀荣、赖征创、梁　伟、林　硕
7	夏热冬暖气候区绿色建筑关键技术与产品的研究应用	福建省建筑科学研究院、福建省建筑设计研究院、华侨大学、福建建工建材科技开发有限公司、福建工程学院、福建师范大学、福建省建研工程顾问有限公司、泉州市丰泽区建设工程质量监督站	赵士怀、黄夏东、王云新、郑敏升、梁章旋、胡达明、侯伟生、高庆强、薛宗明、张志昆
8	杉木速生优质高产新品种定向选育研究与应用	福建省林业科学研究院、南京林业大学、福建省洋口国有林场、福建省沙县官庄国有林场、福建省林木种苗总站、福建省将乐国有林场	郑仁华、施季森、陈孝丑、谢国阳、边黎明、许鲁平、欧阳磊、李　勇、李林源、方禄明
9	兰科植物系统分类、资源保育与产业化应用	福建农林大学、深圳市兰科植物保护研究中心、福建连城兰花股份有限公司、福建虎伯寮生物集团有限公司	兰思仁、刘仲健、翟俊文、张国强、何碧珠、吴沙沙、李明河、彭东辉、陈世品、刘江枫
10	福建红壤区水土保持—循环农业耦合开发模式与技术集成创新	福建省农业科学院农业生态研究所、福建省农业科学院畜牧兽医研究所、福建农林大学、福建师范大学地理研究所、福建森辉农牧发展有限公司、长汀县枫林生态农业有限公司	翁伯琦、罗旭辉、邢世和、陈松林、高承芳、赖友辉、范小明、张锦宇、应朝阳、林旗华
11	芽孢杆菌新资源挖掘及其生防菌剂的创制与应用	福建省农业科学院农业生物资源研究所、东莞市保得生物工程有限公司、厦门市江平生物基质技术股份有限公司	刘　波、肖荣凤、刘国红、王阶平、车建美、陈　峥、朱育菁、孙旭生、毛光平、夏江平

续表

序号	项目名称	完成单位	完成人
12	金柑加工及综合利用关键技术的创新与产业化	福建农林大学、福建省轻工业研究所、福建赛福食品检测研究所有限公司、福建省闽中有机食品有限公司、福建省潘氏食品有限公司	张　怡、曾红亮、欧霖拱、王建新、郑宝东、陈日春、林梅西、潘建聪、黄秀娟、郑冰昕
13	急性冠脉综合征区域协同救治体系的创新及应用示范	厦门市心血管病医院	王　焱、王　斌、肖国胜、叶　涛、常　贺、江宏飞、程　晔、戴翠莲、温红梅
14	胃转流术对人体代谢性疾病的治疗研究	南京军区福州总医院	王　瑜、王　烈、邹忠东、王　冰、陈少全、郑　丰、宋京翔、涂小煌、祁亚峰
15	经后路全脊椎切除/次全切除治疗脊柱伤病的临床研究	中国人民解放军第一七五医院	林　斌、刘庆军、陈志文、刘　晖、丁真奇、郭志民、蔡弢艺、何明长、陈志达
16	移植肾脏病理的基础与应用研究	南京军区福州总医院	郭君其、郑智勇、谭建明、余英豪、吴卫真、杨顺良
		二等奖	
1	超吸水纤维非织造布研制及其应用	福建恒安集团有限公司、福建恒安卫生材料有限公司、浙江理工大学	张富山、祝二斌、孙晓丽、罗梅芳、郑旭明、戴　飞、吴晓彪
2	沿海腐蚀环境输变电工程防护新材料的研制及应用技术	国网福建省电力有限公司电力科学研究院、全球能源互联网研究院、国网福建省电力有限公司泉州供电公司、国网福建省电力有限公司检修分公司、国网福建省电力有限公司厦门供电公司、国网福建省电力有限公司莆田供电公司	陈　新、林德源、韩　钰、蔡振才、陈　云、陈云翔、马　光
3	3104H19 易拉罐罐体用铝合金带材	中铝瑞闽股份有限公司	黄瑞银、廖明顺、罗筱雄、冉继龙、林梅钦、刘　旺、陈　聪
4	高品质 LED 照明与显示关键技术的研发及产业化	厦门大学、厦门华联电子有限公司、厦门强力巨彩光电科技有限公司、厦门烯成石墨烯科技有限公司	陈　忠、沈亚锋、蔡伟伟、陈　朝、吕毅军、陈　杰、朱志强
5	零待机功耗继电器高效、清洁制造技术的创新	厦门宏发电声股份有限公司	谭忠华、吴京洧、林　晶、刘金枪、林正极、林景煌、樊孝华
6	低温多晶硅液晶显示屏	厦门天马微电子有限公司	曾章和、王　磊、李俊谊、沈柏平、陈世昌、杨康鹏、周　婷
7	面向下一代互联网的分组通信数据网关键设备研发及产业化	锐捷网络股份有限公司、工业和信息化部电信研究院、福建省广播影视集团	林东豪、姚　辉、蒋林涛、陈若凡、宋树迎、徐　涛、彭晓军
8	全网通北斗智能手机研发和产业化	联想移动通信科技有限公司、联想移动互联科技（厦门）有限公司	林　楠、肖荣彬、刘　瑾、胡建锋、李　丛、夏　仓、杨　宇

续表

序号	项 目 名 称	完 成 单 位	完 成 人
9	提高配电网故障处理能力关键技术研究与开发	国网福建省电力有限公司电力科学研究院、国网福建省电力有限公司厦门供电公司、山东理工大学	李天友、徐丙垠、李伟新、陈 彬、张功林、陈敏维、王庆华
10	福建与浙江特高压联网关键技术与工程应用	国网福建省电力有限公司、国网福建省电力有限公司经济技术研究院、福建省电力勘测设计院、中国电力工程顾问集团西南电力设计院有限公司	郑家松、林 峰、林章岁、李天友、林志和、雷 勇、陈允清
11	主动应对突发事件的电网全景应急救援关键技术及应用	国网福建省电力有限公司、厦门亿力吉奥信息科技有限公司、全球能源互联网研究院、国网福建省电力有限公司电力科学研究院、中国电力科学研究院、徐州海伦哲专用车辆股份有限公司	李功新、周 刚、余尔汶、施明泰、李传栋、于 振、王庆华
12	XGHF51/1/26（200英寸）全电脑多梳带压纱板经编机	福建省鑫港纺织机械有限公司	郑依福、郑春乐、赖秋玉、郑春华、郑自海、谢春旺
13	水性膨胀型饰面防火涂料的研发及产业化应用	福建南烽防火科技有限公司、厦门大学	刘清良、刘清凤、许一婷、郭春娥、蔡美聪、黄金福、罗伟昂
14	现代泵送混凝土控制技术及新型保坍保水新材料的研究开发	科之杰新材料集团有限公司、厦门天润锦龙建材有限公司、福建省混凝土工程技术研究中心	方云辉、柯余良、蒋卓君、张小芳、赖广兴、官梦芹、刘君秀
15	高安全陶瓷隔膜及其在动力锂离子电池中的应用	厦门大学、中航锂电（洛阳）有限公司	赵金保、肖亚洲、怀永建、张 鹏、潘芳芳、王 静、王海文
16	食品快检预处理技术与应用	福州大学、睿科仪器（厦门）有限公司、厦门斯坦道科学仪器股份有限公司	张 兰、林志杰、汤新华、陈国南、刘 薇、童 萍、卢巧梅
17	特种设备结构安全的无损检测与评价新技术研究和工程应用	福州大学、厦门市特种设备检验检测院	钟舜聪、伏喜斌、姚立纲、黄学斌、杨晓翔、龚凌诸、张秋坤
18	液压锁紧切石机关键技术及应用	福建省晋江市和盛机械有限公司	苏金恒、张彩虹、吴福建、苏友谊、苏比赛、苏金溢、苏金钜
19	巨型子午线轮胎高效高品质成型装备关键制造技术与应用	福建建阳龙翔科技开发有限公司、福建工程学院	戴造成、谢济兴、沈国雄、王乾廷、潘 辉、崔志香、郑真真
20	港口大型起重机安全性及可靠性关键技术研究与应用	福建省特种设备检验研究院	曾钦达、张树忠、袁 征、郑祥盘、张 冲、郑仲浪、李晓宁
21	工程机械高效节能与主动安全技术创新及应用	厦门大学、厦门厦工机械股份有限公司	侯 亮、祝青园、黄鹤艇、卓继文、王少杰、陈鹰龙、崔战胜
22	福建省财政管理一体化信息系统关键技术研究与应用	福建省财政信息中心、北京用友政务软件有限公司、深圳市龙图软件有限公司、福建博思软件股份有限公司、北京中科江南信息技术股份有限公司	林梦尘、官华东、胡 波、刘 昕、张 岸、张毅东、朱元伟

续表

序号	项　目　名　称	完　成　单　位	完　成　人
23	嵌入式二维码识读引擎智能影像技术	福建新大陆自动识别技术有限公司	刘荣生、陈文传、张义锦、吴志宇、罗　烽
24	基于大数据的道路运输智能交通信息服务系统及其终端	厦门雅迅网络股份有限公司、福建工程学院、福建省交通信息通信与应急处置中心	邹复民、韦昌荣、罗冠伟、蒋新华、余建成、廖律超、邱　淮
25	跨海预应力混凝土连续刚构桥健康监测与养护评价技术	福建省福宁高速公路有限责任公司、福州大学、福建省高速公路有限责任公司	蔡建辉、夏樟华、陈荣刚、宗周红、林友勤、黄声浦、张聿盛
26	环境友好植物纤维树脂基复合材料制备关键技术及产业化应用	福建农林大学、福建省林业科学研究院、福建金森集团股份有限公司、福建海博斯化学技术有限公司、福建鑫华股份有限公司	邱仁辉、刘文地、陈　涵、王国熙、张新聪、吴　锐、林华忠
27	海产鱼类罐头食品加工技术的集成创新与应用	集美大学、福建省东山县海魁水产集团有限公司、荣成泰祥食品股份有限公司	刘光明、曹敏杰、黄松江、李钰金、苏文金、蔡秋凤、张凌晶
28	大直径钢顶管穿越复杂海床建设的成套技术开发及工程应用	厦门水务集团有限公司、上海交通大学、上海市政工程设计研究总院（集团）有限公司、上海金山市政建设（集团）有限公司、厦门兴海湾工程管理有限公司	李清华、费霞丽、成　果、王建华、陈锦剑、吴绍珍、胡志勇
29	新型钢—混凝土组合结构理论和应用关键技术	福建农林大学、福建省永正工程质量检测有限公司、深圳信息职业技术学院、华汇工程设计集团股份有限公司	廖飞宇、林挺伟、尧国皇、李永进、肖景平、张伟杰、韩　浩
30	新一代 TMCP 工艺减量化中厚板生产技术的研究及应用	福建省三钢（集团）有限责任公司、福建三钢闽光股份有限公司、东北大学	陈军伟、王国栋、何天仁、王昭东、田　勇、詹光曹、胡真明
31	铜电积高效与清洁生产关键技术	紫金矿业集团股份有限公司	衷水平、张兴勋、张　鹏、赖桂华、张焕然、申开榜、陈　鹏
32	超视距透雾镜头	福建福光股份有限公司、福州大学	肖维军、王卫星、汪建平、陈良琴、屈立辉、李　娟、周宝藏
33	小叶红豆等 4 个珍稀树种高效繁育技术体系研究及推广	福建农林大学	何碧珠、刘　爽、刘福辉、陈金章、何官榕、邹小兴、朱波风
34	桉树优良促生功能菌的筛选及其促进桉树生长的应用研究	福建农林大学	吴承祯、谢安强、洪　滔、陈　灿、林勇明、林　晗、范海兰
35	福建红黄壤茶园与旱地沃土技术模式研究与示范	福建省农业科学院土壤肥料研究所	黄东风、章明清、李　昱、王煌平、李清华、林新坚、王利民
36	草莓品种选育应用与品质相关基因分析研究	福建省农业科学院作物研究所、福州市蔬菜科学研究所	朱海生、花秀凤、温庆放、陈　铣、陈爱华、李永平、陈敏氡

续表

序号	项 目 名 称	完 成 单 位	完 成 人
37	重要作物害虫诱杀技术及产品研发应用	福建省农业科学院植物保护研究所、漳州市英格尔农业科技有限公司、漳州市中海高科生物科技有限公司	魏　辉、陈丽萍、陈艺欣、王长方、林志平、田厚军、林　硕
38	南方李柰种质资源评价与创新利用	福建省农业科学院果树研究所	叶新福、周丹蓉、方智振、廖汝玉、潘少林、姜翠翠、曾洪挺
39	水产蛋白金属修饰肽—魔芋葡甘聚糖偶联功能化及应用关键技术研究	福建农林大学、浙江海洋大学、宁德职业技术学院、福建岳海水产食品有限公司、胜田（福清）食品有限公司、福州素天下食品有限公司	邓尚贵、庞　杰、吴先辉、霍健聪、何明祥、张　宾、林慧敏
40	红曲黄酒酿造微生物资源挖掘及应用	福州大学、福建省宏盛闽侯酒业有限公司	倪　莉、张　雯、刘志彬、饶平凡、吕旭聪、许　景、瞿晋松
41	东南沿海浅海五种特色经济底栖动物资源恢复技术集成与示范	福建省水产研究所、厦门大学、中国水产科学研究院南海水产研究所、浙江省海洋水产养殖研究所、福建师范大学、福建省水产技术推广总站	曾志南、柯才焕、陈丕茂、柴雪良、高如承、林国清、尤颖哲
42	食管发育关键信号通路在食管癌发生发展及预防治疗中的作用	南京军区福州总医院	兰小鹏、刘宽灿、林宝顺、王　雯、高安定、张　蕊、胡　琼
43	产后出血发病机制及其防治的研究	福建省妇幼保健院（福建省妇儿医院）	颜建英、陈文祯、廖秋萍、黄科华、黄晓燕、李艳华、张肖民
44	涎腺腺样囊性癌的基础和临床应用研究	福建医科大学附属口腔医院、福建医科大学附属第一医院、福建医科大学	卢友光、郑大利、苏柏华、丁林灿、林李嵩、施　斌、邱　宇
45	乙型肝炎病毒新变异及临床治疗预测的研究	厦门大学	任建林、潘金水、巴亚斯古　楞、许鸿志、袁　权、刘赟鹏、肖传兴
46	梅毒系列检测技术的建立及其临床应用	厦门大学附属中山医院	杨天赐、童曼莉、牛建军、刘莉莉、林丽蓉、张惠林、郑维红
47	肿瘤个体化基因诊断系列试剂产品的研制及产业化	厦门艾德生物医药科技股份有限公司	郑立谋、朱冠山、阮　力、宋庆涛、江风阁、施伟杰、黄蛤目
48	登革病毒抗原制备及抗体快速检测试剂盒研制	福建省疾病预防控制中心、厦门市波生生物技术有限公司、泉州市第一医院	翁育伟、张志珊、严延生、张长弓、王金章、沈浩龙、黄　萌
49	原发性肺癌分子流行病学研究	福建医科大学	蔡　琳、何　斐、张作风、林　勇、何保昌、林　涛
50	脑卒中后运动功能障碍中医康复临床和基础研究	福建中医药大学、福建中医药大学附属康复医院、福建中医药大学附属第二人民医院	陈立典、陶　静、杨珊莉、黄　佳、柳维林、薛偕华、洪江从
51	骨科高值耗材技术创新平台建设	大博医疗科技股份有限公司	

续表

序号	项 目 名 称	完 成 单 位	完 成 人
		三等奖	
1	钢铁制件表面高性能防腐处理关键技术	福建宏贯路桥防腐科技股份有限公司	罗贯虹、李瑞平、罗长虹、邓正鸿、王　强
2	高效能智能化LED集成模组关键技术及产业化	富顺光电科技股份有限公司	何仲全、陈建顺、陈勇财、王秀莲、李松溪
3	高清智能的舞台用LED移动显示屏的技术研发及产业化	厦门强力巨彩光电科技有限公司、厦门理工学院、厦门市产品质量监督检验院	王素彬、朱文章、史　园、徐慧能、许英朝
4	智能远程测距技术研发及规模应用	福建汇川物联网技术科技股份有限公司	郑　文、林　升、林　文
5	面向三网融合的全业务多媒体智能终端软件的产业化	福建星网锐捷通讯股份有限公司	林善和、陈嗣文、钟添华、刘寿峰、叶　辉
6	基于多制式多通道共缆传输信号覆盖系统	中邮科通信技术股份有限公司	张健荣、范叔亮、陈群峰、谭金生、林　玮
7	动力电池组工况模拟测试系统	福建星云电子股份有限公司	李有财、陈木泉
8	优质电力园区关键技术示范应用	国网福建省电力有限公司厦门供电公司、全球能源互联网研究院、国网北京市电力公司、华北电力大学	苏雪源、刘文亮、赵国亮、吴文宣、熊　军
9	电网安全稳定诊断分析系统开发及应用	国网福建省电力有限公司、浙江大学	余秀月、郭瑞鹏、杨桂钟、王建全、黄文英
10	面向生态城市的现代配电网主动控制与高效运营关键技术及应用	国网福建省电力有限公司厦门供电公司、中国电力科学研究院、国网福建省电力有限公司电力科学研究院、国网北京市电力公司	丛　阳、苏　剑、熊　军、苏雪源、刘文亮
11	电力大数据平台关键技术研发与应用	国网福建省电力有限公司、国网信通亿力科技有限责任公司、国网四川省电力公司	叶　勇、许元斌、吴　飞、邹保平、蔡宇翔
12	新一代智能变电站设计关键技术研究	国网福建省电力有限公司经济技术研究院、福建省电力勘测设计院、国网福建省电力有限公司龙岩供电公司、国网福建省电力有限公司漳州供电公司	陈旭海、彭传相、魏志强、王庆华、林志和
13	快充消费类电子产品线开发	宁德新能源科技有限公司	王升威、余红明、方占召、高　潮、骆福平
14	台湾海峡复杂条件海上风机高桩承台基础技术研究	福建省水利水电勘测设计研究院	李祖发、甘　毅、张金福、董　钿、王桂兰
15	输电线路狭小空间带电检修作业技术和工具的开发与应用	国网福建省电力有限公司泉州供电公司、国网安徽省电力公司淮南供电公司	吴志成、陈永红、罗国档、郭建钊、杨昌加
16	轨道式电缆隧道巡检与灭火复合机器人系统研制与应用	国网福建省电力有限公司厦门供电公司、山东康威通信技术股份有限公司、国网安徽省电力公司电力科学研究院、国网北京市电力公司	严有祥、陈朝晖、杨震威、张伟刚、林智雄
17	微孔型水性功能性纺织品涂层关键材料开发及产业化	龙之族（中国）有限公司、四川大学	罗耀发、杜宗良、成　煦、蒋荣华、王海波
18	汽车内饰用生态超纤新材料系列产品研发及产业化	福建华阳超纤有限公司	张　哲、黄东梅、孙　灿、马兴元、冉　斌

续表

序号	项 目 名 称	完 成 单 位	完 成 人
19	污染源在线监测计量标准化关键技术研究与应用	福建省计量科学研究院	罗 峰、黄 伟、卓晓丹、许 航、汤新华
20	绿色阻燃工程塑料产业化关键技术集成与推广应用	福建师范大学、福建工程学院、福建奥峰科技有限公司、厦门德丰行塑胶工业有限公司	肖荔人、陈荣国、钱庆荣、刘希荣、陈庆华
21	高性能摩托车轮胎研制及产业化	正新（漳州）橡胶工业有限公司	曹和胜、刘庆煌、罗华松、张垂和、陈益珊
22	有机溶剂回收柱状活性炭成果转化项目	福建省鑫森炭业股份有限公司	林 锴、林 树、徐雪玲、张 蕾、林雯怡
23	废弃软饮料包装材料及铝塑复合膜边废料的综合回收开发利用	漳州市陆海环保产业开发有限公司、厦门陆海环保股份有限公司	谢奕斌、江凤凤、王 华、王智峰、陈建发
24	污水循环利用技术的研发与应用项目	福建龙马环卫装备股份有限公司	黄秋芳、陈 隆、黄 彪、谢永芳、曾祥林
25	烟气脱硝催化剂检测与评价技术研发及其应用	中国科学院城市环境研究所	陈进生、王金秀、江长水、陈衍婷、尹丽倩
26	三维非对称氟醚复合滤料关键技术及应用	厦门三维丝环保股份有限公司	蔡伟龙、郑智宏、郑锦森、罗祥波、王 巍
27	地表富营养化污染水体处理关键技术研究及应用	华侨大学、厦门环宇卫生处理有限公司	洪俊明、黄柏山、黄全佳、苏树明、陈耀群
28	板料成形性能参数数据库构建与覆盖件冲压回弹评价与控制	华侨大学	江开勇、林俊义、刘 斌、刘 华、黄常标
29	载货汽车铸钢桥壳轻量化关键技术	龙岩盛丰机械制造有限公司	张兴禄、卢森加、张红艳、赖振城、卢炳加
30	离心铸造气缸套数字化精密成形技术的研究与产业化应用	三明学院、福建汇华集团东南汽车缸套有限公司	吴 龙、高 浩、魏茂金、晋芳伟、刘建军
31	重型有轨自由穿梭物流系统	厦门思尔特机器人系统股份公司	陈成芳、杨冬云、冯清华、廖 强、蒋炳翔
32	稻米智能化计量包装系统集成	漳州佳龙科技股份有限公司	蔡松华、王志强、曾艺宾、王桂桐、卢远计
33	JGM825 前移式多功能叉装车	福建晋工机械有限公司	赵家宏、张文中、王 斌、董明堂、郭剑平
34	数字化城市管理云服务平台及产业化推广	福州市勘测院	高昭良、黄 磊、郑艳芬、陈能成、陈旭日
35	基于云计算的通信与信息融合管理平台	中邮科通信技术股份有限公司	林 宇、郑生华、李正茂、郑 锴、林贤标
36	跨平台内存泄漏检测分析系统	福建师范大学、中邮科通信技术股份有限公司	肖如良、赖克中、蔡声镇、林贤标、杜 欣
37	空地一体化多媒体指挥平台	南威软件股份有限公司	侯济恭、高稳仁、黄智珍、缑 锦、陈旭波
38	国家级电子文件管理系统	福建亿榕信息技术有限公司、国网福建省电力有限公司、国网信息通信产业集团有限公司	倪时龙、石家标、林振天、翁 非、陈又咏
39	智慧家庭人机交互平台关键技术及应用	厦门盈趣科技股份有限公司、福州大学、厦门出入境检验检疫局检验检疫技术中心、厦门盈点科技有限公司	韩崇山、陈建成、郑相涵、钟扬贵、吴新坤

续表

序号	项　目　名　称	完　成　单　位	完　成　人
40	面向公共安全的网络舆情感知云平台研制与产业化	福州大学、福建省闽保信息技术股份有限公司	廖祥文、郭文忠、魏晶晶、周　伟、郑剑斌
41	84米双体半潜自航式居住辅助平台	福建省马尾造船股份有限公司	占玉金、周　建、林　重、黄俊华、罗益根
42	新能源客车动力系统总成	福建万润新能源科技有限公司	黄　键、雷学国、李芳慧、李大敏、钟毅铭
43	福建省高速公路沥青路面材料、结构技术提升与示范应用	福建省高速公路建设总指挥部、交通运输部公路科学研究院、三明建泰高速公路有限责任公司、莆田莆永高速公路有限责任公司	潘向阳、严二虎、杨金栋、高晓影、曾俊铖
44	城市既有跨线桥整体比例同步顶升施工关键技术	中交第三航务工程局有限公司厦门分公司	邱湧彬、廖玉珍、伊左林、陈通生、李泽源
45	高墩大跨弯梁桥预防性养护和健康状况自动预警系统技术研究与应用	福建省交通科学技术研究所、福州大学	陈锦辉、宗周红、林建凡、陈朝慰、夏樟华
46	重载交通水泥混凝土桥面铺装维修改建技术研究	福建省南平市公路局、福州大学、福建省公路管理局	陈寿明、余清华、袁文豪、胡昌斌、江骏汉
47	多雨冲沟区在役桥梁桩基础工程安全评价及其维护技术研究	福建省公路管理局、长安大学	王增贤、冯忠居、叶岩邦、方德铭、刘祖希
48	福建公路隧道超前地质预报技术研究	福建省高速公路有限责任公司、南平京台高速公路有限责任公司、中国科学院武汉岩土力学研究所	赵宣宪、朱中全、焦玉勇、陈礼彪、唐勇三
49	航标远程监控信息化管理与综合服务一体技术研究	集美大学、交通运输部东海航海保障中心厦门航标处、厦门海源盛航标科技有限公司	张杏谷、项　鹭、郑佳春、黄鹏飞、邵进兴
50	功能热塑性复合发泡材料关键技术开发及示范推广	福州大学、泉州三盛橡塑发泡鞋材有限公司	郑玉婴、林　为、郑辉东、王月香、陈栋阳
51	LED照明产品自动化组装生产线	立达信绿色照明股份有限公司	汤茂平、李江淮、李永川、张　洋、刘丹青
52	60%再生浆在高透明礼品包装纸中应用的研究	福建省晋江优兰发纸业有限公司	林家发、曾碧芬、苟　杰、甘木林、何县香
53	软胶囊产品质量控制的关键技术及产业化研究	厦门理工学院、国药控股星鲨制药（厦门）有限公司	彭彦卿、邓兴旺、陈李清、许福春、张　辑
54	海藻经济多糖改性酶的发酵生产及应用技术开发	集美大学、绿新（福建）食品有限公司、福建省绿麒食品胶体有限公司	肖安风、姜泽东、洪清林、郭东旭、林坤城
55	非盐腌低糖蜜饯制品加工关键技术的开发与应用	福建农林大学、福建龙岩晋龙食品有限公司、福建省永泰县顺达食品有限公司、漳州含羞草食品有限公司	郭泽镔、何天愿、林　程、郑宝东、王建坤
56	食品中痕量危害物精准检测与结果溯源关键技术研究及应用	福建出入境检验检疫局检验检疫技术中心	杨　方、刘正才、余孔捷、李　捷、唐寰宇
57	福建省水功能区划技术研究与应用	福建省水利水电勘测设计研究院	洪小筠、程永隆、王世场、黄永福、黄向阳
58	高强钢管带颈法兰输电铁塔设计与应用研究	国网福建省电力有限公司、中国电力科学研究院、福建省电力勘测设计院、国网河南省电力公司经济技术研究院	赵金飞、唐自强、杨靖波、翁兰溪、吴　静

续表

序号	项 目 名 称	完 成 单 位	完 成 人
59	H型钢钢框架火灾下稳定计算方法与应用	华侨大学、福建博海工程技术有限公司、厦门安能建设有限公司、福州金隅三旗涂料有限公司	董毓利、彭兴黔、张大山、陈新泉、苏忠高
60	磁控管精密钼组件关键技术的开发及应用	厦门虹鹭钨钼工业有限公司	朱　武、石　涛、郑春财、罗梦文、赖亚洲
61	高纯黄金绿色提取关键技术与装备	紫金矿业集团黄金冶炼有限公司、紫金矿业集团股份有限公司	林泓富、刘亚建、孙根荣、吴卫煌、罗忠岩
62	F4000横机智能控制系统	福建睿能科技股份有限公司	唐宝桃、张国利、林　杰、黄盛桦、魏永祥
63	新型乌龙茶茶叶加工全自动生产线	福建佳友茶叶机械智能科技股份有限公司	陈加友、黄春池、施邦元、江进福、肖美娟
64	福建省风能资源详查与台风大风特性对重大工程的影响研究	福建省气候中心、福建省气象科学研究所	吴　滨、游立军、张容焱、高建芸、蔡义勇
65	闽江流域水资源质量时空变化的系统分析及应用研究	福建省水文水资源勘测局	罗寿泰、黄祖亚、蔡品彦、徐　玮、陈慧萍
66	戴云山羊高繁系的选育及关键配套技术研究	福建省农业科学院畜牧兽医研究所	李文杨、刘　远、陈鑫珠、高承芳、张晓佩
67	富含α—亚麻酸牧草品种筛选及草食动物利用技术	福建省农业科学院农业生态研究所、福建省农业科学院畜牧兽医研究所	冯德庆、黄秀声、陈钟佃、钟珍梅、黄水珍
68	鸭源禽1型副黏病毒病病原学及诊断技术研究与应用	福建省农业科学院畜牧兽医研究所、福建出入境检验检疫局检验检疫技术中心	黄　瑜、傅光华、施少华、程龙飞、白泉阳
69	油料能源用途的竹柏良种选育及栽培关键技术研究	福建林业职业技术学院、福建三明林业学校	黄云鹏、李宝银、周俊新、周小华、黄云玲
70	林地土壤有机碳遥感估测及保持机制研究	福建农林大学、国际竹藤中心、三明学院	刘　健、余坤勇、范少辉、官凤英、姚　雄
71	南方红豆杉观赏型优良种质选择及定向培育技术	明溪县林业科技推广中心、福建农林大学、沙县林业科技推广中心、江西省喜果绿化有限公司	欧建德、周东雄、康永武、董建文、潘　军
72	桉树人工林长期生产力维持关键技术研究	福建农林大学	吴鹏飞、蔡丽平、刘爱琴、李　明、林清锦
73	西洋杜鹃良种繁育技术及园林应用研究	福建农林大学	郑郁善、陈凌艳、郑　宇、何天友、张迎辉
74	冬作区专用型马铃薯新品种选育与产业化开发应用	泉州市农业科学研究所、云南省农业科学院经济作物研究所、福建省晋江福源食品有限公司	凌永胜、李锦泉、林金秀、颜晓晖、隋启君
75	南方红壤山地水土流失区生态修复技术	长汀县枫林生态农业有限公司	范小明、吴远彬、张梅坤、李建江、郭世俊
76	葡萄新品种引进与避雨栽培关键技术集成应用	福建省农业科学院果树研究所、福安市经济作物站、三明市梅列区种植业技术推广中心	雷　龑、王道平、刘鑫铭、詹小敏、陈　婷
77	茯苓松蔸标准化栽培技术研究与应用	福建省农业科学院食用菌研究所、福建省测试技术研究所、福建省邵武市绿农食用菌有限公司、福建省长汀县英海食用菌研究所	蔡丹凤、陈丹红、郑朋武、蔡志欣、朱英飒
78	银耳高效生产技术创新与应用	福建农林大学、福建海源三维打印高科技有限公司	孙淑静、胡开辉、张益晗、朱　虎、林敬兰
79	台湾入闽果树重要病虫害监测技术及防控研究	福建省农业科学院植物保护研究所、福建农林大学、福建省德盛生物工程有限责任公司	李本金、吴梅香、史梦竹、陈庆河、李建宇

续表

序号	项　目　名　称	完　成　单　位	完　成　人
80	重大入侵杂草空心莲子草防控关键技术研发与应用	福建省农业科学院植物保护研究所、中国农业科学院植物保护研究所、中国农业科学院农业环境与可持续发展研究所、江苏省农业科学院	傅建炜、万方浩、张国良、聂亚锋、史梦竹
81	鱼类加工下脚料多元化利用技术	集美大学、福建省水产研究所、石狮正源水产科技开发有限公司、宁德市夏威食品有限公司	翁武银、苏文金、陈　俊、刘光明、吴靖娜
82	肉食品（猪肉）质量安全检测与控制关键技术及设备的研发应用	福州大学、厦门银祥集团有限公司、厦门斯坦道科学仪器股份有限公司	林旭聪、谢增鸿、张志刚、吕海霞、汤新华
83	橄榄精深加工关键及综合技术的研究与应用	福州大世界橄榄有限公司、福建农林大学	刘清培、曾绍校、郑秀丽、田玉庭、郑华淋
84	鲍鱼罐头加工新工艺及附产物酶解研究	福州日兴水产食品有限公司	江铭福、潘超然、赖谱富、刘忠明、黄凤珠
85	高效鳗鲡配合饲料的开发及其在鳗鲡健康养殖全过程中的应用	福建天马科技集团股份有限公司、厦门大学、福建天马饲料有限公司	张蕉南、艾春香、陈庆堂、胡　兵、张蕉霖
86	大黄鱼良种的培育与推广	宁德市富发水产有限公司、宁德市水产技术推广站	韩坤煌、刘招坤、张　艺、黄伟卿、柯巧珍
87	硬壳蛤产业化育苗、养殖与加工技术	福建省莆田市海源实业有限公司、中国科学院海洋研究所、福建省水产研究所、福建农林大学	张　涛、林秋云、李　钧、曾志南、陈丽娇
88	融合多源数据的区域卫生信息综合平台关键技术研究与应用	厦门理工学院、厦门市卫生信息中心、智业软件股份有限公司	朱顺痣、孙中海、陈　坚、王　琰、林开标
89	新生儿坏死性小肠结肠炎发病机制及防治研究	福建医科大学附属第一医院、泉州市儿童医院	吴　斌、李联侨、刘　健、王　红、陈兢芳
90	分子影像在鼻咽癌和食管癌辅助放疗计划及疗效早期评价的临床研究	厦门大学附属第一医院	吴　华、林　勤、李夷民、孙　龙、郑　华
91	内分泌少见病和内分泌肿瘤的临诊应对	福建省立医院	林　纬、黄惠彬、姚　瑾、温俊平、陈　刚
92	分子诊断技术在肾上腺相关疾病中的应用研究	厦门大学附属第一医院	张惠杰、李学军、杨叔禹、林明珠、闫　冰
93	内镜隧道技术在食道疾病的临床应用价值	福建省立医院	梁　玮、郑晓玲、徐丽霞、邓万银、陈文树
94	缺血后处理及骨髓干细胞治疗心肌梗死系列研究	福建医科大学附属协和医院	陈良龙、方　军、范　林、吴黎明、陈湘琦
95	遗传性神经肌肉疾病的临床及机制研究	福建医科大学附属第一医院	陈万金、王　柠、张奇杰、何　瑾、林　翔
96	重症急性胰腺炎全身毛细血管渗漏的特点、机制及临床意义	福建医科大学附属协和医院	黄鹤光、陆逢春、王　锋、陈志耀、方海宗
97	围术期多模式镇痛方案的优化与临床转归	福建省立医院	陈彦青、姚玉笙、林　莹、戴东升、邱良诚
98	肝脏手术围术期脏器保护基础与临床系列研究	福建医科大学附属第一医院、天津市南开医院、福建省立医院	林　群、余剑波、雷立华、宫丽荣、龚捷音
99	老年高血压病人麻醉基础与临床系列研究	福建医科大学附属第一医院	曾　凯、蔡宏达、林献忠、林兰英、杨　庆
100	年龄相关性白内障晶状体蛋白构象变化的机制研究	福建医科大学附属第一医院	徐国兴、傅冷西、谢茂松、黄　焱、郭　健

续表

序号	项目名称	完成单位	完成人
101	基于CT数据心血管图像后处理创新与应用	厦门大学附属中山医院	段少银、蔡国祥、叶　锋、林清池、吕绍茂
102	原发性肝细胞癌切除术后复发与转移的基础与临床研究	厦门大学附属第一医院、第二军医大学东方肝胆外科医院	周彦明、杨甲梅、李　滨、张小峰、吴路鹏
103	非小细胞肺癌诊治的关键技术研究与临床应用	南京军区福州总医院	欧阳学农、陈　雄、陈曦、解方为、余宗阳
104	姜黄素结构改造、剂型筛选与活性评价的系列研究	福建医科大学	许建华、刘　洋、黄秀旺、吴雪梅、吴丽贤
105	突发公共卫生事件监测理论研究与应用	福建省疾病预防控制中心	洪荣涛、欧剑鸣、陈　武、黄文龙、陈彩粼
106	正兴车轮产品技术创新工程建设	正兴车轮集团有限公司	
107	一种复合功能陶瓷LED灯具散热装置的研发及应用	福建省德化福杰陶瓷有限公司	林福文
108	旋转接头防爆防泄漏密封装置及其检测设备的研发与应用	福建省闽旋科技股份有限公司	朱　斌

（摘编：吴　强）

福建省人民政府给予
福建省体育局等四家单位记功奖励

福建省人民政府于2016年1月5日下发《福建省人民政府关于给予福建省体育局等四家单位记功奖励的决定》（闽政文〔2016〕1号），主要内容如下：

2015年10月，第一届全国青年运动会在我省成功举办，取得办赛和竞赛成绩双丰收，是凝聚各方智慧和力量，善谋全局、科学运作、善作善成、惠民共享的成果。在四年的筹办工作中，全省上下改革创新、团结协作、勇于拼搏、敢于担当、争创一流，涌现出了一大批先进单位、先进个人，形成了宝贵的青运精神。

省体育局、福州市体育局、厦门市体育局、福州市公安局等四家单位在青运会筹办过程中，认真履职、积极作为、表现突出、成绩显著。为表彰先进、树立典型，更好地弘扬青运精神，服务福建科学发展跨越发展。根据《公务员奖励规定（试行）》的有关规定，省政府决定，给予省体育局记集体二等功一次，奖励工作经费150万元；给予福州市体育局、福州市公安局、厦门市体育局各记集体三等功一次，各奖励工作经费100万元。

希望受记功表彰的单位再接再厉，以更加饱满的热情、求真务实的作风，为建设“机制活、产业优、百姓富、生态美”的新福建作出新的贡献！

（摘编：孟力坚）

福建省表彰奖励第二十六届中国新闻奖福建省获奖作品

福建省人民政府2016年11月14日于下发《福建省人民政府关于表彰奖励第二十六届中国新闻奖福建省获奖作品的决定》（闽政文〔2016〕397号），主要内容如下：

由中华全国新闻工作者协会主办的第二十六届中国新闻奖评选结果日前揭晓，我省新闻作品获得二等奖2件、三等奖3件。为鼓励我省新闻单位和新闻工作者多出精品力作，唱响主旋律，传播正能量，决定对获得第二十六届中国新闻奖的我省新闻作品给予表彰奖励：

一、表彰荣获第二十六届中国新闻奖二等奖的福州日报新闻漫画《手机时代我们的面孔》、漳州人民广播电台新闻论文《在"一带一路"背景下如何做好对台传播》，各奖励1万元。

二、表彰荣获第二十六届中国新闻奖三等奖的福建省广播影视集团广播消息《福建向金门供水工程今天开工·两岸共饮一江水指日可待》、福建省广播影视集团广播专题《重走台湾义勇队"复疆"路》、泉州广播电视台电视评论《我们需要什么样的中国制造?》，各奖励5000元。

希望受到表彰奖励的相关单位和新闻工作者，再接再厉，再创佳绩。全省新闻单位和广大新闻工作者要深入学习宣传贯彻党的十八届三中、四中、五中、六中全会和习近平总书记系列重要讲话精神，深入持久开展"三项学习教育"和"走转改"活动，牢记"两个巩固"的根本任务，推出更多优秀新闻作品，不断提高新闻宣传的传播力、公信力、影响力，为加快建设机制活、产业优、百姓富、生态美的新福建营造良好舆论氛围。

（摘编：王诗诚）

福建省表彰第十届福建省五好文明家庭

福建省妇女联合会、中共福建省委文明办于2016年5月3日下发《福建省妇女联合会　中共福建省委文明办关于表彰第十届福建省五好文明家庭的决定》（闽妇〔2016〕45号），主要内容如下：

近年来，我省广大妇女和家庭认真贯彻习近平总书记关于家庭建设、家风建设系列重要讲话精神，坚持以培育和践行社会主义核心价值观为主线，以五好文明家庭创建为载体，深入持续地开展了一系列主题鲜明、内容丰富、形式多样、成效显著的家庭文明创建工作，涌现出一大批夫妻和睦、尊老爱幼、科学教子、勤俭节约、邻里互助的家庭典型，为提升家庭文明程度、促进社会和谐做出了积极贡献。

为表彰先进，引导广大妇女和家庭传承中华美德，弘扬文明新风，省妇联、省委文明办决定，授予谷豫东、杨晓云家庭等10户家庭第十届福建省五好文明家庭标兵荣誉称号，授予刘炳、张璐钦家庭等10户家庭第十届福建省五好文明家庭标兵提名家庭荣誉称号，授予齐卫国、张茗芳家庭等100户家庭第十届福建省五好文明家庭荣誉称号。

希望受表彰的家庭珍惜荣誉、再接再厉，更好地发挥典型示范作用，为我省家庭文明建设再立新功。希望全省广大妇女和家庭以先进家庭为榜样，自觉践行社会主义核心价值观，自觉履行社会责任和家庭责任，争做传统美德的传承者、道德规范的实践者、文明风尚的倡导者、公平正义的维护者，以家庭文明建设的新成效，为推动福建发展再上新台阶作出新的更大贡献。

第十届福建省五好文明家庭标兵名单
（10户）

谷豫东、杨小云家庭　　施增英家庭
万建国、赵树霞家庭　　陈金宇、林洪英家庭
王君贤、邱菊珍家庭　　游文晃、陈新洪家庭
刘　云、徐丽芳家庭　　王　健、叶　颖家庭
张书岩、周淑德家庭　　周兴堂、陈明华家庭

第十届福建省五好文明家庭标兵提名家庭名单
（10户）

刘　炳、张璐钦家庭　　胡美论、张丽梅家庭
廖志强、梁小梅家庭　　林晓文、张祝兰家庭
苏志刚、冯敏琴家庭　　陈伟琳、杨惠荣家庭
葛　铭、祝斐明家庭　　柯奋斗、张丽选家庭
傅世宗、张美婵家庭　　孙允索、刘丽敏家庭

第十届福建省五好文明家庭名单
（100户）

福州（10户）

齐卫国、张茗芳家庭　　王星钿、周慧敏家庭
郑坤明、王秀琴家庭　　黄国金、郑敏芳家庭
方炳恒、焦丽云家庭　　孙祖熙、陈少筠家庭
林鼎城、黄犁翠家庭　　陈齐慧、吴　媚家庭
黄依漳、张　凤家庭　　倪瑞富家庭

厦门（10户）

龚诗椿、吴碧云家庭　赵和国、隋　坤家庭
吴庆仁、薛锦恋家庭　颜伦和、许碧莲家庭
康福川、陈秀英家庭　曾铭锋、吴瑞敏家庭
陈金发、陈小琴家庭　蔡国富、张秋媚家庭
彭忠孝、刘晓娟家庭　翟作卫、王卫花家庭

漳州（8户）

程学勤、黄曼枫家庭　许忠道、刘芬芳家庭
陈怀玉、戴丽彬家庭　林文坤、林惠妹家庭
许耿鸿、沈阿清家庭　高和阳、谢珠兰家庭
林建东、石枝丽家庭　叶高发、叶小玲家庭

泉州（8户）

吴家忠、蒋碧玉家庭　万嘉新、魏春蓬家庭
王国华、黄秋美家庭　王维谋、王碧霞家庭
王允澄、蔡琼芳家庭　王家助、杨宝贵家庭
庄金细、庄笑娘家庭　林锦光、潘小梅家庭

三明（8户）

乐相森、邓翠钰家庭　李秋发、陈金轩家庭
王军河、陈晓茹家庭　黄耀鸿、汤红英家庭
蒋清能、陈香玉家庭　王学恩、刘五金家庭
聂龙富、聂清华家庭　江芳德、郑宝珍家庭

莆田（7户）

陈金凤、肖亚菊家庭　郭玉煌、郭少兵家庭
黄国城、林忠英家庭　齐生新、江毓莲家庭
黄林庆、李雪仙家庭　杨国腾、卢花玉家庭
郑恩杲、陈颖颖家庭

南平（7户）

李代姑、欧水华家庭　陈隆平、黄玉姐家庭
张　敏、陈　泱家庭　叶建中、陈　琳家庭
关瑞虎、胡燕芬家庭　高接明、邱小梅家庭
张孝龙、翁玉云家庭

龙岩（5户）

陈清伦、罗　雁家庭　江德茂、赖玉英家庭
张昌桂、曾龙凤家庭　陈周钿、吴丽娜家庭
赖仰周家庭

宁德（5户）

梅永来、郑美容家庭　郑志强、刘静菊家庭
谢世波、宋毓嫦家庭　陈志宝、宋国莲家庭
谢锐光、刘梨媚家庭

平潭综合实验区（2户）

陈必巍、周娇娇家庭　杨琪宋家庭

省直（10户）

黄晓嵩、林冰家庭　谢　颖、杨慧芹家庭
黄　平、陈丽萍家庭　李四能、许红琳家庭
黄剑雄、陈丽辉家庭　兰晓胜、林银香家庭
王　旭、陈建鸿家庭　傅俊强、陈秀红家庭
李亚伦、连　文家庭　熊　焰、孙　玲家庭

省总工会（4户）

张　芸、黄少红家庭　王　珑、陈晓英家庭
陈义岸、叶丽芳家庭　梁道兴、朱美君家庭

厦门航空（2户）

林有钟、林　楣家庭　谢伟杰、胡艳玲家庭

省双拥办（6户）

杨硕峰、张建荣家庭　徐世君、崔泾家庭
张泳强、陈晓云家庭　钟新群、艾显峰家庭
李楷枫、邱钰芬家庭　孙军民、徐艳艳家庭

其他（8户）

吴　迪、陈　婷家庭　杨　敏、洪艳钰家庭
罗红兵、林　芝家庭　黄经生、邱敏华家庭
孙锦峰、王中华家庭　陈斌意、沈　敏家庭
侯前飞、陈丽珊家庭　彭胜利、郭　芳家庭

（摘编：郭　虹）

福建省表彰第三十一届奥运会突出贡献集体和个人

福建省人民政府于2016年9月8日下发《福建省人民政府关于表彰第三十一届奥运会突出贡献集体和个人的决定》（闽政文〔2016〕273号），主要内容如下：

在举世瞩目的第31届奥林匹克运动会上，我省体育健儿顽强拼搏，奋勇争先，4人获得金牌、1人获得银牌、2人获得铜牌，5人获得第四名、3人获得第五名、2人获得第七名、1人获得第八名，对中国体育代表团奖牌贡献位列全国第三，创造了我省参加奥运会有史以来的最好成绩。参加此次奥运会的我省22名运动员、2名教练员为祖国和福建省赢得了荣誉。

为表彰他们取得的优异成绩，省人民政府决定进行以下表彰：

一、授予获得金牌的运动员邓薇、谌龙、徐云丽、林莉及教练员陈勇、黄文红“福建省先进工作者”荣誉称号。

二、给予获得银牌的运动员张彬彬，获得铜牌的运动员段静莉、林超攀记一等功。

三、给予省体育局记集体二等功一次。

希望受表彰的运动员、教练员，继续弘扬奥林匹克精神和中华体育精神，戒骄戒躁，再接再厉，在今后的国内外大赛上再创佳绩，为国争光，为闽增誉。希望全省广大体育工作者和各条战线的同志以获奖运动员、教练员为榜样，争创一流工作业绩，为推动经济社会发展再上新台阶，加快建设“机制活、产业优、百姓富、生态美”的新福建做出新贡献。

（摘编：王诗成）

福建省表彰第十五届残奥会突出贡献运动员和教练员

福建省人民政府于2016年10月27日下发《福建省人民政府关于表彰第十五届残奥会突出贡献运动员和教练员的决定》（闽政文〔2016〕379号），主要内容如下：

在举世瞩目的第十五届残奥会上，我省残疾人体育健儿顽强拼搏，奋勇争先，取得了3枚金牌、5枚银牌、1枚铜牌及7个第四名、2个第五名、1个第六名、3个第七名、3个第八名，并超1项世界纪录、4项残奥会纪录、5项亚洲纪录的优异成绩，充分展现了身残志坚的自强精神和敢拼会赢的福建精神，为祖国和福建省赢得了荣誉。

为表彰他们取得的优异成绩，省人民政府决定进行以下表彰：

一、授予获得金牌的运动员杨丽婉、柯丽婷、靳志鹏“福建省先进工作者”荣誉称号。

二、给予获得银牌的运动员陈鸿杰、衷黄浩、李庭申及教练员郜志强记一等功。

希望受表彰的运动员、教练员继续弘扬奥林匹克精神和自强不息精神，戒骄戒躁，再接再厉，在今后的国内外残疾人体育赛事上再创佳绩，为国争光，为闽增誉。希望全省广大残疾人工作者和各条战线的同志以获奖运动员、教练员为榜样，争创一流工作业绩，为推动经济社会发展再上新台阶，加快建设“机制活、产业优、百姓富、生态美”的新福建作出新贡献。

（摘编：林学军）

第一届全国青年运动会组织筹办工作先进工作者名单

福建省人力资源和社会保障厅、福建省体育局于2016年8月5日下发《福建省人力资源和社会保障厅　福建省体育局关于表彰第一届全国青年运动会组织筹办工作先进工作者的决定》（闽人社文〔2016〕250号），主要内容如下：

第一届全国青年运动会组织筹办以来，在党中央、国务院的正确领导下，在省委、省政府和国家体育总局的指导下，各级党委、政府和有关部门认真贯彻党的十八大和十八届三中、四中、五中全会精神，深入学习习近平总书记系列重要讲话，团结拼搏，扎实工作，圆满完成了各项组织筹办工作，成功举办了一届精彩纷呈的体育盛会，涌现出了一批甘于奉献，积极进取，事迹感人的先进工作者。

为表彰先进，弘扬正气，进一步激励全省人民弘扬青运精神，省人力资源和社会保障厅和省体育局决定，对青运会组织筹办工作中表现突出的马宏等437名先进个人，授予“第一届全国青年运动会组织筹办工作先进工作者”荣誉称号。

希望被授予荣誉称号的先进工作者珍惜荣誉、谦虚谨慎、再接再厉，把青运会的宝贵精神财富转化为推动福建经济社会发展的强大精神力量，凝心聚力，开拓进取，扎实工作，为全面落实“十三五”规划，推动经济社会发展再上新台阶，加快建设机制活、产业优、百姓富、生态美的新福建，做出新的更大的贡献。

第一届全国青年运动会组织筹办工作先进工作者名单

（437名，排名不分先后）

省直机关（89名）

马　宏　李文哲　杨素萍　张名烽　杨大任
胡先希　张红日　黄耿彩　陈建国　李　钟
叶晓珊　郑　芷　温云荣　高　晖　陈　雄
熊文九　林毅坚　张占源　李　杰　缪剑影
杨闽红　吴文先　张长宏　吴晶文　刘珠明
王晓明　吴月树　朱建忠　李　杰　蔡　敏
王琦生　林光斌　潘　岚　姚成林　李宇通
高云清　郑晓珊　陈文波　姚　震　张　萌
杨德林　董开武　林　岑　吴佩琳　赵铠泽
郑　伟　陈华峰　肖金麟　林东武　黄朝阳
兰龙辉　黄博诣　陈　辉　黄小妮　张　雨
何　乐　洪　涛　马晓敏　林　伟　颜隆忠
骆民煌　吴登闽　陈　榕　林　华　章　程
柯良彪　叶厦生　刘东风　郑智勇　陈　凯
柯胜逸　周育玲　邓军勇　周敏新　吴宇红
刘　敏　黄　琛　张振华　黄智锋　徐国辉
林　锋　陈丽红　王小兰　兰邵华　侯玉珠
朱　翔　胡小瑜　杨　斌　黄旭辉

福州市（194名）

梁　栋　陆　辉　林　松　范祥江　陈　知
章小军　陈栩彬　高　颐　陈好安　林　彤
张　真　胡书兴　林　慧　高明星　谢木宁
吴正颜　陈文集　曾国俊　陈建榕　黄其钦

彭　乐　刘华金　张小敏　韩芝玲　李小荣
王　锋　杨志潮　林光明　何晓峰　刘　丹
杨　奇　陈孝申　黄敦蒲　卞晨勇　张海涛
林　琦　梁汉毅　莫素静　陈起平　杨清荃
陈作流　王英伟　林　颖　陈晓斌　林　巍
林家枢　李裕天　陈剑峰　蔡福勇　邓文杰
肖申华　陈　甦　李克亭　唐　亮　肖善颖
刘世用　陈　杰　余新彬　左秋江　邱　瑾
许刘媛　张　卫　张荣荟　张清泉　沈　力
黄　起　兰爱佺　林　诚　陈　晖　刘征颖
卓丹红　魏辅彧　王香华　洪德潮　江必达
高颖虹　徐　融　潘志国　姜　星　张　华
陈荔莉　李木春　林国瑞　曾志云　陈舜敏
黄钦辉　许舜举　黄忠兵　张仰华　吴能森
丁光棋　周　磊　李　艳　王永辉　杨景榕
施腾涛　叶晓瑜　陈永康　陈　勇　郑普明
王志平　陈宗辉　叶　玲　邱长榕　郑　锦
刘文辉　林品华　陈文忠　周　莹　林元彪
李　旭　林财清　林宏秋　程春飚　林绍龙
张　晓　王朝辉　张宏峰　庄晶萍　胡赞锋
黎　明　曾伟东　许剑锋　叶　璐　阮彬彬
林　彤　魏林海　翁玉官　孔黎明　高晓燕
胡　南　钱明燕　熊志敏　吴乙平　龚振彬
江振荣　余巧玲　黄　磊　方　沁　徐锦生
张椿霖　张　玮　黄　辉　黄小红　连锦滨
张　亮　林冬梅　徐金双　金章勋　倪雄师
陈燕翼　林　立　李　晖　沈佳丽　陈南榕杰
朱　敏　王振新　郑　娜　魏世俊　林　靓
胡　武　陈茂贵　伍功亮　陈勤炜　王　强
毛晨熙　许金炎　林敬金　项秀娥　林　玲
陈幼榕　何　健　郑少文　张善禹　陈　杰
颜健康　徐　婷　王茂玲　舒新娟　王炜东
陈芳彬　陈丹宇　张利宇　杨　林　林　飞
林炳晨　周　蕾　林泽瑞　黄　群　陈　玮
陈景华　王　祥　彭道涛　林　衍

厦门市（18名）

沈　萍　赵秋喜　朱凌靖　陈锦建　潘丽琼
陈火金　柯焕章　王　海　高卫国　郑志君
郑智扬　吴吉堂　林真真　张　伟　徐卫华
高　静　曾志川　许建国

漳州市（20名）

盖海峰　冯泽杰　陈中华　方海军　郭瑞德
林维中　陈徐昇　王承瑜　郑建辉　陈　东
尹雄鹰　林贤丽　汤永芬　沈又夫　王龙生
吴瑞煌　彭国南　郭映芬　潘　皓　陈美美

泉州市（21名）

林弘棂　刘显新　林文伟　谢淑华　梁明超
吴金星　吴玉真　曾　莹　郑建龙　吴佳和
陈鹏鑫　侯锦超　李峰溪　庄剑雄　傅清霖
蒋春妹　李曲颖　邱文婷　李丽芳　王高林
曾焕鹏

莆田市（18名）

刘明辉　苏德权　温凤清　何剑峰　纪　平
戴鸿琰　周　蓉　张明池　林青山　林　辉
林国安　林志春　叶建辉　黄晋南　郭文标
吴林峰　陈万气　林清明

三明市（15名）

于修芹　周梅华　马方明　王亚珍　陈淑清
韦海燕　张　翔　陈建国　叶　夏　林国海
邓盛存　傅立天　段加华　白礼杰　俞建明

南平市（17名）

林　勇　彭秀莲　王智勇　林建江　郑崇金
林奇雄　江　峰　韩鲁鸿　王富珠　潘润洲
李　力　李纳新　王　君　刘晓青　杜江伟
梁　军　陈丽萍

龙岩市（14名）

阙文武　王东虹　郭艳琼　赖平生　曹淞明
范大洪　阙泽锋　郭惠琼　曾昭湘　赖金峰
张金明　陈媛媛　汤炅铭　邱健平

宁德市（16名）

王　炜　林毓雄　陈建忠　郑　颖　李庆星
薛金平　孙则茂　苏　宁　林生泽　陈海烽
黄友学　张秋良　郭　志　王　静　黄晶菁
陈晓霞

平潭综合实验区（15名）

高　云　高李杰　施艺辉　周治国　林圣宁
林振泉　高仁琛　杨常清　翁　彬　陈纪仕
林　朱　陈　航　林颖榈　吴小华　吴诚勇

（摘编：张海生）

福建省党校、行政学院系统先进集体和先进工作者名单

2016年7月20日福建省人力资源和社会保障厅、中共福建省委党校、福建行政学院下发《福建省人力资源和社会保障厅　中共福建省委党校　福建行政学院关于表彰全省党校、行政学院系统先进集体和先进工作者的决定》（闽人社文〔2016〕235号），主要内容如下：

近年来，全省党校、行政学院系统广大教职工在省委、省政府的正确领导下，以邓小平理论、“三个代表”重要思想、科学发展观为指导，认真贯彻落实党的十八大、十八届三中、四中、五中全会和习近平总书记系列重要讲话精神，以及《中国共产党党校工作条例》和《行政学院工作条例》，围绕中心、服务大局，开拓创新、真抓实干，为加强全省干部队伍建设，服务福建发展做出了积极的贡献，涌现出一大批先进集体和先进工作者。

为表彰先进，树立典型，鼓舞士气，进一步调动全省党校、行政学院系统广大教职工的积极性、主动性和创造性，增强教职工的进取心和荣誉感，省人力资源和社会保障厅、中共福建省委党校、福建行政学院决定，授予中共福建省委党校福建行政学院中共党史教研部等12个集体为“全省党校、行政学院系统先进集体”荣誉称号，授予胡熠等40名个人为“全省党校、行政学院系统先进工作者”荣誉称号。

希望受表彰的先进集体和先进工作者珍惜荣誉、发扬成绩、谦虚谨慎、再立新功。全省党校、行政学院系统广大教职工要以受表彰的先进集体和先进工作者为榜样，开拓创新、锐意进取，为我省干部教育事业做出新的更大贡献。

全省党校、行政学院系统先进集体名单

（共12个）

中共福建省委党校
福建行政学院中共党史教研部
中共福州市委党校
福州市行政学院
中共厦门市委党校
厦门市行政学院
中共福清市委党校
福清市行政学校
中共厦门市思明区委党校
厦门市思明区行政学校
中共平和县委党校
平和县行政学校
中共晋江市委党校
晋江行政学校
中共建宁县委党校
建宁县行政学校
中共莆田市荔城区委党校
莆田市荔城区行政学校
中共南平市建阳区委党校
南平市建阳区行政学校
中共长汀县委党校
长汀县行政学校
中共福鼎市委党校
福鼎市行政学校

全省党校、行政学院系统先进工作者名单

（共40名）

胡　熠（女）　中共福建省委党校福建行政学院公共管理教研部副主任、教授
孙秀艳（女）　中共福建省委党校福建行政学院马克思主义研究所所长助理、教授
郑益群　中共福建省委党校福建行政学院信息技术部软件应用科科长、副教授
林希国　中共福建省委党校福建行政学院后勤服务处膳食科副主任科员
俞慈珍　中共福州市委党校福州市行政学院政治教研部副主任、教授
王晓香　中共福州市委党校福州市行政学院行政处副主任
牛　君　中共厦门市委党校厦门市行政学院副教授
钱云芳（女）　中共厦门市委党校厦门市行政学院教务处副主任科员
杨宗建　中共漳州市委党校漳州行政学院教授
黄友智　中共漳州市委党校漳州行政学院教务处主任
詹碧英（女）　中共泉州市委党校泉州行政学院教务处主任、教授
林　青（女）　中共泉州市委党校泉州行政学院讲师
陈沈慧（女）　中共三明市委党校三明市行政学院法学教研室主任、副教授
田生海　中共三明市委党校三明市行政学院教务处副主任、副教授
张祖荣　中共莆田市委党校莆田市行政学院行政处副主任、高级会计师
陈　彤（女）　中共南平市委党校南平市行政学院副教授
俞如先　中共龙岩市委党校龙岩市行政学院教授
陈　媛（女）　中共宁德市委党校宁德市行政学院副教授
余深晓　中共福建省委省直机关工委党校中级工
游小文（女）　中共福州市鼓楼区委党校福州市鼓楼区行政学校常务副校长、高级讲师
方建国　中共连江县委党校连江县行政学校常务副校长、讲师
姚行亮　中共长乐市委党校长乐市行政学校讲师
沈丽英（女）　中共厦门市同安区委党校厦门市同安区行政学校高级讲师
艾猷芾　中共厦门市集美区委党校厦门市集美区行政学校高级讲师
詹秀芳（女）　中共华安县委党校华安县行政学校高级讲师
吴顺昌　中共云霄县委党校云霄县行政学校讲师
沈炎贵　中共诏安县委党校诏安县行政学校高级讲师
林　燕（女）　中共泉州市鲤城区委党校泉州市鲤城行政学校高级讲师
林宇琛　中共惠安县委党校惠安行政学校讲师
赵惠英（女）　中共永春县委党校永春行政学校讲师
赖美华（女）　中共宁化县委党校宁化县行政学校高级讲师
周丽华（女）　中共大田县委党校大田县行政学校常务副校长、高级讲师
蔡清东　中共莆田市秀屿区委党校莆田市秀屿区行政学校高级讲师
王仁锦（女）　中共邵武市委党校邵武市行政学校高级讲师
杨世荣　中共武夷山市委党校武夷山市行政学校常务副校长
邱群锋（女）　中共上杭县委党校上杭县行政学校讲师
张文庆　中共漳平市委党校漳平市行政学校办公室主任
余红辉　中共古田县委党校古田县行政学校高级讲师
范秀娜（女）　中共霞浦县委党校霞浦县行政学校高级讲师
詹立新　中共平潭县委党校讲师

（摘编：王诗诚）

福建省妇联系统先进集体和先进工作者名单

福建省人力资源和社会保障厅、福建省妇女联合会于2016年12月21日下发《福建省人力资源和社会保障厅　福建省妇女联合会关于表彰全省妇联系统先进集体和先进工作者的决定》（闽人社文〔2016〕390号），主要内容如下：

2012年以来，在省委、省政府和全国妇联的坚强领导下，全省各级妇联和广大妇女工作者认真学习贯彻党的十八大和十八届三中、四中、五中、六中全会及习近平总书记系列重要讲话精神，贯彻落实省委省政府决策部署和省第九次、十次党代会精神，以“建设新福建、巾帼勇担当”为主题，围绕中心，服务大局，奋发有为，涌现出一批先进集体和先进工作者，为推动我省妇女事业创新发展作出了积极贡献。

为表彰先进，树立榜样，进一步激励全省各级妇联组织和妇女工作者“巾帼创新业·建功十三五”，省人力资源和社会保障厅、省妇联决定，授予福州市仓山区金山街道金洲社区妇联等35个单位“全省妇联系统先进集体”荣誉称号，授予福州市鼓楼区东街街道妇联干事池琳等65名同志“全省妇联系统先进工作者”荣誉称号。

希望受表彰的先进集体和先进工作者珍惜荣誉、发扬成绩、谦虚谨慎、再立新功。希望全省各级妇联组织和广大妇女工作者以受表彰的先进集体和先进工作者为榜样，紧紧围绕“五位一体”总体布局和“四个全面”战略，进一步增强“四个意识”，积极投身“三大工程”“五项行动”，充分发挥妇女在社会生活中的半边天和家庭生活中的独特作用，为促进我省妇女事业改革创新发展，为“再上新台阶、建设新福建”作出新的更大贡献！

全省妇联系统先进集体名单

（35个）

福州市（4个）

1. 福州市仓山区金山街道金洲社区妇联
2. 福州市晋安区妇联
3. 闽侯县白沙镇孔元村妇代会
4. 闽清县妇联

厦门市（3个）

5. 厦门市思明区梧村街道妇联
6. 厦门市湖里区金山街道金安社区妇联
7. 厦门市海沧区新阳街道兴旺社区妇联

漳州市（4个）

8. 龙海市东园镇妇联
9. 漳浦县妇联
10. 平和县妇联
11. 长泰县妇联

泉州市（4个）

12. 泉州市妇联
13. 泉州市鲤城区妇联
14. 晋江市妇联
15. 惠安县净峰镇松村村妇代会

三明市（4个）

16. 大田县妇联
17. 三明市三元区富兴堡街道富兴社区妇联
18. 宁化县妇女儿童活动中心
19. 将乐县高唐镇常口村妇代会

莆田市（3个）

20. 莆田市涵江区妇联
21. 仙游县郊尾镇妇联
22. 莆田市湄洲湾北岸经济开发区山亭镇妇联

南平市（4个）
23. 南平市妇联
24. 南平市延平区妇联
25. 邵武市妇联
26. 浦城县临江镇水东村妇代会

龙岩市（3个）
27. 龙岩市新罗区妇联
28. 武平县妇联
29. 连城县妇联

宁德市（4个）
30. 周宁县妇联
31. 寿宁县竹管垅乡妇联
32. 福鼎市妇联
33. 霞浦县妇联

平潭综合实验区（1个）
34. 平潭综合实验区敖东镇青观顶村妇代会

省妇联机关和直属单位（1个）
35. 省实验幼儿园

全省妇联系统先进工作者名单
（65名）

福州市（8名）
1. 池　琳　福州市鼓楼区东街街道妇联干事
2. 陈　芳　福州市台江区苍霞街道妇联副主席
3. 林　琳　福州市马尾区妇联主席
4. 黄晨莺　福清市妇联主席
5. 陈　枝　长乐市航城街道妇联主席
6. 陈燕金　连江县江南乡梅洋村妇代会主任
7. 林　芳　罗源县松山镇妇联主席
8. 董玉英　永泰县富泉乡芭蕉村妇代会主任

厦门市（5名）
9. 林银玲　厦门市湖里区禾山街道禾山社区妇联主席
10. 陈惠芬　厦门市集美区灌口镇田头村妇代会主任
11. 吴向阳　厦门市同安区洪塘镇石浔社区妇联主席
12. 洪　笑　厦门市翔安区妇联科员
13. 汪根友（男）　厦门市妇联宣传发展部部长

漳州市（8名）
14. 柯丽娟　漳州市芗城区天宝镇妇联主席
15. 郑清玉　漳州市龙文区朝阳镇妇联主席
16. 方淑云　云霄县和平乡妇联主席
17. 李晴珍　诏安县四都镇妇联主席
18. 林艺华　东山县樟塘镇妇联主席
19. 庄姝璠　南靖县妇联主席
20. 梁金华　南靖县南坑镇南高村妇代会主任
21. 李端梅　华安县妇联副主任科员

泉州市（8名）
22. 李　立　泉州市丰泽区妇联妇女儿童工作部部长
23. 赖香菇　泉州市洛江区罗溪镇后溪村妇代会主任
24. 林瑞群　泉州市泉港区妇联主席
25. 林海燕　石狮市宝盖镇妇联主席
26. 欧阳灿灿　南安市妇联副主席
27. 陈瑞锦　安溪县官桥镇妇联副主席
28. 林秀华　永春县石鼓镇妇联主席
29. 周银珠　德化县妇联副主任科员

三明市（8名）
30. 林雯玲　三明市梅列区徐碧街道乾隆社区妇联主席
31. 范秀芳　永安市燕东街道忠义社区妇联主席
32. 吴巧兰　沙县青州镇妇联主席
33. 董淑明　明溪县妇联副主席
34. 吴秀宝　清流县妇女儿童活动中心主任
35. 江　芳　泰宁县杉城镇妇联主席
36. 林文琴　尤溪县城关镇妇联主席
37. 聂秋兰　建宁县均口镇妇联主席

莆田市（5名）
38. 陈淑连　莆田市妇联办公室主任
39. 史美清　仙游县妇联办公室主任
40. 黄雪萍　莆田市城厢区灵川镇妇联主席
41. 林金娥　莆田市秀屿区妇联主席
42. 林风景　莆田市荔城区新度镇沟口村妇代会主任

南平市（7名）
43. 梁秀琴　南平市建阳区潭城街道溪源村妇代会主任

44. 魏　媛　武夷山市妇联综合股股长
45. 王菊英　建瓯市龙村乡龙村村妇代会主任
46. 周韵珍　顺昌县妇联副主席、主任科员
47. 官香英　光泽县妇联副主任科员
48. 邱显荣　松溪县溪东乡妇联主席
49. 张金凤　政和县铁山镇妇联主席

龙岩市（6名）

50. 林长秀　龙岩市妇联党组成员、副主席
51. 阙少华　龙岩市永定区妇联办公室主任、组织宣传部部长
52. 胡　胜　上杭县妇联副主席
53. 熊小莉　长汀县汀州镇新民社区妇联主席
54. 李　芬　漳平市桂林街道妇联主席
55. 黄晓琼　龙岩市经济技术开发区（龙岩高新区）坎市镇妇联主席

宁德市（6名）

56. 高享华　宁德市蕉城区妇联发展权益部部长
57. 兰巧珍　古田县城东街道湖滨村妇代会主任
58. 陈小平　屏南县长桥镇妇联主席
59. 陆秀英　福安市溪潭镇妇联主席
60. 吴碧珠　柘荣县妇联主席
61. 陈　慧　宁德市妇联办公室主任

平潭综合实验区（1名）

62. 念喜琴　平潭综合实验区潭城镇妇联主席

省妇联机关和直属单位（3名）

63. 郭小娟　省妇联机关党委副调研员，省妇联下派驻村第一书记
64. 林木珍　省妇女就业服务中心主任助理
65. 王　斌　省儿童保育院副院长

（摘编：郭　虹）

福建省地方志系统先进集体、先进工作者名单

2016年3月11日福建省人力资源和社会保障厅、福建省地方志编纂委员会下发《关于表彰全省地方志系统先进集体和先进工作者的决定》（闽人社文〔2016〕79号），主要内容如下：

为发扬成绩、鼓励先进，进一步激发各级地方志工作机构和广大方志工作者的积极性和创造性，推动我省地方志事业又好又快发展，省人力资源和社会保障厅、省地方志编纂委员会决定授予福建省地方志编纂委员会省志辅导处等15个单位“全省地方志系统先进集体”荣誉称号，授予林云英等37名同志“全省地方志系统先进工作者”荣誉称号。希望受表彰的先进集体和先进工作者珍惜荣誉、谦虚谨慎，再接再厉、再创佳绩。

全省地方志系统
先进集体名单（15个）

1. 福建省地方志编纂委员会省志辅导处
2. 永泰县地方志编纂委员会
3. 福清市地方志编纂委员会
4. 漳州市地方志编纂委员会
5. 龙海市地方志编纂委员会
6. 晋江市地方志编纂委员会办公室
7. 安溪县地方志编纂委员会办公室
8. 三明市地方志编纂委员会
9. 尤溪县志编纂委员会办公室
10. 莆田市地方志编纂委员会编辑科
11. 建瓯市地方志编纂委员会
12. 武夷山市地方志编纂委员会
13. 周宁县地方志编纂委员会
14. 寿宁县地方志编纂委员会
15. 新罗区地方志编纂委员会

全省地方志系统
先进工作者名单（37名）

1. 林云英　省人大常委会办公厅
2. 苏武荣　省人民政府办公厅
3. 滕　忠　省人民检察院
4. 吴卫云　省公安厅
5. 唐金倍　省财政厅
6. 沈海生　省司法厅
7. 林厚裕　省民政厅
8. 吴作右　省总工会
9. 夏　琳　省妇女干部学校
10. 黄珍珍　省人力资源社会保障厅人事人才研究所
11. 郑凤勇　省物价局
12. 郑小菁　省地震局
13. 蔡启奋　省统计局
14. 刘　仁　南昌铁路局
15. 李　莉　省地方志编纂委员会
16. 高　云　福州市马尾区地方志编纂委员会
17. 陈　挺　长乐市地方志编纂委员会办公室
18. 黄章荣　闽清县地方志编纂委员会办公室
19. 韩　真　厦门市人民政府地方志办公室
20. 张燕红　集美区地方志办公室
21. 郑美华　漳州市地方志编纂委员会
22. 张煌辉　云霄县地方志编纂委员会
23. 林辉荣　长泰县地方志编纂委员会
24. 刘志家　泉州市地方志编纂委员会
25. 林莉莉　晋江市地方志编纂委员会办公室

26. 林两进　德化县地方志编纂委员会办公室
27. 范忠华　宁化县地方志编纂委员会办公室
38. 伍俊三　将乐县地方志编纂委员会办公室
29. 吴家福　永安市地方志编纂委员会办公室
30. 傅庆定　莆田市地方志编纂委员会
31. 林煌柏　秀屿区地方志编纂委员会
32. 秦　跃　南平市地方志编纂委员会
33. 周元火　政和县地方志编纂委员会
34. 涂治华　浦城县地方志编纂委员会
35. 张文芬　屏南县地方志编纂委员会办公室
36. 董兆世　霞浦县地方志编纂委员会
37. 蓝晓东　上杭县地方志编纂委员会

（摘编：林学军）

福建省人民调解先进集体和个人名单

福建省司法厅于2016年1月7日下发《福建省司法厅关于表彰2013—2015年度福建省人民调解先进集体和个人的决定》（闽司〔2016〕10号），主要内容如下：

2013年以来，全省广大人民调解组织和人民调解员深入贯彻《人民调解法》，紧紧围绕我省经济社会发展大局，全力开展矛盾纠纷预防排查化解工作，有效地化解了大量社会矛盾纠纷，为维护广大人民群众的切身利益、维护社会和谐稳定、建设新福建做出了突出贡献，涌现出一大批人民调解工作先进集体和个人。

为充分发挥先进典型的示范引领作用，进一步褒奖先进、激励队伍，经各级司法行政机关的推荐和评选，省司法厅决定授予福州市鼓楼区道路交通事故人民调解委员会等100个人民调解委员会“2013—2015年度福建省人民调解先进集体”称号；授予周在祥等200名人民调解员“2013—2015年度福建省人民调解先进个人”称号。

省司法厅号召全省各级司法行政机关和广大人民调解组织、人民调解员，向获得表彰的先进集体和个人学习，学习他们服务大局、维护稳定的责任意识；学习他们爱岗敬业、恪尽职守的奉献精神；学习他们热情服务、诚实守信的职业操守，将预防和化解社会矛盾纠纷、推进社会治理体制创新落实到工作的各个方面，以更加坚定的信心、更加扎实的作风、更加优质的服务，推动人民调解工作再上新台阶，为建设新福建作出新的更大贡献。

2013—2015年度
福建省人民调解先进集体名单

福州市（15个）

鼓楼区道路交通事故人民调解委员会、台江区宁化街道人民调解委员会、仓山区金山街道人民调解委员会、晋安区新店镇人民调解委员会、马尾区人民调解中心、闽侯县鸿尾乡人民调解委员会、长乐市金峰镇人民调解委员会、长乐市吴航街道十洋社区居委会人民调解委员会、福清市三山镇人民调委会、福清市石竹街道洋梓村人民调委会、连江县丹阳镇人民调解委员会、连江县人民调解中心、罗源县松山镇人民调解委员会、永泰县大洋镇人民调解委员会、闽清县医患纠纷人民调解委员会

厦门市（4个）

海沧区新阳街道人民调解委员会、湖里区禾山街道人民调解委员会、思明区人民调解中心、同安区新民镇人民调解委员会

莆田市（6个）

仙游县榜头镇人民调解委员会、荔城区西天尾镇人民调解委员会、城厢区龙桥街道人民调解委员会、涵江区三江口镇人民调解委员会、秀屿区高阳境区域性人民调解委员会、北岸山亭镇人民调解委员会

三明市（11个）

三元区富兴堡街道富文社区人民调解委员会、永安市曹远镇人民调解委员会、明溪县城关乡狮窠村人民调解委员会、清流县长校镇人民调解委员会、宁化县道路交通事故人民调解委员会、建

宁县溪口镇人民调解委员会驻城关派出所调解室、泰宁县公安局交警大队人民调解委员会、将乐县古镛镇人民调解委员会、沙县高砂镇人民调解委员会、尤溪县人民调解中心、大田县医疗纠纷人民调解委员会

泉州市（17 个）

鲤城区鲤中街道人民调解委员会、丰泽区道路交通事故调解委员会、丰泽区泉秀街道人民调解委员会、洛江区道路交通事故调解委员会、泉港区道路交通事故调解委员会、晋江市青阳街道阳光社区人民调解委员会、晋江市内坑镇东宅黎山后山联合调解委员会、石狮市蚶江镇人民调解委员会、南安市人民调解中心、南安市石井镇人民调解委员会、南安市省新镇人民调解委员会、惠安县山霞镇人民调解委员会、安溪县道路交通事故损害赔偿纠纷人民调解委员会、安溪县医疗纠纷人民调解委员会、永春县医疗纠纷人民调解委员会、德化县人民调解中心、台商投资区东园镇人民调委会

漳州市（11 个）

芗城区东铺头街道南台社区人民调解委员会、龙文区朝阳镇人民调解委员会驻朝阳派出所人民调解委员会、龙海市道路交通事故人民调解委员会、漳浦县官浔镇人民调解委员会、云霄县火田镇人民调解委员会、东山县樟塘镇古港村人民调解委员会、诏安县官陂镇下官村人民调解委员会、南靖县道路交通事故人民调解委员会、平和县小溪镇人民调解委员会、华安县人力资源和社会保障局人民调解委员会、长泰县岩溪镇人民调解委员会

南平市（11 个）

延平区夏道镇人民调解委员会、邵武市昭阳街道载云桥人民调解委员会、武夷山市道路交通事故人民调解委员会、建瓯市南雅镇人民调解委员会、建阳区将口镇人民调解委员会、顺昌县仁寿镇人民调解委员会、蒲城县仙阳镇人民调解委员会、光泽县鸾凤乡人民调解委员会、松溪县消费者权益保护委员会人民调解委员会、政和县医患纠纷人民调解委员会、南平市医患纠纷人民调解委员会

龙岩市（11 个）

新罗区曹溪街道人民调解委员会、新罗区东城街道人民调解委员会、永定区城郊镇人民调解委员会、永定区医患纠纷人民调解委员会、上杭县人民调解中心、上杭县古田镇人民调解委员会、漳平市双洋镇人民调解委员会、漳平市南洋镇人民调解委员会、武平县交通事故人民调解委员会、连城县隔川乡人民调解委员会、长汀县河田镇人民调解委员会

宁德市（13 个）

蕉城区金涵畲族乡金涵村人民调解委员会，蕉城区七都镇北山村人民调解委员会、古田县鹤塘镇人民调解委员会，古田县城西街道文河社区人民调解委员会、屏南县医患纠纷人民调解委员会、周宁县咸村镇人民调解委员会、寿宁县斜滩镇人民调解委员会、福安市溪尾镇人民调解委员会，福安市城南街道南湖社区人民调解委员会、柘荣县双城镇溪坪社区人民调解委员会、福鼎市医患纠纷人民调解委员会，福鼎市前岐镇岐阳社区人民调解委员会、霞浦县崇儒畲族乡溪边村人民调解委员会

平潭综合实验区（1 个）

岚城乡人民调解委员会

2013—2015 年度
福建省人民调解先进个人名单

福州市（38 名）

周在祥　福州市医患纠纷人民调解委员会调解员

陈任翔　福州市医患纠纷人民调解委员会调解员

蔡　婵　鼓楼区南街街道人民调解委员会调解员

董希官　鼓楼区安泰街道人民调解委员会调解员

朱小英　鼓楼区人民调解中心调解员

黄兰华　台江区后洲街道人民调解委员会调解员

严能忠　台江区新港街道人民调解委员会调

解员
陈诚元　台江区洋中街道人民调解委员会调解员
兰必贤　仓山区建新镇人民调解委员会调解员
林金东　仓山区盖山镇人民调解委员会调解员
周　文　仓山区临江街道人民调解委员会调解员
周文俊　晋安区象园街道人民调解委员会副主任
孙　琼　晋安区茶园街道人民调解委员会调解员
王锦容　晋安区王庄街道人民调解委员会调解员
林宝美　马尾区马尾镇魁岐村人民调解委员会调解员
宁基官　马尾区亭江镇人民调解委员会调解员
程天池　闽侯县甘蔗街道人民调解委员会调解员
黄燕云　闽侯县医患纠纷人民调解委员会调解员
陈秀清　闽侯县荆溪镇人民调解委员会副主任
宋孝光　闽侯县上街镇人民调解委员会副主任
田敬瑜　长乐市医患纠纷人民调解委员会调解员
王敏凯　长乐市潭头镇人民调解委员会副主任
卓光雄　长乐市吴航街道人民调解委员会副主任
李淑芳　福清市人民调解中心调解员
刘国钦　福清市龙山街道人民调解委员会调解员
庄春松　福清市江阴镇人民调解委员会调解员
郑　进　连江县人民调解中心负责人
林宝国　连江县苔菉镇人民调解委员会调解员
吴晓云　连江县透堡镇人民调解委员会调解员
黄剑锋　罗源县起步镇人民调解委员会副主任
赖惠玲　罗源县松山镇人民调解委员会调解员
薛钦务　罗源县洪洋乡人民调解委员会副主任
郑诗广　永泰县盖洋乡人民调解委员会调解员
汪孝锦　永泰县大洋镇人民调解委员会调解员
王子新　永泰县同安镇人民调解委员会调解员
陈飞华　闽清县梅城镇人民调解委员会调解员
罗训雪　闽清县东桥镇人民调解委员会调解员
王　林　闽清县人民调解中心调解员

厦门市（19 名）

陈明哲　海沧区海沧街道人民调解委员会调解员
柯梅香　海沧区海沧街道人民调解委员会调解员
蔡月圆　湖里区禾山街道人民调解委员会调解员
陈伟鸿　湖里区金山街道人民调解委员会调解员
林佩红　湖里区湖里街道人民调解委员会调解员
刘文灿　湖里区殿前街道人民调解委员会调解员
许剑南　湖里区江头街道人民调解委员会调解员
杜朝庭　集美区灌口镇人民调解委员会调解员
郑琪欣　集美区杏滨街道人民调解委员会调解员
洪瑞莲　思明区筼筜街道官任社区人民调解委员会调解员
李乐乐　思明区嘉莲街道人民调解委员会调解员
宁　可　思明区莲前街道人民调解委员会调解员
彭彩红　思明区嘉莲街道人民调解委员会调解员
吴小汉　思明区鹭江街道开禾市场人民调解委员会调解员
陈荣裕　同安区工业集中区人民调解委员会调解员
郭建波　同安区莲花镇人民调解委员会调解员
林亚良　同安区洪塘镇大乡村人民调解委员会调解员
郭清迫　翔安区新店镇人民调解委员会调解员
谢足山　翔安区大嶝街道浔窟社区人民调解委员会调解员

莆田市（15 名）

余秋生　莆田市医患纠纷人民调解委员会调解员

陈新财　仙游县龙华镇人民调解委员会调解员
连秀珍　仙游县赖店镇人民调解委员会副主任
李　平　仙游县西苑乡人民调解委员会调解员
林新宇　荔城区镇海街道英龙社区人民调解委员会主任
李国发　荔城区黄石镇西洪村人民调解委员会调解员
陈　洄　城厢区网上大调解中心调解员
陈文林　城厢区人民调解中心会调解员
蔡洪鹏　涵江区涵西街道人民调解委员会调解员
鲍意钦　涵江区国欢镇人民调解委员会调解员
薛章辉　涵江区江口镇人民调解委员会调解员
魏金花　秀屿区人民调解中心调解员
王小红　秀屿区平海镇人民调解委员会调解员
唐立君　北岸东埔镇人民调解委员会调解员
黄荔珊　湄洲镇人民调解委员会调解员

三明市（14 名）

黄云裕　梅列区列东街道人民调解委员会副主任
翁桂娇　梅列区列西街道人民调解委员会驻列西派出所调解室人民调解员
蔡美凤　三元区人民调解中心调解员
姜文贵　永安市大湖镇人民调解委员会调解员
曹水书　明溪县瀚仙镇人民调解委员会副主任
郑开明　清流县嵩溪镇青山村人民调解委员会副主任
巫瑞玉　宁化县济村乡武层村人民调解委员会主任
邱　翼　建宁县溪口镇人民调解委员会调解员
吴建亮　泰宁县大田乡人民调解委员会副主任
廖传胜　将乐县水南镇水南村人民调解委员会调解员
郭　娟　沙县人民调解中心调解员
吴章星　尤溪县梅仙镇成龙云村人民调解委员会主任
陈拥峰　尤溪县联合乡人民调解委员会梯田景区基点调解室调解员
刘宗邦　大田县湖美乡人民调解委员会副主任

泉州市（43 名）

林永安　泉州市医疗纠纷人民调解委员会调解员
黄若霖　泉州市保险纠纷人民调解委员会调解员
万淳茹　鲤城区开元街道人民调解委员会调解员
吴文泽　鲤城区江南街道人民调解委员会调解员
叶艺斌　鲤城区临江街道人民调解委员会调解员
周金榜　丰泽区东海街道人民调解委员会调解员
陈诗强　丰泽区清源街道人民调解委员会调解员
陈贤斌　丰泽区丰泽街道人民调解委员会调解员
许德昌　洛江区双阳街道人民调解委员会调解员
叶　荷　洛江区人民调解中心调解员
杨国亮　洛江区河市镇公调对接调解室调解员
林佳平　泉港区南埔镇人民调解委员会调解员
郭一平　泉港区峰尾镇郭厝村人民调解委员会调解员
陈献林　泉港区后龙镇人民调解委员会调解员
庄顺富　泉港区山腰镇菜堂村人民调解委员会调解员
庄茹娟　晋江市人民调解中心调解员
李海庭　晋江市陈埭镇商会商务纠纷人民调解委员会调解员
洪自由　晋江市英林镇人民调委员会调解员
徐灵友　石狮市凤里街道人民调解委员会调解员
蔡美莲　石狮市宝盖镇人民调解委员会调解员
卢锦荣　石狮市锦尚镇卢厝村人民调解委员会调解员
柯奕坤　南安市官桥镇人民调解委员会调解员
傅成加　南安市洪濑镇人民调解委员会调解员
潘江山　南安市霞美镇人民调解委员会调解员
黄永明　南安市英都镇人民调解委员会调解员
王德明　南安市东田镇人民调解委员会调解员

庄少棠　惠安县净峰镇人民调解委员会调解员
连奕雄　惠安县涂寨镇人民调解委员会调解员
陈青海　惠安县医疗纠纷人民调解委员会调解员
白剑辉　安溪县凤城镇人民调解委员会调解员
陈仁妙　安溪县金谷镇人民调解委员会调解员
林荣祥　安溪县龙涓乡人民调解委员会调解员
王建安　安溪县城厢镇人民调解委员会调解员
王全成　安溪县医疗纠纷人民调解委员会调解员
洪新典　永春县锦斗镇人民调解委员会调解员
康洛阳　永春县达埔镇人民调解委员会调解员
康乃琰　永春县坑仔口镇人民调解委员会调解员
黄建成　永春县五里街镇人民调解委员会调解员
陈丽蓉　德化县龙浔镇兴南社区人民调解委员会调解员
陈文晖　德化县瓷都人民调解委员会调解员
张美卿　德化县消费者权益保护调解委员会调解员
李丽珍　台商投资区洛阳镇人民调委会调解员
陈鹏耀　台商投资区百崎乡人民调委会调解员

漳州市（26 名）

刘　萍　芗城区西桥街道人民调解委员会调解员
沈毅麟　芗城区天宝镇人民调解委员会调解员
林丽霞　龙文区郭坑镇人民调解委员会调解员
王芳武　龙文区朝阳镇人民调解委员会调解员
林欣怡　龙海市榜山镇人民调解委员会调解员
林碧加　龙海市海澄镇人民调解委员会调解员
高加发　龙海市紫泥镇人民调解委员会调解员
徐育东　漳浦县前亭镇人民调解委员会调解员
黄瞻洋　漳浦县深土镇人民调解委员会调解员
戴绍煌　漳浦县佛昙镇人民调解委员会调解员
张文彬　云霄县莆美镇人民调解委员会调解员
方国安　云霄县医患纠纷人民调解委员会调解员
吴耀钦　东山县樟塘镇人民调解委员会调解员
蔡炳山　东山县道路交通事故人民调解委员会调解员
胡惠娟　诏安县梅洲乡人民调解委员会调解员
沈武海　诏安县白洋乡玉楼村人民调解委员会调解员
赖燕芬　南靖县丰田镇人民调解委员会调解员
黄勇辉　南靖县南坑镇人民调解委员会调解员
郑志权　平和县山格镇人民调解委员会调解员
朱上海　平和县九峰镇人民调解委员会调解员
陈燕舞　华安县湖林乡吉土村人民调解委员会调解员
杨舜添　华安县丰山镇人民调解委员会调解员
杨文灿　长泰县枋洋镇人民调解委员会调解员
黄秋月　长泰县坂里乡人民调解委员会调解员
张芙蓉　台商投资区角美镇人民调解委员会调解员
韩炳山　漳州市芗城联合人民调解委员会调解员

南平市（14 名）

刘金燕　延平区大横镇人民调解委员会调解员
王　锋　延平区炉下镇人民调解委员会调解员
张云芳　邵武市通泰街道向南社区人民调解委员会调解员
周友胜　邵武市林业矛盾纠纷多元调处中心调解员
吴智宏　武夷山市崇安街道和平社区人民调解委员会调解员
詹作全　建瓯市医患纠纷人民调解委员会调解员
余新波　建阳区漳墩镇桔坑村人民调解委员会调解员
袁曼华　建阳区童游街道静园社区人民调解委员会调解员
黄肖东　顺昌县岚下乡人民调解委员会调解员
李　坤　浦城县人民调解中心调解员
官尊良　光泽县崇仁乡人民调解委员会调解员
董玉春　松溪县溪东乡人民调解委员会调解员
陈新焕　政和县熊山街道人民调解委员会调解员
叶寿贵　南平市医患纠纷人民调解委员会调解员

龙岩市（14 名）

陈　洋　新罗区苏坂镇人民调解委员会调解员

江　南　新罗区南城街道人民调解委员会调解员
李添莲　武平县中山镇人民调解委员会调解员
刘丽雯　武平县万安镇人民调解委员会调解员
傅修平　连城县林坊乡人民调解委员会调解员
吴晓斌　连城县罗坊乡人民调解委员会调解员
张启兴　长汀县策武镇人民调解委员会调解员
华新汉　长汀县古城镇人民调解委员会调解员
黄　亮　永定区人民调解中心调解员
王海弘　永定区抚市镇人民调解委员会调解员
黄文兴　上杭县下都镇人民调解委员会调解员
张荣锋　上杭县番境乡人民调解委员会调解员
陈邓湲妍　漳平市永福镇人民调解委员会调解员
颜建河　漳平市菁城街道人民调解委员会调解员

宁德市（15 名）

陈正生　蕉城区霍童镇人民调解委员会调解员
黄为鹏　古田县卓洋乡人民调解委员会调解员
林昌柳　屏南县代溪镇人民调解委员会调解员
薛陈松　屏南县熙岭乡人民调解委员会调解员
周伦熙　周宁县医患纠纷人民调解委员会调解员
陈尧养　周宁县李墩镇人民调解委员会调解员
夏家禄　寿宁县下党乡人民调解委员会调解员
夏万江　寿宁县清源乡人民调解委员会调解员
林　锋　福安市城北街道冠杭社区人民调解委员会调解员
吴盛忠　柘荣县东源乡人民调解委员会调解员
郑以欢　柘荣县城郊乡人民调解委员会调解员
陈锡鹤　福鼎市贯岭镇人民调解委员会调解员
林　涛　霞浦县松城街道人民调解委员会调解员
陈玉光　霞浦县沙江镇人民调解委员会调解员
卓佐原　宁德市医患纠纷人民调解委员会调解员

平潭综合实验区（2 名）

林　滨　平潭人民调解中心调解员
翁　星　岚城乡人民调解委员会调解员

（摘编：孟力坚）

福建省见义勇为模范名单

2016年12月28日福建省人民政府下发《福建省人民政府关于授予冯章帮等同志福建省见义勇为模范的决定》（闽政文〔2016〕444号），主要内容如下：

2015年以来，全省涌现出了一大批见义勇为先进人物。他们面对违法犯罪行为和群众生命财产安全遭受威胁或面临危险时，不顾个人安危，挺身而出，勇于与违法犯罪行为作斗争，勇于战胜危险，舍己救人，用鲜血和生命谱写了新时代的正气歌。为弘扬先进，树立楷模，推动社会主义精神文明建设，根据《福建省奖励和保护见义勇为人员条例》，决定授予冯章帮等10位同志“福建省见义勇为模范”荣誉称号，并颁发荣誉证书、奖章和奖励金10万元。

希望全省广大干部群众以英模为榜样，学习他们临危不惧、不怕牺牲的英雄气概，积极参与社会治安综合治理和平安创建活动，进一步弘扬社会正气，维护社会和谐稳定，为“平安福建”建设贡献力量。

福建省见义勇为模范名单

冯章帮　长乐市金峰镇塔光村村民
吴小汉　厦门市思明区开禾市场个体工商户
郭彬彬　长泰县坂里乡村民
蔡延巩　石狮市祥芝镇祥渔村渔民
蔡芳增　石狮市祥芝镇祥渔村渔民
蔡延城　石狮市祥芝镇祥渔村渔民
陈华庭　大田县石牌镇石牌村村民
王荣生　福建省高级人民法院退休干部
张宝光　南平市印刷机械厂退休职工
赖加建　龙岩市永定区坎市镇居民

（摘编：杨立群）

福建省第十一届社会科学优秀成果奖名单

福建省人民政府于2016年6月15日下发《福建省人民政府关于颁发福建省第十一届社会科学优秀成果奖的决定》（闽政文〔2016〕189号），主要内容如下：

为全面贯彻落实党的十八大和十八届三中、四中、五中全会和习近平总书记系列重要讲话精神，鼓励广大社会科学工作者深入研究改革开放和社会主义现代化建设中的重大理论和现实问题，不断提高我省社会科学研究水平，根据《福建省社会科学优秀成果奖励办法》的规定，经福建省第十一届社会科学优秀成果奖励评审委员会评审，省政府决定授予《严复全集》等30项成果福建省第十一届社会科学优秀成果一等奖；《“中等收入陷阱”发生机理与中国经济增长的阶段性动力》等69项成果福建省第十一届社会科学优秀成果二等奖；《保持党群血肉联系是实现中国梦的重要保证》等150项成果福建省第十一届社会科学优秀成果三等奖；《我国农地权益分配的机理研究》等29项成果福建省第十一届社会科学优秀成果青年佳作奖；并对上述获奖成果颁发证书、奖金，以资鼓励。

希望获奖单位、个人和全省社会科学工作者，深入学习贯彻习近平总书记在哲学社会科学工作座谈会上的讲话精神，立足中国特色社会主义伟大实践，发扬潜心治学、勇攀高峰的精神，努力推动我省哲学社会科学繁荣发展，为建设机制活、产业优、百姓富、生态美的新福建作出更大贡献。

福建省第十一届社会科学优秀成果奖名单

一等奖（30项）

成　果　名　称	成果形式	成　果　作　者
理想国家	专著	王海明
塑造与被塑造 ——“五四”阐释与革命意识形态建构	专著	郭若平
籤占与中国社会文化	专著	林国平
论要素比价、劳动报酬与居民消费	专著	李文溥、龚　敏等
全球环境竞争力报告（2013）	专著	主　编：李建平、李闽榕、王金南 副主编：李建建、苏宏文 执行主编：黄茂兴
发展阶段变迁与中国环境政策选择	论文	林伯强、邹楚沅
国家创新竞争力研究：理论、方法与实证	专著	黄茂兴、李军军、叶　琪、林寿富、王珍珍
公民意识建构的中国理路 ——基于对西方公民意识普世性的反思	论文	傅慧芳

续表

成 果 名 称	成果形式	成 果 作 者
公共政策执行的中国经验	论文	贺东航、孔繁斌
新兴国家崛起与构建国际经济新秩序 ——以中国的路径选择为视角	论文	徐崇利
民法视野下的集体林权改革问题研究	专著	林旭霞等
村庄社区产权实践与重构：关于集体林权纠纷的一个分析框架	论文	朱冬亮
Seeing Transnationally: How Chinese Migrants Make Their Dreams Come True	专著	李明欢
菲律宾华人通史	专著	庄国土、陈华岳等
严复全集	古籍整理	汪征鲁、方宝川、马　勇主编
弘明集校笺	古籍整理	李小荣
徐熥年谱	专著	陈庆元
明清闽北方言韵书手抄本音系研究	专著	马重奇
在世俗与宗教之间走钢丝：析近代传教士对儒家经典的翻译与诠释	专著	岳　峰等
比较文学之路：交流视野与阐释方法	专著	葛桂录
台湾舆论议题与政治文化变迁	专著	邹振东
“藏书楼”术语宋代文献记载考	论文	江向东
中国古代音乐文献集成（第一辑）、（第二辑）、（第三辑）	古籍整理	王耀华、方宝川、郑俊晖
有效教学	教材	余文森
家族教育的历史传承 ——以闽北地区为例	专著	胥文玲
国际体育科学研究新进展与我国体育科学的理论创新	研究报告	《国际体育科学研究新进展与我国体育科学的理论创新》课题组
台湾民意与群体认同	专著	陈孔立
“医养结合”长期照护体系研究	研究报告	吴宏洛
《福建年鉴》2014 卷	工具书	福建年鉴社
新诗的生成：作为翻译的现代性	专著	陈历明

二等奖（69 项）

成 果 名 称	成果形式	成 果 作 者
另一个世界可能吗？ ——当代生态社会主义研究	专著	蔡华杰
改进思想政治理论课教材的几点思考	论文	林建辉
批判的批判：生态主义与马克思主义	论文	林孟涛、陈开晟
重读“南方谈话”厘清四个问题	论文	郑又贤
青年毛泽东在北京大学工作经历的几个问题辨析	论文	李方祥
论党的社会基础拓展的内涵、依据与影响因素	论文	温敬元
科学规范论 ——默顿的视野	专著	欧阳锋、徐梦秋

续表

成 果 名 称	成果形式	成 果 作 者
个人的历史与历史的个人 ——马克思个人理论研究	专著	周世兴
施莱尔马赫至善学说研究	专著	张会永
回到现象学的意向性理论 ——胡塞尔与弗雷格分道而行	专著	李忠伟
“中等收入陷阱”发生机理与中国经济增长的阶段性动力	论文	张德荣
中国企业对外直接投资的“出口效应”	论文	蒋冠宏、蒋殿春
循环经济发展的机制与政策研究	专著	郗永勤等
人口年龄结构与中国省际技术进步方向	论文	邓　明
农民土地权益流失与保护研究 ——基于中国经济发展进程	专著	林　卿
通货膨胀实时预测及菲利普斯曲线的适用性	论文	郑挺国、王　霞、苏　娜
国家产业政策、资产价格与投资者行为	论文	韩　乾、洪永淼
人民币汇率波动弹性空间研究	专著	黄志刚、黄祥钟、郑国忠
合作社的本质规定与现实检视 ——中国到底有没有真正的农民合作社	论文	邓衡山、王文烂
中国企业的慈善捐赠是一种“政治献金”吗? ——来自市委书记更替的证据	论文	戴亦一、潘　越、冯　舒
链式产业集群网络及其知识传播、整合与创新绩效研究	专著	陈国宏、蔡彬清、蔡猷花
Linear Programming Approach to Solve Interval - valued Matrix Games	论文	李登峰
新型农村合作医疗制度对农户医疗负担的影响——基于供给者诱导需求视角的实证分析	论文	宁满秀、刘　进
A Cut - and - solve Based Algorithm for Optimal Lane Reservation with Dynamic Link Travel Times	论文	方云飞等
半强制分红政策与中国上市公司分红行为	论文	魏志华、李茂良、李常青
“社会—生态”系统视野下的集体林权制度改革——基于福建省的实证研究	专著	蔡晶晶
非参数空间滞后模型的贝叶斯估计	论文	方丽婷、钱争鸣
社会分裂、弱政党政治与民主巩固 ——以乌克兰和泰国为例	专著	叶麒麟
New Great Powers and International Law in the 21st Century	论文	蔡从燕
税法与私法关系总论 ——兼论中国现代税法学基本理论	专著	李　刚
《大清现行刑律》与民初民事法源 ——大理院对“现行律民事有效部分”的适用	论文	段晓彦
多因不明侵权中比例责任之适用	论文	杨垠红
嫖宿幼女罪保护法益的正本清源 ——兼谈嫖宿幼女罪未来的修法方向	论文	林贵文、朱建华
约制与建构：环境议题的呈现机制 ——基于 A 市市民反建 L 垃圾焚烧厂的省思	论文	龚文娟

续表

成 果 名 称	成果形式	成 果 作 者
兰村福利：资产建设与农村社区福利研究	专著	侯志阳
唐前期江南折租造布的财政意义 ——兼论所谓唐中央财政制度之渐次南朝化	论文	杨际平
中国古代买地券研究	专著	鲁西奇
台海文献汇刊（60 册）	古籍整理	名誉主编：陈支平、林晓峰 主　编：萧庆伟、邓文金、施榆生
法美结盟及其对美国革命成功的意义	论文	王晓德
明代“军灶籍”考论	论文	饶伟新
两汉经学的历术背景	专著	郜积意
宾祭之礼与赋体文本的构建及演变	论文	蒋晓光、许　结
汪曾祺小说“衰年变法”考论	论文	郭洪雷
审美、审丑与审智 ——百年散文理论探微与经典重读	专著	孙绍振
惠安闽南方言动词谓语句研究	专著	陈曼君
中古以来汉语韵母开合口衍化史略	专著	张平忠
翻译与修辞新论	专著	陈小慰
多丽丝·莱辛研究	专著	王丽丽
广告折射中国社会价值观念的变迁 ——以 1978—2011 年四大报纸广告内容分析为例	专著	林升梁
琉球文献史料汇编	古籍整理	方宝川、谢必震
问题意识：对网络化背景下西方音乐史课程教学范式的探讨	论文	叶松荣
数码艺术潜学科群研究	专著	黄鸣奋
中国书学史	古籍整理	陶敏辉、彭传诵编注
戏剧人类学	专著	陈世雄
闽台艺术论	专著	何绵山
The Relationship between Worry Tendency and Sleep Quality in Chinese Adolescents and Young Adults：The Mediating Role of State Trait Anxiety	论文	严由伟、林荣茂、唐向东、贺　斐、蔡韦龄、苏炎奎
高考改革：公平为首还是效率优先	论文	刘海峰
日本高等教育改革：现实与课题	译著	陈武元等
儿童戏剧的多元透视	专著	陈世明、彭怡玢、戴力芳、朱湘云
大型体育赛事管理理论与实践	专著	邢尊明
大陆台商社会适应与社会认同研究：基于福建的田野调查	专著	严志兰
福建省“十二五”规划纲要实施情况中期评估研究报告	研究报告	郑庆昌等
福建省自由贸易区建设研究	研究报告	李友华
福建省节能环保产业技术发展的调查研究	研究报告	《福建省节能环保产业技术发展的调查研究》课题组（课题负责人：高明）
建议将福建列入 ECFA 先行先试省份	决策咨询报告	全　毅
闽南历史文化概说	科普读物	闽南师范大学 闽南文化研究院

续表

成　果　名　称	成果形式	成　果　作　者
闽西姓氏大典	工具书	龙岩市社会科学界联合会、龙岩市姓氏源流研究会编（主编：马先富、兰尚进）
战后菲律宾华文教育研究（1945—1976）	专著	姜兴山
区域与全球的互动 ——明代至民国的中国东南文学考察	专著	苏文菁

三等奖（150 项）

成　果　名　称	成果形式	成　果　作　者
新媒体时代的大学生思想政治教育	专著	陈志勇
保持党群血肉联系是实现中国梦的重要保证	论文	福建省中国特色社会主义理论体系研究中心（执笔：郑传芳）
马克思“共同体”思想与中国社会组织建设	论文	蔡晓良、余娴丽
马克思生态思想研究	专著	陶火生
列宁帝国主义论的再理解	专著	刘维春
社会思潮十讲 ——青年师生读本	教材	吴仁华
重释与批判：鲍德里亚的后现代理论研究	专著	张劲松
现代社会组织与社会和谐发展	专著	李永杰
闽东苏维埃 1934	专著	缪小宁
红土地见证 ——福建中央苏区遗址遗迹巡礼	科普读物	中共福建省委党史研究室
新启蒙运动与马克思主义中国化的路径选择	论文	庞　虎
四下基层与群众路线	教材	主　编：李新生
世界体系的马克思主义研究 ——以乔万尼·阿瑞吉的理论为例	专著	吴苑华
妈祖学概论	专著	主　编：黄瑞国
儒家知行学说的特点与问题	论文	陈嘉明
马克思和维特根斯坦论“哲学语言”	论文	楼　巍
实验知识论对经典思想实验的挑战	论文	曹剑波、万超前
论解决利他主义两难的几种进路	论文	赵妍妍
卢梭的共和构想与宗教	论文	林壮青
论马克思自由观的生态意蕴	论文	李志强
马克思历史主观的辩证旨趣	论文	王福民
我国居民消费价格黏性及其与部门通货膨胀惯性关系	论文	苏梽芳、陈昌楠
罕见灾难风险和中国宏观经济波动	论文	陈国进、晁江锋、武晓利、赵向琴
中国地区经济增长差异：基于分级教育的效应	论文	黄燕萍、刘　榆、吴一群、李文溥
Panel Estimation for Transport Sector CO_2 Emissions and its Affecting Factors：A Regional Analysis in China	论文	张传国、年　江

续表

成 果 名 称	成果形式	成 果 作 者
中国居民财产性收入理论与实践研究	专著	陈晓枫
中国低碳经济转型中的能源战略调整与政策选择	专著	姚 昕
Rural Household Livelihood Change, Fuelwood Substitution, and Hilly Ecosystem Restoration: Evidence from China	论文	王成超、杨玉盛、张耀启
房价上涨能够解释中国城镇居民高储蓄率吗?——基于 CHIP 微观数据的实证分析	论文	赵西亮、梁文泉、李 实
我国物流业与制造业的产业关联效应研究	专著	王 健、梁红艳
中国劳动要素配置扭曲程度的测量	论文	柏培文
中国居民消费的碳排放趋势及其影响因素的经验分析	论文	彭水军、张文城
低碳视角下中国经济增长问题研究	专著	孙传旺
人民币汇率、短期资本与股价互动	论文	吴丽华、傅广敏
政治联系、过度投资与公司价值——基于国有上市公司的经验证据	论文	杜兴强、曾 泉、杜颖洁
拓展基尼系数及其居民消费应用研究	论文	戴平生、林文方
中国创业板市场股价波动及风险测度研究	专著	耿庆峰
金融危机、影子银行与中国银行业发展研究	专著	郭春松
彩票类股票交易行为分析：来自中国 A 股市场的证据	论文	郑振龙、孙清泉
A Fuzzy - normalization - based Group Decision - making Approach for Prioritising Engineering Design Requirements in QFD under Uncertainty	论文	王应明
Price and Speed Decisions in Customer - intensive Services with Two Classes of Customers	论文	倪冠群、徐寅峰、董玉成
Mainstream and New - stream Patterns for Indigenous Innovation in China: Evidence from Local Manufacturing Firms	论文	朱 斌、欧伟强
震害紧急响应阶段应急物流系统中的 LRP	论文	王绍仁、马祖军
GI - TOPSIS Based on Combinational Weight Determination and its Application to Selection of Reverse Logistics Service Providers	论文	陈可嘉、于先康、杨立熙
旅游应急管理	专著	谢朝武
农村水环境管理研究	专著	黄森慰
问责、惯性与公开：基于 97 个公共危机事件的地方政府行为研究	论文	赖诗攀
资产负债表视角下的公允价值会计顺周期效应研究	论文	黄静如、黄世忠
基于微观视角的货币政策风险传导效应研究	论文	林朝颖、黄志刚、杨广青
Knowledge Integration of Cluster Networks based on Grey Relational Analysis Knowledge Similarities	论文	刘 虹、王文平、张岐山、蔡猷花
A Robust Optimization Approach to Reduce the Bullwhip Effect of Supply Chains with Vendor Order Placement Lead Time Delays in an Uncertain Environment	论文	李 翀、刘思峰
知识产权冲突、协调控制及关系治理策略选择研究——基于 B2B 电子商务知识转移背景	专著	苏世彬
媒体报道、制度环境与股价崩盘风险	论文	罗进辉、杜兴强
基于方法集化的动态组合评价方法研究	论文	李美娟、陈国宏、陈 勃、徐林明

续表

成　果　名　称	成果形式	成　果　作　者
A Cruise Line Dynamic Overbooking Model with? Multiple Cabin Types from the View of Real Options	论文	李冰州
基于利他属性的双渠道供应链研究	论文	林志炳
中国核心通货膨胀度量研究	专著	汤　丹
改革进程中的政府部门间协调机制	专著	张　翔
流域区际生态利益网络型协调机制	专著	胡　熠
当代中国政治学研究类型与领域的实证分析	论文	李艳霞
“南北矛盾视角”应当“摒弃”吗？——聚焦“中－加 2012BIT”	论文	陈　安、谷婀娜
环境刑事案件立案标准研究	研究报告	《环境刑事案件立案标准研究》课题组
跨国劳动监管制度的重构	专著	郑丽珍
公共人物理论视角下网络谣言的规制	论文	郭春镇
危难救助义务及救助人权益保障研究	专著	郑丽清
执行程序中的虚假租赁及其法律应对	论文	卢正敏
检察机关附条件不起诉裁量权运用之探讨	论文	刘学敏
中国农村合作社法律制度研究：渊源、变迁与创新	专著	陈荣文
国际环境法中的差别待遇研究	专著	李春林
有关南海维权策略的意见书	研究报告	傅崐成
晚清华洋商事纠纷研究	专著	蔡晓荣
中国养老保险关系转移接续制度研究	专著	韦樟清
社区能力、社区效能感与城市居民的幸福感——社区社会工作介入的可能路径研究	论文	徐延辉、兰林火
许烺光的大规模文明社会比较理论研究	专著	游国龙
中国农村居民的红白喜事网及其影响因素研究	论文	胡　荣
闽台历史民俗文化遗产资源调查	专著	厦门理工学院、厦门市社科联、厦门市社科院
Continuity and Change in the Transition from the First to the Second Generation of Migrants in China：Insights from a Survey in Fujian	论文	朱　宇、林李月
古史辨伪学者的古史观与史学方法——《古史辨》读书笔记	专著	梁韦弦
民初留英学人的思想世界——从《甲寅》到《太平洋》的政论研究	专著	陈友良
包山楚简综述	专著	朱晓雪
“革命”的负面化与民初政争形势的发展	论文	陈忠纯
从“排日账”看晚清徽州乡民的活动空间	论文	刘永华
明代科举中的座主、门生关系及其政治影响	论文	郭培贵
清代宾兴公益基金组织管理制度研究	专著	毛晓阳
《考工记图》校注	古籍整理	陈　殿

续表

成 果 名 称	成果形式	成 果 作 者
深化环境史研究刍议	论文	钞晓鸿
中国茶叶与近代荷兰饮茶习俗	论文	刘 勇
小说文本审美差异性研究	专著	余岱宗
近20年台湾文学创作与文艺思潮	专著	朱立立、刘小新
玄学与魏晋南朝诗学研究	专著	蔡彦峰
1930年代前的新疆游记及其文化想象	论文	郑亚捷
叩问美文：外国散文译介与中国散文的现代性转型	专著	黄科安
赌棋山庄词话校注	古籍整理	刘荣平
超越审美现代性的困境 ——缘起与转义：从康德到韦尔默	专著	陈开晟
审美宽容：从主体性到主体间性?	论文	刘小新
试说汉字初文的“同象异字”现象	论文	林志强
福安话韵母的历史音变及其共时分析方法	论文	陈泽平
融入大生态：问题驱动的中国修辞学科观察及发展思路	论文	谭学纯
词典与词汇的计量研究	专著	苏新春
陈第袭用吴棫音证考	论文	陈鸿儒
由汉文训读传下来的日语语法	译著	黄文溥
译文源语透过效应研究	专著	戴光荣
修辞是翻译思想的观念母体	论文	刘亚猛
君子之道：辜鸿铭与中德文化交流	专著	方厚升
近代湖南翻译史论	专著	张 旭
从“天下”到“国家”：清末语言运动中的“声音”和言语文化	论文	黄 华
“西国”映像：近代中国报刊理念的一项生成因素	论文	朱至刚
在这里想象中国 ——《南方周末》新年献词的国家叙事研究	论文	史冬冬
公共借阅权制度研究	专著	傅文奇
中断与连续 ——电影美学的一对基本范畴	专著	颜纯钧
锡伯族西迁与民歌旋律音调结构的变易性和传承性	论文	王 州
泉州南音工乂谱与视唱	教材	王 珊、陈恩慧
中华民族音乐文化在当代海外有效传播的“三关键”与“五步骤”	论文	郭小利、王耀华
走向新阐释与寻求新意义 ——“新音乐学”的音乐分析与音乐阐释观探析	论文	黄宗权
男旦：中国戏曲特殊现象研究	专著	徐 蔚
晚明嘉兴项氏法书鉴藏研究	专著	叶 梅
南音记谱史探衍	论文	李寄萍
乱弹魅影：福建省非物质文化遗产南芹小腔戏	专著	杨业辉
中国少数民族音乐声像的历史价值	论文	蓝雪霏

续表

成　果　名　称	成果形式	成　果　作　者
我国大学生学情状态与影响机制的实证分析	论文	史秋衡、郭建鹏
箱庭疗法：摆出心世界	专著	陈顺森
有“眼光”的教与学——视觉思维与课堂教学研究	专著	刘冬岩、林冰冰
劳动力市场分割视阈下的大学生就业流动	论文	武毅英、洪文建
美国当代进步主义取向教育改革的坚守与变通——“要素学校联盟”研究	论文	洪　明
英国高等教育质量管理制度变迁研究	专著	吴　雪
Neural Processing of Recollection, Familiarity and Priming at Encoding: Evidence from a Forced - choice Recognition Paradigm	论文	孟迎芳、叶晓红等
高等教育管理价值通论	专著	董立平
福建武术史	专著	林建华
比较优势理论视野下晋江体育城市发展路径研究	专著	许月云
中华体育文化在台湾地区的传承及影响研究	专著	谢　军
论钓鱼岛主权属于中国	论文	谢必震
台湾地区两岸协议监督机制法制化评析	论文	季　烨
关于推进我省美丽乡村建设的建议	决策咨询报告	周　琼等
关于进一步完善我省生态补偿机制的建议	研究报告	吴元兴
对当前经济形势的看法及预判	决策咨询报告	周小亮
以实施“双延伸”战略为抓手，推动闽港澳台建立更紧密的合作关系	决策咨询报告	福建省政府发展研究中心课题组
台湾对习近平总书记考察福建的反应及我省应对	决策咨询报告	罗海成、王秉安
关于职务科技成果收益权和处置权改革的若干设想	研究报告	林修凤、谢敏芳、连　文、郭运孝、陈聪文
福建省新型城镇化发展系统性融资规划（2013—2020 年）	研究报告	《福建省新型城镇化发展系统性融资规划（2013—2020 年）》课题组
平潭综合实验区海洋经济发展规划	研究报告	福建农林大学软科学研究所
厦门历史名人画传	科普读物	周　旻
闽南文化：闽南族群的精神家园	科普读物	林华东
超越权力　网络时代的领导行为	科普读物	刘明辉
Distinguish between Focus and Newness: An ERP Study	论文	陈黎静、王　琳、杨玉芳
建设美丽中国理论与实践	专著	廖福霖等
法家“治世”思想的二重性与“儒法互补”的新视角	论文	王四达、董成雄
长汀水土保持研究	专著	朱鹤健、陈志彪、林惠花、何承耕、刘　强、毕安平、岳　辉
朱熹画像考略与伪帖揭秘	专著	方彦寿
Tradable Credit Schemes for Managing Bottleneck Congestion and Modal Split with Heterogeneous Users	论文	田丽君等
转型与创生：“村改居”社区组织建设	专著	杨贵华

青年佳作奖（29 项）

成果名称	成果形式	成果作者
演进与形塑：青年公务员的社会认同	专著	孙秀艳
分工与自由：马克思分工理论的逻辑进路初探	论文	薛秀军
外包造成了经济波动吗？ ——来自中国省级面板的实证研究	论文	张少军
中国行政垄断的收入与财富分配效应估算	论文	陈爱贞、刘志彪
Aggregation Fallacies in Economic and Social Development Indicators	专著	张　晶
我国农地权益分配的机理研究	论文	王　荧、陈豫浩、黄泽民
信息不确定性、投资者行为与盈余公告后的漂移现象	专著	于李胜
企业社会责任与企业绩效关系研究 ——基于商务模式的视角	专著	傅鸿震
Pairwise Comparisons with Ordered Categorical Data	论文	林月琼等
内生初始假定下动态空间固定效应模型的拟极大似然估计	论文	郭鹏辉
美国在“分裂国家统一问题”中的外交政策 ——基于权力结构的视角	论文	夏　路
论法学家与法律家思维的同一性	论文	周　赟
山民与国家之间——詹姆斯·斯科特的佐米亚研究及其批评	论文	杜树海
一战时期美国联邦政府的劳工住房计划探析	论文	李　莉
异域新声：历史阐释学与中国现代文化研究	专著	王晓平
出土秦系文献人名文化研究	论文	陈　鸿
“Confucius Institutes”：A Tension between the Construction of Their Cultural Educational Identity and the Colonization of the Marketized Discourse	论文	尤泽顺
生态批评视阈下的美国现当代文学	专著	王育烽
范式之争：西方受众研究“民族志转向”的动因、路径与挑战	论文	熊　慧
网络信息资源著作权资产评价指标体系研究	论文	陈伟斌、张文德
魏碑书法中的佛学意蕴探微 ——兼论清代碑学的误区	论文	兰　浩
我国社会阶层与不同类型高校间关系的变迁研究（1982—2010） ——基于四川省的实证调查	论文	王伟宜
体育课程美学探 ——兼论体育美育心理	专著	王　深
中国城市家庭体育模式的理论与实证研究	专著	郑祥荣
在台湾高校就读陆生社会适应性与满意度研究	论文	张宝蓉、刘国深、肖日葵、王贞威、吴乐杨
两岸大交流背景下台湾青年的“国家认同”研究	论文	刘凌斌
家祭：两岸祭祖习俗变迁及其社会基础	专著	耿　羽
福建省农业转移人口市民化研究	研究报告	李　为
闽西商史	专著	蔡立雄

（摘编：林学军）

福建省第一批特色小镇创建名单

福建省人民政府于 2016 年 9 月 17 日下发《福建省人民政府关于公布福建省第一批特色小镇创建名单的通知》（闽政〔2016〕39 号），主要内容如下：

经研究，确定长乐东湖 VR 小镇等 28 个特色小镇列入省级第一批特色小镇创建名单，现予以公布。有关事项通知如下：

一、加强组织领导。特色小镇所在县（市、区）政府是特色小镇规划建设的主体责任单位，要建立高效协调机制，组建强有力的工作班子，指导特色小镇投资建设主体单位扎实推进创建工作，及时研究解决遇到的困难和问题。省直有关部门要及时兑现扶持政策，加强对创建工作的支持和指导。省推进新型城镇化工作联席会议要发挥统筹协调作用，重大事项及时报送省政府研究。

二、扎实推进实施。入选创建名单的特色小镇要高水平规划设计，推进“多规合一”，完善创建方案，突出产业特色和竞争力、挖掘文化内涵、建设宜居环境，服务创业创新和产业转型升级。特色小镇创建工作已纳入省政府 2016 年第二批投资工程包，要细化工作计划，落实责任单位，明确年度投资目标、具体建设节点，按时报送投资进度。

三、发挥示范作用。推动人才、技术、资本等高端要素向特色小镇集聚，营造有利于创新创业的环境，打造创新创业样板。要立足产业基础，发挥产业比较优势，传承发展传统特色产业，培育战略性新兴产业，推动产业转型升级，为全省推进供给侧结构性改革、实施创新驱动发展战略创造经验、提供示范。

四、强化考核验收。省统计局会同省发改委建立特色小镇统计指标体系，开展定期监测。实行动态管理，对连续两年没有完成年度目标考核任务的，退出创建名单。三年期满，开展评估验收，验收合格的由省政府命名为福建省特色小镇。

福建省第一批特色小镇创建名单

1. 长乐东湖 VR 小镇
2. 永泰嵩口休闲旅游小镇
3. 集美汽车小镇
4. 南靖山城兰谷小镇
5. 长泰古琴小镇
6. 东山海洋运动小镇
7. 诏安四都渔乡休闲小镇
8. 永春达埔香都小镇
9. 德化三班瓷都茶具小镇
10. 安溪藤云小镇
11. 晋江人才梦想小镇
12. 晋江深沪体育小镇
13. 明溪药谷小镇
14. 永安石墨小镇
15. 仙游仙作工艺小镇
16. 城厢华林鞋艺小镇
17. 秀屿上塘银饰小镇
18. 湄洲妈祖文化小镇
19. 光泽圣农小镇
20. 武夷山五夫朱子文化休闲小镇
21. 政和石圳白茶小镇
22. 建瓯徐墩根艺小镇
23. 上杭古田红色小镇
24. 漳平永福花香小镇
25. 连城培田草药小镇
26. 屏南药膳小镇
27. 霞浦三沙光影小镇
28. 蕉城三都澳大黄鱼小镇

（摘编：黄万良）

福建省公布第五批省级历史文化名镇名村

福建省人民政府于2016年5月31日下发《福建省人民政府关于公布第五批省级历史文化名镇名村的通知》（闽政〔2016〕22号），主要内容如下：

为保护我省优秀乡土建筑，促进乡村历史文化遗产的传承和延续，根据《中华人民共和国文物保护法》和国务院《历史文化名城名镇名村保护条例》的有关规定，经省住房城乡建设厅、省文化厅组织专家评审及公示，认定第五批省级历史文化名镇16个、历史文化名村62个，现予以公布：

一、历史文化名镇（16个）：

（一）东山县铜陵镇
（二）云霄县火田镇
（三）石狮市永宁镇
（四）南安市丰州镇
（五）晋江市安海镇
（六）德化县水口镇
（七）德化县上涌镇
（八）永春县岵山镇
（九）永定区下洋镇
（十）连城县新泉镇
（十一）上杭县才溪镇
（十二）蕉城区七都镇
（十三）蕉城区三都镇
（十四）蕉城区赤溪镇
（十五）蕉城区洋中镇
（十六）寿宁县斜滩镇

二、历史文化名村（62个）：

（一）长乐市潭头镇二刘村
（二）福清市龙田镇山利村
（三）福清市一都镇东山村
（四）永泰县洑口乡紫山村
（五）永泰县洑口乡山寨村
（六）永泰县岭路乡长坑村
（七）永泰县梧桐镇椿阳村
（八）永泰县赤锡乡东坑村
（九）龙海市港尾镇城内社（村）
（十）漳浦县佛昙镇轧内村
（十一）平和县秀峰乡福塘村
（十二）南靖县奎洋镇上洋村
（十三）长泰县岩溪镇珪后村
（十四）长泰县枋洋镇林溪村
（十五）诏安县桥东镇西沈－西浒村
（十六）诏安县金星乡湖内村
（十七）云霄县火田镇西林村
（十八）云霄县火田镇菜埔村
（十九）云霄县莆美镇阳下村
（二十）泉港区涂岭镇樟脚村
（二十一）南安市官桥镇漳州寮村
（二十二）晋江市龙湖镇福林村
（二十三）永春县五里街镇西安村
（二十四）德化县龙门滩镇霞山村
（二十五）永安市槐南镇洋头村
（二十六）永安市西洋镇福庄村
（二十七）尤溪县台溪乡书京村
（二十八）大田县桃源镇东坂村
（二十九）大田县华兴乡杞溪村
（三十）大田县屏山乡许坑村
（三十一）延平区樟湖镇剧头村
（三十二）建阳区崇雒乡后畲村
（三十三）邵武市金坑乡金坑村
（三十四）建瓯市东游镇党城村
（三十五）建瓯市东峰镇裴桥村

（三十六）顺昌县大干镇土垄村
（三十七）政和县岭腰乡锦屏村
（三十八）政和县杨源乡坂头村
（三十九）永定区抚市镇社前村
（四十）永定区金砂乡西田村
（四十一）永定区洪山乡上山村
（四十二）漳平市南洋乡营仑村
（四十三）长汀县古城镇丁黄村
（四十四）长汀县濯田镇水头村
（四十五）长汀县童坊镇彭坊村
（四十六）长汀县四都镇汤屋村
（四十七）蕉城区霍童镇石桥村
（四十八）蕉城区虎贝乡黄家村
（四十九）福安市上白石镇佳浆村
（五十）福安市赛岐镇泰康村
（五十一）福安市潭头镇棠溪村
（五十二）寿宁县下党乡下党村
（五十三）寿宁县犀溪镇西浦村
（五十四）古田县城东街道桃溪村
（五十五）古田县杉洋镇岭里村
（五十六）古田县吉巷乡长洋村
（五十七）古田县杉洋镇白溪村
（五十八）古田县卓洋乡前洋村
（五十九）古田县黄田镇凤亭村
（六十）周宁县咸村镇川中村
（六十一）周宁县咸村镇王宿村
（六十二）柘荣县黄柏乡上黄柏村

各级政府和有关部门要加强历史文化名镇名村保护工作的宣传，加快推进保护规划的编制，完善规章制度，加大资金投入，切实做好历史文化名镇名村的保护管理工作。

（摘编：杨立群）

图书在版编目(CIP)数据

2017福建社会发展年鉴 / 福建社会发展年鉴编委会编. —厦门：鹭江出版社，2017.12
ISBN 978-7-5459-1450-4

Ⅰ.①2… Ⅱ.①福… Ⅲ.①社会发展—福建—2017—年鉴 Ⅳ.①D675.7-54

中国版本图书馆CIP数据核字（2017）第326842号

福建省海峡数据信息中心
福建省产业经济发展促进会 协编

责任编辑：陈逸君 朱明解

FUJIAN SHEHUI FAZHAN NIANJIAN

2017福建社会发展年鉴

福建社会发展年鉴编委会 编

出版发行：海峡出版发行集团
鹭 江 出 版 社

地　　址：厦门市湖明路22号　　**邮政编码**：361004

印　　刷：福州力人彩印有限公司

地　　址：福州市鼓楼区福飞路
义井村池前10号鼓东工业小区　　**邮政编码**：350012

开　　本：889mm × 1194mm　1/16

插　　页：4

印　　张：51.75

字　　数：1461千字

版　　次：2017年12月第1版　　2017年12月第1次印刷

书　　号：ISBN 978-7-5459-1450-4

定　　价：493.00元

福清融侨经济技术开发区

福清融侨经济技术开发区（以下简称“融侨区”）创建于1987年，1992年经国务院批准为国家级开发区，是国家显示器产业园、国家新型工业化产业示范基地和国家平板显示高新技术产业化基地。

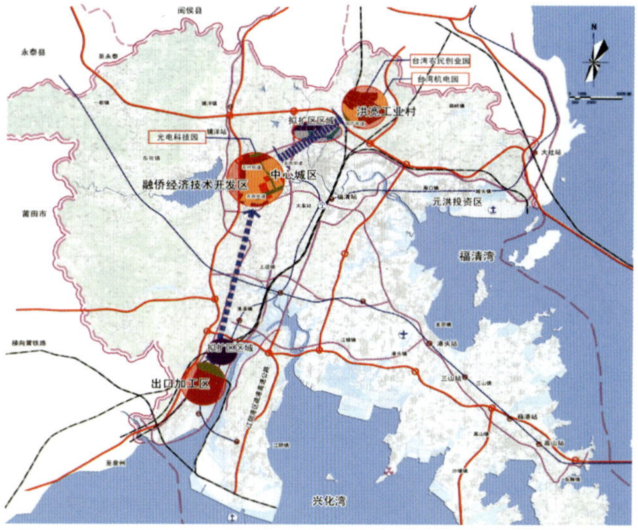

福清融侨经济开发区区位图

经济发展态势良好。2016年，融侨区完成规模以上工业产值843.21亿元，比增4.34%；固定资产投资完成275亿元，比增74.75%；其中工业固定资产投资完成241.78亿元，比增149.25%；规模以上工业税收收入11.52亿元（不含免抵调），比增21.64%；实际利用外资11441万美元，比增41.09%；全年新增规模以上工业企业3家，新申报高新技术企业4家。

基础设施日臻完善。2016年，融侨区以推进光电科技园二期基础设施配套建设为重点，全年园区基础设施建设共投入22.1亿元。主要有：京东方供水专管及加压泵站竣工，投入使用；京东方污水专管及提升泵站完成施工，开始试通水；第二污水处理厂完成工艺管道设备安装，实现通水；220kV京东方变电站完成建设，实现东京线、林京线双回路供电；110KV虎溪变电站完成选址、可研批复，着手设计招标；福俱大道、京东方大道、洪智路、京东方北路建成通车。截至2016年底，园区基础设施配套相对完善，已建成主次干道总长超过60公里；变电站4座、开闭所1座，总供电能力近100万KVA；自来水厂3座，日供水量约16万吨，供水管网实现全覆盖；污水处理厂1座，日污水处理量12万吨；供气门站1座，日供气量50万立方米；园区公租房三期2143套，总建筑面积12.4万平方米。

（撰稿：林煜杰）

福建尤溪经济开发区

2016年，省级尤溪经济开发区完成企业固定投资34.2亿元，同比下降22.9%；规模以上工业产值149.8亿元，同比增幅15.2%；新增工业用地800亩。工业企业用电量4.8亿千瓦时，占全县工业企业用电量71.9%以上。获得2016年度全县综合评比第二名、工业经济工作综合考评一等奖。

基础设施不断完善。城南工业集中区基础设施建设工程持续推进，2016年完成投资4亿元，完成年度目标任务的100%，新增工业用地一平800亩。污水处理厂土方全部完成，东侧挡墙工程已全部完成，南入口道路及排水工程已完成路基填筑。路网完成台溪支线（1#路）；7#路完成60%工程量；完成边坡挡墙700米；完成城南工业集中区1#桥招标工作，正办理施工许可证。城南战略新兴产业科研孵化基地建设项目完成投资3750万元，完成1#楼主体工程、2#楼7层、3#楼9层、4#楼主体工程建设。城西污水处理厂完成主体工程，进入智控系统招标程序；城西公共租赁房正式配租到位。

产业特色日益凸显。依托中国革基布名城、中国混纺纱名城，重点突出纺织产业的培育与壮大。2016年，尤溪经济开发区的纺织企业产值达120多亿元，占全区产值80%以上；总投资超10亿元的纺织项目达到5家。

（撰稿：王启堡）

福耀集团
FUYAO GROUP

福耀集团总部全景

福耀集团（全称福耀玻璃工业集团股份有限公司），1987 年成立于中国福州，是专注于汽车安全玻璃和工业技术玻璃领域的大型跨国集团，于 1993 年在上海证券交易所主板上市（A 股代码：600660），于 2015 年在香港交易所上市（H 股代码：3606），形成兼跨海内外两大资本平台的“A+H”模式。

自创立以来，福耀集团矢志为中国人做一片属于自己的高质量玻璃，当好汽车工业的配角，秉承“勤劳、朴实、学习、创新”的核心价值观，坚持走独立自主、应用研发、开放包容的战略路线。经过三十余年的发展，福耀集团已在中国 16 个省市以及美国、俄罗斯、德国、日本、韩国等国家和地区建立现代化生产基地和商务机构，并在中美德设立 4 个设计中心，全球雇员约 2.6 万人。2016 年，福耀集团实现营业收入 166.21 亿元人民币，净利润 31.44 亿元人民币。

如今，福耀集团已成为全球规模最大的汽车玻璃专业供应商，产品得到全球顶级汽车制造企业及主要汽车厂商的认证和选用，包括宾利、奔驰、宝马、奥迪、通用、丰田、大众、福特、克莱斯勒等，为其提供全球 OEM 配套服务和汽车玻璃全套解决方案，并被各大汽车制造企业评为“全球优秀供应商”。

为表彰对国际汽车玻璃工业做出的卓越贡献，2016 年 10 月 6 日，福耀集团董事长曹德旺获颁全球玻璃行业最高奖项——凤凰奖（the Phoenix Award）

福耀集团是“工业 4.0”的积极探索者和实践者。公司以智识引领发展，以创新为驱动，通过智能制造，为客户提供一片有“灵魂”的玻璃，其信息技术与生产自动化方面位居全球同行业前列。近年来，福耀集团先后荣获“中国质量奖提名奖”“智能制造示范企业”“国家创新示范企业”“国家级企业技术中心”等各类创新荣誉、资质。

福耀集团总部大楼

福耀美国工厂采用最先进的生产技术

福耀集团多年蝉联《财富》中国 500 强、中国民营企业 500 强，多次获得“中国最佳企业公民”“中国十佳上市公司”“CCTV 最佳雇主”等社会殊荣。董事长曹德旺先生从 1987 年至今个人捐款累计逾 80 亿元，被誉为“真正的首善”；于 2009 年荣膺企业界的“奥斯卡”——安永企业家全球奖；于 2016 年荣获全球玻璃行业最高奖项——金凤凰奖，评委会称“曹德旺带领福耀集团改变了世界汽车玻璃行业的格局”。

Low-E 镀膜汽车玻璃

紫金矿业集团股份有限公司
ZIJIN MINING GROUP CO., LTD.

2016 年 12 月换届选举后，公司领导班子与县领导合影

[集团简介]

紫金矿业集团股份有限公司是一家以黄金及基本金属矿产资源勘查和开发为主的大型矿业集团，公司在上海和香港两地上市，是中国最大的黄金上市企业之一、中国重要的矿产铜、矿产锌生产企业之一、中国有色行业效益最好的企业之一，为中国金属矿业行业领先企业。公司权属企业目前分布在全国 22 个省区，同时在海外 9 个国家运作实体项目。

[2017 年重要排名]

★《福布斯》2017 全球企业 2000 强榜单第 1200 位，在全球有色金属企业中第 18 位，在国内有色金属企业中居第 2 位

★《财富》中国 500 强榜单居第 78 位

★中国企业联合会、中国企业家协会发布的“中国企业 500 强”第 188 位

★普华永道发布全球 40 强矿企排名第 13 位，在上榜的中国有色企业中居第 1 位

[集团公司业绩]

2016 年，公司实现营业收入 788.51 亿元，同比增长约 6%；归属母公司净利润 18.40 亿元，同比增长约 11%。截至 2016 年底，公司总资产 892.18 亿元，较年初增长 6.32%。

该年，紫金矿业金、铜、锌三大主要矿产品产量实现较大幅度的增长。其中，矿产金 42.55 吨，比增 14.50%，矿产铜 15.5 万吨比增 3.09%，矿产锌 25 万吨，比增 26.17%。公司保持了较高的利润水平。

全年海外矿山产金 18.32 吨，约占公司总量的 43 %；矿山产锌 7.37 万吨，约占公司总量的 29.49%。其中，巴新波格拉金矿全年归属母公司的产金量 7.47 吨，成为公司矿产金和利润的主要贡献单位。

[地质勘查及资源储量情况]

矿　种	保有资源储量（333 及以上类别）		同比增长率（%）
	2016 年末	2015 年末	
金（t）	1,183.25	1,170.00	1.13
伴生金（t）	164.17	91.28	79.85
金小计（t）	1,347.41	1,261.28	6.83
铜（万 t）	3,006.38	2,346.40	28.13
银（t）	934.06	1,110.42	-15.88
钼（万 t）	67.97	57.46	18.29
锌（万 t）	800.87	839.68	-4.62
铅（万 t）	149.55	154.15	-2.98
钨（万 t）	8.00	8.03	-0.37
锡（万 t）	13.97	13.97	0
铁（亿 t）	2.09	2.12	-1.42
煤（亿 t）	4.57	4.89	-6.54

注：公司保有资源储量按完全权益法统计，即所有项目 / 矿山的资源储量均按集团实际占股比例核算归属集团的量。

截至 2016 年底，本集团共有探矿权 202 个，面积 2768.05 平方公里；采矿权 235 个，面积 771.27 平方公里。

截至 2016 年底，集团公司主要矿山按权益保有资源储量。

其中刚果（金）卡莫阿铜矿区卡库拉矿段新探获高品位的 940 万吨铜资源，使得卡莫阿整体铜资源储量达到 3340 万吨，相当于中国当前铜资源储量的 1/3，卡莫阿铜矿由此成为非洲大陆发现的最大铜矿，跻身于世界十大铜矿之列；公司实益拥有 43.95% 股份，增值巨大。

[技术创新]

2016 年，公司获得省市级科技奖励 5 项，组织完成 2 项福建省立项项目的结题验收，申报福建省立项项目 3 项，组织申报专利 29 项（其中发明专利 27 项），获授权专利 12 项（其中发明专利 8 项）。

贵州紫金水银洞金矿加压预氧化技改项目从 2014 年起投入 4.2 亿元，历经 2 年试验、建设、试车、试产。仅用二个月试运行即达生产能力，技术指标稳定，院士专家认为该项目填补了我国难处理金矿加压预氧化的空白，达到国际领先水平。该项目的建成投产，对低品位难处理的黄金和多金属的加压氧化工艺有很大的推广价值，对我国矿业生态环境保护，带动黄金以及其他金属的产业整体技术水平提升及相关设备制造业技术进步有重大意义。

[项目并购]

8 月 7 日，集团公司与黑龙矿业集团股份有限公司的三名股东正式签署管理权交割书，通过并购公司取得黑龙江多宝山和铜山铜矿 100% 股份，资源储量约 300 万吨；一个矿山年产 9 万吨铜精矿（金属）及 10 万吨铜冶炼厂正在建设，将成为东北地区最大的铜产业基地。

扫码了解更多
紫金矿业资讯

圣农集团

福建圣农发展股份有限公司董事长傅光明先生为慈善事业捐款。

圣农集团创建于 1983 年，下辖福建圣农发展股份有限公司、福建圣农食品有限公司、福建日圣食品有限公司、福建省光泽县兴瑞液化气有限公司、福建圣大绿农食品有限公司等多家子公司；其中福建圣农发展股份有限公司下辖福建欧圣农牧发展有限公司、福建圣农发展（浦城）有限公司、福建福安圣农发展物流有限公司、福建海圣饲料有限公司等四家子公司。目前，公司总资产 120 多亿元，200 多个生产基地，员工 2 万余人，法人代表为傅芬芳。

圣农集团是集饲料加工、种鸡养殖、种蛋孵化、肉鸡饲养、肉鸡加工、食品深加工、产品销售、快餐连锁为一体的联合型肉鸡生产食品加工企业，农业产业化国家重点龙头企业，肯德基、麦当劳的长期战略合作伙伴，北京奥运会、上海世博会、广州亚运会、深圳大运会、首届青运会指定鸡肉供应商。

三十多年来，圣农始终坚持科学的发展观，走循环经济发展之路，实现了“农业工业化、农业标准化、农业系统化”。农业工业化体现在饲料加工、种鸡养殖、种蛋孵化、肉鸡饲养、屠宰加工、食品深加工所有生产环节全部实现工业化。圣农所采用的生产工艺和引进的生产设备，处于国内乃至国际同行业领先水平。比如鸡舍里的自动饮水系统、自动喂料系统、自动保温系统、自动通风系统和肉鸡加工厂的自动切割转挂系统、自动掏膛及清洗系统、自动风冷降温系统、自动皮带称重分级系统，皆从工业高度发达的欧美国家引进，这些都是农业工业化的显著特征。圣农养鸡场一律建在远离居民区、工厂、交通干道等影响防疫防控且生态优越、空气清新、水源优良的偏僻丘陵山坳中。鸡舍全部为钢架结构，墙体由砖头砌成，屋面覆盖钢瓦，所有养殖场四周均砌有围墙，对场内生产区和生活区严格划分，养殖过程处于全封闭控制状态。圣农还通过贯彻 HACCP 国际食品卫生安全管理体系、ISO9001 国际质量管理体系、ISO14001 国际环境管理体系三大国际认证体系的管理，促使生产管理水平和产品生产过程与国际标准接轨。这就是农业标准化，标准化不仅可以最大限度地避免洪水、泥石流等自然灾害的侵袭，还能有效防控禽流感和各种疾病的传播农业系统化则体现在纵横循环经济产业链上，即以种鸡养殖、种蛋孵化、饲料加工、肉鸡饲养、肉鸡加工、深加工、快餐连锁的纵向主业链，以鸡粪生产生物有机肥、生物质（鸡粪）发电和以鸡的废弃物（鸡毛、鸡肠、鸡骨架、鸡血）开发利用、包装材料、液化气（天燃气）、储运物流等横向配套产业链，实现了肉鸡产业资源的综合、高效利用。系统化的作用，一是保护了环境，二是变废为宝，三是降低了成本。

圣农鼎

圣农食品

美其乐

“农业工业化、农业标准化、农业系统化”三者相辅相成，环环相扣，促使圣农健康和谐发展，不断做强、做大、做好、做久。

三十多年来，圣农在拉动县域经济发展、解决劳动力就业、推动社会主义新农村建设等方面做出了贡献。圣农通过发展现代农业企业，为农村和农户带来先进的生产技术工艺及经营管理知识，从而提高了农户的经营管理水平，促进了农业经济结构的调整与发展。

近年来，圣农各项公益捐款累计超 10 亿元，主要用于建设希望小学、设立奖学金、帮助贫困大学生完成学业、帮助困难弱势群体、改善教育工作者工作和生活条件、支持当地乡村道路建设、支援消防部队建设、支援灾区人民重建家园等。

肉鸡饲养

圣农发电厂区

漳州片仔癀药业股份有限公司

● 片仔癀体验馆

一、公司董事长刘建顺同志简介

1、简历。现任漳州片仔癀药业股份有限公司董事长、党委书记兼总经理。1991 年 8 月至 2002 年 2 月期间，历任漳州市委组织部科员、副科长、科长；2002 年 03 月至 2007 年 8 月期间，任漳州市政府驻京办副主任；2007 年 8 月至 2011 年 7 月期间，任漳州市东山县委副书记、政法委书记；2011 年 07 月至 2014 年 01 月期间，任东山县人大党组书记、主任；2014 年 01 月起任现职至今。

2、荣誉。第十四届中国经济年度人物、中华商标领军人物、中华商标品牌领军人物、中华老字号杰出贡献奖、推动中国产业经济创新发展十大杰出人物、最具影响力品牌人物、中国经济建设十大贡献楷模、中国创新影响力人物、华人楷模年度人物、中国创新企业社会管理先进个人等荣誉称号。

3、社会兼职。中国野生动物保护协会党委委员、副会长；中华商标协会、中华商标协会老字号商标分会、中国品牌建设促进会副会长；世界中医药学会常务理事，中国国际发展研究中心常务副理事长；福建省企联、福建省质协、福建省中医药学会副会长。

新华社《参考消息》“中华老字号振兴计划”

闽南文化生态走廊驿站

博艺规三馆项目

南江滨路项目

东南花都

物流园

福建龙麟集团有限公司

福建龙麟集团有限公司是一家以生产旋窑水泥为主，集余热发电、商品混凝土、运输物流、环境治理、参与金融等多元化投资的综合企业集团，是国家发改委、国土资源部、中国人民银行批准的全国60家水泥工业结构调整重点支持企业、国家工信部首批两化融合促进节能减排试点示范企业、国家工信部建材60家重点调度联系企业、中国建材企业500强和中国建材最具成长性企业100强企业、福建省水泥首家碳交易企业、福建省第一批循环经济示范企业、福建省质量管理先进企业、福建省建材产业振兴方案的重点骨干企业、福建省建设海西先进制造业龙头企业、福建省重点培育和扶持的五大水泥龙头企业。近年，先后获得国家人力资源社会保障部、国家发展和改革委员会、环境保护部、财政部联合颁发的“全国节能先进集体”、国家人力资源社会保障部、中国建筑材料联合会联合颁发的“全国建材行业先进集体”、国家工商总局颁发的“全国守合同重信用”企业等荣誉称号，近日还被福建省委省政府授予省级“文明单位”。

长期以来公司按照“立足水泥主业，延伸产业链，加快发展水泥深加工产业”的总体战略规划，以“致力于节能、环保、低碳的建材及其深加工产业的建设”为使命，以“打造福建省节能、环保、低碳的建材生产主流基地”为愿景，认真参照国家水泥产业政策，不断夯实基础、科学发展，围绕水泥主业完善循环经济产业链。现有总资产35亿元，拥有新型干法回转窑带纯低温余热发电及循环经济（水泥窑每年可协同处置城市生活垃圾13.2万吨和危险废物10万吨）生产线三条，商品混凝土搅拌站三座，“漳浦龙麟建材工业园”一个，年水泥产能600万吨，商品混凝土产能300万方，年产值30亿元。公司现有员工1500多人，其中水泥

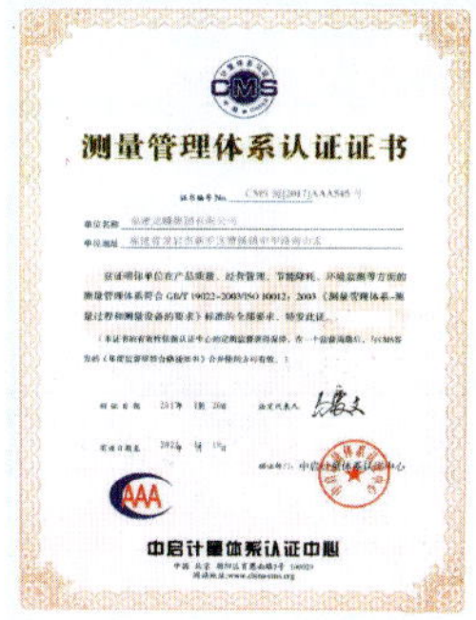

产业 1020 人，各类专业工程技术人员 368 人，企业技术力量雄厚，工艺流程先进、生产装备精良、检测手段齐全。公司是闽西首家获得质量管理体系、环境管理体系、职业健康安全管理体系、能源管理体系、测量管理体系和 5 大水泥产品质量认证的企业。主导产品有“龙麟”牌、“闽强”牌和“鼓浪屿”牌 P. Ⅱ 52.5R、P.O52.5R、P.O42.5R、P.O42.5、P.C32.5R 水泥，严格按高于国家标准和认证要求组织生产，具有性能稳定、凝结速度适宜、富裕强度高、碱含量低、色泽美观、保水性好、耐磨性及和易性好等特点，实物质量在同类产品中处于国内领先水平。完善的现代企业运作模式，持续的技术创新和高素质的研发队伍，为产品的稳定提供了强有力的保证，“龙麟”牌、“闽强”牌水泥先后被授予“福建名牌产品”“福建省著名商标”“福建省建材放心产品”“福建省用户满意产品”“重点推荐品牌”等一系列荣誉称号，在市场上享有较高的知名度和美誉度，产品畅销省内外广大城乡，被广泛应用于高速公路和铁路、港口码头、机场、桥梁、涵洞、工业及民用建筑，成为各地区国家重点建设项目和主体工程的首选品牌之一，深受用户的信任和垂青，市场占有率大幅度上升。公司充分利用品牌效应推动了企业有形资产快速、稳步扩张，具有较好的市场前景和发展潜力。

福建龙麟集团有限公司/新型窑协同处置城市生活垃圾及固体废弃物技术改造项目

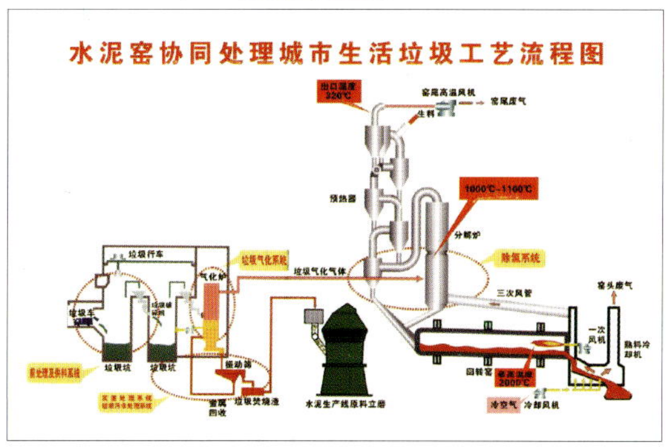

安通控股
Antong Holdings

股票简称：安通控股
股票代码：600179

安通控股股份有限公司

·打造多式联运的综合供应链物流最强服务商·

安通控股股份有限公司（股票代码 600179）是一家以集装箱物流服务为主业，涵盖供应链金融、实业投资以及船舶服务等产业并举发展的综合型物流服务商，公司于 2016 年在 A 股实现上市，成为福建省第一家集装箱物流上市企业。目前，安通控股旗下拥有“国家 5A 级物流企业”泉州安通物流有限公司和国内水路运输龙头企业泉州安盛船务有限公司两家全资子公司。公司通过“产业”与“资本”的联动，围绕“物流 + 金融、物流 + 资本、物流 + 信息化”的经营思路，不断做大、做精、做强集装箱物流主营业务，并依托多式联运的网络优势和信息化的平台基础，扩展和延伸综合物流服务能力，已发展成为国内内贸集装箱物流及多式联运的领先企业，位居行业前三甲。2016 年公司实现营业收入 37.98 亿元，比 2015 年增长了 23.00%，实现净利润 4.01 亿元，比上年增长 51.34%。

公司以“多式联运的综合供应链物流最强服务商”为愿景，围绕我国沿海、沿江主要经济带，通过陆路、铁路纵深内陆进行业务布局，辐射全国主要城市，覆盖国内沿海、沿江大中港口，形成全覆盖式的服务体系，为广大客户带来优质物流服务，并根据市场需求和客户需求不断调整和完善网络。公司凭借坚实的网络基础、强大的人才储备和深刻的市场洞悉，搭建物流服务与投资管理相结合的一体化业务体系。

经营宗旨

整合各类物流资源，为客户提供“门到门一站式”高效、安全、绿色的供应链金融物流服务，致力打造“多式联运的综合供应链物流最强服务商”。

经营思路

多式联运物流模式
打造业务闭环体系

科技提升运营效率
延伸企业服务价值

严格风险管理制度
把控资本运作流程

经营板块

综合物流服务板块
供应链金融板块
投资管理板块
船舶服务板块

安通控股将紧紧围绕国家“一带一路”发展战略的重大历史机遇，深耕“多式联运的综合供应链物流最强服务商”的企业愿景，依托物流实体业务，促进企业转型升级和跨越式发展。通过进一步完善多式联运布局网络，整合渠道、网络、服务互补性强的优质供应商资源，着力构建高效衔接、快速转运、服务一体的多式联运运营机制，根据市场发展需求，以整合发展等方式，扩大公司业务规模，打造领先的、科技为本的多式联运的智慧型服务商，进一步做大、做强、做优，打造安通控股知名品牌及产业集群。

同时，在做好产业经营的前提下，树立正确的产融互动与市值管理观念，以公司持续稳健成长为根本出发点，建立系统的发展战略思维理念，积极把握产业演进趋势，切实改善内部经营与管理，综合运用资本运营手段合法合规推动企业价值的提升与实现。

福建和盛塑业有限公司

福建和盛塑业有限公司成立于 2002 年 4 月，位于福建省会城市 —福州，注册资金 5000 万元人民币，总资产达 3.6 亿元，员工 500 多人。

公司是一家专业从事电力领域产品的生产、研发、销售、运维等于一体的高新技术企业，长期 致力于“管网一体化”的战略目标，面向智慧型城市、智能电网、地下智能管网发展，为客户提供安全、高效、智能、节能、环保整体解决方案的供应商。

和盛塑业秉承“天道酬勤”的经营哲学，遵循“和谐共赢，事业昌盛”的经营宗旨，以“创建电力多元市场一流整合商”为目标，勤抓质量、勤于研发，使得产品以优异的品质、卓越的性能、合理的价格及完善的售后服务赢得了广大用户的信赖。

和盛塑业以“共建快乐美好大家园”为使命，倡导“简单快捷”的工作作风，推崇“以诚信人，做诚信事”的核心价值观，吸引了众多有经验、有理想、有创意的优秀人才，共同致力实现“创一流团队，建一流企业，树一流品牌，立百年老店”的美好愿景。

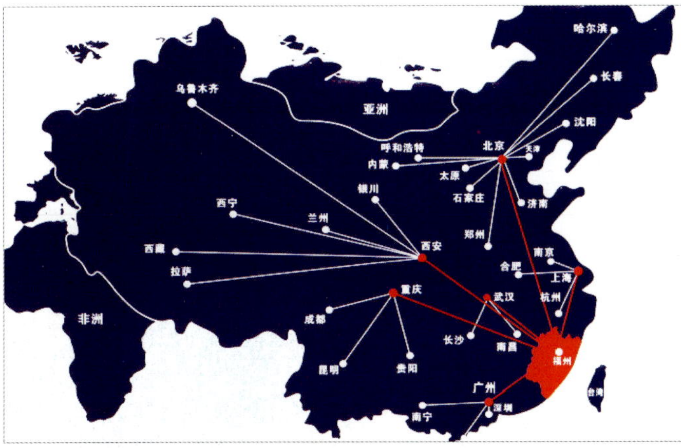

营销网络遍布全国

· 产品系列 ·

电力管材系列

HDPE 硅芯管材

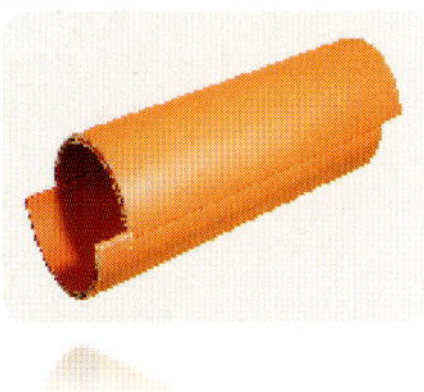
HFZ 电力电缆哈夫管

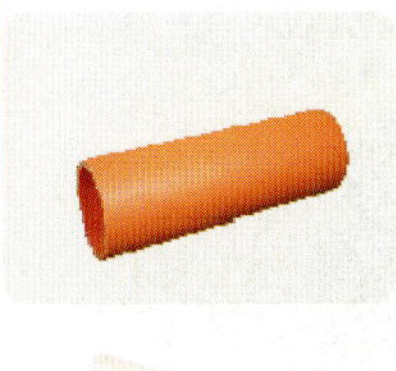
MPP 非开挖电缆保护管

PVC-U 格栅管

电力配套系列

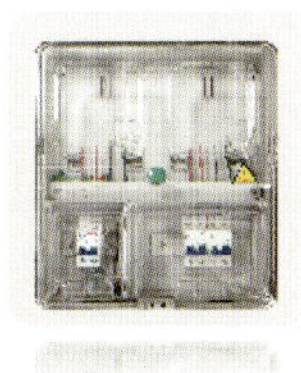
单相三表位

三相二表位

电能计量箱

方形复合井盖

市政排污系列

PE 给水管

双壁排污管

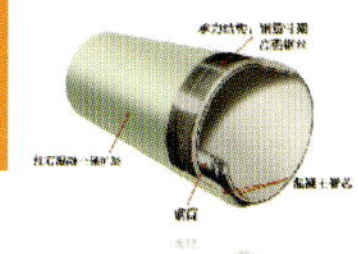
预应力管

塑料检查井

综合管廊系列

· 资质荣誉 ·

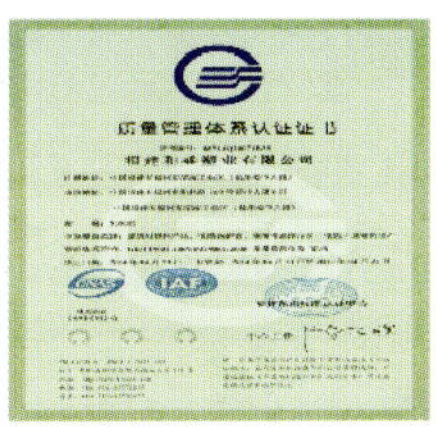

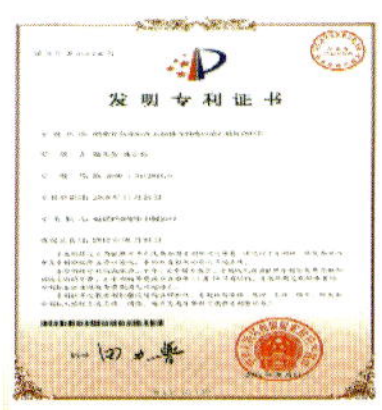

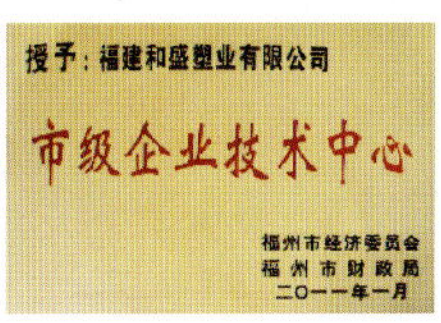

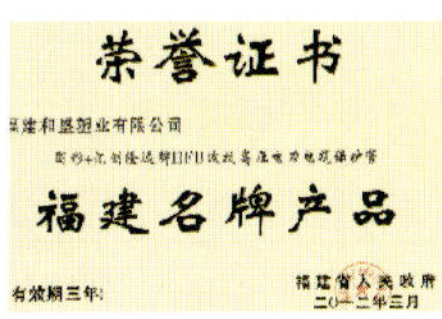

中国寿山旅游度假区

立根集团创始于 1989 年，是一家集石油能源、房地产开发、商业资产管理、文化旅游、金融投资为一体的多元化企业集团。而中国寿山旅游度假区正是立根集团旅游产业规划的重点项目。2015 年 1 月，立根集团结合战略转型需要，并积极响应福建省委，省政府的号召，正式入驻福州旅游业，接管山水景色秀丽的皇帝洞景区，2016 年 3 月，又成功签约了国石文化精深的寿山石古矿洞景区。为此中国寿山旅游度假区应运而生，并将按 5A 级标准建设打造成融皇家山水、国石文化与畲族文化为一体，集观光休闲、长寿养生和寻宝探险于一身的综合旅游度假村。中国寿山旅游度假区目前已开发寿山石古矿洞景区、皇帝洞大峡谷景区、畲山湖景区、七里畲寨景区四个主要项目。

●寿山石古矿洞景区

寿山石古矿洞

寿山石古矿洞

寿山石古矿洞景区位于海拔 850 米的都成坑山上，目前主要游览景点有：石窟探秘、摩崖石刻、原石淘宝、田黄溪淘宝等。景区内空气清新，含有丰富的天然负氧离子，是健康养生的宝地，长居于此，可延年益寿。

古矿洞坑长达 1000 多米，左右纵横，上下交叉，相互通连，酷似地下迷宫，洞内的寿山美石瑰丽奇异，加上华丽的灯光设计，美不胜收；古矿洞是夏天的避暑胜地，洞内常年恒温 15 到 20 度，因寿山石特殊的成分构造，比国内的很多溶洞更加凉快，是天然的空调城。

寿山石古矿洞景区更是一个蕴藏财富之地，不仅能捡到价值不菲的寿山原石，幸运者还有机会淘到“一两田黄十两金”的天价田黄宝石。有许多淘宝族甚至常年驻扎在此，实现过一夜暴富的梦想。

●皇帝洞大峡谷景区

皇帝洞大峡谷景区位于福州北峰晋安区，面积 12000 多亩，距福州市区约 45 公里，是福建省重点自然保护区之一。皇帝洞大峡谷因景区内有一曾居住过三位天子的奇洞而得名。洞中飞瀑直下，一净水观音临水而立，蔚为壮观。

传说五代十国时期，闽王王审知入闽时，部下劝其拥兵自重、据险为王，夜宿皇帝洞得观音指点“政通人和，百业俱兴，不王亦王；民不聊生，盗贼四起，不亡亦亡”，而后建立闽国；元朝末年，明太祖朱元璋误入皇帝洞得观音指点“秦皇汉武，雄才大略，开疆辟土，唐宗宋祖，选贤举能，听谏纳讽。一朝之兴，得于明君”，而后建立大名王朝；靖难之役后，建文帝朱允炆遵照太祖遗愿来至皇帝洞中，一心慨叹“失去江山，难就仁政帝业”，而后得观音指点“既天下太平，当宽其心；若反之，必致黎庶涂炭”，遂于洞中修身养性，著书立说，活至两百余岁。

除皇帝洞外，景区内山水人文景观极其丰富，怪石奇树，星罗棋布，融峡谷探幽、白练飞瀑、百丈崖、象形石峰、奇树怪藤等原生态山水景观及儒释道文化、畲族文化、闽王入闽文化、古仕途文化、祈福文化等人文古迹于一体。景区以瀑布取胜，峡谷内大小瀑布有 20 余处，最大落差 76 米，似天际飞水、银河狂泻。120 多处人文山水景观呈“之”字形分布，组成浩瀚而古典的水墨画。游览皇帝洞大峡谷景区，可感受“青山绿水两相映，波光倒影鸟鱼欢”悠然自得的旅途，春游瀑布巨石，夏览深峡幽谷，秋赏山色红叶，冬观北湖白鹭，一年四季奇观妙景，美不胜收。

皇帝洞景区状元廊桥

皇帝洞景区瀑布

●畲山湖景区

畲山湖位于距离福州市区 43 千米的连江县，拥有 6.5 平方千米的水域面积，是福州、连江的主要饮用水源地。湖区环境优美，绿树葱茏，风光无限，岸上坐落着畲风流韵的七里畲寨。乘坐游船，观两岸青山绿竹、白鹭踩枝、古居星罗，湖面碧波荡漾，凉风习习，使人流连忘返。更有渔夫撒网捕鱼，别具一格的竹艇和圆木盆漂于湖面，独具风情。

畲山湖

●七里畲寨景区

七里畲寨景区是坐落在畲山湖岸上的畲族自然村，也是福州重要的畲族文化聚集地。这里依山傍水，民风淳朴，宛若藏在北峰深处的世外桃源。景区内保存有七座畲风流彩的民居古宅，更有远近闻名的闽总督府赐匾——探花府。除此之外，畲族浓郁的民族风情也令人，在这里可以欣赏畲族特色民俗文物，从而深入了解畲族文化风俗。更有机会近距离接触畲家特色的民族婚嫁习俗，作为来宾还能受到款待和礼遇。如果有兴趣，不妨放开歌喉，和畲族姑娘、小伙们对阵赛歌，真切地感受畲族深厚的文化底蕴以及山民们的热情、好客和纯朴。

七里畲寨探花府

福建中潭国际贸易有限公司

董事长：李兹钿

福建中潭国际贸易有限公司董事长
平潭综合实验区谦益国际贸易有限公司董事长
福建麒麟岛国际贸易有限公司董事长
福建十大青年创业楷模
福建省产业经济发展促进会副会长
中国青年企业家协会会员
福建省青年创业促进会常务理事
平潭综合实验区政协常委
台湾平潭同乡会名誉会长
平潭海峡青年创业协会副会长
平潭旅游行业协会常务副会长
平潭综合实验区农产品经纪人协会副会长
平潭综合实验区旅游商品协会会长
平潭综合实验区廉政勤政监督员
平潭海关特邀监督员
平潭检验检疫局监督员
平潭综合实验区市场监督管理局监督员
平潭综合实验区经济发展局廉政监督员

中潭国际 立足平潭，服务两岸，为把平潭综合实验区、自贸区、国际旅游岛建设成为两岸同胞宜居宜业宜游的共同家园贡献一份力量！

福建中潭国际贸易有限公司，是在国务院对平潭实施《建设海峡西岸经济区》及《平潭综合实验区总体发展规划》国家战略中应运而生，是平潭综合实验区最早从事对台贸易企业之一。

公司是一家集台湾商品免税展销、国际贸易、商务考察、两岸旅游、会展推广、文化创意、电子商务、两岸物流与仓储、货运代理为一体的综合性专业对台进出口贸易服务运营企业。

经过多年的稳健发展，公司旗下拥有 3 家知名台资贸易企业，分别是麒麟岛国际贸易有限公司，名台进出口贸易有限公司，谦益国际贸易有限公司；以及四家展销中心和进口商品体验馆，分别为台湾免税市场中潭免税商城、名台进口名酒免税中心、彰化主题馆、自贸区进口商品体验馆等。

受益于平潭综合实验区、自贸区两区叠加的政策优势，公司正逐渐成长为平潭综合实验区对台贸易龙头企业之一。公司在 2015 年联合台湾彰化县 40 多家在地生产企业以及多家台湾知名品牌企业，在平潭台湾商品免税市场共同投资，倾情打造独具台湾特色、最具规模的台湾县市主题馆——彰化馆。

彰化馆于 2015 年 7 月 25 日隆重开业，该馆秉持质量第一，服务至上的经营理念，将商品展示与消费者观光体验相结合，馆内专门开设顾客体验区和休闲区，旨在将该馆打造成为平潭台湾商品免税市场的一张重要名片，以提升免税市场整体形象和知名度。

随着平潭自贸片区及国际旅游岛的挂牌成立，以及相关特殊政策的陆续出台，相信将有更多的两岸商贸、旅游、文创企业与我司开展全方位的合作，助推公司各项业务的发展，实现公司做大做强的愿景。

仙游县三凌金融服务有限公司

仙游县三凌金融服务有限公司成立于2014年3月，注册资金人民币壹仟万元，位于福建省莆田市仙游县鲤南镇八二五南街53号，公司现有员工近百人，是一家专业的金融投资服务机构，并同时拥有多家分支机构和上百家加盟商，联合平安银行、平安惠普、中信银行、天行财富等30多家全国性金融机构合作。2016年度被中国平安惠普评 为最具潜力合作商。

仙游县三凌金融服务有限公司于2016年12月创办启富金融微信公众号平台，启富金融将整合国内各大金融机构最优质的项目产品，全方位细化推广，全力为全民提供最便捷的一站式金融融资服务，让人人融资不再难，助推万业发展！

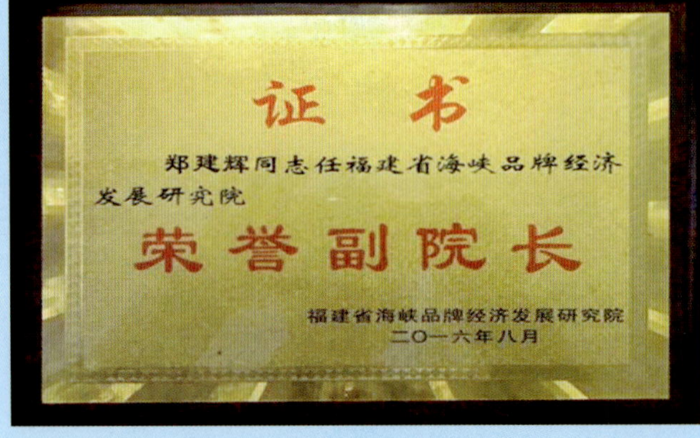

平安普惠 信任贷款
恭贺: 仙游县三凌金融服务有限公司 荣获
优秀渠道合作商
平安普惠福建分公司
2017年 5月

仙游县三凌金融服务有限公司
副会长单位
福建省信用协会
2018年1月

三凌金融
“启动财富·分享未来·分享经济”

厦门市利安茶业有限公司

总经理 高清奇

利安茶业公司的掌门人总经理高清奇，1950 年 2 月出生于福建省安溪县大坪乡茶叶世家，武汉工商管理学院毕业，经济师。厦门市民建市委常委、厦门市集美区后溪镇人大代表、厦门市政协委员、厦门市集美区政协常委、厦门市集美区茶叶协会副会长。曾任集美区东安茶叶加工厂厂长、1985 年始任现职。曾获国务院颁发全国归国华侨优秀企业家、1996 年评为市劳动模范，福建省先进企业家、厦门市文明市民等光荣称号。在企业改革和经营管理中，加强企业内部管理，加强员工的思想政治工作，通过人生理想教育和社会舆论影响，引导全体员工树立关心集体，热爱集体，勤劳实干，讲文明。讲信誉，抓时效，树立员工以公司为家的思想。带领企业技术团队致力于茶行业产品开发，技术改造，使得利安茶业跻身行业领头方阵，生产经营过程积极维护企业形象，坚持“质量求生存，管理求效益，信誉求发展” 宗旨，求得在国际市场上占有一席之地。曾获福建省乡镇企业 300 强、厦门市重合同守信用单位、厦门市爱国敬业守法先进企业、集美区安全生产先进单位、福建省先进乡镇企业、厦门市消费者信得过单位、厦门市文明单位等荣誉称号。

80 年代初，我国步入改革开放时期，有着敏锐商业意识的高清奇总经理成立了自己的公司，同时注册了“利安”商标，厦门利安茶业公司始建于 1985 年 4 月，是厦门第一家生产加工茶叶出口创汇的私营茶企。公司以生产福建乌龙茶为主，在福建安溪、建瓯、霞浦等地拥有茶园基地 3733 亩，经营铁观音、毛蟹、黄金桂、水仙等系列产品，兼营茉莉花茶、红茶，98% 的产品外销。公司现已发展成为一家拥有 120 名专业员工及现代化制茶设备和先进的质量检验设备、注册资金 700 万元、总资产 2000 多万元的，集生产、销售、出口茶叶为一体的外向型企业。产品销往日本、新加坡、马来西亚等国家和地区，受到了用户的高度赞赏。

茶可清心，何妨多饮

——访问利安茶业总经理高清奇

利安茶业公司创始人、现任总经理高清奇先生从事茶业多年，爱喝茶，多喝茶，对茶叶的历史也颇有研究，讲到喝茶，他打开了话匣子侃侃而谈。

茶叶世家高清奇先生说，虽然每个人都会喝茶，但不是必须喝茶，因茶叶是一种保健饮料，经济欠发达地区人们，很多人为了三餐的温饱，就顾不上喝茶，在历史上，出于好茶很贵，喝茶曾是一件奢侈的事。民国初之前，乌龙茶主要供给东南亚和福建广东一带，所以乌龙茶在南洋叫“侨茶”，都是经济条件好的华人在喝，民俗更有“福建种茶广东喝”的说法。解放后，随着经济的增长，乌龙茶才在福建本省及邻近地区全面展开，得到人们的普及喜爱。

在寒冷的北方，人们偏爱绿茶。在水质较差的地方，人们会喝花茶去水中的异味，若是水的碱性重，人们（例：新疆、内蒙古地区）就会把茶煮来喝吃鱼吃肉多的地方则需要以茶来解腻。喝茶有很多好处，茶本身就是中药，

所以人们煎中药叫煎药茶，从前，人们泡茶，也叫煎茶，发展演变到今日，就是烧水泡茶，通俗叫煎茶，是人们习惯说法。就因为茶是一种预防为主的养生药材，厦门著名的老中医盛国荣就说过“喝茶治百病，它不是针对某一个病情的药，是预防生百病的药”，这很有科学道理。不过，每种茶的效用其实都差不多，所以只要喝茶，就有好处。

高先生说，每个人都应该喝茶，因为茶几乎没有危害性，且有很多好处：

喝茶可以固齿，帮助消化，还有去味功能，人民吃了海鲜，手上有腥味，只要沾几滴茶水就可祛除手上的腥味，根据这一道理，为了健康人民吃过腥腻的东西，更需要喝茶来清洗肠胃，使肠胃保持健的状态。

茶能降三高，所以又低血糖的人会因此不敢喝茶，其实只要配以甜点，一边喝茶，一边吃糖，并注意要喝淡茶，就完全没有问题。高先生说，他曾遇到过有人喝茶过加低血糖引发茶醉，几个人显得比醉酒还难受，高先生让他们请人找来糖果吃，结果几分钟后茶醉就好了。

毛蟹五星级茶王

铁观音五星级茶王

喝茶可以提神，振奋精神，还可以治疗失眠。失眠是由于人长时间处于半兴奋状态而引起的，精神长时间无法平静下来，中医根据这一道理，建议由失眠症状的人也可以通过喝茶来解决。早上开始喝茶，茶里的咖啡因可以刺激神经兴奋，喝过茶的人，他一直把精神刺激到顶点，使工作起来有精神，午后 4 点钟以后就停在喝茶，如此慢慢调整，失眠症状就会得到改善。

不过，茶是一种提神的饮料，所以不能用以解酒，因为喝酒也是让人兴奋，两相混合，并无好处。

有一说浓茶不宜喝多，但也因人而宜，能经常喝浓茶的人消化系统都很好，闽南的功夫茶就扁浓，因为泡茶用量大，每次至少 15 克，一斤茶叶也就 60 泡，所以消费高，喝乌龙茶容易上瘾，譬如，连喝一个月之后忽然停止不喝，会使人感到不舒服。

高先生说，安溪茶在厦门兴起，是在解放以后，解放前，厦门人是喝闽北水仙较多。解放后由于闽北的水仙供应不上，厦门人才逐步改饮安溪茶来代替水仙。乌龙茶是一种特种茶叶，安溪乌龙茶占全国乌龙茶产量的 2/3 以上。中国是茶叶之乡，我们中国人喝茶从目前看还是不够的，因为欧洲爱尔兰人每年人均喝茶 3.7 千克，英国人均消费年为 3.2 千克，而我们的人均产量才 0.8 斤，也就是说，如果我国经济好了以后，那么我们的产量还不能满足自己的消费量。

高先生介绍说，利安茶业的产品涵盖红茶、绿茶、花茶、乌龙茶等各大门类，90% 出口到日本、马来西亚等国。谈及利安茶业自己的特色时，高先生笑着说，别的不说，利安的茶叶都是正宗产地运来的，例红茶是安徽祁门产地的，花茶是闽东产地的，铁观音更是安溪最好的产地出产的，所以利安的老客户都知道喝利安产的茶是有质量保证的。高先生还说，他算是第一个吃螃蟹的人，他出身安溪茶叶世家，于 1985 年第一个在厦门建立了民营茶叶公司。高先生说，做茶叶赚不了大钱，所以做这一行业的人就要想清楚。高先生常常问新员工一个问题：“你是不是对金钱看得很重？如果是，你千万不要进入这个行业。”字字透出的是做茶人的清高，也透着自豪。高先生说，做茶人在名利上看得比较淡，他们做事专注，想事情不复杂。因为茶可以改变人，可以陶冶人的性情，可以安静人的心灵。沉浸在茶世界中，名利往往变得不足挂碍。

访谈的最后，针对如何辨别好茶，高先生讲了个小窍门：好的绿茶一定会有大麦香味，好的闽北岩茶大红袍一定要有岩韵及有一种特有的香气，好的铁观音则有一股持久的幽香，入口圆润，有一种独特的音韵。高先生笑着说，他对茶叶类型并无偏好，什么都喝，每天上午开始泡茶，闲来爬山打网球，虽然日子忙碌，心里却都是闲适。

中泽农控股有限公司

中泽农控股有限公司是一家以新型城镇化建设为主营，土地一级开发、城市商业综合体开发、旅游休闲度假及养老产业运营为配套产业的大型综合性集团公司。同时也是国内最早涉足城中村改造、社会主义新农村建设、新型城镇化建设，并成为此行业在北京唯一一家以政府授权、民企主导、农民参与，可持续发展的新型城镇化建设的民营企业。

公司秉承“泽惠农民、造福社会”的企业发展理念，积极投身城乡一体化及新型城镇化建设。探索总结出了新农村改革的“四化”建设模式，即：资源资产化→资产资本化→资本股份化→股份市场化，实现了杨庄村村民千家万户有住房、有产业、有社保、有就业的新型“四有”居民目标。2004年中泽农控股主导的北京通州杨庄村新型城镇化项目被中央党校《领导干部学习读本》列为全国城中村改造的典型案例。杨庄村土地一级开发项目于2010年被北京市政府纳入50个重点村新型城镇化、新农村建设试点单位，杨庄村也成为通州区首个纳税亿元村。公司先后荣获“纳税大户”、“重合同守信誉单位”等荣誉七十多项。

爱心回报社会，真情温暖人间。中泽农控股有限公司在追求经济效益的同时，更加注重社会责任的履行和社会效益的创造。公司先后投巨资几千万元，积极参与捐资助学、赈灾重建、修桥铺路、扶贫帮困、养老救助等社会公益活动，形成了“泽惠农民、造福社会”的企业核心价值观，树立了良好的企业形象，赢得了社会的广泛赞誉。

木林森集团

集团总部大楼

把自然融入生活
——木林森

一木参天，二木成林，三木成森。

创建于 1998 年的木林森休闲鞋，以建设中国第一休闲鞋品牌为愿景，秉承自然、阳光、健康、和谐的品牌理念，以鞋脚合一、人鞋一体的和谐设计和精湛工艺，为消费者带来健康舒适的自然行走体验。

经过 19 年的发展，无论是从品牌影响力和市场占有量，木林森都始终保持着休闲鞋领导品牌的地位。木林森是中国皮革协会常务理事单位，全国制鞋行业重点企业，通过权威评估，“木林森”品牌价值已达 56.8 亿元人民币。

目前，木林森集团拥有四十五大类商标使用权，木林森集团大厦、集团工业园已全面建成，木林森户外、木林森布鞋、森展皮具有限公司等分公司也已全面运营。我们始终坚持商之其道，以诚信为本的理念，以“诚信为商”为约定，立言立行立志成为中国新一代商人，共建诚信和谐的品牌经营环境。作为一个有使命感的企业，必须积极倡导“诚信经营，利益共享”要求全国各分公司在品牌、产品、市场、服务、人才等方面的全面升级，打造一批诚信经营的分公司，肩负起推动中国休闲鞋产业持续健康发展的伟大使命，在利益共享的基础上，推动木林森事业健康，持续，高速发展。

未来的木林森将开启集团国际化经营模式，实施品牌多元化跨行业操作，实现更多的财富梦想。

工业园区

青兰山库区、码头全景

泉惠石化工业园区

泉惠石化工业园区为省级开发区，按照产业项目、公辅设施、物流传输、安全环保、管理服务“五个一体化”模式，高标准开发建设泉惠石化工业区一体化公用工程岛，截止2015年底已累计投入40亿元用于园区公用工程与基础设施建设。其中，1.5万亩回填造地、15公里区间道路、污水处理厂、尾水排放管、消防特勤中队、斗尾联检服务中心、2200亩绿化带等19个项目先后建成，完成投资26亿元；重件道路以东区域码头及配套PPP项目、综合应急救援指挥中心、一般固废填埋场、泉惠热电联产、区间绿化等10个项目正在建设，总投资80亿元，已完成投资14亿元；斗尾综合物流园区、石化仓储物流区、黄干岛整体开发、万吨级散杂货码头、惠东应急水库等8个项目正在开展前期工作，总投资160亿元。园区将进一步加快开发建设步伐，全力推进市政路网、公用管廊、供热供气等配套建设，增强园区承载力。加快重件道路以东区域码头及配套PPP项目建设，到2017年8月新增造地8000亩，为石化中下游项目入驻创造条件。

产业特色重点突出。以石油化工为主导产业，以中化泉州石化有限公司炼化一体化项目为龙头，从下游往上游推进产业链，重点构筑炼油、烯烃和芳烃等产业链，具有区域特色的原油炼制—烯烃制造—中下游制造业—深加工制造业，发展以生产清洁燃料和新型化工材料为特色产品的产业结构。

经济发展势头迅猛。2015年园区完成工业总产值417.69亿元、固定资产投资95.24亿元、税收94.58亿元、成品油出口7.2万吨，实现8年来福建省出口成品油零的突破，并于2015年获批福建省新型工业化产业示范基地。园区已成为福建乃至国内沿海地区重要的石化产业基地之一。（摘编：吴建翰）

福建惠安经济开发区城南工业区

2016年，惠安经济开发区城南工业区经济发展势头强劲，全年实现工业产值176亿元，同比增长27.5%；完成工商税收入库2.64亿元，比2015年略有增长；完成固定资产投资4.6亿元。

项目建设有序推进。实施挂图作战法，将全年的投建项目和基础设施配套建设项目列表上墙，明确每个项目的重要节点、进展情况，并对完成进度一一标识，使各项任务有目标、有分解、不遗漏，增加完成任务的紧迫感，促进工作效率提高。今年来，克服了雨水多、企业投建积极性不高等困难，促进惠盈包装、华尔嘉机械、匹克二期商住等3个项目投建，灿辉循环资源等其余5个投建项目将力争尽快投建；骏景木业、美可纸业等2个年度投产项目均已建成投产。

配套设施不断完善。园溪南路C段市政道路工程、园溪北路B段市政道路工程已完工，松星溪整治工程、园溪南路B段市政道路工程正在抓紧施工中；建设园溪南路C段路侧绿化带景观工程、松星溪绿化提升工程和蒋吴村排洪沟等一批排洪设施，完善路灯架设、电子监控网络、交通标识等配套建设，为企业的投建投产提供必要的外部环境。（摘编：马榕威）